KÜMMERLE/NAGEL

Jagdrecht in Baden-Württemberg

W0074684

Jagdrecht in Baden-Württemberg

mit den einschlägigen Regelungen des Tierschutz-, Naturschutz- und Waffenrechts

begründet von

Gustav Kümmerle
Erster Polizeihauptkommissar a. D.

fortgeführt von

Manfred Nagel
Dipl.-Verwaltungswirt Polizei (FH)

11., überarbeitete Auflage, 2010

RICHARD BOORBERG VERLAG
Stuttgart · München · Hannover · Berlin · Weimar · Dresden

Bibliografische Information Der Deutschen Bibliothek

Die Deutsche Bibliothek verzeichnet diese Publikation in der Deutschen Nationalbibliografie; detaillierte bibliografische Daten sind im Internet über **http://dnb.ddb.de** abrufbar.

11. überarbeitete Auflage, 2010
ISBN 978-3-415-04206-3

© Richard Boorberg Verlag GmbH & Co KG, 1979
Scharrstraße 2
70563 Stuttgart
www.boorberg.de

Gesamtherstellung: Druckhaus „Thomas Müntzer" GmbH, Bad Langensalza

Vorwort zur 11. Auflage

Die 11. Auflage enthält im Hinblick zur Vorauflage folgende wesentliche Änderungen:

- Durch das Gesetz zur Änderung des Grundgesetzes vom 28. August 2006 (BGBl. I. S. 2034) wird die Gesetzgebungskompetenz für das Jagdrecht in den Art. 72 und 74 GG neu geregelt. Hat der Bund von seiner Gesetzgebungskompetenz Gebrauch gemacht, können die Länder durch Gesetz hiervon abweichende Regelungen treffen, u. a. über das Jagdwesen (ohne das Recht der Jagdscheine). Siehe hierzu Art. 125 b GG (Fortgeltung von Bundesrecht, abweichende Regelungen durch die Länder). So wurde durch das Gesetz zur Änderung des LJagdG vom 11. Oktober 2007 (GBl. S. 473, § 27 Abs. 8 LJagdG – modellhafter Verzicht auf Rehwildabschussplan) von dieser neuen Abweichungsgesetzgebung Gebrauch gemacht.

- Änderung des LJagdG vom 11. Oktober 2007 als Voraussetzung zur Übertragung der Organisation und Durchführung der Jägerprüfung (Beleihung) durch das Ministerium für Ernährung und Ländlichen Raum (MLR), die Verordnung zur Durchführung der Jägerprüfung sowie die Verwaltungsvorschrift des MLR zur Durchführung der Jägerprüfungsordnung.

- Das Ministerium für Ernährung und Ländlichen Raum (MLR) hat die §§ 2, 3, 11 und 24 der Durchführungsverordnung zum LJagdG geändert (durch Verordnung vom 12. September 2008).

- Das Tierschutzgesetz in der Fassung der Bekanntmachung vom 18. Mai 2006. § 11 der Tierschutz-Hundeverordnung wurde aufgehoben.

- In der Vorordnung der Landesregierung über Ausnahmen von den Schutzvorschriften für Rabenvögel werden die Verweise zum BNatSchG aktualisiert und ein § 2 a eingefügt. Das Führen von Schusswaffen und Schießen ist nun im WaffG geregelt. Siehe hierzu Erläuterungen zu § 13 WaffG.

- Im Bereich des Waffenrechts sind das Gesetz zur Änderung des Waffengesetzes und weiterer Vorschriften vom 28. März 2008 sowie das Vierte Gesetz zur Änderung des Sprengstoffgesetzes vom 17. Juli 2009 zu nennen. Die für Jäger wesentlichen Änderungen sind in Teil IV eingearbeitet.

- Einen weiteren Schwerpunkt bildet die Verordnung zur Durchführung von Vorschriften des gemeinschaftlichen Lebensmittelrechts vom 8. August 2007 (BGBl. I. S. 1816). Mit dieser Verordnung wurden folgende Vorschriften zur Durchführung des unmittelbar anzuwendenden EG-Lebensmittelhygienerechts erlassen:

5

- die Lebensmittelhygiene-Verordnung mit Anlagen (abgedruckt unter 8.1),
- die Tierische Lebensmittel – Hygieneverordnung mit Anlagen (abgedruckt unter 8.2),
- die Tierische Lebensmittel-Überwachungsverordnung mit Anlagen (abgedruckt unter 8.3),
- die Fleischhygiene-Verordnung, soweit noch anzuwenden (abgedruckt unter 8.4),
- die Aufhebung des Geflügelfleischhygiene-Gesetzes und der Geflügelfleischhygiene-Verordnung,
- die Aufhebung des Reichsjagdgesetzes und der Verordnung zur Ergänzung des Reichsjagdgesetzes (BGBl. 2006 S. 855, Art. 71 und 72),
- die Neufassung des Bundesnaturschutzgesetzes vom 29.7.2009 (BGBl. I S. 2542).

In dieser Auflage sind die Erläuterung zum Tierschutzgesetz sowie zum Fleischhygienerecht und den Unfallverhütungsvorschriften nicht mehr enthalten. Soweit es sich um das „Abfangen" gesunden Wildes handelt, wird auf die Ausführungen in der Vorauflage verwiesen.

Wegen der besonderen Bedeutung der Streuobstwiesen als Lebensraum vielfältiger Tier- und Pflanzenarten sind ca. 70% dieser Wiesen unter Landschaftsschutz gestellt mit der Folge, dass Bäume nicht gefällt und abgängige durch Neupflanzung zu ersetzen sind. Bislang war jedermann klar, dass eine Streuobstwiese kein Obstgarten ist. Das ergibt sich bereits aus der unterschiedlichen Nutzung: die Obstplantage mit typischer Bearbeitung des Bodens unter den Obstbäumen, Einsatz von Spritzmittel, Düngung und ca. 3000 Bäumen/ha. im Gegensatz zu Streuobstwiesen mit ca. 100 Bäumen auf natürlicher Wiese. Der Begriff Streuobst bezieht sich auf alle in der freien Landschaft befindlichen Obstbäume (außer Obstplantagen).

Es gibt aus nachvollziehbaren Gründen immer weniger Streuobstwiesen. Das Land Baden-Württemberg fördert Pflanzaktionen von Obstbäumen in der freien Landschaft. Nach der Entscheidung des AG Schorndorf stellt sich für den Grundbesitzer allerdings die Frage, ob eine Wiese ohne Streuobst nicht zu weniger wirtschaftlichen Verlusten führt. S. Erl. Rz. 41. Rechtssicherheit könnte der Landesgesetzgeber schaffen, in dem er in § 31 LJagdG das Wort „Streuobstwiesen" einfügt.

Für konstruktive Hinweise bin ich stets dankbar.

Bretten, im Dezember 2009   Manfred Nagel

6

Inhalt

Anhang

Abkürzungen

a. A., a. M	andere Ansicht, andere Meinung
aaO.	am angegebenen Ort
Abb.	Abbildung
ABl. (EG)	Amtsblatt der Europäischen Gemeinschaften
Abs.	Absatz
AGBG	Gesetz zur Regelung des Rechts der Allgemeinen Geschäftsbedingungen
AgrarR	Agrar- und Umweltrecht, Zeitschrift für das gesamte Recht der Landwirtschaft, der Agrarmärkte und des Ländlichen Raums
AKB	Allgemeine Bedingungen für die Kraftfahrt-Versicherung
Anl.	Anlage
Anm.	Anmerkung, Anmerkungen
Art.	Artikel
Aufl.	Auflage
AWaffV	Allgemeine Waffenverordnung
BAB	Bundesautobahn
BArtSchV	Bundesartenschutzverordnung
BauGB	Baugesetzbuch
BayObLG	Bayerisches Oberstes Landesgericht
BayVBl.	Bayerische Verwaltungsblätter (Zeitschrift)
BayVGH	Bayerischer Verwaltungsgerichtshof
BeschG	Beschussgesetz
Beschl.	Beschluss
BfR	Bundesinstitut für Risikobewertung
BGB	Bürgerliches Gesetzbuch
BGBl. I	Bundesgesetzblatt Teil I
BGH	Bundesgerichtshof
BGHZ	Amtliche Sammlung der Entscheidungen des Bundesgerichtshofes in Zivilsachen
BgVV	Bundesinstitut für gesundheitlichen Verbraucherschutz und Veterinärmedizin
BKA	Bundeskriminalamt
BLB	Bundesverband der Landwirtschaftlichen Berufsgenossenschaften, Weißensteinstraße 72, 34131 Kassel
BJagdG	Bundesjagdgesetz
BLG	Bundesleistungsgesetz
BMELV	Bundesministerium für Ernährung, Landwirtschaft und Verbraucherschutz
BNatSchG	Bundesnaturschutzgesetz
BR-Drs.	Bundesratsdrucksache
BT-Drs.	Bundestagsdrucksache
BVerfG	Bundesverfassungsgericht

9

BVerfGG	Bundesverfassungsgerichtsgesetz
BW	Baden-Württemberg
BW agrar	Landwirtschaftliches Wochenblatt – Organ des Landesbauernverbandes in Baden-Württemberg
BWildV	Bundeswildschutz-Verordnung
C.I.P.	Commission Internationale Permanente pour l'èpreuve des armes à feu portatives (Ständige Internationale Kommission für die Prüfung der Handfeuerwaffen)
DEVA	Deutsche Versuchs- und Prüf-Anstalt für Jagd- und Sportwaffen
DJZ	Deutsche Jagdzeitung (Zeitschrift)
DVBl	Deutsches Verwaltungsblatt (Zeitschrift)
DVO BeschG	Verordnung der Landesregierung zur Durchführung des Beschussgesetzes (Beschussgesetz-Durchführungsverordnung)
EBO	Eisenbahn-Bau- und Betriebsordnung
FSG	Fangschussgeber
FTG	Feiertagsgesetz
ff.	folgende Seiten
GA	Goltdammer's Archiv für Strafrecht
GBl.	Gesetzblatt für Baden-Württemberg
GbR	Gesellschaft bürgerlichen Rechts
GG	Grundgesetz für die Bundesrepublik Deutschland
GGVSE	VO über die innerstaatliche und grenzüberschreitende Beförderung gefährlicher Güter auf der Straße und mit Eisenbahnen
GrdstVG	Grundstücksverkehrsgesetz
Hess.VGH	Hessischer Verwaltungsgerichtshof
Hs.	Halbsatz
i. d. F.	in der Fassung
IM	Innenministerium
i. S.	im Sinne
i. S. v.	im Sinne von
i. V. m.	in Verbindung mit
JAB	Jagdausübungsberechtigter
JE	Jagdrechtliche Entscheidungen
JGG	Jugendgerichtsgesetz
JURA	Juristische Ausbildung (Zeitschrift)
JZ	Juristenzeitung
Kap.	Kapitel
LArtSchVO	Landesartenschutzverordnung
LBG BW	Landwirtschaftliche Berufsgenossenschaft Baden-Württemberg
LBO	Landesbauordnung

LG	Landgericht
LJagdG DVO	Durchführungsverordnung zum Landesjagdgesetz
LJagdG	Landesjagdgesetz
LJS	Landesjagdschule des Landesjagdverbandes Baden-Württemberg e. V.
LJV	Landesjagdverband Baden-Württemberg e. V.
LL	Landwirtschafts- und Landeskulturgesetz BW
LMBG	Lebensmittel- und Bedarfsgegenständegesetz
LVwVG	Landesverwaltungsvollstreckungsgesetz
LWaldG	Landeswaldgesetz
LSG BW	Landessozialgericht Baden-Württemberg
MDR	Monatsschrift für Deutsches Recht (Zeitschrift)
MESCH	Munitionserwerbsschein
MLR	Ministerium für Ernährung und Ländlichen Raum
NuR	Natur und Recht (Zeitschrift)
NatSchG	Naturschutzgesetz Baden-Württemberg
NJW	Neue Juristische Wochenschrift (Zeitschrift)
NPA	Neues Polizeiarchiv (Zeitschrift)
Nr.	Nummer, Nummern
NVwZ-RR	Neue Zeitschrift für Verwaltungsrecht – Rechtsprechungsreport
OLG	Oberlandesgericht
OPB	Ortspolizeibehörde
Owi	Ordnungswidrigkeit
OWiG	Ordnungswidrigkeitengesetz
PolG	Polizeigesetz Baden-Württemberg
PTV	Polizei Technik Verkehr (Zeitschrift)
PVD	Polizeivollzugsdienst
ProdHaftG	Gesetz über die Haftung für fehlerhafte Produkte (Produkthaftungsgesetz)
RdL	Recht der Landwirtschaft (Zeitschrift)
Rspr.	Rechtsprechung
RVO	Rechtsverordnung
Rz.	Randziffer
S.	Satz, Sätze
S.	Seite, Seiten
s.	siehe
StA	Staatsanwaltschaft
StGB	Strafgesetzbuch
StPO	Strafprozessordnung
StrG	Straßengesetz für Baden-Württemberg
StVO	Straßenverkehrs-Ordnung
StVZO	Straßenverkehrs-Zulassungs-Ordnung
TierKBA	Tierkörperbeseitigungsanstalt
TierNebG	Tierische Nebenprodukte – Beseitigungsgesetz

11

TierSchG	Tierschutzgesetz
TierSG	Tierseuchengesetz
u. a.	unter anderem
Urt.	Urteil
v.	vom, von
VA	Verwaltungsakt
VdS	Verband deutscher Sachversicherer
VG	Verwaltungsgericht
VGH	Verwaltungsgerichtshof
vgl.	vergleiche
VO	Verordnung
VRS	Verkehrsrechts-Sammlung, Entscheidungssammlung, zitiert nach Band und Seite
VSG	Vorschriften für Sicherheit und Gesundheitsschutz (4.4 Unfallverhütungsvorschrift Jagd und Broschüre Jagd – Stand 09/2003 – der Landwirtschaftlichen Berufsgenossenschaft)
VU	Verkehrsunfall
VwGO	Verwaltungsgerichtsordnung
VwV	Verwaltungsvorschrift
VwVfG	Verwaltungsverfahrensgesetz des Bundes
VwV Verkehrsunfall	Verwaltungsvorschrift des Innenministeriums, Justizministeriums und des Verkehrsministeriums über die Aufgaben der Polizei bei Verkehrsunfällen
VwV-VkSA	Verwaltungsvorschrift des Innenministeriums für die Verkehrssicherheitsarbeit der Polizei
VZ	Verkehrszeichen
WaffG	Waffengesetz i. d. F. d. Bekanntmachung vom 11. Oktober 2002
WaffG1976	Waffengesetz (WaffG) in der Fassung der Bekanntmachung vom 8. März 1976 (BGBl. I. S. 432)
WaffRNeuRegG	Gesetz zur Neuregelung des Waffenrechts
WBA	Wegbenutzungs-Anweisung des MLR für die Waldwege im Staatswald
WBK	Waffenbesitzkarte
WFS	Wildforschungsstelle des Landes BW bei der Staatlichen Lehr- und Versuchsanstalt Aulendorf
WG	Wassergesetz (Baden-Württemberg)
WHG	Wasserhaushaltsgesetz
Wsch	Waffenschein
WuH	Wild und Hund (Zeitschrift)
ZPO	Zivilprozessordnung

Literatur

Balke, Über den Begriff der Weidgerechtigkeit, 2007

Becher, Hundehaltung und Zucht in Wohngebieten, WuH 16/2003, 56 ff.

Belz/Mußmann, Polizeigesetz für Baden-Württemberg, 6. Auflage 2001

Bert, Wildbretgewinnung und -hygiene unter dem Fleischhygiene- und Geflügelfleischhygienerecht, 7. Auflage 1999, Deutscher Jagdschutzverband e. V.

Blase, Die Jägerprüfung, 29. Auflage 2007

Braunschweig von, Wildkrankheiten und Fleischbeschau, 6. Auflage 2000

Brocker, Zur landesrechtlichen Bejagung geschützter Arten, NuR 2000, 307

Bundesverband der Landwirtschaftlichen Berufsgenossenschaften, Arbeitssicherheit aktuell, „Jagd" 1994

Caspar, Der vernünftige Grund im Tierschutzgesetz, NuR 1997, 577

Deuschle, Aktuelle Fragen der Jagdgenossenschaft, Der Jäger in Baden-Württemberg 2/1998

Deuschle, Kinder und Jugendliche als Begleiter bei der Jagdausübung, Der Jäger in BW 4/2001

Deutscher Verband für Wasserwirtschaft und Kulturbau e. V., DVWK-Merkblätter zur Wasserwirtschaft, Heft 247/1997: Bisam, Biber, Nutria

Deutscher Jagdschutz-Verband e. V., Der Wildschaden auf landwirtschaftlich genutzten Flächen, Bonn 1999

Drees/Thies, Wild- und Jagdschaden, 8. überarbeitete Auflage 2007

Fertig, Die anstaltspflichtige Tierkörperbeseitigung, AgrarR 1998, 108 ff.

Fischer/Schwarz/Dreher/Tröndle, Strafgesetzbuch und Nebengesetze, Kommentar, 57. Auflage 2010 (zitiert: *Fischer u. a.*)

Friedmann, Forstliche Gutachten: Wohin führt der Weg? Der Jäger in Baden-Württemberg 6/2007

Franke, Was tun bei Wildunfällen?, 2000

Gebhard, Verkehrssicherungspflicht im Wald, AgrarR 1995, 389

Göhler, Gesetz über Ordnungswidrigkeiten, Kommentar, 2009

Goretzki, 25 Jahre Eberswalder Jungfuchsfalle, WuH 5/2003

Haseder/Stingwagner, Knaurs Großes Jagdlexikon, 2000

Heermann, Die Stimme der Gemeinde in der Jagdgenossenschaft, BayVBl. 1983, 748

Heider, Der Jagdschutz unter besonderer Berücksichtigung der polizei- und ordnungsrechtlichen Befugnisse der Jagdschutzberechtigten, Dissertation, 1987

Hertel, Der unselbständige Eigenjagdbezirk, AgrarR 1996, 309

Hespeler, Wildschäden heute, 1999

Kargl, Inhalt und Begründung der Festnahme nach § 127 Abs. 1 StPO, NStZ 2000, 8

Karlsruher Kommentar zur Strafprozessordnung mit GVG, EGGVG und EMRK, 6. neu bearbeitete Auflage 2008

Kopp/Schenke, Verwaltungsgerichtsordnung, Kommentar, 16., neubearbeitete Auflage 2009

Kujawski, Wildbrethygiene, 2. überarbeitete Auflage 2007

Laabs, zur Einordnung des Schadensbegriffes aus § 34 Satz 1 BJagdG, AgrarR 1992, S. 354

Laber, § 21 Abs. 1 BJagdG – eine Norm mit drittschützendem Charakter? NuR 1996, 14 ff.

Pasternak, Entschädigung für die Durchschneidung einer Genossenschaftsjagd, BayVBl. 1997, 520 ff.

Lauven, Das Wild- und Jagdschadensverfahren, AgrarR 1998, 401 ff.

Lorz, Das Gesetz zur Verbesserung der Rechtsstellung des Tieres im bürgerlichen Recht, MDR 1990, 1057

Lorz/Metzger, Tierschutzgesetz, Kommentar, 6. Auflage 2008

Meyer-Goßner, Strafprozessordnung, Kommentar, 51., neu bearbeitete Auflage 2008

Pegel, Bejagung des Schwarzwildes in von Schweinepest betroffenen Gebieten, WFS Mitteilungen 1/1999, Der Jäger in Baden-Württemberg, 10/1999, 10 ff.

Rang, Der Luderplatz – ein Seuchenherd? Der Jäger in Baden-Württemberg 1989, 9

Schönke/Schröder u. a., Strafgesetzbuch, Kommentar, 27., neu bearbeitete Auflage 2006

Stegmanns, Die amtliche Trichinenuntersuchung des erlegten Haarwildes, Der Jäger in Baden-Württemberg 1999, 8 ff.

Streibel, Jagd in Frankreich – Jägerprüfung und Erwerb der Jagderlaubnis, AgrarR 7/1999, 207

Wagner, Probleme der Abschussplanung und der Wildschadenshaftung im Wald, AgrarR 1998, 240 ff.

Westendorf, Sichere Hochsitzkonstruktion, 10. Auflage, Neufassung 6/2000

Wolfram, Feldwildschäden – Rechtsgrundlagen –, Deutsche Jagdzeitung, Spezial 2000

ERSTER TEIL

Jagdrecht

I.
Vorschriften

1.
Bundesjagdgesetz
(BJagdG)

in der Fassung der Bekanntmachung vom 29. September 1976 (BGBl. I S. 2849),
zuletzt geändert durch Gesetz vom 26. März 2008 (BGBl. I S. 426, 439)

Inhaltsübersicht

I. ABSCHNITT
Das Jagdrecht

15

III. ABSCHNITT

Beteiligung Dritter an der Ausübung des Jagdrechts

IV. ABSCHNITT

Jagdschein

V. ABSCHNITT

Jagdbeschränkungen, Pflichten bei der Jagdausübung und Beunruhigen von Wild

VI. ABSCHNITT

Jagdschutz

VII. ABSCHNITT

Wild- und Jagdschaden

1. Wildschadensverhütung

2. Wildschadensersatz

3. Jagdschaden

4. Gemeinsame Vorschriften

I. ABSCHNITT

Das Jagdrecht

§ 1 Inhalt des Jagdrechts

(1) Das Jagdrecht ist die ausschließliche Befugnis, auf einem bestimmten Gebiet wild lebende Tiere, die dem Jagdrecht unterliegen (Wild), zu hegen, auf sie die Jagd auszuüben und sie sich anzueignen. Mit dem Jagdrecht ist die Pflicht zur Hege verbunden.

(2) Die Hege hat zum Ziel die Erhaltung eines den landschaftlichen und landeskulturellen Verhältnissen angepassten artenreichen und gesunden Wildbestandes sowie die Pflege und Sicherung seiner Lebensgrundlagen; auf Grund anderer Vorschriften bestehende gleichartige Verpflichtungen bleiben unberührt. Die Hege muss so durchgeführt werden, dass Beeinträchtigungen einer ordnungsgemäßen land-, forst- und fischereiwirtschaftlichen Nutzung, insbesondere Wildschäden, möglichst vermieden werden.

(3) Bei der Ausübung der Jagd sind die allgemein anerkannten Grundsätze deutscher Waidgerechtigkeit zu beachten.

(4) Die Jagdausübung erstreckt sich auf das Aufsuchen, Nachstellen, Erlegen und Fangen von Wild.

17

(5) Das Recht zur Aneignung von Wild umfasst auch die ausschließliche Befugnis, krankes oder verendetes Wild, Fallwild und Abwurfstangen sowie die Eier von Federwild sich anzueignen.

(6) Das Jagdrecht unterliegt den Beschränkungen dieses Gesetzes und der in seinem Rahmen ergangenen landesrechtlichen Vorschriften.

§ 2 Tierarten

(1) Tierarten, die dem Jagdrecht unterliegen, sind:

1. Haarwild:
   Wisent (Bison bonasus L.),
   Elchwild (Alces alces L.),
   Rotwild (Cervus elaphus L.),
   Damwild (Dama dama L.),
   Sikawild (Cervus nippon TEMMINCK),
   Rehwild (Capreolus capreolus L.),
   Gamswild (Rupicapra rupicapra L.),
   Steinwild (Capra ibex L.),
   Muffelwild (Ovis ammon musimon PALLAS),
   Schwarzwild (Sus scrofa L.),
   Feldhase (Lepus europaeus PALLAS),
   Schneehase (Lepus timidus L.),
   Wildkaninchen (Oryctolagus cuniculus L.),
   Murmeltier (Marmota marmota L.),
   Wildkatze (Felis silvestris SCHREBER),
   Luchs (Lynx lynx L.),
   Fuchs (Vulpes vulpes L.),
   Steinmarder (Martes foina ERXLEBEN),
   Baummarder (Martes martes L.),
   Iltis (Mustela putorius L.),
   Hermelin (Mustela erminea L.),
   Mauswiesel (Mustela nivalis L.),
   Dachs (Meles meles L.),
   Fischotter (Lutra lutra L.),
   Seehund (Phoca vitulina L.);
2. Federwild:
   Rebhuhn (Perdix perdix L.),
   Fasan (Phasianus colchicus L.),
   Wachtel (Coturnix coturnix L.),
   Auerwild (Tetrao urogallus L.),
   Birkwild (Lyrurus tetrix L.),
   Rackelwild (Lyrus tetrix x Tetrao urogallus),
   Haselwild (Tetrastes bonasia L.),
   Alpenschneehuhn (Lagopus mutus MONTIN),
   Wildtruthuhn (Meleagris gallopavo L.),
   Wildtauben (Columbidae),
   Höckerschwan (Cygnus olor, GMEL.),
   Wildgänse (Gattungen Anser BRISSON und Branta SCOPOLI),
   Wildenten (Anatinae),
   Säger (Gattung Mergus L.),

Waldschnepfe (Scolopax rusticola L.),
Blässhuhn (Fulica atra L.),
Möwen (Laridae),
Haubentaucher (Podiceps cristatus L.),
Großtrappe (Otis tarda L.),
Graureiher (Ardea cinerea L.),
Greife (Accipitridae),
Falken (Falconidae),
Kolkrabe (Corvus corax L.).

(2) Die Länder können weitere Tierarten bestimmen, die dem Jagdrecht unterliegen.

(3) Zum Schalenwild gehören Wisente, Elch, Rot-, Dam-, Sika-, Reh-, Gams-, Stein-, Muffel- und Schwarzwild.

(4) Zum Hochwild gehören Schalenwild außer Rehwild, ferner Auerwild, Steinadler und Seeadler. Alles übrige Wild gehört zum Niederwild.

§ 3 Inhaber des Jagdrechts; Ausübung des Jagdrechts

(1) Das Jagdrecht steht dem Eigentümer auf seinem Grund und Boden zu. Es ist untrennbar mit dem Eigentum am Grund und Boden verbunden. Als selbstständiges dingliches Recht kann es nicht begründet werden.

(2) Auf Flächen, an denen kein Eigentum begründet ist, steht das Jagdrecht den Ländern zu.

(3) Das Jagdrecht darf nur in Jagdbezirken nach Maßgabe der §§ 4 ff. ausgeübt werden.

II. ABSCHNITT

Jagdbezirke und Hegegemeinschaften

1. Allgemeines

§ 4 Jagdbezirke

Jagdbezirke, in denen die Jagd ausgeübt werden darf, sind entweder Eigenjagdbezirke (§ 7) oder gemeinschaftliche Jagdbezirke (§ 8).

§ 5 Gestaltung der Jagdbezirke

(1) Jagdbezirke können durch Abtrennung, Angliederung oder Austausch von Grundflächen abgerundet werden, wenn dies aus Erfordernissen der Jagdpflege und Jagdausübung notwendig ist.

(2) Natürliche und künstliche Wasserläufe, Wege, Triften und Eisenbahnkörper sowie ähnliche Flächen bilden, wenn sie nach Umfang und Gestalt für sich allein eine ordnungsmäßige Jagdausübung nicht gestatten, keinen Jagdbezirk für sich, unterbrechen nicht den Zusammenhang eines Jagdbezirks und stellen auch den Zusammenhang zur Bildung eines Jagdbezirkes zwischen getrennt liegenden Flächen nicht her.

§ 6 Befriedete Bezirke; Ruhen der Jagd

Auf Grundflächen, die zu keinem Jagdbezirk gehören, und in befriedeten Bezirken ruht die Jagd. Eine beschränkte Ausübung der Jagd kann gestattet werden. Tiergärten fallen nicht unter die Vorschriften dieses Gesetzes.

2. Eigenjagdbezirke

§ 7 Zusammenhang

(1) Zusammenhängende Grundflächen mit einer land-, forst- oder fischereiwirtschaftlich nutzbaren Fläche von 75 Hektar an, die im Eigentum ein und derselben Person oder einer Personengemeinschaft stehen, bilden einen Eigenjagdbezirk. Die Länder können abweichend von Satz 1 die Mindestgröße allgemein oder für bestimmte Gebiete höher festsetzen. Soweit am Tag des Inkrafttretens des Einigungsvertrages in den Ländern eine andere als die in Satz 1 bestimmte Größe festgesetzt ist, behält es dabei sein Bewenden, falls sie nicht unter 70 Hektar beträgt. Die Länder können, soweit bei Inkrafttreten dieses Gesetzes eine solche Regelung besteht, abweichend von Satz 1 bestimmen, dass auch eine sonstige zusammenhängende Fläche von 75 Hektar einen Eigenjagdbezirk bildet, wenn dies von Grundeigentümern oder Nutznießern zusammenhängender Grundflächen von mindestens je 15 Hektar beantragt wird.

(2) Ländergrenzen unterbrechen nicht den Zusammenhang von Grundflächen, die gemäß Absatz 1 Satz 1 einen Eigenjagdbezirk bilden. In den Fällen des Absatzes 1 Satz 3 besteht ein Eigenjagdbezirk, wenn nach den Vorschriften des Landes, in dem der überwiegende Teil der auf mehrere Länder sich erstreckenden Grundflächen liegt, für die Grundflächen insgesamt die Voraussetzungen für einen Eigenjagdbezirk vorliegen würden. Im Übrigen gelten für jeden Teil eines über mehrere Länder sich erstreckenden Eigenjagdbezirkes die Vorschriften des Landes, in dem er liegt.

(3) Vollständig eingefriedete Flächen sowie an der Bundesgrenze liegende zusammenhängende Grundflächen von geringerem als 75 Hektar land-, forst- oder fischereiwirtschaftlich nutzbaren Raum können allgemein oder unter besonderen Voraussetzungen zu Eigenjagdbezirken erklärt werden; dabei kann bestimmt werden, dass die Jagd in diesen Bezirken nur unter Beschränkungen ausgeübt werden darf.

(4) In einem Eigenjagdbezirk ist jagdausübungsberechtigt der Eigentümer. An Stelle des Eigentümers tritt der Nutznießer, wenn ihm die Nutzung des ganzen Eigenjagdbezirkes zusteht.

3. Gemeinschaftliche Jagdbezirke

§ 8 Zusammensetzung

(1) Alle Grundflächen einer Gemeinde oder abgesonderten Gemarkung, die nicht zu einem Eigenjagdbezirk gehören, bilden einen gemeinschaftlichen Jagdbezirk, wenn sie im Zusammenhang mindestens 150 Hektar umfassen.

(2) Zusammenhängende Grundflächen verschiedener Gemeinden, die im übrigen zusammen den Erfordernissen eines gemeinschaftlichen Jagdbezirkes entspre-

chen, können auf Antrag zu gemeinschaftlichen Jagdbezirken zusammengelegt werden.

(3) Die Teilung gemeinschaftlicher Jagdbezirke in mehrere selbstständige Jagdbezirke kann zugelassen werden, sofern jeder Teil die Mindestgröße von 250 Hektar hat.

(4) Die Länder können die Mindestgrößen allgemein oder für bestimmte Gebiete höher festsetzen.

(5) In gemeinschaftlichen Jagdbezirken steht die Ausübung des Jagdrechts der Jagdgenossenschaft zu.

§ 9 Jagdgenossenschaft

(1) Die Eigentümer der Grundflächen, die zu einem gemeinschaftlichen Jagdbezirk gehören, bilden eine Jagdgenossenschaft. Eigentümer von Grundflächen, auf denen die Jagd nicht ausgeübt werden darf, gehören der Jagdgenossenschaft nicht an.

(2) Die Jagdgenossenschaft wird durch den Jagdvorstand gerichtlich und außergerichtlich vertreten. Der Jagdvorstand ist von der Jagdgenossenschaft zu wählen. Solange die Jagdgenossenschaft keinen Jagdvorstand gewählt hat, werden die Geschäfte des Jagdvorstandes vom Gemeindevorstand wahrgenommen.

(3) Beschlüsse der Jagdgenossenschaft bedürfen sowohl der Mehrheit der anwesenden und vertretenen Jagdgenossen, als auch der Mehrheit der bei der Beschlussfassung vertretenen Grundfläche.

§ 10 Jagdnutzung

(1) Die Jagdgenossenschaft nutzt die Jagd in der Regel durch Verpachtung. Sie kann die Verpachtung auf den Kreis der Jagdgenossen beschränken.

(2) Die Jagdgenossenschaft kann die Jagd für eigene Rechnung durch angestellte Jäger ausüben lassen. Mit Zustimmung der zuständigen Behörde kann sie die Jagd ruhen lassen.

(3) Die Jagdgenossenschaft beschließt über die Verwendung des Reinertrages der Jagdnutzung. Beschließt die Jagdgenossenschaft, den Ertrag nicht an die Jagdgenossen nach dem Verhältnis des Flächeninhaltes ihrer beteiligten Grundstücke zu verteilen, so kann jeder Jagdgenosse, der dem Beschluss nicht zugestimmt hat, die Auszahlung seines Anteils verlangen. Der Anspruch erlischt, wenn er nicht binnen einem Monat nach der Bekanntmachung der Beschlussfassung schriftlich oder mündlich zu Protokoll des Jagdvorstandes geltend gemacht wird.

4. Hegegemeinschaften

§ 10a Bildung von Hegegemeinschaften

(1) Für mehrere zusammenhängende Jagdbezirke können die Jagdausübungsberechtigten zum Zwecke der Hege des Wildes eine Hegegemeinschaft als privatrechtlichen Zusammenschluss bilden.

(2) Abweichend von Absatz 1 können die Länder bestimmen, dass für mehrere zusammenhängende Jagdbezirke die Jagdausübungsberechtigten zum Zwecke der

Hege des Wildes eine Hegegemeinschaft bilden, falls diese aus Gründen der Hege im Sinne des § 1 Abs. 2 erforderlich ist und eine an alle betroffenen Jagdausübungsberechtigten gerichtete Aufforderung der zuständigen Behörde, innerhalb einer bestimmten Frist eine Hegegemeinschaft zu gründen, ohne Erfolg geblieben ist.

(3) Das Nähere regeln die Länder.

III. ABSCHNITT

Beteiligung Dritter an der Ausübung des Jagdrechts

§ 11 Jagdpacht

(1) Die Ausübung des Jagdrechts in seiner Gesamtheit kann an Dritte verpachtet werden. Ein Teil des Jagdausübungsrechts kann nicht Gegenstand eines Jagdpachtvertrages sein; jedoch kann sich der Verpächter einen Teil der Jagdnutzung, der sich auf bestimmtes Wild bezieht, vorbehalten. Die Erteilung von Jagderlaubnisscheinen regeln, unbeschadet des Absatzes 6 Satz 2, die Länder.

(2) Die Verpachtung eines Teils eines Jagdbezirkes ist nur zulässig, wenn sowohl der verpachtete als auch der verbleibende Teil bei Eigenjagdbezirken die gesetzliche Mindestgröße, bei gemeinschaftlichen Jagdbezirken die Mindestgröße von 250 Hektar haben. Die Länder können die Verpachtung eines Teiles von geringerer Größe an den Jagdausübungsberechtigten eines angrenzenden Jagdbezirkes zulassen, soweit dies einer besseren Reviergestaltung dient.

(3) Die Gesamtfläche, auf der einem Jagdpächter die Ausübung des Jagdrechts zusteht, darf nicht mehr als 1000 Hektar umfassen; hierauf sind Flächen anzurechnen, für die dem Pächter auf Grund einer entgeltlichen Jagderlaubnis die Jagdausübung zusteht. Der Inhaber eines oder mehrerer Eigenjagdbezirke mit einer Gesamtfläche von mehr als 1000 Hektar darf nur zupachten, wenn er Flächen mindestens gleicher Größenordnung verpachtet; der Inhaber eines oder mehrerer Eigenjagdbezirke mit einer Gesamtfläche von weniger als 1000 Hektar darf nur zupachten, wenn die Gesamtfläche, auf der ihm das Jagdausübungsrecht zusteht, 1000 Hektar nicht übersteigt. Für Mitpächter, Unterpächter oder Inhaber einer entgeltlichen Jagderlaubnis gilt Satz 1 und 2 entsprechend mit der Maßgabe, dass auf die Gesamtfläche nur die Fläche angerechnet wird, die auf den einzelnen Mitpächter, Unterpächter oder auf den Inhaber einer entgeltlichen Jagderlaubnis, ausgenommen die Erlaubnis zu Einzelabschüssen, nach dem Jagdpachtvertrag oder der Jagderlaubnis anteilig entfällt. Für bestimmte Gebiete, insbesondere im Hochgebirge, können die Länder eine höhere Grenze als 1000 Hektar festsetzen.

(4) Der Jagdpachtvertrag ist schriftlich abzuschließen. Die Pachtdauer soll mindestens neun Jahre betragen. Die Länder können die Mindestpachtzeit höher festsetzen. Ein laufender Jagdpachtvertrag kann auch auf kürzere Zeit verlängert werden. Beginn und Ende der Pachtzeit soll mit Beginn und Ende des Jagdjahres (1. April bis 31. März) zusammenfallen.

(5) Pächter darf nur sein, wer einen Jahresjagdschein besitzt und schon vorher einen solchen während dreier Jahre in Deutschland besessen hat. Für besondere Einzelfälle können Ausnahmen zugelassen werden. Auf den in Satz 1 genannten

Zeitraum sind die Zeiten anzurechnen, während derer jemand vor dem Tag des Wirksamwerdens des Beitritts eine Jagderlaubnis in der Deutschen Demokratischen Republik besessen hat.

(6) Ein Jagdpachtvertrag, der bei seinem Abschluss den Vorschriften des Absatzes 1 Satz 2 Halbsatz 1, des Absatzes 2, des Absatzes 3, des Absatzes 4 Satz 1 oder des Absatzes 5 nicht entspricht, ist nichtig. Das Gleiche gilt für eine entgeltliche Jagderlaubnis, die bei ihrer Erteilung den Vorschriften des Absatzes 3 nicht entspricht.

(7) Die Fläche, auf der einem Jagdausübungsberechtigten oder Inhaber einer entgeltlichen Jagderlaubnis nach Absatz 3 die Ausübung des Jagdrechts zusteht, ist von der zuständigen Behörde in den Jagdschein einzutragen; das Nähere regeln die Länder.

§ 12 Anzeige von Jagdpachtverträgen

(1) Der Jagdpachtvertrag ist der zuständigen Behörde anzuzeigen. Die Behörde kann den Vertrag binnen drei Wochen nach Eingang der Anzeige beanstanden, wenn die Vorschriften über die Pachtdauer nicht beachtet sind oder wenn zu erwarten ist, dass durch eine vertragsmäßige Jagdausübung die Vorschriften des § 1 Abs. 2 verletzt werden.

(2) In dem Beanstandungsbescheid sind die Vertragsteile aufzufordern, den Vertrag bis zu einem bestimmten Zeitpunkt, der mindestens drei Wochen nach Zustellung des Bescheides liegen soll, aufzuheben oder in bestimmter Weise zu ändern.

(3) Kommen die Vertragsteile der Aufforderung nicht nach, so gilt der Vertrag mit Ablauf der Frist als aufgehoben, sofern nicht einer der Vertragsteile binnen der Frist einen Antrag auf Entscheidung durch das Amtsgericht stellt. Das Gericht kann entweder den Vertrag aufheben oder feststellen, dass er nicht zu beanstanden ist. Die Bestimmungen für die gerichtliche Entscheidung über die Beanstandung eines Landpachtvertrages gelten sinngemäß; jedoch entscheidet das Gericht ohne Zuziehung ehrenamtlicher Richter.

(4) Vor Ablauf von drei Wochen nach Anzeige des Vertrages durch einen Beteiligten darf der Pächter die Jagd nicht ausüben, sofern nicht die Behörde die Jagdausübung zu einem früheren Zeitpunkt gestattet. Wird der Vertrag binnen der in Absatz 1 Satz 2 bezeichneten Frist beanstandet, so darf der Pächter die Jagd erst ausüben, wenn die Beanstandungen behoben sind oder wenn durch rechtskräftige gerichtliche Entscheidung festgestellt ist, dass der Vertrag nicht zu beanstanden ist.

§ 13 Erlöschen des Jagdpachtvertrages

Der Jagdpachtvertrag erlischt, wenn dem Pächter der Jagdschein unanfechtbar entzogen worden ist. Er erlischt auch dann, wenn die Gültigkeitsdauer des Jagdscheines abgelaufen ist und entweder die zuständige Behörde die Erteilung eines neuen Jagdscheines unanfechtbar abgelehnt hat oder der Pächter die Voraussetzungen für die Erteilung eines neuen Jagdscheines nicht fristgemäß erfüllt. Der Pächter hat dem Verpächter den aus der Beendigung des Pachtvertrages entstehenden Schaden zu ersetzen, wenn ihn ein Verschulden trifft.

§ 13a Rechtsstellung der Mitpächter

Sind mehrere Pächter an einem Jagdpachtvertrag beteiligt (Mitpächter), so bleibt der Vertrag, wenn er im Verhältnis zu einem Mitpächter gekündigt wird oder erlischt, mit den übrigen bestehen; dies gilt nicht, soweit der Jagdpachtvertrag infolge des Ausscheidens eines Pächters den Vorschriften des § 11 Abs. 3 nicht mehr entspricht und dieser Mangel bis zum Beginn des nächsten Jagdjahres nicht behoben wird. Ist einem der Beteiligten die Aufrechterhaltung des Vertrages infolge des Ausscheidens eines Pächters nicht zuzumuten, so kann er den Vertrag mit sofortiger Wirkung kündigen. Die Kündigung muss unverzüglich nach Erlangung der Kenntnis von dem Kündigungsgrund erfolgen.

§ 14 Wechsel des Grundeigentümers

(1) Wird ein Eigenjagdbezirk ganz oder teilweise veräußert, so finden die Vorschriften der §§ 566 bis 567b des Bürgerlichen Gesetzbuchs entsprechende Anwendung. Das Gleiche gilt im Falle der Zwangsversteigerung von der Vorschrift des § 57 des Zwangsversteigerungsgesetzes; das Kündigungsrecht des Erstehers ist jedoch ausgeschlossen, wenn nur ein Teil eines Jagdbezirkes versteigert ist und dieser Teil nicht allein schon die Erfordernisse eines Eigenjagdbezirkes erfüllt.

(2) Wird ein zu einem gemeinschaftlichen Jagdbezirk gehöriges Grundstück veräußert, so hat dies auf den Pachtvertrag keinen Einfluss; der Erwerber wird vom Zeitpunkt des Erwerbes an auch dann für die Dauer des Pachtvertrages Mitglied der Jagdgenossenschaft, wenn das veräußerte Grundstück an sich mit anderen Grundstücken des Erwerbers zusammen einen Eigenjagdbezirk bilden könnte. Das Gleiche gilt für den Fall der Zwangsversteigerung eines Grundstücks.

IV. ABSCHNITT

Jagdschein

§ 15 Allgemeines

(1) Wer die Jagd ausübt, muss einen auf seinen Namen lautenden Jagdschein mit sich führen und diesen auf Verlangen den Polizeibeamten sowie den Jagdschutzberechtigten (§ 25) vorzeigen. Zum Sammeln von Abwurfstangen bedarf es nur der schriftlichen Erlaubnis des Jagdausübungsberechtigten. Wer die Jagd mit Greifen oder Falken (Beizjagd) ausüben will, muss einen auf seinen Namen lautenden Falknerjagdschein mit sich führen.

(2) Der Jagdschein wird von der für den Wohnsitz des Bewerbers zuständigen Behörde als Jahresjagdschein für höchstens drei Jagdjahre (§ 11 Abs. 4) oder als Tagesjagdschein für vierzehn aufeinander folgende Tage nach einheitlichen, vom Bundesministerium für Ernährung, Landwirtschaft und Verbraucherschutz (Bundesministerium) bestimmten Mustern erteilt.

(3) Der Jagdschein gilt im gesamten Bundesgebiet.

(4) Für Tagesjagdscheine für Ausländer dürfen nur die Gebühren für Inländer erhoben werden, wenn das Heimatland des Ausländers die Gegenseitigkeit gewährleistet.

(5) Die erste Erteilung eines Jagdscheines ist davon abhängig, dass der Bewerber im Geltungsbereich dieses Gesetzes eine Jägerprüfung bestanden hat, die aus einem schriftlichen und einem mündlich-praktischen Teil und einer Schießprüfung bestehen soll; er muss in der Jägerprüfung ausreichende Kenntnisse der Tierarten, der Wildbiologie, der Wildhege, des Jagdbetriebes, der Wildschadensverhütung, des Land- und Waldbaues, des Waffenrechts, der Waffentechnik, der Führung von Jagdwaffen (einschließlich Faustfeuerwaffen), der Führung von Jagdhunden, in der Behandlung des erlegten Wildes unter besonderer Berücksichtigung der hygienisch erforderlichen Maßnahmen, in der Beurteilung der gesundheitlich unbedenklichen Beschaffenheit des Wildbrets, insbesondere auch hinsichtlich seiner Verwendung als Lebensmittel, und im Jagd-, Tierschutz- sowie Naturschutz- und Landschaftspflegerecht nachweisen; mangelhafte Leistungen in der Schießprüfung sind durch Leistungen in anderen Prüfungsteilen nicht ausgleichbar.[1] Die Länder können die Zulassung zur Jägerprüfung insbesondere vom Nachweis einer theoretischen und praktischen Ausbildung abhängig machen. Für Bewerber, die vor dem 1. April 1953 einen Jahresjagdschein besessen haben, entfällt die Jägerprüfung. Eine vor dem Tag des Wirksamwerdens des Beitritts in der Deutschen Demokratischen Republik abgelegte Jagdprüfung für Jäger, die mit der Jagdwaffe die Jagd ausüben wollen, steht der Jägerprüfung im Sinne des Satzes 1 gleich.

(6) Bei der Erteilung von Ausländerjagdscheinen können Ausnahmen von Abs. 5 Satz 1 und 2 gemacht werden.

(7) Die erste Erteilung eines Falknerjagdscheines ist davon abhängig, dass der Bewerber im Geltungsbereich dieses Gesetzes zusätzlich zur Jagdprüfung eine Falknerprüfung bestanden hat; er muss darin ausreichende Kenntnisse des Haltens, der Pflege und des Abtragens von Beizvögeln, des Greifvogelschutzes sowie der Beizjagd nachweisen.[2] Für Bewerber, die vor dem 1. April 1977 mindestens fünf Falknerjagdscheine besessen haben, entfällt die Jägerprüfung; Gleiches gilt für Bewerber, die vor diesem Zeitpunkt mindestens fünf Jahre Jahresjagdscheine besessen und während deren Geltungsdauer die Beizjagd ausgeübt haben. Das Nähere hinsichtlich der Erteilung des Falknerjagdscheines regeln die Länder. Eine vor dem Tag des Wirksamwerdens des Beitritts in der Deutschen Demokratischen Republik abgelegte Jagdprüfung für Falkner steht der Falknerprüfung im Sinne des Satzes 1 gleich.

---

1 Gemäß einer Entscheidung des Bundesverfassungsgerichts vom 5. September 1980 – Az. BvR 290/78 – ist § 15 Absatz 7 Satz 1 in Verbindung mit Absatz 5 Satz 1 des Bundesjagdgesetzes in der Fassung des Artikels 1 Nummer 8 Buchstaben c und d des Zweiten Gesetzes zur Änderung des Bundesjagdgesetzes vom 28. September 1976 (Bundesgesetzbl. I S. 2841) mit Artikel 2 Absatz 1 des Grundgesetzes in Verbindung mit dem Rechtsstaatsprinzip unvereinbar und nichtig, soweit die erste Erteilung eines Falknerjagdscheins davon abhängig ist, dass der Bewerber im Rahmen der Jägerprüfung eine Schießprüfung ablegen und ausreichende Kenntnisse des Waffenrechts, der Waffentechnik und der Führung von Jagdwaffen (einschließlich Faustfeuerwaffen) nachweisen muss (BGBl. 1981 I S. 41).

2 § 15 Abs. 7 Satz 1 i. V. mit Abs. 5 Satz 1 ist teilweise nichtig (BVerfGE vom 5. 11. 1980, BGBl. I 1981 S. 41); im Übrigen vgl. Fußnote 1.

§ 16 Jugendjagdschein

(1) Personen, die das sechzehnte Lebensjahr vollendet haben, aber noch nicht achtzehn Jahre alt sind, darf nur ein Jugendjagdschein erteilt werden.

(2) Der Jugendjagdschein berechtigt nur zur Ausübung der Jagd in Begleitung des Erziehungsberechtigten oder einer von dem Erziehungsberechtigten schriftlich beauftragten Aufsichtsperson; die Begleitperson muss jagdlich erfahren sein.

(3) Der Jugendjagdschein berechtigt nicht zur Teilnahme an Gesellschaftsjagden.

(4) Im Übrigen gilt § 15 entsprechend.

§ 17 Versagung des Jagdscheines

(1) Der Jagdschein ist zu versagen
1. Personen, die noch nicht sechzehn Jahre alt sind;
2. Personen, bei denen Tatsachen die Annahme rechtfertigen, dass sie die erforderliche Zuverlässigkeit oder körperliche Eignung nicht besitzen;
3. Personen, denen der Jagdschein entzogen ist, während der Dauer der Entziehung oder einer Sperre (§§ 18, 41 Abs. 2);
4. Personen, die keine ausreichende Jagdhaftpflichtversicherung (fünfhunderttausend Euro für Personenschäden und fünfzigtausend Euro für Sachschäden) nachweisen; die Versicherung kann nur bei einem Versicherungsunternehmen mit Sitz in der Europäischen Wirtschaftsgemeinschaft oder mit Niederlassung im Geltungsbereich dieses Gesetzes genommen werden; die Länder können den Abschluss einer Gemeinschaftsversicherung ohne Beteiligungszwang zulassen.

Fehlen die Zuverlässigkeit oder die persönliche Eignung im Sinne der §§ 5 und 6 des Waffengesetzes, darf nur ein Jagdschein nach § 15 Abs. 7 erteilt werden.

(2) Der Jagdschein kann versagt werden
1. Personen, die noch nicht achtzehn Jahre alt sind;
2. Personen, die nicht Deutsche im Sinne des Artikel 116 des Grundgesetzes sind,
3. Personen, die nicht mindestens drei Jahre ihren Wohnsitz oder ihren gewöhnlichen Aufenthalt ununterbrochen im Geltungsbereich dieses Gesetzes haben;
4. Personen, die gegen die Grundsätze des § 1 Abs. 3 schwer oder wiederholt verstoßen haben.

(3) Die erforderliche Zuverlässigkeit besitzen Personen nicht, wenn Tatsachen die Annahme rechtfertigen, dass sie
1. Waffen oder Munition missbräuchlich oder leichtfertig verwenden werden;
2. mit Waffen oder Munition nicht vorsichtig und sachgemäß umgehen und diese Gegenstände nicht sorgfältig verwahren werden;
3. Waffen oder Munition an Personen überlassen werden, die zur Ausübung der tatsächlichen Gewalt über diese Gegenstände nicht berechtigt sind.

(4) Die erforderliche Zuverlässigkeit besitzen in der Regel Personen nicht, die
1. a) wegen eines Verbrechens,
   b) wegen eines vorsätzlichen Vergehens, das eine der Annahmen im Sinne des Absatzes 3 Nr. 1 bis 3 rechtfertigt,
   c) wegen einer fahrlässigen Straftat im Zusammenhang mit dem Umgang mit Waffen, Munition oder Sprengstoff,

d) wegen einer Straftat gegen jagdrechtliche, tierschutzrechtliche oder natur-schutzrechtliche Vorschriften, das Waffengesetz, das Gesetz über die Kontrolle von Kriegswaffen oder das Sprengstoffgesetz

zu einer Freiheitsstrafe, Jugendstrafe, Geldstrafe von mindestens 60 Tagessätzen oder mindestens zweimal zu einer geringeren Geldstrafe rechtskräftig verurteilt worden sind, wenn seit dem Eintritt der Rechtskraft der letzten Verurteilung fünf Jahre nicht verstrichen sind; in die Frist wird die Zeit eingerechnet, die seit der Vollziehbarkeit des Widerrufs oder der Rücknahme eines Jagdscheines oder eines Waffenbesitzverbotes nach § 41 des Waffengesetzes wegen der Tat, die der letzten Verurteilung zugrunde liegt, verstrichen ist; in die Frist nicht eingerechnet wird die Zeit, in welcher der Beteiligte auf behördliche oder richterliche Anordnung in einer Anstalt verwahrt worden ist;

2. wiederholt oder gröblich gegen eine in Nummer 1 Buchstabe d genannte Vorschrift verstoßen haben;

3. geschäftsunfähig oder in der Geschäftsfähigkeit beschränkt sind;

4. trunksüchtig, rauschgiftsüchtig, geisteskrank oder geistesschwach sind.

(5) Ist ein Verfahren nach Absatz 4 Nr. 1 noch nicht abgeschlossen, so kann die zuständige Behörde die Entscheidung über den Antrag auf Erteilung des Jagdscheines bis zum rechtskräftigen Abschluss des Verfahrens aussetzen. Die Zeit der Aussetzung des Verfahrens ist in die Frist nach Absatz 4 Nr. 1 erster Halbsatz einzurechnen.

(6) Sind Tatsachen bekannt, die Bedenken gegen die Zuverlässigkeit nach Absatz 4 Nr. 4 oder die körperliche Eignung nach Absatz 1 Nr. 2 begründen, so kann die zuständige Behörde dem Beteiligten die Vorlage eines amts- oder fachärztlichen Zeugnisses über die geistige und körperliche Eignung aufgeben.

§ 18 Einziehung des Jagdscheines

Wenn Tatsachen, welche die Versagung des Jagdscheines begründen, erst nach Erteilung des Jagdscheines eintreten oder der Behörde, die den Jagdschein erteilt hat, bekannt werden, so ist die Behörde in den Fällen des § 17 Abs. 1 und in den Fällen, in denen nur ein Jugendjagdschein hätte erteilt werden dürfen (§ 16), sowie im Falle der Entziehung gemäß § 41 verpflichtet, in den Fällen des § 17 Abs. 2 berechtigt, den Jagdschein für ungültig zu erklären und einzuziehen. Ein Anspruch auf Rückerstattung der Jagdscheingebühren besteht nicht. Die Behörde kann eine Sperrfrist für die Wiedererteilung des Jagdscheines festsetzen.

§ 18a Mitteilungspflichten

Die erstmalige Erteilung einer Erlaubnis nach den §§ 15 und 16, das Ergebnis von Überprüfungen nach § 17 sowie Maßnahmen nach den §§ 18, 40, 41 und 41a sind der für den Vollzug des Waffengesetzes nach dessen § 48 Abs. 1 und 2 zuständigen Behörde mitzuteilen.

S. 134

V. ABSCHNITT

Jagdbeschränkungen, Pflichten bei der Jagdausübung und Beunruhigen von Wild

§ 19 Sachliche Verbote

(1) Verboten ist

1. mit Schrot, Posten, gehacktem Blei, Bolzen oder Pfeilen, auch als Fangschuss, auf Schalenwild und Seehunde zu schießen;

2. a) auf Rehwild und Seehunde mit Büchsenpatronen zu schießen, deren Auftreffenergie auf 100 m (E 100) weniger als 1000 Joule beträgt;

   b) auf alles übrige Schalenwild mit Büchsenpatronen unter einem Kaliber von 6,5 mm zu schießen; im Kaliber 6,5 mm und darüber müssen die Büchsenpatronen eine Auftreffenergie auf 100 m (E 100) von mindestens 2000 Joule haben;

   c) auf Wild mit halbautomatischen oder automatischen Waffen, die mehr als zwei Patronen in das Magazin aufnehmen können, zu schießen;

   d) auf Wild mit Pistolen oder Revolvern zu schießen, ausgenommen im Falle der Bau- und Fallenjagd sowie zur Abgabe von Fangschüssen, wenn die Mündungsenergie der Geschosse mindestens 200 Joule beträgt;

3. die Lappjagd innerhalb einer Zone von 300 Metern von der Bezirksgrenze, die Jagd durch Abklingeln der Felder und die Treibjagd bei Mondschein auszuüben;

4. Schalenwild, ausgenommen Schwarzwild, sowie Federwild zur Nachtzeit zu erlegen; als Nachtzeit gilt die Zeit von eineinhalb Stunden nach Sonnenuntergang bis eineinhalb Stunden vor Sonnenaufgang; das Verbot umfasst nicht die Jagd auf Möwen, Waldschnepfen, Auer-, Birk- und Rackelwild;

5. a) künstliche Lichtquellen, Spiegel, Vorrichtungen zum Anstrahlen oder Beleuchten des Zieles, Nachtzielgeräte, die einen Bildwandler oder eine elektronische Verstärkung besitzen und für Schusswaffen bestimmt sind, Tonbandgeräte oder elektrische Schläge erteilende Geräte beim Fang oder Erlegen von Wild aller Art zu verwenden oder zu nutzen sowie zur Nachtzeit an Leuchttürmen oder Leuchtfeuern Federwild zu fangen;

   b) Vogelleim, Fallen, Angelhaken, Netze, Reusen oder ähnliche Einrichtungen sowie geblendete oder verstümmelte Vögel beim Fang oder Erlegen von Federwild zu verwenden;

6. Belohnungen für den Abschuss oder den Fang von Federwild auszusetzen, zu geben oder zu empfangen;

7. Saufänge, Fang- oder Fallgruben ohne Genehmigung der zuständigen Behörde anzulegen;

8. Schlingen jeder Art, in denen sich Wild fangen kann, herzustellen, feilzubieten, zu erwerben oder aufzustellen;

9. Fanggeräte, die nicht unversehrt fangen oder nicht sofort töten, sowie Selbstschussgeräte zu verwenden;

10. in Notzeiten Schalenwild in einem Umkreis von 200 Metern von Fütterungen zu erlegen;

11. Wild aus Luftfahrzeugen, Kraftfahrzeugen oder maschinengetriebenen Wasserfahrzeugen zu erlegen; das Verbot umfasst nicht das Erlegen von Wild

28

aus Kraftfahrzeugen durch Körperbehinderte mit Erlaubnis der zuständigen Behörde;
12. die Netzjagd auf Seehunde auszuüben;
13. die Hetzjagd auf Wild auszuüben;
14. die Such- und Treibjagd auf Waldschnepfen im Frühjahr auszuüben;
15. Wild zu vergiften oder vergiftete oder betäubende Köder zu verwenden;
16. die Brackenjagd auf einer Fläche von weniger als 1000 Hektar auszuüben;
17. Abwurfstangen ohne schriftliche Erlaubnis des Jagdausübungsberechtigten zu sammeln;
18. eingefangenes oder aufgezogenes Wild später als vier Wochen vor Beginn der Jagdausübung auf dieses Wild auszusetzen.

(2) Die Länder können die Vorschriften des Absatzes 1 mit Ausnahme der Nummer 16 erweitern oder aus besonderen Gründen einschränken; soweit Federwild betroffen ist, ist die Einschränkung nur aus den in Artikel 9 Abs. 1 der Richtlinie 79/409/EWG des Rates vom 2. April 1979 über die Erhaltung der wild lebenden Vogelarten (ABl. EG Nr. L 103 S. 1) in der jeweils geltenden Fassung genannten Gründen und nach den in Artikel 9 Abs. 2 dieser Richtlinie genannten Maßgaben zulässig.

(3) Die in Absatz 1 Nr. 2 Buchstaben a und b vorgeschriebenen Energiewerte können unterschritten werden, wenn von einem staatlichen oder staatlich anerkannten Fachinstitut die Verwendbarkeit der Munition für bestimmte jagdliche Zwecke bestätigt wird. Auf der kleinsten Verpackungseinheit der Munition ist das Fachinstitut, das die Prüfung vorgenommen hat, sowie der Verwendungszweck anzugeben.

§ 19a Beunruhigen von Wild

Verboten ist, Wild, insbesondere soweit es in seinem Bestand gefährdet oder bedroht ist, unbefugt an seinen Zuflucht-, Nist-, Brut- oder Wohnstätten durch Aufsuchen, Fotografieren, Filmen oder ähnliche Handlungen zu stören. Die Länder können für bestimmtes Wild Ausnahmen zulassen.

§ 20 Örtliche Verbote

(1) An Orten, an denen die Jagd nach den Umständen des einzelnen Falles die öffentliche Ruhe, Ordnung oder Sicherheit stören oder das Leben von Menschen gefährden würde, darf nicht gejagt werden.
(2) Die Ausübung der Jagd in Naturschutz- und Wildschutzgebieten sowie in National- und Wildparken wird durch die Länder geregelt.

§ 21 Abschussregelung

(1) Der Abschuss des Wildes ist so zu regeln, dass die berechtigten Ansprüche der Land-, Forst- und Fischereiwirtschaft auf Schutz gegen Wildschäden voll gewahrt bleiben sowie die Belange von Naturschutz und Landschaftspflege berücksichtigt werden. Innerhalb der hierdurch gebotenen Grenzen soll die Abschussregelung dazu beitragen, dass ein gesunder Wildbestand aller heimischen Tierarten in angemessener Zahl erhalten bleibt und insbesondere der Schutz von Tierarten gesichert ist, deren Bestand bedroht erscheint.
(2) Schalenwild (mit Ausnahme von Schwarzwild) sowie Auer-, Birk- und Rackelwild dürfen nur auf Grund und im Rahmen eines Abschussplanes erlegt wer-

den, der von der zuständigen Behörde im Einvernehmen mit dem Jagdbeirat (§ 37) zu bestätigen oder festzusetzen ist. Seehunde dürfen nur auf Grund und im Rahmen eines Abschussplanes bejagt werden, der jährlich nach näherer Bestimmung der Länder für das Küstenmeer oder Teile davon auf Grund von Bestandsermittlungen aufzustellen ist. In gemeinschaftlichen Jagdbezirken ist der Abschussplan vom Jagdausübungsberechtigten im Einvernehmen mit dem Jagdvorstand aufzustellen. Innerhalb von Hegegemeinschaften sind die Abschusspläne im Einvernehmen mit den Jagdvorständen der Jagdgenossenschaften und den Inhabern der Eigenjagdbezirke aufzustellen, die der Hegegemeinschaft angehören. Das Nähere bestimmt die Landesgesetzgebung. Der Abschussplan für Schalenwild muss erfüllt werden. Die Länder treffen Bestimmungen, nach denen die Erfüllung des Abschussplanes durch ein Abschussmeldeverfahren überwacht und erzwungen werden kann; sie können den körperlichen Nachweis der Erfüllung des Abschussplanes verlangen.

(3) Der Abschuss von Wild, dessen Bestand bedroht erscheint, kann in bestimmten Bezirken oder in bestimmten Revieren dauernd oder zeitweise gänzlich verboten werden.

(4) Den Abschuss in den Staatsforsten regeln die Länder.

§ 22 Jagd- und Schonzeiten

(1) Nach den in § 1 Abs. 2 bestimmten Grundsätzen der Hege bestimmt das Bundesministerium durch Rechtsverordnung mit Zustimmung des Bundesrates die Zeiten, in denen die Jagd auf Wild ausgeübt werden darf (Jagdzeiten). Außerhalb der Jagdzeiten ist Wild mit der Jagd zu verschonen (Schonzeiten). Die Länder können die Jagdzeiten abkürzen oder aufheben; sie können die Schonzeiten für bestimmte Gebiete oder für einzelne Jagdbezirke aus besonderen Gründen, insbesondere aus Gründen der Wildseuchenbekämpfung und Landeskultur, zur Beseitigung kranken oder kümmernden Wildes, zur Vermeidung von übermäßigen Wildschäden, zu wissenschaftlichen, Lehr- und Forschungszwecken, bei Störung des biologischen Gleichgewichts oder der Wildhege aufheben. Für den Lebendfang von Wild können die Länder in Einzelfällen Ausnahmen von Satz 2 zulassen.

(2) Wild, für das eine Jagdzeit nicht festgesetzt ist, ist während des ganzen Jahres mit der Jagd zu verschonen. Die Länder können bei Störungen des biologischen Gleichgewichts oder bei schwerer Schädigung der Landeskultur Jagdzeiten festsetzen oder in Einzelfällen zu wissenschaftlichen, Lehr- und Forschungszwecken Ausnahmen zulassen.

(3) Aus Gründen der Landeskultur können Schonzeiten für Wild gänzlich versagt werden (Wild ohne Schonzeit).

(4) In den Setz- und Brutzeiten dürfen bis zum Selbstständigwerden der Jungtiere die für die Aufzucht notwendigen Elterntiere, auch die von Wild ohne Schonzeit, nicht bejagt werden. Die Länder können für Schwarzwild, Wildkaninchen, Fuchs, Ringel- und Türkentaube, Silber- und Lachmöwe sowie für nach Landesrecht dem Jagdrecht unterliegende Tierarten aus den in Absatz 2 Satz 2 und Absatz 3 genannten Gründen Ausnahmen bestimmen. Die nach Landesrecht zuständige Behörde kann im Einzelfall das Aushorsten von Nestlingen und Ästlingen der Habichte für Beizzwecke aus den in Artikel 9 Abs. 1 Buchstabe c der Richtlinie 79/409/EWG genannten Gründen und nach den in Artikel 9 Abs. 2 die-

ser Richtlinie genannten Maßgaben genehmigen. Das Ausnehmen der Gelege von Federwild ist verboten. Die Länder können zulassen, dass Gelege in Einzelfällen zu wissenschaftlichen, Lehr- und Forschungszwecken oder für Zwecke der Aufzucht ausgenommen werden. Die Länder können ferner das Sammeln der Eier von Ringel- und Türkentauben sowie von Silber- und Lachmöwen aus den in Artikel 9 Abs. 1 der Richtlinie 79/409/EWG genannten Gründen und nach den in Artikel 9 Abs. 2 dieser Richtlinie genannten Maßgaben erlauben. *↳S. 40/60/74*

§ 22a Verhinderung von vermeidbaren Schmerzen oder Leiden des Wildes

(1) Um krankgeschossenes Wild vor vermeidbaren Schmerzen oder Leiden zu bewahren, ist dieses unverzüglich zu erlegen; das Gleiche gilt für schwerkrankes Wild, es sei denn, dass es genügt und möglich ist, es zu fangen und zu versorgen.

(2) Krankgeschossenes oder schwerkrankes Wild, das in einen fremden Jagdbezirk wechselt, darf nur verfolgt werden (Wildfolge), wenn mit dem Jagdausübungsberechtigten dieses Jagdbezirkes eine schriftliche Vereinbarung über die Wildfolge abgeschlossen worden ist. Die Länder erlassen nähere Bestimmungen, insbesondere über die Verpflichtung der Jagdausübungsberechtigten benachbarter Jagdbezirke, Vereinbarungen über die Wildfolge zu treffen; sie können darüber hinaus die Vorschriften über die Wildfolge ergänzen oder erweitern.

↳S. 57

VI. ABSCHNITT

Jagdschutz

§ 23 Inhalt des Jagdschutzes

Der Jagdschutz umfasst nach näherer Bestimmung durch die Länder den Schutz des Wildes insbesondere vor Wilderern, Futternot, Wildseuchen, vor wildernden Hunden und Katzen sowie die Sorge für die Einhaltung der zum Schutz des Wildes und der Jagd erlassenen Vorschriften.

§ 24 Wildseuchen

Tritt eine Wildseuche auf, so hat der Jagdausübungsberechtigte dies unverzüglich der zuständigen Behörde anzuzeigen; sie erlässt im Einvernehmen mit dem beamteten Tierarzt die zur Bekämpfung der Seuche erforderlichen Anweisungen.

§ 25 Jagdschutzberechtigte

(1) Der Jagdschutz in einem Jagdbezirk liegt neben den zuständigen öffentlichen Stellen dem Jagdausübungsberechtigten ob, sofern er Inhaber eines Jagdscheines ist, und den von der zuständigen Behörde bestätigten Jagdaufsehern. Hauptberuflich angestellte Jagdaufseher sollen Berufsjäger oder forstlich ausgebildet sein.

(2) Die bestätigten Jagdaufseher haben innerhalb ihres Dienstbezirkes in Angelegenheiten des Jagdschutzes die Rechte und Pflichten der Polizeibeamten und sind Ermittlungspersonen der Staatsanwaltschaft, sofern sie Berufsjäger oder

forstlich ausgebildet sind. Sie haben bei der Anwendung unmittelbaren Zwanges die ihnen durch Landesrecht eingeräumten Befugnisse.

VII. ABSCHNITT

Wild- und Jagdschaden

1. Wildschadensverhütung

§ 26 Fernhalten des Wildes

Der Jagdausübungsberechtigte sowie der Eigentümer oder Nutzungsberechtigte eines Grundstückes sind berechtigt, zur Verhütung von Wildschäden das Wild von den Grundstücken abzuhalten oder zu verscheuchen. Der Jagdausübungsberechtigte darf dabei das Grundstück nicht beschädigen, der Eigentümer oder Nutzungsberechtigte darf das Wild weder gefährden noch verletzen.

§ 27 Verhinderung übermäßigen Wildschadens

(1) Die zuständige Behörde kann anordnen, dass der Jagdausübungsberechtigte unabhängig von den Schonzeiten innerhalb einer bestimmten Frist in bestimmtem Umfange den Wildbestand zu verringern hat, wenn dies mit Rücksicht auf das allgemeine Wohl, insbesondere auf die Interessen der Land-, Forst- und Fischereiwirtschaft und die Belange des Naturschutzes und der Landschaftspflege, notwendig ist.

(2) Kommt der Jagdausübungsberechtigte der Anordnung nicht nach, so kann die zuständige Behörde für dessen Rechnung den Wildbestand vermindern lassen. Das erlegte Wild ist gegen angemessenes Schussgeld dem Jagdausübungsberechtigten zu überlassen.

§ 28 Sonstige Beschränkungen in der Hege

(1) Schwarzwild darf nur in solchen Einfriedungen gehegt werden, die ein Ausbrechen des Schwarzwildes verhüten.

(2) Das Aussetzen von Schwarzwild und Wildkaninchen ist verboten.

(3) Das Aussetzen oder das Ansiedeln fremder Tiere in der freien Natur ist nur mit schriftlicher Genehmigung der zuständigen obersten Landesbehörde oder der von ihr bestimmten Stelle zulässig.

(4) Das Hegen oder Aussetzen weiterer Tierarten kann durch die Länder beschränkt oder verboten werden.

(5) Die Länder können die Fütterung von Wild untersagen oder von einer Genehmigung abhängig machen.

2. Wildschadensersatz

§ 29 Schadensersatzpflicht

(1) Wird ein Grundstück, das zu einem gemeinschaftlichen Jagdbezirk gehört oder einem gemeinschaftlichen Jagdbezirk angegliedert ist (§ 5 Abs. 1), durch Scha-

lenwild, Wildkaninchen oder Fasanen beschädigt, so hat die Jagdgenossenschaft dem Geschädigten den Wildschaden zu ersetzen. Der aus der Genossenschaftskasse geleistete Ersatz ist von den einzelnen Jagdgenossen nach dem Verhältnis des Flächeninhalts ihrer beteiligten Grundstücke zu tragen. Hat der Jagdpächter den Ersatz des Wildschadens ganz oder teilweise übernommen, so trifft die Ersatzpflicht den Jagdpächter. Die Ersatzpflicht der Jagdgenossenschaft bleibt bestehen, soweit der Geschädigte Ersatz von dem Pächter nicht erlangen kann.

(2) Wildschaden an Grundstücken, die einem Eigenjagdbezirk angegliedert sind (§ 5 Abs. 1), hat der Eigentümer oder der Nutznießer des Eigenjagdbezirks zu ersetzen. Im Falle der Verpachtung haftet der Jagdpächter, wenn er sich im Pachtvertrag zum Ersatz des Wildschadens verpflichtet hat. In diesem Falle haftet der Eigentümer oder der Nutznießer nur, soweit der Geschädigte Ersatz von dem Pächter nicht erlangen kann.

(3) Bei Grundstücken, die zu einem Eigenjagdbezirk gehören, richtet sich, abgesehen von den Fällen des Absatzes 2, die Verpflichtung zum Ersatz von Wildschaden (Absatz 1) nach dem zwischen dem Geschädigten und dem Jagdausübungsberechtigten bestehenden Rechtsverhältnis. Sofern nichts anderes bestimmt ist, ist der Jagdausübungsberechtigte ersatzpflichtig, wenn er durch unzulänglichen Abschuss den Schaden verschuldet hat.

(4) Die Länder können bestimmen, dass die Wildschadensersatzpflicht auch auf anderes Wild ausgedehnt wird und dass der Wildschadensbetrag für bestimmtes Wild durch Schaffung eines Wildschadensausgleichs auf eine Mehrheit von Beteiligten zu verteilen ist (Wildschadensausgleichskasse).

§ 30 Wildschaden durch Wild aus Gehege

Wird durch ein aus einem Gehege ausgetretenes und dort gehegtes Stück Schalenwild Wildschaden angerichtet, so ist ausschließlich derjenige zum Ersatz verpflichtet, dem als Jagdausübungsberechtigten, Eigentümer oder Nutznießer die Aufsicht über das Gehege obliegt.

§ 31 Umfang der Ersatzpflicht

(1) Nach den §§ 29 und 30 ist auch der Wildschaden zu ersetzen, der an den getrennten, aber noch nicht eingeernteten Erzeugnissen eines Grundstücks eintritt.

(2) Werden Bodenerzeugnisse, deren voller Wert sich erst zur Zeit der Ernte bemessen lässt, vor diesem Zeitpunkt durch Wild beschädigt, so ist der Wildschaden in dem Umfange zu ersetzen, wie er sich zur Zeit der Ernte darstellt. Bei der Feststellung der Schadenshöhe ist jedoch zu berücksichtigen, ob der Schaden nach den Grundsätzen einer ordentlichen Wirtschaft durch Wiederanbau im gleichen Wirtschaftsjahr ausgeglichen werden kann.

§ 32 Schutzvorrichtungen

(1) Ein Anspruch auf Ersatz von Wildschaden ist nicht gegeben, wenn der Geschädigte die von dem Jagdausübungsberechtigten zur Abwehr von Wildschaden getroffenen Maßnahmen unwirksam macht.

(2) Der Wildschaden, der an Weinbergen, Gärten, Obstgärten, Baumschulen, Alleen, einzelstehenden Bäumen, Forstkulturen, die durch Einbringen anderer als der im Jagdbezirk vorkommenden Hauptholzarten einer erhöhten Gefährdung ausgesetzt sind, oder Freilandpflanzungen von Garten- oder hochwertigen Handelsgewächsen entsteht, wird, soweit die Länder nicht anders bestimmen, nicht ersetzt, wenn die Herstellung von üblichen Schutzvorrichtungen unterblieben ist, die unter gewöhnlichen Umständen zur Abwendung des Schadens ausreichen. Die Länder können bestimmen, welche Schutzvorrichtungen als üblich anzusehen sind.

3. Jagdschaden

§ 33 Schadensersatzpflicht

(1) Wer die Jagd ausübt, hat dabei die berechtigten Interessen der Grundstückseigentümer oder Nutzungsberechtigten zu beachten, insbesondere besäte Felder und nicht abgemähte Wiesen tunlichst zu schonen. Die Ausübung der Treibjagd auf Feldern, die mit reifender Halm- oder Samenfrucht oder mit Tabak bestanden sind, ist verboten; die Suchjagd ist nur insoweit zulässig, als sie ohne Schaden für die reifenden Früchte durchgeführt werden kann.

(2) Der Jagdausübungsberechtigte haftet dem Grundstückseigentümer oder Nutzungsberechtigten für jeden aus missbräuchlicher Jagdausübung entstehenden Schaden; er haftet auch für den Jagdschaden, der durch einen von ihm bestellten Jagdaufseher oder durch einen Jagdgast angerichtet wird.

4. Gemeinsame Vorschriften

§ 34 Geltendmachung des Schadens

Der Anspruch auf Ersatz von Wild- oder Jagdschaden erlischt, wenn der Berechtigte den Schadensfall nicht binnen einer Woche, nachdem er von dem Schaden Kenntnis erhalten hat oder bei Beobachtung gehöriger Sorgfalt erhalten hätte, bei der für das beschädigte Grundstück zuständigen Behörde angemeldet hat. Bei Schaden an forstwirtschaftlich genutzten Grundstücken genügt es, wenn er zweimal im Jahre, jeweils bis zum 1. Mai oder 1. Oktober, bei der zuständigen Behörde angemeldet wird. Die Anmeldung soll die als ersatzpflichtig in Anspruch genommene Person bezeichnen.

§ 35 Verfahren in Wild- und Jagdschadenssachen

Die Länder können in Wild- und Jagdschadenssachen das Beschreiten des ordentlichen Rechtsweges davon abhängig machen, dass zuvor ein Feststellungsverfahren vor einer Verwaltungsbehörde (Vorverfahren) stattfindet, in dem über den Anspruch eine vollstreckbare Verpflichtungserklärung (Anerkenntnis, Vergleich) aufzunehmen oder eine nach Eintritt der Rechtskraft vollstreckbare Entscheidung (Vorbescheid) zu erlassen ist. Die Länder treffen die näheren Bestimmungen hierüber.

VIII. ABSCHNITT

Inverkehrbringen und Schutz von Wild

§ 36 Ermächtigungen

(1) Das Bundesministerium wird ermächtigt, durch Rechtsverordnung mit Zustimmung des Bunderates, soweit dies aus Gründen der Hege, zur Bekämpfung von Wilderei und Wildhehlerei, aus wissenschaftlichen Gründen oder zur Verhütung von Gesundheitsschäden durch Fallwild erforderlich ist, Vorschriften zu erlassen über

1. die Anwendung von Ursprungszeichen bei der Verbringung von erlegtem Schalenwild aus dem Erlegungsbezirk und der Verbringung von erlegtem Schalenwild in den Geltungsbereich dieses Gesetzes,
2. den Besitz, den Erwerb, die Ausübung der tatsächlichen Gewalt oder das sonstige Verwenden, die Abgabe, das Feilhalten, die Zucht, den Transport, das Veräußern oder das sonstige Inverkehrbringen von Wild,
3. die Ein-, Durch- und Ausfuhr sowie das sonstige Verbringen von Wild in den, durch den und aus dem Geltungsbereich dieses Gesetzes,
4. die Verpflichtung zur Führung von Wildhandelsbüchern,
5. das Kennzeichnen von Wild.

(2) Die Länder erlassen insbesondere Vorschriften über

1. die behördliche Überwachung des gewerbsmäßigen Ankaufs, Verkaufs und Tausches sowie der gewerbsmäßigen Verarbeitung von Wildbret und die behördliche Überwachung der Wildhandelsbücher,
2. das Aufnehmen, die Pflege und die Aufzucht verletzten oder kranken Wildes und dessen Verbleib.

(3) Die Vorschriften nach Absatz 1 Nr. 2 und 3 und Absatz 2 Nr. 2 können sich auch auf Eier oder sonstige Entwicklungsformen des Wildes, auf totes Wild, auf Teile des Wildes sowie auf die Nester und die aus Wild gewonnenen Erzeugnissen erstrecken.

(4) Rechtsverordnungen nach Absatz 1 Nr. 1 bedürfen des Einvernehmens mit dem Bundesministerium für Wirtschaft und Technologie; Rechtsverordnungen nach Absatz 1 Nr. 3 bedürfen des Einvernehmens mit dem Bundesministerium der Finanzen. Rechtsverordnungen nach Absatz 1 Nr. 2 bis 5 bedürfen, soweit sie Rechtsakte des Rates oder der Kommission der Europäischen Gemeinschaften auf dem Gebiet des Artenschutzes oder Verpflichtungen aus internationalen Artenschutzübereinkommen zu beachten haben, des Einvernehmens mit dem Bundesministerium für Umwelt, Naturschutz und Reaktorsicherheit.

(5) Das Bundesministerium der Finanzen und die von ihm bestimmten Zollstellen wirken bei der Ein-, Durch- und Ausfuhr sowie bei dem sonstigen Verbringen von Wild mit.

IX. ABSCHNITT

Jagdbeirat und Vereinigungen der Jäger

§ 37 Bildung von Jagdbeiräten, Mitwirkung von Vereinigungen der Jäger

(1) In den Ländern sind Jagdbeiräte zu bilden, denen Vertreter der Landwirtschaft, der Forstwirtschaft, der Jagdgenossenschaften, der Jäger und des Naturschutzes angehören müssen.

(2) Die Länder können die Mitwirkung von Vereinigungen der Jäger für die Fälle vorsehen, in denen Jagdscheininhaber gegen die Grundsätze der Waidgerechtigkeit verstoßen (§ 1 Abs. 3).

X. ABSCHNITT

Straf- und Bußgeldvorschriften

§ 38 Straftaten

$\rightarrow$ S. 200

(1) Mit Freiheitsstrafe bis zu fünf Jahren oder mit Geldstrafe wird bestraft, wer
1. einer vollziehbaren Anordnung nach § 21 Abs. 3 zuwiderhandelt,
2. entgegen § 22 Abs. 2 Satz 1 Wild nicht mit der Jagd verschont oder
3. entgegen § 22 Abs. 4 Satz 1 ein Elterntier bejagt.

(2) Handelt der Täter fahrlässig, so ist die Strafe Freiheitsstrafe bis zu sechs Monaten oder Geldstrafe bis zu einhundertachtzig Tagessätzen.

§ 39 Ordnungswidrigkeiten

(1) Ordnungswidrig handelt, wer
1. in befriedeten Bezirken die Jagd ausübt oder einer Beschränkung der Jagderlaubnis (§ 6) zuwiderhandelt;
2. auf vollständig eingefriedeten Grundflächen die Jagd entgegen einer nach § 7 Abs. 3 vorgeschriebenen Beschränkung ausübt;
3. auf Grund eines nach § 11 Abs. 6 Satz 1 nichtigen Jagdpachtvertrages, einer nach § 11 Abs. 6 Satz 2 nichtigen entgeltlichen Jagderlaubnis oder entgegen § 12 Abs. 4 die Jagd ausübt;
4. als Inhaber eines Jugendjagdscheines ohne Begleitperson die Jagd ausübt (§ 16);
5. den Vorschriften des § 19 Abs. 1 Nr. 3 bis 9, 11 bis 14, 16 bis 18, § 19a oder § 20 Abs. 1 zuwiderhandelt;
6. zum Verscheuchen des Wildes Mittel anwendet, durch die Wild verletzt oder gefährdet wird (§ 26);
7. einer Vorschrift des § 28 Abs. 1 bis 3 über das Hegen, Aussetzen und Ansiedeln zuwiderhandelt;
8. den Vorschriften des § 33 Abs. 1 zuwiderhandelt und dadurch Jagdschaden anrichtet;
9. den Jagdschein auf Verlangen nicht vorzeigt (§ 15 Abs. 1).

36

(2) Ordnungswidrig handelt, wer vorsätzlich oder fahrlässig
1. die Jagd ausübt, obwohl er keinen Jagdschein mit sich führt oder obwohl ihm die Jagdausübung verboten ist (§ 41 a);
2. den Vorschriften des § 19 Abs. 1 Nr. 1, 2, 10 und 15 zuwiderhandelt;
3. Schalenwild oder anderes Wild, das nur im Rahmen eines Abschussplanes bejagt werden darf, erlegt, bevor der Abschussplan bestätigt oder festgesetzt ist (§ 21 Abs. 2 Satz 1), oder wer den Abschussplan überschreitet;
3a. entgegen § 22 Abs. 1 Satz 2 Wild nicht mit der Jagd verschont;
4. als Jagdausübungsberechtigter das Auftreten einer Wildseuche nicht unverzüglich der zuständigen Behörde anzeigt oder den Weisungen der zuständigen Behörde zur Bekämpfung der Wildseuche nicht Folge leistet (§ 24);
5. einer Rechtsverordnung nach § 36 Abs. 1 oder 5 oder einer landesrechtlichen Vorschrift nach § 36 Abs. 2 zuwiderhandelt, soweit sie für einen bestimmten Tatbestand auf diese Bußgeldvorschrift verweist;
6. zur Jagd ausgerüstet unbefugt einen fremden Jagdbezirk außerhalb der zum allgemeinen Gebrauch bestimmten Wege betritt.

(3) Die Ordnungswidrigkeit kann mit einer Geldbuße bis zu fünftausend Euro geahndet werden.

§ 40 Einziehung

(1) Ist eine Straftat nach § 38 oder eine Ordnungswidrigkeit nach § 39 Abs. 1 Nr. 5 oder Abs. 2 Nr. 2 bis 3a oder 5 begangen worden, so können
1. Gegenstände, auf die sich die Straftat oder Ordnungswidrigkeit bezieht, und
2. Gegenstände, die zu ihrer Begehung oder Vorbereitung gebraucht worden oder bestimmt gewesen sind,
eingezogen werden.

(2) § 74a des Strafgesetzbuches und § 23 des Gesetzes über Ordnungswidrigkeiten sind anzuwenden.

$S.68$

§ 41 Anordnung der Entziehung des Jagdscheines

(1) Wird jemand wegen einer rechtswidrigen Tat
1. nach § 38 dieses Gesetzes,
2. nach den §§ 113, 114, 223 bis 227, 231, 239, 240 des Strafgesetzbuches, sofern derjenige, gegen den sich die Tat richtete, sich in Ausübung des Forst-, Feld-, Jagd- oder Fischereischutzes befand, oder
3. nach den §§ 292 bis 294 des Strafgesetzbuches
verurteilt oder nur deshalb nicht verurteilt, weil seine Schuldunfähigkeit erwiesen oder nicht auszuschließen ist, so ordnet das Gericht die Entziehung des Jagdscheines an, wenn sich aus der Tat ergibt, dass die Gefahr besteht, er werde bei weiterem Besitz des Jagdscheines erhebliche rechtswidrige Taten der bezeichneten Art begehen.

(2) Ordnet das Gericht die Entziehung des Jagdscheines an, so bestimmt es zugleich, dass für die Dauer von einem Jahr bis zu fünf Jahren kein neuer Jagdschein erteilt werden darf (Sperre). Die Sperre kann für immer angeordnet werden, wenn zu erwarten ist, dass die gesetzliche Höchstfrist zur Abwehr der von dem Täter drohenden Gefahr nicht ausreicht. Hat der Täter keinen Jagdschein,

$S.266$

so wird nur die Sperre angeordnet. Die Sperre beginnt mit der Rechtskraft des Urteils.

(3) Ergibt sich nach der Anordnung Grund zu der Annahme, dass die Gefahr, der Täter werde erhebliche rechtswidrige Taten der in Absatz 1 bezeichneten Art begehen, nicht mehr besteht, so kann das Gericht die Sperre vorzeitig aufheben.

§ 41a Verbot der Jagdausübung

(1) Wird gegen jemanden
1. wegen einer Straftat, die er bei oder im Zusammenhang mit der Jagdausübung begangen hat, eine Strafe verhängt oder
2. wegen einer Ordnungswidrigkeit nach § 39, die er unter grober oder beharrlicher Verletzung der Pflichten bei der Jagdausübung begangen hat, eine Geldbuße festgesetzt,

so kann ihm in der Entscheidung für die Dauer von einem Monat bis zu sechs Monaten verboten werden, die Jagd auszuüben.

(2) Das Verbot der Jagdausübung wird mit der Rechtskraft der Entscheidung wirksam. Für seine Dauer wird ein erteilter Jagdschein, solange er nicht abgelaufen ist, amtlich verwahrt; das Gleiche gilt für einen nach Ablauf des Jagdjahres neu erteilten Jagdschein. Wird er nicht freiwillig herausgegeben, so ist er zu beschlagnahmen.

(3) Ist ein Jagdschein amtlich zu verwahren, so wird die Verbotsfrist erst von dem Tage an gerechnet, an dem dies geschieht. In die Verbotsfrist wird die Zeit nicht eingerechnet, in welcher der Täter auf behördliche Anordnung in einer Anstalt verwahrt wird.

(4) Über den Beginn der Verbotsfrist nach Absatz 3 Satz 1 ist der Täter im Anschluss an die Verkündung der Entscheidung oder bei deren Zustellung zu belehren.

§ 42 Landesrechtliche Straf- und Bußgeldbestimmungen

Die Länder können Straf- und Bußgeldbestimmungen für Verstöße gegen die von ihnen erlassenen Vorschriften treffen, soweit solche nicht schon in diesem Gesetz enthalten sind.

XI. ABSCHNITT

Schlussvorschriften

§ 43 Ablauf von Jagdpachtverträgen

Als Jahr der Beendigung des Krieges im Sinne der Verordnung über die Fortdauer von Jagdpachtverträgen und über die Mitgliedschaft aktiver Wehrmachtangehöriger bei der Deutschen Jägerschaft während des Krieges vom 19. Februar 1940 in der Fassung der Änderungsverordnung vom 10. Februar 1941 (Reichsgesetzbl. I S. 96) gilt das Jahr 1945. Verpächter und Pächter, die auf Grund dieser Verordnung einen Jagdpachtvertrag bis zu einem späteren Zeitpunkt als dem 31. März 1946 als fortdauernd behandelt haben, können sich für die Zeit bis zum

Ende des Jagdjahres, in das dieser Zeitpunkt fällt, spätestens jedoch bis zum 31. März 1953, auf den Ablauf des Vertrages nicht berufen.

§ 44 Sonderregelungen

Die zuständigen Landesregierungen werden ermächtigt, durch Rechtsverordnung im Benehmen mit dem Bundesministerium die Ausübung des Jagdrechts auf der Insel Helgoland und die Jagd auf Wasservögel auf dem Untersee und dem Rhein bei Konstanz abweichend von den Vorschriften dieses Gesetzes zu regeln.

§ 44a Unberührtheitsklausel

Vorschriften des Lebensmittelrechts, Seuchenrechts, Fleischhygienerechts und Tierschutzrechts bleiben unberührt.

§ 45
(weggefallen)

§ 46 Inkrafttreten des Gesetzes

(1) *Inkrafttreten der ursprünglichen Fassung des Gesetzes*

(2) *Aufhebung von Vorschriften*

(3) Verweisungen auf Vorschriften, die nach Absatz 2 außer Kraft getreten sind, gelten als Verweisungen auf die entsprechenden Vorschriften dieses Gesetzes oder die entsprechenden landesrechtlichen Vorschriften.

2.
Verordnung über die Jagdzeiten

vom 2. April 1977 (BGBl. I S. 531), geändert durch Verordnung
vom 25. April 2002 (BGBl. I S. 1487)

Auf Grund des § 22 Abs. 1 Satz 1 des Bundesjagdgesetzes in der Fassung der Bekanntmachung vom 29. September 1976 (BGBl. I S. 2849) wird mit Zustimmung des Bundesrates verordnet:

§ 1

(1)   Die Jagd darf ausgeübt werden auf
1.   Rotwild
     Kälber   vom 1. August bis 28. Februar
     Schmalspießer   vom 1. Juni bis 28. Februar
     Schmaltiere   vom 1. Juni bis 31. Januar
     Hirsche und Alttiere   vom 1. August bis 31. Januar
2.   Dam- und Sikawild
     Kälber   vom 1. September bis 28. Februar
     Schmalspießer   vom 1. Juli bis 28. Februar
     Schmaltiere   vom 1. Juli bis 31. Januar
     Hirsche und Alttiere   vom 1. September bis 31. Januar
3.   Rehwild
     Kitze   vom 1. September bis 28. Februar
     Schmalrehe   vom 1. Mai bis 31. Januar
     Ricken   vom 1. September bis 31. Januar
     Böcke   vom 1. Mai bis 15. Oktober
4.   Gamswild   vom 1. August bis 15. Dezember
5.   Muffelwild   vom 1. August bis 31. Januar
6.   Schwarzwild   vom 16. Juni bis 31. Januar
7.   Feldhasen   vom 1. Oktober bis 15. Januar
8.   Stein- und Baummarder   vom 16. Oktober bis 28. Februar
9.   Iltisse   vom 1. August bis 28. Februar
10. Hermeline   vom 1. August bis 28. Februar
11. Mauswiesel   vom 1. August bis 28. Februar
12. Dachse   vom 1. August bis 31. Oktober
13. Rebhühner   vom 1. September bis 15. Dezember
14. Fasanen   vom 1. Oktober bis 15. Januar
15. Wildtruthähne   vom 15. März bis 15. Mai und
                                     vom 1. Oktober bis 15. Januar
16. Wildtruthennen   vom 1. Oktober bis 15. Januar
17. Ringel- und Türkentauben   vom 1. November bis 20. Februar
18. Höckerschwäne   vom 1. November bis 20. Februar
19. Graugänse   vom 1. August bis 31. August und
                                     vom 1. November bis 15. Januar
20. Bläss-, Saat-, Ringel- und Kanadagänse   vom 1. November bis 15. Januar

21.	Stockenten	vom 1. September bis 15. Januar
22.	Pfeif-, Krick-, Spieß-, Berg-, Reiher-, Tafel-, Samt- und Trauerenten	vom 1. Oktober bis 15. Januar
23.	Waldschnepfen	vom 16. Oktober bis 15. Januar
24.	Blässhühner	vom 11. September bis 20. Februar
25.	Lach-, Sturm-, Silber-, Mantel- und Heringsmöwen	vom 1. Oktober bis 10. Februar

(2) Vorbehaltlich der Bestimmungen des § 22 Abs. 4 des Bundesjagdgesetzes darf die Jagd das ganze Jahr ausgeübt werden beim Schwarzwild auf Frischlinge und Überläufer, auf Wildkaninchen und Füchse.

(3) Die in Absatz 1 festgesetzten Jagdzeiten umfassen nur solche Zeiträume einschließlich Tageszeiten, in denen nach den örtlich gegebenen äußeren Umständen für einen Jäger die Gefahr der Verwechslung von Tierarten nicht besteht.

§ 2

Diese Verordnung tritt am Tage nach der Verkündung in Kraft. Gleichzeitig tritt die Verordnung über die Jagdzeiten vom 13. Juli 1967 (BGBl. I S. 723) außer Kraft.

41

3.
Verordnung über den Schutz von Wild
(Bundeswildschutzverordnung — BWildSchV)

vom 25. Oktober 1985 (BGBl. I S. 2040), zuletzt geändert durch Verordnung
vom 16. Februar 2005 (BGBl. I S. 258)

– Auszug –

Auf Grund des § 36 Abs. 1 Nr. 2, 4 und 5 in Verbindung mit § 36 Abs. 3 des Bundesjagdgesetzes in der Fassung der Bekanntmachung vom 29. September 1976 (BGBl. I S. 2849) wird mit Zustimmung des Bundesrates verordnet:

§ 1 Anwendungsbereich, Begriffsbestimmungen

(1) Diese Verordnung findet Anwendung auf Tiere der in den Anlagen 1 und 4 genannten Arten. Für die Abgrenzung der Tierarten im Sinne dieser Verordnung ist ihre wissenschaftliche Bezeichnung maßgebend. Die Art schließt Unterarten ein, auch soweit diese im Geltungsbereich des Bundeswaldgesetzes in der Natur nicht vorkommen.

(2) Der Begriff Tiere im Sinne dieser Verordnung umfasst lebende und tote Tiere, ihre ohne weiteres erkennbaren Teile, ohne weiteres erkennbar aus ihnen gewonnene Erzeugnisse sowie ihre Eier, sonstigen Entwicklungsformen und Nester.

§ 2 Verbote

(1) Es ist verboten, Tiere der in Anlage 1 genannten Arten
1. in Besitz zu nehmen, zu erwerben, die tatsächliche Gewalt über sie auszuüben, sie zu be- oder verarbeiten oder sonst zu verwenden,
2. abzugeben, anzubieten, zu veräußern oder sonst in den Verkehr zu bringen sowie
3. für eine der in Nr. 2 genannten Tätigkeiten zu befördern.

Das Aneignungsrecht des Jagdausübungsberechtigten sowie Vorschriften der Länder nach § 36 Abs. 2 Nr. 2 des Bundesjagdgesetzes über das Aufnehmen, die Pflege und die Aufzucht verletzten oder kranken Wildes und dessen Verbleib bleiben unberührt.

(2) Die Verbote des Absatzes 1 gelten nicht für Tiere, an denen nach In-Kraft-Treten dieser Verordnung im Rahmen der Ausübung des Jagdrechts Eigentum erworben wurde. Diese Tiere dürfen jedoch nicht an Dritte gegen Entgelt abgegeben oder zu diesem Zweck befördert, gehalten oder angeboten werden. Ausgenommen von diesen Beschränkungen sind
1. Tiere der in Anlage 2 genannten Arten,
2. Tiere der in Anlage 3 genannten Arten, soweit die in Satz 2 aufgeführten Tätigkeiten nicht zu gewerbsmäßigen Zwecken erfolgen, sowie
3. in der Natur aufgefundene tote Tiere, soweit sie für Zwecke der Forschung oder Lehre verwendet werden.

(3) Die Verbote des Absatzes 1 gelten ferner nicht für Tiere, die

1. vor In-Kraft-Treten dieser Verordnung in Übereinstimmung mit den Vorschriften zum Schutz der betreffenden Art im Geltungsbereich des Bundeswaldgesetzes erworben worden sind,

2. in Übereinstimmung mit den Vorschriften zum Schutz der betreffenden Art in den Geltungsbereich des Bundeswaldgesetzes gelangt sind. Für Tiere der in Anlage 1 genannten Arten, die auf Grund einer lediglich zum persönlichen Gebrauch oder als Hausrat zulässigen Einfuhr in den Geltungsbereich des Bundeswaldgesetzes gelangt sind, gelten die Beschränkungen des Absatzes 2 Satz 2 entsprechend.

(4) Die Verbote des Absatzes 1 gelten ferner nicht für Tiere der Arten Rebhuhn, Fasan, Wachtel und Stockente, die im Geltungsbereich des Bundeswaldgesetzes in der Gefangenschaft gezüchtet und nicht herrenlos geworden sind.

(5) Die nach Landesrecht zuständige Behörde kann im Einzelfall Ausnahmen von den Verboten des Absatzes 1 zulassen, soweit dies für die Verwertung beschlagnahmter oder eingezogener Tiere erforderlich ist. Sie kann ferner im Einzelfall Ausnahmen von den Verboten des Absatzes 1 sowie von den Verboten des Absatzes 2 Satz 2 und des Absatzes 3 Satz 2 zulassen, soweit dies

1. für Zwecke der Forschung oder Lehre,

2. zur Ansiedlung von Tieren in der freien Natur oder der damit zusammenhängenden Aufzucht oder

3. aus einem sonstigen vernünftigen Grund für eine Nutzung von Tieren in geringen Mengen

erforderlich ist und Belange des Arten- und Biotopschutzes sowie Rechtsakte des Rates oder der Kommission der Europäischen Gemeinschaften oder Verpflichtungen aus internationalen Artenschutzübereinkommen nicht entgegenstehen.

§ 3 Halten von Greifen und Falken

(1) Die Haltung von Greifen oder Falken der in Anlage 4 genannten Arten ist nur nach Maßgabe der Absätze 2 bis 6 zulässig.

(2) Wer Greife oder Falken hält,

1. muss Inhaber eines auf seinen Namen lautenden gültigen Falknerjagdscheines sein,

2. darf insgesamt nicht mehr als zwei Exemplare der Arten Habicht, Steinadler und Wanderfalke halten,

3. hat unverzüglich die Greife und Falken dauerhaft und unverwechselbar nach Maßgabe des Absatzes 3 zu kennzeichnen und

4. hat der nach Landesrecht zuständigen Stelle
   a) spätestens bis zum 1. Juni 1986, bei späterem Beginn der Haltung binnen vier Wochen nach Begründung des Eigenbesitzes, den Bestand an Greifen und Falken und
   b) nach der Bestandsanzeige jeweils unverzüglich den Zu- und Abgang von Greifen und Falken

schriftlich anzuzeigen; die Anzeige muss Angaben enthalten über Zahl, Art, Alter, Geschlecht, Herkunft, Verbleib, Standort, Verwendungszweck und Kennzeichen der Greife und Falken. Die Verlegung des regelmäßigen Standortes der Greife und Falken ist ebenfalls unverzüglich anzuzeigen. Das durch den Tod eines Tieres frei gewordene Kennzeichen ist mit der Anzeige über den Abgang zurückzugeben.

(3) Die Kennzeichnung der gemäß Absatz 1 gehaltenen Greifen und Falken der Anlage 4 hat nach den Bestimmungen der §§ 12 bis 15 der Bundesartenschutzverordnung zu erfolgen.

(4) Die nach Landesrecht zuständige Behörde kann im Einzelfall von den Voraussetzungen des Absatzes 2 Nr. 1 und 2 Ausnahmen zulassen, wenn

1. die Haltung wissenschaftlichen, Lehr- oder Forschungszwecken dient oder die Ausnahme zur Nachzucht für einen der vorstehenden Zwecke, zur Nachzucht für die Ausübung der Beizjagd oder zur Nachzucht für die Ansiedlung in der freien Natur erforderlich ist,

2. der Halter die erforderliche Zuverlässigkeit und ausreichende Kenntnisse über das Halten und die Pflege von Greifen und Falken besitzt und

3. eine fachgerechte Betreuung sowie eine den tierschutzrechtlichen Vorschriften entsprechende Haltung gewährleistet sind.

(5) Absatz 2 Nr. 1 und 2 ist nicht anzuwenden auf Greife und Falken, die bei In-Kraft-Treten dieser Verordnung in Übereinstimmung mit den zu ihrem Schutz geltenden Vorschriften gehalten werden. Die Anwendung des Absatzes 2 Nr. 1 und 2 auf die Erweiterung solcher Bestände und auf den Ersatz des Abgangs bleibt unberührt.

(6) Die Absätze 2 bis 5 gelten nicht für zoologische Einrichtungen von juristischen Personen des öffentlichen Rechts sowie für behördlich genehmigte oder anerkannte Auffang- und Pflegestationen.

§ 4 Aufzeichnungs- und Kennzeichnungspflichten

(1) Wer gewerbsmäßig

1. tote Tiere der in Anlage 5 genannten Arten oder Teile dieser Tiere präpariert oder

2. lebende oder tote Tiere der in Anlage 5 genannten Arten oder Teile dieser Tiere in den Verkehr bringt oder erwirbt,

hat über diese Tiere ein Aufnahme- und Auslieferungsbuch mit täglicher Eintragung nach dem Muster der Anlage 6 zu führen. Werden Tiere nach Nummer 2 im Einzelhandel abgegeben, brauchen Name und Anschrift des Empfängers sowie der Abgangstag nur bei den Tieren angegeben zu werden, deren Verkaufspreis über 125 Euro beträgt.

(2) Alle Eintragungen in das Buch sind in dauerhafter Form vorzunehmen; § 43 Abs. 2 bis 4 Satz 1 und 2 des Handelsgesetzbuches gilt sinngemäß.

(3) Die Bücher mit den Belegen sind der nach Landesrecht zuständigen Stelle auf Verlangen zur Prüfung auszuhändigen.

(4) Die Bücher mit den Belegen sind fünf Jahre aufzubewahren. Die Aufbewahrungsfrist beginnt mit dem Schluss des Kalenderjahres, in dem die letzte Eintragung für ein abgeschlossenens Geschäftsjahr gemacht worden ist.

(5) Die in Absatz 1 genannten Tiere und Teile von Tieren sind zu kennzeichnen, soweit dies mit angemessenem Aufwand möglich ist.

§ 5 Rechtmäßiger Besitz, Nachweispflicht

Wer Tiere der in Anlage 5 genannten Arten besitzt oder die tatsächliche Gewalt darüber ausübt, kann sich gegenüber der zuständigen Behörde auf eine Berechtigung hierzu nur berufen, wenn er auf Verlangen nachweist, dass die Voraussetzungen für eine Ausnahme nach § 2 Abs. 2 bis 5 vorliegen, oder glaubhaft macht, dass er oder ein Dritter die Tiere bei Inkrafttreten dieser Verordnung in Besitz hatte. Für Gegenstände zum persönlichen Gebrauch oder Hausrat gilt dies nur, wenn Tatsachen die Annahme rechtfertigen, dass eine Berechtigung nach § 2 Abs. 2 bis 5 nicht besteht.

§ 6 Ordnungswidrigkeiten

Ordnungswidrig im Sinne des § 39 Abs. 2 Nr. 5 des Bundesjagdgesetzes handelt, wer vorsätzlich oder fahrlässig

1. entgegen § 2 Abs. 1 Satz 1 dort bezeichnete Tiere in Besitz nimmt, erwirbt, die tatsächliche Gewalt über sie ausübt, sie be- oder verarbeitet oder sonst verwendet, in den Verkehr bringt oder befördert,
2. entgegen § 2 Abs. 2 Satz 2 oder Abs. 3 Nr. 2 Satz 2 dort bezeichnete Tiere an Dritte gegen Entgelt abgibt oder zu diesem Zweck befördert, hält oder anbietet,
3. entgegen § 3 Abs. 2 Nr. 1 Greife oder Falken hält,
4. einer Vorschrift des § 3 Abs. 2 Nr. 2, 3 oder 4 über die Haltung oder Kennzeichnung von Greifen oder Falken, über Anzeigepflichten oder über die Pflicht zur Rückgabe eines frei gewordenen Kennzeichens zuwiderhandelt oder
5. einer Vorschrift des § 4 Abs. 1 Satz 1, Abs. 2 bis 5 über die Führung, Form, Aushändigung oder Aufbewahrung von Aufnahme- und Auslieferungsbüchern oder Belegen oder über die Kennzeichnung von Tieren oder Teilen von Tieren zuwiderhandelt.

§ 7 (Berlin-Klausel)

§ 8 (Inkrafttreten)

Anlage 1

(zu § 2 Abs. 1)

1. Haarwild
Steinwild *(Capra ibex L.)*,
Schneehase *(Lepus timidus L.)*,

Murmeltier *(Marmorata marmorata L.)*,
Seehund *(Phoca vitulina L.)*;

2. Federwild
Rebhuhn *(Perdix perdix L.)*,
Fasan *(Phasianus colchicus L.)*,
Wachtel *(Coturnix coturnix L.)*,
Auerwild *(Tetrao urogallus L.)*,
Birkwild *(Lyrurus tetrix L.)*,
Rackelwild *(Lyrurus tetrix*
× *Tetrao urogallus)*,
Haselwild *(Tetrastes bonasia L.)*,

Alpenschneehuhn
(Lagopus mutus MONTIN),
Wildtruthuhn *(Meleagris gallopavo L.)*,
Hohltaube *(Columba oenas L.)*,
Ringeltaube *(Columba palumbus L.)*,
Turteltaube *(Streptopelia turtur L.)*,
Türkentaube *(Streptopelia decaocto FRIVALDSKY)*,
Höckerschwan *(Cygnus olor GMELIN)*,

Graugans *(Anser anser L.)*,
Blässgans *(Anser albifrons SCOPOLI)*,
Saatgans *(Anser fabalis LATHAM)*,
Kurzschnabelgans *(Anser
  brachyrhynchos BAILLON)*,
Ringelgans *(Branta bernicla L.)*,
Weißwangengans *(Branta leucopsis
  BECHSTEIN)*,
Kanadagans *(Branta canadensis L.)*,
Stockente *(Anas platyrhynchos L.)*,
Löffelente *(Anas clypeata L.)*,
Schnatterente *(Anas strepera L.)*,
Pfeifente *(Anas penelope L.)*,
Krickente *(Anas crecca L.)*,
Spießente *(Anas acuta L.)*,
Kolbenente *(Netta rufina PALLAS)*,
Bergente *(Aythya marila L.)*,
Reiherente *(Aythya fuligula L.)*,
Tafelente *(Aythya ferina L.)*,
Schellente *(Bucephala clangula L.)*,
Brandente *(Tadorna tadorna L.)*,
Eisente *(Clangula hyemalis L.)*,

Samtente *(Melanitta fusca L.)*,
Trauerente *(Melanitta nigra L.)*,
Eiderente *(Somateria mollissima L.)*,
Mittelsäger *(Mergus serrator L.)*,
Gänsesäger *(Mergus merganser L.)*,
Zwergsäger *(Mergus albellus L.)*,
Waldschnepfe *(Scolopax rusticola L.)*,
Blässhuhn *(Fulica atra L.)*,
Mantelmöwe *(Larus marinus L.)*,
Heringsmöwe *(Larus fuscus L.)*,
Silbermöwe *(Larus argentatus
  PONTOPPIDAN)*,
Sturmmöwe *(Larus canus L.)*,
Lachmöwe *(Larus ridibundus L.)*,
Schwarzkopfmöwe *(Larus melanocephalus
  TEMMINCK)*,
Zwergmöwe *(Larus minutus PALLAS)*,
Dreizehenmöwe *(Rissa tridactyla L.)*,
Haubentaucher *(Podiceps cristatus L.)*,
Graureiher *(Ardea cinerea L.)*,
Kolkrabe *(Corvus corax L.)*.

Anlage 2

(zu § 2 Abs. 2 Satz 3 Nr. 1)

Rebhuhn *(Perdix perdix L.)*,
Fasan *(Phasianus colchicus L.)*,
Ringeltaube *(Columba palumbus L.)*,
Graugans *(Anser anser L.)*,
Stockente *(Anas platyrhynchos L.)*,

Pfeifente *(Anas penelope L.)*,
Krickente *(Anas crecca L.)*,
Spießente *(Anas acuta L.)*,
Tafelente *(Aythya ferina L.)*,
Blässhuhn *(Fulica atra L.)*,

Anlage 3

(zu § 2 Abs. 2 Satz 3 Nr. 2)

Blässgans *(Anser albifrons SCOPOLI)*,
Waldschnepfe *(Scolopax rusticola L.)*,

Reiherente *(Aythya fuligula L.)*,

Anlage 4

(zu § 3 Abs. 1)

Fischadler *(Pandision haliacetus L.)*,
Wespenbussard *(Pernis apivorus L.)*,
Schwarzmilan *(Milvus migrans
  BODDAERT)*,

Habicht *(Accipiter gentilis L.)*,
Mäusebussard *(Buteo buteo L.)*,
Rauhfußbussard *(Buteo lagopus
  BRUENNICH)*,

Rotmilan *(Milvus milvus L.)*,
Seeadler *(Haliaeerus L.)*,
Rohrweihe *(Circus acruginosus L.)*,
Kornweihe *(Circus cyaneus L.)*,
Wiesenweihe *(Circus pygargus L.)*,
Sperber *(Accipiter nisus L.)*,

Steinadler *(Aquila chrysactos L.)*,
Turmfalke *(Falco tinnunculus L.)*,
Rotfußfalke *(Falco vespertinus L.)*,
Merlin *(Falco columbarius L.)*,
Baumfalke *(Falco subbutco L.)*,
Wanderfalke *(Falco peregrinus
TUNSTALL)*.

Anlage 5

(zu § 4 Abs. 1, § 5)
1. Haarwild
Steinwild *(Capra ibex L.)*,
Schneehase *(Lepus timidus L.)*,
2. Federwild
Wachtel *(Coturnix coturnix L.)*,
Auerwild *(Tetrao urogallus L.)*,
Birkwild *(Lyrurus tetrix L.)*,
Rackelwild *(Lyrurus tetrix × Tetrao
urogallus)*,
Haselwild *(Tetrastes bonasia L.)*,
Alpenschneehuhn Lagopus mutus
MONTIN),
Hohltaube *(Columba oenas L.)*,
Turteltaube *(Streptopelia turtur L.)*,
Kurzschnabelgans
(Anser brachyrhynchos BAILLON),
Weißwangengans
(Branta leucopsis BECHSTEIN),
Löffelente *(Anas clypeata L.)*,

Murmeltier *(Marmorata marmorata L.)*,
Seehund *(Phoca vitulina L.)*;

Schnatterente *(Anas strepera L.)*,
Kolbenente *(Netta rufina PALLAS)*,
Schellente *(Bucephala clangula L.)*,
Brandente *(Tadorna tadorna L.)*,
Eisente *(Clangula hyemalis L.)*,
Eiderente *(Somateria mollissima L.)*,
Mittelsäger *(Mergus serrator L.)*,
Gänsesäger *(Mergus merganser L.)*,
Zwergsäger *(Mergus albellus L.)*,
Schwarzkopfmöwe *(Larus
melanocephalus TEMMINCK)*,
Zwergmöwe *(Larus minutus PALLAS)*,
Dreizehenmöwe *(Rissa tridactyla L.)*,
Haubentaucher *(Podiceps cristatus L.)*,
Graureiher *(Ardea cinerea L.)*,
Kolkrabe *(Corvus corax L.)*

Anlage 6

(zu § 4 Abs. 1)

Aufnahme- und Auslieferungsbuch
(nicht abgedruckt)

4.
Landesjagdgesetz
(LJagdG)

in der Fassung der Bekanntmachung vom 1. Juni 1996 (GBl. S. 369, ber. S. 723), zuletzt geändert durch Gesetz vom 10. November 2009 (GBl. S. 645, 658)

Inhaltsübersicht

I. ABSCHNITT

Das Jagdrecht   Seite

I. ABSCHNITT

Das Jagdrecht

§ 1 Wirkung des Jagdrechts gegen Dritte

(1) Wer an Orten, an denen er zur Ausübung der Jagd nicht berechtigt ist, Besitz oder Gewahrsam an lebendem oder verendetem Wild oder an sonstigen Gegenständen im Sinne des § 1 Abs. 5 des Bundesjagdgesetzes erlangt, hat diese un-

49

verzüglich entweder dem Jagdausübungsberechtigten, der nächsten Gemeindebehörde oder Polizeidienststelle abzuliefern oder anzuzeigen. Die Gemeindebehörde oder Polizeidienststelle hat unverzüglich die Anzeige an den am Fundort Jagdausübungsberechtigten weiterzuleiten und ihm die abgelieferten Gegenstände zur Verfügung zu stellen. Besteht die Gefahr des Verderbs, so sind die Gegenstände im Interesse des Jagdausübungsberechtigten zu verwerten. Ist der Jagdausübungsberechtigte nicht festzustellen, so sind die Gegenstände oder der Erlös wohltätigen Zwecken zuzuführen.

(2) Zur Anzeige nach Absatz 1 sind auch die Führer von Fahrzeugen verpflichtet, welche Schalenwild an- oder überfahren.

II. ABSCHNITT

Jagdbezirke

§ 2 Abrundung der Jagdbezirke

(1) Jagdbezirke können durch schriftliche Vereinbarung der Beteiligten (Jagdgenossenschaft, Eigenjagdbesitzer) abgerundet werden. Die Vereinbarung bedarf der Genehmigung der unteren Jagdbehörde und wird erst mit deren Erteilung rechtswirksam; dies gilt auch für die Aufhebung und die Änderung einer Vereinbarung.

(2) Kommt eine Vereinbarung nicht zustande, so kann die untere Jagdbehörde die Abrundung von Amts wegen vornehmen.

(3) Abrundungen sind nur zulässig, wenn und soweit sie aus Erfordernissen der Jagdpflege und Jagdausübung notwendig sind und wenn dadurch nicht ein Jagdbezirk seine gesetzliche Mindestgröße verliert. Durch Abrundung soll die Größe der Jagdbezirke möglichst wenig verändert werden.

(4) Grundflächen, die zu keinem Jagdbezirk gehören, hat die untere Jagdbehörde nach den Erfordernissen der Jagdpflege und Jagdausübung benachbarten Jagdbezirken anzugliedern.

(5) In laufende Jagdpachtverhältnisse darf nur mit Zustimmung der Vertragsparteien eingegriffen werden. Wird der Abrundung nicht zugestimmt, so tritt diese erst mit Beendigung des Jagdpachtverhältnisses der nicht zustimmenden Vertragspartei, bei mehreren nicht zustimmenden Vertragsparteien mit Beendigung des am längsten laufenden Jagdpachtvertrages der nicht zustimmenden Vertragsparteien in Kraft. Der Zustimmung bedarf es insoweit nicht, als Jagdpachtverträge vor ihrem Ablauf verlängert oder neu abgeschlossen werden und im Zeitpunkt der Verlängerung oder des Neuabschlusses ein Abrundungsverfahren bereits anhängig ist.

(6) Bei der Angliederung von Grundflächen an einen Eigenjagdbezirk hat dessen Inhaber an den Eigentümer der angegliederten Grundflächen jährlich im voraus eine angemessene Entschädigung zu zahlen.

(7) Erstreckt sich eine Abrundung auf das Gebiet mehrerer Land- oder Stadtkreise und ist ein Einvernehmen der unteren Jagdbehörden nicht zu erzielen, so ist die obere Jagdbehörde zuständig. Abrundungen über die Landesgrenze hinweg bedürfen unbeschadet der Zuständigkeit der unteren Jagdbehörde (Absätze 1 und 2) der Bestätigung der oberen Jagdbehörde.

§ 3 Befriedete Bezirke; Ruhen der Jagd

(1) Befriedete Bezirke sind:
1. Gebäude, die zum Aufenthalt von Menschen dienen, und Gebäude, die mit solchen Gebäuden räumlich zusammenhängen;
2. Hofräume und Hausgärten, die unmittelbar an ein für den ständigen Aufenthalt von Menschen bestimmtes Wohngebäude anstoßen und durch irgendeine Umfriedung begrenzt oder sonst vollständig abgeschlossen sind;
3. Friedhöfe.

(2) Öffentliche Anlagen und Grundflächen, die durch Einzäunung oder auf andere Weise gegen den Zutritt von Menschen abgeschlossen und deren Eingänge und Einsprünge absperrbar sind, sowie Gehege oder ähnliche Einrichtungen nach § 34 des Landeswaldgesetzes und Gehege nach § 32¹ des Naturschutzgesetzes können durch Anordnungen der unteren Jagdbehörde ganz oder teilweise befriedet werden.

(3) Zuständig für die Anordnungen nach § 6 Satz 2 des Bundesjagdgesetzes ist die untere Jagdbehörde.

(4) Die untere Jagdbehörde kann, unbeschadet der Befugnisse des Jagdausübungsberechtigten nach § 18, Eigentümern oder Nutzungsberechtigten von Grundflächen, auf denen die Jagd ruht, die Ausübung der Jagd auf Wildkaninchen, Füchse und Steinmarder und die Aneignung der gefangenen oder erlegten Tiere für eine bestimmte Zeit auch ohne Jagdschein genehmigen, wenn der Empfänger der Genehmigung im Falle einer Beschränkung auf die Fangjagd über einen Sachkundenachweis nach § 22 verfügt und bei Einbeziehung einer Jagdausübung mit Schusswaffen nach § 17 Abs. 1 Nr. 4 des Bundesjagdgesetzes ausreichend versichert ist. Die waffenrechtlichen Vorschriften bleiben unberührt.

§ 4 Eigenjagdbezirke

(1) Die Mindestgröße der Eigenjagdbezirke beträgt 75 Hektar.

(2) Ist Eigentümer oder Nutznießer eines Eigenjagdbezirks eine Personenmehrheit oder eine juristische Person und wird die Jagd weder durch Verpachtung noch durch angestellte Jäger (§ 10 Abs. 2 des Bundesjagdgesetzes) oder durch bestätigte Jagdaufseher (§ 25 des Bundesjagdgesetzes und § 30 dieses Gesetzes) ausgeübt, so ist jagdausübungsberechtigt derjenige, der von dem Verfügungsberechtigten der unteren Jagdbehörde benannt wird. Die untere Jagdbehörde kann dem Verfügungsberechtigten hierzu eine angemessene Frist setzen. Wird innerhalb der Frist keine geeignete Person benannt, so kann die untere Jagdbehörde die zur Ausübung und zum Schutze der Jagd erforderlichen Anordnungen auf Kosten des Verfügungsberechtigten treffen. Als Jagdausübungsberechtigte dürfen auf Jagdbezirken bis zu 250 Hektar nicht mehr als drei Personen und für jede weitere angefangene 100 Hektar je eine weitere Person zugelassen werden.

(3) Das Ministerium für Ernährung und Ländlichen Raum (Ministerium) kann durch Rechtsverordnung Vorschriften über die Erklärung der im § 7 Abs. 3 des Bundesjagdgesetzes genannten Flächen zu Eigenjagdbezirken erlassen und die Jagdausübung in diesen Bezirken beschränken.

---

¹ Jetzt § 48 Naturschutzgesetz.

§ 5 Gemeinschaftliche Jagdbezirke

(1) Einem Antrag auf Zusammenlegung zu einem gemeinschaftlichen Jagdbezirk (§ 8 Abs. 2 des Bundesjagdgesetzes) ist stattzugeben, wenn er von Grundstückseigentümern gestellt wird, die zusammen über mehr als die Hälfte der zusammenhängenden Grundflächen verfügen.

(2) Die Teilung eines gemeinschaftlichen Jagdbezirks in mehrere selbstständige Jagdbezirke (§ 8 Abs. 3 des Bundesjagdgesetzes) ist zuzulassen, wenn die Jagdgenossenschaft sie beschlossen hat, jeder Teil die Mindestgröße von 250 Hektar hat und auf jedem Teil eine den Erfordernissen der Jagdpflege entsprechende Jagdausübung möglich ist.

(3) Zuständig für die Entscheidung nach § 8 Abs. 2 und 3 des Bundesjagdgesetzes ist die untere Jagdbehörde, bei Gemeinden verschiedener Land- oder Stadtkreise die nächsthöhere gemeinsame Jagdbehörde.

§ 6 Jagdgenossenschaft

(1) Die Jagdgenossenschaft ist eine Körperschaft des öffentlichen Rechts. Sie steht unter der Aufsicht des Staates; die Aufsicht wird von der unteren Jagdbehörde ausgeübt.

(2) Die Jagdgenossenschaft hat eine Satzung aufzustellen, die der Genehmigung der unteren Jagdbehörde bedarf. Das Ministerium kann im Einvernehmen mit dem Innenministerium durch Rechtsverordnung Mindestforderungen für die Satzungen aufstellen, Vorschriften über die Einberufung, Bekanntgabe und Durchführung der Versammlung der Jagdgenossenschaft erlassen und das Verfahren bei der Verpachtung gemeinschaftlicher Jagdbezirke regeln. Kommt die Jagdgenossenschaft der Aufforderung der unteren Jagdbehörde zur Aufstellung einer Satzung nicht innerhalb einer ihr gesetzten angemessenen Frist nach, so kann die untere Jagdbehörde eine Satzung für die Jagdgenossenschaft erlassen.

(3) Für gemeinschaftliche Jagdbezirke, die durch Zusammenlegung (§ 8 Abs. 2 des Bundesjagdgesetzes) entstanden sind, kann der Jagdvorstand, vorbehaltlich der Wahl durch die Jagdgenossenschaft, von der zuständigen Jagdbehörde bestimmt werden.

(4) Umlagen der Jagdgenossenschaft können wie Gemeindeabgaben beigetrieben werden.

(5) Durch Beschluss der Jagdgenossenschaft (§ 9 Abs. 3 des Bundesjagdgesetzes) kann die Verwaltung der Jagdgenossenschaft dem Gemeindevorstand mit dessen Zustimmung übertragen werden.

(6) Gemeindevorstand im Sinne dieses Gesetzes und des § 9 Abs. 2 Satz 3 des Bundesjagdgesetzes ist der Gemeinderat. Die Kosten seiner Geschäftsführung trägt die Jagdgenossenschaft.

§ 7 Hegegemeinschaften

Die Jagdbehörden wirken auf die Bildung von Hegegemeinschaften nach § 10a Abs. 1 des Bundesjagdgesetzes hin, wenn dies aus hegerischen Gründen geboten ist. Entspricht eine Hegegemeinschaft nach ihrer räumlichen Abgrenzung den Erfordernissen der Hege, so ist sie von der unteren Jagdbehörde auf Antrag zu bestätigen.

III. ABSCHNITT

Beteiligung Dritter an der Ausübung des Jagdrechts

§ 8 Jagdpacht

(1) Die Verpachtung eines Teils eines Jagdbezirkes bedarf der Zustimmung der unteren Jagdbehörde. Diese darf der Teilverpachtung nur zustimmen, wenn sowohl der verpachtete als auch der verbleibende Teil die Mindestgröße von 75 Hektar bei Eigenjagdbezirken und von 250 Hektar bei gemeinschaftlichen Jagdbezirken haben und jeweils eine den Erfordernissen der Jagdpflege entsprechende Jagdausübung möglich ist. Der Verpachtung eines Teils von geringerer Größe an den Jagdausübungsberechtigten eines angrenzenden Jagdbezirks ist zuzustimmen, soweit dies einer besseren Reviergestaltung dient und die Pachtdauer diejenige des angrenzenden Jagdbezirks nicht übersteigt.

(2) Die untere Jagdbehörde kann für besondere Einzelfälle Ausnahmen von § 11 Abs. 5 Satz 1 des Bundesjagdgesetzes zulassen. Solche Ausnahmen sind auf bestimmte Jagdpachtflächen zu beschränken. Örtlich zuständig ist die Behörde, in deren Bezirk die Jagdpachtfläche oder deren größerer Teil liegt.

(3) Jede Änderung eines Pachtvertrages ist der unteren Jagdbehörde innerhalb der Frist von einem Monat anzuzeigen. § 12 Abs. 1 bis 3 des Bundesjagdgesetzes findet Anwendung.

§ 9 Mehrzahl von Jagdpächtern

(1) Die Zahl der Jagdpächter, die nebeneinander in einem Jagdbezirk zugelassen werden können (Mitpacht), wird bei Jagdbezirken bis 250 Hektar auf drei beschränkt. In größeren Jagdbezirken kann für jede weitere angefangene 100 Hektar je ein weiterer Pächter zugelassen werden. Dies gilt auch für verpachtete Teile eines Jagdbezirks (§ 11 Abs. 2 Satz 1 des Bundesjagdgesetzes).

(2) Jagdpacht im Sinne der §§ 11 bis 14 des Bundesjagdgesetzes ist auch die Weiterverpachtung und Unterverpachtung. In diesen Fällen findet Absatz 1 mit der Maßgabe Anwendung, dass die Zahl der jagdausübungsberechtigten Personen die zulässige Zahl der Jagdpächter nicht übersteigen darf.

§ 10 Jagderlaubnis

(1) Der Jagdausübungsberechtigte kann einem Dritten (Jagdgast) eine Jagderlaubnis erteilen. Bei mehreren Jagdausübungsberechtigten muss eine Jagderlaubnis von allen Jagdausübungsberechtigten erteilt sein. Die Jagdausübungsberechtigten können sich gegenseitig zur Erteilung von Jagderlaubnissen schriftlich bevollmächtigen.

(2) Auf die entgeltliche Erteilung einer Jagderlaubnis sind die §§ 11 Abs. 5, 12 und 13 des Bundesjagdgesetzes und § 9 dieses Gesetzes entsprechend anzuwen-

den; dies gilt nicht für die Erlaubnis zu Einzelabschüssen. Die Erteilung einer entgeltlichen Jagderlaubnis steht der Verpachtung im Sinne des § 11 Abs. 3 Satz 2 des Bundesjagdgesetzes gleich.

(3) Die untere Jagdbehörde kann aus Gründen der Jagdpflege oder der öffentlichen Sicherheit für bestimmte Bezirke die Ausstellung von Jagderlaubnisscheinen oder eine sonstige Beteiligung anderer an der Jagd beschränken oder ganz untersagen.

(4) Soweit der Jagdgast bei der Jagdausübung nicht von dem Jagdausübungsberechtigten oder einem bestätigten Jagdaufseher begleitet wird, hat er eine schriftliche Jagderlaubnis bei sich zu führen. Sofern ein Jagdausübungsberechtigter gemäß Absatz 1 Satz 3 bevollmächtigt ist und den Jagdgast begleitet, bedarf es der Begleitung oder einer schriftlichen Jagderlaubnis des Vollmachtgebers nicht.

(5) Der Jagdgast ist nicht Jagdausübungsberechtigter im Sinne des Bundesjagdgesetzes und dieses Gesetzes.

(6) Angestellte Jäger (§ 10 Abs. 2 des Bundesjagdgesetzes) und bestätigte Jagdaufseher (§ 25 des Bundesjagdgesetzes und § 30 dieses Gesetzes) sind im Rahmen ihres Anstellungsvertrages zur Jagdausübung innerhalb ihres Dienstbereiches berechtigt; sie benötigen dazu keinen Jagderlaubnisschein.

§ 11 Nichtigkeit von Jagdpachtverträgen und Jagderlaubnisverträgen

(1) Ein Vertrag, der gegen § 8 Abs. 1, §§ 9 oder 10 Abs. 1 oder 2 verstößt, ist nichtig.

(2) Die untere Jagdbehörde kann für die Dauer eines über die Nichtigkeit (§ 11 Abs. 6 des Bundesjagdgesetzes und § 11 Abs. 1 dieses Gesetzes) oder die Beanstandung (§ 12 des Bundesjagdgesetzes) des Pachtvertrages anhängigen Verfahrens die zur Ausübung und zum Schutze der Jagd erforderlichen Anordnungen treffen. Die Kosten der Anordnung und ihrer Durchführung hat die im Verfahren unterliegende Partei zu tragen.

§ 12 Erlöschen des Jagdpachtvertrages

(1) Der Jagdpächter hat auf Verlangen der für seinen Jagdbezirk zuständigen unteren Jagdbehörde vor Beginn eines Jagdjahres nachzuweisen, dass er einen neuen Jagdschein besitzt oder die Voraussetzungen für dessen Erteilung erfüllt hat.

(2) Ist der Jagdpächter aus Gründen, die er nicht zu vertreten hat, gehindert, bis zum Ablauf der Gültigkeitsdauer des alten einen neuen Jagdschein zu erwerben oder die Voraussetzungen für dessen Erteilung zu erfüllen, so hat er dies der für seinen Jagdbezirk zuständigen unteren Jagdbehörde unverzüglich schriftlich mitzuteilen. In diesem Fall erlischt der Jagdpachtvertrag erst dann, wenn der Jagdpächter nicht innerhalb einer von dieser Jagdbehörde gesetzten angemessenen Frist einen Jahresjagdschein erworben oder die Voraussetzungen für dessen Erteilung erfüllt hat. Solange ein Jagdschein nicht erteilt ist, kann die untere Jagdbehörde die zur Ausübung und zum Schutze der Jagd erforderlichen Anordnungen auf Kosten des Jagdpächters treffen.

§ 13 Tod des Jagdpächters

(1) Im Fall des Todes eines Jagdpächters haben die Erben der unteren Jagdbehörde die jagdausübungsberechtigten Erben unter Beachtung des § 9 dieses Gesetzes zu benennen. Ist keiner der Erben jagdpachtfähig (§ 11 Abs. 5 des Bundesjagdgesetzes), so haben die Erben der unteren Jagdbehörde eine jagdpachtfähige Person als Jagdausübungsberechtigten zu benennen.

(2) Die untere Jagdbehörde kann den Erben eine angemessene Frist zur Benennung des Jagdausübungsberechtigten setzen. Kommen die Erben der Aufforderung innerhalb der Frist nicht nach, so kann die untere Jagdbehörde die zur Ausübung und zum Schutze der Jagd erforderlichen Anordnungen auf Kosten der Erben treffen.

IV. ABSCHNITT

Jagdschein

§ 14 Jägerprüfung, Jagdschein

(1) Bei der Jägerprüfung sind ausreichende Kenntnisse und Fertigkeiten auf den in § 15 Abs. 5 und bei der Falknerprüfung solche auf den in § 15 Abs. 7 des Bundesjagdgesetzes genannten Gebieten nachzuweisen.

(2) Das Ministerium wird ermächtigt, durch Rechtsverordnung das Nähere über die Jägerprüfung und die Falknerprüfung, insbesondere die Zulassungsvoraussetzungen, die Prüfungsgebiete, die Berufung der Prüfer, das Prüfungsverfahren und die Bewertung der Prüfungsleistungen zu regeln (§ 15 Abs. 5 und 7 des Bundesjagdgesetzes).

(3) Das Ministerium kann die Organisation und Durchführung der Jägerprüfung an sachkundige Dritte übertragen (Beleihung), wenn
1. diese zuverlässig sind,
2. keine überwiegenden öffentlichen Interessen entgegenstehen und
3. gewährleistet ist, dass die Vorschriften des Jagdrechtes über die Jägerprüfung eingehalten werden.

Die Beleihung kann befristet werden. Sie kann mit Nebenbestimmungen versehen werden, insbesondere unter Bedingungen erteilt und mit Auflagen oder dem Vorbehalt des Widerrufs verbunden werden. Die Beleihung und deren Widerruf sind öffentlich bekannt zu machen.

(4) Der Jagdschein wird von der unteren Jagdbehörde erteilt, in deren Bezirk der Antragsteller seine Wohnung, bei mehreren Wohnungen seine Hauptwohnung hat. Hat der Antragsteller im Geltungsbereich des Grundgesetzes keine Wohnung, ist die untere Jagdbehörde zuständig, in deren Bezirk der Antragsteller die Jagd ausüben will. Jagdscheine werden nach § 15 des Bundesjagdgesetzes als Tagesjagdschein, als Einjahresjagdschein für die Dauer eines Jagdjahres oder als Dreijahresjagdschein für die Dauer von drei Jagdjahren ausgestellt.

(5) Für die Zulassung von Ausnahmen nach § 15 Abs. 6 des Bundesjagdgesetzes ist die untere Jagdbehörde zuständig, in deren Bereich der Bewerber die Jagd ausschließlich oder vornehmlich ausüben will.

§ 14 a Gebühren für Jagdschein und Jägerprüfung

Für die Erteilung des Jagdscheines und die Teilnahme an der Jägerprüfung werden Gebühren erhoben. Für die Erhebung der Gebühren und Auslagen gilt bei Wahrnehmung dieser Aufgaben durch die Landratsämter das Landesgebührengesetz und bei Wahrnehmung dieser Aufgaben durch die Stadtkreise das Kommunalabgabengesetz.

§ 14 b Jagdabgabe

(1) Neben der Gebühr für den Jagdschein ist eine Jagdabgabe zu entrichten, die an das Land abzuführen und nach Anhörung der Vereinigung der Jäger (§ 38) für Zwecke der Jagdförderung, der jagdlichen und wildbiologischen Forschung und der Wildschadensverhütung zu verwenden ist. Für die Jagdabgabe finden die §§ 11, 18, 21 und 22 des Landesgebührengesetzes entsprechende Anwendung.

(2) Das Ministerium für Ernährung und Ländlichen Raum wird ermächtigt, durch Rechtsverordnung im Einvernehmen mit dem Finanzministerium die Höhe der Jagdabgabe festzusetzen. Beim Tagesjagdschein beträgt die Jagdabgabe mindestens 20 Euro und höchstens 30 Euro. Im Übrigen beträgt sie für jedes Kalenderjahr, für den der Jagdschein gültig ist, mindestens 38 Euro und höchstens 60 Euro.

V. ABSCHNITT

Besondere Rechte und Pflichten bei der Jagdausübung; Jagdbeschränkungen

§ 15 Wegerecht

Wer die Jagd ausübt, aber den Weg zum Jagdbezirk nicht auf einem zum allgemeinen Gebrauch bestimmten Weg oder nur auf einem unzumutbaren Umweg nehmen kann, ist zum Betreten fremden Jagdbezirks in Jagdausrüstung auch auf einem nicht zum allgemeinen Gebrauch bestimmten Weg befugt, der nötigenfalls von der unteren Jagdbehörde festgelegt wird (Jägernotweg). Bei Benutzung des Notwegs dürfen Schusswaffen nur ungeladen und in einem Überzug oder mit verbundenem Schloss oder zerlegt, Hunde nur an der Leine mitgeführt werden. Der Eigentümer des Grundstücks, über das der Notweg führt, hat Anspruch auf eine angemessene Entschädigung.

§ 16 Jagdeinrichtungen

(1) Der Jagdausübungsberechtigte darf auf land- und forstwirtschaftlich genutzten Grundstücken besondere Anlagen wie Futterplätze, Ansitze und Jagdhütten nur mit Genehmigung des Grundeigentümers errichten; der Eigentümer ist zur Erteilung der Genehmigung verpflichtet, wenn ihm die Duldung der Anlage zugemutet werden kann und er eine angemessene Entschädigung erhält.

(2) In gemeinschaftlichen Jagdbezirken sind die nach Absatz 1 auf fremdem Grund und Boden errichteten Futterplätze und Ansitze dem Jagdnachfolger auf sein Verlangen gegen angemessene Entschädigung zu überlassen.

§ 17 Wildfolge

(1) Durch schriftliche Wildfolgevereinbarungen nach § 22a Abs. 2 des Bundesjagdgesetzes sollen die Voraussetzungen geschaffen werden, dass krankgeschossenes oder aus sonstigen Gründen schwerkrankes Wild auch dann vor vermeidbaren Schmerzen oder Leiden bewahrt werden kann, wenn dieses in einen
fremden Jagdbezirk wechselt.

(2) Wenn eine schriftliche Wildfolgevereinbarung nach Absatz 1 nicht besteht,
darf die Wildfolge nach § 22a Abs. 2 des Bundesjagdgesetzes nur nach Maßgabe
folgender Bestimmungen ausgeübt werden:

1. Wechselt krankgeschossenes oder aus sonstigen Gründen schwerkrankes Wild
   über die Grenze des Jagdbezirks und ist es für einen sicheren Schuss erreichbar, so ist es von dem zur Jagdausübung Befugten von seinem Jagdbezirk aus
   zu erlegen und am Erlegungsort zu versorgen. Wild ist auch zu versorgen,
   wenn es in Sichtweite im Nachbarrevier verendet.
2. Schalenwild muss am Erlegungsort verbleiben; sonstiges Wild darf der zur
   Jagdausübung Befugte mitnehmen, muss es aber unverzüglich dem Reviernachbarn abliefern.
3. Das Erlegen von Wild im benachbarten Revier ist dem dort Jagdausübungsberechtigten oder dessen Vertreter durch den Erleger unverzüglich zu melden.
4. Wechselt krankgeschossenes oder aus sonstigen Gründen schwerkrankes Wild
   über die Grenze des Jagdbezirks und ist es für einen sicheren Schuss nicht erreichbar, so hat der zur Jagdausübung Befugte die Stelle des Überwechselns,
   gegebenenfalls den Anschuss nach Möglichkeit kenntlich zu machen. Der Jagdausübungsberechtigte des Nachbarreviers oder dessen Vertreter ist unverzüglich zu benachrichtigen. Für die Nachsuche hat sich der zur Jagdausübung Befugte oder eine mit den Vorgängen vertraute Person zur Verfügung zu stellen.
   Kann nur durch sofortige Aufnahme oder Weiterführung der Nachsuche mit
   einem brauchbaren Jagdhund krankgeschossenes oder aus sonstigen Gründen
   schwerkrankes Wild vor vermeidbaren Schmerzen oder Leiden bewahrt werden, darf der zur Jagdausübung Befugte Nachbarreviere für die Nachsuche
   auch mit der Langwaffe betreten, wenn er die jeweiligen Jagdausübungsberechtigten zuvor nicht oder nicht unverzüglich benachrichtigt hat. Nach Beendigung
   der Nachsuche sind Letztere unverzüglich zu benachrichtigen.

(3) Erlegtes Wild, das der Abschussplanung unterliegt, ist auf den Abschussplan
des Revierinhabers anzurechnen, in dessen Revier das Wild angeschossen wurde.

§ 18 Jagdausübung in befriedeten Bezirken auf krankgeschossenes
oder schwerkrankes Wild

Krankgeschossenes oder aus sonstigen Gründen schwerkrankes Wild, das in Teile
eines Jagdbezirks überwechselt, in denen die Jagd ruht oder in denen nur eine
beschränkte Jagdausübung gestattet ist, darf auch dort bejagt werden. Dies gilt
nicht für Gebäude, die zum Aufenthalt von Menschen dienen. Dem Jagdausübungsberechtigten steht auch in diesen Fällen das Aneignungsrecht zu. Der
Grundstückseigentümer oder Nutzungsberechtigte ist unverzüglich zu benachrichtigen; er ist zur Herausgabe des Wildes verpflichtet.

§ 19 Schutz des Wildes vor Futternot

(1) Im Rahmen seiner Hegeverpflichtung nach § 1 Abs. 2 des Bundesjagdgesetzes hat der Jagdausübungsberechtigte die natürlichen Lebensgrundlagen des Wildes zu schützen, zu erhalten und gegebenenfalls zu verbessern. Es ist insbesondere seine Aufgabe, im Einvernehmen mit den Grundstückseigentümern oder Nutzungsberechtigten durch Maßnahmen der Reviergestaltung und Äsungsverbesserung dem Wild eine natürliche Äsung zu sichern. Dadurch und durch eine Fütterung des Wildes darf die Verwirklichung des Hegeziels (§ 1 Abs. 2 des Bundesjagdgesetzes) nicht gefährdet werden; die Wildbestände sind gegebenenfalls entsprechend zu regulieren.

(2) Schalenwild darf nur in der Zeit vom 1. Dezember bis 31. März gefüttert werden. Der Jagdausübungsberechtigte ist in dieser Zeit zur Fütterung des Schalenwildes verpflichtet, wenn Futternot besteht, in der übrigen Jahreszeit nur, wenn die untere Jagdbehörde wegen Futternot eine Fütterung anordnet.

(3) Wildenten (Tierarten im Sinne von § 2 des Bundesjagdgesetzes) dürfen nur gefüttert werden, wenn die untere Jagdbehörde wegen Futternot eine Fütterung anordnet.

(4) Die untere Jagdbehörde hat den Missbrauch der Wildfütterung bei Kenntnis unverzüglich abzustellen. Das Ministerium wird ermächtigt, durch Rechtsverordnung Vorschriften zur Vermeidung einer missbräuchlichen Wildfütterung zu erlassen.

§ 20 Ablenkungsfütterung, Kirrung, Arzneimittel und synthetische Lockmittel für Wild

(1) Fütterungen zur Ablenkung von Schwarzwild im Wald sind ganzjährig zulässig. Das Futter muss so dargeboten werden, dass es anderem Schalenwild nicht zugänglich ist. Zur Ablenkung von Wildenten sind Fütterungen nur außerhalb der Jagdzeit und bis spätestens sechs Wochen vor Beginn der Jagdzeit zulässig.

(2) Das Anlocken von Wild mit geringen Futtermengen zur Erleichterung der Bejagung (Kirrung) ist während der Jagdzeit ab 1. September erlaubt.

(3) Das Verabreichen von Arzneimitteln und synthetischen Lockmitteln an wild lebende Tiere, die dem Jagdrecht unterliegen (Wild im Sinne von § 1 Abs. 1 des Bundesjagdgesetzes), ist verboten.

(4) Die untere Jagdbehörde kann aus besonderen Gründen Ablenkungsfütterungen und Kirrungen zeitlich, räumlich und auf bestimmte Tierarten begrenzt untersagen und von Absatz 3, insbesondere zur Wildseuchenbekämpfung, Ausnahmen zulassen.

(5) Das Ministerium wird ermächtigt, durch Rechtsverordnung
1. Vorschriften zur Verhinderung von Missbräuchen bei Ablenkungsfütterungen und Kirrungen zu erlassen,
2. Ablenkungsfütterungen und Kirrungen in Gebieten zu untersagen, die dadurch beeinträchtigt werden können.

§ 21 Verwendung von Jagdhunden

Bei Such-, Drück- und Treibjagden sowie bei jeglicher Bejagung von Federwild sind brauchbare Jagdhunde mitzuführen und zur Nachsuche zu verwenden. Für sonstige Nachsuchen sind brauchbare Jagdhunde bereitzuhalten und einzusetzen, wenn es nach den Umständen erforderlich ist.

§ 22 Ausübung der Fangjagd mit Tot- und Lebendfangfallen

(1) Tot- und Lebendfangfallen dürfen nur von Personen zur Fangjagd verwendet werden, die einen deutschen Jagdschein besitzen. Für Eigentümer oder Nutzungsberechtigte von Grundflächen, auf denen die Jagd ruht, genügt ein Fallensachkundenachweis für eine im Rahmen des § 3 Abs. 4 erlaubte Fangjagd. Dieser ist von der unteren Jagdbehörde zu erteilen, wenn der volljährige Bewerber an einem mindestens 15 Stunden umfassenden Fallenlehrgang eines auf Grund der Jägerprüfungsordnung anerkannten Ausbilders oder der Jagdschule des Landesjagdverbandes teilgenommen hat. Das Ministerium Ländlicher Raum wird ermächtigt, durch Rechtsverordnung das Nähere über die Erteilung von Sachkundenachweisen, insbesondere das Verfahren zu regeln.

(2) Tot- und Lebendfangfallen müssen ihrer Bauart nach so beschaffen sein, dass sie ein sofortiges Töten oder einen unversehrten Lebendfang gewährleisten. Das Ministerium Ländlicher Raum wird ermächtigt, durch Rechtsverordnung nähere Vorschriften zu erlassen:
1. über die Bauart der Tot- und Lebendfangfallen,
2. zur Anwendung der in Nummer 1 genannten Fallen,
3. zur Überwachung des Falleneinsatzes.

(3) Totfangfallen dürfen nur in geschlossenen Räumen, Fangbunkern oder Fanggärten mit geeigneter Verblendung nach oben so aufgestellt werden, dass von ihnen keine Gefährdung von Menschen, besonders geschützten Tieren oder Haustieren ausgeht. Die untere Jagdbehörde kann aus besonderen Gründen Ausnahmen von Satz 1 zulassen.

§ 23 Sachliche Verbote

(1) In Ergänzung zu § 19 des Bundesjagdgesetzes ist verboten,
1. bei der Jagdausübung lebende Lockvögel zu verwenden,
2. bei der Fallenjagd mit Pistolen oder Revolvern zu schießen, wenn die Mündungsenergie der Geschosse nicht mindestens 100 Joule beträgt,
3. eingefangenes oder aufgezogenes Wild später als sechs Monate vor Beginn der Jagdausübung auf dieses Wild auszusetzen; als Aussetzen gilt nicht, wenn Wild oder Gelege, das der Natur entnommen worden ist, um es aufzuziehen, gesundzupflegen oder vor dem Verlust zu bewahren, im Anschluss daran wieder freigelassen wird,
4. auf alle Tierarten, die nach § 2 des Bundesjagdgesetzes dem Jagdrecht unterliegen, mit Pfeilen zu schießen.

(2) Die untere Jagdbehörde kann aus besonderen Gründen Ausnahmen zulassen:
1. von den Verboten des Absatzes 1 Nr. 1,
2. von den Verboten des § 19 Abs. 1 Nr. 4 des Bundesjagdgesetzes.

(3) Das Ministerium wird ermächtigt, durch Rechtsverordnung die Verbote des § 19 Abs. 1 des Bundesjagdgesetzes mit Ausnahme der Nummer 16 zu erweitern oder aus besonderen Gründen, insbesondere aus Gründen der Wildseuchenbe-

59

kämpfung, zur Vermeidung erheblicher land-, forst- und fischereiwirtschaftlicher Schäden, zum Schutz des Wildes, zu wissenschaftlichen, Lehr- und Forschungszwecken oder bei Störung des biologischen Gleichgewichts einzuschränken. Unter den gleichen Voraussetzungen können die Verbote auch durch Einzelanordnung des Ministeriums Ländlicher Raum eingeschränkt werden.

§ 24 Wildschutzgebiete und Betretensbeschränkungen zugunsten des Wildes

(1) Gebiete, in denen ein besonderer Schutz des Wildes oder bestimmter Wildarten aus wissenschaftlichen oder hegerischen Gründen oder wegen ihrer Bedeutung als Rast- und Nahrungsstätte erforderlich ist, können durch Rechtsverordnung der oberen Jagdbehörde zu Wildschutzgebieten erklärt werden.

(2) In der Rechtsverordnung sind der Schutzgegenstand, der wesentliche Schutzzweck und die dazu erforderlichen Verbote sowie Schutz- und Pflegemaßnahmen zu bestimmen. Sie kann auch Regelungen enthalten über notwendige Beschränkungen der Jagdausübung, der wirtschaftlichen Nutzung, des Gemeingebrauchs an oberirdischen Gewässern oder der Befugnis zum Betreten des Gebiets. Stellt eine hiernach getroffene Anordnung eine Enteignung dar, so ist der Betroffene in Geld angemessen zu entschädigen.

(3) Vor Erlass der Rechtsverordnung sind die betroffenen Eigentümer und sonstigen Berechtigten zu hören. § 59 Abs. 1, 2, 7 und 9 des Naturschutzgesetzes ist sinngemäß anzuwenden.

(4) Die untere Jagdbehörde kann durch Rechtsverordnung oder Einzelanordnung das Betreten von Teilen der freien Landschaft
1. zum Schutz der dem Wild als Setz-, Brut- und Nistgelegenheiten dienenden Lebensbereiche,
2. zur Durchführung der Fütterung von Rotwild sowie von gefährdeten oder bedrohten Wildarten unter Beachtung des § 19 Abs. 2 und 3
vorübergehend untersagen oder beschränken. Absatz 3 gilt entsprechend.

§ 25 Jagd- und Schonzeiten

(1) Das Ministerium wird ermächtigt, durch Rechtsverordnung
1. Tierarten, die in § 2 Abs. 1 des Bundesjagdgesetzes nicht aufgeführt sind, dem Jagdrecht zu unterstellen und für diese Tierarten Jagdzeiten festzusetzen,
2. gemäß § 22 Abs. 1 Satz 3 des Bundesjagdgesetzes die Jagdzeiten abzukürzen oder aufzuheben,
3. gemäß § 22 Abs. 1 Satz 3 des Bundesjagdgesetzes die Schonzeiten für bestimmte Gebiete oder für einzelne Jagdbezirke aus besonderen Gründen, insbesondere aus Gründen der Wildseuchenbekämpfung und Landeskultur, zur Beseitigung kranken oder kümmernden Wildes, zur Vermeidung von übermäßigen Wildschäden, zu wissenschaftlichen, Lehr- und Forschungszwecken, bei Störung des biologischen Gleichgewichts oder der Wildhege aufzuheben,
4. gemäß § 22 Abs. 2 Satz 2 des Bundesjagdgesetzes bei Störung des biologischen Gleichgewichts oder bei schwerer Schädigung der Landeskultur Jagdzeiten festzusetzen,

5. gemäß § 22 Abs. 3 des Bundesjagdgesetzes aus Gründen der Landeskultur Schonzeiten für Wild gänzlich zu versagen,
6. gemäß § 22 Abs. 4 Satz 2 des Bundesjagdgesetzes Ausnahmen von dem Jagdverbot in den Setz- und Brutzeiten für Schwarzwild, Wildkaninchen, Fuchs, Ringel- und Türkentaube, Silber- und Lachmöwe sowie für nach Landesrecht dem Jagdrecht unterliegende Tierarten aus den in § 22 Abs. 2 Satz 2 und Abs. 3 des Bundesjagdgesetzes genannten Gründen zu bestimmen.

(2) Die untere Jagdbehörde kann
1. für den Lebendfang von Wild in Einzelfällen Ausnahmen nach § 22 Abs. 1 Satz 4 des Bundesjagdgesetzes zulassen,
2. Regelungen nach Absatz 1 Nr. 3 und 4 auch durch Einzelanordnung treffen und gemäß § 22 Abs. 2 des Bundesjagdgesetzes zu wissenschaftlichen, Lehr- und Forschungszwecken Ausnahmen zulassen,
3. gemäß § 22 Abs. 4 Satz 3 des Bundesjagdgesetzes im Einzelfall das Aushorsten von Nestlingen und Ästlingen der Habichte für Beizzwecke genehmigen,
4. zu wissenschaftlichen, Lehr- und Forschungszwecken oder für Zwecke der Aufzucht und Wiedereinsetzung Ausnahmen nach § 22 Abs. 4 Satz 5 des Bundesjagdgesetzes zulassen,
5. gemäß § 22 Abs. 4 Satz 6 des Bundesjagdgesetzes das Sammeln der Eier von Ringel- und Türkentauben sowie von Silber- und Lachmöwen erlauben.

§ 26 Schutz von Wild gegen Beunruhigungen

(1) Das Verbot des § 19a des Bundesjagdgesetzes steht einer ordnungsgemäßen Ausübung der Land- und Forstwirtschaft, der Jagd und Fischerei nicht entgegen.

(2) Die untere Jagdbehörde kann in Einzelfällen zu wissenschaftlichen, Lehr- und Forschungszwecken für bestimmtes Wild Ausnahmen von dem Verbot des § 19a des Bundesjagdgesetzes zulassen.

§ 27 Abschussplan und weitere Bejagungsregelungen

(1) Der Abschussplan (§ 21 Abs. 2 des Bundesjagdgesetzes) ist für einen Zeitraum von ein bis drei Jahren getrennt nach Tierarten und bei Schalenwild nach Geschlecht mit Ausnahme von Jungwild im ersten Lebensjahr, beim Rotwild auch nach Altersstufen vom Jagdausübungsberechtigten aufzustellen und der unteren Jagdbehörde einzureichen; Pächter eines Eigenjagdbezirks oder eines gemeinschaftlichen Jagdbezirks bedürfen des Einvernehmens mit dem Verpächter.

(2) Bei der Abschussplanung ist neben der körperlichen Verfassung des Wildes vorrangig der Zustand der Vegetation zu berücksichtigen.

(3) Die untere Jagdbehörde gibt vor der Entscheidung über den Abschussplan der unteren Verwaltungsbehörde Gelegenheit zur Stellungnahme. Das in den staatlichen und kommunalen Eigenjagdbezirken sowie in den gemeinschaftlichen Jagdbezirken zuvor einzuholende forstliche und, soweit dies erforderlich ist, landwirtschaftliche Gutachten über eingetretene Wildschäden und über Wildschadensverhütungsmaßnahmen auf forstwirtschaftlich oder landwirtschaftlich genutzten Grundstücken soll Vorschläge zur Abschussplanung enthalten. Eine gemäß § 7 dieses Gesetzes bestätigte Hegegemeinschaft ist berechtigt, in die Sitzungen der unteren Jagdbehörde, in denen über die Abschusspläne ihres Bereichs entschieden wird, einen Vertreter mit beratender Stimme zu entsenden.

(4) Der eingereichte Abschussplan ist von der unteren Jagdbehörde zu bestätigen, wenn er den Vorschriften des § 21 Abs. 1 des Bundesjagdgesetzes und des § 27 Abs. 1 und 2 dieses Gesetzes entspricht. Der Abschussplan ist von der unteren Jagdbehörde festzusetzen, wenn der eingereichte Plan den Anforderungen in Satz 1 nicht entspricht oder wenn ein Abschussplan nicht rechtzeitig der Jagdbehörde eingereicht wird.

(5) Der Jagdausübungsberechtigte ist verpflichtet, den Abschussplan notfalls unter Hinzuziehung anderer Jagdscheininhaber zu erfüllen. Die untere Jagdbehörde trifft die zur Erfüllung des Abschussplans erforderlichen Anordnungen; § 27 Abs. 2 des Bundesjagdgesetzes findet entsprechende Anwendung.

(6) Der Jagdausübungsberechtigte hat über erlegtes und verendetes Wild mit Ausnahme des vor Beginn seiner Jagdzeit gefallenen Jungwildes eine Liste (Streckenliste) zu führen, die der unteren Jagdbehörde auf Verlangen jederzeit, spätestens mit der Einreichung des Abschussplans, bei mehrjährigen Abschussplänen jährlich am Ende des Jagdjahres, vorzulegen ist. Darüber hinaus kann die untere Jagdbehörde verlangen, ihr jeden Abschuss von Schalenwild, das dem Abschussplan unterliegt, zu melden und das erlegte Stück oder Teile desselben vorzulegen.

(7) Das Ministerium wird ermächtigt, durch Rechtsverordnung
1. nähere Bestimmungen über die Abschusspläne, die Überwachung ihrer Durchführung und die Erzwingung ihrer Erfüllung zu erlassen (§ 21 Abs. 2 des Bundesjagdgesetzes und § 27 dieses Gesetzes),
2. nähere Bestimmungen über die Erhebung von Daten über die Verhältnisse in den Jagdbezirken, insbesondere über den Bestand der Wildarten zu erlassen,
3. unter besonderer Berücksichtigung der Hegegrundsätze nach § 1 Abs. 2 des Bundesjagdgesetzes Rotwildgebiete auszuweisen, aufzuheben und für die Bejagung des Rotwildes besondere Vorschriften zu erlassen.

(8) In Abweichung von § 21 Abs. 2 des Bundesjagdgesetzes kann das Ministerium für bestimmte Jagdbezirke
1. zu wissenschaftlichen Zwecken,
2. zu Forschungszwecken oder
3. zur Durchführung von Pilotprojekten
durch Einzelanordnung Jagdausübungsberechtigte von der Pflicht, Abschüsse von Schalenwild nur auf Grund und im Rahmen eines Abschussplans durchzuführen, entbinden. Die Ausnahme ist nur zulässig, wenn der Jagdausübungsberechtigte und
1. bei gemeinschaftlichen Jagdbezirken die Jagdgenossenschaft,
2. bei Eigenjagdbezirken der Eigenjagdbesitzer
zugestimmt haben.

§ 28 Ermächtigungen

(1) Das Ministerium wird ermächtigt, durch Rechtsverordnung
1. das Nähere über die Bestätigung von Hegegemeinschaften und die Entsendung eines Vertreters nach §§ 7 und 27 Abs. 3 dieses Gesetzes zu regeln,
2. zur Gewährleistung der Ziele des § 1 Abs. 2 des Bundesjagdgesetzes das Hegen oder Aussetzen weiterer Tierarten zu beschränken oder zu verbieten (§ 28 Abs. 4 des Bundesjagdgesetzes),
3. im Rahmen des § 29 Abs. 4 des Bundesjagdgesetzes die Wildschadensersatzpflicht auf andere Wildarten auszudehnen,

4. zu bestimmen, welche Schutzvorkehrungen als üblich anzusehen sind (§ 32 Abs. 2 Satz 2 des Bundesjagdgesetzes),

5. nähere Bestimmungen über das Verfahren in Wild- und Jagdschadenssachen zu treffen (§ 35 des Bundesjagdgesetzes und § 32 dieses Gesetzes).

(2) Die obere Jagdbehörde wird ermächtigt, durch Rechtsverordnung die Ausübung der Jagd in Naturschutzgebieten zu regeln.

VI. ABSCHNITT

Jagdschutz

§ 29 Aufgaben und Befugnisse des Jagdschutzberechtigten

(1) Die zur Ausübung des Jagdschutzes (§ 23 des Bundesjagdgesetzes) Berechtigten haben folgende Befugnisse:

1. Sie dürfen Personen, die
   a) in einem Jagdbezirk unberechtigt jagen,
   b) sonst jagdrechtlichen Vorschriften zuwiderhandeln
      oder
   c) außerhalb der zum allgemeinen Gebrauch bestimmten Wege zur Jagd ausgerüstet angetroffen werden, ohne zur Jagd berechtigt zu sein,
   zur Feststellung ihrer Personalien anhalten und ihnen gefangenes oder erlegtes Wild, Waffen, Jagd- und Fanggeräte abnehmen.

2. Sie dürfen Hunde, die erkennbar dem Wild nachstellen und dieses gefährden können, töten.
   Dies gilt nicht, wenn
   a) die Hunde eingefangen werden können,
   b) auf sonstige Weise erreicht werden kann, dass dazu gehörende Begleitpersonen nach nur kurzfristiger Unterbrechung wieder auf die Hunde einwirken können,
   c) es sich um Blinden-, Hirten-, Jagd-, Polizei- oder Rettungshunde handelt, die als solche kenntlich sind.

3. Sie dürfen streunende Katzen in einem Jagdbezirk töten, soweit diese in einer Entfernung von mehr als 500 m zum nächsten bewohnten Gebäude angetroffen werden.

(2) Lebend gefangene Hunde und Katzen sind als Fundsachen zu behandeln.

§ 30 Bestätigte Jagdaufseher

(1) Jagdaufseher ohne hauptberufliche Anstellung sind auf Antrag von der unteren Jagdbehörde als bestätigte Jagdaufseher im Sinne von § 25 Abs. 1 des Bundesjagdgesetzes anzuerkennen, wenn sie Inhaber eines gültigen Jagdscheins sind und keine Bedenken gegen ihre persönliche oder fachliche Eignung bestehen. Bei einer hauptberuflichen Anstellung eines Jagdaufsehers kann die fachliche Eignung nur durch den Nachweis einer forstlichen Ausbildung oder Berufsjägerausbildung erbracht werden.

(2) Der Antragsteller erhält über die Anerkennung als bestätigter Jagdaufseher einen Ausweis, den er bei Ausübung des Jagdschutzes auf Verlangen eines Betroffenen vorzuzeigen hat, es sei denn, dass ihm dies aus Sicherheitsgründen nicht zugemutet werden kann.

(3) Die bestätigten Jagdaufseher unterstehen der Dienstaufsicht der unteren Jagdbehörde.

VII. ABSCHNITT

Wildschaden

§ 31 Wildschäden an Weinbergen

Wildschäden an Weinbergen sind zu ersetzen, auch wenn Schutzvorrichtungen zur Abwendung des Schadens nicht errichtet sind.

§ 32 Vorverfahren

(1) Wild- und Jagdschäden (§ 35 des Bundesjagdgesetzes) können gerichtlich erst geltend gemacht werden, wenn ein Verfahren zur Feststellung des Schadens und Festsetzung des Ersatzbetrages vorausgegangen ist (Vorverfahren). Die Durchführung des Vorverfahrens obliegt den Gemeinden. Örtlich zuständig ist die Gemeinde, auf deren Gebiet das beschädigte Grundstück liegt; ist der Schaden an deren Grundstück entstanden, so entfällt das Vorverfahren.

(2) Das Recht der Beteiligten, Wild- und Jagdschadenssachen ohne Vorverfahren durch gütliche Vereinbarung zu regeln, bleibt unberührt.

VIII. ABSCHNITT

Aufbau und Verfahren der Jagdverwaltung

§ 33 Jagdbehörden

(1) Oberste Jagdbehörde ist das Ministerium. Es ordnet und beaufsichtigt das gesamte Jagdwesen nach Maßgabe der gesetzlichen Bestimmungen.

(2) Obere Jagdbehörde ist das Regierungspräsidium. Die obere Jagdbehörde ist Aufsichtsbehörde für die untere Jagdbehörde. Sie ist für die ihr nach diesem Gesetz und den Ausführungsbestimmungen übertragenen Aufgaben zuständig.

(3) Untere Jagdbehörde ist das Kreisjagdamt, das bei den Landratsämtern und den Stadtkreisen errichtet wird. Die obere Jagdbehörde kann im Benehmen mit den beteiligten Kreisjagdämtern bei den Landratsämtern und Stadtkreisen bestimmen, dass ein Kreisjagdamt beim Landratsamt zugleich die Aufgaben der unteren Jagdbehörde eines angrenzenden Stadtkreises wahrnimmt.

§ 34 Jagdbeirat

(1) Zur Beratung der obersten Jagdbehörde wird ein Jagdbeirat gebildet.

(2) Der Jagdbeirat der obersten Jagdbehörde besteht aus dem Minister oder dem von ihm bestimmten Vertreter als Vorsitzendem und achtzehn Mitgliedern, nämlich je vier Vertretern der Landwirtschaft, der Forstwirtschaft, der Jäger, je zwei Vertretern der Jagdgenossenschaften und der Gemeinden und je einem Vertreter des Landesnaturschutzverbandes (§ 51 Abs. 3 des Naturschutzgesetzes) und des Landesbeirates für Tierschutz. Die oberste Jagdbehörde beruft Mitglieder des Jagdbeirats auf Vorschlag der jeweiligen Fachverbände. Solange ein Fachverband nicht besteht oder wenn kein Vorschlag eingeht, werden die Mitglieder von der obersten Jagdbehörde in entsprechender Zusammensetzung ausgewählt. Zwei Vertreter der Forstwirtschaft sollen der Privatforstwirtschaft und zwei der Landesforstverwaltung angehören. Unter den Vertretern der Jäger sollen keine Forstbeamten, jedoch mindestens ein Eigenjagdbesitzer sein. Für jedes Mitglied ist ein Stellvertreter zu bestimmen.

(3) Der Jagdbeirat ist in allen Fragen von grundsätzlicher und allgemeiner Bedeutung sowie in allen wichtigen Einzelfragen zu hören. Er ist ferner einzuberufen, wenn die Mehrheit der Mitglieder dies beantragt.

(4) Die Mitglieder des Beirats sind ehrenamtlich tätig; sie werden auf die Dauer von sechs Jahren berufen. Abberufung aus wichtigem Grund ist zulässig. Den Aufwand, der ihnen bei der Ausübung ihrer Aufgaben entsteht, trägt das Land.

§ 35 Untere Jagdbehörde

(1) Vorsitzender der unteren Jagdbehörde ist der Landrat, in Stadtkreisen der Oberbürgermeister oder die von ihnen bestimmten Vertreter. Beisitzer sind ein Vertreter der unteren Forstbehörde und je ein Vertreter der Landwirtschaft, der Jagdgenossenschaften, der Gemeinden und der Jäger.

(2) Die höhere Forstbehörde bestellt den Vertreter der unteren Forstbehörde und dessen Stellvertreter. Die übrigen Beisitzer und ihre Stellvertreter werden von den zuständigen Fachverbänden benannt und vom Vorsitzenden berufen. § 34 Abs. 4 Sätze 1 und 2 dieses Gesetzes finden Anwendung.

(3) Die Beisitzer werden vom Vorsitzenden des Kreisjagdamtes durch Handschlag verpflichtet. Sie werden einberufen, sooft es die Geschäfte erfordern oder wenn die Mehrheit es beantragt. Das Kreisjagdamt fasst seine Beschlüsse mit Stimmenmehrheit, bei Stimmengleichheit entscheidet der Vorsitzende. Der Vorsitzende muss Beschlüssen des Kreisjagdamtes widersprechen, wenn er der Auffassung ist, dass sie gesetzeswidrig sind; § 41 Abs. 2 Sätze 2 bis 5 der Landkreisordnung sind entsprechend anzuwenden.

(4) Soweit es sich nicht um Fragen grundsätzlicher oder allgemeiner Bedeutung oder um wichtige Einzelfragen handelt, kann das Kreisjagdamt den Vorsitzenden allgemein ermächtigen, im Einvernehmen mit einem vom Kreisjagdamt aus seinen Reihen gewählten Beisitzer selbstständig zu entscheiden.

§ 36 Sachliche Zuständigkeit

Zuständige Behörde im Sinne der Vorschriften des Bundesjagdgesetzes ist die untere Jagdbehörde, soweit in diesem Gesetz und seinen Durchführungsverordnungen nichts anderes bestimmt ist.

§ 37 Örtliche Zuständigkeit

Soweit im Bundesjagdgesetz oder in diesem Gesetz und den Durchführungsvorschriften nichts anderes bestimmt ist, ist die Jagdbehörde in allen Angelegenheiten örtlich zuständig, die sich auf Jagdbezirke ihres Gebietes beziehen. Erstreckt sich ein Jagdbezirk auf das Gebiet mehrerer Jagdbehörden, so ist die Jagdbehörde zuständig, in deren Gebiet der der Fläche nach größte Teil des Jagdbezirks liegt. In Zweifelsfällen bestimmt die nächsthöhere gemeinsame Jagdbehörde auf Antrag einer der beteiligten Jagdbehörden oder eines sonstigen Beteiligten die örtlich zuständige Jagdbehörde.

§ 38 Vereinigungen der Jäger

(1) Die zuständige Behörde hat den Vereinigungen der Jäger (§ 37 Abs. 2 des Bundesjagdgesetzes) Gelegenheit zur Stellungnahme zu geben, wenn ein Jagdschein nach § 17 Abs. 2 Nr. 4 des Bundesjagdgesetzes versagt oder nach § 18 des Bundesjagdgesetzes für ungültig erklärt und eingezogen werden kann. Die Vereinigungen der Jäger können bei der zuständigen Behörde beantragen, dass ein Jagdschein aus den in § 17 Abs. 2 Nr. 4 des Bundesjagdgesetzes genannten Gründen nicht erteilt oder für ungültig erklärt und eingezogen werden soll.

(2) Die oberste Jagdbehörde kann Vereinigungen der Jäger nichthoheitliche Aufgaben auf dem Gebiet des Jagdwesens übertragen.

(3) Vereinigungen der Jäger im Sinne der Absätze 1 und 2 sind solche, die nachweislich mehr als die Hälfte der Inhaber eines baden-württembergischen Jahresjagdscheines für Inländer oder diesen Gleichgestellte vertreten.

§ 39 Staatseigene Jagden

(1) Das Jagdrecht in den Eigenjagdbezirken des Landes wird in der Regel von den Forstbehörden ausgeübt.

(2) Die Befugnisse der unteren und der oberen Jagdbehörde werden sowohl bei der in Absatz 1 genannten Nutzungsform des Jagdrechts als auch bei der Verpachtung eines staatlichen Jagdbezirks von den zuständigen Forstbehörden wahrgenommen; ausgenommen davon bleiben die Befugnisse, die sich auf Grund der §§ 5, 15, 18 und 24 des Bundesjagdgesetzes und auf Grund der §§ 2 und 14 dieses Gesetzes ergeben.

IX. ABSCHNITT

Bußgeldvorschriften

§ 40 Ordnungswidrigkeiten

(1) Ordnungswidrig handelt, wer
1. entgegen § 1 Abs. 1 Satz 1 Wild oder sonstige Gegenstände einer der dort genannten Stellen nicht unverzüglich abliefert oder ihr den Besitz oder Gewahrsam nicht unverzüglich anzeigt oder entgegen § 4 Abs. 2 Satz 4 mehr Jagdausübungsberechtigte zulässt, als nach dieser Vorschrift zugelassen werden dürfen,
2. die Änderung eines Jagdpachtvertrags nicht innerhalb der Frist des § 8 Abs. 3 anzeigt,
3. die entgeltliche Erteilung einer Jagderlaubnis, ausgenommen eine Erlaubnis zu Einzelabschüssen (§ 10 Abs. 2), nicht anzeigt,
4. als Jagdgast entgegen § 10 Abs. 4 die Jagd ausübt,
5. bei Benutzung des Jägernotwegs § 15 Satz 2 zuwiderhandelt,
6. es entgegen § 17 Abs. 2 unterlässt, das Überwechseln von krankgeschossenem oder aus sonstigen Gründen schwerkrankem Wild dem Jagdausübungsberechtigten des Nachbarreviers oder dessen Vertreter unverzüglich zu melden, oder Wild fortschafft oder mitgenommenes Wild dem Reviernachbarn nicht unverzüglich abliefert,
7. entgegen § 18 Satz 2 Gebäude, die dem Aufenthalt von Menschen dienen, bejagt,
8. entgegen § 18 Satz 4 als Grundstückseigentümer oder Nutzungsberechtigter Wild nicht herausgibt,
9. entgegen § 19 Abs. 2 oder 3 oder § 20 Abs. 1 füttert oder trotz Fütterungspflicht nicht füttert,
10. entgegen § 20 Abs. 3 Arzneimittel oder synthetische Lockmittel an wild lebende Tiere, die dem Jagdrecht unterliegen, verabreicht,
11. entgegen § 22 Abs. 3 Totfangfallen aufstellt,
12. gegen ein Verbot des § 23 Abs. 1 verstößt,
13. entgegen § 27 Abs. 1 den Abschussplan nicht fristgemäß einreicht oder ihn entgegen § 27 Abs. 5 Satz 1 nicht erfüllt,
14. einem im Rahmen seiner Befugnis handelnden Jagdschutzberechtigten gegenüber unrichtige Angaben über seine Person macht oder die Angaben verweigert (§ 29 Abs. 1 Nr. 1),
15. als Jagdschutzberechtigter entgegen § 29 Abs. 1 Nr. 2 oder 3 Hunde oder Katzen tötet,
16. das berechtigte Aufsuchen, Nachstellen, Erlegen oder Fangen von Wild behindert.

(2) Ordnungswidrig handelt ferner, wer vorsätzlich oder fahrlässig
1. entgegen § 1 Abs. 2 als Führer von Fahrzeugen Schalenwild an- oder überfährt und dies nicht unverzüglich einer der in § 1 Abs. 1 genannten Stellen anzeigt,
2. entgegen einer vollziehbaren Anordnung der unteren Jagdbehörde gemäß § 4 Abs. 2 Satz 3 oder gemäß § 10 Abs. 3 die Jagd ausübt,
3. entgegen § 21 Satz 1 brauchbare Jagdhunde nicht mitführt oder verwendet oder entgegen § 21 Satz 2 bei sonstigen Nachsuchen nicht bereithält oder den Umständen entsprechend einsetzt,

4. entgegen § 27 Abs. 6 Satz 1 die Streckenliste nicht, nicht richtig oder nicht rechtzeitig der unteren Jagdbehörde vorlegt,
5. entgegen einer vollziehbaren Anordnung nach § 27 Abs. 6 Satz 2 einer Abschussmelde- oder Vorlagepflicht nicht nachkommt,
6. in einem nicht befriedeten Teil eines Jagdbezirks Hunde ohne ausreichende Sicherungsmaßnahmen gegen deren Einkommen oder außerhalb seiner Einwirkung frei laufen lässt,
7. einer auf Grund dieses Gesetzes erlassenen Rechtsverordnung zuwiderhandelt, soweit sie für einen bestimmten Tatbestand auf diese Bußgeldvorschrift verweist.

(3) Die Ordnungswidrigkeit kann mit einer Geldbuße bis zu 5000 Euro geahndet werden.

(4) Ist eine Ordnungswidrigkeit nach Absatz 1 oder 2 begangen worden, so können Gegenstände, auf die sich die Ordnungswidrigkeit bezieht oder die zu ihrer Begehung oder Vorbereitung gebraucht worden oder bestimmt gewesen sind, eingezogen werden; § 23 des Gesetzes über Ordnungswidrigkeiten ist anzuwenden.

(5) Zuständige Verwaltungsbehörde (§ 36 Abs. 1 Nr. 1 des Gesetzes über Ordnungswidrigkeiten) für die Verfolgung und Ahndung von Ordnungswidrigkeiten nach diesem Gesetz und dem Bundesjagdgesetz ist in Landkreisen das Landratsamt und in Stadtkreisen die Gemeinde als untere Verwaltungsbehörde.

§ 41 Verbot der Jagdausübung

(1) Wird gegen jemanden wegen einer Ordnungswidrigkeit nach § 40, die er unter grober oder beharrlicher Verletzung der Pflichten bei der Jagdausübung begangen hat, eine Geldbuße festgesetzt, so kann ihm in der Entscheidung für die Dauer von einem Monat bis zu sechs Monaten verboten werden, die Jagd auszuüben.

(2) Das Verbot der Jagdausübung wird mit der Rechtskraft der Entscheidung wirksam. Für seine Dauer wird ein erteilter Jagdschein, solange er nicht abgelaufen ist, amtlich verwahrt. Wird er nicht freiwillig herausgegeben, so ist er zu beschlagnahmen.

(3) Ist ein Jagdschein amtlich zu verwahren, so wird die Verbotsfrist erst von dem Tage an gerechnet, an dem dies geschieht. In die Verbotsfrist wird die Zeit nicht eingerechnet, in welcher der Täter auf behördliche Anordnung in einer Anstalt verwahrt wird.

(4) Über den Beginn der Verbotsfrist nach Absatz 3 Satz 1 ist der Täter im Anschluss an die Verkündung der Entscheidung oder bei deren Zustellung zu belehren.

X. ABSCHNITT

Schlussvorschriften

§ 42 Treibjagd, Gesellschaftsjagd

(1) Treibjagd im Sinne der Vorschriften des Bundesjagdgesetzes, dieses Gesetzes und des Gesetzes über die Sonntage und Feiertage ist die Jagd, bei der mehr als

vier, bei der Jagd auf Schalenwild im Wald mehr als acht Schützen oder mehr als vier Personen, die das Wild aufscheuchen, teilnehmen.

(2) Gesellschaftsjagd im Sinne des § 16 Abs. 3 des Bundesjagdgesetzes ist die Jagd, an der mehr als acht Personen teilnehmen.

§ 43 (Inkrafttreten des Gesetzes)[1]

(nicht abgedruckt)

---

[1] Amtliche Fußnote: Diese Vorschrift betrifft das Inkrafttreten des Gesetzes in der Fassung der Bekanntmachung vom 20. Dezember 1978 (GBl. 1979 S. 12, ber. S. 116).

5.
Durchführungsverordnung des Ministeriums
für Ernährung und Ländlichen Raum
zum Landesjagdgesetz
(LJagdG DVO)

vom 5. September 1996 (GBl. S. 601), zuletzt geändert durch Verordnung
vom 15. Juli 2008 (GBl. S. 286)

Auf Grund von § 6 Abs. 2, § 19 Abs. 4, § 20 Abs. 5, § 22 Abs. 1 und 2, § 23 Abs. 3,
§ 25 Abs. 1 Nr. 1, 2 und 6, § 27 Abs. 7 Nr. 1 und 2 und § 28 Abs. 1 Nr. 1, 2, 4 und
5 des Landesjagdgesetzes in der Fassung vom 1. Juni 1996 (GBl. S. 369) wird im
Einvernehmen mit dem Innenministerium verordnet:

Inhaltsübersicht

§ 1 Satzung der Jagdgenossenschaft, Durchführung der Versammlung der Jagdgenossenschaft

(1) Die Satzung der Jagdgenossenschaft muss Bestimmungen enthalten über:
1. Name und Sitz der Jagdgenossenschaft,
2. die Erfassung aller Mitglieder der Jagdgenossenschaft in einem Verzeichnis unter Angabe der jeweiligen Grundflächenanteile am gemeinschaftlichen Jagdbezirk,
3. die Organe der Jagdgenossenschaft,
4. die Versammlung der Jagdgenossenschaft und ihre Aufgaben,
5. den Jagdvorstand, seine Zusammensetzung und seine Aufgaben,
6. das Verfahren bei der Verpachtung gemeinschaftlicher Jagdbezirke,
7. das Haushalts-, Kassen- und Rechnungswesen,
8. die Form öffentlicher Bekanntmachungen der Jagdgenossenschaft.

(2) Die Versammlung der Jagdgenossenschaft wird vom Jagdvorstand einberufen. Sie ist einzuberufen, wenn dies mindestens ein Zehntel der Mitglieder, die mindestens ein Zehntel der bejagbaren Grundflächen des gemeinschaftlichen Jagdbezirks vertreten, verlangt. Die Einladung zur Versammlung ist mindestens zwei Wochen zuvor ortsüblich bekannt zu geben.

§ 2 Missbräuchliche Wildfütterung

(1) Missbräuchlich ist eine Wildfütterung, durch die das Hegeziel (§ 1 Abs. 2 des Bundesjagdgesetzes), die Maßnahmen zum Schutz des Wildes vor Futternot (§ 19 Abs. 1 des Landesjagdgesetzes), Belange des Naturschutzes, des Tierschutzes oder der Tiergesundheit gefährdet oder beeinträchtigt werden. § 24a des Naturschutzgesetzes und § 30a des Landeswaldgesetzes bleiben unberührt.

(2) Eine missbräuchliche Fütterung im Sinne von Absatz 1 liegt vor, wenn Futtermittel nicht artgerecht sind oder nicht der natürlichen Äsung entsprechen, insbesondere, wenn
1. Futtermittel für Schalenwild außerhalb von ortsfesten Fütterungen ausgebracht werden,
2. wiederkäuendes Schalenwild mit anderen Futtermitteln als Heu, Grünfuttersilage, Rüben, einheimischem Frisch- und Fallobst oder Obsttrester, dem in geringer Menge Hafer beigemischt sein darf, gefüttert wird,
3. Schwarzwild mit anderen Futtermitteln als Getreide einschließlich Mais gefüttert wird oder keine hinreichenden Vorkehrungen getroffen werden, dass diese Futtermittel für anderes Schalenwild unzugänglich sind,
4. Schwarzwild in Gebieten, die als aktueller oder potenzieller Lebensraum für den Erhalt der Auerhuhnpopulation im Schwarzwald von Bedeutung sind (auerhuhnrelevante Flächen nach Anlage 4), gefüttert wird,
5. Erzeugnisse, die tierisches Protein enthalten, oder Erzeugnisse von Fetten aus Gewebe warmblütiger Landtiere, ausgenommen Aufbrüche und sonstige Teile von gesundem Wild, welches im betreffenden Jagdrevier zur Strecke gekommen ist, oder Erzeugnisse von Fischen oder Mischfuttermittel, die diese Erzeugnisse enthalten, für die Fütterung von Wild verwendet werden,
6. verdorbene Futtermittel dargeboten oder Futtermittel nach Ablauf des zulässigen oder von der Jagdbehörde angeordneten Verwendungszeitraums nicht unverzüglich beseitigt werden.

(3) Für die Fütterung von Rotwild in Rotwildgebieten kann die obere Jagdbehörde gehäckselte Maispflanzen oder Maissilage jeweils ohne gesonderte Zugabe von Körnermais oder anderen Futtermitteln zulassen.

(4) Zur Verhinderung einer missbräuchlichen Wildfütterung kann die untere Jagdbehörde die erforderlichen Regelungen im Einzelfall treffen. Sie kann insbesondere anordnen, dass eine Fütterung von Schwarzwild anzuzeigen ist.

§ 3 Missbräuchliche Ablenkungsfütterung und Kirrung

(1) Für die missbräuchliche Ablenkungsfütterung und Kirrung gilt § 2 Abs. 1 entsprechend. Ferner gilt für die missbräuchliche Ablenkungsfütterung § 2 Abs. 2 Nr. 1, 3, 4, 5 und 6 und für die missbräuchliche Kirrung § 2 Abs. 2 Nr. 2, 3, 5 und 6 entsprechend.

(2) Eine missbräuchliche Ablenkungsfütterung liegt, neben den Fällen des § 2 Abs. 2 Nr. 1, 3, 4, 5 und 6, insbesondere auch vor, wenn
1. eine Ablenkungsfütterung ohne erkennbaren Schutzzweck durchgeführt wird,
2. die Ablenkungsfütterung für Schwarzwild im Feld oder in einem geringeren Abstand als 300 Meter von der Wald-Feldgrenze innerhalb des Waldes betrieben wird,
3. Wild mit Ausnahme von Bewegungsjagden in einem Abstand von weniger als 100 Meter von der Ablenkungsfütterung bejagt wird oder dort eine Bejagungseinrichtung vorhanden ist.

(3) Eine missbräuchliche Kirrung liegt, neben den Fällen des § 2 Abs. 2 Nr. 2, 3, 5 und 6, insbesondere auch vor, wenn
1. für eine Kirrung von wiederkäuendem Schalenwild mehr als zehn Liter Futtermittel oder für eine Kirrung von Schwarzwild mehr als drei Liter Futtermittel je Bejagungseinrichtung vorhanden sind,
2. für Schwarzwild je angefangene 50 ha Waldfläche mehr als eine Kirrung betrieben wird, wobei je Jagdbezirk mindestens zwei Kirrungen zulässig sind,
3. die Beschickung von Luderplätzen zur Raubwildbejagung so erfolgt, dass das Lockmittel auch für Schwarzwild zugänglich ist,
4. für eine Kirrung von Wildenten eine unangemessene Futtermenge verwendet wird.
5. in auerhuhnrelevanten Flächen nach § 2 Abs. 2 Nr. 4
   a) die Kirrung von Schwarzwild außerhalb des Zeitraumes zwischen 1. August und 31. Januar erfolgt,
   b) an einer Schwarzwild-Kirrung je Bejagungseinrichtung mehr als ein Liter Futtermittel vorhanden ist,
   c) an einer Schwarzwild-Kirrung die Futtermittel nicht so ausgebracht werden, dass diese in den Boden eingebracht oder durch natürliches oder naturbelassenes Material abgedeckt werden.

(4) Zur Verhinderung einer missbräuchlichen Ablenkungsfütterung oder einer missbräuchlichen Kirrung kann die untere Jagdbehörde die erforderlichen Regelungen im Einzelfall treffen. Sie kann insbesondere anordnen, dass eine Ablenkungsfütterung oder Kirrung von Schwarzwild anzuzeigen ist.

(5) Für die Kirrung von Rotwild in Rotwildgebieten kann die obere Jagdbehörde besondere Regelungen treffen.

§ 3 a Beseitigungspflicht

Wer eine missbräuchliche Kirrung, eine missbräuchliche Fütterung oder eine missbräuchliche Ablenkungsfütterung betreibt, ist zu deren umgehender Beseitigung verpflichtet. Beseitigungspflichtig ist auch die jagdausübungsberechtigte Person, spätestens drei Tage nach der Aufforderung durch die untere Jagdbehörde.

§ 4 Fallensachkundenachweis

(1) Ein Fallensachkundenachweis nach § 22 Abs. 1 Satz 2 des Landesjagdgesetzes wird nach dem Muster in der Anlage auf Antrag von der unteren Jagdbehörde erteilt, wenn der Antragsteller eine Bestätigung der nach § 22 Abs. 1 Satz 3 des Landesjagdgesetzes zugelassenen Ausbildungseinrichtungen über die Teilnahme an dem in § 22 Abs. 1 Satz 3 des Landesjagdgesetzes vorgeschriebenen Fallenlehrgang (Ausbildungsbestätigung) nach dem Muster in der Anlage 2 vorlegt.

(2) Die Ausbildungsbestätigung nach Absatz 1 darf nur erteilt werden, wenn dem Antragsteller ausreichende theoretische und praktische Fähigkeiten im Umgang mit Tot- und Lebendfangfallen sowie für den Lebendfang die anschließende tierschutzgerechte Behandlung der gefangenen Tiere vermittelt wurden.

§ 5 Fangjagd mit Lebend- und Totfangfallen

(1) Für Haarwild im Sinne von § 2 Abs. 1 Nr. 1 des Bundesjagdgesetzes dürfen für den Lebendfang nur Fallen der in Anlage 3 festgelegten Fallentypen verwendet werden.

(2) Die untere Jagdbehörde kann aus besonderen Gründen, insbesondere zum Lebendfang von Federwild im Sinne von § 2 Abs. 1 Nr. 2 des Bundesjagdgesetzes über Absatz 1 hinaus weitere Fallentypen im Einzelfall zulassen, soweit diese einen unversehrten Fang im Sinne von § 19 Abs. 1 Nr. 9 des Bundesjagdgesetzes und § 22 Abs. 2 des Landesjagdgesetzes gewährleisten.

(3) Die nach Absatz 1 zulässigen Fallen sind vom Fangjagdausübenden zu kontrollieren:
1. Fallen der Fallentypen A, B, D und E mindestens einmal täglich,
2. Fallen des Fallentyps C (Wiesel-Wippbrett-Kastenfalle) mindestens zweimal täglich mittags und abends, spätestens jedoch 12 Stunden nach der Fängischstellung der Falle.

(4) Für den Lebendfang von Tieren, die nicht dem Jagdrecht unterliegen, aber im Rahmen des Jagdschutzes bejagt werden, gelten die Absätze 1 bis 3 und 6 entsprechend.

(5) Für den Totfang von Tieren, die dem Jagdrecht unterliegen oder im Rahmen des Jagdschutzes bejagt werden, darf nur der Fallentyp E (Abzugseisen – Auslösung auf Zug –) mit den in Anlage 3 festgelegten Bügelweiten und Mindestklemmkräften verwendet werden.

(6) Sämtliche für die Fangjagd bestimmten Fallen der nach Absatz 1 und 5 zulässigen und nach Absatz 2 im Einzelfall zugelassenen Fallentypen sind vom Eigentümer bei der unteren Jagdbehörde anzumelden und zu kennzeichnen. Zur Kennzeichnung sind Nummernschilder an der Falle anzubringen, die von der unteren Jagdbehörde ausgegeben werden. Die Anmeldung von Fallen muss inner-

halb von drei Monaten nach In-Kraft-Treten der Verordnung oder innerhalb von drei Monaten nach Erwerb erfolgen.

§ 6 Sachliche Verbote

(1) Abweichend von § 19 Abs. 1 Nr. 4 des Bundesjagdgesetzes dürfen weibliches Rotwild und Rotwildkälber während der Nachtzeit in Rotwildgebieten erlegt werden.

(2) Die untere Jagdbehörde kann die nach Absatz 1 zulässige Nachtjagd aus besonderen Gründen einschränken oder verbieten.

(3) In Ergänzung zu § 19 des Bundesjagdgesetzes ist es verboten, bleihaltige Schrotmunition bei der Ausübung der Jagd auf Wasservögel an Gewässern zu verwenden.

§ 7 Tierarten

Über § 2 Abs. 1 des Bundesjagdgesetzes hinaus unterliegen folgende Tierarten dem Jagdrecht: Waschbär (Procyon lotor L.), Marderhund (Nycterentes procyonoides GRAY), Nutria (Myocastor coypus MOLINA).

§ 8 Jagdzeiten

(1) Abweichend von der Verordnung über die Jagdzeiten vom 2. April 1977 (BGBl. I S. 531) darf die Jagd ausgeübt werden auf
1. Rotwild,
   Kälber vom 1. August bis 31. Januar, Schmalspießer vom 1. Juni bis 31. Januar,
2. Dam- und Sikawild,
   Kälber vom 1. September bis 31. Januar, Schmalspießer vom 1. Juli bis 31. Januar,
3. Rehwild,
   Kitze vom 1. September bis 31. Januar,
4. Feldhasen vom 1. Oktober bis 31. Dezember,
5. Rebhühner vom 1. September bis 31. Oktober,
6. Fasanen vom 1. Oktober bis 31. Dezember.

Im Rotwildgebiet Odenwald (Anlage zu § 1 Abs. 2 lfd. Nr. 1 der Verordnung des Ministeriums für Ernährung, Landwirtschaft und Forsten über die Bildung von Rotwildgebieten vom 28. März 1958, GBl. S. 121) darf abweichend von Satz 1 Nr. 1 die Jagd auf Schmalspießer und auf Schmaltiere ausgeübt werden vom 1. Juli bis 31. Januar.

(2) Die Jagd auf Wildgänse, Sturm-, Silber-, Mantel- und Heringsmöwen darf nicht ausgeübt werden.

(3) Die Jagd auf Waschbär, Marderhund und Nutria darf das ganze Jahr ausgeübt werden.

(4) Die untere Jagdbehörde kann von dem Verbot des § 22 Abs. 4 Satz 1 des Bundesjagdgesetzes für Wildkaninchen, Waschbär, Marderhund und Nutria Ausnahmen zulassen, wenn die Voraussetzungen des § 22 Abs. 2 Satz 2 des Bundesjagdgesetzes vorliegen.

§ 9 Vorbereitung des Abschussplans

(1) Der Jagdausübungsberechtigte hat den Abschussplan jeweils für ein Jagdjahr, den Abschussplan für Rehwild jeweils für drei Jagdjahre aufzustellen.

(2) Der Abschussplan ist vom Jagdausübungsberechtigten, bei gepachteten Jagden auch vom Verpächter zu unterzeichnen und bis 15. April des Jagdjahres, für das der jeweilige Abschussplan nach Absatz 1 aufzustellen ist, der unteren Jagdbehörde vorzulegen. Bei fehlendem Einvernehmen des Verpächters oder bei sonstigen Einwendungen von Jagdgenossen gegen den Abschussplan sind die Gründe, einschließlich eventueller Änderungsvorschläge im Abschussplan vom Verpächter oder Jagdvorstand zu vermerken.

§ 10 Wirkung und Änderung des Abschussplans

(1) Ein nach § 27 Abs. 4 des Landesjagdgesetzes bestätigter oder festgesetzter Abschussplan gilt auch für den Rechtsnachfolger des Jagdausübungsberechtigten.

(2) Ein bestätigter oder festgesetzter Abschussplan kann von der unteren Jagdbehörde auf Antrag des Jagdausübungsberechtigten oder von Amts wegen geändert werden, wenn
1. sich die für die Abschussplanung maßgebenden Verhältnisse wesentlich geändert haben oder
2. die Abschussplanung auf fehlerhaften Angaben des Jagdausübungsberechtigten beruht.
Vor der Änderung des Abschussplans ist der Verpächter, im Falle einer Jagdnutzung nach § 10 Abs. 2 des Bundesjagdgesetzes der Jagdvorstand der beteiligten Jagdgenossenschaft oder bei Eigenjagdbezirken der Eigentümer oder Nutznießer anzuhören.

§ 11 Ergänzende Abschussplanvorgaben, Überwachung, Streckenliste und Jagdstatistik

(1) Bei Abschussplänen für Rehwild ist in der Regel ein Drittel des Gesamtabschusses jährlich zu erfüllen. Rehwild, das nach Erfüllung des jährlichen Abschussanteils verendet, kann auf den Abschussanteil des nächsten Jagdjahres angerechnet werden.

(2) Die untere Jagdbehörde kann die Vereinigungen der Jäger (§ 38 des Landesjagdgesetzes) auf deren Kosten mit der Durchführung einer öffentlichen Hegeschau beauftragen. Die Hegeschau soll zur Überwachung der Abschusspläne und der im Einzelfall von den unteren Jagdbehörden angeordneten Datenerhebung im Sinne von § 27 Abs. 7 Nr. 2 des Landesjagdgesetzes dienen. Die Ausrichtung der Hegeschau soll insbesondere Informationen vermitteln über:
1. die Erfüllung der Abschusspläne, die körperliche Verfassung des Wildes und die strukturelle Entwicklung der Wildbestände,
2. die Bestandsentwicklung von nicht abschussplanpflichtigen Wildarten und
3. Hegemaßnahmen nach § 19 Abs. 1 des Landesjagdgesetzes.
Die Vereinigungen der Jäger haben die örtlich zuständigen unteren Jagdbehörden auch dann über geplante Hegeschauen rechtzeitig zu informieren, wenn diese nicht angeordnet worden sind.

(3) Die Streckenliste muss über § 27 Abs. 6 des Landesjagdgesetzes hinaus bei verendetem Wild Angaben über Verkehrsverluste enthalten. Für die Führung der Streckenliste ist der von der unteren Jagdbehörde zur Verfügung gestellte Vordruck zu verwenden. Die unteren Jagdbehörden legen eine jährliche Zusammenfassung aller Streckenlisten der Wildforschungsstelle bei der Staatlichen Lehr- und Versuchsanstalt für Viehhaltung und Grünlandwirtschaft, Aulendorf, vor.

§ 12 Wildökologische Datenerhebung

Für wissenschaftliche Zwecke oder für Lehr- und Forschungszwecke kann die untere Jagdbehörde vom Jagdausübungsberechtigten über § 27 Abs. 6 des Landesjagdgesetzes hinaus weitere Angaben über die Verhältnisse in seinem Jagdbezirk und über den Bestand der dort vorkommenden Wildarten verlangen.

§ 13 Bestätigung von Hegegemeinschaften und ihre Beteiligung bei der Entscheidung über Abschusspläne

(1) Eine Hegegemeinschaft entspricht den Erfordernissen der Hege, wenn sie zusammenhängende Jagdbezirke umfasst, diese nach Lage, landschaftlichen Verhältnissen und auf Grund ihrer natürlichen Grenzen den Lebensraum des Wildes oder einzelner Wildarten bilden und dadurch eine großräumige Hege und Abschussregelung sicherstellen.

(2) Mit dem Antrag auf Bestätigung als Hegegemeinschaft sind vorzulegen:
1. eine Darstellung der räumlichen Abgrenzung der Hegegemeinschaft unter Angabe der von ihr umfassten Jagdbezirke,
2. ein Verzeichnis der Jagdausübungsberechtigten, die der Hegegemeinschaft beigetreten sind, und
3. Unterlagen über die Rechtsform der Hegegemeinschaft und deren Vertretung.

(3) Erstreckt sich die Hegegemeinschaft auf das Gebiet mehrerer Jagdbehörden, so ist für die Bestätigung die Jagdbehörde zuständig, in deren Gebiet der flächenmäßig größte Teil der Hegegemeinschaft liegt; sie entscheidet im Einvernehmen mit den anderen Jagdbehörden.

(4) Bestätigten Hegegemeinschaften ist für die Sitzungen der unteren Jagdbehörde, in denen über die Abschusspläne ihres Bereichs entschieden wird, unter Wahrung einer Frist von zwei Wochen Gelegenheit zu geben, einen Vertreter zu entsenden.

§ 14 Aussetzen von Wild

Unbeschadet des Aussetzungsverbots des § 28 Abs. 2 des Bundesjagdgesetzes dürfen, mit Ausnahme des Fasans, heimische Tierarten, die dem Jagdrecht unterliegen, nur mit Genehmigung der oberen Jagdbehörde in der freien Natur ausgesetzt werden. Als Aussetzen von Wild gilt nicht die Wiederfreilassung von Wild, das nach § 3 Abs. 4 des Landesjagdgesetzes unversehrt gefangen worden ist, sofern es in dem Jagdbezirk der jeweiligen Gemeinde freigelassen wird.

§ 15 Schutzvorrichtungen

Als übliche Schutzvorrichtungen im Sinne des § 32 Abs. 2 Satz 1 des Bundesjagdgesetzes gelten wilddichte Zäune mit folgenden Mindesthöhen:
1. zum Schutz gegen Muffelwild 2,50 m,
2. zum Schutz gegen Rot-, Dam- und Sikawild 1,80 m,
3. zum Schutz gegen Reh-, Gams- und Schwarzwild 1,50 m und
4. zum Schutz gegen Wildkaninchen 1,00 m über und 0,30 m in der Erde.

§ 16 Wildschadenschätzer

(1) Zur Abschätzung von Wild- und Jagdschäden im Rahmen des Vorverfahrens bestellt die untere Jagdbehörde in jedem Stadt- und Landkreis Wildschadenschätzer in der erforderlichen Zahl auf die Dauer von sechs Jahren. Für die Schadenschätzung an Forstpflanzen ist mindestens ein Forstsachverständiger aus einem von der höheren Forstbehörde zu benennenden Personenkreis auszuwählen und nach Satz 1 zu bestellen.

(2) Die Wildschadenschätzer sind im Vorverfahren ehrenamtlich tätig. § 20 Abs. 1 und 5, § 21 Abs. 1 sowie die §§ 83 bis 86 des Landesverwaltungsverfahrensgesetzes gelten entsprechend.

§ 17 Schadensanmeldung, Einleitung des Vorverfahrens, Zurückweisungsbescheid

(1) Der Anspruch auf Ersatz von Wild- oder Jagdschaden ist bei der Gemeinde, auf deren Gemarkung das beschädigte Grundstück liegt, innerhalb der in § 34 des Bundesjagdgesetzes bestimmten Frist oder Stichtagen schriftlich oder zur Niederschrift anzumelden.

(2) Bei rechtzeitiger Schadensanmeldung beraumt die Gemeinde unverzüglich einen Ortstermin an, bei dem der Schaden ermittelt werden und auf eine gütliche Einigung hingewirkt werden soll. Zu dem Termin sind der Geschädigte und die nach §§ 29 bis 33 des Bundesjagdgesetzes zum Ersatz Verpflichteten (Beteiligte) mit dem Hinweis zu laden, dass auch im Falle ihres Nichterscheinens der Schaden ermittelt werden kann. Ein Wildschadenschätzer ist zu dem Termin zu laden, wenn ein Beteiligter dies beantragt, eine gütliche Einigung nicht zu erwarten ist oder besondere Gründe dies erfordern.

(3) Beantragt ein Beteiligter in dem Termin, dass die Höhe des Schadens erst kurz vor der Ernte ermittelt werden soll, so ist der Schaden so weit zu ermitteln, als dies möglich ist und zur endgültigen Feststellung der Schadenshöhe erforderlich ist. Über die Verhandlung ist eine Niederschrift zu fertigen. Satz 1 findet keine Anwendung bei Schäden im Wald, an Alleen, an einzelstehenden Bäumen und in Baumschulen.

(4) Wird der Schaden nicht rechtzeitig angemeldet oder liegt ein ersatzpflichtiger Wild- oder Jagdschaden offensichtlich nicht vor, weist die Gemeinde den Ersatzanspruch mit schriftlichem Bescheid zurück, wenn er trotz Belehrung aufrechterhalten wird oder aus sonstigen Gründen ein schriftlicher Bescheid gefordert wird. Der Bescheid ist dem Schadensanmelder zuzustellen.

§ 18 Gütliche Einigung

Kommt eine gütliche Einigung zustande, so fertigt die Gemeinde hierüber eine Niederschrift, die Angaben enthalten muss über:
1. den Ersatzberechtigten,
2. den Ersatzpflichtigen,
3. Art, Umfang und Zeitpunkt der Schadensschätzung,
4. Art, Höhe und Zeitpunkt der Schadensersatzleistung,
5. die Verteilung der Verfahrenskosten und
6. Hinweise zur Vollstreckbarkeit nach § 22.

Die Niederschrift ist von den Beteiligten und dem Vertreter der Gemeinde zu unterzeichnen; eine beglaubigte Abschrift ist den Beteiligten zuzustellen.

§ 19 Vorbescheid

(1) Kommt eine gütliche Einigung nicht zustande, zieht die Gemeinde, soweit dies noch nicht geschehen ist, einen Wildschadenschätzer hinzu und beraumt erforderlichenfalls einen neuen Termin an.

(2) Der Wildschadenschätzer hat eine schriftliche Stellungnahme abzugeben, die folgende Angaben enthalten muss:
1. die Bezeichnung und Kulturart des beschädigten Grundstücks,
2. die Schadensursache und, soweit Wild den Schaden verursacht haben könnte, die jeweilige Wildart,
3. den Umfang des Schadens und die Größe der geschädigten Fläche und
4. den Schadensbetrag.

Die Stellungnahme soll auf die Streitpunkte eingehen, die einer gütlichen Einigung entgegenstehen.

(3) Die Gemeinde erlässt auf der Grundlage der Stellungnahme einen schriftlichen Vorbescheid, der den Ersatzberechtigten, den Ersatzpflichtigen sowie die Höhe des Schadensersatzes feststellt und eine Bestimmung über die Kostentragung enthält. Mutwillig verursachte Kosten sind den Beteiligten aufzuerlegen, die sie verursacht haben. Der Vorbescheid ist zu begründen; in der Begründung ist auch auf Art und Umfang des entstandenen Schadens einzugehen. Der Vorbescheid ist den Beteiligten mit einer Belehrung über die Vollstreckbarkeit sowie über die Klagemöglichkeit zuzustellen.

§ 20 Verfahrenskosten

(1) Kosten des Vorverfahrens im Sinne von § 32 des Landesjagdgesetzes sind die notwendigen Auslagen der Gemeinde. Hierzu gehören insbesondere die Entschädigungsleistungen an Wildschadenschätzer, die für Vorbescheide und Niederschriften entstandenen Kosten sowie die Kosten der Zustellung.

(2) Die Gemeinde setzt die Kosten unter Berücksichtigung des Sach- und Streitstandes nach billigem Ermessen fest.

§ 21 Rechtskraft des Vorbescheids

Der Vorbescheid wird rechtskräftig, wenn er nicht innerhalb von zwei Wochen nach Zustellung vom Ersatzberechtigten oder vom Ersatzpflichtigen gegenüber der erlassenden Gemeinde abgelehnt wird. Die Fälligkeit der Verfahrenskosten wird dadurch nicht berührt.

§ 22 Zwangsvollstreckung

(1) Die Niederschrift über eine gütliche Einigung ist eine Woche nach Zustellung, der Vorbescheid ist mit seiner Rechtskraft oder im Falle seiner Ablehnung nur hinsichtlich der Bestimmung über die Kostentragung vollstreckbar.

(2) Für die Zwangsvollstreckung gelten die Vorschriften des Achten Buches der Zivilprozessordnung entsprechend mit der Maßgabe, dass
1. die vollstreckbare Ausfertigung von dem Urkundsbeamten der Geschäftsstelle des Amtsgerichts erteilt wird, in dessen Bezirk die Gemeinde, von der die Urkunden nach Absatz 1 herrühren, ihren Sitz hat,
2. an die Stelle des Prozessgerichts (§§ 731, 767 bis 770, 785, 786 und 791 der Zivilprozessordnung) das Gericht im Sinne von Nummer 1 tritt.

§ 23 Klageerhebung

Wird die Schadensanmeldung nach § 17 zurückgewiesen oder rechtzeitig nach § 21 die Ablehnung des Vorbescheids erklärt, kann der ordentliche Rechtsweg beschritten werden.

§ 24 Ordnungswidrigkeiten

Ordnungswidrig im Sinne von § 40 Abs. 2 Nr. 7 des Landesjagdgesetzes handelt, wer
1. einer vollziehbaren Anordnung nach § 2 Abs. 4, § 3 Abs. 4 oder § 3 a nicht, nicht vollständig oder nicht rechtzeitig nachkommt,
2. entgegen den in § 2 Abs. 2, § 3 Abs. 1 Satz 2, Abs. 2 oder 3 besonders genannten Fällen eine missbräuchliche Wildfütterung, Ablenkungsfütterung oder Kirrung vornimmt,
3. entgegen § 5 Abs. 1, 2 oder 5 Lebend- oder Totfangfallen verwendet, die nicht den festgelegten Fallentypen entsprechen oder nicht zugelassen sind,
4. entgegen § 5 Abs. 3 Fallen nicht kontrolliert,
5. entgegen § 5 Abs. 6 zulässige oder zugelassene Fallen nicht oder nicht rechtzeitig anmeldet oder kennzeichnet,
6. entgegen § 6 Abs. 3 bleihaltige Schrotmunition bei der Ausübung der Jagd auf Wasservögel an Gewässern verwendet,
7. entgegen § 14 ohne Genehmigung der oberen Jagdbehörde heimische Tierarten, die dem Jagdrecht unterliegen, aussetzt.

§ 25 (Inkrafttreten)[1]

---

[1] Betrifft das Inkrafttreten in der ursprünglichen Fassung vom 5. September 1996

Anlage 1
(zu § 4 LJagdG DVO)

Kreisjagdamt   Ort   Datum

Az.: _____

Fallensachkundenachweis

Herrn/Frau _____, wohnhaft in

_____

Stadt/Kreis _____, geboren am

_____

in _____ Kreis _____ hat

an einem Fallenlehrgang in _____ bei

_____ teilgenommen und hierbei die

erforderliche Sachkunde erworben.

Der Fallensachkundenachweis gemäß § 22 Abs. 1 Landesjagdgesetz i. d. F. vom 01. Juni 1996 (GBl. S. 369) wird erteilt.

_____

(Unterschrift und Dienstsiegel)

80

Anlage 2
(zu § 4 LJagdG DVO)

_____   _____

(Name des Ausbildungslehrgangs)   Ort   Datum

Bestätigung

über die Teilnahme an einem Fallenlehrgang
– Ausbildungsbestätigung –
(§ 4 Abs. 1 und 2 LJagdG DVO)

Herrn/Frau _____, wohnhaft in

_____

Stadt/Kreis _____, geboren am

_____

in _____ Kreis _____

nahm in der Zeit vom _____ bis _____ an einem mindestens
15 Stunden umfassenden Fallenlehrgang teil.

Dem Teilnehmer wurden ausreichende theoretische und praktische Fähigkeiten
im Umgang mit Tot- und Lebendfangfallen sowie für den Lebendfang die anschließende tierschutzgerechte Behandlung der gefangenen Tiere vermittelt. Er
verfügt über die Fallensachkunde nach § 22 Abs. 1 des Landesjagdgesetzes i. d. F.
vom 01. Juni 1996 (GBl. S. 369).

Die Richtigkeit der folgenden Angaben bestätigt:

_____

(Unterschrift des Ausbildungsleiters)

Anlage 3
(zu § 5 LJagdG DVO)

**Liste der für die Fangjagd mit Lebend- und Totfangfallen
zugelassenen Fallentypen und der für sie geltenden Bauvorschriften**

1. Fallentyp A
– eine Kastenfalle für Tiere ab Fuchsgröße mit folgenden Mindestgrößen für den
Fangraum:
Länge: 130 cm
Breite: 25 cm
Höhe: 25 cm.

2. Fallentyp B
– eine Kastenfalle für Tiere unter Fuchsgröße mit folgenden Mindestgrößen für
den Fangraum:
Länge: 100 cm
Breite: 15 cm
Höhe: 15 cm
Einschlupfbreite und -höhe: 13 cm × 15 cm, falls die Mindestgrößen für den Fang-
raum überschritten werden.

3. Fallentyp C
– eine Kastenfalle nur für Wiesel (Wiesel-Wippbrett-Kastenfalle) mit folgenden
Mindestgrößen für den Fangraum:
Länge: 50 cm
Breite: 8 cm
Höhe: 8 cm vorn, 13 cm hinten.

4. Fallentyp D
– eine Röhrenfalle für alle Haarwildarten, vorwiegend für den unterirdischen
Einbau, mit folgenden Mindestgrößen für den Fangraum:
Länge: 200 cm
Durchmesser: 25 cm.

Anmerkung zu den Fallentypen A bis D
Die aufgeführten Fallentypen müssen so beschaffen sein, dass eine Verletzung
der gefangenen Tiere ausgeschlossen ist. Mit Ausnahme von Drahtgitter sind deshalb alle Baumaterialien zugelassen. Röhrenfallen müssen eine ausreichende
Druckfestigkeit aufweisen. In geschlossenem Zustand müssen die Fangräume ab-
gedunkelt sein. Kontrollöffnungen aus Draht sind zulässig, falls Verletzungen der
Tiere ausgeschlossen sind.

5. Fallentyp E
- Abzugeisen (Auslösung auf Zug) für Haarwild mit folgenden Bügelweiten und Klemmkräften:
- Bügelweite
- Bügelweite 37 cm $(+/-10)$, Mindestklemmkraft 150 Newton
- Bügelweite 46 cm $(+/-10)$, Mindestklemmkraft 175 Newton
- Bügelweite 56 cm $(+/-10)$, Mindestklemmkraft 200 Newton
- Bügelweite 70 cm $(+/-10)$, Mindestklemmkraft 300 Newton

Anmerkung zum Fallentyp E
Abzugeisen mit den Bügelweiten 37 cm $(+/-10)$ und 46 cm $(+/-10)$ dürfen nur für Marder und Iltis verwendet werden.

Anlage 4
(zu § 2 Abs. 2 Nr. 4 LJagdG DVO)

Auerhuhnrelevante Flächen

1. Als auerhuhnrelevante Flächen werden Teile der Gemarkungen folgender Städte und Gemeinden benannt:

Im Regierungsbezirk Karlsruhe:

Im Stadtkreis Baden-Baden:
Baden-Baden

Im Landkreis Calw:
Bad Herrenalb
Bad Liebenzell
Bad Teinach-Zavelstein
Bad Wildbach
Calw
Dobel
Enzklösterle
Höfen an der Enz
Neuweiler
Oberreichenbach
Schömberg
Simmersfeld

Im Landkreis Freudenstadt:
Alpirsbach
Bad Rippoldsau-Schapbach
Baiersbronn
Dornstetten
Freudenstadt
Grömbach
Loßburg
Pfalzgrafenweiler
Seewald

Im Landkreis Rastatt:
Bühl
Bühlertal
Forbach
Gaggenau
Gernsbach
Loffenau
Ottersweier
Weisenbach

Im Regierungsbezirk Freiburg:

Im Landkreis
Breisgau-Hochschwarzwald:
Badenweiler
Breitnau
Buchenbach
Eisenbach (Hochschwarzwald)
Feldberg (Schwarzwald)
Friedenweiler
Hinterzarten
Kirchzarten
Lenzkirch
Löffingen
Müllheim
Münstertal/Schwarzwald
Oberried
Sankt Märgen
Sankt Peter
Schluchsee
Sulzburg
Titisee-Neustadt

Im Landkreis Emmendingen:
Elzach
Gutach im Breisgau
Simonswald
Waldkirch
Winden im Elztal

Im Stadtkreis
Freiburg im Breisgau:
Freiburg im Breisgau

Im Landkreis Lörrach:
Aitern
Böllen
Bürchau
Elbenschwand

Fröhnd
Häg-Ehrsberg
Malsburg-Marzell
Neuenweg
Raich
Schliengen
Schönau im Schwarzwald
Schönenberg
Schopfheim
Steinen
Todtnau
Tunau
Utzenfeld
Wembach
Wieden
Wies
Zell im Wiesental

Im Ortenaukreis:
Achern
Bad Peterstal-Griesbach
Durbach
Fischerbach
Gengenbach
Gutach (Schwarzwaldbahn)
Hausach
Hornberg
Lauf
Nordrach
Oberharmersbach
Oberkirch
Oberwolfach
Oppenau
Ottenhöfen im Schwarzwald
Sasbach
Sasbachwalden
Seebach

Wolfach
Zell am Harmersbach

Im Landkreis Rottweil:
Eschbronn
Hardt
Lauterbach
Schenkenzell
Schramberg

Im Schwarzwald-Baar-Kreis:
Bräunlingen
Donaueschingen
Furtwangen im Schwarzwald
Hüfingen
Königsfeld im Schwarzwald
Mönchweiler
Sankt Georgen im Schwarzwald
Schonach im Schwarzwald
Schönwald im Schwarzwald
Triberg im Schwarzwald
Unterkirnach
Villingen-Schwenningen
Vöhrenbach

Im Landkreis Waldshut
Bernau im Schwarzwald
Bonndorf im Schwarzwald
Dachsberg (Südschwarzwald)
Görwihl
Grafenhausen
Häusern
Herrisschried
Höchenschwand
Ibach
Sankt Blasien
Todtmoos
Ühlingen-Birkendorf

2. Die auerhuhnrelevanten Flächen sind der beiliegenden Übersichtskarte[2] im Maßstab 1:550 000 zu entnehmen. Genaue Gebietsabgrenzungen sind auf 79 Teilkarten im Maßstab 1:20 000, jeweils Stand 31. März 2008 und erarbeitet von der Forstlichen Versuchs- und Forschungsanstalt Baden-Würtemberg, als rot schraffierte Flächen dargestellt. Die Karten sind Bestandteil dieser Verordnung. Die Verordnung mit allen Karten wird beim Ministerium für Ernährung und Ländlichen Raum in Stuttgart auf die Dauer von zwei Wochen, beginnend am Tag nach der Verkündung dieser Verordnung im Gesetzblatt,

---

[2] Übersichtskarte nicht abgedruckt.

zur kostenlosen Einsichtnahme durch jedermann während der Sprechzeiten öffentlich ausgelegt.

Gleiches gilt für die Landratsämter der Landkreise Breisgau-Hochschwarzwald in Freiburg, Calw, Emmendingen, Freudenstadt, Lörrach, Ortenaukreis in Offenburg, Rastatt, Rottweil, Schwarzwald-Baar-Kreis in Villingen-Schwenningen, Waldshut in Waldshut-Tiengen, die Bürgermeisterämter der Stadtkreise Baden-Baden und Freiburg im Breisgau, die Großen Kreisstädte Achern, Bühl, Calw, Donaueschingen, Emmendingen, Freudenstadt, Gaggenau, Oberkirch, Schramberg und Villingen-Schwenningen, den Gemeindeverwaltungsverband Müllheim-Badenweiler, die vereinbarten Verwaltungsgemeinschaften der Großen Kreisstadt Bühl mit der Gemeinde Ottersweier, der Großen Kreisstadt Freudenstadt mit den Gemeinden Seewald und Bad Rippoldsau-Schapbach, der großen Kreisstadt Oberkirch mit der Stadt Renchen und der Gemeinde Lautenbach, der Stadt Bad Säckingen mit den Gemeinden Herrischried, Murg und Reichenbach, der Stadt Waldkirch mit den Gemeinden Gutach im Breisgau und Simonswald, mit der Einschränkung, dass nur die Teilkarten mit örtlich relevantem Bezug ausgelegt werden.

3. Die Verordnung mit den entsprechenden Karten ist nach Ablauf der Auslegungsfrist bei den in Nummer 2 Satz 4 und 5 bezeichneten Stellen zur kostenlosen Einsichtnahme durch jedermann während der Sprechzeiten niedergelegt.

II.
Erläuterungen zum Jagdrecht

Übersicht über die erläuterten Vorschriften

I. Das Jagdrecht

Rz.	BJagdG	LJagdG	LJagdG DVO
1	§ 1 Inhalt des Jagdrechts		
2		§ 1 Wirkung des Jagdrechts gegen Dritte	
3		Verkehrsunfall mit Wild	
4	§ 2 Tierarten		§ 7 Tierarten
5	§ 3 Inhaber des Jagdrechts; Ausübung des Jagdrechts		

II. Jagdbezirke und Hegegemeinschaften

Rz.	BJagdG	LJagdG	LJagdG DVO
6	§ 4 Jagdbezirke § 5 Gestaltung der Jagdbezirke	§ 2 Abrundung der Jagdbezirke	
7	§ 6 Befriedete Bezirke, Ruhen der Jagd	§ 3 Befriedete Bezirke, Ruhen der Jagd	
8	§ 7 Zusmmensetzung (Eigenjagdbezirke)	§ 4 Eigenjagdbezirke	
9	§ 8 Zusammensetzung (Gemeinschaftliche Jagdbezirke)	§ 5 Gemeinschaftliche Jagdbezirke	
10	§ 9 Jagdgenossenschaft	§ 6 Jagdgenossenschaft	§ 1 Satzung der Jagdgenossenschaft, Durchführung der Versammlung der Jagdgenossenschaft

Rz.	BJagdG	LJagdG	LJagdG DVO
11	§ 10 Jagdnutzung		
12	§ 10 a Bildung von Hege- gemeinschaften	§ 7 Hegegemeinschaften	§ 13 Bestätigung von Hegegemeinschaften und ihre Beteiligung bei der Entscheidung über Abschusspläne

III. Beteiligung Dritter an der Ausübung des Jagdrechts

Rz.	BJagdG	LJagdG	LJagdG DVO
13	§ 11 Jagdpacht	§ 8 Jagdpacht	
14		§ 9 Mehrzahl von Jagdpächtern § 10 Jagderlaubnis § 13 Tod des Jagdpächters	

15	§ 12 Anzeige von
	    Jagdpachtverträgen
	§ 13 Erlöschen des
	    Jagdpachtvertrages
	§ 13 a Rechtsstellung der
	    Mitpächter
	§ 14 Wechsel des
	    Grundeigentümers
		§ 11 Nichtigkeit von Jagd-
		    pachtverträgen und
		    Jagderlaubnisverträgen
		§ 12 Erlöschen des
		    Jagdpachtvertrages	

IV. Jagdschein

Rz.	BJagdG	LJagdG	LJagdG DVO

16	§ 15 Allgemeines	§ 14 Jägerprüfung
		§ 14 a Gebühren für Jagd-
		    schein und Jäger-
		    prüfung
		§ 14 b Jagdabgabe	

17	§ 16 Jugendjagdschein	§ 42 Abs. 2 Gesell- schaftsjagd	

18	§ 17 Versagung des
	    Jagdscheines
	§ 18 Einziehung des
	    Jagdscheines
	§ 18 a Mitteilungspflichten		

V. Jagdbeschränkungen, Pflichten bei der Jagdausübung und Beunruhigen von Wild

Rz.	BJagdG	LJagdG	LJagdG DVO
19	§ 19 Sachliche Verbote	§ 23 Sachliche Verbote	§ 6 Sachliche Verbote
20		§ 22 Ausübung der Fangjagd mit Tot- und Lebendfangfallen	§ 5 Fangjagd mit Lebend- und Totfangfallen § 4 Fallensachkundenachweis
21		§ 42 Abs. 1 Treibjagd	
22	§ 19 a Beunruhigen von Wild	§ 24 Wildschutzgebiete § 26 Schutz von Wild gegen Beunruhigungen	
23	§ 20 Örtliche Verbote		
24		§ 15 Wegerecht	
25		§ 16 Jagdeinrichtungen	
26	§ 21 Abschussregelung	§ 27 Abschussplan und weitere Bejagungsregelungen	§ 9 Vorbereitung des Abschussplans § 10 Wirkung und Änderung des Abschussplans § 11 Ergänzende Abschussplanvorgaben, Überwachung, Streckenliste und Jagdstatistik § 12 Wildökologische Datenerhebung
27	§ 22 Jagd- und Schonzeiten	§ 25 Jagd- und Schonzeiten	§ 8 Jagdzeiten
28	§ 22a Verhinderung von vermeidbaren Schmerzen oder Leiden des Wildes	§ 17 Wildfolge § 18 Jagdausübung in befriedeten Bezirken auf krank geschossenes oder schwerkrankes Wild	

Rz.	BJagdG	LJagdG	LJagdG DVO
29		§ 21 Verwendung von Jagdhunden	
30		§ 19 Schutz des Wildes vor Futternot § 20 Ablenkungsfütterung, Kirrung, Arzneimittel und synthetische Lockmittel für Wild	§ 2 Missbräuchliche Wildfütterung § 3 Missbräuchliche Ablenkungsfütterung und Kirrung § 3a Beseitigungspflicht

VI. Jagdschutz

Rz.	BJagdG	LJagdG	LJagdG DVO
31	§ 23 Inhalt des Jagdschutzes		
32	§ 24 Wildseuchen		
33	§ 25 Jagdschutzberechtigte	§ 29 Aufgaben und Befugnisse der Jagdschutzberechtigten § 30 Bestätigte Jagdaufseher	
34	Vorläufige Festnahme durch jedermann		
35	Notwehr		
36	Jagdwilderei		

VII. Wild- und Jagdschaden

Rz.	BJagdG	LJagdG	LJagdG DVO
37	§ 26 Fernhalten des Wildes § 27 Verhinderung übermäßigen Wildschadens		
38	§ 28 Sonstige Beschränkungen der Hege		§ 14 Aussetzen von Wild

90

Rz.	BJagdG	LJagdG	LJagdG DVO
39	§ 29 Schadensersatzpflicht § 30 Wildschaden durch Wild aus Gehege		
40	§ 31 Umfang des Ersatzpflicht		
41	§ 32 Schutzvorrichtungen	§ 31 Wildschäden an Weinbergen	§ 15 Schutzvorrichtungen
42	§ 33 Schadensersatzpflicht		
43	§ 34 Geltendmachung des Schadens § 35 Verfahren in Wild- und Jagdschadenssachen		§ 16 Wildschadensschätzer § 17 Schadensanmeldung, Einleitung des Vorverfahrens, Zurückweisungsbescheid § 18 Gütliche Einigung § 19 Vorbescheid § 20 Verfahrenskosten § 22 Zwangsvollstreckung § 23 Klageerhebung

VIII. Inverkehrbringen und Schutz von Wild

Rz.	BJagdG	LJagdG	LJagdG DVO
44	§ 36 Ermächtigungen		

IX. Jagdbeirat und Vereinigungen der Jäger

Rz.	BJagdG	LJagdG	LJagdG DVO
45	§ 37 Bildung von Jagdbeiräten, Mitwirkung von Vereinigungen der Jäger	§ 33 Jagdbehörden § 34 Jagdbeirat § 35 Untere Jagdbehörde § 36 Sachliche Zuständigkeit § 37 Örtliche Zuständigkeit § 39 Staatseigene Jagden	
46		§ 38 Vereinigungen der Jäger	

91

X. Straf- und Bußgeldvorschriften

Rz.	BJagdG	LJagdG	LJagdG DVO
47	§ 38 Straftaten		
48		§ 40 Abs. 1 Nr. 16	
49		§ 40 Abs. 2 Nr. 6	
50	§ 40 Einziehung		
51	§ 41 Anordnung der Einziehung des Jagdscheins § 41 a Verbot der Jagdausübung	§ 41 Verbot der Jagdausübung	

I. Das Jagdrecht

1 **§ 1 BJagdG   Inhalt des Jagdrechts**

Grundsätzlich steht dem Eigentümer auf seinem Grund und Boden das Jagdrecht zu. Das Jagdrecht darf aber z. B. aus Gründen der Hege nur in Jagdbezirken (Eigenjagdbezirk, gemeinschaftlicher Jagdbezirk) nach Maßgabe des § 4 BJagdG ausgeübt werden.

Ausschließliche Befugnis, auf einem bestimmten Gebiet (Jagdrevier) wild lebende Tiere, die dem Jagdrecht unterliegen (Wild),		
zu hegen,	auf sie die Jagd auszuüben – aufsuchen – nachstellen – erlegen – fangen	und sie sich anzueignen.

Das Jagdrecht genießt als absolutes Recht den Schutz des § 823 Abs. 1 BGB. Die Jagdausübung durch einen Berechtigten darf nicht vorsätzlich behindert oder erschwert werden (vgl. § 40 Abs. 1 Nr. 16 LJagdG). Die Jagdfreude ist als solche kein Lebensgut mit eigenem Vermögenswert (LG Nürnberg-Fürth, Urt. v. 30.5.1975, VersR 1976, S. 646). Ihre Verletzung begründet keinen Anspruch auf Ersatz eines immateriellen Schadens. Die Jagdgenossenschaft haftet für die von ihrem Vorsteher veranlassten Störungen des Jagdausübungsrechts aus positiver Verletzung des Jagdpachtvertrags. Der Jagdvorstand muss für die ungehinderte Ausübung der Jagd, soweit dies im Einflussbereich der Jagdgenossenschaft steht, sorgen (LG Köln, Urt. v. 16.7.1987).

Nach § 1 BJagdG besteht ein öffentliches Interesse an der Jagdausübung. Die Jagdausübung ist eine legitime und gesetzlich vorgeschriebene Form der Naturnutzung.

Eigentümer von Eigenjagdbezirken und Pächter von gemeinschaftlichen Jagdbezirken haben gem. § 1 Abs. 1 S. 2, Abs. 2 BJagdG die Pflicht zur Hege. Die JAB dürfen weder durch gesetzgeberische noch durch jagdsteuerliche Maßnahmen in der Pflicht zur Hege behindert werden (OVG Lüneburg, Urt. v. 14.12.1995 – 3 K 1299/95 zu Art. 20 a GG).

Wild lebende Tiere sind herrenlos, wenn sie sich in natürlicher Freiheit befinden und damit nicht in Gewalt des Menschen wie z. B. in einem Wildpark (vgl. § 960 BGB, abgedruckt im Anhang 1.1). Anders Wildparke, in denen die Jagd ausgeübt werden kann. Die aus einem Wildgehege ausgebrochenen Tiere sind nach § 960 Abs. 2 BGB herrenlos geworden, wenn sie nach ihrem Ausbruch nicht unverzüglich verfolgt werden oder die Verfolgung später aufgegeben wird (VGH München, Urt. v. 31.8.1988). Sie können in Freiheit die Eigenschaft als Wild erlangen. Für Damwild aus Gehegen gilt, dass der Ausbruch von Tieren unverzüglich nach dessen Entdeckung, spätestens jedoch innerhalb von zwei Werktagen durch den Betreiber oder dessen Beauftragten der zuständigen Behörde und dem JAB zu melden ist. Tiere, die innerhalb von zehn Tagen nach der Meldung nicht wieder im Besitz des Gehegebetreibers sind, gelten als herrenlos und unterliegen fortan dem Jagdrecht. Der Gehegebetreiber kann sein Recht auf Nachsuche zu einem früheren Zeitpunkt aufgeben (VwV Nutztierartige Haltung von Wild v. 8.9.2006, GABl. S. 464, u. VwV

Gehege vom 15.8.2007, GABl. S. 517). Der Eigentümer begeht keine Jagdwilderei, wenn er das (noch) ihm gehörende Wildtier in freier Wildbahn wieder aufnimmt, weil es nicht wild lebend ist.

Das Recht und die Pflicht zur Hege sind gleichermaßen Bestandteil des Jagdrechts. Zielsetzung der Hegemaßnahmen ist die Erhaltung eines den landschaftlichen und landeskulturellen Verhältnissen angepassten artenreichen und gesunden Wildbestandes sowie die Pflege und Sicherung seiner Lebensgrundlagen (Biotophege). Bezüglich sonstiger Beschränkungen in der Hege vgl. § 28 BJagdG. Aus hegerischen Gründen kann die Bildung einer Hegegemeinschaft geboten sein.

Da alle Tierarten in ihrem Lebenskreis in enger Wechselbeziehung stehen, erfasst die Hege nicht nur die dem Jagdrecht unterliegenden Tierarten als besonderen Bestandteil des Naturhaushaltes, sondern wirkt sich auch nachhaltig auf die übrigen Tierarten aus.

Durch die Einfügung des Wortes „landeskulturell" wird ausgedrückt, dass der zu erhaltende Wildbestand auch auf die enge Verbindung zwischen Agrarstrukturverbesserung und Landschaftspflege unter besonderer Berücksichtigung der ökologischen Ausgleichsfunktion des ländlichen Raumes ausgerichtet sein muss. Durch überhöhte Wildbestände kann die Neubegründung naturnaher Wälder stark beeinträchtigt werden. Biologischer Landbau und naturnahe Waldwirtschaft haben zunehmende Bedeutung.

Das Wort „landeskulturell" umfasst danach alle ökonomischen und ökologischen Aspekte, die bei der Anpassung des Wildbestandes an die land- und forstwirtschaftlich genutzte und betreute Landschaft zu berücksichtigen sind. Um dieses Ziel zu erreichen, ist es insbesondere erforderlich, die Lebensgrundlagen (z. B. notwendige Äsungsflächen, Einstände usw.) für einen gesunden Wildbestand zu pflegen und zu sichern, um auch Wildschäden in der Land- und Forstwirtschaft weitgehend zu verhindern (BT-Drucksache 7/4285 S. 12). Durch die Normierung der Hegepflicht in Absatz 1 mit der Erweiterung des Hegeziels in Absatz 2 wird dem JAB u. a. die Aufgabe übertragen, die Lebensgrundlagen des Wildes zu pflegen und zu sichern. Die Sicherung und Pflege der natürlichen Lebensgrundlagen, d. h. des Lebensraumes des Wildes, obliegt auf Grund anderer Rechtsvorschriften auch zahlreichen Behörden, insbesondere des Naturschutzes und der Landschaftspflege, ferner der Forst-, Land- und Wasserwirtschaft (BT-Drucksache 7/4285 S. 17). So kann eine Abrundung rechtmäßig sein, wenn Erfordernisse der Jagdpflege (Hege) und Jagdausübung dies erfordern.

Zur Hege gehört die Schaffung von Deckung, Verbesserung der Äsung und die Winterfütterung, desweiteren der Jagdschutz und die Regulierung des Wildbestandes nach Zahl und beim Schalenwild auch nach Qualität durch Wahlabschuss (in der Regel Ansitzjagd). Äsungsflächen dienen der besseren Ernährung regulierter Wildbestände. Sie dürfen jedoch keineswegs zur Stabilisierung überhöhter Wildbestände führen. Insofern handelt es sich um Maßnahmen des Arten- und Naturschutzes. Bei der Größe der Wildpopulation muss die Tragfähigkeit des Lebensraums während des ganzen Jahres berücksichtigt werden.

Hege ist auf einem nur 500 m breiten Streifen, der sich ringförmig um die Ortschaft erstreckt und keine Einstandsmöglichkeiten aufweist, nicht denkbar (OVG Lüneburg, Urt. v. 6.8.1987).

Dem Grundeigentümer obliegt ebenfalls eine Hegeverpflichtung. Die Hege muss sich in erster Linie auf die Pflege und Sicherung des Lebensraumes und der

Lebensgrundlagen beziehen (Biotophege). Sie ist für den Jagdpächter ohne die Mitwirkung der Mitglieder der Jagdgenossenschaft nicht mehr zu erfüllen. Ein Jagdpächter hat kaum die Möglichkeit, Land zur Anlage eines Wildackers zu erwerben. So fordert § 22 Abs. 2 LWaldG, der einheimischen Tier- und Pflanzenwelt ausreichende Lebensräume zu erhalten und die Erfordernisse zur Erhaltung eines gesunden und angemessenen Wildbestandes zu berücksichtigen.

Die Hege muss so durchgeführt werden, dass Beeinträchtigungen einer ordnungsgemäßen land-, forst- und fischereiwirtschaftlichen Nutzung, insbesondere Wildschäden, möglichst vermieden werden. Der Begriff „ordnungsgemäß" ist weit auszulegen. Als Beispiel sei hier auf die zunehmende Bedeutung des Anbaus von Energiemais und der damit verbundenen Wildschadensgefahr hingewiesen. Der in § 1 Abs. 2 S. 2 BJagdG verwendete Begriff des Wildschadens umfasst alle durch Wild verursachten Schäden (Wildschadensbegriff im weiteren Sinn). Bei herrenlosem Wild kann ein Schaden i. S. des BGB nicht angenommen werden. Dagegen sind die in § 29 BJagdG aufgeführten Wildschäden zu ersetzen (Wildschaden im engeren Sinn). Die gesetzliche Verpflichtung zum Erhalt eines artenreichen, gesunden Wildbestandes hat zur Folge, dass freilebendes Wild auf ein Grundstück einwirkt und der Grundstückseigentümer dies in einem bestimmten Umfang hinzunehmen hat, soweit nicht nach § 29 BJagdG, § 31 LJagdG der Schaden zu erstatten ist. Die Verursachung von Wildschaden in Wäldern durch einen gesunden Wildbestand muss in bestimmtem Umfang allgemein hingenommen werden. Hierin liegt eine Sozialbindung des Eigentums (BGH, Urt. v. 9.12.1968). Da Wildschäden vollständig (nur) durch die Ausrottung aller schädigenden Tiere vermieden werden können, ergibt sich aus der Terminologie in § 1 Abs. 2 Satz 2 BJagdG, dass die Ausrottung grundsätzlich nicht zu den vom BJagdG in Betracht gezogenen Möglichkeiten gehört, Wildschäden zu vermeiden. Daraus ergibt sich mittelbar, dass ein gewisses Maß an Wildschäden zu dulden ist (VG München, Urt. v. 10.12.1990). In diesem Zusammenhang ist auf die Urteilsgründe des VG Osnabrück vom 11.6.2004 hinzuweisen, mit denen der Totalabschuss in einem Rotwildgatter-Revier als rechtswidrig abgelehnt wird (§§ 1 Abs. 2, 21 Abs. 1 BJagdG).

Die Frage nach angemessenen und geeigneten Wildschadensverhütungsmaßnahmen durch den Waldbesitzer stellt sich erst dann, wenn der Rotwildbestand auf ein vertretbares Maß reduziert ist (OVG Rheinland-Pfalz, Urt. v. 29.1.1982).

Unter Abwägung der Interessen des Grundeigentümers und des Jagdausübenden ist das Recht des Grundeigentümers auf störungsfreie Nutzung stärker zu bewerten als das einer Jagdgenossenschaft zustehende Jagdausübungsrecht. Der Jagdpächter hat keine Besitzrechte am Grundstück, sondern nur die Berechtigung zur Jagdausübung in Form des Rechtsbesitzes (LG Lüneburg, Urt. v. 9.12.1986). Das Jagdausübungsrecht als Aneignungsrecht vermittelt keinen Sachbesitz (BVerfG, Entsch. v. 17.12.1986).

Der Begriff der deutschen Waidgerechtigkeit ist in keiner Rechtsvorschrift umschrieben. Es ist ein unbestimmter und deshalb veränderlicher Rechtsbegriff. Waidgerechtigkeit ist die Summe der rechtlich bedeutsamen, allgemein anerkannten ungeschriebenen oder geschriebenen Regeln, die bei der Ausübung der Jagd als waidmännische Pflichten zu beachten sind. Sie bezieht sich zunächst auf die Einstellung des Jägers zum Tier als Mitgeschöpf (Tierschutzaspekt). Daneben ist heute von einem Jäger die Einbeziehung der Umwelt in ihrer Gesamtheit zu fordern (Umweltaspekt) und schließlich auch das anständige Verhalten gegenüber anderen Jägern und der Bevölkerung (mitmenschlicher Aspekt). Siehe hierzu auch das Dispositionspapier des DJV-Präsidiums v. 19.6.2000. Insofern ist „bei der Ausübung der Jagd" in weitestem Sinne zu verstehen, nicht nur die Ausübung der Jagd im eigentlichen Sinne (vgl. § 1 Abs. 4 BJagdG). Jagdbräuche sind jedoch nicht der Teil der Waidgerechtigkeit.

Die Grundsätze deutscher Waidgerechtigkeit sind seit Jahrhunderten in unserem Jagdwesen verwurzelt. Ein nicht unwesentlicher Teil dieser Grundsätze hat inzwischen Eingang in jagdrechtliche Vorschriften gefunden (vgl. §§ 1 Abs. 2, 19 Abs. 1 Nr. 1, Nr. 2 a, b, d, Nr. 8, Nr. 15, 22 Abs. 4 S. 1, 22 a Abs. 1 BJagdG, §§ 17, 18 LJagdG). Als Beispiele für „Aasjägerei" werden auch der Schuss auf den Hasen in der Sasse und auf den laufenden Fasan oder die schwimmende Ente genannt (*Lorz/Metzger*, § 1 BJagdG, Rz. 12). Waidgerechtigkeit und Tierschutz müssen oberste Ziele der deutschen Jagdkultur sein.

Bei schweren oder wiederholten Verstößen gegen allgemein anerkannte Grundsätze deutscher Waidgerechtigkeit kann der Jagdschein versagt oder eingezogen werden (vgl. §§ 17 Abs. 2 Nr. 4 und 18 Satz 1 BJagdG).

Unter Jagdausübung ist die Bejagung des Wildes mit der Schusswaffe oder Falle, die Durchführung des Abschusses an vorhandenem Wild unter Einsatz von Jagdhunden mit allen erlaubten Jagdarten sowie die Nachsuche und Versorgung des erlegten Wildes zu verstehen.

Nachstellen ist das Verfolgen von Wild zu dem Zweck, Beute zu machen. Hierunter fällt auch das Aufstellen von Fallen. Auf den jagdlichen Erfolg kommt es dabei nicht an.

Unter Aufsuchen ist z. B. die Kontrolle fängisch gestellter Fallen zu verstehen.

Das Töten von Wild wird als „Erlegen" bezeichnet. Auch das in Totschlagfallen erbeutete Wild gilt als erlegt.

Fangen bedeutet dagegen, dass das Wild lebend in die Gewalt des Fängers gelangt. Der JAB erwirbt nach § 958 BGB Eigentum an Wild, wenn er es in Besitz nimmt. Eigentum an Wild in Totfangfallen und Lebendfangfallen erwirbt der JAB mit dem Fang, bei der Abgabe eines Schusses auf Wild mit dem Erlegen, sonst erst nach erfolgreicher Nachsuche im Revier. Das Aneignungsrecht (§ 1 Abs. 5 BJagdG) von Wild steht ausschließlich dem JAB zu. Dies gilt auch für Wild, das während der Schonzeit angefallen ist, z. B. durch einen Verkehrsunfall. Der JAB ist nicht verpflichtet, sich beispielsweise den überfahrenen Fuchs anzueignen. Es besteht nur ein Aneignungsrecht, keine Aneignungspflicht (siehe Erläuterungen Rz. 3). In diesem Falle obliegt der Behörde keine Mitteilungspflicht gegenüber dem JAB über Art, Alter, Geschlecht des beseitigten Wildes. Zur Verwertung von Wild siehe auch die BWildSchutzV sowie das Fleisch-Hygienerecht (abgedruckt im Anhang).

Der Begriff „Fallwild" wird im Jagdrecht sehr unterschiedlich verwendet. Die Statistik bezeichnet durch einen VU getötetes Wild als Fallwild.

Zwischen verendetem Wild und Fallwild besteht ein tatsächlicher Unterschied. Fallwild ist Wild, das eingegangen ist, also nicht unmittelbar, sondern natürlich umgekommen ist (z. B. durch entsprechendes Alter, Krankheit, Wintersnot, Ertrinken oder den Folgen eines alten Schusses). Fallwild ist eindeutig von verunfalltem Wild zu unterscheiden. Zum verunfallten Wild zählen jene Stücke, die aufgrund äußerer Gewalteinwirkung, z. B. durch den Zusammenstoß mit einem Kraftfahrzeug, beim Anrennen gegen einen Zaun oder durch Riss von einem Hund zu Tode gekommen sind (*Blase*, Die Jägerprüfung, S. 381). Nur erlegtes Wild (Töten von Groß- und Kleinwild nach jagdrechtlichen Vorschriften) darf in Verkehr gebracht werden. Das nach einem VU bereits verendete Wild darf im Haushalt des Aneignungsberechtigten verwertet werden, sofern eine Fleischbeschau stattgefunden hat. Wird das noch lebende Stück durch Fangschuss erlegt, darf es nach einer Fleischbeschau in Verkehr gebracht oder selbst verwertet werden. Bei Schwarzwild ist stets eine Trichinenprobe zu entnehmen. Im einzelnen s. Fleischhygienerecht.

2   § 1 LJagdG   Wirkung des Jagdrechts gegen Dritte

§ 1 LJagdG erfasst die Fälle, in denen getötetes oder fluchtunfähiges Wild oder sonstige Gegenstände des Jagdrechts zufällig oder durch eine Notstandshandlung in die Hände eines Nichtjagdausübungsberechtigten gelangen. Die Pflicht zur unverzüglichen Ablieferung oder Anzeige besteht nur dann, wenn lebendes oder verendetes Wild, Abwurfstangen oder Eier von Federwild in Besitz oder Gewahrsam genommen werden. Gewahrsam ist das von einem Herrschaftswillen getragene tatsächliche Herrschaftsverhältnis eines Menschen über eine Sache. „Besitz" im Sinne des BGB und „Gewahrsam" i. S. d. StGB sind nicht identisch. Die Vorschrift knüpft an das Vorhandensein eines JAB an (§ 1 Abs. 1 S. 2 u. 4 LJagdG). Eine Verwertung der Gegenstände kommt nur in Frage, wenn ihnen der Verderb droht, weil z. B. der JAB nicht erreichbar ist oder es sich nicht sofort klären lässt, wo genau der Fundort war. Bleiben die Nachforschungen ohne Ergebnis, sind die Gegenstände oder der Erlös wohltätigen Zwecken zuzuführen.

Führer von Fahrzeugen, die Schalenwild (§ 2 Abs. 3 BJagdG) an- oder überfahren, sind verpflichtet, dies dem JAB, der nächsten Gemeindebehörde oder dem PVD unverzüglich anzuzeigen. Unverzüglich bedeutet ohne schuldhaftes Verzögern (vgl. § 121 BGB). Es handelt sich bei dieser Vorschrift um ein Schutzgesetz i. S. v. § 823 Abs. 2 BGB. Unverzüglich bedeutet nicht sofort, so dass dem Pflichtigen ein Zeitaufwand für dringend wahrzunehmende andere Dinge von ca. einer Stunde eingeräumt wird. In solchen Fällen wäre zu prüfen, ob nicht mittels Handy der PVD hätte verständigt werden können. Daneben stellt ein Unfall mit Haarwild i. d. R. auch eine Gefahrenquelle für andere Verkehrsteilnehmer dar.

Der PVD verfügt über entsprechende Revierkarten, um die Erreichbarkeit der JAB zu gewährleisten (Erheben von Daten zur Vorbereitung auf die Gefahrenabwehr). Notfalls sollte der Revierinhaber der Polizei mitteilen, wer bei Wildunfällen zur Verfügung steht. Nach der VwV-Verkehrsunfall (GABl. 1996 S. 352) ist der JAB unverzüglich zu verständigen, wenn bei einem VU Wild verletzt oder getötet wurde.

Wenn der Verursacher das überfahrene Stück in den Kofferraum seines Fahrzeugs einlädt, um dem JAB das Aneignungsrecht zu sichern bzw. es bei der Polizei abzuliefern, begeht er keine Jagdwilderei. Aus dem Vorgang selbst lässt sich nicht feststellen, welche Absicht damit verfolgt wird. Wer überfahrenes Wild in sein Fahrzeug einlädt, macht sich objektiv gesehen der Jagdwilderei verdächtig.

Ordnungswidrig handelt, wer vorsätzlich entgegen § 1 Abs. 1 Satz 1 LJagdG Wild oder sonstige Gegenstände einer der dort genannten Stellen nicht unverzüglich abliefert oder ihr den Besitz oder Gewahrsam nicht unverzüglich anzeigt (§ 40 Abs. 1 Nr. 1 LJagdG). Zur Abgrenzung zur Jagdwilderei siehe Erl. zu § 292 StGB.

3 Verkehrsunfall mit Wild

Verkehrsunfälle, bei denen keine oder nur eine unbedeutende Ordnungswidrigkeit vorliegt, werden mangels öffentlichen Ahndungsinteresses vom PVD nicht bearbeitet. Es erfolgen auch keine Maßnahmen.

Der Fahrer, der sich von der Unfallstelle entfernt, begeht keine Verkehrsunfallflucht i. S. von § 142 StGB, da Wild herrenlos ist. Anders liegt der Fall, wenn zugleich ein Fremdschaden vorliegt. Nach § 32 Abs. 2 StVO obliegt dem Verursacher die Pflicht, das von ihm überfahrene und getötete Wild von der Fahrbahn zu schaffen. Das Wild bleibt jedoch herrenlos. Ist der Verursacher dazu selbst nicht in der Lage, muss er die Gefahrenstelle absichern, um Gefahren von anderen Verkehrsteilnehmern abzuwehren.

Die Grundsätze der deutschen Waidgerechtigkeit gebieten es, dass der JAB sofort zur Unfallstelle kommt, wenn das Stück verletzt wurde oder eine Nachsuche erforderlich ist (siehe § 22 a BJagdG). Dazu sollte es selbstverständlich sein, dass eine geeignete Schusswaffe mitgeführt wird. Wenn im Straßenverkehr ein Reh angefahren wird und der PVD den JAB davon unterrichtet, kann dieser z. B. nicht mit einer Langwaffe im Kaliber 9,3 × 62 mm erscheinen und geltend machen, er habe keine geeignete Waffe dabei, weshalb er das Reh mit dem Jagdmesser abfangen (töten) müsse (vgl. *Blase*, Die Jägerprüfung, S. 82).

Das Aneignungsrecht (§ 1 Abs. 5 BJagdG) von Wild steht ausschließlich dem JAB zu. In der Regel kann an- oder überfahrenes Schalenwild zumindest nach Durchführung der Fleischbeschau im eigenen Haushalt teilweise verwertet werden. Der JAB muss entscheiden, ob er sich das überfahrene Wild aneignen will oder nicht.

Der Verursacher haftet nicht für Verlust oder Minderung des Wildbrets, weil es sich bei Wild um eine herrenlose Sache handelt, die nunmehr in „beschädigtem" Zustand angeeignet wird. Auch bei kranken, sonst verendeten oder durch Raubwild gerissenen Stücken geht der JAB seiner „Beute" verlustig. Der Verursacher verletzt weder fremdes Eigentum oder ein sonstiges anderes Recht (Aneignungsrecht) i. S. v. § 823 Abs. 1 BGB noch eine fremde Sache i. S. v. § 7 Abs. 1 StVG. Immaterielle Schäden (entgangene Jagdfreuden) sind nicht ersatzfähig.

Ein weiterer Fall liegt vor, wenn durch die Verletzung der Anzeigepflicht des Fahrzeugführers (§ 1 Abs. 2 LJagdG i. V. m. § 823 Abs. 2 BGB) dem JAB ein Schaden entstanden ist, weil durch die nicht unverzügliche Benachrichtigung (d. h. durch schuldhaftes Verzögern) das Wildbret genussuntauglich geworden ist. Ein Schadensersatzanspruch kann bestehen, wenn z. B. Wildbret durch die Verzögerung verdorben wird. Die Vorschrift dient nämlich u. a. auch dem Zweck, dem JAB das Aneignungsrecht am Wildbret zu sichern. In allen Fällen hat der JAB die Kausalität zwischen verspäteter Meldung und eingetretenem Schaden zu beweisen. Der JAB muss den Nachweis führen, dass die mit dem Aneignungsrecht verbundene Verwertungsmöglichkeit des Wildes durch die verspätete Anzeige unmöglich geworden ist (AG Geislingen, Urt. v. 23.1.1998). Der PVD ist von Amts wegen verpflichtet, unverzüglich den JAB zu unterrichten. (Ziff. 5.3.5 VwVVkSA) Tritt durch die Verletzung dieser Pflicht dem JAB ein Schaden ein, haftet der PVD (Amtshaftung). Eine allgemeine Verzichtserklärung auf eine Benachrichtigung über im Straßenverkehr angefahrenes Wild ist nicht möglich, denn sonst wäre die korrekte Führung der Streckenliste nicht mehr gewährleistet.

Wer in der Lage ist, in einer solchen Situation das leidende Tier sachkundig zu töten, kann sich auf die mutmaßliche Einwilligung des JAB berufen, da er nur dessen Pflichten übernimmt, oder auf rechtfertigendem Notstand (§ 35 StGB), wenn zuständige Personen nicht rechtzeitig erreichbar sind und das Leiden des Tieres beendet werden muss. Dem Tierschutz muss in solchen Fällen Vorrang eingeräumt werden.

Ist der JAB oder sein Vertreter nicht erreichbar, kann die Polizei das getötete Stück sicherstellen. Es handelt sich um eine Sondervorschrift privater Rechte. Ein Antrag auf Sicherstellung ist nicht erforderlich. Das Einverständnis des JAB wird vermutet. Das Wild stellt unter Umständen einen erheblichen Wert dar, und nur durch Sicherstellung kann dem JAB sein Aneignungsrecht erhalten bleiben. Das Belassen am Unfallort führt erfahrungsgemäß zum Verlust des Stückes. Der PVD kann sich dabei Dritter bedienen (z. B. einer Metzgerei, die entsprechenden Kühlraum besitzt). Dabei ist den Belangen des JAB Rechnung zu tragen. Die entstandenen Kosten trägt der JAB. Einzelheiten hierzu enthält § 3 DVO PolG.

Ist am Unfallort eindeutig, dass es zu einem Zusammenstoß zwischen dem Fahrzeug und Wild gekommen ist, kann dies dem Verursacher auf Verlangen bestätigt werden. Bei Bestehen einer Teilkasko-Versicherung werden solche Schäden mit Haarwild erfasst (§ 12 Abs. 1 I d AKB). Wer Ansprüche gegenüber seiner Versicherung geltend machen will, muss nicht nur das Vorliegen der Voraussetzungen darlegen, sondern auch beweisen (OLG Jena, Urt. v. 12. 5. 1999). Eine rechtliche Verpflichtung zur Ausstellung einer Bescheinigung besteht nicht. Es sollte sich von selbst verstehen, dass man als JAB (oder dessen Vertreter) zur Klärung des Wildunfalls beiträgt. Bestehen jedoch Zweifel, ob es zu einer Berührung mit dem Wild gekommen ist, darf keine Bescheinigung über einen Wildunfall ausgestellt werden. Sofern der JAB für die Wildunfallbescheinigung eine Gebühr erheben will, wäre dies mit dem Verursacher zu vereinbaren (vgl. AG Weilburg, Az. 5 C 364/95). Erfolgt keine Bestätigung des Wildunfalls durch den JAB, stellt die Polizei dem Verkehrsteilnehmer die notwendigen Informationen zur Verfügung (Ziff. 5.3.5 VwV-VkSA).

Probleme entstehen jedoch dann, wenn der JAB von seinem Aneignungsrecht keinen Gebrauch macht. Dann bleibt das Wild nämlich herrenlos. Um die Sicherheit des Straßenverkehrs wieder herzustellen, sind durch die Polizei die zuständigen Stellen zu benachrichtigen. Herrenlose Körper von Wild sind, wenn sie auf öffentlichen Straßen anfallen, von dem Straßenbaulastträger unverzüglich dem Beseitigungspflichtigen zu melden (§ 7 Abs. 3 Nr. 2 TierNebG).

Das frei lebende Wild ist, solange es sich in Freiheit befindet, ursprünglich bzw. begriffsimmanent herrenlos und somit auch die von ihm anfallenden Tierkörper. Ganze Körper oder Teile von Wildtieren (nicht von Menschen gehaltenen Tieren), bei denen kein Verdacht auf Vorliegen einer auf Mensch oder Tier übertragbaren Krankheit besteht, unterliegen nicht der VO (EG) 1774/2002. Der VO unterliegen jedoch Wildtiere, wenn der Verdacht besteht, dass sie mit einer auf den Mensch oder Tier übertragbaren Krankheit infiziert sind. Sie unterliegen nur der Verpflichtung zur Verarbeitung und Beseitigung durch die nach Landesrecht zuständigen Körperschaften des öffentlichen Rechts (Beseitigungspflichtige), sofern die zuständige Behörde dies anordnet (s. TierNebG). Die Herausnahme der Körper von frei lebendem Wild im Sinne dieser Vorschrift – im Unterschied auch zu dem im Besitz des Menschen befindlichen, gefangen gehaltenen Wild – erfolg-

99

te deshalb, weil die Beseitigung von dessen Körpern als gewöhnlich im Wald oder Gebirge anfallend nicht zwingend in Tierkörperbeseitigungsanstalten vorgeschrieben werden sollte (*Fertig*, AgrarR 1998, S. 112).

Ein Wildseuchenverdacht wird in der Regel nicht vorliegen. Wenn Seuchenverdacht bejaht wird, ist der JAB im Rahmen des Jagdschutzes verpflichtet, tätig zu werden. Er hat eine Meldepflicht gegenüber der unteren Jagdbehörde. Die Behörde erlässt im Einvernehmen mit dem beamteten Tierarzt die erforderlichen Anordnungen.

Abschließend sei daran erinnert, dass auch verendetes Wild in die Streckenliste einzutragen ist (§ 27 Abs. 6 LJagdG). Bei verendetem Wild sind auch Angaben über Verkehrsverluste zu machen (§ 11 Abs. 3 LJagdG DVO). Im Übrigen werden die Verluste durch Verkehrsunfälle ohnehin nur unvollständig erfasst. Öffentliche Stellen, die einen nicht angeeigneten Tierkörper entsorgen, haben keinerlei Unterrichtspflicht über Art, Alter und Geschlecht des entsorgten Wildes gegenüber dem JAB.

Fußgänger dürfen Autobahnen nicht betreten (§ 18 Nr. 9 StVO). Kraftfahrstraßen dürfen sie nur an Kreuzungen, Einmündungen oder sonstigen dafür vorgesehenen Stellen überschreiten; sonst ist jedes Betreten verboten.

Auf Autobahnen darf die Jagd nicht ausgeübt werden. In Baden-Württemberg stellen Autobahnen keinen befriedeten Bezirk dar. Deshalb steht dem JAB das Aneignungsrecht zu.

4   § 2 BJagdG, § 7 LJagdG DVO   Tierarten

Unter Wild i. S. d. BJagdG und des § 292 StGB sind die „wild lebenden (einheimischen) Tiere, die dem Jagdrecht unterliegen" zu verstehen. Dabei wird zwischen Haarwild und Federwild unterschieden. Die jagdbaren Tierarten sind in § 2 BJagdG abschließend aufgezählt, soweit die Länder gem. Abs. 2 nicht weitere Tierarten bestimmt haben. Das MLR hat auf Grund der Ermächtigung in § 25 Abs. 1 Nr. 1 LJagdG die Tierarten, die dem Jagdrecht unterliegen, auf Waschbär, Marderhund und Nutria erweitert.

Greifvögel unterliegen nach § 2 Abs. 1 Nr. 2 BJagdG dem Jagdrecht. Für sie gilt die Hegepflicht (§ 1 Abs. 2 BJagdG) sowie die Vorschriften über die Schonzeit (vgl. § 22 BJagdG).

Tiere, die dem Jagdrecht nicht unterliegen, werden vom Naturschutzrecht erfasst.

In einem Hochwildrevier müssen für die Dauer des Jagdpachtvertrags Rot-, Dam-, Sika-, Muffel- oder Gamswild als Standwild vorkommen und im Abschussplan freigegeben sein. Wechselwild ist nicht ausreichend. Das Vorkommen von Schwarzwild als Standwild genügt nicht. Gleiches gilt für das Vorkommen von Auerwild, Steinadler oder Seeadler. Andernfalls handelt es sich um ein Niederwildrevier.

Eine „Hochwildjagd" in einem Jagdpachtvertrag bezeichnet die wertsteigernde Eigenschaft des Reviers (vgl. § 133 BGB). Verliert das Revier die vereinbarten Beschaffenheiten, trägt der Verpächter das Risiko, zumal der Pächter durch Hegemaßnahmen die Eigenschaft des Reviers als Hochwildrevier kaum beeinflussen kann.

5   § 3 BJagdG   Inhaber des Jagdrechts; Ausübung des Jagdrechts

Nach § 3 BJagdG ist das Jagdrecht Ausfluss des Grundeigentums. Es genießt somit den Schutz des Art. 14 GG. Dem Eigentümer steht zwar das Jagdrecht auf seinem Grund und Boden zu und ist mit diesem untrennbar verbunden, es unterliegt jedoch den Beschränkungen des BJagdG und den in seinem Rahmen ergangenen landesrechtlichen Vorschriften.

Das BJagdG geht davon aus, dass sämtliche Grundflächen eines Jagdbezirkes der Bejagung zugänglich sind. Hiervon nimmt § 6 BJagdG nur die befriedeten Bezirke aus. In Schutzgebieten können bestimmte zeitliche und räumliche Beschränkungen sinnvoll sein. In der Regel besteht jedoch für die Einzeljagd kein Regelungsbedarf, weil sie sachlich notwendig und ökologisch sinnvoll ist. Jagdliche Einrichtungen dürfen den Schutzzweck nicht beeinträchtigen.

Das Jagdrecht erstreckt sich nicht nur auf die Erdoberfläche, sondern auch auf den Erdkörper unter der Oberfläche und auf den Luftraum (vgl. § 905 BGB).

Das Jagdrecht darf gemäß § 3 Abs. 3 BJagdG nur in Jagdbezirken (Eigenjagdbezirke oder gemeinschaftliche Jagdbezirke) ausgeübt werden.

II. Jagdbezirke und Hegegemeinschaften

6 *§ 4 BJagdG   Jagdbezirke*
§ 5 BJagdG   Gestaltung der Jagdbezirke
§ 2 LJagdG   Abrundung der Jagdbezirke

Gemarkung der Gemeinde X-Dorf

Eigenjagdbezirk	Gemeinschaftlicher Jagdbezirk
zusammenhängende Grundflächen mit einer land-, forst- oder fischereiwirtschaftlichen nutzbaren Fläche von 75 ha an, die im Eigentum ein und derselben Person oder Personengemeinschaft stehen.	**Alle (anderen) Grundflächen** der Gemeinde oder abgesonderten Gemarkung, wenn sie im Zusammenhang mindestens 150 ha umfassen (vgl. § 8 Abs. 1 BJagdG).

Abrundungen bestehender Jagdbezirke durch Abtrennung, Angliederung oder Austausch von Grundstücken sind grundsätzlich nur dann zulässig, wenn und soweit sie aus zwingenden jagdlichen Erfordernissen notwendig sind und wenn dadurch nicht ein Jagdbezirk seine gesetzliche Mindestgröße verliert. Entscheidend für die Rechtmäßigkeit einer Abrundungsmaßnahme ist, dass
1. die Erfordernisse der Hege des Wildes, § 1 Abs. 2 BJagdG, sowie
2. die Erfordernisse der Jagdausübung, § 1 Abs. 4 BJagdG
zwingende Gründe für eine Abrundungsmaßnahme darstellen müssen. Unzuträglichkeiten und Schwierigkeiten bei der Bejagung im gemeinschaftlichen Jagdbezirk genügen nicht (OVG Lüneburg, Urt. v. 10.3.1994 – 3 L 169/90). Dies bedeutet, dass Abrundungen nicht gestattet sind, wenn sie lediglich aus Zweckmäßigkeitsgründen oder etwa aus ökonomischen Erwägungen (z. B. Bildung eines neuen Jagdbezirks) erfolgen sollen. Die Größe der beteiligten Jagdbezirke ist möglichst nicht zu verändern. Auf keinen Fall darf die Abrundung zum Erlöschen des Jagdbezirks durch Unterschreitung der Mindestgröße führen. Keinen Grund für eine Abrundung stellt der Grenzverlauf entlang einer Wald-Feldgrenze dar.

Der unteren Jagdbehörde ist gem. § 5 Abs.1 BJagdG ein Ermessen eingeräumt worden, weil die Abrundung für die betroffenen Jagdrechtsinhaber einschneidende Folgen haben kann und deswegen so ausgestaltet sein muss, dass den verschiedenen Interessen aller betroffenen Jagdrechtsinhaber in adäquater Weise Rechnung getragen werden kann. Die Vornahme eines Interessenausgleichs unter Berücksichtigung der Erfordernisse der Jagdpflege und der Jagdausübung muss aus der Abrundungsverfügung hervorgehen. Andernfalls kann von einer pflichtgemäßen und damit nachvollziehbaren Ermessensentscheidung nicht gesprochen werden (VG Stade, Urt. v. 29.10.1984 – 4 A 123/83).

Die Angliederung eines verhältnismäßig schmalen, vom gemeinschaftlichen Jagdbezirk in den angrenzenden Eigenjagdbezirk keilförmig hineinragenden Wiesentales ist aus jagdlichen und hegerischen Erfordernissen notwendig und zweckmäßig (VG Arnsberg, Urt. v. 23.9.1983).

Die in § 5 Abs. 2 BJagdG genannten Grundflächen, die zu keinem Jagdbezirk gehören, muss die untere Jagdbehörde nach den Erfordernissen der Jagdpflege und Jagdausübung benachbarten Jagdbezirken angliedern.

Sofern die gesetzlichen Voraussetzungen vorliegen, können die Beteiligten im Wege der schriftlichen Vereinbarung abrunden. Als Beteiligte i. S. des § 2 LJagdG gelten nur Eigenjagdbesitzer und Jagdgenossenschaften, nicht aber die Jagdpächter. Die Vereinbarung bedarf der Genehmigung durch die untere Jagdbehörde, die den Vertrag ggf. beanstanden muss. Die Unwirksamkeit eines durch die Jagdgenossenschaft beschlossenen Abrundungsvertrags hat zur Folge, dass auch der öffentlich-rechtliche Abrundungsvertrag unwirksam ist. Die Abrundungsvereinbarung nach § 2 Abs. 1 LJagdG stellt einen öffentlich-rechtlichen Vertrag i. S. der §§ 54 ff. LVwVfG dar, weil nach den jagdgesetzlichen Zielvorstellungen ein Rechtsverhältnis auf dem Gebiet des öffentlichen Rechts begründet, geändert oder aufgehoben werden soll. Abrundungsverträge auf freiwilliger Basis sollen grundsätzlich unbefristet abgeschlossen werden.

Erst wenn eine Vereinbarung nicht zustande kommt, kann die untere Jagdbehörde von Amts wegen die Abrundung vornehmen. Dabei gelten die Vorschriften des Verwaltungsverfahrensgesetzes hinsichtlich der Abrundung von Amts wegen und der Angliederung von Amts wegen als rechtsgestaltende Verwaltungsakte sowie § 60 LVwVfG für Abrundungsvereinbarungen. Unter Verhältnissen i. S. von § 60 LVwVfG sind nur solche Umstände zu verstehen, die nach § 2 LJagdG eine Abrundung erst ermöglichen, also nur Erfordernisse der Jagdpflege und Jagdausübung. Durch Abrundungen sollen Jagdbezirke so wenig wie möglich in ihrer Größe verändert werden.

Durch § 2 Abs. 5 LJagdG ist sichergestellt, dass am Verfahren Beteiligte eine im Interesse der Jagdpflege und Jagdausübung notwendige Abrundung nicht auf Dauer verhindern können. Aufhebung und Kündigung der Abrundung bedürfen zu ihrer Rechtswirksamkeit der Genehmigung der unteren Jagdbehörde, sofern die Voraussetzungen der Abrundung nachträglich ganz oder teilweise entfallen sind. Ohne ausdrückliche Erwähnung gilt Absatz 5 auch für die Aufhebung von Abrundungen.

Privatrechtliche Verträge ändern die offiziellen Jagdgrenzen nicht. Abrundungen werden bei laufenden Jagdpachtverträgen nur dann sofort wirksam, wenn die betroffenen Jagdpächter damit einverstanden sind, ansonsten erst mit Ende des Jagdpachtvertrages.

Öffentliche Wege i. S. des § 5 Abs. 2 BJagdG sind Bundesautobahnen, Bundes-, Landes-, Kreis- und Gemeindestraßen (Gemeindeverbindungsstraßen, Ortsstraßen, die sonstigen einem allgemeinen Straßenverkehr dienenden Straßen, beschränkt öffentliche Wege). Diese unterbrechen nicht den Zusammenhang eines Jagdreviers, stellen ihn aber auch nicht her. Sie nehmen regelmäßig lange und schmale Flächen in Anspruch.

Der Bau einer Eisenbahntrasse oder Bundesstraße durch einen Jagdbezirk zerschneidet rechtlich gesehen den Jagdbezirk nicht. Gleiches gilt für ähnliche Flächen i. S. von § 5 Abs. 2 BJagdG. Eine ähnliche Fläche im Zusammenhang mit der zweiten und dritten Regel des § 5 Abs. 2 BJagdG liegt zunächst einmal vor, wenn es sich um Flächen handelt, die ihrer äußeren Gestalt Wasserläufen, Wegen, Triften usw. ähnlich sind. Darüber hinaus ist der Zweckbestimmung des § 1 BJagdG zu entnehmen, dass ähnliche Flächen i. S. d. § 5 Abs. 2 BJagdG jedenfalls dann nicht vorliegen, wenn die Flächen in ihrer äußeren Beschaffenheit, ihrer boden- und geländemäßigen Ausgestaltung einen nicht unerheblich größeren hegerischen und jagdlichen Wert besitzen als Wege, Triften und Eisenbahnkörper (BVerwG, Urt. v. 28.1.1980).

Liegt eine Ähnlichkeit vor, ergibt sich in der Regel daraus, dass sie entsprechend dem Regelungsgehalt des Gesetzes auch keinen irgendwie erheblicheren hegerischen und jagdlichen Wert als Wasserläufe, Triften und Eisenbahnkörper haben. Der hegerisch-jagdliche Wert muss sich aus der Beschaffenheit des Flurstücks selbst ergeben (BVerwG, Urt. v. 15.2.1985).

Für den Begriff der ähnlichen Fläche ist im „Regelfall" und „grundsätzlich" die äußere Gestalt der Fläche und ihre Vergleichbarkeit mit Wasserläufen, Wegen, Triften usw. maßgebend. Flächen, die schon nach der äußeren Gestalt Wegen, Wasserläufen, Triften und Bahnkörpern nicht ähnlich sind, fallen nicht unter § 5 Abs. 2 BJagdG. Liegt eine Ähnlichkeit mit den vorgenannten Flächen vor, kommt es darauf an, ob die Fläche einen erheblich größeren hegerisch-jagdlichen Wert besitzt als die gesetzliche Vergleichsfläche, insbesondere durch die Bepflanzung, die dem Wild hinreichend Deckung und Nahrung bieten kann (BVerwG, Urt. v. 8.3.1990).

Revier A	Landwirtschaftl. Fläche 60 ha	5 ha C	Landwirtschaftl. Fläche 60 ha
Bundesstraße	(1. Regel)		
Revier A	Eigentümer B		Eigentümer B

Bundesstraße trennt nicht das Revier (2. Regel).

Bundesstraße verbindet nicht die beiden 60-ha-Fächen zum Eigenjagdbezirk (3. Regel).

In Baden-Württemberg unterbricht eine BAB das Revier nicht, unabhängig davon, dass die BAB nicht betreten und dort nicht gejagt werden darf.

Merke: Flächen i. S. d. § 5 Abs. 2 BJagdG

1. Regel	2. Regel	3. Regel
bilden keinen eigenen Jagdbezirk für sich	unterbrechen den Zusammenhang eines Jagdbezirkes nicht	stellen auch den Zusammenhang zwischen getrennt liegenden Flächen nicht her

103

7 § *6 BJagdG, § 3 LJagdG Befriedete Bezirke; Ruhen der Jagd*

Das BJagdG geht von dem Grundsatz aus, dass sämtliche Grundflächen eines Jagdbezirks der Bejagung zugänglich sind. Hiervon nimmt § 6 BJagdG jedoch die befriedeten Bezirke aus. Befriedete Bezirke werden durch das BJagdG nicht näher bestimmt. Daher gibt es nach dem LJagdG befriedete Bezirke kraft Gesetzes (§ 3 Abs. 1 und 2) und die von der unteren Jagdbehörde zu befriedeten Bezirken erklärten Flächen. Die Erklärung eines Grundstücks zum befriedeten Bezirk ist ein den Eigentümer begünstigender Verwaltungsakt. Dem Eigentümer fehlt es regelmäßig an der Klagebefugnis zur Anfechtung eines derartigen Verwaltungsakts (VGH BW, Urt. v. 30.1.1992). Das Jagdrecht, das mit dem Grund und Boden untrennbar verbunden ist, bleibt auch in befriedeten Bezirken bestehen. § 6 BJagdG stellt nicht fest, dass es in einem befriedeten Bezirk kein Jagdrecht gibt, sondern lediglich, dass die Jagd dort ruht. Daraus leitet sich die Möglichkeit der beschränkten Jagdausübung und des Aneignungsrechts (für den Grundeigentümer) ab. Die Länder können mangels Regelungen im Bundesrecht Detailregelungen treffen, die sich aber an § 3 BJagdG zu orientieren haben (vgl. § 18 S. 3 LJagdG).

Der Begriff „Ruhen der Jagd" ist im Gesetz nicht erläutert. Ausgehend von § 6 S. 2 BJagdG ruht die Ausübung der Jagd, wobei eine beschränkte Jagdausübung zugelassen werden kann. Das Ruhen der Jagd bedeutet nicht nur, dass dort nicht gejagt werden darf, sondern dass das Jagdausübungsrecht der Jagdgenossenschaft entzogen wird. Das Jagdrecht als Recht, das mit dem Eigentum untrennbar verbunden ist, bleibt von der Jagdruhe unberührt (Hertel, aaO., S. 310). Dass die gesetzlich angeordnete Jagdruhe den Bestand des Jagdrechts nicht antastet, ist unzweifelhaft (Lorz/Metzger, § 6 BJagdG, Rz. 4). Das Jagdrecht steht nur dem Grundstückseigentümer zu. Die Befriedung bewirkt weder ein Erlöschen des Jagdrechts noch ein Abrechnen dieser Grundflächen vom Jagdbezirk. Mit der Erklärung zum befriedeten Bezirk entfällt auch die Befugnis, diese fremden Grundstücke zu betreten (siehe auch § 123 StGB). Die Jagdschutzbefugnisse des JAB enden an der Grenze des befriedeten Bezirks (BayObLG, Urt. v. 25.6.1961). Da für eine Grundfläche außerhalb eines Jagdreviers kein Jagdausübungsrecht besteht, spricht dies dafür, auch für den befriedeten Bezirk ein Jagdausübungsrecht zu verneinen (BayObLG, Urt. v. 29.10.1991). Hiervon besteht lediglich die Ausnahme nach § 3 Abs. 4 LJagdG.

Die Jagdausübung in befriedeten Bezirken auf krankgeschossenes oder schwerkrankes Wild durch den JAB (Wildfolge im befriedeten Bezirk) wird selbstständig in § 18 LJagdG geregelt. Unbefugte Eingriffe verstoßen gegen das Jagdrecht des Eigentümers und erfüllen somit den Tatbestand der Jagdwilderei.

Grundflächen, die zu keinem Jagdbezirk gehören, muss das Kreisjagdamt benachbarten Jagdbezirken angliedern (vgl. § 2 Abs. 4 LJagdG). Auf Privatgrundstücken, die als Schutzgebiete für wild lebende Tiere eingerichtet worden sind, ruht die Jagd nur, wenn sie von Gesetzes wegen befriedete Bezirke darstellen oder entsprechend den landesrechtlichen Bestimmungen zu befriedeten Bezirken erklärt worden sind (OVG Schleswig, Urt. v. 8.4.1993).

Tiergärten i. S. des § 6 BJagdG sind Einrichtungen, in denen Wild zu anderen als zu jagdlichen Zwecken gehalten wird. Das in Tiergärten gehaltene Wild ist auch nicht herrenlos (vgl. § 960 Abs. 1 BGB). Ein Damwildgehege zum Zwecke der Fleischproduktion ist ein Tiergarten in diesem Sinne, wenn nach der Flächengröße das Einfangen, das Ergreifen und das Töten der dort gehaltenen Tiere jederzeit ohne Bejagung im eigentlichen Sinne möglich ist (BayObLG, Urt. v. 9.12.1987).

Gebäude i. S. des § 3 Abs. 1 Nr. 1 LJagdG sind unbewegliche Bauwerke, die fest mit dem Boden verbunden sind. Hierzu gehören auch Wochenendhäuser, nicht jedoch z. B. Gartenhäuser, Feldscheunen, Viehhütten oder Wohnwagen. Voraussetzung für die Befriedung in jagdrechtlichem Sinne ist, dass es sich um Gebäude handelt, die dem (zumindest zeitweisen) Aufenthalt von Menschen dienen, oder um Gebäude, die mit solchen räumlich zusammenhängen.

Ruhen der Jagd (§ 3 Abs. 1 Nr. 1 und 2 LJagdG)

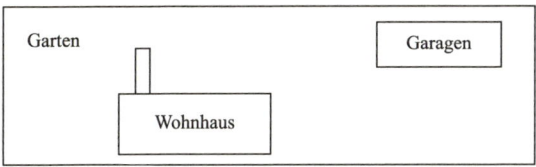

Der Begriff „durch irgendeine Umfriedung begrenzt" i. S. von § 3 Abs. 1 Nr. 2 LJagdG bedeutet, dass alle Maßnahmen des Eigentümers oder Nutzungsberechtigten ausreichend sind, die eine Abgrenzung nach außen hin für jedermann kenntlich machen. Außerdem muss es sich um Hofräume oder Hausgärten handeln, die an ein für den ständigen Aufenthalt von Menschen dienendes Wohngebäude anstoßen. Die an Wochenendhäuser anstoßenden Grundstücke zählen auch dann nicht zum befriedeten Bezirk, wenn sie durch Zäune oder auf andere Weise umfriedet sind. Das Gleiche gilt für andere umfriedete Grundstücke (z. B. Obstanlagen) im Jagdbezirk, sofern sie nicht durch Anordnung des Kreisjagdamtes nach § 3 Abs. 2 LJagdG ganz oder teilweise befriedet wurden.

Inhalt des Jagdrechts

Ausschließliche Befugnis, auf einem bestimmten Gebiet (Jagdrevier) wild lebende Tiere, die dem Jagdrecht unterliegen (Wild),		
zu hegen,	auf sie die Jagd auszuüben – aufsuchen – nachstellen – erlegen – fangen	und sie sich anzueignen.

Befriedete Bezirke

Eigentümer Nutzungsberechtigte	Mit Erlaubnis der unteren Jagdbehörde zeitlich befristet fangen und erlegen – Wildkaninchen – Füchse – Steinmarder	und sich anzueignen,
	unbeschadet der Befugnisse des JAB nach § 18 LJagdG.	

105

Gem. § 6 S. 2 BJagdG kann in befriedeten Bezirken eine beschränkte Jagdausübung gestattet werden. Eigentümer oder Nutzungsberechtigte von solchen Grundflächen bedürfen einer Genehmigung der unteren Jagdbehörde, wenn sie Wildkaninchen, Füchse und Steinmarder für eine bestimmte Zeit bejagen wollen. Weitere Tierarten, die dem Jagdrecht unterliegen, sind von der Jagdausübung ausgenommen. Im Falle der Beschränkung auf die Fangjagd ist ein Sachkundenachweis nach § 22 LJagdG erforderlich, sofern die Personen keinen Jagdschein besitzen. Im Falle des Jagens mit einer Schusswaffe ist Voraussetzung der Nachweis einer ausreichenden Haftpflichtversicherung gem. § 17 Abs. 1 Nr. 4 BJagdG.

Die Entscheidung über die Genehmigung liegt im pflichtgemäßen Ermessen der unteren Jagdbehörde. Sie hat zu prüfen, ob die Jagdausübung im befriedeten Bezirk des Antragstellers erforderlich, d. h. notwendig und zweckmäßig ist. Es ist also entscheidend, ob der Eigentümer oder Nutzungsberechtigte ein Bedürfnis zur Jagdausübung hat. Gleiches gilt für den Einsatz von Schusswaffen, insbesondere wenn der jagdliche Erfolg auch mit der Falle möglich ist und bei der Zulassung von Schusswaffen die öffentliche Sicherheit und Ordnung gefährdet würde.

Bei der zu erteilenden Genehmigung handelt es sich um eine personenbezogene Erlaubnis, die nicht übertragbar ist. Der Gesetzgeber beschränkt den Personenkreis auf Eigentümer und Nutzungsberechtigte eines befriedeten Bezirks im Gegensatz zu der Fassung des LJagdG vom 20.12.1978. Dort durften Eigentümer oder Nutzungsberechtigte oder die von ihnen Beauftragten dem Wild nachstellen.

Beispiel: Jagdscheininhaber J soll auf Bitten seines Nachbarn in dessen Garage eine Falle aufstellen, um endlich den Marder zu fangen, der ständig die abgestellten Fahrzeuge beschädigt.

Das Aufstellen von Fallen ist als „Nachstellen" zu sehen und somit Jagdausübung (§ 1 Abs. 4 BJagdG). Der Eigentümer oder Nutzungsberechtigte kann daher das Aufstellen von Fallen nicht einer anderen Person (z. B. dem Jagdscheininhaber) übertragen. Für den Antragsteller ist bei der Fangjagd immer ein Sachkundenachweis erforderlich, der nicht auf diese Weise umgangen werden kann. Die andere Person ist in solchen Fallen nicht Verrichtungsgehilfe, sondern stellt selbstständig mit Erlaubnis des Grundeigentümers dem Wild nach. Diesen Fall hat der Gesetzgeber nunmehr ausgeschlossen. Dies ist auch nicht vergleichbar mit einem Treiber, der das Wild aufscheucht, aber ihm nicht nachstellt. Wer ohne die personenbezogene Erlaubnis der unteren Jagdbehörde im befriedeten Bezirk Fallen aufstellt, handelt ordnungswidrig, weil er einer beschränkten Jagdausübung zuwiderhandelt (§ 6 S. 2 BJagdG, § 3 Abs. 4 LJagdG, § 39 Abs. 1 Nr. 1 BJagdG). Gleiches gilt auch für den JAB, in dessen Jagdbezirk das befriedete Besitztum liegt.

Die untere Jagdbehörde ist bei der Genehmigung der Jagdausübung an die Jagdzeiten gebunden. Für Kaninchen und Füchse sind keine Jagd- und Schonzeiten festgelegt. Trotzdem müssen die Setzzeiten beachtet werden. Die untere Jagdbehörde kann für Wildkaninchen unter den Voraussetzungen des § 22 Abs. 2 BJagdG Ausnahmen zulassen. Weitere Tierarten, die dem Jagdrecht unterliegen, sind von der Jagdausübung ausgenommen. Davon unberührt bleibt das Aneignungsrecht des Grundstückeigentümers für Wild, das nicht durch ihn zur Strecke gekommen ist.

Beispiel: Der von einem Autofahrer auf der Dorfstraße angefahrene Marder verendet im befriedeten Garten des Grundeigentümers G. Dieser darf sich den Marder ohne Erlaubnis der unteren Jagdbehörde aneignen, weil er den Marder nicht erlegt hat. Anders liegt der Fall, wenn der Marder auf dem Gehweg verendet. Hier steht dem JAB das Aneignungsrecht zu, weil die Dorfstraße keinen befriedeten Bezirk darstellt.

Vorsätzliche Verstöße gegen das beschränkte Jagdausübungsrecht haben hinsichtlich ihrer Ahndung unterschiedliche Auswirkungen. Wenn ein Eigentümer innerhalb des befriedeten Bezirks (mindestens bedingt) vorsätzlich z. B. einen Hasen tötet, handelt er nach § 39 Abs. 1 Nr. 1 BJagdG „nur" ordnungswidrig. Der Tatbestand der Jagdwilderei nach § 292 StGB liegt deshalb nicht vor, weil er durch seine Handlung nicht in fremdes Jagdausübungsrecht eingegriffen hat. Begeht dieselbe Handlung ein Nutzungsberechtigter oder der JAB, liegt Jagdwilderei vor, da fremdes Jagdrecht, dessen Inhaber der Eigentümer des Grundstücks ist, verletzt wurde.

Das Schießen mit einer Schusswaffe außerhalb von Schießstätten ist erlaubnispflichtig. Der Gebrauch von Schusswaffen im Rahmen des beschränkten Jagdausübungsrechts ist jagdrechtlich grundsätzlich zulässig. Eine waffenrechtliche Schießerlaubnis ist nicht erforderlich. Befugt ist die Jagdausübung im befriedeten Bezirk, wenn die untere Jagdbehörde die Jagdausübung auf Wildkaninchen, Füchse und Steinmarder dem Eigentümer oder Nutzungsberechtigten mit der Schusswaffe genehmigt hat, wobei § 20 BJagdG dem Waffeneinsatz in der Regel entgegenstehen wird. Ansonsten ist die Jagdausübung auf die Fangjagd zu beschränken.

Hinsichtlich des Erwerbs und des Führens der genannten Schusswaffen und Munition wird auf die waffenrechtlichen Vorschriften verwiesen.

„Befriedetes Besitztum" im Sinne des Waffenrechts ist weitgehender als der Begriff „befriedeter Bezirk" im Sinne des Jagdrechts. Für den Begriff „befriedetes Besitztum" sind die Auslegungen zu § 123 StGB (Hausfriedensbruch) maßgebend. Danach ist ein Besitztum befriedet, wenn es der Berechtigte in äußerlich erkennbarer Weise gegen das unbefugte Betreten gesichert hat. Als „befriedetes Besitztum" gelten somit alle Grundstücke in einem Jagdbezirk, die durch Zäune, Gräben, Hecken oder auf andere Weise eingefriedet sind. Entscheidend für das befriedete Besitztum ist, ob sich die durch den Berechtigten formal geschaffene Abwehrposition (Zaun, Hecke etc.) insgesamt gesehen als einheitliche Sperrvorrichtung gegen Betreten durch Unbefugte darstellt (OLG Köln, NJW 1982, S. 2674). Nicht als befriedetes Besitztum gelten Viehweiden, bei denen das Entweichen von Vieh z. B. durch Elektrozäune verhindert werden soll. Aufgestellte Verbotstafeln begründen kein befriedetes Besitztum.

Soweit „befriedetes Besitztum" nicht auch als „befriedeter Bezirk" i. S. von § 3 Abs. 1 und 2 LJagdG gilt, ist eine beschränkte Jagdausübung durch den Eigentümer oder Nutzungsberechtigten unzulässig. Bei Zuwiderhandlungen liegt der Tatbestand der Jagdwilderei nach § 292 StGB vor.

Eine Dorfstraße ist kein befriedeter Bezirk. Gleiches gilt für BAB, Bundesstraßen, Landesstraßen (siehe hierzu auch § 5 Abs. 2 BJagdG). Ein am Dorfrand liegender Weiher ist in der Regel kein befriedeter Bezirk. Der Jagdausübung kann jedoch § 20 BJagdG entgegenstehen.

107

II. Jagdbezirke und Hegegemeinschaften

8 *§ 7 BJagdG   Zusammenhang → Eigenjagdbezirke*
  § 4 LJagdG   Eigenjagdbezirke

Eigenjagdbezirke entstehen und bestehen kraft Gesetzes, wenn und soweit zusammenhängende Grundflächen mit einer land-, forst- oder fischereiwirtschaftlich nutzbaren Fläche von 75 Hektar an im Eigentum ein und derselben Person oder Personengemeinschaft stehen. Als Eigentümer kommen natürliche und juristische Personen (z. B. die Gemeinden) in Frage. Soweit eine Gemeinde über Eigenjagdbezirke verfügt, gehören diese nicht zum gemeinschaftlichen Jagdbezirk und sind somit nicht Teil der Jagdgenossenschaft (§ 8 Abs. 1 BJagdG). Die Mindestgröße von 75 ha muss bejagbar sein (VG Lüneburg, Urt. v. 13.12.1995). Bei den Flächen kommt es nur auf die Nutzbarkeit, nicht auf die tatsächliche Nutzung an (somit auch Ödland, Sümpfe, Truppenübungsplatz, Kiesgrube; desgleichen Wirtschaftswege, sowie typische land- und forstwirtschaftliche Gebäude, wie Scheunen, Ställe, Hofräume). Die Nutzungsmöglichkeit darf jedoch nicht auf Dauer entzogen sein.

Die Mindestfläche muss einer Person oder einer Personengemeinschaft allein gehören.

Beispiel: A und B sind Eigentümer einer zusammenhängenden Fläche von 68 ha. A erwirbt eine angrenzende Fläche von 7,5 ha. Hier ist kein Eigenjagdbezirk entstanden, denn A und B haben gemeinsames Eigentum von 68 ha und A Alleineigentum von 7,5 ha. Wenn A und B die 7,5 ha hinzukaufen, ist ein Eigenjagdbezirk entstanden.

Zusammenhang ist gegeben, wenn Grundflächen sich auch an nur einem Punkt berühren.

	A 45 ha
A 35 ha	Eigenjagdbezirk des A 80 ha

Punktberührung bedeutet, dass der Eigenjagdbesitzer, ohne den fremden Jagdbezirk betreten zu müssen, von der einen auf die andere Fläche des Eigenjagdbezirkes gelangt. Ein Weg, der durch die Punktverbindung läuft, unterbricht den Zusammenhang nicht.

Was unter dem Begriff „zusammenhängend" zu verstehen ist, ergibt sich aus § 5 Abs. 2 BJagdG. In der folgenden Abbildung ist ein Eigenjagdbezirk entstanden (in Anlehnung an BVerwG, Urt. v. 8.3.1990 und VG Stuttgart, Urt. v. 25.6.1993):

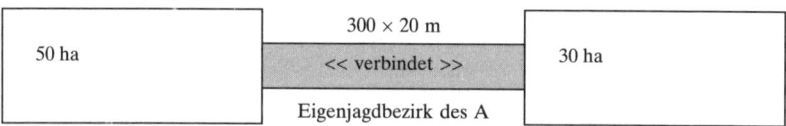

Eine solche Fläche verbindet, wenn sie entsprechend mit Bäumen und Büschen bewachsen ist, um dem Wild Deckung und Äsung zu bieten. In solchen Fällen ist zu prüfen, ob nicht eine Abrundung erforderlich ist.

Ein Siedlungsgebiet stellt keinen Zusammenhang zwischen Jagdbezirken dar, weil es keinen jagdbaren Bezirk nach dem Jagdrecht darstellt. Ein Eigenjagdbezirk kann

108

nur dort entstehen, wo die Jagd ausgeübt werden darf, d. h., die zusammenhängende Mindestfläche von 75 ha muss der jagdlichen Nutzung zur Verfügung stehen. Das Wesen der in § 4 BJagdG beschriebenen Jagdbezirke ist nach § 1 Abs. 1, 6 und § 3 Abs. 3 BJagdG die Jagdausübung (VG Stade, Urt. v. 26.4.1982).

Ein Eigenjagdbezirk kann auf zwei verschiedenen Gemeindegebieten liegen, denn hier kommt es auf das Eigentum an. Ebenso unterbrechen Ländergrenzen nicht den Zusammenhang (vgl. § 4 Abs. 2 LJagdG). Jagdausübungsberechtigt ist der Eigentümer oder der Nutznießer, wenn ihm die Nutzung des ganzen Eigenjagdbezirks zusteht. Nutznießer ist, wem der Nießbrauch zusteht (§ 1030 BGB). Nutznießer kann auch eine Personenmehrheit sein. In allen Angelegenheiten, die den gemeindeeigenen Jagdbezirk betreffen, ist der Gemeinderat zuständig. Zur Jagdausübung s. § 4 Abs. 2 LJagdG.

Durch die Novellierung des Landesjagdgesetzes vom 12.2.1996 wurde die Höchstpächterzahl auf Jagdflächen bis 250 ha (wie bei gemeinschaftlichen Jagdbezirken) von zwei auf drei erhöht; ebenso wurde eine Verringerung der Bezugsgrößen von bisher 150 Hektar auf 100 Hektar für einen weiteren Bewerber zugrunde gelegt (§ 4 Abs. 2 S. 4 LJagdG).

Die Teilung von Eigenjagdbezirken ist, im Gegensatz zur Teilung gemeinschaftlicher Jagdbezirke (§ 8 Abs. 3 BJagdG), bislang weder im BJagdG noch im LJagdG geregelt. Eine Rechtsverordnung nach § 4 Abs. 3 LJagdG wurde bisher nicht erlassen.

Entsteht ein Eigenjagdbezirk durch Zukauf oder Erbschaft eines bisher zum gemeinschaftlichen Jagdbezirk gehörenden Grundstücks, kann dieser neue Jagdbezirk erst nach Ablauf der laufenden Jagdpacht genutzt werden. Die Nutzung eines neu entstandenen Eigenjagdbezirkes kann nicht dadurch hinausgezögert werden, dass der bisherige Jagdpachtvertrag des gemeinschaftlichen Jagdbezirkes vorzeitig verlängert wird. Es ist das Vertragsende maßgebend, das zum Zeitpunkt der Entstehung oder Vergrößerung des Eigenjagdbezirkes bestand. Geschützt ist nur der laufende Vertrag.

Zur Enteignungsentschädigung wegen eines Eingriffs in ein verpachtetes Jagdausübungsrecht vgl. BGH, Urt. v. 12.3.1992, BGHZ 117, 309.

Wird durch den Verkauf von Grundstücken die Mindestfläche des Eigenjagdbezirkes von 75 ha unterschritten, erlischt der Eigenjagdbezirk. Der Pächter darf bis zum Pachtende den bisherigen Eigenjagdbezirk bejagen.

Der förmliche Verzicht auf die Selbstständigkeit eines Eigenjagdbezirks („unselbstständiger" Eigenjagdbezirk) und seine rechtliche Behandlung ist in der Mehrzahl der Bundesländer gesetzlich geregelt. Aus der Tatsache, dass in BW hierüber keine gesetzliche Regelung besteht, lässt sich nicht automatisch ein Verbot herleiten, in anderer Weise zu verfahren, zumal der Eigenjagdbezirk nach wie vor kraft Gesetzes bestehen bleibt. Insofern ist der Auffassung, dass dann der Verzicht unzulässig und unwirksam sei, nicht zuzustimmen. Siehe auch *Hertel* (AgrarR 1996, 309, 313). Es ist unstrittig, dass die Flächen eines gemeinschaftlichen Jagdbezirkes und eines Eigenjagdbezirkes zusammen verpachtet werden dürfen.

Im Falle einer gemeinsamen Verpachtung ist es jedoch erforderlich, die notwendigen Einzelheiten zwischen Jagdgenossenschaft und Eigenjagdbesitzer vertraglich regeln. Erst dann kann der zeitlich befristete Verzicht auf den Eigenjagdbezirk gegenüber der unteren Jagdbehörde erklärt werden. Insofern wäre eine landesgesetzliche Regelung hilfreich. Für Gemeinden mögen Zweckmäßigkeitserwägungen (u. a. Verpachtung in Jagdbogen) vorliegen, den Eigenjagdbezirk mit dem gemeinschaftlichen Jagdbezirk zu verpachten, insbesondere wenn die Jagdgenossenschaft dem Gemeinderat die Verwaltung übertragen hat.

Über die Frage, welche jagdrechtlichen Folgen sich aus dem Umstand ergeben, dass ein Teilnehmer im Flurbereinigungsverfahren eine zusammenhängende Grundfläche erhält, die für sich allein oder im Zusammenhang mit seinem übrigen Grundbesitz die vorgeschriebene Mindestgröße für einen Eigenjagdbezirk erreicht, hat die Jagdbehörde zu befinden (BVerwG, Urt. v. 14.7.1972).

9   **§ 8 BJagdG   Zusammensetzung → Gemeinschaftliche Jagdbezirke**
§ 5 LJagdG   Gemeinschaftliche Jagdbezirke

Vom gemeinschaftlichen Jagdbezirk werden alle Grundflächen einer politischen Gemeinde erfasst, die nicht zu einem Eigenjagdbezirk gehören, unabhängig davon, ob sie land-, forst- oder fischereiwirtschaftlich nutzbar sind oder ob auf ihnen das Jagdrecht ausgeübt werden darf oder nicht. Die Regelung dient dazu, ausreichend große Jagdbezirke zu schaffen und so die zweckmäßige Ausübung von Jagd und Hege zu gewährleisten. Nach § 8 Abs. 1 BJagdG gehören alle Grundflächen, auch die Wegeflächen, zum Jagdbezirk, denn diese können nach den Bestimmungen des § 5 Abs. 2 BJagdG keinen eigenen Jagdbezirk bilden. Zum Jagdbezirk gehören die Ortslagen, bebaute Grundstücke und die öffentlichen Straßen. Auch Flächen, auf denen die Jagd ruht oder überhaupt nicht gejagt werden darf, sind Bestandteile eines gemeinschaftlichen Jagdbezirks. Eine gewisse jagdliche Nutzbarkeit wird nicht gefordert. Somit unterliegen alle Grundflächen auf dem Gemeindegebiet – ausgenommen Eigenjagdbezirke – dem gemeinschaftlichen Jagdbezirk. Auf Grund des § 9 Abs. 1 S. 1 und 2 BJagdG ist es der Regelfall, dass ein gemeinschaftlicher Jagdbezirk aus Eigentümern von Grundflächen besteht, die kraft Gesetzes der Jagdgenossenschaft angehören, und solchen, die von dieser Zwangskörperschaft ausgeschlossen sind. Bei der Berechnung der Jagdflächen spielt dies keine Rolle.

Unter der im Jagdpachtvertrag angegebenen Größe des Jagdbezirks ist im Zweifel die Bruttojagdfläche und nicht die tatsächlich zu Jagdzwecken nutzbare Fläche zu verstehen (OLG Düsseldorf, Urt. v. 29.11.1988). Dabei ist auch unbeachtlich, dass Inhaber von befriedeten Bezirken nicht der Jagdgenossenschaft angehören (§ 9 Abs. 1 S. 2 BJagdG). Dem Jagdpächter steht keine öffentlich-rechtlich geschützte Rechtsstellung in Bezug auf die Größe des ihm verpachteten Jagdbezirks zu (VG Lüneburg, Urt. v. 13.12.1995). Ein gemeinschaftlicher Jagdbezirk entsteht und besteht kraft Gesetzes, wenn die Grundflächen im Zusammenhang mindestens 150 Hektar umfassen. Die Ausübung des Jagdrechts steht der Jagdgenossenschaft zu.

Mit einer Satzungsänderung entspricht die LBG BW ab 1. Januar 2001 den Vorgaben der Gerichte, in dem sie die Bemessungsgrundlage „Jagdfläche" in „bejagdbare Fläche" geändert hat, d.h. befriedete Bezirke oder Flächen, auf denen die Jagd ruht, entfallen für die Beitragsberechnung. Ferner wurde ein Mindestbeitrag für Jagdunternehmen eingeführt.

Größere gemeinschaftliche Jagdbezirke können auf Beschluss der Jagdgenossenschaft in mehrere selbstständige Jagdbezirke aufgeteilt werden, sofern jeder Teil die Mindestgröße von 250 Hektar hat und in jedem Jagdbezirk eine den Erfordernissen der Jagdpflege entsprechende Jagdausübung möglich ist. Sie bedarf der Zulassung durch die untere Jagdbehörde. Der VA erlangt Bestandskraft, wenn er nicht innerhalb der Widerspruchsfrist angefochten wird. Die Teilung eines gemeinschaftlichen Jagdbezirks kann abgelehnt werden, wenn Belange der Jagdpflege dem entgegenstehen, z. B. Einheit von Waldjagd und Feldjagd (vgl. OVG Lüneburg, Urt. v. 19.9.1973). Die Teilung in rechtlich selbstständige Jagdbezirke hat zur Folge, dass für jeden dieser Jagdbezirke eine Jagdgenossenschaft entsteht.

Die Teilung nach den §§ 8 Abs. 3 BJagdG und 5 Abs. 2 LJagdG ist nicht zu verwechseln mit der zulässigen Verpachtung von Teilbezirken gemeinschaftlicher Jagdbezirke (Jagdbogen) unter den Voraussetzungen der Vorschriften des § 11 Abs. 2 BJagdG.

Durch die Gemeindereform ist eine große Zahl bisher selbstständiger Gemeinden zu neuen politischen Gemeinden vereinigt worden. Kraft Gesetzes (§ 8 BJagdG) sind die gemeinschaftlichen Jagdbezirke solcher Gemeinden untergegangen und Bestandteil des gemeinschaftlichen Jagdbezirks der neuen politischen Gemeinde geworden (VG Stuttgart, Urt. v. 3.8.1982).

Bei der Zusammenlegung von Gemeinden entstehen grundsätzlich kraft Gesetzes ein neuer gemeinschaftlicher Jagdbezirk und eine neue Jagdgenossenschaft, in denen die Jagdbezirke und Jagdgenossenschaften der zusammengelegten Gemeinde aufgehen (BGH, Entsch. v. 8.7.1982). Gemeindegebiet und Jagdgebiet sind identisch. In Bezug auf die Nutzung des Jagdbezirks kann die untere Jagdbehörde durch Verwaltungsakt das nachvollziehen, was sich als automatische Regelung aus § 8 Abs. 1 BJagdG ergibt, nämlich dass sofort die neuen Grenzen auch für den gemeinschaftlichen Jagdbezirk gelten.

Gemarkung X-Dorf
Gemeinschaftlicher Jagdbezirk der Jagdgenossenschaft X-Dorf

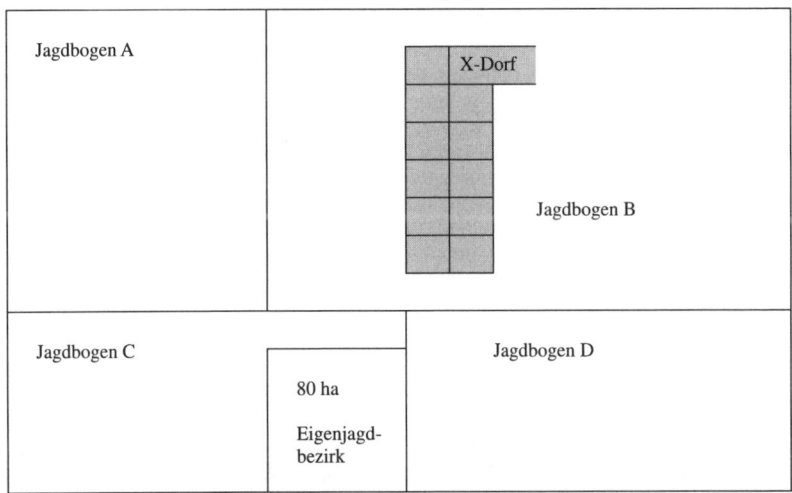

111

10 *§ 9 BJagdG, § 6 LJagdG   Jagdgenossenschaft*
§ 1 LJagdG DVO   Satzung der Jagdgenossenschaft,
Durchführung der Versammlung
der Jagdgenossenschaft

Die Jagdgenossenschaft ist eine Körperschaft des öffentlichen Rechts und unterliegt der Aufsicht des Staates, die von der unteren Jagdbehörde ausgeübt wird. Ein fehlerhafter Beschluss der Jagdgenossenschaft bleibt auch dann unwirksam, wenn er von der Jagdbehörde nicht beanstandet wurde.

In der Jagdgenossenschaft sind kraft Gesetzes alle Eigentümer der Grundflächen (auch der Gemeinden) eines gemeinschaftlichen Jagdbezirks zusammengeschlossen, auf denen die Jagd ausgeübt werden darf. Die Zwangsmitgliedschaft verstößt nicht gegen die Eigentumsgarantie (Art. 14 GG); verletzt nicht die Vereinigungsfreiheit (Art. 9 Abs. 1 GG), die Handlungsfreiheit (Art. 2 Abs. 1 GG) oder den Gleichheitsgrundsatz. Gemeindeeigene Wegeflächen bedingen die Zugehörigkeit zur Jagdgenossenschaft. Es handelt sich dabei um eine nach Art. 14 Abs. 1 S. 1 GG zulässige Bestimmung des Eigentumsinhalts. Bei landeseigenen Flächen, die Bestandteil eines gemeinschaftlichen Jagdbezirks sind, wird das Land durch das zuständige Forstamt vertreten. Das Betretungsverbot für Bahnanlagen nach § 62 Abs. 1 EBO kommt einem Jagdverbot gleich. Das Jagdausübungsrecht selbst ist kein besonderes Nutzungsverhältnis i. S. d. § 62 Abs. 1 EBO, das zum Betreten der Bahnanlagen berechtigt. Das besondere Nutzungsverhältnis i. S. d. § 62 Abs. 1 EBO kann nur zwischen der Bundesbahn und der jeweiligen Jagdgenossenschaft begründet werden (BVerwG, Urt. v. 17.4.1986 – 3 C 36/85). Bei bestehendem Betretungsverbot hat dies zur Folge, dass die „Bahn" nicht Jagdgenossin geworden ist (§ 9 Abs. 1 S. 2 BJagdG). Gleiches gilt sinngemäß für Autobahnen und Kraftfahrstraßen, die von Fußgängern nicht betreten werden dürfen. Grundeigentümer von Flächen, auf denen dauernd die Jagd nicht ausgeübt werden kann (z. B. Flächen, auf denen die Jagd ruht), gehören der Jagdgenossenschaft nicht an (vgl. § 9 Abs. 1 S. 2 BJagdG). Beschränkungen aus § 20 BJagdG reichen keinesfalls aus. Aus der gesetzlichen Mitgliedschaft kann ein Grundeigentümer weder entlassen werden noch selbst kündigen.

Da der Bestand der Jagdgenossenschaft kraft Gesetzes an das Bestehen eines gemeinschaftlichen Jagdbezirks geknüpft ist, muss die Jagdgenossenschaft untergehen, wenn das Gemeinschaftsrevier zu bestehen aufhört, denn die Entstehung und der Untergang der Jagdgenossenschaft beruht ohne Rücksicht auf den Willen der an ihr beteiligten Jagdgenossen unmittelbar auf Gesetz (s. Erster Erlass des IM zur Durchführung der Gemeindereformgesetze, Nr. 4.5 v. 23.7.1974 – GABl. S. 721; VG Stuttgart, Urt. v. 3.8.1982 – JE II Nr. 63). Das Jagdrecht unterscheidet zwischen der Stellung des Gemeinderats als Jagdvorstand nach § 9 Abs. 2 BJagdG und seiner Stellung als Verwalter der Jagdgenossenschaft nach § 6 Abs. 5 LJagdG. Streitigkeiten über den Abschluss eines Jagdpachtvertrages sind auch dann privatrechtlicher Natur, wenn die Gemeinde oder eine Jagdgenossenschaft Verpächter des Jagdbezirkes ist (VGH BW, Urt. v. 27.1.1989).

In gemeinschaftlichen Jagdbezirken steht das Jagdausübungsrecht der Jagdgenossenschaft zu.

Organe der Jagdgenossenschaft sind die Genossenschaftsversammlung und der Jagdvorstand, der von den Mitgliedern gewählt wird. Nach § 6 Abs. 2 LJagdG hat die Jagdgenossenschaft eine Satzung aufzustellen, die der Genehmigung der unteren

Jagdbehörde bedarf. Was in dieser Satzung zu regeln ist, enthält § 1 LJagdG DVO. Durch Beschluss der Jagdgenossenschaft kann die Verwaltung der Jagdgenossenschaft dem Gemeindevorstand (Gemeinderat) mit dessen Zustimmung übertragen werden. Durch das Gesetz zur Änderung des LJagdG vom 12. 2. 1996 wurden jedoch in § 6 Abs. 5 LJagdG – alt – die Sätze 2 und 3 gestrichen, was zur Folge hat, dass in den Fällen, in denen die Jagdgenossenschaft die Verwaltung auf den Gemeinderat übertragen hat, nicht mehr von der Aufstellung einer Satzung abgesehen werden kann.

Die nach § 6 Abs. 2 LJagdG für alle Jagdgenossenschaften aufzustellenden Satzungen sind bis jetzt noch nicht überall vorhanden. Durch das Dulden der Verpachtung ohne Jagdgenossenschaftssatzung durch die Jagdbehörde bleibt die bestehende Rechtspflicht zur Aufstellung einer Satzung unberührt. Verpachtungsbeschlüsse sind somit nicht rechtswirksam abgeschlossen.

Die Satzung sowie jede Änderung muss von den Mitgliedern der Jagdgenossenschaft beschlossen und von der unteren Jagdbehörde genehmigt werden. Hierzu bedarf es der Einberufung einer Genossenschaftsversammlung durch den Jagdvorstand.

Wo keine selbst verwaltete Jagdgenossenschaft besteht, wird sie vom Gemeindevorstand (Gemeinderat) vorbereitet (Satzungsentwurf) und durchgeführt.

Wird die Verwaltung der Jagdgenossenschaft der Gemeinde übertragen, wobei die Zustimmung des Gemeinderats erforderlich ist, ist dieser (gewählter) Jagdvorstand (nicht der Bürgermeister, § 6 Abs. 6 LJagdG). Die Jagdgenossenschaftsversammlung ist das oberste Organ der Jagdgenossenschaft. Sie entscheidet auch darüber, welche Aufgaben dem Jagdvorstand übertragen werden, denn der Jagdvorstand ist nur das ausführende Organ. Eine wesentliche Entscheidung liegt auch darin, unter welchen Voraussetzungen die Genossenschaftsversammlung dem Gemeinderat die Verpachtung des gemeinschaftlichen Jagdbezirks überträgt (z. B. Auswahlbedingungen für Pächter und Begehungsscheininhaber, Abschussplanung, Wildschadensersatz). Ein von der Genossenschaftsversammlung getroffener Entschluss bleibt gültig, bis er widerrufen wird.

Die Jagdgenossenschaft ist einzuberufen, wenn dies mindestens ein Zehntel der Mitglieder, die mindestens ein Zehntel der bejagbaren Grundflächen des gemeinschaftlichen Jagdbezirks vertreten, verlangt. Die Einladung ist mindestens zwei Wochen zuvor ortsüblich bekannt zu machen (vgl. § 1 Abs. 1 Nr. 8 LJagdG DVO, i. d. R. im Amtsblatt der Gemeinde). Die Einhaltung der Ladungsfrist hat nicht bloß den Charakter einer Ordnungsvorschrift, sondern ist ein wesentlicher Verfahrensgrundsatz. In der Einladung sind die Tagesordnungspunkte genau zu bezeichnen. Der einzelne Jagdgenosse soll bereits im Voraus erkennen können, welche Einzelpunkte zur Entscheidung anstehen, um ihm die Vorbereitung für eine Stimmabgabe ermöglichen. Ein Verstoß gegen diese Formvorschrift kann zur Aufhebung eines Beschlusses führen. Bei der ersten Versammlung einer neu entstandenen Jagdgenossenschaft kann ein Beschluss zur Übertragung der Verwaltung der Jagdgenossenschaft auf den Gemeindevorstand (Gemeinderat) i. S. v. § 6 Abs. 5 LJagdG nicht wirksam gefasst werden, wenn dies in der Einladung zur Versammlung nicht als Beratungs- bzw. Beschlussgegenstand bezeichnet, sondern insoweit nur die „Wahl des Jagdvorstandes" angegeben war.

Beschlussfähig ist eine ordnungsgemäß einberufene Genossenschaftsversammlung immer. Auf die Zahl der Anwesenden und den Umfang der vertretenen Fläche kommt es nicht an. Mitgliederversammlungen einer Jagdgenossenschaft sind nicht öffentlich. Es haben nur die Jagdgenossen des gemeinschaftlichen Jagdbezirks und deren Bevollmächtigte Zutritt. Insofern ist sicherzustellen, dass der Versammlungsraum nur von Jagdgenossen oder deren Vertretern betreten werden kann. Dies ist bereits beim Einlass auf Grund eines aktuellen Jagdkatasters zu überprüfen. Keinesfalls ist es Aufgabe der Jagdgenossen, ihre Berechtigung nachzuweisen. Nur so kann eine Beschlussfassung der Jagdgenossenschaft vorbereitet und kontrolliert werden in Bezug auf die namentliche Feststellung der Mitglieder und der von ihnen vertretenen Grundfläche. Über die Zulassung anderer Personen bedarf es der einstimmigen Beschlussfassung der anwesenden Jagdgenossen. Im übrigen sind alle wesentlichen Beschlüsse nachvollziehbar zu protokollieren.

Die Versammlung wird vom Vorsitzenden oder seinem Vertreter geleitet. Besteht keine Satzung, bestimmt der Gemeinderat den Versammlungsleiter bis zur Wahl eines Vorsitzenden. Beschlüsse der Jagdgenossenschaft bedürfen sowohl der Mehrheit der anwesenden und vertretenen Jagdgenossen als auch der Mehrheit der bei der Beschlussfassung vertretenen Grundfläche (§ 9 Abs. 3 BJagdG). Stimmenthaltungen zählen als Ablehnung. Nach dem klaren Wortlaut des Gesetzes können sich Grundstückseigentümer vertreten lassen. Die Vertretung ist schriftlich nachzuweisen, sie gilt für die Gesamtfläche des Vertretenen. Sie muss gegebenenfalls von allen Miteigentümern unterschrieben sein. Miteigentümer können ihr Stimmrecht nur einheitlich ausüben.

Eine zahlenmäßige Beschränkung der vertretenen Personen ist weder im BJagdG noch im LJagdG vorgesehen. Eine solche Beschränkung kann die Genossenschaftssatzung enthalten.

Auch für die Klärung der Größe eines Jagdbezirkes ist ein Jagdkataster notwendig, weil hiervon die Zahl der zulässigen Jagdpächter abhängt. Gleiches gilt für die Erteilung entgeltlicher Jagderlaubnisscheine (§ 11 Abs. 2 und 3 BJagdG, §§ 9, 10 Abs. 2 LJagdG) und für den Auskehranspruch (§ 10 Abs. 3 S. 2 BJagdG). Der Jagdvorstand hat dafür Sorge zu tragen, dass das Jagdkataster ständig fortgeschrieben wird. Die seit 1.1.2008 geltende „Rahmenvereinbarung Jagd" zwischen dem Verband der Jagdgenossenschaften und Eigenjagdbesitzer und dem Landesvermessungsamt regelt die Bereitstellung und Nutzung von Geobasisinformationen des Liegenschaftskatasters und der Landesvermessung für die Jagdgenossenschaften.

Bei der satzungsgebenden Versammlung der Mitglieder der Jagdgenossenschaft muss eine Abstimmung über den vorgelegten Satzungsentwurf stattfinden. Dieser wäre den Jagdgenossen zur Vorbereitung auf die Abstimmung ortsüblich bekannt zu machen. Erhält dieser keine Mehrheit (§ 9 Abs. 3 BJagdG), bedarf es der weiteren Beratung und Abstimmung, bis die entsprechende Mehrheit erreicht werden kann. Die Genossenschaftsversammlung kann auf eine Satzung nicht verzichten. Notfalls muss eine weitere satzungsgebende Versammlung einberufen werden.

Die Frage, ob die Verwaltung der Jagdgenossenschaft dem Gemeindevorstand mit dessen Zustimmung übertragen werden soll (§ 6 Abs. 5 LJagdG), kann erst entschieden werden, wenn eine Satzung besteht. Findet dieser Vorschlag keine Mehrheit und kommt es auch nicht zu einer selbst verwalteten Jagdgenossenschaft, werden die Geschäfte des Jagdvorstandes vom Gemeindevorstand (Gemeinderat) als Notvorstand wahrgenommen (§ 9 Abs. 2 S. 3 BJagdG). In diesem Fall ist der Gemeinderat verpflichtet, ohne schuldhaftes Zögern auf die Wahl eines Jagdvorstandes hinzuarbeiten. Nur als Verwalter der Jagdgenossenschaft, nicht aber als (Not-)Jagdvorstand ist der Gemeinderat berechtigt, über die Jagdverpachtung zu entscheiden (VGH BW,

Entsch. v. 9. 10. 1987). In diesem Fall ist eine Versammlung der Mitglieder der Jagdgenossenschaft einzuberufen, die über die Verpachtung entscheidet.

Bei dem Beschluss einer Jagdgenossenschaft, mit dem die Verwaltung auf den Gemeindevorstand übertragen wird, ist die Gemeinde als Mitglied der Jagdgenossenschaft nicht wegen Befangenheit ausgeschlossen. Die Gemeinde, die über einen Eigenjagdbezirk verfügt, ist für diese Flächen nicht stimmberechtigt. Sie kann über das Wegenetz oder zum gemeinschaftlichen Jagdbezirk gehörender Flächen unter 75 ha der Jagdgenossenschaft angehören. Als Jagdgenosse darf die Gemeinde dem Beschluss über die Übertragung der Verwaltung auf den Gemeinderat nur abstimmen, wenn ihre Stimme nicht entscheidend für den Beschluss ist (VGH BW, Urt. v. 5.11.1991).

Gleiches gilt für die Abstimmung eines Jagdgenossen, der sich zugleich um die Jagdpacht bewirbt. Er darf zwar anwesend sein, nicht aber als Jagdgenosse über seinen eigenen Antrag abstimmen (vgl. § 34 BGB). Seine Stimme und sein Flächenanteil bleiben unberücksichtigt. Soweit Jagdgenossen als Jagdbewerber bei der Abstimmung über die Jagdpacht mitgestimmt haben, führt die Teilnahme an der Abstimmung noch nicht zur Unwirksamkeit des Beschlusses. Dies ist allerdings dann der Fall, wenn sich ihre Beteiligung auf das Ergebnis der Abstimmung ausgewirkt hat. Ehegatten und Verwandte, die selbst Jagdgenossen sind, dürfen abstimmen. Es empfiehlt sich, solche Fälle (Pachtbewerber, Angehörige etc.) in der Satzung zu regeln. Beschlüsse, die dem Satzungsrecht der Jagdgenossenschaft nicht entsprechen, können mit einer verwaltungsgerichtlichen Feststellungsklage angefochten werden (OVG Lüneburg, Beschl. v. 23.11.1992).

Für ihren Eigenjagdbezirk bleibt die Gemeinde Verpächterin, nicht die Jagdgenossenschaft. Nur die Fläche des gemeinschaftlichen Jagdbezirks wird von der Jagdgenossenschaft verpachtet. Die angrenzende gemeindeeigene Fläche bildet kraft Gesetzes einen Eigenjagdbezirk. Für diese Fläche entfällt das Stimmrecht der Gemeinde, da sie nicht Mitglied der Jagdgenossenschaft ist.

Beispiel: Zur Gemeinde A gehört eine jagdbare Fläche von insgesamt 1650 ha, davon entfallen 550 ha auf den gemeindeeigenen Wald (Eigenjagdbezirk) und 1100 ha Feldfläche auf 385 Mitglieder der Jagdgenossenschaft. Die Zahl der anwesenden und vertretenen Mitglieder beträgt 124, die eine Fläche von 512 ha halten. Von diesen stimmen 60 dem Vorschlag des Jagdvorstandes zu (vertretene Fläche 325 ha), 58 sind dagegen und 6 enthalten sich der Stimme. Nach der Kopfzahl besteht keine Mehrheit. Trotz Mehrheit in der Fläche ist der Beschluss abgelehnt.

Bringt die Gemeinde ihren Eigenjagdbezirk in den gemeinschaftlichen Jagdbezirk ein und verzichtet auf die Selbstständigkeit, ist der richtige Empfänger für die Verzichtserklärung die Jagdgenossenschaft (s. *Hertel*, AgrarR 1996, S. 313). Diese kann die Aufnahme ablehnen oder ihr zustimmen. Bei Zustimmung wird ein gemeinschaftlicher Jagdbezirk verpachtet. Wird eine solche – durch eine Eigenjagd der Gemeinde vergrößerte – Revierfläche verpachtet, dann sind für die Aufteilung des Reviers in Jagdbogen nur die Regelungen für die gemeinschaftlichen Jagdbezirke heranzuziehen (*Deuschle*, Der Jäger in Baden-Württemberg 2/1998, S. 11). Verlangt der Eigenjagdbesitzer die Wiederherstellung der Selbständigkeit, ist dies, was Form und Empfänger der Erklärung anbetrifft, wie beim Verzicht zu behandeln. Im öffentlichen Interesse und zum Schutze des Bestandes bestehender Jagdpachtverträge kann die Selbständigkeit nur nach Ablauf des Jagdpachtvertrages wiederhergestellt werden (*Hertel*, AgrarR 1996, S. 313).

11 *§ 10 BJagdG Jagdnutzung*

Die Jagdgenossenschaft nutzt die Jagd in der Regel durch Verpachtung, wobei sie den Kreis der Pächter auf die Jagdgenossen beschränken darf. Auch eine Nutzung durch angestellte Jäger ist zulässig (§10 Abs. 1 und 2 BJagdG). Das Gesetz trägt dem Umstand Rechnung, dass die Jagdgenossenschaft als Körperschaft des öffentlichen Rechts zwar Inhaber des Jagdausübungsrechts ist, als juristische Person tatsächlich aber nicht in der Lage ist, davon selbst Gebrauch zu machen. Dieses Defizit wird durch Verpachtung oder durch Anstellung eines Jägers ausgeglichen. Beim angestellten Jäger geht das Gesetz davon aus, dass das Jagdausübungsrecht übertragen wird, so dass der angestellte Jäger JAB i. S. d. BJagdG ist.

Die Klage eines Jagdgenossen auf die Feststellung der Rechtswidrigkeit oder Unwirksamkeit eines Jagdverpachtungsvertrages gegen die Jagdgenossenschaft ist nur zulässig, sofern er die Verletzung von Mitgliedschafts- oder Mitwirkungsrechten geltend machen kann. Der Jagdgenosse kann danach in einem solchen Rechtsstreit keine Rechtsverletzungen bei der Vergabe der Jagdpacht geltend machen, durch die er in gleicher Weise wie jeder andere Jagdpachtbewerber betroffen wird, der nicht Jagdgenosse ist. Das gilt etwa für die von der Jagdgenossenschaft festgelegten Auswahlbedingungen für Pachtbewerber (VGH BW, Urt. v. 20.10.1994). Die Vorschrift des § 5 Abs. 2 S. 3 LJagdG DVO hindert die Jagdgenossenschaft nicht, nach Ablauf von zwei Wochen mit einem Bewerber eine Jagdpachtvertrag zu den angebotenen Bedingungen abzuschließen.

Nach § 10 Abs. 3 Satz 1 BJagdG hat die Jagdgenossenschaft über die Verwendung des Reinertrages der Jagdnutzung zu beschließen. In den Fällen, in denen dem Gemeinderat die Verpachtung insgesamt übertragen wurde, bestimmt dieser über die Verwendung des Reinerlöses, soweit die Satzung der Jagdgenossenschaft nicht etwas anderes besagt.

Soweit ein Grundstückseigentümer dem beschlossenen Verwendungszweck nicht zugestimmt hat, kann er entsprechend seiner Grundfläche den „Auskehranspruch" verlangen. Diesen Anspruch muss er binnen eines Monats nach Bekanntmachung der Beschlussfassung schriftlich oder mündlich zu Protokoll des Jagdvorstandes geltend machen. Die Erhebung von Gebühren für Amtshandlungen der Jagdgenossenschaft ist in der Satzung zu regeln.

Sofern die Jagdgenossenschaft bzw. der Gemeinderat den Beschluss für die Dauer der Jagdpacht gefasst hat, beginnt die Monatsfrist nach Ablauf des jeweiligen Jagdjahres (31. 3.). Der Jagdgenosse kann seinen Anspruch auch für mehrere Jahre im Voraus (also bis auf Widerruf) geltend machen. Für von der Jagdgenossenschaft in früheren Jahren gebildete Rücklagen besteht nachträglich kein Anspruch auf Auszahlung (BayVGH, Beschl. v. 11.3.1999).

Der Auskehranspruch ist nach dem Verhältnis des Flächeninhalts der beteiligten Grundstücke zu verteilen (§ 10 Abs. 3 Satz 2 BJagdG). Deshalb sind alle Grundstücke der Jagdgenossenschaft mit einzubeziehen – nicht nur diejenigen des Jagdbogens, in dem die Grundstücke des Jagdgenossen liegen, d. h. die Gesamteinnahmen der Jagdgenossenschaft abzüglich der notwendigen Auslagen sind im Verhältnis zur Gesamtfläche der Jagdgenossenschaft aufzuteilen (VGH BW, Urt. v. 15. 10. 1998). Die im Jagdbezirk liegenden befriedeten Bezirke sind keine beteiligten Grundstücke (§ 10 Abs. 3 S. 2 BJagdG) der Jagdgenossenschaft.

Unterschiedliche Pachtpreise für Feld- und Waldgrundstücke sind unbeachtlich. Wildschadensverhütungsmaßnahmen gehören nicht zu den Pflichten der Grundeigentümer, sind somit als Kosten von den Gesamteinnahmen nicht abzugsfähig. Gleiches gilt für gesellschaftliche Veranstaltungen (BVerwG, Urt. v. 5.5.1994). Kosten für Aufwendungen, die von Jagdgenossen getätigt werden, um den Wert der Jagd zu steigern oder zu erhalten, sind bereits in der erzielten Jagdpacht enthalten. Die Verjährungsfrist für den Auskehranspruch beträgt drei Jahre. Sie beginnt am 1. Januar des auf das Entstehen des Auskehranspruches folgenden Jahres.

Wechselt der Grundeigentümer, gilt die Entscheidung des bisherigen Eigentümers weiter, bis sie von dem neuen Eigentümer widerrufen wird.

Nach § 8 Abs. 3 BJagdG kann die Teilung eines gemeinschaftlichen Jagdbezirkes in mehrere selbstständige Jagdbezirke (und damit selbst verwaltete Jagdgenossenschaften) zugelassen werden, sofern jeder Teil die Mindestgröße von 250 ha hat. Insofern kann eine selbst verwaltete Jagdgenossenschaft gerade für eingemeindete Ortsteile vorteilhaft sein, da die Inhaber des Jagdrechts und die JAB sich direkt über alle Fragen der Jagd verständigen können. In BW gibt es derzeit knapp 400 selbst verwaltete Jagdgenossenschaften.

Das in der Hand einer Jagdgenossenschaft befindliche Jagdausübungsrecht stellt ein vermögenswertes privates Recht dar. Bei Minderung des Jagdrechts steht einer Jagdgenossenschaft eine Entschädigung zu, und zwar wegen des Entzugs von Jagdflächen und wegen des Eingriffs auf das beschränkte Jagdausübungsrecht (BGH, Urt. v. 15.12.1996). Zur Entschädigung einer Jagdgenossenschaft für die Durchschneidung ihres Jagdbezirks durch eine Bundesstraße (OLG Bamberg, Urt. v. 21.10.1996 und Anmerkung von *Aust*, NVwZ 1998, S. 143).

12 **§ 10 a BJagdG** *Bildung von Hegegemeinschaften*
   § 7 LJagdG *Hegegemeinschaften*
   § 13 LJagdG DVO *Bestätigung von Hegegemeinschaften und ihre*
   Beteiligung bei der Entscheidung
   über Abschusspläne

Hegegemeinschaften sind privatrechtliche Zusammenschlüsse von JAB auf freiwilliger Basis. Eine Bildung von Amts wegen sieht das LJagdG nicht vor. Die Jagdbehörden sollen jedoch auf die Bildung von Hegegemeinschaften hinwirken, wenn dies aus hegerischen Gründen geboten ist. Damit wird verdeutlicht, welche Bedeutung der Gesetzgeber der Hege des Wildes beimisst. Hegegemeinschaften sollen letztlich eine großräumige Hege und Abschussplanung sicherstellen.

Bestätigte Hegegemeinschaften sind nach § 27 Abs. 3 S. 3 LJagdG berechtigt, in die Sitzungen des Kreisjagdamtes, in denen über die Abschusspläne entschieden wird, einen Vertreter mit beratender Stimme zu entsenden.

III. Beteiligung Dritter an der Ausübung des Jagdrechts

13 **§ 11 BJagdG** *Jagdpacht*
   § 8 LJagdG *Jagdpacht*

Gegenstand des Jagdpachtvertrages ist das aus dem Jagdrecht des Grundeigentümers abgetretene Recht zur Ausübung des Jagdrechts (Jagdausübungsrecht) in

117

III. Beteiligung Dritter an der Ausübung des Jagdrechts

seiner Gesamtheit. Das Besondere eines Jagdpachtvertrags ist darin zu sehen, dass im Gegensatz zu den meisten Miet- oder Pachtverträgen der Pächter die Pachtfläche mit einer mehr oder weniger großen Anzahl anderer Personen nutzt.

Nach § 11 Abs. 1 Satz 1 BJagdG kann die Ausübung des Jagdrechts in seiner Gesamtheit an Dritte verpachtet werden, und in Satz 2 Halbsatz 1 ist bestimmt, dass ein Teil des Jagdausübungsrechts nicht Gegenstand eines Jagdpachtvertrages sein kann. Durch diese Vorschrift soll gewährleistet werden, dass das Jagdausübungsrecht in einem Revier nur in seiner Gesamtheit verpachtet wird (sachliche und räumliche Untrennbarkeit eines Jagdbezirkes). Ein Jagdbezirk kann nicht nach Wildarten an verschiedene Pächter verpachtet werden. Eine Verpachtung an mehrere gemeinschaftlich handelnde Mitpächter ist zulässig. Sie können ihre Rechte gegenüber dem Verpächter oder Dritten nur gemeinsam geltend machen. Mitpächter eines Jagdbezirks bilden eine GbR.

Ein Vorbehalt für den Verpächter ist nach § 11 Abs. 1 Satz 2 Halbsatz 2 BJagdG nur bezüglich eines Teils der Jagdnutzung, der sich auf bestimmte Wildarten bezieht, zulässig. In diesem Fall stehen Verpächter und Pächter als Revierinhaber nebeneinander (Beispiel: Der Verpächter eines Eigenjagdbezirkes behält sich die Jagd auf Raubwild vor). Ein Jagdpachtvertrag, in dem sich der Verpächter einen Anteil von 50% an dem Jagdausübungsrecht vorbehält, ist wegen Verstoßes nach § 11 Abs. 1 S. 1 und 2 Halbsatz 1 BJagdG nichtig. Eine gemeinsame Berechtigung am Jagdausübungsrecht zwischen Verpächter und Pächter kann auch nicht in Anlehnung an eine Mitpächtergemeinschaft zugelassen werden (BGH, Urt. v. 4.7.1991).

Der Jagdbezirk kann auch in Teilen (Jagdbogen) mit Zustimmung der unteren Jagdbehörde verpachtet werden (§ 11 Abs. 2 BJagdG, § 8 Abs. 1 LJagdG). Dabei müssen bei Eigenjagdbezirken sowohl der bestehende als auch verbleibende Teil mindestens 75 ha, bei gemeinschaftlichen Jagdbezirken mindestens 250 ha betragen. Sie haben jeweils eine den Erfordernissen der Jagdpflege entsprechende Jagdausübung zu ermöglichen. Die Verpachtung geringerer Flächen an den JAB eines angrenzenden Jagdbezirks ist zuzustimmen unter der Voraussetzung, dass dies der besseren Reviergestaltung dient und die Pachtdauer diejenige des angrenzenden Jagdbezirks nicht übersteigt.

Die gesetzliche Begrenzung der Pachtfläche wurde durch die Zweite Novelle zum BJagdG eingeführt (vgl. Art. 3 des Zweiten Gesetzes zur Änderung des BJagdG vom 28.9.1976, BGBl. I S. 2841). Eine Begrenzung der Jagdpachthöchstfläche soll den Jagdpachtmarkt einer möglichst großen Zahl von Jagdpachtanwärtern offen halten, um so eine angemessene Verteilung der Jagdflächen unter der Jägerschaft zu erreichen (BT-Drucks. 7/4285). Die Gesamtpachtfläche ist für einen Jagdpächter auf 1000 ha begrenzt. Hierauf sind dem Jagdpächter Jagdflächen anzurechnen, für die er eine entgeltliche Jagderlaubnis besitzt.

Der Inhaber eines oder mehrerer Eigenjagdbezirke mit einer Gesamtfläche von mehr als 1000 ha darf nur zupachten, wenn er Flächen mindestens gleicher Größenordnung verpachtet. Der Besitzer einer solch großen Grundfläche muss Teile seines Eigenjagdbezirkes verpachten, um zupachten zu können. Liegen die Flächen unter 1000 ha, darf er auch nur bis zu einer Gesamtjagdfläche von 1000 ha zupachten. Inhaber von Eigenjagdbezirken müssen ihre Flächen über 1000 ha nicht verpachten.

118

Nach § 11 Abs. 3 S. 3 BJagdG ist auf Mitpächter, Unterpächter oder Inhaber einer entgeltlichen Jagderlaubnis (ausgenommen die Erlaubnis zu Einzelabschüssen) als Gesamtfläche nur die Fläche anzurechnen, die auf den Einzelnen nach dem Jagdpachtvertrag oder der Jagderlaubnis anteilig entfällt. Die Flächen, auf denen dem Jagdscheininhaber ein Jagdausübungsrecht zusteht (einschließlich entgeltlicher Jagderlaubnis) werden von der zuständigen Behörde im Jagdschein eingetragen (§ 11 Abs. 7 BJagdG). Bei Mitpächtern wird die Bruttogesamtfläche des Jagdbezirks durch die Zahl der Pächter geteilt, es sei denn, dass in dem Gesellschaftsvertrag etwas anderes festgelegt wurde. Dabei werden auch befriedete Bezirke mit eingerechnet.

Im Jagdschein einzutragende Jagdflächen

Fläche, auf der dem Jagdscheininhaber nach § 11 Abs. 3 BJagdG die Jagdausübung zusteht

119

Aufgliederung der Fläche, auf der dem Jagdscheininhaber nach § 11 Abs. 3 BJagdG die Jagdausübung zusteht

Rechtsgrund [1]	Lage der Flächen (z. B. Jagdbezirk, Gemeinde, Kreis, Jagdbehörde)	Flächen in Hektar		Anrechnungszeitraum				Behördliche Bestätigungsvermerke
		von Spalte 2	hinzuzurechnen (+) [2] abzuziehen (—) [2]	Beginn		Ende		
				Monat	Jahr	Monat	Jahr	
1	2	3	4	5	6	7	8	9

[1] z. B. Eigenjagd, Pachtung (Allein-, Mit-, Unterpacht), entgeltliche Jagderlaubnis

[2] Einzusetzen bei hinzuzurechnenden Flächen: z. B. Eigenjagd, Pachtung (Allein-, Mit-, Unterpacht), entgeltliche Jagderlaubnis; entsprechendes gilt bei abzuziehenden Flächen

8 9

Beispiele: A und B sind Pächter eines Reviers von 450 ha. Gleichgültig, ob sie dieses Revier gemeinsam bejagen oder in zwei separaten Revierteilen, werden jeweils 225 ha im Jagdschein eingetragen.

Ein Revier mit 360 ha wird an drei Mitpächter verpachtet. Zunächst entfallen 120 ha Jagdfläche auf jeden Mitpächter, soweit keine anderen Regelungen im Gesellschaftsvertrag getroffen wurden.

Es wären gem. § 9 Abs. 1 LJagdG zwei weitere Mitpächter oder Inhaber einer entgeltlichen Jagderlaubnis (§ 10 Abs. 2 LJagdG) zulässig. An den Inhaber einer entgeltlichen Jagderlaubnis werden weitgehend die gleichen Anforderungen wie bei einem Jagdpächter gestellt; er ist aber nicht JAB. Inhaber eines unentgeltlichen Begehungsscheines werden nicht berücksichtigt.

A ist Pächter eines Jagdreviers von 500 ha. Er stellt dem Jagdgast G einen Begehungsschein aus, der dafür einen Hegebeitrag von 2.500 Euro entrichtet. G darf gemäß der ihm erteilten (entgeltlichen) Jagderlaubnis einen separaten Revierteil von 100 ha bejagen. Im Jagdschein des Pächters A wären 400 ha und bei G 100 ha einzutragen. Ein solcher Fall könnte bereits als Unterpachtvertrag zu werten sein, wenn sich der Erlaubnisscheininhaber auch das erlegte Wild aneignen und verwerten darf. Ihm stünden somit alle wesentlichen Befugnisse eines JAB zu. Wird die Fläche gemeinsam bejagt, sind jeweils 250 ha Jagdfläche im Jagdschein zu vermerken.

In diesem Fall ist der Inhaber einer entgeltlichen Jagderlaubnis kraft Gesetzes als Unternehmer eines Jagdbetriebes zu sehen.

Probleme entstehen dann, wenn durch Mitpacht und entgeltliche Jagderlaubnisse bei einem neuen Pachtverhältnis die Gesamtfläche von 1000 ha überschritten wird. Dann wäre nämlich der neue Pachtvertrag kraft Gesetzes nichtig (§ 11 Abs. 6 BJagdG).

Beispiel: C ist Pächter eines Reviers von 700 ha. Es bietet sich die Gelegenheit, ein angrenzendes Revier von 400 ha zu übernehmen. Um die Gesamtfläche von 1000 ha nicht zu überschreiten, nimmt C für das angrenzende Revier einen Mitpächter auf. Somit entfallen auf C insgesamt 900 ha Jagdfläche und auf den Mitpächter 200 ha. Die gleiche Wirkung hätte die Erteilung einer entgeltlichen Jagderlaubnis.

Die Erteilung einer entgeltlichen Jagderlaubnis ist der unteren Jagdbehörde anzuzeigen.

Der Pachtvertrag bedarf der Schriftform. Dies dient der Beweiserleichterung und Sicherheit im Rechtsverkehr. Nebenabreden sind unwirksam (z. B. freiwillige jährliche Spenden). Solche Vereinbarungen, die Bestandteil des Pachtvertrages sein sollen, machen diesen insgesamt nichtig (BGH, Beschl. v. 23.4.1994). Auch Vorverträge bedürfen der Schriftform. Für die Unterzeichnung des Vertrages findet § 126 Abs. 2 BGB Anwendung. Bei einem Vertrag muss die Unterzeichnung der Parteien auf derselben Urkunde erfolgen. Werden über den Vertrag mehrere gleich lautende Urkunden aufgenommen, so genügt es, wenn jede Partei die für die andere Partei bestimmte Urkunde unterzeichnet.

Streitigkeiten über den Abschluss eines Jagdpachtvertrages sind auch dann privatrechtlicher Natur, wenn die Gemeinde oder eine Jagdgenossenschaft Verpächter des Jagdbezirks ist (VGH BW, Urt. v. 27.1.1989). Jagdpachtverträge sind privatrechtliche Verträge im Sinne der §§ 581 ff. BGB, auch wenn eine Körperschaft des öffentlichen Rechts Verpächter ist. Deshalb sind Rechtsstreitigkeiten um den Abschluss eines Jagdpachtvertrages vor den ordentlichen Gerichten auszutragen (Hess.VGH, Beschl. v. 18.7.1995).

Die Pachtdauer soll mindestens auf neun Jahre abgeschlossen werden. Dies gilt nicht für die Verlängerung eines bestehenden Vertrages. Die Aufnahme eines zusätzlichen Mitpächters für die restliche Pachtzeit eines laufenden Jagdpachtvertrages ist keine Neuverpachtung, so dass die gesetzliche Mindestpachtzeit nicht beachtet werden muss. Beginn und Ende der Pachtzeit soll mit Beginn und Ende des Jagdjahres – 1. April bis 31. März – zusammenfallen.

Jagdpachtfähig ist nur, wer einen Jahresjagdschein besitzt und schon vorher einen solchen während dreier Jahre in Deutschland besessen hat. „Während dreier Jahre" i. S. des § 11 Abs. 5 BJagdG bedeutet, dass der Betreffende 3 × 365 Tage lang einen gültigen Jahresjagdschein besessen haben muss. Jugendjagdscheine und Tagesjagdscheine werden hierbei nicht berücksichtigt. Ein Jagdpachtvertrag kann jedoch bereits vorher abgeschlossen werden, aber die Pacht darf erst nach der Pachtfähigkeit beginnen.

Jagdpachtverträge unterliegen wesentlichen jagdrechtlichen Vorschriften. Sofern bei Vertragsabschluss die Bestimmungen über
– die Unteilbarkeit des Jagdausübungsrechts hinsichtlich der Wildarten und des Jagdbezirks (§§ 11 Abs. 1 S. 2 Hs. 1 BJagdG),
– die gesetzliche Mindestgröße (§ 11 Abs. 2 BJagdG),
– die Gesamtfläche, auf der einem Jagdpächter die Ausübung des Jagdrechts zusteht (§ 11 Abs. 3),
– die Schriftform (§ 11 Abs. 4 S. 1 BJagdG) sowie
– die Jagdpachtfähigkeit (§ 11 Abs. 5 BJagdG)
nicht beachtet werden, ist der Jagdpachtvertrag gemäß § 11 Abs. 6 BJagdG nichtig. Siehe hierzu auch § 11 Abs. 1 LJagdG. Eine entgeltliche Jagderlaubnis ist nichtig, wenn sie bei ihrer Erteilung den Vorschriften des § 11 Abs. 3 BJagdG nicht entspricht. Zivilrechtliche Nichtigkeitsgründe liegen vor, wenn gegen die §§ 117 (Scheingeschäft) und 138 BGB (Sittenwidrigkeit) verstoßen wird. Zum Vorliegen eines Scheingeschäftes bei mündlichen Absprachen über den Jagdpachtvertrag – hier Höhe des Pachtpreises (OLG Oldenburg, Urt. v. 12.6.1997).

Die Wirksamkeit eines Jagdpachtvertrages wird nicht dadurch beeinträchtigt, dass der Jagdpächter insgeheim Vereinbarungen mit einem Dritten geschlossen hat, die diesem eine vom BJagdG nicht gebilligte Stellung verschaffen soll. Wegen Gesetzesverstoßes nichtig ist dann nicht der Jagdpachtvertrag, sondern allenfalls die zwischen dem Pächter und dem Dritten getroffenen, gegen das BJagdG verstoßenden Vereinbarungen – § 134 BGB (BGH, Urt. v. 29.9.1983). Zum Mangel eines verpachteten Jagdbezirks sowie der Höhe einer Pachtzinsminderung vgl. OLG Düsseldorf, Urt. v. 4.2.1997. Wegen Minderung durch Wegfall der Eigenschaft als Hochwildrevier endet nicht die Geschäftsgrundlage für die vereinbarte Vertragsdauer. Der Verpächter darf den befristeten Jagdpachtvertrag nicht kündigen. Zur Kündigung eines Jagdpachtvertrages wegen rechtswidriger Beeinträchtigungen des Jagdausübungsrechts der Jagdgenossenschaft durch unzulässige Erteilung entgeltlicher Jagderlaubnisse vgl. Brandenburgisches OLG, Urt. v. 1.12.1999. Zur Gewährleistung der ungehinderten und ungestörten Jagdausübung durch wesentliche Änderung der Nutzung von Flächen vgl. AG Medebach, Urt. v. 6.1.2000. Zum Erlöschen eines Jagdminderungsanspruchs bei Weiterzahlung des vollen Pachtpreises trotz Kenntnis des Mangels vgl. OLG Zweibrücken, Beschl. v. 26.6.2003. Eine Rückforderung wegen nachträglich erklärter Pachtzinsminderung (vgl. § 537 BGB a. F.; § 536 BGB n. F.) ist jedenfalls wegen der Kenntnis der Miete von dem vermeintlichen Mangel bzw. wegen Verwirkung ausgeschlossen. Wildverluste durch den ständig zunehmenden Straßenverkehr stellen keinen Mangel dar. Eine Hochwildjagd ist mit einem Mangel behaftet, wenn Hochwild nur als Wechselwild oder überhaupt nicht mehr vorkommt. Der JAB hat den Mangel gegenüber der Jagdgenossenschaft unverzüglich geltend zu machen. Er hat einen Anspruch auf Pachtzinsminderung (OLG Bamberg, Urt. v. 4.7.2002). Fehlt dem Jagdrevier eine wesentliche Eigenschaft und ist die Minderung nicht ausgeschlossen, kann der Pachtzins für das Revier regelmäßig herabgesetzt werden (BGH, Urt. v. 21.2.2008). Wird bei einem 1300 ha großen Jagdrevier eine Fläche von 7 ha zur Aufzucht von Weihnachtsbäumen eingezäunt, ist eine Minderung des Pachtzinses ausgeschlossen (OLG Düsseldorf, Urt. v. 16.1.2003). Erholungsuchende, Radfahrer, Reiter, Zelten, Konflikte zwischen land- und forstwirtschaftlicher Nutzung einerseits und Jagdausübung oder der Anbau von Kartoffeln unter Folie stellen keine Pachtzinsminderung dar. Der Pächter weiß, dass konkurrierende Nutzungen bestehen und gesetzlich zulässig sind, gegen die der Verpächter nicht einschreiten kann.

Jede Änderung eines Pachtvertrages ist der unteren Jagdbehörde binnen eines Monats anzuzeigen. Siehe hierzu Rz. 15.

Ordnungswidrig handelt, wer auf Grund eines nach § 11 Abs. 6 Satz 1 BJagdG nichtigen Jagdpachtvertrages oder einer nach § 11 Abs. 6 Satz 2 BJagdG nichtigen entgeltlichen Jagderlaubnis die Jagd ausübt (§ 39 Abs. 1 Nr. 3 BJagdG) oder die Änderung eines Jagdpachtvertrages gem. § 8 Abs. 3 LJagdG nicht innerhalb der Frist von einem Monat anzeigt (§ 40 Abs. 1 Nr. 2 LJagdG). Die Ordnungswidrigkeit der Jagdausübung auf Grund eines nach § 11 Abs. 6 BJagdG nichtigen Jagdpachtvertrages steht im Verhältnis der Spezialität zur Jagdwilderei nach § 292 StGB (BayObLG, Beschl. v. 5.4.1990).

14   *§ 9 LJagdG   Mehrzahl von Jagdpächtern*
       § 10 LJagdG   Jagderlaubnis
       § 13 LJagdG   Tod des Jagdpächters

Mitpacht bedeutet, dass in einem Jagdbezirk mehrere Pächter nebeneinander das Jagdausübungsrecht besitzen. Im Verhältnis zum Verpächter sind sie Gesamtschuldner (§ 427 BGB) und Gesamtgläubiger (§§ 428, 430 BGB). Jeder Mitpächter ist zur Ausübung der Jagd im gesamten Jagdbezirk befugt. Die Pächter können unter sich den Jagdbezirk in Pirschbezirke aufteilen.

In einem Jagdbezirk bis zu einer Größe von 250 ha wird die Zahl der Jagdpächter (Mitpächter) auf drei beschränkt (§ 9 Abs. 1 S. 1 LJagdG). Für jede weitere angefangenen 100 ha kann je ein weiterer Pächter zugelassen werden. Bei einem Jagdbezirk (ebenso wie bei einem Jagdbogen) z. B. von 360 ha ist somit die Zahl der Mitpächter auf fünf beschränkt. Der Inhaber einer entgeltlichen Jagderlaubnis wird wie ein Mitpächter behandelt. Diese Berechnung gilt auch bei der Weiterverpachtung und Unterverpachtung. Durch einen Vertrag mit dem Jagdpächter (Jagdunterpachtvertrag) kann ein Dritter die Ausübung dessen Jagdrechts in seiner Gesamtheit, d. h. auch die Befugnis, Tiere zu jagen und sich anzuzeigen, pachten. Die entgeltliche Jagderlaubnis gibt im Zweifel kein ausschließliches Jagdrecht, sondern verleiht nur das Recht, am Jagdausübungsrecht des Pächters teilzunehmen (OLG Karlsruhe, Urt. v. 29.7.1983). Wird die Höchstzahl der zugelassenen Jagdpächter überschritten, ist der Jagdpachtvertrag nichtig.

III. Beteiligung Dritter an der Ausübung des Jagdrechts

Wegen der Gefährlichkeit der Jagdausübung muss der JAB hinsichtlich der Berechtigung seiner Jagdgäste, eine Waffe zu führen, besondere Vorsicht walten lassen. Es genügt nicht, sich auf das Wort seines Jagdgastes zu verlassen, vielmehr hat der JAB die Pflicht, sich durch Einsichtnahme von der Jagdberechtigung seines Jagdgastes zu überzeugen (AG Soest, Urt. v. 2.4.1983). Dies gilt umso mehr, wenn es sich um einen ausländischen Jagdgast handelt. Wer keinen Jagdschein besitzt, übt die Jagd nicht befugt aus.

Die Jagderlaubnis (Begehungsschein) wird unentgeltlich oder entgeltlich erteilt. Sie kann örtlich, sachlich und zeitlich beschränkt werden. Die Beschränkungen sind im Jagderlaubnisschein zu vermerken. Der Jagderlaubnisschein ist ein schriftlicher Nachweis darüber, dass der Inhaber im Revier des Ausstellers die Jagd ausüben darf. Bei Mitpächtern bedarf es der Zustimmung eines jeden Mitpächters (Ausnahme: § 10 Abs. 1 S. 3 LJagdG). Liegt die Zustimmung eines Mitpächters nicht vor, wird dessen Jagdausübungsrecht verletzt.

Beispiel: Die JAB A, B und C haben gemeinsam einen Jagdbezirk gepachtet (Mitpacht). Sie erteilen dem Jagdgast J einen zeitlich unbefristeten unentgeltlichen Jagderlaubnisschein. Nach einigen Monaten entschließt sich A, die Jagderlaubnis zu widerrufen. Hier wird man davon auszugehen haben, dass die nunmehr nur von B und C vorliegende Erlaubnis nicht ausreichend ist (vgl. § 10 Abs. 1 S. 2 LJagdG). Eine unentgeltliche Jagderlaubnis kann jederzeit und ohne Grund widerrufen werden.

Unentgeltliche Jagderlaubnisse (Begehungsscheine) können grundsätzlich unbeschränkt erteilt werden, sofern nicht durch den Pachtvertrag oder von Seiten der unteren Jagdbehörde gem. § 10 Abs. 3 LJagdG Beschränkungen auferlegt worden sind. Sie sind nicht anzeigepflichtig und setzen keine Jagdpachtfähigkeit voraus. Angestellte Jäger (§ 10 Abs. 2 BJagdG) und bestätigte Jagdaufseher (§ 30 LJagdG) benötigen keinen Jagderlaubnisschein.

Die Jagderlaubnis gewährt lediglich das Recht, ständig oder nicht ständig eine unbestimmte oder bestimmte Zahl von Wild zu erlegen, wobei der Revierinhaber Eigentümer des Wildbrets bleibt.

Ohne Begleitung des oder der JAB oder eines bestätigten Jagdaufsehers darf ein Jagdgast die Jagd nur ausüben, wenn er eine schriftliche Erlaubnis bei sich führt. Bei mehreren JAB (Mitpächtern) muss die Erlaubnis von allen erteilt (unterschrieben) sein, es sei denn, sie haben sich gegenseitig schriftlich bevollmächtigt. Die Jagdausübung ist nur im Rahmen der Erlaubnis zulässig. Wird sie unbefugt überschritten, kann eine Bestrafung wegen Jagdwilderei erfolgen (vgl. §§ 292, 294 StGB).

Begleitung im Sinne von § 10 Abs. 4 LJagdG bedeutet nicht, dass der oder die JAB oder der bestätigte Jagdaufseher sich ständig in unmittelbarer Nähe des Jagdgastes aufhalten. Die Entfernung zum Jagdgast muss jedoch so bemessen sein, dass die Berechtigung zum Jagen in kürzester Zeit und zumutbarem Aufwand durch den Kontrollierenden (Polizei-, Forstbeamten) überprüft werden kann. Im Zweifelsfall ist eine schriftliche Jagderlaubnis angebracht.

Ein Jagdgast befindet sich somit nur dann in Begleitung eines JAB, wenn dieser ihn ohne besondere Schwierigkeiten innerhalb kürzester Frist – mit für den Kontrollierenden zumutbarem Aufwand – zu legitimieren vermag. Eine Entfernung von zwei Kilometer oder 15 Minuten Fußweg erfüllt diese Voraussetzungen nicht (OLG Koblenz, Beschl. v. 4.6.1980).

124

Zwar fordert der Gesetzgeber grundsätzlich keine schriftliche Jagderlaubnis, sie wird aber dann erforderlich, wenn der Jagdgast ohne Begleitung zur Jagd ausgerüstet im Revier angetroffen wird. Neben dem ordnungswidrigen Handeln des Jagdgastes kommt auch ein Bußgeldverfahren gegen den JAB in Betracht.

Beispiel: Jagdpächter P verabredet sich mit dem Jagdscheininhaber M zur Bockjagd. Vor dem vereinbarten Zeitpunkt ruft der P den M an und teilt ihm mit, dass er keine Zeit habe. Er wisse ja Bescheid und solle allein ansitzen. M wird von einer Polizeistreife auf einem Waldweg kontrolliert. Der Jagdpächter ist nun Beteiligter einer Ordnungswidrigkeit. Jeder, der sich an einer Ordnungswidrigkeit beteiligt, handelt selbst ordnungswidrig. Eine Beteiligung liegt deshalb vor, weil der Jagdpächter bei dieser Handlung bewusst und gewollt mitwirkt (§ 10 Abs. 4, § 40 Abs. 1 Nr. 4 LJagdG i. V. m. § 14 OWiG).

Eine Jagderlaubnis wird gegen Entgelt erteilt, wenn hierfür ein Geldbetrag zu entrichten oder eine bestimmte Gegenleistung für die Jagderlaubnis zu erbringen ist (Vertragsverhältnis: Leistung gegen Jagderlaubnis). Normale Mithilfe bei den im Jagdrevier anfallenden Arbeiten stellt kein Entgelt dar. Hegebeiträge sind stets ein Entgelt für die Jagderlaubnis, soweit sie nicht als geringfügig anzusehen sind. Ein Betrag von 1000 € jährlich stellt keine geringfügige Gefälligkeitserweisung dar. Auf die Bezeichnung des Begehungsscheines als „unentgeltlich" kommt es dabei nicht an. Es sind stets die tatsächlichen Verhältnisse maßgebend. Bei einer generellen Übertragung des Aneignungsrechts auf den Erlaubnisinhaber wird dieser zum Inhaber des Jagdrechts (Unterpächter).

Beispiel: Biete unentgeltlichen Begehungsschein,
gerne auch an Jungjäger/in
in 150-ha-Revier, Umgebung A-Dorf
Rehwild, SW (WW), Hegebeitrag
2000 € p. a.
Zuschriften erbeten unter Chiffre ...

Beispiel: Für die Ausstellung eines Jagderlaubnisscheines vereinbart der Jagdpächter P mit dem Jagdgast G, dass dieser auf seine Kosten eine Kanzel in bestimmter Größe zu errichten und ihm zu übereignen habe. Hier handelt es sich um eine entgeltliche Jagderlaubnis.

Auf entgeltliche Jagderlaubnisse (Einzelabschüsse ausgenommen) finden folgende Vorschriften Anwendung:

§ 11 Abs. 5 BJagdG	§ 12 BJagdG	§ 13 BJagdG	§ 9 LJG	§ 11 Abs. 3 S. 2 BJagdG
Jagdpachtfähigkeit	Anzeige Jagdpachtvertrag	Erlöschen des Jagdpachtvertrages	Mehrzahl von Pächtern	Gesamtpachtfläche

Eine entgeltliche Jagderlaubnis ist nur bei Vorliegen besonderer Gründe kündbar, z. B. nicht Erbringen der vertraglichen Leistung oder Überschreiten der Erlaubnis (Wilderei) oder sonstigen Jagdrechtsverstößen.

Der Jagdgast (ob mit entgeltlicher oder unentgeltlicher Jagderlaubnis) ist nicht JAB i. S. der jagdrechtlichen Vorschriften. Demzufolge ist er z. B. auch nicht

III. Beteiligung Dritter an der Ausübung des Jagdrechts

Jagdschutzberechtigter i. S. der § 25 BJagdG, § 29 LJagdG. Er kann sich jedoch mit Zustimmung des/der JAB als Jagdaufseher bestätigen lassen (§ 30 Abs. 1 LJagdG).

Wenn der Pächter vor Ablauf der Pachtzeit stirbt, gehen alle Rechte und Pflichten aus dem Jagdpachtvertrag auf die Erben über. Sie haben der unteren Jagdbehörde die jagdausübungsberechtigen Erben zu benennen. Dabei ist § 9 LJagdG zu beachten. Soweit kein jagdpachtfähiger Erbe vorhanden ist, haben die Erben eine andere jagdpachtfähige Person als JAB zu benennen. Dazu kann die untere Jagdbehörde den Erben eine angemessene Frist setzen. Der Benannte wird dadurch nicht Pächter oder Mitpächter. Auf das Erbe kann auch verzichtet werden.

Ordnungswidrig handelt, wer vorsätzlich die entgeltliche Erteilung einer Jagderlaubnis, ausgenommen eine Erlaubnis zu Einzelabschüssen (§ 10 Abs. 2 LJagdG), nicht anzeigt oder als Jagdgast entgegen § 10 Abs. 4 LJagdG die Jagd ausübt (§ 40 Abs. 1 Nr. 3 und 4 LJagdG). Ordnungswidrig handelt ferner, wer vorsätzlich oder fahrlässig die Jagd entgegen § 10 Abs. 3 ausübt (§ 40 Abs. 2 Nr. 2 LJagdG).

15   *§ 12 BJagdG   Anzeige von Jagdpachtvertägen*
§ 13 BJagdG   Erlöschen des Jagdpachtvertrages
§ 12 LJagdG   Erlöschen des Jagdpachtvertrages
§ 13 a BJagdG   Rechtsstellung der Mitpächter
§ 14 BJagdG   Wechsel des Eigentümers

Jagdpachtverträge (auch solche über Weiterverpachtung, Unterverpachtung und entgeltliche Jagderlaubnisscheine) sind der unteren Jagdbehörde anzuzeigen, in deren Zuständigkeitsbereich der Jagdbezirk liegt. Die Vorschrift des § 12 BJagdG dient der Überprüfung der abgeschlossenen Jagdpachtverträge. Die untere Jagdbehörde wird nur tätig, wenn Beanstandungsgründe vorliegen. Die Verträge bedürfen zwar keiner Genehmigung, können aber beanstandet oder aufgehoben werden, wenn die Pachtdauer weniger als neun Jahre (ausgenommen die Verlängerung eines laufenden Vertrages) betragen soll oder wenn zu erwarten ist, dass durch eine vertragsmäßige Jagdausübung die Vorschriften über die Hege verletzt werden. Die Aufnahme eines Mitpächters hat keinen Einfluss auf die gesetzliche Mindestdauer eines Jagdpachtvertrages. Weitere Nichtigkeitsgründe enthält § 11 Abs. 1 LJagdG.

Im Falle der Beanstandung werden die Vertragsteile durch Beanstandungsbescheid aufgefordert, den Vertrag aufzuheben oder in bestimmter Weise zu ändern. Dabei wird von der Behörde eine Frist bestimmt, die mindestens drei Wochen nach Zustellung des Bescheides liegen soll. Kommen die Beteiligten der Aufforderung nicht nach, gilt der Vertrag als aufgehoben. Wird binnen der Frist beim Amtsgericht ein Antrag auf gerichtliche Entscheidung gestellt, ist die Entscheidung des Gerichts maßgebend: Aufhebung des Vertrages oder Feststellung, dass er nicht zu beanstanden ist. Das Verfahren richtet sich nach dem Gesetz über das gerichtliche Verfahren in Landwirtschaftssachen i. d. F. des Gesetzes v. 21.7.1953 (mit Änderungen). Das Gericht entscheidet ohne Zuziehung ehrenamtlicher Richter. Eine Vertragsaufhebung führt zum nachträglichen Erlöschen des wirksam zustande gekommenen Jagdpachtvertrages.

Vor Ablauf der dreiwöchigen Beanstandungsfrist darf die Jagd nicht ausgeübt werden, es sei denn, die untere Jagdbehörde gestattet sie zu einem früheren Zeitpunkt. Anzeigepflichtig sind innerhalb der Frist von einem Monat außerdem alle Vertragsänderungen. Sie unterliegen ebenso dem Beanstandungsverfahren, unterbrechen jedoch nicht die Jagdausübung.

Das Erlöschen des Jagdpachtpachtvertrages wird in § 13 BJagdG und in § 12 LJagdG geregelt. In der Regel erlischt der Jagdpachtvertrag mit Ablauf der Vertragsdauer, ohne dass es hierzu irgendeiner Willenserklärung bedarf. Bundes- und Landesrecht sehen keine ordentliche Kündigung vor. Daher finden die Vorschriften des BGB über die Kündigung und ihre Voraussetzungen Anwendung (§§ 581 Abs. 2, 543 BGB).

Durch eine vertraglich vereinbarte außerordentliche Kündigung darf das Ziel der langfristigen Jagdverpachtung nicht unterlaufen werden. Somit ist eine Auflösung eines Pachtvertrages ohne wichtigen Grund nicht zulässig, weil dadurch gegen die Mindestpachtdauer verstoßen würde. Als Kündigungsgründe, die zur Beendigung des Jagdpachtvertrags führen, könnten in Frage kommen: Zahlungsverzug des Pächters, unzulässige Unterverpachtung, Verstöße gegen die Erteilung von Jagderlaubnissen, einvernehmliche Auflösung des Vertrages, z. B. wegen übermäßig hoher Wildschäden in der Landwirtschaft. Ein außerordentlicher Kündigungsgrund ist gegeben, wenn durch die schwere, nachhaltige Verletzung vertraglicher Pflichten des anderen Teils die erforderliche Vertrauensgrundlage in derartigem Maße irreparabel zerrüttet ist, dass diesem die Fortsetzung der Vertragsbeziehungen nach Treu und Glauben schlechthin nicht mehr zumutbar ist (OLG Hamm, Urt. v. 13.12.1998). Der Kündigung muss eine erfolglose Abmahnung vorausgegangen sein (LG Köln, Urt. v. 10.10.2003). Die Vertragsverletzungen, die zu einer fristlosen Kündigung berechtigen, sollten im Pachtvertrag genau aufgelistet werden. Ist dem Verpächter aus der Beendigung des Pachtvertrages ein Schaden entstanden, hat der Pächter diesen zu ersetzen, wenn ihn ein Verschulden trifft.

Ein Beschluss der Jagdgenossenschaft über den Ausschluss eines Mitpächters aus der Jagdgemeinschaft bedarf jedenfalls dann, wenn der Betroffene bei der Beschlussfassung anwesend war, zu seiner Wirksamkeit nicht der förmlichen Zustellung. Sofern der durch die Kündigung betroffene Jagdpächter den zugrunde liegenden Sachverhalt kennt, genügt es, wenn der Kündigungsbeschluss der Jagdgenossenschaft dem Mitpächter von der Jagdgemeinschaft übersandt wird. Das Gericht kann (im Rahmen einer Klage der Jagdgenossenschaft gegen den ehemaligen Jagdpächter auf Unterlassung der Jagdausübung) in vollem Umfang nachprüfen, ob für die Beendigung des Jagdpachtvertrages der Kündigungsgrund der Zerrüttung des Verhältnisses der Mitglieder der Jagdgemeinschaft untereinander vorgelegen hat oder nicht (OLG Brandenburg, Urt. v. 12.7.1995).

Voraussetzung für das Fortbestehen eines Jagdpachtvertrages ist, dass der Pächter ständig im Besitz eines Jahresjagdscheines ist. Nur wenn Gründe, die er nicht zu vertreten hat, ihn daran hindern, rechtzeitig einen neuen Jagdschein zu erwerben, und er dies der unteren Jagdbehörde unverzüglich mitteilt, erlischt der Pachtvertrag nicht sofort. Nach dem Urteil des OLG Karlsruhe vom 4.3.1974 sollten dabei an die Feststellung der Verhinderung keine allzu hohen Anforderungen gestellt werden. Der Jagdpachtvertrag erlischt erst dann, wenn der Jagdpächter nicht innerhalb einer von Jagdbehörde gesetzten angemessenen Frist (Abhilfefrist) einen Jahresjagdschein erworben hat oder die Voraussetzungen für dessen Erteilung erfüllt, Ohne gültigen Jahresjagdschein darf er keine Schusswaffen führen (Straftat) und nicht die Jagd ausüben. Das kann auch dazu führen, dass die Jagdbehörde zur Ausübung der Jagd und zu deren Schutz die erforderlichen Anordnungen auf Kosten des Jagdpächters trifft. Solange die Versagung eines Jagdscheines noch nicht unanfechtbar ist, muss von der Gültigkeit des bestehenden Pachtvertrages ausgegangen werden. Der Jagdpachtvertrag erlischt nach erfolglosem Ablauf der Abhilfefrist. Ein nach diesem Zeitpunkt erteilter Jagdschein kann den erloschenen Jagdpachtvertrag nicht wieder in Kraft setzen.

§ 13 a BJagdG ist im Zusammenhang mit § 13 BJagdG zu sehen. Das Ausscheiden eines Mitpächters hat auf den Fortbestand des Pachtvertrages zunächst keinen Einfluss. Nur wenn hierdurch die Pachthöchstfläche durch den oder die verbleibenden Pächter überschritten wird, muss dem Mangel bis zum Beginn des nächsten Jagdjahres (1. April) entweder durch Aufnahme eines neuen Mitpächters oder durch Erteilung einer entgeltlichen Jagderlaubnis abgeholfen werden. Ist dem Pächter wegen Ausscheidens eines Mitpächters die Aufrechterhaltung des Vertrages nicht zuzumuten, kann er mit sofortiger Wirkung kündigen. Die Kündigung hat ohne schuldhaftes Zögern zu erfolgen, d. h. unverzüglich nach Erlangung der Kenntnis vom Kündigungsgrund.

Bestehende Jagdpachtverträge werden beim Wechsel von Eigentümern an Grundflächen nicht hinfällig. Der Grundsatz „Kauf bricht nicht Pacht" gilt auch für die Jagdpacht. Wird ein zu einem gemeinschaftlichen Jagdbezirk gehöriges Grundstück veräußert, hat dies zunächst keinen Einfluss auf den laufenden Pachtvertrag. Der Erwerber wird Mitglied der Jagdgenossenschaft. Selbst wenn das erworbene Grundstück mit anderen Grundstücken des Erwerbers einen Eigenjagdbezirk bildet, bleibt er für die Dauer des laufenden Jagdpachtvertrages Mitglied der Jagdgenossenschaft.

Beispiel: Landwirt L bewirtschaftet seinen 100 ha großen Betrieb, auf dem er auch die Jagd ausübt. Er erwirbt im Februar 2006 eine angrenzende Fläche von 10 ha, die von den Jagdpächtern A und B bejagt wird. Deren Jagdpachtvertrag endet am 31. 3. 2012. Bis zu diesem Zeitpunkt bleibt L Jagdgenosse. Ab 1.4.2012 kann L auch diese Fläche bejagen.

Für den Tag des Erwerbs ist der Eintrag im Grundbuchamt maßgebend. Der Erbe wird dagegen sofort nach dem Tode des Verstorbenen Eigentümer, nicht erst mit dem Eintrag ins Grundbuch. Ein laufender Vertrag besteht nur dann, wenn er vor diesem Zeitpunkt abgeschlossen wurde, denn ausschließlich der jetzige Jagdpachtvertrag soll durch Gesetz in seinem Bestand bis zum Vertragsende geschützt werden. Eine Verlängerung des Vertrages beginnt erst mit dem Ende des laufenden Vertrages ohne Rücksicht darauf, zu welchem Zeitpunkt die Verlängerung erfolgte. Die Vorschrift kann nicht dadurch umgangen werden, dass die Parteien den bisherigen Vertrag aufheben und vorzeitig einen neuen abschließen.

Die Fortbestandsgarantie des § 14 Abs. I BJagdG modifiziert die organisatorischen Regelungen der §§ 4 bis 8 BJagdG und bewirkt, dass veräußerte Flächen im Verhältnis zum Pächter wie an den bisherigen Eigenjagdbezirk angegliederte Flächen zu behandeln sind (OLG Oldenburg, Urt. v. 28.7.1992).

IV. Jagdschein

16 § 15 BJagdG Allgemeines
§ 14 LJagdG Jägerprüfung, Jagdschein
§ 14 a LJagdG Gebühren für Jagdscheine und Jägerprüfung
§ 14 b LJagdG Jagdabgabe

Für die Jagdausübung ist ein gültiger Jagdschein erforderlich. Dieser ist bei der Jagdausübung mitzuführen und auf Verlangen Polizeibeamten und den Jagdschutzberechtigten (§ 25 BJagdG) vorzuzeigen. Zur Mitführ- und Aushändigungspflicht siehe auch die Erl. zum Waffenrecht. Trotz der unterschiedlichen Formulierungen „vorzeigen" bzw. „aushändigen" sind die Berechtigungsscheine dem Kontrollierenden stets zur Prüfung zu übergeben. Inwieweit eine Jagderlaubnis (Begehungsschein) erforderlich und mitzuführen ist, ergibt sich aus § 10 Abs. 4 LJagdG. Eine Vorzeige- oder Aushändigungspflicht sieht das Gesetz nicht vor (vgl. § 40 Abs. 1 Nr. 4 LJagdG). Allerdings wird das Nichtvorzeigen der Jagderlaubnis gegenüber einem Polizeibeamten dazu führen, dass die Jagdausübung bis zur Klärung der Berechtigung einzustellen ist, zumal davon das waffenscheinfreie Führen der Jagdwaffe abhängt.

Für die Ausübung der Beizjagd ist ein Falknerjagdschein mitzuführen.

Bei den Ausweispapieren handelt es sich um personenbezogene Erlaubnisse.

Ausnahmen:
– Sammeln von Abwurfstangen mit schriftlicher Erlaubnis des JAB.
– Mit Erlaubnis der unteren Jagdbehörde bedarf es zur vorübergehenden Jagdausübung im Rahmen des § 3 Abs. 4 LJagdG keines Jagdscheins.

Der Jagdschein wird von der für den Bezirk des Wohnsitzes des Bewerbers zuständigen unteren Jagdbehörde erteilt (§ 15 Abs. 2 BJagdG, § 14 Abs. 3 LJagdG). Er wird als Tagesjagdschein (für vierzehn aufeinander folgende Tage), als Einjahresjagdschein oder als Dreijahresjagdschein für die Dauer von drei Jagdjahren nach bundeseinheitlichem Muster erteilt. Die zeitliche Befristung der Jagdscheine auf ein oder drei Jahre ermöglicht der Behörde die präventive Kontrolle über das Vorliegen der Zuverlässigkeitsvoraussetzungen gem. § 17 BJagdG. Das Jagdjahr beginnt am 1.4. und endet am 31.3. des folgenden Jahres. Der Jagdschein gilt im gesamten Bundesgebiet.

Voraussetzung für die erste Erteilung eines Jagdscheins ist, dass der Bewerber in der Bundesrepublik Deutschland die Jägerprüfung bestanden hat. Inhalt und Verfahren der Jägerprüfung in BW sind in der JPrO sowie der JPrOVwV festgelegt (abgedruckt im Anhang). Für die Zulassung zur Jägerprüfung ist der Besuch einer von der unteren Jagdbehörde anerkannten Ausbildungsstätte (§ 5 JPrO) erforderlich. Auf Grund des § 14 Abs. 3 LJagdG wurde dem LJV die Organisation und Durchführung der Jägerprüfung in BW im Wege der Beleihung übertragen. Bei den ihm übertragenen Aufgaben unterliegt der LJV der Rechts- und Fachaufsicht des MLR. Das Ministerium ist Widerspruchsbehörde und Klagegegner bei Streitigkeiten im Zusammenhang mit der Durchführung der Jägerprüfung.

Für einen deutschen Staatsangehörigen ist immer die deutsche Jägerprüfung erforderlich. Eine im Ausland abgelegte Jägerprüfung eines Deutschen kann nicht anerkannt werden, da Ausnahmen nur für Ausländer zugelassen werden können. Auf § 15 Abs. 6 BJagdG, der bei der Erteilung eines Ausländerjagdscheines Ausnahmen vom Bestehen der Jägerprüfung zulässt, können sich deutsche Staatsangehörige nicht berufen; dies verstößt weder gegen Art. 3 GG noch gegen das

Diskriminierungsverbot des Art. 6 EG-Vertrag (BayVGH, Urt. v. 20.10.1994). Die Ausnahmeregelungen in § 15 Abs. 5 BJagdG vorletzter und letzter Satz sind abschließend.

Ob einem ausländischen Bewerber ein Jahresjagdschein für Ausländer erteilt werden kann, ist im Ermessenswege zu entscheiden. Zuständig ist die Jagdbehörde, in deren Bereich der Bewerber die Jagd ausschließlich oder vornehmlich ausüben will (§ 14 Abs. 4 LJagdG). Nach den Richtlinien des MLR entsprechen der deutschen Jägerprüfung nur die Jagdscheine aus Österreich, Schweden und der Schweiz (nur die Kantone Basel-Land, Schaffhausen, Thurgau und Aargau). Die einzelnen Bundesländer handhaben die Anerkennung ausländischer Jägerprüfungen unterschiedlich. Darin sieht der VGH BW keinen Verstoß gegen den Gleichheitsgrundsatz. Der Anspruch auf Gleichbehandlung besteht nur gegenüber der konkret zuständigen Verwaltungsbehörde (VGH BW, Urt. v. 14.1.1999). Im Übrigen sind die Anforderungen bei der Jägerprüfung in den einzelnen Bundesländern auch unterschiedlich.

Tagesjagdscheine für Ausländer können einem ausländischen Bewerber erteilt werden, wenn er in seinem Heimatland die Jägerprüfung bestanden hat. Das BJagdG (§ 15 Abs. 5 u. 6) verbietet nicht, auch die Entscheidung über einen Wiederholungsantrag auf Erteilung eines Ausländerjagdscheines von einer Prüfung der Befähigung des Ausländers zur Jagd abhängig zu machen (OVG Hamburg, Urt. v. 23.3.1995).

Wer die Jagd ausübt, obwohl er keinen gültigen Jagdschein mit sich führt oder den Jagdschein auf Verlangen nicht vorzeigt, handelt ordnungswidrig (vgl. § 39 Abs. 1 Nr. 9 und Abs. 2 Nr. 1 BJagdG). Der Nichtbesitz eines Jahresjagdscheines hat Folgen für die Jagdpacht (vgl. § 11 Abs. 5 und 6, § 13 BJagdG). Wer Schusswaffen zur befugten Jagdausübung, zum Jagdschutz oder im Zusammenhang damit führt, benötigt keinen Waffenschein. Befugte Jagdausübung bedeutet, dass das materielle Recht (Jagderlaubnis) und das formelle Recht (gültiger Jagdschein) vorhanden sein müssen.

Die erste Erteilung eines Falknerjagdscheines ist davon abhängig, dass der Bewerber zusätzlich zur eingeschränkten Jägerprüfung eine Falknerprüfung bestanden hat (vgl. § 15 Abs. 7 BJagdG, § 16 JPrO).

Fehlen die Zuverlässigkeit oder persönliche Eignung i. S. der §§ 5 und 6 WaffG, darf nur ein Falknerjagdschein erteilt werden.

Neben der Gebühr für den Jagdschein ist eine Jagdabgabe zu entrichten. Sie beträgt für den Tagesjagdschein 20,45 €. Im Übrigen für jedes Jagdjahr, für das der Jagdschein gültig ist, 38,35 € (VO des MLR über die Höhe der Jagdabgabe v. 29.3.2005, GBl. S. 300).

17   *§ 16 BJagdG   Jugendjagdschein*
       § 42 Abs. 2 LJagdG   Gesellschaftsjagd

Jugendlichen unter 16 Jahren muss der Jagdschein versagt werden. Die Erteilung eines Tagesjagdscheines an Personen unter 18 Jahren ist in Baden-Württemberg nicht gestattet. Zur Jägerprüfung wird nur zugelassen, wer zum Zeitpunkt der schriftlichen Prüfung das 15. Lebensjahr vollendet hat (vgl. § 6 Abs. 2 JPrO). Minderjährige bedürfen der schriftlichen Einverständniserklärung des gesetzlichen Vertreters.

Jugendjagdscheininhaber dürfen die Jagd nur in Begleitung eines Erziehungsberechtigten oder einer schriftlich beauftragten Aufsichtsperson ausüben. Die Vorschrift „Begleitung eines Erziehungsberechtigten" geht auf eine vergleichbare Vorschrift im Reichsjagdgesetz zurück und wurde in die 1. Fassung des BJagdG 1952 übernommen. Erziehungsberechtigter ist jede Person, der allein oder gemeinsam mit einer anderen Person nach den Vorschriften des BGB die Personensorge zusteht (s. §§ 1626ff. BGB). Nach § 1626 Abs. 1 BGB sind die Eltern grundsätzlich gemeinsam sorgeberechtigt. Insofern gibt es den Erziehungsberechtigten, den das BJagdG als Begleitperson fordert, im Regelfall nicht, sondern nur die Erziehungsberechtigten bzw. einen Erziehungsberechtigten.

Haben beide Eltern das Sorgerecht, ist das Einverständnis des nicht begleitenden Elternteils erforderlich. Da § 16 Abs. 2 BJagdG auf die Erziehungsberechtigung abstellt, müssen Mutter und Vater demnach mit der Jagdausübung des/der Jugendlichen einverstanden sein, was bereits daran zu erkennen ist, dass sie der Teilnahme am Vorbereitungslehrgang zur Jägerprüfung zustimmen mussten. Im allgemeinen wird zwischen den Eltern eine natürliche oder vereinbarte Aufgabenteilung vorgenommen. Es sollte genügen, wenn der Jugendliche nur von einem erziehungsberechtigten Elternteil begleitet wird. Deshalb wäre die Vorschrift den Regelungen des BGB anzupassen. Insoweit ist es ausreichend, wenn der nicht begleitende Elternteil sich generell damit einverstanden erklärt hat, dass der/die Jugendliche vom anderen Elternteil oder einer anderen schriftlich beauftragten Person bei der Jagdausübung begleitet wird. Dann genügt es auch, wenn der Begleitauftrag von einem Elternteil unterschrieben ist.

Wesentlich schwieriger ist die Frage zu beantworten, welche Mindestanforderungen an eine „jagdlich erfahrene Person" zu stellen sind. Hierüber herrschen in der Literatur verschiedene Meinungen. Der Gesetzgeber hat keine Konkretisierung vorgenommen, sondern einen unbestimmten Rechtsbegriff verwendet. Dieser soll eine flexible Handhabung der Vorschrift ermöglichen. Dabei ist zu berücksichtigen, dass der Gesetzgeber auch eine Person ohne Jagdschein als eine „jagdliche erfahrene Person" zulässt, denn sonst wäre der Jahresjagdschein für die Begleitperson vorgeschrieben worden. Die Begleitung stellt für die Aufsichtsperson keine Jagdausübung dar: Sinn und Zweck der Regelung ist darin zu sehen, dass die volljährige Begleitperson die Gefahren und Risiken, die mit der Jagdausübung für den/die Jugendliche wie auch für Dritte verbunden sind, kennt und im Einzelfall als Autoritätsperson entsprechend einwirken kann. Sie soll den/die Jugendliche(n) vor unbedachtem Handeln schützen und in einer Stresssituation entsprechend auf ihn einwirken können. Das eigentliche Jagdhandwerk wird bei den Ausbildungslehrgängen dem Inhaber eines Jugendjagdscheins genau so gut beigebracht wie dem bereits 18 Jahre alten Jagdscheininhaber. Daher sollten an die Aufsichtsperson keine zu hohen Anforderungen an die jagdliche Erfahrung gestellt werden. Die heutige fachliche Ausbildung ist mit der zu Zeiten der Einführung dieser Vorschrift nicht vergleichbar. Aus diesen Gründen erscheint es vertretbar, einem erfahrenen Treiber zu unterstellen, dass er über die erforderliche jagdliche Erfahrung verfügt.

Begleitung bedeutet in diesem Zusammenhang, dass die Begleitperson jederzeit auf die Person einwirken kann (im Gegensatz zu § 10 Abs. 4 LJagdG). Die Begleitperson muss den ihr schriftlich erteilten Auftrag mitführen und auf Verlangen Polizeibeamten sowie den Jagdschutzberechtigten vorzeigen.

IV. Jagdschein

Vollendet die Person das 18. Lebensjahr vor dem 31. März, bleiben die Beschränkungen des Jugendjagdscheins weiterhin bestehen, es sei denn, sie löst einen Jagdschein i. S. v. § 15 BJagdG.

Gesellschaftsjagd (Sammelbegriff für das Zusammenwirken von mehreren Jägern, um eine spezielle Jagdform außerhalb einer Einzeljagd durchzuführen.)		
i. S. Jugendjagdschein (mehr als acht Personen teilnehmen, § 42 Abs. 2 LJagdG)	**i. S. Sonn- u. FeiertagsG** (mehr als vier, auf Schalenwild im Wald mehr als acht Schützen oder mehr als vier Treiber teilnehmen – Treibjagd – § 42 Abs.1 LJagdG)	**i. S. VSG 4.4.** (alle Jagdformen außerhalb einer Einzeljagd)

Der Jugendjagdschein berechtigt nicht zur Teilnahme an Gesellschaftsjagden. Dies sind Jagden, an denen mehr als 8 Personen teilnehmen. Durch die Änderung des LJagdG vom 12.2.1996 wurde die Zahl der Teilnehmer bei den Gesellschaftsjagden von vier auf acht erhöht, damit – wie es in der Begründung zum Gesetzesentwurf heißt – Inhaber von Jugendjagdscheinen vermehrt Erfahrungen im Kreis einer größeren Zahl von Jagdteilnehmern, insbesondere bei Drückjagden, sammeln können.

Wer ohne Begleitperson die Jagd ausübt oder an einer Gesellschaftsjagd teilnimmt oder § 16 BJagdG zuwiderhandelt, handelt ordnungswidrig (vgl. § 39 Abs. 1 Nr. 4 u. 5 BJagdG).

18   *§ 17 BJagdG*   *Versagung des Jagdscheines*
       § 18 BJagdG   *Einziehung des Jagdscheins*
       § 18 a BJagdG   *Mitteilungspflichen*

Mit dem Inkrafttreten des WaffG am 1.4.2003 ist die Zuverlässigkeit getrennt nach Jagdrecht und Waffenrecht zu prüfen. Liegt nur eine waffenrechtliche Unzuverlässigkeit vor, darf keine WBK erteilt bzw. eine bereits erteilte Erlaubnis ist zu widerrufen. Es darf in diesem Falle nur ein Falknerjagdschein erteilt werden, sofern der Betroffene die Falknerprüfung bestanden hat (vgl. § 17 Abs. 1 S. 2 BJagdG). Die Zulassung zur Jägerprüfung und deren Bestehen bindet die Jagdbehörde nicht bei der Beurteilung der Zuverlässigkeit im Verfahren auf Erteilung eines Jagdscheines.

Die jetzt geltenden strengeren Zuverlässigkeitsregelungen dürfen nicht rückwirkend auf bereits erteilte Erlaubnisse angewendet werden (vgl. § 45 Abs. 2 S. 1 WaffG), da es sich hierbei um keine neuen Tatsachen handelt, sondern um eine Änderung des Gesetzes. Im Übrigen bestimmt § 58 Abs. 1 S. 1 WaffG, dass bisherige Erlaubnisse fortgelten. Sobald die vorhandene Erlaubnis zur Verlängerung ansteht, finden die jetzt geltenden Vorschriften Anwendung.

§ 17 BJagdG unterscheidet zwischen den Fällen, in denen der Jagdschein zu versagen ist, und den Fällen, in denen der Jagdschein versagt werden kann. Gleiches gilt für die Ungültigkeitserklärung und Einziehung des Jagdscheins nach § 18 BJagdG.

Der Jagdschein ist Personen zu versagen (§17 Abs. 1 BJagdG), wenn

Nr. 1 sie noch nicht 16 J. alt sind	Nr. 2 Tatsachen die Annahme rechtfertigen, dass sie die erforderliche		Nr. 3 ihnen der Jagdschein entzogen wurde	Nr. 4 sie keine Haftpflichtversicherung haben
	Zuverlässigkeit nicht besitzen	körperl. Eignung nicht besitzen	§ 18	§ 41 Abs. 2	
	Abs. 3 unwiderlegbare Vermutung	Abs. 4 Regelfall der Unzuverlässigkeit	Abs. 6 amts- oder fachärztliches Zeugnis		

§ 17 Abs. 1 BJagdG zählt die Gründe auf, die zwingend zu der Versagung des Jagdscheines führen. Ein Ermessensspielraum ist hier nicht mehr gegeben. Bei den Absätzen 3 und 4 handelt es sich um ergänzende Bestimmungen.

Personen, die das sechzehnte Lebensjahr vollendet haben, aber noch nicht achtzehn Jahre alt sind, darf nur ein Jugendjagdschein erteilt werden (§ 16 Abs. 1 BJagdG). Personen unter sechzehn Jahren ist er zu versagen (§ 17 Abs. 1 Nr. 1 BJagdG).

Die Annahme jagdlicher Unzuverlässigkeit kann sich auch aus Charakterfehlern, z. B. aus der Unbeherrschtheit und fehlender Selbstkontrolle, ergeben (OVG des Landes Sachsen – A 1 S 37/99, RdL 1999, S. 209).

Nicht jeder Mangel an Zuverlässigkeit rechtfertigt die Versagung des Jagdscheines, sondern nur ein solcher, der sich auf die im jagdlichen Bereich „erforderliche" Zuverlässigkeit beschränkt.

Bei fehlender Zuverlässigkeit oder körperlicher Eignung i. S. d. WaffG darf nur ein Falknerjagdschein erteilt werden.

Körperliche Gebrechen sind für die Versagung des Jagdscheines nur dann entscheidend, wenn diese Einfluss auf die Jagdausübung haben und nicht ausgeglichen werden können. So dürfen z. B. Körperbehinderte mit Erlaubnis der zuständigen Behörde Wild aus Kraftfahrzeugen erlegen (§ 19 Abs. 1 Nr. 11 BJagdG). Die zuständige Behörde kann dem Antragsteller aufgeben, ein amts- oder fachärztliches Zeugnis über seine körperliche Eignung vorzulegen.

Der Begriff der körperlichen Eignung ist ein unbestimmter Rechtsbegriff, der der gerichtlichen Überprüfung unterliegt. Ein querschnittsgelähmter Rollstuhlfahrer ist nicht von vornherein körperlich ungeeignet, die Jagd auszuüben (VG Freiburg, Urt. v. 10.8.1985 – 5 K 1778/92). Die körperliche Eignung i. S. d. § 17 Abs. 1 Nr. 2 BJagdG bezieht sich auf das Aufsuchen, Nachstellen, Erlegen und Fangen von Wild (jagdscheinpflichtige Tätigkeiten, § 15 Abs. 1 BJagdG). Die zur Jagdausübung erforderliche körperliche Eignung fehlt in erster Linie, wenn körperliche Mängel vorhanden sind, weil z. B. die Schusswaffe nicht sachgerecht bedient werden kann oder Treffunsicherheit körperlich angelegt ist. Erforderlichenfalls kann die untere Jagdbehörde Auflagen erteilen, z. B. Begleitung durch eine jagdlich erfahrene Person.

Während der Dauer der Entziehung oder Sperre (§§ 18, 41 Abs. 2 BJagdG) ist der Jagdschein zu versagen.

IV. Jagdschein

An den Nachweis einer ausreichenden Haftpflichtversicherung werden folgende Anforderungen gestellt:

Eine so genannte bedingte Versicherungsbestätigung, deren Gültigkeit von der Zahlung der Prämie abhängig ist, muss enthalten:

1. den Namen und den Sitz des Versicherungsunternehmens, Name und Anschrift des Versicherungsnehmers, die Versicherungsnummer, den Vertragsbeginn und die Dauer bzw. Gültigkeitsdauer der Bestätigung (dabei muss die Gültigkeitsdauer den beantragten Tages-, Einjahres- oder Dreijahresjagdschein vollständig umfassen), die Aussage, dass die Jagdhaftpflichtversicherung den gesetzlichen Bestimmungen, insbesondere hinsichtlich der Deckungssummen, entspricht und

2. den Nachweis der Zahlung des Versicherungsbetrages (Prämie) entweder in Form einer Quittung des Versicherers auf der Versicherungsbestätigung oder durch eine gesonderte Zahlungsbestätigung durch den Versicherer. Andere Zahlungsbelege wie Überweisungen oder Abbuchungsnachweise können nicht anerkannt werden.

Eine so genannte unbedingte Versicherungsbestätigung, deren Gültigkeit nicht von der Zahlung abhängig ist, muss mit Ausnahme von 2. alle Inhalte einer so genannten bedingten Versicherungsbestätigung enthalten. Darüber hinaus muss die so genannte unbedingte Versicherungsbestätigung die ausdrückliche Verpflichtung des Versicherers enthalten, die untere Jagdbehörde zu benachrichtigen, falls die Versicherung vor Ablauf der bestätigten Gültigkeitsdauer erlischt. In diesem Fall kann auf den Nachweis der Prämienzahlung verzichtet werden.

Erhält die Jagdbehörde vom Versicherer die Mitteilung, dass ein Versicherungsverhältnis nicht oder nicht mehr besteht, ist der Jagdschein nach § 18 Satz 1 BJagdG unverzüglich für ungültig zu erklären und einzuziehen.

Unter den Voraussetzungen des § 17 Abs. 2 BJagdG liegt es im pflichtgemäßen Ermessen der unteren Jagdbehörde, ob sie den Jagdschein versagt.

Der Jagdschein kann Personen versagt werden, die noch nicht achtzehn Jahre alt sind (§ 17 Abs. 2 Nr. 1 BJagdG). Wegen des Wohnsitzes siehe §§ 7 bis 11 BGB.

Der Jagdschein kann Personen versagt werden, die schwer oder wiederholt gegen die Grundsätze deutscher Waidgerechtigkeit verstoßen haben (§ 17 Abs. 2 Nr. 4 BJagdG). Ein zweimaliger Verstoß gegen die Grundsätze deutscher Waidgerechtigkeit kann als wiederholter Verstoß genügen.

Der Jagdbehörde wird eine gerichtlich nicht nachprüfbare Wahlfreiheit zugestanden, jedoch muss ihr Ermessen pflichtgemäß und fehlerfrei ausgeübt worden sein, also nicht willkürlich. Ihre Entscheidung ist fehlerhaft, wenn die Gründe nicht erkennen lassen, ob überhaupt ein Ermessen ausgeübt wurde und wenn ja, welche Ermessenserwägungen angestellt wurden, die zur Entziehung des Jagdscheines führten (VG Stuttgart, Urt. v. 19.6.1973).

Beispiele: – Schießen auf ein Tier, obwohl der Schütze damit rechnen musste, dass infolge eines Sturzes die Büchse keinen sicheren Schuss (Tötung) zuließ und auch keine ordnungsgemäße Kontrolle des Anschusses vorgenommen wurde (VG Stade, Urt. v. 21.7.1982 – 4 D 44/82).

– Vorsätzliches Anschießen eines Rehes, um dem Jagdhund eine Nachsuche zu ermöglichen. Ein solches Verhalten stellt eine Einstellung dar, die den Schützen als zur Jagdausübung ungeeignet erscheinen lässt.

– Wer einen vermeintlich wildernden Hund erlegt, ohne vorher Feststellungen hinsichtlich der Rasse zu treffen (genaues Ansprechen), begeht einen schwe-

ren Verstoß gegen die Grundsätze deutscher Waidgerechtigkeit (OVG für die Länder Niedersachsen u. Schleswig-Holstein, Urt. v. 28.10.1975 – III A 75/75, RdL 1976, S. 178).
- Die Beachtung der Schonzeiten zählt zu den vornehmsten waidmännischen Pflichten. Ein Verstoß dagegen indiziert die mangelnde Zuverlässigkeit des Jagdscheininhabers (VG Düsseldorf, Urt. v. 20.10.1988 – 15 L 1852/88, JE V Nr. 136). Gleiches gilt auch für die Bejagung der für die Aufzucht notwendigen Elterntiere in den Setz- und Brutzeiten (vgl. § 22 Abs. 4 S. 1 BJagdG). Ordnungswidrigkeiten nach § 39 Abs. 2 Nr. 3a BJagdG, wie sie bei Drückjagden vorkommen, dürften nicht zum Entzug des Jagdscheins führen, jedoch ein wiederholter Verstoß, der in der Regel auf leichtfertigem Ansprechen beruht.
- Bejagung von Füchsen mittels Anlegung von Feuer. Die Verwendung von Feuer zur Ausübung der Jagd stellt einen schweren Verstoß gegen die Grundsätze der deutschen Waidgerechtigkeit dar (VG Münster, Urt. v. 11.9.1984 – 7 K 480/84).
- Ständiges (und damit wiederholtes) Ankirren an der Nachbargrenze, um das Wild aus dem Nachbarrevier anzulocken.

Wenn ein Jagdschein nach § 17 Abs. 2 Nr. 4 BJagdG versagt oder nach § 18 BJagdG für ungültig erklärt und eingezogen werden soll, muss dem Landesjagdverband gemäß § 38 Abs. 1 LJagdG Gelegenheit zur Stellungnahme gegeben werden. Der LJV BW e. V. kann auch von sich aus einen solchen Antrag bei der unteren Jagdbehörde stellen.

Überschreitet der JAB den Abschussplan, so liegt darin kein schwerer Verstoß gegen die Waidgerechtigkeit vor, der die Verweigerung des Jagdscheins rechtfertigt (BayVGH, Urt. v. 12.5.1971).

In den Fällen des § 17 Abs. 3 BJagdG wird unwiderlegbar die Unzuverlässigkeit des Jagdscheininhabers vermutet. Unter „Tatsachen" ist ein Verhalten zu verstehen, das eine gefährliche Verfehlung im Umgang mit Waffen oder Munition darstellt und daraus die Prognose rechtfertigt, der Betroffene werde auch künftig solche Sorgfaltsverletzungen begehen. Der Gesetzgeber betrachtet Personen, die gegen die Nummern 1 bis 3 verstoßen, als Sicherheitsrisiko für die Allgemeinheit. Wer in bestimmter Weise mit Waffen oder Munition umgeht, gilt als unzuverlässig:
- missbräuchliches oder leichtfertiges Verwenden von Waffen oder Munition,
- nicht vorsichtiges und sachgemäßes Umgehen mit Waffen und Munition und nicht sorgfältiges Verwahren dieser Gegenstände sowie
- Überlassen von Waffen und Munition an Personen, die zur Ausübung der tatsächlichen Gewalt über diese Gegenstände nicht berechtigt sind.

Ein Missbrauch liegt vor bei einem vorsätzlichen und von der Rechtsordnung missbilligten Verwenden der Waffe und ist insbesondere bei zu befürchtenden Angriffen gegen Leben, Gesundheit oder Freiheit von Menschen gegeben. Leichtfertig handelt, wer sich bedenkenlos über Sicherheitsbestimmungen hinwegsetzt und dabei Leben und Gesundheit anderer gefährdet. Missbräuchlich ist jedes Verhalten, das keine gesetzliche Rechtfertigung findet. Eine Schusswaffe wird missbräuchlich verwendet, wenn sie zu einem unerlaubten Zweck mitgeführt, mit ihr gedroht oder gar geschossen wird. Hierunter fällt z. B. auch die bewusste Abgabe eines Schusses in Richtung eines Reiters, um ihn aus dem Revier zu vertreiben. In der Regel ist auch der Tatbestand der Nötigung erfüllt. Dabei ist es nicht erforderlich, dass der Reiter vom scheuenden Pferd abgeworfen wird. Auch die ungezielte Abgabe eines Schrotschusses hinter einem Radfahrer stellt ein missbräuchliches Verwenden der Schusswaffe dar. Gleiches gilt für die nicht gerechtfertigte Abgabe eines Warnschusses und insbesondere für die gezielte Abgabe eines Schusses auf ein Kraftfahrzeug.

Beim Umgang mit Schusswaffen ist besondere Vorsicht walten zu lassen, um andere nicht zu gefährden. Die Befürchtung der missbräuchlichen Verwendung muss auf bestimmte Tatsachen gestützt werden. Die Behörde kann sich dabei auf die tatsächlichen Feststellungen des Strafgerichts berufen. Auch ein einmaliger Vorfall kann zu dieser Befürchtung Anlass geben, wenn sich der Vorgang als besonders gravierend darstellt; ebenso die in diesem Zusammenhang zu Tage getretene Neigung zu Unbeherrschtheit und Jähzorn.

Schusswaffen sind stets sorgfältig zu verwahren (siehe die Erl. zum Waffenrecht). Dies gilt insbesondere, wenn Kindern und Jugendlichen ein Zugriff auf Waffen ermöglicht wird. Durch das vorschriftswidrige Aufbewahren einer Schusswaffe im Haus wird es befugten als auch unbefugten Personen (z. B. dem Einbrecher) erleichtert, die Waffe an sich zu nehmen. Es ist nicht von Bedeutung, ob diese geladen war. Der langjährige Besitz eines Jagdscheins oder ein Jagdpachtverhältnis steht der Versagung nicht entgegen. Ein Überlassen ist schon dann anzunehmen, wenn der Berechtigte einer anderen Person die Möglichkeit einräumt, sich selbst der Waffe bedienen zu können (BayVGH, Beschl. v. 18.1.1996, Urt. v. 15.4.2002).

Beispiel: Der JAB bittet den ihn begleitenden 17-jährigen Schüler S, den auf einem Waldweg abgestellten Pkw wegzufahren und anschließend auf den Hochsitz zu kommen. Im Fahrzeug befinden sich ein Jagdgewehr und Munition. Der Schüler nimmt die Gelegenheit wahr und schießt mit der Waffe auf ein Reh. Wegen des offensichtlichen Verstoßes gegen die Sorgfaltspflichten wird der Jagdschein für ungültig erklärt und eingezogen sowie die sofortige Vollziehung angeordnet. Es liegt im besonderen öffentlichen Interesse, dass die von unzuverlässigen Waffenbesitzern ausgehenden Gefahren schnellstmöglich beseitigt werden. (S hat sich strafbar gemacht wegen unerlaubtem Waffen- und Munitionserwerbs, Führens einer Schusswaffe ohne Waffenschein und Jagdwilderei).

Bei Unzuverlässigkeitsgründen handelt es sich um persönliche Eigenschaften. Sie können dann entfallen, wenn sich der Betroffene entsprechend in seinem Verhalten geändert hat. Bloße Beteuerungen genügen allerdings nicht.

Wer in einem Schreiben an den Präsidenten des Bundesverfassungsgerichts mitteilt, er werde sich der Strafvollstreckung eines Strafurteils, gegen das bereits ohne Erfolg Verfassungsbeschwerde eingelegt worden ist, nötigenfalls mit Waffengewalt widersetzen, besitzt nicht die erforderliche Zuverlässigkeit (Hess.VGH, Beschl. v. 26.10.1990).

§ 17 Abs. 4 BJagdG enthält keine Einziehungstatbestände, sondern nur Vermutungsregelungen in Bezug auf das Tatbestandsmerkmal „Zuverlässigkeit" (widerlegbar vermutete Unzuverlässigkeit). Er knüpft an die Tatsache der Verurteilung an. Eine Verurteilung reicht in der Regel für sich allein, um die erforderliche Unzuverlässigkeit i. S. d. § 17 Abs. 1 Nr. 2 BJagdG zu bejahen. Bei der Prüfung, ob ein von der Regel (Normalfall) abweichender Fall vorliegt, kommt zu den im Strafverfahren getroffenen Feststellungen auch die Würdigung der Gesamtpersönlichkeit des Betroffenen. Der Regelfall ist der Normalfall, sofern nicht ausnahmsweise besondere Umstände vorliegen, die diese Annahme im Einzelfall entkräften. Ein positives medizinisch-psychologisches Eignungsgutachten zur Wiedererlangung der Fahrerlaubnis kann die Regelvermutung der Unzuverlässigkeit nicht aufheben. Dem Sicherheitsinteresse der Allgemeinheit wird dadurch Rechnung getragen, dass sich die Unzuverlässigkeit allein an der begangenen Straftat orientiert. Bislang gesetzestreues Verhalten genügt allein nicht. Für die Beurteilung der Unzuverlässigkeit durch die untere Jagdbehörde ist es ohne Bedeutung, wenn das Gericht den Jagdschein nicht eingezogen hat. Die Einziehung durch das Gericht erfolgt auf der Prognose, dass die Gefahr besteht, der Beschuldigte werde bei Belassen des Jagdscheines erhebliche rechtswidrige Taten der bezeichneten Art begehen. Wie sich bereits aus dem Wortlaut ergibt, ist § 17 Abs. 4 auch in diesen Fällen anzuwenden. *[handschriftlich: r min. 1 Jahr]*

Die Zuverlässigkeit fehlt Personen, die wegen eines Verbrechens (Nr. 1 a) oder wegen eines vorsätzlichen Vergehens (Nr. 1 b), das eine Annahme i. S. des Abs. 3 Nrn. 1–3 rechtfertigt, verurteilt worden sind. Die Tat muss für den künftigen Umgang mit der Schusswaffe von Bedeutung sein (BT-Drs. 510/88).

Nr. 1 c bezieht sich auf fahrlässige Straftaten im Zusammenhang mit Waffen, Munition oder Sprengstoffen (z. B. fahrlässige Körperverletzung oder Tötung durch unvorsichtigen Umgang mit der Jagdwaffe).

Dagegen werden in Nr. 1 d Straftaten gegen jagdrechtliche, tierschutzrechtliche oder naturschutzrechtliche Vorschriften, das Waffengesetz, das Kriegswaffenkontrollgesetz oder das Sprengstoffgesetz erfasst.

In allen Fällen muss eine rechtskräftige Verurteilung zu einer Freiheitsstrafe, Jugendstrafe oder einer Geldstrafe von nunmehr mindestens 60 Tagessätzen vorliegen.

Beispiel: Jagdscheininhaber A hat eine Auseinandersetzung mit zwei Reitern auf einem Fahrweg. Er fordert die beiden auf, unverzüglich aus dem Revier zu verschwinden, sonst werde er ihnen nachhelfen. Um seiner Drohung Nachdruck zu verleihen, gibt er in deren Nähe einen Schrotschuss ab (angeblich auf einen Fuchs), wobei die Pferde scheuen und nur mühsam unter Kontrolle gehalten werden. Das AG verurteilt A wegen Nötigung zu einer Geldstrafe von 70 Tagessätzen zu je 50 €. Nach Rechtskraft des Urteils erklärt die untere Jagdbehörde den Jagdschein für ungültig und zieht ihn ein. Außerdem verhängt sie eine Sperrfrist von fünf Jahren für die Wiedererteilung des Jagdscheins (§ 17 Abs. 1 Nr. 2, Abs. 3 Nr. 1, Abs. 4 Nr. 1 b, § 18 S. 3 BJagdG). Eine weitere Folge ist das fehlende Bedürfnis für Waffen und Munition.

Alternativ steht die zweimalige rechtskräftige Verurteilung zu einer geringeren Geldstrafe. Seit der letzten Verurteilung dürfen noch keine fünf Jahre verstrichen sein. Die Fünfjahresfrist des § 17 Abs. 4 Nr. 1 BJagdG gilt nicht für den Zeitraum zwischen den beiden rechtskräftigen Verurteilungen (BayVGH, Beschl. v. 25.7.1989 – 19 CS 89.01795). Es spricht eher dafür, dass für die anzusetzende Frist die Regelung des § 46 BZRG zu gelten hat (vgl. § 51 Abs. 1 BZRG).

Nr. 2 erfasst wiederholte oder gröbliche Verstöße gegen die in Nr. 1 d genannten Vorschriften, soweit es sich nicht um Straftaten handelt. Somit können Ordnungswidrigkeiten die Unzuverlässigkeit eines Jagdscheininhabers begründen, wenn das begangene Fehlverhalten so gravierend ist, dass es den Entzug des Jagdscheines und der damit verbundenen Folgen rechtfertigt. Dabei ist zu beachten, dass selbst bei Straftaten die Unzuverlässigkeit von der Strafhöhe (mindestens 60 Tagessätze) abhängig ist (§ 17 Abs. 4 Nr. 1 BJagdG). Schwerwiegend ist eine Handlung, wenn zahlreiche Verstöße nachgewiesen werden (wiederholt) oder eine einzige Zuwiderhandlung besonders schwer wiegt (gröblich). Das wird dann anzunehmen sein, wenn sie objektiv gesehen schwerwiegend und subjektiv vorsätzlich oder mit grober Fahrlässigkeit begangen wurde. Ein rechtskräftiger Abschluss des Bußgeldverfahrens ist nicht erforderlich. Zum Verbot der Jagdausübung s. § 41 a Abs. 1 Nr. 2 BJagdG.

Zur mangelnden Geschäftsfähigkeit siehe §§ 104, 106, 114 BGB. Unter Trunksucht ist ein Hang zu übermäßigem Genuss alkoholischer Getränke zu verstehen, dem zu widerstehen der Betroffene nicht mehr die Kraft hat. Wegen einer Trunkenheitsfahrt allein kann jedoch noch keine Trunksucht unterstellt werden.

Es ist fraglich, ob für die ordnungspolizeiliche Einschätzung der Zuverlässigkeit des Betroffenen allein strafprozessuale Überlegungen bindend sind. Unbestritten ist, dass die untere Jagdbehörde bereits vor Abschluss eines Straf- oder Bußgeldverfahrens aktiv werden kann. Macht die Jagdbehörde von der Möglichkeit, die Entscheidung über den Antrag auf Erteilung eines Jagdscheines auszusetzen, weil ein Strafverfahren wegen einer (regelmäßig) die Unzuverlässigkeit begründenden Straftat gegenüber dem Antragsteller anhängig ist, keinen Gebrauch, so wird sie nach rechtskräftiger Verurteilung des Antragstellers dadurch nicht gehindert, den Jagdschein zu versagen (VGH BW, Urt. v. 17.10.1991). In diesem Falle ist die Zeit der Aussetzung des Verfahrens in die Frist nach § 17 Abs. 4 erster Halbsatz einzurechnen.

Ermächtigungsgrundlage für die Ungültigkeitserklärung und Einziehung des Jagdscheins ist § 18 Satz 1 BJagdG. Zur Festsetzung der Sperrfrist siehe § 18 Satz 3. Die Verneinung der Zuverlässigkeit führt dazu, dass der Jagdschein für ungültig erklärt und eingezogen wird. Im Falle der gerichtlichen Entziehung des Jagdscheins (§ 41 BJagdG) ist die untere Jagdbehörde lediglich ausführendes Organ ohne eigenes Ermessen. Die Behörde ist in den Fällen des § 17 Abs. 1 BJagdG verpflichtet, den Jagdschein für ungültig zu erklären und einzuziehen, wenn Tatsachen, die die Versagung des Jagdscheines begründen, erst nach Erteilung des Jagdscheins der Behörde, die den Jagdschein erteilt hat, bekannt werden. Darüber hinaus kann die Behörde eine Sperrfrist für die Wiedererteilung des Jagdscheines festsetzen (BVerwG, Urt. v. 30.11.1989). Eine Sperrfrist kann nicht nur bei einer Einziehung gem. § 18 S. 1 BJagdG, sondern auch im Zusammenhang mit der Versagung eines Jagdscheins gem. § 17 BJagdG festgesetzt werden (VGH BW, Urt. v. 8.12.1981).

Außerdem kann nach § 18 S. 3 BJagdG eine Sperrfrist von bis zu fünf Jahren verhängt werden, in der kein Jagdschein erteilt werden darf. Entsprechend § 17 Abs. 4 Nr. 1 dürfen im Regelfall fünf Jahre nicht überschritten werden. Die Frist ist gesetzlich vorgeschrieben und steht nicht im Ermessen der Behörde (BayVGH, Urt. v. 20.10.1994). In den übrigen Fällen bleibt der Behörde die Möglichkeit, eine Sperrfrist von grundsätzlich bis zu fünf Jahren festzusetzen (BayVGH, Urt. v. 25.1.1990). Insofern steht ihr ein Ermessen zu. Aus dem behördlichen Bescheid muss sich ergeben, welche Erwägungen für die Bemessung der Dauer der Frist maßgebend waren (OVG Lüneburg, Urt. v. 19.10.1978). Bei der Bestimmung der Sperrfrist kann das jahrzehntelange tadellose Verhalten des Jagdscheininhabers berücksichtigt werden.

Die Höchstdauer eines Jagdverbots (§ 41 a Abs. 1 Nr. 2 BJagdG) ist keine Obergrenze für eine nach § 18 S. 3 BJagdG festgesetzte Sperrfrist für eine Wiedererteilung des eingezogenen Jagdscheins (VGH BW, Urt. v. 22.11.1996).

§ 18 BJagdG stellt keine abschließende Regelung für die Entziehung des Jagdscheines dar. Zur Zurücknahme nach § 48 VwVfG wegen fehlender Schießprüfung vgl. OVG Greifswald, Beschl. v. 22.6.1994. Für die Einziehung des Jagdscheines nach § 18 BJagdG ist die Behörde des Wohnsitzes zuständig.

Gegen die Einziehung bzw. Ablehnung des Jagdscheines können die Rechtsmittel des Verwaltungsrechtsweges (Widerspruch, Klage beim Verwaltungsgericht) eingelegt werden.

Die Erteilung eines Jagdscheines stellt einen begünstigenden Verwaltungsakt (§ 35 LVwVfG) dar. Das Kreisjagdamt kann den Jagdschein nur in den Fällen des § 18 BJagdG für ungültig erklären und einziehen. Die Ungültigkeitserklärung kann sofort vollzogen werden, da ein besonderes öffentliches Interesse am Sofortvollzug besteht. Wenn Tatsachen, die die Versagung eines Jagdscheins begründen, erst nach Erteilung des Jagdscheines eintreten (JAB überlässt einem Jagdscheinanwärter seine Büchse zur Jagdausübung) oder der Behörde bekannt werden, gelten folgende Regeln:

Verpflichtung zum Einzug	Berechtigt zum Einzug
– Fälle des § 17 Abs. 1 BJagdG – Fälle des § 16 Abs. 1 i. V. m. § 17 Abs. 2 Nr. 1 BJagdG – Fälle des § 41 BJagdG	– Fälle des § 17 Abs. 2 BJagdG (mögliche Einziehungsgründe)

Nach altem Recht erteilte und noch nicht zur Verlängerung anstehende Jagdscheine können nicht auf Grund der neuen Rechtslage für ungültig erklärt werden (BayVGH, Urt. vom 12.1.2004).

Die erstmalige Erteilung eines Jagdscheines bzw. Jugendjagdscheines, das Ergebnis der Überprüfungen nach § 17 sowie Maßnahmen nach den §§ 18, 40, 41 und 41 a BJagdG sind den nach § 48 Abs. 1 und 2 WaffG zuständigen Behörden mitzuteilen. Neben den bereits vorgesehenen Waffenbehörden der Länder wurde nun auch das Bundesverwaltungsamt mit einbezogen.

V. Jagdbeschränkungen, Pflichten bei der Jagdausübung und Beunruhigen von Wild

19   *§ 19 BJagdG*   *Sachliche Verbote*
§ 23 LJagdG
§ 6 LJagdG DVO

Die in § 19 BJagdG enthaltenen sachlichen Verbote und Beschränkungen richten sich hauptsächlich an den Jäger. Sie beruhen auf der Verpflichtung zur Beachtung der allgemeinen anerkannten Grundsätze deutscher Waidgerechtigkeit (vgl. § 17 Abs. 2 Nr. 4 BJagdG) und dem Gebot des Tierschutzes. Weitere sachliche Verbote enthalten die §§ 23 LJagdG und 6 LJagdG DVO.

Der Schuss mit Schrot ist im Rahmen der Jagdausübung auf Schalenwild verboten. In Notfällen darf jedoch der Schrotschuss angebracht werden, wenn dies das einzige Mittel ist, um Schalenwild von vermeidbaren Schmerzen und Qualen zu befreien (vgl. § 22 a BJagdG). Unter Posten versteht man Schrote mit großem Durchmesser. Flintenlaufgeschosse fallen nicht darunter. § 23 Abs. 1 Nr. 4 LJagdG erweitert das Verbot der Jagd mit Pfeilen auf alle Tierarten, die dem Jagdrecht unterliegen.

Kaliber und Auftreffenergie (zu § 19 Abs. 1 Nr. 2 a, b BJagdG)

Rehwild, Seehunde	Büchsenpatronen keine Kaliberbegrenzung E 100 nicht weniger als 1000 J
alles andere Schalenwild	Büchsenpatronen Kaliber nicht unter 6,5 mm E 100 mindestens 2000 J

Zu § 19 Abs. 1 Nr. 2 c BJagdG vgl. § 13 Abs. 1 Nr. 2 WaffG. Solche für die Jagdausübung nicht vorgesehenen Schusswaffen können deshalb auch nicht mit gültigem Jahresjagdschein (§ 13 Abs. 3 WaffG) erworben werden. Bei der Verwendung von Selbstladewaffen, deren Magazin nicht mehr als zwei Patronen aufnehmen kann, darf sich außerdem eine Patrone im Patronenlager befinden.

Es ist verboten, auf Wild mit Pistolen und Revolvern zu schießen (§ 19 Abs. 1 Nr. 2d BJagdG),

ausgenommen

im Falle der Bau- und Fallenjagd Bei der Fallenjagd, wenn die Mündungsenergie der Geschosse mindestens 100 J beträgt (§ 23 Abs. 1 Nr. 2 LJagdG).	sowie bei der Abgabe von Fangschüssen, wenn die Mündungsenergie der Geschosse mindestens 200 J beträgt.

Nach dem Ergebnis von Versuchen der DEVA sind folgende Kaliber für den Fangschuss als nicht geeignet anzusehen: .22 Randfeuerpatronen (.22 kurz, .22 lang, .22 lr, .22 extra lang, .22 Win. Rimfire, .22 Win.-mag. Rimfire, 6,35 mm Browning, 7,65 mm Browning, 9 mm Browning kurz, .32 S & W und .38 S & W. Ansonsten gelten die Vorschriften des TierSchG.

Lappjagd, Klingeljagd sowie die Treibjagd bei Mondschein werden in § 19 Abs. 1 Nr. 3 BJagdG geregelt.

Während der Nachtzeit ist es verboten,
(eineinhalb Stunden nach Sonnenuntergang bis eineinhalb Stunden vor Sonnenaufgang)

Schalenwild zu erlegen (§ 19 Abs. 1 Nr. 4 LJagdG)	ausgenommen Schwarzwild, weibliches Rotwild und Rotwildkälber in Rotwildgebieten (s. § 6 Abs. 1 LJagdG DVO),
sowie Federwild,	ausgenommen Möwen, Waldschnepfen, Auer-, Birk- und Rackelwild. Einschränkung oder Verbot durch die untere Jagdbehörde aus besonderen Gründen möglich (§ 6 Abs. 2 LJagdG DVO).

Die untere Jagdbehörde kann aus besonderen Gründen Ausnahmen zulassen (§ 23 Abs. 2 Nr. 2 LJagdG).

Die Bejagung von Rehwild zur Nachtzeit stellt eine gröbliche Pflichtverletzung dar und führt zum Entzug bzw. zur Versagung des Jagdscheines.

Bei den in § 19 Abs. 1 Nr. 5 a BJagdG genannten Vorrichtungen, die für Schusswaffen bestimmt sind, handelt es sich um verbotene Gegenstände i. S. der Anlage 2 – Waffenliste – zum WaffG (1.2.4.1 und 1.2.4.2).

Zielscheinwerfer sind für Schusswaffen bestimmte Vorrichtungen, die das Ziel beleuchten. Ein Ziel wird dann beleuchtet, wenn es mittels Lichtstrahlen bei ungünstigen Lichtverhältnissen oder Dunkelheit für den Schützen erkennbar dargestellt wird. Dabei ist es unerheblich, ob das Licht sichtbar oder unsichtbar (z. B. infrarot) ist und ob der Schütze weitere Hilfsmittel für die Zielerkennung benötigt. Künstliche Lichtquellen sind Scheinwerfer jeder Art, auch Taschenlampen-Sets, die beim Fang oder Erlegen von Wild aller Art verwendet oder genutzt werden. Mit Feststellungsbescheid hat das BKA solche Lampen-Sets zu verbotenen Gegenständen erklärt (BAnz Nr. 89 v. 11.5.2006).

Laser oder Zielpunktprojektoren sind für Schusswaffen bestimmte Vorrichtungen, die das Ziel markieren. Ein Ziel wird markiert, wenn auf diesem für den Schützen erkennbar ein Zielpunkt projiziert wird. Beleuchtete Absehen der Zieleinrichtung fallen nicht unter das Verbot.

Nachtsichtgeräte oder Nachtzielgeräte sind für Schusswaffen bestimmte Vorrichtungen, die eine elektronische Verstärkung oder einen Bildwandler und eine Montageeinrichtung für Schusswaffen besitzen. Zu Nachtzielgeräten zählen auch Nachtsichtvorsätze und Nachtsichtaufsätze für Zielhilfsmittel (Zielfernrohre).

Es ist verboten, lebende Lockvögel zu verwenden. Künstliche Lockenten dürfen wieder verwendet werden als Ausgleich für die Fütterungs- und Kirrbeschränkungen im Bereich der Wasserjagd. Besondere Gründe i. S. des § 23 Abs. 2 LJagdG liegen insbesondere vor, wenn die Jagdausübung mit lebenden Lockvögeln wissenschaftlichen, Lehr- oder Forschungszwecken dient. Es ist verboten, bleihaltige Schrotmunition bei der Ausübung der Jagd auf Wasservögel an Gewässern zu verwenden. 3,2 mm-Stahlschrot entspricht ungefähr 2,7 mm-Bleischrot. Dabei ist zu beachten, dass die Flinte für Nicht-Blei-Schrotmunition geeignet sein muss (umfassend WuH 19/2003, 50 u. 16/2004, 48).

Es ist verboten, beim Fang von Federwild u. a. Fallen zu verwenden (§ 19 Abs. 1 Nr. 5 b BJagdG). Die Länder können von diesem Verbot Ausnahmen zulassen, soweit die Einschränkungen des Art. 9 der EG-Vogelschutzrichtlinie eingehalten werden. Hierzu kann die untere Jagdbehörde weitere Falltypen im Einzelfall zulassen. Dabei ist zu beachten, dass der unversehrte Fang des Federwildes gewährleistet wird (vgl. § 19 Abs. 1 Nr. 9, Abs. 2 BJagdG, § 22 Abs. 2 LJagdG und § 5 Abs. 2 LJagdG DVO). Das Tier darf insbesondere äußerlich nicht beeinträchtigt werden. Die Mitgliedstaaten können, sofern es keine andere zufriedenstellende Lösung gibt, aus den nachstehenden Gründen von den Artikeln 5, 6, 7 und 8 abweichen (Richtlinie 79/409/EWG des Rates vom 2.4.1979 über die Erhaltung der wildlebenden Vogelarten – Vogelschutzrichtlinie –):

a) im Interesse der Volksgesundheit und der öffentlichen Sicherheit, im Interesse der Sicherheit der Luftfahrt, zur Abwendung erheblicher Schäden an Kulturen, Viehbeständen, Wäldern, Fischereigebieten und Gewässern, zum Schutz der Pflanzen- und Tierwelt;

b) zu Forschungs- und Unterrichtszwecken, zur Aufstockung der Bestände, zur Wiederansiedlung und Aufzucht im Zusammenhang mit diesen Maßnahmen;

c) um unter streng überwachten Bedingungen selektiv den Fang, die Haltung oder jede andere vernünftige Nutzung bestimmter Vogelarten in geringen Mengen zu ermöglichen.

Saufänge, Fall- und Fanggruben bedürfen der Genehmigung der zuständigen Behörde. Unter „Saufänge" versteht man eine kleine, feste Umzäunung mit Falltür, um Schwarzwild zu fangen.

Ferner ist es verboten, Schlingen jeder Art, in denen sich Wild fangen kann, herzustellen, feilzubieten, zu erwerben oder aufzustellen. Dies gilt auch für Schlingen innerhalb von Fallen. Unter Schlingen versteht man Schleifen aus Draht u. a. Materialien. In der Regel wird zugleich der Tatbestand des § 17 TierSchG erfüllt sein. Siehe auch § 292 Abs. 2 Nr. 2 StGB.

Die Verwendung von Tellereisen ist unzulässig. Bei den Abzugseisen müssen die Bügelweiten und Mindestklemmkräfte so bemessen sein, dass das Tier sofort schmerzlos getötet wird. Siehe hierzu im Einzelnen § 5 LJagdG DVO und Anlage 3 dazu.

Notzeiten sind solche, in denen das Wild wegen der Witterungsverhältnisse und der Bodenverhältnisse, z. B. hohe oder gefrorene Schneelagen, Harsch, keine ausreichende natürliche Äsung erlangen kann. Eine solche Notzeit kann auch durch eine Naturkatastrophe entstehen. Die Winterzeit gilt grundsätzlich noch nicht als Notzeit. Wildäcker sind keine Fütterungen i. S. von § 19 Abs. 1 Nr. 10 BJagdG.

Die Jagdausübung aus Kraftfahrzeugen ist nicht zulässig, selbst wenn es sich dabei um krankgeschossenes oder schwerkrankes Wild handelt (vgl. § 19 Abs. 1 Nr. 11 BJagdG). Jedoch könnte der Schuss im Rahmen einer Notstandshandlung gem. § 34 StGB gerechtfertigt sein. Mit Erlaubnis der unteren Jagdbehörde dürfen Körperbehinderte Wild aus Kraftfahrzeugen erlegen. Ein geladenes Jagdgewehr darf bei Fahrten mit dem Kraftfahrzeug nicht in diesem mitgeführt werden, und zwar auch dann nicht, wenn eine solche Fahrt Teil der Jagdausübung, z. B. eine Pirschfahrt ist. Beim Besteigen von Fahrzeugen und während der Fahrt muss die Schusswaffe entladen sein (§ 3 Abs. 3 S. 1 VSG 4.4).

Es ist verboten, die Hetzjagd auf Wild auszuüben (§ 19 Abs. 1 Nr. 13 BJagdG). Vgl. § 3 Nr. 7 und 8 TierSchG.

Zum Sammeln von Abwurfstangen bedarf es keines Jagdscheines, aber der schriftlichen Erlaubnis des JAB. Diese entfällt, wenn dies in seiner Begleitung geschieht.

BW hat die Mindestschonzeit des § 19 Abs. 1 Nr. 18 BJagdG von vier Wochen auf sechs Monate für eingefangenes und aufgezogenes Wild erweitert, d. h., es müssen vor Beginn der Jagdausübung (nicht Jagdzeit) sechs Monate verstrichen sein.

Rechtsverstöße:

a) ordnungswidrig handelt, wer den Vorschriften des § 19 Abs. 1 Nr. 3 bis 9, 11 bis 14 und 16 bis 18 BJagdG vorsätzlich zuwiderhandelt,

b) wer vorsätzlich oder fahrlässig den Vorschriften des § 19 Abs. 1 Nr. 1, 2, 10 und 15 zuwiderhandelt, handelt ebenfalls ordnungswidrig (vgl. § 39 Abs. 1 Nr. 5 und Abs. 2 Nr. 2 BJagdG).

Neben einem Bußgeld (§ 39 Abs. 3 BJagdG) kann unter den Voraussetzungen des § 41 a Abs. 1 Nr. 2 BJagdG ein Jagdverbot von einem bis sechs Monaten verhängt werden. Für die Dauer des Jagdverbots wird der Jagdschein amtlich verwahrt.

Des Weiteren können unter den Voraussetzungen des § 40 BJagdG zur Tat verwendete Gegenstände eingezogen werden.

Ordnungswidrig handelt auch, wer ohne polizeiliche Erlaubnis zum Abschießen von Geschossen bestimmte Selbstschussgeräte, Schlageisen, Fußangeln oder ähnliche Geräte verwendet, sofern er nicht mit zulässigem Jagdgerät rechtmäßig die Jagd ausübt (§ 110 OWiG).

20 **§ 22 LJagdG** **Ausübung der Fangjagd mit Tot- und Lebendfangfallen**
§ 5 LJagdG DVO **Fangjagd mit Lebend- und Totfangfallen**
§ 4 LJagdG DVO **Fallensachkundenachweis**

Deutschen Jagdscheininhabern wird unterstellt, dass sie die entsprechende Sachkunde im Rahmen des Faches „Jagdbetrieb" bei der Jägerausbildung erlangt haben. Bei der Jagdausübung durch Eigentümer und Nutzungsberechtigte auf Grundflächen, auf denen die Jagd ruht, müssen diese einen Sachkundenachweis erbringen, wenn ihnen die untere Jagdbehörde vorübergehend ohne Jagdschein die Ausübung der Jagd auf Wildkaninchen, Füchse und Steinmarder erlauben soll. Voraussetzung für den Sachkundenachweis ist die Teilnahme an einem anerkannten Fallenlehrgang (Ausbildungsbestätigung).

§ 22 Abs. 2 LJagdG ermächtigt das Ministerium Ländlicher Raum, nähere Regelungen zur Qualität und Bauart der Tot- und Lebendfangfallen und deren Überwachung durch eine Rechtsverordnung zu treffen. Anlage 3 zu § 5 LJagdG DVO enthält die Liste der für die Fangjagd mit Lebend- und Totfangfallen zugelassenen Fallentypen und die für sie geltenden Bauvorschriften.

	Anlagen 3 Fallentypen A–D festgelegte Fallentypen	Anlage 3 Fallentyp E Abzugseisen – Auslösung auf Zug – für Haarwild
Lebendfang	Haarwild, § 5 Abs. 1, Federwild, § 5 Abs. 2, andere Tiere, § 5 Abs. 4, Kontrollpflichten, § 5 Abs. 3 LJagdG DVO	
Totfang		Tiere, die dem Jagdrecht unterliegen oder im Rahmen des Jagdschutzes bejagt werden Beachte: Kontrollpflicht, § 5 Abs. 3 Nr. 1 LJagdG DVO

Das Verwenden von Fallen zum Fang von Federwild ist grundsätzlich verboten (§ 19 Abs. 1 Nr. 5 b BJagdG, § 22 Abs. 2 LJagdG, § 5 Abs. 2 LJagdG DVO). Drahtgitter sind für Lebendfangfallen nicht zugelassen. Das MLR macht für die Eberswalder Jungfuchsfallen und Welpenfallen nach Carius eine Ausnahme. Jedoch ist eine Genehmigung des Kreisjagdamtes einzuholen. Die Genehmigung beschränkt sich in der Regel auf die Monate April und Mai und erfolgt gebührenfrei (Der Jäger in Baden-Württemberg 3/1999, 4).

Der Totfang von Nutrias ist auf Grund der aktuellen jagdrechtlichen Regelungen nicht empfehlenswert. Auch sonst bleibt er problematisch, weil kein gezielter

Schutz führender Elterntiere möglich ist. Für den Lebendfang bietet sich eine Drahtkastenfalle an. Eine Genehmigung nach § 5 Abs. 2 LJagdG DVO ist erforderlich.

Eigentümer von Fallen müssen sämtliche für die Fangjagd bestimmten Fallen innerhalb von drei Monaten nach deren Erwerb anmelden. Es sind Kennzeichen an den Fallen anzubringen, die von der unteren Jagdbehörde ausgegeben werden (§ 5 Abs. 6 LJagdG DVO). Entspricht eine Falle nicht mehr den gesetzlichen Anforderungen, darf sie nicht verwendet und sollte abgemeldet werden. Bei der Ausübung der Fallenjagd sind auch die Unfallverhütungsvorschriften Jagd (VSG 4.4) der Landwirtschaftlichen Berufsgenossenschaft zu beachten. Es sind dem Einzelfall entsprechend alle Vorkehrungen zu treffen, um zu verhindern, dass Personen oder Haustiere gefährdet werden können.

§ 22 Abs. 3 LJagdG beschränkt die Aufstellungsorte für Totfangfallen, damit von ihnen keine Gefährdung für Menschen, besonders geschützte Tiere oder Haustiere ausgeht. Zugelassene Aufstellungsorte sind nur geschlossene Räume, Fangbunker und Fanggärten mit geeigneter Verblendung nach oben. Zugleich sollen damit Fehlfänge weitgehend verhindert werden. Die untere Jagdbehörde kann aus besonderen Gründen Ausnahmen zulassen.

Fallen der Fallentypen A, B, D und E sind mindestens einmal täglich zu kontrollieren. Mit der Änderung der LJagdG DVO (vom 22.6.2002) sind auch Totfangfallen täglich zu kontrollieren. Fallentyp C mindestens zweimal täglich mittags und abends, spätestens jedoch zwölf Stunden nach der Fängischstellung der Falle.

Rechtsverstöße:

Ordnungswidrig i. S. v. § 40 Abs. 1 Nr. 11 LJagdG handelt, wer entgegen § 22 Abs. 3 Totfangfallen aufstellt.

Ordnungswidrig i. S. v. § 40 Abs. 2 Nr. 7 LJagdG handelt, wer (§ 24 LJagdG DVO)
- entgegen § 5 Abs. 1, 2 oder 5 Lebend- oder Totfangfallen verwendet, die nicht den festgelegten Fallentypen entsprechen oder nicht zugelassen sind.
- entgegen § 5 Abs. 3 Fallen nicht kontrolliert,
- entgegen § 5 Abs. 6 zulässige oder zugelassene Fallen nicht oder nicht rechtzeitig anmeldet oder kennzeichnet.

21 *§ 42 Abs. 1 LJagdG Treibjagd*

Treibjagd ist jedes planmäßig zusammenhängende Jagen mehrerer Schützen unter Mitwirkung anderer Personen, die – sei es auch zugleich mit den Schützen – das Wild aufscheuchen und es so den Schützen ermöglichen, das fliehende Wild zu erlegen. Entscheidend für eine Treibjagd ist das Vorhandensein von mehr als vier bzw. bei der Jagd auf Schalenwild im Wald acht Schützen oder mehr als vier Treibern. Insofern stellt eine Drückjagd unter den vorgenannten Voraussetzungen eine Treibjagd dar. Begleitet eine Person nur den Schützen, ist sie nicht Treiber. Entscheidend ist immer, welche Jagd tatsächlich ausgeübt wird, nicht jedoch, zu welcher eingeladen wurde.

Bei Drückjagden mit weitjagenden Stöberhunden ist darauf zu achten, dass die Hunde die Nachbargrenze nicht überjagen. Ist dies vorhersehbar, liegt eine rechtswidrige Störung und Beeinträchtigung des fremden Jagdausübungsrechts vor. Ein einzelnes Überjagen genügt. Deshalb ist zu empfehlen, mit den Jagdnachbarn eine entsprechende Vereinbarung bei Drückjagden zu treffen. Bewusstes Überjagen-Lassen der Nachbargrenze, um Wild zuzutreiben, erfüllt den Tatbestand der Jagdwilderei.

Nach dem Gesetz über die Sonntage und Feiertage (Feiertagsgesetz – FTG) in der Fassung vom 8.5.1995 (GBl. S. 450) dürfen Treibjagden an Sonntagen und gesetzlichen Feiertagen nicht abgehalten werden (§ 6 Abs. 2 FTG). In besonderen Ausnahmefällen können die Kreispolizeibehörden Ausnahmegenehmigungen unter bestimmten Bedingungen und Auflagen befristet erteilen. Gesetzliche Feiertage sind: Neujahr, Erscheinungsfest (6. Januar), Karfreitag, Ostermontag, 1. Mai, Christi Himmelfahrt, Pfingstmontag, Fronleichnam, Allerheiligen (1. November), Erster Weihnachtstag, Zweiter Weihnachtstag.

Ordnungswidrig handelt, wer vorsätzlich oder fahrlässig den Vorschriften über das Verbot von Treibjagden zuwiderhandelt (§ 13 Abs. 1 Nr. 1 b FTG).

Auf die für die Treibjagd seit dem 1.1.2000 geltenden Unfallverhütungsvorschriften wird besonders hingewiesen (abgedruckt im Anhang).

Vorlegen des Jagdscheins bei Gesellschaftsjagden: Als Unternehmer i. S. d. Unfallverhütungsvorschrift Jagd obliegen dem JAB anlässlich einer Gesellschaftsjagd gewisse Sorgfaltspflichten, deren Nichtbeachtung zu straf- und zivilrechtlichen Folgen führen kann. Schon aus Haftungsgründen sollte sich der Unternehmer (oder sein von ihm Beauftragter) davon überzeugen, dass die Jagdgäste im Besitz eines gültigen Jagdscheines sind. Gerade bei großen Gesellschaftsjagden empfiehlt es sich, eine Gästeliste aufzulegen, in die sich jeder Jagdgast einträgt und seinen Jagdschein vorlegt.

Die Frage, ob bei der Jagd auf Schalenwild im Walde i. S. des § 42 Abs. 1 LJagdG auch anderes Wild erlegt werden darf, ist grundsätzlich zu bejahen. Sinn und Zweck der Vorschrift stehen dem nicht entgegen.

Ein JAB ist nicht verpflichtet, den Straßenverkehr vor den allgemeinen Gefahren zu schützen, die von über die Straße wechselndem Wild in seinem Jagdrevier ausgehen. Etwas anderes gilt erst dann, wenn der Straßenverkehr über das Maß normaler Verkehrserwartung hinaus durch bei der Jagd aufgescheuchtes Wild beeinträchtigt wird. Dies kann insbesondere bei einer Treibjagd geboten sein, wenn damit zu rechnen ist, dass in dem betreffenden Gebiet solches Wild anzutreffen ist, das zu einer Gefahr für den Straßenverkehr werden kann. Diese Pflicht ergibt sich aus dem aus § 823 Abs. 1 BGB abgeleiteten allgemeinen Grundsatz des Deliktrechts, dass, wer eine Gefahrenquelle schafft, im Rahmen des Erforderlichen und Zumutbaren Maßnahmen treffen muss, um Dritte vor einem möglichen Schaden zu bewahren (BGH, Urt. v. 12.12.1972). Auch bei einer Suchjagd auf Federwild ist der JAB bzw. Jagdleiter verpflichtet, dafür Sorge zu tragen, dass aufgescheuchtes Schalenwild nicht in Richtung auf eine befahrene Straße flüchtet.

Der JAB bzw. Jagdleiter ist verpflichtet, bei Treibjagden das Wild nicht in Richtung auf eine befahrene Straße zu treiben, sondern das Treiben möglichst von der Straße wegzuführen und dabei durch Postenketten einem Wildwechsel in Richtung Straße zusätzlich vorzubeugen (BGH, Urt. v. 10.2.1976). Es können nicht alle nachteiligen Auswirkungen einer Jagd vom Verkehr ferngehalten werden. Bei Treib- und Drückjagden wird nicht nur vereinzelt, sondern großflächig Wild aufgeschreckt, wobei eine besondere Gefahr für den Straßenverkehr gegeben ist.

Der JAB muss in Betracht ziehen, ob nicht aufgeschrecktes Wild ausbricht und auf eine Straße gelangen kann. Abwehr und Steuerung solcher durch die Widmung der Straße geschaffenen Gefahren obliegt nicht dem JAB, sondern den für die Unterhaltung und Sicherung der Straße verantwortlichen Stellen. Die Straßenverkehrsbehörde ist deshalb von der bevorstehenden Jagd und den sich daraus möglicherweise ergebenden Gefahren zu informieren. Ob solche Gefahren anzunehmen sind, hängt insbesondere von der Entfernung des Treibens zur Straße, der Geländeform, Bewuchs, Einsatz von Jagdhunden und den vorkommenden Wildarten ab. Auch Erfahrungen aus früheren Treibjagden können solche Gefahren begründen. Aus der Sicht der Verkehrsteilnehmer ist es unter gewöhnlichen Umständen unerheblich, ob das Wild durch einen Jäger oder aus anderen Gründen, etwa bei Wald- oder Feldarbeiten oder von Spaziergängern ungewollt oder bewusst aufgeschreckt worden ist. Deshalb tritt auch der Gesichtspunkt, dass der Jäger das Wild planmäßig aufsucht, es bewusst aufstört, für die Beurteilung der zu verlangenden Gefahrenabwehr zurück. Eine andere Beurteilung ergibt sich allerdings, wenn bei einer Treibjagd der Straßenverkehr über das Maß „normaler" Verkehrserwartung hinaus durch bei der Jagd hochgemachtes Wild beeinträchtigt wird (LG Aachen, Urt. v. 30.8.1990). Wer sein Treiben von der Autobahn weg durchführt, hat alle zumutbaren Maßnahmen zur Erfüllung seiner Verkehrssicherungspflicht getroffen (LG Paderborn, Az. 1 S 25/02). Der Kläger hat nachzuweisen, dass das Wild als Folge der Jagdausübung über die Straße geflüchtet ist (LG Hechingen, Urt. v. 9.5.2003). Jedoch kann das Aufstellen von Warndreiecken „Treibjagd" sinnvoll sein. Das Aufstellen von Gefahrzeichen bedarf der Genehmigung der Straßenverkehrsbehörde.

Treibjagd

Gefahrzeichen mit Zusatzschild „Treibjagd"

Weiter empfiehlt es sich, um Schadensersatzforderungen abzuwehren, Tierhaltern die Durchführung von Gesellschaftsjagden 48 Stunden vorher anzukündigen, z. B. dem Besitzer eines Reiterhofes, dessen Pferde auf der Koppel sind oder gegenüber Besitzern von Tiergehegen. Dies gilt auch für die Weidehaltungen von Rindern, Schafen etc. In solchen Fällen muss der JAB damit rechnen, dass durch jagende Hunde und Abgabe von Schüssen die Tiere unter Umständen in Panik geraten. Vor Beginn der Jagdausübung sollte sich der JAB stets davon überzeugen, ob die Jagdausübung gefahrlos durchgeführt werden kann (vgl. LG Düsseldorf, Urt. v. 25.1.2001 – 3 O 442/98). Notfalls wäre dem Tierhalter eine kurze Nachfrist zu setzen.

22 *§ 19 a BJagdG*   *Beunruhigen von Wild*
     § 26 LJagdG   *Schutz von Wild gegen Beunruhigungen*
     § 24 LJagdG   *Wildschutzgebiete und Betretungsbeschränkungen*
                   zugunsten des Wildes

§ 19 a BJagdG ist lex specialis gegenüber dem Naturschutzrecht (§§ 41, 42 BNatSchG).

Die Vorschrift wurde durch die Novelle 1976 eingefügt und soll das Wild, insbesondere soweit es in seinem Bestand gefährdet oder bedroht ist, vor Beeinträchtigungen schützen. Sie richtet sich primär an Nichtjäger. Aber auch JAB und Jagdgäste können Täter sein.

Eine Störung ist jede bewusste Handlung, die in Kauf nimmt, dass Exemplare geschützter Arten beeinträchtigt werden. Diese Auslegung ist auch auf § 19 a BJagdG übertragbar.

Aufsuchen bedeutet, dass sich der Täter dem Tier körperlich nähert. Auf den Zweck kommt es dabei nicht an. Eine Flucht des Tieres ist ebenfalls nicht erforderlich. Film- und Fotoaufnahmen sind dann unbedenklich, wenn sie aus einer entsprechenden Entfernung gemacht werden, die keine Beunruhigung des Tieres erwarten lässt. Zu den ähnlichen Handlungen gehören insbesondere das Lärmen, der Einsatz von Lautsprechern oder das Abschießen von Knallkörpern.

Zufluchtstätte ist auch der nächtliche Ruheplatz (*Lorz/Metzger*, Tierschutzgesetz, § 19 a Anm. 5). Nicht davon erfasst sind Störungen an seinen Äsungsstätten. Auf Grund des fast uneingeschränkten Betretungsrechts von Wald und Feld rund um die Uhr geht die Vorschrift weitgehend ins Leere, zumal nur derjenige ordnungswidrig handelt, der (mindestens bedingt) vorsätzlich eine der verbotenen Handlungen vornimmt (vgl. § 39 Abs. 1 Nr. 5 BJagdG).

Wer zur Ausbildung eines Jagdhundes einen Feldhasen aus der Sasse treibt, stört Wild durch Aufsuchen an seiner Wohnstätte (BayObLG, Beschl. v. 29.7.1981). Da ausgebildete und geprüfte Jagdhunde für die Jagdausübung erforderlich sind, dürfte die Entscheidung als obsolet betrachtet werden (siehe auch § 26 LJagdG). Fuchs oder Dachs sind an ihren Wohnstätten gestört, wenn ihnen die Eingänge der Röhren mit Steinen verbaut werden. Das Laufenlassen von Hunden in einem Jagdrevier erfüllt nicht den Tatbestand des § 19 a BJagdG.

§ 26 LJagdG stellt klar, dass § 19 a BJagdG nicht ohne Ausnahmen gelten kann, was eigentlich bereits aus dem Wort „unbefugt" zu entnehmen ist. So stellt die ordnungsgemäße Ausübung der Land- und Forstwirtschaft, der Jagd und der Fischerei keinen Verstoß nach § 19 a BJagdG dar. Weitere Ausnahmen kann die untere Jagdbehörde im Rahmen des § 26 Abs. 2 LJagdG zulassen.

Für Wildschutzgebiete, die durch Rechtsverordnung der oberen Jagdbehörden (Regierungspräsidien) auf Dauer oder befristet ausgewiesen werden und die entsprechend gekennzeichnet sein sollen, können Regelungen getroffen werden über sachliche, gegenständliche oder zeitliche Beschränkungen der Jagd. Das Betretungsrecht kann örtlich oder zeitlich eingeschränkt oder ganz aufgehoben werden, insbesondere während der Setz- und Brutzeiten, um Störfaktoren möglichst auszuschließen. Wildschutzgebiete haben sich bisher in der Praxis nicht durchgesetzt, weil u. a. das schwierige Ausweisungsverfahren ein beträchtliches Hindernis für die Schaffung von Wildschutzgebieten darstellt. Eine räumlich und zeitlich begrenzte Betretungsbeschränkung könnte sich als tragfähiger Kompromiss für Jagdausübungsberechtigte und Erholungssuchende darstellen. Solche Betretungsbeschränkungen dürfen nicht dem Zweck dienen, eine ungestörte Jagdausübung zu gewährleisten.

23 **§ 20 BJagdG   Örtliche Verbote**

§ 20 BJagdG ist ein Schutzgesetz i. S. v. § 823 Abs. 2 BGB. Er verbietet an allen Orten das Jagen, wenn dadurch nach den konkreten (nicht abstrakten) Umständen des Einzelfalles die öffentliche Ruhe, Ordnung oder Sicherheit gestört oder das Leben von Menschen gefährdet würde. Die Jagdausübung muss unterbleiben, wo Menschen sich aufhalten und durch den Gebrauch der Schusswaffe gefährdet werden können, sei es durch Abpraller oder Verwechslungsgefahr. Deshalb kann es an solchen Orten zweckmäßig sein, z. B. die Kaninchenjagd mit Frettchen und Beizvogel auszuüben. Über die eigentliche Jagdausübung hinaus sind ebenso alle mit der Jagd zusammenhängenden Handlungen erfasst, wie das Anschießen der Schusswaffe oder die Ausübung des Jagdschutzes. Abs. 1 stellt ganz auf den Einzelfall ab. Die konkrete Gefährdung eines einzelnen Menschen genügt, nicht aber die Störung der Ruhe eines Einzelnen.

Beispiel: Beispiel: JAB J schießt im Revier auf eine streunende Katze, obwohl gerade auf dem Reitweg ein Reiter angeritten kommt. Dabei scheut das Pferd und wirft den Reiter ab.

Sorgfaltspflichten entstehen insbesondere bei Treibjagden in der Nähe öffentlicher Straßen. Fußgänger dürfen Autobahnen nicht betreten. Kraftfahrstraßen dürfen sie nur an Kreuzungen, Einmündungen oder sonstigen dafür vorgesehenen Stellen überschreiten; sonst ist jedes Betreten verboten (§ 18 Abs. 9 StVO). Das Betretungsverbot für Bahnanlagen nach § 62 Abs. 1 EBO kommt einem Jagdverbot gleich. Auch bei der Aufstellung von Fallen sind Vorkehrungen zu treffen, um Dritte vor Gefahren zu schützen.

Auf die Möglichkeit der vorübergehenden Sperrung von Grundstücken und von Wald für die Dauer der Durchführung von Jagden wird hingewiesen (vgl. hierzu § 53 NatSchG, § 38 LWaldG und Waldsperrungsverordnung).

Zuständig für Regelungen nach § 20 Abs. 2 BJagdG ist die obere Jagdbehörde (vgl. § 28 Abs. 2 LJagdG).

Sofern der Schutzzweck es erfordert, kann die Ausübung der Jagd in ausgewiesenen Naturschutzgebieten sachlichen, gegenständlichen und zeitlichen Beschränkungen unterworfen oder gänzlich untersagt werden. In der Regel ist die ordnungsgemäße Jagdausübung jedoch gestattet.

Vorsätzliche Zuwiderhandlungen können als Ordnungswidrigkeit nach § 39 Abs. 1 Nr. 5 BJagdG geahndet werden.

24 **§ 15 LJagdG   Wegerecht**

Auf den Jägernotweg besteht ein Rechtsanspruch, wenn ein Jagdbezirk von den zur Jagdausübung Befugten nicht auf einem zum allgemeinen Gebrauch bestimmten Weg oder nur auf einem unzumutbaren Umweg erreicht werden kann. Nicht gewidmete Wege gelten dann als „zum allgemeinen Gebrauch bestimmt", wenn sie mit Zustimmung oder Duldung des Verfügungsberechtigten allgemein benutzt werden. Zum Wegerecht s. Erl. zu § 29 Abs. 1 Nr. 1 c LJagdG. Der Jägernotweg dürfte in der Praxis keine Bedeutung haben.

Für den Fall, dass sich die Beteiligten nicht einigen, wird der Jägernotweg vom Kreisjagdamt nach pflichtgemäßem Ermessen festgelegt.

Ordnungswidrig handelt, wer bei Benützung des Jägernotweges vorsätzlich der Vorschrift des § 15 S. 2 zuwiderhandelt (vgl. § 40 Abs. Nr. 5 LJagdG).

25 **§ 16 LJagdG   Jagdeinrichtungen**

Kanzeln, Leitern (Hochsitze), Erdsitze, Sitzschirme, Jagdhütten, Fütterungseinrichtungen, Salzlecken, Pirschwege, Luderplätze, Wildäcker, Fangbunker u. a. sind jagdbetriebliche Einrichtungen. Grundsätzlich ist davon auszugehen, dass solche Einrichtungen nur von vorübergehender Dauer sind. Bei jagdlichen Einrichtungen handelt es sich um sonderrechtsfähige Sachen, die ihrer Beschaffenheit nach nur vorübergehend ihrer jagdlichen Widmung an einem bestimmten Ort aufgestellt werden und im Eigentum des Revierinhabers bleiben (LG Lüneburg, Urt. v. 14.1.1988 – 4 S 36/86). Sie werden auf land- oder forstwirtschaftlich genutzten Flächen errichtet. Als besondere Anlagen werden im Gesetz beispielhaft Futterplätze, Ansitze und Jagdhütten genannt. Mehr als durch die Benützung eines Notwegs kann durch Jagdeinrichtungen an Grundstücken Schaden angerichtet werden (Vernageln von Bäumen, Anziehen des Wildes an Wildremisen und Fütterungen). Da diese Flächen in der Regel nicht im Eigentum des JAB stehen, bedarf diese Nutzung fremder Flächen gem. § 16 Abs. 1 LJagdG der Genehmigung des Grundeigentümers. Die Genehmigung ist vor Errichtung der Anlage einzuholen, auf der Feldflur nach Rücksprache mit dem jeweiligen Grundbesitzer, im Wald mit dem Waldbesitzer. Die Genehmigung ist zu erteilen, wenn zwei Voraussetzungen gegeben sind: 1. Die Errichtung der Anlage muss dem Grundeigentümer zugemutet werden können und 2. es ist eine angemessene Entschädigung zu zahlen.

Beispiele für Unzumutbarkeit:

– Errichten von Fütterungen in der Nähe von verbiss- oder schälgefährdeten Waldbeständen,
– Inanspruchnahme eines nicht unerheblichen Teils eines Grundstücks, z. B. durch Fütterungsautomaten,
– Anlagen, welche die Nutzung des Grundstücks behindern, z. B. Kanzel in der Mitte einer Wiese oder eines Ackers und Anlage eines Pirschweges. Gleiches gilt für eine in einem Obstbaum fest vernagelte Leiter, wobei schon durch Absägen von Ästen der Baum beschädigt wird.
– Das Errichten einer Kanzel an einer Pferdekoppel, wenn dadurch die Nutzung der Koppel beeinträchtigt wird bzw. über die UVV Arbeitsstätten, bauliche Anlagen und Einrichtungen hinausgehende Sicherungsmaßnahmen erforderlich sind (vgl. OLG Koblenz, Urt. v. 2.10.2003), hier: Sicherungsmaßnahmen bei Fohlen.

Weitere Anhaltspunkte können sich auch aus § 33 BJagdG ergeben, z. B. notwendiges Befahren des Grundstücks, um die Fütterung oder Kirrung zu beschicken. Rechtsgrundlage für das Entfernen einer nicht zumutbaren Jagdeinrichtung sind §§ 823 Abs. 1, 1004 Abs. 1 BGB. Andererseits kann ein Grundstückseigentümer seine Einwilligung nicht verweigern, wenn ihm die Einrichtung zumutbar ist. Notwendige Anlagen sind stets zumutbar, soweit diese auf Grundstücken errichtet werden, die nicht (mehr) land- oder forstwirtschaftlich genutzt werden. Handelt es sich bei dem Grundstück um einen befriedeten Bezirk, darf ohne Erlaubnis des Grundstückseigentümers keine jagdliche Einrichtung aufgestellt werden, da der Grundeigentümer nicht Mitglied der Jagdgenossenschaft ist.

Hochsitze sind auch in Schutzgebieten zur stillen Beobachtung des Wildes, zur Abgabe eines sicheren, gezielten Schusses und zur Ausübung des Jagdschutzes zwingend nötig.

Für Hochsitze in Waldschutzgebieten ist nach der VwV Waldschutzgebiete Folgendes zu beachten: In Bannwäldern dürfen keine Aufhiebe für Schuss- und Sichtschneisen erfolgen. In Schonwäldern gelten diese Beschränkungen nur, sofern der spezifische Schutzzweck dies erfordert.

Der Bau von Hochsitzen ist zulässig, sofern das Material für den Bau nicht im Bannwald gewonnen wird. Als Schuss- und Sichtfelder sind natürlich entstandene Blößen und Lücken zu nutzen. Geringfügige Eingriffe zum Offenhalten (Abschneiden einzelner Äste) sind zulässig. Sie müssen sich aber in einem engen Rahmen halten.

Die Entnahme von Holz zum Bau von jagdlichen Einrichtungen bedarf der Erlaubnis des Waldbesitzers. Die unerlaubte Wegnahme kann einen Diebstahl mit Waffen darstellen, selbst dann, wenn sich die Schusswaffe im Kraftfahrzeug befand (vgl. § 244 Abs. 1 Nr. 1 StGB).

Hochsitze beeinträchtigen die natürliche Eigenart der Landschaft und ihre Aufgabe als Erholungsgebiet, wenn sie wegen ihrer Übergröße in der freien Natur wesensfremd erscheinen. Hochsitze sollen sich bestmöglichst in die Landschaft einfügen. Bei der Feststellung der erforderlichen Größe muss von den konkreten Umständen des Einzelfalles ausgegangen werden. Kanzeln sind bauliche Anlagen im Sinne der LBO (verfahrensfreie Vorhaben nach § 50 Abs. 1 LBO im Außenbereich bis 20 m^3 Brutto-Rauminhalt). Im Übrigen sind die geltenden Unfallverhütungsvorschriften der Landwirtschaftlichen Berufsgenossenschaft über bauliche Jagdeinrichtungen zu beachten.

Der LJV BW fordert alle JAB auf, beim Aufstellen und Benutzen von Hochsitzen wertvolle Pflanzenstandorte, bekannte Brutbäume und ähnlich empfindliche Bereiche zu schonen und Hochsitze behutsam und unter Rücksichtnahme auf das Landschaftsbild zu errichten (Der Jäger in Baden-Württemberg 2/1989).

Hochsitze werden allein für Jagdzwecke errichtet. Besteigt ein Unbefugter einen Hochsitz (vgl. § 37 Abs. 4 Nr. 6 LWaldG) und kommt dabei zu Schaden, haftet der JAB dieser Person gegenüber weder aus § 823 Abs. 1 BGB (Verletzung der Verkehrssicherungspflicht) noch aus den §§ 836, 837 BGB (Haftung bei Einsturz eines Bauwerkes). Das Benutzen fremden Eigentums ist stets unbefugt. Das Besteigen eines Hochsitzes ist nicht erst dann unbefugt, wenn der Jagdpächter ein Verbotsschild angebracht hat (OLG Stuttgart, Urt. v. 12.11.1976 – 5 O 86/76, VersR 1977, 384 – a. A. OLG Braunschweig, Urt. v. 25.9.1991, LG Gießen, Urt. v. 28.2.2001). Eine Kennzeichnung als jagdbetriebliche Einrichtung ist nicht erforderlich, es sei denn, die Kanzel würde ihrem äußeren Anschein nach den Eindruck erwecken, es handle sich um eine der Allgemeinheit bereitgestellte Erholungseinrichtung, z. B. Wildbeobachtungsplattformen für Waldbesucher. Gegenüber Kindern ist im Normalfall keine besondere Absicherung erforderlich. Etwas anderes kann gelten, wenn der JAB schon des öfteren Kinder auf dem Hochsitz angetroffen hat und seine Abmahnung zwecklos geblieben ist. Dies gilt insbesondere an Spielplätzen im oder am Wald. Zur Verkehrssicherungspflicht bei Jagdhochsitzen siehe auch Ausführungen von *Gebhard*, AgrarR 1995, S. 397. Der Revierpächter haftet gegenüber Jagdgästen, wenn diese z. B. durch eine brechende Sprosse vom Hochsitz fallen. Damit können für den Revierpächter Schadensersatz- und Schmerzensgeldansprüche entstehen. Es kommt nicht darauf an, ob die Jagdeinladung aus Gefälligkeit oder entgeltlich erfolgte.

Jagdeinrichtungen müssen den Unfallverhütungsvorschriften entsprechen (siehe hierzu § 7 VSG 4.4). Danach muss der Unternehmer sicherstellen, dass Hochsitze vor jeder Benutzung, mindestens jedoch einmal jährlich geprüft werden. Nicht mehr benötigte Einrichtungen müssen abgebaut werden. Kommt es zum Unfall, wurde meist eine Unfallverhütungs-Vorschrift missachtet. Der Jagdpächter kann sich dem nur entziehen, wenn er sich von dem Jagdgast eine Verzichtserklärung unterschreiben lässt.

Bauvorhaben im Außenbereich sind nur unter bestimmten Voraussetzungen zulässig (s. § 35 Abs. 1 Nr. 4 BauGB). Eine Jagdhütte ist insofern nur zulässig, wenn ohne sie die Jagd nicht oder nur unter erschwerten Umständen ausgeübt werden kann. Für deren Errichtung ist eine Baugenehmigung erforderlich. Die Baugenehmigung wird nur erteilt, wenn es dem Jagdpächter wegen der weiten Entfernung zu seinem Wohnort nicht zumutbar ist, ständig nach der Jagd zurückzukehren (Grundsatz der Erforderlichkeit). Größe und Ausstattung sind auf die Erfordernisse der Jagdausübung abzustellen. Die Baugenehmigung kann mit Auflagen versehen werden, die den Bestandsschutz der Jagdhütte betreffen. Es ist zulässig, dass die Baugenehmigung für die Nutzung einer baulichen Anlage auf die Nutzung durch eine bestimmte Person beschränkt wird und dass das in ihr festgestellte Nutzungsrecht nur auf eine Person übergeht, bei der die gleichen Voraussetzungen vorliegen (BVerwG, Beschl. v. 23.11.1995 – 4 B 209/95). Die Jagdhütte muss daher abgebrochen werden, wenn bei dem neuen Pächter diese Voraussetzungen nicht mehr vorliegen. Bei der Benutzung einer ehemaligen Jagdhütte zu Freizeitzwecken ändert sich die baurechtliche Beurteilung und damit auch deren Bestandsschutz (BVerwG, Beschl. v. 21.6.1994).

Wohnt der JAB innerhalb des Jagdreviers oder innerhalb einer (Verbands-)Gemeinde, in der die Jagd liegt, oder zumindest in so kurzer Entfernung zum Jagdrevier, dass dieses in angemessener Zeit erreicht werden kann, ist eine Jagdhütte für die Jagdausübung nicht erforderlich (BVerwG, Urt. v. 18.10.1986).

Die Vorschrift kann nicht dadurch umgangen werden, dass eine fahrbare Jagdhütte mit Kücheneinrichtung, Schlafnische, Toilette, Dusche etc. aufgestellt wird. Auch solche „Fahrzeuge" sind Bauwerke i. S. d. LBO. Wohnwagen dürfen mit Erlaubnis des Grundbesitzers vorübergehend aufgestellt werden. Nach einer bestimmten Zeit „verfestigen" sich diese Fahrzeuge, so dass sie ebenfalls dem Baurecht unterliegen.

Schlachtabfälle von Nutztieren und Speiseabfälle gehören nicht auf den Luderplatz (s. VO [EG] Nr. 1774/2002 v. 3.10.2002 und TierNebG). Bei der Beschickung eines Luderplatzes ist darauf zu achten, dass die Lockmittel für Schwarzwild nicht zugänglich sind (s. § 3 Abs. 3 Nr. 3 LJagdG DVO). Daneben können die Polizeibehörden Anordnungen treffen, sofern von dem Luderplatz eine Störung der öffentlichen Sicherheit oder Ordnung ausgeht, soweit dies im öffentlichen Interesse ist (vgl. §§ 1 Abs. 1, 3 PolG, z. B. Luderplatz an einem Wanderweg).

Ordnungswidrig handelt, wer vorsätzlich oder fahrlässig jagdbetriebliche Einrichtungen, deren Betreten nicht zulässig ist, unbefugt betritt (§ 83 Abs. 2 Nr. 3 LWaldG). Geltungsbereich des LWaldG ist der Wald (§ 2 LWaldG). Insofern ist davon auszugehen, dass die Bußgeldvorschrift nur für solche Einrichtungen anzuwenden ist, die sich im Wald befinden.

Für Wildäcker, die auf dem Grund und Boden des JAB oder mit Einwilligung des Grundeigentümers angelegt wurden, gelten die Betretungsverbote aus dem Naturschutzrecht.

§ 16 Abs. 2 LJagdG bestimmt, dass die auf fremdem Grund und Boden in gemeinschaftlichen Jagdbezirken errichteten Futterplätze und Ansitze dem Jagdnachfolger auf sein Verlangen gegen angemessene Entschädigung zu überlassen sind. Angemessen ist der Zeitwert (Zustand der Einrichtungen) abzüglich der ersparten Entsorgungskosten. Die Anlagen sind zu entfernen, wenn dies der Jagdnachfolger verlangt. Dabei genügt es nicht, solche Anlagen umzuwerfen oder zu zerstören. Kunststoffteile, Eternitplatten, Bleche, Styropor etc. sind nach den Vorschriften des Abfallrechts zu entsorgen. Verpflichtet ist der Jagdpächter als Eigentümer der Einrichtungen, auch für solche, die ein Jagdgast als Gegenleistung für eine Jagderlaubnis errichtet hat. Soweit es sich nicht um eine Mithilfe beim Bau solcher Einrichtungen handelt, kann auch ein Jagdgast Eigentümer der mit Genehmigung des Jagdpächters errichteten Anlage sein. Dann trifft den Jagdgast die Entsorgungspflicht an Stelle des Jagdpächters. Soll der JAB Eigentümer werden, bedarf es zum Eigentumserwerb der Einigung und Übergabe.

Ansonsten verjähren Ansprüche in sechs Monaten nach Ende der Jagdpacht (§§ 561 Abs. 2, 548 Abs. 2 BGB).

26 *§ 21 BJagdG* *Abschussregelung*
  § 27 LJagdG *Abschussplan und weitere Bejagungsregelungen*
  § 9 LJagdG DVO *Vorbereitung des Abschussplans*
  § 10 LJagdG DVO *Wirkung und Änderung des Abschussplans*
  § 11 LJagdG DVO *Ergänzende Abschussplanvorgaben, Überwachung, Streckenliste und Jagdstatistik*
  § 12 LJagdG DVO *Wildökologische Datenerhebung*

Die in § 21 Abs. 1 BJagdG umschriebenen allgemeinen Grundsätze zur Regulierung der Wildbestände gelten für alle Wildarten und richten sich gleichermaßen an den JAB, Verpächter, Jagdvorstand und an die Jagdbehörden.

Für Schalenwild, ausgenommen Schwarzwild, sowie Auer-, Birk- und Rackelwild, ist ein Abschussplan zu erstellen, und zwar jeweils für ein Jahr, für Rehwild jeweils für drei Jahre. Er ist getrennt nach Tierarten, bei Schalenwild nach Geschlecht mit Ausnahme von Jungwild im ersten Lebensjahr, beim Rotwild auch nach Altersstufen vom JAB aufzustellen.

Der Abschuss des Wildes ist so zu regeln, dass

die berechtigten Ansprüche der Land-, Forst- und Fischereiwirtschaft auf Schutz gegen Wildschaden voll gewahrt bleiben,	sowie die Belange von Naturschutz und Landschaftspflege berücksichtigt werden
– ökonomische Ziele –	– ökologische Ziele –.

Innerhalb dieser Grenzen soll die Abschussregelung dazu beitragen, dass ein gesunder Wildbestand aller heimischen Tierarten in angemessener Zahl erhalten bleibt und insbesondere der Schutz von Tierarten gesichert ist, deren Bestand bedroht erscheint. § 1 Abs. 2, § 21 Abs. 1 BJagdG.

§ 21 Abs. 1 S. 1 BJagdG spricht von den berechtigten Ansprüchen der Land-, Forst- und Fischereiwirtschaft auf Schutz vor Wildschäden und stellt im zweiten Satzteil die Belange von Naturschutz und Landschaftspflege gegenüber. Der Anspruch beinhaltet das Recht, von einem anderen ein Tun oder Unterlassen zu verlangen (§ 194 BGB). Die Hege muss so durchgeführt werden, dass Beeinträchtigungen einer ordnungsgemäßen land-, forst- und fischereiwirtschaftlichen Nutzung, insbesondere Wildschäden, möglichst vermieden werden. Der Begriff „ordnungsgemäß" wird nicht nur von den am Ertrag ausgerichteten betriebswirtschaftlichen Erfordernissen des jeweiligen Wirtschaftszweiges bestimmt, sondern auch von den Anforderungen, die die Rechtsordnung und die Wirtschaftsweise stellt. Die Ansprüche des betroffenen Personenkreises sollen in Bezug auf den Wildschaden voll gewahrt bleiben, d. h., bei der jeweiligen Bodennutzung soll der Berechtigte nicht durch die Jagdausübung in seinen Rechten verletzt werden. Ziel der Abschussplanung ist die Herbeiführung und Erhaltung einer tragbaren Wilddichte, die zahlenmäßig den jeweiligen Revierverhältnissen angepasst ist und somit keine übermäßigen Wildschäden verursacht.

Die Forderungen der beiden Interessenbereiche bedürfen der sorgfältigen Abwägung, wobei den land-, forst- oder fischereirechtlichen Ansprüchen grundsätzlich der Vorrang gegenüber den jagdrechtlichen Belangen eingeräumt wird (vgl. BGH, Urt. v. 22.5.1984 – III ZR 18/83, NJW 1984, S. 2216). Dies ergibt sich bereits aus § 21 Abs. 1 BJagdG. Daneben weist § 27 Abs. 2 LJagdG nur darauf hin, dass neben der körperlichen Verfassung des Wildes vorrangig der Zustand der Vegetation zu berücksichtigen ist. Zur ordnungsgemäßen Forstwirtschaft gehören neben den ökonomischen Zielen auch die Funktionen des Waldes für die Allgemeinheit (Klima, Reinhaltung der Luft, Wasserhaushalt). Die Begründung standortgemäßer Mischwälder darf durch Verbiss in Frage gestellt werden.

Die Behörde ist zur Abwägung der unterschiedlichen Interessen verpflichtet. Bei der Festsetzung der Abschusszahlen ist eine konkrete, revierbezogene Betrachtungsweise notwendig (BVerwG, Urt. v. 19.3.1992). Es handelt sich dabei um eine Sachentscheidung der unteren Jagdbehörde, die der eingeschränkten verwaltungsgerichtlichen Kontrolle unterliegt, z. B. ob sich die festgesetzte Höhe des Abschusses noch in einem vertretbaren Rahmen befindet (OVG Koblenz, Urt. v. 13.8.1997). Maßgebend für die gerichtliche Überprüfung des Abschussplans ist die Sachlage im Zeitpunkt seiner Festsetzung. Ein Jagdgenosse kann auf die Erhöhung der Abschusszahlen in einem Abschussplan für den gemeinschaftlichen Jagdbezirk klagen. § 21 Abs. 1 BJagdG vermittelt den Waldeigentümern ein subjektiv-öffentliches Recht im Rahmen der Abschussplanung (BVerwG, Urt. v. 30.3.1995). Hierin wird § 21 Abs. 1 BJagdG als drittschützende Norm anerkannt (siehe Urteilsbesprechung von *Laber*, NuR 1996, S. 14ff.). Deshalb bedarf es vor der Stellungnahme des Jagdvorstandes zum beantragten Abschussplan der Abstimmung mit den Jagdgenossen, um nachträglich Klagen zu vermeiden. Zum Feststellungsinteresse eines Jagdgenossen auf Überprüfung der Abschusszahl für Rehwild in einer abgelaufenen Jagdperiode sowie zur Verletzung des Eigentumsrechts eines Jagdgenossen, wenn durch überdurchschnittlichen Wildverbiss eine Naturverjüngung nahezu gänzlich verhindert wird und sich die Festsetzung der Abschusszahl für Rehwild nach gutachterlichen Feststellungen als zu niedrig erweist und deshalb rechtswidrig ist (BayVGH, Urt. v. 7.11.1996). Für die Festlegung der situativ tragbaren Wilddichte ist es daher von Bedeutung, ob die zu beplanenden Flächen über einen besonderen, z. B. wald- oder naturschutzgesetzlichen Schutzstatus verfügen, durch welchen die Waldbewirtschaftung mit einem konkreten gesetzlichen Anforderungsprofil versehen ist (*Wagner*, AgrarR 1998, S. 241). Er kommt zu dem Ergebnis, dass der Eigentümer Schadensersatzansprüche wegen untragbarer und vom JAB verschuldeter Wildschäden zukünftig auch auf § 823 Abs. 2 BGB i. V. m. § 21 Abs. 1 BJagdG wird stützen können. Zur Bemessung der Entschädigung für einen rechtswidrigen Eingriff in das Waldeigentum durch Festsetzung zu niedriger Rotwildabschusspläne (BGH, Urt. v. 14.3.1996).

Der JAB (Eigenjagdbesitzer, Pächter eines Eigenjagdreviers oder gemeinschaftlichen Jagdreviers oder bei Eigenbewirtschaftung des Gemeinschaftsjagdreviers die Jagdgenossenschaft) hat den Abschussplan für das einzelne Jagdrevier auf amtlichem Vordruck aufzustellen und bis 15.4. der unteren Jagdbehörde vorzulegen. Der Abschussplan ist vom JAB zu unterschreiben, bei verpachteten Jagden auch vom Verpächter. Ist der Verpächter mit dem vorgesehenen Abschuss nicht einverstanden oder wurden von Jagdgenossen sonstige Einwendungen erhoben, ist dies im Abschussplan vom Verpächter oder Jagdvorstand zu vermerken.

Die Abschussplanung ist ihrer Natur nach eine Prognose. Sie ist Teil der Wildhege. Auf Grund der Erkenntnis, dass Wildzählungen in aller Regel unzuverlässig sind und deshalb zu Fehleinschätzungen führen, sind für die Hege und den Abschuss von Reh- und Rotwild hauptsächlich die Wildkondition und der Zustand der Vegetation maßgebliche Gradmesser (§ 27 Abs. 2 LJagdG). Dieser landesgesetzliche Hinweis steht § 21 Abs. 1 BJagdG nicht entgegen. Die Wilddichte eines Reviers ist nicht allein ausschlaggebend. Tragbare Wildschäden sind im Rahmen der Sozialpflichtigkeit des Eigentums (Art. 14 Abs. 2 GG) hinzunehmen, z. B. wenn eine ausreichende Naturverjüngung noch möglich ist. Dem Grundstückseigentümer ist jedoch der Wildschaden zu ersetzen. Für die Bemessung der Wilddichte können nur solche Flächen herangezogen werden, die dem Wild auch tatsächlich zur Äsung zur Verfügung stehen. Eingezäunte Flächen in Wald und Flur sind abzuziehen. Die Besonderheiten des jeweiligen Reviers sind zu berücksichtigen (z. B. Äsungsverhältnisse, Erholungssuchende, sonstige störende Faktoren). Auch können revierbezogene Schutzmaßnahmen in Betracht gezogen werden. So z. B. die Schwerpunktbejagung an besonders verbissgefährdeten Flächen im Wald sowie die Anlage von Wildäsungsflächen. Insofern stellt die Festsetzung der Höhe des Abschusses nur einen Teilbereich einer Gesamtstrategie dar. Siehe hierzu auch § 1 Nr. 1, § 5 Abs. 1 LWaldG.

Das forstliche Gutachten (in der Regel nur alle drei Jahre erforderlich) wird in das Abschussplanverfahren mit einbezogen. Darin wird der unteren Forstbehörde Gelegenheit gegeben, sich über Wildschäden und Wildschutzmaßnahmen zu äußern. Somit soll auch weiterhin eine Abschussbestätigung oder -Festsetzung ohne Stellungnahme und Fachgutachten möglich bleiben. Dem Gutachten werden keine direkten Rechtsfolgen zugeordnet. Die untere Jagdbehörde (Kreisjagdamt, § 33 Abs. 3 LJagdG) bleibt als Kollegialorgan immer Entscheidungsträger. Die unterschiedlichen Interessen der einzelnen Beteiligten sind in die Sachentscheidung mit einzubeziehen und gegeneinander abzuwägen. Gegebenenfalls muss die untere Jagdbehörde von Amts wegen weitere Ermittlungen anstellen. Die untere Jagdbehörde ist auf der Grundlage des Landesverwaltungsverfahrensgesetzes nach pflichtgemäßem Ermessen befugt, ein forstliches Gutachten einzuholen. Dies gilt ebenso für das in besonderen Fällen einzuholende landwirtschaftliche Gutachten (§ 27 Abs. 3 LJagdG). Seit dem Jagdjahr 1983/84 besteht der Vordruck „Ökologische Angaben zum Abschussplan". Die ökologischen Erhebungen werden durch die unteren Forstbehörden alle drei Jahre durchgeführt und sollen insbesondere über die Verbissbelastung Aufschluss geben. Die Jagdpächter sind von dem Ergebnis der Erhebungen zu unterrichten.

Die untere Jagdbehörde bestätigt den Abschussplan, wenn er den Erfordernissen des § 21 Abs. 1 BJagdG und des § 27 Abs. 1 und 2 LJagdG entspricht. Sie setzt ihn von Amts wegen nach pflichtgemäßem Ermessen fest, wenn sie von dem Vorschlag des JAB abweicht, weil der eingereichte Abschussplan nicht den gesetzlichen Anforderungen entspricht. In diesem Fall steht dem JAB ein Anhörungsrecht zu (vgl. § 28 LVwVfG), um seine Vorstellung über den Abschussplan der unteren Jagdbehörde nochmals vorzutragen. Eine spezielle Verfahrensbeteiligung ist in diesen Fällen nicht vorgesehen. Zum Teilnahmerecht einer bestätigten Hegegemeinschaft siehe § 27 Abs. 3 S. 3 LJagdG. Der Abschussplan wird auch festgesetzt, wenn er nicht rechtzeitig bei der Jagdbehörde eingereicht wird. Die Festlegung der Abschusshöhe ist somit eine Planentscheidung, die auf einer Abwägung der zu berücksichtigenden unterschiedlichen Interessen beruht. Findet sie nicht statt, führt dies zur Rechtswidrigkeit des Verwaltungsakts.

Erst nach der Bestätigung oder Festsetzung darf Wild erlegt werden. Ein bestätigter Abschussplan gilt auch für den Rechtsnachfolger des JAB. Ein auf Antrag des JAB oder von Amts wegen unter den Voraussetzungen des § 10 Abs. 2 LJagdG DVO bestätigter oder festgesetzter Abschussplan kann von der unteren Jagdbehörde geändert werden.

Bei dem Abschussplan handelt es sich um einen Verwaltungsakt, der mit den Mitteln des Verwaltungsrechts (Widerspruch und nach Zurückweisung des Widerspruchs mit einer Anfechtungsklage) angefochten werden kann. Der Vorstand der Jagdgenossenschaft kann die Rechte seiner Mitglieder aus § 21 Abs. 1 S. 1 BJagdG gerichtlich geltend machen. Der Widerspruch muss innerhalb eines Monats nach Bekanntgabe des Abschussplanes schriftlich oder zur Niederschrift bei der unteren Jagdbehörde eingelegt werden. Er sollte sich nur gegen die Abweichung vom Abschussvorschlag richten. Die Fristversäumnis führt zur Bestandskraft des Verwaltungsakts. Rechtsmittel haben grundsätzlich aufschiebende Wirkung, es sei denn, es wurde die sofortige Vollziehung aus Gründen des öffentlichen Interesses angeordnet (§ 80 Abs. 2 Nr. 4 VwGO). Das besondere Interesse an der sofortigen Vollziehung ist schriftlich zu begründen (§ 80 Abs. 3

VwGO). Der Abschussplan für einen Jagdbezirk greift nicht in die Rechte des benachbarten JAB ein (Hess. VGH, Beschl. v. 12.12.2002).

Für Rehwild ist in der Regel ein Drittel des Gesamtabschusses jährlich zu erfüllen. Der Abschussplan für Schalenwild muss erfüllt werden. Der JAB ist verpflichtet, den Abschussplan notfalls unter Hinzuziehung anderer Jagdscheininhaber zu erfüllen. Gegebenenfalls kann das Abschusssoll vom Kreisjagdamt erzwungen werden (§ 27 Abs. 2 BJagdG).

Ein generelles Abschussmeldeverfahren für Schalenwild besteht in BW nicht. Die untere Jagdbehörde kann jedoch von dem JAB verlangen, dass er jeden Abschuss von Schalenwild meldet und den körperlichen Nachweis erbringt.

Eine Abschussmeldepflicht besteht gemäß § 4 Abs. 1 der RotwildVO. Hiernach muss der JAB den Abschuss von Rotwild innerhalb und außerhalb der Rotwildgebiete binnen drei Tagen der unteren Jagdbehörde schriftlich unter Angabe von Geschlecht, Alter und Stärkeklasse melden.

Der Abschussplan darf nicht überschritten werden. Bei einer Ansitz-Drückjagd ist eine Kontrolle der Abschusshöhe nur über eine Begrenzung der Fläche, der Zeit und der Schüsse möglich, wenn eine Überschreitung denkbar wäre. Ist dies z. B. bei Rehwild der Fall, darf dieses bei der Drückjagd nicht freigegeben werden.

Der JAB hat eine Streckenliste über erlegtes und verendetes Wild zu führen. Dies gilt nicht für das vor Beginn seiner Jagdzeit angefallene Jungwild, z. B. die im Frühjahr vermähten Rehkitze. Es ist seine Entscheidung, ob er dieses einträgen will. Trägt er es in die Streckenliste ein, dann wird es auf den Abschussplan angerechnet. Erlegtes Wild, das der Abschussplanung unterliegt, ist auf den Abschussplan des Revierinhabers anzurechnen, in dessen Revier das Wild angeschossen wurde (§ 17 Abs. 3 LJagdG). Die Streckenliste ist auf Verlangen jederzeit, ansonsten jährlich am Ende des Jagdjahres der unteren Jagdbehörde vorzulegen (§ 27 Abs. 6 S. 1 LJagdG). Für die Führung der Streckenliste ist der von der unteren Jagdbehörde zur Verfügung gestellte Vordruck zu verwenden. Bei verendetem Wild muss sie Angaben über Verkehrsverluste enthalten. Die Abschüsse von Kormoranen können auf einem besonderen Einlegeblatt gemeldet werden.

Die untere Jagdbehörde kann die Vereinigungen der Jäger auf deren Kosten mit der Durchführung einer öffentlichen Hegeschau beauftragen (§ 11 Abs. 2 LJagdG DVO).

§ 27 Abs. 7 Nr. 3 LJagdG ermächtigt das MLR, unter besonderer Berücksichtigung der Hegegrundsätze nach § 1 Abs. 2 BJagdG Rotwildgebiete (in denen das Rotwild als Standwild gehegt wird) auszuweisen, aufzuheben und für die Bejagung des Rotwildes Vorschriften zu erlassen. Die Rotwildgebiete sind in § 1 RotwildV enthalten. Zum Abschuss außerhalb der Rotwildgebiete siehe § 3 RotwildV. Die Aufhebung von Rotwildgebieten darf nur unter Beachtung der in § 1 Abs. 2 BJagdG verankerten Hegegrundsätze durchgeführt werden. Das bedeutet, dass künftig eine Aufhebung eines Rotwildgebietes nicht mit einem Totalabschuss eines regionalen Rotwildbestandes verknüpft werden darf. In diesem Zusammenhang wird auf die Urteilsgründe des VG Osnabrück vom 11.6.2004 hingewiesen, mit denen der Totalabschuss in einem Rotwildgatter-Revier als rechtswidrig abgelehnt wurde (§§ 1 Abs. 2, 21 Abs. 1 BJagdG).

Um das Modellprojekt „Rehwildbewirtschaftung ohne behördlichen Abschussplan" durchführen zu können, bedurfte es einer gesetzlichen Grundlage zur Erteilung von Ausnahmen. Dies erfolgte mit dem Gesetz zur Änderung des LJagdG vom 11.10.2007 durch Einfügen des § 27 Abs. 8 LJagdG. Danach kann das Ministerium für bestimmte Jagdbezirke, u. a. zur Durchführung von Pilotprojekten durch Einzelanordnung JAB von der Pflicht, Abschüsse von Schalenwild nur auf Grund und im Rahmen eines Abschussplanes durchzuführen, entbinden. Das Gesetz ist rückwirkend zum 1.4.2007 in Kraft getreten. Jagdrechtsinhaber und JAB haben die Grundsätze der Rehwildbewirtschaftung eigenverantwortlich durch eine private Vereinbarung ohne VA umzusetzen.

§ 21 Abs. 3 BJagdG räumt den Ländern die Befugnis ein, durch Rechtsverordnung oder durch Einzelverfügung den Abschuss von Wild zu verbieten, dessen Bestand bedroht ist. Wer gegen eine solche Anordnung vorsätzlich oder fahrlässig verstößt, begeht eine Straftat (vgl. § 38 BJagdG).

Rechtsverstöße: Ordnungswidrig handelt, wer

a) vorsätzlich den Abschussplan nicht fristgerecht vorlegt oder nicht erfüllt (§ 40 Abs. 1 Nr. 13 LJagdG),

b) vorsätzlich oder fahrlässig Schalenwild oder anderes Wild, das nur im Rahmen eines Abschussplanes bejagt werden darf, erlegt, bevor der Abschussplan bestätigt oder festgesetzt ist (§ 21 Abs. 2 Satz 1 BJagdG) oder wer den Abschussplan überschreitet (vgl. § 39 Abs. 2 Nr. 3 BJagdG),

c) vorsätzlich oder fahrlässig die Streckenliste nicht, nicht richtig oder nicht rechtzeitig der unteren Jagdbehörde vorlegt (§ 40 Abs. 2 Nr. 4 LJagdG).

27 **§ 22 BJagdG**   ***Jagd- und Schonzeiten***
   § 25 LJagdG
   § 8 LJagdG DVO ***Jagdzeiten***

Nach § 22 BJagdG ist zu unterscheiden zwischen

Wild mit Jagdzeit	Wild mit ganzjähriger Schonzeit	Wild ohne Schonzeit
z. B. Rotwild	z. B. Murmeltier	– Schwarzwild
Rehwild	Wildkatze	– Frischlinge – Überläufer
Schwarzwild	Graureiher	– Wildkaninchen
Hase	Greife	– Füchse
Fasan	Falken	– Waschbär
		– Marderhund

Das BJagdG enthält nur wesentliche Vorschriften über Jagd- und Schonzeiten. In § 25 LJagdG werden sämtliche vom BJagdG den Ländern eingeräumten Ermächtigungen zur Veränderung der Jagd- und Schonzeiten zusammengefasst. Das BMELV hat aufgrund der Ermächtigung des § 22 Abs. 1 BJagdG in § 1 der VO über die Jagdzeiten das Wild mit Jagdzeit festgelegt und die Zeiten bestimmt, in denen die Jagd ausgeübt werden darf (Jagdzeiten). Die vom Bundesrecht abweichenden Jagdzeiten sind in § 8 LJagdG DVO enthalten. Die Aufhebung von Jagdzeiten darf keinen unzulässigen Eingriff in das geltende Jagd- und Eigentumsrecht darstellen. Fehlende konsumtive Nutzung dürfte kein ausreichender Grund sein, um Wildarten aus der Jagdzeitenverordnung zu streichen.

Auf die Änderungen des Bundesrechts und der LJagdG DVO wird besonders hingewiesen. Die EU-Kommission hatte 1999 bemängelt, dass die Jagdzeiten einiger Vogelarten in Deutschland gegen die EG-Vogelschutzrichtlinie verstoßen. Die Richtlinie verbietet im Art. 7 Abs. 4 die Bejagung von Vögeln während der Fortpflanzungsperiode. Die EU-Kommission hat die Fortpflanzungszeiten aller nach der Vogelschutzrichtlinie jagdbaren Vogelarten überprüft und das geänderte Fortpflanzungsverhalten einiger Vogelarten belegt. Die Bundesregierung war gehalten, die für Deutschland in den „Data sheets" ausgewiesenen Zeiten zu übernehmen.

Die festgesetzten Jagdzeiten umfassen nur solche Zeiträume einschließlich Tageszeiten, in denen nach den örtlich gegebenen äußeren Umständen für einen Jäger die Gefahr der Verwechslung von Tierarten nicht besteht.

Außerhalb der Jagdzeiten ist Wild mit der Jagd zu verschonen (Schonzeiten). Gegenstand der Jagdausübung ist lebendes Wild. Deshalb finden die Schonzeitregelungen auf totes Wild keine Anwendung. Das Aneignungsrecht des JAB bleibt jedoch erhalten. Gegebenenfalls sind Vermarktungsverbote zu beachten (siehe BWildSchV).

Nach § 1 Abs. 2 der VO über Jagdzeiten darf vorbehaltlich der Vorschrift des § 22 Abs. 4 BJagdG die Jagd ganzjährig ausgeübt werden beim Schwarzwild auf Frischlinge und Überläufer sowie auf Wildkaninchen und Füchse, nach Landesrecht auf Waschbär, Marderhund und Nutria (Wild ohne Schonzeit).

Auch Wild ohne Schonzeit erfährt durch § 22 Abs. 4 S. 1 BJagdG einen Mindestschutz, der den Geboten der Waidgerechtigkeit und des Tierschutzes entspricht.

Als Rahmen für Setz- und Brutzeiten, die gesetzlich nicht festgesetzt sind, kann gelten:

Haarwild	Federwild
allgemein 1. März bis 15. Juni Kaninchen März bis Oktober Waschbär, Marderhund April bis Ende August	1. April bis 15. Juli

Für Nutria kommen hauptsächlich die zugelassenen Lebendfangfallen in Frage. Drahtkastenfallen können gem. § 5 Abs. 2 LJagdG DVO vom Kreisjagdsamt zugelassen werden. Totfangfallen sind insofern abzulehnen, weil kein gezielter Schutz der Elterntiere möglich ist, zumal in milden Wintern auch mit führenden Elterntieren zu rechnen ist. Eine ausführliche Darstellung enthält die Broschüre „Die Nutria", herausgegeben von der Wildforschungsstelle Aulendorf (1997).

Von dem generellen gesetzlichen Verbot, Elterntiere (auch bei Wild ohne Schonzeit) in den Setz- und Brutzeiten zu bejagen, kann die untere Jagdbehörde für Wildkaninchen, Waschbär, Marderhund und Nutria unter den Voraussetzungen des § 22 Abs. 2 S. 2 BJagdG Ausnahmen zulassen (vgl. § 8 Abs. 4 LJagdG DVO).

Unter Gelege versteht man ein Nest mit Eiern jagdbaren Federwildes. Das Ausnehmen von Gelegen des Federwildes ist grundsätzlich verboten (§ 22 Abs. 4 Satz 4 BJagdG). Eine Ausnahmegenehmigung kann die untere Jagdbehörde im Rahmen des § 22 Abs. 4 S. 5 BJagdG erteilen. Gleiches gilt für das Aushorsten von Nestlingen und Ästlingen der Habichte für Beizzwecke.

Wer vorsätzlich oder fahrlässig entgegen § 22 Abs. 1 S. 2 BJagdG Wild nicht mit der Jagd verschont, begeht eine Ordnungswidrigkeit nach § 39 Abs. 2 Nr. 3 a BJagdG.

Beispiel: Bei einer Drückjagd im Dezember wird ein Rehbock erlegt.

In den Fällen der §§ 21 Abs. 3, 22 Abs. 2 S. 1 und 22 Abs. 4 S. 1 BJagdG liegt stets ein Vergehen vor (vgl. § 38 BJagdG).

28 *§ 22 a BJagdG Verhinderung von vermeidbaren Schmerzen oder Leiden des Wildes*
§ 17 LJagdG Wildfolge
§ 18 LJagdG Jagdausübung in befriedeten Bezirken auf krank geschossenes oder schwerkrankes Wild

Krankgeschossenes Wild ist unverzüglich zu erlegen. Dies gilt auch für schwerkrankes Wild, es sei denn, dass es genügen würde und möglich wäre, es einzufangen und zu versorgen.

Erlegen von krankgeschossenem oder schwerkrankem Wild

im eigenen Jagdbezirk, § 22 a Abs. 1 BJagdG	wechselt in fremden Jagdbezirk, schriftliche Vereinbarung erforderlich, § 22 a Abs. 2 BJagdG, § 17 Abs. 1 LJagdG oder gesetzliche Wildfolge, § 17 Abs. 2 LJagdG	wechselt in Jagdbezirk, in dem die Jagd ruht oder nur beschränkte Jagdausübung gestattet ist, § 18 LJagdG

Die genannten Vorschriften beruhen auf den Grundsätzen der Waidgerechtigkeit und des Tierschutzes. Sie richten sich an den Jäger, unabhängig davon, ob er als JAB, Jagdaufseher, angestellter Jäger oder als Jagdgast befugterweise die Jagd ausübt.

Krankgeschossen ist Wild, wenn es nicht nur so unwesentlich verletzt wurde, dass weder die Gefahr besteht, es könnte verenden oder lange Qualen erleiden, noch dass es in seiner Fähigkeit, sich auf freier Wildbahn zu halten, ernstlich beeinträchtigt wird. Unerheblich ist, wo und von wem es krankgeschossen wurde. Schwerkrankes Wild i. S. der § 22 a BJagdG und § 17 LJagdG ist das von einer Krankheit, insbesondere von einer Wildseuche, befallene oder sonst durch Autounfall, Zäune, Schlingen, Forkelstiche, landwirtschaftliche Maschinen usw. verletzte Wild. Hierunter fällt auch kümmerndes Wild, das insbesondere durch Alter, Entkräftung, Verletzung oder Parasiten erheblich und auf lange Zeit geschwächt bleibt. Solches Wild ist aus Gründen des Tierschutzes unverzüglich, d. h. ohne schuldhaftes Zögern, zu töten.

Die unbefugte Nachsuche (= Jagdausübung) im fremden Revier kann den Tatbestand der Jagdwilderei oder zumindest den Tatbestand des unbefugten Betretens zur Jagd ausgerüstet, in einem fremden Jagdbezirk außerhalb der zum allgemeinen Gebrauch bestimmten Wege, erfüllen. Aus Gründen des Tierschutzes ist es aber dringend geboten, dem Wild vermeidbare Schmerzen oder Leiden zu ersparen. In erster Linie sollen individuelle schriftliche Wildfolgevereinbarungen zwischen zwei oder mehreren Revierinhabern diesen Konflikt lösen. Auch für Eigenjagdbezirke soll eine Wildfolgevereinbarung angestrebt werden. Das Verfolgen von Wild im Nachbarrevier muss die Ausnahme bleiben.

Die Absätze 2 und 3 enthalten ein gesetzliches Wildfolgerecht für den Fall, dass eine schriftliche Wildfolgevereinbarung nicht zustande kommt. Zugleich sollen die beiden Absätze Anregungen für eine schriftliche Wildfolgevereinbarung geben. Die gesetzliche Regelung entspricht den Mindesterfordernissen der heutigen tierschutzgerechten Wildfolge in und außerhalb befriedeter Bezirke. Die Vorschrift gilt auch für Wild während der Schonzeit.

Wechselt das krankgeschossene oder aus sonstigen Gründen schwerkranke Wild ins Nachbarrevier und ist es

für einen sicheren Schuss erreichbar:	für einen Schuss nicht erreichbar:
– Schuss mit der Langwaffe vom Jagdbezirk aus ins Nachbarrevier, – Versorgen am Erlegungsort, (gilt auch, wenn das Wild vorher in Sichtweite verendet ist), – Schalenwild bleibt am Erlegungsort – Erleger muss das Erlegen unverzüglich dem dortigen JAB oder dessen Vertreter melden, – anderes Wild mitnehmen, unverzüglich dem dortigen JAB abliefern. Merke: Ist zu erlegen und zu versorgen! – Schützenpflicht –	– grundsätzlich vom Nachbarrevier fernbleiben, – Stelle des Überwechselns kennzeichnen – Anschuss nach Möglichkeit kenntlich machen, – unverzüglich dortigen JAB oder dessen Vertreter benachrichtigen, – für Nachsuche selbst oder Vertreter zur Verfügung stellen. Kann nur durch sofortige Aufnahme oder Weiterführung der Nachsuche mit einem brauchbaren Jagdhund ein Stück vor vermeidbaren Schmerzen oder Qualen bewahrt werden, darf der zur Jagdausübung Befugte für die Nachsuche Nachbarreviere mit der Langwaffe betreten. Die betroffenen Revierinhaber sind unverzüglich zu benachrichtigen.

Das Mitführen von Pistolen und Revolvern musste hier nicht geregelt werden, da diese Waffen nur für den Fangschuss bzw. Bau- und Fallenjagd zugelassen sind (vgl. § 19 Abs. 1 Nr. 2 d BJagdG).

Stellt sich heraus, dass das als „verendet" angenommene Wild noch lebt, darf auch im fremden Revier der Fangschuss angetragen werden. Dem Tierschutz ist in einem solchen Fall der Vorrang einzuräumen.

Erlegtes Wild und Trophäen gehören dem am Erlegungsort zuständigen JAB. Unterliegt das Wild der Abschussplanung, ist es auf den Abschussplan des Revierinhabers anzurechnen, in dessen Revier es angeschossen wurde. Wechselt Wild über die Reviergrenze in ein Nachbarland, ist für die Wildfolge das Jagdrecht des Nachbarlandes maßgebend. (Bedenklich sind Tendenzen wie in § 27 Abs. 4 Niedersächsisches Jagdgesetz: „Kommt krankgeschossenes Wild im Nachbarjagdbezirk zur Strecke, so stehen das Wildbret und die Trophäen abweichend von §§ 1 Abs. 1 und 5 BJagdG dem JAB des Jagdbezirkes zu, in dem das Wild krankgeschossen worden ist, es sei denn, die Nachsuche wurde endgültig aufgegeben").

Die Wildfolge im befriedeten Bezirk wird in § 18 LJagdG geregelt. Sie bezieht sich auf krankgeschossenes oder aus sonstigen Gründen schwerkrankes Wild. Soweit Wild in Hofräume und Hausgärten gelangt, die unmittelbar zu einem Wohngebäude gehören und in irgendeiner Form umgrenzt sind, zählen diese als Wohnung i. S. von Art. 13 GG. Der Inhaber des Hausrechts oder in seiner Abwesenheit sein Vertreter ist nach Möglichkeit vorher von der Jagdausübung zu informieren.

Nach § 18 S. 3 LJagdG steht dem Jagdausübungsberechtigten in diesen Fällen das Aneignungsrecht zu. Gemäß Satz 5 Hs. 2 ist der Grundeigentümer zur Herausgabe des erlegten Wildes verpflichtet. Ein befriedeter Bezirk gehört zwar zur Bruttojagdfläche eines gemeinschaftlichen Jagdbezirks, aber die Jagdausübung auf krankgeschossenes oder schwerkrankes Wild in einem befriedeten Bezirk ist nur unter dem Blickwinkel des Tierschutzes zu sehen, um Wild vor vermeidbaren Schmerzen oder Leiden zu bewahren (gesetzliche Wildfolge). Eine ähnliche gesetzliche Regelung enthielt bereits das LJagdG i. d. F. vom 15.3.1954. Mit dem für den Jagdausübungsberechtigten geschaffenen Aneignungsrecht wird die Einheit von Grund und Boden und dem Jagdrecht verletzt (§ 3 Abs. 1 BJagdG). Insofern erscheint diese Regelung als nicht verfassungskonform. Dem JAB wird das Jagdausübungsrecht von der Jagdgenossenschaft auf deren Grund und Boden verpachtet, nicht aber das Jagdausübungsrecht auf Flächen, die zu befriedeten Bezirken zählen, da deren Inhaber nicht Mitglied der Jagdgenossenschaft sind.

Ruhen der Jagd bedeutet, dass in einem befriedeten Bezirk in der Regel keine Jagdausübung stattfindet. Das Aneignungsrecht (§ 1 Abs. 5 BJagdG) des Grundeigentümers in einem befriedeten Bezirk bleibt unberührt. Es ist unstrittig, dass die Verletzung des Jagdrechts (bzw. Jagdausübungsrechts) des Grundeigentümers in einem befriedeten Bezirk den Tatbestand der Jagdwilderei (§ 292 StGB) erfüllt.

Beispiel: Am Ortsrand befindet sich eine Gärtnerei, deren eingezäunte Grundfläche 4 ha beträgt und die von der unteren Jagdbehörde befriedet wurde. Der JAB J entdeckt dort einen Hasen, den er erlegt. Obwohl die Fläche der Gärtnerei zum Bruttojagdbezirk des JAB zählt, liegt in diesem Fall Jagdwilderei vor.

Ordnungswidrig handelt, wer es vorsätzlich unterlässt, das Überwechseln von krankgeschossenem oder aus sonstigen Gründen schwerkrankem Wild dem JAB des Nachbarreviers oder dessen Vertreter unverzüglich zu melden, oder Wild fortschafft oder mitgenommenes Wild dem Reviernachbarn nicht unverzüglich abliefert (§ 40 Abs. 1 Nr. 6 LJagdG). Das Nichtabliefern des Wildes stellt Jagdwilderei dar (vgl. § 292 StGB). Insofern steht § 40 LJagdG nicht im Verhältnis der Spezialität zu § 292 StGB, wenn das Wild entgegen der gesetzlichen Regelung nicht abgeliefert wird (vgl. BayObLG, Urt. v. 7.5.1992).

Ferner handelt ordnungswidrig, wer entgegen § 18 S. 2 Gebäude, die dem Aufenthalt von Menschen dienen, bejagt oder entgegen § 18 S. 4 als Grundstückseigentümer oder Nutzungsberechtigter Wild nicht herausgibt (§ 40 Abs. 1 Nr. 7 und 8 LJagdG).

Die Verletzung der Schützenpflichten stellt einen schweren Verstoß gegen die Grundsätze deutscher Waidgerechtigkeit dar. Die untere Jagdbehörde kann den Jagdschein versagen und einziehen (§§ 17 Abs. 2 Nr. 4, 18 BJagdG).

29 **§ 21 LJagdG *Verwendung von Jagdhunden***

Unter einer Suchjagd versteht man eine Jagd ohne Treiber, bei welcher der Jäger allein oder mit anderen Jägern zusammen und einem brauchbaren Jagdhund nach dem Wild sucht (Feldsuche, Buschieren). Bei der Drückjagd wird das Wild mit geringem Aufwand von Treibern ohne frei laufende Hunde und ohne Lärm getrieben, so dass das Wild vertraut an den bekannten Wechseln zu dem Schützen kommt. Treibjagd i. S. des LJagdG ist die Jagd, bei der mehr als vier, bei der Jagd auf Schalenwild im Walde mehr als acht Schützen oder mehr als vier Personen, die das Wild aufscheuchen, teilnehmen (§ 42 Abs. 1 LJagdG).

Bei Such-, Drück- und Treibjagden sowie jeglicher Bejagung von Federwild sind brauchbare Jagdhunde mitzuführen und zur Nachsuche einzusetzen. Diese Vorschrift dient der tierschutzgerechten Jagdausübung und stellt zugleich eine Abgrenzung zu § 40 Abs. 2 Nr. 6 LJagdG dar. Auch für sonstige Nachsuchen sind brauchbare Jaghunde bereitzuhalten und einzusetzen, wenn es den Umständen nach erforderlich ist.

30 *§ 19 LJagdG*   *Schutz des Wildes vor Futternot*
§ 20 LJagdG   *Ablenkungsfütterung, Kirrung, Arzneimittel und synthetische Lockmittel für Wild*
§ 2 LJagdG DVO   *Missbräuchliche Wildfütterung*
§ 3 LJagdG DVO   *Missbräuchliche Ablenkungsfütterung und Kirrung*
§ 3 a LJagdG DVO   *Beseitigungspflicht*

Zur Hegepflicht siehe Ausführungen zu § 1 Abs. 2 BJagdG. Der Schutz und die Erhaltung der natürlichen Lebensgrundlagen des Wildes sowie eine erforderliche Verbesserung der natürlichen Lebensgrundlagen stehen im Vordergrund. Diese Aufgaben obliegen dem JAB im Einvernehmen mit den Grundstückseigentümern oder Nutzungsberechtigten.

§ 19 LJagdG: Schutz des Wildes vor Futternot

Abs. 1 Haftverpflichtung	Abs. 2 Fütterung von Schalenwild	Abs. 3 Fütterung von Wildenten	Abs. 4 Ermächtigung zum Erlass von Rechtsverordnungen

§ 20 LJagdG

Abs. 1, 4 Ablenkungsfütterung	Abs. 2, 4 Kirrung	Abs. 3 Arzneimittel und Synthetische Lockmittel für Wild

Missbräuchliche

Wildfütterung	Ablenkungsfütterung	Kirrung
§ 2 Abs. 1 LJagdG DVO	§ 3 Abs. 1 LJagdG DVO	§ 3 Abs. 1 LJagdG DVO
§ 2 Abs. 2 Nr. 1 bis 6	§ 3 Abs. 2 Nr. 1 bis 3	§ 3 Abs. 3 Nr. 1 bis 5
§ 2 Abs. 3 Rotwild		
§ 2 Abs. 4 Regelungen im Einzelfall	§ 3 Abs. 4 Regelungen im Einzelfall	§ 3 Abs. 4, 5 Regelungen im Einzelfall
	§ 3 a Beseitigungspflicht	

a) Fütterung

Die Fütterung unterscheidet sich von der Ablenkungsfütterung und dem Ankirren.

	Schalenwild	Wildenten	Niederwild (ausgenommen Rehwild)
Füttern beachte § 2 LJagdG DVO **1. 4.–30. 11.**	– nur auf Anordnung der unteren Jagdbehörde bei Futternot –	Nur auf Anordnung der unteren Jagdbehörde bei Futternot (§ 19 Abs. 3 LJagdG)	– darf gefüttert werden Entscheidung des JAB
1. 12.–31. 3.	– darf gefüttert werden (§ 19 Abs. 2 S. 1 LJagdG) – bei Futternot muss gefüttert werden (§ 19 Abs. 2 S. 2 LJagdG)		
Ablenkungsfütterung beachte § 3 LJagdG DVO	Schwarzwild im Wald § 20 Abs. 1 S. 1 u. 2 LJagdG	Nur außerhalb der Jagdzeit und bis spätestens 6 Wochen vor Beginn der Jagdzeit (§ 20 Abs. 1 S. 3 LJagdG)	
Kirrung beachte § 3 LJagdG DVO	während der Jagdzeit ab 1. 9. (§ 20 Abs. 2 LJagdG) Frischlinge und Überläufer ganzjährig, sofern Bejagung erfolgt Schwarzwild in auerhuhnrelevanten Flächen vom 1.8. bis 31.1.		

Schalenwild darf nur noch in der Zeit vom 1.12. bis 31.3. gefüttert werden. Bei Futternot besteht eine Fütterungsverpflichtung in dieser Jahreszeit. In der übrigen Zeit kann die untere Jagdbehörde das Füttern anordnen, wenn Futternot besteht. Somit hat der Gesetzgeber, wie aus der Begründung des Gesetzes zu entnehmen ist, eine Kombination geschaffen zwischen behördlicher Entscheidung über Fütterungsverpflichtungen und einer zeitlich begrenzten, eigenverantwortlichen Fütterungsentscheidung des JAB. Beides ist unter dem Gesichtspunkt des Tierschutzes als unverzichtbarer Kern einer Fütterungsverpflichtung für Schalenwild zu sehen. Maßnahmen der Lebensraumsicherung durch entsprechende Reviergestaltung und Äsungsverbesserung ist der Vorrang einzuräumen. Keinesfalls darf die Fütterung zu überhöhten Schalenwildbeständen führen.

Die Fütterung von Wildenten darf bei Futternot nur auf Grund einer Anordnung der unteren Jagdbehörde durchgeführt werden. Dies ist u. a. auch Folge eines von der EU-Kommission wegen Verletzung der Richtlinie 79/409/EWG des Rates über die Erhaltung wild lebender Vogelarten vom 2.4.1979 (ABl. EG Nr. L 103 vom 25.4.1979) gegen die Bundesrepublik angestrebten Abmahnverfahrens.

Ergänzend hat das MLR in § 2 LJagdG DVO Vorschriften zur Vermeidung missbräuchlicher Fütterung erlassen. Die untere Jagdbehörde kann darüber hinaus erforderliche Regelungen im Einzelfall treffen.

Missbräuchlich ist eine Fütterung, durch die

das Hegeziel (§ 1 Abs. 2 BJagdG)	Maßnahmen zum Schutz des Wildes vor Futternot (§ 19 LJagdG)	Belange des Naturschutzes

gefährdet oder beeinträchtigt werden (§ 2 Abs. 1 LJagdG DVO).

Die weitergehenden Vorschriften des § 32 NatSchG (besonders geschützte Biotope) und § 30 a LWaldG (Biotopschutzwald) bleiben unberührt. In Bannwäldern dürfen grundsätzlich keine Wildfütterungen, Wildwiesen und Wildäcker angelegt bzw. unterhalten werden. In Schonwäldern gelten diese Beschränkungen nur, sofern der spezifische Schutzzweck dies erfordert. Im Bannwald sind Kirrungen zulässig, soweit keine Störungen der Vegetationsentwicklung zu erwarten sind. Insbesondere an Schwarzwild-Kirrungen ist ein strenger Maßstab anzulegen (VwV Waldschutzgebiete).

Die Vorschriften über eine insbesondere missbräuchliche Wildfütterung sind in § 2 Abs. 2 Nr. 1 bis 6 LJagdG DVO enthalten.

Eine Fütterung ist eine feste Einrichtung, in der dem Schalenwild Futtermittel zur Verfügung stehen. Futtermittel für Schalenwild dürfen außerhalb von ortsfesten Fütterungen nicht ausgebracht werden.

Es ist unzulässig, wiederkäuendes Schalenwild mit anderen Futtermitteln als Heu, Grünfuttersilage, Rüben, einheimischem Frisch- und Fallobst oder Obsttrester, denen in geringer Menge Hafer (ca. 10 Volumenprozent) beigemischt sein darf, zu füttern.

Schwarzwild darf nicht mit anderen Futtermitteln als Getreide einschließlich Mais gefüttert werden. Dabei sind hinreichende Vorkehrungen zu treffen, dass diese Futtermittel nicht für anderes Schalenwild zugänglich sind.

Schwarzwild darf in Gebieten, die als aktueller oder potenzieller Lebensraum für den Erhalt der Auerhuhnpopulation im Schwarzwald von Bedeutung ist, nicht gefüttert werden. Die relevanten Flächen sind in der Anlage 4 zur LJagdG DVO enthalten. Am bereits geltenden Verbot der Fütterung und Ablenkungsfütterung hat sich nichts geändert, sondern an Stelle der pauschalen 800 m-Regelung sind die einzelnen Gebiete konkret erfasst.

Erzeugnisse, die tierisches Protein enthalten, oder Erzeugnisse von Fetten aus Gewebe warmblütiger Landtiere oder Erzeugnisse von Fischen oder Mischfuttermittel, die diese Einzelfuttermittel enthalten, dürfen für die Fütterung von Wild nicht verwendet werden. Ausgenommen sind Aufbrüche und sonstige Teile von gesundem Wild, welches im betreffenden Jagdrevier zur Strecke gekommen ist. Diese dürfen jedoch nicht zur Fütterung oder Kirrung von Schwarzwild verwendet werden.

Restfutter darf außerhalb der Fütterungszeiten in der Fütterungsanlage nicht verbleiben. § 2 Abs. 2 Nr. 6 LJagdG DVO enthält die Regelung, dass verdorbene Futtermittel nicht dargeboten werden dürfen und Futtermittel nach Ablauf des zulässigen Zeitraums unverzüglich entfernt werden müssen.

In Rotwildgebieten kann die oberste Jagdbehörde für Rotwild gehäckselte Maispflanzen oder Maissilage jeweils ohne gesonderte Zugabe von Körnermais oder anderen Futtermitteln zulassen.

Schließlich kann die untere Jagdbehörde die erforderlichen Regelungen zur Verhinderung einer missbräuchlichen Wildfütterung treffen. Hierbei ist besonders darauf hinzuweisen, dass sie anordnen kann, eine Fütterung für Schwarzwild anzuzeigen. Das Erlegen von Wild an Fütterungen verstößt gegen die Grundsätze deutscher Waidgerechtigkeit (zur Ausnahme vgl. § 22 a BJagdG). Schalenwild darf in Notzeiten im Umkreis von 200 m von Fütterungen (feste Einrichtungen) nicht erlegt werden. Wildäcker sind keine Fütterungen.

b) Ablenkungsfütterung

Für eine Ablenkungsfütterung und Kirrung sind zunächst die grundsätzlichen Vorschriften des § 3 Abs. 1 LJagdG DVO zu beachten.

Ohne erkennbaren Schutzzweck darf eine Ablenkungsfütterung nicht angelegt werden. Ablenkungsfütterungen dienen der Schadensverhinderung durch Schwarzwild. Sie sind in der Tiefe des Waldes (möglichst nahe einer Dickung), mindestens aber 300 m von der Wald-Feld-Grenze anzulegen, um das Schwarzwild von den landwirtschaftlichen Flächen fernzuhalten und es an den Wald zu binden. Dabei ist das Futter so darzubieten, dass es anderem Schalenwild nicht zur Verfügung steht. Das Einbringen von Futter in den Boden ist jeder anderen Möglichkeit vorzuziehen. An Ablenkungsfütterungen muss die Jagd ruhen, wenn sie ihren Zweck erfüllen soll. Nach § 3 Abs. 2 Nr. 3 LJagdG DVO darf Wild an Ablenkungsfütterungen und in einem Abstand von weniger als 100 m von einer Ablenkungsfütterung mit Ausnahme von Bewegungsjagden nicht bejagt werden. Deshalb darf in diesem Bereich eine Bejagungseinrichtung nur während der Bewegungsjagd aufgestellt sein. Ablenkungsfütterungen in auerwildrelevanten Flächen sind unzulässig.

Ablenkungsfütterungen von Wildenten sind nur außerhalb der Jagdzeit und nur bis spätestens sechs Wochen vor Beginn der Jagdzeit zulässig.

c) Kirrung

Die Kirrung dient der Erlegung von Wild, d. h., das Futter wird allein zu dem Zweck ausgebracht, Wild in Schussentfernung während der Jagdzeit anzulocken und stellt somit eine Vorbereitungshandlung zum Nachstellen dar. Ohne diese Absicht handelt es sich um ein Ausbringen von Futtermitteln außerhalb von ortsfesten Fütterungen (§ 2 Abs. 2 Nr. 1 LJagdG DVO). Das Ankirren ist während der Jagdzeit ab 1. September erlaubt. Eine Kirrung unterscheidet sich von einer Fütterung darin, dass sich die Futtermittel auf dem Boden befinden. Das MLR hat auf Grund der Ermächtigung in § 19 Abs. 4 LJagdG Vorschriften erlassen, um eine missbräuchliche Ablenkungsfütterung und Kirrung zu vermeiden (siehe § 3 LJagdG DVO).

Für wiederkäuendes Schalenwild ist das Ankirren auf zehn Liter Futtermittel begrenzt, da es lediglich dem Anlocken und nicht der Fütterung dient. Für Schwarzwild ist die Futtermenge auf drei Liter Futtermittel je Bejagungseinrichtung begrenzt.

In den auerhuhnrelevanten Flächen ist eine Kirrung von Schwarzwild nur in der Zeit vom 1. August und 31. Januar zulässig. Je Bejagungseinrichtung darf nicht mehr als ein Liter Futtermittel (Getreide, Mais) vorhanden sein. Die Futtermittel müssen so ausgebracht werden, dass diese in den Boden eingebracht (z. B. eingegraben) oder durch natürliches oder naturbelassenes Material (z. B. schwere Steine) abgedeckt werden.

Die Anzahl der Kirrungen für Schwarzwild ist vom Waldanteil eines Jagdbezirks abhängig. Aber je Jagdbezirk sind mindestens zwei Kirrungen zugelassen. Somit dürfen z. B. bei einer Gesamtwaldfläche bis 150 ha drei Kirrungen eingerichtet werden; bei einem Waldanteil von 282 ha sechs (vgl. § 3 Abs. 3 Nr. 2 LJagdG DVO). Nur abgeräumte Kirrungen dürfen neu beschickt werden.

Außerhalb von auerhuhnrelevanten Flächen ist die Kirrjagd auf Schwarzwild auch unter den veränderten jagdrechtlichen Bestimmungen ganzjährig möglich auf Überläufer und Frischlinge. Allerdings ist der Schutz der Elterntiere nach § 22 Abs. 4 BJagdG besonders zu beachten. Im Rottenverband dürfen schwächere Bachen ab Anfang November bis Ende Januar erlegt werden, wenn die Führung der Frischlinge durch andere Bachen gesichert ist.

Die Beschickung von Luderplätzen zur Raubwildbejagung ist so durchzuführen, dass das Lockmittel nicht für Schwarzwild zugänglich ist. Zum richtigen Beschicken eines Luderplatzes wird auf die Ausführungen von *Rang*, Der Jäger in Baden-Württemberg 1989, verwiesen.

Zulässig ist das Ankirren auf Wildenten während der Jagdzeit ab 1. September (§ 20 Abs. 2 LJagdG). Der nunmehr zulässige Einsatz künstlicher Lockenten stellt schon aus Umweltschutzgründen eine Alternative zur Kirrung dar. Für die Kirrung von Wildenten darf keine unangemessene Futtermenge verwendet werden. Wesentliches Kriterium für die Beurteilung der Angemessenheit sind Gewässerart und -größe sowie Anzahl der vorhandenen Enten.

Die Vorschriften des Wasserrechts sind zu beachten. Das Einbringen von Stoffen in ein oberirdisches Gewässer stellt eine Benutzung dar und bedarf der Erlaubnis der unteren Wasserbehörde (§ 23 Abs. 1 Nr. 4, § 41 Abs. 1 Nr. 1 WHG). Stoffe dürfen an einem Gewässer nur so gelagert oder abgelagert werden, dass eine Verunreinigung des Wassers oder eine sonstige nachteilige Veränderung seiner Eigenschaften nicht zu besorgen ist.

Aus Gründen des Umweltschutzes dürfen bei der Wasserwildjagd an Gewässern nur noch Patronen ohne Bleischrot verwendet werden (§ 6 Abs. 3 LJagdG DVO). Es versteht sich von selbst, dass Jäger ihre leer geschossenen Patronenhülsen mitnehmen und umweltfreundlich entsorgen. Das Wegwerfen der Patronenhülsen stellt eine Ordnungswidrigkeit nach dem Gesetz zur Förderung der Kreislaufwirtschaft und Sicherung der umweltverträglichen Beseitigung von Abfällen (Kreislaufwirtschafts- und Abfallgesetz vom 27.9.1994, BGBl. I S. 2705, mit Änderungen) dar.

Ebenso ist das Erlegen von Wild während der Notzeit an Kirrungen nicht waidgerecht. Das bedeutet, dass während der Notzeit nicht zum Zwecke der Jagderleichterung angekirrt werden darf.

Zur Verhinderung einer missbräuchlichen Ablenkungsfütterung oder einer missbräuchlichen Kirrung kann die untere Jagdbehörde die erforderlichen Regelungen im Einzelfall treffen. Sie kann insbesondere im Einzelfall anordnen, dass die Anlage von Ablenkungsfütterungen und Kirrungen anzuzeigen ist. Für die Kirrung von Rotwild in Rotwildgebieten kann die obere Jagdbehörde besondere Regelungen treffen.

Gemäß § 3 a LJagdG DVO besteht eine Beseitigungspflicht für missbräuchlich angelegte oder betriebene Fütterungen, Ablenkungsfütterungen und Kirrungen. Beseitigungspflichtig ist auch die jagdausübungsberechtigte Person, spätestens drei Tage nach Aufforderung durch die untere Jagdbehörde.

Ordnungswidrig handelt, wer
– vorsätzlich entgegen § 19 Abs. 2 und 3 oder § 20 Abs. 1 füttert oder trotz Fütterungspflicht nicht füttert (§ 40 Abs. 1 Nr. 9 LJagdG),
– vorsätzlich oder fahrlässig in Notzeiten Schalenwild in einem Umkreis von 200 m von Fütterungen erlegt (§ 19 Abs. 1 Nr. 10, § 39 Abs. 2 Nr. 2 BJagdG).

Ordnungswidrig im Sinne des § 40 Abs. 2 Nr. 7 LJagdG handelt, wer
– vorsätzlich einer vollziehbaren Anordnung nach § 2 Abs. 4, § 3 Abs. 4 oder § 3a nicht, nicht vollständig oder nicht rechtzeitig nachkommt (§ 24 Nr. 1 LJagdG DVO),
– vorsätzlich entgegen den in § 2 Abs. 2, § 3 Abs. 1 S. 2, Abs. 2 oder 3 besonders genannten Fällen eine missbräuchliche Wildfütterung, Ablenkungsfütterung oder Kirrung vornimmt (§ 24 Nr. 2 LJagdG DVO).

VI. Jagdschutz

31 **§ 23 BJagdG   Inhalt des Jagdschutzes**

Der Jagdschutz dient – nach näherer Bestimmung durch die Länder – dem Schutz des Wildes und der Sorge für die Einhaltung der zum Schutz des Wildes und der Jagd erlassenen Vorschriften (z. B. TollwutVO, Tierschutzgesetz, Naturschutzrecht). Unter Schutz des Wildes versteht man die Abwehr von Gefahren aller Art für das Wild, insbesondere durch Wilderer, Futternot, Wildseuchen, wildernde Hunde und Katzen.

Die im Rahmen des Jagdschutzes erforderliche Kurzhaltung solcher Tierarten, die dem Jagdrecht unterliegen (Fuchs, Marder, Iltis, Wiesel, Dachs, Waschbär, Marderhund) ist Jagdausübung i. S. v. § 1 Abs. 1 BJagdG.

Rabenkrähe und Elster sind besonders geschützt und dürfen nur im Rahmen der Rabenvogelverordnung (Dritter Teil, 4.) bejagt werden. Der Abschuss von Kormoranen ist in der Kormoranenverordnung (Dritter Teil, 5.) geregelt.

Für Eichelhäher bedarf es einer Ausnahmegenehmigung der höheren Naturschutzbehörde.

Zu den Aufgaben und Befugnissen der Jagdschutzberechtigten siehe § 29 LJagdG.

32 **§ 24 BJagdG   Wildseuchen**

Die anzeigepflichtigen Tierseuchen sind in der VO vom 3.11.2004 (BGBl. I S. 2764) aufgeführt. Zu Recht wird in der Literatur ausgeführt, dass letztlich jede Wildkrankheit eine Wildseuche ist, sofern sie seuchenartigen Charakter annimmt (*Lorz/Metzger*, Tierschutzgesetz, S. 115). Die Anzeige ist ohne schuldhaftes Verzögern zu erstatten, sobald der objektive Verdacht gegeben ist. Als Wildseuchen sind anzunehmen: Milzbrand, Wild- und Rinderseuche, Tollwut, Maul- und Klauenseuche, Schweinepest, Brucellose, Geflügelcholera, Hühnerpest, Sarcoptesräude des Gamswildes, seuchenhaftes Erblinden des Gamswildes, Kreuzlähme des Rotwildes, Myxomatose, Tularämie und andere Wildkrankheiten, sofern diese seuchenartigen Umfang angenommen haben.

Der Jagdschutz umfasst auch den Schutz des Wildes vor Wildseuchen. So ist es für den JAB zumutbar und verhältnismäßig, in seinem Revier Impfköder auszubringen, wenn dies die Jagdbehörde zusammen mit dem Amtstierarzt anordnet (s. OVG Münster, – 13 A 2005/98 u. VG Koblenz, Beschl. v. 16.10.2003 – 1 L 2792/03).

Nach § 44 a BJagdG bleiben die Vorschriften des Seuchenrechts unberührt. Dies bedeutet, dass bei der Bekämpfung von Wildseuchen neben den jagdrechtlichen Vorschriften auch die des Tierseuchengesetzes und insbesondere die dazu erlassenen Verordnungen (z. B. Wildschweinepest-Schutzverordnung, Tollwutverordnung) Anwendung finden. In diesem Zusammenhang sei auch auf § 21 Geflügelpest-Verordnung (vom 18.10.2007, BGBl. I. S. 2348) hingewiesen.

Wird der Ausbruch oder der Verdacht des Ausbruchs der Geflügelpest oder der Newcastle-Krankheit bei Papageien und Sittichen sowie bei Wildgeflügel, das sich nicht in freier Wildbahn befindet, amtlich festgestellt, so gelten für diese Tiere die §§ 11 bis 20 entsprechend. Anderes verendetes oder erlegtes Wildgeflügel ist durch den JAB unschädlich zu beseitigen. Auf Anordnung der zuständigen Behörde hat der JAB erlegtes oder verendetes Wildgeflügel aus Sperrbezirken, Verdachtssperrbezirken oder Beobachtungsgebieten zur Untersuchung einzusenden.

Auszug aus dem Merkblatt des BML – Schweinepest bei Wildschweinen[1]:

„Neuausbrüche sind oft auf infizierte Abfälle zurückzuführen, zu denen das Schwarzwild Zugang hatte. Quellen dafür könnten illegale Deponien oder Abfallbehälter sein, aber auch die unerlaubte Verwendung von Speiseresten an Kirrungen oder die Beschickung von Luderplätzen mit Abfällen von infizierten Wild- oder Hausschweinen, in denen das Schweinepestvirus vor allem an kühlen und dunklen Orten mehrere Wochen überlebensfähig bleiben kann. Weil das Virus von Wild- auf Hausschweine und umgekehrt übertragbar ist, kann eine wirksame Bekämpfung der Seuche nur durch Mithilfe der Jäger erfolgreich sein. Was ist zur Vermeidung von Infektionen zu beachten?
– Keine Speise- oder Schlachtabfälle und keinen Schwarzwildaufbruch für Kirrungen oder Luderplätze verwenden!
– Auf sichere Beseitigung der Abfälle insbesondere von Rast-, Park- und Campingplätzen in den Revieren achten!
Wie kann man sie erkennen?
Schweinepest ist eine anzeigepflichtige Seuche. Bereits über den Verdacht muss der zuständige Amtstierarzt unverzüglich informiert werden, um im Ernstfall frühzeitig mit der Bekämpfung beginnen zu können. Daher ist das rechtzeitige Erkennen der Seuche von größter Bedeutung. Das aber kann nur mit Hilfe der Jäger erfolgreich funktionieren, denn ihnen fallen zuerst Veränderungen am Wild auf. Bei Todesfällen insbesondere von Frischlingen und Überläufern, bei verminderten Fluchtreflexen und Lähmungen (solche Tiere können u. U. auch eher Verkehrsunfällen zum Opfer fallen) oder bei abweichenden Befunden beim Aufbrechen – vor allem starke Blutungen in den Nieren, in der Blase, auf dem Kehldeckel und im Darm – besteht Verdacht auf Schweinepest. Das verdächtige Stück Wild und der Aufbruch sind bis zur endgültigen Abklärung sicher zu verwahren.
Mit einer solchen Situation können Sie täglich konfrontiert werden, denn die Erfahrungen der letzten Jahre haben uns leider gelehrt, dass Schweinepest bei Wildschweinen überall in Deutschland auftreten kann.
Bitte denken Sie immer daran: Wenn der Erreger bereits eingeschleppt wurde, breitet er sich auch im Revier aus. Es nützt also gar nichts, einen Verdacht ‚ver-

---

[1] Wildschweinepest-Schutzverordnung s. Anhang (4.).

schwinden zu lassen' in der Hoffnung, es werde schon nichts passieren. Im Gegenteil: Durch Verschweigen trägt man zur unkontrollierten Verbreitung der Seuche bei!

Die Veterinärbehörden führen auch Vorbeugeuntersuchungen bei Wildschweinen zum rechtzeitigen Erkennen der Schweinepest durch. Bitte, unterstützen Sie diese Maßnahmen nach besten Kräften; sie sind ein wichtiger Beitrag zur Gesundheitsüberwachung des Schwarzwildes!

Wie kann sie getilgt werden?

Wenn es zum Ausbruch der Seuche bei Wildschweinen gekommen ist, wird die Tilgung in der Regel zu einer aufwändigen und langwierigen Angelegenheit. Von den Veterinärbehörden werden dazu das infizierte Gebiet, der sog. „gefährdete Bezirk" sowie ein Überwachungsgebiet festgelegt und konkrete Bekämpfungsmaßnahmen angeordnet. Darüber werden die Revierinhaber informiert.

Ziel ist es, die Verbreitung der Seuche aus dem Ursprungsgebiet heraus zu verhindern und dort die Infektionskette abreißen zu lassen. Das aber erfordert, die Zahl der empfänglichen Tiere deutlich zu verringern.

Bitte beachten Sie:
– Als gefährlichste Altersgruppe bei der Seuchenverbreitung gelten Jungtiere und hier wieder die Frischlinge unter 10 Kilogramm Körpergewicht. Jungtiere infizieren sich bereits mit sehr kleinen Virusmengen, erfahren eine starke Virusvermehrung im Organismus und sind damit Anlass für eine massive Erregerstreuung im Revier.
– Ältere Tiere, die mit dem Erreger Kontakt hatten und nicht verendet sind, wurden lebenslang immun, sind also keine empfänglichen Tiere mehr.
Für die Jagdausübung im Seuchenfall hat das folgende Konsequenzen:
– Die Zahl der empfänglichen Tiere ist vor allem durch das Erlegen von Jungtieren zu reduzieren!
– Die Gesamtstrecke in betroffenen Revieren sollte daher mindestens zu 70 Prozent aus Frischlingen (noch nicht einjährigen Stücken) und zu 15 bis 20 Prozent aus Überläufern (einjährigen Stücken) bestehen. Als Ausnahmemöglichkeit sei auch auf den waidgerechten Fallenfang von Frischlingen in Seuchengebieten (genehmigungspflichtig!) hingewiesen. Bei der Entscheidung über die Art der Bejagung sollte man stets bedenken: Je eher die Seuche in einer Region getilgt wird, umso früher können wieder gesunde Bestände heranwachsen und umso weniger Tiere müssen qualvoll an der Schweinepest sterben.

Die Jagd darf dabei nicht zum Versprengen oder zur Störung des Sozialgefüges der Rotten führen!

Darum müssen vor allem Leit- und führende Bachen geschont werden. Innerhalb der ersten 6 Monate nach einem Seuchenausbruch sollte auf Drück- oder Treibjagden ganz verzichtet werden; es müssen vor allem Ansitzjagden durchgeführt werden. Kirrungen können helfen, das Wild am Standort zu halten. Es wird empfohlen, revierübergreifend die erforderlichen Aktivitäten zu beraten und abzustimmen.

Dabei gelten folgende Leitsätze für die Jagd:
– Alle Jagdarten meiden, die zu großen Aktionsräumen und Versprengungen der Sauen führen!

- Noch nicht einjährige Stücke im Rahmen der Einzeljagd bei jeder sich bietenden Gelegenheit bejagen!
- Soweit möglich, Ablenkungsfütterungen zur Ortsbindung einzelner Schwarzwildfamilien anlegen (genehmigungspflichtig)![2]
- In gefährdeten Bezirken verwendete Ausrüstungen, insbesondere Stiefel und Kleidung, erst nach Reinigung und Desinfektion (soweit möglich) außerhalb des Bezirkes wieder nutzen! Jagdhunde frühestens nach einer Woche wieder frei jagen lassen!
- Erlegte Virusträger sind sicher aus dem Verkehr zu ziehen, jede Erregerstreuung im Revier ist zu vermeiden! In gefährdeten Bezirken sind alle erlegten Wildschweine einschließlich Aufbruch zu sammeln und einer labordiagnostischen Untersuchung zu unterziehen. Virushaltige Tierkörper und der entsprechende Aufbruch müssen vernichtet werden! Aus gleichem Grund sollte in anderen Risikogebieten der Schwarzwildaufbruch gesammelt und in Tierkörperbeseitigungsanstalten unschädlich beseitigt oder für Tiere unerreichbar vergraben werden. In festgelegten Überwachungsgebieten bestimmt die zuständige Behörde das Verfahren. Werden diese Regeln nicht ausreichend beachtet, kann es schnell zu Virusverbreitungen auch in Hausschweinebestände kommen, wie die Erfahrungen der jüngsten Vergangenheit gezeigt haben. Grundsätzlich sollte jeder, der Kontakt zu Hausschweinen hat, in Revieren mit Schweinepest nicht zur Jagd gehen!"

33 **§ 25 BJagdG Jagdschutzberechtigte**
§ 29 LJagdG Aufgaben und Befugnisse der Jagdschutzberechtigten
§ 30 LJagdG Bestätigte Jagdaufseher

In den erwähnten Vorschriften ist der Kreis der Personen bestimmt, die das Recht und die Pflicht zur Ausübung des Jagdschutzes in einem Jagdbezirk haben. JAB (Eigenjagdbesitzer und Jagdpächter) sind ausnahmslos jagdschutzberechtigt, wenn sie Inhaber eines Jagdscheines sind. Jagdgäste (Inhaber entgeltlicher und unentgeltlicher Jagderlaubnis) sind nicht jagdschutzberechtigt.

Die Befugnisse der Jagdschutzberechtigten (Eigenjagdbesitzer und Jagdpächter) sind in § 29 LJagdG abschließend geregelt. Die Befugnisse der Jagdschutzberechtigten beziehen sich auf den Inhalt des Jagdschutzes. Dieser umfasst nach näherer Bestimmung durch die Länder den Schutz des Wildes insbesondere vor Wilderern, Futternot, Wildseuchen, wildernden Hunden und Katzen sowie die Sorge für die Einhaltung der zum Schutz des Wildes und der Jagd erlassenen Vorschriften.

Die örtliche Zuständigkeit erstreckt sich auf den Jagdbezirk. An Orten, an denen die Jagd ruht, kann der Jagdschutz nicht ausgeübt werden.

Die Jagdschutzberechtigten müssen beim Einschreiten dem Betroffenen gegenüber als solche erkennbar sein. Sie müssen sich gegenüber dem Betroffenen ausweisen. Eigenjagdbesitzer bzw. Jagdpächter weisen sich mit ihrem Jagdschein aus; dort sind Jagdbezirk, Gemeinde, Kreis, Jagdbehörde eingetragen. Bestätigte Jagdaufseher sind beim dienstlichen Einschreiten verpflichtet, ihren Dienstausweis vorzuzeigen, es sei denn, dass ihnen dies aus Sicherheitsgründen nicht zugemutet werden kann.

---

[2] Für BW: siehe § 20 LJagdG, § 3 Abs. 2 LJagdG DVO.

170

Zu den Förmlichkeiten des Einschreitens gehört, dass dem Betroffenen der Grund der Maßnahme bekannt gegeben wird.

a) Befugnisse der Jagdschutzberechtigten

Die zur Ausübung des Jagdschutzes (§ 23 BJagdG) Berechtigten haben nach § 29 Abs. 1 Nr. 1 LJagdG folgende Befugnisse:

Sie dürfen Personen, die

in einem Jagdbezirk unberechtigt jagen	oder	sonst jagdrechtlichen Vorschriften zuwiderhandeln	oder	außerhalb der zum allgemeinen Gebrauch bestimmten Wege zur Jagd ausgerüstet angetroffen werden, ohne zur Jagd berechtigt zu sein

zur Feststellung
ihrer Personalien

anhalten

und ihnen gefangenes oder
erlegtes Wild, Waffen, Jagdgeräte
und Fanggeräte

abnehmen

1. Unberechtigt jagt, wer gegen materielles Jagdrecht verstößt. Im Regelfall handelt es sich um den Tatbestand der Wilderei. Unberechtigt jagt aber auch, wer keinen gültigen Jagdschein besitzt.
2. Unter sonstigen Zuwiderhandlungen gegen jagdrechtliche Vorschriften fallen alle vorsätzlich oder fahrlässig begangenen Verstöße gegen das BJagdG, LJagdG oder LJagdG DVO, ohne Rücksicht darauf, ob sie durch einen Jäger oder Nichtjäger begangen werden. Mit Ausnahme des § 38 BJagdG handelt es sich hierbei um Ordnungswidrigkeiten.
3. Als zum allgemeinen Gebrauch bestimmte Wege kommen nicht nur Bundes-, Landes-, Kreis- und Gemeindestraßen in Frage. Gemeindestraßen werden wie folgt eingeteilt (§ 3 Abs. 2 StrG):
   1. Gemeindeverbindungsstraßen,
   2. Ortsstraßen,
   3. sonstige Straßen, die einem allgemeinen Kraftfahrzeugverkehr dienen oder zu dienen bestimmt sind,
   4. beschränkt öffentliche Wege; das sind Wege, die einem auf bestimmte Nutzungsarten oder Benutzungszwecke beschränkten Verkehr dienen oder zu dienen bestimmt sind. Hierzu gehören insbesondere öffentliche Wege, die der Bewirtschaftung von Feld- und Waldgrundstücken dienen oder zu dienen bestimmt sind (öffentliche Feld- und Waldwege).

Der Begriff „zum allgemeinen Gebrauch bestimmten Wege" ist nach den Vorschriften des Straßengesetzes für Baden-Württemberg auszulegen. Danach sind öffentliche Straßen diejenigen, die in vollem oder beschränktem Umfang dem öffentlichen Verkehr gewidmet sind. Hierbei sind für die Jagd besonders die dem land- und forstwirtschaftlichen Verkehr gewidmeten Wege von Bedeutung, sog. „Grüne- Plan-Wege". Die Widmung ist ein Verwaltungsakt; er wird von der Gemeinde im Amtsblatt bekannt gemacht. Es handelt sich somit um öffentliche Wege und Stra- ßen. „Grüne-Plan-Wege" sind meist durch das Verkehrszeichen „Verbot für Kraft- fahrzeuge, ausgenommen land- und forstwirtschaftlicher Verkehr", gesperrt.

Zeichen 260 zu § 41 StVO

Verbot für Krafträder, auch mit
Beiwagen, Kleinräder und Mofas
sowie für Kraftwagen und
sonstige mehrspurige Kraftfahrzeuge

Zusatzschild 810

> Landwirt-
> schaftlicher
> Verkehr frei

Das Nichtbeachten des Verkehrszeichens wird als Owi geahndet. An Wegen, an denen kein Verkehrszeichen angebracht ist, stellt deren Befahren mit einem Kraft- fahrzeug entgegen ihrer Widmung eine Sondernutzung dar. Dies ist eine Owi nach dem Straßengesetz für Baden-Württemberg. Der JAB und seine Jagdgäste dürfen im Zusammenhang mit der Jagd diese Wege auch mit Kraftfahrzeugen befahren. Nur eine Fahrt, die im Zusammenhang mit der Jagd ausgeführt wird, fällt unter den Begriff des „landwirtschaftlichen Verkehrs" (OLG Zweibrücken, Beschl. v. 4.10.1977). Fahrten zu anderen Zwecken stellen eine Ordnungswidrigkeit nach §§ 41, 49 Abs. 3 Nr. 4 StVO i. V. m. § 24 StVG dar (vgl. OLG Köln, Beschl. v. 18.4.1986). Ein JAB, der in seinem Jagdbezirk keinerlei Tätigkeiten im Zusam- menhang mit der Jagd ausüben will, muss sich ebenso wie ein Landwirt behan- deln lassen, der Fahrten außerhalb des landwirtschaftlichen Verkehrs ausführt. Land- und forstwirtschaftliche Wege sind gesperrt und dürfen nur zu den privile- gierten Zwecken befahren werden (vgl. auch § 51 NatSchG, § 37 LWaldG). Es kommt bei „landwirtschaftlicher Verkehr frei" nur auf den Fahrzweck, nicht auf das Fahrziel an (OLG Celle, Beschl. v. 27.7.1990).

Bei verpachteten, abgetauschten oder abgegliederten Staatsjagdflächen, bei Staatswaldflächen als Teil eines gemeinschaftlichen Jagdbezirks ist dem jeweiligen Pächter und den von ihm für die Bewirtschaftung bestellten Personen die Wege- benutzung unentgeltlich gestattet (WBA v. 19.2.2007).

Bei den nicht gewidmeten Wegen, insbesondere den zahlreichen Waldwegen, handelt es sich um Privatwege. Über das Befahren entscheidet der Besitzer sol- cher Wege. Das Betretungsrecht nach dem LWaldG und dem NatSchG bleibt un- berührt. Nicht nur ein öffentlicher Weg im Sinne des Wegerechts, sondern auch der vom Eigentümer zur öffentlichen Nutzung freigegebene Privatweg ist ein „zum allgemeinen Gebrauch bestimmter Weg" im Sinne von § 39 Abs. 2 Nr. 6 BJagdG, und zwar bei öffentlich-rechtlicher Widmung und bei Privatwegen im Rahmen der Nutzungsbestimmungen des Eigentümers. Betreten im Sinne von § 39 Abs. 2 Nr. 6 BJagdG ist jedes Sich-Aufhalten im fremden Jagdbezirk (OLG Celle, Beschl. v. 5.7.1984). Wer ohne Zustimmung des Waldbesitzers einen durch Zeichen 250 (Verbot für Fahrzeuge aller Art) gesperrten Waldweg befährt, kann sowohl eine Ordnungswidrigkeit nach der StVO als auch nach § 37 Abs. 4 Nr. 1 LWaldG begehen (vgl. OLG Koblenz, Beschl. v. 18.3.1997). Der allgemeine Gebrauch bezieht sich nur auf den Wegkörper, der rechtlich und tatsächlich zum Verkehr für jedermann freigegeben ist, z. B. zum Gehen, Fahren, Reiten. So bestimmte bereits der inzwischen durch Zeitablauf unwirksam gewordene Erlass des IM BW vom 19.2.1961, dass ein landwirtschaftlicher Weg ein zum allgemeinen Gebrauch bestimmter Weg ist. Es wird aber nicht verkannt, dass diese weite Auslegung des Begriffs „zum allgemeinen Gebrauch bestimmte Wege" nicht dem Sinn des Jagdschutzes entspricht. Sinn der Vorschrift ist es, Unbefugte in Jagdausrüstung von einem fremden Jagdbezirk fernzuhalten. Es ist dabei zu bedenken, dass eine andere Auffassung auch nicht unproblematisch ist.

Beispiel: Der Jagdgast G fährt mit dem Fahrrad auf einem neben der Bundesstraße verlaufenden Grünen-Plan-Weg, weil ihm das Fahren auf der Bundesstraße zu gefährlich erscheint. Er befindet sich in einem fremden Revier. Dabei kommt es nicht darauf an, ob sich die Jagdwaffe in einem Futteral befindet oder offen geführt wird. Gleiches gilt auch für einen JAB, der mit seinem Kraftfahrzeug (Waffe im Fahrzeug) auf einem Weg im Nachbarrevier fährt, weil dies die kürzeste Strecke nach Hause ist.

Als Jagdgeräte sind insbesondere Schusswaffen anzusehen. Daneben kommen insbesondere Fallen, Schlingen, Frettchen und Beizvögel in Frage. Das Mitführen von Fernglas und Jagdmesser genügt nicht.

Ein Jagdhund, den eine sonst unbewaffnete Person in einem fremden Jagdbezirk mit sich führt, ist nur dann als taugliches Jagdgerät i. S. v. § 39 Abs. 2 Nr. 6 BJagdG zu beurteilen, wenn er in der Lage und dazu bestimmt ist, unverwundetes Wild zu fangen (BayObLG, Beschl. v. 29.7.1981 – 3 Ob Owi 22/81). Wesentlich ist somit, dass der zur Jagd geeignete Hund von seinem Führer mit der Absicht mitgenommen wird, ihn im Jagdrevier einzusetzen. Dies kann allgemein ein Jagdschutzberechtigter dem Führer eines Jagdhundes nicht unterstellen. Das Jagen eines Hundes hinter Wild auf Grund des Befehls des Hundehalters stellt ein Nachstellen i. S. v. § 292 StGB dar.

Ordnungswidrig handelt, wer vorsätzlich oder fahrlässig zur Jagd ausgerüstet unbefugt einen fremden Jagdbezirk außerhalb der zum allgemeinen Gebrauch bestimmten Wege betritt (§ 39 Abs. 2 Nr. 6 BJagdG).

Beispiel: A besitzt außerhalb der im Zusammenhang bebauten Ortsteile ein eingezäuntes Gartengrundstück (befriedetes Besitztum). Er verbringt von seiner Wohnung aus den in seiner WBK eingetragenen Revolver zum Gartengrundstück. Ob dies zulässig ist, richtet sich nach dem Waffenrecht. Sein Gartengrundstück ist jedoch Teil eines fremden Jagdbezirks. Somit liegt eine Owi nach § 39 BJagdG vor.

Fallabwandlung:
A hat seinen Revolver im Garten seines Wohnhauses dabei (befriedeter Bezirk), der zur Bruttojagdfläche des Jagdbezirkes zählt. Hier findet § 39 Abs. 2 Nr. 6 BJagdG allerdings keine Anwendung.

Zur Verfolgung dieser Zuwiderhandlungen haben die JAB das Recht, Personen zur Feststellung ihrer Personalien anzuhalten und ihnen gefangenes oder erlegtes Wild, Waffen, Jagd- und Fanggeräte abzunehmen. Ordnungswidrig handelt, wer vorsätzlich einem im Rahmen seiner Befugnis handelnden Jagdschutzberechtigten gegenüber unrichtige Angaben über seine Person macht oder die Angaben verweigert (§ 40 Abs. 1 Nr. 14 LJagdG).

Mit dem Recht zur Feststellung der Personalien oder der Abnahmebefugnis von Sachen sind keine hoheitlichen Befugnisse verbunden. Der JAB hat nicht das Recht, Maßnahmen mit Gewalt durchzusetzen. Deswegen ist es von Bedeutung, ob es sich bei der zu verfolgenden Handlung um eine Ordnungswidrigkeit oder um eine Straftat handelt.

b) Töten von Hunden und Katzen

Wildernde Hunde stellen eine besondere Gefahr für das Wild dar. Die Befugnis und Beschränkung zum Töten von Hunden und Katzen ergibt sich für den Jagdschutzberechtigten aus § 23 BJagdG, § 29 Abs. 1 Nr. 2 LJagdG. Sind die Voraussetzungen des § 29 Abs. 1 Nr. 2 LJagdG gegeben, liegt für den Jagdschutzberechtigten ein Rechtfertigungsgrund vor. Ansonsten begeht er ein Vergehen, denn nach § 17 TierSchG ist es verboten, ein Wirbeltier ohne vernünftigen Grund zu töten.

Die Befugnisse des JAB wurden aus vorwiegend tierschützerischen Gründen durch die Novellierung des LJagdG (1. Juni 1996) erheblich eingeschränkt. An das Töten wildernder Hunde werden dadurch erhöhte Anforderungen gestellt, dass für den JAB die unmittelbare Gefährdung des Wildes ausschlaggebend sein soll (Landtagsdrucksache 11/5803, Einzelbegründung zu § 29 LJagdG). Ein Abschuss kommt nur in Frage, wenn der Hund unmittelbar das Wild gefährdet und keine anderen Abwehrmaßnahmen zur Verfügung stehen.

Jagdgästen kann das Töten von Hunden und Katzen nicht übertragen werden.

Mit der Novellierung des LJagdG hat sich der Gesetzgeber vom Begriff des Wilderns bzw. des Wildereiverdachts gelöst. Es wird nunmehr der Begriff des Nachstellens verwendet. In diesem Zusammenhang sind folgende Tatbestände denkbar:

a) der Hund hält sich unbeaufsichtigt im Revier auf.	b) der Hund stellt dem Wild nach, aber eine unmittelbare Gefährdung des Wildes liegt nicht vor.	c) der Hund stellt dem Wild nach und gefährdet es unmittelbar. Ausnahmeregelungen nach § 29 Abs. 1 Nr. 2 S. 2 LJagdG beachten!

In den Fällen a) bis c) liegt stets eine Ordnungswidrigkeit nach § 40 Abs. 2 Nr. 6 LJagdG vor.

Es spricht viel dafür, dass ein im Wald umherstreifender Hund eine Wildfährte aufnehmen und ihr nachsetzen wird. Der bloße Aufenthalt eines Hundes in einem Jagdrevier macht ihn jedoch noch nicht des Nachstellens von Wild verdächtig i. S. von § 29 Abs. 1 Nr. 2 LJagdG. Zum Nachstellen von Wild gehört mehr als die bloße Anwesenheit im Revier oder die fehlende Einwirkungsmöglichkeit des Hundehalters.

Für die Feststellung des Nachstellens und der Gefährdung des Wildes kommt es zunächst allein auf die Verhältnisse an, wie sie im zeitlichen Zusammenhang mit dem Abschuss vorgelegen haben. Zur Beurteilung, ob der Hund dem Wild nachstellt und dieses gefährden kann, können auch frühere Erkenntnisse und Vorkommnisse mit herangezogen werden.

Ein Hund kann nur dort Wild nachstellen, wo tatsächlich Wild vorhanden ist. Eine solche Gefährdung kann ausgeschlossen werden:

– auf einem belebten Weg, auf den Wild zu dieser Zeit erfahrungsgemäß nicht kommt oder
– wenn sich der Hund in der Nähe von Ortschaften oder Siedlungen befindet.

Eine unmittelbare Gefahr für das Wild besteht, wenn der Eintritt eines Schadens nach allgemeiner Erfahrung sofort oder in allernächster Zeit als gewiss anzusehen ist, falls der Hund nicht sofort getötet wird. Im Allgemeinen kann davon ausgegangen werden, dass Hunde in der Regel gesundes Wild nicht unmittelbar gefährden können, insbesondere, wenn diese von der Größe oder Rasse her dem Wild ungefährlich sind. Bloßes Beunruhigen des Wildes genügt nicht. Streunende Schäferhunde bedeuten infolge ihrer Schnelligkeit und Stärke grundsätzlich eine erhebliche Gefahr für den Wildbestand, insbesondere, wenn sich zwei zum Wildern zusammengetan haben. Es ist allgemein bekannt, dass das Zusammenwirken von kleinen Hunden als „Treiber" mit großen als „Packer" eine konkrete Gefahr für das Wild bedeutet.

Das Tötungsrecht ist erst gegeben, wenn ein Einfangen nicht möglich ist (§ 29 Abs. 1 Nr. 2 a LJagdG). Das Einfangen des Hundes wäre das mildeste Mittel, wenn sich dies verwirklichen ließe. Damit wird auch dem Gedanken des Tierschutzes Rechnung getragen. Zu den erforderlichen Bemühungen um das Einfangen eines des Wilderns verdächtigen Hundes (OLG Stuttgart, Urt. v. 8.4.1986): Ein hinter dem Wild herjagender Hund wird nicht eingefangen werden können. Die Praxis beweist jedem Hundehalter, dass ein Hund oft nicht mehr zurückzupfeifen ist, wenn er das Wild in Sichtweite vor sich hat. Andererseits verdeutlicht die Formulierung über das Einfangen nur den Grundsatz der Verhältnismäßigkeit der Mittel. Könnte der Hund tatsächlich eingefangen werden, wäre seine Tötung unzulässig, weil der Grundsatz der Verhältnismäßigkeit der Mittel stets zu beachten ist. Dabei ist es aufgabe des Jagdschutzberechtigten, ein bestimmtes echtes oder vermeintliches Gefahrenrisiko in Kauf zu nehmen. Bei einem wildernden Wolfshund besteht keine Möglichkeit, diesen einzufangen, auch wegen der Gefährlichkeit einer Annäherung (AG Sigmaringen, Urt. v. 26.5.1983).

§ 29 Abs. 1 Nr. 2b LJagdG bestimmt, dass ein Hund nicht getötet werden darf, wenn auf sonstige Weise erreicht werden kann, dass dazu gehörende Begleitpersonen nach nur kurzfristiger Unterbrechung wieder auf die Hunde einwirken können. Diese sehr weit auslegbare Ausnahmeregelung schränkt den Abschuss konkret dem Wild nachstellender Hunde weitgehend ein. Der Abschuss eines hinter Wild herjagenden Hundes muss trotz unmittelbarer Gefahr unterbleiben, wenn der Hundehalter durch Rufen und Pfeifen den Hund vom Wild abbringen will.

Neben den Blinden-, Hirten-, Jagd- und Polizeihunden werden auch die Rettungshunde in § 29 Abs. 1 Nr. 2c LJagdG von der Tötungsbefugnis generell ausgenommen. Das LJagdG hebt auf Jagdhunde ab, nicht aber darauf, ob sie vom Berechtigten ihrer Aufgabe entsprechend verwendet werden, z. B. durch ein rotes Halsband. Es wäre ohnehin nicht sicherzustellen, dass ein solches ohne absolut haltbaren Verschluss anzubringendes Halsband verloren geht. Die Tötung eines

175

Jagdhundes ist unzulässig, auch wenn dieser kein Signalband trägt. Jagdhunde müssen nicht noch besonders kenntlich gemacht werden. Die Zugehörigkeit eines Hundes zu einer Jagdhunderasse ist ein Indiz dafür, dass es sich um einen Jagdhund handelt. Ein Hund ist dann als Jagdhund kenntlich, wenn er zu einer Jagdhunderasse gehört, die üblicherweise als Gebrauchshund verwendet wird. Für die Kenntlichkeit als Jagdhund kann es nicht darauf ankommen, ob ein Hund in unmittelbarer Nähe seines Herrn angetroffen wird, wenn er sowohl nach dem äußeren Erscheinungsbild im Ganzen als auch nach der Rasse als Jagdhund objektiv erkennbar ist. Von einem Polizeibeamten (erst recht vom Jagdschutzberechtigten) muss im Falle der Ausübung des Jagdschutzes – namentlich bei Gebrauch der Schusswaffe – ein Mindestmaß an Kenntnissen verlangt werden, insbesondere das Unterscheidungsvermögen gängiger Jagdhunderassen von anderen Hunden (LG Tübingen, Urt. v. 8.4.1981). Die Verhinderung des Weglaufens eines offenbar verletzten Tieres gehört gerade zu den sichernden Aufgaben eines Jagdhundes.

Ein Todesschuss auf einen Hund darf erst dann angebracht werden, wenn sich der Jagdschutzberechtigte mit den ihm zur Verfügung stehenden Mitteln vergewissert hat, dass er keinen geschützten Hund vor sich hat. Zur Haftung des Jagdpächters, der einen in seinem Revier frei herumlaufenden Hund tötet (vgl. OLG Stuttgart, Urt. v. 8.4.1986).

Bei jedem hoheitlichen Handeln (hierzu zählt die Ausübung des Jagdschutzes), das seiner Natur nach zu Eingriffen in fremde Rechtsgüter führen kann, ist der Grundsatz der Verhältnismäßigkeit der Mittel zu beachten. Es muss das zu schützende Rechtsgut mit dem zu opfernden Rechtsgut verglichen und eine Güterabwägung getroffen werden, die im Einzelfall dazu führen kann, eine im Grundsatz zulässige Maßnahme zu unterlassen, weil das zu opfernde Rechtsgut ungleich höher zu bewerten ist als das zu schützende (OLG Frankfurt, Urt. v. 10.3.1994).

Die Wahrnehmung des Jagdschutzes erfordert, dass der Jagdschutzberechtigte eine Schusswaffe mit sich führt. Es ist nicht nur die Frage zu prüfen, ob das Tier getötet werden darf, sondern ebenfalls das „Wie". Die Grundsätze deutscher Waidgerechtigkeit gelten auch im Jagdschutz. Der Gesetzgeber hat die Tötungsart nicht bestimmt, jedoch ist aus tierschützerischer Sicht davon auszugehen, dass grausame und abstoßende Tötungsarten verboten sind. Dazu wird man auch das Katzenwürgen durch einen Jagdhund als nicht mehr zeitgemäß rechnen müssen. § 1 TierSchG ist insofern als unmittelbar geltendes Recht anzusehen. Es ist verboten, ein Tier auf ein anderes Tier zu hetzen, soweit dies nicht die Grundsätze waidgerechter Jagdausübung erfordern (§ 3 Nr. 8 TierSchG).

Wird ein Hund oder eine Katze angeschossen, so erfordert dies eine Nachsuche. Wird das Tier so schwer verletzt, dass eine Versorgung nicht mehr möglich erscheint, ist ihm der Fangschuss anzutragen. Deshalb müssen vor Ort zunächst nähere Feststellungen über Art und Umfang der Verletzungen getroffen werden, um ermessen zu können, ob die Tötung des Tieres erforderlich ist oder ob es genügt, es einzufangen und tierärztlich zu versorgen. Zur Tötung eines vermeintlich angeschossenen Hundes (OLG Karlsruhe, Urt. v. 10.5.1990). Das Liegenlassen eines schwer verletzten Tieres stellt eine Tiermisshandlung i. S. des § 17 Nr. 2 b TierSchG dar.

Tierkörper von Hunden und Katzen unterliegen dem Tierische Nebenprodukte-Beseitigungsgesetz sowie dem AGTierNebG (s. Anhang 5.1). Grundsätzlich dür-

176

fen einzelne Tierkörper von Hunden und Katzen auf geeigneten und von der zuständigen Behörde besonders zugelassenen Plätzen oder auf eigenem Gelände, jedoch nicht in Wasserschutzgebieten und nicht in unmittelbarer Nähe öffentlicher Wege und Plätze vergraben oder in hierfür zugelassenen Verbrennungsanlagen verbrannt werden. Die Tierkörper müssen so vergraben werden, dass sie mit einer ausreichenden, mindestens 50 cm starken Erdschicht, gemessen vom Rande der Grube an, bedeckt sind.

Ein Jäger, der einen Hund erschießt und dann verlocht, muss später nicht mitteilen, wo der Kadaver liegt.

Streunende Katzen, die in einer Entfernung von mehr als 500 m vom nächsten bewohnten Haus gesichtet werden, dürfen getötet werden (§ 29 Abs. 1 Nr. 3 LJagdG). Nur in diesen Fällen ist die Annahme begründet, die Katze sei nicht mehr in der näheren Umgebung ihres Halters. Totschlagfallen und Fangeisen, in denen sich Hauskatzen fangen können, dürfen nicht näher als 500 m zum nächsten bewohnten Haus aufgestellt werden. Das Aufstellen von Lebendfangfallen ist erlaubt.

Hunde und Katzen, die sich lebend in Fallen gefangen haben, sind gem. § 29 Abs. 2 LJagdG als Fundsache zu behandeln. Somit finden die Vorschriften der §§ 965 ff. BGB Anwendung. Die bisherige Befugnis, diese Tiere zu töten, widersprach ohnehin dem Grundsatz der Verhältnismäßigkeit der Mittel, weil sie dem Wild keinen Schaden mehr zufügen können.

Ist der Halter des Tieres bekannt, ist diesem unverzüglich Anzeige zu erstatten. Ansonsten ergibt sich die Zuständigkeit der Ortspolizeibehörde für die Verwahrung der Fundsache. Ist die Ortspolizeibehörde nicht erreichbar, hat der Polizeivollzugsdienst für die Verwahrung des Tieres zu sorgen, z. B. durch Unterbringung im Tierheim. Die Versorgung der Fundsache ist Aufgabe der OPB bzw. des PVD und nicht des Finders. Sehen sich Behörde bzw. Polizei nicht in der Lage, das Tier in ein Tierheim zu bringen und erklärt sich der Finder dazu bereit, dies auftragsgemäß zu tun, handelt es sich um eine unmittelbare Ausführung einer Maßnahme der Polizei, die auch die dafür anfallenden Kosten des Auftragnehmers trägt (vgl. § 8 PolG). Die Auftragserteilung sollte schriftlich erfolgen. Ansonsten hat der Jagdschutzberechtigte Anspruch auf Finderlohn und Ersatz seiner Aufwendungen.

Die Frage, wann ein Wirbeltier „ohne vernünftigen Grund" getötet wird, ist in dem durch das Jagdrecht vorgezeichneten Rahmen zulässig und nur in ihm ist der Jagdschutz ein vernünftiger Grund. Die von einem vernünftigen Grund getragene Tötung ist nur dann rechtmäßig, wenn der Täter aus diesem Grunde heraus handelt (BayObLG, Urt. v. 21.3.1978).

Beispiel: JAB J schießt auf eine auf der Wiese sitzende Katze, obwohl er festgestellt hat, dass die Entfernung zum nächsten bewohnten Haus nur ca. 200 m beträgt. Es gibt keinen vernünftigen Grund zum Töten der Katze; das LJagdG schließt eine Tötungsbefugnis u. a. auch aus Gründen des Tierschutzes aus.

Fallabwandlung:
Beim Ansitz kommt dem JAB ein Hund in 60 m Entfernung am Hochsitz vorbei, der wohl vor wenigen Minuten mit Hetzlaut hinter Wild herjagte. Er tötet das Tier. Die rechtlichen Voraussetzungen hierzu sind nicht gegeben.

Auf Grundflächen, die zu keinem Jagdbezirk gehören, und in befriedeten Bezirken ruht die Jagd (§ 6 Abs. 1 BJagdG). Deshalb ist auf solchen Flächen auch die Ausübung des Jagdschutzes nicht möglich. Ebenso endet die Tötungsbefugnis an den Grenzen des Jagdbezirks. Hat beispielsweise der wildernde Hund das Jagdrevier verlassen und befindet sich im Jagdrevier des Nachbarn, ist eine Tötung wegen Fehlens der örtlichen Zuständigkeit ausgeschlossen, selbst wenn er vom eigenen Jagdbezirk aus mit der Waffe beschossen werden könnte. In befriedeten Bezirken obliegt der Jagdschutz den öffentlichen Stellen (vgl. § 25 Abs. 1 BJagdG).

c) Bestätigte Jagdaufseher

Bestätigte Jagdaufseher haben nach § 25 Abs. 2 BJagdG in Angelegenheiten des Jagdschutzes die Rechte und Pflichten der Polizeibeamten und sind Ermittlungspersonen der StA, sofern sie Berufsjäger oder forstlich ausgebildet sind. Lediglich für hauptberufliche Jagdaufseher ist der Nachweis einer forstlichen Ausbildung oder Berufsjägerausbildung vorgeschrieben, sofern er als Jagdaufseher von der unteren Verwaltungsbehörde bestätigt werden soll.

Jagdaufseher ohne hauptberufliche Anstellung sind von der unteren Jagdbehörde als bestätigte Jagdaufseher anzuerkennen, wenn sie Inhaber eines gültigen Jagdscheins sind und keine Bedenken gegen ihre persönliche und fachliche Eignung bestehen. Da beide Jagdscheininhaber die gleiche Ausbildung erfahren haben, stellt sich die Frage, wieso bei dem zu bestätigenden Jagdaufseher seine fachliche Eignung überprüft werden soll (s. Der Jäger in BW, 1/2005, 6 u. 7/2005, 4), während beim JAB bei gleichen Jagdschutzbefugnissen dies nicht erforderlich ist. Die untere Jagdbehörde darf die Bestätigung eines Jagdaufsehers nicht von der Teilnahme an einem Jagdschutzlehrgang abhängig machen, weil es an einer gesetzlichen Grundlage mangelt, die eine bestimmte Ausbildung zwingend vorschreibt (vgl. VG Aachen, Urt. v. 26.10.1983). Diese bestätigten Jagdaufseher haben nur die Befugnisse aus § 29 LJagdG.

Die vor der Novellierung des LJagdG ausgestellten Dienstausweise sind zu berichtigen. Der JAB kann kein Bedürfnis für eine Bestätigung als Jagdaufseher nach § 30 Abs. 1 S. 1 LJagdG geltend machen, da seine Befugnisse als Jagdschutzberechtigter dadurch nicht erweitert werden. Bei Revierinhabern, die im Besitz eines Dienstausweises für den Jagdschutz sind, ist die Bestätigung zu widerrufen und der Dienstausweis einzuziehen. Dienstausweise sind amtliche Ausweise, die den tatsächlichen Verhältnissen entsprechen müssen. Bereits der unerlaubte Besitz eines solchen Dienstausweises stellt eine Störung der öffentlichen Sicherheit dar, weil der Inhaber gegenüber einem Dritten hoheitliche Befugnisse dokumentieren kann.

Bestätigte Jagdaufseher unterstehen der Dienstaufsicht der unteren Jagdbehörde (§ 30 Abs. 3 LJagdG). Verletzt der bestätigte Jagdaufseher vorsätzlich oder fahrlässig in Ausübung des Dienstes die ihm anvertrauten öffentlichen Befugnisse gegenüber Dritten, haftet die untere Jagdbehörde, die ihm die Befugnisse übertragen hat. Es gelten die Vorschriften des Art. 34 GG, § 839 BGB über die Amtshaftung. Im Streitfall ist das Landgericht zuständig. Der JAB kann keine Jagdschutzbefugnisse übertragen.

Forstbeamte üben den Jagdschutz in ihrem jeweiligen Dienstbezirk aus. Sie haben weitergehende Befugnisse nach den Vorschriften des Polizeigesetzes und der Strafprozessordnung. Die Befugnisse des Polizeivollzugsdienstes bleiben unberührt.

34 *Vorläufige Festnahme durch jedermann*

Das Recht zur vorläufigen Festnahme durch jedermann nach § 127 Abs. 1 Satz 1 der StPO ist für alle Jäger von besonderer Bedeutung.

(in Bezug auf die Straftat)

Wird jemand

auf frischer Tat betroffen	oder	verfolgt,

so ist, wenn

(in Bezug auf die Person)

er der Flucht verdächtig ist	oder	seine Identität nicht sofort festgestellt werden kann,

(Rechtsfolge)

jedermann befugt, ihn auch ohne richterliche Anordnung vorläufig festzunehmen.

Nur bei Vorliegen einer Straftat (jedes mit Freiheits- oder Geldstrafe bedrohte Vergehen oder Verbrechen) kann unter den o. a. Voraussetzungen jedermann (also auch der nicht jagdschutzberechtigte Jagdgast) den Täter vorläufig festnehmen. Unerheblich ist, ob sich die Tat gegen ihn oder einen anderen richtet. Das Jedermannsrecht zur vorläufigen Festnahme hat den Zweck, die Strafverfolgung des auf frischer Tat betroffenen oder verfolgten Täters zu ermöglichen.

Auf frischer Tat betroffen ist eine Person, wenn sie bei der Begehung einer rechtswidrigen Tat oder unmittelbar danach noch am Tatort entdeckt wird. Im Falle der Verfolgung muss ein enger zeitlicher Zusammenhang zwischen Tat und Beginn der Verfolgung bestehen.

Der Festgenommene muss alsbald der Polizei zugeführt oder, falls der Zweck der Freiheitsentziehung erreicht ist (z. B. nach zweifelsfreier Identitätsfeststellung), auf freien Fuß gesetzt werden.

Das Festnahmerecht schließt das Anhalterecht ein und enthält die Befugnis zur Anwendung von Zwang unter Beachtung des Grundsatzes der Verhältnismäßigkeit. Erlaubt sein kann z. B. das feste Zupacken, das Festhalten, das Abführen unter Anwendung von Griffen oder in schweren Fällen sogar die Fesselung. Auch der Einsatz eines Jagdhundes kann gerechtfertigt sein, wenn dies der Schwere der Tat und dem verfolgten Zweck angemessen ist. Die Verfolgung kann auch über die Jagdbezirksgrenze hinaus bis zur Festnahme fortgesetzt werden.

Der Schusswaffengebrauch durch Jagdschutzberechtigte, die nicht die Rechtsstellung von Polizeibeamten haben, ist nur unter den Voraussetzungen der Notwehr erlaubt.

35 *§ 32 StGB, § 227 BGB   Notwehr*

Die Notwehr ist ein wichtiger Rechtfertigungsgrund sowohl im Strafrecht als auch im Zivilrecht, der auf dem Grundsatz beruht, dass das Recht dem Unrecht nicht zu weichen braucht. Somit ist Notwehr gegen Notwehr nicht möglich.

Beispiel: Der JAB kommt gerade hinzu, wie zwei Personen einen Hochsitz ansägen. Der eine Täter flieht, während der zweite den JAB angreift. Dieser wehrt den Angriff durch Einsatz seines Jagdhundes ab. Dabei erleidet der Angreifer eine Bissverletzung am Oberschenkel und kann anschließend vom JAB festgenommen werden. Der Festgenommene zeigt den JAB wegen Körperverletzung an und fordert ein Schmerzensgeld. Für den JAB liegt jedoch ein Rechtfertigungsgrund nach § 32 StGB und § 227 BGB vor.

Voraussetzung der Notwehr (§32 StGB)

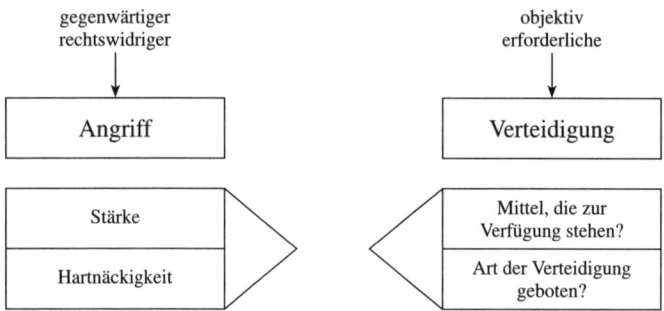

Die Notwehrlage erfordert:
– einen von einem Menschen ausgehenden gegenwärtigen rechtswidrigen Angriff gegen ein geschütztes Rechtsgut (z. B. Leben, Gesundheit, Ehre, Freiheit, Eigentum, Besitz, Jagdrecht) sowie
– eine Abwehrhandlung, die vom Verteidigungswillen getragen ist.

Gegenwärtig ist der Angriff, wenn er gerade stattfindet (z. B. Wilderer schießt auf ein Reh oder kontrolliert Schlinge), fortdauert (z. B. Wilddieb flüchtet mit Beute) oder unmittelbar droht (z. B. Wilderer lässt auf Anruf die Waffe nicht fallen).

Beendet ist der Angriff dann, wenn der Wilderer z. B. Waffe und Beute wegwirft.

Rechtswidrig ist der Angriff, wenn der Angreifer zu seinem Handeln nach der Rechtsordnung nicht befugt ist. Das geschützte Rechtsgut kann dem Angegriffenen oder einem Dritten zustehen. Die Notwehr zugunsten eines Dritten wird als Nothilfe bezeichnet. Sie darf aber nicht gegen den Willen des Angegriffenen ausgeübt werden.

Die vom Verteidigungswillen getragene Verteidigungshandlung muss zur Abwehr des Angriffs objektiv erforderlich sein, d. h., Mittel und Intensität der Verteidigungshandlung müssen der Schwere und Intensität des Angriffs angemessen sein. Bei mehreren wirksamen Mitteln muss grundsätzlich das mildere angewandt werden.

Von Putativnotwehr spricht man, wenn eine Notwehrlage objektiv nicht gegeben ist, der Täter (Abwehrende) sich aber irrig vorstellt, in einer Notwehrsituation zu sein. Notwehrexzess liegt vor, wenn der Täter (Abwehrende) die Grenzen der Notwehr aus Verwirrung, Furcht oder Schrecken überschreitet (vgl. § 33 StGB). Eine Bestrafung erfolgt in diesen Fällen nicht.

Die Notstandsrechte wie rechtfertigender Notstand (§ 34 StGB), entschuldigender Notstand (§ 35 StGB), Verteidigungsnotstand (§ 228 BGB) und Angriffsnotstand

(§ 904 BGB) haben auf dem Gebiet des Jagdschutzes nur untergeordnete Bedeutung, weshalb auf die Erläuterung dieser Vorschriften, die im Anhang abgedruckt sind, verzichtet wird.

36 § 292 StGB Jagdwilderei
§ 294 StGB Strafantrag
§ 295 StGB Einziehung

Durch das am 1.4.1998 in Kraft getretene 6. StrRG wurden in § 292 StGB sowohl redaktionelle als auch inhaltliche Änderungen vorgenommen.

Während sich die Strafvorschriften der Jagdgesetze hauptsächlich gegen den zur Jagdausübung Befugten richten, gelten die Vorschriften der §§ 292, 294, 295 StGB für den Nichtjagdberechtigten (Wilderer). Da das Jagd- bzw. Jagdausübungsrecht infolge seines Gegenstands stets Vermögenswert hat, handelt es sich bei § 292 StGB also um ein spezielles Vermögensdelikt (*Hoyer*, aaO., Rz. 3).

§ 1 BJagdG umfasst drei Funktionen:
a) das Hegerecht,
b) das Jagdausübungsrecht (Aufsuchen, Nachstellen, Erlegen und Fangen von Wild) sowie
c) das Aneignungsrecht (auf die eigentliche Jagdbeute, aber auch verendetes Wild, Fallwild, Abwurfstangen und Eier des jagdbaren Federwildes).

Von diesen drei Rechten sind das Jagdrecht und das Jagdausübungsrecht mit Ausnahme des Aufsuchens (1. Alternative, Nr. 1) und das Aneignungsrecht (2. Alternative, Nr. 2) durch § 292 StGB geschützt.

Der Begriff „Jagdrecht" umfasst die ausschließliche Befugnis des Eigentümers, auf seinem Grund und Boden Wild zu hegen, zu jagen und sich anzueignen. Unter „Jagdausübungsrecht" ist die Befugnis zu verstehen, von dem Jagdrecht des Eigentümers auch konkret Gebrauch zu machen (*Hoyer*, aaO., Rz. 5). So steht das Jagdausübungsrecht in Eigenjagdbezirken dem Eigentümer (§ 7 Abs. 4 BJagdG) und in gemeinschaftlichen Jagdbezirken der Jagdgenossenschaft (§ 8 Abs. 5 BJagdG) zu. Eine Ausnahme bilden nur die Fälle im Rahmen der gesetzlichen oder vereinbarter Wildfolge. Schalenwild darf aber im Rahmen der gesetzlichen Wildfolge nicht aus dem fremden Jagdbezirk fortgeschafft werden. Die Ordnungswidrigkeit der unbefugten Wildfolge (§§ 17, 40 Abs. 1 Nr. 6 LJagdG) steht, sofern der Täter sich das Wild oder die dem Jagdrecht unterliegende Sache zueignet, nicht im Verhältnis der Spezialität zu § 292 StGB (vgl. BayObLG, Urt. v. 7.5.1992). Die Ordnungswidrigkeit der Jagdausübung aufgrund eines nach § 11 Abs. 6 BJagdG nichtigen Jagdpachtvertrages steht im Verhältnis der Spezialität zur Jagdwilderei nach § 292 StGB (BayObLG, Urt. v. 5.4.1990).

Wild i. S. von § 292 StGB sind wild lebende jagdbare Tiere, die in § 2 BJagdG abschließend aufgezählt sind. Das Land Baden-Württemberg hat in § 7 LJagdG DVO von der Möglichkeit Gebrauch gemacht, weitere Tierarten zu bestimmen, die dem Jagdrecht unterliegen. Alle anderen frei lebenden Tiere unterliegen dem Bundesnaturschutzgesetz und der Bundesartenschutzverordnung.

Wild lebend bedeutet, dass es sich um herrenlose Tiere i. S. von § 960 Abs. 1 BGB handelt. Das Aneignungsrecht an herrenlosen Sachen steht dem JAB zu. Ein Tier in einem Tiergarten ist nicht herrenlos. Es steht im Eigentum einer Person. Die Wegnahme eines solchen Tieres stellt einen Diebstahl gem. § 242 StGB

181

dar. Gefangene wilde Tiere werden herrenlos, wenn sie nicht unverzüglich verfolgt werden oder wenn der Eigentümer die Verfolgung aufgibt (§ 960 Abs. 2 BGB). Zur Verfolgung gehören alle zur Wiedererlangung geeigneten Maßnahmen. Auch das Aufstellen von Fallen.

Die Herrenlosigkeit an jagdbarem Wild endet, wenn der zur Jagdausübung Berechtigte die Tiere in Eigenbesitz nimmt (§ 958 Abs. 1 BGB). Eigenbesitz ist bereits anzunehmen, wenn sich das Tier in einer vom zur Jagdausübung Berechtigten aufgestellten Falle gefangen hat. Insofern handelt es sich bei der Entwendung des gefangenen Tieres nicht um Jagdwilderei, sondern um Diebstahl.

Wer sich Wild aus einem fremden auf den eigenen Jagdbezirk zutreiben lässt, macht sich der Wilderei strafbar. Maßgebend für die Verletzung fremden Jagdrechts oder Jagdausübungsrechts ist der Standort des Wildes, nicht der des Schützen.

Mitpächter eines Jagdreviers üben das Jagdausübungsrecht im gesamten Jagdbezirk gemeinsam aus.

Beispiel: A und B sind gemeinsam Jagdpächter eines 600 ha großen Jagdbezirkes. Sie haben im Gesellschaftsvertrag den Jagdbezirk in zwei Jagdbogen aufgeteilt. A erlegt im Jagdbogen des B einen Bock. Jagdwilderei liegt nicht vor, da kein fremdes Jagdausübungsrecht verletzt wird.

– Erste Alternative

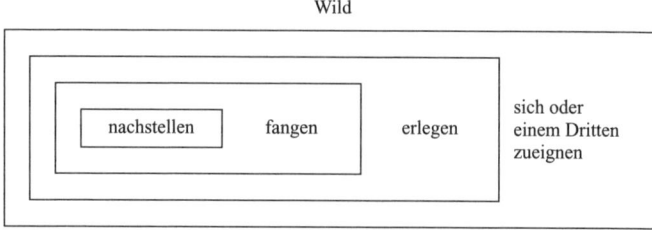

Das Nachstellen umfasst das Anpirschen oder Ansitzen mit schussbereiter Waffe oder das Aufstellen von Schlingen und Fallen; selbst dann, wenn das Nachstellen erfolglos bleibt, ist der Tatbestand der Wilderei gegeben. Fangen liegt vor, wenn der Täter lebendes Wild in seine Gewalt bringt. Auf den Zweck, der damit verfolgt wird, kommt es nicht an, denn er greift in das Aneignungsrecht des Berechtigten ein.

Beispiel: A nimmt krankes Wild mit nach Hause, um es gesund zu pflegen.

Erlegen ist jede Handlung, bei der Wild getötet wird.

Unter „sich zueignen" versteht man jede Handlung, bei der Wild in Besitz genommen wird. Sich zueignen bedeutet Gewahrsam unter Ausschluss des JAB mit dem Willen zu begründen, wie der JAB über das dem Jagdrecht bzw. Jagdausübungsrecht unterliegende Wild zu verfügen.

In befriedeten Bezirken steht dem Grundeigentümer oder Nutzungsberechtigten ein beschränktes Jagdausübungsrecht zu, sofern ihm hierzu die Erlaubnis der unteren Jagdbehörde vorliegt. Ein unbefugter Eingriff in fremdes Jagdrecht bzw. Jagdausübungsrecht stellt stets Jagdwilderei dar.

In einem befriedeten Bezirk steht dem angrenzenden Jagdpächter kein Jagdausübungsrecht zu. Er verletzt das Jagdrecht des Grundstückeigentümers und damit fremdes Jagdrecht, wenn er dort jagt (BayObLG, Beschl. v. 29.10.1991).

Beispiel: Der Pächter A kommt am eingefriedeten Aussiedlerhof des Landwirts L vorbei und sieht im Garten ein Kaninchen, das er mit einer Schrotladung erlegt. Hier liegt Wilderei vor. Der Hof gehört zwar flächenmäßig zum Jagdbezirk des A, jedoch ruht in befriedeten Bezirken die Jagd, so dass das Jagdrecht des Grundeigentümers L verletzt wird.

Landwirt L darf in seinem eingefriedeten Aussiedlerhof die Kaninchen nur bejagen, wenn ihm hierzu die vorübergehende Erlaubnis der unteren Jagdbehörde erteilt worden ist. Bei einer Zuwiderhandlung liegt lediglich eine Owi nach § 39 Abs. 1 Nr. 1 BJagdG vor. Jagdwilderei kann nicht vorliegen, da fremdes Jagdrechtausübungsrecht nicht verletzt wird.

Revierinhabern steht in befriedeten Bezirken grundsätzlich kein Jagdausübungsrecht zu. Unberührt bleibt das Jagdrecht des Grundeigentümers gem. § 3 Abs. 1 BJagdG. Lediglich aus tierschützerischen Gründen lässt § 18 LJagdG unter den dort genannten Voraussetzungen im Einzelfall eine Jagdausübung zu.

Beispiel: Revierinhaber verfolgt einen krankgeschossenen Hasen bis an das eingezäunte Hofgrundstück des Landwirts L, wo es ihm gelingt, den Hasen im Grundstück zu erlegen. Ihm steht in diesem Falle auch das Aneignungsrecht zu (s. Erl. zu § 18 LJagdG).

– Zweite Alternative

Tatobjekte sind die dem Aneignungsrecht des Jagd- bzw. Jagdausübungsberechtigten obliegenden herrenlosen Sachen (§§ 958, 960 BGB). Im Gegensatz zu Nr. 1 handelt es sich hier um die leblosen körperlichen Gegenstände. Die Sachen, die dem Jagdrecht unterliegen, sind in § 1 Abs. 5 BJagdG abschließend aufgeführt. Es sind dies:

– verendetes Wild (Tod auf Grund äußerer Gewalteinwirkung eingetreten), zum Beispiel durch Verkehrsunfall. Auch die abgetrennten Teile eines Wildkörpers sind Gegenstand des Tierkörpers,

– Abwurfstangen

– Fallwild (Tod durch Krankheit, Alter, Witterung eingetreten) sowie

– Eier des jagdbaren Federwildes.

Als Tathandlungen kommen sich oder einem Dritten zueignen, beschädigen oder zerstören in Frage.

Zueignungsabsicht ist weder erforderlich noch ausreichend, es muss vielmehr wie bei § 246 StGB der Erfolg einer mindestens vorübergehenden Aneignung und der dauernden Enteignung eintreten. Die Zueignungsabsicht muss sich auf das Aneignungsrecht des Jagd- bzw. Jagdausübungsberechtigten beziehen.

Beispiel: Pkw-Fahrer P überfährt ein Reh. Er lädt es in den Kofferraum, in der Absicht, es beim Polizeirevier abzuliefern. Auf der Fahrt zum Revier bekommt er Bedenken wegen seines Alkoholkonsums. Er hält an und wirft das Stück in den Straßengraben, wo es verludert.

P hat zunächst ohne Zueignungsabsicht das verendete Wild in seinem Gewahrsam genommen. Damit entstand eine unverzügliche Ablieferungs- bzw. Anzeigepflicht gegenüber dem JAB, der nächsten Gemeindebehörde oder Polizeidienststelle. Die Verletzung dieser Pflicht stellt eine Ordnungswidrigkeit nach § 40 Abs. 1 Nr. 1 LJagdG dar. In Zueignungsabsicht handelt, wer den Willen hat, über das in seinem Gewahrsam befindliche Wild unter dauerndem Ausschluss des Aneignungsberechtigten wie ein Berechtigter zu verfügen. Eine Bereicherungsabsicht ist nicht erforderlich. Es könnte im vorliegenden Beispiel davon auszugehen sein, dass nunmehr mit neuem Vorsatz über das Wild wie ein JAB verfahren wurde. Vom Schutzzweck des Gesetzes macht es keinen Unterschied, ob das Wildbret in der Kühltruhe eingefroren wird oder im Straßengraben verludert. Geschädigt wird in jedem Fall der Aneignungsberechtigte.

Wird das verendete Wild in der Absicht in den Kofferraum gelegt, es bei der Polizei oder dem Jagdausübungsberechtigten abzuliefern, liegt keine Zueignungsabsicht vor. Diese Unterscheidung lässt sich während des Einladens auf Grund objektiver Verhaltensweisen kaum treffen. Es besteht deshalb in beiden Fällen aus der Sicht eines Dritten der Verdacht der Jagdwilderei.

Beschädigen bedeutet das Zufügen eines Schadens in Bezug auf die Sache, die dem Jagdrecht unterliegt. Dagegen stellt das Zerstören nur einen stärkeren Grad der Schadenszufügung dar.

Beispiel: Hundehalter H war vom Jagdausübungsberechtigten schon des Öfteren wegen seines frei laufenden Hundes beanstandet worden. Beim Spaziergang über eine Wiese entdeckt er ein Fasanengelege. Da sonst niemand zu sehen ist, zertritt er das Gelege, um den Jagdpächter zu schädigen.

Der subjektive Tatbestand erfordert Vorsatz. Vorsätzlich handelt, wer bei der Begehung der Tat alle Merkmale des gesetzlichen Tatbestandes kennt und dessen Verwirklichung entweder unbedingt will oder für möglich hält und in Kauf nimmt. Die allgemeinen Rechtfertigungsgründe finden auch hier Anwendung.

Beispiel: Auf einem Waldweg greift ein tollwütiger Fuchs einen Spaziergänger an. Dieser wehrt sich mit seinem Spazierstock, indem er den Fuchs mit einem Schlag auf den Kopf tötet (vgl. § 228 BGB).

Bei einem Verkehrsunfall wird ein Hase angefahren und schwer verletzt. Der Autofahrer tötet den Hasen, um ihm unnötige Leiden zu ersparen. Bei der Abwägung zwischen Verletzung des Jagdrechts und den Belangen des Tierschutzes ist dem Tierschutz der Vorrang einzuräumen (vgl. § 34 StGB). Die Entscheidung des AG Öhringen (Urt. v. 18.12.1975, DS 80/75), wonach derjenige rechtswidrig handelt, wer ohne ausdrückliche Einwilligung des Jagdausübungsberechtigten in solchen Fällen schwer verletztes Wild tötet, ist aus heutiger Sicht aus Gründen des Tierschutzes abzulehnen.

Besonders schwere Fälle der Jagdwilderei (§ 292 Abs. 2 StGB)

Ein besonders schwerer Fall liegt in der Regel vor, wenn die Tat		
1. gewerbs- oder gewohnheitsmäßig,	2. zur Nachtzeit, in der Schonzeit, unter Anwendung von Schlingen oder in anderer nicht waidmännischer Weise oder	3. von mehreren mit Schusswaffen ausgerüsteten Beteiligten gemeinschaftlich begangen wird.

Es stellt sich die Frage, inwieweit neben den in Abs. 2 genannten Regelfällen noch unbenannte Erschwernisgründe zu einem besonders schweren Fall führen. § 243 Abs. 2 wird daher analog auf § 292 Abs. 2 StGB anzuwenden sein. Gewerbsmäßig handelt, wer sich durch wiederholte Tatbegehung eine nicht nur vorübergehende Einnahmequelle verschaffen möchte. Gewohnheitsmäßig handelt, wer einen durch Übung erlangten Hang besitzt, der so tief eingewurzelt ist, dass der Täter bei weiteren Tathandlungen keine sittlichen Bedenken mehr überwinden muss. Ein Täter, der in der Absicht, ein einziges Mal Wild zu erlegen, mehrmals dem Wild nachstellt, um erfolgreich zu sein, handelt nicht gewohnheitsmäßig (BayObLG, Urt. v. 10.2.1956).

Als Nachtzeit gilt die Zeit von eineinhalb Stunden nach Sonnenuntergang bis eineinhalb Stunden vor Sonnenaufgang. Die Nachtzeit findet keine Anwendung für Wild, das zur Nachtzeit geholt, aber außerhalb der Nachtzeit erlegt worden ist.

Beispiel: W stellt zur Nachtzeit unter Verwendung eines starken Suchscheinwerfers dem Rehwild nach. Hier sind zwei Alternativen des Absatzes 2 Nr. 2 erfüllt, nämlich zur Nachtzeit und in unwaidmännischer Weise.

Die Schonzeit ergibt sich aus § 22 BJagdG, soweit keine abweichenden Regelungen sich aus dem Landesrecht ergeben (§ 7 LJagdG DVO). Der Täter muss im Bewusstsein handeln, es werde in der Schonzeit gejagt. Dies gilt auch dann, wenn die Tat mittels Hunden begangen wird (AG Mainz, Urt. v. 18.8.1982). Die Schonzeit bezieht sich nur auf lebendes Wild. Kennt der Täter die Schonzeit nicht, kommt nur Abs. 1 zur Anwendung (§ 16 StGB).

Der Begriff Schlingen ist in § 19 Abs. 1 Nr. 8 BJagdG enthalten. Zwischen Jagdwilderei, die unter Anwendung von Schlingen begangen wird, und Tierquälerei besteht Gesetzeseinheit (BayObLG, Urt. v. 21.12.1956).

Nicht waidmännisch ist die Jagdausübung, wenn sie eine empfindliche Schädigung des Wildbestandes bedeutet oder geeignet ist, dem Wild besondere Qualen zuzufügen. In anderer nicht waidmännischer Weise jagt, wer gegen sachliche Verbote verstößt (vgl. § 19 BJagdG).

Die Wilderei wird von mehreren mit Schusswaffen ausgerüsteten Beteiligten gemeinschaftlich begangen, wenn mindestens zwei Personen mit einer funktionsfähigen Schusswaffe ausgerüstet sind. Zum inneren Tatbestand gehört hier zusätzlich die Kenntnis der erschwerenden Umstände. Zum Begriff des Beteiligten siehe § 28 Abs. 2 StGB und „gemeinschaftlich" § 25 Abs. 2 StGB. Zwischen Wilderei und Mitführen von Schusswaffen besteht Tateinheit.

Strafantrag (§ 294 StGB):
In den Fällen des § 292 Abs. 1 StGB wird die Tat nur auf Antrag verfolgt, wenn sie von einem Angehörigen oder an einem Ort begangen worden ist, wo der Täter die Jagd in beschränktem Umfang ausüben durfte.

Beispiel: Jagdgast G hat einen Spießer bis zu einer Stangenlänge von etwa 6 cm frei. Er erlegt jedoch einen starken Gabler. Da G ein beschränktes Jagdausübungsrecht hat, wird die Tat – er verletzte fremdes Jagdrecht – nicht von Amts wegen verfolgt. Für die Verfolgung der Straftat ist in diesem Falle ein Strafantrag des JAB erforderlich, d. h., ohne Strafantrag kann die Wilderei nicht verfolgt werden. Die Antragsfrist beträgt drei Monate und beginnt für den JAB mit Ablauf des Tages nach Kenntnis der Tat und der Person des Täters (vgl. § 77 b StGB).

Fallabwandlung:
Jagdgast G hat den Bock zur Nachtzeit geschossen. Als Nachtzeit gilt die Zeit von eineinhalb Stunden nach Sonnenuntergang bis eineinhalb Stunden vor Sonnenaufgang. Somit liegt ein schwerer Fall nach § 292 Abs. 2 StGB vor, der ein Offizialdelikt darstellt. Ein Strafantrag ist somit nicht erforderlich.

Der Wilderer erlangt an dem gewilderten Stück kein Eigentum. Dem JAB steht ein Schadensersatzanspruch nach § 832 Abs. 2 BGB, § 292 StGB zu. Der Schadensersatzanspruch besteht in Herausgabe des Wildes oder, wenn dies nicht möglich ist, im Geldwert des Wildbrets.

Jagdgeräte, Hunde und andere Tiere, die der Täter oder Teilnehmer bei der Tat mit sich geführt oder verwendet oder verwendet hat, können eingezogen werden, § 74 a StGB ist anzuwenden (siehe § 295 StGB). Als Jagdgeräte kommen Gewehre, Schlingen, Fallen, Messer, Ferngläser, Nachtsichtgeräte etc. in Frage. Ein Kraftfahrzeug ist nur dann als Jagdgerät anzusehen, wenn es bewusst zur eigentlichen Jagdausübung verwendet wird.

Beispiel: Wilderer A fährt mit seinem Geländewagen bewusst ein Reh an, um es sich aneignen zu können.

Täterfremde Gegenstände können unter den Voraussetzungen des § 74 a StGB eingezogen werden.

Die Jagdbeute unterliegt nicht der Einziehung. Sie ist zunächst Beweismittel und unterliegt dem Aneignungsrecht des am Tatort Jagdausübungsberechtigten. Lässt sich der JAB nicht ermitteln, unterliegt das Wild den Vorschriften über den Verfall, §§ 73 ff. StGB.

VII. Wild- und Jagdschaden

37 *§ 26 BJagdG   Fernhalten des Wildes*
§ 27 BJagdG   Verhinderung übermäßigen Schadens

Die Verhütung von Wildschäden ist in den §§ 26 und 27 BJagdG geregelt. Der hier verwendete Begriff des Wildschadens umfasst im Zusammenhang mit einer landwirtschaftlichen, forstwirtschaftlichen oder fischereiwirtschaftlichen Nutzung sowohl nach dem allgemeinen Sprachgebrauch als auch nach der gesetzlichen Zweckbestimmung alle durch Wild verursachten Schäden, wobei weder hinsichtlich der Art des Schadens noch der Art den Schaden verursachenden Wildarten Einschränkungen zu machen sind (Dress/Thiel, aaO., S. 1). Zur Wildschadensverhütung sind der Eigentümer oder Nutzungsberechtigte des Grundstücks sowie der JAB (§ 26 BJagdG) berechtigt. Dies gilt auch für den Eigentümer eines nicht landwirtschaftlich genutzten Grundstücks. Die zuständige Jagdbehörde wird unter den Voraussetzungen des § 27 BJagdG tätig.

Wildschaden ist jeder durch Wild verursachte Vermögensschaden, unabhängig davon, ob er zu ersetzen ist. § 26 BJagdG erlaubt Wild jeder Art von den gefährdeten Flächen fernzuhalten oder zu verscheuchen. Das Wild darf dabei weder an Leben noch Gesundheit gefährdet oder verletzt werden. Geringfügige und zumutbare Schädigungen sind hinzunehmen. Mögliche Maßnahmen zum Fernhalten des Wildes sind u. a.: Verlappen, Aufstellen von Wildscheuchen, Verstänkern, Knallapparate, Einbinden, Anbringen von Drahthosen, Einzäunen, Beizen der Körner sowie sonstige Verbiss-, Schäl- und Fegeschutzmittel. Elektrozäune unterliegen nicht dem Verbot des § 3 Nr. 11 TierSchG. Entschließt sich der Grundstückseigentümer oder Nutzungsberechtigte zu Abwehrmaßnahmen, kann er den Ersatz von Aufwendungen nicht aus seiner Berechtigung herleiten.

Die Frage, ob der Grundstückseigentümer zur Abhaltung des Wildes einen Zaun errichten darf, ist jedoch ausschließlich nach den Vorschriften des Bauplanungs- und Bauordnungsrechts zu beantworten. Ein dicht am Wald gelegenes Außenbereichsgrundstück ist zur kleingärtnerischen Nutzung ungeeignet, wenn ohne Einfriedung die Gefahr erheblicher Wildverbissschäden besteht (VGH BW, Urt. v. 18.9.1991). Zur Sperrung von Wald s. § 38 LWaldG. Wer zum Verscheuchen des Wildes Mittel anwendet, durch die Wild verletzt oder gefährdet wird, handelt ordnungswidrig (vgl. § 39 Abs. 1 Nr. 6 BJagdG).

Übermäßige Wildschäden sollen bereits dadurch verhindert werden, dass u. a. durch entsprechende Abschussplanung das Hegeziel des § 1 Abs. 2 BJagdG erreicht wird. Ebenso dienen die Jagd- und Schonzeiten diesem Ziel. Anordnungen bzw. Maßnahmen nach § 27 BJagdG sind unter Berücksichtigung der Vorschriften über die Schonzeiten sowie der Abschussregelung nur dann zulässig, wenn eine notstandsähnliche Situation (d. h. Wildschaden in einem unerträglichen Ausmaß) vorliegt. Konkrete Schäden müssen noch nicht eingetreten sein. Jedoch ist der Grundsatz der Verhältnismäßigkeit stets zu beachten. Zuständige Behörde i. S. von § 27 BJagdG ist das Kreisjagdamt. Im Übrigen wird auf die VwV des MLR zum Vollzug des § 27 BJagdG verwiesen (1.6.).

Die zwangsweise Verringerung des Wildes kommt erst dann in Frage, wenn der JAB die Anordnungen des Kreisjagdamtes zur Verringerung einer bestimmten Wildart nicht befolgt. Im Übrigen findet das LVwVG Anwendung. Das Kreisjagdamt bestimmt die Art der Jagdausübung. Die Setz- und Brutzeiten (§ 22 Abs. 4 BJagdG) sind zu beachten. Die Aneignungsbefugnis bleibt dem JAB erhalten.

Ein Abschuss von Greifvögeln aus Gründen der Wildhege wird nicht genehmigt werden, wenn der Antragsteller nichts zum Schutz des Niederwildes unternommen hat, z. B. durch Schaffung von Deckungsflächen im Revier sowie Kontrolle und Bejagung der sonstigen Niederwildgreifer (OVG Lüneburg, Urt. v. 1. 2. 1990).

38 *§ 28 BJagdG*   *Sonstige Beschränkungen der Hege*
    § 14 LJagdG DVO   *Aussetzen von Wild*

§ 28 BJagdG dient der Verhütung von Wildschäden. Die Hege von Frischlingen, Überläufern, Bachen, Keilern ist nur in Gatterrevieren gestattet, die ein Ausbrechen verhindern. Tiergärten fallen nicht unter die Vorschriften dieses Gesetzes.

Aussetzen und Ansiedeln fremder Tiere	Aussetzen von Wild
– fremde Arten –	– heimische Arten –
nur mit schriftlicher Genehmigung der obersten Jagdbehörde – MLR –.	nur mit Genehmigung der oberen Jagdbehörde – Regierungspräsidium – ausgenommen – Fasan – Wiederfreilassung von Wild gem. § 14 S. 2 LJagdG DVO

Nach § 28 Abs. 2 BJagdG dürfen Schwarzwild und Wildkaninchen nicht ausgesetzt werden. § 14 LJagdG DVO erweitert diese Vorschrift, wonach heimische Tierarten, die dem Jagdrecht unterliegen, nur mit Erlaubnis der oberen Jagdbehörde in der freien Natur ausgesetzt werden dürfen. Als „fremd" i. S. des § 28 Abs. 3 BJagdG sind die wild lebenden Tiere anzusehen, die vor Inkrafttreten des BJagdG (1.3.1953) in der Bundesrepublik frei lebend nicht heimisch waren. Unter den Begriff „fremde Tiere" fallen auch nicht jagdbare Tiere. Tiere bedeutet hierbei nichts anderes als Tierarten wie in Abs. 4. Das Ansiedeln stellt eine besondere Form des Aussetzens dar. Das Aussetzen bedarf der Genehmigung des MLR. Beispiel: Wiedereinbürgerung des Luchses. Solche fremden Tierarten können zu einer Belastung für die land- und forstwirtschaftliche sowie die jagdliche Nutzung werden. Absatz 3 geht über den Begriff Wild hinaus (fremde Tiere). Unter freier Natur ist die Fläche außerhalb der im Zusammenhang bebauten Ortsteile zu verstehen. § 28 Abs. 3 BJagdG räumt der zuständigen obersten Jagdbehörde Ermessen bei der Entscheidung über einen Antrag auf Genehmigung des Aussetzens oder Ansiedelns fremder Tiere in der freien Natur ein (VGH BW, Urt. v. 1.12.1997 – 5 S 2197/96).

Als heimisch können Dam- und Muffelwild sowie Wildtruthühner in bestimmten Gebieten angesehen werden. Zum Aussetzen des Uhus bedarf es der Genehmigung der oberen Jagdbehörde (Regierungspräsidium). Eine weitere Ausnahme stellt das nach § 3 Abs. 4 LJagdG unversehrt gefangene und im Jagdbezirk der jeweiligen Gemeinde ausgesetzte Wild dar.

Die Länder werden durch § 28 Abs. 4 BJagdG ermächtigt, das Aussetzen auch nichtjagdbarer einheimischer Tiere unter einen jagdbehördlichen Genehmigungsvorbehalt zu stellen. In Baden-Württemberg ist dies nicht geschehen. Zum Begriff der „weiteren Tierarten" i. S. d. § 28 Abs. 4 BJagdG vgl. BVerwG, Urt. v. 6.9.1984 – 3 C 16.84, NVwZ 1985, S. 44 bis 46 – Wiedereinbürgerung des Uhus.

§ 28 Abs. 5 bezieht sich nur auf die Fütterung außerhalb von Notzeiten.

Ordnungswidrig handelt gemäß § 39 Abs. 1 Nr. 7 BJagdG, wer vorsätzlich einer Vorschrift des § 28 Abs. 1 bis 3 über das Hegen, Aussetzen und Ansiedeln zuwiderhandelt. Ferner handelt nach § 24 Nr. 6 LJagdG DVO ordnungswidrig, wer entgegen § 14 LJagdG ohne Genehmigung der unteren Jagdbehörde heimische Tierarten, die dem Jagdrecht unterliegen, aussetzt.

39 *§ 29 BJagdG   Schadensersatzpflicht*
§ 30 BJagdG   Wildschaden durch Wild aus Gehege

Die Verpflichtung zum Ersatz des Wildschadens ist in den §§ 29 ff. BJagdG abschließend geregelt. Wird ein Grundstück, das zu einem gemeinschaftlichen Jagdbezirk gehört oder diesem angegliedert ist, durch Schalenwild, Wildkaninchen oder Fasanen beschädigt, hat die Jagdgenossenschaft dem Geschädigten den Schaden zu ersetzen. Grundstücke sind abgegrenzte Teile der Erdoberfläche. Sämtliche Grundstücke unterliegen dem Grundbuchzwang. Zu den wesentlichen Bestandteilen des Grundstücks gehören die mit dem Grund und Boden fest verbundenen Sachen. Ebenso Erzeugnisse des Grundstücks, solange sie mit dem Boden zusammenhängen. Samen wird mit dem Aussähen wesentlicher Bestandteil des Grundstücks, eine Pflanze mit dem Einpflanzen. Abdeckfolien (z. B. über

Erdbeeren, Spargel, Heuballen, Silage) sind nicht Bestandteil des Grundstücks, da sie nur zu einem vorübergehenden Zweck mit dem Grundstück verbunden sind (§ 95 BGB).

In BW ist die Schadensersatzpflicht nicht auf weitere Tierarten ausgedehnt worden. Schäden, die durch anderes Wild entstehen (z. B. durch den Dachs an Maisäckern) oder nicht an Grundstücken und deren Bewuchs, werden nicht ersetzt.

Dem Landwirt steht es frei, wie er seine Grundstücke nutzen will. Der Pächter eines Reviers hat keinen Anspruch darauf, dass der Nutzungsberechtigte eines Grundstücks auf den Anbau besonders gefährdeter Früchte verzichtet. Andererseits kann den Landwirt eine Mitschuld am Wildschaden treffen, wenn es z. B. beim Maisanbau am Waldrand bereits in vorangegangenen Jahren zu erheblichen Wildschäden gekommen ist und er die Aussaat dem JAB nicht rechtzeitig mitteilt, damit dieser entsprechende Sicherungsmaßnahmen ergreifen kann. Der JAB ist nicht verpflichtet, ständig zu kontrollieren, was im Einzelnen eingesät wurde. Ist ihm jedoch der Maisanbau auf dem gefährdeten Grundstück bekannt, bedarf es keines weiteren Hinweises. Wer durch Unterpflügen von unverhältnismäßig hohem Maiskolbenbruch bei der nachfolgenden Getreidesaat Wildschäden durch Schwarzwild hervorruft, trifft ein überwiegendes Mitverschulden, so dass ein Anspruch auf Wildschadensersatz entfällt (LG Schwerin, Urt. v. 8.11.2002). Gleiches wird auch bei Kartoffeln und Zuckerrüben anzunehmen sein. War in den vorgenannten Fällen ein Wildschaden für die erhöhten Rückstände im Boden die Ursache, trifft den Landwirt kein Verschulden.

Soweit das Jagdrecht (§§ 29 bis 31 BJagdG) nichts anderes bestimmt, finden die Vorschriften der §§ 249 ff. BGB Anwendung. Es ist der Zustand herzustellen, der bestehen würde, wenn der zum Ersatz verpflichtende Umstand nicht eingetreten wäre. Im gemeinschaftlichen Jagdbezirk ist die Jagdgenossenschaft ersatzpflichtig, wobei die einzelnen Jagdgenossen die entstandenen Kosten anteilmäßig tragen. In der Regel übernimmt jedoch der Jagdpächter durch Jagdpachtvertrag den Ersatz des Wildschadens. Kann der Geschädigte vom Pächter keinen Schadensersatz erlangen, haftet ihm gegenüber die Jagdgenossenschaft.

Weitgehende vertragliche Vereinbarungen zwischen Verpächter und Pächter stehen nicht im Widerspruch zum BJagdG. Wenn der Pächter den Ersatz von Wildschäden in dem vom Gesetzgeber vorgesehenen Umfang auf land-, forst- oder fischereiwirtschaftlich genutzte Grundstücke beschränkt hat, wird dadurch die Jagdgenossenschaft für andere unter die Ersatzpflicht fallenden Grundstücke nicht entbunden (vgl. § 29 Abs. 1 S. 1 BJagdG).

Die Vereinbarung einer jährlichen Wildschadenspauschale zwischen dem Jagdpächter und der Jagdgenossenschaft ist möglich (vgl. § 309 Nr. 5 BGB). In diesem Fall erlischt der Anspruch des Geschädigten gegenüber dem Pächter. Zur Einbeziehung der Wildschadenspauschale bei entgeltlichen Jagderlaubnissen (BGH, Urt. v. 8.10.1998). Die Bestimmung in dem vorformulierten Text eines Vertrages über die Erteilung einer Jagderlaubnis, wonach der Erlaubnisinhaber als Teil des Gesamtentgelts eine bestimmte Wildschadenspauschale zu zahlen hat, unterliegt nicht der richterlichen Inhaltskontrolle nach den §§ 9 bis 11 AGBG.

Die pauschale Abgeltung des Wildschadens in einem Formularvertrag (vgl. § 11 Nr. 5 b AGBG) ist ungültig, wenn für den Pächter nicht die Möglichkeit besteht, den Nachweis darüber zu führen, dass kein Wildschaden oder nur ein wesentlich geringerer entstanden ist (OLG Zweibrücken, Urt. v. 10.2.1999).

Im Falle der Ungültigkeit der vereinbarten Wildschadenpauschale tritt an deren Stelle die gesetzliche Regelung.

Für Wildschadensverhütungsmaßnahmen sind Pauschalen zulässig. Zum Ersatz von Wildschadensverhütungsmaßnahmen (OLG Karlsruhe, Urt. v. 3.4.1992). Sie dürfen nur zweckentsprechend verwendet werden, weil dadurch vom Pächter zu ersetzende Schäden vermindert werden können. Einzäunungen müssen allgemein üblich und im Einzelfall notwendig sein.

Hat der Pächter für weitere Wildarten den Wildschaden übernommen, haftet bei Ausfall die Jagdgenossenschaft nicht. Die Bestimmungen des BJagdG finden in diesem Fall keine Anwendung.

Sind mehrere Jagdpächter vorhanden, haften sie dem Geschädigten gegenüber als Gesamtschuldner für den Wildschadensersatz. Im Innenverhältnis können sie durch Gesellschaftsvertrag eine andere Aufteilung – auch des Pachtzinses – vereinbaren. Dies trifft meist dann zu, wenn das gemeinsame Revier in Pirschbezirke aufgeteilt wird. Die interne Regelung ändert nichts an der gesamtschuldnerischen Haftung.

Die Verpflichtung zum Ersatz von Wildschaden in Eigenjagdbezirken ist in § 29 Abs. 3 BJagdG geregelt. Ist der Eigenjagdbezirk verpachtet, haftet der Pächter für Schäden, die er durch unzulänglichen Abschuss verursacht. Wenn der Pächter den Wildschaden in voller Höhe übernommen hat, haftet er ohne jegliches Verschulden. Zu Wildschäden an den dem Eigenjagdbezirk angegliederten Flächen siehe § 29 Abs. 2 BJagdG.

In befriedeten Bezirken ruht die Jagd. Der Ersatz von Wildschaden bezieht sich auf die tatsächlich zur Bejagung zur Verfügung stehenden Grundflächen des gemeinschaftlichen Jagdbezirkes (siehe hierzu auch die Erl. zu § 3 Abs. 4 und § 18 LJagdG). Etwas anderes könnte nur gelten, wenn dem JAB die Jagdausübung im befriedeten Bezirk gestattet wäre. Es ist nicht von Bedeutung, dass der Pachtzins i. d. R. nach der Bruttojagdfläche berechnet wird. (Ein Jagdkataster besteht nicht in allen Gemeinden, obwohl schon immer gesetzlich vorgeschrieben). Für Flächen, die nicht gejagt werden dürfen, kommt ein Wildschadensersatz nicht in Betracht (*Lorz/Metzger*, Tierschutzgesetz, S. 125; *Drees/Thies*, Wild- und Jagdschaden, S. 15). Der Grundeigentümer ist nicht Mitglied der Jagdgenossenschaft (§ 9 Abs. 1 S. 2 BJagdG). Im Gegensatz zu den Grundstücken in der freien Landschaft, die der Grundbesitzer nur beschränkt schützen kann (vgl. § 26 BJagdG, z. B. keine Einzäunung), kann der Eigentümer eines befriedeten Bezirks sein Grundstück gegen Wildschäden durch Einzäunung schützen. Ohne solche Schutzvorrichtungen entfiele ohnehin der Wildschadensersatz.

Eine Wildschadenausgleichskasse besteht nicht.

Bei § 30 BJagdG handelt es sich um eine Sondervorschrift, welche die Anwendung des § 29 BJagdG ausschließt. Gehege i. S. des § 30 BJagdG sind Grundflächen, die dauernd und vollständig eingefriedet sind und in denen Wild zu jagdlichen Zwecken gehalten wird (Gatterrevier und Wildparks). In solchen Gehegen wird das Wild wie in der freien Wildbahn gehalten, weil nur dann eine Hege möglich ist. Der Begriff des Wildschadens ist der Gleiche wie in § 29 BJagdG.

Zum Ersatz des Wildschadens durch gehegtes Schalenwild ist ausschließlich derjenige verpflichtet, dem als JAB, Eigentümer oder Nutznießer die Aufsicht über das Gehege obliegt. Ein Verschulden des Aufsichtspflichtigen wird nicht vorausgesetzt, da es sich hier um eine Gefährdungshaftung handelt. Die Haftung entfällt auch nicht, wenn durch höhere Gewalt (z. B. Baum fällt bei Sturm auf die Einzäunung) Schalenwild entkommt.

Sobald das ausgebrochene Wild herrenlos geworden ist, endet die Haftung des Aufsichtspflichtigen. Im Falle eines strittigen Schadens trägt der Geschädigte die Beweislast, dass der Wildschaden durch das ausgebrochene Wild entstanden ist. Wird der JAB nach § 29 BJagdG in Anspruch genommen, muss er den Beweis dafür antreten, dass der Wildschaden nicht von herrenlosem Wild verursacht wurde.

40   *§ 31 BJagdG   Umfang der Ersatzpflicht*

Nach den §§ 29 und 30 BJagdG ist auch der Wildschaden zu ersetzen, der an den getrennten, aber noch nicht eingeernteten Erzeugnissen eines Grundstücks eintritt.

Wann bei abgetrennten, aber noch nicht eingeernteten Erzeugnissen eine Einerntung vorzunehmen ist, ist von einer ordnungsgemäßen Wirtschaftsführung abhängig. Bei Erzeugnissen, die in Mieten untergebracht sind, gelten diese als eingeerntet. Gleiches gilt für Heu-, Stroh-, Silageballen, die auf dem Feld gelagert werden.

Werden Bodenerzeugnisse bereits vor Erntebeginn beschädigt, ist der Wildschaden zu ersetzen, wie er sich zum Zeitpunkt der Ernte dargestellt hätte (§ 32 Abs. 2 S. 1 BJagdG). Satz 2 verpflichtet den Geschädigten zur Schadensminimierung. Dies entspricht auch dem Grundsatz des § 254 Abs. 2 BGB. Es ist zu berücksichtigen, ob der Schaden nach den Grundsätzen einer ordentlichen Wirtschaftsführung durch entsprechenden Wiederanbau im gleichen Wirtschaftsjahr ausgeglichen werden kann. Das Schadensrisiko kann gemindert werden durch Nachsaat, Nachpflanzen, Bestellung mit Ersatzfrucht, zusätzliche Düngung.

Für den Umfang der Ersatzpflicht sind die allgemeinen Bestimmungen des BGB anzuwenden. Der Geschädigte kann nach den §§ 249 S. 2, 251 BGB wählen, ob er im Falle der Beschädigung oder Zerstörung einer Sache Geld oder Naturalersatz verlangen will. Maßgebend für die Berechnung des Schadens ist der Erzeugerpreis, wobei von einem normalen Ertrag auszugehen ist (*Drees/Thies*, Wild- und Jagdschaden, S. 30). Bei einer Selbstvermarktung durch den Erzeuger wird von einem Vermarktungspreis auszugehen sein. Auch Folgeschäden sind zu ersetzen (AG Kenzingen, Urt. v. 31.7.1998). Mit der Beseitigung von Wildschäden kann auch ein Lohnunternehmer beauftragt werden.

Bei einem Freizeitgrundstück im Außenbereich kommt es darauf an, welche Wertminderung das Grundstück durch die Beschädigung tatsächlich erfahren hat (beachte § 32 Abs. 2 BJagdG).

41   *§ 32 BJagdG   Schutzvorrichtungen*
     § 31 LJagdG   Wildschäden an Weinbergen
     § 15 LJagdG DVO   Schutzvorrichtungen

Grundsätzlich ist der JAB von einer Schadensersatzleistung befreit, wenn der Geschädigte die zur Schadensverhütung vorgenommenen Maßnahmen unwirksam gemacht hat, z. B. durch Ausschalten des um das Maisfeld angebrachten Elektrozaunes. Ohne triftigen Grund darf die Errichtung von Schutzmaßnahmen auf dem gefährdeten Grundstück nicht verweigert werden (§ 32 Abs. 1 BJagdG). Das bedeutet aber auch, dass auf dem Grundstück noch entsprechend freie Randflächen zur Verfügung stehen.

Bei den für den unmittelbaren Endverbrauch bestimmten Nahrungs- und Futtermitteln braucht der Grundeigentümer/Nutzungsberechtigte selbst keine Vorsorge für Wildschäden zu treffen. Die derzeit zur Biogasgewinnung angebauten Maissorten entsprechen denen, die zur Fütterung landwirtschaftlicher Nutztiere verwendet werden. Eine Differenzierung zwischen Futter- und Energiemais findet nicht statt. Somit unterliegen sie der gesetzlichen Wildschadensersatzpflicht. Es liegt im Ermessen des JAB, ob er einem eventuellen Wildschaden vorbeugen will.

§ 32 Abs. 2 BJagdG bezweckt, das erhöhte Schadensrisiko vom JAB abzumildern, wenn in einem Jagdbezirk Pflanzen angebaut werden, die nicht unmittelbar für den Endverbrauch bestimmte Nahrungsmittel oder Futtermittel darstellen. In diesen Fällen muss der Eigentümer/Nutzungsberechtigte die Gefahrenerhöhung durch geeignete Abwehrmaßnahmen reduzieren. Unterlässt der Geschädigte dies, kann er den JAB nicht in Anspruch nehmen. Tritt trotz der Schutzmaßnahmen ein Schaden ein, haftet der JAB. Die Schutzvorrichtungen sind regelmäßig zu kontrollieren, insbesondere wenn mit deren Beschädigung zu rechnen ist.

Weinberge sind mit Rebpflanzen bestockte Grundflächen. Auf die Lage oder Geländeform kommt es nicht an. Der Weinberg muss nicht in einem abgegrenzten Weinbaugebiet liegen. Gartengewächse sind Gemüse-, Obst und Zierpflanzen, die üblicher Weise in Gärten angepflanzt werden. Ein Garten bzw. Obstgarten ist eine Grundfläche für den Anbau, die Anzucht und Pflege von Pflanzen, Bäumen und Sträuchern zu Nutzzwecken, Liebhaberei oder Erholung, unabhängig von der Größe und Lage. Ob das Grundstück eingezäunt ist, spielt für die Auslegung des Begriffs „Garten" keine Rolle. Kommt es wiederholt bei der kleingärtnerischen Nutzung zu Wildschäden, ist das Grundstück für diese Nutzung nicht geeignet, da es aus bau- und naturschutzrechtlichen Gründen nicht mit einem Wildzaun versehen werden darf. Zu den Gärten zählen auch die Grundflächen einer Gärtnerei, einer Obstbaumplantage oder eines Schrebergartens, ebenso Sportanlagen wie z. B. ein Golfplatz (LG Hannover, Urt. v. 8.9.1982) oder ein Modellsportflugplatz (AG Walsrode, Urt. v. 11.4.1990). Ein ausschließlich zur Freizeitnutzung besonders intensiv gepflegtes Grundstück ist ein Garten i. S. d. BJagdG.

Der Begriff des Obstgartens ist bereits im BJagdG vom 29.11.1952 (BGBl. I S. 780, 843) enthalten. Die Entscheidung des AG Schorndorf vom 11.3.2009, eine Streuobstwiese sei wegen der erhöhten Wildschadensgefahr als Obstgarten einzustufen, ist abzulehnen. Soweit die Auffassung vertreten wird, ohne wilddichten Zaun sei ein solches Grundstück als Obstgarten nicht geeignet, verkennt, dass im Gegensatz zur Anpflanzung von Gemüse u. a. kraft Gesetzes eine Nutzungsänderung im Landschaftsschutzgebiet nicht zulässig ist. Bei allen sonstigen Streuobstwiesen würde es sich durch Fällen der Obstbäume nur noch um eine Wiese handeln. Auch der Hinweis, das Nichtauflesen von Obst auf einer Streuobstwiese stelle ein Mitverschulden des Nutzungsberechtigten dar, ist unzutreffend. Es macht einen Unterschied, ob beim Säen in einem unverhältnismäßig hohen Anteil Zuckerrüben im oder auf dem Boden verbleiben und dadurch die Gefahr für die nachfolgende Getreideeinsaat entsteht oder ob Äpfel vom Baum fallen. Schließlich wird durch das Mähen der Wiese mit einem entsprechenden Mäher oder Rasentraktor diese nicht zu einem Garten. Dann müssten Rasenmischung und eine besonders intensive Rasenpflege kennzeichnend sein. Der Grundstückseigentümer ist nach § 26 LLG verpflichtet, sein Grundstück zu pflegen. Von besonderem Interesse ist die Entscheidung des VGH Mannheim (Urt. v. 6.11.2003), nachdem für einen Grundstücksbesitzer die Pflegepflicht entfällt, wenn er auch unentgeltlich keinen Bewirtschafter findet. Dann nämlich ergibt sich die Frage der Bewirtschaftungspflicht aus dem Kosten-Nutzen-Vergleich hinsichtlich des konkreten Buchgrundstücks. Werden keine Einnahmen erzielt, steht kein Geld für die Bewirtschaftung sowie die Beseitigung von Wildschäden zur Verfügung.

Baumschulen sind Grundstücke, auf denen Holzgewächse aus Samen, Ablegern oder Stecklingen gezogen werden – auch Weihnachtsbaumkulturen. Eine Fichten-Forstkultur fällt unter den Begriff Baumschule, wenn sie gleichzeitig der Aufzucht und als Weihnachtsbaumkultur dient (LG Bayreuth, Urt. v. 14.10.1998).

In Forstkulturen werden durch Saat, Pflanzung oder Naturverjüngung einheimische oder ausländische Holzarten herangezogen. Es wird zwischen Kulturen, Dickungen und Stangengehölzen unterschieden. Eine Faustregel zur Abgrenzung besagt, dass man über Kulturen noch hinwegschauen, über Dickungen weder hinweg- noch hindurchschauen und durch Stangengehölze hindurchschauen kann (*Drees/Thies*, Wild- und Jagdschaden, S. 19). Forstkulturen müssen durch das Einbringen anderer als der im Jagdbezirk vorkommenden Hauptholzarten einer erhöhten Gefährdung ausgesetzt sein. Zur Bestimmung einer Hauptholzart müssen alle Umstände des Einzelfalles berücksichtigt werden. Die Feststellung, was Hauptholzart ist, richtet sich nach den örtlichen Verhältnissen. Ihre Benennung im Jagdpachtvertrag schafft klare Verhältnisse. Bei einer Nicht-Hauptholzart kann es nicht auf deren zahlenmäßige Häufigkeit ankommen, sondern auf deren erhöhte Gefährdung, weil sie bevorzugt von Wild angenommen wird.

Freilandpflanzungen von Gartengewächsen sind Gemüse-, Obst- oder Zierpflanzen, die üblicherweise in Gärten oder in der für Gärtnereien typischen Anbauweise gezogen werden, z. B. Blumenkohl, Bohnen, Erbsen, Erdbeeren, Kohlrabi, Kürbisse, Möhren, Porree, Rosenkohl, Sellerie, Spargel, Spinat, Weißkohl, Wirsing. Die Eigenschaft als Gartengewächs verlieren sie nicht schon deshalb, wenn sie in bestimmten Gegenden lange Zeit hindurch in großem Umfang feldmäßig angebaut werden. Die Pflanzen können die Eigenschaft eines Gartengewächses verlieren, wenn der feldmäßige Anbau in einem größeren regionalen Bereich dazu führen kann, dass in diesem Großbereich der feldmäßige Anbau den gartenmäßigen Anbau völlig verdrängt. Der feldmäßige Spargelanbau erstreckt sich auf die Anbaugebiete der nordbadischen Rheinebene im Landkreis Karlsruhe und auch auf große Flächen benachbarter Stadt- und Landkreise in Baden-Württemberg und in Rheinland-Pfalz (OLG Karlsruhe, Urt. v. 5.8.2004).

Das LG Baden-Baden hat Erdbeerpflanzungen als Feldgewächse im Anbaugebiet Ortenau verneint (Urt. v. 16.1.2003).

Eine Pflanze kann ihre Eigenschaft als Gartengewächs dadurch verlieren, dass in einem größeren Gebiet ihr feldmäßiger Anbau derart im Vordergrund steht, dass der gartenmäßige Anbau dort kaum noch eine Rolle spielt (Fortführung von BGH, Urt. v. 8.5.1957 – V ZR 150/55 LM ZPO § 456 Nr. 25). Dies gilt auch für Spargel (BGH, Urt. v. 22.7.2004 – III ZR 359/03). Daraus ergibt sich, dass gewisse Pflanzen in der einen Gegend als Gartengewächse, in einer anderen aber als Feldpflanzen anzusehen sind. Durch eine allgemeine Veränderung der Anbauweise kann ein Gartengewächs zur Feldpflanze werden, was auch zur rechtlichen Anpassung an die tatsächlichen Gegebenheiten führt.

Diese Feststellungen im Gutachten eines landwirtschaftlichen Sachverständigen oder der gutachterlichen Äußerungen der Landwirtschaftskammer werden von wesentlicher Bedeutung sein.

Futtererbsen zählen zu den Feldgewächsen (im Gegensatz zu Gemüseerbsen). Diese stellen kein hochwertiges Handelsgewächs dar, sondern lediglich Futtermittel.

Bezüglich neu auf den Markt gekommener Gemüsesorten wie Zucchini, Chinakohl u. a. ist festzustellen, dass diese nicht den gartenmäßigen Anbau durchlaufen haben, sondern gleich großflächig feldmäßig angebaut worden sind. Es handelt sich nach wie vor um typische Gartengewächse, deren Freilandpflanzungen einer erhöhten Wildschadensgefahr ausgesetzt sind. Zucchini ist im Kreis Heilbronn kein Feldgewächs (LG Heilbronn, Urt. v. 17.3.2004).

Hochwertige Handelsgewächse sind für den direkten Endverbrauch nicht geeignet. Sie geben den Rohstoff für wertvolle Waren ab, die durch Be- oder Verarbeitung haltbar gemacht werden und handelsfähig sind. Kriterium der Hochwärtigkeit ist, dass die Markterlöse für derartige Produkte weit über dem üblichen Rahmen herkömmlicher landwirtschaftlicher Produkte liegen. Hochwertige Handelsgewächse sind Arznei-, Farb-, Gewürzpflanzen, Tabak, Flachs, Hopfen, Hybridmais zu Zuchtzwecken (AG Bruchsal, Urt. v. 4.4.1996).

Nicht zu den hochwertigen Handelsgewächsen gehören Braugerste für die Bierherstellung, Raps zur Öl- und Biodieselgewinnung oder Mais als Biomasse für Biogasanlagen. Biologisch angebaute Kartoffeln zählen zu den Feldpflanzen. Spargel ist zum direkten Verbrauch bestimmt.

Wer auf einer stillgelegten landwirtschaftlichen Nutzfläche, für die er staatlich geförderte Stilllegungsprämien bezieht, rechtswidrig zu Erwerbszwecken Nutzpflanzen anbaut, hat keinen Anspruch auf Wildschadensersatz (AG Bernkastel-Kues, Urt. v. 25.4.1996). Lediglich die Beseitigung der Schäden am Grundstück ist erforderlich. Gleiches gilt für Grünland, das nur zur Landschaftspflege gemäht wird.

Herstellung von üblichen Schutzvorrichtungen: Wilddichte Zäune

Muffelwild	Rot-, Dam-, Sikawild	Reh-, Gams-, Schwarzwild	Wildkaninchen
2,50 m	1,80 m	1,50 m	1,00 m und 0,30 m in der Erde

Zu den Pflichten des Grundstückseigentümers oder Nutzungsberechtigten gehört die regelmäßige Kontrolle der Schutzvorrichtung sowie deren funktionsfähige Unterhaltung. Bei der Auslegung sind vor allem der Sinn und Zweck der gesetzlichen Regelung zu berücksichtigen. Ohne Instandhaltung und Überprüfung ist der Zweck der Einrichtung – Fernhaltung des Wildes – nicht gewährleistet. Eines gesetzlichen Hinweises auf die Instandhaltung bedarf es daher nicht. Ist anzunehmen, dass Wild in die Umzäunung gelangt ist, besteht für den Grundstückseigentümer eine Unterrichtungspflicht des JAB aus Gründen der Schadensminimierung. Hat der Jagdpächter oder sein Jagdaufseher Schäden an der Umzäunung festgestellt, sind diese unverzüglich dem Eigentümer mitzuteilen, damit dieser sie beheben kann. Ansonsten trifft den Jagdpächter im Schadensfall ein Mitverschulden.

Hat der Pächter die Kosten für Wildschadensverhütungsmaßnahmen übernommen, so gilt dies nur für eine allgemein übliche und für notwendig erachtete Einzäunung. Nicht mehr notwendige Zäune sind zu entfernen.

Dem Eigentümer einer Intensivobstanlage, der den nach der DVO zum LJagdG vorgesehenen Schutzzaun gegen Rehwild nicht errichtet hat, steht kein Ersatzanspruch gegen den Jagdberechtigten für Wildschäden gem. § 32 Abs. 2 BJagdG auch dann nicht zu, wenn ihm der beantragte Schutzzaun nicht genehmigt worden ist. Wildschäden an Weinbergen sind auch zu ersetzen, wenn keine Schutzvorrichtungen errichtet sind.

	Wildschaden muss nicht ersetzt werden,	Wildschaden muss ersetzt werden;
Feldfrüchte, z. B.: Getreide, Mais, Kartoffeln, Rüben.	wenn der Geschädigte die vom JAB zur Abwehr von Wildschaden getroffenen Maßnahmen unwirksam macht,	ansonsten sind Schäden an Feldfrüchten stets zu ersetzen.
Weinberge		auch wenn Schutzvorrichtungen zur Abwendung des Schadens nicht errichtet sind (§ 31 LJagdG).
Gärten, Obstgärten, Baumschulen, Alleen, einzeln stehende Bäume (Sportplatz, Golfplatz, Zierrasenfläche, Schrebergarten).	wenn die Herstellung der üblichen Schutzvorrichtungen vom Grundstückseigentümer unterblieben ist, die unter gewöhnlichen Umständen zur Abwendung des Schadens ausreichen (§ 32 Abs. 2 Satz 1 BJagdG).	Tritt trotz ordnungsgemäßer Schutzvorrichtungen dennoch ein Schaden ein, ist dieser zu ersetzen.
Forstkulturen, die durch Einbringen anderer als der im Jagdbezirk vorkommenden Hauptholzarten einer erhöhten Gefährdung ausgesetzt sind (Forstkulturen mit Nebenhölzern).	s. o.	s. o.
Freilandpflanzungen von Garten- oder hochwertigen Handelsgewächsen (z. B. Erdbeeren, Spargel, Hybridmais für Zuchtzwecke, Gewürz-, Arzneipflanzen).	s. o. Schutzvorrichtungen s. § 15 LJagdG DVO	s. o.

42   *§ 33 BJagdG   Schadensersatzpflicht*

Im Gegensatz zum Wildschaden steht der Schaden, der durch die Ausübung der Jagd im weitesten Sinne verursacht wird (Jagdschaden). Der JAB hat ein Betretungsrecht für alle Grundstücke im Jagdbezirk, soweit nicht öffentlich-rechtliche Vorschriften dies ausschließen. Ein Betretungsrecht besteht nicht für die BAB, Bahnanlagen, eingezäunte Grundstücke. Ansonsten sind bei der Jagdausübung jeweils die berechtigten Interessen der Grundstückseigentümer zu beachten. Das Befahren von Wiesen und Feldern oder Fahren außerhalb von Wegen im Wald bedarf der Erlaubnis des Grundeigentümers bzw. des Nutzungsberechtigten. Das dem JAB eingeräumte Betretungsrecht umfasst nicht das Fahren mit Kraftfahrzeugen. Besäte Felder (Ackerland) und nicht abgemähte Wiesen (Grünland) sind tunlichst zu schonen. Gleiches gilt für das Abstellen von Fahrzeugen. Zum Wegerecht und Aufstellen von Jagdeinrichtungen s. Rz. 25 und 26.

Jagdschaden ist der Schaden, der auf einer Wiese beim Transport von Holz für einen Hochsitz entsteht. Nicht aber, wenn bei einer Treibjagd ein im Feld abgestellter Pkw durch Schrotkugeln beschädigt wird.

Auf Feldern mit reifender Halm- oder Samenfrucht (vor allem Getreide oder Mais) sowie Tabak ist die Treibjagd verboten. Die Suchjagd kann nur durchgeführt werden, wenn keine Schäden an den reifenden Früchten zu befürchten sind. Eine Nachsuche unter besonderer Rücksichtnahme auf evtl. Schäden ist zulässig (vgl. § 22 a BJagdG).

Gem. § 33 Abs. 2 BJagdG haftet der JAB für jeden aus Abs. 1 vorsätzlich oder fahrlässig aus missbräuchlicher Jagdausübung entstandenen Schaden (Verschuldenshaftung). Das gilt auch für den Schaden, der von seinem Jagdaufseher oder einem Jagdgast verursacht wird. § 831 Abs. 1 S. 2 BGB findet keine Anwendung.

Ordnungswidrig handelt, wer den Vorschriften des § 33 Abs. 1 BJagdG zuwiderhandelt und dadurch Jagdschaden anrichtet (§ 39 Abs. 1 Nr. 8 BJagdG).

43   *§ 34 BJagdG   Geltendmachung des Schadens*
       § 35 BJagdG   Verfahren in Wild- und Jagdschadenssachen

Ergänzende Regelungen enthalten die §§ 16 bis 23 der LJagdG DVO.

Das Vorverfahren hat die rasche und objektive Schadensfeststellung sowie die gütliche Einigung zum Ziel. Die Beteiligten können Wild- und Jagdschäden durch gütliche Einigung auch selbst regeln.

Wild- oder Jagdschäden an landwirtschaftlich genutzten Flächen sind binnen einer Woche anzumelden, sobald der Betroffene vom Schaden Kenntnis erlangt oder bei entsprechender Sorgfalt hätte erlangen können. Kenntnis erlangt, wer den Schaden selbst gesehen hat oder durch einen Dritten darauf hingewiesen wurde. Der Zeitraum, innerhalb dessen eine Kenntnisnahme eines Wildschadens möglich sein muss, beträgt einen Monat, denn ein Landwirt hat in der Regel einmal im Monat seine Felder zu begehen, um den an ihn gestellten Sorgfaltsanforderungen zu genügen (LG Hechingen, Urt. v. 21.2.1990; LG Trier, Urt. v. 3.1.1991). Schäden, die länger als einen Monat zurückliegen, werden nicht ersetzt. Handelt es sich um Grundstücke, die wiederholt beschädigt wurden, oder um besonders gefährdete Lagen, muss in kürzeren Zeitabständen kontrolliert werden. Die Beweispflicht eines Wildschadens und der rechtzeitigen Entdeckung obliegt dem Geschädigten. Bei fortgesetzten Wildschäden bedeutet dies, dass der Geschädigte jeweils wöchentlich die neuen Schäden melden muss, damit jeweils die Schadensursache festgestellt werden kann. Der Gesetzgeber fordert bei jedem Schaden eine Anmeldung, unabhängig von dessen Höhe. Im übrigen kann in dem Unterlassen der Schadensanzeige ein erhebliches Mitverschulden des Landwirts bei Folgeschäden gesehen werden, weil dadurch dem JAB die Möglichkeit der Verhinderung weiterer Schäden genommen wird. Trotz rechtzeitiger Meldung wären evtl. Ersatzansprüche aus diesem Grunde auszuschließen.

Gleiches gilt bereits bei Schadensverdacht. Zur Frage der Einordnung des Schadensbegriffes aus § 34 Satz 1 BJagdG s. *Laabs*, AgrarR 1992, S. 354.

An forstwirtschaftlich genutzten Flächen sind die Schäden jeweils zum 1.5. und 1.10. zu melden.

Zuständige Behörde ist das für das beschädigte Grundstück zuständige Bürgermeisteramt. Die Anmeldung des Schadens muss schriftlich oder mündlich zu Protokoll erfolgen (vgl. § 17 Abs. l LJagdG DVO). Der zuständige Bedienstete der Gemeinde darf eine fristgerechte mündliche Schadensanzeige zur Niederschrift nicht ablehnen, sonst haftet die Gemeinde aus Amtspflichtverletzung (§ 839 Abs. 1 BGB). Die förmliche Aufnahme der Schadensanzeige ist auch dann erforderlich, wenn diese später durch Bescheid abzulehnen wäre (vgl. § 17 Abs. 4 LJagdG DVO). Insofern obliegt der Behörde in Bezug auf die Stellung eines formgerechten Antrages eine Beratungs- und Fürsorgepflicht. Andernfalls hätte der Geschädigte die Schadensmeldung selbst in schriftlicher Form vorzunehmen, um im Rahmen einer möglichen Amtshaftungsklage ein etwaiges Mitverschulden an der Schadensentstehung zu vermeiden (§ 254 BGB). Auch ein rechtzeitig eingehendes Fax ist ausreichend. Aus der Anzeige muss hervorgehen, welcher Schaden wo und durch welche Schadensursache entstanden ist.

Für die Fristberechnung sind die Vorschriften der §§ 187 Abs. l, 188 Abs. 2 und 193 BGB maßgebend. Hiernach wird der Feststellungstag nicht mitgerechnet. Sofern der letzte Tag auf einen Sonntag oder gesetzlichen Feiertag fällt, endet die Frist mit Ablauf des nächsten Werktages. Maßgebend ist der Eingang beim Bürgermeisteramt.

Beispiele: Schaden festgestellt am Montag, Fristablauf am folgenden Montag um 24 Uhr. Wird der Schaden am Samstag festgestellt, dann ist ebenfalls Fristablauf der Montag um 24 Uhr. Gleiches gilt auch für den Sonntag als Feststellungstag.

Wird die Anmeldefrist oder der Stichtag versäumt, besteht kein Anspruch auf Schadensersatz (Ausschlussfrist). Die Prüfung der rechtzeitigen Anmeldung obliegt der Gemeinde. Stellt sie ein Fristversäumnis fest, ist der Anspruch mit schriftlichem Bescheid zurückzuweisen (§ 17 Abs. 4 LJagdG DVO).

Zweck der Fristenregelung ist die Beweissicherung, d. h. Klärung der Schadensursache schnellstmöglich nach deren Eintritt. Nur dann sind noch sichere Rückschlüsse auf die Schadensverursachung möglich. Die Gemeinde hat von Amts wegen unverzüglich einen Ortstermin anzuberaumen. Ziel des Ortstermins ist in erster Linie die sichere Ermittlung der Schadensursache (Feststellung des Schadens) und der Schadenshöhe (Festsetzung des Ersatzbetrages). Ansprüche können gerichtlich erst geltend gemacht werden, wenn das Vorverfahren stattgefunden hat. Erst in zweiter Linie steht das Hinwirken auf eine gütliche Einigung.

Zu dem Ortstermin sind der Geschädigte und die zum Ersatz Verpflichteten (§§ 29 bis 33 BJagdG – Beteiligte) zu laden. Die Ladung erfolgt mit dem Hinweis, dass auch bei Nichterscheinen der Schaden ermittelt werden kann. Ein Wildschadensschätzer ist immer heranzuziehen, wenn dies ein Beteiligter fordert. Ansonsten nur, wenn eine gütliche Einigung nicht zu erwarten ist oder dies besondere Gründe erfordern.

Von einem Ortstermin kann nicht abgesehen werden, selbst wenn die Beteiligten darauf verzichten. Es handelt sich hierbei um ein gesetzlich vorgeschriebenes Vorverfahren, auf das auch nicht teilweise verzichtet werden kann. Damit kann jeder Beteiligte selbst an der objektiven Feststellung des Schadens mitwirken. Zugleich wird den Beteiligten das rechtlich gebotene Gehör gewährleistet. Wird ein Prüfungsverfahren nicht ordnungsgemäß durchgeführt, ist der erlassene Vorbescheid unwirksam.

Das Verfahren in einer gütlichen Einigung regelt § 18 LJagdG DVO.

Ein Vorbescheid kommt in Frage, wenn eine gütliche Einigung nicht zustande kommt. In diesen Fällen gibt der Wildschadensschätzer eine Stellungnahme gem. den Vorgaben in § 19 Abs. 2 LJagdG DVO ab. Sie ist Grundlage für den schriftlichen Vorbescheid, der allen Beteiligten zuzustellen und mit einer Rechtsmittelbelehrung zu versehen ist (§ 19 Abs. 3 LJagdG DVO).

Zur Feststellung der Schadenshöhe erst kurz vor der Ernte vgl. § 17 Abs. 3 LJagdG DVO. Diese lässt sich oft erst unmittelbar vor der Ernte feststellen, wenn die Ertragsentwicklung auf den nicht geschädigten Flächen bekannt ist.

Führt die Verwaltungsbehörde in Wildschadensachen das Vorverfahren nicht durch, kann der Geschädigte analog § 75 VwGO unmittelbar Klage zum Amtsgericht erheben (LG Mannheim, Urt. v. 14.5.1993).

Das Vorverfahren entfällt nur dann, wenn Wild- oder Jagdschaden an gemeindeeigenen Grundstücken entstanden ist. Kommt in einem solchen Fall keine gütliche Vereinbarung zustande, kann bei dem für die Gemeinde zuständigen Amtsgericht Klage erhoben werden.

VIII. Inverkehrbringen und Schutz von Wild

44   *§ 36 BJagdG   Ermächtigungen*

Der Bundesminister für Ernährung, Landwirtschaft und Forsten hat am 25.10.1985 (BGBl. I S. 2040) aufgrund der Ermächtigung in § 36 Abs. 1 Nr. 2,4 und Abs. 3 die Verordnung über den Schutz von Wild (Bundeswildschutzverordnung – BWildSchV) erlassen, die seit dem 1.4.1986 in vollem Umfang in Kraft ist. Sie setzt zugleich die Vorschriften der EG-Vogelschutzrichtlinie in nationales Recht um.

IX. Jagdbeirat und Vereinigungen der Jäger

45 § 37 BJagdG   *Bildung von Jagdbeiräten, Mitwirkung von Vereinigungen der Jäger*
§ 33 LJagdG   *Jagdbehörden*
§ 34 LJagdG   *Jagdbeirat*
§ 35 LJagdG   *Untere Jagdbehörde*
§ 36 LJagdG   *Sachliche Zuständigkeit*
§ 37 LJagdG   *Örtliche Zuständigkeit*
§ 39 LJagdG   *Staatseigene Jagden*

Die genannten Bestimmungen regeln die Organisation der Jagdbehörden sowie deren sachliche und örtliche Zuständigkeit.

Jagdbeirat: MLR – Minister oder Vertreter als Vorsitzender

4 Beisitzer	4 Beisitzer	4 Beisitzer	2 Beisitzer	2 Beisitzer	1 Beisitzer	1 Beisitzer
Landwirt-schaft	Forstwirt-schaft	Jäger	Jagdgenos-senschaft	Gemein-den	Landes-natur-schutz-verband	Landes-beirat Tierschutz

Die ehrenamtlich tätigen Jagdbeiräte bei der obersten Jagdbehörde haben nur beratende Funktion. Mit der Novellierung des LJagdG 1996 verfügen auch die Jagdgenossenschaften über einen eigenen Fachverband. Daher können alle Mitglieder des Jagdbeirats vom entsprechenden Fachverband vorgeschlagen werden.

Untere Jagdbehörde: Landrat, in Stadtkreisen Oberbürgermeister als Vorsitzender/ deren Vertreter

1 Beisitzer	1 Beisitzer	1 Beisitzer	1 Beisitzer	1 Beisitzer
Untere Forstbehörde	Landwirtschaft	Jagdgenossen-schaft	Gemeinden	Jäger

Das Kreisjagdamt ist eine Kollegialbehörde. Vorsitzender des Kreisjagdamtes ist der Landrat, in Stadtkreisen der Oberbürgermeister oder die von ihnen bestimmten Vertreter sowie den Beisitzern gem. § 35 LJagdG. Die Beschlüsse werden mit Stimmenmehrheit gefasst. Bei Stimmengleichheit entscheidet die Stimme des Vorsitzenden. Zur Beschlussfähigkeit müssen mehr als die Hälfte der Mitglieder anwesend sein. Die Sitzungen des Kreisjagdamtes sind nicht öffentlich.
Bei den Verfügungen des Kreisjagdamtes handelt es sich um Verwaltungsakte nach dem Landesverwaltungsverfahrensgesetz. Sie müssen schriftlich ergehen, begründet werden und mit einer Rechtsbehelfsbelehrung versehen sein. In der Regel hat ein eingelegtes Rechtsmittel aufschiebende Wirkung (vgl. § 80 VwGO). Unterbleibt der Widerspruch, wird der Verwaltungsakt nach einem Monat bestandskräftig, d. h., er kann mit den Mitteln des Landesverwaltungsvollstreckungsgesetzes vollstreckt werden.
Der Widerspruch setzt das Vorverfahren (Widerspruchsverfahren) in Gang, § 79 VwGO. In diesem Verfahren werden Rechtmäßigkeit und Zweckmäßigkeit des Verwaltungsakts überprüft, § 68 VwGO. Der Widerspruch hat Erfolg, wenn er

zulässig und begründet ist. Kann die Behörde dem Widerspruch nicht abhelfen, ergeht ein Widerspruchsbescheid von der nächsthöheren Behörde (Regierungspräsidium als obere Jagdbehörde).

Gegen den Widerspruchsbescheid muss schriftlich oder zur Niederschrift innerhalb eines Monats Anfechtungsklage erhoben werden. Ziel der Anfechtungsklage ist die Aufhebung des Verwaltungsaktes (§ 42 VwGO). In erster Instanz ist grundsätzlich das Verwaltungsgericht zuständig, als nächste Instanz der Verwaltungsgerichtshof Baden-Württemberg in Mannheim und als letzte Instanz, wenn die Revision zugelassen ist, das Bundesverwaltungsgericht.

Das Jagdrecht in den Eigenjagdbezirken des Landes wird in der Regel von den Forstbehörden ausgeübt. Die Befugnisse der unteren und oberen Jagdbehörde werden in den Eigenjagdbezirken des Landes als auch bei der Verpachtung eines staatlichen Jagdbezirks von den zuständigen Forstbehörden wahrgenommen. Ausgenommen hiervon sind lediglich die Erteilung und Einziehung von Jagdscheinen, die Genehmigung von Abrundungen und die Entgegennahme von Anzeigen über Wildseuchen, sowie §§ 2 und 14 LJagdG.

Auf die Weitergeltung der Anweisung des MLR über die Verwaltung und Nutzung der Jagd auf landeseigenen Flächen (Jagdnutzungsanweisung – JNA) vom 1.6.1996 (GABl. S. 535) wird hingewiesen (GABl. 2003 S. 555).

46   § 38 LJagdG   Vereinigungen der Jäger

In BW ist nur der Landesjagdverband e. V. als Vereinigung der Jäger i. S. des § 38 LJagdG anerkannt. Das gesetzliche Mitwirkungsrecht beschränkt sich auf die Fälle, in denen ein Jagdschein wegen eines schweren Verstoßes oder wiederholter Verstöße gegen die allgemein anerkannten Grundsätze deutscher Waidgerechtigkeit versagt oder für ungültig erklärt und eingezogen werden soll.

„Nichthoheitliche Aufgaben" i. S. des § 38 Abs. 2 LJagdG können z. B. gutachtliche Tätigkeit oder die Durchführung von Hegeschauen sein.

Gemäß § 14 Abs. 5 LJagdG ist der Landesjagdverband vor Verwendung der Jagdabgabe anzuhören.

X. Straf- und Bußgeldvorschriften

47   § 38 BJagdG   Straftaten

Die Schonzeitregelungen bleiben bei totem Wild, das nicht mehr Gegenstand der Jagdausübung ist, sondern nur noch dem jagdrechtlichen Aneignungsrecht unterliegt, unberührt. Die ganzjährige Schonzeit für Greifvögel begründet kein der Aneignung eines tot aufgefundenen Exemplars entgegenstehendes Aneignungsverbot (VG Freiburg, Urt. v. 27.10.1994).

Bei der Verletzung der Schonzeitvorschrift zu unterscheiden, ob es sich um ganzjährig geschontes Wild handelt oder um Wild, das Jagd- und Schonzeiten hat. Die Strafvorschrift des § 38 BJagdG richtet sich gegen Jäger (JAB, Inhaber einer Jagderlaubnis), die vorsätzlich oder fahrlässig Wild unter den Voraussetzungen des Abs. 1 Nrn. 1 bis 3 erlegen. Das Töten von nicht dem Jagdrecht unterliegenden Wirbeltieren ist ein Vergehen nach § 17 TierSchG, wenn dies ohne vernünftigen Grund geschieht, z. B. Abschuss eines Eichelhähers.

200

Der Abschuss von Wild, dessen Bestand bedroht erscheint, kann in bestimmten Bezirken oder in bestimmten Revieren dauernd oder zeitweise gänzlich verboten werden (Abs. 1 Nr. 1). Wild, für das eine Jagdzeit nicht festgesetzt ist, ist während des ganzen Jahres mit der Jagd zu verschonen (Abs. 1 Nr. 2). In den Setz- und Brutzeiten dürfen bis zum Selbstständigwerden der Jungtiere die für die Aufzucht notwendigen Elterntiere, auch die von Wild ohne Schonzeit, nicht bejagt werden (Abs. 1 Nr. 3). Nach § 39 Abs. 2 Nr. 3 a BJagdG handelt ordnungswidrig, wer vorsätzlich oder fahrlässig außerhalb der Jagdzeiten Wild nicht mit der Jagd verschont.

Vorschriften über die Schonzeit

Wild mit Jagd- und Schonzeit	Wild mit ganzjähriger Schonzeit	Wild, das außer in den Setz- und Brutzeiten ganzjährig bejagt werden darf
§ 22 Abs. 1 S. 2 BJagdG	§ 22 Abs. 2 S. 1 BJagdG	§ 22 Abs. 4 S. 1 BJagdG
Abschuss eines Rehbocks während einer Drückjagd im November, Abschuss eines Keilers im Februar	Abschuss eines Habichts, Abschuss einer Wildkatze	Erlegen eines Altfuchses im Mai Setzzeit Haarraubwild 1. 3. bis 15. 6.
Owi, § 39 Abs. 2 Nr. 3 a BJagdG	Vergehen, § 38 Abs. 1 Nr. 2 BJagdG	Vergehen, § 38 Abs. 1 Nr. 3 BJagdG (Schutz der Elterntiere)
Aber: Führende Bache wird im Oktober erlegt, zwar Jagdzeit, jedoch Schutz der Elterntiere		Merke: § 22 Abs. 4 S. 1 BJagdG: „... gilt auch für Wild ohne Schonzeit".

Grundsätzlich ist das Jungtier vor dem Muttertier zu erlegen. Sonst liegt ein Verstoß gegen die deutsche Waidgerechtigkeit und u. U. eine Straftat vor.

Beispiel: Mitte August erlegt A ein führendes Alttier mit dem Ziel, anschließend auch das Kalb zu erlegen. Das Kalb kommt jedoch nicht zur Strecke (Vergehen gem. § 38 Abs. 1 Nr. 3 BJagdG und bezüglich des Kalbes gem. § 17 Abs. 1 Nr. 2 b TierSchG).

Bis zum Selbstständigwerden der Jungtiere dürfen die für die Aufzucht notwendigen Elterntiere nicht bejagt werden. Eine Bejagung ist erst zulässig, wenn das Jungtier erlegt oder das Elterntier für die Aufzucht nicht mehr erforderlich ist. Nähere Einzelheiten enthält die gemeinsame Empfehlung des MLR, der WFS und des LJV BW e.V. zum Muttertierschutz bei Schwarz- und Rehwild (abgedruckt in „Der Jäger in Baden-Württemberg", Nr. 10/2004, S. 4).
Die Verwendung von Lebendfangfallen in den Setz- und Brutzeiten oder Schonzeiten ist zulässig, wenn damit beispielsweise eine verwilderte Katze gefangen werden soll, tatsächlich aber jagdbares Wild in die Falle gelangt und dieses bei regelmäßiger Kontrolle (siehe § 5 Abs. 3 LJagdG DVO) wieder in Freiheit gesetzt wird. Aufstellungsort und Beköderung können jedoch auf andere Absichten des Fallenstellers schließen lassen. Wild, das entgegen der Absicht des Jagdberechtigten in eine Lebendfangfalle gerät, stellt keine Jagdbeute dar, wenn es sofort freigelassen wird.

201

X. Straf- und Bußgeldvorschriften

Der zur Ausübung der Jagd Berechtigte muss bei schwierigen Lichtverhältnissen, insbesondere Dunkelheit, vor Abgabe eines Schusses das von ihm zu bejagende Wild sorgfältig ansprechen und intensiv beobachten, um zu verhindern, dass er ein Stück Wild erlegt, für das Schonzeit besteht. Siehe hierzu auch WuH 5/2000, S. 52ff. und § 1 Abs. 3 VO Jagdzeiten.

Gerade die Beachtung der Schonzeiten, die der Hege des Wildes dienen, darüber hinaus auch die Aufzucht von Jungtieren sichern sollen, zählt zu den vornehmsten waidmännischen Pflichten. Ein Verstoß dagegen indiziert die mangelnde Zuverlässigkeit des Jagdscheininhabers (VG Düsseldorf, Urt. v. 20.10.1988).

Ein Irrtum über Beginn und Ende der Schonzeit ist kein Verbotsirrtum, sondern ein den Vorsatz ausschließender Irrtum über ein Tatbestandsmerkmal (OLG Koblenz, Urt. v. 16.2.1986 – 1 Ss 54/86). Eine Bestrafung kann dann nur wegen fahrlässiger Begehung erfolgen.

Bei Nichtjägern liegt erschwerte Jagdwilderei i. S. des § 292 Abs. 2 StGB vor.

48   *§ 40 Abs. 1 Nr. 16 LJagdG*

Ein Jäger wird beim Jagdausübungsrecht behindert, wenn ihm das Aufsuchen, Nachstellen, Erlegen oder Fangen von Wild erschwert wird. Eine Störung der Jagdausübung ist nicht erforderlich. Die Behinderung ist eine Teilhandlung der Störung. Die Behinderung muss bewusst, d. h. mit Wissen und Wollen erfolgen. Dies setzt Kenntnis der tatsächlichen Umstände voraus. Kennt der Betroffene bei der Begehung einer mit Geldbuße bedrohten Handlung einen Umstand nicht, der zum gesetzlichen Tatbestand gehört, handelt er nicht vorsätzlich, weil ein sog. Tatbestandsirrtum vorliegt. Kennt der Betroffene die Verbotsnorm nicht, liegt ein Verbotsirrtum vor. Der Verbotsirrtum schließt die Vorwerfbarkeit aber nur aus, wenn der Betroffene nach seinen persönlichen Verhältnissen und der zumutbaren Anspannung seines Gewissens nicht zu der Einsicht gelangen konnte, etwas Unrechtes zu tun. Der Erholungssuchende hat sich bisher keine Gedanken darüber gemacht, ob er einen Jäger bei der Jagdausübung behindert. Zumindest konnte er davon ausgehen, dass Jäger dies im Rahmen des Betretungsrechts tolerieren.

Rechtswidrigen Störungen der Jagdausübung kann sich der JAB mit einer Unterlassungsklage nach § 1004 BGB erwehren. In Eilfällen, wenn mit erheblichen Störungen der Jagdausübung zu rechnen ist, kann dies auch mit dem Antrag auf Erlass einer einstweiligen Verfügung (§§ 936, 940 ZPO) geschehen. Bei organisierten Störungen einer Treibjagd liegt eine Störung der öffentlichen Sicherheit und Ordnung vor. Dabei kommt es nicht darauf an, ob es sich um eine friedliche oder unfriedliche Ansammlung von Jagdstörern handelt.

49   *§ 40 Abs. 2 Nr. 6 LJagdG*

Die Vorschrift dient dem Schutz des Wildes vor frei laufenden Hunden. Es besteht immer die Gefahr, dass ein Hund ohne die entsprechende Aufmerksamkeit seines Führers auf eine Wildfährte oder -spur stößt und die Verfolgung aufnimmt. Dabei ist es zunächst für das Wild ohne Bedeutung, ob es sich um den Hund eines Spaziergängers oder zur Jagd Berechtigten handelt. Wie sich aus dem Gesetzestext durch das Wort „Wer" ergibt, ist hierunter jeder zu verstehen. Schon aus Gründen der Waidgerechtigkeit (s. Erl. zu § 1 BJagdG) sollte der zur Jagd Berechtigte sich an diese Vorschrift halten. Waidgerechtigkeit zeigt sich im Verhalten gegenüber den wild lebenden Tieren ebenso wie gegenüber anderen Erholungsuchenden. Wer den Schutz des Wildes zu Recht fordert, muss ihn im konkreten Fall auch selbst praktizieren, denn sonst bleibt die Waidgerechtigkeit auf der Strecke.

Beispiel: Der JAB fährt mit seinem Geländewagen durchs Revier. Seinen Jagdhund lässt er stets frei ohne jegliche Aufsicht laufen. Nachdem er seinen Hund einige Zeit nicht mehr gesehen hat, hält er an. Zehn Minuten später kommt der Hund hechelnd zurück.

An Hand dieses Beispiels wird deutlich, dass es sich hierbei nicht um Jagdausübung handelt. Es sollte jedem Jagdberechtigten klar sein, Wild nicht ohne konkreten Grund zu beunruhigen oder durch den Hund verfolgen zu lassen. Der Tatbestand des § 40 Abs. 2 Nr. 6 LJagdG ist hier erfüllt.

Soweit die Auffassung vertreten wird, die zur Jagd Berechtigten dürften ihre Hunde jederzeit frei im Revier laufen lassen, weil diese begrifflich nicht wildern können oder ihrem Bewegungsdrang nachkommen müssen, ist dies rechtlich ohne Bedeutung. Jede Hunderasse hat ihren eigenen Bewegungsdrang, unabhängig davon, ob der Hundeführer im Besitz eines Jagdscheines ist. Soweit Verstöße gegen fremdes Jagdrecht angeführt werden, sind diese bereits durch § 292 StGB erfasst. Die Verwendung von Jagdhunden und deren Einsatz im Rahmen der Jagdausübung ist in § 21 LJagdG abschließend geregelt. Hierunter fällt auch die Ausbildung von Jagdhunden als Voraussetzung für eine waidgerechte Jagdausübung. In allen anderen Fällen hat der zur Jagd Berechtigte die gleichen Sorgfaltspflichten wie jeder andere Hundeführer.

Hinweise auf Abgrenzungen zu anderen Tatbeständen: z B. § 28 Nr. 9 Landwirtschafts- und Landeskulturgesetz. Danach handelt ordnungswidrig, wer vorsätzlich oder fahrlässig Tiere, für die er verantwortlich ist, außerhalb eingefriedeter Grundstücke ohne genügende Aufsicht oder Sicherung lässt, wenn dadurch die Nutzung eines fremden landwirtschaftlichen Grundstücks gefährdet wird. Die vorsätzliche Beunruhigung von Wild (§ 19 BJagdG) geht von einer Person aus, die auch der zur Jagd Berechtigte sein kann. „Unbefugt" ist die Beunruhigung gem. § 26 Abs. 1 LJagdG dann nicht, wenn es sich um die ordnungsgemäße Ausübung der Jagd handelt. Des weiteren darf der JAB nur im Rahmen der Jagdausübung oder des Jagdschutzes auf den beschränkt öffentlichen Wegen mit einem Kfz fahren. In allen anderen Fällen ist er Erholungsuchender, für den das Befahren solcher Wege eine Ordnungswidrigkeit darstellt. Bei diesen Beispielen handelt es sich um die Rechtslage und nicht um die Frage, ob ein bestimmtes Verhalten bewiesen werden kann oder soll.

Über drei Monate alte Hunde dürfen außerhalb geschlossener Räume nur frei laufen oder mit sich geführt werden, wenn sie ein Halsband, einen Gurt oder sonstiges Hundegeschirr tragen, auf oder an dem Name und Anschrift des Besitzers angegeben sind oder an dem eine Steuermarke befestigt ist. Dies gilt nicht für Jagdhunde bei jagdlicher Verwendung. In einem gefährdeten Tollwutbezirk dürfen Hunde und Katzen nicht frei laufen gelassen werden. Dies gilt nicht, wenn Hunde nachweislich unter wirksamem Impfschutz stehen und von einer Person begleitet werden, der sie zuverlässig gehorchen.

Aus dieser Vorschrift ergibt sich kein allgemeiner Leinenzwang, in jedem Falle ist es jedoch erforderlich, dass eine Person das Tier begleitet und im Falle einer drohenden Gefährdung in geeigneter Weise auf es einwirken kann. Unangeleinte Hunde stellen nicht generell eine Gefahr für andere Personen dar. Soll durch eine PolVO auf öffentlichen Wegen Leinenzwang angeordnet werden, muss die konkrete Gefahr durch entsprechende Vorkommnisse hinreichend nachgewiesen werden. Die Begründung, das Sicherheitsgefühl der Bürger zu verbessern, reicht für einen generellen Leinenzwang nicht. Hunde laufen dann unbeaufsichtigt umher, wenn sie nicht unter Einwirkung ihres Herrn stehen. Ein Hund befindet sich objektiv unter der Einwirkung seines Herrn, wenn er sich in Sicht-, Hör- und Rufweite befindet, in jeder Situation zurückgerufen werden kann und dem Ruf auch folgt. Ob es sich um einen abgerichteten folgsamen Hund handelt, ist nicht von ausschlaggebender Bedeutung; vielmehr kommt es auf die tatsächlichen Umstände des Einzelfalles an.

Ein bisher folgsamer und ungefährlicher Hund braucht auf öffentlichem Grund nicht stets angeleint zu werden. Unbeaufsichtigt ist ein Hund in der Regel dann, wenn das Tier die Nähe des Hundeführers verlässt oder dessen Blick entschwindet.

Ein Hund ist in einem Jagdrevier unbeaufsichtigt, wenn er nicht unter Einwirkung seines Herrn steht. Lässt der Hundeführer zu, dass der nicht angeleinte Hund in eine dichte Schonung läuft, die den Hund seinen Blicken entzieht, so steht der Hund auch dann nicht unter seiner Einwirkung, wenn er sich in Ruf- und Hörweite aufhält und an sich einen Befehl zur Rückkehr sofort befolgen würde (OLG Koblenz, Beschl. v. 20.11.1986).

Eine Einwirkungsmöglichkeit besteht nicht, wenn der Hundehalter seinen Hund nicht mehr sehen kann, weil sein Hund sich in dichtem Gestrüpp, einer unübersichtlichen Wegegabelung, einem Getreidefeld oder einer Hecke befindet. Ein nur kurzfristiges Entfernen genügt aber nicht.

Der Hundeführer beaufsichtigt seinen Hund nicht, wenn er ihn ohne Beobachtung laufen lässt. Gleiches gilt für das Ausführen des Hundes mittels Auto im Jagdrevier: Der Hund läuft neben oder hinter dem Auto im Feld, ohne dass eine sofortige Einwirkungsmöglichkeit besteht. Ähnliches gilt für Radfahrer und Reiter. Ebenso erscheinen Kinder als ungeeignet, auf einen Hund in einem Jagdrevier einwirken zu können.

Der Hund muss zurückgerufen werden, bevor er außerhalb der Einwirkungsmöglichkeit gerät. Dies setzt grundsätzlich ständige Beobachtung voraus. Ein ununterbrochener Blickkontakt kann allerdings nicht gefordert werden. Auch ein nur kurzfristiges Verschwinden aus dem Sichtbereich genügt für die Bejahung des § 40 Abs. 2 Nr. 6 LJagdG nicht, wenn die Möglichkeit besteht, noch auf den Hund einzuwirken.

Befindet sich der Hund in Ruf- und Sichtweite, reagiert aber nicht auf Rufen und Pfeifen, befindet er sich außerhalb der Einwirkungsmöglichkeit. Auf das Maß der Entfernung kommt es dabei nicht entscheidend an. Bei einer Entfernung von 450 m vom Anwesen des Hundehalters bis zum Tatort kann von einer Einwirkung des Halters auf seinen Hund nicht mehr gesprochen werden. Eine Einwirkungsmöglichkeit des Hundeeigentümers liegt nur dann vor, wenn der Hund sich noch innerhalb der Ruf- und Sichtweite befindet (LG Würzburg, Urt. v. 22.10.1985).

Der Tatbestand des § 40 Abs. 2 Nr. 6 LJagdG ist auch erfüllt, wenn Hunde allein im Jagdrevier angetroffen werden (vgl. Änderung durch LJagdG-Novelle v. 6.2.1996). Soweit möglich, sind sie einzufangen und der Hundehalter ist festzustellen. Außerdem besteht der Verdacht, dass das Tier ausgesetzt wurde (Ordnungswidrigkeit gemäß §§ 3 Nr. 3, 18 Abs. 2 Nr. 4 TierSchG).

Die Tatsache, dass sich der Hund außerhalb der Einwirkung seines Herrn befindet, rechtfertigt nicht die Tötung des Tieres. Ob es für einen Tierhalter voraussehbar ist, dass sein Hund einen Menschen durch Bisswunden verletzt, hängt von den Umständen des Einzelfalles ab. Dies gilt auch dann, wenn die Körperverletzung durch ein frei und unbeaufsichtigt umherlaufendes Tier verursacht wurde. Der Halter eines Hundes ist verpflichtet, diesen so zu überwachen, dass Verletzungen und Schädigungen Dritter verhindert werden.

Wird durch ein Tier ein Mensch getötet oder der Körper oder die Gesundheit eines Menschen verletzt oder eine Sache beschädigt, so ist derjenige, welcher das Tier hält, verpflichtet, dem Verletzten den daraus entstehenden Schaden zu ersetzen (§ 833 S. 1 BGB). Der Halter haftet für alle Schäden, die sein Hund anrichtet. Dies entspricht dem Grundsatz der Gefährdungshaftung des Tierhalters. Die Ersatzpflicht tritt nicht ein, wenn der Schaden durch ein Haustier verursacht wird, das dem Beruf, der Erwerbstätigkeit oder dem Unterhalt des Tierhalters zu dienen bestimmt ist, und entweder der Tierhalter bei der Beaufsichtigung des Tieres die im Verkehr erforderliche Sorgfalt beobachtet oder der Schaden auch bei Anwendung dieser Sorgfalt entstanden wäre (§ 833 Satz 2 BGB). Handelt es sich beispielsweise um den Hund eines Berufsjägers, muss dieser zumindest fahrlässig gehandelt haben. Der Hund des bestätigten Jagdaufsehers dient nicht der Ausübung eines Berufes. Es wäre aber eine Haftung des Kreisjagdamtes denkbar, wenn sich der Vorfall in Ausübung des Dienstes ereignet hat.

Wer für denjenigen, der ein Tier hält, die Führung der Aufsicht über das Tier durch Vertrag übernimmt, ist für den Schaden verantwortlich, den das Tier einem Dritten in der in § 833 BGB bezeichneten Weise zufügt. Die Verantwortlichkeit tritt nicht ein, wenn er bei der Führung der Aufsicht die im Verkehr erforderliche Sorgfalt beachtet oder wenn der Schaden auch bei der Anwendung dieser Sorgfalt entstanden wäre (§ 834 BGB).

Beispiel: Die 12-jährige Tochter des Angeklagten führte ihren Hund auf das Feld und ließ ihn frei. Nach einiger Zeit machte sich der Hund auf den Heimweg. Beim Überqueren einer Straße stieß er mit einer Radfahrerin zusammen, die zu Boden stürzte und sich verletzte.

Das OLG Düsseldorf (Urt. v. 22.8.1986 – 5 Ss 296/86) verurteilte den Tierhalter nach § 230 StGB, § 28 Abs. 1 S. 1 und 2 StVO. Nach § 28 Abs. 1 S. 1 und S. 2 StVO sind u. a. Haustiere, die den Verkehr gefährden können, von der Straße fernzuhalten; sie sind dort nur zugelassen, wenn sie von geeigneten Personen begleitet sind, die ausreichend auf sie einwirken können. Tierhalter ist, wer im eigenen Hausstand durch Gewährung von Obdach und Unterhalt die Sorge für ein Tier für eine gewisse Dauer übernommen hat.

Darüber hinaus hatte der Tierhalter auch in seiner Eigenschaft als gesetzlicher Vertreter und sorgeberechtigter Elternteil seiner minderjährigen Tochter dafür einzustehen, dass eine Gefährdung anderer Verkehrsteilnehmer durch den Hund

205

ausgeschlossen war. Er hätte dafür sorgen müssen, dass seine Tochter das Tier nicht oder nicht ohne Beaufsichtigung eines Dritten ausführt.

50 *§ 40 BJagdG Einziehung*

Die allgemeinen Vorschriften für die Einziehung bei Straftaten ergeben sich aus §§ 74ff. StGB und für Ordnungswidrigkeiten aus §§ 22 ff. OwiG. Die Einziehung im Bereich der Ordnungswidrigkeiten ist nur zulässig, wenn dies in den einzelnen Vorschriften ausdrücklich vorgesehen ist. Bei der Einziehung nach § 40 BJagdG handelt es sich um eine Sondervorschrift, die über die Einziehung nach den allgemeinen Vorschriften hinausgeht. So unterliegt z. B. während der Schonzeit erlegtes Wild der Einziehung. Für die Ordnungswidrigkeiten nach dem LJagdG findet § 40 Abs. 4 LJagdG Anwendung.

51 *§ 41 BJagdG Anordnung der Einziehung des Jagdscheins*
§ 41 a BJagdG Verbot der Jagdausübung
§ 41 LJagdG Verbot der Jagdausübung

Rechtswidrige Tat gem. Abs. 1 Nrn. 1 bis 3

Verurteilung	(bei Schuldunfähigkeit auch)

Entziehung des Jagdscheins, wenn sich aus der Tat ergibt, dass die Gefahr besteht, er werde bei weiterem Besitz des Jagdscheins erhebliche rechtswidrige Taten der bezeichneten Art begehen

Sperre

Untere Jagdbehörde $\longrightarrow$	Ungültigkeitserklärung Jagdschein	Einziehung

Die Entziehung des Jagdscheins setzt die Verhängung einer Strafe durch das erkennende Gericht wegen der in § 41 Abs. 1 BJagdG genannten Straftaten voraus. Die Entziehung des Jagdscheins wird auch angeordnet, wenn Schuldunfähigkeit nicht auszuschließen ist. Die Einziehung des Jagdscheins erfolgt dann durch die untere Jagdbehörde als ausführendes Organ der richterlichen Anordnung (s. § 18 BJagdG). Bei der Entziehung des Jagdscheines handelt es sich um eine Maßnahme der Sicherung und Besserung. Hat der Täter keinen Jagdschein, wird nur die Sperre angeordnet.

Beispiel: Jagdscheininhaber K wird wegen Wilderei von fünf Böcken (teils zur Nachtzeit und in der Schonzeit) verurteilt. Das Gericht ordnet die Entziehung des Jagdscheins an und verhängt eine Sperre von drei Jahren. Daneben wird die Einziehung des Tatfahrzeugs, der verwendeten Büchse, des Fernglases und des Jagdmessers angeordnet (§§ 40, 41 BJagdG, §§ 74, 295 StGB).

Das Verbot der Jagdausübung (§ 41 a Abs. 1 Nr. 1 BJagdG) erfordert die Verhängung einer Strafe wegen einer Straftat, die bei oder im Zusammenhang mit der

Jagdausübung begangen wurde, z. B. Nötigung eines Spaziergängers zum Verlassen des Waldes. Es ist also jede Straftat denkbar, wenn sie nur bei oder im Zusammenhang mit der Jagd begangen wurde.

Die Ordnungswidrigkeiten beziehen sich auf § 39 BJagdG; sie müssen aber unter grober oder beharrlicher Verletzung von Pflichten bei der Jagdausübung begangen worden sein (§ 41 a Abs. 1 Nr. 2 BJagdG).

Das Verbot der Jagdausübung (von einem bis zu sechs Monaten) wird in der Entscheidung über die Strafe oder Geldbuße festgelegt. Der Jagdschein wird während seiner Gültigkeitsdauer amtlich verwahrt. Wird er nicht freiwillig herausgegeben, ist er zu beschlagnahmen. Die Verbotsfrist beginnt mit dem Tage der amtlichen Verwahrung. Für die unter den gleichen Voraussetzungen nach § 40 LJagdG begangenen Ordnungswidrigkeiten findet § 41 LJagdG (Verbot der Jagdausübung) Anwendung.

ZWEITER TEIL

Tierschutzrecht

1.
Tierschutzgesetz

in der Fassung der Bekanntmachung vom 18. Mai 2006
(BGBl. I S. 1207, 1313), zuletzt geändert durch Gesetz vom 15. Juli 2009
(BGBl. I S. 1950)

– Auszug –

I. ABSCHNITT

Grundsatz

§ 1

Zweck dieses Gesetzes ist es, aus der Verantwortung des Menschen für das Tier als Mitgeschöpf dessen Leben und Wohlbefinden zu schützen. Niemand darf einem Tier ohne vernünftigen Grund Schmerzen, Leiden oder Schäden zufügen.

II. ABSCHNITT

Tierhaltung

§ 2

Wer ein Tier hält, betreut oder zu betreuen hat,
1. muss das Tier seiner Art und seinen Bedürfnissen entsprechend angemessen ernähren, pflegen und verhaltensgerecht unterbringen,
2. darf die Möglichkeit des Tieres zu artgemäßer Bewegung nicht so einschränken, dass ihm Schmerzen oder vermeidbare Leiden oder Schäden zugefügt werden,
3. muss über die für eine angemessene Ernährung, Pflege und verhaltensgerechte Unterbringung des Tieres erforderlichen Kenntnisse und Fähigkeiten verfügen.

§ 2 a

(1) Das Bundesministerium für Ernährung, Landwirtschaft und Verbraucherschutz (Bundesministerium) wird ermächtigt, durch Rechtsverordnung mit Zustimmung des Bundesrates, soweit es zum Schutz der Tiere erforderlich ist, die Anforderungen an die Haltung von Tieren nach § 2 näher zu bestimmen und dabei insbesondere Vorschriften zu erlassen über Anforderungen

1. hinsichtlich der Bewegungsmöglichkeit oder der Gemeinschaftsbedürfnisse der Tiere,
2. an Räume, Käfige, andere Behältnisse und sonstige Einrichtungen zur Unterbringung von Tieren sowie an die Beschaffenheit von Anbinde-, Fütterungs- und Tränkvorrichtungen,
3. hinsichtlich der Lichtverhältnisse und des Raumklimas bei der Unterbringung der Tiere,
4. an die Pflege einschließlich der Überwachung der Tiere; hierbei kann das Bundesministerium auch vorschreiben, dass Aufzeichnungen über die Ergebnisse der Überwachung zu machen, aufzubewahren und der zuständigen Behörde auf Verlangen vorzulegen sind,
5. an Kenntnisse und Fähigkeiten von Personen, die Tiere halten, betreuen oder zu betreuen haben und an den Nachweis dieser Kenntnisse und Fähigkeiten.

(1 a) Das Bundesministerium wird ermächtigt, durch Rechtsverordnung mit Zustimmung des Bundesrates, soweit es zum Schutz der Tiere erforderlich ist, Anforderungen an Ziele, Mittel und Methoden bei der Ausbildung, bei der Erziehung oder beim Training von Tieren festzulegen.

(1 b) Das Bundesministerium wird ermächtigt, durch Rechtsverordnung mit Zustimmung des Bundesrates, soweit es zum Schutz der Tiere erforderlich ist und sich eine Pflicht zur Kennzeichnung nicht aus § 11 a Abs. 2 ergibt, Vorschriften zur Kennzeichnung von Tieren, insbesondere von Hunden und Katzen, sowie zur Art und Durchführung der Kennzeichnung zu erlassen.

(2) Das Bundesministerium wird ermächtigt, im Einvernehmen mit dem Bundesministerium für Verkehr, Bau- und Stadtentwicklung durch Rechtsverordnung mit Zustimmung des Bundesrates, soweit es zum Schutz der Tiere erforderlich ist, ihre Beförderung zu regeln. Es kann hierbei insbesondere

1. Anforderungen
   a) hinsichtlich der Transportfähigkeit von Tieren,
   b) an Transportmittel für Tiere
   festlegen,
1a. bestimmte Transportmittel und Versendungsarten für die Beförderung bestimmter Tiere, insbesondere die Versendung als Nachnahme, verbieten oder beschränken,
2. bestimmte Transportmittel und Versendungsarten für die Beförderung bestimmter Tiere vorschreiben,
3. vorschreiben, dass bestimmte Tiere bei der Beförderung von einem Betreuer begleitet werden müssen,
3a. vorschreiben, dass Personen, die Tiertransporte durchführen oder hierbei mitwirken, bestimmte Kenntnisse und Fähigkeiten haben und diese nachweisen müssen,

4. Vorschriften über das Verladen, Entladen, Unterbringen, Ernähren und Pflegen der Tiere erlassen,

5. als Voraussetzung für die Durchführung von Tiertransporten bestimmte Bescheinigungen, Erklärungen oder Meldungen vorschreiben sowie deren Ausstellung und Aufbewahrung regeln,

6. vorschreiben, dass, wer gewerbsmäßig Tiertransporte durchführt, einer Erlaubnis der zuständigen Behörde bedarf oder bei der zuständigen Behörde registriert sein muss, sowie die Voraussetzungen und das Verfahren bei der Erteilung der Erlaubnis und bei der Registrierung regeln,

7. vorschreiben, dass, wer Tiere während des Transports in einer Einrichtung oder einem Betrieb ernähren, pflegen oder unterbringen will, einer Erlaubnis der zuständigen Behörde bedarf, und die Voraussetzungen und das Verfahren der Erteilung der Erlaubnis regeln, soweit dies zur Durchführung von Rechtsakten der Europäischen Gemeinschaft erforderlich ist.

§ 3

Es ist verboten,

1. einem Tier außer in Notfällen Leistungen abzuverlangen, denen es wegen seines Zustandes offensichtlich nicht gewachsen ist oder die offensichtlich seine Kräfte übersteigen,

1a. einem Tier, an dem Eingriffe und Behandlungen vorgenommen worden sind, die einen leistungsmindernden körperlichen Zustand verdecken, Leistungen abzuverlangen, denen es wegen seines körperlichen Zustandes nicht gewachsen ist,

1b. an einem Tier im Training oder bei sportlichen Wettkämpfen oder ähnlichen Veranstaltungen Maßnahmen, die mit erheblichen Schmerzen, Leiden oder Schäden verbunden sind und die die Leistungsfähigkeit von Tieren beeinflussen können, sowie an einem Tier bei sportlichen Wettkämpfen oder ähnlichen Veranstaltungen Dopingmittel anzuwenden,

2. ein gebrechliches, krankes, abgetriebenes oder altes, im Haus, Betrieb oder sonst in Obhut des Menschen gehaltenes Tier, für das ein Weiterleben mit nicht behebbaren Schmerzen oder Leiden verbunden ist, zu einem anderen Zweck als zur unverzüglichen schmerzlosen Tötung zu veräußern oder zu erwerben; dies gilt nicht für die unmittelbare Abgabe eines kranken Tieres an eine Person oder Einrichtung, der eine Genehmigung nach § 8 und, wenn es sich um ein Wirbeltier handelt, erforderlichenfalls eine Ausnahmegenehmigung nach § 9 Abs. 2 Nr. 7 Satz 2 für Versuche an solchen Tieren erteilt worden ist,

3. ein im Haus, Betrieb oder sonst in Obhut des Menschen gehaltenes Tier auszusetzen oder es zurückzulassen, um sich seiner zu entledigen oder sich der Halter- oder Betreuerpflicht zu entziehen,

4. ein gezüchtetes oder aufgezogenes Tier einer wildlebenden Art in der freien Natur auszusetzen oder anzusiedeln, das nicht auf die zum Überleben in dem vorgesehenen Lebensraum erforderliche artgemäße Nahrungsaufnahme vorbereitet und an das Klima angepasst ist; die Vorschriften des Jagdrechts und des Naturschutzrechts bleiben unberührt,

5. ein Tier auszubilden oder zu trainieren, sofern damit erhebliche Schmerzen, Leiden oder Schäden für das Tier verbunden sind,

6. ein Tier zu einer Filmaufnahme, Schaustellung, Werbung oder ähnlichen Veranstaltung heranzuziehen, sofern damit Schmerzen, Leiden oder Schäden für das Tier verbunden sind,

7. ein Tier an einem anderen lebenden Tier auf Schärfe abzurichten oder zu prüfen,

8. ein Tier auf ein anderes Tier zu hetzen, soweit dies nicht die Grundsätze weidgerechter Jagdausübung erfordern,

8a. ein Tier zu einem derartig aggressiven Verhalten auszubilden oder abzurichten, dass dieses Verhalten

a) bei ihm selbst zu Schmerzen, Leiden oder Schäden führt oder

b) im Rahmen jeglichen artgemäßen Kontaktes mit Artgenossen bei ihm selbst oder einem Artgenossen zu Schmerzen oder vermeidbaren Leiden oder Schäden führt oder

c) seine Haltung nur unter Bedingungen zulässt, die bei ihm zu Schmerzen oder vermeidbaren Leiden oder Schäden führen,

9. einem Tier durch Anwendung von Zwang Futter einzuverleiben, sofern dies nicht aus gesundheitlichen Gründen erforderlich ist,

10. einem Tier Futter darzureichen, das dem Tier erhebliche Schmerzen, Leiden oder Schäden bereitet,

11. ein Gerät zu verwenden, das durch direkte Stromeinwirkung das artgemäße Verhalten eines Tieres, insbesondere seine Bewegung, erheblich einschränkt oder es zur Bewegung zwingt und dem Tier dadurch nicht unerhebliche Schmerzen, Leiden oder Schäden zufügt, soweit dies nicht nach bundes- oder landesrechtlichen Vorschriften zulässig ist.

III. ABSCHNITT

Töten von Tieren

§ 4

(1) Ein Wirbeltier darf nur unter Betäubung oder sonst, soweit nach den gegebenen Umständen zumutbar, nur unter Vermeidung von Schmerzen getötet werden. Ist die Tötung eines Wirbeltieres ohne Betäubung im Rahmen weidgerechter Ausübung der Jagd oder auf Grund anderer Rechtsvorschriften zulässig oder erfolgt sie im Rahmen zulässiger Schädlingsbekämpfungsmaßnahmen, so darf die Tötung nur vorgenommen werden, wenn hierbei nicht mehr als unvermeidbare Schmerzen entstehen. Ein Wirbeltier töten darf nur, wer die dazu notwendigen Kenntnisse und Fähigkeiten hat.

(1 a) Personen, die berufs- oder gewerbsmäßig regelmäßig Wirbeltiere betäuben oder töten, haben gegenüber der zuständigen Behörde einen Sachkundenachweis zu erbringen. Wird im Rahmen einer Tätigkeit nach Satz 1 Geflügel in Anwesenheit einer Aufsichtsperson betäubt oder getötet, so hat außer der Person, die die Tiere betäubt oder tötet, auch die Aufsichtsperson den Sachkundenachweis zu erbringen. Werden im Rahmen einer Tätigkeit nach Satz 1 Fische in Anwesenheit einer Aufsichtsperson betäubt oder getötet, so genügt es, wenn diese den Sachkundenachweis erbringt.

(2) Für das Schlachten eines warmblütigen Tieres gilt § 4 a.

(3) Für das Töten von Wirbeltieren zu wissenschaftlichen Zwecken gelten die §§ 8 b, 9 Abs. 2 Satz 2, im Falle von Hunden, Katzen, Affen und Halbaffen außerdem § 9 Abs. 2 Nr. 7 entsprechend.

§ 4 a

(1) Ein warmblütiges Tier darf nur geschlachtet werden, wenn es vor Beginn des Blutentzugs betäubt worden ist.

(2) Abweichend von Absatz 1 bedarf es keiner Betäubung, wenn

1. sie bei Notschlachtungen nach den gegebenen Umständen nicht möglich ist,

2. die zuständige Behörde eine Ausnahmegenehmigung für ein Schlachten ohne Betäubung (Schächten) erteilt hat; sie darf die Ausnahmegenehmigung nur insoweit erteilen, als es erforderlich ist, den Bedürfnissen von Angehörigen bestimmter Religionsgemeinschaften im Geltungsbereich dieses Gesetzes zu entsprechen, denen zwingende Vorschriften ihrer Religionsgemeinschaft das Schächten vorschreiben oder den Genuss von Fleisch nicht geschächteter Tiere untersagen oder

3. dies als Ausnahme durch Rechtsverordnung nach § 4 b Nr. 3 bestimmt ist.

§ 4 b

Das Bundesministerium wird ermächtigt, durch Rechtsverordnung mit Zustimmung des Bundesrates

1. a) das Schlachten von Fischen und anderen kaltblütigen Tieren zu regeln,

   b) bestimmte Tötungsarten und Betäubungsverfahren näher zu regeln, vorzuschreiben, zuzulassen oder zu verbieten,

   c) die Voraussetzungen zu regeln, unter denen Schlachtungen im Sinne des § 4 a Abs. 2 Nr. 2 vorgenommen werden dürfen,

   d) nähere Vorschriften über Art und Umfang der zum Betäuben oder Töten von Wirbeltieren erforderlichen Kenntnisse und Fähigkeiten sowie über das Verfahren zu deren Nachweis zu erlassen,

   e) nicht gewerbliche Tätigkeiten zu bestimmen, die den Erwerb des Sachkundenachweises zum Töten von Wirbeltieren erfordern,

   um sicherzustellen, dass den Tieren nicht mehr als unvermeidbare Schmerzen zugefügt werden,

2. das Schlachten von Tieren im Rahmen der Bestimmungen des Europäischen Übereinkommens vom 10. Mai 1979 über den Schutz von Schlachttieren (BGBl. 1983 II S. 770) näher zu regeln,

3. für das Schlachten von Geflügel Ausnahmen von der Betäubungspflicht zu bestimmen.

Rechtsverordnungen nach Satz 1 Nr. 1 Buchstabe b und d bedürfen, soweit sie das Betäuben oder Töten mittels gefährlicher Stoffe oder Zubereitungen im Sinne des Chemikaliengesetzes oder darauf bezogene Voraussetzungen für den Erwerb eines Sachkundenachweises betreffen, des Einvernehmens der Bundesministerien für Wirtschaft und Technologie sowie für Umwelt, Naturschutz und Reaktorsicherheit.

IV. ABSCHNITT

Eingriffe an Tieren

§ 5

(1) An einem Wirbeltier darf ohne Betäubung ein mit Schmerzen verbundener Eingriff nicht vorgenommen werden. Die Betäubung warmblütiger Wirbeltiere sowie von Amphibien und Reptilien ist von einem Tierarzt vorzunehmen. Für die Betäubung mit Betäubungspatronen kann die zuständige Behörde Ausnahmen von Satz 2 zulassen, sofern ein berechtigter Grund nachgewiesen wird. Ist nach den Absätzen 2, 3 und 4 Nr. 1 eine Betäubung nicht erforderlich, sind alle Möglichkeiten auszuschöpfen, um die Schmerzen oder Leiden der Tiere zu vermindern.

(2) Eine Betäubung ist nicht erforderlich,

1. wenn bei vergleichbaren Eingriffen am Menschen eine Betäubung in der Regel unterbleibt oder der mit dem Eingriff verbundene Schmerz geringfügiger ist als die mit einer Betäubung verbundene Beeinträchtigung des Befindens des Tieres,

2. wenn die Betäubung im Einzelfall nach tierärztlichem Urteil nicht durchführbar erscheint.

(3) Eine Betäubung ist ferner nicht erforderlich

1. für das Kastrieren von unter vier Wochen alten männlichen Rindern, Schweinen, Schafen und Ziegen, sofern kein von der normalen anatomischen Beschaffenheit abweichender Befund vorliegt,

1a. für das Kastrieren von unter acht Tage alten männlichen Schweinen, sofern kein von der normalen anatomischen Beschaffenheit abweichender Befund vorliegt,

2. für das Enthornen oder das Verhindern des Hornwachstums bei unter sechs Wochen alten Rindern,

3. für das Kürzen des Schwanzes von unter vier Tage alten Ferkeln sowie unter acht Tage alten Lämmern,

4. für das Kürzen des Schwanzes von unter acht Tage alten Lämmern mittels elastischer Ringe,

5. für das Abschleifen der Eckzähne von Ferkeln, sofern dies zum Schutz des Muttertieres oder der Wurfgeschwister unerlässlich ist,

6. für das Absetzen des krallentragenden letzten Zehengliedes bei Masthahnenküken, die als Zuchthähne Verwendung finden sollen, während des ersten Lebenstages,

7. für die Kennzeichnung von Schweinen, Schafen, Ziegen und Kaninchen durch Ohrtätowierung, für die Kennzeichnung anderer Säugetiere innerhalb der ersten zwei Lebenswochen durch Ohr- und Schenkeltätowierung sowie die Kennzeichnung landwirtschaftlicher Nutztiere einschließlich der Pferde durch Ohrmarke, Flügelmarke, injektierten Mikrochip, ausgenommen bei Geflügel, durch Schlagstempel beim Schwein und durch Schenkelbrand beim Pferd.

(4) Das Bundesministerium wird ermächtigt, durch Rechtsverordnung mit Zustimmung des Bundesrates

1. über Absatz 3 hinaus weitere Maßnahmen von der Betäubungspflicht auszunehmen, soweit dies mit § 1 vereinbar ist,

2. Verfahren und Methoden zur Durchführung von Maßnahmen nach Absatz 3 sowie auf Grund einer Rechtsverordnung nach Nummer 1 bestimmter Maßnahmen vorzuschreiben, zuzulassen oder zu verbieten, soweit dies zum Schutz der Tiere erforderlich ist.

§ 6

(1) Verboten ist das vollständige oder teilweise Amputieren von Körperteilen oder das vollständige oder teilweise Entnehmen oder Zerstören von Organen oder Geweben eines Wirbeltieres. Das Verbot gilt nicht, wenn
1. der Eingriff im Einzelfall
   a) nach tierärztlicher Indikation geboten ist oder
   b) bei jagdlich zu führenden Hunden für die vorgesehene Nutzung des Tieres unerlässlich ist und tierärztliche Bedenken nicht entgegenstehen,
2. ein Fall des § 5 Abs. 3 Nr. 1 1a oder 7 vorliegt,
3. ein Fall des § 5 Abs. 3 Nr. 2 bis 6 vorliegt und der Eingriff im Einzelfall für die vorgesehene Nutzung des Tieres zu dessen Schutz oder zum Schutz anderer Tiere unerlässlich ist,
4. das vollständige oder teilweise Entnehmen von Organen oder Geweben zum Zwecke der Transplantation oder des Anlegens von Kulturen oder der Untersuchung isolierter Organe, Gewebe oder Zellen erforderlich ist,
5. zur Verhinderung der unkontrollierten Fortpflanzung oder – soweit tierärztliche Bedenken nicht entgegenstehen – zur weiteren Nutzung oder Haltung des Tieres eine Unfruchtbarmachung vorgenommen wird.
Eingriffe nach Satz 2 Nr. 1 und 5 sind durch einen Tierarzt vorzunehmen; Eingriffe nach Satz 2 Nr. 2 und 3 sowie Absatz 3 dürfen auch durch eine andere Person vorgenommen werden, die die dazu notwendigen Kenntnisse und Fähigkeiten hat. Im Anschluss an die Kastration eines über sieben Tage alten Schweines sind schmerzstillende Arzneimittel einschließlich Betäubungsmittel bei dem Tier anzuwenden. Für die Eingriffe nach Satz 2 Nr. 4 gelten die §§ 8 b, 9 Abs. 1 Satz 1, 3 und 4, Abs. 2 mit Ausnahme des Satzes 3 Nr. 6, Abs. 3 Satz 1 sowie § 9 a entsprechend. Die Eingriffe sind spätestens zwei Wochen vor Beginn der zuständigen Behörde anzuzeigen. Die Frist braucht nicht eingehalten zu werden, wenn in Notfällen eine sofortige Durchführung des Eingriffes erforderlich ist; die Anzeige ist unverzüglich nachzuholen. Die in Satz 6 genannte Frist kann von der zuständigen Behörde bei Bedarf auf bis zu vier Wochen verlängert werden. In der Anzeige sind anzugeben:
1. der Zweck des Eingriffs,
2. die Art und die Zahl der für den Eingriff vorgesehenen Tiere,
3. die Art und die Durchführung des Eingriffs einschließlich der Betäubung,
4. Ort, Beginn und voraussichtliche Dauer des Vorhabens,
5. Name, Anschrift und Fachkenntnisse des verantwortlichen Leiters des Vorhabens und seines Stellvertreters sowie der durchführenden Person und die für die Nachbehandlung in Frage kommenden Personen,
6. die Begründung für den Eingriff.
(2) Verboten ist, beim Amputieren oder Kastrieren elastische Ringe zu verwenden; dies gilt nicht im Falle des Absatzes 3 Nr. 3 oder § 5 Abs. 3 Nr. 4.

215

(3) Abweichend von Absatz 1 Satz 1 kann die zuständige Behörde
1. das Kürzen der Schnabelspitzen von Legehennen bei unter zehn Tage alten Küken,
2. das Kürzen der Schnabelspitzen bei Nutzgeflügel, das nicht unter Nummer 1 fällt,
3. das Kürzen des bindegewebigen Endstückes des Schwanzes von unter drei Monate alten männlichen Kälbern mittels elastischer Ringe
erlauben. Die Erlaubnis darf nur erteilt werden, wenn glaubhaft dargelegt wird, dass der Eingriff im Hinblick auf die vorgesehene Nutzung zum Schutz der Tiere unerlässlich ist. Die Erlaubnis ist zu befristen und hat im Falle der Nummer 1 Bestimmungen über Art, Umfang und Zeitpunkt des Eingriffs und die durchführende Person zu enthalten.

(4) Das Bundesministerium wird ermächtigt, durch Rechtsverordnung mit Zustimmung des Bundesrates die dauerhafte Kennzeichnung von Tieren, an denen nicht offensichtlich erkennbare Eingriffe vorgenommen worden sind, vorzuschreiben, wenn dies zum Schutz der Tiere erforderlich ist.

(5) Der zuständigen Behörde ist im Falle des Absatzes 1 Satz 2 Nr. 3 auf Verlangen glaubhaft darzulegen, dass der Eingriff für die vorgesehene Nutzung unerlässlich ist.

§ 6 a

Die Vorschriften dieses Abschnittes gelten nicht für Tierversuche, für Eingriffe zur Aus-, Fort- oder Weiterbildung und für Eingriffe zur Herstellung, Gewinnung, Aufbewahrung oder Vermehrung von Stoffen, Produkten oder Organismen.

§§ 7–9 a

(hier nicht abgedruckt)

VI. ABSCHNITT

Eingriffe und Behandlungen zur Aus-, Fort- oder Weiterbildung

§ 10

(1) Zur Aus-, Fort- oder Weiterbildung dürfen Eingriffe oder Behandlungen an Tieren, die mit Schmerzen, Leiden oder Schäden verbunden sind, nur durchgeführt werden
1. an einer Hochschule, einer anderen wissenschaftlichen Einrichtung oder einem Krankenhaus oder
2. im Rahmen einer Aus-, Fort- oder Weiterbildung für Heilhilfsberufe oder naturwissenschaftliche Hilfsberufe.
Sie dürfen nur vorgenommen werden, soweit ihr Zweck nicht auf andere Weise, insbesondere durch filmische Darstellungen, erreicht werden kann. Der zuständigen Behörde ist auf Verlangen zu begründen, warum der Zweck der Eingriffe oder Behandlungen nicht auf andere Weise erreicht werden kann.

(2) Auf Eingriffe oder Behandlungen zur Aus-, Fort- oder Weiterbildung sind die §§ 8 a, 8 b, 9 Abs. 1 und 2 und § 9 a entsprechend anzuwenden. § 8 a Abs. 1 Satz 1 ist mit der Maßgabe entsprechend anzuwenden, dass die Eingriffe oder Behandlungen vor Aufnahme in das Lehrprogramm oder vor Änderung des Lehrprogramms anzuzeigen sind. § 9 Abs. 1 ist mit der Maßgabe entsprechend anzuwenden, dass die Eingriffe und Behandlungen nur durch die dort genannten Personen, in deren Anwesenheit und unter deren Aufsicht oder in Anwesenheit und unter Aufsicht einer anderen von der Leitung der jeweiligen Veranstaltung hierzu beauftragten sachkundigen Person durchgeführt werden dürfen.

(3) Für die Einhaltung der Vorschriften der Absätze 1 und 2 ist der Leiter der Aus-, Fort- oder Weiterbildung oder sein Stellvertreter verantwortlich.

VIII. ABSCHNITT

Zucht, Halten von Tieren, Handel mit Tieren

§ 11

(1) Wer
1. Wirbeltiere
   a) nach § 9 Abs. 2 Nr. 7 zu Versuchszwecken oder zu den in § 6 Abs. 1 Satz 2 Nr. 4, § 10 Abs. 1 oder § 10 a genannten Zwecken oder
   b) nach § 4 Abs. 3 zu dem dort genannten
   Zweck züchten oder halten,
2. Tiere für andere in einem Tierheim oder in einer ähnlichen Einrichtung halten,
2a. Tiere in einem Zoologischen Garten oder einer anderen Einrichtung, in der Tiere gehalten und zur Schau gestellt werden, halten,
2b. für Dritte Hunde zu Schutzzwecken ausbilden oder hierfür Einrichtungen unterhalten,
2c. Tierbörsen zum Zwecke des Tausches oder Verkaufes von Tieren durch Dritte durchführen oder
3. gewerbsmäßig
   a) Wirbeltiere, außer landwirtschaftliche Nutztiere und Gehegewild, züchten oder halten,
   b) mit Wirbeltieren handeln,
   c) einen Reit- oder Fahrbetrieb unterhalten,
   d) Tiere zur Schau stellen oder für solche Zwecke zur Verfügung stellen oder
   e) Wirbeltiere als Schädlinge bekämpfen
will, bedarf der Erlaubnis der zuständigen Behörde. In dem Antrag auf Erteilung der Erlaubnis sind anzugeben:
1. die Art der betroffenen Tiere,
2. die für die Tätigkeit verantwortliche Person,
3. in den Fällen des Satzes 1 Nr. 1 bis 3 Buchstabe a bis d die Räume und Einrichtungen und im Falle des Satzes 1 Nr. 3 Buchstabe e die Vorrichtungen sowie die Stoffe und Zubereitungen, die für die Tätigkeit bestimmt sind.
Dem Antrag sind Nachweise über die Sachkunde im Sinne des Absatzes 2 Nr. 1 beizufügen.

(2) Die Erlaubnis darf nur erteilt werden, wenn
1. mit Ausnahme der Fälle des Absatzes 1 Satz 1 Nr. 2c, die für die Tätigkeit verantwortliche Person auf Grund ihrer Ausbildung oder ihres bisherigen beruflichen oder sonstigen Umgangs mit Tieren die für die Tätigkeit erforderlichen fachlichen Kenntnisse und Fähigkeiten hat; der Nachweis hierüber ist auf Verlangen in einem Fachgespräch bei der zuständigen Behörde zu führen,
2. die für die Tätigkeit verantwortliche Person die erforderliche Zuverlässigkeit hat,
3. die der Tätigkeit dienenden Räume und Einrichtungen eine den Anforderungen des § 2 entsprechende Ernährung, Pflege und Unterbringung der Tiere ermöglichen und
4. in den Fällen des Absatzes 1 Satz 1 Nr. 3 Buchstabe e die zur Verwendung vorgesehenen Vorrichtungen und Stoffe oder Zubereitungen für eine tierschutzgerechte Bekämpfung der betroffenen Wirbeltierarten geeignet sind; dies gilt nicht für Vorrichtungen, Stoffe oder Zubereitungen, die nach anderen Vorschriften zu diesem Zweck zugelassen oder vorgeschrieben sind.

(2a) Die Erlaubnis kann, soweit es zum Schutz der Tiere erforderlich ist, unter Befristungen, Bedingungen und Auflagen erteilt werden. Insbesondere kann angeordnet werden
1. die Verpflichtung zur Kennzeichnung der Tiere sowie zur Führung eines Tierbestandsbuches,
2. eine Beschränkung der Tiere nach Art, Gattung oder Zahl,
3. die regelmäßige Fort- und Weiterbildung,
4. das Verbot, Tiere zum Betteln zu verwenden,
5. bei Einrichtungen mit wechselnden Standorten die unverzügliche Meldung bei der für den Tätigkeitsort zuständigen Behörde,
6. die Fortpflanzung der Tiere zu verhindern.

(3) Mit der Ausübung der Tätigkeit nach Absatz 1 Satz 1 darf erst nach Erteilung der Erlaubnis begonnen werden. Die zuständige Behörde soll demjenigen die Ausübung der Tätigkeit untersagen, der die Erlaubnis nicht hat.

(4) Die Ausübung der nach Absatz 3 Satz 2 untersagten Tätigkeit kann von der zuständigen Behörde auch durch Schließung der Betriebs- oder Geschäftsräume verhindert werden.

(5) Wer gewerbsmäßig mit Wirbeltieren handelt, hat sicherzustellen, dass die für ihn im Verkauf tätigen Personen, mit Ausnahme der Auszubildenden, ihm gegenüber vor Aufnahme dieser Tätigkeit den Nachweis ihrer Sachkunde auf Grund ihrer Ausbildung, ihres bisherigen beruflichen oder sonstigen Umgangs mit Tieren oder ihrer entsprechenden Unterrichtung erbracht haben.

(6) Wer gewerbsmäßig Gehegewild halten will, hat dies vier Wochen vor Aufnahme der Tätigkeit der zuständigen Behörde anzuzeigen. In der Anzeige sind anzugeben:
1. Art, Zahl und Geschlecht der zu haltenden Tiere,
2. die für die Tätigkeit verantwortliche Person,
3. Angaben über Größe und Ausgestaltung des zu errichtenden Geheges,
4. Angaben über die Sachkunde der verantwortlichen Person.
Die zuständige Behörde hat die Tätigkeit zu untersagen, wenn Tatsachen die Annahme rechtfertigen, dass die Einhaltung der Vorschriften des § 2 nicht sichergestellt ist, und diesem Mangel nicht innerhalb einer von der zuständigen Behör-

de gesetzten Frist abgeholfen worden ist. Die Ausübung der nach Satz 3 untersagten Tätigkeit kann von der zuständigen Behörde auch durch Schließung der Betriebs- oder Geschäftsräume verhindert werden.

§ 11 a

(1) Wer Wirbeltiere
1. nach § 9 Abs. 2 Nr. 7 zu Versuchszwecken oder zu den in § 6 Abs. 1 Satz 2 Nr. 4, § 10 Abs. 1 oder § 10 a genannten Zwecken oder
2. nach § 4 Abs. 3 zu dem dort genannten Zweck züchtet oder hält oder mit solchen Wirbeltieren handelt, hat über die Herkunft und den Verbleib der Tiere Aufzeichnungen zu machen und die Aufzeichnungen drei Jahre lang aufzubewahren. Dies gilt nicht, soweit für Wirbeltiere wildlebender Arten eine entsprechende Aufzeichnungspflicht auf Grund jagdrechtlicher oder naturschutzrechtlicher Vorschriften besteht.

(2) Wer Hunde oder Katzen zur Abgabe oder Verwendung zu einem der in Absatz 1 Satz 1 genannten Zwecke züchtet, hat sie, bevor sie vom Muttertier abgesetzt werden, dauerhaft so zu kennzeichnen, dass ihre Identität festgestellt werden kann; Affen oder Halbaffen müssen nach dem Absetzen oder dem Entfernen aus dem Sozialverband entsprechend dauerhaft gekennzeichnet werden. Wer nicht gekennzeichnete Hunde, Katzen, Affen oder Halbaffen zur Abgabe oder Verwendung zu einem der in Absatz 1 Satz 1 genannten Zwecke erwirbt, hat den Nachweis zu erbringen, dass es sich um für solche Zwecke gezüchtete Tiere handelt und deren Kennzeichnung nach Satz 1 unverzüglich vorzunehmen.

(3) Das Bundesministerium wird ermächtigt, durch Rechtsverordnung mit Zustimmung des Bundesrates Vorschriften über Art und Umfang der Aufzeichnungen und der Kennzeichnung zu erlassen. Es kann dabei vorsehen, dass Aufzeichnungen auf Grund anderer Rechtsvorschriften als Aufzeichnungen nach Satz 1 gehen.

(4) Wer Wirbeltiere zur Verwendung als Versuchstiere oder zu den in § 6 Abs. 1 Satz 2 Nr. 4, § 10 Abs. 1 oder § 10a genannten Zwecken oder Wirbeltiere nach § 4 Abs. 3 zu dem dort genannten Zweck aus Drittländern einführen will, bedarf der Genehmigung durch die zuständige Behörde. Die Genehmigung ist zu erteilen, wenn nachgewiesen wird, dass die Voraussetzungen des § 9 Abs. 2 Nr. 7 erfüllt sind.

§ 11 b

(1) Es Ist verboten, Wirbeltiere zu züchten oder durch bio- oder gentechnische Maßnahmen zu verändern, wenn damit gerechnet werden muss, dass bei der Nachzucht, den bio- oder gentechnisch veränderten Tieren selbst oder deren Nachkommen erblich bedingt Körperteile oder Organe für den artgemäßen Gebrauch fehlen oder untauglich oder umgestattet sind und hierdurch Schmerzen, Leiden oder Schäden auftreten.

(2) Es ist verboten, Wirbeltiere zu züchten oder durch bio- oder gentechnische Maßnahmen zu verändern, wenn damit gerechnet werden muss, dass bei den Nachkommen
a) mit Leiden verbundene erblich bedingte Verhaltensstörungen auftreten oder
b) jeder artgemäße Kontakt mit Artgenossen bei ihnen selbst oder einem Artgenossen zu Schmerzen oder vermeidbaren Leiden oder Schäden führt oder

c) deren Haltung nur unter Bedingungen möglich ist, die bei ihnen zu Schmerzen oder vermeidbaren Leiden oder Schäden führen.

(3) Die zuständige Behörde kann das Unfruchtbarmachen von Wirbeltieren anordnen, wenn damit gerechnet werden muss, dass deren Nachkommen Störungen oder Veränderungen im Sinne des Absatzes 1 oder 2 zeigen.

(4) Die Absätze 1, 2 und 3 gelten nicht für durch Züchtung oder bio- oder gentechnische Maßnahmen veränderte Wirbeltiere, die für wissenschaftliche Zwecke notwendig sind.

(5) Das Bundesministerium wird ermächtigt, durch Rechtsverordnung mit Zustimmung des Bundesrates
1. die erblich bedingten Veränderungen und Verhaltensstörungen nach den Absätzen 1 und 2 näher zu bestimmen,
2. das Züchten mit Wirbeltieren bestimmter Arten, Rassen und Linien zu verbieten oder zu beschränken, wenn dieses Züchten zu Verstößen gegen die Absätze 1 und 2 führen kann.

§ 11 c

Ohne Einwilligung der Erziehungsberechtigten dürfen Wirbeltiere an Kinder oder Jugendliche bis zum vollendeten 16. Lebensjahr nicht abgegeben werden.

IX. ABSCHNITT

Verbringungs-, Verkehrs- und Haltungsverbot

§ 12

(1) Wirbeltiere, an denen Schäden feststellbar sind, von denen anzunehmen ist, dass sie durch tierschutzwidrige Handlungen verursacht worden sind, dürfen nicht gehalten oder ausgestellt werden, soweit dies durch Rechtsverordnungen nach Absatz 2 Nr. 4 oder 5 bestimmt ist.

(2) Das Bundesministerium wird ermächtigt, durch Rechtsverordnung mit Zustimmung des Bundesrates, soweit es zum Schutz der Tiere erforderlich ist,
1. das Verbringen von Tieren oder Erzeugnissen tierischer Herkunft aus einem Staat, der nicht der Europäischen Gemeinschaft angehört, in das Inland (Einfuhr) von der Einhaltung von Mindestanforderungen hinsichtlich der Tierhaltung oder des Tötens von Tieren und von einer entsprechenden Bescheinigung abhängig zu machen sowie deren Inhalt, Form, Ausstellung und Aufbewahrung zu regeln,
2. die Einfuhr bestimmter Tiere von einer Genehmigung abhängig zu machen,
3. das Verbringen bestimmter Tiere aus dem Inland in einen anderen Staat zu verbieten,
4. das Verbringen von Wirbeltieren in das Inland oder das Halten, insbesondere das Ausstellen von Wirbeltieren im Inland zu verbieten, wenn an den Tieren zum Erreichen bestimmter Rassemerkmale tierschutzwidrige Handlungen

vorgenommen worden sind oder die Tiere erblich bedingte körperliche Defekte, Verhaltensstörungen oder Aggressionssteigerungen im Sinne des § 11 b Abs. 1 oder 2 Buchstabe a aufweisen oder soweit ein Tatbestand nach § 11 Abs. 2 Buchstabe b oder c erfüllt ist,

5. das Hatten von Wirbeltieren, an denen Schäden feststellbar sind, von denen anzunehmen ist, dass sie den Tieren durch tierschutzwidrige Handlungen zugefügt worden sind, zu verbieten, wenn das Weiterleben der Tiere nur unter Leiden möglich ist,

6. vorzuschreiben, dass Tiere oder Erzeugnisse tierischer Herkunft nur über bestimmte Zollstellen mit zugeordneten Überwachungsstellen eingeführt oder ausgeführt werden dürfen, die das Bundesamt für Verbraucherschutz und Lebensmittelsicherheit im Einvernehmen mit dem Bundesministerium der Finanzen im Bundesanzeiger bekannt gemacht hat; das Bundesministerium der Finanzen kann die Erteilung des Einvernehmens auf Mittelbehörden seines Geschäftsbereichs übertragen.

Eine Rechtsverordnung nach Satz 1 Nr. 1 bis 5 kann nicht erlassen werden, soweit Gemeinschaftsrecht oder völkerrechtliche Verpflichtungen entgegenstehen.

X. ABSCHNITT

Sonstige Bestimmungen zum Schutz der Tiere

§ 13

(1) Es ist verboten, zum Fangen, Fernhalten oder Verscheuchen von Wirbeltieren Vorrichtungen oder Stoffe anzuwenden, wenn damit die Gefahr vermeidbarer Schmerzen, Leiden oder Schäden für Wirbeltiere verbunden ist; dies gilt nicht für die Anwendung von Vonichtungen oder Stoffen, die auf Grund anderer Rechtsvorschriften zugelassen sind. Vorschriften des Jagdrechts, des Naturschutzrechts, des Pflanzenschutzrechts und des Seuchenrechts bleiben unberührt.

(2) Das Bundesministerium wird ermächtigt, durch Rechtsverordnung mit Zustimmung des Bundesrates zum Schutz des Wildes Maßnahmen anzuordnen, die das Wild vor vermeidbaren Schmerzen oder Schäden durch land- oder forstwirtschaftliche Arbeiten schützen.

(3) Das Bundesministerium wird ermächtigt, im Einvernehmen mit dem Bundesministerium für Wirtschaft und Technologie und dem Bundesministerium für Umwelt, Naturschutz und Reaktorsicherheit durch Rechtsverordnung mit Zustimmung des Bundesrates, soweit es zum Schutz der Tiere erforderlich ist, das Halten von Tieren wildlebender Arten, den Handel mit solchen Tieren sowie ihre Einfuhr oder ihre Ausfuhr aus dem Inland in einen Staat, der der Europäischen Gemeinschaft nicht angehört (Ausfuhr), zu verbieten, zu beschränken oder von einer Genehmigung abhängig zu machen. Als Genehmigungsvoraussetzung kann insbesondere gefordert werden, dass der Antragsteller die für die jeweilige Tätigkeit erforderliche Zuverlässigkeit und die erforderlichen fachlichen Kenntnisse und Fähigkeiten besitzt und nachweist sowie dass eine den Anforderungen des § 2 entsprechende Ernährung, Pflege und Unterbringung der Tiere sichergestellt ist. In der Rechtsverordnung können ferner Anforderungen an den Nachweis der

erforderlichen Zuverlässigkeit und der erforderlichen fachlichen Kenntnisse und Fähigkeiten nach Satz 2 festgelegt sowie das Verfahren des Nachweises geregelt werden.

§§ 13 a–16 i

(hier nicht abgedruckt)

XII. ABSCHNITT

Straf- und Bußgeldvorschriften

§ 17

Mit Freiheitsstrafe bis zu drei Jahren oder mit Geldstrafe wird bestraft, wer
1. ein Wirbeltier ohne vernünftigen Grund tötet oder
2. einem Wirbeltier
   a) aus Rohheit erhebliche Schmerzen oder Leiden oder
   b) länger anhaltende oder sich wiederholende erhebliche Schmerzen oder Leiden zufügt.

§ 18

(1) Ordnungswidrig handelt, wer vorsätzlich oder fahrlässig
1. einem Wirbeltier, das er hält, betreut oder zu betreuen hat, ohne vernünftigen Grund erhebliche Schmerzen, Leiden oder Schäden zufügt,
2. einer vollziehbaren Anordnung nach § 8 a Abs. 5, § 11 Abs. 3 Satz 2 oder § 16 a Satz 2 Nr. 1, 3 oder 4 zuwiderhandelt,
3. einer
   a) nach § 2 a oder
   b) nach den §§ 4 b, 5 Abs. 4, § 6 Abs. 4, § 11 a Abs. 3 Satz 1, § 11 b Abs. 5 Nr. 2, § 12 Abs. 2, § 13 Abs. 2 oder 3, §§ 13 a, 14 Abs. 2, § 16 Abs. 5 Satz 1 oder § 16 c
   erlassenen Rechtsverordnung zuwiderhandelt, soweit sie für einen bestimmten Tatbestand auf diese Bußgeldvorschrift verweist,
4. einem Verbot nach § 3 zuwiderhandelt,
5. entgegen § 4 Abs. 1 ein Wirbeltier tötet,
6. entgegen § 4 a Abs. 1 ein warmblütiges Tier schlachtet,
7. entgegen § 5 Abs. 1 Satz 1 einen Eingriff ohne Betäubung vornimmt oder, ohne Tierarzt zu sein, entgegen § 5 Abs. 1 Satz 2 eine Betäubung vornimmt,
8. einem Verbot nach § 6 Abs. 1 Satz 1 zuwiderhandelt oder entgegen § 6 Abs. 1 Satz 3 einen Eingriff vornimmt,
9. entgegen § 6 Abs. 1 Satz 5 in Verbindung mit § 9 Abs. 3 Satz 1 nicht für die Einhaltung der Vorschriften des § 9 Abs. 1 Satz 1 oder 3 oder Abs. 2 Nr. 4 oder 8 sorgt,

9a. entgegen § 6 Abs. 1 Satz 6, 7, 8 oder 9 einen Eingriff nicht, nicht richtig, nicht vollständig oder nicht rechtzeitig anzeigt,
10. entgegen § 6 Abs. 2 elastische Ringe verwendet,
11. entgegen § 7 Abs. 4 oder 5 Satz 1 Tierversuche durchführt,
12. Versuche an Wirbeltieren ohne die nach § 8 Abs. 1 erforderliche Genehmigung durchführt,
13. entgegen § 8 Abs. 4 Satz 2 eine Änderung nicht oder nicht rechtzeitig anzeigt,
14. entgegen § 8 a Abs. 1, 2 oder 4 ein Vorhaben oder eine Änderung nicht, nicht richtig, nicht vollständig oder nicht rechtzeitig anzeigt,
15. entgegen § 8 a Abs. 3 Satz 2 die Zahl der Versuchsvorhaben oder die Art oder die Zahl der verwendeten Tiere nicht, nicht richtig oder nicht rechtzeitig angibt,
16. entgegen § 8 b Abs. 1 Satz 1, auch in Verbindung mit § 4 Abs. 3, keinen Tierschutzbeauftragten bestellt,
17. entgegen § 9 Abs. 3 Satz 1 nicht für die Einhaltung der Vorschriften des § 9 Abs. 1 oder 2 oder entgegen § 9 Abs. 3 Satz 2 nicht für die Erfüllung einer vollziehbaren Auflage sorgt,
18. entgegen § 9 a Aufzeichnungen nicht, nicht richtig oder nicht vollständig macht, nicht unterzeichnet, nicht aufbewahrt oder nicht vorlegt,
19. entgegen § 10 Abs. 3 nicht für die Einhaltung der Vorschriften des § 10 Abs. 1 oder 2 sorgt,
20. eine Tätigkeit ohne die nach § 11 Abs. 1 Satz 1 erforderliche Erlaubnis ausübt oder einer mit einer solchen Erlaubnis verbundenen vollziehbaren Auflage zuwiderhandelt,
20a. entgegen § 11 Abs. 5 nicht sicherstellt, dass eine im Verkauf tätige Person den Nachweis ihrer Sachkunde erbracht hat,
20b. entgegen § 11 Abs. 6 die Tätigkeit nicht, nicht richtig, nicht vollständig oder nicht rechtzeitig anzeigt,
21. entgegen § 11 a Abs. 1 Satz 1 Aufzeichnungen nicht, nicht richtig oder nicht vollständig macht oder nicht aufbewahrt oder entgegen § 11 a Abs. 2 Tiere nicht, nicht in der vorgeschriebenen Weise oder nicht rechtzeitig kennzeichnet,
21a. ein Wirbeltier ohne Genehmigung nach § 11 a Abs. 4 Satz 1 einführt,
22. Wirbeltiere entgegen § 11 b Abs. 1 oder 2 züchtet oder durch bio- oder gentechnische Maßnahmen verändert,
23. entgegen § 11 c ein Wirbeltier an Kinder oder Jugendliche bis zum vollendeten 16. Lebensjahr abgibt,
24. (weggefallen),
25. entgegen § 13 Abs. 1 Satz 1 eine Vorrichtung oder einen Stoff anwendet,
25a. entgegen § 16 Abs. 1a Satz 1 eine Anzeige nicht, nicht richtig, nicht vollständig oder nicht rechtzeitig erstattet,
26. entgegen § 16 Abs. 2 eine Auskunft nicht, nicht richtig oder nicht vollständig erteilt oder einer Duldungs- oder Mitwirkungspflicht nach § 16 Abs. 3 Satz 2, auch in Verbindung mit einer Rechtsverordnung nach § 16 Abs. 5 Satz 2 Nr. 3, zuwiderhandelt oder
27. (weggefallen).

(2) Ordnungswidrig handelt auch, wer, abgesehen von den Fällen des Absatzes 1 Nr. 1, einem Tier ohne vernünftigen Grund erhebliche Schmerzen, Leiden oder Schäden zufügt.

(3) Ordnungswidrig handelt auch, wer vorsätzlich oder fahrlässig
1. einer unmittelbar geltenden Vorschrift in Rechtsakten der Europäischen Gemeinschaft zuwiderhandelt, die inhaltlich einem in
   a) Absatz 1 Nr. 4 bis 9, 11, 12, 17, 22 und 25 bezeichneten Gebot oder Verbot entspricht, soweit eine Rechtsverordnung nach § 18 a Nr. 1 für einen bestimmten Tatbestand auf diese Bußgeldvorschriften verweist,
   b) Absatz 1 Nr. 9a, 10, 13 bis 16, 18, 19, 20a bis 21a, 23 und 25a bezeichneten Gebot oder Verbot entspricht, soweit eine Rechtsverordnung nach § 18 a Nr. 2 für einen bestimmten Tatbestand auf diese Bußgeldvorschrift verweist, oder
2. einer unmittelbar geltenden Vorschrift in Rechtsakten der Europäischen Gemeinschaft zuwiderhandelt, die inhaltlich einer Regelung entspricht, zu der die in Absatz 1
   a) Nr. 3 Buchstabe a genannte Vorschrift ermächtigt, soweit eine Rechtsverordnung nach § 18 a Nr. 1 für einen bestimmten Tatbestand auf diese Bußgeldvorschrift verweist,
   b) Nr. 3 Buchstabe b genannten Vorschriften ermächtigen, soweit eine Rechtsverordnung nach § 18 a Nr. 2 für einen bestimmten Tatbestand auf diese Bußgeldvorschrift verweist.

(4) Die Ordnungswidrigkeit kann in den Fällen des Absatzes 1 Nr. 1, 2, 3 Buchstabe a, Nr. 4 bis 9, 11, 12, 17, 20, 22 und 25, des Absatzes 2 sowie des Absatzes 3 Nr. 1 Buchstabe a und Nr. 2 Buchstabe a mit einer Geldbuße bis zu fünfundzwanzigtausend Euro, in den übrigen Fällen mit einer Geldbuße bis zu fünftausend Euro geahndet werden.

§§ 19–22

(hier nicht abgedruckt)

2.
Tierschutz-Hundeverordnung

vom 2. Mai 2001 (BGBl. I S. 838),
geändert durch Gesetz vom 19. April 2006 (BGBl. I S. 900)

§ 1 Anwendungsbereich

(1) Diese Verordnung gilt für das Halten und Züchten von Hunden (*Canis lupus* f. familiaris).

(2) Die Vorschriften dieser Verordnung sind nicht anzuwenden

1. während des Transportes,
2. während einer tierärztlichen Behandlung, soweit nach dem Urteil des Tierarztes im Einzelfall andere Anforderungen an die Haltung notwendig sind,
3. bei einer Haltung zu Versuchszwecken im Sinne des § 7 Abs. 1 des Tierschutzgesetzes oder bei Eingriffen oder Behandlungen zu den in § 6 Abs. 1 Satz 2 Nr. 4, § 10 Abs. 1 oder § 10 a des Tierschutzgesetzes genannten Zwecken, soweit für den verfolgten wissenschaftlichen Zweck andere Anforderungen an die Haltung unerlässlich sind.

§ 2 Allgemeine Anforderungen an das Halten

(1) Einem Hund ist ausreichend Auslauf im Freien außerhalb eines Zwingers oder einer Anbindehaltung sowie ausreichend Umgang mit der Person, die den Hund hält, betreut oder zu betreuen hat (Betreuungsperson), zu gewähren. Auslauf und Sozialkontakte sind der Rasse, dem Alter und dem Gesundheitszustand des Hundes anzupassen.

(2) Wer mehrere Hunde auf demselben Grundstück hält, hat sie grundsätzlich in der Gruppe zu halten, sofern andere Rechtsvorschriften dem nicht entgegenstehen. Von der Gruppenhaltung kann abgesehen werden, wenn dies wegen der Art der Verwendung, dem Verhalten oder dem Gesundheitszustand des Hundes erforderlich ist. Nicht aneinander gewöhnte Hunde dürfen nur unter Aufsicht zusammengeführt werden.

(3) Einem einzeln gehaltenen Hund ist täglich mehrmals die Möglichkeit zum länger dauernden Umgang mit Betreuungspersonen zu gewähren, um das Gemeinschaftsbedürfnis des Hundes zu befriedigen.

(4) Ein Welpe darf erst im Alter von über acht Wochen vom Muttertier getrennt werden. Satz 1 gilt nicht, wenn die Trennung nach tierärztlichem Urteil zum Schutz des Muttertieres oder des Welpen vor Schmerzen, Leiden oder Schäden erforderlich ist. Ist nach Satz 2 eine vorzeitige Trennung mehrerer Welpen vom Muttertier erforderlich, sollen diese bis zu einem Alter von acht Wochen nicht voneinander getrennt werden.

§ 3 Anforderungen an die Betreuung bei gewerbsmäßigem Züchten

Wer gewerbsmäßig mit Hunden züchtet, muss sicherstellen, dass für jeweils bis zu zehn Zuchthunde und ihre Welpen eine Betreuungsperson zur Verfügung steht, die die dafür notwendigen Kenntnisse und Fähigkeiten gegenüber der zuständigen Behörde nachgewiesen hat.

§ 4 Anforderungen an das Halten im Freien

(1) Wer einen Hund im Freien hält, hat dafür zu sorgen, dass dem Hund
1. eine Schutzhütte, die den Anforderungen des Absatzes 2 entspricht, und
2. außerhalb der Schutzhütte ein witterungsgeschützter, schattiger Liegeplatz mit wärmegedämmtem Boden

zur Verfügung stehen. Während der Tätigkeiten, für die ein Hund ausgebildet wurde oder wird, hat die Betreuungsperson dafür zu sorgen, dass dem Hund während der Ruhezeiten ein witterungsgeschützter und wärmegedämmter Liegeplatz zur Verfügung steht.

(2) Die Schutzhütte muss aus wärmedämmendem und gesundheitsunschädlichem Material hergestellt und so beschaffen sein, dass der Hund sich daran nicht verletzen und trocken liegen kann. Sie muss so bemessen sein, dass der Hund
1. sich darin verhaltensgerecht bewegen und hinlegen und
2. den Innenraum mit seiner Körperwärme warm halten kann, sofern die Schutzhütte nicht beheizbar ist.

§ 5 Anforderungen an das Halten in Räumen

(1) Ein Hund darf nur in Räumen gehalten werden, bei denen der Einfall von natürlichem Tageslicht sichergestellt ist. Die Fläche der Öffnungen für das Tageslicht muss bei der Haltung in Räumen, die nach ihrer Zweckbestimmung nicht dem Aufenthalt von Menschen dienen, grundsätzlich mindestens ein Achtel der Bodenfläche betragen. Satz 2 gilt nicht, wenn dem Hund ständig ein Auslauf ins Freie zur Verfügung steht. Bei geringem Tageslichteinfall sind die Räume entsprechend dem natürlichen Tag-Nacht-Rhythmus zusätzlich zu beleuchten. In den Räumen muss eine ausreichende Frischluftversorgung sichergestellt sein.

(2) Ein Hund darf in Räumen, die nach ihrer Zweckbestimmung nicht dem Aufenthalt von Menschen dienen, nur dann gehalten werden, wenn die benutzbare Bodenfläche den Anforderungen des § 6 Abs. 2 entspricht.

(3) Ein Hund darf in nicht beheizbaren Räumen nur gehalten werden, wenn
1. diese mit einer Schutzhütte nach § 4 Abs. 2 oder einem trockenen Liegeplatz, der ausreichend Schutz vor Luftzug und Kälte bietet, ausgestattet sind und
2. außerhalb der Schutzhütte nach Nummer 1 ein wärmegedämmter Liegebereich zur Verfügung steht.

§ 6 Anforderungen an die Zwingerhaltung

(1) Ein Hund darf nur in einem Zwinger gehalten werden, der den Anforderungen nach den Absätzen 2 bis 4 entspricht.

(2) In einem Zwinger muss
1. dem Hund entsprechend seiner Widerristhöhe folgende uneingeschränkt benutzbare Bodenfläche zur Verfügung stehen, wobei die Länge jeder Seite mindestens der doppelten Körperlänge des Hundes entsprechen muss und keine Seite kürzer als zwei Meter sein darf:

Widerristhöhe cm	Bodenfläche mindestens m²
bis 50	6
über 50 bis 65	8
über 65	10,

2. für jeden weiteren in demselben Zwinger gehaltenen Hund sowie für jede Hündin mit Welpen zusätzlich die Hälfte der für einen Hund nach Nummer 1 vorgeschriebenen Bodenfläche zur Verfügung stehen,

3. die Höhe der Einfriedung so bemessen sein, dass der aufgerichtete Hund mit den Vorderpfoten die obere Begrenzung nicht erreicht.

Abweichend von Satz 1 Nr. 1 muss für einen Hund, der regelmäßig an mindestens fünf Tagen in der Woche den überwiegenden Teil des Tages außerhalb des Zwingers verbringt, die uneingeschränkt benutzbare Zwingerfläche mindestens sechs Quadratmeter betragen.

(3) Die Einfriedung des Zwingers muss aus gesundheitsunschädlichem Material bestehen und so beschaffen sein, dass der Hund sie nicht überwinden und sich nicht daran verletzen kann. Der Boden muss trittsicher und so beschaffen sein, dass er keine Verletzungen oder Schmerzen verursacht und leicht sauber und trocken zu halten ist. Trennvorrichtungen müssen so beschaffen sein, dass sich die Hunde nicht gegenseitig beißen können. Mindestens eine Seite des Zwingers muss dem Hund freie Sicht nach außen ermöglichen. Befindet sich der Zwinger in einem Gebäude, muss für den Hund der freie Blick aus dem Gebäude heraus gewährleistet sein.

(4) In einem Zwinger dürfen bis zu einer Höhe, die der aufgerichtete Hund mit den Vorderpfoten erreichen kann, keine Strom führenden Vorrichtungen, mit denen der Hund in Berührung kommen kann, oder Vorrichtungen, die elektrische Impulse aussenden, vorhanden sein.

(5) Werden mehrere Hunde auf einem Grundstück einzeln in Zwingern gehalten, so sollen die Zwinger so angeordnet sein, dass die Hunde Sichtkontakt zu anderen Hunden haben.

(6) Hunde dürfen in einem Zwinger nicht angebunden gehalten werden.

§ 7 Anforderungen an die Anbindehaltung

(1) Ein Hund darf in Anbindehaltung nur gehalten werden, wenn die Anforderungen der Absätze 2 bis 5 erfüllt sind.

(2) Die Anbindung muss
1. an einer Laufvorrichtung, die mindestens sechs Meter lang ist, frei gleiten können,
2. so bemessen sein, dass sie dem Hund einen seitlichen Bewegungsspielraum von mindestens fünf Metern bietet,
3. so angebracht sein, dass der Hund ungehindert seine Schutzhütte aufsuchen, liegen und sich umdrehen kann.

(3) Im Laufbereich dürfen keine Gegenstände vorhanden sein, die die Bewegungen des Hundes behindern oder zu Verletzungen führen können. Der Boden

muss trittsicher und so beschaffen sein, dass er keine Verletzungen oder Schmerzen verursacht und leicht sauber und trocken zu halten ist.

(4) Es dürfen nur breite, nicht einschneidende Brustgeschirre oder Halsbänder verwendet werden, die so beschaffen sind, dass sie sich nicht zuziehen oder zu Verletzungen führen können.

(5) Es darf nur eine Anbindung verwendet werden, die gegen ein Aufdrehen gesichert ist. Das Anbindematerial muss von geringem Eigengewicht und so beschaffen sein, dass sich der Hund nicht verletzen kann.

(6) Bei Begleitung einer Betreuungsperson während der Tätigkeiten, für die der Hund ausgebildet wurde oder wird, kann er abweichend von Absatz 1 nach Maßgabe der Absätze 4 und 5 an einer mindestens drei Meter langen Anbindung angebunden werden.

(7) Die Anbindehaltung ist verboten bei
1. einem Hund bis zu einem Alter von zwölf Monaten,
2. einer tragenden Hündin im letzten Drittel der Trächtigkeit,
3. einer säugenden Hündin,
4. einem kranken Hund, wenn ihm dadurch Schmerzen, Leiden oder Schäden zugefügt würden.

§ 8 Fütterung und Pflege

(1) Die Betreuungsperson hat dafür zu sorgen, dass dem Hund in seinem gewöhnlichen Aufenthaltsbereich jederzeit Wasser in ausreichender Menge und Qualität zur Verfügung steht. Sie hat den Hund mit artgemäßem Futter in ausreichender Menge und Qualität zu versorgen.

(2) Die Betreuungsperson hat
1. den Hund unter Berücksichtigung des der Rasse entsprechenden Bedarfs regelmäßig zu pflegen und für seine Gesundheit Sorge zu tragen;
2. die Unterbringung mindestens einmal täglich und die Anbindevorrichtung mindestens zweimal täglich zu überprüfen und Mängel unverzüglich abzustellen;
3. für ausreichende Frischluft und angemessene Lufttemperaturen zu sorgen, wenn ein Hund ohne Aufsicht in einem Fahrzeug verbleibt;
4. den Aufenthaltsbereich des Hundes sauber und ungezieferfrei zu halten; Kot ist täglich zu entfernen.

§ 9 Ausnahmen für das vorübergehende Halten

Die zuständige Behörde kann von den Vorschriften des § 2 Abs. 2 und 3 sowie § 6 Abs. 1 in Verbindung mit Abs. 2 für das vorübergehende Halten von Hunden in Einrichtungen, die Fundhunde oder durch Behörden eingezogene Hunde aufnehmen, befristete Ausnahmen zulassen, wenn sonst die weitere Aufnahme solcher Hunde gefährdet ist.

§ 10 Ausstellungsverbot

Es ist verboten, Hunde, bei denen Körperteile, insbesondere Ohren oder Rute, zum Erreichen bestimmter Rassemerkmale vollständig oder teilweise amputiert wurden, auszustellen oder Ausstellungen solcher Hunde zu veranstalten. Das Ausstellungsverbot nach Satz 1 gilt nicht, sofern der Eingriff vor dem 1. September 2001 und in Übereinstimmung mit den Vorschriften des Tierschutzgesetzes in der zum Zeitpunkt des Eingriffs geltenden Fassung vorgenommen wurde.

§ 11 (aufgehoben)

§ 12 Ordnungswidrigkeiten

(1) Ordnungswidrig im Sinne des § 18 Abs. 1 Nr. 3 Buchstabe a des Tierschutzgesetzes handelt, wer vorsätzlich oder fahrlässig
1. entgegen § 2 Abs. 4 Satz 1 einen Welpen vom Muttertier trennt,
2. entgegen § 3 nicht sicherstellt, dass für jeweils bis zu zehn Zuchthunde und ihre Welpen eine dort genannte Betreuungsperson zur Verfügung steht,
3. entgegen § 4 Abs. 1 Satz 1 Nr. 1 oder Satz 2 nicht dafür sorgt, dass dem Hund eine Schutzhütte oder ein Liegeplatz zur Verfügung steht,
4. entgegen § 5 Abs. 1 Satz 1 oder Abs. 2 oder 3, § 6 Abs. 1 oder 6 oder § 7 Abs. 1 oder 7 einen Hund hält oder
5. entgegen § 8 Abs. 2 Nr. 2 einen Mangel nicht oder nicht rechtzeitig abstellt.

(2) Ordnungswidrig im Sinne des § 18 Abs. 1 Nr. 3 Buchstabe b des Tierschutzgesetzes handelt, wer vorsätzlich oder fahrlässig entgegen § 10 Satz 1 einen Hund ausstellt oder eine Ausstellung veranstaltet.

§ 13 Übergangsvorschrift

(1) Für Züchter, die eine Erlaubnis nach § 11 Abs. 1 Nr. 3 Buchstabe a des Tierschutzgesetzes am 14. Mai 2001 haben, gilt § 3 ab dem 1. September 2002.

(2) Wer einen Hund am 14. Mai 2001 in einem Raum hält, der nicht der Anforderung des § 5 Abs. 1 Satz 1 entspricht, muss das Einhalten dieser Anforderung spätestens bis zum 1. September 2004 sicherstellen.

(3) Abweichend von § 6 Abs. 1 in Verbindung mit Abs. 2 oder 3 Satz 5 sowie Abs. 5 dürfen Hunde noch bis zum 31. August 2004 in Zwingern gehalten werden, die am 31. August 2001 bereits in Benutzung genommen worden sind und die die Anforderungen des § 4 Abs. 2 der Verordnung über das Halten von Hunden im Freien vom 6. Juni 1974 (BGBl. I S. 1265), geändert durch Artikel 2 des Gesetzes vom 12. August 1986 (BGBl. I S. 1309), erfüllen.

(4) Abweichend von § 10 Satz 1 dürfen Hunde noch bis zum 1. Mai 2002 ausgestellt werden.

§ 14 Inkrafttreten, Außerkrafttreten

Diese Verordnung tritt am 1. September 2001 in Kraft. Gleichzeitig tritt die Verordnung über das Halten von Hunden im Freien vom 6. Juni 1974 (BGBl. I S. 1265), geändert durch Artikel 2 Nr. 1 des Gesetzes vom 12. August 1986 (BGBl. I S. 1309), außer Kraft.

DRITTER TEIL

Naturschutzrecht

1.
Gesetz über Naturschutz und Landschaftspflege (Bundesnaturschutzgesetz — BNatSchG)[1]

Art. 1 des Gesetzes vom 29. Juli 2009 (BGBl. I S. 2542)

– Auszug –

KAPITEL 1

Allgemeine Vorschriften

§ 1 Ziele des Naturschutzes und der Landschaftspflege

(1) Natur und Landschaft sind auf Grund ihres eigenen Wertes und als Grundlage für Leben und Gesundheit des Menschen auch in Verantwortung für die künftigen Generationen im besiedelten und unbesiedelten Bereich nach Maßgabe der nachfolgenden Absätze so zu schützen, dass
1. die biologische Vielfalt,
2. die Leistungs- und Funktionsfähigkeit des Naturhaushalts einschließlich der Regenerationsfähigkeit und nachhaltigen Nutzungsfähigkeit der Naturgüter sowie
3. die Vielfalt, Eigenart und Schönheit sowie der Erholungswert von Natur und Landschaft
auf Dauer gesichert sind; der Schutz umfasst auch die Pflege, die Entwicklung und, soweit erforderlich, die Wiederherstellung von Natur und Landschaft (allgemeiner Grundsatz).

(2) Zur dauerhaften Sicherung der biologischen Vielfalt sind entsprechend dem jeweiligen Gefährdungsgrad insbesondere
1. lebensfähige Populationen wild lebender Tiere und Pflanzen einschließlich ihrer Lebensstätten zu erhalten und der Austausch zwischen den Populationen sowie Wanderungen und Wiederbesiedelungen zu ermöglichen,
2. Gefährdungen von natürlich vorkommenden Ökosystemen, Biotopen und Arten entgegenzuwirken,

---

[1] Artikel 1 des Gesetzes zur Neuregelung des Rechts des Naturschutzes und der Landschaftspflege. Gemäß Artikel 27 dieses Gesetzes tritt das BNatSchG am 1. März 2010 in Kraft.
Dieses Gesetz dient der Umsetzung folgender Richtlinien: 79/409/EWG, 83/129/EWG, 92/43/EWG, 1999/22/EG.

3. Lebensgemeinschaften und Biotope mit ihren strukturellen und geografischen Eigenheiten in einer repräsentativen Verteilung zu erhalten; bestimmte Landschaftsteile sollen der natürlichen Dynamik überlassen bleiben.

(3) Zur dauerhaften Sicherung der Leistungs- und Funktionsfähigkeit des Naturhaushalts sind insbesondere

1. die räumlich abgrenzbaren Teile seines Wirkungsgefüges im Hinblick auf die prägenden biologischen Funktionen, Stoff- und Energieflüsse sowie landschaftlichen Strukturen zu schützen; Naturgüter, die sich nicht erneuern, sind sparsam und schonend zu nutzen; sich erneuernde Naturgüter dürfen nur so genutzt werden, dass sie auf Dauer zur Verfügung stehen,

2. Böden so zu erhalten, dass sie ihre Funktion im Naturhaushalt erfüllen können; nicht mehr genutzte versiegelte Flächen sind zu renaturieren, oder, soweit eine Entsiegelung nicht möglich oder nicht zumutbar ist, der natürlichen Entwicklung zu überlassen,

3. Meeres- und Binnengewässer vor Beeinträchtigungen zu bewahren und ihre natürliche Selbstreinigungsfähigkeit und Dynamik zu erhalten; dies gilt insbesondere für natürliche und naturnahe Gewässer einschließlich ihrer Ufer, Auen und sonstigen Rückhalteflächen; Hochwasserschutz hat auch durch natürliche oder naturnahe Maßnahmen zu erfolgen; für den vorsorgenden Grundwasserschutz sowie für einen ausgeglichenen Niederschlags-Abflusshaushalt ist auch durch Maßnahmen des Naturschutzes und der Landschaftspflege Sorge zu tragen,

4. Luft und Klima auch durch Maßnahmen des Naturschutzes und der Landschaftspflege zu schützen; dies gilt insbesondere für Flächen mit günstiger lufthygienischer oder klimatischer Wirkung wie Frisch- und Kaltluftentstehungsgebiete oder Luftaustauschbahnen; dem Aufbau einer nachhaltigen Energieversorgung insbesondere durch zunehmende Nutzung erneuerbarer Energien kommt eine besondere Bedeutung zu,

5. wild lebende Tiere und Pflanzen, ihre Lebensgemeinschaften sowie ihre Biotope und Lebensstätten auch im Hinblick auf ihre jeweiligen Funktionen im Naturhaushalt zu erhalten,

6. der Entwicklung sich selbst regulierender Ökosysteme auf hierfür geeigneten Flächen Raum und Zeit zu geben.

(4) Zur dauerhaften Sicherung der Vielfalt, Eigenart und Schönheit sowie des Erholungswertes von Natur und Landschaft sind insbesondere

1. Naturlandschaften und historisch gewachsene Kulturlandschaften, auch mit ihren Kultur-, Bau- und Bodendenkmälern, vor Verunstaltung, Zersiedelung und sonstigen Beeinträchtigungen zu bewahren,

2. zum Zweck der Erholung in der freien Landschaft nach ihrer Beschaffenheit und Lage geeignete Flächen vor allem im besiedelten und siedlungsnahen Bereich zu schützen und zugänglich zu machen.

(5) Großflächige, weitgehend unzerschnittene Landschaftsräume sind vor weiterer Zerschneidung zu bewahren. Die erneute Inanspruchnahme bereits bebauter Flächen sowie die Bebauung unbebauter Flächen im beplanten und unbeplanten Innenbereich, soweit sie nicht für Grünflächen vorgesehen sind, hat Vorrang vor der Inanspruchnahme von Freiflächen im Außenbereich. Verkehrswege, Energieleitungen und ähnliche Vorhaben sollen landschaftsgerecht geführt, gestaltet und so gebündelt werden, dass die Zerschneidung und die Inanspruchnahme der

232

Landschaft sowie Beeinträchtigungen des Naturhaushalts vermieden oder so gering wie möglich gehalten werden. Beim Aufsuchen und bei der Gewinnung von Bodenschätzen, bei Abgrabungen und Aufschüttungen sind dauernde Schäden des Naturhaushalts und Zerstörungen wertvoller Landschaftsteile zu vermeiden; unvermeidbare Beeinträchtigungen von Natur und Landschaft sind insbesondere durch Förderung natürlicher Sukzession, Renaturierung, naturnahe Gestaltung, Wiedernutzbarmachung oder Rekultivierung auszugleichen oder zu mindern.

(6) Freiräume im besiedelten und siedlungsnahen Bereich einschließlich ihrer Bestandteile, wie Parkanlagen, großflächige Grünanlagen und Grünzüge, Wälder und Waldränder, Bäume und Gehölzstrukturen, Fluss- und Bachläufe mit ihren Uferzonen und Auenbereichen, stehende Gewässer, Naturerfahrungsräume sowie gartenbau- und landwirtschaftlich genutzte Flächen, sind zu erhalten und dort, wo sie nicht in ausreichendem Maße vorhanden sind, neu zu schaffen.

§§ 2–4

(hier nicht abgedruckt)

§ 5 Land-, Forst- und Fischereiwirtschaft

(1) Bei Maßnahmen des Naturschutzes und der Landschaftspflege ist die besondere Bedeutung einer natur- und landschaftsverträglichen Land-, Forst- und Fischereiwirtschaft für die Erhaltung der Kultur- und Erholungslandschaft zu berücksichtigen.

(2) Bei der landwirtschaftlichen Nutzung sind neben den Anforderungen, die sich aus den für die Landwirtschaft geltenden Vorschriften und aus § 17 Absatz 2 des Bundes-Bodenschutzgesetzes ergeben, insbesondere die folgenden Grundsätze der guten fachlichen Praxis zu beachten:

1. die Bewirtschaftung muss standortangepasst erfolgen und die nachhaltige Bodenfruchtbarkeit und langfristige Nutzbarkeit der Flächen muss gewährleistet werden;
2. die natürliche Ausstattung der Nutzfläche (Boden, Wasser, Flora, Fauna) darf nicht über das zur Erzielung eines nachhaltigen Ertrages erforderliche Maß hinaus beeinträchtigt werden;
3. die zur Vernetzung von Biotopen erforderlichen Landschaftselemente sind zu erhalten und nach Möglichkeit zu vermehren;
4. die Tierhaltung hat in einem ausgewogenen Verhältnis zum Pflanzenbau zu stehen und schädliche Umweltauswirkungen sind zu vermeiden;
5. auf erosionsgefährdeten Hängen, in Überschwemmungsgebieten, auf Standorten mit hohem Grundwasserstand sowie auf Moorstandorten ist ein Grünlandumbruch zu unterlassen;
6. die Anwendung von Dünge- und Pflanzenschutzmitteln hat nach Maßgabe des landwirtschaftlichen Fachrechts zu erfolgen; eine Dokumentation über den Einsatz von Dünge- und Pflanzenschutzmitteln ist nach Maßgabe des § 7 der Düngeverordnung in der Fassung der Bekanntmachung vom 27. Februar 2007 (BGBl. I S. 221), die durch Artikel 1 der Verordnung vom 6. Februar 2009 (BGBl. I S. 153) geändert worden ist, und § 6 Absatz 4 des Pflanzenschutzgesetzes in der Fassung der Bekanntmachung vom 14. Mai 1998

(BGBl. I S. 971, 1527, 3512), das zuletzt durch Artikel 1 des Gesetzes vom 5. März 2008 (BGBl. I S. 284, 1102) geändert worden ist, zu führen.

(3) Bei der forstlichen Nutzung des Waldes ist das Ziel zu verfolgen, naturnahe Wälder aufzubauen und diese ohne Kahlschläge nachhaltig zu bewirtschaften. Ein hinreichender Anteil standortheimischer Forstpflanzen ist einzuhalten.

(4) Bei der fischereiwirtschaftlichen Nutzung der oberirdischen Gewässer sind diese einschließlich ihrer Uferzonen als Lebensstätten und Lebensräume für heimische Tier- und Pflanzenarten zu erhalten und zu fördern. Der Besatz dieser Gewässer mit nichtheimischen Tierarten ist grundsätzlich zu unterlassen. Bei Fischzuchten und Teichwirtschaften der Binnenfischerei sind Beeinträchtigungen der heimischen Tier- und Pflanzenarten auf das zur Erzielung eines nachhaltigen Ertrages erforderliche Maß zu beschränken.

§ 6

(hier nicht abgedruckt)

§ 7 Begriffsbestimmungen

(1) Für dieses Gesetz gelten folgende Begriffsbestimmungen:
1. biologische Vielfalt
   die Vielfalt der Tier- und Pflanzenarten einschließlich der innerartlichen Vielfalt sowie die Vielfalt an Formen von Lebensgemeinschaften und Biotopen;
2. Naturhaushalt
   die Naturgüter Boden, Wasser, Luft, Klima, Tiere und Pflanzen sowie das Wirkungsgefüge zwischen ihnen;
3. Erholung
   natur- und landschaftsverträglich ausgestaltetes Natur- und Freizeiterleben einschließlich natur- und landschaftsverträglicher sportlicher Betätigung in der freien Landschaft, soweit dadurch die sonstigen Ziele des Naturschutzes und der Landschaftspflege nicht beeinträchtigt werden;
4. natürliche Lebensraumtypen von gemeinschaftlichem Interesse
   die in Anhang I der Richtlinie 92/43/EWG aufgeführten Lebensraumtypen;
5. prioritäre natürliche Lebensraumtypen
   die in Anhang I der Richtlinie 92/43/EWG mit dem Zeichen (*) gekennzeichneten Lebensraumtypen;
6. Gebiete von gemeinschaftlicher Bedeutung
   die in die Liste nach Artikel 4 Absatz 2 Unterabsatz 3 der Richtlinie 92/43/EWG aufgenommenen Gebiete, auch wenn ein Schutz im Sinne des § 32 Absatz 2 bis 4 noch nicht gewährleistet ist;
7. Europäische Vogelschutzgebiete
   Gebiete im Sinne des Artikels 4 Absatz 1 und 2 der Richtlinie 79/409/EWG des Rates vom 2. April 1979 über die Erhaltung der wildlebenden Vogelarten (ABl. L 103 vom 24.4. 1979, S. 1), die zuletzt durch die Richtlinie 2008/102/EG (ABl. L 323 vom 3.12.2008, S. 31) geändert worden ist, wenn ein Schutz im Sinne des § 32 Absatz 2 bis 4 bereits gewährleistet ist;
8. Natura 2000-Gebiete
   Gebiete von gemeinschaftlicher Bedeutung und Europäische Vogelschutzgebiete;

9. Erhaltungsziele
Ziele, die im Hinblick auf die Erhaltung oder Wiederherstellung eines günstigen Erhaltungszustands eines natürlichen Lebensraumtyps von gemeinschaftlichem Interesse, einer in Anhang II der Richtlinie 92/43/EWG oder in Artikel 4 Absatz 2 oder Anhang I der Richtlinie 79/409/EWG aufgeführten Art für ein Natura 2000-Gebiet festgelegt sind.

(2) Für dieses Gesetz gelten folgende weitere Begriffsbestimmungen:

1. Tiere
   a) wild lebende, gefangene oder gezüchtete und nicht herrenlos gewordene sowie tote Tiere wild lebender Arten,
   b) Eier, auch im leeren Zustand, sowie Larven, Puppen und sonstige Entwicklungsformen von Tieren wild lebender Arten,
   c) ohne Weiteres erkennbare Teile von Tieren wild lebender Arten und
   d) ohne Weiteres erkennbar aus Tieren wild lebender Arten gewonnene Erzeugnisse;

2. Pflanzen
   a) wild lebende, durch künstliche Vermehrung gewonnene sowie tote Pflanzen wild lebender Arten,
   b) Samen, Früchte oder sonstige Entwicklungsformen von Pflanzen wild lebender Arten,
   c) ohne Weiteres erkennbare Teile von Pflanzen wild lebender Arten und
   d) ohne Weiteres erkennbar aus Pflanzen wild lebender Arten gewonnene Erzeugnisse;
   als Pflanzen im Sinne dieses Gesetzes gelten auch Flechten und Pilze;

3. Art
   jede Art, Unterart oder Teilpopulation einer Art oder Unterart; für die Bestimmung einer Art ist ihre wissenschaftliche Bezeichnung maßgebend;

4. Biotop
   Lebensraum einer Lebensgemeinschaft wild lebender Tiere und Pflanzen;

5. Lebensstätte
   regelmäßiger Aufenthaltsort der wild lebenden Individuen einer Art;

6. Population
   eine biologisch oder geografisch abgegrenzte Zahl von Individuen einer Art;

7. heimische Art
   eine wild lebende Tier- oder Pflanzenart, die ihr Verbreitungsgebiet oder regelmäßiges Wanderungsgebiet ganz oder teilweise
   a) im Inland hat oder in geschichtlicher Zeit hatte oder
   b) auf natürliche Weise in das Inland ausdehnt;
   als heimisch gilt eine wild lebende Tier- oder Pflanzenart auch, wenn sich verwilderte oder durch menschlichen Einfluss eingebürgerte Tiere oder Pflanzen der betreffenden Art im Inland in freier Natur und ohne menschliche Hilfe über mehrere Generationen als Population erhalten;

8. gebietsfremde Art
   eine wild lebende Tier- oder Pflanzenart, wenn sie in dem betreffenden Gebiet in freier Natur nicht oder seit mehr als 100 Jahren nicht mehr vorkommt;

9. invasive Art
eine Art, deren Vorkommen außerhalb ihres natürlichen Verbreitungsgebiets für die dort natürlich vorkommenden Ökosysteme, Biotope oder Arten ein erhebliches Gefährdungspotenzial darstellt;

10. Arten von gemeinschaftlichem Interesse
die in Anhang II, IV oder V der Richtlinie 92/43/EWG aufgeführten Tier- und Pflanzenarten;

11. prioritäre Arten
die in Anhang II der Richtlinie 92/43/EWG mit dem Zeichen (*) gekennzeichneten Tier- und Pflanzenarten;

12. europäische Vogelarten
in Europa natürlich vorkommende Vogelarten im Sinne des Artikels 1 der Richtlinie 79/409/EWG;

13. besonders geschützte Arten
a) Tier- und Pflanzenarten, die in Anhang A oder Anhang B der Verordnung (EG) Nr. 338/97 des Rates vom 9. Dezember 1996 über den Schutz von Exemplaren wildlebender Tier- und Pflanzenarten durch Überwachung des Handels (ABl. L 61 vom 3.3.1997, S. 1, L 100 vom 17.4.1997, S. 72, L 298 vom 1.11.1997, S. 70, L 113 vom 27.4.2006, S. 26), die zuletzt durch die Verordnung (EG) Nr. 318/2008 (ABl. L 95 vom 8.4.2008, S. 3) geändert worden ist, aufgeführt sind,
b) nicht unter Buchstabe a fallende
aa) Tier- und Pflanzenarten, die in Anhang IV der Richtlinie 92/43/EWG aufgeführt sind,
bb) europäische Vogelarten,
c) Tier- und Pflanzenarten, die in einer Rechtsverordnung nach § 54 Absatz 1 aufgeführt sind;

14. streng geschützte Arten
besonders geschützte Arten, die
a) in Anhang A der Verordnung (EG) Nr. 338/97,
b) in Anhang IV der Richtlinie 92/43/EWG,
c) in einer Rechtsverordnung nach § 54 Absatz 2 aufgeführt sind;

15. gezüchtete Tiere
Tiere, die in kontrollierter Umgebung geboren oder auf andere Weise erzeugt und deren Elterntiere rechtmäßig erworben worden sind;

16. künstlich vermehrte Pflanzen
Pflanzen, die aus Samen, Gewebekulturen, Stecklingen oder Teilungen unter kontrollierten Bedingungen herangezogen worden sind;

17. Anbieten
Erklärung der Bereitschaft zu verkaufen oder zu kaufen und ähnliche Handlungen, einschließlich der Werbung, der Veranlassung zur Werbung oder der Aufforderung zu Verkaufs- oder Kaufverhandlungen;

18. Inverkehrbringen
das Anbieten, Vorrätighalten zur Abgabe, Feilhalten und jedes Abgeben an andere;

19. rechtmäßig
in Übereinstimmung mit den jeweils geltenden Rechtsvorschriften zum Schutz der betreffenden Art im jeweiligen Staat sowie mit Rechtsakten der

Europäischen Gemeinschaft auf dem Gebiet des Artenschutzes und dem Übereinkommen vom 3. März 1973 über den internationalen Handel mit gefährdeten Arten freilebender Tiere und Pflanzen (BGBl. 1975 II S. 773, 777) – Washingtoner Artenschutzübereinkommen – im Rahmen ihrer jeweiligen räumlichen und zeitlichen Geltung oder Anwendbarkeit;

20. Mitgliedstaat
ein Staat, der Mitglied der Europäischen Union ist;

21. Drittstaat
ein Staat, der nicht Mitglied der Europäischen Union ist.

(3) Soweit in diesem Gesetz auf Anhänge der
1. Verordnung (EG) Nr. 338/97,
2. Verordnung (EWG) Nr. 3254/91 des Rates vom 4. November 1991 zum Verbot von Tellereisen in der Gemeinschaft und der Einfuhr von Pelzen und Waren von bestimmten Wildtierarten aus Ländern, die Tellereisen oder den internationalen humanen Fangnormen nicht entsprechende Fangmethoden anwenden (ABl. L 308 vom 9. 11. 1991, S. 1),
3. Richtlinien 92/43/EWG und 79/409/EWG,
4. Richtlinie 83/129/EWG des Rates vom 28. März 1983 betreffend die Einfuhr in die Mitgliedstaaten von Fellen bestimmter Jungrobben und Waren daraus ABl. L 91 vom 9.4.1983, S. 30), die zuletzt durch die Richtlinie 89/370/EWG (ABl. L 163 vom 14.6.1989, S. 37) geändert worden ist,

oder auf Vorschriften der genannten Rechtsakte verwiesen wird, in denen auf Anhänge Bezug genommen wird, sind die Anhänge jeweils in der sich aus den Veröffentlichungen im Amtsblatt Teil L der Europäischen Union ergebenden geltenden Fassung maßgeblich.

(4) Das Bundesministerium für Umwelt, Naturschutz und Reaktorsicherheit gibt die besonders geschützten und die streng geschützten Arten sowie den Zeitpunkt ihrer jeweiligen Unterschutzstellung bekannt.

(5) Wenn besonders geschützte Arten bereits auf Grund der bis zum 8. Mai 1998 geltenden Vorschriften unter besonderem Schutz standen, gilt als Zeitpunkt der Unterschutzstellung derjenige, der sich aus diesen Vorschriften ergibt. Entsprechendes gilt für die streng geschützten Arten, soweit sie nach den bis zum 8. Mai 1998 geltenden Vorschriften als vom Aussterben bedroht bezeichnet waren.

KAPITEL 2

Landschaftsplanung

§ 8 Allgemeiner Grundsatz

Die Ziele des Naturschutzes und der Landschaftspflege werden als Grundlage vorsorgenden Handelns im Rahmen der Landschaftsplanung überörtlich und örtlich konkretisiert und die Erfordernisse und Maßnahmen zur Verwirklichung dieser Ziele dargestellt und begründet.

§ 9 Aufgaben und Inhalte der Landschaftsplanung; Ermächtigung zum Erlass von Rechtsverordnungen

(1) Die Landschaftsplanung hat die Aufgabe, die Ziele des Naturschutzes und der Landschaftspflege für den jeweiligen Planungsraum zu konkretisieren und die Erfordernisse und Maßnahmen zur Verwirklichung dieser Ziele auch für die Planungen und Verwaltungsverfahren aufzuzeigen, deren Entscheidungen sich auf Natur und Landschaft im Planungsraum auswirken können.

(2) Inhalte der Landschaftsplanung sind die Darstellung und Begründung der konkretisierten Ziele des Naturschutzes und der Landschaftspflege und der ihrer Verwirklichung dienenden Erfordernisse und Maßnahmen. Darstellung und Begründung erfolgen nach Maßgabe der §§ 10 und 11 in Landschaftsprogrammen, Landschaftsrahmenplänen, Landschaftsplänen sowie Grünordnungsplänen.

(3) Die Pläne sollen Angaben enthalten über
1. den vorhandenen und den zu erwartenden Zustand von Natur und Landschaft,
2. die konkretisierten Ziele des Naturschutzes und der Landschaftspflege,
3. die Beurteilung des vorhandenen und zu erwartenden Zustands von Natur und Landschaft nach Maßgabe dieser Ziele einschließlich der sich daraus ergebenden Konflikte,
4. die Erfordernisse und Maßnahmen zur Umsetzung der konkretisierten Ziele des Naturschutzes und der Landschaftspflege, insbesondere
   a) zur Vermeidung, Minderung oder Beseitigung von Beeinträchtigungen von Natur und Landschaft,
   b) zum Schutz bestimmter Teile von Natur und Landschaft im Sinne des Kapitels 4 sowie der Biotope, Lebensgemeinschaften und Lebensstätten der Tiere und Pflanzen wild lebender Arten,
   c) auf Flächen, die wegen ihres Zustands, ihrer Lage oder ihrer natürlichen Entwicklungsmöglichkeit für künftige Maßnahmen des Naturschutzes und der Landschaftspflege, insbesondere zur Kompensation von Eingriffen in Natur und Landschaft sowie zum Einsatz natur- und landschaftsbezogener Fördermittel besonders geeignet sind,
   d) zum Aufbau und Schutz eines Biotopverbunds, der Biotopvernetzung und des Netzes „Natura 2000",
   e) zum Schutz, zur Qualitätsverbesserung und zur Regeneration von Böden, Gewässern, Luft und Klima,
   f) zur Erhaltung und Entwicklung von Vielfalt, Eigenart und Schönheit sowie des Erholungswertes von Natur und Landschaft,
   g) zur Erhaltung und Entwicklung von Freiräumen im besiedelten und unbesiedelten Bereich.

Auf die Verwertbarkeit der Darstellungen der Landschaftsplanung für die Raumordnungspläne und Bauleitpläne ist Rücksicht zu nehmen. Das Bundesministerium für Umwelt, Naturschutz und Reaktorsicherheit wird ermächtigt, durch Rechtsverordnung mit Zustimmung des Bundesrates die für die Darstellung der Inhalte zu verwendenden Planzeichen zu regeln.

(4) Die Landschaftsplanung ist fortzuschreiben, sobald und soweit dies im Hinblick auf Erfordernisse und Maßnahmen im Sinne des Absatzes 3 Satz 1 Nummer 4 erforderlich ist, insbesondere weil wesentliche Veränderungen von Natur

und Landschaft im Planungsraum eingetreten, vorgesehen oder zu erwarten sind. Die Fortschreibung kann als sachlicher oder räumlicher Teilplan erfolgen, sofern die Umstände, die die Fortschreibung begründen, sachlich oder räumlich begrenzt sind.

(5) In Planungen und Verwaltungsverfahren sind die Inhalte der Landschaftsplanung zu berücksichtigen. Insbesondere sind die Inhalte der Landschaftsplanung für die Beurteilung der Umweltverträglichkeit und der Verträglichkeit im Sinne des § 34 Absatz 1 dieses Gesetzes sowie bei der Aufstellung der Maßnahmenprogramme im Sinne des § 82 des Wasserhaushaltsgesetzes heranzuziehen. Soweit den Inhalten der Landschaftsplanung in den Entscheidungen nicht Rechnung getragen werden kann, ist dies zu begründen.

§§ 10–12

(hier nicht abgedruckt)

KAPITEL 3

Allgemeiner Schutz von Natur und Landschaft

§ 13 Allgemeiner Grundsatz

Erhebliche Beeinträchtigungen von Natur und Landschaft sind vom Verursacher vorrangig zu vermeiden. Nicht vermeidbare erhebliche Beeinträchtigungen sind durch Ausgleichs- oder Ersatzmaßnahmen oder, soweit dies nicht möglich ist, durch einen Ersatz in Geld zu kompensieren.

§ 14 Eingriffe in Natur und Landschaft

(1) Eingriffe in Natur und Landschaft im Sinne dieses Gesetzes sind Veränderungen der Gestalt oder Nutzung von Grundflächen oder Veränderungen des mit der belebten Bodenschicht in Verbindung stehenden Grundwasserspiegels, die die Leistungs- und Funktionsfähigkeit des Naturhaushalts oder das Landschaftsbild erheblich beeinträchtigen können.

(2) Die land-, forst- und fischereiwirtschaftliche Bodennutzung ist nicht als Eingriff anzusehen, soweit dabei die Ziele des Naturschutzes und der Landschaftspflege berücksichtigt werden. Entspricht die land-, forst- und fischereiwirtschaftliche Bodennutzung den in § 5 Absatz 2 bis 4 dieses Gesetzes genannten Anforderungen sowie den sich aus § 17 Absatz 2 des Bundes-Bodenschutzgesetzes und dem Recht der Land-, Forst- und Fischereiwirtschaft ergebenden Anforderungen an die gute fachliche Praxis, widerspricht sie in der Regel nicht den Zielen des Naturschutzes und der Landschaftspflege.

(3) Nicht als Eingriff gilt die Wiederaufnahme einer land-, forst- und fischereiwirtschaftlichen Bodennutzung, wenn sie zeitweise eingeschränkt oder unterbrochen war
1. auf Grund vertraglicher Vereinbarungen oder auf Grund der Teilnahme an öffentlichen Programmen zur Bewirtschaftungsbeschränkung und wenn die Wiederaufnahme innerhalb von zehn Jahren nach Auslaufen der Einschränkung oder Unterbrechung erfolgt,

2. auf Grund der Durchführung von vorgezogenen Kompensationsmaßnahmen, die vorgezogene Maßnahme aber nicht für eine Kompensation in Anspruch genommen wird.

§§ 15–19

(hier nicht abgedruckt)

KAPITEL 4

Schutz bestimmter Teile von Natur und Landschaft

Abschnitt 1
Biotopverbund und Biotopvernetzung;
geschützte Teile von Natur und Landschaft

§ 20 Allgemeine Grundsätze

(1) Es wird ein Netz verbundener Biotope (Biotopverbund) geschaffen, das mindestens 10 Prozent der Fläche eines jeden Landes umfassen soll.

(2) Teile von Natur und Landschaft können geschützt werden
1. nach Maßgabe des § 23 als Naturschutzgebiet,
2. nach Maßgabe des § 24 als Nationalpark oder als Nationales Naturmonument,
3. als Biosphärenreservat,
4. nach Maßgabe des § 26 als Landschaftsschutzgebiet,
5. als Naturpark,
6. als Naturdenkmal oder
7. als geschützter Landschaftsbestandteil.

(3) Die in Absatz 2 genannten Teile von Natur und Landschaft sind, soweit sie geeignet sind, Bestandteile des Biotopverbunds.

§ 21 Biotopverbund, Biotopvernetzung

(1) Der Biotopverbund dient der dauerhaften Sicherung der Populationen wild lebender Tiere und Pflanzen einschließlich ihrer Lebensstätten, Biotope und Lebensgemeinschaften sowie der Bewahrung, Wiederherstellung und Entwicklung funktionsfähiger ökologischer Wechselbeziehungen. Er soll auch zur Verbesserung des Zusammenhangs des Netzes „Natura 2000" beitragen.

(2) Der Biotopverbund soll länderübergreifend erfolgen. Die Länder stimmen sich hierzu untereinander ab.

(3) Der Biotopverbund besteht aus Kernflächen, Verbindungsflächen und Verbindungselementen. Bestandteile des Biotopverbunds sind

1. Nationalparke und Nationale Naturmonumente,
2. Naturschutzgebiete, Natura 2000-Gebiete und Biosphärenreservate oder Teile dieser Gebiete,
3. gesetzlich geschützte Biotope im Sinne des § 30,
4. weitere Flächen und Elemente, einschließlich solcher des Nationalen Naturerbes, des Grünen Bandes sowie Teilen von Landschaftsschutzgebieten und Naturparken,

wenn sie zur Erreichung des in Absatz 1 genannten Zieles geeignet sind.

(4) Die erforderlichen Kernflächen, Verbindungsflächen und Verbindungselemente sind durch Erklärung zu geschützten Teilen von Natur und Landschaft im Sinne des § 20 Absatz 2, durch planungsrechtliche Festlegungen, durch langfristige vertragliche Vereinbarungen oder andere geeignete Maßnahmen rechtlich zu sichern, um den Biotopverbund dauerhaft zu gewährleisten.

(5) Unbeschadet des § 30 sind die oberirdischen Gewässer einschließlich ihrer Randstreifen, Uferzonen und Auen als Lebensstätten und Biotope für natürlich vorkommende Tier- und Pflanzenarten zu erhalten. Sie sind so weiterzuentwickeln, dass sie ihre großräumige Vernetzungsfunktion auf Dauer erfüllen können.

(6) Auf regionaler Ebene sind insbesondere in von der Landwirtschaft geprägten Landschaften zur Vernetzung von Biotopen erforderliche lineare und punktförmige Elemente, insbesondere Hecken und Feldraine sowie Trittsteinbiotope, zu erhalten und dort, wo sie nicht in ausreichendem Maße vorhanden sind, zu schaffen (Biotopvernetzung).

§ 22 Erklärung zum geschützten Teil von Natur und Landschaft

(1) Die Unterschutzstellung von Teilen von Natur und Landschaft erfolgt durch Erklärung. Die Erklärung bestimmt den Schutzgegenstand, den Schutzzweck, die zur Erreichung des Schutzzwecks notwendigen Gebote und Verbote, und, soweit erforderlich, die Pflege-, Entwicklungs- und Wiederherstellungsmaßnahmen oder enthält die erforderlichen Ermächtigungen hierzu. Schutzgebiete können in Zonen mit einem entsprechend dem jeweiligen Schutzzweck abgestuften Schutz gegliedert werden; hierbei kann auch die für den Schutz notwendige Umgebung einbezogen werden.

(2) Form und Verfahren der Unterschutzstellung, die Beachtlichkeit von Form- und Verfahrensfehlern und die Möglichkeit ihrer Behebung sowie die Fortgeltung bestehender Erklärungen zum geschützten Teil von Natur und Landschaft richten sich nach Landesrecht. Die Unterschutzstellung kann auch länderübergreifend erfolgen.

(3) Teile von Natur und Landschaft, deren Schutz beabsichtigt ist, können für einen Zeitraum von bis zu zwei Jahren einstweilig sichergestellt werden, wenn zu befürchten ist, dass durch Veränderungen oder Störungen der beabsichtigte Schutzzweck gefährdet wird. Die einstweilige Sicherstellung kann unter den Voraussetzungen des Satzes 1 einmalig bis zu weiteren zwei Jahren verlängert werden. In dem einstweilig sichergestellten Teil von Natur und Landschaft sind Handlungen und Maßnahmen nach Maßgabe der Sicherstellungserklärung verboten, die geeignet sind, den Schutzgegenstand nachteilig zu verändern. Die einstweilige Sicherstellung ist ganz oder teilweise aufzuheben, wenn ihre Voraus-

setzungen nicht mehr oder nicht mehr in vollem Umfang gegeben sind. Absatz 2 gilt entsprechend.

(4) Geschützte Teile von Natur und Landschaft sind zu registrieren und zu kennzeichnen. Das Nähere richtet sich nach Landesrecht.

(5) Die Erklärung zum Nationalpark oder Nationalen Naturmonument einschließlich ihrer Änderung ergeht im Benehmen mit dem Bundesministerium für Umwelt, Naturschutz und Reaktorsicherheit und dem Bundesministerium für Verkehr, Bau und Stadtentwicklung.

§ 23 Naturschutzgebiete

(1) Naturschutzgebiete sind rechtsverbindlich festgesetzte Gebiete, in denen ein besonderer Schutz von Natur und Landschaft in ihrer Ganzheit oder in einzelnen Teilen erforderlich ist

1. zur Erhaltung, Entwicklung oder Wiederherstellung von Lebensstätten, Biotopen oder Lebensgemeinschaften bestimmter wild lebender Tier- und Pflanzenarten,

2. aus wissenschaftlichen, naturgeschichtlichen oder landeskundlichen Gründen oder

3. wegen ihrer Seltenheit, besonderen Eigenart oder hervorragenden Schönheit.

(2) Alle Handlungen, die zu einer Zerstörung, Beschädigung oder Veränderung des Naturschutzgebiets oder seiner Bestandteile oder zu einer nachhaltigen Störung führen können, sind nach Maßgabe näherer Bestimmungen verboten. Soweit es der Schutzzweck erlaubt, können Naturschutzgebiete der Allgemeinheit zugänglich gemacht werden.

§ 24 Nationalparke, Nationale Naturmonumente

(1) Nationalparke sind rechtsverbindlich festgesetzte einheitlich zu schützende Gebiete, die

1. großräumig, weitgehend unzerschnitten und von besonderer Eigenart sind,

2. in einem überwiegenden Teil ihres Gebiets die Voraussetzungen eines Naturschutzgebiets erfüllen und

3. sich in einem überwiegenden Teil ihres Gebiets in einem vom Menschen nicht oder wenig beeinflussten Zustand befinden oder geeignet sind, sich in einen Zustand zu entwickeln oder in einen Zustand entwickelt zu werden, der einen möglichst ungestörten Ablauf der Naturvorgänge in ihrer natürlichen Dynamik gewährleistet.

(2) Nationalparke haben zum Ziel, in einem überwiegenden Teil ihres Gebiets den möglichst ungestörten Ablauf der Naturvorgänge in ihrer natürlichen Dynamik zu gewährleisten. Soweit es der Schutzzweck erlaubt, sollen Nationalparke auch der wissenschaftlichen Umweltbeobachtung, der naturkundlichen Bildung und dem Naturerlebnis der Bevölkerung dienen.

(3) Nationalparke sind unter Berücksichtigung ihres besonderen Schutzzwecks sowie der durch die Großräumigkeit und Besiedlung gebotenen Ausnahmen wie Naturschutzgebiete zu schützen.

(4) Nationale Naturmonumente sind rechtsverbindlich festgesetzte Gebiete, die

1. aus wissenschaftlichen, naturgeschichtlichen, kulturhistorischen oder landeskundlichen Gründen und

2. wegen ihrer Seltenheit, Eigenart oder Schönheit von herausragender Bedeutung sind. Nationale Naturmonumente sind wie Naturschutzgebiete zu schützen.

§ 25 Biosphärenreservate *§ 28 Nat SchG*

(1) Biosphärenreservate sind einheitlich zu schützende und zu entwickelnde Gebiete, die
1. großräumig und für bestimmte Landschaftstypen charakteristisch sind,
2. in wesentlichen Teilen ihres Gebiets die Voraussetzungen eines Naturschutzgebiets, im Übrigen überwiegend eines Landschaftsschutzgebiets erfüllen,
3. vornehmlich der Erhaltung, Entwicklung oder Wiederherstellung einer durch hergebrachte vielfältige Nutzung geprägten Landschaft und der darin historisch gewachsenen Arten- und Biotopvielfalt, einschließlich Wild- und früherer Kulturformen wirtschaftlich genutzter oder nutzbarer Tier- und Pflanzenarten, dienen und
4. beispielhaft der Entwicklung und Erprobung von die Naturgüter besonders schonenden Wirtschaftsweisen dienen.

(2) Biosphärenreservate dienen, soweit es der Schutzzweck erlaubt, auch der Forschung und der Beobachtung von Natur und Landschaft sowie der Bildung für nachhaltige Entwicklung.

(3) Biosphärenreservate sind unter Berücksichtigung der durch die Großräumigkeit und Besiedlung gebotenen Ausnahmen über Kernzonen, Pflegezonen und Entwicklungszonen zu entwickeln und wie Naturschutzgebiete oder Landschaftsschutzgebiete zu schützen.

(4) Biosphärenreservate können auch als Biosphärengebiete oder Biosphärenregionen bezeichnet werden.

§ 26 Landschaftsschutzgebiete *§ 29 NatSchG*

(1) Landschaftsschutzgebiete sind rechtsverbindlich festgesetzte Gebiete, in denen ein besonderer Schutz von Natur und Landschaft erforderlich ist
1. zur Erhaltung, Entwicklung oder Wiederherstellung der Leistungs- und Funktionsfähigkeit des Naturhaushalts oder der Regenerationsfähigkeit und nachhaltigen Nutzungsfähigkeit der Naturgüter, einschließlich des Schutzes von Lebensstätten und Lebensräumen bestimmter wild lebender Tier- und Pflanzenarten,
2. wegen der Vielfalt, Eigenart und Schönheit oder der besonderen kulturhistorischen Bedeutung der Landschaft oder
3. wegen ihrer besonderen Bedeutung für die Erholung.

(2) In einem Landschaftsschutzgebiet sind unter besonderer Beachtung des § 5 Absatz 1 und nach Maßgabe näherer Bestimmungen alle Handlungen verboten, die den Charakter des Gebiets verändern oder dem besonderen Schutzzweck zuwiderlaufen.

§ 27 Naturparke *[handwritten: § 30 NatSchG]*

(1) Naturparke sind einheitlich zu entwickelnde und zu pflegende Gebiete, die
1. großräumig sind,
2. überwiegend Landschaftsschutzgebiete oder Naturschutzgebiete sind,
3. sich wegen ihrer landschaftlichen Voraussetzungen für die Erholung besonders eignen und in denen ein nachhaltiger Tourismus angestrebt wird,
4. nach den Erfordernissen der Raumordnung für Erholung vorgesehen sind,
5. der Erhaltung, Entwicklung oder Wiederherstellung einer durch vielfältige Nutzung geprägten Landschaft und ihrer Arten- und Biotopvielfalt dienen und in denen zu diesem Zweck eine dauerhaft umweltgerechte Landnutzung angestrebt wird und
6. besonders dazu geeignet sind, eine nachhaltige Regionalentwicklung zu fördern.

(2) Naturparke sollen entsprechend ihren in Absatz 1 beschriebenen Zwecken unter Beachtung der Ziele des Naturschutzes und der Landschaftspflege geplant, gegliedert, erschlossen und weiterentwickelt werden.

§ 28 Naturdenkmäler *[handwritten: § 31 NatSchG]*

(1) Naturdenkmäler sind rechtsverbindlich festgesetzte Einzelschöpfungen der Natur oder entsprechende Flächen bis zu fünf Hektar, deren besonderer Schutz erforderlich ist
1. aus wissenschaftlichen, naturgeschichtlichen oder landeskundlichen Gründen oder
2. wegen ihrer Seltenheit, Eigenart oder Schönheit.

(2) Die Beseitigung des Naturdenkmals sowie alle Handlungen, die zu einer Zerstörung, Beschädigung oder Veränderung des Naturdenkmals führen können, sind nach Maßgabe näherer Bestimmungen verboten.

§ 29 Geschützte Landschaftsbestandteile

(1) Geschützte Landschaftsbestandteile sind rechtsverbindlich festgesetzte Teile von Natur und Landschaft, deren besonderer Schutz erforderlich ist
1. zur Erhaltung, Entwicklung oder Wiederherstellung der Leistungs- und Funktionsfähigkeit des Naturhaushalts,
2. zur Belebung, Gliederung oder Pflege des Orts- oder Landschaftsbildes,
3. zur Abwehr schädlicher Einwirkungen oder
4. wegen ihrer Bedeutung als Lebensstätten bestimmter wild lebender Tier- und Pflanzenarten.
Der Schutz kann sich für den Bereich eines Landes oder für Teile des Landes auf den gesamten Bestand an Alleen, einseitigen Baumreihen, Bäumen, Hecken oder anderen Landschaftsbestandteilen erstrecken.

(2) Die Beseitigung des geschützten Landschaftsbestandteils sowie alle Handlungen, die zu einer Zerstörung, Beschädigung oder Veränderung des geschützten Landschaftsbestandteils führen können, sind nach Maßgabe näherer Bestimmungen verboten. Für den Fall der Bestandsminderung kann die Verpflichtung zu einer angemessenen und zumutbaren Ersatzpflanzung oder zur Leistung von Ersatz in Geld vorgesehen werden.

(3) Vorschriften des Landesrechts über den gesetzlichen Schutz von Alleen bleiben unberührt.

§ 30 Gesetzlich geschützte Biotope *§ 32 NatSchG*

(1) Bestimmte Teile von Natur und Landschaft, die eine besondere Bedeutung als Biotope haben, werden gesetzlich geschützt (allgemeiner Grundsatz).

(2) Handlungen, die zu einer Zerstörung oder einer sonstigen erheblichen Beeinträchtigung folgender Biotope führen können, sind verboten:

1. natürliche oder naturnahe Bereiche fließender und stehender Binnengewässer einschließlich ihrer Ufer und der dazugehörigen uferbegleitenden natürlichen oder naturnahen Vegetation sowie ihrer natürlichen oder naturnahen Verlandungsbereiche, Altarme und regelmäßig überschwemmten Bereiche,

2. Moore, Sümpfe, Röhrichte, Großseggenrieder, seggen- und binsenreiche Nasswiesen, Quellbereiche, Binnenlandsalzstellen,

3. offene Binnendünen, offene natürliche Block-, Schutt- und Geröllhalden, Lehm- und Lösswände, Zwergstrauch-, Ginster- und Wacholderheiden, Borstgrasrasen, Trockenrasen, Schwermetallrasen, Wälder und Gebüsche trockenwarmer Standorte,

4. Bruch-, Sumpf- und Auenwälder, Schlucht-, Blockhalden- und Hangschuttwälder, subalpine Lärchen- und Lärchen-Arvenwälder,

5. offene Felsbildungen, alpine Rasen sowie Schneetälchen und Krummholzgebüsche,

6. Fels- und Steilküsten, Küstendünen und Strandwälle, Strandseen, Boddengewässer mit Verlandungsbereichen, Salzwiesen und Wattflächen im Küstenbereich, Seegraswiesen und sonstige marine Makrophytenbestände, Riffe, sublitorale Sandbänke, Schlickgründe mit bohrender Bodenmegafauna sowie artenreiche Kies-, Grobsand- und Schillgründe im Meeres- und Küstenbereich.

Die Verbote des Satzes 1 gelten auch für weitere von den Ländern gesetzlich geschützte Biotope.

(3) Von den Verboten des Absatzes 2 kann auf Antrag eine Ausnahme zugelassen werden, wenn die Beeinträchtigungen ausgeglichen werden können.

(4) Sind auf Grund der Aufstellung, Änderung oder Ergänzung von Bebauungsplänen Handlungen im Sinne des Absatzes 2 zu erwarten, kann auf Antrag der Gemeinde über eine erforderliche Ausnahme oder Befreiung von den Verboten des Absatzes 2 vor der Aufstellung des Bebauungsplans entschieden werden. Ist eine Ausnahme zugelassen oder eine Befreiung gewährt worden, bedarf es für die Durchführung eines im Übrigen zulässigen Vorhabens keiner weiteren Ausnahme oder Befreiung, wenn mit der Durchführung des Vorhabens innerhalb von sieben Jahren nach Inkrafttreten des Bebauungsplans begonnen wird.

(5) Bei gesetzlich geschützten Biotopen, die während der Laufzeit einer vertraglichen Vereinbarung oder der Teilnahme an öffentlichen Programmen zur Bewirtschaftungsbeschränkung entstanden sind, gilt Absatz 2 nicht für die Wiederaufnahme einer zulässigen land-, forst- oder fischereiwirtschaftlichen Nutzung innerhalb von zehn Jahren nach Beendigung der betreffenden vertraglichen Vereinbarung oder der Teilnahme an den betreffenden öffentlichen Programmen.

(6) Bei gesetzlich geschützten Biotopen, die auf Flächen entstanden sind, bei denen eine zulässige Gewinnung von Bodenschätzen eingeschränkt oder unter-

brochen wurde, gilt Absatz 2 nicht für die Wiederaufnahme der Gewinnung innerhalb von fünf Jahren nach der Einschränkung oder Unterbrechung.

(7) Die gesetzlich geschützten Biotope werden registriert und die Registrierung wird in geeigneter Weise öffentlich zugänglich gemacht. Die Registrierung und deren Zugänglichkeit richten sich nach Landesrecht.

(8) Weiter gehende Schutzvorschriften einschließlich der Bestimmungen über Ausnahmen und Befreiungen bleiben unberührt.

Abschnitt 2

Netz „Natura 2000"

§ 31 Aufbau und Schutz des Netzes „Natura 2000"

Der Bund und die Länder erfüllen die sich aus den Richtlinien 92/43/EWG und 79/409/EWG ergebenden Verpflichtungen zum Aufbau und Schutz des zusammenhängenden europäischen ökologischen Netzes „Natura 2000" im Sinne des Artikels 3 der Richtlinie 92/43/EWG.

§ 32 Schutzgebiete

(1) Die Länder wählen die Gebiete, die der Kommission nach Artikel 4 Absatz 1 der Richtlinie 92/43/EWG und Artikel 4 Absatz 1 und 2 der Richtlinie 79/409/EWG zu benennen sind, nach den in diesen Vorschriften genannten Maßgaben aus. Sie stellen das Benehmen mit dem Bundesministerium für Umwelt, Naturschutz und Reaktorsicherheit her. Dieses beteiligt die anderen fachlich betroffenen Bundesministerien und benennt die ausgewählten Gebiete der Kommission. Es übermittelt der Kommission gleichzeitig Schätzungen über eine finanzielle Beteiligung der Gemeinschaft, die zur Erfüllung der Verpflichtungen nach Artikel 6 Absatz 1 der Richtlinie 92/43/EWG einschließlich der Zahlung eines finanziellen Ausgleichs insbesondere für die Land- und Forstwirtschaft erforderlich ist.

(2) Die in die Liste nach Artikel 4 Absatz 2 Unterabsatz 3 der Richtlinie 92/43/EWG aufgenommenen Gebiete sind nach Maßgabe des Artikels 4 Absatz 4 dieser Richtlinie und die nach Artikel 4 Absatz 1 und 2 der Richtlinie 79/409/EWG benannten Gebiete entsprechend den jeweiligen Erhaltungszielen zu geschützten Teilen von Natur und Landschaft im Sinne des § 20 Absatz 2 zu erklären.

(3) Die Schutzerklärung bestimmt den Schutzzweck entsprechend den jeweiligen Erhaltungszielen und die erforderlichen Gebietsbegrenzungen. Es soll dargestellt werden, ob prioritäre natürliche Lebensraumtypen oder prioritäre Arten zu schützen sind. Durch geeignete Gebote und Verbote sowie Pflege- und Entwicklungsmaßnahmen ist sicherzustellen, dass den Anforderungen des Artikels 6 der Richtlinie 92/43/EWG entsprochen wird. Weiter gehende Schutzvorschriften bleiben unberührt.

(4) Die Unterschutzstellung nach den Absätzen 2 und 3 kann unterbleiben, soweit nach anderen Rechtsvorschriften einschließlich dieses Gesetzes und gebietsbezogener Bestimmungen des Landesrechts, nach Verwaltungsvorschriften, durch

die Verfügungsbefugnis eines öffentlichen oder gemeinnützigen Trägers oder durch vertragliche Vereinbarungen ein gleichwertiger Schutz gewährleistet ist.

(5) Für Natura 2000-Gebiete können Bewirtschaftungspläne selbständig oder als Bestandteil anderer Pläne aufgestellt werden.

(6) Die Auswahl und die Erklärung von Gebieten im Sinne des Absatzes 1 Satz 1 und des Absatzes 2 im Bereich der deutschen ausschließlichen Wirtschaftszone und des Festlandsockels zu geschützten Teilen von Natur und Landschaft im Sinne des § 20 Absatz 2 richten sich nach § 57.

§ 33 Allgemeine Schutzvorschriften

(1) Alle Veränderungen und Störungen, die zu einer erheblichen Beeinträchtigung eines Natura 2000-Gebiets in seinen für die Erhaltungsziele oder den Schutzzweck maßgeblichen Bestandteilen führen können, sind unzulässig. Die für Naturschutz und Landschaftspflege zuständige Behörde kann unter den Voraussetzungen des § 34 Absatz 3 bis 5 Ausnahmen von dem Verbot des Satzes 1 sowie von Verboten im Sinne des § 32 Absatz 3 zulassen.

(2) Bei einem Gebiet im Sinne des Artikels 5 Absatz 1 der Richtlinie 92/43/EWG gilt während der Konzertierungsphase bis zur Beschlussfassung des Rates Absatz 1 Satz 1 im Hinblick auf die in ihm vorkommenden prioritären natürlichen Lebensraumtypen und prioritären Arten entsprechend. Die §§ 34 und 36 finden keine Anwendung.

§ 34

(hier nicht abgedruckt)

§ 35 Gentechnisch veränderte Organismen

Auf

1. Freisetzungen gentechnisch veränderter Organismen im Sinne des § 3 Nummer 5 des Gentechnikgesetzes und

2. die land-, forst- und fischereiwirtschaftliche Nutzung von rechtmäßig in Verkehr gebrachten Produkten, die gentechnisch veränderte Organismen enthalten oder aus solchen bestehen, sowie den sonstigen, insbesondere auch nicht erwerbswirtschaftlichen, Umgang mit solchen Produkten, der in seinen Auswirkungen den vorgenannten Handlungen vergleichbar ist, innerhalb eines Natura 2000-Gebiets

ist § 34 Absatz 1 und 2 entsprechend anzuwenden.

§ 36

(hier nicht abgedruckt)

KAPITEL 5

Schutz der wild lebenden Tier- und Pflanzenarten, ihrer Lebensstätten und Biotope

Abschnitt 1
Allgemeine Vorschriften

§ 37 Aufgaben des Artenschutzes § 41 NatSchG

(1) Die Vorschriften dieses Kapitels sowie § 6 Absatz 3 dienen dem Schutz der wild lebenden Tier- und Pflanzenarten. Der Artenschutz umfasst
1. den Schutz der Tiere und Pflanzen wild lebender Arten und ihrer Lebensgemeinschaften vor Beeinträchtigungen durch den Menschen und die Gewährleistung ihrer sonstigen Lebensbedingungen,
2. den Schutz der Lebensstätten und Biotope der wild lebenden Tier- und Pflanzenarten sowie
3. die Wiederansiedlung von Tieren und Pflanzen verdrängter wild lebender Arten in geeigneten Biotopen innerhalb ihres natürlichen Verbreitungsgebiets.

(2) Die Vorschriften des Pflanzenschutzrechts, des Tierschutzrechts, des Seuchenrechts sowie des Forst-, Jagd- und Fischereirechts bleiben von den Vorschriften dieses Kapitels und den auf Grund dieses Kapitels erlassenen Rechtsvorschriften unberührt. Soweit in jagd- oder fischereirechtlichen Vorschriften keine besonderen Bestimmungen zum Schutz und zur Pflege der betreffenden Arten bestehen oder erlassen werden, sind vorbehaltlich der Rechte der Jagdausübungs- oder Fischereiberechtigten die Vorschriften dieses Kapitels und die auf Grund dieses Kapitels erlassenen Rechtsvorschriften anzuwenden.

§ 38 Allgemeine Vorschriften für den Arten-, Lebensstätten- und Biotopschutz

(1) Zur Vorbereitung und Durchführung der Aufgaben nach § 37 Absatz 1 erstellen die für Naturschutz und Landschaftspflege zuständigen Behörden des Bundes und der Länder auf der Grundlage der Beobachtung nach § 6 Schutz-, Pflege- und Entwicklungsziele und verwirklichen sie.

(2) Soweit dies zur Umsetzung völker- und gemeinschaftsrechtlicher Vorgaben oder zum Schutz von Arten, die in einer Rechtsverordnung nach § 54 Absatz 1 Nummer 2 aufgeführt sind, einschließlich deren Lebensstätten, erforderlich ist, ergreifen die für Naturschutz und Landschaftspflege zuständigen Behörden des Bundes und der Länder wirksame und aufeinander abgestimmte vorbeugende Schutzmaßnahmen oder stellen Artenhilfsprogramme auf. Sie treffen die erforderlichen Maßnahmen, um sicherzustellen, dass der unbeabsichtigte Fang oder das unbeabsichtigte Töten keine erheblichen nachteiligen Auswirkungen auf die streng geschützten Arten haben.

(3) Die erforderliche Forschung und die notwendigen wissenschaftlichen Arbeiten im Sinne des Artikels 18 der Richtlinie 92/43/EWG und des Artikels 10 der Richtlinie 79/409/EWG werden gefördert.

Abschnitt 2
Allgemeiner Artenschutz

**§ 39 Allgemeiner Schutz wild lebender Tiere und Pflanzen;
Ermächtigung zum Erlass von Rechtsverordnungen**

(1) Es ist verboten,
1. wild lebende Tiere mutwillig zu beunruhigen oder ohne vernünftigen Grund zu fangen, zu verletzen oder zu töten,
2. wild lebende Pflanzen ohne vernünftigen Grund von ihrem Standort zu entnehmen oder zu nutzen oder ihre Bestände niederzuschlagen oder auf sonstige Weise zu verwüsten,
3. Lebensstätten wild lebender Tiere und Pflanzen ohne vernünftigen Grund zu beeinträchtigen oder zu zerstören.

(2) Vorbehaltlich jagd- oder fischereirechtlicher Bestimmungen ist es verboten, wild lebende Tiere und Pflanzen der in Anhang V der Richtlinie 92/43/EWG aufgeführten Arten aus der Natur zu entnehmen. Die Länder können Ausnahmen von Satz 1 unter den Voraussetzungen des § 45 Absatz 7 oder des Artikels 14 der Richtlinie 92/43/EWG zulassen.

(3) Jeder darf abweichend von Absatz 1 Nummer 2 wild lebende Blumen, Gräser, Farne, Moose, Flechten, Früchte, Pilze, Tee- und Heilkräuter sowie Zweige wild lebender Pflanzen aus der Natur an Stellen, die keinem Betretungsverbot unterliegen, in geringen Mengen für den persönlichen Bedarf pfleglich entnehmen und sich aneignen.

(4) Das gewerbsmäßige Entnehmen, Be- oder Verarbeiten wild lebender Pflanzen bedarf unbeschadet der Rechte der Eigentümer und sonstiger Nutzungsberechtigter der Genehmigung der für Naturschutz und Landschaftspflege zuständigen Behörde. Die Genehmigung ist zu erteilen, wenn der Bestand der betreffenden Art am Ort der Entnahme nicht gefährdet und der Naturhaushalt nicht erheblich beeinträchtigt werden. Die Entnahme hat pfleglich zu erfolgen. Bei der Entscheidung über Entnahmen zu Zwecken der Produktion regionalen Saatguts sind die günstigen Auswirkungen auf die Ziele des Naturschutzes und der Landschaftspflege zu berücksichtigen.

(5) Es ist verboten,
1. die Bodendecke auf Wiesen, Feldrainen, Hochrainen und ungenutzten Grundflächen sowie an Hecken und Hängen abzubrennen oder nicht land-, forst- oder fischereiwirtschaftlich genutzte Flächen so zu behandeln, dass die Tier- oder Pflanzenwelt erheblich beeinträchtigt wird,
2. Bäume, die außerhalb des Waldes, von Kurzumtriebsplantagen oder gärtnerisch genutzten Grundflächen stehen, Hecken, lebende Zäune, Gebüsche und andere Gehölze in der Zeit vom 1. März bis zum 30. September abzuschneiden oder auf den Stock zu setzen; zulässig sind schonende Form- und Pflegeschnitte zur Beseitigung des Zuwachses der Pflanzen oder zur Gesunderhaltung von Bäumen,
3. Röhrichte in der Zeit vom 1. März bis zum 30. September zurückzuschneiden; außerhalb dieser Zeiten dürfen Röhrichte nur in Abschnitten zurückgeschnitten werden,

249

4. ständig wasserführende Gräben unter Einsatz von Grabenfräsen zu räumen, wenn dadurch der Naturhaushalt, insbesondere die Tierwelt erheblich beeinträchtigt wird.

Die Verbote des Satzes 1 Nummer 1 bis 3 gelten nicht für

1. behördlich angeordnete Maßnahmen,
2. Maßnahmen, die im öffentlichen Interesse nicht auf andere Weise oder zu anderer Zeit durchgeführt werden können, wenn sie
   a) behördlich durchgeführt werden,
   b) behördlich zugelassen sind oder
   c) der Gewährleistung der Verkehrssicherheit dienen,
3. nach § 15 zulässige Eingriffe in Natur und Landschaft,
4. zulässige Bauvorhaben, wenn nur geringfügiger Gehölzbewuchs zur Verwirklichung der Baumaßnahmen beseitigt werden muss.

Die Landesregierungen werden ermächtigt, durch Rechtsverordnung bei den Verboten des Satzes 1 Nummer 2 und 3 für den Bereich eines Landes oder für Teile des Landes erweiterte Verbotszeiträume vorzusehen. Sie können die Ermächtigung nach Satz 3 durch Rechtsverordnung auf andere Landesbehörden übertragen.

(6) Es ist verboten, Höhlen, Stollen, Erdkeller oder ähnliche Räume, die als Winterquartier von Fledermäusen dienen, in der Zeit vom 1. Oktober bis zum 31. März aufzusuchen; dies gilt nicht zur Durchführung unaufschiebbarer und nur geringfügig störender Handlungen sowie für touristisch erschlossene oder stark genutzte Bereiche.

(7) Weiter gehende Schutzvorschriften insbesondere des Kapitels 4 und des Abschnitts 3 des Kapitels 5 einschließlich der Bestimmungen über Ausnahmen und Befreiungen bleiben unberührt.

§ 40 Nichtheimische, gebietsfremde und invasive Arten

(1) Es sind geeignete Maßnahmen zu treffen, um einer Gefährdung von Ökosystemen, Biotopen und Arten durch Tiere und Pflanzen nichtheimischer oder invasiver Arten entgegenzuwirken.

(2) Arten, bei denen Anhaltspunkte dafür bestehen, dass es sich um invasive Arten handelt, sind zu beobachten.

(3) Die zuständigen Behörden des Bundes und der Länder ergreifen unverzüglich geeignete Maßnahmen, um neu auftretende Tiere und Pflanzen invasiver Arten zu beseitigen oder deren Ausbreitung zu verhindern. Sie treffen bei bereits verbreiteten invasiven Arten Maßnahmen, um eine weitere Ausbreitung zu verhindern und die Auswirkungen der Ausbreitung zu vermindern, soweit diese Aussicht auf Erfolg haben und der Erfolg nicht außer Verhältnis zu dem erforderlichen Aufwand steht. Die Sätze 1 und 2 gelten nicht für in der Land- und Forstwirtschaft angebaute Pflanzen im Sinne des Absatzes 4 Satz 3 Nummer 1.

(4) Das Ausbringen von Pflanzen gebietsfremder Arten in der freien Natur sowie von Tieren bedarf der Genehmigung der zuständigen Behörde. Künstlich vermehrte Pflanzen sind nicht gebietsfremd, wenn sie ihren genetischen Ursprung in dem betreffenden Gebiet haben. Die Genehmigung ist zu versagen, wenn eine Gefährdung von Ökosystemen, Biotopen oder Arten der Mitgliedstaaten nicht auszuschließen ist. Von dem Erfordernis einer Genehmigung sind ausgenommen

1. der Anbau von Pflanzen in der Land- und Forstwirtschaft,
2. der Einsatz von Tieren
   a) nicht gebietsfremder Arten,
   b) gebietsfremder Arten, sofern der Einsatz einer pflanzenschutzrechtlichen Genehmigung bedarf, bei der die Belange des Artenschutzes berücksichtigt sind,
   zum Zweck des biologischen Pflanzenschutzes,
3. das Ansiedeln von Tieren nicht gebietsfremder Arten, die dem Jagd- oder Fischereirecht unterliegen,
4. das Ausbringen von Gehölzen und Saatgut außerhalb ihrer Vorkommensgebiete bis einschließlich 1. März 2020; bis zu diesem Zeitpunkt sollen in der freien Natur Gehölze und Saatgut vorzugsweise nur innerhalb ihrer Vorkommensgebiete ausgebracht werden.
Artikel 22 der Richtlinie 92/43/EWG ist zu beachten.

(5) Genehmigungen nach Absatz 4 werden bei im Inland noch nicht vorkommenden Arten vom Bundesamt für Naturschutz erteilt.

(6) Die zuständige Behörde kann anordnen, dass ungenehmigt ausgebrachte Tiere und Pflanzen oder sich unbeabsichtigt in der freien Natur ausbreitende Pflanzen sowie dorthin entkommene Tiere beseitigt werden, soweit es zur Abwehr einer Gefährdung von Ökosystemen, Biotopen oder Arten erforderlich ist.

§ 41 Vogelschutz an Energiefreileitungen

Zum Schutz von Vogelarten sind neu zu errichtende Masten und technische Bauteile von Mittelspannungsleitungen konstruktiv so auszuführen, dass Vögel gegen Stromschlag geschützt sind. An bestehenden Masten und technischen Bauteilen von Mittelspannungsleitungen mit hoher Gefährdung von Vögeln sind bis zum 31. Dezember 2012 die notwendigen Maßnahmen zur Sicherung gegen Stromschlag durchzuführen. Satz 2 gilt nicht für die Oberleitungsanlagen von Eisenbahnen.

§ 42

(hier nicht abgedruckt)

§ 43 Tiergehege

(1) Tiergehege sind dauerhafte Einrichtungen, in denen Tiere wild lebender Arten außerhalb von Wohn- und Geschäftsgebäuden während eines Zeitraums von mindestens sieben Tagen im Jahr gehalten werden und die kein Zoo im Sinne des § 42 Absatz 1 sind.

(2) Tiergehege sind so zu errichten und zu betreiben, dass
1. die sich aus § 42 Absatz 3 Nummer 1 bis 4 ergebenden Anforderungen eingehalten werden,
2. weder der Naturhaushalt noch das Landschaftsbild beeinträchtigt werden und
3. das Betreten von Wald und Flur sowie der Zugang zu Gewässern nicht in unangemessener Weise eingeschränkt wird.

(3) Die Errichtung, Erweiterung, wesentliche Änderung und der Betrieb eines Tiergeheges sind der zuständigen Behörde mindestens einen Monat im Voraus

anzuzeigen. Diese kann die erforderlichen Anordnungen treffen, um die Einhaltung der sich aus Absatz 2 ergebenden Anforderungen sicherzustellen. Sie kann die Beseitigung eines Tiergeheges anordnen, wenn nicht auf andere Weise rechtmäßige Zustände hergestellt werden können. In diesem Fall gilt § 42 Absatz 8 Satz 2 und 3 entsprechend.

(4) Die Länder können bestimmen, dass die Anforderungen nach Absatz 2 nicht gelten für Gehege,
1. die unter staatlicher Aufsicht stehen,
2. die nur für kurze Zeit aufgestellt werden oder eine geringe Fläche beanspruchen oder
3. in denen nur eine geringe Anzahl an Tieren oder Tiere mit geringen Anforderungen an ihre Haltung gehalten werden.

(5) Weiter gehende Vorschriften der Länder bleiben unberührt.

Abschnitt 3
Besonderer Artenschutz

§ 44 Vorschriften für besonders geschützte und bestimmte andere Tier- und Pflanzenarten

(1) Es ist verboten,
1. wild lebenden Tieren der besonders geschützten Arten nachzustellen, sie zu fangen, zu verletzen oder zu töten oder ihre Entwicklungsformen aus der Natur zu entnehmen, zu beschädigen oder zu zerstören,
2. wild lebende Tiere der streng geschützten Arten und der europäischen Vogelarten während der Fortpflanzungs-, Aufzucht-, Mauser-, Überwinterungs- und Wanderungszeiten erheblich zu stören; eine erhebliche Störung liegt vor, wenn sich durch die Störung der Erhaltungszustand der lokalen Population einer Art verschlechtert,
3. Fortpflanzungs- oder Ruhestätten der wild lebenden Tiere der besonders geschützten Arten aus der Natur zu entnehmen, zu beschädigen oder zu zerstören,
4. wild lebende Pflanzen der besonders geschützten Arten oder ihre Entwicklungsformen aus der Natur zu entnehmen, sie oder ihre Standorte zu beschädigen oder zu zerstören
(Zugriffsverbote).

(2) Es ist ferner verboten,
1. Tiere und Pflanzen der besonders geschützten Arten in Besitz oder Gewahrsam zu nehmen, in Besitz oder Gewahrsam zu haben oder zu be- oder verarbeiten
(Besitzverbote),
2. Tiere und Pflanzen der besonders geschützten Arten im Sinne des § 7 Absatz 2 Nummer 13 Buchstabe b und c
   a) zu verkaufen, zu kaufen, zum Verkauf oder Kauf anzubieten, zum Verkauf vorrätig zu halten oder zu befördern, zu tauschen oder entgeltlich zum Gebrauch oder zur Nutzung zu überlassen,
   b) zu kommerziellen Zwecken zu erwerben, zur Schau zu stellen oder auf andere Weise zu verwenden
   (Vermarktungsverbote).

Artikel 9 der Verordnung (EG) Nr. 338/97 bleibt unberührt.

(3) Die Besitz- und Vermarktungsverbote gelten auch für
1. Waren im Sinne des Anhangs der Richtlinie 83/129/EWG, die entgegen den Artikeln 1 und 3 dieser Richtlinie nach dem 30. September 1983 in die Gemeinschaft gelangt sind,
2. Tiere und Pflanzen, die durch Rechtsverordnung nach § 54 Absatz 4 bestimmt sind.

(4) Entspricht die land-, forst- und fischereiwirtschaftliche Bodennutzung und die Verwertung der dabei gewonnenen Erzeugnisse den in § 5 Absatz 2 bis 4 dieses Gesetzes genannten Anforderungen sowie den sich aus § 17 Absatz 2 des Bundes-Bodenschutzgesetzes und dem Recht der Land-, Forst- und Fischereiwirtschaft ergebenden Anforderungen an die gute fachliche Praxis, verstößt sie nicht gegen die Zugriffs-, Besitz- und Vermarktungsverbote. Sind in Anhang IV der Richtlinie 92/43/EWG aufgeführte Arten, europäische Vogelarten oder solche Arten, die in einer Rechtsverordnung nach § 54 Absatz 1 Nummer 2 aufgeführt sind, betroffen, gilt dies nur, soweit sich der Erhaltungszustand der lokalen Population einer Art durch die Bewirtschaftung nicht verschlechtert. Soweit dies nicht durch anderweitige Schutzmaßnahmen, insbesondere durch Maßnahmen des Gebietsschutzes, Artenschutzprogramme, vertragliche Vereinbarungen oder gezielte Aufklärung sichergestellt ist, ordnet die zuständige Behörde gegenüber den verursachenden Land-, Forst- oder Fischwirten die erforderlichen Bewirtschaftungsvorgaben an. Befugnisse nach Landesrecht zur Anordnung oder zum Erlass entsprechender Vorgaben durch Allgemeinverfügung oder Rechtsverordnung bleiben unberührt.

(5) Für nach § 15 zulässige Eingriffe in Natur und Landschaft sowie für Vorhaben im Sinne des § 18 Absatz 2 Satz 1, die nach den Vorschriften des Baugesetzbuches zulässig sind, gelten die Zugriffs-, Besitz- und Vermarktungsverbote nach Maßgabe der Sätze 2 bis 5. Sind in Anhang IV Buchstabe a der Richtlinie 92/43/EWG aufgeführte Tierarten, europäische Vogelarten oder solche Arten betroffen, die in einer Rechtsverordnung nach § 54 Absatz 1 Nummer 2 aufgeführt sind, liegt ein Verstoß gegen das Verbot des Absatzes 1 Nummer 3 und im Hinblick auf damit verbundene unvermeidbare Beeinträchtigungen wild lebender Tiere auch gegen das Verbot des Absatzes 1 Nummer 1 nicht vor, soweit die ökologische Funktion der von dem Eingriff oder Vorhaben betroffenen Fortpflanzungs- oder Ruhestätten im räumlichen Zusammenhang weiterhin erfüllt wird. Soweit erforderlich, können auch vorgezogene Ausgleichsmaßnahmen festgesetzt werden. Für Standorte wild lebender Pflanzen der in Anhang IV Buchstabe b der Richtlinie 92/43/EWG aufgeführten Arten gelten die Sätze 2 und 3 entsprechend. Sind andere besonders geschützte Arten betroffen, liegt bei Handlungen zur Durchführung eines Eingriffs oder Vorhabens kein Verstoß gegen die Zugriffs-, Besitz- und Vermarktungsverbote vor.

(6) Die Zugriffs- und Besitzverbote gelten nicht für Handlungen zur Vorbereitung gesetzlich vorgeschriebener Prüfungen, die von fachkundigen Personen unter größtmöglicher Schonung der untersuchten Exemplare und der übrigen Tier- und Pflanzenwelt im notwendigen Umfang vorgenommen werden. Die Anzahl der verletzten oder getöteten Exemplare von europäischen Vogelarten und Arten der in Anhang IV Buchstabe a der Richtlinie 92/43/EWG aufgeführten Tierarten

ist von der fachkundigen Person der für Naturschutz und Landschaftspflege zuständigen Behörde jährlich mitzuteilen.

§§ 45

(hier nicht abgedruckt)

§ 46 Nachweispflicht

(1) Diejenige Person, die
1. lebende Tiere oder Pflanzen der besonders geschützten Arten, ihre lebenden oder toten Entwicklungsformen oder im Wesentlichen vollständig erhaltene tote Tiere oder Pflanzen der besonders geschützten Arten,
2. ohne Weiteres erkennbare Teile von Tieren oder Pflanzen der streng geschützten Arten oder ohne Weiteres erkennbar aus ihnen gewonnene Erzeugnisse oder
3. lebende Tiere oder Pflanzen der Arten, die in einer Rechtsverordnung nach § 54 Absatz 4 aufgeführt sind,

besitzt oder die tatsächliche Gewalt darüber ausübt, kann sich gegenüber den für Naturschutz und Landschaftspflege zuständigen Behörden auf eine Berechtigung hierzu nur berufen, wenn sie auf Verlangen diese Berechtigung nachweist oder nachweist, dass sie oder ein Dritter die Tiere oder Pflanzen vor ihrer Unterschutzstellung als besonders geschützte Art oder vor ihrer Aufnahme in eine Rechtsverordnung nach § 54 Absatz 4 in Besitz hatte.

(2) Auf Erzeugnisse im Sinne des Absatzes 1 Nummer 2, die dem persönlichen Gebrauch oder als Hausrat dienen, ist Absatz 1 nicht anzuwenden. Für Tiere oder Pflanzen, die vor ihrer Unterschutzstellung als besonders geschützte Art oder vor ihrer Aufnahme in eine Rechtsverordnung nach § 54 Absatz 4 erworben wurden und die dem persönlichen Gebrauch oder als Hausrat dienen, genügt anstelle des Nachweises nach Absatz 1 die Glaubhaftmachung. Die Glaubhaftmachung darf nur verlangt werden, wenn Tatsachen die Annahme rechtfertigen, dass keine Berechtigung vorliegt.

(3) Soweit nach Artikel 8 oder Artikel 9 der Verordnung (EG) Nr. 338/97 die Berechtigung zu den dort genannten Handlungen nachzuweisen ist oder für den Nachweis bestimmte Dokumente vorgeschrieben sind, ist der Nachweis in der in der genannten Verordnung vorgeschriebenen Weise zu führen.

§ 47 Einziehung

Tiere oder Pflanzen, für die der erforderliche Nachweis oder die erforderliche Glaubhaftmachung nicht erbracht wird, können von den für Naturschutz und Landschaftspflege zuständigen Behörden eingezogen werden. § 51 gilt entsprechend; § 51 Absatz 1 Satz 2 gilt mit der Maßgabe, dass auch die Vorlage einer Bescheinigung einer sonstigen unabhängigen sachverständigen Stelle oder Person verlangt werden kann.

§§ 48–62

(hier nicht abgedruckt)

KAPITEL 8

Mitwirkung von anerkannten Naturschutzvereinigungen

§ 63 Mitwirkungsrechte

(1) Einer nach § 3 des Umwelt-Rechtsbehelfsgesetzes vom Bund anerkannten Vereinigung, die nach ihrem satzungsgemäßen Aufgabenbereich im Schwerpunkt die Ziele des Naturschutzes und der Landschaftspflege fördert (anerkannte Naturschutzvereinigung), ist Gelegenheit zur Stellungnahme und zur Einsicht in die einschlägigen Sachverständigengutachten zu geben

1. bei der Vorbereitung von Verordnungen und anderen im Rang unter dem Gesetz stehenden Rechtsvorschriften auf dem Gebiet des Naturschutzes und der Landschaftspflege durch die Bundesregierung oder das Bundesministerium für Umwelt, Naturschutz und Reaktorsicherheit,

2. vor der Erteilung von Befreiungen von Geboten und Verboten zum Schutz von geschützten Meeresgebieten im Sinne des § 57 Absatz 2, auch wenn diese durch eine andere Entscheidung eingeschlossen oder ersetzt werden,

3. in Planfeststellungsverfahren, die von Behörden des Bundes oder im Bereich der deutschen ausschließlichen Wirtschaftszone und des Festlandsockels von Behörden der Länder durchgeführt werden, wenn es sich um Vorhaben handelt, die mit Eingriffen in Natur und Landschaft verbunden sind,

4. bei Plangenehmigungen, die von Behörden des Bundes erlassen werden und an die Stelle einer Planfeststellung im Sinne der Nummer 3 treten, wenn eine Öffentlichkeitsbeteiligung vorgesehen ist,

soweit sie durch das Vorhaben in ihrem satzungsgemäßen Aufgabenbereich berührt wird.

(2) Einer nach § 3 des Umwelt-Rechtsbehelfsgesetzes von einem Land anerkannten Naturschutzvereinigung, die nach ihrer Satzung landesweit tätig ist, ist Gelegenheit zur Stellungnahme und zur Einsicht in die einschlägigen Sachverständigengutachten zu geben

1. bei der Vorbereitung von Verordnungen und anderen im Rang unter dem Gesetz stehenden Rechtsvorschriften der für Naturschutz und Landschaftspflege zuständigen Behörden der Länder,

2. bei der Vorbereitung von Programmen und Plänen im Sinne der §§ 10 und 11,

3. bei der Vorbereitung von Plänen im Sinne des § 36 Satz 1 Nummer 2,

4. bei der Vorbereitung von Programmen staatlicher und sonstiger öffentlicher Stellen zur Wiederansiedlung von Tieren und Pflanzen verdrängter wild lebender Arten in der freien Natur,

5. vor der Erteilung von Befreiungen von Geboten und Verboten zum Schutz von Gebieten im Sinne des § 32 Absatz 2, Natura 2000-Gebieten, Naturschutzgebieten, Nationalparken, Nationalen Naturmonumenten und Biosphä-

renreservaten, auch wenn diese durch eine andere Entscheidung eingeschlossen oder ersetzt werden,

6. in Planfeststellungsverfahren, wenn es sich um Vorhaben im Gebiet des anerkennenden Landes handelt, die mit Eingriffen in Natur und Landschaft verbunden sind,

7. bei Plangenehmigungen, die an die Stelle einer Planfeststellung im Sinne der Nummer 6 treten, wenn eine Öffentlichkeitsbeteiligung vorgesehen ist,

8. in weiteren Verfahren zur Ausführung von landesrechtlichen Vorschriften, wenn das Landesrecht dies vorsieht,

soweit sie durch das Vorhaben in ihrem satzungsgemäßen Aufgabenbereich berührt wird.

(3) § 28 Absatz 2 Nummer 1 und 2, Absatz 3 und § 29 Absatz 2 des Verwaltungsverfahrensgesetzes gelten entsprechend. Eine in anderen Rechtsvorschriften des Bundes oder der Länder vorgeschriebene inhaltsgleiche oder weiter gehende Form der Mitwirkung bleibt unberührt.

(4) Die Länder können bestimmen, dass in Fällen, in denen Auswirkungen auf Natur und Landschaft nicht oder nur im geringfügigen Umfang zu erwarten sind, von einer Mitwirkung abgesehen werden kann.

§ 64

(hier nicht abgedruckt)

KAPITEL 9

Eigentumsbindung, Befreiungen

§ 65 Duldungspflicht

(1) Eigentümer und sonstige Nutzungsberechtigte von Grundstücken haben Maßnahmen des Naturschutzes und der Landschaftspflege auf Grund von Vorschriften dieses Gesetzes, Rechtsvorschriften, die auf Grund dieses Gesetzes erlassen worden sind oder fortgelten, oder Naturschutzrecht der Länder zu dulden, soweit dadurch die Nutzung des Grundstücks nicht unzumutbar beeinträchtigt wird. Weiter gehende Regelungen der Länder bleiben unberührt.

(2) Vor der Durchführung der Maßnahmen sind die Berechtigten in geeigneter Weise zu benachrichtigen.

(3) Die Befugnis der Bediensteten und Beauftragten der Naturschutzbehörden, zur Erfüllung ihrer Aufgaben Grundstücke zu betreten, richtet sich nach Landesrecht.

§§ 66–68

(hier nicht abgedruckt)

KAPITEL 10

Bußgeld- und Strafvorschriften

§ 69 Bußgeldvorschriften

(1) Ordnungswidrig handelt, wer wissentlich entgegen § 39 Absatz 1 Nummer 1 ein wild lebendes Tier beunruhigt.

(2) Ordnungswidrig handelt, wer

1. entgegen § 44 Absatz 1 Nummer 1 einem wild lebenden Tier nachstellt, es fängt, verletzt oder tötet oder seine Entwicklungsformen aus der Natur entnimmt, beschädigt oder zerstört,

2. entgegen § 44 Absatz 1 Nummer 2 ein wild lebendes Tier erheblich stört,

3. entgegen § 44 Absatz 1 Nummer 3 eine Fortpflanzungs- oder Ruhestätte aus der Natur entnimmt, beschädigt oder zerstört oder

4. entgegen § 44 Absatz 1 Nummer 4 eine wild lebende Pflanze oder ihre Entwicklungsformen aus der Natur entnimmt oder sie oder ihren Standort beschädigt oder zerstört.

(3) Ordnungswidrig handelt, wer vorsätzlich oder fahrlässig

1. ohne Genehmigung nach § 17 Absatz 3 Satz 1 einen Eingriff in Natur und Landschaft vornimmt,

2. einer vollziehbaren Anordnung nach § 17 Absatz 8 Satz 1 oder Satz 2, § 34 Absatz 6 Satz 4 oder Satz 5, § 42 Absatz 7 oder Absatz 8 Satz 1 oder Satz 2, auch in Verbindung mit § 43 Absatz 3 Satz 4, oder § 43 Absatz 3 Satz 2 oder Satz 3 zuwiderhandelt,

3. entgegen § 22 Absatz 3 Satz 3 eine dort genannte Handlung oder Maßnahme vornimmt,

4. entgegen § 23 Absatz 2 Satz 1 in Verbindung mit einer Rechtsverordnung nach § 57 Absatz 2 eine dort genannte Handlung oder Maßnahme in einem Meeresgebiet vornimmt, das als Naturschutzgebiet geschützt wird,

5. entgegen § 30 Absatz 2 Satz 1 ein dort genanntes Biotop zerstört oder sonst erheblich beeinträchtigt,

6. entgegen § 33 Absatz 1 Satz 1, auch in Verbindung mit Absatz 2 Satz 1, eine Veränderung oder Störung vornimmt,

7. entgegen § 39 Absatz 1 Nummer 1 ein wild lebendes Tier ohne vernünftigen Grund fängt, verletzt oder tötet,

8. entgegen § 39 Absatz 1 Nummer 2 eine wild lebende Pflanze ohne vernünftigen Grund entnimmt, nutzt oder ihre Bestände niederschlägt oder auf sonstige Weise verwüstet,

9. entgegen § 39 Absatz 1 Nummer 3 eine Lebensstätte wild lebender Tiere oder Pflanzen ohne vernünftigen Grund erheblich beeinträchtigt oder zerstört,

10. entgegen § 39 Absatz 2 Satz 1 ein wild lebendes Tier oder eine wild lebende Pflanze aus der Natur entnimmt,

11. ohne Genehmigung nach § 39 Absatz 4 Satz 1 eine wild lebende Pflanze gewerbsmäßig entnimmt oder be- oder verarbeitet,

12. entgegen § 39 Absatz 5 Satz 1 Nummer 1 die Bodendecke abbrennt oder eine dort genannte Fläche behandelt,

13. entgegen § 39 Absatz 5 Satz 1 Nummer 2 einen Baum, eine Hecke, einen lebenden Zaun, ein Gebüsch oder ein anderes Gehölz abschneidet oder auf den Stock setzt,
14. entgegen § 39 Absatz 5 Satz 1 Nummer 3 ein Röhricht zurückschneidet,
15. entgegen § 39 Absatz 5 Satz 1 Nummer 4 einen dort genannten Graben räumt,
16. entgegen § 39 Absatz 6 eine Höhle, einen Stollen, einen Erdkeller oder einen ähnlichen Raum aufsucht,
17. ohne Genehmigung nach § 40 Absatz 4 Satz 1 eine Pflanze einer gebietsfremden Art oder ein Tier ausbringt,
18. ohne Genehmigung nach § 42 Absatz 2 Satz 1 einen Zoo errichtet, erweitert, wesentlich ändert oder betreibt,
19. entgegen § 43 Absatz 3 Satz 1 eine Anzeige nicht, nicht richtig, nicht vollständig oder nicht rechtzeitig erstattet,
20. entgegen § 44 Absatz 2 Satz 1 Nummer 1, auch in Verbindung mit § 44 Absatz 3 Nummer 1 oder Nummer 2, diese in Verbindung mit einer Rechtsverordnung nach § 54 Absatz 4, ein Tier, eine Pflanze oder eine Ware in Besitz oder Gewahrsam nimmt, in Besitz oder Gewahrsam hat oder be- oder verarbeitet,
21. entgegen § 44 Absatz 2 Satz 1 Nummer 2, auch in Verbindung mit § 44 Absatz 3 Nummer 1 oder Nummer 2, diese in Verbindung mit einer Rechtsverordnung nach § 54 Absatz 4, ein Tier, eine Pflanze oder eine Ware verkauft, kauft, zum Verkauf oder Kauf anbietet, zum Verkauf vorrätig hält oder befördert, tauscht oder entgeltlich zum Gebrauch oder zur Nutzung überlässt, zu kommerziellen Zwecken erwirbt, zur Schau stellt oder auf andere Weise verwendet,
22. entgegen § 50 Absatz 1 Satz 1 ein Tier oder eine Pflanze nicht, nicht richtig oder nicht rechtzeitig zur Ein- oder Ausfuhr anmeldet oder nicht oder nicht rechtzeitig vorführt,
23. entgegen § 50 Absatz 2 eine Mitteilung nicht, nicht richtig, nicht vollständig oder nicht rechtzeitig macht,
24. entgegen § 52 Absatz 1 eine Auskunft nicht, nicht richtig, nicht vollständig oder nicht rechtzeitig erteilt,
25. entgegen § 52 Absatz 2 Satz 2 eine beauftragte Person nicht unterstützt oder eine geschäftliche Unterlage nicht, nicht richtig, nicht vollständig oder nicht rechtzeitig vorlegt,
26. entgegen § 61 Absatz 1 Satz 1 oder Satz 2 an einem Gewässer eine bauliche Anlage errichtet oder wesentlich ändert oder
27. einer Rechtsverordnung nach
    a) § 49 Absatz 2,
    b) § 54 Absatz 5,
    c) § 54 Absatz 6 Satz 1, Absatz 7 oder Absatz 8
    oder einer vollziehbaren Anordnung auf Grund einer solchen Rechtsverordnung zuwiderhandelt, soweit die Rechtsverordnung für einen bestimmten Tatbestand auf diese Bußgeldvorschrift verweist.

(4) Ordnungswidrig handelt, wer gegen die Verordnung (EG) Nr. 338/97 des Rates vom 9. Dezember 1996 über den Schutz von Exemplaren wildlebender Tier- und Pflanzenarten durch Überwachung des Handels (ABl. L 61 vom

3.3.1997, S. 1, L 100 vom 17. 4. 1997, S. 72, L 298 vom 1.11.1997, S. 70, L 113 vom 27.4.2006, S. 26), die zuletzt durch die Verordnung (EG) Nr. 318/2008 (ABl. L 95 vom 8.4.2008, S. 3) geändert worden ist, verstößt, indem er vorsätzlich oder fahrlässig

1. entgegen Artikel 4 Absatz 1 Satz 1 oder Absatz 2 Satz 1 oder Artikel 5 Absatz 1 oder Absatz 4 Satz 1 eine Einfuhrgenehmigung, eine Ausfuhrgenehmigung oder eine Wiederausfuhrbescheinigung nicht, nicht richtig, nicht vollständig oder nicht rechtzeitig vorlegt,

2. entgegen Artikel 4 Absatz 3 Halbsatz 1 oder Absatz 4 eine Einfuhrmeldung nicht, nicht richtig, nicht vollständig oder nicht rechtzeitig vorlegt,

3. entgegen Artikel 8 Absatz 1, auch in Verbindung mit Absatz 5, ein Exemplar einer dort genannten Art kauft, zum Kauf anbietet, zu kommerziellen Zwecken erwirbt, zur Schau stellt oder verwendet oder ein Exemplar verkauft oder zu Verkaufszwecken vorrätig hält, anbietet oder befördert oder

4. einer vollziehbaren Auflage nach Artikel 11 Absatz 3 Satz 1 zuwiderhandelt.

(5) Ordnungswidrig handelt, wer gegen die Verordnung (EWG) Nr. 3254/91 des Rates vom 4. November 1991 zum Verbot von Tellereisen in der Gemeinschaft und der Einfuhr von Pelzen und Waren von bestimmten Wildtierarten aus Ländern, die Tellereisen oder den internationalen humanen Fangnormen nicht entsprechende Fangmethoden anwenden (ABl. L 308 vom 9.11.1991, S. 1), verstößt, indem er vorsätzlich oder fahrlässig

1. entgegen Artikel 2 ein Tellereisen verwendet oder

2. entgegen Artikel 3 Absatz 1 Satz 1 einen Pelz einer dort genannten Tierart oder eine dort genannte Ware in die Gemeinschaft verbringt.

(6) Die Ordnungswidrigkeit kann in den Fällen der Absätze 1 und 2, des Absatzes 3 Nummer 1 bis 6, 18, 20, 21, 26 und 27 Buchstabe b, des Absatzes 4 Nummer 1 und 3 und des Absatzes 5 mit einer Geldbuße bis zu fünfzigtausend Euro, in den übrigen Fällen mit einer Geldbuße bis zu zehntausend Euro geahndet werden.

(7) Die Länder können gesetzlich bestimmen, dass weitere rechtswidrige und vorwerfbare Handlungen, die gegen Vorschriften dieses Gesetzes oder Rechtsvorschriften verstoßen, die auf Grund dieses Gesetzes erlassen worden sind oder fortgelten, als Ordnungswidrigkeiten geahndet werden können.

§§ 70–74

(hier nicht abgedruckt)

2.
Verordnung zum Schutz wild lebender Tier- und Pflanzenarten (Bundesartenschutzverordnung — BArtSchV)

vom 16. Februar 2005 (BGBl. I. S. 258, 896), zuletzt geändert durch Gesetz vom 29. Juli 2009 (BGBl. I S. 2542, 2576)[1]

ABSCHNITT 1
Unterschutzstellung, Ausnahmen und Verbote

§ 1 Besonders geschützte und streng geschützte Tier- und Pflanzenarten

Die in Anlage 1 Spalte 2 mit einem Kreuz (+) bezeichneten Tier- und Pflanzenarten werden unter besonderen Schutz gestellt. Die in Anlage 1 Spalte 3 mit einem Kreuz (+) bezeichneten Tier- und Pflanzenarten werden unter strengen Schutz gestellt.

§ 2 Ausnahmen

(1) Die Verbote des § 44 Absatz 1 Nummer 4 und Absatz 2 Satz 1 Nummer 1 des Bundesnaturschutzgesetzes gelten nicht für Pilze der nachstehend aufgeführten Arten, soweit sie in geringen Mengen für den eigenen Bedarf der Natur entnommen werden:

Boletus edulis	Steinpilz
Cantharellus spp.	Pfifferling – alle heimischen Arten
Gomphus clavatus	Schweinsohr
Lactarius volemus	Brätling
Leccinum spp.	Birkenpilz und Rotkappe – alle heimischen Arten
Morchella spp.	Morchel – alle heimischen Arten

Die nach Landesrecht zuständige Behörde kann im Einzelfall für die in Satz 1 genannten Pilze weitergehende Ausnahmen von den dort genannten Verboten zulassen, solange und soweit die Erhaltung der betreffenden Arten landesweit oder in bestimmten Landesteilen nicht gefährdet ist.

(2) Die nach Landesrecht zuständige Behörde kann Ausnahmen von § 44 Absatz 1 Nummer 1 und 3 und Absatz 2 des Bundesnaturschutzgesetzes für Weinbergschnecken (Helix pomatia) mit einem Gehäusedurchmesser von mindestens

---

[1] Die Änderungen der Bundesartenschutzverordnung durch Gesetz vom 29.7.2009, die am 1.3.2010 in Kraft treten, sind berücksichtigt.

30 Millimeter zulassen, soweit die Vorgaben der Artikel 14 und 16 Abs. 1 der Richtlinie 92/43/EWG des Rates von 21. Mai 1992 zur Erhaltung der natürlichen Lebensräume sowie der wild lebenden Tiere und Pflanzen (FFH-Richtlinie) (ABl. L 206 vom 22.7.1992, S. 7), die zuletzt durch die Richtlinie 2006/105 EG (ABl. L 363 vom 20.12.2006, S. 368) geändert worden ist, nicht entgegenstehen.

(3) Die Besitz- und Vermarktungsverbote des § 44 Absatz 2 Satz 1 des Bundesnaturschutzgesetzes sowie die Vorschriften der §§ 6, 7 und 12 gelten nicht für

1. domestizierte Formen von Arten im Sinne von § 7 Absatz 2 Nummer 13 Buchstabe b des Bundesnaturschutzgesetzes,
2. gezüchtete beziehungsweise künstlich vermehrte Exemplare der in Anlage 2 aufgeführten Arten sowie
3. Edelkrebse (Astacus astacus), die rechtmäßig und zum Zweck der Hege dem Gewässer entnommen werden.

Die in Satz 1 genannten Formen sind auch von den Verboten des § 44 Absatz 1 Nummer 1 und 3 des Bundesnaturschutzgesetzes ausgenommen.

§ 3 Verbote für nicht besonders geschützte Tierarten

(1) Die Besitz- und Vermarktungsverbote des § 44 Absatz 2 Satz 1 des Bundesnaturschutzgesetzes gelten nach § 44 Absatz 3 Nummer 2 des Bundesnaturschutzgesetzes für lebende Tiere folgender Arten:

Castor canadensis	Amerikanischer Biber
Chelydra serpentina	Schnappschildkröte
Macroclemys temminckii	Geierschildkröte
Sciurus carolinensis	Grauhörnchen.

Die Regelung des § 45 Absatz 1 Satz 1 Nummer 2 des Bundesnaturschutzgesetzes bleibt unberührt.

(2) Es ist verboten,

1. lebende Tiere der im Absatz 1 Satz 1 genannten Arten anzubieten, zur Abgabe vorrätig zu halten, feilzuhalten oder an andere abzugeben,
2. Tiere der in Absatz 1 Satz 1 genannten Arten zu züchten.

(3) Absatz 2 Nr. 2 gilt nicht für Tierhaltungen unter zoologisch fachkundiger Leitung, die ganz oder überwiegend juristischen Personen des öffentlichen Rechts gehören.

§ 4 Verbotene Handlungen, Verfahren und Geräte

(1) Es ist verboten, in folgender Weise wild lebenden Tieren der besonders geschützten Arten und der nicht besonders geschützten Wirbeltierarten, die nicht dem Jagd- oder Fischereirecht unterliegen, nachzustellen, sie anzulocken, zu fangen oder zu töten:

1. mit Schlingen, Netzen, Fallen, Haken, Leim und sonstigen Klebstoffen,
2. unter Benutzung von lebenden Tieren als Lockmittel,
3. mit Armbrüsten,
4. mit künstlichen Lichtquellen, Spiegeln oder anderen beleuchtenden oder blendenden Vorrichtungen,

5. mit akustischen, elektrischen oder elektronischen Geräten,
6. durch Begasen oder Ausräuchern oder unter Verwendung von Giftstoffen, vergifteten oder betäubenden Ködern oder sonstigen betäubenden Mitteln,
7. mit halbautomatischen oder automatischen Waffen, deren Magazin mehr als zwei Patronen aufnehmen kann, oder unter Verwendung von Visiervorrichtungen für das Schießen bei Nacht mit elektronischen Bildverstärkern oder Bildumwandlern,
8. unter Verwendung von Sprengstoffen,
9. aus Kraftfahrzeugen oder Luftfahrzeugen oder
10. aus Booten mit einer Antriebsgeschwindigkeit von mehr als fünf km/Stunde.

Satz 1 Nr. 1 gilt, außer beim Vogelfang, für Netze und Fallen nur, wenn mit ihnen Tiere in größeren Mengen oder wahllos gefangen oder getötet werden können. Satz 1 Nr. 6 gilt nur für Tiere der besonders geschützten Arten.

(2) Abweichend von Absatz 1 Satz 1 Nr. 1 ist es gestattet, Bisams (Ondatra zibethicus) mit Fallen, ausgenommen Käfigfallen mit Klappenschleusen (Reusenfallen), zu bekämpfen, soweit dies zum Schutz gefährdeter Objekte, insbesondere zum Hochwasserabfluss oder zum Schutz gegen Hochwasser oder zur Abwehr von land- oder fischerei- oder sonstiger erheblicher gemeinwirtschaftlicher Schäden erforderlich ist. Die Fallen müssen so beschaffen sein und dürfen nur so verwendet werden, dass das unbeabsichtigte Fangen von sonstigen wild lebenden Tieren weitgehend ausgeschlossen ist.

(3) Die nach Landesrecht zuständige Behörde kann im Einzelfall weitere Ausnahmen von den Verboten des Absatzes 1 zulassen, soweit dies
1. zur Abwendung erheblicher land-, forst-, fischerei-, wasser- oder sonstiger gemeinwirtschaftlicher Schäden,
2. zum Schutz der heimischen Tier- und Pflanzenwelt oder
3. für Zwecke der Forschung, Lehre oder Wiederansiedlung oder zur Nachzucht für einen dieser Zwecke erforderlich ist, der Bestand und die Verbreitung der betreffenden Population oder Art dadurch nicht nachteilig beeinflusst wird und sonstige Belange des Artenschutzes, insbesondere Artikel 9 Abs. 1 der Richtlinie 79/409/EWG des Rates vom 2. April 1979 über die Erhaltung der wild lebenden Vogelarten (ABl. L 103 vom 25.4.1979), die zuletzt durch die Richtlinie 2008/102/EG (ABl. L 323 vom 3.12.2008, S. 31) geändert worden ist, und Artikel 16 Abs. 1 der Richtlinie 92/43/EWG des Rates nicht entgegenstehen.

(4) Artikel 2 der Verordnung (EWG) Nr. 3254/91 des Rates vom 4. November 1991 zum Verbot von Tellereisen in der Gemeinschaft und der Einfuhr von Pelzen und Waren von bestimmten Wildtierarten aus Ländern, die Tellereisen oder den internationalen humanen Fangnormen nicht entsprechende Fangmethoden anwenden (ABl. EG Nr. L 308 S. 1), bleibt unberührt.

ABSCHNITT 2

Teile und Erzeugnisse, Aufzeichnungspflichten

§ 5 Teile und Erzeugnisse

Ohne weiteres erkennbare Teile von Tieren und Pflanzen sowie ohne weiteres erkennbar aus ihnen gewonnene Erzeugnisse im Sinne des § 7 Absatz 1 Nummer 1 Buchstabe c und d oder Nummer 2 Buchstabe c und d des Bundesnaturschutzgesetzes sind

1. alle Teile und Erzeugnisse von Arten im Sinne von § 7 Absatz 2 Nummer 13 Buchstabe b Doppelbuchstabe aa des Bundesnaturschutzgesetzes,
2. die in Anlage 3 bezeichneten Teile und Erzeugnisse von Tieren und Pflanzen der dort genannten Arten,
3. andere Gegenstände, bei denen aus einem Beleg, aus der Verpackung, aus einer Marke, aus einer Aufschrift oder aus sonstigen Umständen hervorgeht, dass es sich um Teile von Tieren und Pflanzen der besonders geschützten Arten oder aus ihnen gewonnene Erzeugnisse handelt.

§ 6 Aufnahme- und Auslieferungsbuch

(1) Wer gewerbsmäßig Tiere oder Pflanzen der besonders geschützten Arten erwirbt, be- oder verarbeitet oder in den Verkehr bringt, hat ein Aufnahme- und Auslieferungsbuch mit täglicher Eintragung zu führen; alle Eintragungen in das Buch sind in dauerhafter Form vorzunehmen. Das Aufnahme- und Auslieferungsbuch ist nach dem Muster in Anlage 4 zu führen; die §§ 239 und 261 des Handelsgesetzbuchs gelten sinngemäß. Bei der Abgabe von Teilen oder Erzeugnissen im Einzelhandel müssen Name und Anschrift des Empfängers nur angegeben werden, wenn der Verkaufspreis der Teile oder Erzeugnisse über 250 Euro beträgt; sind die Teile oder Erzeugnisse mit anderen Materialien fest verbunden, so ist der auf die Teile und Erzeugnisse entfallende Anteil am Verkaufswert maßgebend. Die nach Landesrecht zuständige Behörde kann, sofern Belange des Artenschutzes nicht entgegenstehen, Ausnahmen von den Sätzen 1 bis 3 zulassen, soweit durch gleichwertige Vorkehrungen eine ausreichende Überwachung sichergestellt ist.

(2) Absatz 1 Satz 1 bis 3 gilt nicht
1. für Pilze der in § 2 Abs. 1 Satz 1 aufgeführten und für Tiere der nachstehenden Arten, soweit aus einer Aufschrift auf einem Beleg oder auf der Verpackung die Einhaltung artenschutzrechtlicher Vorschriften hervorgeht:

Acipenseriformes spp.	Störartige – ausgenommen tote Exemplare, Teile und Erzeugnisse
Austropotamobius torrentium	Steinkrebs
Helix aspersa	Gefleckte Weinbergschnecke
Helix pomatia	Gewöhnliche Weinbergschnecke
Homarus gammarus	Hummer,

2. für durch künstliche Vermehrung gewonnene Pflanzenarten,
3. soweit eine gleichwertige Buchführung auf Grund anderer Vorschriften durchgeführt wird,

4. für Tiere und Pflanzen, bei denen auf Grund eines von der nach Landesrecht zuständigen Behörde anerkannten Verfahrens, dem Belange des Artenschutzes nicht entgegenstehen, durch gleichwertige Vorkehrungen eine ausreichende Überwachung sichergestellt ist,

5. für zu Gegenständen verarbeitete Teile und Erzeugnisse von Tieren und Pflanzen, die vor mehr als 50 Jahren erworben wurden, im Sinne von Artikel 2 Buchstabe w der Verordnung (EG) Nr. 338/97 des Rates vom 9. Dezember 1996 über den Schutz von Exemplaren wild lebender Tier- und Pflanzenarten durch Überwachung des Handels (ABl. L 61 vom 3.3.1997, S. 1, L 100 vom 17.4.1997, S. 72, L 298 vom 1.11.1997, S. 70, L 113 vom 27.4.2006, S. 26, die zuletzt durch die Verordnung (EG) Nr. 318/2008 (ABl. L 95 vom 8.4.2008, S. 3) geändert worden ist.

(3) Die Bücher mit den Belegen sind den in § 48 des Bundesnaturschutzgesetzes bestimmten Behörden sowie anderen, nach Landesrecht zuständigen Behörden auf Verlangen zur Prüfung auszuhändigen.

(4) Die Bücher mit den Belegen sind nach Maßgabe des Satzes 2 fünf Jahre aufzubewahren. Die Aufbewahrungsfrist beginnt mit dem Schluss des Kalenderjahres, in dem die letzte Eintragung für ein abgeschlossenes Geschäftsjahr gemacht worden ist. Andere gesetzliche Vorschriften, die eine längere Aufbewahrungspflicht vorsehen, bleiben unberührt.

ABSCHNITT 3

Haltung und Zucht, Anzeigepflichten

Unterabschnitt 1
Haltung und Anzeigepflichten

§ 7 Haltung von Wirbeltieren

(1) Wirbeltiere der besonders geschützten und der in § 3 Abs. 1 Satz 1 genannten Arten dürfen nur gehalten werden, wenn sie keinem Besitzverbot unterliegen und der Halter

1. die erforderliche Zuverlässigkeit und ausreichende Kenntnisse über die Haltung und Pflege der Tiere hat und

2. über die erforderlichen Einrichtungen verfügt, die Gewähr dafür bieten, dass die Tiere nicht entweichen können und die Haltung den tierschutzrechtlichen Vorschriften entspricht.

Satz 1 gilt nicht für Greifvögel der in Anlage 4 der Bundeswildschutzverordnung vom 25. Oktober 1985 (BGBl. l. S. 2040), die durch Artikel 3 der Verordnung vom 14. Oktober 1999 (BGBl. l. S. 1955) geändert worden ist, aufgeführten Arten. Das Vorliegen der Anforderungen nach Satz 1 ist der nach Landesrecht zuständigen Behörde auf Verlangen nachzuweisen.

(2) Wer Tiere der unter Absatz 1 fallenden Arten, ausgenommen Tiere der in Anlage 5 aufgeführten Arten, hält, hat der nach Landesrecht zuständigen Behörde unverzüglich nach Beginn der Haltung den Bestand der Tiere und nach der Bestandsanzeige den Zu- und Abgang sowie eine Kennzeichnung von Tieren

unverzüglich schriftlich anzuzeigen; die Anzeige muss Angaben enthalten über Zahl, Art, Alter, Geschlecht, Herkunft, Verbleib, Standort, Verwendungszweck und Kennzeichen der Tiere. Die Verlegung des regelmäßigen Standorts der Tiere ist unverzüglich anzuzeigen.

(3) Für Absatz 2 gilt § 3 Abs. 3 entsprechend. Die nach Landesrecht zuständige Behörde kann für andere Tierhaltungen unter zoologisch fachkundiger Leitung Ausnahmen von Absatz 2 zulassen, sofern Belange des Artenschutzes nicht entgegenstehen.

Unterabschnitt 2
Zucht und Haltung von Greifvogelhybriden

§ 8 Begriffsbestimmungen

Greifvogelhybriden im Sinne dieser Verordnung sind Greifvögel, die genetische Anteile von mindestens einer heimischen sowie einer weiteren Greifvogelart enthalten.

§ 9 Zuchtverbot

(1) Es ist verboten, Greifvogelhybriden zu züchten.

(2) Bis zum 31. Dezember 2014 sind ausgenommen von dem Verbot des Absatzes 1 Züchter, die vor dem 25. Februar 2005 mit der Zucht von Greifvogelhybriden begonnen haben.

§ 10 Haltungsverbot

Es ist verboten, Greifvogelhybriden zu halten. Ausgenommen von dem Verbot sind Tiere, die vor dem 25. Februar 2005 in Übereinstimmung mit den zu ihrem Schutz geltenden Vorschriften gehalten werden, sowie, im Falle der Zucht, Jungvögel bis zur Abgabe an Dritte mit Wohnsitz oder Sitz im Ausland.

§ 11 Flugverbot, Entweichen

(1) Es ist verboten, Greifvogelhybriden in den Flug zu entlassen.

(2) Ausgenommen von dem Verbot des Absatzes 1 ist ein mit telemetrischer Ausrüstung überwachter Flug außerhalb des Zeitraums vom Beginn der Bettelflugperiode bis zum Erreichen der Selbständigkeit des Vogels. Die telemetrische Ausrüstung muss so beschaffen sein, dass die Identifizierung und Ortung des in den Freiflug gestellten Greifvogelhybriden jederzeit kurzfristig möglich ist. Der Halter hat den Greifvogelhybriden nach Abschluss des Fluges unverzüglich in ein Gehege zurückzuführen.

(3) Sobald eine Identifizierung und Ortung nach Absatz 2 Satz 2 nicht mehr möglich ist, hat der Halter unverzüglich alle zumutbaren Maßnahmen zur Rückführung des in den Freiflug gestellten Greifvogelhybriden in das Gehege zu ergreifen und die nach Landesrecht zuständige Naturschutzbehörde zu informieren.

(4) Für Halter eines Greifvogelhybriden, der aus einem Gehege entwichen ist, gilt Absatz 3 entsprechend.

ABSCHNITT 4

Kennzeichnung

§ 12 Kennzeichnungspflicht

Wer lebende Säugetiere, Vögel und Reptilien der in Anlage 6 Spalte 1 aufgeführten Arten hält, hat diese unverzüglich zu kennzeichnen. Die Kennzeichnung hat nach Maßgabe
1. des § 13 Abs. 1 Satz 1 und 2, Abs. 2 und 3, des § 15 Abs. 1 bis 3, 5 und 7,
2. des § 13 Abs. 1 Satz 3 bis 10 sowie des § 15 Abs. 4 und 6
zu erfolgen.

§ 13 Kennzeichnungsmethoden

(1) Für die Kennzeichnung sind die Kennzeichnungsmethoden zu verwenden, die in Anlage 6 Spalte 2 bis 6 mit einem Kreuz (+) bei den jeweiligen Tierarten bezeichnet sind, sowie für Vogelarten der offene Ring gemäß Satz 2. Sind nach Satz 1 mehrere Kennzeichnungsmethoden vorgesehen, sind die Tiere mit einem Kennzeichen in der folgenden Rangfolge zu versehen:
1. gezüchtete Vögel vorrangig mit dem geschlossenen Ring;
2. Vögel, die nicht unter Nummer 1 fallen, vorrangig nach Wahl des Halters mit dem offenen Ring oder dem Transponder, ansonsten mit der Dokumentation;
3. Säugetiere vorrangig mit dem Transponder, ansonsten mit der Dokumentation oder mit sonstigen Kennzeichen;
4. Reptilien vorrangig nach Wahl des Halters mit dem Transponder oder der Dokumentation.

Die Kennzeichnung mit einem Transponder scheidet aus, soweit die Tiere weniger als 200 Gramm, bei Schildkröten weniger als 500 Gramm, wiegen oder ein solches Gewicht nicht erreichen können. Das Absehen von der jeweils als vorrangig bezeichneten Kennzeichnungsmethode bedarf der Zustimmung der nach Landesrecht zuständigen Behörde. Diese kann das Absehen von den als vorrangig bezeichneten Kennzeichnungsmethode zulassen, wenn diese wegen körperlicher oder verhaltensbedingter Eigenschaften der Tiere einschließlich des Unterschreitens der in Satz 3 genannten Gewichtsgrenzen nicht angewandt werden können. In diesem Fall sind unter den Voraussetzungen von Satz 5 andere für die betreffende Art mit einem Kreuz (+) bezeichnete Kennzeichnungsmethoden anzuordnen. Soweit dies nicht möglich ist, können weitere geeignete Kennzeichnungsmethoden, insbesondere molekulargenetische Methoden, zugelassen werden. Die Entscheidung nach Satz 5 ist mit der Auflage zu verbinden, die Kennzeichnung nachzuholen, sobald mit einem Fortfall der in Satz 5 genannten Hindernisse gerechnet werden kann. Für Tiere die in Anlage 6 Spalte 1 aufgeführten Arten, die in den Spalten 2 bis 6 nicht mit einem Kreuz (+) bezeichnet sind, sowie für Hybride von in Anlage 6 Spalte 1 aufgeführten Vogelarten mit weiteren dort aufgeführten oder anderen Arten hat der Halter spätestens mit Eintritt der Kennzeichnungspflicht bei der nach Landesrecht zuständigen Behörde die Festlegung der verbindlichen Kennzeichnungsmethode zu beantragen. Satz 7 gilt entsprechend.

(2) Ringe müssen eine Größe aufweisen, dass sie nach vollständigem Auswachsen des Beines nur durch Zerstörung des Ringes oder Verletzung des Vogels ent-

fernt werden können. Dazu sind grundsätzlich Ringe der in Anlage 6 Spalte 3 vorgegebenen Größe zu verwenden. Von den Vorgaben in Satz 2 kann für Vögel bestimmter Rassen oder Populationen abgewichen werden, soweit die Verwendung von Ringen der dort genannten Größe entweder zu Verletzungen beim Vogel führt oder – abweichend von Satz 1 – ein Entfernen des Ringes möglich ist.

(3) Eine Dokumentation muss eine zeichnerische oder fotografische Darstellung individueller Körpermerkmale enthalten, die eine Identifizierung ermöglicht. Diese Darstellung ist zu ergänzen um eine Beschreibung des Tieres, die zumindest Angaben umfassen muss zu Größe und Länge, Gewicht, Geschlecht und Alter, sowie eine Beschreibung vorhandener Besonderheiten. Die Dokumentation ist in solchen Zeitabständen zu wiederholen, dass mögliche Änderungen der Körpermerkmale nachvollziehbar sind. Eine Mehrfertigung der ersten Dokumentation hat der Halter der Anzeige nach § 7 Abs. 2 beizufügen, weitere Dokumentationen sind den nach Landesrecht zuständigen Behörden auf Verlangen vorzulegen.

§ 14 Ausnahmen von der Kennzeichnungspflicht

(1) Die Kennzeichnungspflicht nach § 12 entfällt, wenn ein verletztes, hilfloses oder krankes Wirbeltier aufgenommen wird, um es gesund zu pflegen und es wieder in die Freiheit zu entlassen. Die nach Landesrecht zuständige Behörde kann im Einzelfall Ausnahmen von der Kennzeichnungspflicht nach § 12 zulassen für Wirbeltiere, die im Rahmen von bestandsschützenden Maßnahmen oder Wiederansiedlungsmaßnahmen gehalten oder abgegeben werden.

(2) Die Kennzeichnungspflicht nach § 12 entfällt auch, wenn ein Wirbeltier im Vollzug artenschutzrechtlicher Vorschriften der Europäischen Gemeinschaften oder auf Grund von Rechtsvorschriften anderer Mitgliedstaaten bereits mit einem Kennzeichen versehen ist. Vor Inkrafttreten der Kennzeichnungspflicht angebrachte Kennzeichnungen, die nicht unter Satz 1 fallen, kann die nach Landesrecht zuständige Behörde als Kennzeichnung im Sinne des § 12 anerkennen, soweit eine gleichwertige Individualisierung sichergestellt ist.

§ 15 Ausgabe von Kennzeichen

(1) Für die Kennzeichnung nach dieser Verordnung sind nur Ringe und Transponder zu verwenden, die von den nachstehenden Vereinen ausgegeben werden:
1. Bundesverband für fachgerechten Natur- und Artenschutz e. V.,
2. Zentralverband Zoologischer Fachbetriebe Deutschlands e. V.
Sie ermöglichen nicht vereinsangehörigen Personen den Bezug von Kennzeichen zu denselben Bedingungen wie Vereinsmitgliedern.

(2) Nach Absatz 1 ausgegebene Ringe müssen so beschaffen sein, dass sie vom Tier nicht zerstört werden können, ihre Lesbarkeit dauerhaft gewährleistet ist, sie nicht erheblich verformt oder geweitet werden können und eine Entfernung nur durch Zerstörung des Ringes oder Verletzung des Tieres möglich ist. Geschlossene Ringe müssen nahtlos, offene Ringe müssen darüber hinaus so beschaffen sein, dass sie nur einmal verwendet werden können. Ringe müssen tierschutzgerecht sein. Ringe für Greifvogelhybriden sind blau zu färben.

(3) Nach Absatz 1 ausgegebene Ringe müssen eine Beschriftung nach Maßgabe

267

der Anlage 7 aufweisen. Die in Satz 1 genannte Beschriftung muss sich gegenüber eventuell auf dem Ring zusätzlich angebrachten Angaben deutlich hervorheben.

(4) Ringe für Papageien und Sittiche dürfen nur unter den Voraussetzungen des § 2 Abs. 1 bis 4 der Psittakoseverordnung in der Fassung der Bekanntmachung vom 14. November 1991 (BGBl. I S. 2111), die zuletzt durch Artikel 3 der Verordnung vom 12. Dezember 2002 (BGBl. I S. 4532) geändert worden ist, ausgegeben werden.

(5) Nach Absatz 1 ausgegebene Transponder müssen in der Codestruktur und dem Informationsgehalt dem Standard ISO 11784: 1996 (e) „Radio-Frequency Identification of Animals – Code Structure"[1]) entsprechen. Die im Transponder festgelegte Information muss einmalig und darf nach Herstellung nicht veränderbar sein. Die Transponder müssen ferner den im Standard ISO 11785: 1996 (E) „Radio-Frequency Identification of Animals – Technical Concept"[1]) festgelegten technischen Anforderungen entsprechen.

(6) Die in Absatz 1 genannten Vereine haben der nach Landesrecht zuständigen Behörde vierteljährlich die Beschriftung von in ihrem Zuständigkeitsbereich im laufenden Jahr ausgegebenen Kennzeichen sowie Name und Anschrift der Empfänger in für die elektronische Datenverarbeitung geeigneter Form zu übermitteln sowie dieser und dem Bundesamt für Naturschutz auf Anfrage unverzüglich entsprechende Angaben zu machen.

(7) Im Falle der Präparation verbleibt der Ring am Vogel.

ABSCHNITT 5

Ordnungswidrigkeiten

§ 16 Ordnungswidrigkeiten

(1) Ordnungswidrig im Sinne des § 69 Absatz 3 Nummer 27 Buchstabe b des Bundesnaturschutzgesetzes handelt, wer vorsätzlich oder fahrlässig entgegen § 3 Abs. 2 ein Tier anbietet, zur Abgabe vorrätig hält, freihält, an andere abgibt oder züchtet.

(2) Ordnungswidrig im Sinne des § 69 Absatz 3 Nummer 27 Buchstabe c des Bundesnaturschutzgesetzes handelt, wer vorsätzlich oder fahrlässig

1. entgegen § 4 Abs. 1 in der dort bezeichneten Weise einem Tier nachstellt, es anlockt, fängt oder tötet,
2. entgegen § 6 Abs. 1 Satz 1 ein Buch nicht, nicht richtig, nicht vollständig oder nicht in der vorgeschriebenen Weise führt,
3. entgegen § 6 Abs. 3 ein Buch nicht oder nicht rechtzeitig aushändigt,
4. entgegen § 6 Abs. 4 Satz 1 ein Buch nicht oder nicht mindestens fünf Jahre aufbewahrt,
5. entgegen § 7 Abs. 2 eine Anzeige nicht, nicht richtig, nicht vollständig, nicht in der vorgeschriebenen Weise oder nicht rechtzeitig erstattet,
6. entgegen § 9 Greifvogelhybride züchtet,
7. entgegen § 10 Greifvogelhybride hält,

---

[1] Vertrieb: Beuth Verlag, Burggrafenstraße 6, 10787 Berlin.

8. entgegen § 11 Greifvogelhybride in den Flug entlässt,
9. entgegen § 11 Abs. 3 auch in Verbindung mit Abs. 4 eine Maßnahme nicht oder nicht rechtzeitig ergreift oder eine Greifvogelhybride nicht rechtzeitig zurückführt,
10. entgegen § 12 Satz 1 und 2 Nr. 1 ein Tier nicht, nicht richtig, nicht in der vorgeschriebenen Weise oder nicht rechtzeitig kennzeichnet, oder Kennzeichen ohne Zustimmung der nach Landesrecht zuständigen Behörde verändert oder entfernt,
11. entgegen § 13 Abs. 1 Satz 9 die Festlegung einer verbindlichen Kennzeichnungsmethode nicht oder nicht rechtzeitig beantragt,
12. entgegen § 13 Abs. 3 Satz 4 eine dort genannte Unterlage nicht beifügt oder nicht oder nicht rechtzeitig vorlegt.

ABSCHNITT 6

Ländervorbehalt

§ 17 Ländervorbehalt

Die nach Landesrecht zuständigen Behörden können nach § 2 Abs. 1 Satz 2 und Abs. 2, § 4 Abs. 3, § 6 Abs. 1 Satz 4, § 7 Abs. 3 Satz 2 und § 14 Abs. 1 Satz 2 unter den jeweils genannten Voraussetzungen Ausnahmen auch allgemein zulassen.

Anlage 1
(zu § 1)

– Auszug –

Schutzstatus wild lebender Tier- und Pflanzenarten

Wissenschaftliche Bezeichnung	Deutscher Name	Besonders geschützte Arten zu § 1 Satz 1	Streng geschützte Arten zu § 1 Satz 2
1		2	3
Fauna			
Mammalia	**Säugetiere**		
Crocidura suaveolens ariadne	Kretische Gartenspitzmaus	+	
Crocidura suaveolens cypria	Zypriotische Gartenspitzmaus	+	
Desmana moschata	Russischer Desman	+	
Gazella subgutturosa	Kropfgazelle	+	

269

Wissenschaftliche Bezeichnung	Deutscher Name	Besonders geschützte Arten zu § 1 Satz 1	Streng geschützte Arten zu § 1 Satz 2
1		2	3
Gulo gulo^1)	Vielfraß	+	
Mesocricetus newtoni	Rumänischer Hamster	+	
Microtus bavaricus	Bayerische Kleinwühlmaus	+	+
Ovibos moschatus	Moschusochse	+	
Phoca hispida ladogensis	Ringelrobbe – nur die Unterart ladogensis	+	
Spalax graecus	Bukowinische Blindmaus	+	
Vormela peregusna	Tigeriltis	+	
Mammalia spp. $^{2,\,3,\,4}$	Säugetiere – alle heimischen Arten, soweit nicht im Einzelnen aufgeführt,	+	
excl.	mit Ausnahme von		
Arvicola terrestris	Schermaus		
Clethrionomys glareolus	Rötelmaus		
Microtus agrestis	Erdmaus		
Microtus arvalis	Feldmaus		
Mus musculus	Hausmaus		
Mustela vison	Amerikanischer Nerz		
Myocastor coypus	Nutria		
Nyctereutes procyonoides	Marderhund		
Ondatra zibethicus	Bisam		
Procyon lotor	Waschbär		
Rattus norvegicus	Wanderratte		
Rattus rattus	Hausratte		

^{1} Nur europäische wild lebende Populationen
^{2} Ausgenommen die nach § 2 Abs. 1 des Bundesjagdgesetzes dem Jagdrecht unterliegenden Arten, soweit nicht im Einzelnen aufgeführt.
^{3} Ausgenommen die nach § 7 Absatz 2 Nummer 13 Buchstabe b Doppelbuchstabe aa des Bundesnaturschutzgesetzes geschützten Arten und Unterarten.
^{4} Ausgenommen die nach § 7 Absatz 2 Nummer 13 Buchstabe a des Bundesnaturschutzgesetzes geschützten Arten.

Anlagen 2–7

(hier nicht abgedruckt)

3.
Gesetz zum Schutz der Natur, zur Pflege der Landschaft und über die Erholungsvorsorge in der freien Landschaft (Naturschutzgesetz — NatSchG)

vom 13. Dezember 2005 (GBl. S. 745, ber. 2006 S. 319),
zuletzt geändert durch Gesetz vom 17. Dezember 2009 (GBl. S. 809, 816)

– Auszug –

Inhaltsübersicht

I. ABSCHNITT

Das Jagdrecht

II. ABSCHNITT

Umweltbeobachtung, Landschaftsplanung

III. ABSCHNITT

Allgemeiner Schutz von Natur und Landschaft

IV. ABSCHNITT

Besonderer Schutz von Natur und Landschaft

V. ABSCHNITT

Europäisches ökologisches Netz „Natura 2000"

VI. ABSCHNITT

Schutz und Pflege wild lebender Tier- und Pflanzenarten

VII. ABSCHNITT

Erholung in Natur und Landschaft

VIII. ABSCHNITT

Vorkaufsrecht, Eigentumsbindung, Entschädigung

IX. ABSCHNITT

Organisation, Zuständigkeit, Verfahren

X. ABSCHNITT

Ordnungswidrigkeiten

XI. ABSCHNITT

Übergangs- und Schlussvorschriften

I. ABSCHNITT

Allgemeine Vorschriften

§ 1 Ziele des Naturschutzes und der Landschaftspflege

(1) Natur und Landschaft sind aufgrund ihres eigenen Wertes und als Lebensgrundlagen und Erholungsraum des Menschen auch in Verantwortung für die künftigen Generationen im besiedelten Bereich so zu schützen, zu pflegen, zu gestalten, zu entwickeln und, soweit erforderlich, wiederherzustellen, dass

1. die Leistungs- und Funktionsfähigkeit des Naturhaushalts,
2. die Regenerationsfähigkeit und nachhaltige Nutzungsfähigkeit der Naturgüter (Boden, Wasser, Luft, Klima, Tier- und Pflanzenwelt),
3. die biologische Vielfalt einschließlich der Tier- und Pflanzenwelt und ihrer Lebensstätten und Lebensräume sowie

4. die Vielfalt, Eigenart und Schönheit sowie der Erholungswert von Natur und Landschaft

im Sinne einer nachhaltigen umweltgerechten Entwicklung auf Dauer gesichert werden.

(2) Der wild lebenden heimischen Tier- und Pflanzenwelt sind angemessene Lebensräume zu erhalten. Dem Aussterben einzelner Tier- und Pflanzenarten ist wirksam zu begegnen. Ihre Populationen sind in einer dauerhaft überlebensfähigen Größe zu erhalten. Der Verinselung einzelner Populationen ist entgegenzuwirken.

§ 2 Grundsätze des Naturschutzes, der Landschaftspflege und der Erholungsvorsorge

(1) Grundsätze zur Verwirklichung der in § 1 genannten Ziele sind insbesondere:

1. Der Naturhaushalt ist in seinen räumlich abgrenzbaren Teilen so zu sichern, dass die den Standort prägenden biologischen Funktionen, Stoff- und Energieflüsse sowie die landschaftlichen Strukturen erhalten, entwickelt oder wiederhergestellt werden. In geeigneten Landschaftsteilen soll ein möglichst ungestörter Ablauf der Naturvorgänge in ihrer natürlichen Dynamik gewährleistet werden.

2. Die dauerhafte Nutzungsfähigkeit der Naturgüter ist zu gewährleisten. Soweit sich die Naturgüter nicht erneuern, sind sie sparsam und pfleglich zu nutzen. Der Nutzung sich erneuernder Naturgüter kommt besondere Bedeutung zu; sie dürfen nur so genutzt werden, dass sie nachhaltig zur Verfügung stehen.

3. Die Naturgüter sollen nur so genutzt werden, dass das Wirkungsgefüge des Naturhaushalts in möglichst geringem Umfang beeinträchtigt wird; Einwirkungen auf den Naturhaushalt, die seine Leistungs- und Funktionsfähigkeit nachhaltig beeinträchtigen, sollen verhindert, beseitigt oder in Fällen, in denen dies nicht möglich ist, ausgeglichen werden.

4. Böden sind zu erhalten, zu schützen und nur so zu nutzen, dass sie ihre Funktionen im Naturhaushalt erfüllen können und ein Verlust oder eine Beeinträchtigung ihrer Fruchtbarkeit vermieden wird. Für die landwirtschaftliche Nutzung gut geeignete Böden sollen dieser Nutzungsart vorbehalten bleiben. Natürliche oder von Natur aus geschlossene Pflanzendecken sowie die Ufervegetation sind zu sichern. Für nicht land- oder forstwirtschaftlich oder gärtnerisch genutzte Böden, deren Pflanzendecke beseitigt worden ist, ist eine standortgerechte Vegetationsentwicklung zu ermöglichen.

5. Beim Aufsuchen und bei der Gewinnung von Bodenschätzen, bei Abgrabungen und Aufschüttungen sind wertvolle Landschaftsteile oder Bestandteile der Landschaft zu erhalten und dauernde Schäden des Naturhaushalts zu vermeiden; unvermeidbare Beeinträchtigungen durch Eingriffe in Natur und Landschaft sind insbesondere durch Förderung natürlicher Sukzession, Renaturierung, naturnahe Gestaltung, Wiedernutzbarmachung oder Rekultivierung zu minimieren oder auszugleichen.

6. Natürliche oder naturnahe Gewässer, deren Uferzonen und Verlandungsbereiche sowie natürliche Rückhalteflächen sind zu erhalten, zu entwickeln oder wiederherzustellen. Änderungen des Grundwasserspiegels, die zu einer

Zerstörung oder nachhaltigen Beeinträchtigung schutzwürdiger Biotope führen können, sind zu vermeiden, unvermeidbare Beeinträchtigungen sind auszugleichen. Gewässer sollen vor Verunreinigung geschützt werden; ihre biologische Selbstreinigungskraft soll erhalten und verbessert werden.

7. Bei Unterhaltung und Ausbau der Gewässer sollen die Erhaltung und Verbesserung ihrer biologischen Selbstreinigungskraft, die Erholungseignung der Landschaft sowie die Sicherung der Lebensräume der Tier- und Pflanzenwelt beachtet sowie ein naturnaher Zustand angestrebt werden. Ein notwendiger Ausbau von Gewässern soll so naturnah wie möglich erfolgen, wobei Bauweisen des naturgemäßen Wasserbaus anzuwenden sind. Die eigendynamische Entwicklung von Gewässern ist zu unterstützen.

8. Schädliche Umwelteinwirkungen sind auch durch Maßnahmen des Naturschutzes und der Landschaftspflege gering zu halten; empfindliche Bestandteile des Naturhaushalts dürfen nicht nachhaltig geschädigt werden. Luftverunreinigungen und Lärmeinwirkungen soll entgegengewirkt werden. Nachteilige Einwirkungen auf den Naturhaushalt durch künstliche Lichtquellen sind zu vermeiden.

9. Beeinträchtigungen des Klimas sind zu vermeiden; hierbei kommt dem Aufbau einer nachhaltigen Energieversorgung insbesondere durch zunehmende Nutzung erneuerbarer Energien besondere Bedeutung zu. Auf den Schutz und die Verbesserung des Klimas, einschließlich des örtlichen Klimas, ist auch durch Maßnahmen des Naturschutzes und der Landschaftspflege hinzuwirken; bei Eingriffen sollen geeignete landschaftspflegerische Maßnahmen durchgeführt werden. Wald, Moore und sonstige Gebiete mit günstiger klimatischer Wirkung sind zu erhalten, zu entwickeln oder wiederherzustellen.

10. Zur Sicherung der Leistungs- und Funktionsfähigkeit des Naturhaushalts ist die biologische Vielfalt zu erhalten und zu entwickeln.

11. Die wild lebenden Tiere und Pflanzen und ihre Lebensgemeinschaften sind als Teil des Wirkungsgefüges des Naturhaushalts in ihrer natürlichen und historisch gewachsenen Artenvielfalt zu schonen. Ihre Biotope und ihre sonstigen Lebensbedingungen sind zu schützen, zu pflegen, zu entwickeln oder wiederherzustellen. Seltene oder in ihrem Bestand bedrohte heimische Tier- und Pflanzenarten sind einschließlich ihres Lebensraums zu erhalten und zu fördern.

12. Die Landschaft ist in ihrer Vielfalt, Eigenart und Schönheit auch wegen ihrer Bedeutung als Erlebnis- und Erholungsraum des Menschen zu sichern. Ihre charakteristischen Strukturen und Elemente sind zu erhalten oder zu entwickeln. Beeinträchtigungen des Erlebnis- und Erholungswertes der Landschaft sind zu vermeiden. Zum Zweck der Erholung sind nach ihrer Beschaffenheit und Lage geeignete Flächen zu schützen und, wo notwendig, zu pflegen, zu gestalten und zugänglich zu erhalten oder zugänglich zu machen. Für die Erholung der Bevölkerung sollen vor allem im siedlungsnahen Bereich sowie in den Verdichtungsräumen und ihren Randzonen in ausreichendem Maße Erholungsgebiete und Erholungsflächen geschaffen und gepflegt werden. Zur Erholung im Sinne von Satz 4 gehören auch natur- und landschaftsverträgliche sportliche Betätigungen in der freien Landschaft.

13. Zur Sicherung der Vielfalt, Eigenart und Schönheit sollen Natur und Landschaft in erforderlichem Umfang gepflegt sowie gegen Beeinträchtigungen

geschützt werden. Historische Kulturlandschaften und -landschaftsteile von besonderer Eigenart, einschließlich solcher von besonderer Bedeutung für die Eigenart oder Schönheit geschützter oder schützenswerter Kultur-, Bau- und Bodendenkmäler, sind zu erhalten.

14. Auch im besiedelten Bereich sollen Grünflächen und Grünbestände erhalten werden; Grünbestände sollen Wohn- und Gewerbebereichen zweckmäßig zugeordnet werden; noch vorhandene Naturbestände, wie Wald, Hecken, Wegraine, Saumbiotope, Bachläufe, Weiher sowie sonstige ökologisch bedeutsame Kleinstrukturen sind zu erhalten und zu entwickeln.

15. Landschaftsteile, die sich durch ihre Schönheit, Eigenart, Seltenheit oder ihren Erholungswert auszeichnen oder für einen ausgewogenen Naturhaushalt erforderlich sind, sollen von Bebauung und Infrastruktureinrichtungen freigehalten werden.

16. Unbebaute Bereiche sind wegen ihrer Bedeutung für den Naturhaushalt und für die Erholung insgesamt und auch im Einzelnen in der dafür erforderlichen Größe und Beschaffenheit zu erhalten. Große zusammenhängende unzerschnittene Landschaftsräume sind zu erhalten.

17. Mit Boden und Fläche ist sparsam, schonend und haushälterisch umzugehen. Die erneute Inanspruchnahme bereits bebauter Flächen sowie die Bebauung innerörtlicher unbebauter Flächen, soweit sie nicht für Grünflächen vorgesehen sind, hat Vorrang vor der Inanspruchnahme von Freiflächen im Außenbereich. Nicht mehr benötigte versiegelte Flächen sind zu renaturieren oder, soweit eine Entsiegelung nicht möglich oder nicht zumutbar ist, der natürlichen Entwicklung zu überlassen.

18. Die Bebauung soll sich Natur und Landschaft anpassen. Bei der Planung von ortsfesten baulichen Anlagen, Verkehrswegen, Energieleitungen und ähnlichen Vorhaben sind die natürlichen Landschaftsstrukturen zu berücksichtigen. Trassen für Verkehrswege, Energieleitungen und ähnliche Vorhaben sollen möglichst landschaftsgerecht geführt und so zusammengefasst werden, dass die Zerschneidung und die Inanspruchnahme von Landschaft so gering wie möglich gehalten werden.

19. Das allgemeine Verständnis für die Ziele und Aufgaben des Naturschutzes und der Landschaftspflege ist mit geeigneten Mitteln zu fördern. Bei Maßnahmen des Naturschutzes und der Landschaftspflege ist ein frühzeitiger Informationsaustausch mit Betroffenen und der interessierten Öffentlichkeit zu gewährleisten.

(2) Die internationalen Bemühungen und die Verwirklichung der Rechtsakte der Europäischen Gemeinschaften auf dem Gebiet des Naturschutzes und der Landschaftspflege sind zu unterstützen. Die Errichtung des Europäischen ökologischen Netzes „Natura 2000" ist zu fördern. Sein Zusammenhalt ist zu wahren und, auch durch die Pflege und Entwicklung eines Biotopverbunds, zu verbessern. Der Erhaltungszustand der Biotope von gemeinschaftlichem Interesse, insbesondere der dem Netz „Natura 2000" angehörenden Gebiete, der Arten von gemeinschaftlichem Interesse und der europäischen Vogelarten ist zu überwachen. Die besonderen Funktionen der Gebiete von gemeinschaftlicher Bedeutung und der Europäischen Vogelschutzgebiete innerhalb des Netzes „Natura 2000" sind zu erhalten und bei unvermeidbaren Beeinträchtigungen, so weit wie möglich, wiederherzustellen.

(3) Die sich aus den Zielen und Grundsätzen des Naturschutzes und der Landschaftspflege ergebenden Anforderungen sind, soweit es im Einzelfall zur Verwirklichung erforderlich und möglich ist, untereinander und gegen die sonstigen Anforderungen der Allgemeinheit an Natur und Landschaft abzuwägen.

(4) Unberührt bleiben die Vorschriften des Wasserhaushaltsgesetzes und des Wassergesetzes für Baden-Württemberg (WG), soweit nicht im § 32 und im Fünften Abschnitt besondere Bestimmungen getroffen sind.

§ 3 Schutz unzerschnittener Landschaftsteile

Großflächige zusammenhängende Landschaftsteile, insbesondere unzerschnittene Räume mit hohem Wald- und Biotopanteil, sind vor Zerschneidung zu bewahren. Dies ist bei Planungen und sonstigen Maßnahmen der öffentlichen Planungsträger zu berücksichtigen. Eingriffe mit Trennwirkung sind auf das unvermeidbare Maß zu beschränken; unvermeidbare Zerschneidungen sind aus überwiegenden Gründen des Gemeinwohls zulässig.

§ 4 Biotopverbund

(1) Es ist ein Biotopverbund zu entwickeln und zu erhalten, der mindestens zehn Prozent der Landesfläche umfassen soll. Das Land stimmt sich im Bereich der Landesgrenze mit den angrenzenden Ländern ab.

(2) Der Biotopverbund dient der nachhaltigen Sicherung von heimischen Tier- und Pflanzenarten und deren Populationen einschließlich ihrer Lebensräume und Lebensgemeinschaften sowie die Bewahrung, Wiederherstellung und Entwicklung funktionsfähiger ökologischer Wechselbeziehungen. Der Biotopverbund unterstützt das Europäische ökologische Netz „Natura 2000".

(3) Der Biotopverbund besteht aus Kernflächen, Verbindungsflächen und Verbindungselementen. Bestandteile des Biotopverbunds können geschützte Gebiete und Biotope nach dem Vierten und Fünften Abschnitt sowie weitere Gebiete sein, soweit sie zur Erreichung der in Absatz 2 genannten Ziele geeignet sind.

(4) Die erforderlichen Kernflächen, Verbindungsflächen und Verbindungselemente sind in den Landschaftsrahmenplänen und Landschaftsplänen darzustellen und, soweit nicht bereits erfolgt, durch planungsrechtliche Festlegungen in Regionalplänen und Flächennutzungsplänen, langfristige Vereinbarungen, die Ausweisung geeigneter Gebiete im Sinne des Vierten Abschnitts, die Verfügungsbefugnis eines öffentlichen oder gemeinnützigen Trägers oder andere geeignete Maßnahmen rechtlich zu sichern, um einen Biotopverbund dauerhaft zu gewährleisten. Die Naturschutzbehörde kann hierzu einen Fachbeitrag als Vorschlag erarbeiten.

§ 5 Regionale Mindestdichte von Biotopvernetzungselementen

Für die freie Landschaft soll eine regionale Mindestdichte von linearen und punktförmigen Elementen, die für den jeweiligen Naturraum typisch und zur Vernetzung von Biotopen erforderlich sind (Biotopvernetzungselemente), erhalten werden. Bei Unterschreiten der regionalen Mindestdichte sollen weitere Biotopvernetzungselemente insbesondere durch Ausgleichs- und Ersatzmaßnahmen nach § 21 Abs. 2 sowie über Förderprogramme, durch geeignete Landschaftspflegemaßnahmen oder andere geeignete Maßnahmen neu eingerichtet werden.

§ 6 Gewässer im Biotopverbund

(1) Alle öffentlichen Planungsträger haben bei wasserwirtschaftlichen Planungen oder Maßnahmen, mit denen Eingriffe in Natur und Landschaft verbunden sind, die Erhaltung des biologischen Gleichgewichts der Gewässer sowie die dauerhafte Sicherung der großräumigen Vernetzungsfunktion und eine naturgemäße Ufergestaltung der oberirdischen Gewässer zu berücksichtigen. Die Lebensmöglichkeiten für eine artenreiche Tier- und Pflanzenwelt sind zu verbessern und geeignete Bereiche für die Erholung zu bewahren.

(2) Oberirdische Gewässer sollen nur so ausgebaut und unterhalten werden, dass sie einschließlich ihrer Gewässerrandstreifen und Uferzonen als Lebensstätten und Lebensräume für heimische Tier- und Pflanzenarten erhalten bleiben. §§ 47, 68 a und 68 b WG bleiben unberührt.

§ 7 Allgemeine Verpflichtung zum Schutz der Natur

Jeder soll nach seinen Möglichkeiten zur Verwirklichung der Ziele und Grundsätze des Naturschutzes und der Landschaftspflege beitragen und sich so verhalten, dass Natur und Landschaft erhalten, pfleglich genutzt und vor Schäden bewahrt werden.

§ 8 Pflichten der öffentlichen Hand

(1) Bei der Bewirtschaftung von Grundflächen im Eigentum oder Besitz der Körperschaften, Anstalten und Stiftungen des öffentlichen Rechts sollen die Ziele und Grundsätze des Naturschutzes und der Landschaftspflege in besonderer Weise berücksichtigt werden. Für den Naturschutz besonders wertvolle Grundflächen sollen in ihrer ökologischen Beschaffenheit erhalten und nach Möglichkeit weiterentwickelt werden. Sätze 1 und 2 stehen der Erfüllung bestimmter öffentlicher Zweckbestimmungen von Grundflächen nicht entgegen.

(2) Die Körperschaften, Anstalten und Stiftungen des öffentlichen Rechts haben die in ihrem Eigentum oder Besitz stehenden Grundstücke, die sich nach ihrer natürlichen Beschaffenheit und ihrer Zweckbestimmung für die Erholung der Bevölkerung eignen, insbesondere Uferbereiche, Gewässer, Wälder, Heiden und Grünflächen, der Allgemeinheit offen zu halten.

§ 9 Aufgaben der Behörden und Planungsträger

(1) Die Behörden und die Körperschaften, Anstalten und Stiftungen des öffentlichen Rechts haben im Rahmen ihrer Zuständigkeit zur Verwirklichung der Ziele, Aufgaben und Grundsätze des Naturschutzes, der Landschaftspflege und der Erholungsvorsorge beizutragen. Sie sind verpflichtet, bei Planungen, Maßnahmen und sonstigen Vorhaben, die wesentliche Belange des Naturschutzes, der Landschaftspflege und der Erholungsvorsorge berühren können, die Naturschutzbehörden zu unterrichten und anzuhören, soweit nicht eine weitergehende Form der Beteiligung vorgeschrieben ist.

(2) Die Naturschutzbehörden sind bei der Vorbereitung der Planungen so rechtzeitig zu beteiligen, dass sie die ihnen nach diesem Gesetz obliegenden Aufgaben wirksam wahrnehmen können.

(3) Bei raumbedeutsamen Planungen und Maßnahmen des Naturschutzes, der Landschaftspflege und der Erholungsvorsorge sind die Ziele der Raumordnung zu beachten und die Grundsätze und sonstigen Erfordernisse der Raumordnung zu berücksichtigen.

§ 10 Aufgaben der Naturschutzbehörden

(1) Die Naturschutzbehörden haben dafür zu sorgen, dass die Vorschriften des Rechts des Naturschutzes, der Landschaftspflege und der Erholungsvorsorge und die aufgrund dieser Vorschriften erlassenen Anordnungen eingehalten werden. Sie haben die zu Durchführung dieser Vorschriften notwendigen Maßnahmen und Anordnungen zu treffen.

(2) Die Naturschutzbehörden haben bei ihren Planungen und Maßnahmen alle Behörden und Träger öffentlicher Belange, deren Aufgabenbereich wesentlich berührt sein kann, so rechtzeitig zu beteiligen, dass diese ihre Belange wirksam wahrnehmen können. Soweit wesentliche Belange der Land-, Forst- und Fischereiwirtschaft berührt werden, sind deren Berufsvertretungen zu beteiligen.

§ 11 Naturschutz als Aufgabe für Erziehung, Bildung und Forschung

(1) Die staatlichen, kommunalen und privaten Erziehungs-, Bildungs- und Informationsträger sollen das Verantwortungsbewusstsein der Jugend und der Erwachsenen für ein pflegliches Verhalten gegenüber Natur und Landschaft sowie für eine sachgerechte und dauerhaft umweltschonende Nutzung der Naturgüter sowie das Verständnis für die Aufgaben des Naturschutzes wecken und vertiefen.

(2) Die Ziele und Aufgaben des Naturschutzes und der Landschaftspflege werden in den Lehr- und Bildungsplänen und bei den Lehr- und Lernmitteln berücksichtigt.

(3) Die wissenschaftlichen Einrichtungen des Landes sollen durch Grundlagenuntersuchungen einen besonderen Beitrag zu Naturschutz, Landschaftspflege und Erholungsvorsorge leisten.

§ 12 Land-, Forst- und Fischereiwirtschaft

(1) Land-, Forst- und Fischereiwirtschaft leisten einen besonderen Beitrag zur Erhaltung und Pflege von Natur und Landschaft. Die Naturschutzbehörden und die für die Land-, Forst- und Fischereiwirtschaft zuständigen Behörden unterstützen sich gegenseitig bei der Erfüllung dieser Aufgabe.

(2) Bei Maßnahmen des Naturschutzes und der Landschaftspflege ist die besondere Bedeutung einer natur- und landschaftsverträglichen Land-, Forst- und Fischereiwirtschaft für die Erhaltung der Kultur- und Erholungslandschaft zu berücksichtigen.

(3) Der Ausgleich von Nutzungsbeschränkungen in der Land-, Forst- und Fischereiwirtschaft bestimmt sich nach § 58.

(4) Die Landwirtschaft hat neben den Anforderungen, die sich aus den für die Landwirtschaft geltenden Vorschriften und § 17 Abs. 2 des Bundes-Bodenschutzgesetzes ergeben, insbesondere die folgenden Grundsätze der guten fachlichen Praxis zu beachten:

1. Bei der landwirtschaftlichen Nutzung muss die Bewirtschaftung standortangepasst erfolgen und die nachhaltige Bodenfruchtbarkeit und langfristige Nutzbarkeit der Flächen gewährleistet werden.
2. Vermeidbare Beeinträchtigungen von vorhandenen Biotopen sind zu unterlassen.
3. Die zur Vernetzung von Biotopen erforderlichen Landschaftselemente sind zu erhalten und nach Möglichkeit zu vermehren.
4. Die Tierhaltung hat in einem ausgewogenen Verhältnis zum Pflanzenbau zu stehen; schädliche Umweltauswirkungen sind zu vermeiden.
5. Auf erosionsgefährdeten Hängen, in Überschwemmungskernbereichen, auf Standorten mit hohem Grundwasserstand sowie auf Moorstandorten ist ein Grünlandumbruch zu unterlassen.
6. Die natürliche Ausstattung der Nutzfläche (Boden, Wasser, Flora, Fauna) darf nicht über das zur Erzielung eines nachhaltigen Ertrags erforderliche Maß hinaus beeinträchtigt werden.

(5) Bei der forstlichen Nutzung des Waldes ist das Ziel zu verfolgen, naturnahe Wälder aufzubauen und diese ohne Kahlhiebe nachhaltig zu bewirtschaften. Ein hinreichender Anteil standortheimischer Forstpflanzen ist einzuhalten.

(6) Bei der fischereiwirtschaftlichen Nutzung der oberirdischen Gewässer sind diese einschließlich ihrer Uferzonen als Lebensstätten und Lebensräume für heimische Tier- und Pflanzenarten zu erhalten und zu fördern. Der Besatz dieser Gewässer mit nicht heimischen Tierarten ist grundsätzlich zu unterlassen. Bei Fischzuchten und Teichwirtschaften der Binnenfischerei sind Beeinträchtigungen der heimischen Tier- und Pflanzenarten auf das zur Erzielung eines nachhaltigen Ertrags erforderliche Maß zu beschränken.

§ 13 Vertragliche Vereinbarungen

Bei allen Maßnahmen zur Durchführung dieses Gesetzes und der aufgrund dieses Gesetzes erlassenen Vorschriften soll die Naturschutzbehörde insbesondere bei Betroffenen der Land-, Forst- und Fischereiwirtschaft vorrangig prüfen, ob der Zweck mit angemessenem Aufwand auch durch vertragliche Vereinbarungen erreicht werden kann. Die sonstigen Befugnisse der Naturschutzbehörde nach diesem Gesetz bleiben unberührt.

§ 14 Begriffe

(1) Im Sinne dieses Gesetzes bedeutet
1. Naturhaushalt
seine Bestandteile Boden, Wasser, Luft, Klima, Tiere und Pflanzen sowie das Wirkungsgefüge zwischen ihnen,
2. biologische Vielfalt
die Vielfalt von Ökosystemen, Lebensräumen und Lebensgemeinschaften, von Arten sowie die genetische Vielfalt zwischen und innerhalb von Arten,
3. freie Landschaft
sämtliche Flächen außerhalb besiedelter Bereiche,
4. Biotope
Lebensstätten und Lebensräume wild lebender Tiere und Pflanzen,

5. Biotope von gemeinschaftlichem Interesse
die in Anhang I der Richtlinie 92/43/EWG des Rates vom 21. Mai 1992 zur Erhaltung der natürlichen Lebensräume sowie der wild lebenden Tiere und Pflanzen (ABl. EG Nr. L. 206 S. 7), zuletzt geändert durch die Richtlinie 97/62/EG vom 27. Oktober 1997 (ABl. EG Nr. L. 305 S. 42), in der am 28. November 1997 geltenden Fassung, aufgeführten Lebensräume,

6. prioritäre Biotope
die in Anhang I der Richtlinie 92/43/EWG mit (*) gekennzeichneten Biotope,

7. Gebiete von gemeinschaftlicher Bedeutung
die in die Liste nach Artikel 4 Abs. 2 Unterabs. 3 der Richtlinie 92/43/EWG eingetragenen Gebiete, auch wenn sie noch nicht zu Schutzgebieten im Sinne dieses Gesetzes erklärt worden sind,

8. Europäische Vogelschutzgebiete
Gebiete im Sinne des Artikels 4 Absatz 1 und 2 der Richtlinie 79/409/EWG des Rates vom 2. April 1979 über die Erhaltung der wild lebenden Vogelarten (ABl. EG Nr. L. 103 S. 1), zuletzt geändert durch die Richtlinie 97/49/EG vom 29. Juli 1997 (ABl. EG Nr. L. 223 S. 9),

9. Konzertierungsgebiete
einem Konzertierungsverfahren nach Artikel 5 der Richtlinie 92/43/EWG unterliegende Gebiete von der Einleitung des Verfahrens durch die Kommission bis zur Beschlussfassung des Rates,

10. Europäisches ökologisches Netz „Natura 2000"
das kohärente Europäische ökologische Netz „Natura 2000" gemäß Artikel 3 der Richtlinie 92/43/EWG, das aus den Gebieten von gemeinschaftlicher Bedeutung und den Europäischen Vogelschutzgebieten besteht,

11. Erhaltungsziele
Erhaltung oder Wiederherstellung eines günstigen Erhaltungszustands,
a) der in Anhang I der Richtlinie 92/43/EWG aufgeführten natürlichen Lebensräume und der in Anhang II dieser Richtlinie aufgeführten Tier- und Pflanzenarten, die in einem Gebiet von gemeinschaftlicher Bedeutung vorkommen,
b) der in Anhang I der Richtlinie 92/409/EWG aufgeführten und der in Artikel 4 Abs. 2 dieser genannten Vogelarten sowie ihre Lebensräume, die in einem Europäischen Vogelschutzgebiet vorkommen,

12. Schutzzweck
der sich aus Vorschriften über Schutzgebiete ergebende Schutzzweck,

13. Projekte
a) Vorhaben und Maßnahmen innerhalb eines Gebietes von gemeinschaftlicher Bedeutung oder eines Europäischen Vogelschutzgebietes, sofern sie einer behördlichen Entscheidung oder einer Anzeige an eine Behörde bedürfen oder von einer Behörde durchgeführt werden,
b) Eingriffe in Natur und Landschaft im Sinne des § 20, sofern sie einer behördlichen Entscheidung oder einer Anzeige an eine Behörde bedürfen oder von einer Behörde durchgeführt werden und
c) nach dem Bundes-Immissionsschutzgesetz genehmigungsbedürftige Anlagen sowie Gewässerbenutzungen, die nach dem Wasserhaushaltsgesetz einer Erlaubnis oder Bewilligung bedürfen,
soweit sie, einzeln oder im Zusammenwirken mit anderen Projekten oder Plänen, geeignet sind, ein Gebiet von gemeinschaftlicher Bedeutung oder

ein Europäisches Vogelschutzgebiet erheblich zu beeinträchtigen; ausgenommen sind Projekte, die unmittelbar der Verwaltung der Gebiete von gemeinschaftlicher Bedeutung oder der Europäischen Vogelschutzgebiete dienen,

14. Pläne
Pläne und Entscheidungen in vorgelagerten Verfahren, die bei behördlichen Entscheidungen zu beachten oder zu berücksichtigen sind, soweit sie, einzeln oder im Zusammenwirken mit anderen Plänen oder Projekten, geeignet sind, ein Gebiet von gemeinschaftlicher Bedeutung oder ein Europäisches Vogelschutzgebiet erheblich zu beeinträchtigen; ausgenommen sind Pläne, die unmittelbar der Verwaltung der Gebiete von gemeinschaftlicher Bedeutung oder der Europäischen Vogelschutzgebiete dienen,

15. Erholung
natur- und landschaftsverträglich ausgestaltetes Natur- und Freizeiterleben einschließlich der natur- und landschaftsverträglichen sportlichen Betätigung in der freien Natur, die die Verwirklichung der sonstigen Ziele und Grundsätze des Naturschutzes und der Landschaftspflege nicht beeinträchtigen.

(2) Im Sinne dieses Gesetzes bedeutet

1. Tiere
a) wild lebende, gefangene oder gezüchtete und nicht herrenlos gewordene sowie tote Tiere wild lebender Arten,
b) Eier, auch im leeren Zustand, Larven, Puppen und sonstige Entwicklungsformen von Tieren wild lebender Arten,
c) ohne weiteres erkennbare Teile von Tieren wild lebender Arten und
d) ohne weiteres erkennbar aus Tieren wild lebender Arten gewonnene Erzeugnisse,

2. Pflanzen
a) wild lebende, durch künstliche Vermehrung gewonnene sowie tote Pflanzen wild lebender Arten,
b) Samen, Früchte oder sonstige Entwicklungsformen von Pflanzen wild lebender Arten,
c) ohne weiteres erkennbare Teile von Pflanzen wild lebender Arten und
d) ohne weiteres erkennbar aus Pflanzen wild lebender Arten gewonnene Erzeugnisse,

3. Art
jede Art, Unterart oder Teilpopulation einer Art oder Unterart; für die Bestimmung einer Art ist ihre wissenschaftliche Bezeichnung maßgebend,

4. Population
eine biologisch oder geographisch abgegrenzte Zahl von Individuen,

5. heimische Art
eine wild lebende Tier- oder Pflanzenart, die ihr Verbreitungsgebiet oder regelmäßiges Wanderungsgebiet ganz oder teilweise
a) im Inland hat oder in geschichtlicher Zeit hatte oder
b) auf natürliche Weise in das Inland ausdehnt oder ausgedehnt hat; als heimisch gilt eine wild lebende Tier- oder Pflanzenart auch, wenn sich verwilderte oder durch menschlichen Einfluss eingebürgerte Tiere oder Pflanzen der betreffenden Art im Inland in freier Natur und ohne menschliche Hilfe über mehrere Generationen als Population erhalten,

6. gebietsfremde Art
   eine wild lebende Tier- oder Pflanzenart, wenn sie in dem betreffenden Gebiet in freier Natur nicht oder seit mehr als 100 Jahren nicht mehr vorkommt,
7. Arten von gemeinschaftlichem Interesse
   die in den Anhängen II, IV oder V der Richtlinie 92/43/EWG aufgeführten Tier- und Pflanzenarten,
8. prioritäre Arten
   die in den Anhängen II der Richtlinie 92/43/EWG mit (*) gekennzeichneten Tier- und Pflanzenarten,
9. europäische Vogelarten
   in Europa natürlich vorkommende Vogelarten im Sinne des Artikels I der Richtlinie 79/409/EWG,
10. besonders geschützte Arten
    a) Tier- und Pflanzenarten, die in Anhang A oder B der Verordnung (EG) Nr. 338/97 des Rates vom 9. Dezember 1996 über den Schutz von Exemplaren wild lebender Tier- und Pflanzenarten durch Überwachung des Handels (ABl. EG 1997 Nr. L. 61 S. 1 ber. Nr. L. 100 S. 72 und Nr. L 298 S. 70), zuletzt geändert durch die Verordnung (EG) Nr. 1579/2001 vom 1. August 2001 (ABl. EG Nr. L 209 S. 14), aufgeführt sind,
    b) nicht unter Buchstabe a fallende
       aa) Tier- und Pflanzenarten, die in Anhang IV der Richtlinie 92/43/EWG aufgeführt sind,
       bb) europäische Vogelarten [gemäß Nr. 9],
    c) Tier- und Pflanzenarten, die in einer Rechtsverordnung nach § 52 Abs. 2 des Bundesnaturschutzgesetzes aufgeführt sind,
11. streng geschützte Arten
    besonders geschützte Arten, die
    a) in Anhang A der Verordnung (EG) Nr. 338/97,
    b) in Anhang VI der Richtlinie 92/43/EWG,
    b) in einer Rechtsverordnung nach § 52 Abs. 2 des Bundesnaturschutzgesetzes aufgeführt sind,
12 gezüchtete Tiere
   Tiere, die in kontrollierter Umgebung geboren oder auf andere Weise erzeugt und deren Elterntiere rechtmäßig erworben worden sind,
13. künstlich vermehrte Pflanzen
    Pflanzen, die aus Samen, Gewebekulturen, Stecklingen oder Teilungen unter kontrollierten Bedingungen herangezogen worden sind,
14. Anbieten
    Erklärung der Bereitschaft zu verkaufen oder zu kaufen und ähnliche Handlungen, einschließlich der Werbung, der Veranlassung zur Werbung oder der Aufforderung zu Verkaufs- oder Kaufverhandlungen,
15. Inverkehrbringen
    das Anbieten, Vorrätighalten zur Abgabe, Feilhalten und jedes Abgeben an andere,
16. rechtmäßig
    im Übereinstimmung mit den jeweils geltenden Rechtsvorschriften zum Schutz der betreffenden Art im jeweiligen Staat sowie mit Rechtsakten der Europäischen Gemeinschaften auf dem Gebiet des Artenschutzes und dem

Washingtoner Artenschutzübereinkommen im Rahmen ihrer jeweiligen räumlichen und zeitlichen Geltung oder Anwendbarkeit,

17. Mitgliedstaat
    ein Staat, der Mitglied der Europäischen Union ist,

18. Drittland
    ein Staat, der nicht Mitglied der Europäischen Union ist,

19. Zoo
    dauerhafte Einrichtung, in der lebende Tiere wild lebender Arten zwecks Zurschaustellung während eines Zeitraums von mindestens sieben Tagen im Jahr gehalten werden; nicht als Zoo im Sinne des Halbsatzes 1 gelten
    a) Zirkusse,
    b) Tierhandlungen und
    c) Gehege zur Haltung von nicht mehr als fünf Arten des im Geltungsbereich des Bundesjagdgesetzes heimischen Schalenwildes oder Einrichtungen, in denen nicht mehr als fünf Tiere anderer wild lebender Arten gehalten werden.

(3) Dem Verkaufen im Sinne dieses Gesetzes stehen das Tauschen und das entgeltliche Überlassen zum Gebrauch oder zur Nutzung gleich.

(4) Wenn die in Absatz 2 Nr. 10 genannten Arten bereits aufgrund der bis zum 8. Mai 1998 geltenden Vorschriften unter besonderem Schutz standen, gilt als Zeitpunkt der Unterschutzstellung derjenige, der sich aus diesen Vorschriften ergibt. Entsprechendes gilt für die in Absatz 2 Nr. 11 genannten Arten, soweit sie nach den bis zum 8. Mai 1998 geltenden Vorschriften als vom Aussterben bedroht bezeichnet waren.

(5) Die Begriffsbestimmungen der Verordnung (EG) Nr. 338/97 bleiben unberührt. Soweit in diesem Gesetz auf Anhänge der Verordnung (EG) Nr. 338/97, der Verordnung (EWG) Nr. 3254/91 des Rates vom 4. November 1991 zum Verbot von Tellereisen in der Gemeinschaft und der Einfuhr von Pelzen und Waren von bestimmten Wildtierarten aus Ländern, die Tellereisen oder den internationalen humanen Fangnormen nicht entsprechende Fangmethoden anwenden (ABl. EG Nr. L. 308 S. 1), der Richtlinien 92/43/EWG und 79/409/EWG und der Richtlinie 83/129/EWG des Rates vom 28. März 1983 betreffend die Einfuhr in die Mitgliedstaaten von Fellen bestimmter Jungrobben und Waren daraus (ABl. EG Nr. L. 91 S. 30), zuletzt geändert durch die Richtlinie 89/370/EWG vom 8. Juni 1989 (ABl. EG Nr. L. 163 S. 37), oder auf Vorschriften der genannten Rechtsakte verwiesen wird, in denen auf Anhänge Bezug genommen wird, sind diese jeweils in der geltenden Fassung maßgeblich.

II. ABSCHNITT

Umweltbeobachtung, Landschaftsplanung

§ 15 Naturschutzorientierte Umweltbeobachtung

(1) Zweck der naturschutzorientierten Umweltbeobachtung als Teil der umfassenden Beobachtung der Umweltmedien ist, den Zustand des Naturhaushalts, sei-

ne Veränderungen und deren Folgen, die Einwirkungen auf den Naturhaushalt und die Wirkungen von Umweltschutzmaßnahmen auf den Zustand des Naturhaushalts zu ermitteln, auszuwerten und zu bewerten.

(2) Zuständig für die Aufgaben nach Absatz 1 ist die Landesanstalt für Umwelt, Messungen und Naturschutz. Die Naturschutzbehörden wirken insbesondere bei der Erhebung der Daten mit, die übrigen Landesbehörden und -einrichtungen stellen bei ihnen vorhandene Daten kostenlos zur Verfügung. Die Rechtsvorschriften über Geheimhaltung und Datenschutz bleiben unberührt.

(3) Erhebungskriterien und -methoden für die Umweltbeobachtung nach Absatz 1 sollen mit dem Bund und den Ländern abgestimmt werden.

§ 16 Aufgaben und Inhalte der Landschaftsplanung

(1) Aufgaben der Landschaftsplanung ist, die Ziele, Erfordernisse und Maßnahmen des Naturschutzes und der Landschaftspflege einschließlich der Erholungsvorsorge für den jeweiligen Planungsraum darzustellen und zu begründen. Sie dient der Verwirklichung der Ziele und Grundsätze der §§ 1 und 2 auch in den Planungen und Verwaltungsverfahren anderer Behörden, deren Entscheidungen sich auf Natur und Landschaft auswirken können.

(2) Die Ziele, Erfordernisse und Maßnahmen der Landschaftsplanung sind in einem Landschaftsrahmenprogramm, in Landschaftsrahmenplänen und in Landschaftsplänen darzustellen.

(3) Die Pläne sollen insbesondere Angaben enthalten über
1. den vorhandenen und den zu erwartenden Zustand von Natur und Landschaft,
2. die konkretisierten Ziele und Grundsätze des Naturschutzes und der Landschaftspflege für den Planungsraum einschließlich der Erholungsvorsorge,
3. die Beurteilung des vorhandenen und zu erwartenden Zustands von Natur und Landschaft nach Maßgabe dieser Ziele und Grundsätze, einschließlich der sich daraus ergebenden Konflikte,
4. die Erfordernisse und Maßnahmen
   a) zur Vermeidung, Minderung oder Beseitigung von Beeinträchtigungen von Natur und Landschaft,
   b) zum Schutz, zur Pflege und zur Entwicklung bestimmter Teile von Natur und Landschaft im Sinne des Vierten Abschnitts sowie der Biotope und Lebensgemeinschaft der Tiere und Pflanzen wild lebender Arten,
   c) zum Aufbau und zur Sicherung des Biotopverbunds,
   d) auf Flächen, die wegen ihres Zustands, ihrer Lage oder ihrer natürlichen Entwicklungsmöglichkeiten für künftige Maßnahmen des Naturschutzes und der Landschaftspflege besonders geeignet sind,
   e) zum Aufbau und Schutz des Europäischen ökologischen Netzes „Natura 2000",
   f) zum Schutz, zur Verbesserung der Qualität und zur Regeneration von Böden, Gewässern, Luft und Klima,
   g) zur Erhaltung und Entwicklung von Vielfalt, Eigenart und Schönheit von Natur und Landschaft, auch als Erlebnis- und Erholungsraum des Menschen.

Zu Nr. 4 Buchst. b, c und e ist ein Fachbeitrag der Naturschutzbehörde zu integrieren. Die Ziele der Raumordnung sind zu beachten; die Grundsätze und sonstigen Erfordernisse der Raumordnung sind zu berücksichtigen. Auf die Verwertbarkeit der Darstellungen der Landschaftsplanung für die Raumordnungspläne und Bauleitpläne ist Rücksicht zu nehmen.

(4) Bei der Aufstellung oder Änderung von Landschaftsplanungen nach § 17 Abs. 1 und 3 sowie nach § 18 Abs. 1 ist eine strategische Umweltprüfung im Sinne der Richtlinie 2001/42/EG des Europäischen Parlaments und des Rates vom 27. Juni 2001 über die Prüfung der Umweltauswirkungen bestimmter Pläne und Programme (ABl. EG Nr. L 197 S. 30) durchzuführen. In die Darstellungen nach Absatz 3 sind die voraussichtlichen erheblichen Umweltauswirkungen auf die Schutzgüter des § 2 Abs. 1 Satz 2 des Gesetzes über die Umweltverträglichkeitsprüfung in der Fassung vom 25. Juni 2005 (BGBl. I S. 1758), als gesonderter Teil in die Begründung aufzunehmen. Auf die Umweltprüfung nach Satz 1 kann verzichtet werden, wenn Landschaftsplanungen nur geringfügig geändert werden und die Änderung erhebliche Umweltauswirkungen nicht erwarten lässt.

(5) In Planungen und Verwaltungsverfahren, die sich auf Natur und Landschaft im Planungsraum auswirken können, sind die Inhalte der Landschaftplanung zu berücksichtigen. Insbesondere sind die Inhalte der Landschaftsplanung für die Beurteilung der Umweltverträglichkeit und der Verträglichkeit im Sinne des § 38 Abs. 1 heranzuziehen. Soweit den Inhalten der Landschaftsplanung in den Planungen und Entscheidungen nicht Rechnung getragen werden kann, ist dies zu begründen. Die Schutzziele für Gebiete nach dem Fünften Abschnitt bleiben unberührt.

§ 17 Landschaftsrahmenprogramm und Landschaftsrahmenpläne

(1) Das Landschaftrahmenprogramm stellt die Zielsetzungen und Planungen des Naturschutzes, der Landschaftspflege und der Erholungsvorsorge zur Erhaltung und Entwicklung von Natur und Landschaft des ganzen Landes dar. Landschaftsrahmenpläne enthalten die für Teile des Landes ausgeformten Zielsetzungen und Planungen des Landschaftsrahmenprogramms und die überörtlichen Maßnahmen zu ihrer Verwirklichung in Text und Karte; sie sind für die gesamte Fläche des Landes zu erstellen.

(2) Das Landschaftsrahmenprogramm wird von dem Ministerium für Ernährung und Ländlichen Raum (Ministerium) aufgestellt und entsprechend der weiteren Entwicklung fortgeschrieben. Das Landschaftsrahmenprogramm soll, soweit erforderlich und geeignet, in den Landesentwicklungsplan aufgenommen werden; für das Verfahren gilt § 9 Abs. 2 bis 5 des Landesplanungsgesetzes.

(3) Die Landschaftsrahmenpläne werden von den Trägern der Regionalplanung aufgestellt und entsprechend der weiteren Entwicklung fortgeschrieben. Die Ausarbeitung des Landschaftsrahmenplans erfolgt im Benehmen mit der höheren Naturschutzbehörde. Für das Verfahren gelten die Vorschriften des Landesplanungsgesetzes zur Aufstellung, Fortschreibung und sonstigen Änderungen von Regionalplänen entsprechend. Die Landschaftsrahmenpläne sollen, soweit erforderlich und geeignet, in die Regionalpläne aufgenommen werden.

§ 18 Landschaftspläne und Grünordnungspläne

(1) Die örtlichen Erfordernisse und Maßnahmen des Naturschutzes, der Landschaftspflege und der naturverträglichen Erholungsvorsorge werden auf der Grund-

lage des Landschaftsrahmenprogramms und der Landschaftsrahmenpläne flächendeckend in Landschaftsplänen dargestellt. Von der flächendeckenden Darstellung kann für die Teile einer Gemeinde abgesehen werden, für die eine den Zielen und Grundsätzen des Naturschutzes und der Landschaftspflege entsprechende Nutzung gewährleistet und planungsrechtlich gesichert ist.

(2) Die Landschaftspläne werden von den Trägern der Bauleitplanung im Benehmen mit der unteren Naturschutzbehörde aufgestellt. Sie sind fortzuschreiben, wenn wesentliche Veränderungen in der Landschaft vorgesehen oder zu erwarten sind. Die Fortschreibung kann sich auf diejenigen Bereiche einer Gemeinde oder Gemarkung beschränken, die unmittelbar oder in erheblichem Umfang mittelbar von den Veränderungen betroffen sind. Für das Verfahren gelten § 3 Abs. 2 und § 4 Abs. 2 des Baugesetzbuchs entsprechend mit der Maßgabe, dass die anerkannten Naturschutzvereine nach § 67 Abs. 4 Nr. 2 frühzeitig zu beteiligen sind. Die Landschaftspläne sollen, soweit erforderlich und geeignet, in die Flächennutzungspläne aufgenommen werden.

(3) Die Träger der Bauleitplanung können Grünordnungspläne aufstellen, wenn Teile der Gemeinden nachteiligen Landschaftsveränderungen ausgesetzt sind oder dies erforderlich ist, um einen Biotopverbund einschließlich der Biotopvernetzungselemente bei der Ausweisung von Bauflächen zu erhalten. Dabei kann auf die Darstellung gemäß § 16 Abs. 3 Satz 1 Nr. 1 bis 3 verzichtet werden. Die Darstellungen der Grünordnungspläne können, sofern erforderlich und geeignet, als Festsetzungen in die Bebauungspläne übernommen werden.

§ 19 Zusammenwirken der Länder bei der Planung

(1) Bei der Aufstellung der Programme und Pläne nach den §§ 17 und 18 soll darauf Rücksicht genommen werden, dass die Verwirklichung der Ziele und Grundsätze des Naturschutzes und der Landschaftspflege in benachbarten Ländern und im Gebiet der Bundesrepublik Deutschland in seiner Gesamtheit nicht erschwert werden. Sind erhebliche Auswirkungen auf die Belange des Naturschutzes und der Landschaftspflege in benachbarten Staaten zu erwarten, ist § 8 des Gesetzes über die Umweltverträglichkeitsprüfung entsprechend anzuwenden.

(2) Ist aufgrund der natürlichen Gegebenheiten eine die Grenze des Landes überschreitende Planung erforderlich, sollen bei der Erstellung der Programme und Pläne nach den §§ 17 und 18 die Erfordernisse und Maßnahmen für die betreffenden Gebiete abgestimmt werden.

III. ABSCHNITT

Allgemeiner Schutz von Natur und Landschaft

§ 20 Eingriffe in Natur und Landschaft

(1) Eingriffe in Natur und Landschaft im Sinne dieses Gesetzes sind Veränderungen der Gestalt oder Nutzung von Grundflächen oder Veränderungen des mit der belebten Bodenschicht in Verbindung stehenden Grundwasserspiegels, die die

Leistungs- und Funktionsfähigkeit des Naturhaushalts, das Landschaftsbild oder den Wert der Landschaft für die naturnahe Erholung erheblich beeinträchtigen können.

Eingriffe können insbesondere sein

1. Veränderungen der Bodengestalt
2. Errichtung oder wesentliche Änderung von baulichen Anlagen im Sinne von § 2 Abs. 1 der Landesbauordnung für Baden-Württemberg (LBO), Straßen und Wegen,
3. Errichtung oder Änderung von Masten sowie Unterstützungen von Freileitungen,
4. Ausbau von Gewässern, Anlage, Veränderung oder Beseitigung von Wasserflächen.

(2) Die land- und forstwirtschaftliche Bodennutzung und die fischereiwirtschaftliche Nutzung der oberirdischen Gewässer sind nicht als Eingriff anzusehen, soweit dabei die Ziele und Grundsätze des Naturschutzes und der Landschaftspflege berücksichtigt werden und den Anforderungen des § 12 Abs. 4 bis 6 sowie den Regeln der guten fachlichen Praxis, die sich aus dem Recht der Land-, Forst- und Fischereiwirtschaft und § 17 Abs. 2 des Bundes-Bodenschutzgesetzes ergeben, entsprochen wird.

(3) Nicht als Eingriff gilt die Wiederaufnahme einer land- und forstwirtschaftlichen Bodennutzung oder einer fischereiwirtschaftlichen Nutzung der oberirdischen Gewässer, die aufgrund vertraglicher Vereinbarungen oder aufgrund der Teilnahme an öffentlichen Programmen zur Bewirtschaftungsbeschränkung zeitweise eingeschränkt oder unterbrochen war. Dies gilt, soweit die den Bewirtschaftungsbeschränkungen vorangegangene Nutzung innerhalb einer Frist von fünf Jahren nach Auslaufen der Bewirtschaftungsbeschränkungen wieder aufgenommen wird. Die Frist kann auf Antrag einmalig um weitere fünf Jahre verlängert werden.

(4) Die Vorschriften des Landwirtschafts- und Landeskulturgesetzes sowie des Landeswaldgesetzes (LWaldG) bleiben unberührt.

§ 21 Verursacherpflichten, Unzulässigkeit von Eingriffen

(1) Der Verursacher eines Eingriffs ist verpflichtet, vermeidbare Beeinträchtigungen von Natur und Landschaft zu unterlassen.

(2) Der Verursacher ist verpflichtet, unvermeidbare Beeinträchtigungen durch Maßnahmen des Naturschutzes und der Landschaftspflege vorrangig auszugleichen (Ausgleichsmaßnahmen) oder in sonstiger Weise zu kompensieren (Ersatzmaßnahmen). Ausgeglichen ist eine Beeinträchtigung, wenn und sobald die beeinträchtigten Funktionen des Naturhaushalts wiederhergestellt sind und das Landschaftsbild landschaftsgerecht wiederhergestellt oder neu gestaltet ist. In sonstiger Weise kompensiert ist eine Beeinträchtigung, wenn und sobald die beeinträchtigten Funktionen des Naturhaushalts in der betroffenen Großlandschaft in gleichwertiger Weise ersetzt sind oder das Landschaftsbild landschaftsgerecht neu gestaltet ist. Die Ausgleichs- und Ersatzmaßnahmen sollen so gestaltet werden, dass die für den Eingriff in Anspruch genommene Fläche möglichst nicht überschritten wird.

(3) Bei der Festsetzung von Art und Umfang der Maßnahmen sind die Programme und Pläne nach §§ 17 und 18 sowie sonstige naturschutzfachliche Planungen zu berücksichtigen. Ausgleichs- und Ersatzmaßnahmen schließen Maßnahmen zur Sicherung des angestrebten Zustands ein. Verantwortlich für die Ausführung und Sicherung der Ausgleichs- und Ersatzmaßnahmen ist der Verursacher oder dessen Rechtsnachfolger.

(4) Der Eingriff darf nicht zugelassen oder durchgeführt werden, wenn unvermeidbare Beeinträchtigungen nicht oder nicht in angemessener Frist auszugleichen oder in sonstiger Weise zu kompensieren sind und die Belange des Naturschutzes und der Landschaftspflege bei der Abwägung aller Anforderungen an Natur und Landschaft anderen Belangen im Range vorgehen. Werden als Folge des Eingriffs Biotope zerstört, die für dort wild lebende Tiere und wild wachsende Pflanzen der streng geschützten Arten nicht ersetzbar sind, ist der Eingriff nur zulässig, wenn er aus zwingenden Gründen des überwiegenden öffentlichen Interesses gerechtfertigt ist.

(5) Eine Ausgleichsabgabe ist zu entrichten, soweit ein Eingriff nicht ausgleichbar oder in sonstiger Weise kompensierbar ist. Sie ist auch festzusetzen, wenn die Maßnahmen nach Absatz 2 nicht in angemessener Zeit zu einem vollständigen Ausgleich oder einer vollständigen Kompensation führen können. Die Ausgleichsabgabe ist mit der Gestattung des Eingriffs zumindest dem Grunde nach festzusetzen. Sie ist an den Naturschutzfonds beim Ministerium zu leisten. § 12 Abs. 3 Sätze 2 bis 4 und §§ 21 und 22 des Landesgebührengesetzes gelten entsprechend.

(6) Das Ministerium regelt durch Rechtsverordnung im Einvernehmen mit dem Innenministerium, dem Finanzministerium, dem Wirtschaftsministerium und dem Umweltministerium die Höhe der Ausgleichsabgabe und das Verfahren zu ihrer Erhebung. Die Höhe ist nach Dauer und Schwere des Eingriffs, nach dem Zeitraum zwischen Eingriff und voller Funktionsfähigkeit der Ausgleichs- und Ersatzmaßnahmen, Wert oder Vorteil für den Verursacher sowie nach der wirtschaftlichen Zumutbarkeit zu bemessen. Die Schwere des Eingriffs ist bei der Berechnung der Ausgleichsabgabe in der Regel anhand der beanspruchten Fläche und der Menge des entnommenen Materials (Entnahme) zu berücksichtigen.

§ 22 Ökokonto

(1) Wer im eigenen Interesse oder für andere ohne rechtliche Verpflichtung Maßnahmen durchführt, von denen dauerhaft günstige Wirkungen auf die Leistungsfähigkeit und Funktionsfähigkeit des Naturhaushalts und das Landschaftsbild ausgehen, kann eine Anrechnung als Kompensationsmaßnahme bei künftigen Eingriffen verlangen (Ökokonto), wenn

1. die Naturschutzbehörde der Maßnahme zuvor zugestimmt hat,
2. die günstigen Wirkungen zum Zeitpunkt der Anrechnung von der an der Zulassung des Eingriffs beteiligten Naturschutzbehörde festgestellt werden und
3. die Inanspruchnahme des Grundstücks für Zwecke des Naturschutzes tatsächlich und rechtlich gesichert ist.

Der Anspruch auf Anrechnung ist handelbar.

(2) Das Ministerium kann im Einvernehmen mit dem Umweltministerium durch Rechtsverordnung, die der Zustimmung des Landtags bedarf, Regelungen treffen über

1. das Führen von Ökokonten und den Handel mit Ansprüchen auf Anrechnung und
2. die Bewertung von Eingriffen sowie die Eignung und Bewertung von Ausgleichs- und Ersatzmaßnahmen.

Die Verordnung kann bestimmen, dass für die Landwirtschaft besonders wertvolle Flächen für ökokontofähige Maßnahmen nicht in Anspruch genommen werden sollen und dass Maßnahmen nach § 135 a Abs. 2 Satz 2 des Baugesetzbuchs nachrichtlich im Ökokonto geführt werden können.

§ 23 Verfahren bei Gestattungen nach anderen Vorschriften

(1) Bedarf ein Eingriff nach anderen Vorschriften einer Gestattung (Verleihung, Bewilligung, Erlaubnis, Genehmigung, Zustimmung, Planfeststellung, Anzeige) oder wird er von einer Behörde durchgeführt, so ergehen die Entscheidungen der für die Gestattung zuständigen Behörden im Benehmen mit der Naturschutzbehörde, soweit Bundesrecht nicht entgegensteht. Ist bei Großvorhaben das Regierungspräsidium zuständig, so ergeht die Entscheidung im Benehmen mit der höheren Naturschutzbehörde. Die zuständige Behörde bezieht in ihre Entscheidung die Ausgleichsanordnungen nach § 21 und die erforderlichen Maßnahmen zur Sicherung des angestrebten Erfolgs mit ein.

(2) Die zuständige Behörde kann zur Vorbereitung der Entscheidungen die Vorlage von Gutachten und Plänen, die zur Beurteilung der Wirkungen des Eingriffs und der Ausgleichs- und Ersatzmaßnahmen erforderlich sind, innerhalb einer von ihr zu bestimmenden Frist verlangen. Bei einem Eingriff, der aufgrund eines nach öffentlichem Recht vorgesehenen Fachplans vorgenommen werden soll, hat der Planungsträger die zur Vermeidung, zum Ausgleich und zur Kompensation in sonstiger Weise nach § 21 erforderlichen Maßnahmen im Fachplan oder in einem landschaftspflegerischen Begleitplan in Text und Karte darzustellen. Der Begleitplan ist Bestandteil des Fachplans. Die planerische Festlegung der Ausgleichs- und Ersatzmaßnahmen erfolgt im Benehmen mit der Naturschutzbehörde.

(3) Nebenbestimmungen können auch nachträglich erlassen und geändert werden, wenn der mit Ausgleichs- und Ersatzmaßnahmen für Natur und Landschaft angestrebte Erfolg nicht eingetreten ist oder der Fortgang des gestatteten Eingriffs dies zwingend notwendig macht; der mit der Nebenbestimmung angestrebte Zweck darf nicht außer Verhältnis zu dem erforderlichen Aufwand und den wirtschaftlichen Auswirkungen stehen.

(4) Wird ein Eingriff ohne die erforderliche Gestattung vorgenommen, so kann die zuständige Behörde die Fortsetzung des Eingriffs untersagen, die Wiederherstellung des früheren Zustands anordnen oder andere Ausgleichsanordnungen treffen, wenn nicht auf andere Weise ein rechtmäßiger Zustand hergestellt werden kann. Satz 1 gilt entsprechend, wenn eine Gestattung erloschen, widerrufen oder zurückgenommen ist, der Pflichtige trotz Aufforderungen und Setzung einer angemessenen Frist Nebenbestimmungen nicht nachkommt oder der mit dem Eingriff verfolgte Zweck dauerhaft weggefallen ist.

(5) Die Beendigung oder eine mehr als einjährige Unterbrechung des Eingriffs sowie der Abschluss von Ausgleichs- und Ersatzmaßnahmen sind der zuständigen Behörde anzuzeigen. Eine nur unwesentliche Weiterführung des Eingriffs steht einer Unterbrechung gleich. Wird der Eingriff länger als ein Jahr unterbrochen,

kann die Behörde den Verursacher verpflichten, vorläufige Maßnahmen zur Sicherung der Ausgleichs- und Ersatzmaßnahmen durchzuführen oder, wenn der Abschluss des Eingriffs in angemessener Frist nicht zu erwarten ist, den Eingriff auszugleichen oder in anderer Weise zu kompensieren.

(6) Die zuständige Behörde kann die Leistung einer Sicherheit verlangen, soweit sie erforderlich ist, um die Erfüllung von Auflagen oder sonstigen Verpflichtungen zu sichern. Auf Sicherheitsleistungen sind §§ 232, 234 bis 240 des Bürgerlichen Gesetzbuchs anzuwenden.

(7) Die Naturschutzbehörde führt ein Verzeichnis, in dem die für Ausgleichs- und Ersatzmaßnahmen festgesetzten Flächen sowie die Maßnahmen nach § 21 Abs. 1 erfasst werden (Kompensationsverzeichnis); dieses ist laufend fortzuschreiben. Das Verzeichnis dient auch dem Ziel einer Nachprüfbarkeit der Umsetzung der vorgesehenen Maßnahmen. Die für die Zulassung des Eingriffs zuständige Behörde sowie die Gemeinden stellen die zur Führung des Verzeichnisses erforderlichen Unterlagen zur Verfügung. Die Naturschutzbehörde ist befugt und auf Anforderung verpflichtet, Behörden und Einrichtungen des Landes sowie kommunalen Gebietskörperschaften Auszüge aus dem Verzeichnis zur Verfügung zu stellen, soweit dies zur Wahrnehmung der diesen Stellen obliegenden Aufgaben erforderlich ist.

(8) Das Nähere regelt das Ministerium durch Rechtsverordnung; insbesondere können Bestimmungen getroffen werden über

1. die vorzulegenden Unterlagen und Berechnungen für das Genehmigungsverfahren (Eingriffs-Ausgleichsplan), die Anforderungen an die Darstellungen in einem Fachplan oder einen landschaftspflegerischen Begleitplan im Sinne des Absatzes 2 sowie über Anforderungen an Sachkunde und Erfahrung der Personen, die diese Pläne erstellen,
2. die Sicherung von Verpflichtungen,
3. die Führung des Kompensationsverzeichnisses und
4. die Kontrolle und die Abnahme der ausgeführten Ausgleichs- und Ersatzmaßnahmen.

§ 24 Genehmigung

(1) Wer beabsichtigt, im Außenbereich als selbständiges Vorhaben

1. Kies, Sand, Mergel, Ton, Lehm, Torf, Steine oder andere Bodenbestandteile abzubauen oder zu gewinnen,
2. Abgrabungen, Aufschüttungen, Auf- oder Abspülungen vorzunehmen oder Bodenvertiefungen aufzufüllen,
3. künstliche Wasserflächen, die von den Bestimmungen des Wasserhaushaltsgesetzes und des Wassergesetzes ausgenommen sind (§ 1 Abs. 2 WG), zu schaffen oder zu verändern,

bedarf einer Genehmigung durch die Naturschutzbehörde. Keiner Genehmigung bedürfen Vorhaben, die der Bergaufsicht unterliegen, und Vorhaben im Sinne des Satzes 1, soweit es sich um verfahrensfreie Vorhaben nach § 50 LBO handelt. Unberührt bleiben weitergehende Vorschriften in Rechtsverordnungen über geschützte Gebiete und Gegenstände.

(2) Es bedürfen der Genehmigung
1. die Errichtung und der Betrieb eines durch eine mechanische Aufstiegshilfe erschlossenen Geländes zum Zweck des Abfahrens mit Wintersportgeräten (Skipiste) und zugehöriger Einrichtungen sowie ihre wesentliche Änderung oder Erweiterung sowie
2. die Umwandlung von Ödland oder naturnahen Flächen zu intensiver landwirtschaftlicher Nutzung,

sofern für das Vorhaben nach dem Landesgesetz über die Umweltverträglichkeitsprüfung eine Verpflichtung zur Durchführung einer Umweltverträglichkeitsprüfung (UVP) besteht. Die Aufgaben nach § 3 a des Gesetzes über die Umweltverträglichkeitsprüfung in der Fassung vom 25. Juni 2005 (BGBl. I S. 1758) in der jeweils geltenden Fassung in Verbindung mit § 2 Abs. 1 Nr. 3 des Landesgesetzes über die Umweltverträglichkeitsprüfung obliegen der Behörde, die im Falle einer UVP-Pflicht das Genehmigungsverfahren durchführen würde. Die Vorschriften des Landesseilbahngesetzes bleiben unberührt.

(3) Bedarf ein Vorhaben im Sinne der Absätze 1 oder 2 nach anderen Vorschriften einer Gestattung, wird die Gestattung durch die Naturschutzbehörde erteilt, soweit nicht Bundesrecht entgegensteht. Dies gilt nicht für Vorhaben, die einer Planfeststellung oder Plangenehmigung bedürfen.

(4) Der Antrag auf Genehmigung nach Absatz 1 Satz 1 oder Absatz 2 Satz 1 ist schriftlich bei der Naturschutzbehörde einzureichen. Aus dem Antrag müssen alle für die Beurteilung des Vorhabens und des zu erwartenden Endzustandes erforderlichen Einzelheiten ersichtlich sein. § 23 Abs. 2 und 3 gilt entsprechend. Die Zulassung von Torfabbauvorhaben, anderen Abbau- oder Gewinnungsvorhaben im Sinne des Absatzes 1 Satz 1 Nr. 1 und Abgrabungen im Sinne des Absatzes 1 Satz 1 Nr. 2, für die nach dem Landesgesetz über die Umweltverträglichkeitsprüfung eine Verpflichtung zur Durchführung einer Umweltverträglichkeitsprüfung besteht, sowie den Vorhaben im Sinne des Absatzes 2 kann nur in einem Verfahren erteilt werden, das den Anforderungen des Landesgesetzes über die Umweltverträglichkeitsprüfung entspricht.

(5) Der Verursacher oder sein Rechtsnachfolger hat auf Verlangen der Naturschutzbehörde bauliche oder sonstige technische Anlagen, die nach Beendigung oder Unterbrechung des Eingriffs an Ort und Stelle belassen worden sind, zu entfernen.

(6) § 23 Abs. 4 bis 6 gilt entsprechend. Die Genehmigung erlischt, wenn nicht innerhalb von drei Jahren nach Erteilung der Genehmigung mit dem Vorhaben begonnen wird oder die Durchführung länger als drei Jahre unterbrochen wird. Die Frist kann auf Antrag verlängert werden.

§ 25 Werbeanlagen

(1) Werbeanlagen sind außerhalb der im Zusammenhang bebauten Ortsteile unzulässig. Das Gleiche gilt für Werbeanlagen, Himmelsstrahler und ähnliche Einrichtungen, die von der freien Landschaft aus in störender Weise in Erscheinung treten.

(2) Folgende Werbeanlagen können von der Naturschutzbehörde widerruflich zugelassen werden, wenn sie das Landschaftsbild nicht beeinträchtigen:
1. Werbeanlagen an der Stätte der Leistung; Himmelsstrahler jedoch nur mit der Auflage, dass sie in der Zeit des Vogelzuges vom 15. Februar bis 15. Mai sowie vom 1. September bis 30. November nicht betrieben werden;

2. Wegweiser, die auf Gaststätten oder Ausflugsziele hinweisen, die sich in der freien Landschaft befinden;
3. Sammelschilder an öffentlichen Straßen vor Ortseingängen als Hinweis auf ortsansässige Unternehmen und Einrichtungen, die den Belangen der Verkehrsteilnehmer dienen, zum Beispiel Tankstellen, Parkplätze, Werkstätten;
4. Werbeanlagen an und auf Flugplätzen, Nebenbetrieben an den Bundesautobahnen, Sportanlagen und auf abgegrenzten Versammlungsstätten;
5. Werbeanlagen auf Ausstellungs- und Messegeländen;
6. Hinweisschilder auf Selbstvermarktungseinrichtungen land-, forst- und fischereiwirtschaftlicher Betriebe.

Die Naturschutzbehörde kann in sonstigen Fällen widerruflich eine Ausnahme bewilligen, wenn dies zur Vermeidung einer besonderen Härte erforderlich ist oder wenn sonst ein wichtiger Grund vorliegt.

(3) Hinweise auf besondere Veranstaltungen, zum Beispiel sportliche Treffen, Schaustellungen, Feiern, in der freien Landschaft, die in der näheren Umgebung der Veranstaltung angebracht werden sollen, müssen der Naturschutzbehörde vorher angezeigt werden. Der Veranstalter hat die Hinweise unverzüglich nach der Veranstaltung zu entfernen.

(4) Zulassung und Ausnahme werden durch eine nach anderen Vorschriften erforderliche behördliche Gestattung ersetzt, wenn diese im Einvernehmen mit der Naturschutzbehörde erteilt wird. Bestehende Werbeanlagen, die nach Absatz 1 unzulässig und nicht nach Absatz 2 genehmigt sind, sind auf Verlangen der Naturschutzbehörde zu beseitigen.

(5) Weitergehende Schutzvorschriften bleiben unberührt.

IV. ABSCHNITT

Besonderer Schutz von Natur und Landschaft

[handwritten: Mit B/NatSch G vergleichen X]

§ 26 Naturschutzgebiete

(1) Gebiete, in denen in besonderem Maße der Schutz von Natur und Landschaft in ihrer Ganzheit oder in einzelnen Teilen
1. zur Erhaltung, Entwicklung oder Wiederherstellung von Biotopen sowie von Lebensgemeinschaften bestimmter wild lebender Tier- und Pflanzenarten,
2. aus ökologischen, wissenschaftlichen, naturgeschichtlichen, landeskundlichen oder kulturellen Gründen oder
3. wegen der Seltenheit, Vielfalt, besonderen Eigenart oder hervorragenden Schönheit ihrer naturhaften Ausstattung
erforderlich ist, können durch Rechtsverordnung zu Naturschutzgebieten erklärt werden.

(2) In der Rechtsverordnung sind der Schutzgegenstand, der wesentliche Schutzzweck und die dazu erforderlichen Verbote sowie Schutz- und Pflegemaßnahmen zu bestimmen. Sie kann auch Regelungen enthalten über notwendige Beschränkungen

293

1. der wirtschaftlichen Nutzung,
2. des Gemeingebrauchs an oberirdischen Gewässern,
3. der Befugnis zum Betreten des Gebiets.

(3) Im Naturschutzgebiet sind nach Maßgabe der Rechtsverordnung alle Handlungen verboten, die das Gebiet, seinen Naturhaushalt oder einzelne seiner Bestandteile zerstören, beschädigen, verändern, nachhaltig stören oder die wissenschaftliche Forschung beeinträchtigen können.

(4) Auch außerhalb eines Naturschutzgebiets kann die Naturschutzbehörde im Einvernehmen mit den zuständigen Fachbehörden im Einzelfall Handlungen untersagen, die geeignet sind, den Bestand des Naturschutzgebiets oder einzelner seiner Teile zu gefährden. Sind Schäden bereits entstanden, so kann die Naturschutzbehörde gegen den Verursacher oder den Inhaber der tatsächlichen Gewalt die zur Beseitigung der Schäden erforderlichen Anordnungen treffen.

(5) Soweit es zur Sicherung des Schutzgegenstandes und Verwirklichung des Schutzzwecks erforderlich ist, sollen angrenzende Gebiete als Landschaftsschutzgebiete ausgewiesen werden.

§ 27 Nationalparke

Nationalparke nach § 24 des Bundesnaturschutzgesetzes können nur durch Gesetz errichtet werden.

§ 28 Biosphärengebiete

(1) Einheitlich zu schützende und zu entwickelnde Gebiete, die
1. großräumig und für bestimmte Kulturlandschaften mit reicher Naturausstattung charakteristisch sind,
2. in wesentlichen Teilen die Voraussetzungen eines Naturschutzgebiets, im Übrigen überwiegend eines Landschaftsschutzgebiets erfüllen,
3. vornehmlich der Erhaltung, Entwicklung oder Wiederherstellung einer durch hergebrachte vielfältige Nutzung geprägten Landschaft und der darin historisch gewachsenen Arten- und Biotopvielfalt, einschließlich Wild- und früherer Kulturformen wirtschaftlich genutzter oder nutzbarer Tier- und Pflanzenarten, dienen,
4. beispielhaft der Entwicklung und Erprobung von die Naturgüter besonders schonenden Wirtschaftsweisen dienen und
5. der Umweltbildung und -erziehung, der ökologischen Forschung und der langfristigen Umweltbeobachtung dienen,

können durch Rechtsverordnung zu Biosphärengebieten erklärt werden.

Biosphärengebiete sind unter Berücksichtigung der durch die Großräumigkeit und Besiedlung gebotenen Ausnahmen in Kern-, Pflege- und Entwicklungszonen zu gliedern und zu entwickeln. Kernzonen werden wie Naturschutzgebiete, die übrigen Zonen überwiegend wie Landschaftsschutzgebiete geschützt. § 26 Abs. 2 und 3 gilt entsprechend.

(2) In der Rechtsverordnung sind der Schutzgegenstand, der Schutzzweck differenziert nach Zonen, die zur Verwirklichung der Schutzzwecke erforderlichen Bestimmungen einschließlich der Schutz-, Pflege- und Entwicklungsmaßnahmen oder der Ermächtigung hierzu zu bestimmen.

§ 29 Landschaftschutzgebiete

(1) Gebiete, in denen ein besonderer Schutz der Natur und Landschaft in ihrer Ganzheit, in einzelnen Teilen oder wegen besonderer Pflege- oder Entwicklungsmaßnahmen erforderlich sind, um

1. die Leistungs- und Funktionsfähigkeit eines ausgewogenen Naturhaushalts,
2. die Regenerationsfähigkeit und nachhaltige Nutzungsfähigkeit der Naturgüter,
3. die Vielfalt, Eigenart oder Schönheit der Natur und Landschaft oder
4. ihre besondere Bedeutung für naturverträgliche Erholung der Allgemeinheit

zu erhalten, zu entwickeln oder wiederherzustellen, können durch Rechtsverordnung zu Landschaftsschutzgebieten erklärt werden. Es können Gebiete einbezogen werden, in denen Lebensräume und Lebensstätten bestimmter Tier- und Pflanzenarten geschützt werden sollen. Landschaftsschutzgebiete können entsprechend ihren Schutzzwecken in Zonen mit entsprechend abgestuftem Schutz gegliedert werden.

(2) In der Rechtsverordnung sind der Schutzgegenstand, der wesentliche Schutzzweck und die dazu erforderlichen Verbote und Erlaubnisvorbehalte sowie Schutz-, Entwicklungs- und Pflegemaßnahmen zu bestimmen. Die Befugnisse zum Betreten und die Bodennutzung im Rahmen der guten fachlichen Praxis in der Land-, Forst- und Fischereiwirtschaft sollen nicht eingeschränkt werden.

(3) Im Landschaftsschutzgebiet sind nach näherer Maßgabe der Rechtsverordnung alle Handlungen verboten, die den Charakter des Gebiets verändern oder dem Schutzzweck zuwiderlaufen, insbesondere wenn dadurch

1. der Naturhaushalt geschädigt,
2. die Nutzungsfähigkeit der Naturgüter nachhaltig gestört,
3. eine geschützte Flächennutzung auf Dauer geändert,
4. das Landschaftsbild nachteilig verändert,
5. der Naturgenuss beeinträchtigt oder
6. im Falle des Absatzes 1 Satz 2 die Qualität der Lebensstätten nachteilig verändert

wird.

§ 30 Naturparke

(1) Großräumige Gebiete, die als vorbildliche Landschaften für eine naturnahe Erholung einheitlich zu planen, zu entwickeln und zu pflegen sind und die

1. sich überwiegend durch Vielfalt, Eigenart und Schönheit von Natur und Landschaft auszeichnen,
2. sich wegen ihrer Naturausstattung für die Erholung größerer Bevölkerungsteile besonders eignen und in denen ein nachhaltiger Tourismus angestrebt wird,
3. Gebiete einschließen, die nach den Erfordernissen der Raumordnung für die Erholung vorgesehen sind,
4. die Erhaltung, Entwicklung oder Wiederherstellung einer durch vielfältige Nutzung geprägten Landschaft und ihrer Arten- und Biotopvielfalt dienen und in denen zu diesem Zweck eine dauerhaft umweltgerechte Landnutzung angestrebt wird und
5. besonders dazu geeignet sind, eine nachhaltige Regionalentwicklung zu fördern,

können durch Rechtsverordnung zu Naturparken erklärt werden.

295

(2) Naturparke sollen nach ihrer natürlichen Eignung, ihrem Naturschutz- und Erholungszweck und der raumordnerischen Zielsetzung gegliedert werden. Bestehende Landschaftsschutzgebiete sind in den Naturpark einzubeziehen, Naturschutzgebiete können einbezogen werden; die ihnen zugrunde liegenden Rechtsvorschriften bleiben unberührt.

(3) In der Rechtsverordnung sind der Schutzgegenstand, der Träger des Naturparks, der wesentliche Schutzzweck und die dazu erforderlichen Verbote und Erlaubnisvorbehalte zu bestimmen. Die Befugnisse zum Betreten sollen nicht eingeschränkt werden. § 29 Abs. 3 gilt entsprechend.

§ 31 Naturdenkmale

(1) Gebiete mit einer Fläche bis zu 5 ha (flächenhafte Naturdenkmale) oder Einzelbildungen der Natur (Naturgebilde), deren Schutz und Erhaltung

1. zur Sicherung und Entwicklung von Lebensgemeinschaften oder Lebensstätten bestimmter wild lebender Tier- und Pflanzenarten,
2. aus wissenschaftlichen, ökologischen, naturgeschichtlichen, landeskundlichen oder kulturellen Gründen oder
3. wegen ihrer Eigenart, Seltenheit, Schönheit oder landschaftstypischen Kennzeichnung

erforderlich sind, können durch Rechtsverordnung zu Naturdenkmalen erklärt werden. Soweit es erforderlich ist, kann bei Naturgebilden auch die Umgebung geschützt werden.

(2) In der Rechtsverordnung sind der Schutzgegenstand, der wesentliche Schutzzweck, die dazu erforderlichen Verbote und Erlaubnisvorbehalte, Schutz- und Pflegemaßnahmen für das Naturdenkmal sowie seine geschützte Umgebung zu bestimmen. § 26 Abs. 2 Satz 2 gilt entsprechend.

(3) Die Naturschutzbehörde kann Verbote und Schutz- und Pflegemaßnahmen auch durch Einzelanordnungen treffen.

(4) Die Beseitigung des Naturdenkmals und alle Handlungen, die zu einer Zerstörung, Veränderung oder Beeinträchtigung des Naturdenkmals oder seiner geschützten Umgebung führen können, sind nach Maßgabe der Rechtsverordnung verboten.

§ 32 Besonders geschützte Biotope

(1) Die folgenden Biotope in der in der Anlage zu diesem Gesetz beschriebenen Ausprägung sind besonders geschützt:

1. Moore, Sümpfe, naturnahe Bruch-, Sumpf- und Auwälder, Streuwiesen, Röhrichtbestände und Riede, seggen- und binsenreiche Nasswiesen;
2. natürliche und naturnahe Bereiche fließender und stehender Binnengewässer einschließlich ihrer Ufer und der dazugehörigen uferbegleitenden natürlichen oder naturnahen Vegetation sowie ihrer natürlichen oder naturnahen Verlandungsbereiche, Altarme und regelmäßig überschwemmten Bereiche, Quellbereiche, naturnahe Uferbereiche und naturnahe Bereiche der Flachwasserzone des Bodensees;
3. offene Binnendünen, Zwergstrauch-, Ginster- und Wacholderheiden, Trocken- und Magerrasen, Gebüsche und naturnahe Wälder trockenwarmer Standorte, jeweils einschließlich ihrer Staudensäume, Krummholzgebüsche;

4. offene Felsbildungen, offene natürliche Block-, Schutt- und Geröllhalden, Lehm- und Lösswände;
5. Höhlen, Dolinen;
6. Feldhecken, Feldgehölze, Hohlwege, Trockenmauern und Steinriegel, jeweils in der freien Landschaft.

(2) Alle Handlungen, die zu einer Zerstörung oder erheblichen oder nachhaltigen Beeinträchtigung der besonders geschützten Biotope führen können, sind verboten. Weitergehende Verbote in Rechtsverordnungen und Satzungen über geschützte Gebiete und Gegenstände bleiben unberührt.

(3) Abweichend von Absatz 2 Satz 1 ist es zulässig,

1. Pflege- und Unterhaltungsmaßnahmen durchzuführen, die zur Erhaltung oder Wiederherstellung der besonders geschützten Biotope notwendig sind;
2. die land- und forstwirtschaftliche Nutzung in der Art und in dem Umfang fortzusetzen, wie sie am 31. Dezember 1991 ordnungsgemäß ausgeübt wurde;
3. die land-, forst- und fischereiwirtschaftliche Nutzung, die aufgrund vertraglicher Beiwirtschaftungsbeschränkungen oder der Teilnahme an einen Extensivierungs- oder Stilllegungsprogramm zeitweise eingeschränkt oder aufgegeben worden war, innerhalb einer Frist von fünf Jahren nach Auslaufen des Vertrages oder Teilnahme am Programm wieder aufzunehmen. Die Frist kann auf Antrag einmalig um weitere fünf Jahre verlängert werden;
4. Nutzungen fortzusetzen oder aufzunehmen, die am 31. Dezember 1991 aufgrund einer behördlichen Gestattung oder einer ausdrücklichen Regelung in einer Rechtsverordnung nach §§ 26 oder 31 ausgeübt werden oder begonnen werden durften;
5. Vorhaben im Sinne von § 35 Abs. 1 Nr. 1 und 2 des Baugesetzbuchs durchzuführen, die in unmittelbarem räumlichen Zusammenhang mit einer landwirtschaftlichen Hofstelle oder einem ausgesiedelten Betriebszweig stehen.

(4) Die Naturschutzbehörde kann Ausnahmen von den Verboten des Absatzes 2 Satz 1 zulassen, wenn

1. überwiegende Gründe des Gemeinwohls diese erfordern oder
2. keine erheblichen oder nachhaltigen Beeinträchtigungen des Biotops und der Lebensstätten gefährdeter Tier- und Pflanzenarten zu erwarten sind oder
3. wenn durch Ausgleichsmaßnahmen in angemessener Zeit ein gleichartiger Biotop geschaffen wird.

Für Ausnahmen nach Satz 1 Nr. 1 gilt § 21 Abs. 1 bis 5 entsprechend. In Naturschutzgebieten lässt die höhere Naturschutzbehörde die Ausnahmen zu. Die Ausnahme wird durch eine nach anderen Vorschriften erforderliche behördliche Gestattung ersetzt, wenn diese im Einvernehmen mit der Naturschutzbehörde erteilt wird.

(5) Bisher erteilte befristete Gestattungen und Genehmigungen, die am 31. Dezember 1991 ausgeübt werden oder begonnen werden durften, sollen verlängert oder erneuert werden, wenn überwiegende Gründe des Gemeinwohls nicht entgegenstehen.

(6) § 26 Abs. 4 gilt entsprechend.

(7) Die Naturschutzbehörde erfasst die besonders geschützten Biotope und trägt sie in Listen und Karten mit deklaratorischer Bedeutung ein. Die Listen und Karten liegen bei der Naturschutzbehörde und den Gemeinden zur Einsicht für jedermann aus. Die Gemeinden weisen auf die Auslegung der Karten und Listen zur Einsicht für jedermann durch ortsübliche Bekanntmachung hin.

(8) Die Naturschutzbehörde teilt Eigentümern und sonstigen Nutzungsberechtigten auf Anfrage mit, ob sich auf ihrem Grundstück ein besonders geschützter Biotop befindet oder ob eine bestimmte Handlung verboten ist.

(9) Für Flächen, die gemäß Absatz 1 Nr. 2 bis 4 erstmals durch dieses Gesetz ein besonders geschützter Biotop oder Teil eines solchen Biotops werden, gilt abweichend von Absatz 3 Nr. 2 und 4 sowie Absatz 5 als maßgeblicher Zeitpunkt der 1. Januar 2006.

§ 33 Geschützte Grünbestände

(1) Grünbestände, deren besonderer Schutz

1. zur Sicherung

   a) der Entwicklung oder Wiederherstellung eines ausgewogenen Naturhaushalts,

   b) von Flächen für die Naherholung,

   c) von Lebensstätten bestimmter wild lebender Tier- und Pflanzenarten,

   d) von Biotopvernetzungselementen,

2. zur Belebung, Gliederung oder Pflege des Orts- oder Landschaftbilds sowie zur Erhaltung des Kleinklimas,

3. zur Abwehr schädlicher Einwirkungen oder

4. aus landeskundlichen oder kulturellen Gründen

erforderlich ist, können durch Satzung unter Schutz gestellt werden. § 31 Abs. 2 gilt entsprechend.

(2) Grünbestände im Sinne dieser Bestimmung sind

1. innerhalb der im Zusammenhang bebauten Ortsteile, in Gebieten, deren Bebauung in absehbarer Zeit zu erwarten ist, oder in den Randzonen von Wohn-, Gewerbe- oder Verkehrsbereichen,

   a) Grünflächen oder Grünzonen,

   b) Parkanlagen, Friedhöfe oder bedeutsame Gartenanlagen oder

   c) Einzelbäume, Baumreihen, Alleen oder Baumgruppen (Bäume), ausgenommen solche in Gärtnereien und Baumschulen, und

   d) Hecken,

2. im besiedelten und freien Bereich Schutzpflanzungen oder Schutzgehölze außerhalb des Waldes.

(3) Außerhalb des Waldes kann sich der Schutz von Bäumen auch auf den Baumbestand des gesamten Gemeindegebiets oder von Teilen des Gemeindegebiets erstrecken.

(4) Vorbehaltlich einer anderweitigen Regelung in der Satzung ist es verboten, geschützte Grünbestände in ihrem Bestand zu beeinträchtigen oder zu verändern, insbesondere sie auf Dauer einer anderen Flächennutzung zuzuführen. Die Satzung kann Vorschriften enthalten über

1. eine Mindestpflege von Grünbeständen und deren Schutz vor Verwilderung, soweit die Grundstücke nicht einer land- oder forstwirtschaftlichen Nutzung unterliegen;
2. Verpflichtungen zu angemessenen und zumutbaren Ersatzpflanzungen oder Ausgleichsabgaben für den Fall der Bestandsminderung durch Eingriffe.

Unberührt bleiben eine ordnungsgemäße Nutzung der Grünbestände, gestalterische Maßnahmen zu ihrer Eingliederung in die Bebauung sowie Maßnahmen, die der Pflege und Erhaltung der Grünbestände dienen.

§ 34 Beeinträchtigung geschützter Flächen

(1) Wird ein Schutzgebiet, geschützter Gegenstand oder besonders geschützter Biotop nach §§ 26 bis 32 unter Verletzung der Schutzbestimmungen beeinträchtigt, so trifft die Naturschutzbehörde die Anordnungen entsprechend § 23 Abs. 4, wenn nicht auf andere Weise ein rechtmäßiger Zustand hergestellt werden kann. Bei der Beeinträchtigung eines geschützten Grünbestands nach § 33 trifft die Gemeinde die Anordnungen.

(2) Die Anwendung chemischer Mittel zur Bekämpfung von Schadorganismen und Pflanzenkrankheiten sowie von Wirkstoffen, die den Entwicklungsablauf von Pflanzen und Tieren beeinflussen, ist in Naturschutzgebieten, in Kern- und Pflegezonen von Biosphärengebieten, in besonders geschützten Biotopen und auf flächenhaften Naturdenkmalen außerhalb von intensiv genutzten land- und fischereiwirtschaftlichen Flächen verboten. Die zuständige Naturschutzbehörde kann die Verwendung dieser Mittel zulassen, soweit eine Gefährdung des Schutzzwecks nicht zu befürchten ist. Weitergehende Vorschriften bleiben unberührt.

§ 35 Schutz von Bezeichnungen und Kennzeichen

(1) Bei Bezeichnungen Naturschutzgebiet, Nationalpark, Biosphärengebiet, Landschaftsschutzgebiet, Naturpark, Naturdenkmal, geschützter Grünbestand und besonders geschützter Biotop sowie die amtlichen Kennzeichen dürfen nur für die nach diesem Gesetz geschützten Gebiete und Gegenstände verwendet werden.

(2) Naturschutzgebiete, Landschaftsschutzgebiete und Naturdenkmale sollen durch die Naturschutzbehörde in der Natur kenntlich gemacht werden. Bei Naturschutzgebieten soll auf die Bedeutung des Schutzgebiets und auf die wichtigsten Bestimmungen der Rechtsverordnung hingewiesen werden.

(3) Die amtlichen Kennzeichen werden durch Rechtsverordnung des Ministeriums festgelegt.

V. ABSCHNITT

Europäisches ökologisches Netz „Natura 2000"

§ 36 Errichtung des Europäischen ökologischen Netzes „Natura 2000"

(1) Das Land trägt zum Aufbau und Schutz des Europäischen ökologischen Netzes besonderer Schutzgebiete mit der Bezeichnung „Natura 2000" bei.

(2) Die Landesregierung wählt auf Vorschlag des Ministeriums nach den in den Richtlinien 79/409/EWG und 92/43/EWG genannten Maßstäben und im Verfahren nach § 33 Abs. 1 Satz 2 des Bundesnaturschutzgesetzes die Gebiete von gemeinschaftlicher Bedeutung und die Europäischen Vogelschutzgebiete aus. Das Ministerium teilt die von der Landesregierung ausgewählten Gebiete der zuständigen Stelle des Bundes zur Benennung gegenüber der Kommission mit.

(3) Das Ministerium wird ermächtigt, die nach Absatz 2 von der Landesregierung ausgewählten Europäischen Vogelschutzgebiete sowie die Gebietsabgrenzungen, die wertgebenden Vogelarten und die Erhaltungsziele dieser Gebiete durch Rechtsverordnung festzulegen. Die Ersatzbekanntmachung der Gebietsabgrenzungen erfolgt entsprechend § 3 des Verkündungsgesetzes.

(4) Gebiete von gemeinschaftlicher Bedeutung werden nach den Maßgaben des Artikels 4 Abs. 4 der Richtlinie 92/43/EWG, Europäische Vogelschutzgebiete nach den Maßgaben des Artikels 4 Abs. 1 bis 3 der Richtlinie 79/409/EWG entsprechend den jeweiligen Erhaltungszielen als geschützte Teile von Natur und Landschaft im Sinne des Vierten Abschnitts ausgewiesen. Die Schutzgebietsausweisung bestimmt den Schutzzweck entsprechend den jeweiligen Erhaltungszielen und die erforderlichen Gebietsabgranzungen. In ihr ist darzustellen, ob prioritäre Biotope oder prioritäre Arten zu schützen sind. Durch geeignete Gebote und Verbote sowie Pflege- und Entwicklungsmaßnahmen ist sicherzustellen, dass den Anforderungen des Artikels 6 der Richtlinie 92/43/EWG entsprochen wird. Soweit für Europäische Vogelschutzgebiete eine Rechtsverordnung nach Absatz 3 besteht, hat die Schutzverordnung die darin enthaltenen Festlegungen zu beachten. Weitergehende Schutzvorschriften bleiben unberührt. Eine gesonderte Schutzgebietsausweisung ist nicht erforderlich, wenn eine bestehende Schutzgebietsausweisung im Sinne des Vierten Abschnitts einen ausreichenden Schutz gewährleistet.

(5) Die Unterschutzstellung nach Absatz 4 kann unterbleiben, soweit nach anderen Rechtsvorschriften, nach Verwaltungsvorschriften, durch die Verfügungsbefugnis eines öffentlichen oder gemeinnützigen Trägers oder durch vertragliche Vereinbarungen ein gleichwertiger Schutz gewährleistet ist.

§ 37 Allgemeine Schutzvorschriften, Verschlechterungsverbot

Veränderungen oder Störungen, die zu erheblichen Beeinträchtigungen eines Gebiets von gemeinschaftlicher Bedeutung oder eines Europäischen Vogelschutzgebiets in ihren jeweiligen für die Erhaltungsziele maßgeblichen Bestandteilen führen können, sind unzulässig. Weitergehende Schutzvorschriften sowie bestehende Gestattungen, zulässigerweise errichtete Anlagen und deren Nutzung bleiben unberührt. § 34 Abs. 1 Satz 1 gilt entsprechend. Die Naturschutzbehörde kann unter den Voraussetzungen des § 38 Abs. 3 bis 5 Ausnahmen von dem Verbot des Satzes 1 zulassen. Die Ausnahme wird durch eine nach anderen Vorschriften erforderliche behördliche Gestattung ersetzt, wenn diese im Einvernehmen mit der Naturschutzbehörde erteilt wird.

§ 38 Verträglichkeit und Unzulässigkeit von Projekten und Plänen, Ausnahmen

(1) Projekte sind vor ihrer Zulassung oder Durchführung auf ihre Verträglichkeit mit den Erhaltungszielen eines Gebiets von gemeinschaftlicher Bedeutung oder eines Europäischen Vogelschutzgebiets zu überprüfen. Bei Schutzgebieten

im Sinne des Vierten Abschnitts ergeben sich die Maßstäbe für die Verträglichkeit aus dem Schutzzweck und den dazu erlassenen Vorschriften.

(2) Ergibt die Prüfung der Verträglichkeit, dass das Projekt zu erheblichen Beeinträchtigungen eines in Absatz 1 genannten Gebiets in seinen für die Erhaltungsziele oder den Schutzzweck maßgeblichen Bestandteilen führen kann, ist es unzulässig.

(3) Abweichend von Absatz 2 darf ein Projekt nur zugelassen oder durchgeführt werden, soweit

1. es aus zwingenden Gründen des überwiegenden öffentlichen Interesses, einschließlich solcher sozialer oder wirtschaftlicher Art, notwendig ist und

2. zumutbare Alternativen, den mit dem Projekt verfolgten Zweck an anderer Stelle ohne oder mit geringeren Beeinträchtigungen zu erreichen, nicht gegeben sind.

(4) Befinden sich in dem vom Projekt betroffenen Gebiet prioritäre Biotope oder prioritäre Arten, können als zwingende Gründe des überwiegenden öffentlichen Interesses nur solche im Zusammenhang mit der Gesundheit des Menschen, der öffentlichen Sicherheit, einschließlich des Landesverteidigung und des Schutzes der Zivilbevölkerung, oder den maßgeblich günstigen Auswirkungen des Projekts auf die Umwelt geltend gemacht werden. Sonstige Gründe im Sinne des Absatzes 3 Nr. 1 können nur berücksichtigt werden, wenn das zuständige Ministerium unter Beteiligung der obersten Naturschutzbehörde zuvor über das Bundesministerium für Umwelt, Naturschutz und Reaktorsicherheit eine Stellungnahme der Kommission eingeholt hat.

(5) Soll ein Projekt nach Absatz 3, auch in Verbindung mit Absatz 4, zugelassen oder durchgeführt werden, sind die zur Sicherheit des Zusammenhangs des Europäischen ökologischen Netzes „Natura 2000" notwendigen Maßnahmen vorzusehen. Das zuständige Ministerium unterrichtet unter Beteiligung der obersten Naturschutzbehörde die Kommission über das Bundesministerium für Umwelt, Naturschutz und Reaktorsicherheit über die getroffenen Maßnahmen.

(6) Bedarf das Projekt nach anderen Vorschriften einer Gestattung, so ergehen die Entscheidungen der für die Gestattung zuständigen Behörden im Benehmen mit der Naturschutzbehörde, soweit Bundesrecht nicht entgegensteht. Ist bei Großvorhaben das Regierungspräsidium zuständig, so ergeht die Entscheidung im Benehmen mit der höheren Naturschutzbehörde. Die Behörde setzt in ihrer Entscheidung die erforderlichen Anordnungen nach Absatz 5 Satz 1 fest. Bedarf ein Projekt keiner Gestattung nach anderen Vorschriften, ist die Naturschutzbehörde zuständig. Dem Antrag sind die Unterlagen beizufügen, die zur Prüfung der Verträglichkeit und der Voraussetzungen zur Erteilung einer Ausnahme sowie der vorgesehenen Maßnahmen nach Absatz 5 erforderlich sind.

(7) Wenn ein im Geltungsbereich dieses Gesetzes geplantes Projekt erhebliche Auswirkungen auf Schutzgebiete nach den Richtlinien 92/43/EWG oder 79/409/EWG in einem anderen Mitgliedstaat der Europäischen Union haben kann, unterrichtet die zuständige Behörde die vom Mitgliedstaat benannte Behörde. § 8 Abs. 1 und 3 des Gesetzes über die Umweltverträglichkeitsprüfung gilt entsprechend.

(8) Absätze 1 bis 5 und 7 sind bei sonstigen Plänen im Sinne des § 35 Satz 1 Nr. 2 des Bundesnaturschutzgesetzes entsprechend anzuwenden.

§ 39 Verhältnis zu anderen Rechtsnormen

(1) Für geschützte Teile von Natur und Landschaft und geschützte Biotope im Sinne des § 32 ist § 38 nur insoweit anzuwenden, als die Schutzvorschiften, einschließlich der Vorschriften über Ausnahmen und Befreiungen, keine strengeren Regelungen für die Zulassung von Projekten enthalten. Die Pflichten nach § 28 Abs. 4 Satz 2 über die Beteiligung der Kommission und nach § 38 Abs. 5 Satz 2 über die Unterrichtung der Kommission bleiben unberührt.

(2) Handelt es sich bei Projekten um Eingriffe in Natur und Landschaft, bleiben §§ 20 bis 23 dieses Gesetzes sowie §§ 20 und 21 des Bundesnaturschutzgesetzes unberührt.

§ 40 Vorläufiger Schutz

§§ 37 bis 39 finden mit Ausnahme von § 38 Abs. 4 Satz 2 auch Anwendung auf der Europäischen Kommission nach § 36 Abs. 2 Satz 2 gemeldete, aber noch nicht nach § 36 Abs. 3 bis 5 geschützte Gebiete. In einem Konzertierungsgebiet sind die in § 37 Satz 1 genannten Handlungen, sofern sie zu erheblichen Beeinträchtigungen der in ihm vorkommenden prioritären Biotope oder prioritären Arten führen können, unzulässig.

VI. ABSCHNITT

Schutz und Pflege wild lebender Tier- und Pflanzenarten

§ 41 Aufgaben des Artenschutzes

Die Vorschriften dieses Abschnitts dienen dem Schutz, der Erhaltung und Pflege der wild lebenden Tier- und Pflanzenarten in ihrer natürlichen und historisch gewachsenen Vielfalt. Unberührt bleiben die Vorschriften des Fischerei-, Forst- und Jagdrechts, soweit nicht in Rechtsverordnungen nach dem Vierten Abschnitt und für Gebiete nach dem Fünften Abschnitt besondere Bestimmungen getroffen sind.

Der Artenschutz umfasst insbesondere

1. den Schutz der Tiere und Pflanzen und ihrer Lebensgemeinschaften vor Beeinträchtigungen durch den Menschen,

2. den Schutz, die Pflege, die Entwicklung und Wiederherstellung der Biotope wild lebender Tier- und Pflanzenarten sowie die Gewährleistung ihrer sonstigen Lebensbedingungen und

3. die Ansiedlung von Tieren und Pflanzen verdrängter Arten in geeigneten Biotopen innerhalb ihres natürlichen Verbreitungsgebiets.

§ 42 Arten- und Biotopschutzprogramm, Rote Listen

(1) Zur Vorbereitung, Durchführung und Überwachung von Maßnahmen zur Erhaltung, Pflege und Entwicklung der wild lebenden Tier- und Pflanzenarten einschließlich der dem Jagdrecht unterliegenden Tierarten wird von der Landes-

anstalt für Umwelt, Messungen und Naturschutz unter Mitwirkung anderer betroffener Landesbehörden sowie der Naturschutzvereine und sachkundiger Bürger ein Arten- und Biotopschutzprogramm erstellt und fortschrieben.

(2) Das Arten- und Biotopschutzprogramm enthält insbesondere

1. Verzeichnisse der im Landesgebiet vorkommenden wild lebenden Tier- und Pflanzenarten, ihrer Lebensgemeinschaften, Lebensräume und Lebensbedingungen sowie ihrer wesentlichen Populationen einschließlich ihrer Veränderungen, soweit sie für den Artenschutz bedeutsam sind,

2. Zustandsbewertungen für die besonders geschützten und die in ihrem Bestand gefährdeten Arten und Lebensgemeinschaften sowie für die Arten von gemeinschaftlichem Interesse und für die europäischen Vogelarten unter Darstellung ihrer wesentlichen Gefährdungsursachen,

3. Vorschläge für Schutzmaßnahmen und Grunderwerb und

4. Hinweise für Maßnahmen zur Lenkung der Bestandsentwicklung.

(3) Zur Vorbereitung von Maßnahmen des Biotop- und Artenschutzes gibt die Landesanstalt für Umwelt, Messungen und Naturschutz in geeigneten Zeitabständen den wissenschaftlichen Stand der Erkenntnisse über ausgestorbene und bedrohte heimische Tier- und Pflanzenarten sowie über die Gefährdung von Biotopen (Rote Listen) bekannt.

§ 43 Allgemeiner Schutz der Pflanzen und Tiere

(1) Es ist verboten,

1. wild wachsende Pflanzen ohne vernünftigen Grund von ihrem Standort zu entnehmen oder zu schädigen,

2. wild lebende Tiere mutwillig zu beunruhigen oder ohne vernünftigen Grund zu fangen, zu verletzen oder zu töten,

3. Lebensstätten wild lebender Tier- und Pflanzenarten ohne vernünftigen Grund zu beeinträchtigen oder zu zerstören,

4. die Vegetation auf Wiesen, Feldrainen, ungenutztem Gelände, an Hecken, Hängen oder Böschungen sowie Hecken, lebende Zäune, Bäume, Gebüsche, Schilf- und Röhrichtbestände abzubrennen oder

5. Gräben, die ständig Wasser führen, unter Einsatz von Grabenfräsen zu räumen.

(2) In der Zeit vom 1. März bis 30. September ist es unbeschadet weitergehender Rechtsvorschriften, insbesondere nach dem Vierten und Fünften Abschnitt, verboten,

1. Hecken, lebende Zäune, Bäume, Gebüsche, Schilf- und Röhrichtbestände zu fällen, zu roden oder auf andere Weise zu zerstören, abzuschneiden oder erheblich zu beeinträchtigen,

2. Bäume mit Horsten oder Wohnhöhlen zu beseitigen.

(3) Das Verbot des Absatzes 2 gilt nicht für

1. Maßnahmen, die bei zulässigen Bauvorhaben (insbesondere Hoch- und Tiefbau, Straßenbau) oder bei zugelassenen Abbauvorhaben notwendig werden,

2. Maßnahmen, die bei der Unterhaltung und dem Ausbau oberirdischer Gewässer und Dämme notwendig werden,

3. Maßnahmen, die zur Gewähleistung der Verkehrssicherheit und der Leichtigkeit des Verkehrs notwendig werden,

4. die land- und forstwirtschaftliche Bodennutzung und die fischereiwirtschaftliche Nutzung oberirdischer Gewässer, soweit sie der guten fachlichen Praxis und den in § 12 genannten Anforderungen entspricht, und

5. Form- und Pflegeschnitte zur Beseitigung des Zuwachses von Pflanzen.

Die Maßnahmen sind möglichst schonend durchzuführen.

(4) Die Naturschutzbehörde kann abweichend von den Absätzen 1 und 2 Maßnahmen anordnen oder zulassen, die im öffentlichen Interesse nicht zu anderer Zeit oder auf andere Weise mit dem gleichen Ergebnis durchgeführt werden können oder die im Einzelfall nach Art und Umfang den Schutzzweck nicht beeinträchtigen.

(5) Die Naturschutzbehörde kann durch Rechtsverordnung oder Einzelanordnung für die Lebensstätten bestimmter Arten, insbesondere ihre Standorte, Brut- und Wohnstätten, zeitlich befristet besondere Schutzmaßnahmen festlegen. § 31 Abs. 1 Satz 2 und Abs. 2 gilt entsprechend.

(6) Das Ministerium kann durch Rechtsverordnung zur Erhaltung der besonders geschützten Arten geeignete Maßnahmen bestimmen sowie Handlungen verbieten oder einschränken, die die Bestände weiter verringern können.

§ 44 Ausbringen und Ansiedeln von Tieren und Pflanzen

(1) Tiere oder gebietsfremde Pflanzen dürfen nur mit Erlaubnis der Naturschutzbehörde in der freien Landschaft ausgebracht oder angesiedelt werden. Als gebietsfremd nach Satz 1 gelten auch Pflanzen außerhalb ihres natürlichen Verbreitungsgebiets. Satz 1 und 2 gilt nicht für

1. den Anbau von Pflanzen in der Land- und Forstwirtschaft,

2. das Einsetzen von anderen Organismen
   a) nicht gebietsfremder Arten,
   b) gebietsfremder Arten, sofern das Einsetzen einer pflanzenschutzrechtlichen Genehmigung bedarf, bei der die Belange des Artenschutzes berücksichtigt sind,
   zum Zweck des biologischen Pflanzenschutzes,

3. das Ansiedeln von dem Jagd- oder Fischereirecht unterliegenden Tieren nicht gebietsfremder Arten.

(2) Die Erlaubnis ist zu versagen, wenn die Gefahr einer Verfälschung der Tier- oder Pflanzenwelt der Mitgliederstaaten oder eine Gefährdung des Bestands oder der Verbreitung wild lebender Tier- und Pflanzenarten der Mitgliedstaaten oder von Populationen solcher Arten nicht auszuschließen ist oder andere Rechtsvorschriften dem Aussetzen von Tieren entgegenstehen. Artikel 22 der Richtlinie 92/43/EWG, Artikel 11 der Richtlinie 79/409/EWG sowie Artikel 8 Buchst. h des Übereinkommens über die biologische Vielfalt vom 5. Juni 1992 (BGBl. II 1993 S. 1741) sind zu beachten.

(3) Soweit es aus Gründen des Artenschutzes erforderlich ist, kann die Naturschutzbehörde anordnen, dass ohne Erlaubnis nach Abs. 1 Satz 1 ausgebrachte oder angesiedelte Pflanzen und Tiere und deren Nachkommen wieder zu beseitigen oder behördliche Maßnahmen zur Beseitigung dieser Tiere und Pflanzen zu dulden sind.

§ 45 Aneignung von Pflanzen und Früchten

(1) Jedermann hat das Recht, in der freien Landschaft wild lebende Pflanzen, Beeren, Früchte oder Pilze der nicht besonders geschützten Arten in ortsüblichem Umfang sich anzueignen sowie Blüten, Blätter oder Zweige in Mengen, die nicht über einen Handstrauß hinausgehen, zu entnehmen. Die Ausübung dieses Rechts hat pfleglich zu erfolgen. Rechtsvorschriften, die das Aneignungsrecht nach Satz 1 sowie das Betreten der Landschaft in Schutzgebieten einschränken, bleiben unberührt.

(2) Das Sammeln von wild lebenden Tieren und Pflanzen der nicht besonders geschützten Arten für den Handel und für gewerbliche Zwecke bedarf, unbeschadet der Rechte Dritter, der Erlaubnis der Naturschutzbehörde. Die Erlaubnis kann zum Schutz der wild lebenden Tiere und Pflanzen mit Nebenbestimmungen verbunden werden. Sie ist zu versagen, wenn ein Schutz durch Nebenbestimmungen nicht gewährleistet ist.

(3) Die Erlaubnis kann auch über einen Einheitlichen Ansprechpartner im Sinne des Gesetzes über Einheitliche Ansprechpartner für das Land Baden-Württemberg abgewickelt werden; § 42 a und §§ 71 a bis 71 e des Landesverwaltungsverfahrensgesetzes in der jeweils geltenden Fassung finden Anwendung.

§§ 46, 47

(hier nicht abgedruckt)

§ 48 Tiergehege

(1) Für Anlagen, in denen besonders geschützte Tiere wild lebender Arten außerhalb von Wohn- und Geschäftsgebäuden gehalten werden und die keine Zoos im Sinne von § 14 Abs. 2 Nr. 19 sind (Tiergehege), gilt § 46 Abs. 2 Satz 1 Nr. 1 bis 3 entsprechend. Besondere Vorschriften für Gehege im Wald bleiben unberührt.

(2) Die Naturschutzbehörde hat ein Auskunfts- und Zutrittsrecht entsprechend § 47 Abs. 1 und 2. Sie kann die erforderlichen Anordnungen treffen oder die Beseitigung eines Geheges anordnen, wenn nicht auf andere Weise rechtmäßige Zustände hergestellt werden können.

VII. ABSCHNITT

Erholung in Natur und Landschaft

§ 49 Recht auf Erholung

(1) Jedermann hat ein Recht auf Erholung in der freien Landschaft nach Maßgabe dieses Gesetzes.

(2) Das Recht auf Erholung findet seine Schranken in den allgemeinen Gesetzen, den Interessen der Allgemeinheit und in den Rechten Dritter. Bei der Ausübung des Rechts auf Erholung ist jedermann verpflichtet, pfleglich mit Natur und Landschaft umzugehen und Rücksicht insbesondere auf die Belange der Grundstückseigentümer und Nutzungsberechtigten sowie anderer Erholungssuchender zu nehmen.

(3) Die Ausübung des Rechts auf Erholung erfolgt auf eigene Gefahr. Vorbehaltlich anderer Rechtsvorschriften werden dadurch besondere Sorgfalts- oder Verkehrssicherungspflichten der betroffenen Grundstückseigentümer oder sonstigen Berechtigten nicht begründet.

§ 50 Pflichten der öffentlichen Planungsträger

(1) Die öffentlichen Planungsträger haben die Ausübung des Rechts auf Erholung zu gewährleisten und die Voraussetzungen für die Rechtsausübung zu schaffen.

(2) Die öffentlichen Planungsträger haben im Rahmen ihrer Zuständigkeit in raumwirksamen Planungen landschaftlichen Schönheiten Rechnung zu tragen und sollen Erholungsflächen mit ihren Zugängen für die Allgemeinheit freihalten.

§ 51 Betreten der freien Landschaft

(1) Jeder darf die freie Landschaft zum Zwecke der Erholung unentgeltlich betreten. Landwirtschaftlich genutzte Flächen dürfen während der Nutzzeit nur auf Wegen betreten werden. Als Nutzzeit gilt die Zeit zwischen Saat oder Bestellung und Ernte, bei Grünland die Zeit des Aufwuchses und der Beweidung. Sonderkulturen, insbesondere Flächen, die dem Garten-, Obst- und Weinbau dienen, dürfen nur auf Wegen betreten werden.

(2) Zum Betreten gehören auch natur- und landschaftsvertägliche sportliche und spielerische Betätigungen in der freien Landschaft, nicht jedoch das unerlaubte Zelten, Fahren und Abstellen von motorgetriebenen Fahrzeugen oder Anhängern.

(3) Das Fahren mit Fahrrädern (ohne Motorkraft) und Krankenfahrstühlen (auch mit Motorantrieb) ist nur auf hierfür geeigneten Wegen erlaubt. Auf Fußgänger ist Rücksicht zu nehmen.

(4) Wer die freie Landschaft betritt, ist verpflichtet, von ihm abgelegte Gegenstände und Abfälle wieder aufzunehmen und zu entfernen.

(5) Vorschriften über das Betreten des Waldes einschließlich des Reitens, über den Gemeingebrauch an Gewässern und an öffentlichen Straßen und die Regelungen des Straßenverkehrsrechts bleiben unberührt.

§ 52 Reiten in der freien Landschaft

(1) Das Reiten und Fahren mit bespannten Fahrzeugen ist, unbeschadet straßenverkehrsrechtlicher Vorschriften, nur auf hierfür geeigneten privaten und beschränkt öffentlichen Wegen oder auf besonders ausgewiesenen Flächen gestattet; gekennzeichnete Wanderwege unter drei Metern Breite, Fußwege sowie Sport- und Lehrpfade sind hiervon ausgenommen. Beschränkungen können von Gemeinden und von Grundstückseigentümern aus wichtigem Grund vorgenommen werden, insbesondere soweit diese Wege und Flächen in besonderem Maße der Erholung der Bevölkerung dienen oder erhebliche Schäden oder Beeinträchtigungen anderer Benutzer zu erwarten sind. § 51 Abs. 5, §§ 53 und 54 gelten entsprechend.

(2) In Naturschutzgebieten ist das Reiten und Fahren mit bespannten Fahrzeugen nur auf Straßen und befestigten Wegen sowie auf besonders ausgewiesenen Flächen gestattet, soweit Rechtsverordnungen keine abweichende Regelung enthalten. In Biosphärengebieten ist das Reiten in Kernzonen nicht zulässig, in Pflegezonen ist es nur auf besonders ausgewiesenen Wegen und Flächen gestattet.

§ 53 Beschränkungen des Betretens

(1) Der Eigentümer oder sonstige Berechtigte dürfen unbeschadet sonstiger öffentlich-rechtlicher Vorschriften der Allgemeinheit das Betreten von Grundstücken in der freien Landschaft durch Sperren nur verwehren, soweit

1. bei einem mit einem Gebäude zulässig überbauten Grundstück die berechtigten Wohnbedürfnisse oder betrieblichen Bedürfnisse es erfordern,
2. die zulässige Nutzung eines sonstigen Grundstücks behindert oder eingeschränkt wird, die Beschädigung von landwirtschaftlichen Kulturen zu befürchten ist oder das Grundstück beschädigt oder verunreinigt wird,
3. Maßnahmen der Land- und Forstwirtschaft, des Naturschutzes, der Landschaftspflege, der Jagdausübung, zulässiger sportlicher Veranstaltungen oder sonstige zwingende Gründe eine vorübergehende Absperrung erfordern oder
4. vom Grundstück Gefahren für Leib oder Leben der Erholungssuchenden ausgehen können.

(2) Die Sperren sollen insbesondere durch Schranken, Einfriedigungen, andere tatsächliche Hindernisse oder Beschilderungen kenntlich gemacht werden.

(3) Die Naturschutzbehörde oder die Ortspolizeibehörde können durch Rechtsverordnung oder Einzelanordnung das Betreten von Teilen der freien Landschaft aus Gründen des Naturschutzes, zur Durchführung von landschaftspflegerischen Vorhaben, zur Regelung des Erholungsverkehrs, aus zwingenden Gründen des Absatzes 1 Nr. 2 bis 4 oder aus anderen zwingenden Gründen im Sinne des § 49 Abs. 2 untersagen oder beschränken, soweit das Betretungsrecht nicht nach anderen gesetzlichen Bestimmungen ausgeschlossen oder beschränkt wird. Absatz 2 gilt entsprechend.

§ 54 Genehmigung und Beseitigung von Sperren, Anordnung von Durchgängen

(1) Eine Sperre im Sinne des § 53 Abs. 1 darf in der freien Landschaft nur errichtet werden, wenn sie durch die Naturschutzbehörde oder die Ortspolizeibehörde genehmigt ist. Bedarf eine Sperre einer behördlichen Gestattung nach anderen Vorschriften, so ergeht diese im Einvernehmen mit der Naturschutzbehörde, sofern Bundesrecht nicht entgegensteht. Sperren von intensiv genutzten Flächen landwirtschaftlicher Betriebe bedürfen keiner Genehmigung. Für vorübergehende Sperrungen gemäß § 53 Abs. 1 Nr. 3 genügt eine unverzügliche Anzeige an die Naturschutzbehörde oder die Ortspolizeibehörde.

(2) Die Gestattung oder Genehmigung nach Absatz 1 ist zu versagen, wenn die Sperre den Voraussetzungen des § 53 Abs. 1 und dem gegenwärtigen Erholungsinteresse der Bevölkerung widerspricht. Sie kann befristet erteilt werden, solange nicht das absehbare Erholungsinteresse der Bevölkerung entgegensteht.

(3) Die Naturschutzbehörde oder die Ortspolizeibehörde kann auf einem Grundstück, das nicht frei betreten werden darf, für die Allgemeinheit einen Durchgang anordnen, wenn andere Teile der freien Landschaft, insbesondere Erholungsflächen, Naturschönheiten, Wald oder Gewässer, in anderer zumutbarer Weise nicht zu erreichen sind und wenn der Eigentümer dadurch in seinen Rechten nicht wesentlich beeinträchtigt wird.

§ 55 Erholungsschutzstreifen an Gewässern

(1) Im Außenbereich dürfen bauliche Anlagen innerhalb von 50 m von der Ufer-linie der Bundeswasserstraßen und der Gewässer erster Ordnung (Erholungs-schutzstreifen) nicht errichtet oder wesentlich erweitert werden. Im Erholungs-schutzstreifen ist auch das Aufstellen von Zelten und Wohnwagen nicht zulässig. Die Naturschutzbehörde kann im Außenbereich durch Rechtsverordnung einen Erholungsschutzstreifen auch für bestimmte Gewässer zweiter Ordnung näher festlegen, soweit es das Erholungsinteresse der Bevölkerung erfordert.

(2) Ausnahmen von Absatz 1 können von der Naturschutzbehörde, soweit Ziele und Grundsätze der Raumordnung nicht entgegenstehen, zugelassen werden, ins-besondere

1. für bauliche Anlagen, die dem Rettungswesen, dem öffentlichen Verkehr, der Schifffahrt, dem Schiffbau, dem Gewässerschutz, der Unterhaltung oder dem Ausbau eines oberirdischen Gewässers, der Wasser- und Energieversorgung, der Abfallbeseitigung oder lebenswichtigen Wirtschaftsbetrieben dienen, wenn das Interesse der Allgemeinheit an der Durchführung dieser Maßnahmen im Erholungsschutzstreifen das Erholungsinteresse der Bevölkerung überwiegt.

2. für notwendige bauliche Anlagen, insbesondere als Gemeinschaftsanlagen, die ausschließlich der Erholung, insbesondere dem Baden, dem Wassersport oder der Fischerei dienen, soweit dadurch der Naturhaushalt oder das Land-schaftsbild nicht beeinträchtigt wird, und

3. für bauliche Vorhaben im Sinne des § 35 Abs. 1 des Baugesetzbuchs und in Gebieten, für die ein Bebauungsplan aufgestellt oder geändert werden soll, wenn Belange des Naturschutzes und der Landschaftspflege nicht entgegen-stehen und keine erhebliche Beeinträchtigung der gegenwärtigen oder abseh-baren zukünftigen Erholungsinteressen der Bevölkerung zu erwarten ist.

VIII. ABSCHNITT

Vorkaufsrecht, Eigentumsbindung, Entschädigung

§ 56 Vorkaufsrecht

(1) Dem Land steht ein Vorkaufsrecht zu an Grundstücken

1. auf denen sich oberirdische private Gewässer befinden,

2. die in Naturschutzgebieten, Kernzonen von Biosphärengebieten oder flächen-haften Naturdenkmalen liegen oder

3. auf denen Naturdenkmale stehen.

Liegen die Merkmale der Nummern 1 bis 3 nur bei einem Teil des Grundstücks vor, so erstreckt sich das Vorkaufsrecht nur auf diese Teilfläche. Der Eigentümer kann die Übernahme der Restfläche verlangen, wenn es ihm wirtschaftlich nicht zumutbar ist, das Grundstück zu behalten.

(2) Das Vorkaufsrecht darf nur ausgeübt werden, wenn die gegenwärtigen oder zukünftigen Belange des Naturschutzes, der Landschaftspflege oder der Erho-lungsvorsorge es erfordern. Es darf nicht ausgeübt werden, wenn das Grundstück

an Ehegatten, eingetragene Lebenspartner oder Verwandte ersten Grades oder mit einem land- oder fischereiwirtschaftlichen Betrieb, mit dem es eine Einheit bildet, veräußert wird.

(3) Das Vorkaufsrecht wird durch den Landesbetrieb Vermögen und Bau Baden-Württemberg, Betriebsleitung, ausgeübt, im Einvernehmen mit der höheren Naturschutzbehörde, die die Voraussetzungen nach Absatz 2 zu prüfen hat. Der Inhalt des Kaufvertrags ist gemäß § 469 Abs. 1 des Bürgerlichen Gesetzbuchs unverzüglich der unteren Naturschutzbehörde mitzuteilen. Diese erteilt auf Antrag innerhalb eines Monats ein Negativzeugnis, wenn die Voraussetzungen des Absatzes 1 Satz 1 nicht vorliegen; andernfalls leitet sie die Unterlagen unverzüglich an den Landesbetrieb Vermögen und Bau Baden-Württemberg, Betriebsleitung, und die höhere Naturschutzbehörde weiter und teilt dies dem Verkäufer oder seinem Beauftragten mit.

(4) Das Vorkaufsrecht geht unbeschadet bundesrechtlicher Vorkaufsrechte anderen Vorkaufsrechten im Range vor. Es bedarf nicht der Eintragung in das Grundbuch. Bei einem Eigentumserwerb aufgrund der Ausübung des Vorkaufsrechts erlöschen rechtsgeschäftliche Vorkaufsrechte.

(5) Das Vorkaufsrecht kann vom Land auf Antrag auch zugunsten von Körperschaften des öffentlichen Rechts und von Naturschutzvereinen (§ 66) ausgeübt werden. Liegen mehrere Anträge vor, entscheidet der Landesbetrieb Vermögen und Bau Baden-Württemberg, Betriebsleitung, über die Rangfolge im Einvernehmen mit der höheren Naturschutzbehörde.

(6) Mit der Ausübung des Vorkaufsrechts kommt der Kauf zwischen dem Begünstigten und dem Verpflichteten zustande. Im Falle das Absatzes 5 haftet das Land für die Verpflichtungen aus dem Kaufvertrag neben dem Begünstigten als Gesamtschuldner.

(7) Das Vorkaufsrecht ist nicht übertragbar. Es kann nur innerhalb von drei Monaten nach der Mitteilung des Kaufvertrags ausgeübt werden. §§ 463 bis 468 Abs. 1, §§ 471, 1098 Abs. 2, §§ 1099 bis 1102 des Bürgerlichen Gesetzbuchs sind anzuwenden.

§ 57 Eigentumsbindung, Entschädigung

(1) Einschränkungen der Eigentümerbefugnisse, die sich unmittelbar aus diesem Gesetz oder durch Maßnahmen aufgrund dieses Gesetzes ergeben, sind im Rahmen der Sozialbindung des Eigentums (Artikel 14 Abs. 2 Satz 2 des Grundgesetzes) entschädigungslos zu dulden, soweit in § 58 nichts anderes bestimmt ist.

(2) Soweit dieses Gesetz oder Maßnahmen aufgrund dieses Gesetzes enteignende Wirkung haben, ist eine angemessene Entschädigung zu leisten. §§ 7 bis 16 des Landesenteignungsgesetzes gelten entsprechend. Bei der Bemessung der Entschädigung werden jedoch Vermögensvorteile, die als mittelbare Folge eines zugelassenen Eingriffs, insbesondere durch die Entnahme von Bodenbestandteilen, eingetreten sind oder eintreten können, nur insoweit berücksichtigt, als der Betroffene die Vermögensvorteile durch eigene Aufwendungen von Kapital oder Arbeit zulässigerweise bewirkt hat.

(3) Anstelle einer Entschädigung kann der Eigentümer die Übernahme des Grundstücks durch den Begünstigten verlangen, wenn ihm mit Rücksicht auf die

durch die Maßnahme eintretenden Nutzungsbeschränkungen nicht mehr zuzumuten ist, das Grundstück zu behalten.

(4) Kommt eine Einigung über die Geldentschädigung oder die Übernahme nicht zustande, so entscheidet auf Antrag die Enteignungsbehörde in entsprechender Anwendung des Landesenteignungsgesetzes. Für Streitigkeiten steht der Rechtsweg zu den ordentlichen Gerichten offen.

§ 58 Ausgleich von Nutzungsbeschränkungen in der Land-, Forst- und Fischereiwirtschaft

(1) Werden in

1. Rechtsvorschriften, die im Rahmen der §§ 26 bis 33 erlassen worden sind, oder

2. Anordnungen der Naturschutzbehörde zur Verwirklichung der Ziele des Naturschutzes und der Landschaftspflege

standortbedingte erhöhte Anforderungen festgesetzt, die die ausgeübte land- und forstwirtschaftliche Bodennutzung sowie die fischereiwirtschaftliche Nutzung oberirdischer Gewässer über die Anforderungen der guten fachlichen Praxis hinaus erheblich beschränken, die sich aus den für die Land-, Forst- und Fischereiwirtschaft geltenden Vorschriften, aus § 17 Abs. 2 des Bundes-Bodenschutzgesetzes und aus diesem Gesetz ergeben, so kann für die dadurch verursachten wirtschaftlichen Nachteile betroffenen Privatpersonen im Rahmen der verfügbaren Haushaltsmittel ein Ausgleich gewährt werden. Satz 1 findet keine Anwendung, soweit ein Anspruch auf Entschädigung oder anderweitigen Ausgleich nach anderen Rechtsvorschriften oder aufgrund vertraglicher Vereinbarungen besteht.

(2) Im Falle einer nur vorübergehenden Einschränkung oder Unterbrechung der land- und forstwirtschaftlichen Bodennutzung oder der fischereiwirtschaftlichen Nutzung oberirdischer Gewässer gilt als ausgeübt die Nutzung, die vor der Einschränkung oder Unterbrechung ausgeübt wurde.

(3) Absätze 1 und 2 gelten auch für solche Nutzungsbeschränkungen, die nach dem 1. Januar 2006 festgelegt werden oder fortwirken und auf Rechtsvorschriften beruhen, die nach dem 25. Oktober 2005 erlassen worden sind.

(4) Das Ministerium regelt das Nähere, insbesondere die Grundsätze zur Bemessung der Höhe des Ausgleichs durch Rechtsverordnung, die der Zustimmung des Finanzministeriums bedarf. Sie kann bestimmen, dass der Anspruch nur für den Bewirtschafter des Grundstücks entsteht.

§ 59 Duldungspflicht

(1) Die Eigentümer und sonstigen Berechtigten von Grundstücken in Gebieten nach dem Vierten Abschnitt sind verpflichtet, Maßnahmen zum Schutz, zur Erhaltung und zur Pflege zu dulden. Satz 1 gilt auch für Grundstücke in Gebieten von gemeinschaftlicher Bedeutung und Europäischen Vogelschutzgebieten, soweit auf ihnen Lebensraumtypen nach Anhang I oder Lebensstätten von Arten nach Anhang II und IV der Richtlinie 92/43/EWG oder von für die Gebietsmeldung maßgeblichen Vogelarten nach der Richtlinie 79/409/EWG vorkommen. § 26 des Landwirtschafts- und Landeskulturgesetzes bleibt unberührt. Die Eigentümer und

sonstigen Berechtigten sollen mit der Durchführung von Pflegemaßnahmen nach Möglichkeit beauftragt werden (§ 70 Abs. 1). Vor der Durchführung von Maßnahmen sind die Eigentümer und sonstigen Berechtigten in geeigneter Weise zu benachrichtigen.

(2) Absatz 1 gilt für die Durchführung von Maßnahmen des Naturschutzes und der Landschaftspflege auf Grundstücken, die besonderer Pflegemaßnahmen bedürfen, mit der Maßgabe, dass dadurch die Nutzung des Grundstücks beeinträchtigt werden darf.

IX. ABSCHNITT

Organisation, Zuständigkeit, Verfahren

§ 60 Naturschutzbehörden

(1) Naturschutzbehörden sind
1. das Ministerium als oberste Naturschutzbehörde,
2. die Regierungspräsidien als höhere Naturschutzbehörden und
3. die unteren Verwaltungsbehörden als untere Naturschutzbehörden.

(2) Die unteren Naturschutzbehörden sind mit mindestens einer hauptamtlichen Naturschutzfachkraft auszustatten. Das Land stellt den Landratsämtern die hierfür erforderlichen Landesbediensteten des gehobenen oder höheren Dienstes.

(3) Soweit bei den unteren Naturschutzbehörden bereits hauptamtliche Naturschutzfachkräfte beschäftigt sind, soll deren Zahl nicht unter den Bestand vom 1. Januar 2000 vermindert werden, es sei denn, die gesetzlichen Aufgaben der unteren Naturschutzbehörden werden reduziert.

§ 61 Naturschutzfachbehörden

(1) Naturschutzfachbehörden sind
1. die Landesanstalt für Umwelt, Messungen und Naturschutz,
2. die Beauftragten für Naturschutz und Landschaftspflege (Naturschutzbeauftragte).

(2) Die Naturschutzbeauftragten sind den unteren Naturschutzbehörden angegliedert. Sie sind als deren Berater weisungsfrei und dürfen wegen der Erfüllung ihrer Aufgaben nicht benachteiligt werden.

(3) Das Ministerium führt die Fachaufsicht über die Landesanstalt für Umwelt, Messungen und Naturschutz.

(4) Die Naturschutzbeauftragten sind ehrenamtlich tätig. Die Stadt- und Landkreise bestellen jeweils für die Dauer von fünf Jahren für ihr Gebiet einen oder mehrere Naturschutzbeauftragte. Die Bestellung ist widerruflich. Die Naturschutzbeauftragten haben Anspruch auf Ersatz ihrer Auslagen. Sie haben ferner Anspruch auf eine angemessene Aufwandsentschädigung durch das Land.

(5) Das Ministerium regelt die fachlichen Anforderungen an die Naturschutzbeauftragten und ihre Obliegenheiten.

§ 62 Aufgaben der Naturschutzfachbehörden

(1) Naturschutzfachbehörden unterstützen und beraten die Naturschutzbehörden und unterstützen die Stiftung Naturschutzfonds in der Planung und Abwicklung von Fördermaßnahmen.

(2) Die Landesanstalt für Umwelt, Messungen und Naturschutz hat neben den Aufgaben, die ihr durch andere Vorschriften dieses Gesetzes übertragen sind, insbesondere

1. das Ministerium fachlich zu beraten und zu unterstützen,
2. die Naturschutzbehörden und die Naturschutzbeauftragten beim Verwaltungsvollzug durch Fachinformationen, allgemeine Daten und Karten sowie durch Arbeitshilfen zu unterstützen,
3. die Öffentlichkeit über Naturschutz und Landschaftspflege zu informieren.

Das Nähere wird in der Satzung der Anstalt im Einvernehmen mit dem Ministerium bestimmt.

(3) Die Naturschutzbeauftragten beraten und unterstützen die unteren Naturschutzbehörden insbesondere bei der Beurteilung von Vorhaben und Planungen, die mit Eingriffen verbunden sind oder diese vorbereiten, bei Stellungnahmen zu Landschafts- und Grünordnungsplänen sowie bei der Beurteilung von Fachplanungen anderer Verwaltungen.

§ 63 Vorlagerecht des Naturschutzbeauftragten

Will die untere Verwaltungsbehörde, die zugleich Naturschutzbehörde ist, entgegen der Stellungnahme des Naturschutzbeauftragten entscheiden, so hat sie dies dem Naturschutzbeauftragten mitzuteilen. Der Naturschutzbeauftragte hat in Ausnahmefällen bei einer drohenden schwerwiegenden Beeinträchtigung von Belangen des Naturschutzes und der Landschaftspflege das Recht, umgehend die Vorlage der Angelegenheit an die höhere Naturschutzbehörde zu verlangen. Diese ist berechtigt, in der Sache selbst tätig zu werden oder die Angelegenheit an die untere Naturschutzbehörde zurückzuweisen.

§ 64 Landesbeirat für Natur- und Umweltschutz

(1) Beim Ministerium wird ein Landesbeirat für Natur- und Umweltschutz aus ehrenamtlich tätigen sachverständigen Personen gebildet. Er berät die für Naturschutz und Umweltschutz zuständigen Ministerien in grundsätzlichen Fragen. Den Vorsitz führt der für Naturschutz zuständige Minister; stellvertretender Vorsitzender ist der für Umweltschutz zuständige Minister. Die Geschäftsführung obliegt dem Ministerium. Das Nähere, insbesondere Zusammensetzung, Stellung und Aufgabe des Landesbeirats, regelt das Ministerium durch Rechtsverordnung im Einvernehmen mit dem für Umweltschutz zuständigen Ministerium.

(2) Bei den Naturschutzbehörden können bei besonderem Bedarf Naturschutzbeiräte zur wissenschaftlichen und fachlichen Beratung gebildet werden.

(3) Die Entschädigung und der Reisekostenersatz für die Mitglieder der Beiräte richten sich nach den allgemeinen Bestimmungen über ehrenamtliche Tätigkeit.

§ 65 Naturschutzfonds

(1) Die bei dem Ministerium bestehende Stiftung „Naturschutzfonds" ist eine rechtsfähige Stiftung des öffentlichen Rechts.

(2) Das Land bringt in das Vermögen der Stiftung eine Grundausstattung ein.

(3) Außer den Erträgen des Stiftungsvermögens und den Zuwendungen Dritter fließen in den Naturschutzfonds

1. Erträgnisse von öffentlichen Lotterien und Ausspielungen, Ausstellungen, Veranstaltungen oder von Sammlungen,
2. die Ausgleichsabgaben (§ 21 Abs. 5 und § 33 Abs. 4 Nr. 2) und
3. Zuwendungen des Landes nach Maßgabe des Haushaltsplans.

(4) Der Naturschutzfonds fördert die Bestrebungen für die Erhaltung der natürlichen Umwelt und der natürlichen Lebensgrundlagen und trägt zur Aufbringung der benötigten Mittel bei. Der Naturschutzfonds verfolgt ausschließlich und unmittelbar steuerbegünstigte Zwecke im Sinne der §§ 51 bis 68 der Abgabenordnung. Er hat insbesondere die Aufgabe,

1. die Forschung und modellhafte Untersuchungen auf dem Gebiet der natürlichen Umwelt anzuregen und zu fördern,
2. das Ministerium bei der Planung und Verwendung der verfügbaren Forschungsmittel zu beraten,
3. Maßnahmen zur Aufklärung, Ausbildung und Fortbildung zu unterstützen und zu fördern,
4. richtungsweisende Leistungen auf dem Gebiet der Erhaltung der natürlichen Umwelt auszuzeichnen,
5. den Erwerb von Grundstücken für Zwecke des Naturschutzes oder der Erholungsvorsorge zu finanzieren und
6. Maßnahmen zum Schutz der Natur und zur Pflege der Landschaft zu fördern.

Der Naturschutzfonds kann Maßnahmen im Sinne von § 22 Abs. 1 durchführen und hierfür Grundstücke erwerben oder bisher mit seinen Mitteln erworbene Grundstücke im Landesbesitz verwenden.

(5) Der Naturschutzfonds wird durch einen Stiftungsrat verwaltet. Den Vorsitz des Stiftungsrats führt der für Naturschutz zuständige Minister oder der von ihm bestimmte Vertreter. Der Landesbeirat für Natur- und Umweltschutz nimmt zugleich die Aufgaben des Stiftungsrats wahr. Zu weiteren Mitgliedern des Stiftungsrats können Vertreter der Ministerien und der Regierungspräsidien berufen werden. Das Nähere regelt die Satzung. Die Mitglieder des Stiftungsrats werden von dem Ministerium jeweils auf fünf Jahre berufen; eine erneute Berufung ist zulässig. § 64 Abs. 3 gilt entsprechend.

(6) Das Ministerium bestellt einen Geschäftsführer. Im Übrigen beschließt der Naturschutzfonds eine Satzung, die der Genehmigung der Stiftungsbehörde bedarf.

§ 66 Mitwirkung der Naturschutzvereine, Landesnaturschutzverband

(1) Die Naturschutzbehörden können juristischen Personen des Privatrechts, die sich nach ihrer Satzung überwiegend dem Naturschutz, der Landschaftspflege oder der Erholungsvorsorge widmen und die Gewähr für eine sachgerechte Förderung der Zielsetzungen dieses Gesetzes bieten (Naturschutzvereine), auf Antrag in bestimmtem Umfang die Betreuung von geschützten Gebieten oder ge-

schützten Gegenständen widerruflich übertragen. Hoheitliche Befugnisse können nicht übertragen werden. Die Naturschutzvereine sind vor einer Änderung oder Aufhebung der Schutzverordnung sowie vor jeder erheblichen Beeinträchtigung der von ihnen betreuten Gebiete und Gegenstände zu hören.

(2) Das Land kann den Naturschutzvereinen auf Antrag im Rahmen der bereitgestellten Haushaltsmittel Zuschüsse oder Aufwendungsersatz für Leistungen gewähren, die im öffentlichen Interesse liegen, insbesondere für

1. den Erwerb von Grundstücken aus Gründen des Naturschutzes oder der Erholungsvorsorge,
2. die Durchführung von Einzelmaßnahmen nach Maßgabe des § 70.

(3) Ein rechtsfähiger Zusammenschluss von überörtlich tätigen Naturschutzvereinen, dessen Tätigkeit sich auf das gesamte Landesgebiet erstreckt, kann auf Antrag von dem Ministerium als Landesnaturschutzverband anerkannt werden, soweit der Zusammenschluss die Anforderungen nach § 67 Abs. 1 erfüllt. Die Anerkennung ist zu widerrufen, wenn ihre Voraussetzungen nicht mehr gegeben sind oder wenn der Zusammenschluss seine Aufgaben nicht oder während eines längeren Zeitraums unzulänglich erfüllt hat. Während des Bestehens eines Landesnaturschutzverbands kann ein weiterer Zusammenschluss von Naturschutzvereinen nicht anerkannt werden.

(4) Der Landesnaturschutzverband hat die Aufgabe, die Stellungnahme seiner Mitglieder zu koordinieren. Er kann in den Fällen, in denen er nach § 79 Abs. 3 anzuhören ist, verlangen, dass die Weisungen der nächsthöheren Naturschutzbehörde entgegen seiner Stellungnahme entscheiden will.

(5) Die Behörden und Einrichtungen des Naturschutzes sollen über die gesetzlichen Beteiligungspflichten hinaus die Zusammenarbeit mit den Naturschutzvereinen pflegen.

§ 67 Anerkennung von Naturschutzvereinen

(1) Ein rechtsfähiger Verein wird auf Antrag anerkannt, wenn er

1. nach seiner Satzung ideell und nicht nur vorübergehend vorwiegend die Ziele des Naturschutzes und der Landschaftspflege fördert,
2. die Gewähr für eine sachgerechte Aufgabenerfüllung bietet, wobei Art und Umfang seiner bisherigen Tätigkeit, der Mitgliederkreis sowie seine Leistungsfähigkeit zu berücksichtigen sind,
3. nach § 5 Abs. 1 Nr. 9 des Körperschaftsteuergesetzes von der Körperschaftsteuer befreit ist, weil er gemeinnützige Zwecke verfolgt,
4. den Eintritt als Mitglied, das in der Mitgliederversammlung volles Stimmrecht hat, jedermann ermöglicht, der die Ziele des Vereines unterstützt; bei Vereinen, deren Mitglieder ausschließlich juristische Personen sind, kann hiervon abgesehen werden, sofern die Mehrzahl dieser juristischen Personen diese Voraussetzungen erfüllt,
5. landesweit tätig ist und
6. im Zeitpunkt der Anerkennung seit mindestens drei Jahren im Sinne der Nummer 1 tätig gewesen ist.

(2) Die Anerkennung wird vom Ministerium erteilt; der satzungsgemäße Aufgabenbereich, für den die Anerkennung gilt, ist zu bezeichnen. Für die Rücknahme und den Widerruf gilt das Landesverwaltungsverfahrensgesetz.

(3) Die einem Naturschutzverein vor dem Inkraftreten dieses Gesetzes erteilte Anerkennung gilt fort.

(4) Einem anerkannten Verein ist Gelegenheit zur Äußerung und zur Einsicht in die einschlägigen Sachverständigengutachten zu geben

1. bei der Vorbereitung von Verordnungen und anderen im Rang unter dem Gesetz stehenden Rechtsvorschriften der für Naturschutz und Landschaftspflege zuständigen Behörden,

2. bei der Vorbereitung von Programmen und Plänen im Sinne der §§ 17 und 18 Abs. 1,

3. bei der Vorbereitung von Plänen im Sinne des § 35 Satz 1 Nr. 2 des Bundesnaturschutzgesetzes in Verbindung mit § 38 Abs. 8 dieses Gesetzes,

4. bei der Vorbereitung von Programmen staatlicher und sonstiger öffentlicher Stellen zur Wiederansiedlung von Tieren und Pflanzen verdrängter wild lebender Arten in der freien Natur,

5. vor Befreiungen von Verboten und Geboten zum Schutz von Naturschutzgebieten, Nationalparken, Biosphärengebieten und sonstigen Schutzgebieten im Rahmen des § 36 Abs. 4,

6. in Planfeststellungsverfahren oder bei Plangenehmigungen gemäß § 74 Abs. 6 des Landesverwaltungsverfahrensgesetzes, soweit es sich um Vorhaben handelt, die mit Eingriffen in Natur und Landschaft verbunden sind,

7. bei Planfeststellungsverfahren nach § 45 e WG,

8. bei Planfestellungsverfahren nach § 64 WG und

9. bei Planfeststellungs- oder Plangenehmigungsverfahren nach § 41 des Flurbereinigungsgesetzes oder bei entsprechenden Ausbauplänen der Flurneuordnung.

Der anerkannte Verein ist über die öffentliche Auslegung des Entwurfs der Rechtsverordnung sowie der Planfeststellungs- oder Genehmigungsunterlagen zu unterrichten. Soweit der Verein im Verfahren eine inhaltliche Stellungnahme abgegeben hat, übersendet die Behörde ihm die Entscheidung oder Verordnung.

(5) Das Ministerium kann durch Rechtsverordnung festlegen, in welchen Fällen von einer Mitwirkung abgesehen wird, weil Auswirkungen auf Natur und Landschaft nicht oder nur in geringfügigem Umfang oder Ausmaß zu erwarten sind.

§ 68 Ehrenamtlicher Naturschutzdienst

(1) Zur Unterstützung der Naturschutzbehörden können die unteren Naturschutzbehörden geeignete Personen ehrenamtlich für den naturschutzdienst (Naturschutzwarte) einsetzen.

(2) Die Naturschutzwarte unterstehen der Aufsicht der Naturschutzbehörde, die sie bestellt hat. Ihnen können folgende Aufgaben übertragen werden

1. Besucher der freien Landschaft über die Vorschriften zum Schutz der Natur und Landschaft zu informieren und Zuwiderhandlungen gegen Rechtsvorschriften, die den Schutz der Natur, die Pflege der Landschaft und die Erholung in der freien Natur regeln und deren Übertretung mit Strafe oder Geldbuße bedroht ist, festzustellen, zu verhüten sowie bei der Verfolgung solcher Zuwiderhandlungen mitzuwirken,

2. die Naturschutzbehörde über nachteilige Veränderungen in Natur und Landschaft zu unterrichten und bei deren Beseitigung mitzuwirken.

Die Naturschutzwarte sind verpflichtet, der Naturschutzbehörde die Verletzung von Vorschriften des Naturschutzrechts zu melden. Sie müssen bei der Ausübung ihrer Tätigkeit ein Dienstabzeichen tragen und einen Ausweis über ihre Bestellung mit sich führen, der auf Verlangen vorzuzeigen ist.

(3) Die Naturschutzwarte sind berechtigt, Personen, die einer Rechtsverletzung verdächtig sind, zur Feststellung der Personalien anzuhalten. Weitere hoheitliche Befugnisse können nicht übertragen werden.

(4) Den Naturschutzwarten können besondere Aufgaben, insbesondere Aufgaben des Artenschutzes, übertragen werden.

(5) Das Ministerium kann Begründung, Ausgestaltung und Umfang des Dienstverhältnisses, die Anforderungen an die Eignung sowie die Aus- und Fortbildung regeln und Vorschriften über den Dienstausweis und die Dienstabzeichen erlassen.

§ 69 Hauptamtlicher Naturschutzdienst

(1) Die unteren und höheren Naturschutzbehörden können hauptamtliche Kräfte für den Außendienst bestellen (hauptamtlicher Naturschutzdienst). Diese haben neben den Aufgaben nach § 68 Abs. 2 insbesondere die Schutzgebiete zu betreuen und deren Besucher über die Besonderheiten und Gefährdungen zu informieren. Sie sollen im Rahmen ihrer Überwachungsaufgabe Verletzungen der Vorschriften zum Schutz der Natur und der Landschaft verhüten, feststellen und bei der Verfolgung von Rechtsverletzungen mitwirken.

(2) Neben dem Recht der Personenfeststellung gemäß § 68 Abs. 3 können die Mitglieder des hauptamtlichen Naturschutzdienstes
1. das Betreten von Teilen der freien Landschaft vorübergehend untersagen oder beschränken, eine Person vorübergehend von einem Ort verweisen oder ihr vorübergehend das Betreten eines Ortes verbieten (Platzverweis), soweit dies aus Gründen des Naturschutzes erforderlich ist,
2. unberechtigt der Natur entnommenes Gut sowie Gegenstände sicherstellen, die bei Zuwiderhandlungen verwendet wurden oder verwendet werden sollten,
3. Verwarnungen gemäß §§ 56 und 57 des Gesetzes über Ordnungswidrigkeiten erteilen und
4. die vorläufige Einstellung rechtswidriger Handlungen verfügen; die Einstellung wird unwirksam, wenn sie nicht innerhalb einer Woche von der Naturschutzbehörde bestätigt wird.

(3) Die Mitglieder des hauptamtlichen Naturschutzdienstes müssen bei der Ausübung ihrer Tätigkeit ein Dienstabzeichen tragen und einen Dienstausweis mit sich führen, der bei Vornahme einer Amtshandlung auf Verlangen vorzuzeigen ist. Das Ministerium kann durch Rechtsverordnung Vorschriften über das Tragen einer Dienstkleidung erlassen.

§ 70 Beauftragung

(1) Die Naturschutzbehörden sollen mit der Durchführung von Maßnahmen des Naturschutzes und der Landschaftspflege insbesondere beauftragen
1. land-, forst- und fischereiwirtschaftliche Betriebe, Betriebe des Garten- und Landschaftsbaus, Zusammenschlüsse solcher Betriebe, die sich zum Zweck

der gemeinschaftlichen Bodenbewirtschaftung bilden, sowie Selbsthilfeeinrichtungen der Land- und Forstwirtschaft,

2. öffentlich-rechtliche Körperschaften einschließlich Jagdgenossenschaften oder

3. Naturschutzvereine,

soweit das Einverständnis der Beauftragten vorliegt. Hoheitliche Befugnisse können dadurch nicht übertragen werden. Darüber hinaus können die Naturschutzbehörden die personelle und technische Unterstützung durch die staatliche Forstverwaltung gemäß § 66 Abs. 1 und 2 LWaldG in Anspruch nehmen.

(2) Für Maßnahmen des Naturschutzes und der Landschaftspflege kann das Land Aufwendungsersatz gewähren, soweit dies von der Naturschutzbehörde vorher zugesagt wurde.

(3) Art und Inhalt der nach Absatz 1 in Auftrag gegebenen Maßnahmen sowie die Erstattung der notwendigen Kosten regelt das Ministerium durch Verwaltungsvorschrift.

§ 71 Meldepflichten

(1) Schäden in Naturschutzgebieten oder an Naturdenkmalen sind von den Grundstückseigentümern oder den sonstigen Berechtigten unverzüglich der Naturschutzbehörde unmittelbar oder über die Gemeinde mitzuteilen.

(2) Werden bisher unbekannte Naturgebilde, insbesondere größere Findlinge oder Höhlen, aufgefunden oder aufgedeckt, so ist der Fund unverzüglich der Naturschutzbehörde unmittelbar oder über die Gemeinde anzuzeigen und so lange in seinem bisherigen Zustand zu belassen, bis die Naturschutzbehörde umgehend die notwendigen Schutzmaßnahmen getroffen oder den Fund freigegeben hat.

§ 72 Sachliche Zuständigkeit

(1) Für den Vollzug der in § 10 Abs. 1 genannten Rechtsvorschriften ist die untere Naturschutzbehörde zuständig, soweit nichts anderes bestimmt ist.

(2) Für den Vollzug der Satzungen nach § 33 ist die Gemeinde, für den Vollzug von Rechtsverordnungen und Einzelanordnungen der Ortspolizeibehörde nach §§ 53 und 54 ist die erlassende Behörde zuständig.

(3) Die höhere Naturschutzbehörde ist zuständig für

1. konzeptionelle Naturschutzfragen, die Erarbeitung regionaler Schutzgebietskonzepte und der Fachbeiträge zu Landschaftsrahmenplänen gemäß § 4 Abs. 4 und § 16 Abs. 3 Satz 1 Nr. 4 Buchst. e,

2. die Betreuung der Naturschutzgebiete und Natura 2000-Gebiete, insbesondere durch die Erstellung von Pflege- und Entwicklungsplänen, durch die Organisation der Besucherlenkungsmaßnahmen und der notwendigen Pflegemaßnahmen einschließlich des Einsatzes eines Pflegetrupps für fachlich komplexe Maßnahmen sowie durch die Dokumentation der Gebietsentwicklung,

3. die Umsetzung des Arten- und Biotopschutzprogramms nach § 42,

4. die Erlaubnisse nach § 44 Abs. 1,

5. die Mitwirkung bei Verträglichkeitsprüfungen im Zusammenhang mit Natura 2000-Gebieten,

6. die Mitwirkung bei den Landschaftserhaltungsverbänden,

7. die Fachaufsicht und Vertretung des Landes im Stiftungsrat bei den Naturschutzzentren der öffentlichen Hand,

8. die Information der Öffentlichkeit über die Belange des Naturschutzes einschließlich des Betriebs von Ökomobilen.

Sie unterstützt die Stiftung Naturschutzfonds in der Planung und Abwicklung von Fördermaßnahmen. Sie kann die untere Naturschutzbehörde mit der Umsetzung des Arten- und Biotopschutzprogramms sowie mit der Durchführung von Maßnahmen nach den Pflege- und Entwicklungsplänen nach Satz 1 Nr. 2 betrauen.

(4) Die höhere Naturschutzbehörde ist zuständig, wenn bei Gefahr im Verzug ein rechtzeitiges Tätigwerden der unteren Naturschutzbehörde nicht erreichbar erscheint oder bei Vorhaben, die eine einheitliche Regelung für Teile des Landes erfordern, und dies anders nicht sichergestellt werden kann.

(5) Für die Übertragung der Bewilligungsfunktion sowie der Funktion des technischen Prüfdienstes auf die untere Naturschutzbehörde für Ausgaben zu Lasten des Europäischen Garantie- und Ausgleichsfonds Landwirtschaft (EAGFL), Abteilung Garantie, gilt § 29d des Landwirtschafts- und Landeskulturgesetzes entsprechend.

§ 73 Zuständigkeit für den Erlass von Rechtsvorschriften

(1) Rechtsverordnung nach § 28 werden von dem Ministerium erlassen.

(2) Rechtsverordnung nach § 30 werden von der höheren Naturschutzbehörde erlassen; Rechtsverordnungen, mit denen ein Naturpark errichtet oder aufgehoben wird, bedürfen der Zustimmung des Ministeriums. Örtlich zuständige höhere Naturschutzbehörden sind

1. für den Naturpark „Schwäbisch-Fränkischer Wald" das Regierungspräsidium Stuttgart,

2. für die Naturparke „Neckartal-Odenwald", „Schwarzwald Mitte/Nord" und „Stromberg-Heuchelberg" das Regierungspräsidium Karlsruhe,

3. für die Naturparke „Obere Donau" und „Schönbuch" das Regierungspräsidium Tübingen,

4. für den Naturpark „Südschwarzwald" das Regierungspräsidium Freiburg.

(3) Rechtsverordnung nach § 26 werden von der höheren Naturschutzbehörde erlassen.

(4) Rechtsverordnungen nach den §§ 29 und 31 werden von den unteren Naturschutzbehörden erlassen. Leistet eine untere Naturschutzbehörde einer ihr erteilten Weisung keine Folge, so kann die höhere Naturschutzbehörde anstelle der unteren Natuschutzbehörde die Rechtsverordnungen nach Satz 1 erlassen, ändern oder aufheben.

(5) Örtlich zuständig ist die Naturschutzbehörde, in deren Bezirk der Schutzgegenstand liegt. Erstreckt sich der Schutzgegenstand über den Bezirk mehrerer Naturschutzbehörden, so kann die gemeinsame übergeordnete Behörde die zuständige Naturschutzbehörde bestimmen oder, soweit sie höhere Naturschutzbehörde ist, die Rechtsverordnung selbst erlassen.

(6) Absätze 4 und 5 gelten auch für den Erlass der Rechtsverordnungen nach § 43 Abs. 5, § 53 Abs. 3 und § 55 Abs. 1.

(7) Satzungen nach § 33 werden von der Gemeinde erlassen.

§ 74 Verfahren bei Unterschutzstellung

(1) Vor dem Erlassen der in § 73 genannten Rechtsverordnungen sind den Behörden und Trägern öffentlicher Belange, deren Aufgabenbereich wesentlich berührt sein kann, sowie den Gemeinden Entwürfe der Verordnungen mit einer Übersichtskarte zur Stellungnahme zuzuleiten. Dies gilt auch für die Beteiligung der land- und forstwirtschaftlichen Berufsvertretung, soweit die land- und forstwirtschaftliche Nutzung eingeschränkt werden soll.

(2) Die Naturschutzbehörde hat den Verordnungsentwurf, bei Verweisungen auf eine Karte auch diese, für die Dauer eines Monats zur kostenlosen Einsicht durch jedermann während der Sprechzeiten öffentlich auszulegen. Ort und Dauer der Auslegung sind mindestens eine Woche vorher in der für Verordnungen der unteren Naturschutzbehörde bestimmten Form der Verkündung bekannt zu machen mit dem Hinweis, dass Bedenken und Anregungen bei der unteren Naturschutzbehörde während der Auslegungsfrist schriftlich, zur Niederschrift oder elektronisch vorgebracht werden können. § 73 Abs. 3 Satz 2 des Landesverwaltungsverfahrensgesetzes gilt entsprechend. Der Verordnungsentwurf mit Karte soll daneben in geeigneten Fällen über Internet der Öffentlichkeit zugänglich gemacht werden; in diesem Fall ist die Internetadresse in die Bekanntmachung nach Satz 2 aufzunehmen.

(3) Die öffentliche Auslegung kann beim Erlass von Rechtsverordnungen nach § 31, § 43 Abs. 5 und § 53 Abs. 3 durch Anhörung der betroffenen Eigentümer und sonstigen Berechtigten ersetzt werden.

(4) Die für den Erlass der Rechtsverordnung zuständige Naturschutzbehörde prüft die fristgemäß vorgebrachten Bedenken und Anregungen und teilt das Ergebnis den Betroffenen mit.

(5) Wird der Entwurf einer Rechtsverordnung räumlich oder sachlich erheblich erweitert, so ist das Verfahren nach den Absätzen 1 bis 4 zu wiederholen.

(6) Absätze 1 bis 4 sind bei Änderung oder Aufhebung einer Rechtsverordnung entsprechend anzuwenden. Bei einer räumlich oder sachlich nicht erheblichen Änderung einer Rechtsverordnung kann das Verfahren nach den Absätzen 1 und 2 durch Anhörung der von der Änderung berührten Behörden, öffentlichen Planungsträger, Gemeinden und land- und forstwirtschaftlichen Berufsvertretungen sowie der von den Änderungen betroffenen Eigentümer und sonstigen Berechtigten ersetzt werden.

(7) Das Schutzgebiet ist
1. in seiner Abgrenzung zu beschreiben oder
2. in seiner Lage nachvollziehbar zu bezeichnen und seine Abgrenzung in Karten darzustellen, die einen Bestandteil der Verordnung bilden.
Die Karten müssen mit hinreichender Klarheit erkennen lassen, welche Grundstücke zum Schutzgebiet gehören. Im Zweifelsfall gelten Grundstücke als nicht betroffen.

(8) Die Naturschutzgebiete, Biosphärengebiete, Landschaftsschutzgebiete und Naturdenkmale sind von der Naturschutzbehörde in Verzeichnisse einzutragen, die bei der Landesanstalt für Umwelt, Messungen und Naturschutz zusammengeführt werden. Die Landesanstalt veröffentlicht in elektronischer Form das Gesamtverzeichnis und die Fortschreibungen einschließlich der Gebiete von gemeinschaftlicher Bedeutung sowie der Europäischen Vogelschutzgebiete, die auch bei

den unteren Naturschutzbehörden zur Einsicht durch jedermann bereit gehalten werden.

(9) Für Satzungen nach § 33 gelten die Absätze 1 bis 7 mit der Maßgabe entsprechend, dass anstelle der öffentlichen Auslegung die Anhörung der betroffenen Grundeigentümer und sonstigen Berechtigungen treten kann. Bekanntmachungen haben in der für die Gemeinde bestimmten Form zu erfolgen.

§ 75 Einstweilige Sicherstellung, Veränderungsverbot

(1) Bis zum Erlass von Rechtsverordnungen nach §§ 26, 28 bis 31 kann die zuständige Naturschutzbehörde zur einstweiligen Sicherstellung von Schutzgebieten oder Schutzgegenständen Veränderungen für die Dauer von höchstens zwei Jahren durch Rechtsverordnung oder Einzelanordnung untersagen, wenn der beabsichtigte Schutzzweck gefährdet werden kann. Wenn besondere Umstände es erfordern, kann die Frist um höchstens weitere zwei Jahre verlängert werden. Für Satzungen der Gemeinde gelten Satz 1 und 2 entsprechend.

(2) Die einstweilige Sicherstellung ist aufzuheben, sofern nicht innerhalb eines Jahres seit ihrer Bekanntgabe das Verfahren nach § 74 eingeteilt worden ist.

(3) § 73 Abs. 4 Satz 2 gilt entsprechend.

(4) In geplanten Naturschutzgebieten sind ab der Bekanntmachung der Auslegung des Verordnungsentwurfs (§ 74 Abs. 2) bis zum In-Kraft-Treten der Verordnung, längstens jedoch zwei Jahre, alle Veränderungen verboten, die den Schutzzweck der beabsichtigten Verordnung gefährden können. Die im Zeitpunkt der Bekanntmachung rechtmäßig ausgeübte Bodennutzung bleibt unberührt. In der Bekanntmachung der Auslegung ist auf diese Wirkung hinzuweisen.

§ 76 Heilung von Verfahrensmängeln

Eine Verletzung der in § 74 genannten Verfahrens- und Formvorschriften wird unbeachtlich, wenn sie nicht innerhalb eines Jahres nach Verkündung der Rechtsvorschrift oder Bekanntmachung der Satzung gegenüber der Naturschutzbehörde oder der Gemeinde, die die Rechtsvorschrift erlassen hat, schriftlich unter Angabe des Sachverhalts, der die Verletzung begründen soll, geltend gemacht worden ist. Bei der Verkündung der Verordnung oder der Bekanntmachung der Satzung ist auf die Voraussetzungen für die Geltendmachung der Verletzung von Verfahrens- oder Formvorschriften sowie die Rechtsfolgen des Satzes 1 hinzuweisen.

§ 77 Untersuchungen und Kontrollen

(1) Die Bediensteten und Beauftragten der Naturschutzbehörden und der Landesanstalt für Umwelt, Messungen und Naturschutz sowie der Gemeinden dürfen Grundstücke und Gebäude, Wirtschaftsgebäude, Geschäfts-, Betriebs- und Lagerräume während der üblichen Arbeits- oder Betriebszeit betreten. Sie dürfen dort Prüfungen und Besichtigungen vornehmen, Vermessungen, Bodenuntersuchungen oder ähnliche Arbeiten ausführen, soweit dies zur Vorbereitung oder Durchführung von Maßnahmen nach diesem Gesetz geboten ist. Die Eigentümer und Besitzer der von Untersuchungen betroffenen Grundstücke sollen zuvor in geeigneter Weise benachrichtigt werden. Artikel 13 des Grundgesetzes wird insoweit eingeschränkt.

(2) Die Bediensteten und Beauftragten der Naturschutzbehörden und der Landesanstalt für Umwelt, Messungen und Naturschutz können zur Durchführung der ihnen durch dieses Gesetz übertragenen Aufgaben von natürlichen und juristischen Personen die erforderlichen Auskünfte und Einsicht in geschäftliche Unterlagen verlangen. § 26 Abs. 2 Satz 4 des Landesverwaltungsverfahrensgesetzes gilt entsprechend.

(3) Die Forstschutzbeauftragten haben im Rahmen ihrer Dienstaufgaben die Einhaltung der in § 10 Abs. 1 genannten Rechtsvorschriften zu überwachen.

§ 78 Befreiung

(1) Auf Antrag kann die höhere Naturschutzbehörde von den Bestimmungen der in § 10 Abs. 1 genannten Rechtsvorschriften im Einzelfall Befreiung erteilen, wenn
1. überwiegende öffentliche Belange die Befreiung erfordern,
2. der Vollzug der Bestimmung zu einer offenbar nicht beabsichtigten Härte führen würde und die Abweichung mit den öffentlichen Belangen vereinbar ist oder
3. die Durchführung einer Vorschrift zu einer nicht gewollten Beeinträchtigung von Natur und Landschaft führen würde.

(2) Die Befreiung kann mit Nebenbestimmungen versehen und von einer angemessenen Sicherheitsleistung sowie Kompensationsmaßnahmen abhängig gemacht werden. § 23 Abs. 6 gilt entsprechend.

§ 79 Befreiung von Vorschriften der Rechtsverordnungen und Satzungen

(1) Von den Vorschriften der Rechtsverordnungen oder Satzungen kann auf Antrag Befreiung unter den Voraussetzungen des § 78 Abs. 1 erteilt werden. § 78 Abs. 2 gilt entsprechend.

(2) Über Befreiungen von Vorschriften der Rechtsverordnungen entscheidet die Naturschutzbehörde, die die Verordnung erlassen hat, soweit die Verordnung nichts anderes bestimmt. Über Befreiungen von Satzungen nach § 33 entscheidet die Gemeinde.

(3) Vor der Befreiung nach Absatz 1 ist der Landesnaturschutzverband anzuhören, soweit das Vorhaben
1. ein Biosphärengebiet, Naturschutzgebiet, ein sonstiges nach § 36 Abs. 4 Satz 1 ausgewiesenes Schutzgebiet oder ein flächenhaftes Naturdenkmal nicht nur unwesentlich betrifft oder
2. in Landschaftsschutzgebieten zu Eingriffen von besonderer Tragweite oder zu einer schwerwiegenden Beeinträchtigung überörtlicher Interessen der Erholung suchenden Bevölkerung führen kann.

(4) Eine Befreiung nach Absatz 1 wird durch eine nach anderen Vorschriften gleichzeitig erforderliche Gestattung ersetzt, soweit Bundesrecht nicht entgegensteht. Die Gestattung darf nur erteilt werden, wenn die Voraussetzungen des Absatz 1 vorliegen, die nach Absatz 2 sonst zuständige Behörde ihr Einvernehmen erklärt hat und die Beteiligung nach Absatz 3 erfolgt ist.

X. ABSCHNITT

Ordnungswidrigkeiten

§ 80 Ordnungswidrigkeiten

(1) Ordnungswidrig handelt, wer vorsätzlich oder fahrlässig

1. entgegen § 24 Abs. 1 Satz 1 ein Vorhaben ohne die erforderliche Genehmigung der Naturschutzbehörde beginnt,

2. einer auf Grund dieses Gesetzes ergangenen Rechtsvorschrift zuwiderhandelt, soweit die Rechtsvorschrift für einen bestimmten Tatbestand auf diese Bußgeldvorschrift oder auf § 64 Abs. 1 Nr. 2 Naturschutzgesetz in der bis zum 31. Dezember 2005 geltenden Fassung verweist,

3. entgegen § 26 Abs. 3 oder § 28 Abs. 1 in Verbindung mit § 26 Abs. 3 Handlungen vornimmt, die zu einer Zerstörung oder Veränderung des Naturschutzgebiets oder des Biosphärengebiets oder seines Naturhaushalts oder zu einer Beeinträchtigung der wissenschaftlichen Forschung führen können,

4. entgegen § 31 Abs. 4 ein Naturdenkmal entfernt oder Handlungen vornimmt, die ein Naturdenkmal oder seine geschützte Umgebung zerstören, verändern oder beeinträchtigen können,

5. entgegen § 32 Abs. 2 Satz 1 Handlungen vornimmt, die zu einer Zerstörung oder erheblichen oder nachhaltigen Beeinträchtigung eines besonders geschützten Biotops führen können; bei Streuwiesen, Rieden, seggen- und binsenreichen Nasswiesen (§ 32 Abs. 1 Nr. 1), bei natürlichen oder naturnahen Bereichen stehender und fließender Binnengewässer einschließlich ihrer Ufer und der dazugehörigen natürlichen und naturnahen Vegetation (§ 32 Abs. 1 Nr. 2), bei Magerrasen, Gebüschen und naturnahen Wäldern trockenwarmer Standorte einschließlich ihrer Staudensäume (§ 32 Abs. 1 Nr. 3) gilt dies nur, wenn eine vollziehbare Anordnung ergangen oder aufgrund von § 32 Abs. 8 oder auf sonstige Weise das Vorhandensein eines Biotops auf einem bestimmten Grundstück amtlich mitgeteilt oder nach § 32 Abs. 7 auf die Auslegung der Karten und Listen zur Einsicht für jedermann durch ortsübliche Bekanntmachung hingewiesen worden ist,

6. entgegen § 37 Satz 1 Handlungen vornimmt, die zu erheblichen Beeinträchtigungen eines Gebiets von gemeinschaftlicher Bedeutung oder eines Europäischen Vogelschutzgebiets in seinen für die Erhaltungsziele maßgeblichen Bestandteilen führen können,

7. entgegen § 40 Handlungen vornimmt, die zu erheblichen Beeinträchtigungen eines gemeldeten Gebiets oder der in einem Konzertierungsgebiet vorkommenden prioritären Biotope oder prioritären Arten führen können,

8. einer vollziehbaren Anordnung nach § 26 Abs. 4 Satz 1, § 31 Abs. 3, § 43 Abs. 5 Satz 1, § 47 Abs. 3 oder § 75 Abs. 1 zuwiderhandelt,

9. ohne die erforderliche Genehmigung nach § 46 Abs. 1 einen Zoo errichtet, wesentlich ändert oder betreibt oder einer vollziehbaren Anordnung zuwiderhandelt,

10. im Erholungsschutzstreifen (§ 55) ohne die Genehmigung der zuständigen Behörde bauliche Anlagen errichtet oder wesentlich erweitert.

(2) Ordnungswidrig handelt ferner, wer vorsätzlich oder fahrlässig

1. den Verboten des § 25 Abs. 1 über Werbeanlagen zuwiderhandelt,

2. entgegen § 34 Abs. 2 chemische Mittel oder Wirkstoffe anwendet,

3. entgegen § 35 geschützte Bezeichnungen oder amtliche Kennzeichen verwendet oder entgegen § 47 Abs. 6 die Bezeichnung „Vogelwarte", „Vogelschutzwarte" oder eine Bezeichnung, die ihnen zum Verwechseln ähnlich ist, ohne Genehmigung führt,

4. entgegen § 43 Abs. 1 Nr. 1 wild wachsende Pflanzen ohne vernünftigen Grund von ihrem Standort entnimmt oder schädigt, insbesondere ihre Bestände niederschlägt oder verwüstet,

5. entgegen § 43 Abs. 1 Nr. 2 wild lebende Tiere mutwillig beunruhigt, ohne vernünftigen Grund fängt, verletzt oder tötet,

6. entgegen § 43 Abs. 1 Nr. 3 Lebensstätten wild lebender Tier- und Pflanzenarten ohne vernünftigen Grund beeinträchtigt oder zerstört,

7. entgegen § 43 Abs. 1 Nr. 4 die Vegetation auf Wiesen, Feldrainen, ungenutztem Gelände, an Hecken, Hängen oder Böschungen oder Hecken, lebende Zäune, Bäume, Gebüsche oder Schilf- und Röhrichtbestände abbrennt,

8. entgegen § 43 Abs. 2 in der Zeit vom 1. März bis 30. September Hecken, lebende Zäune, Bäume, Gebüsche oder Röhrichtbestände rodet, abschneidet oder auf andere Weise zerstört oder Bäume mit Horsten oder Wohnhöhlen besteigt,

9. entgegen § 44 Abs. 1 Tiere wild lebender Arten oder nicht gebietsheimische Pflanzen wild wachsender Arten ohne Erlaubnis der Naturschutzbehörde ausbringt oder in der freien Natur ansiedelt,

10. entgegen § 45 Abs. 2 ohne Erlaubnis der Naturschutzbehörde wild wachsende Pflanzen und wild lebende Tiere der nicht besonders geschützten Arten für den Handel oder für gewerbliche Zwecke sammelt,

11. entgegen § 48 Abs. 1 Gehege errichtet, betreibt oder erweitert, ohne die Voraussetzungen des § 46 Abs. 2 Satz 1 Nr. 1 bis 3 zu erfüllen,

12. in missbräuchlicher Ausübung des Rechts auf Erholung (§ 49), insbesondere beim Betreten der freien Landschaft (§ 51 Abs. 1 und 4), Grundstücke beschädigt oder verunreinigt oder abgelegte Gegenstände und Abfälle nicht wieder an sich nimmt und entfernt,

13. entgegen § 51 Abs. 1 in der Nutzzeit landwirtschaftlich genutzte Flächen oder Sonderkulturen außerhalb der Wege betritt,

14. auf Flächen, die nicht dafür bestimmt sind, entgegen § 51 Abs. 2 unerlaubt zeltet, mit motorgetriebenen Fahrzeugen oder Anhängern fährt oder sie abstellt,

15. entgegen § 51 Abs. 3 in der freien Landschaft außerhalb von Wegen Fahrrad fährt,

16. auf Flächen und Wegen, die nicht dafür bestimmt sind, entgegen § 52 reitet oder mit bespannten Fahrzeugen fährt,

17. entgegen einer Anordnung nach § 53 Abs. 3 gesperrte Flächen betritt,

18. entgegen § 54 Abs. 1 Satz 1 Sperren ohne die erforderliche Genehmigung errichtet,

19. Vorrichtungen zur Kennzeichnung von geschützten Gebieten oder Gegenständen (§ 35 Abs. 2) beschädigt, zerstört oder auf andere Weise unbrauchbar macht,

20. in der freien Landschaft ausgediente Kraftfahrzeuge abstellt, wenn die Handlung nicht nach anderen Vorschriften geahndet werden kann.

(3) Die Ordnungswidrigkeit nach Absatz 1 kann mit einer Geldbuße bis zu 50 000 Euro, die Ordnungswidrigkeit nach Absatz 2 mit einer Geldbuße bis zu 15 000 Euro geahndet werden.

(4) Gegenstände, auf die sich eine Ordnungswidrigkeit bezieht oder die zur Vorbereitung oder Begehung verwendet worden sind oder die durch eine Ordnungswidrigkeit gewonnen oder erlangt worden sind, können eingezogen werden. § 23 des Gesetzes über Ordnungswidrigkeiten ist anzuwenden.

(5) Verwaltungsbehörden im Sinne des § 36 Abs. 1 Nr. 1 des Gesetzes über Ordnungswidrigkeiten sind die unteren Naturschutzbehörden. Zuständig für die Verfolgung von Ordnungswidrigkeiten nach Absatz 1 Nr. 2 in Verbindung mit §§ 33 und 73 Abs. 7 sind die Gemeinden, in Verbindung mit § 53 Abs. 3 auch die Ortspolizeibehörden; die höheren Naturschutzbehörden sind zuständig, soweit sie eine vollziehbare Anordnung erlassen haben.

XI. ABSCHNITT

Übergangs- und Schlussvorschriften

§ 81 Fördergrundsätze

(1) Das Land fördert Maßnahmen des Naturschutzes, der Landschaftspflege und der Erholungsvorsorge nach Maßgabe der verfügbaren Haushaltmittel. Die Gemeinden und Landkreise sind aufgerufen, sich an der Förderung dieser Maßnahmen angemessen zu beteiligen.

(2) Die finanzielle Förderung setzt in der Regel angemessene Eigenleistungen des Geförderten bei der Verwirklichung der Aufgaben und Zielsetzungen dieses Gesetzes voraus. Auf eine angemessene Beteiligung anderer Träger öffentlicher Aufgaben soll hingewirkt werden, sofern die geförderte Maßnahme auch deren Interessen dient.

(3) Das Nähere, insbesondere die Art und Inhalte der geförderten Maßnahmen, die Vorgaben für den Vertragsnaturschutz und die Art und Höhe der Zuwendungen regelt das Ministerium in einer Verwaltungsvorschrift (Landschaftspflegerichtlinie).

§ 82 Überleitungs- und Durchführungsvorschriften

(1) Verfahren, die beim Inkrafttreten dieses Gesetzes bereits eingeleitet waren, sind nach den bisherigen Verfahrensvorschriften weiterzuführen.

(2) Die Verwaltungsvorschriften zur Durchführung dieses Gesetzes erlässt das Ministerium, soweit andere Ministerien beteiligt sind, im Einvernehmen mit diesen.

(3) § 32 gilt nicht für unbebaute Flächen, für die am 1. Januar 1992 ein Bebauungsplan im Sinne von § 30 des Baugesetzbuchs in Kraft war, sowie innerhalb der im Zusammenhang bebauten Ortsteile im Sinne von § 34 des Baugesetzbuchs. § 32 gilt ferner nicht für Flächen, die in einem vor dem 1. Januar 1987 genehmigten Flächennutzungsplan als Bauflächen dargestellt sind; von dem gesetzlichen Schutz des § 32 sind darüber hinaus Biotope ausgenommen, die innerhalb der in

diesen Flächennutzungsplänen dargestellten Bauflächen nachweislich nach dem 1. Januar 1987 entstanden sind. § 32 gilt außerdem nicht für Flächen, die erstmals aufgrund dieses Gesetzes ein besonders geschützter Biotop oder Teil eines solchen Biotops werden, sofern für diese Flächen am 1. Januar 2006 ein Bebauungsplan im Sinne von § 30 des Baugesetzbuchs in Kraft war oder ein Flächennutzungsplan genehmigt war, in dem diese Flächen als Bauflächen dargestellt sind. (4) Genehmigungen nach § 32 a Abs. 1 in der bis zum 31. Dezember 2005 geltenden Fassung, nach § 34 LWaldG sowie Erlaubnisse nach § 11 Abs. 1 Nr. 2 Buchst. a des Tierschutzgesetzes gelten als Genehmigungen nach diesem Gesetz fort. Gleiches gilt für Erlaubnisse nach § 11 Abs. 1 Nr. 3 Buchst. d des Tierschutzgesetzes, sofern die Erlaubnisse auf ortsfeste Einrichtungen bezogen sind. Zoos nach Satz 1 und 2 haben innerhalb einer von der Behörde zu bestimmenden Frist Unterlagen vorzulegen, aus denen sich die Erfüllung der Genehmigungsvoraussetzungen nach § 46 Abs. 3 ergibt. Die Genehmigungsbehörde stellt durch nachträgliche Anordnungen sicher, dass die Genehmigungsvoraussetzungen auf Dauer erfüllt werden.

§ 83 Planfeststellungsverfahren

In Planfeststellungsverfahren für Vorhaben mit überörtlicher Bedeutung, in denen die Gemeinde beteiligt worden ist, finden die Satzungen nach § 33 keine Anwendung, sofern sie der Durchführung des Planfeststellungsbeschlusses entgegenstehen.

Anlage

(zu § 32)

Vorbemerkung:

1. Die nach § 32 besonders geschützten Biotope werden anhand der Standortverhältnisse, der Vegetation und sonstiger Eigenschaften definiert.
2. Zur Verdeutlichung der Biotopdefinitionen sind in der Regel besonders typische Arten aufgeführt. Insbesondere bei Wiesen- und Waldbiotopen begründet nicht das Vorkommen einer einzigen besonderen typischen Art, sondern erst die Kombination von mehreren der genannten Arten das Vorliegen eines besonders geschützten Biotops.
3. Als naturnah werden Biotope bezeichnet, die ohne gezielte Veränderung des Standortes oder ohne direkten menschlichen Einfluss entstanden sind, nicht wesentlich vom Menschen verändert wurden und höchstens extensiv genutzt werden, sowie künstlich geschaffene Biotope, die nach ihrer Entstehung einer weitgehend natürlichen Entwicklung überlassen wurden und für den Standort typische Pflanzen- und Tierarten aufweisen. Als naturnahe Wälder werden Wälder bezeichnet, deren Baumschicht weitgehend aus standortheimischen Baumarten besteht und die eine weitgehende Übereinstimmung von Standort, Waldbestand und Bodenvegetation aufweisen.

(Definition der besonders geschützten Biotoptypen nicht abgedruckt)

4.
Verordnung der Landesregierung über Ausnahmen von den Schutzvorschriften für Rabenvögel

vom 15. Juli 1996 (GBl. S. 489), geändert durch Verordnung
vom 25. Juli 2006 (GBl. S. 241)

Auf Grund von § 20 g Abs. 6 des Bundesnaturschutzgesetzes (BNatSchG) in der Fassung vom 12. März 1987 (BGBl. I S. 889) wird nach Anhörung der nach § 29 BNatschG anerkannten Verbände verordnet:

§ 1

(1) Abweichend von § 42 Abs. 1 Nr. 1 BNatschG dürfen Jagdausübungsberechtigte und mit deren Erlaubnis Inhaber von Jagderlaubnisscheinen zum Schutz der heimischen Tierwelt oder zur Abwendung erheblicher landwirtschaftlicher Schäden wild lebenden Tieren der Arten Rabenkrähe (Corvus corone corone) und Elster (Pica pica) außerhalb von befriedeten Bezirken, von Naturschutzgebieten, von Naturdenkmalen und außerhalb der Brutzeit (15. März bis 15. Juli) nachstellen und sie töten. Unberührt bleiben die Bestimmungen über verbotene Handlungen, Verfahren und Geräte (§ 4 der Bundesartenschutzverordnung) und über das Zerstören von Nist- und Brutstätten (§ 42 Abs. 1 Nr. 1 BNatSchG).

(2) Abweichend von § 42 Abs. 2 Nr. 1 BNatSchG dürfen Jagdausübungsberechtigte im Rahmen des Absatzes 1 erlegte Tiere in Besitz nehmen und sich aneignen. Die Vermarktungsverbote (§ 42 Abs. 2 Nr. 2 BNatSchG) bleiben unberührt.

§ 2

Die Jagdausübungsberechtigten haben der unteren Verwaltungsbehörde Art und Anzahl der erlegten Tiere bis spätestens 15. April anzuzeigen.

§ 2 a

Die untere Verwaltungsbehörde kann aus Gründen der Abwehr von Gefahren für die öffentliche Sicherheit oder Ordnung und Tierseuchenbekämpfung das Nachstellen und Töten von Rabenkrähen und Elstern nach § 1 Abs. 1 Satz 1 sowie die Inbesitznahme und die Aneignung nach § 1 Abs. 2 Satz 1 zeitlich befristet regeln, beschränken oder verbieten.

§ 3

Diese Verordnung tritt am Tage nach der Verkündung in Kraft.

5.
Verordnung der Landesregierung zur Abwendung erheblicher fischereiwirtschaftlicher Schäden durch Kormorane sowie zum Schutz der heimischen Tierwelt (Kormoranverordnung)

vom 4. Mai 2004 (GBl. S. 213)

Auf Grund von § 43 Abs. 8 Satz 1 Nr. 1 und 2 und Satz 4 des Bundesnaturschutzgesetzes (BNatSchG) vom 25. März 2002 (BGBl. I S. 1193) wird verordnet:

§ 1

(1) Zur Abwendung erheblicher fischereiwirtschaftlicher Schäden sowie zum Schutz der heimischen Tierwelt wird abweichend von § 42 Abs. 1 BNatSchG Jagdausübungsberechtigten und mit deren Erlaubnis Inhabern von Jagderlaubnisscheinen gestattet, auf den in § 2 festgesetzten Gewässern oder Gewässerstrecken und in einem Abstand bis zu 100 Metern Kormorane (Phalacrocorax carbo sinensis) vom 16. September bis zum 15. März zu töten. Sie dürfen abweichend von § 42 Abs. 2 Satz 1 Nr. 1 BNatSchG getötete Tiere in Besitz nehmen und sich aneignen. Die Vermarktungs- und Verkehrsverbote nach § 42 Abs. 2 Nr. 2 BNatSchG bleiben unberührt. Verboten bleibt der Abschuss in der Zeit nach Sonnenuntergang bis eine halbe Stunde vor Sonnenaufgang.

(2) Unberührt bleiben die Bestimmungen über verbotene Fangmethoden, Verfahren und Geräte (§ 13 der Bundesartenschutzverordnung vom 14. Oktober 1999 (BGBl. I S. 1955) in der jeweils geltenden Fassung) und über die Entnahme von Entwicklungsformen oder das Beschädigen oder Zerstören von Nist- und Brutstätten (§ 42 Abs. 1 Nr. 1 BNatSchG).

(3) Die für eine weidgerechte Jagdausübung maßgeblichen jagdrechtlichen Bestimmungen sind entsprechend anzuwenden.

(4) Die Anzahl der erlegten Kormorane, Erlegungsdatum und Gewässer oder Gewässerstrecke sind der unteren Verwaltungsbehörde bis spätestens 15. April auf dem Einlegeblatt zur jagdlichen Streckenliste (§ 27 Abs. 6 des Landesjagdgesetzes) mitzuteilen.

(5) Die untere Verwaltungsbehörde kann die Befugnis nach Absatz 1 entziehen, wenn von ihr in missbräuchlicher Weise Gebrauch gemacht wird.

§ 2

(1) Die untere Verwaltungsbehörde kann Gewässer oder Gewässerstrecken festsetzen, an denen das Töten von Kormoranen zur Abwendung drohender erheblicher fischereiwirtschaftlicher Schäden oder zum Schutz der heimischen Tierwelt erforderlich ist.

(2) Die untere Verwaltungsbehörde kann den in § 1 Abs. 1 Satz 1 genannten Zeitraum im Einzelfall verkürzen.

(3) Die Einstufung als Gewässer oder als Gewässerstrecke im Sinne von Absatz 1 kommt nicht in Betracht, wenn weniger schädigende Maßnahmen ausreichen, um drohende erhebliche fischereiwirtschaftliche Schäden zu vermeiden oder die heimische Tierwelt zu schützen. Maßnahmen nach Satz 1 sind insbesondere das Verscheuchen mit Mitteln, die Kormorane nicht verletzen, oder das Überspannen von dafür geeigneten teichwirtschaftlichen Anlagen.

(4) Absätze 1 und 2 gelten nicht für befriedete Bezirke, Naturschutzgebiete, Naturdenkmale, Gebiete nach der Richtlinie 79/409/EWG des Rates vom 2. April 1979 über die Erhaltung der wildlebenden Vogelarten (ABl. EG Nr. L 103 S. 1), in der jeweils geltenden Fassung, die gemäß § 10 Abs. 6 Nr. 1 BNatSchG im Bundesanzeiger bekannt gegeben worden sind, und für Bereiche, in denen eine Beeinträchtigung empfindlicher Biotope oder gefährdeter Arten zu erwarten ist.

(5) Die Befugnis der zuständigen Naturschutzbehörde, weitere Ausnahmen nach § 43 Abs. 8 Satz 1 BNatSchG zuzulassen oder Befreiungen nach § 62 Abs. 1 BNatSchG zu erteilen, bleibt unberührt.

§ 3

Diese Verordnung tritt am Tage nach ihrer Verkündung in Kraft.

328

VIERTER TEIL

Waffenrecht

I.
Vorschriften

1.
Waffengesetz
(WaffG)

vom 11. Oktober 2002 (BGBl. I S. 3970, ber. S. 4592), zuletzt geändert durch Art. 3
Abs. 5 des Gesetzes vom 17. Juli 2009 (BGBl. I S. 2062, 2088)

Inhaltsübersicht

ABSCHNITT 1

Allgemeine Bestimmungen   Seite

ABSCHNITT 2

Umgang mit Waffen oder Munition

Unterabschnitt 1
Allgemeine Voraussetzungen für Waffen- und Munitionserlaubnisse

Unterabschnitt 2
Erlaubnisse für einzelne Arten des Umgangs mit Waffen oder Munition, Ausnahmen

329

Unterabschnitt 3
Besondere Erlaubnistatbestände für bestimmte Personengruppen

Unterabschnitt 4
Besondere Erlaubnistatbestände für Waffenherstellung, Waffenhandel,
Schießstätten, Bewachungsunternehmer

Unterabschnitt 5
Verbringen und Mitnahme von Waffen oder Munition in den,
durch den oder aus dem Geltungsbereich des Gesetzes

Unterabschnitt 6
Obhutspflichten, Anzeige-, Hinweis- und Nachweispflichten

ABSCHNITT 1

Allgemeine Bestimmungen

§ 1 Gegenstand und Zweck des Gesetzes, Begriffsbestimmungen

(1) Dieses Gesetz regelt den Umgang mit Waffen oder Munition unter Berücksichtigung der Belange der öffentlichen Sicherheit und Ordnung.

(2) Waffen sind
1. Schusswaffen oder ihnen gleichgestellte Gegenstände und
2. tragbare Gegenstände,
   a) die ihrem Wesen nach dazu bestimmt sind, die Angriffs- oder Abwehrfähigkeit von Menschen zu beseitigen oder herabzusetzen, insbesondere Hieb- und Stoßwaffen;
   b) die, ohne dazu bestimmt zu sein, insbesondere wegen ihrer Beschaffenheit, Handhabung oder Wirkungsweise geeignet sind, die Angriffs- oder Abwehrfähigkeit von Menschen zu beseitigen oder herabzusetzen, und die in diesem Gesetz genannt sind.

(3) Umgang mit einer Waffe oder Munition hat, wer diese erwirbt, besitzt, überlässt, führt, verbringt, mitnimmt, damit schießt, herstellt, bearbeitet, instand setzt oder damit Handel treibt.

(4) Die Begriffe der Waffen und Munition sowie die Einstufung von Gegenständen nach Absatz 2 Nr. 2 Buchstabe b als Waffen, die Begriffe der Arten des Umgangs und sonstige waffenrechtliche Begriffe sind in der Anlage 1 (Begriffsbestimmungen) zu diesem Gesetz näher geregelt.

S. 383

§ 2 Grundsätze des Umgangs mit Waffen oder Munition, Waffenliste

(1) Der Umgang mit Waffen oder Munition ist nur Personen gestattet, die das 18. Lebensjahr vollendet haben.

(2) Der Umgang mit Waffen oder Munition, die in der Anlage 2 (Waffenliste) Abschnitt 2 zu diesem Gesetz genannt sind, bedarf der Erlaubnis. S. 388

(3) Der Umgang mit Waffen oder Munition, die in der Anlage 2 Abschnitt 1 zu diesem Gesetz genannt sind, ist verboten. S. 385

(4) Waffen oder Munition, mit denen der Umgang ganz oder teilweise von der Erlaubnispflicht oder von einem Verbot ausgenommen ist, sind in der Anlage 2 Abschnitt 1 und 2 genannt. Ferner sind in der Anlage 2 Abschnitt 3 die Waffen und Munition genannt, auf die dieses Gesetz ganz oder teilweise nicht anzuwenden ist. S. 394

(5) Bestehen Zweifel darüber, ob ein Gegenstand von diesem Gesetz erfasst wird oder wie er nach Maßgabe der Begriffsbestimmungen in Anlage 1 Abschnitt 1 und 3 und der Anlage 2 einzustufen ist, so entscheidet auf Antrag die zuständige Behörde. Antragsberechtigt sind
1. Hersteller, Importeure, Erwerber oder Besitzer des Gegenstandes, soweit sie ein berechtigtes Interesse an der Entscheidung nach Satz 1 glaubhaft machen können,
2. die zuständigen Behörden des Bundes und der Länder.

Die nach Landesrecht zuständigen Behörden sind vor der Entscheidung zu hören. Die Entscheidung ist für den Geltungsbereich dieses Gesetzes allgemein verbindlich. Sie ist im Bundesanzeiger bekannt zu machen. *S. 471*

§ 3 Umgang mit Waffen oder Munition durch Kinder und Jugendliche

(1) Jugendliche dürfen im Rahmen eines Ausbildungs- oder Arbeitsverhältnisses abweichend von § 2 Abs. 1 unter Aufsicht eines weisungsbefugten Waffenberechtigten mit Waffen oder Munition umgehen.

(2) Jugendliche dürfen abweichend von § 2 Abs. 1 Umgang mit geprüften Reizstoffsprühgeräten haben.

(3) Die zuständige Behörde kann für Kinder und Jugendliche allgemein oder für den Einzelfall Ausnahmen von Alterserfordernissen zulassen, wenn besondere Gründe vorliegen und öffentliche Interessen nicht entgegenstehen.

ABSCHNITT 2

Umgang mit Waffen oder Munition

Unterabschnitt 1
Allgemeine Voraussetzungen für Waffen- und Munitionserlaubnisse

§ 4 Voraussetzungen für eine Erlaubnis

(1) Eine Erlaubnis setzt voraus, dass der Antragsteller
1. das 18. Lebensjahr vollendet hat (§ 2 Abs. 1),
2. die erforderliche Zuverlässigkeit (§ 5) und persönliche Eignung (§ 6) besitzt,
3. die erforderliche Sachkunde nachgewiesen hat (§ 7),
4. ein Bedürfnis nachgewiesen hat (§ 8) und
5. bei der Beantragung eines Waffenscheins oder einer Schießerlaubnis eine Versicherung gegen Haftpflicht in Höhe von 1 Million Euro – pauschal für Personen- und Sachschäden – nachweist.

(2) Die Erlaubnis zum Erwerb, Besitz, Führen oder Schießen kann versagt werden, wenn der Antragsteller seinen gewöhnlichen Aufenthalt nicht seit mindestens fünf Jahren im Geltungsbereich dieses Gesetzes hat.

(3) Die zuständige Behörde hat die Inhaber von waffenrechtlichen Erlaubnissen in regelmäßigen Abständen, mindestens jedoch nach Ablauf von drei Jahren, erneut auf ihre Zuverlässigkeit und ihre persönliche Eignung zu prüfen sowie in den Fällen des Absatzes 1 Nr. 5 sich das Vorliegen einer Versicherung gegen Haftpflicht nachweisen zu lassen.

(4) Die zuständige Behörde hat drei Jahre nach Erteilung der ersten waffenrechtlichen Erlaubnis das Fortbestehen des Bedürfnisses zu prüfen. Dies kann im Rahmen der Prüfung nach Absatz 3 erfolgen. Die zuständige Behörde kann auch nach Ablauf des in Satz 1 genannten Zeitraums das Fortbestehen des Bedürfnisses prüfen.

S. 476

§ 5 Zuverlässigkeit

(1) Die erforderliche Zuverlässigkeit besitzen Personen nicht,
1. die rechtskräftig verurteilt worden sind
   a) wegen eines Verbrechens oder
   b) wegen sonstiger vorsätzlicher Straftaten zu einer Freiheitsstrafe von mindestens einem Jahr,
   wenn seit dem Eintritt der Rechtskraft der letzten Verurteilung zehn Jahre noch nicht verstrichen sind,
2. bei denen Tatsachen die Annahme rechtfertigen, dass sie
   a) Waffen oder Munition missbräuchlich oder leichtfertig verwenden werden,
   b) mit Waffen oder Munition nicht vorsichtig oder sachgemäß umgehen oder diese Gegenstände nicht sorgfältig verwahren werden,
   c) Waffen oder Munition Personen überlassen werden, die zur Ausübung der tatsächlichen Gewalt über diese Gegenstände nicht berechtigt sind.

(2) Die erforderliche Zuverlässigkeit besitzen in der Regel Personen nicht, die
1. a) wegen einer vorsätzlichen Straftat,
   b) wegen einer fahrlässigen Straftat im Zusammenhang mit dem Umgang mit Waffen, Munition oder explosionsgefährlichen Stoffen oder wegen einer fahrlässigen gemeingefährlichen Straftat,
   c) wegen einer Straftat nach dem Waffengesetz, dem Gesetz über die Kontrolle von Kriegswaffen, dem Sprengstoffgesetz oder dem Bundesjagdgesetz
   zu einer Freiheitsstrafe, Jugendstrafe, Geldstrafe von mindestens 60 Tagessätzen oder mindestens zweimal zu einer geringeren Geldstrafe rechtskräftig verurteilt worden sind oder bei denen die Verhängung von Jugendstrafe ausgesetzt worden ist, wenn seit dem Eintritt der Rechtskraft der letzten Verurteilung fünf Jahre noch nicht verstrichen sind,
2. Mitglied
   a) in einem Verein, der nach dem Vereinsgesetz als Organisation unanfechtbar verboten wurde oder der einem unanfechtbaren Betätigungsverbot nach dem Vereinsgesetz unterliegt, oder
   b) in einer Partei, deren Verfassungswidrigkeit das Bundesverfassungsgericht nach § 46 des Bundesverfassungsgerichtsgesetzes festgestellt hat,
   waren, wenn seit der Beendigung der Mitgliedschaft zehn Jahre noch nicht verstrichen sind,
3. einzeln oder als Mitglied einer Vereinigung Bestrebungen verfolgen oder unterstützen oder in den letzten fünf Jahren verfolgt oder unterstützt haben, die
   a) gegen die verfassungsmäßige Ordnung oder
   b) gegen den Gedanken der Völkerverständigung, insbesondere gegen das friedliche Zusammenleben der Völker, gerichtet sind, oder
   c) durch Anwendung von Gewalt oder darauf gerichtete Vorbereitungshandlungen auswärtige Belange der Bundesrepublik Deutschland gefährden,
4. innerhalb der letzten fünf Jahre mehr als einmal wegen Gewalttätigkeit mit richterlicher Genehmigung in polizeilichem Präventivgewahrsam waren,
5. wiederholt oder gröblich gegen die Vorschriften eines der in Nummer 1 Buchstabe c genannten Gesetze verstoßen haben.

(3) In die Frist nach Absatz 1 Nr. 1 oder Absatz 2 Nr. 1 nicht eingerechnet wird die Zeit, in welcher der Betroffene auf behördliche oder richterliche Anordnung in einer Anstalt verwahrt worden ist.

(4) Ist ein Verfahren wegen Straftaten im Sinne des Absatzes 1 Nr. 1 oder des Absatzes 2 Nr. 1 noch nicht abgeschlossen, so kann die zuständige Behörde die Entscheidung über den Antrag auf Erteilung einer waffenrechtlichen Erlaubnis bis zum rechtskräftigen Abschluss des Verfahrens aussetzen.

(5) Die zuständige Behörde hat im Rahmen der Zuverlässigkeitsprüfung folgende Erkundigungen einzuholen:
1. die unbeschränkte Auskunft aus dem Bundeszentralregister;
2. die Auskunft aus dem zentralen staatsanwaltschaftlichen Verfahrensregister hinsichtlich der in Absatz 2 Nr. 1 genannten Straftaten;
3. die Stellungnahme der örtlichen Polizeidienststelle, ob Tatsachen bekannt sind, die Bedenken gegen die Zuverlässigkeit begründen; die örtliche Polizeidienststelle schließt in ihre Stellungnahme das Ergebnis der von ihr vorzunehmenden Prüfung nach Absatz 2 Nr. 4 ein.

Die nach Satz 1 Nr. 2 erhobenen personenbezogenen Daten dürfen nur für den Zweck der waffenrechtlichen Zuverlässigkeitsprüfung verwendet werden.

§ 6 Persönliche Eignung

(1) Die erforderliche persönliche Eignung besitzen Personen nicht, wenn Tatsachen die Annahme rechtfertigen, dass sie
1. geschäftsunfähig sind,
2. abhängig von Alkohol oder anderen berauschenden Mitteln, psychisch krank oder debil sind oder
3. auf Grund in der Person liegender Umstände mit Waffen oder Munition nicht vorsichtig oder sachgemäß umgehen oder diese Gegenstände nicht sorgfältig verwahren können oder dass die konkrete Gefahr einer Fremd- oder Selbstgefährdung besteht.

Die erforderliche persönliche Eignung besitzen in der Regel Personen nicht, wenn Tatsachen die Annahme rechtfertigen, dass sie in ihrer Geschäftsfähigkeit beschränkt sind. Die zuständige Behörde soll die Stellungnahme der örtlichen Polizeidienststelle einholen. Der persönlichen Eignung können auch im Erziehungsregister eingetragene Entscheidungen oder Anordnungen nach § 60 Abs. 1 Nr. 1 bis 7 des Bundeszentralregistergesetzes entgegenstehen.

(2) Sind Tatsachen bekannt, die Bedenken gegen die persönliche Eignung nach Absatz 1 begründen, oder bestehen begründete Zweifel an vom Antragsteller beigebrachten Bescheinigungen, so hat die zuständige Behörde dem Betroffenen auf seine Kosten die Vorlage eines amts- oder fachärztlichen oder fachpsychologischen Zeugnisses über die geistige oder körperliche Eignung aufzugeben.

(3) Personen, die noch nicht das 25. Lebensjahr vollendet haben, haben für die erstmalige Erteilung einer Erlaubnis zum Erwerb und Besitz einer Schusswaffe auf eigene Kosten ein amts- oder fachärztliches oder fachpsychologisches Zeugnis über die geistige Eignung vorzulegen. Satz 1 gilt nicht für den Erwerb und Besitz von Schusswaffen im Sinne von § 14 Abs. 1 Satz 2.

(4) Das Bundesministerium des Innern wird ermächtigt, durch Rechtsverordnung mit Zustimmung des Bundesrates Vorschriften über das Verfahren zur Erstellung, über die Vorlage und die Anerkennung der in den Absätzen 2 und 3 genannten Gutachten bei den zuständigen Behörden zu erlassen.

§ 7 Sachkunde

(1) Den Nachweis der Sachkunde hat erbracht, wer eine Prüfung vor der dafür bestimmten Stelle bestanden hat oder seine Sachkunde durch eine Tätigkeit oder Ausbildung nachweist.

(2) Das Bundesministerium des Innern wird ermächtigt, durch Rechtsverordnung mit Zustimmung des Bundesrates Vorschriften über die Anforderungen an die waffentechnischen und waffenrechtlichen Kenntnisse, über die Prüfung und das Prüfungsverfahren einschließlich der Errichtung von Prüfungsausschüssen sowie über den anderweitigen Nachweis der Sachkunde zu erlassen.

S. 477

§ 8 Bedürfnis, allgemeine Grundsätze

Der Nachweis eines Bedürfnisses ist erbracht, wenn gegenüber den Belangen der öffentlichen Sicherheit oder Ordnung
1. besonders anzuerkennende persönliche oder wirtschaftliche Interessen, vor allem als Jäger, Sportschütze, Brauchtumsschütze, Waffen- oder Munitionssammler, Waffen- oder Munitionssachverständiger, gefährdete Person, als Waffenhersteller oder -händler oder als Bewachungsunternehmer, und
2. die Geeignetheit und Erforderlichkeit der Waffen oder Munition für den beantragten Zweck
glaubhaft gemacht sind.

§ 9 Inhaltliche Beschränkungen, Nebenbestimmungen und Anordnungen

(1) Eine Erlaubnis nach diesem Gesetz kann zur Abwehr von Gefahren für die öffentliche Sicherheit oder Ordnung inhaltlich beschränkt werden, insbesondere um Leben und Gesundheit von Menschen gegen die aus dem Umgang mit Schusswaffen oder Munition entstehenden Gefahren und erheblichen Nachteile zu schützen.

(2) Zu den in Absatz 1 genannten Zwecken können Erlaubnisse befristet oder mit Auflagen verbunden werden. Auflagen können nachträglich aufgenommen, geändert und ergänzt werden.

(3) Gegenüber Personen, die die Waffenherstellung oder den Waffenhandel nach Anlage 2 Abschnitt 2 Unterabschnitt 2 Nr. 4 bis 6 oder eine Schießstätte nach § 27 Abs. 2 ohne Erlaubnis betreiben dürfen, können Anordnungen zu den in Absatz 1 genannten Zwecken getroffen werden.

S. 480

Unterabschnitt 2
Erlaubnisse für einzelne Arten des Umgangs mit Waffen oder Munition,
Ausnahmen

§ 10 Erteilung von Erlaubnissen zum Erwerb, Besitz, Führen und Schießen

(1) Die Erlaubnis zum Erwerb und Besitz von Waffen wird durch eine Waffenbesitzkarte oder durch Eintragung in eine bereits vorhandene Waffenbesitzkarte erteilt. Für die Erteilung einer Erlaubnis für Schusswaffen sind Art, Anzahl und Kaliber der Schusswaffen anzugeben. Die Erlaubnis zum Erwerb einer Waffe gilt für die Dauer eines Jahres, die Erlaubnis zum Besitz wird in der Regel unbefristet erteilt.

(1 a) Wer eine Waffe auf Grund einer Erlaubnis nach Absatz 1 Satz 1 erwirbt, hat binnen zwei Wochen der zuständigen Behörde unter Benennung von Name und Anschrift des Überlassenden den Erwerb schriftlich anzuzeigen und seine Waffenbesitzkarte zur Eintragung des Erwerbs vorzulegen.

(2) Eine Waffenbesitzkarte über Schusswaffen, die mehrere Personen besitzen, kann auf diese Personen ausgestellt werden. Eine Waffenbesitzkarte kann auch einem schießsportlichen Verein oder einer jagdlichen Vereinigung als juristischer Person erteilt werden. Sie ist mit der Auflage zu verbinden, dass der Verein der Behörde vor Inbesitznahme von Vereinswaffen unbeschadet des Vorliegens der Voraussetzung des § 4 Abs. 1 Nr. 5 eine verantwortliche Person zu benennen hat, für die die Voraussetzungen nach § 4 Abs. 1 Nr. 1 bis 3 nachgewiesen sind; diese benannte Person muss nicht vertretungsberechtigtes Organ des Vereins sein. Scheidet die benannte verantwortliche Person aus dem Verein aus oder liegen in ihrer Person nicht mehr alle Voraussetzungen nach § 4 Abs. 1 Nr. 1 bis 3 vor, so ist der Verein verpflichtet, dies unverzüglich der zuständigen Behörde mitzuteilen. Benennt der Verein nicht innerhalb von zwei Wochen eine neue verantwortliche Person, für die die Voraussetzungen nach § 4 Abs. 1 Nr. 1 bis 3 nachgewiesen werden, so ist die dem Verein erteilte Waffenbesitzerlaubnis zu widerrufen und die Waffenbesitzkarte zurückzugeben.

(3) Die Erlaubnis zum Erwerb und Besitz von Munition wird durch Eintragung in eine Waffenbesitzkarte für die darin eingetragenen Schusswaffen erteilt. In den übrigen Fällen wird die Erlaubnis durch einen Munitionserwerbsschein für eine bestimmte Munitionsart erteilt; sie ist für den Erwerb der Munition auf die Dauer von sechs Jahren zu befristen und gilt für den Besitz der Munition unbefristet. Die Erlaubnis zum nicht gewerblichen Laden von Munition im Sinne des Sprengstoffgesetzes gilt auch als Erlaubnis zum Erwerb und Besitz dieser Munition. Nach Ablauf der Gültigkeit des Erlaubnisdokuments gilt die Erlaubnis für den Besitz dieser Munition für die Dauer von 6 Monaten fort.

(4) Die Erlaubnis zum Führen einer Waffe wird durch einen Waffenschein erteilt. Eine Erlaubnis nach Satz 1 zum Führen von Schusswaffen wird für bestimmte Schusswaffen auf höchstens drei Jahre erteilt; die Geltungsdauer kann zweimal um höchstens je drei Jahre verlängert werden, sie ist kürzer zu bemessen, wenn nur ein vorübergehendes Bedürfnis nachgewiesen wird. Der Geltungsbereich des Waffenscheins ist auf bestimmte Anlässe oder Gebiete zu beschränken, wenn ein darüber hinausgehendes Bedürfnis nicht nachgewiesen wird. Die Voraussetzungen für die Erteilung einer Erlaubnis zum Führen von Schreckschuss-, Reizstoff-

und Signalwaffen sind in der Anlage 2 Abschnitt 2 Unterabschnitt 3 Nr. 2 und 2.1 genannt (Kleiner Waffenschein).

(5) Die Erlaubnis zum Schießen mit einer Schusswaffe wird durch einen Erlaubnisschein erteilt.

§ 11 Erwerb und Besitz von Schusswaffen oder Munition mit Bezug zu einem anderen Mitgliedstaat der Europäischen Union

(1) Eine Erlaubnis zum Erwerb und Besitz einer Schusswaffe nach Anlage 1 Abschnitt 3 Nr. 1 bis 3 (Kategorien A bis C) oder von Munition für eine solche darf einer Person, die ihren gewöhnlichen Aufenthalt in einem anderen Mitgliedstaat der Europäischen Union (Mitgliedstaat) hat, nur erteilt werden, wenn sie
1. die Schusswaffen oder die Munition in den Mitgliedstaat im Wege der Selbstvornahme verbringen wird oder
2. eine schriftliche Erklärung vorlegt, dass und aus welchen Gründen sie die Schusswaffen oder die Munition nur im Geltungsbereich dieses Gesetzes zu besitzen beabsichtigt.

Die Erlaubnis zum Erwerb oder Besitz einer Schusswaffe nach Anlage 1 Abschnitt 3 Nr. 2 (Kategorie B) oder Munition für eine solche darf nur erteilt werden, wenn über die Voraussetzungen des Satzes 1 hinaus eine vorherige Zustimmung dieses Mitgliedstaates hierzu vorgelegt wird.

(2) Für eine Person mit gewöhnlichem Aufenthalt im Geltungsbereich dieses Gesetzes, die eine Schusswaffe nach Anlage 1 Abschnitt 3 Nr. 2 (Kategorie B) oder Munition für eine solche in einem anderen Mitgliedstaat mit einer Erlaubnis dieses Staates erwerben will, wird eine Erlaubnis erteilt, wenn die Voraussetzungen nach § 4 Abs. 1 Nr. 2 vorliegen.

§ 12 Ausnahmen von den Erlaubnispflichten

(1) Einer Erlaubnis zum Erwerb und Besitz einer Waffe bedarf nicht, wer diese
1. als Inhaber einer Waffenbesitzkarte von einem Berechtigten
   a) lediglich vorübergehend, höchstens aber für einen Monat für einen von seinem Bedürfnis umfassten Zweck oder im Zusammenhang damit, oder
   b) vorübergehend zum Zweck der sicheren Verwahrung oder der Beförderung
   erwirbt;
2. vorübergehend von einem Berechtigten zur gewerbsmäßigen Beförderung, zur gewerbsmäßigen Lagerung oder zur gewerbsmäßigen Ausführung von Verschönerungen oder ähnlicher Arbeiten an der Waffe erwirbt;
3. von einem oder für einen Berechtigten erwirbt, wenn und solange er
   a) auf Grund eines Arbeits- oder Ausbildungsverhältnisses,
   b) als Beauftragter oder Mitglied einer jagdlichen oder schießsportlichen Vereinigung, einer anderen sportlichen Vereinigung zur Abgabe von Startschüssen oder einer zur Brauchtumspflege Waffen tragenden Vereinigung,
   c) als Beauftragter einer in § 55 Abs. 1 Satz 1 bezeichneten Stelle,
   d) als Charterer von seegehenden Schiffen zur Abgabe von Seenotsignalen
   den Besitz über die Waffe nur nach den Weisungen des Berechtigten ausüben darf;

4. von einem anderen,
   a) dem er die Waffe vorübergehend überlassen hat, ohne dass es hierfür der Eintragung in die Erlaubnisurkunde bedurfte, oder
   b) nach dem Abhandenkommen

   wieder erwirbt;
5. auf einer Schießstätte (§ 27) lediglich vorübergehend zum Schießen auf dieser Schießstätte erwirbt;
6. auf einer Reise in den oder durch den Geltungsbereich des Gesetzes nach § 32 berechtigt mitnimmt.

(2) Einer Erlaubnis zum Erwerb und Besitz von Munition bedarf nicht, wer diese
1. unter den Voraussetzungen des Absatzes 1 Nr. 1 bis 4 erwirbt;
2. unter den Voraussetzungen des Absatzes 1 Nr. 5 zum sofortigen Verbrauch lediglich auf dieser Schießstätte (§ 27) erwirbt;
3. auf einer Reise in den oder durch den Geltungsbereich des Gesetzes nach § 32 berechtigt mitnimmt.

(3) Einer Erlaubnis zum Führen von Waffen bedarf nicht, wer
1. diese mit Zustimmung eines anderen in dessen Wohnung, Geschäftsräumen oder befriedetem Besitztum oder dessen Schießstätte zu einem von seinem Bedürfnis umfassten Zweck oder im Zusammenhang damit führt;
2. diese nicht schussbereit und nicht zugriffsbereit von einem Ort zu einem anderen Ort befördert, sofern der Transport der Waffe zu einem von seinem Bedürfnis umfassten Zweck oder im Zusammenhang damit erfolgt;
3. eine Langwaffe nicht schussbereit den Regeln entsprechend als Teilnehmer an genehmigten Sportwettkämpfen auf festgelegten Wegstrecken führt;
4. eine Signalwaffe beim Bergsteigen, als verantwortlicher Führer eines Wasserfahrzeugs auf diesem Fahrzeug oder bei Not- und Rettungsübungen führt;
5. eine Schreckschuss- oder eine Signalwaffe zur Abgabe von Start- oder Beendigungszeichen bei Sportveranstaltungen führt, wenn optische oder akustische Signalgebung erforderlich ist.

(4) Einer Erlaubnis zum Schießen mit einer Schusswaffe bedarf nicht, wer auf einer Schießstätte (§ 27) schießt. Das Schießen außerhalb von Schießstätten ist darüber hinaus ohne Schießerlaubnis nur zulässig
1. durch den Inhaber des Hausrechts oder mit dessen Zustimmung im befriedeten Besitztum
   a) mit Schusswaffen, deren Geschossen eine Bewegungsenergie von nicht mehr als 7,5 Joule (J) erteilt wird oder deren Bauart nach § 7 des Beschussgesetzes zugelassen ist, sofern die Geschosse das Besitztum nicht verlassen können,
   b) mit Schusswaffen, aus denen nur Kartuschenmunition verschossen werden kann,
2. durch Personen, die den Regeln entsprechend als Teilnehmer an genehmigten Sportwettkämpfen nach Absatz 3 Nr. 3 mit einer Langwaffe an Schießständen schießen,
3. mit Schusswaffen, aus denen nur Kartuschenmunition verschossen werden kann,
   a) durch Mitwirkende an Theateraufführungen und diesen gleich zu achtenden Vorführungen,
   b) zum Vertreiben von Vögeln in landwirtschaftlichen Betrieben,

4. mit Signalwaffen bei Not- und Rettungsübungen,
5. mit Schreckschuss- oder mit Signalwaffen zur Abgabe von Start- oder Beendigungszeichen im Auftrag der Veranstalter bei Sportveranstaltungen, wenn optische oder akustische Signalgebung erforderlich ist.

(5) Die zuständige Behörde kann im Einzelfall weitere Ausnahmen von den Erlaubnispflichten zulassen, wenn besondere Gründe vorliegen und Belange der öffentlichen Sicherheit und Ordnung nicht entgegenstehen.

Unterabschnitt 3
Besondere Erlaubnistatbestände für bestimmte Personengruppen

§ 13 Erwerb und Besitz von Schusswaffen und Munition durch Jäger, Führen und Schießen zu Jagdzwecken

(1) Ein Bedürfnis für den Erwerb und Besitz von Schusswaffen und der dafür bestimmten Munition wird bei Personen anerkannt, die Inhaber eines gültigen Jagdscheines im Sinne von § 15 Abs. 1 Satz 1 des Bundesjagdgesetzes sind (Jäger), wenn
1. glaubhaft gemacht wird, dass sie die Schusswaffen und die Munition zur Jagdausübung oder zum Training im jagdlichen Schießen einschließlich jagdlicher Schießwettkämpfe benötigen, und
2. die zu erwerbende Schusswaffe und Munition nach dem Bundesjagdgesetz in der zum Zeitpunkt des Erwerbs geltenden Fassung nicht verboten ist (Jagdwaffen und -munition).

(2) Für Jäger gilt § 6 Abs. 3 Satz 1 nicht. Bei Jägern, die Inhaber eines Jahresjagdscheines im Sinne von § 15 Abs. 2 in Verbindung mit Abs. 1 Satz 1 des Bundesjagdgesetzes sind, erfolgt keine Prüfung der Voraussetzungen des Absatzes 1 Nr. 1 sowie des § 4 Abs. 1 Nr. 4 für den Erwerb und Besitz von Langwaffen und zwei Kurzwaffen, sofern die Voraussetzungen des Absatzes 1 Nr. 2 vorliegen.

(3) Inhaber eines gültigen Jahresjagdscheines im Sinne des § 15 Abs. 2 in Verbindung mit Abs. 1 Satz 1 des Bundesjagdgesetzes bedürfen zum Erwerb von Langwaffen nach Absatz 1 Nr. 2 keiner Erlaubnis. Die Ausstellung der Waffenbesitzkarte oder die Eintragung in eine bereits erteilte Waffenbesitzkarte ist binnen zwei Wochen durch den Erwerber zu beantragen.

(4) Für den Erwerb und vorübergehenden Besitz gemäß § 12 Abs. 1 Nr. 1 von Langwaffen nach Absatz 1 Nr. 2 steht ein Jagdschein im Sinne von § 15 Abs. 1 Satz 1 des Bundesjagdgesetzes einer Waffenbesitzkarte gleich.

(5) Jäger bedürfen für den Erwerb und Besitz von Munition für Langwaffen nach Absatz 1 Nr. 2 keiner Erlaubnis, sofern sie nicht nach dem Bundesjagdgesetz in der jeweiligen Fassung verboten ist.

(6) Ein Jäger darf Jagdwaffen zur befugten Jagdausübung einschließlich des Ein- und Anschießens im Revier, zur Ausbildung von Jagdhunden im Revier, zum Jagdschutz oder zum Forstschutz ohne Erlaubnis führen und mit ihnen schießen; er darf auch im Zusammenhang mit diesen Tätigkeiten die Jagdwaffen nicht schussbereit ohne Erlaubnis führen. Der befugten Jagdausübung gleichgestellt ist der Abschuss von Tieren, die dem Naturschutzrecht unterliegen, wenn die naturschutzrechtliche Ausnahme oder Befreiung die Tötung durch einen Jagdscheininhaber vorsieht.

(7) Inhabern eines Jugendjagdscheines im Sinne von § 16 des Bundesjagdgesetzes wird eine Erlaubnis zum Erwerb und Besitz von Schusswaffen und der dafür bestimmten Munition nicht erteilt. Sie dürfen Schusswaffen und die dafür bestimmte Munition nur für die Dauer der Ausübung der Jagd oder des Trainings im jagdlichen Schießen einschließlich jagdlicher Schießwettkämpfe ohne Erlaubnis erwerben, besitzen, die Schusswaffen führen und damit schießen; sie dürfen auch im Zusammenhang mit diesen Tätigkeiten die Jagdwaffen nicht schussbereit ohne Erlaubnis führen.

(8) Personen in der Ausbildung zum Jäger dürfen nicht schussbereite Jagdwaffen in der Ausbildung ohne Erlaubnis unter Aufsicht eines Ausbilders erwerben, besitzen und führen, wenn sie das 14. Lebensjahr vollendet haben und der Sorgeberechtigte und der Ausbildungsleiter ihr Einverständnis in einer von beiden unterzeichneten Berechtigungsbescheinigung erklärt haben. Die Person hat in der Ausbildung die Berechtigungsbescheinigung mit sich zu führen.

§ 14 Erwerb und Besitz von Schusswaffen und Munition durch Sportschützen

(1) Die Erlaubnis zum Erwerb und Besitz von Schusswaffen und Munition zum Zweck des sportlichen Schießens wird abweichend von § 4 Abs. 1 Nr. 1 nur erteilt, wenn der Antragsteller das 21. Lebensjahr vollendet hat. Satz 1 gilt nicht für den Erwerb und Besitz von Schusswaffen bis zu einem Kaliber von 5,6 mm lfB (.22 l.r.) für Munition mit Randfeuerzündung, wenn die Mündungsenergie der Geschosse höchstens 200 Joule (J) beträgt, und Einzellader-Langwaffen mit glatten Läufen mit Kaliber 12 oder kleiner, sofern das sportliche Schießen mit solchen Waffen durch die genehmigte Sportordnung eines Schießsportverbandes zugelassen ist.

(2) Ein Bedürfnis für den Erwerb und Besitz von Schusswaffen und der dafür bestimmten Munition wird bei Mitgliedern eines Schießsportvereins anerkannt, der einem nach § 15 Abs. 1 anerkannten Schießsportverband angehört. Durch eine Bescheinigung des Schießsportverbandes oder eines ihm angegliederten Teilverbandes ist glaubhaft zu machen, dass
1. das Mitglied seit mindestens zwölf Monaten den Schießsport in einem Verein regelmäßig als Sportschütze betreibt und
2. die zu erwerbende Waffe für eine Sportdisziplin nach der Sportordnung des Schießsportverbandes zugelassen und erforderlich ist.
Innerhalb von sechs Monaten dürfen in der Regel nicht mehr als zwei Schusswaffen erworben werden.

(3) Ein Bedürfnis von Sportschützen nach Absatz 2 für den Erwerb und Besitz von mehr als drei halbautomatischen Langwaffen und mehr als zwei mehrschüssigen Kurzwaffen für Patronenmunition sowie der hierfür erforderlichen Munition wird unter Beachtung des Absatzes 2 durch Vorlage einer Bescheinigung des Schießsportverbandes des Antragstellers glaubhaft gemacht, wonach die weitere Waffe
1. von ihm zur Ausübung weiterer Sportdisziplinen benötigt wird oder
2. zur Ausübung des Wettkampfsports erforderlich ist
und der Antragsteller regelmäßig an Schießsportwettkämpfen teilgenommen hat.

(4) Sportschützen, die dem Schießsport in einem Schießsportverband nach § 15 Abs. 1 als gemeldetes Mitglied nachgehen, wird abweichend von § 10 Absatz 1 Satz 3 unter Beachtung des Absatzes 2 Satz 2 Nr. 1 und Satz 3 eine unbefristete Erlaubnis

erteilt, die zum Erwerb von Einzellader-Langwaffen mit glatten und gezogenen Läufen, von Repetier-Langwaffen mit gezogenen Läufen sowie von einläufigen Einzellader-Kurzwaffen für Patronenmunition und von mehrschüssigen Kurz- und Langwaffen mit Zündhütchenzündung (Perkussionswaffen) berechtigt. Die Eintragung von Waffen, die auf Grund dieser unbefristeten Erlaubnis erworben wurden, in die Waffenbesitzkarte ist durch den Erwerber binnen zwei Wochen zu beantragen.

§ 15 Schießsportverbände, schießsportliche Vereine

(1) Als Schießsportverband im Sinne dieses Gesetzes wird ein überörtlicher Zusammenschluss schießsportlicher Vereine anerkannt, der
1. wenigstens in jedem Land, in dem seine Sportschützen ansässig sind, in schießsportlichen Vereinen organisiert ist,
2. mindestens 10000 Sportschützen, die mit Schusswaffen schießen, als Mitglieder insgesamt in seinen Vereinen hat,
3. den Schießsport als Breitensport und Leistungssport betreibt,
4. a) auf eine sachgerechte Ausbildung in den schießsportlichen Vereinen und
   b) zur Förderung des Nachwuchses auf die Durchführung eines altersgerechten Schießsports für Kinder oder Jugendliche in diesen Vereinen hinwirkt,
5. regelmäßig überregionale Wettbewerbe organisiert oder daran teilnimmt,
6. den sportlichen Betrieb in den Vereinen auf der Grundlage einer genehmigten Schießsportordnung organisiert und
7. im Rahmen eines festgelegten Verfahrens die ihm angehörenden schießsportlichen Vereine verpflichtet und regelmäßig darauf überprüft, dass diese
   a) die ihnen nach diesem Gesetz oder auf Grund dieses Gesetzes obliegenden Pflichten erfüllen,
   b) einen Nachweis über die Häufigkeit der schießsportlichen Aktivitäten jedes ihrer Mitglieder während der ersten drei Jahre, nachdem diesem erstmalig eine Waffenbesitzkarte als Sportschütze erteilt wurde, führen und
   c) über eigene Schießstätten für die nach der Schießsportordnung betriebenen Disziplinen verfügen oder geregelte Nutzungsmöglichkeiten für derartige Schießstätten nachweisen.

(2) Von den Voraussetzungen des Absatzes 1 Nr. 1, 2 oder 4 Buchstabe b kann abgewichen werden, wenn die besondere Eigenart des Verbandes dies erfordert, öffentliche Interessen nicht entgegenstehen und der Verband die Gewähr dafür bietet, die sonstigen Anforderungen nach Absatz 1 an die geordnete Ausübung des Schießsports zu erfüllen. Ein Abweichen von dem Erfordernis nach Absatz 1 Nr. 2 ist unter Beachtung des Satzes 1 nur bei Verbänden zulässig, die mindestens 2000 Sportschützen, die mit Schusswaffen schießen, als Mitglieder in ihren Vereinen haben.

(3) Die Anerkennung nach Absatz 1 erfolgt durch das Bundesverwaltungsamt im Benehmen mit den nach § 48 Abs. 1 zuständigen Behörden des Landes, in dem der Schießsportverband seinen Sitz hat, und, soweit nicht der Schießsportverband nur auf dem Gebiet dieses Landes tätig ist, im Benehmen mit den nach § 48 Abs. 1 zuständigen Behörden der übrigen Länder.

(4) Die zuständige Behörde hat das Recht, jederzeit den Nachweis über das Vorliegen der Voraussetzungen für die Anerkennung zu verlangen. Die Anerken-

nung kann zurückgenommen werden, wenn die Voraussetzungen nach Absatz 1 für ihre Erteilung nicht vorgelegen haben; sie ist zurückzunehmen, wenn die Voraussetzungen weiterhin nicht vorliegen. Die Anerkennung ist zu widerrufen, wenn eine der Voraussetzungen für ihre Erteilung nachträglich entfallen ist. Anerkennung, Rücknahme und Widerruf sind im Bundesanzeiger zu veröffentlichen. Vom Zeitpunkt der Unanfechtbarkeit der Aufhebung der Anerkennung an sind die Bescheinigungen des betreffenden Verbandes nach § 14 Abs. 2 und 3 nicht mehr als geeignete Mittel zur Glaubhaftmachung anzuerkennen. Sofern der Grund für die Aufhebung der Anerkennung Zweifel an der inhaltlichen Richtigkeit von Bescheinigungen aufkommen lässt, können die Behörden bereits ab der Einleitung der Anhörung von der Anerkennung der Bescheinigungen absehen. Die Anerkennungsbehörde unterrichtet die nach Absatz 3 an der Anerkennung beteiligten Stellen von der Einleitung und dem Abschluss des Verfahrens zur Aufhebung der Anerkennung.

(5) Der schießsportliche Verein ist verpflichtet, der zuständigen Behörde Sportschützen, die Inhaber einer Waffenbesitzkarte sind und die aus ihrem Verein ausgeschieden sind, unverzüglich zu benennen.

§ 15 a Sportordnungen

(1) Sportliches Schießen liegt dann vor, wenn nach festen Regeln einer genehmigten Sportordnung geschossen wird. Schießübungen des kampfmäßigen Schießens, insbesondere die Verwendung von Zielen oder Scheiben, die Menschen darstellen oder symbolisieren, sind im Schießsport nicht zulässig.

(2) Das Bundesverwaltungsamt entscheidet über die Genehmigung der Teile der Sportordnungen von Verbänden und Vereinen, die für die Ausführung dieses Gesetzes und der auf seiner Grundlage erlassenen Rechtsverordnungen erheblich sind. Die Genehmigung einer Sportordnung muss im besonderen öffentlichen Interesse liegen. Änderungen von Sportordnungen sind dem Bundesverwaltungsamt zur Prüfung vorzulegen. Sofern das Bundesverwaltungsamt nicht binnen drei Monaten Änderungen verlangt oder dem Betroffenen mitteilt, dass die Prüfung aus anderen wichtigen Gründen nicht abgeschlossen werden kann, gilt die Änderung als genehmigt. Die Frist nach Satz 3 beginnt mit Zugang aller erforderlichen Prüfunterlagen beim Bundesverwaltungsamt.

(3) Die Genehmigung einer Sportordnung ohne gleichzeitige Anerkennung als Verband nach § 15 Abs. 1 kann erfolgen, wenn die Vorgaben des Buchstabens a des § 15 Abs. 1 Nr. 4 und der Buchstaben a bis c des § 15 Abs. 1 Nr. 7 erfüllt sind.

(4) Das Bundesministerium des Innern wird ermächtigt, durch Rechtsverordnung mit Zustimmung des Bundesrates zur Abwehr von Gefahren für die öffentliche Sicherheit oder Ordnung unter Berücksichtigung der berechtigten Interessen des Schießsports Vorschriften über die Anforderungen und die Inhalte der Sportordnungen zum sportlichen Schießen zu erlassen und insbesondere zu bestimmen, dass vom Schießsport bestimmte Schusswaffen wegen ihrer Konstruktion, ihre Handhabung oder Wirkungsweise ganz oder teilweise ausgeschlossen sind.

§ 15 b Fachbeirat Schießsport

Das Bundesministerium des Innern wird ermächtigt, durch Rechtsverordnung mit Zustimmung des Bundesrates einen Ausschuss zu bilden, in den neben Vertretern der beteiligten Bundes- und Landesbehörden auch Vertreter des Sports zu berufen sind und der das Bundesverwaltungsamt in Fragen der Anerkennung eines Schießsportverbandes und der Genehmigung von Schießsportordnungen nach § 15 a Abs. 2 und 3 unter Berücksichtigung waffentechnischer Fragen berät.

§ 16 Erwerb und Besitz von Schusswaffen und Munition durch Brauchtumsschützen, Führen von Waffen und Schießen zur Brauchtumspflege

(1) Ein Bedürfnis für den Erwerb und Besitz von Einzellader-Langwaffen und bis zu drei Repetier-Langwaffen sowie der dafür bestimmten Munition wird bei Mitgliedern einer zur Brauchtumspflege Waffen tragenden Vereinigung (Brauchtumsschützen) anerkannt, wenn sie durch eine Bescheinigung der Brauchtumsschützenvereinigung glaubhaft machen, dass sie diese Waffen zur Pflege des Brauchtums benötigen.

(2) Für Veranstaltungen, bei denen es Brauch ist, aus besonderem Anlass Waffen zu tragen, kann für die Dauer von fünf Jahren die Ausnahmebewilligung zum Führen von in Absatz 1 Satz 1 genannten Schusswaffen sowie von sonstigen zur Brauchtumspflege benötigten Waffen im Sinne des § 1 Abs. 2 Nr. 2 einem verantwortlichen Leiter der Brauchtumsschützenvereinigung unter den Voraussetzungen des § 42 Abs. 2 erteilt werden, wenn gewährleistet ist, dass die erforderliche Sorgfalt beachtet wird.

(3) Die Erlaubnis zum Schießen mit den in Absatz 1 Satz 1 genannten Schusswaffen außerhalb von Schießstätten mit Kartuschenmunition bei Veranstaltungen nach Absatz 2 kann für die Dauer von fünf Jahren einem verantwortlichen Leiter der Brauchtumsschützenvereinigung erteilt werden. Sie ist zu versagen, wenn
1. in dessen Person eine Voraussetzung nach § 4 Abs. 1 Nr. 1 bis 4 nicht vorliegt,
2. die Beachtung der erforderlichen Sorgfalt nicht gewährleistet ist,
3. Gefahren oder erhebliche Nachteile für Einzelne oder die Allgemeinheit zu befürchten sind und nicht durch Auflagen verhindert werden können oder
4. kein Haftpflichtversicherungsschutz gemäß § 4 Abs. 1 Nr. 5 nachgewiesen ist.
Die Erlaubnis nach Satz 1 kann mit der Ausnahmebewilligung nach Absatz 2 verbunden werden.

(4) Brauchtumsschützen dürfen in den Fällen der Absätze 2 und 3 oder bei Vorliegen einer Ausnahmebewilligung nach § 42 Abs. 2 die Schusswaffen ohne Erlaubnis führen und damit schießen. Sie dürfen die zur Pflege des Brauchtums benötigten Schusswaffen auch im Zusammenhang mit Veranstaltungen, bei denen es Brauch ist, aus besonderem Anlass Waffen zu tragen, für die eine Erlaubnis nach Absatz 2 oder nach § 42 Abs. 2 erteilt wurde, ohne Erlaubnis führen.

§ 17 Erwerb und Besitz von Schusswaffen oder Munition durch Waffen- oder Munitionssammler

(1) Ein Bedürfnis zum Erwerb und Besitz von Schusswaffen oder Munition wird bei Personen anerkannt, die glaubhaft machen, dass sie Schusswaffen oder Munition für eine kulturhistorisch bedeutsame Sammlung (Waffensammler, Munitions-

sammler) benötigen; kulturhistorisch bedeutsam ist auch eine wissenschaftlich-technische Sammlung.

(2) Die Erlaubnis zum Erwerb von Schusswaffen oder Munition wird in der Regel unbefristet erteilt. Sie kann mit der Auflage verbunden werden, der Behörde in bestimmten Zeitabständen eine Aufstellung über den Bestand an Schusswaffen vorzulegen.

(3) Die Erlaubnis zum Erwerb und Besitz von Schusswaffen oder Munition wird auch einem Erben, Vermächtnisnehmer oder durch Auflage Begünstigten (Erwerber infolge eines Erbfalls) erteilt, der eine vorhandene Sammlung des Erblassers im Sinne des Absatzes 1 fortführt.

§ 18 Erwerb und Besitz von Schusswaffen oder Munition durch Waffen- oder Munitionssachverständige

(1) Ein Bedürfnis zum Erwerb und Besitz von Schusswaffen oder Munition wird bei Personen anerkannt, die glaubhaft machen, dass sie Schusswaffen oder Munition für wissenschaftliche oder technische Zwecke, zur Erprobung, Begutachtung, Untersuchung oder zu einem ähnlichen Zweck (Waffen-, Munitionssachverständige) benötigen.

(2) Die Erlaubnis zum Erwerb von Schusswaffen oder Munition wird in der Regel
1. für Schusswaffen oder Munition jeder Art und
2. unbefristet

erteilt. Sie kann mit der Auflage verbunden werden, der Behörde in bestimmten Zeitabständen eine Aufstellung über den Bestand an Schusswaffen vorzulegen. Auf den Inhaber einer Waffenbesitzkarte für Schusswaffen jeder Art findet im Fall des Erwerbs einer Schusswaffe § 10 Abs. 1 a keine Anwendung, wenn der Besitz nicht länger als drei Monate ausgeübt wird.

§ 19 Erwerb und Besitz von Schusswaffen und Munition, Führen von Schusswaffen durch gefährdete Personen

(1) Ein Bedürfnis zum Erwerb und Besitz einer Schusswaffe und der dafür bestimmten Munition wird bei einer Person anerkannt, die glaubhaft macht,
1. wesentlich mehr als die Allgemeinheit durch Angriffe auf Leib oder Leben gefährdet zu sein und
2. dass der Erwerb der Schusswaffe und der Munition geeignet und erforderlich ist, diese Gefährdung zu mindern.

(2) Ein Bedürfnis zum Führen einer Schusswaffe wird anerkannt, wenn glaubhaft gemacht ist, dass die Voraussetzungen nach Absatz 1 auch außerhalb der eigenen Wohnung, Geschäftsräume oder des eigenen befriedeten Besitztums vorliegen.

§ 20 Erwerb und Besitz von Schusswaffen durch Erwerber infolge Erbfalls

(1) Der Erbe hat binnen eines Monats nach der Annahme der Erbschaft oder dem Ablauf der für die Ausschlagung der Erbschaft vorgeschriebenen Frist die Ausstellung einer Waffenbesitzkarte für die zum Nachlass gehörenden erlaubnispflichtigen Schusswaffen oder ihre Eintragung in eine bereits ausgestellte Waffen-

besitzkarte zu beantragen; für den Vermächtnisnehmer oder durch Auflage Begünstigten beginnt diese Frist mit dem Erwerb der Schusswaffen.

(2) Dem Erwerber infolge eines Erbfalls ist die gemäß Absatz 1 beantragte Erlaubnis abweichend von § 4 Abs. 1 zu erteilen, wenn der Erblasser berechtigter Besitzer war und der Antragsteller zuverlässig und persönlich geeignet ist.

(3) Für erlaubnispflichtige Schusswaffen und erlaubnispflichtige Munition, für die der Erwerber infolge eines Erbfalles ein Bedürfnis nach § 8 oder §§ 13ff. geltend machen kann, sind die Vorschriften des § 4 Abs. 1 Nr. 1 bis 3 und des § 8 und der §§ 13 bis 18 anzuwenden. Kann kein Bedürfnis geltend gemacht werden, sind Schusswaffen durch ein dem Stand der Technik entsprechendes Blockiersystem zu sichern und ist erlaubnispflichtige Munition binnen angemessener Frist unbrauchbar zu machen oder einem Berechtigten zu überlassen. Einer Sicherung durch ein Blockiersystem bedarf es nicht, wenn der Erwerber der Erbwaffe bereits aufgrund eines Bedürfnisses nach § 8 oder §§ 13ff. berechtigter Besitzer einer erlaubnispflichtigen Schusswaffe ist. Für den Transport der Schusswaffe im Zusammenhang mit dem Einbau des Blockiersystems gilt § 12 Abs. 3 Nr. 2 entsprechend.

(4) Das Bundesministerium des Innern erstellt nach Anhörung eines Kreises von Vertretern der Wissenschaft, der Betroffenen, der beteiligten Wirtschaft und der für das Waffenrecht zuständigen obersten Landesbehörden dem Stand der Sicherheitstechnik entsprechende Regeln (Technische Richtlinie – Blockiersysteme für Erbwaffen) für ein Blockiersystem nach Absatz 3 Satz 2 sowie für dessen Zulassungsverfahren und veröffentlicht diese im Bundesanzeiger. Die Prüfung der Konformität und die Zulassung neu entwickelter Blockiersysteme gemäß der Technischen Richtlinie erfolgt durch die Physikalisch-Technische Bundesanstalt.

(5) Der Einbau und die Entsperrung von Blockiersystemen darf nur durch hierin eingewiesene Inhaber einer Waffenherstellungserlaubnis oder einer Waffenhandelserlaubnis nach § 21 Abs. 1 oder durch deren hierzu bevollmächtigten Mitarbeiter erfolgen. Die vorübergehende Entsperrung aus besonderem Anlass ist möglich. Die Zeitpunkte aller Einbauten und Entsperrungen sind schriftlich festzuhalten. § 39 Abs. 1 Satz 1 gilt entsprechend.

(6) In der Waffenbesitzkarte ist von der Waffenbehörde einzutragen, dass die Schusswaffe mit einem Blockiersystem gesichert wurde.

(7) Die Waffenbehörde hat auf Antrag Ausnahmen von der Verpflichtung, alle Erbwaffen mit einem dem Stand der Sicherheitstechnik entsprechenden Blockiersystem zu sichern, zuzulassen, wenn oder so lange für eine oder mehrere Erbwaffen ein entsprechendes Blockiersystem noch nicht vorhanden ist. Eine Ausnahme kann auch für Erbwaffen erteilt werden, die Bestandteil einer kulturhistorisch bedeutsamen Sammlung gemäß § 17 sind oder werden sollen

Unterabschnitt 4
Besondere Erlaubnistatbestände für Waffenherstellung, Waffenhandel,
Schießstätten, Bewachungsunternehmer

§ 21 Gewerbsmäßige Waffenherstellung, Waffenhandel

(1) Die Erlaubnis zur gewerbsmäßig oder selbstständig im Rahmen einer wirtschaftlichen Unternehmung betriebenen Herstellung, Bearbeitung oder Instand-

setzung von Schusswaffen oder Munition wird durch eine Waffenherstellungserlaubnis, die Erlaubnis zum entsprechend betriebenen Handel mit Schusswaffen oder Munition durch eine Waffenhandelserlaubnis erteilt. Sie kann auf bestimmte Schusswaffen- und Munitionsarten beschränkt werden.

(2) Die Waffenherstellungserlaubnis nach Absatz 1 Satz 1 schließt für Schusswaffen oder Munition, auf die sich die Erlaubnis erstreckt, die Erlaubnis zum vorläufigen oder endgültigen Überlassen an Inhaber einer Waffenherstellungs- oder Waffenhandelserlaubnis sowie zum Erwerb für Zwecke der Waffenherstellung ein. Bei in die Handwerksrolle eingetragenen Büchsenmachern schließt die Waffenherstellungserlaubnis die Erlaubnis zum Waffenhandel ein.

(3) Die Erlaubnis ist zu versagen, wenn
1. der Antragsteller die erforderliche Zuverlässigkeit (§ 5) oder persönliche Eignung (§ 6) nicht besitzt,
2. der Antragsteller die für die erlaubnispflichtige Tätigkeit bei handwerksmäßiger Betriebsweise erforderlichen Voraussetzungen nach der Handwerksordnung nicht erfüllt, soweit eine Erlaubnis zu einer entsprechenden Waffenherstellung beantragt wird,
3. der Antragsteller nicht die erforderliche Fachkunde nachweist, soweit eine Erlaubnis zum Waffenhandel beantragt wird; dies gilt nicht, wenn der Antragsteller weder den Betrieb, eine Zweigniederlassung noch eine unselbstständige Zweigstelle selbst leitet.

(4) Die Erlaubnis kann versagt werden, wenn der Antragsteller
1. nicht Deutscher im Sinne des Artikels 116 des Grundgesetzes ist oder
2. weder seinen gewöhnlichen Aufenthalt noch eine gewerbliche Niederlassung im Geltungsbereich dieses Gesetzes hat.

(5) Die Erlaubnis erlischt, wenn der Erlaubnisinhaber die Tätigkeit nicht innerhalb eines Jahres nach Erteilung der Erlaubnis begonnen oder ein Jahr lang nicht ausgeübt hat. Die Fristen können aus besonderen Gründen verlängert werden.

(6) Der Inhaber einer Erlaubnis nach Absatz 1 hat die Aufnahme und Einstellung des Betriebs sowie die Eröffnung und Schließung einer Zweigniederlassung oder einer unselbstständigen Zweigstelle innerhalb von zwei Wochen der zuständigen Behörde anzuzeigen.

(7) Die zuständige Behörde unterrichtet das Bundeskriminalamt, die Landeskriminalämter und das Bundesamt für Wirtschaft und Ausfuhrkontrolle über das Erlöschen einer Erlaubnis nach Absatz 5 Satz 1 und über die Rücknahme oder den Widerruf einer Erlaubnis nach Absatz 1.

§ 21 a Stellvertretungserlaubnis

Wer ein erlaubnisbedürftiges Waffengewerbe durch einen Stellvertreter betreiben will, bedarf einer Stellvertretererlaubnis, sie wird dem Erlaubnisinhaber für einen bestimmten Stellvertreter erteilt und kann befristet werden. Dies gilt auch für die Beauftragung einer Person mit der Leitung einer Zweigniederlassung oder einer unselbstständigen Zweigstelle. Die Vorschriften des § 21 gelten entsprechend.

§ 22 Fachkunde

(1) Die Fachkunde ist durch eine Prüfung vor der zuständigen Behörde nachzuweisen. Die Fachkunde braucht nicht nachzuweisen, wer die Voraussetzungen für die Eintragung eines Büchsenmacherbetriebes in die Handwerksrolle erfüllt.

(2) Das Bundesministerium des Innern wird ermächtigt, durch Rechtsverordnung mit Zustimmung des Bundesrates Vorschriften über
1. die notwendigen Anforderungen an die waffentechnischen und waffenrechtlichen Kenntnisse, auch beschränkt auf bestimmte Waffen- und Munitionsarten (Fachkunde),
2. die Prüfung und das Prüfungsverfahren einschließlich der Errichtung von Prüfungsausschüssen,
3. die Anforderungen an Art, Umfang und Nachweis der beruflichen Tätigkeit nach Absatz 1 Satz 2
zu erlassen.

§ 23 Waffenbücher

(1) Wer gewerbsmäßig Schusswaffen herstellt, hat ein Waffenherstellungsbuch zu führen, aus dem die Art und Menge der Schusswaffen sowie ihr Verbleib hervorgehen. Satz 1 ist nicht anzuwenden auf Schusswaffen, deren Bauart nach den §§ 7 und 8 des Beschussgesetzes zugelassen ist oder die der Anzeigepflicht nach § 9 des Beschussgesetzes unterliegen, sowie auf wesentliche Teile von erlaubnisfreien Schusswaffen.

(2) Wer gewerbsmäßig Schusswaffen erwirbt, vertreibt oder anderen überlässt, hat ein Waffenhandelsbuch zu führen, aus dem die Art und Menge der Schusswaffen, ihre Herkunft und ihr Verbleib hervorgehen. Satz 1 ist nicht anzuwenden auf
1. Schusswaffen im Sinne des Absatzes 1 Satz 2, die vom Hersteller oder demjenigen, der die Schusswaffen in den Geltungsbereich dieses Gesetzes verbracht hat, mit dem auf Grund einer Rechtsverordnung nach § 25 Abs. 1 Nr. 1 Buchstabe c bestimmten Kennzeichen versehen sind,
2. Schusswaffen, über die in demselben Betrieb ein Waffenherstellungsbuch nach Absatz 1 zu führen ist,
3. Verwahr-, Reparatur- und Kommissionswaffen.

§ 24 Kennzeichnungspflicht, Markenanzeigepflicht

(1) Wer gewerbsmäßig Schusswaffen herstellt oder in den Geltungsbereich dieses Gesetzes verbringt, hat unverzüglich mindestens auf einem wesentlichen Teil der Waffe deutlich sichtbar und dauerhaft folgende Angaben anzubringen
1. den Namen, die Firma oder eine eingetragene Marke eines Waffenherstellers oder -händlers, der im Geltungsbereich dieses Gesetzes eine gewerbliche Niederlassung hat,
2. das Herstellungsland (zweistelliges Landeskürzel nach ISO 3166),
3. die Bezeichnung der Munition oder, wenn keine Munition verwendet wird, die Bezeichnung der Geschosse,
4. bei Importwaffen zusätzlich das Einfuhrland (Landeskürzel nach ISO 3166) und das Einfuhrjahr und
5. eine fortfallende Nummer (Seriennummer).

Die Seriennummer nach Satz 1 Nr. 5 ist bei zusammengesetzten Langwaffen auf dem Lauf und bei zusammengesetzten Kurzwaffen auf dem Griffstück anzubringen. Satz 2 gilt nur für Schusswaffen, die ab dem 1. April 2008 hergestellt, auf Dauer erworben oder in den Geltungsbereich des Gesetzes verbracht werden. Auf erlaubnispflichtige Schusswaffen, die Bestandteil einer kulturhistorisch bedeutsamen Sammlung im Sinne des § 17 sind oder werden sollen, sind Satz 1 und 2 nicht anzuwenden. Auf Schusswaffen im Sinne des § 23 Abs. 1 Satz 2 ist Satz 1 Nr. 2, 4 und 5 nicht anzuwenden. Wesentliche Teile erlaubnispflichtiger Schusswaffen sind gesondert mit einer Seriennummer zu kennzeichnen und in Waffenbüchern nach § 23 zu erfassen, wenn sie einzeln gehandelt werden.

(2) Schusswaffen, deren Geschossen eine Bewegungsenergie von nicht mehr als 7,5 Joule erteilt wird, müssen eine Typenbezeichnung sowie das Kennzeichen nach Anlage 1 Abbildung 1 zur Ersten Verordnung zum Waffengesetz vom 24. Mai 1976 (BGBl. I S. 1285) in der zum Zeitpunkt des In-Kraft-Tretens dieses Gesetzes geltenden Fassung oder ein durch Rechtsverordnung nach § 25 Abs. 1 Nr. 1 Buchstabe c bestimmtes Zeichen tragen.

(3) Wer gewerbsmäßig Munition herstellt oder in den Geltungsbereich dieses Gesetzes verbringt, hat unverzüglich auf der kleinsten Verpackungseinheit Zeichen anzubringen, die den Hersteller, die Fertigungsserie (Fertigungszeichen), die Zulassung und die Bezeichnung der Munition erkennen lassen; das Herstellerzeichen und die Bezeichnung der Munition sind auch auf der Hülse anzubringen. Munition, die wiedergeladen wird, ist außerdem mit einem besonderen Kennzeichen zu versehen. Als Hersteller gilt auch derjenige, unter dessen Namen, Firma oder Marke die Munition vertrieben oder anderen überlassen wird und der die Verantwortung dafür übernimmt, dass die Munition den Vorschriften dieses Gesetzes entspricht.

(4) Wer Waffenhandel betreibt, darf Schusswaffen oder Munition anderen gewerbsmäßig nur überlassen, wenn er festgestellt hat, dass die Schusswaffen gemäß Absatz 1 gekennzeichnet sind, oder wenn er auf Grund von Stichproben überzeugt ist, dass die Munition nach Absatz 3 mit dem Herstellerzeichen gekennzeichnet ist.

(5) Wer gewerbsmäßig Schusswaffen, Munition oder Geschosse für Schussapparate herstellt, Munition wiederlädt oder im Geltungsbereich dieses Gesetzes mit diesen Gegenständen Handel treibt und eine Marke für diese Gegenstände benutzen will, hat dies der Physikalisch-Technischen Bundesanstalt unter Vorlage der Marke vorher schriftlich anzuzeigen. Verbringer, die die Marke eines Herstellers aus einem anderen Staat benutzen wollen, haben diese Marke anzuzeigen.

(6) Absatz 3 Satz 3 und Absatz 4 gelten nicht, sofern es sich um Munition handelt, die Teil einer Sammlung (§ 17 Abs. 1) oder für eine solche bestimmt ist.

§ 25 Ermächtigungen und Anordnungen

(1) Das Bundesministerium des Innern wird ermächtigt, durch Rechtsverordnung mit Zustimmung des Bundesrates zur Durchführung der §§ 23 und 24
1. Vorschriften zu erlassen über
    a) Inhalt und Führung des Waffenherstellungs- und Waffenhandelsbuches,
    b) Aufbewahrung und Vorlage des Waffenherstellungs- und Waffenhandelsbuches,

c) eine besondere Kennzeichnung bestimmter Waffen- und Munitionsarten sowie über die Art, Form und Aufbringung dieser Kennzeichnung,

2. zu bestimmen,

a) auf welchen wesentlichen Teilen der Schusswaffe die Kennzeichen anzubringen sind und wie die Schusswaffen nach einem Austausch, einer Veränderung oder einer Umarbeitung wesentlicher Teile zu kennzeichnen sind,

b) dass bestimmte Waffen- und Munitionsarten von der in § 24 vorgeschriebenen Kennzeichnung ganz oder teilweise befreit sind.

(2) Ist eine kennzeichnungspflichtige Schusswaffe nicht mit einer fortlaufenden Nummer (§ 24 Abs. 1 Satz 1 Nummer 5) gekennzeichnet, so kann die zuständige Behörde – auch nachträglich – anordnen, dass der Besitzer ein bestimmtes Kennzeichen anbringen lässt.

§ 26 Nichtgewerbsmäßige Waffenherstellung

(1) Die Erlaubnis zur nichtgewerbsmäßigen Herstellung, Bearbeitung oder Instandsetzung von Schusswaffen wird durch einen Erlaubnisschein erteilt. Sie schließt den Erwerb von zu diesen Tätigkeiten benötigten wesentlichen Teilen von Schusswaffen sowie den Besitz dieser Gegenstände ein.

(2) Die Erlaubnis ist auf höchstens drei Jahre zu befristen und auf eine bestimmte Zahl und Art von Schusswaffen und wesentlichen Teilen zu beschränken. Personen, denen Schusswaffen zur Erprobung, Begutachtung, Untersuchung oder für ähnliche Zwecke, die insbesondere eine Bearbeitung oder Instandsetzung erforderlich machen können, überlassen werden, kann die Erlaubnis nach Absatz 1 ohne Beschränkung auf eine bestimmte Zahl und Art von Schusswaffen und wesentlichen Teilen erteilt werden.

§ 27 Schießstätten, Schießen durch Minderjährige auf Schießstätten

(1) Wer eine ortsfeste oder ortsveränderliche Anlage, die ausschließlich oder neben anderen Zwecken dem Schießsport oder sonstigen Schießübungen mit Schusswaffen, der Erprobung von Schusswaffen oder dem Schießen mit Schusswaffen zur Belustigung dient (Schießstätte), betreiben oder in ihrer Beschaffenheit oder in der Art ihrer Benutzung wesentlich ändern will, bedarf der Erlaubnis der zuständigen Behörde. Die Erlaubnis darf nur erteilt werden, wenn der Antragsteller die erforderliche Zuverlässigkeit (§ 5) und persönliche Eignung (§ 6) besitzt und eine Versicherung gegen Haftpflicht für aus dem Betrieb der Schießstätte resultierende Schädigungen in Höhe von 1 Million Euro – pauschal für Personen- und Sachschäden – sowie gegen Unfall für aus dem Betrieb der Schießstätte resultierende Schädigungen von bei der Organisation des Schießbetriebs mitwirkenden Personen in Höhe von mindestens 10000 Euro für den Todesfall und 100000 Euro für den Invaliditätsfall bei einem im Geltungsbereich dieses Gesetzes zum Geschäftsbetrieb befugten Versicherungsunternehmen nachweist. § 10 Abs. 2 Satz 2 bis 5 gilt entsprechend. Abweichend von Satz 2 richtet sich die Haftpflichtversicherung für Schießgeschäfte, die der Schaustellerhaftpflichtverordnung unterliegen, nach § 1 Abs. 2 Nr. 2 dieser Verordnung. Bei ortsveränderlichen Schießstätten ist eine einmalige Erlaubnis vor der erstmaligen Aufstellung ausreichend. Der Inhaber einer Erlaubnis nach Satz 5 hat Aufnahme und Beendigung des Betriebs der Schieß-

stätte der örtlich zuständigen Behörde zwei Wochen vorher schriftlich anzuzeigen.

(2) Absatz 1 Satz 1 ist nicht anzuwenden auf Schießstätten, bei denen in geschlossenen Räumen ausschließlich zur Erprobung von Schusswaffen oder Munition durch Waffen- oder Munitionshersteller, durch Waffen- oder Munitionssachverständige oder durch wissenschaftliche Einrichtungen geschossen wird. Der Betreiber hat die Aufnahme und Beendigung des Betriebs der Schießstätte der zuständigen Behörde zwei Wochen vorher schriftlich anzuzeigen.

(3) Unter Obhut des zur Aufsichtsführung berechtigten Sorgeberechtigten oder verantwortlicher und zur Kinder- und Jugendarbeit für das Schießen geeigneter Aufsichtspersonen darf
1. Kindern, die das zwölfte Lebensjahr vollendet haben und noch nicht 14 Jahre alt sind, das Schießen in Schießstätten mit Druckluft-, Federdruckwaffen und Waffen, bei denen zum Antrieb der Geschosse kalte Treibgase verwendet werden (Anlage 2 Abschnitt 2 Unterabschnitt 2 Nr. 1.1 und 1.2),
2. Jugendlichen, die das 14. Lebensjahr vollendet haben und noch nicht 18 Jahre alt sind, auch das Schießen mit sonstigen Schusswaffen bis zu einem Kaliber von 5,6 mm lfB (.22 l.r) für Munition mit Randfeuerzündung, wenn die Mündungsenergie höchstens 200 Joule (J) beträgt und Einzellader-Langwaffen mit glatten Läufen mit Kaliber 12 oder kleiner

gestattet werden, wenn der Sorgeberechtigte schriftlich sein Einverständnis erklärt hat oder beim Schießen anwesend ist. Die verantwortlichen Aufsichtspersonen haben die schriftlichen Einverständniserklärungen der Sorgeberechtigten vor der Aufnahme des Schießens entgegenzunehmen und während des Schießens aufzubewahren. Sie sind der zuständigen Behörde oder deren Beauftragten auf Verlangen zur Prüfung auszuhändigen. Die verantwortliche Aufsichtsperson hat die Geeignetheit zur Kinder- und Jugendarbeit glaubhaft zu machen. Der in Satz 1 genannten besonderen Obhut bedarf es nicht beim Schießen durch Jugendliche mit Waffen nach Anlage 2 Abschnitt 2 Unterabschnitt 2 Nr. 1.1 und 1.2 und nicht beim Schießen mit sonstigen Schusswaffen durch Jugendliche, die das 16. Lebensjahr vollendet haben.

(4) Die zuständige Behörde kann einem Kind zur Förderung des Leistungssports eine Ausnahme von dem Mindestalter des Absatzes 3 Satz 1 bewilligen. Diese soll bewilligt werden, wenn durch eine ärztliche Bescheinigung die geistige und körperliche Eignung und durch eine Bescheinigung des Vereins die schießsportliche Begabung glaubhaft gemacht sind.

(5) Personen in der Ausbildung zum Jäger dürfen in der Ausbildung ohne Erlaubnis mit Jagdwaffen schießen, wenn sie das 14. Lebensjahr vollendet haben und der Sorgeberechtigte und der Ausbildungsleiter ihr Einverständnis in einer von beiden unterzeichneten Berechtigungsbescheinigung erklärt haben. Die Person hat in der Ausbildung die Berechtigungsbescheinigung mit sich zu führen.

(6) An ortsveränderlichen Schießstätten, die dem Schießen zur Belustigung dienen, darf von einer verantwortlichen Aufsichtsperson Minderjährigen das Schießen mit Druckluft-, Federdruckwaffen und Waffen, bei denen zum Antrieb der Geschosse kalte Treibgase verwendet werden (Anlage 2 Abschnitt 2 Unterabschnitt 2 Nr. 1.1 und 1.2), gestattet werden. Bei Kindern hat der Betreiber sicherzustellen, dass die verantwortliche Aufsichtsperson in jedem Fall nur einen Schützen bedient.

(7) Das kampfmäßige Schießen auf Schießstätten ist nicht zulässig. Das Bundesministerium des Innern wird ermächtigt, durch Rechtsverordnung mit Zustimmung des Bundesrates zur Abwehr von Gefahren für die öffentliche Sicherheit oder Ordnung sowie von sonstigen Gefahren oder erheblichen Nachteilen für die Benutzer einer Schießstätte, die Bewohner des Grundstücks, die Nachbarschaft oder die Allgemeinheit

1. die Benutzung von Schießstätten einschließlich der Aufsicht über das Schießen und der Anforderungen an das Aufsichtspersonal und dessen besondere Ausbildung für die Kinder- und Jugendarbeit zu regeln,

2. Vorschriften über den Umfang der Verpflichtungen zu erlassen, die bei Lehrgängen zur Ausbildung in der Verteidigung mit Schusswaffen und bei Schießübungen dieser Art einzuhalten sind; darin kann bestimmt werden,

   a) dass die Durchführung dieser Veranstaltungen einer Anzeige bedarf,

   b) dass und in welcher Weise der Veranstalter die Einstellung und das Ausscheiden der verantwortlichen Aufsichtsperson und der Ausbilder anzuzeigen hat,

   c) dass nur Personen an den Veranstaltungen teilnehmen dürfen, die aus Gründen persönlicher Gefährdung, aus dienstlichen oder beruflichen Gründen zum Besitz oder zum Führen von Schusswaffen einer Erlaubnis bedürfen,

   d) dass und in welcher Weise der Veranstalter Aufzeichnungen zu führen, aufzubewahren und der zuständigen Behörde vorzulegen hat,

   e) dass die zuständige Behörde die Veranstaltungen untersagen darf, wenn der Veranstalter, die verantwortliche Aufsichtsperson oder ein Ausbilder die erforderliche Zuverlässigkeit, die persönliche Eignung oder Sachkunde nicht oder nicht mehr besitzt,

3. Vorschriften über die sicherheitstechnische Prüfung von Schießstätten zu erlassen.

§ 28 Erwerb, Besitz und Führen von Schusswaffen und Munition durch Bewachungsunternehmer und ihr Bewachungspersonal

(1) Ein Bedürfnis zum Erwerb, Besitz und Führen von Schusswaffen wird bei einem Bewachungsunternehmer (§ 34 a der Gewerbeordnung) anerkannt, wenn er glaubhaft macht, dass Bewachungsaufträge wahrgenommen werden oder werden sollen, die aus Gründen der Sicherung einer gefährdeten Person im Sinne des § 19 oder eines gefährdeten Objektes Schusswaffen erfordern. Satz 1 gilt entsprechend für Wachdienste als Teil wirtschaftlicher Unternehmungen. Ein nach den Sätzen 1 und 2 glaubhaft gemachtes Bedürfnis umfasst auch den Erwerb und Besitz der für die dort genannten Schusswaffen bestimmten Munition.

(2) Die Schusswaffe darf nur bei der tatsächlichen Durchführung eines konkreten Auftrages nach Absatz 1 geführt werden. Der Unternehmer hat dies auch bei seinem Bewachungspersonal in geeigneter Weise sicherzustellen.

(3) Wachpersonen, die auf Grund eines Arbeitsverhältnisses Schusswaffen des Erlaubnisinhabers nach dessen Weisung besitzen oder führen sollen, sind der zuständigen Behörde zur Prüfung zu benennen; der Unternehmer soll die betreffende Wachperson in geeigneter Weise vorher über die Benennung unter Hinweis auf die Erforderlichkeit der Speicherung und Verarbeitung personenbezogener

Daten bei der Behörde unterrichten. Die Überlassung von Schusswaffen oder Munition darf erst erfolgen, wenn die zuständige Behörde zugestimmt hat. Die Zustimmung ist zu versagen, wenn die Wachperson nicht die Voraussetzungen des § 4 Abs. 1 Nr. 1 bis 3 erfüllt oder die Haftpflichtversicherung des Bewachungsunternehmers das Risiko des Umgangs mit Schusswaffen durch die Wachpersonen nicht umfasst.

(4) In einen Waffenschein nach § 10 Abs. 4 kann auch der Zusatz aufgenommen werden, dass die in Absatz 3 bezeichneten Personen die ihnen überlassenen Waffen nach Weisung des Erlaubnisinhabers führen dürfen.

Unterabschnitt 5
Verbringen und Mitnahme von Waffen oder Munition in den, durch den oder aus dem Geltungsbereich des Gesetzes

§ 29 Verbringen von Waffen oder Munition in den Geltungsbereich des Gesetzes

(1) Die Erlaubnis zum Verbringen von Schusswaffen oder Munition nach Anlage 1 Abschnitt 3 (Kategorien A 1.2 bis D) und sonstiger Waffen oder Munition, deren Erwerb und Besitz der Erlaubnis bedürfen, in den Geltungsbereich des Gesetzes kann erteilt werden, wenn
1. der Empfänger zum Erwerb oder Besitz dieser Waffen oder Munition berechtigt ist und
2. der sichere Transport durch einen zum Erwerb oder Besitz dieser Waffen oder Munition Berechtigten gewährleistet ist.

(2) Sollen Schusswaffen oder Munition nach Anlage 1 Abschnitt 3 (Kategorien A 1.2 bis D) aus einem anderen Mitgliedstaat der Europäischen Union (Mitgliedstaat) in den Geltungsbereich des Gesetzes verbracht werden, wird die Erlaubnis nach Absatz 1 als Zustimmung zu der Erlaubnis des anderen Mitgliedstaates für das betreffende Verbringen erteilt.

§ 30 Verbringen von Waffen oder Munition
durch den Geltungsbereich des Gesetzes

(1) Die Erlaubnis zum Verbringen von Schusswaffen oder Munition nach Anlage 1 Abschnitt 3 (Kategorien A 1.2 bis D) aus dem oder durch den Geltungsbereich des Gesetzes in einen anderen Mitgliedstaat der Europäischen Union (Mitgliedstaat) kann erteilt werden, wenn die nach dem Recht des anderen Mitgliedstaates erforderliche vorherige Zustimmung vorliegt und der sichere Transport durch einen zum Erwerb oder Besitz dieser Waffen oder Munition Berechtigten gewährleistet ist. § 29 Abs. 2 gilt entsprechend.

(2) Sollen Schusswaffen oder Munition nach Anlage 1 Abschnitt 3 (Kategorien A 1.2 bis D) aus einem Staat, der nicht Mitgliedstaat der Europäischen Union ist (Drittstaat), durch den Geltungsbereich des Gesetzes in einen Mitgliedstaat verbracht werden, so bedarf die Erlaubnis zu dem Verbringen nach Absatz 1 auch, soweit die Zustimmung des anderen Mitgliedstaates erforderlich ist, dessen vorheriger Zustimmung.

§ 31 Verbringen von Waffen oder Munition aus dem Geltungsbereich des Gesetzes in andere Mitgliedstaaten der Europäischen Union

(1) Die Erlaubnis zum Verbringen von Schusswaffen oder Munition nach Anlage 1 Abschnitt 3 (Kategorien A 1.2 bis D) aus dem Geltungsbereich des Gesetzes in Staaten, die nicht Mitgliedstaaten der Europäischen Union sind (Drittstaaten), kann erteilt werden, wenn eine vorherige Zustimmung des Empfängerstaates und des Durchfuhrstaates vorliegt und der sichere Transport durch einen zum Erwerb oder Besitz der Waffen oder Munition Berechtigten gewährleistet ist.

(2) Gewerbsmäßigen Waffenherstellern oder -händlern (§ 21) kann allgemein die Erlaubnis nach Absatz 1 zum Verbringen aus dem Geltungsbereich des Gesetzes zu Waffenhändlern in anderen Mitgliedstaaten für die Dauer von bis zu drei Jahren erteilt werden. Die Erlaubnis kann auf bestimmte Arten von Schusswaffen oder Munition beschränkt werden. Der Inhaber einer Erlaubnis nach Satz 1 hat ein Verbringen dem Bundeskriminalamt vorher schriftlich anzuzeigen.

§ 32 Mitnahme von Waffen oder Munition in den, durch den oder aus dem Geltungsbereich des Gesetzes in andere Mitgliedstaaten, Europäischer Feuerwaffenpass

(1) Die Erlaubnis zur Mitnahme von Schusswaffen oder Munition nach Anlage 1 Abschnitt 3 (Kategorien A 1.2 bis D) und sonstiger Waffen oder Munition, deren Erwerb und Besitz der Erlaubnis bedürfen, aus anderen Mitgliedstaaten in den oder durch den Geltungsbereich des Gesetzes kann erteilt werden, wenn die Voraussetzungen des § 4 Abs. 1 Nr. 1 bis 4 vorliegen. Die Erlaubnis kann für die Dauer von bis zu einem Jahr für einen oder für mehrere Mitnahmevorgänge erteilt werden und kann mehrfach um jeweils ein Jahr verlängert werden. § 29 Abs. 2 gilt entsprechend.

(2) Eine Erlaubnis nach Absatz 1 darf Personen, die ihren gewöhnlichen Aufenthalt in einem anderen Mitgliedstaat haben und Schusswaffen nach Anlage 1 Abschnitt 3 (Kategorien A 1.2 bis D) und die dafür bestimmte Munition nach Absatz 1 mitnehmen wollen, nur erteilt werden, wenn sie Inhaber eines durch diesen Mitgliedstaat ausgestellten Europäischen Feuerwaffenpasses sind und die Waffen in den Europäischen Feuerwaffenpass eingetragen sind.

(3) Einer Erlaubnis nach Absatz 1 bedarf es unter den Voraussetzungen des Absatzes 2 nicht für
1. Jäger, die bis zu drei Langwaffen nach Anlage 1 Abschnitt 3 der Kategorien C und D und die dafür bestimmte Munition im Sinne des § 13 Abs. 1 Nr. 2, Abs. 5 zum Zweck der Jagd,
2. Sportschützen, die bis zu sechs Schusswaffen nach Anlage 1 Abschnitt 3 der Kategorien B, C oder D und die dafür bestimmte Munition zum Zweck des Schießsports,
3. Brauchtumsschützen, die bis zu drei Einzellader- oder Repetier-Langwaffen nach Anlage 1 Abschnitt 3 Kategorien C und D und die dafür bestimmte Munition zur Teilnahme an einer Brauchtumsveranstaltung

mitnehmen, sofern sie den Grund der Mitnahme nachweisen können.

(4) Zu den in Absatz 3 Nr. 1 bis 3 beschriebenen Zwecken kann für die dort jeweils genannten Waffen und Munition Personen, die ihren gewöhnlichen Auf-

enthalt in einem Drittstaat haben, abweichend von Absatz 1 eine Erlaubnis erteilt werden, es sei denn, dass Tatsachen die Annahme rechtfertigen, dass die Voraussetzungen des § 4 Abs. 1 Nr. 2 nicht vorliegen.

(5) Einer Erlaubnis zur Mitnahme von Waffen oder Munition in den oder durch den Geltungsbereich des Gesetzes bedarf es nicht

1. für Waffen oder Munition, die durch Inhaber einer im Geltungsbereich des Gesetzes gültigen Erlaubnis zum Erwerb oder Besitz für diese Waffen oder Munition mitgenommen werden,

2. für Signalwaffen und die dafür bestimmte Munition, die aus Gründen der Sicherheit an Bord von Schiffen mitgeführt werden, oder

3. für Waffen und Munition, die an Bord von Schiffen oder Luftfahrzeugen mitgeführt, während des Aufenthalts im Geltungsbereich dieses Gesetzes unter Verschluss gehalten, der zuständigen Überwachungsbehörde unter Angabe des Hersteller- oder Warenzeichens, der Modellbezeichnung und, wenn die Waffen eine Herstellungsnummer haben, auch dieser, unverzüglich gemeldet und spätestens innerhalb eines Monats wieder aus dem Geltungsbereich des Gesetzes befördert werden.

(6) Personen, die ihren gewöhnlichen Aufenthalt im Geltungsbereich des Gesetzes haben und Schusswaffen oder Munition nach Anlage 1 Abschnitt 3 (Kategorien A 1.2 bis D) aus dem Geltungsbereich des Gesetzes in einen anderen Mitgliedstaat mitnehmen wollen, wird ein Europäischer Feuerwaffenpass ausgestellt, wenn sie zum Besitz der Waffen, die in den Europäischen Feuerwaffenpass eingetragen werden sollen, berechtigt sind.

S. 500

§ 33 Anmelde- und Nachweispflicht bei Verbringen oder Mitnahme von Waffen oder Munition in den oder durch den Geltungsbereich des Gesetzes

(1) Waffen oder Munition im Sinne des § 29 Abs. 1 hat derjenige, der sie aus einem Drittstaat in den oder durch den Geltungsbereich dieses Gesetzes oder aus dem Geltungsbereich dieses Gesetzes in einen Drittstaat verbringen oder mitnehmen will, bei der nach Absatz 3 zuständigen Überwachungsbehörde beim Verbringen oder bei der Mitnahme anzumelden und auf Verlangen vorzuführen und die Berechtigung zum Verbringen oder zur Mitnahme nachzuweisen. Auf Verlangen sind diese Nachweise den Überwachungsbehörden zur Prüfung auszuhändigen.

(2) Die nach Absatz 3 zuständigen Überwachungsbehörden können Beförderungsmittel und -behälter sowie deren Lade- und Verpackungsmittel anhalten, um zu prüfen, ob die für das Verbringen oder die Mitnahme in den Geltungsbereich dieses Gesetzes geltenden Bestimmungen eingehalten sind.

(3) Das Bundesministerium der Finanzen bestimmt die Zolldienststellen, das Bundesministerium des Innern bestimmt die Behörden der Bundespolizei, die bei der Überwachung des Verbringens und der Mitnahme von Waffen oder Munition mitwirken. Soweit der grenzpolizeiliche Einzeldienst von Kräften der Länder wahrgenommen wird (§ 2 Abs. 1 und 3 des Bundespolizeigesetzes), wirken diese bei der Überwachung mit.

Unterabschnitt 6
Obhutspflichten, Anzeige-, Hinweis- und Nachweispflichten

§ 34 Überlassen von Waffen oder Munition, Prüfung der Erwerbsberechtigung, Anzeigepflicht

(1) Waffen oder Munition dürfen nur berechtigten Personen überlassen werden. Die Berechtigung muss offensichtlich sein oder nachgewiesen werden. Werden sie zur gewerbsmäßigen Beförderung überlassen, müssen die ordnungsgemäße Beförderung sichergestellt und Vorkehrungen gegen ein Abhandenkommen getroffen sein. Munition darf gewerbsmäßig nur in verschlossenen Packungen überlassen werden; dies gilt nicht im Fall des Überlassens auf Schießstätten gemäß § 12 Abs. 2 Nr. 2 oder soweit einzelne Stücke von Munitionssammlern erworben werden. Wer Waffen oder Munition einem anderen lediglich zur gewerbsmäßigen Beförderung (§ 12 Abs. 1 Nr. 2, Abs. 2 Nr. 1) an einen Dritten übergibt, überlässt sie dem Dritten.

(2) Der Inhaber einer Erlaubnis nach § 21 Abs. 1 Satz 1, der einem anderen auf Grund einer Erlaubnis nach § 10 Abs. 1 oder einer gleichgestellten anderen Erlaubnis zum Erwerb und Besitz eine Schusswaffe überlässt, hat in die Waffenbesitzkarte unverzüglich Herstellerzeichen oder Marke und – wenn gegeben – die Herstellungsnummer der Waffe, ferner den Tag des Überlassens und die Bezeichnung und den Sitz des Betriebs dauerhaft einzutragen und das Überlassen binnen zwei Wochen der zuständigen Behörde schriftlich anzuzeigen. Überlässt sonst jemand einem anderen eine Schusswaffe, zu deren Erwerb es einer Erlaubnis bedarf, so hat er dies binnen zwei Wochen der zuständigen Behörde schriftlich anzuzeigen und ihr, sofern ihm eine Waffenbesitzkarte oder ein Europäischer Feuerwaffenpass erteilt worden ist, diese zur Berichtigung vorzulegen; dies gilt nicht in den Fällen des § 12 Abs. 1. In der Anzeige nach den Sätzen 1 und 2 sind anzugeben Name, Vorname, Geburtsdatum, Geburtsort und Wohnanschrift des Erwerbers sowie Art und Gültigkeitsdauer der Erwerbs- und Besitzberechtigung. Bei Nachweis der Erwerbs- und Besitzerlaubnis durch eine Waffenbesitzkarte sind darüber hinaus deren Nummer und ausstellende Behörde anzugeben. Bei Überlassung an einen Erlaubnisinhaber nach § 21 Abs. 1 Satz 1 sind in der Anzeige lediglich der Name der Firma und die Anschrift der Niederlassung anzugeben.

(3) Die Absätze 1 und 2 gelten nicht für denjenigen, der Schusswaffen oder Munition einem anderen, der sie außerhalb des Geltungsbereichs des Gesetzes erwirbt, insbesondere im Versandwege unter eigenem Namen überlässt. Die Vorschriften des § 31 bleiben unberührt.

(4) Wer Personen, die ihren gewöhnlichen Aufenthalt in einem anderen Mitgliedstaat der Europäischen Union haben, eine Schusswaffe nach Anlage 1 Abschnitt 3 (Kategorien B und C) oder Munition für eine solche überlässt, hat dies unverzüglich dem Bundeskriminalamt schriftlich anzuzeigen; dies gilt nicht in den Fällen des § 12 Abs. 1 Nr. 1 und 5.

(5) Wer erlaubnispflichtige Feuerwaffen nach Anlage 1 Abschnitt 1 Unterabschnitt 1 Nr. 2, ausgenommen Einzellader-Langwaffen mit nur glattem Lauf oder glatten Läufen, und deren wesentliche Teile, Schalldämpfer und tragbare Gegenstände nach Anlage 1 Abschnitt 1 Unterabschnitt 1 Nr. 1.2.1 einem anderen, der seinen gewöhnlichen Aufenthalt in einem Mitgliedstaat des Übereinkom-

mens vom 28. Juni 1978 über die Kontrolle des Erwerbs und Besitzes von Schusswaffen durch Einzelpersonen (BGBl. 1980 II S. 953) hat, überlässt, dorthin versendet oder ohne Wechsel des Besitzers endgültig dorthin verbringt, hat dies unverzüglich dem Bundeskriminalamt schriftlich anzuzeigen. Dies gilt nicht

1. für das Überlassen und Versenden der in Satz 1 bezeichneten Gegenstände an staatliche Stellen in einem dieser Staaten und in den Fällen, in denen Unternehmen Schusswaffen zur Durchführung von Kooperationsvereinbarungen zwischen Staaten oder staatlichen Stellen überlassen werden, sofern durch Vorlage einer Bescheinigung von Behörden des Empfangsstaates nachgewiesen wird, dass diesen Behörden der Erwerb bekannt ist, oder

2. soweit Anzeigepflichten nach Absatz 4 oder nach § 31 Abs. 2 Satz 3 bestehen.

(6) Das Bundesministerium des Innern wird ermächtigt, durch Rechtsverordnung mit Zustimmung des Bundesrates zur Abwehr von Gefahren für Leben und Gesundheit von Menschen zu bestimmen, dass in den in den Absätzen 2, 4 und 5 bezeichneten Anzeigen weitere Angaben zu machen oder den Anzeigen weitere Unterlagen beizufügen sind.

§ 35 Werbung, Hinweispflichten, Handelsverbote

(1) Wer Waffen oder Munition zum Kauf oder Tausch in Anzeigen oder Werbeschriften anbietet, hat bei den nachstehenden Waffenarten auf das Erfordernis der Erwerbsberechtigung jeweils wie folgt hinzuweisen:

1. bei erlaubnispflichtigen Schusswaffen und erlaubnispflichtiger Munition: Abgabe nur an Inhaber einer Erwerbserlaubnis,

2. bei nicht erlaubnispflichtigen Schusswaffen und nicht erlaubnispflichtiger Munition sowie sonstigen Waffen: Abgabe nur an Personen mit vollendetem 18. Lebensjahr,

3. bei verbotenen Waffen: Abgabe nur an Inhaber einer Ausnahmegenehmigung,

sowie seinen Namen, seine Anschrift und gegebenenfalls seine eingetragene Marke bekannt zu geben. Anzeigen und Werbeschriften nach Satz 1 dürfen nur veröffentlicht werden, wenn sie den Namen und die Anschrift des Anbieters sowie die von ihm je nach Waffenart mitzuteilenden Hinweise enthalten. Satz 2 gilt nicht für die Bekanntgabe der Personalien des nicht gewerblichen Anbieters, wenn dieser der Bekanntgabe widerspricht. Derjenige, der die Anzeige oder Werbeschrift veröffentlicht, ist im Fall des Satzes 3 gegenüber der zuständigen Behörde verpflichtet, die Urkunden über den Geschäftsvorgang ein Jahr lang aufzubewahren und dieser auf Verlangen Einsicht zu gewähren.

(2) Dürfen Schusswaffen nur mit Erlaubnis geführt oder darf mit ihnen nur mit Erlaubnis geschossen werden, so hat der Inhaber einer Erlaubnis nach § 21 Abs. 1 bei ihrem Überlassen im Einzelhandel den Erwerber auf das Erfordernis des Waffenscheins oder der Schießerlaubnis hinzuweisen. Beim Überlassen von Schreckschuss-, Reizstoff- oder Signalwaffen im Sinne des § 10 Abs. 4 Satz 4 hat der Inhaber einer Erlaubnis nach § 21 Abs. 1 überdies auf die Strafbarkeit des Führens ohne Erlaubnis (Kleiner Waffenschein) hinzuweisen und die Erfüllung dieser sowie der Hinweispflicht nach Satz 1 zu protokollieren.

(3) Der Vertrieb und das Überlassen von Schusswaffen, Munition, Hieb- oder Stoßwaffen ist verboten:

1. im Reisegewerbe, ausgenommen in den Fällen des § 55 b Abs. 1 der Gewerbeordnung,
2. auf festgesetzten Veranstaltungen im Sinne des Titels IV der Gewerbeordnung (Messen, Ausstellungen, Märkte), ausgenommen die Entgegennahme von Bestellungen auf Messen und Ausstellungen,
3. auf Volksfesten, Schützenfesten, Märkten, Sammlertreffen oder ähnlichen öffentlichen Veranstaltungen, ausgenommen das Überlassen der benötigten Schusswaffen oder Munition in einer Schießstätte sowie von Munition, die Teil einer Sammlung (§ 17 Abs. 1) oder für eine solche bestimmt ist.

Die zuständige Behörde kann Ausnahmen von den Verboten für ihren Bezirk zulassen, wenn öffentliche Interessen nicht entgegenstehen.

§ 36 Aufbewahrung von Waffen oder Munition

(1) Wer Waffen oder Munition besitzt, hat die erforderlichen Vorkehrungen zu treffen, um zu verhindern, dass diese Gegenstände abhanden kommen oder Dritte sie unbefugt an sich nehmen. Schusswaffen dürfen nur getrennt von Munition aufbewahrt werden, sofern nicht die Aufbewahrung in einem Sicherheitsbehältnis erfolgt, das mindestens der Norm DIN/EN 1143-1 Widerstandsgrad 0 (Stand Mai 1997)[1] oder einer Norm mit gleichem Schutzniveau eines anderen Mitgliedstaates des Übereinkommens über den Europäischen Wirtschaftsraum (EWR-Mitgliedstaat) entspricht.

(2) Schusswaffen, deren Erwerb nicht von der Erlaubnispflicht freigestellt ist, und verbotene Waffen sind mindestens in einem der Norm DIN/EN 1143-1 Widerstandsgrad 0 (Stand Mai 1997) entsprechenden oder gleichwertigen Behältnis aufzubewahren; als gleichwertig gilt insbesondere ein Behältnis der Sicherheitsstufe B nach VDMA[2, 3] 24992 (Stand Mai 1995). Für bis zu zehn Langwaffen gilt die sichere Aufbewahrung auch in einem Behältnis als gewährleistet, das der Sicherheitsstufe A nach VDMA 24992 (Stand Mai 1995) oder einer Norm mit gleichem Schutzniveau eines anderen EWR-Mitgliedstaates entspricht. Vergleichbar gesicherte Räume sind als gleichwertig anzusehen.

(3) Wer erlaubnispflichtige Schusswaffen, Munition oder verbotene Waffen besitzt oder die Erteilung einer Erlaubnis zum Besitz beantragt hat, hat der zuständigen Behörde die zur sicheren Aufbewahrung getroffenen oder vorgesehenen Maßnahmen nachzuweisen. Besitzer von erlaubnispflichtigen Schusswaffen, Munition oder verbotenen Waffen haben außerdem der Behörde zur Überprüfung der Pflichten aus den Absätzen 1 und 2 den Zutritt zu den Räumen zu gestatten, in denen die Waffen und die Munition aufbewahrt werden. Wohnräume dürfen gegen den Willen des Inhabers nur zur Verhütung dringender Gefahren für die öffentliche Sicherheit betreten werden; das Grundrecht der Unverletzlichkeit der Wohnung (Artikel 13 des Grundgesetzes) wird insoweit eingeschränkt.

(4) Entspricht die bisherige Aufbewahrung von Waffen oder Munition, deren Erwerb und Besitz ihrer Art nach der Erlaubnis bedarf, nicht den in diesem Gesetz oder in einer Rechtsverordnung nach Absatz 5 festgelegten Anforderungen,

---

[1] Amtliche Fußnote: Herausgegeben im Beuth-Verlag GmbH, Berlin und Köln.
[2] Amtliche Fußnote: Verband Deutscher Maschinen- und Anlagenbau e. V.
[3] Amtliche Fußnote: Herausgegeben im Beuth-Verlag GmbH, Berlin und Köln.

so hat der Besitzer bis zum 31. August 2003 die ergänzenden Vorkehrungen zur Gewährleistung einer diesen Anforderungen entsprechenden Aufbewahrung vorzunehmen. Dies ist gegenüber der zuständigen Behörde innerhalb der Frist des Satzes 1 anzuzeigen und nachzuweisen.

(5) Das Bundesministerium des Innern wird ermächtigt, nach Anhörung der beteiligten Kreise durch Rechtsverordnung mit Zustimmung des Bundesrates unter Berücksichtigung des Standes der Technik, der Art und Zahl der Waffen, der Munition oder der Örtlichkeit von den Anforderungen an die Aufbewahrung abzusehen oder zusätzliche Anforderungen an die Aufbewahrung oder die Sicherung der Waffe festzulegen. Dabei können
1. Anforderungen an technische Sicherungssysteme zur Verhinderung einer unberechtigten Wegnahme oder Nutzung von Schusswaffen,
2. die Nachrüstung oder der Austausch vorhandener Sicherungssysteme,
3. die Ausstattung der Schusswaffe mit mechanischen, elektronischen oder biometrischen Systemen
festgelegt werden.

(6) Ist im Einzelfall, insbesondere wegen der Art und Zahl der aufzubewahrenden Waffen oder Munition oder wegen des Ortes der Aufbewahrung, ein höherer Sicherheitsstandard erforderlich, hat die zuständige Behörde die notwendigen Ergänzungen anzuordnen und zu deren Umsetzung eine angemessene Frist zu setzen.

§ 37 Anzeigepflichten

(1) Wer Waffen oder Munition, deren Erwerb der Erlaubnis bedarf,
1. beim Tode eines Waffenbesitzers, als Finder oder in ähnlicher Weise,
2. als Insolvenzverwalter, Zwangsverwalter, Gerichtsvollzieher oder in ähnlicher Weise
in Besitz nimmt, hat dies der zuständigen Behörde unverzüglich anzuzeigen. Die zuständige Behörde kann die Waffen und die Munition sicherstellen oder anordnen, dass sie binnen angemessener Frist unbrauchbar gemacht oder einem Berechtigten überlassen werden und dies der zuständigen Behörde nachgewiesen wird. Nach fruchtlosem Ablauf der Frist kann die zuständige Behörde die Waffen oder Munition einziehen. Ein Erlös aus der Verwertung steht dem nach bürgerlichem Recht bisher Berechtigten zu.

(2) Sind jemandem Waffen oder Munition, deren Erwerb der Erlaubnis bedarf, oder Erlaubnisurkunden abhanden gekommen, so hat er dies der zuständigen Behörde unverzüglich anzuzeigen und, soweit noch vorhanden, die Waffenbesitzkarte und den Europäischen Feuerwaffenpass zur Berichtigung vorzulegen. Die örtliche Behörde unterrichtet zum Zweck polizeilicher Ermittlungen die örtliche Polizeidienststelle über das Abhandenkommen.

(3) Wird eine Schusswaffe, zu deren Erwerb es einer Erlaubnis bedarf, oder eine verbotene Schusswaffe nach Anlage 2 Abschnitt 1 Nr. 1.2 nach den Anforderungen der Anlage 1 Abschnitt 1 Unterabschnitt 1 Nr. 1.4 unbrauchbar gemacht oder zerstört, so hat der Besitzer dies der zuständigen Behörde binnen zwei Wochen schriftlich anzuzeigen und ihr auf Verlangen den Gegenstand vorzulegen. Dabei hat er seine Personalien sowie Art, Kaliber, Herstellerzeichen oder Marke und – sofern vorhanden – die Herstellungsnummer der Schusswaffe anzugeben.

(4) Inhaber waffenrechtlicher Erlaubnisse und Bescheinigungen sind verpflichtet, bei ihrem Wegzug ins Ausland ihre neue Anschrift der zuletzt für sie zuständigen Waffenbehörde mitzuteilen.

§ 38 Ausweispflichten

Wer eine Waffe führt, muss
1. seinen Personalausweis oder Pass und
   a) wenn es einer Erlaubnis zum Erwerb bedarf, die Waffenbesitzkarte oder, wenn es einer Erlaubnis zum Führen bedarf, den Waffenschein,
   b) im Fall des Verbringens oder der Mitnahme einer Waffe oder von Munition im Sinne von § 29 Abs. 1 aus einem Drittstaat gemäß § 29 Abs. 1, § 30 Abs. 1 oder § 32 Abs. 1 den Erlaubnisschein, im Falle der Mitnahme auf Grund einer Erlaubnis nach § 32 Abs. 4 auch den Beleg für den Grund der Mitnahme,
   c) im Fall des Verbringens einer Schusswaffe nach Anlage 1 Abschnitt 3 (Kategorien A bis D) gemäß § 29 Abs. 1, § 30 Abs. 1 aus einem anderen Mitgliedstaat den Erlaubnisschein dieses Staates oder eine Bescheinigung, die auf diesen Erlaubnisschein Bezug nimmt,
   d) im Fall der Mitnahme einer Schusswaffe nach Anlage 1 Abschnitt 3 (Kategorien A bis D) aus einem anderen Mitgliedstaat gemäß § 32 Abs. 1 bis 3 den Europäischen Feuerwaffenpass und im Falle des § 32 Abs. 3 zusätzlich einen Beleg für den Grund der Mitnahme,
   e) im Fall der vorübergehenden Berechtigung zum Erwerb oder zum Führen auf Grund des § 12 Abs. 1 Nr. 1 und 2 oder § 28 Abs. 4 einen Beleg, aus dem der Name des Überlassers, des Besitzberechtigten und das Datum der Überlassung hervorgeht, oder
   f) im Fall des Schießens mit einer Schießerlaubnis nach § 10 Abs. 5 diese, und
2. in den Fällen des § 13 Abs. 6 den Jagdschein

mit sich führen und Polizeibeamten oder sonst zur Personenkontrolle Befugten auf Verlangen zur Prüfung aushändigen. In den Fällen des § 13 Abs. 3 und § 14 Abs. 4 Satz 2 genügt an Stelle der Waffenbesitzkarte ein schriftlicher Nachweis darüber, dass die Antragsfrist noch nicht verstrichen oder ein Antrag gestellt worden ist. Satz 1 gilt nicht in Fällen des § 12 Abs. 3 Nr. 1.

§ 39 Auskunfts- und Vorzeigepflicht, Nachschau

(1) Wer Waffenherstellung, Waffenhandel oder eine Schießstätte betreibt, eine Schießstätte benutzt oder in ihr die Aufsicht führt, ein Bewachungsunternehmen betreibt, Veranstaltungen zur Ausbildung im Verteidigungsschießen durchführt oder sonst den Besitz über Waffen oder Munition ausübt, hat der zuständigen Behörde auf Verlangen oder, sofern dieses Gesetz einen Zeitpunkt vorschreibt, zu diesem Zeitpunkt die für die Durchführung dieses Gesetzes erforderlichen Auskünfte zu erteilen; eine entsprechende Pflicht gilt ferner für Personen, gegenüber denen ein Verbot nach § 41 Abs. 1 oder 2 ausgesprochen wurde. Sie können die Auskunft auf solche Fragen verweigern, deren Beantwortung sie selbst oder einen der in § 383 Abs. 1 Nr. 1 bis 3 der Zivilprozessordnung bezeichneten Angehörigen der Gefahr strafrechtlicher Verfolgung oder eines Verfahrens nach dem

Gesetz über Ordnungswidrigkeiten aussetzen würde. Darüber hinaus hat der Inhaber der Erlaubnis die Einhaltung von Auflagen nachzuweisen.

(2) Betreibt der Auskunftspflichtige Waffenherstellung, Waffenhandel, eine Schießstätte oder ein Bewachungsunternehmen, so sind die von der zuständigen Behörde mit der Überwachung des Betriebs beauftragten Personen berechtigt, Betriebsgrundstücke und Geschäftsräume während der Betriebs- und Arbeitszeit zu betreten, um dort Prüfungen und Besichtigungen vorzunehmen, Proben zu entnehmen und Einsicht in die geschäftlichen Unterlagen zu nehmen; zur Abwehr dringender Gefahren für die öffentliche Sicherheit oder Ordnung dürfen diese Arbeitsstätten auch außerhalb dieser Zeit sowie die Wohnräume des Auskunftspflichtigen gegen dessen Willen besichtigt werden. Das Grundrecht der Unverletzlichkeit der Wohnung (Artikel 13 des Grundgesetzes) wird insoweit eingeschränkt.

(3) Aus begründetem Anlass kann die zuständige Behörde anordnen, dass der Besitzer von

1. Waffen oder Munition, deren Erwerb der Erlaubnis bedarf, oder

2. in Anlage 2 Abschnitt 1 bezeichneten verbotenen Waffen

ihr diese sowie Erlaubnisscheine oder Ausnahmebescheinigungen binnen angemessener, von ihr zu bestimmender Frist zur Prüfung vorlegt.

Unterabschnitt 7
Verbote

§ 40 Verbotene Waffen

(1) Das Verbot des Umgangs umfasst auch das Verbot, zur Herstellung der in Anlage 2 Abschnitt 1 Nr. 1.3.4 bezeichneten Gegenstände anzuleiten oder aufzufordern.

(2) Das Verbot des Umgangs mit Waffen oder Munition ist nicht anzuwenden, soweit jemand auf Grund eines gerichtlichen oder behördlichen Auftrags tätig wird.

(3) Inhaber einer jagdrechtlichen Erlaubnis und Angehörige von Leder oder Pelz verarbeitenden Berufen dürfen abweichend von § 2 Abs. 3 Umgang mit Faustmessern nach Anlage 2 Abschnitt 1 Nr. 1.4.2 haben, sofern sie diese Messer zur Ausübung ihrer Tätigkeit benötigen. Inhaber sprengstoffrechtlicher Erlaubnisse (§§ 7 und 27 des Sprengstoffgesetzes) und Befähigungsscheine (§ 20 des Sprengstoffgesetzes) sowie Teilnehmer staatlicher oder staatlich anerkannter Lehrgänge dürfen abweichend von § 2 Absatz 3 Umgang mit explosionsgefährlichen Stoffen oder Gegenständen nach Anlage 2 Abschnitt 1 Nummer 1.3.4 haben, soweit die durch die Erlaubnis oder den Befähigungsschein gestattete Tätigkeit oder die Ausbildung hierfür dies erfordern. Dies gilt insbesondere für Sprengarbeiten sowie Tätigkeiten im Katastrophenschutz oder im Rahmen von Theatern, vergleichbaren Einrichtungen, Film- und Fernsehproduktionsstätten sowie die Ausbildung für derartige Tätigkeiten.

(4) Das Bundeskriminalamt kann auf Antrag von den Verboten der Anlage 2 Abschnitt 1 allgemein oder für den Einzelfall Ausnahmen zulassen, wenn die Interessen des Antragstellers auf Grund besonderer Umstände das öffentliche Inte-

resse an der Durchsetzung des Verbots überwiegen. Dies kann insbesondere angenommen werden, wenn die in der Anlage 2 Abschnitt 1 bezeichneten Waffen oder Munition zum Verbringen aus dem Geltungsbereich dieses Gesetzes, für wissenschaftliche oder Forschungszwecke oder zur Erweiterung einer kulturhistorisch bedeutsamen Sammlung bestimmt sind und eine erhebliche Gefahr für die öffentliche Sicherheit nicht zu befürchten ist.

(5) Wer eine in Anlage 2 Abschnitt 1 bezeichnete Waffe als Erbe, Finder oder in ähnlicher Weise in Besitz nimmt, hat dies der zuständigen Behörde unverzüglich anzuzeigen. Die zuständige Behörde kann die Waffen oder Munition sicherstellen oder anordnen, dass innerhalb einer angemessenen Frist die Waffen oder Munition unbrauchbar gemacht, von Verbotsmerkmalen befreit oder einem nach diesem Gesetz Berechtigten überlassen werden, oder dass der Erwerber einen Antrag nach Absatz 4 stellt. Das Verbot des Umgangs mit Waffen oder Munition wird nicht wirksam, solange die Frist läuft oder eine ablehnende Entscheidung nach Absatz 4 dem Antragsteller noch nicht bekannt gegeben worden ist.

§ 41 Waffenverbote für den Einzelfall

(1) Die zuständige Behörde kann jemandem den Besitz von Waffen oder Munition, deren Erwerb nicht der Erlaubnis bedarf, und den Erwerb solcher Waffen oder Munition untersagen,

1. soweit es zur Verhütung von Gefahren für die Sicherheit oder zur Kontrolle des Umgangs mit diesen Gegenständen geboten ist oder

2. wenn Tatsachen bekannt werden, die die Annahme rechtfertigen, dass der rechtmäßige Besitzer oder Erwerbswillige abhängig von Alkohol oder anderen berauschenden Mitteln, psychisch krank oder debil ist oder sonst die erforderliche persönliche Eignung nicht besitzt oder ihm die für den Erwerb oder Besitz solcher Waffen oder Munition erforderliche Zuverlässigkeit fehlt.

Im Fall des Satzes 1 Nr. 2 ist der Betroffene darauf hinzuweisen, dass er die Annahme mangelnder persönlicher Eignung im Wege der Beibringung eines amts- oder fachärztlichen oder fachpsychologischen Zeugnisses über die geistige oder körperliche Eignung ausräumen kann; § 6 Abs. 2 findet entsprechende Anwendung.

(2) Die zuständige Behörde kann jemandem den Besitz von Waffen oder Munition, deren Erwerb der Erlaubnis bedarf, untersagen, soweit es zur Verhütung von Gefahren für die Sicherheit oder Kontrolle des Umgangs mit diesen Gegenständen geboten ist.

(3) Die zuständige Behörde unterrichtet die örtliche Polizeidienststelle über den Erlass eines Waffenbesitzverbotes.

§ 42 Verbot des Führens von Waffen bei öffentlichen Veranstaltungen

(1) Wer an öffentlichen Vergnügungen, Volksfesten, Sportveranstaltungen, Messen, Ausstellungen, Märkten oder ähnlichen öffentlichen Veranstaltungen teilnimmt, darf keine Waffen im Sinne des § 1 Abs. 2 führen.

(2) Die zuständige Behörde kann allgemein oder für den Einzelfall Ausnahmen von Absatz 1 zulassen, wenn

1. der Antragsteller die erforderliche Zuverlässigkeit (§ 5) und persönliche Eignung (§ 6) besitzt,
2. der Antragsteller nachgewiesen hat, dass er auf Waffen bei der öffentlichen Veranstaltung nicht verzichten kann, und
3. eine Gefahr für die öffentliche Sicherheit oder Ordnung nicht zu besorgen ist.

(3) Unbeschadet des § 38 muss der nach Absatz 2 Berechtigte auch den Ausnahmebescheid mit sich führen und auf Verlangen zur Prüfung aushändigen.

(4) Die Absätze 1 bis 3 sind nicht anzuwenden
1. auf die Mitwirkenden an Theateraufführungen und diesen gleich zu achtenden Vorführungen, wenn zu diesem Zweck ungeladene oder mit Kartuschenmunition geladene Schusswaffen oder Waffen im Sinne des § 1 Abs. 2 Nr. 2 geführt werden,
2. auf das Schießen in Schießstätten (§ 27),
3. soweit eine Schießerlaubnis nach § 10 Abs. 5 vorliegt,
4. auf das gewerbliche Ausstellen der in Absatz 1 genannten Waffen auf Messen und Ausstellungen.

(5) Die Landesregierungen werden ermächtigt, durch Rechtsverordnung vorzusehen, dass das Führen von Waffen im Sinne des § 1 Abs. 2 auf bestimmten öffentlichen Straßen, Wegen oder Plätzen allgemein oder im Einzelfall verboten oder beschränkt werden kann, soweit an dem jeweiligen Ort wiederholt
1. Straftaten unter Einsatz von Waffen oder
2. Raubdelikte, Körperverletzungsdelikte, Bedrohungen, Nötigungen, Sexualdelikte, Freiheitsberaubungen oder Straftaten gegen das Leben

begangen worden sind und Tatsachen die Annahme rechtfertigen, dass auch künftig mit der Begehung solcher Straftaten zu rechnen ist. In der Rechtsverordnung nach Satz 1 soll bestimmt werden, dass die zuständige Behörde allgemein oder für den Einzelfall Ausnahmen insbesondere für Inhaber waffenrechtlicher Erlaubnisse, Anwohner und Gewerbetreibende zulassen kann, soweit eine Gefährdung der öffentlichen Sicherheit nicht zu besorgen ist. Im Falle des Satzes 2 gilt Absatz 3 entsprechend. Die Landesregierungen können ihre Befugnis nach Satz 1 in Verbindung mit Satz 2 durch Rechtsverordnung auf die zuständige oberste Landesbehörde übertragen; diese kann die Befugnis durch Rechtsverordnung weiter übertragen.

§ 42 a Verbot des Führens von Anscheinswaffen und bestimmten tragbaren Gegenständen

(1) Es ist verboten
1. Anscheinswaffen,
2. Hieb- und Stoßwaffen nach Anlage 1 Abschnitt 1 Unterabschnitt 2 Nr. 1.1 oder
3. Messer mit einhändig feststellbarer Klinge (Einhandmesser) oder feststehende Messer mit einer Klingenlänge über 12 cm

zu führen.

(2) Absatz 1 gilt nicht
1. für die Verwendung bei Foto- oder Fernsehaufnahmen oder Theateraufführungen,

363

2. für den Transport in einem verschlossenen Behältnis,
3. für das Führen der Gegenstände nach Absatz 1 Nr. 2 und 3, sofern ein berechtigtes Interesse vorliegt.

Weitergehende Regelungen bleiben unberührt.

(3) Ein berechtigtes Interesse nach Absatz 2 Nr. 3 liegt insbesondere vor, wenn das Führen der Gegenstände im Zusammenhang mit der Berufsausübung erfolgt, der Brauchtumspflege, dem Sport oder einem allgemein anerkannten Zweck dient.

S, 513

ABSCHNITT 3

Sonstige waffenrechtliche Vorschriften

§ 43 Erhebung und Übermittlung personenbezogener Daten

(1) Die für die Ausführung dieses Gesetzes zuständigen Behörden dürfen personenbezogene Daten auch ohne Mitwirkung des Betroffenen in den Fällen des § 5 Abs. 5 und des § 6 Abs. 1 Satz 3 und 4 erheben. Sonstige Rechtsvorschriften des Bundes- oder Landesrechts, die eine Erhebung ohne Mitwirkung des Betroffenen vorsehen oder zwingend voraussetzen, bleiben unberührt.

(2) Öffentliche Stellen im Geltungsbereich dieses Gesetzes sind auf Ersuchen der zuständigen Behörde verpflichtet, dieser im Rahmen datenschutzrechtlicher Übermittlungsbefugnisse personenbezogene Daten zu übermitteln, soweit die Daten nicht wegen überwiegender öffentlicher Interessen geheim gehalten werden müssen.

§ 43 a Nationales Waffenregister

Bis zum 31. Dezember 2012 ist ein Nationales Waffenregister zu errichten, in dem bundesweit insbesondere Schusswaffen, deren Erwerb und Besitz der Erlaubnis bedürfen, sowie Daten von Erwerbern, Besitzern und Überlassern dieser Schusswaffen elektronisch auswertbar zu erfassen und auf aktuellem Stand zu halten.

§ 44 Übermittlung an und von Meldebehörden

(1) Die für die Erteilung einer waffenrechtlichen Erlaubnis zuständige Behörde teilt der für den Antragsteller zuständigen Meldebehörde die erstmalige Erteilung einer Erlaubnis mit. Sie unterrichtet ferner diese Behörde, wenn eine Person über keine waffenrechtlichen Erlaubnisse mehr verfügt.

(2) Die Meldebehörden teilen den Waffenerlaubnisbehörden Namensänderungen, Zuzug, Wegzug und Tod der Einwohner mit, für die das Vorliegen einer waffenrechtlichen Erlaubnis gespeichert ist.

§ 44 a Behördliche Aufbewahrungsfristen

(1) Die für die Ausführung dieses Gesetzes zuständigen Behörden haben alle Unterlagen, die für die Feststellung der gegenwärtigen und früheren Besitzver-

hältnisse sowie die Rückverfolgung von Verkaufswegen erforderlich sind, aufzubewahren.

(2) Die Aufbewahrungspflicht bezieht sich sowohl auf eigene Unterlagen als auch auf nach § 17 Abs. 6 Satz 2 und 3 der Allgemeinen Waffengesetz-Verordnung vom 27. Oktober 2003 (BGBl. I S. 2123), die zuletzt durch Artikel 2 des Gesetzes vom 26. März 2008 (BGBl. I S. 426) geändert worden ist, übernommene Waffenherstellungs- und Waffenhandelsbücher.

(3) Für die Waffenherstellungsbücher beträgt die Aufbewahrungsfrist mindestens 30 Jahre. Für alle anderen Unterlagen einschließlich der Einfuhr- und Ausfuhraufzeichnungen beträgt die Aufbewahrungspflicht mindestens 20 Jahre.

§ 45 Rücknahme und Widerruf

(1) Eine Erlaubnis nach diesem Gesetz ist zurückzunehmen, wenn nachträglich bekannt wird, dass die Erlaubnis hätte versagt werden müssen.

(2) Eine Erlaubnis nach diesem Gesetz ist zu widerrufen, wenn nachträglich Tatsachen eintreten, die zur Versagung hätten führen müssen. Eine Erlaubnis nach diesem Gesetz kann auch widerrufen werden, wenn inhaltliche Beschränkungen nicht beachtet werden.

(3) Bei einer Erlaubnis kann abweichend von Absatz 2 Satz 1 im Fall eines vorübergehenden Wegfalls des Bedürfnisses, aus besonderen Gründen auch in Fällen des endgültigen Wegfalls des Bedürfnisses, von einem Widerruf abgesehen werden. Satz 1 gilt nicht, sofern es sich um eine Erlaubnis zum Führen einer Waffe handelt.

(4) Verweigert ein Betroffener im Fall der Überprüfung des weiteren Vorliegens von in diesem Gesetz oder in einer auf Grund dieses Gesetzes erlassenen Rechtsverordnung vorgeschriebenen Tatbestandsvoraussetzungen, bei deren Wegfall ein Grund zur Rücknahme oder zum Widerruf einer Erlaubnis oder Ausnahmebewilligung gegeben wäre, seine Mitwirkung, so kann die Behörde deren Wegfall vermuten. Der Betroffene ist hierauf hinzuweisen.

(5) Widerspruch und Anfechtungsklage gegen Maßnahmen nach Absatz 1 und Absatz 2 Satz 1 haben keine aufschiebende Wirkung, sofern die Erlaubnis wegen des Nichtvorliegens oder Entfallens der Voraussetzungen nach § 4 Abs. 1 Nr. 2 zurückgenommen oder widerrufen wird.

§ 46 Weitere Maßnahmen

S. 514-15

(1) Werden Erlaubnisse nach diesem Gesetz zurückgenommen oder widerrufen, so hat der Inhaber alle Ausfertigungen der Erlaubnisurkunde der zuständigen Behörde unverzüglich zurückzugeben. Das Gleiche gilt, wenn die Erlaubnis erloschen ist.

(2) Hat jemand auf Grund einer Erlaubnis, die zurückgenommen, widerrufen oder erloschen ist, Waffen oder Munition erworben oder befugt besessen, und besitzt er sie noch, so kann die zuständige Behörde anordnen, dass er binnen angemessener Frist die Waffen oder Munition dauerhaft unbrauchbar macht oder einem Berechtigten überlässt und den Nachweis darüber gegenüber der Behörde führt. Nach fruchtlosem Ablauf der Frist kann die zuständige Behörde die Waffen oder Munition sicherstellen.

(3) Besitzt jemand ohne die erforderliche Erlaubnis oder entgegen einem vollziehbaren Verbot nach § 41 Abs. 1 oder 2 eine Waffe oder Munition, so kann die zuständige Behörde anordnen, dass er binnen angemessener Frist
1. die Waffe oder Munition dauerhaft unbrauchbar macht oder einem Berechtigten überlässt oder
2. im Fall einer verbotenen Waffe oder Munition die Verbotsmerkmale beseitigt und
3. den Nachweis darüber gegenüber der Behörde führt.

Nach fruchtlosem Ablauf der Frist kann die zuständige Behörde die Waffe oder Munition sicherstellen.

(4) Die zuständige Behörde kann Erlaubnisurkunden sowie die in den Absätzen 2 und 3 bezeichneten Waffen oder Munition sofort sicherstellen
1. in Fällen eines vollziehbaren Verbots nach § 41 Abs. 1 oder 2 oder
2. soweit Tatsachen die Annahme rechtfertigen, dass die Waffen oder Munition missbräuchlich verwendet oder von einem Nichtberechtigten erworben werden sollen.

Zu diesem Zweck sind die Beauftragten der zuständigen Behörde berechtigt, die Wohnung des Betroffenen zu betreten und diese nach Urkunden, Waffen oder Munition zu durchsuchen; Durchsuchungen dürfen nur durch den Richter, bei Gefahr im Verzug auch durch die zuständige Behörde angeordnet werden; das Grundrecht der Unverletzlichkeit der Wohnung (Artikel 13 des Grundgesetzes) wird insoweit eingeschränkt. Widerspruch und Anfechtungsklage haben keine aufschiebende Wirkung.

(5) Sofern der bisherige Inhaber nicht innerhalb eines Monats nach Sicherstellung einen empfangsbereiten Berechtigten benennt oder im Fall der Sicherstellung verbotener Waffen oder Munition nicht in dieser Frist eine Ausnahmezulassung nach § 40 Abs. 4 beantragt, kann die zuständige Behörde die sichergestellten Waffen oder Munition einziehen und verwerten oder vernichten. Dieselben Befugnisse besitzt die zuständige Behörde im Fall der unanfechtbaren Versagung einer für verbotene Waffen oder Munition vor oder rechtzeitig nach der Sicherstellung beantragten Ausnahmezulassung nach § 40 Abs. 4. Der Erlös aus einer Verwertung der Waffen oder Munition steht nach Abzug der Kosten der Sicherstellung, Verwahrung und Verwertung dem nach bürgerlichem Recht bisher Berechtigten zu.

§ 47 Verordnungen zur Erfüllung internationaler Vereinbarungen oder zur Angleichung an Gemeinschaftsrecht

Das Bundesministerium des Innern wird ermächtigt, mit Zustimmung des Bundesrates zur Erfüllung von Verpflichtungen aus internationalen Vereinbarungen oder zur Erfüllung bindender Beschlüsse der Europäischen Union, die Sachbereiche dieses Gesetzes betreffen, Rechtsverordnungen zu erlassen, die insbesondere
1. Anforderungen an das Überlassen und Verbringen von Waffen oder Munition an Personen, die ihren gewöhnlichen Aufenthalt außerhalb des Geltungsbereichs des Gesetzes haben, festlegen und
2. das Verbringen und die vorübergehende Mitnahme von Waffen oder Munition in den Geltungsbereich des Gesetzes sowie
3. die zu den Nummern 1 und 2 erforderlichen Bescheinigungen, Mitteilungspflichten und behördlichen Maßnahmen regeln.

§ 48 Sachliche Zuständigkeit

(1) Die Landesregierungen oder die von ihnen durch Rechtsverordnung bestimmten Stellen können durch Rechtsverordnung die für die Ausführung dieses Gesetzes zuständigen Behörden bestimmen, soweit nicht Bundesbehörden zuständig sind.

(2) Das Bundesverwaltungsamt ist die zuständige Behörde für

1. ausländische Diplomaten, Konsularbeamte und gleichgestellte sonstige bevorrechtigte ausländische Personen,

2. ausländische Angehörige der in der Bundesrepublik Deutschland stationierten ausländischen Streitkräfte sowie deren Ehegatten und unterhaltsberechtigte Kinder,

3. Personen, die zum Schutze ausländischer Luftfahrzeuge und Seeschiffe eingesetzt sind,

4. Deutsche im Sinne des Artikels 116 des Grundgesetzes, die ihren gewöhnlichen Aufenthalt außerhalb des Geltungsbereichs dieses Gesetzes haben; dies gilt nicht für die in den §§ 21 und 28 genannten Personen, wenn sich der Sitz des Unternehmens im Geltungsbereich dieses Gesetzes befindet.

(3) Zuständig für die Entscheidungen nach § 2 Abs. 5 ist das Bundeskriminalamt.

(4) Verwaltungsverfahren nach diesem Gesetz oder auf Grund dieses Gesetzes können über eine einheitliche Stelle nach den Vorschriften der Verwaltungsverfahrensgesetze abgewickelt werden.

§ 49 Örtliche Zuständigkeit

(1) Die Vorschriften der Verwaltungsverfahrensgesetze über die örtliche Zuständigkeit gelten mit der Maßgabe, dass örtlich zuständig ist

1. für einen Antragsteller oder Erlaubnisinhaber, der keinen gewöhnlichen Aufenthalt im Geltungsbereich dieses Gesetzes hat,
   a) die Behörde, in deren Bezirk er sich aufhält oder aufhalten will, oder,
   b) soweit sich ein solcher Aufenthaltswille nicht ermitteln lässt, die Behörde, in deren Bezirk der Grenzübertritt erfolgt,

2. für Antragsteller oder Inhaber einer Erlaubnis nach § 21 Abs. 1 sowie Bewachungsunternehmer die Behörde, in deren Bezirk sich die gewerbliche Hauptniederlassung befindet oder errichtet werden soll.

(2) Abweichend von Absatz 1 ist örtlich zuständig für

1. Schießerlaubnisse nach § 10 Abs. 5 die Behörde, in deren Bezirk geschossen werden soll, soweit nicht die Länder nach § 48 Abs. 1 eine abweichende Regelung getroffen haben,

2. Erlaubnisse nach § 27 Abs. 1 sowie für Maßnahmen auf Grund einer Rechtsverordnung nach § 27 Abs. 7 bei ortsfesten Schießstätten die Behörde, in deren Bezirk die ortsfeste Schießstätte betrieben wird oder betrieben oder geändert werden soll,

3. a) Erlaubnisse nach § 27 Abs. 1 sowie für Maßnahmen auf Grund einer Rechtsverordnung nach § 27 Abs. 7 bei ortsveränderlichen Schießstätten die Behörde, in deren Bezirk der Betreiber seinen gewöhnlichen Aufenthalt hat,
   b) Auflagen bei den in Buchstabe a genannten Schießstätten die Behörde, in deren Bezirk die Schießstätte aufgestellt werden soll,

4. Ausnahmebewilligungen nach § 35 Abs. 3 Satz 2 die Behörde, in deren Bezirk die Tätigkeit ausgeübt werden soll,
5. Ausnahmebewilligungen nach § 42 Abs. 2 die Behörde, in deren Bezirk die Veranstaltung stattfinden soll oder, soweit Ausnahmebewilligungen für mehrere Veranstaltungen in verschiedenen Bezirken erteilt werden, die Behörde, in deren Bezirk die erste Veranstaltung stattfinden soll,
6. die Sicherstellung nach § 46 Abs. 2 Satz 2, Abs. 3 Satz 2 und Abs. 4 Satz 1 auch die Behörde, in deren Bezirk sich der Gegenstand befindet.

§ 50 Kosten

(1) Für Amtshandlungen, Prüfungen und Untersuchungen nach diesem Gesetz und nach den auf diesem Gesetz beruhenden Rechtsvorschriften werden Kosten (Gebühren und Auslagen) erhoben.

(2) Das Bundesministerium des Innern wird ermächtigt, durch Rechtsverordnung im Einvernehmen mit dem Bundesministerium für Wirtschaft und Technologie für den Bereich der Bundesverwaltung, die nicht der Zustimmung des Bundesrates bedarf, die gebührenpflichtigen Tatbestände näher zu bestimmen und dabei feste Sätze oder Rahmensätze vorzusehen. Die Gebührensätze sind so zu bemessen, dass der mit den Amtshandlungen, Prüfungen oder Untersuchungen verbundene Personal- und Sachaufwand gedeckt wird. Bei begünstigenden Amtshandlungen kann daneben die Bedeutung, der wirtschaftliche Wert oder der sonstige Nutzen für den Gebührenschuldner angemessen berücksichtigt werden. Soweit der Gegenstand der Gebühr in den Anwendungsbereich der Richtlinie 2006/123/EG des Europäischen Parlamentes und des Rates vom 12. Dezember 2006 über Dienstleistungen im Binnenmarkt (ABl. L 376 vom 27.12.2006, S. 36) fällt, findet Satz 3 keine Anwendung; inländische Gebührenschuldner dürfen hierdurch nicht benachteiligt werden.

(3) In der Rechtsverordnung nach Absatz 2 kann bestimmt werden, dass die für die Prüfung oder Untersuchung zulässige Gebühr auch erhoben werden darf, wenn die Prüfung oder Untersuchung ohne Verschulden der prüfenden oder untersuchenden Stelle und ohne ausreichende Entschuldigung des Bewerbers oder Antragstellers am festgesetzten Termin nicht stattfinden konnte oder abgebrochen werden musste. In der Rechtsverordnung können ferner die Kostenbefreiung, die Kostengläubigerschaft, die Kostenschuldnerschaft, der Umfang der zu erstattenden Auslagen und die Kostenerhebung abweichend von den Vorschriften des Verwaltungskostengesetzes geregelt werden.

ABSCHNITT 4

Straf- und Bußgeldvorschriften

§ 51 Strafvorschriften

(1) Mit Freiheitsstrafe von einem Jahr bis zu fünf Jahren wird bestraft, wer entgegen § 2 Abs. 1 oder 3, jeweils in Verbindung mit Anlage 2 Abschnitt 1 Nr. 1.2.1, eine dort genannte Schusswaffe zum Verschießen von Patronenmunition nach

Anlage 1 Abschnitt 1 Unterabschnitt 3 Nr. 1.1 erwirbt, besitzt, überlässt, führt, verbringt, mitnimmt, herstellt, bearbeitet, instand setzt oder damit Handel treibt.

(2) In besonders schweren Fällen ist die Strafe Freiheitsstrafe von einem Jahr bis zu zehn Jahren. Ein besonders schwerer Fall liegt in der Regel vor, wenn der Täter gewerbsmäßig oder als Mitglied einer Bande, die sich zur fortgesetzten Begehung solcher Straftaten verbunden hat, unter Mitwirkung eines anderen Bandenmitgliedes handelt.

(3) In minder schweren Fällen ist die Strafe Freiheitsstrafe bis zu drei Jahren oder Geldstrafe.

(4) Handelt der Täter fahrlässig, so ist die Strafe Freiheitsstrafe bis zu zwei Jahren oder Geldstrafe.

§ 52 Strafvorschriften

(1) Mit Freiheitsstrafe von sechs Monaten bis zu fünf Jahren wird bestraft, wer
1. entgegen § 2 Abs. 1 oder 3, jeweils in Verbindung mit Anlage 2 Abschnitt 1 Nr. 1.1 oder 1.3.4, eine dort genannte Schusswaffe oder einen dort genannten Gegenstand erwirbt, besitzt, überlässt, führt, verbringt, mitnimmt, herstellt, bearbeitet, instand setzt oder damit Handel treibt,
2. ohne Erlaubnis nach
   a) § 2 Abs. 2 in Verbindung mit Anlage 2 Abschnitt 2 Unterabschnitt 1 Satz 1, eine Schusswaffe oder Munition erwirbt, um sie entgegen § 34 Abs. 1 Satz 1 einem Nichtberechtigten zu überlassen,
   b) § 2 Abs. 2 in Verbindung mit Anlage 2 Abschnitt 2 Unterabschnitt 1 Satz 1, eine halbautomatische Kurzwaffe zum Verschießen von Patronenmunition nach Anlage 1 Abschnitt 1 Unterabschnitt 3 Nr. 1.1 erwirbt, besitzt oder führt,
   c) § 2 Abs. 2 in Verbindung mit Anlage 2 Abschnitt 2 Unterabschnitt 1 Satz 1 in Verbindung mit § 21 Abs. 1 Satz 1 oder § 21 a eine Schusswaffe oder Munition herstellt, bearbeitet, instand setzt oder damit Handel treibt,
   d) § 2 Abs. 2 in Verbindung mit Anlage 2 Abschnitt 2 Unterabschnitt 1 Satz 1 in Verbindung mit § 29 Abs. 1, § 30 Abs. 1 Satz 1 oder § 32 Abs. 1 Satz 1 eine Schusswaffe oder Munition in den oder durch den Geltungsbereich dieses Gesetzes verbringt oder mitnimmt,
3. entgegen § 35 Abs. 3 Satz 1 eine Schusswaffe, Munition oder eine Hieb- oder Stoßwaffe im Reisegewerbe oder auf einer dort genannten Veranstaltung vertreibt oder anderen überlässt oder
4. entgegen § 40 Abs. 1 zur Herstellung eines dort genannten Gegenstandes anleitet oder auffordert.

(2) Der Versuch ist strafbar.

(3) Mit Freiheitsstrafe bis zu drei Jahren oder mit Geldstrafe wird bestraft, wer
1. entgegen § 2 Abs. 1 oder 3, jeweils in Verbindung mit Anlage 2 Abschnitt 1 Nr. 1.2.2 bis 1.2.5, 1.3.1 bis 1.3.3, 1.3.5, 1.3.7, 1.3.8, 1.4.1 Satz 1, Nr. 1.4.2 bis 1.4.4 oder 1.5.3 bis 1.5.7, einen dort genannten Gegenstand erwirbt, besitzt, überlässt, führt, verbringt, mitnimmt, herstellt, bearbeitet, instand setzt oder damit Handel treibt,
2. ohne Erlaubnis nach § 2 Abs. 2 in Verbindung mit Anlage 2 Abschnitt 2 Unterabschnitt 1 Satz 1

a) eine Schusswaffe erwirbt, besitzt, führt oder
b) Munition erwirbt oder besitzt,
wenn die Tat nicht in Absatz 1 Nr. 2 Buchstabe a oder b mit Strafe bedroht ist,

3. ohne Erlaubnis nach § 2 Abs. 2 in Verbindung mit Anlage 2 Abschnitt 2 Unterabschnitt 1 Satz 1 in Verbindung mit § 26 Abs. 1 Satz 1 eine Schusswaffe herstellt, bearbeitet oder instand setzt,

4. ohne Erlaubnis nach § 2 Abs. 2 in Verbindung mit Anlage 2 Abschnitt 2 Unterabschnitt 1 Satz 1 in Verbindung mit § 31 Abs. 1 eine dort genannte Schusswaffe oder Munition in einen anderen Mitgliedstaat verbringt,

5. entgegen § 28 Abs. 2 Satz 1 eine Schusswaffe führt,

6. entgegen § 28 Abs. 3 Satz 2 eine Schusswaffe oder Munition überlässt,

7. entgegen § 34 Abs. 1 Satz 1 eine erlaubnispflichtige Schusswaffe oder erlaubnispflichtige Munition einem Nichtberechtigten überlässt,

8. einer vollziehbaren Anordnung nach § 41 Abs. 1 Satz 1 oder Abs. 2 zuwiderhandelt,

9. entgegen § 42 Abs. 1 eine Waffe führt oder

10. entgegen § 57 Abs. 5 Satz 1 den Besitz über eine Schusswaffe oder Munition ausübt.

(4) Handelt der Täter in den Fällen des Absatzes 1 Nr. 1, 2 Buchstabe b, c oder d oder Nr. 3 oder des Absatzes 3 fahrlässig, so ist die Strafe bei den bezeichneten Taten nach Absatz 1 Freiheitsstrafe bis zu zwei Jahren oder Geldstrafe, bei Taten nach Absatz 3 Freiheitsstrafe bis zu einem Jahr oder Geldstrafe.

(5) In besonders schweren Fällen des Absatzes 1 Nr. 1 ist die Strafe Freiheitsstrafe von einem Jahr bis zu zehn Jahren. Ein besonders schwerer Fall liegt in der Regel vor, wenn der Täter gewerbsmäßig oder als Mitglied einer Bande, die sich zur fortgesetzten Begehung solcher Straftaten verbunden hat, unter Mitwirkung eines anderen Bandenmitgliedes handelt.

(6) In minder schweren Fällen des Absatzes 1 ist die Strafe Freiheitsstrafe bis zu drei Jahren oder Geldstrafe.

§ 52 a Strafvorschriften

Mit Freiheitsstrafe bis zu drei Jahren oder mit Geldstrafe wird bestraft, wer eine in § 53 Absatz 1 Nummer 19 bezeichnete Handlung vorsätzlich begeht und dadurch die Gefahr verursacht, dass eine Schusswaffe oder Munition abhanden kommt oder darauf unbefugt zugegriffen wird.

§ 53 Bußgeldvorschriften

(1) Ordnungswidrig handelt, wer vorsätzlich oder fahrlässig

1. entgegen § 2 Abs. 1 eine nicht erlaubnispflichtige Waffe oder nicht erlaubnispflichtige Munition erwirbt oder besitzt,

2. entgegen § 2 Abs. 1 oder 3, jeweils in Verbindung mit Anlage 2 Abschnitt 1 Nr. 1.3.6, einen dort genannten Gegenstand erwirbt, besitzt, überlässt, führt, verbringt, mitnimmt, herstellt, bearbeitet, instand setzt oder damit Handel treibt,

3. ohne Erlaubnis nach § 2 Abs. 2 in Verbindung mit Abs. 4, dieser in Verbindung mit Anlage 2 Abschnitt 2 Unterabschnitt 1 Satz 1, mit einer Schusswaffe schießt,

4. einer vollziehbaren Auflage nach § 9 Abs. 2 Satz 1, § 10 Abs. 2 Satz 3, § 17 Abs. 2 Satz 2 oder § 18 Abs. 2 Satz 2 oder einer vollziehbaren Anordnung nach § 9 Abs. 3, § 36 Abs. 3 Satz 1 oder Abs. 6, § 37 Abs. 1 Satz 2, § 39 Abs. 3, § 40 Abs. 5 Satz 2 oder § 46 Abs. 2 Satz 1 oder Abs. 3 Satz 1 zuwiderhandelt,

5. entgegen § 10 Abs. 1 a, § 21 Abs. 6 Satz 1 und 4, § 24 Abs. 5, § 27 Abs. 1 Satz 6, Abs. 2 Satz 2, § 31 Abs. 2 Satz 3, § 34 Abs. 2 Satz 1 oder Satz 2, Abs. 4 oder Abs. 5 Satz 1, § 36 Abs. 4 Satz 2, § 37 Abs. 1 Satz 1, Abs. 2 Satz 1 oder Abs. 3 Satz 1 oder § 40 Abs. 5 Satz 1 eine Anzeige nicht, nicht richtig, nicht vollständig, nicht in der vorgeschriebenen Weise oder nicht rechtzeitig erstattet,

6. entgegen § 10 Abs. 2 Satz 4 oder § 37 Abs. 4 eine Mitteilung nicht, nicht richtig, nicht vollständig oder nicht rechtzeitig macht,

7. entgegen § 13 Abs. 3 Satz 2, § 14 Abs. 4 Satz 2 oder § 20 Absatz 1 die Ausstellung einer Waffenbesitzkarte oder die Eintragung der Waffe in eine bereits erteilte Waffenbesitzkarte nicht beantragt oder entgegen § 34 Absatz 2 Satz 2 den Europäischen Feuerwaffenpass nicht oder nicht rechtzeitig vorlegt,

8. entgegen § 23 Abs. 1 Satz 1 oder Abs. 2 Satz 1, jeweils auch in Verbindung mit einer Rechtsverordnung nach § 25 Abs. 1 Nr. 1 Buchstabe a, das Waffenherstellungs- oder Waffenhandelsbuch nicht, nicht richtig oder nicht vollständig führt,

9. entgegen § 24 Abs. 1, auch in Verbindung mit einer Rechtsverordnung nach § 25 Abs. 1 Nr. 1 Buchstabe c oder Nr. 2 Buchstabe a, oder § 24 Abs. 2 oder 3 Satz 1 und 2, auch in Verbindung mit einer Rechtsverordnung nach § 25 Abs. 1 Nr. 1 Buchstabe c, eine Angabe, ein Zeichen oder die Bezeichnung der Munition auf der Schusswaffe nicht, nicht richtig, nicht vollständig, nicht in der vorgeschriebenen Weise oder nicht rechtzeitig anbringt oder Munition nicht, nicht richtig, nicht vollständig, nicht in der vorgeschriebenen Weise oder nicht rechtzeitig mit einem besonderen Kennzeichen versieht,

10. entgegen § 24 Abs. 4 eine Schusswaffe oder Munition anderen gewerbsmäßig überlässt,

11. ohne Erlaubnis nach § 27 Abs. 1 Satz 1 eine Schießstätte betreibt oder ihre Beschaffenheit oder die Art ihrer Benutzung wesentlich ändert,

12. entgegen § 27 Abs. 3 Satz 1 Nr. 1 und 2 einem Kind oder Jugendlichen das Schießen gestattet oder entgegen § 27 Abs. 6 Satz 2 nicht sicherstellt, dass die Aufsichtsperson nur einen Schützen bedient,

13. entgegen § 27 Abs. 3 Satz 2 Unterlagen nicht aufbewahrt oder entgegen § 27 Abs. 3 Satz 3 diese nicht herausgibt,

14. entgegen § 27 Abs. 5 Satz 2 eine Bescheinigung nicht mitführt,

15. entgegen § 33 Abs. 1 Satz 1 eine Schusswaffe oder Munition nicht anmeldet oder nicht rechtzeitig vorführt,

16. entgegen § 34 Abs. 1 Satz 1 eine nicht erlaubnispflichtige Waffe oder nicht erlaubnispflichtige Munition einem Nichtberechtigten überlässt,

17. entgegen § 35 Abs. 1 Satz 4 die Urkunden nicht aufbewahrt oder nicht, nicht vollständig oder nicht rechtzeitig Einsicht gewährt,

18. entgegen § 35 Abs. 2 einen Hinweis nicht, nicht richtig, nicht vollständig oder nicht rechtzeitig gibt oder die Erfüllung einer dort genannten Pflicht nicht, nicht richtig, nicht vollständig oder nicht rechtzeitig protokolliert,

19. entgegen § 36 Abs. 1 Satz 2 oder Abs. 2 eine Schusswaffe aufbewahrt,

20. entgegen § 38 Satz 1 eine dort genannte Urkunde nicht mit sich führt oder nicht oder nicht rechtzeitig aushändigt,
21. entgegen § 39 Abs. 1 Satz 1 eine Auskunft nicht, nicht richtig, nicht vollständig oder nicht rechtzeitig erteilt,
21 a. entgegen § 42 a Abs. 1 eine Anscheinswaffe, eine dort genannte Hieb- oder Stoßwaffe oder ein dort genanntes Messer führt,
22. entgegen § 46 Abs. 1 Satz 1, auch in Verbindung mit Satz 2, eine Ausfertigung der Erlaubnisurkunde nicht oder nicht rechtzeitig zurückgibt oder
23. einer Rechtsverordnung nach § 15 a Absatz 4, § 25 Abs. 1 Nr. 1 Buchstabe b, § 27 Abs. 7, § 36 Abs. 5, § 42 Abs. 5 Satz 1, auch in Verbindung mit Satz 2, oder § 47 oder einer vollziehbaren Anordnung auf Grund einer solchen Rechtsverordnung zuwiderhandelt, soweit die Rechtsverordnung für einen bestimmten Tatbestand auf diese Bußgeldvorschrift verweist.

(2) Die Ordnungswidrigkeit kann mit einer Geldbuße bis zu zehntausend Euro geahndet werden.

(3) Verwaltungsbehörde im Sinne des § 36 Abs. 1 Nr. 1 des Gesetzes über Ordnungswidrigkeiten ist, soweit dieses Gesetz von der Physikalisch-Technischen Bundesanstalt, dem Bundesverwaltungsamt oder dem Bundeskriminalamt ausgeführt wird, die für die Erteilung von Erlaubnissen nach § 21 Abs. 1 zuständige Behörde.

§ 54 Einziehung und erweiterter Verfall

(1) Ist eine Straftat nach den §§ 51, 52 Abs. 1, 2 oder 3 Nr. 1, 2 oder 3 oder Abs. 5 begangen worden, so werden Gegenstände,
1. auf die sich diese Straftat bezieht oder
2. die durch sie hervorgebracht oder zu ihrer Begehung oder Vorbereitung gebraucht worden oder bestimmt gewesen sind,

eingezogen.

(2) Ist eine sonstige Straftat nach § 52 oder eine Ordnungswidrigkeit nach § 53 begangen worden, so können in Absatz 1 bezeichnete Gegenstände eingezogen werden.

(3) § 74 a des Strafgesetzbuches und § 23 des Gesetzes über Ordnungswidrigkeiten sind anzuwenden. In den Fällen der §§ 51, 52 Abs. 1 oder 3 Nr. 1 bis 3 ist § 73 d des Strafgesetzbuches anzuwenden, wenn der Täter gewerbsmäßig oder als Mitglied einer Bande handelt, die sich zur fortgesetzten Begehung solcher Straftaten verbunden hat.

(4) Als Maßnahme im Sinne des § 74 b Abs. 2 Satz 2 des Strafgesetzbuches kommt auch die Anweisung in Betracht, binnen einer angemessenen Frist eine Entscheidung der zuständigen Behörde über die Erteilung einer Erlaubnis nach § 10 vorzulegen oder die Gegenstände einem Berechtigten zu überlassen.

ABSCHNITT 5

Ausnahmen von der Anwendung des Gesetzes

§ 55 Ausnahmen für oberste Bundes- und Landesbehörden, Bundeswehr, Polizei und Zollverwaltung, erheblich gefährdete Hoheitsträger sowie Bedienstete anderer Staaten

(1) Dieses Gesetz ist, wenn es nicht ausdrücklich etwas anderes bestimmt, nicht anzuwenden auf

1. die obersten Bundes- und Landesbehörden und die Deutsche Bundesbank,
2. die Bundeswehr und die in der Bundesrepublik Deutschland stationierten ausländischen Streitkräfte,
3. die Polizeien des Bundes und der Länder,
4. die Zollverwaltung

und deren Bedienstete, soweit sie dienstlich tätig werden. Bei Polizeibediensteten und bei Bediensteten der Zollverwaltung mit Vollzugsaufgaben gilt dies, soweit sie durch Dienstvorschriften hierzu ermächtigt sind, auch für den Besitz über dienstlich zugelassene Waffen oder Munition und für das Führen dieser Waffen außerhalb des Dienstes.

(2) Personen, die wegen der von ihnen wahrzunehmenden hoheitlichen Aufgaben des Bundes oder eines Landes erheblich gefährdet sind, wird an Stelle einer Waffenbesitzkarte, eines Waffenscheins oder einer Ausnahmebewilligung nach § 42 Abs. 2 eine Bescheinigung über die Berechtigung zum Erwerb und Besitz von Waffen oder Munition sowie eine Bescheinigung zum Führen dieser Waffen erteilt. Die Bescheinigung ist auf die voraussichtliche Dauer der Gefährdung zu befristen. Die Bescheinigung erteilt für Hoheitsträger des Bundes das Bundesministerium des Innern oder eine von ihm bestimmte Stelle.

(3) Dieses Gesetz ist nicht anzuwenden auf Bedienstete anderer Staaten, die dienstlich mit Waffen oder Munition ausgestattet sind, wenn die Bediensteten im Rahmen einer zwischenstaatlichen Vereinbarung oder auf Grund einer Anforderung oder einer allgemein oder für den Einzelfall erteilten Zustimmung einer zuständigen inländischen Behörde oder Dienststelle im Geltungsbereich dieses Gesetzes tätig werden und die zwischenstaatliche Vereinbarung, die Anforderung oder die Zustimmung nicht etwas anderes bestimmt.

(4) Auf Waffen oder Munition, die für die in Absatz 1 Satz 1 bezeichneten Stellen in den Geltungsbereich dieses Gesetzes verbracht oder hergestellt und ihnen überlassen werden, ist § 40 nicht anzuwenden.

(4 a) Auf den Waffen, die für die in Absatz 1 Satz 1 bezeichneten Stellen in den Geltungsbereich dieses Gesetzes verbracht oder hergestellt und ihnen überlassen werden, sind neben den für Waffen allgemein vorgeschriebenen Kennzeichnungen (§ 24) zusätzlich Markierungen anzubringen, aus denen die verfügungsberechtigte Stelle ersichtlich ist. Bei Aussonderung aus staatlicher Verfügung und dauerhafter Überführung in zivile Verwendung ist die zusätzliche Markierung durch zwei waagerecht dauerhaft eingebrachte Striche zu entwerten. Dabei muss erkennbar bleiben, welche nach Absatz 1 Satz 1 bezeichnete Stelle verfügungsberechtigt über die Waffe war.

(5) Die Bundesregierung kann durch Rechtsverordnung, die nicht der Zustimmung des Bundesrates bedarf, eine dem Absatz 1 Satz 1 entsprechende Regelung für sonstige Behörden und Dienststellen des Bundes treffen. Die Bundesregierung kann die Befugnis nach Satz 1 durch Rechtsverordnung, die nicht der Zustimmung des Bundesrates bedarf, auf eine andere Bundesbehörde übertragen.

(6) Die Landesregierungen können durch Rechtsverordnung eine dem Absatz 5 Satz 1 entsprechende Regelung für sonstige Behörden und Dienststellen des Landes treffen. Die Landesregierungen können die Befugnis nach Satz 1 durch Rechtsverordnung auf andere Landesbehörden übertragen.

§ 56 Sondervorschriften für Staatsgäste und andere Besucher

Auf
1. Staatsgäste aus anderen Staaten,
2. sonstige erheblich gefährdete Personen des öffentlichen Lebens aus anderen Staaten, die sich besuchsweise im Geltungsbereich dieses Gesetzes aufhalten, und
3. Personen aus anderen Staaten, denen der Schutz der in den Nummern 1 und 2 genannten Personen obliegt,

ist § 10 und Abschnitt 2 Unterabschnitt 5 nicht anzuwenden, wenn ihnen das Bundesverwaltungsamt oder, soweit es sich nicht um Gäste des Bundes handelt, die nach § 48 Abs. 1 zuständige Behörde hierüber eine Bescheinigung erteilt hat. Die Bescheinigung, zu deren Wirksamkeit es der Bekanntgabe an den Betroffenen nicht bedarf, ist zu erteilen, wenn dies im öffentlichen Interesse, insbesondere zur Wahrung der zwischenstaatlichen Gepflogenheiten bei solchen Besuchen, geboten ist. Es muss gewährleistet sein, dass in den Geltungsbereich dieses Gesetzes verbrachte oder dort erworbene Schusswaffen oder Munition nach Beendigung des Besuches aus dem Geltungsbereich dieses Gesetzes verbracht oder einem Berechtigten überlassen werden. Sofern das Bundesverwaltungsamt in den Fällen des Satzes 1 nicht rechtzeitig tätig werden kann, entscheidet über die Erteilung der Bescheinigung die nach § 48 Abs. 1 zuständige Behörde. Das Bundesverwaltungsamt ist über die getroffene Entscheidung zu unterrichten.

§ 57 Kriegswaffen

(1) Dieses Gesetz gilt nicht für Kriegswaffen im Sinne des Gesetzes über die Kontrolle von Kriegswaffen. Auf tragbare Schusswaffen, für die eine Waffenbesitzkarte nach § 59 Abs. 4 Satz 2 des Waffengesetzes in der vor dem 1. Juli 1976 geltenden Fassung erteilt worden ist, sind unbeschadet der Vorschriften des Gesetzes über die Kontrolle von Kriegswaffen § 4 Abs. 3, § 45 Abs. 1 und 2 sowie die §§ 36 und 53 Abs. 1 Nr. 19 anzuwenden. Auf Verstöße gegen § 59 Abs. 2 des Waffengesetzes in der vor dem 1. Juli 1976 geltenden Fassung und gegen § 58 Abs. 1 des Waffengesetzes in der vor dem 1. April 2003 geltenden Fassung ist § 52 Abs. 3 Nr. 1 anzuwenden. Zuständige Behörde für Maßnahmen nach Satz 2 ist das Bundesamt für Wirtschaft und Ausfuhrkontrolle.

(2) Wird die Anlage zu dem Gesetz über die Kontrolle von Kriegswaffen (Kriegswaffenliste) geändert und verlieren deshalb tragbare Schusswaffen ihre Eigenschaft als Kriegswaffen, so hat derjenige, der seine Befugnis zum Besitz solcher Waffen durch eine Genehmigung oder Bestätigung der zuständigen Behörde nachweisen

kann, diese Genehmigung oder Bestätigung der nach § 48 Abs. 1 zuständigen Behörde vorzulegen; diese stellt eine Waffenbesitzkarte aus oder ändert eine bereits erteilte Waffenbesitzkarte, wenn kein Versagungsgrund im Sinne des Absatzes 4 vorliegt. Die übrigen Besitzer solcher Waffen können innerhalb einer Frist von sechs Monaten nach In-Kraft-Treten der Änderung der Kriegswaffenliste bei der nach § 48 Abs. 1 zuständigen Behörde die Ausstellung einer Waffenbesitzkarte beantragen, sofern nicht der Besitz der Waffen nach § 59 Abs. 2 des Waffengesetzes in der vor dem 1. Juli 1976 geltenden Fassung anzumelden oder ein Antrag nach § 58 Abs. 1 des Waffengesetzes in der vor dem 1. April 2003 geltenden Fassung zu stellen war und der Besitzer die Anmeldung oder den Antrag unterlassen hat.

(3) Wird die Anlage zu dem Gesetz über die Kontrolle von Kriegswaffen (Kriegswaffenliste) geändert und verliert deshalb Munition für tragbare Kriegswaffen ihre Eigenschaft als Kriegswaffe, so hat derjenige, der bei In-Kraft-Treten der Änderung der Kriegswaffenliste den Besitz über sie ausübt, innerhalb einer Frist von sechs Monaten einen Antrag auf Erteilung einer Erlaubnis nach § 10 Abs. 3 bei der nach § 48 Abs. 1 zuständigen Behörde zu stellen, es sei denn, dass er bereits eine Berechtigung zum Besitz dieser Munition besitzt.

(4) Die Waffenbesitzkarte nach Absatz 2 und die Erlaubnis zum Munitionsbesitz nach Absatz 3 dürfen nur versagt werden, wenn Tatsachen die Annahme rechtfertigen, dass der Antragsteller nicht die erforderliche Zuverlässigkeit oder persönliche Eignung besitzt.

(5) Wird der Antrag nach Absatz 2 Satz 2 oder Absatz 3 nicht gestellt oder wird die Waffenbesitzkarte oder die Erlaubnis unanfechtbar versagt, so darf der Besitz über die Schusswaffen oder die Munition nach Ablauf der Antragsfrist oder nach der Versagung nicht mehr ausgeübt werden. § 46 Abs. 2 findet entsprechend Anwendung.

ABSCHNITT 6

Übergangsvorschriften, Verwaltungsvorschriften

§ 58 Altbesitz

(1) Soweit nicht nachfolgend Abweichendes bestimmt wird, gelten Erlaubnisse im Sinne des Waffengesetzes in der Fassung der Bekanntmachung vom 8. März 1976 (BGBl. I S. 432), zuletzt geändert durch das Gesetz vom 21. November 1996 (BGBl. I S. 1779), fort. Erlaubnisse zum Erwerb von Munition berechtigen auch zu deren Besitz. Hat jemand berechtigt Munition vor dem In-Kraft-Treten dieses Gesetzes erworben, für die auf Grund dieses Gesetzes eine Erlaubnis erforderlich ist, und übt er über diese bei In-Kraft-Treten dieses Gesetzes noch den Besitz aus, so hat er diese Munition bis 31. August 2003 der zuständigen Behörde schriftlich anzumelden. Die Anmeldung muss die Personalien des Besitzers sowie die Munitionsarten enthalten. Die nachgewiesene fristgerechte Anmeldung gilt als Erlaubnis zum Besitz.

(2) Eine auf Grund des Waffengesetzes in der Fassung der Bekanntmachung vom 8. März 1976 (BGBl. I S. 432) erteilte waffenrechtliche Erlaubnis für Kriegs-

schusswaffen tritt am ersten Tag des sechsten auf das In-Kraft-Treten dieses Gesetzes folgenden Monats außer Kraft.

(3) Ist über einen vor In-Kraft-Treten dieses Gesetzes gestellten Antrag auf Erteilung einer Erlaubnis nach § 7 des Waffengesetzes in der Fassung der Bekanntmachung vom 8. März 1976 (BGBl. I S. 432) noch nicht entschieden worden, findet für die Entscheidung über den Antrag § 21 dieses Gesetzes Anwendung.

(4) Bescheinigungen nach § 6 Abs. 2 des Waffengesetzes in der Fassung der Bekanntmachung vom 8. März 1976 (BGBl. I S. 432) gelten im bisherigen Umfang als Bescheinigungen nach § 55 Abs. 2 dieses Gesetzes.

(5) Ausnahmebewilligungen nach § 37 Abs. 3 und § 57 Abs. 7 des Waffengesetzes in der Fassung der Bekanntmachung vom 8. März 1976 (BGBl. I S. 432) gelten in dem bisherigen Umfang als Ausnahmebewilligungen nach § 40 Abs. 4 dieses Gesetzes.

(6) Die nach § 40 Abs. 1 des Waffengesetzes in der Fassung der Bekanntmachung vom 8. März 1976 (BGBl. I S. 432) ausgesprochenen Verbote gelten in dem bisherigen Umfang als Verbote nach § 41 dieses Gesetzes.

(7) Hat jemand am 1. April 2003 eine bislang nicht einem Verbot nach § 37 Abs. 1 des Waffengesetzes in der Fassung der Bekanntmachung vom 8. März 1976 (BGBl. I S. 432) unterliegende Waffe im Sinne der Anlage 2 Abschnitt 1 dieses Gesetzes besessen, so wird das Verbot nicht wirksam, wenn er bis zum 31. August 2003 diese Waffe unbrauchbar macht, einem Berechtigten überlässt oder einen Antrag nach § 40 Abs. 4 dieses Gesetzes stellt. § 46 Abs. 3 Satz 2 und Abs. 5 findet entsprechend Anwendung.

(8) Wer eine am 25. Juli 2009 unerlaubt besessene Waffe bis zum 31. Dezember 2009 unbrauchbar macht, einem Berechtigten überlässt oder der zuständigen Behörde oder einer Polizeidienststelle übergibt, wird nicht wegen unerlaubten Erwerbs, unerlaubten Besitzes oder unerlaubten Verbringens bestraft. Satz 1 gilt nicht, wenn
1. vor der Unbrauchbarmachung, Überlassung oder Übergabe dem bisherigen Besitzer der Waffe die Einleitung des Straf- oder Bußgeldverfahrens wegen der Tat bekannt gegeben worden ist oder
2. der Verstoß im Zeitpunkt der Unbrauchbarmachung, Überlassung oder Übergabe ganz oder zum Teil bereits entdeckt war und der bisherige Besitzer dies wusste oder bei verständiger Würdigung der Sachlage damit rechnen musste.

(9) Besitzt eine Person, die noch nicht das 25. Lebensjahr vollendet hat, am 1. April 2003 mit einer Erlaubnis auf Grund des Waffengesetzes in der Fassung der Bekanntmachung vom 8. März 1976 (BGBl. I S. 432) eine Schusswaffe, so hat sie binnen eines Jahres auf eigene Kosten der zuständigen Behörde ein amts- oder fachärztliches oder fachpsychologisches Zeugnis über die geistige Eignung nach § 6 Abs. 3 vorzulegen. Satz 1 gilt nicht für den Erwerb und Besitz von Schusswaffen im Sinne von § 14 Abs. 1 Satz 2 und in den Fällen des § 13 Abs. 2 Satz 1.

(10) Die Erlaubnispflicht für Schusswaffen im Sinne der Anlage 2 Abschnitt 2 Unterabschnitt 1 Satz 3 gilt für Schusswaffen, die vor dem 1. April 2008 erworben wurden, erst ab dem 1. Oktober 2008.

(11) Hat jemand am 1. April 2008 eine bislang nicht nach Anlage 2 Abschnitt 1 Nr. 1.2.1.2 dieses Gesetzes verbotene Waffe besessen, so wird dieses Verbot nicht wirksam, wenn er bis zum 1. Oktober 2008 diese Waffe unbrauchbar macht, ei-

nem Berechtigten überlässt oder der zuständigen Behörde oder einer Polizeidienststelle überlässt oder einen Antrag nach § 40 Abs. 4 dieses Gesetzes stellt. § 46 Abs. 3 Satz 2 und Abs. 5 findet entsprechend Anwendung.

(12) Besitzt der Inhaber einer Waffenbesitzkarte am 1. April 2008 erlaubnisfrei erworbene Teile von Schusswaffen im Sinne der Anlage 2 Abschnitt 2 Unterabschnitt 2 Nr. 2, so sind diese Teile bis zum 1. Oktober 2008 in die Waffenbesitzkarte einzutragen.

§ 59 Verwaltungsvorschriften

Das Bundesministerium des Innern erlässt allgemeine Verwaltungsvorschriften über den Erwerb und das Führen von Schusswaffen durch Behörden und Bedienstete seines Geschäftsbereichs sowie über das Führen von Schusswaffen durch erheblich gefährdete Hoheitsträger im Sinne von § 55 Abs. 2; die anderen obersten Bundesbehörden und die Deutsche Bundesbank erlassen die Verwaltungsvorschriften für ihren Geschäftsbereich im Einvernehmen mit dem Bundesministerium des Innern.

Anlage 1

(zu § 1 Abs. 4)

Begriffsbestimmungen

Abschnitt 1:
Waffen- und munitionstechnische Begriffe, Einstufung von Gegenständen

Unterabschnitt 1:
Schusswaffen

1. Schusswaffen im Sinne des § 1 Abs. 2 Nr. 1

1.1 Schusswaffen
Schusswaffen sind Gegenstände, die zum Angriff oder zur Verteidigung, zur Signalgebung, zur Jagd, zur Distanzinjektion, zur Markierung, zum Sport oder zum Spiel bestimmt sind und bei denen Geschosse durch einen Lauf getrieben werden.

1.2 Gleichgestellte Gegenstände
Den Schusswaffen stehen gleich tragbare Gegenstände,

1.2.1 die zum Abschießen von Munition für die in Nummer 1.1 genannten Zwecke bestimmt sind,

1.2.2 bei denen bestimmungsgemäß feste Körper gezielt verschossen werden, deren Antriebsenergie durch Muskelkraft eingebracht und durch eine Sperrvorrichtung gespeichert werden kann (z.B. Armbrüste). Dies gilt nicht für feste Körper, die mit elastischen Geschossspitzen (z. B. Saugnapf aus Gummi) versehen sind, bei denen eine maximale Bewegungsenergie der Geschossspitzen je Flächeneinheit von 0,16 J/cm^2 nicht überschritten wird;

1.3 Wesentliche Teile von Schusswaffen, Schalldämpfer
Wesentliche Teile von Schusswaffen und Schalldämpfer stehen, soweit in diesem Gesetz nichts anderes bestimmt ist, den Schusswaffen gleich, für die sie bestimmt sind. Dies gilt auch dann, wenn sie mit anderen Gegenständen verbunden sind und die Gebrauchsfähigkeit als Waffenteil nicht beeinträchtigt ist oder mit all-

gemein gebräuchlichen Werkzeugen wiederhergestellt werden kann. Teile von Kriegswaffen im Sinne des Gesetzes über die Kontrolle von Kriegswaffen in der Fassung der Bekanntmachung vom 22. November 1990 (BGBl. I S. 2506), zuletzt geändert durch Artikel 24 der Verordnung vom 31. Oktober 2006 (BGBl. I S. 2407), die nicht vom Gesetz über die Kontrolle von Kriegswaffen erfasst und nachstehend als wesentliche Teile aufgeführt sind, sowie Schalldämpfer zu derartigen Waffen werden von diesem Gesetz erfasst;

Wesentliche Teile sind

1.3.1 der Lauf oder Gaslauf, der Verschluss sowie das Patronen- oder Kartuschenlager, wenn diese nicht bereits Bestandteil des Laufes sind; der Lauf ist ein aus einem ausreichend festen Werkstoff bestehender rohrförmiger Gegenstand, der Geschossen, die hindurchgetrieben werden, ein gewisses Maß an Führung gibt, wobei dies in der Regel als gegeben anzusehen ist, wenn die Länge des Laufteils, der die Führung des Geschosses bestimmt, mindestens das Zweifache des Kalibers beträgt; der Gaslauf ist ein Lauf, der ausschließlich der Ableitung der Verbrennungsgase dient; der Verschluss ist das unmittelbar das Patronen- oder Kartuschenlager oder den Lauf abschließende Teil;

1.3.2 bei Schusswaffen, bei denen zum Antrieb ein entzündbares flüssiges oder gasförmiges Gemisch verwendet wird, auch die Verbrennungskammer und die Einrichtung zur Erzeugung des Gemisches;

1.3.3 bei Schusswaffen mit anderem Antrieb auch die Antriebsvorrichtung, sofern sie fest mit der Schusswaffe verbunden ist;

1.3.4 bei Kurzwaffen auch das Griffstück oder sonstige Waffenteile, soweit sie für die Aufnahme des Auslösemechanismus bestimmt sind. Als wesentliche Teile gelten auch vorgearbeitete wesentliche Teile von Schusswaffen sowie Teile/Reststücke von Läufen und Laufrohlingen, wenn sie mit allgemein gebräuchlichen Werkzeugen fertiggestellt werden können. Schalldämpfer sind Vorrichtungen, die der wesentlichen Dämpfung des Mündungsknalls dienen und für Schusswaffen bestimmt sind;

1.4 Unbrauchbar gemachte Schusswaffen (Dekorationswaffen)

Schusswaffen sind dann unbrauchbar, wenn

1.4.1 das Patronenlager dauerhaft so verändert ist, dass weder Munition noch Treibladungen geladen werden können,

1.4.2 der Verschluss dauerhaft funktionsunfähig gemacht worden ist,

1.4.3 in Griffstücken oder anderen wesentlichen Waffenteilen für Handfeuer-Kurzwaffen der Auslösemechanismus dauerhaft funktionsunfähig gemacht worden ist,

1.4.4 bei Kurzwaffen der Lauf auf seiner ganzen Länge, im Patronenlager beginnend,

– bis zur Laufmündung einen durchgehenden Längsschlitz von mindestens 4 mm Breite oder

– im Abstand von jeweils 3 cm, mindestens jedoch 3 kalibergroße Bohrungen oder

– andere gleichwertige Laufveränderungen

aufweist,

1.4.5 bei Langwaffen der Lauf in dem dem Patronenlager zugekehrten Drittel

– mindestens 6 kalibergroße Bohrungen oder

– andere gleichwertige Laufveränderungen

aufweist und vor diesen in Richtung der Laufmündung mit einem kalibergroßen gehärteten Stahlstift dauerhaft verschlossen ist,

1.4.6 dauerhaft unbrauchbar gemacht oder geworden ist eine Schusswaffe dann, wenn mit allgemein gebräuchlichen Werkzeugen die Schussfähigkeit der Waffe oder die Funktionsfähigkeit der wesentlichen Teile nicht wiederhergestellt werden kann.

1.5 Salutwaffen

Salutwaffen sind veränderte Langwaffen, die u.a. für Theateraufführungen, Foto-, Film- oder Fernsehaufnahmen bestimmt sind, wenn sie die nachstehenden Anforderungen erfüllen:

– das Patronenlager muss dauerhaft so verändert sein, dass keine Patronen- oder pyrotechnische Munition geladen werden kann,

– der Lauf muss in dem dem Patronenlager zugekehrten Drittel mindestens sechs kalibergroße, offene Bohrungen oder andere gleichwertige Laufveränderungen aufweisen und vor diesen in Richtung der Laufmündung mit einem kalibergroßen gehärteten Stahlstift dauerhaft verschlossen sein,

– der Lauf muss mit dem Gehäuse fest verbunden sein, sofern es sich um Waffen handelt, bei denen der Lauf ohne Anwendung von Werkzeugen ausgetauscht werden kann,

– die Änderungen müssen so vorgenommen sein, dass sie nicht mit allgemein gebräuchlichen Werkzeugen rückgängig gemacht und die Gegenstände nicht so geändert werden können, dass aus ihnen Geschosse, Patronen- oder pyrotechnische Munition verschossen werden können, und

– der Verschluss muss ein Kennzeichen nach Abbildung 11 der Anlage II zur Beschussverordnung tragen;

1.6 Anscheinswaffen

Anscheinswaffen sind

1.6.1 Schusswaffen, die ihrer äußeren Form nach im Gesamterscheinungsbild den Anschein von Feuerwaffen (Anlage 1 Abschnitt 1 Unterabschnitt 1 Nr. 2.1) hervorrufen und bei denen zum Antrieb der Geschosse keine heißen Gase verwendet werden,

1.6.2 Nachbildungen von Schusswaffen mit dem Aussehen von Schusswaffen nach Nummer 1.6.1 oder

1.6.3 unbrauchbar gemachte Schusswaffen mit dem Aussehen von Schusswaffen nach Nummer 1.6.1.

Ausgenommen sind solche Gegenstände, die erkennbar nach ihrem Gesamterscheinungsbild zum Spiel oder für Brauchtumsveranstaltungen bestimmt sind oder die Teil einer kulturhistorisch bedeutsamen Sammlung im Sinne des § 17 sind oder werden sollen oder Schusswaffen, für die gemäß § 10 Abs. 4 eine Erlaubnis zum Führen erforderlich ist. Erkennbar nach ihrem Gesamterscheinungsbild zum Spiel bestimmt sind insbesondere Gegenstände, deren Größe die einer entsprechenden Feuerwaffe um 50 Prozent über- oder unterschreiten, neonfarbene Materialien enthalten oder keine Kennzeichnungen von Feuerwaffen aufweisen.

2. Arten von Schusswaffen

2.1 Feuerwaffen; dies sind Schusswaffen nach Nummer 1.1, bei denen ein Geschoss mittels heißer Gase durch einen oder aus einem Lauf getrieben wird.

2.2 Automatische Schusswaffen; dies sind Schusswaffen, die nach Abgabe eines Schusses selbsttätig erneut schussbereit werden und bei denen aus demselben Lauf durch einmalige Betätigung des Abzuges oder einer anderen Schussauslösevorrichtung mehrere Schüsse abgegeben werden können (Vollautomaten) oder durch einmalige Betätigung des Abzuges oder einer anderen Schussauslösevorrichtung jeweils nur ein Schuss abgegeben werden kann (Halbautomaten). Als automatische Schusswaffen gelten auch Schusswaffen, die mit allgemein gebräuchlichen Werkzeugen in automatische Schusswaffen geändert werden können. Als Vollautomaten gelten auch in Halbautomaten geänderte Vollautomaten, die mit den in Satz 2 genannten Hilfsmitteln wieder in Vollautomaten zurückgeändert werden können. Double-Action-Revolver sind keine halbautomatischen Schusswaffen. Beim Double-Action-Revolver wird bei Betätigung des Abzuges durch den Schützen die Trommel weitergedreht, so dass das nächste Lager mit einer neuen Patrone vor den Lauf und den Schlagbolzen zu liegen kommt, und gleichzeitig die Feder gespannt. Beim weiteren Durchziehen des Abzuges schnellt der Hahn nach vorn und löst den Schuss aus.

2.3 Repetierwaffen; dies sind Schusswaffen, bei denen nach Abgabe eines Schusses über einen von Hand zu betätigenden Mechanismus Munition aus einem Magazin in das Patronenlager nachgeladen wird.

2.4 Einzelladerwaffen; dies sind Schusswaffen ohne Magazin mit einem oder mehreren Läufen, die vor jedem Schuss aus demselben Lauf von Hand geladen werden. *z.B. Drilling → für jeden Schuss anderer Abzug*

2.5 Langwaffen; dies sind Schusswaffen, deren Lauf und Verschluss in geschlossener Stellung insgesamt länger als 30 cm sind und deren kürzeste bestimmungsgemäß verwendbare Gesamtlänge 60 cm überschreitet; Kurzwaffen sind alle anderen Schusswaffen.

2.6 Schreckschusswaffen; dies sind Schusswaffen mit einem Kartuschenlager, die zum Abschießen von Kartuschenmunition bestimmt sind.

2.7 Reizstoffwaffen; dies sind Schusswaffen mit einem Patronen- oder Kartuschenlager, die zum Verschießen von Reiz- oder anderen Wirkstoffen bestimmt sind.

2.8 Signalwaffen; dies sind Schusswaffen mit einem Patronen- oder Kartuschenlager oder tragbare Gegenstände nach Nummer 1.2.1, die zum Verschießen pyrotechnischer Munition bestimmt sind.

2.9 Druckluft- und Federdruckwaffen und Waffen, bei denen zum Antrieb der Geschosse kalte Treibgase verwendet werden; Federdruckwaffen sind Schusswaffen, bei denen entweder Federkraft direkt ein Geschoss antreibt (auch als Federkraftwaffen bezeichnet) oder ein federbelasteter Kolben in einem Zylinder bewegt wird und ein vom Kolben erzeugtes Luftpolster das Geschoss antreibt. Druckluftwaffen sind Schusswaffen, bei denen Luft in einen Druckbehälter vorkomprimiert und gespeichert sowie über ein Ventilsystem zum Geschossantrieb freigegeben wird. Waffen, bei denen zum Antrieb der Geschosse kalte Treibgase Verwendung finden, sind z.B. Druckgaswaffen.

3. Weitere Begriffe zu den wesentlichen Teilen

3.1 Austauschläufe sind Läufe für ein bestimmtes Waffenmodell oder -system, die ohne Nacharbeit ausgetauscht werden können.

3.2 Wechselläufe sind Läufe, die für eine bestimmte Waffe zum Austausch des vorhandenen Laufes vorgefertigt sind und die noch eingepasst werden müssen.

3.3 Einstteckläufe sind Läufe ohne eigenen Verschluss, die in die Läufe von Waffen größeren Kalibers eingesteckt werden können.

3.4 Wechseltrommeln sind Trommeln für ein bestimmtes Revolvermodell, die ohne Nacharbeit gewechselt werden können.

3.5 Wechselsysteme sind Wechselläufe einschließlich des für sie bestimmten Verschlusses.

3.6 Einstecksysteme sind Einstteckläufe einschließlich des für sie bestimmten Verschlusses.

3.7 Einsätze sind Teile, die den Innenmaßen des Patronenlagers der Schusswaffe angepasst und zum Verschießen von Munition kleinerer Abmessungen bestimmt sind.

4. Sonstige Vorrichtungen für Schusswaffen

4.1 Zielscheinwerfer sind für Schusswaffen bestimmte Vorrichtungen, die das Ziel beleuchten. Ein Ziel wird dann beleuchtet, wenn es mittels Lichtstrahlen bei ungünstigen Lichtverhältnissen oder Dunkelheit für den Schützen erkennbar dargestellt wird. Dabei ist es unerheblich, ob das Licht sichtbar oder unsichtbar (z.B. infrarot) ist und ob der Schütze weitere Hilfsmittel für die Zielerkennung benötigt.

4.2 Laser oder Zielpunktprojektoren sind für Schusswaffen bestimmte Vorrichtungen, die das Ziel markieren. Ein Ziel wird markiert, wenn auf diesem für den Schützen erkennbar ein Zielpunkt projiziert wird.

4.3 Nachtsichtgeräte oder Nachtzielgeräte sind für Schusswaffen bestimmte Vorrichtungen, die eine elektronische Verstärkung oder einen Bildwandler und eine Montageeinrichtung für Schusswaffen besitzen. Zu Nachtzielgeräten zählen auch Nachtsichtvorsätze und Nachtsichtaufsätze für Zielhilfsmittel (Zielfernrohre).

5. Reizstoffe sind Stoffe, die bei ihrer bestimmungsgemäßen Anwendung auf den Menschen eine belästigende Wirkung durch Haut- und Schleimhautreizung, insbesondere durch einen Augenreiz ausüben und resorptiv nicht giftig wirken.

6. Nachbildungen von Schusswaffen sind Gegenstände,
– die nicht als Schusswaffen hergestellt wurden,
– die die äußere Form einer Schusswaffe haben,
– aus denen nicht geschossen werden kann und
– die nicht mit allgemein gebräuchlichen Werkzeugen so umgebaut oder verändert werden können, dass aus ihnen Munition, Ladungen oder Geschosse verschossen werden können.

Unterabschnitt 2:
Tragbare Gegenstände

1. Tragbare Gegenstände nach § 1 Abs. 2 Nr. 2 Buchstabe a sind insbesondere

1.1 Hieb- und Stoßwaffen (Gegenstände, die ihrem Wesen nach dazu bestimmt sind, unter unmittelbarer Ausnutzung der Muskelkraft durch Hieb, Stoß, Stich, Schlag oder Wurf Verletzungen beizubringen),

1.2 Gegenstände,

1.2.1 die unter Ausnutzung einer anderen als mechanischen Energie Verletzungen beibringen (z.B. Elektroimpulsgeräte),

1.2.2 aus denen Reizstoffe versprüht oder ausgestoßen werden, die eine Reichweite bis zu 2 m haben (Reizstoffsprühgeräte),

1.2.3 bei denen in einer Entfernung von mehr als 2 m bei Menschen
a) eine angriffsunfähig machende Wirkung durch ein gezieltes Versprühen oder Ausstoßen von Reiz- oder anderen Wirkstoffen oder
b) eine gesundheitsschädliche Wirkung durch eine andere als kinetische Energie, insbesondere durch ein gezieltes Ausstrahlen einer elektromagnetischen Strahlung
hervorgerufen werden kann,

1.2.4 bei denen gasförmige, flüssige oder feste Stoffe den Gegenstand gezielt und brennend mit einer Flamme von mehr als 20 cm Länge verlassen,

1.2.5 bei denen leicht entflammbare Stoffe so verteilt und entzündet werden, dass schlagartig ein Brand entstehen kann, oder in denen unter Verwendung explosionsgefährlicher oder explosionsfähiger Stoffe eine Explosion ausgelöst werden kann,

1.2.6 die nach ihrer Beschaffenheit und Handhabung dazu bestimmt sind, durch Drosseln die Gesundheit zu schädigen,

1.3 Schleudern, die zur Erreichung einer höchstmöglichen Bewegungsenergie eine Armstütze oder eine vergleichbare Vorrichtung besitzen oder für eine solche Vorrichtung eingerichtet sind (Präzisionsschleudern) sowie Armstützen und vergleichbare Vorrichtungen für die vorbezeichneten Gegenstände.

2. Tragbare Gegenstände im Sinne des § 1 Abs. 2 Nr. 2 Buchstabe b sind

2.1 Messer,

2.1.1 deren Klingen auf Knopf- oder Hebeldruck hervorschnellen und hierdurch oder beim Loslassen der Sperrvorrichtung festgestellt werden können (Springmesser),   *SFF = Verboten*

2.1.2 deren Klingen beim Lösen einer Sperrvorrichtung durch ihre Schwerkraft oder durch eine Schleuderbewegung aus dem Griff hervorschnellen und selbsttätig oder beim Loslassen der Sperrvorrichtung festgestellt werden (Fallmesser),

2.1.3 mit einem quer zur feststehenden oder feststellbaren Klinge verlaufenden Griff, die bestimmungsgemäß in der geschlossenen Faust geführt oder eingesetzt werden (Faustmesser),

2.1.4 Faltmesser mit zweigeteilten, schwenkbaren Griffen (Butterflymesser),

2.2 Gegenstände, die bestimmungsgemäß unter Ausnutzung einer anderen als mechanischen Energie Tieren Schmerzen beibringen (z.B. Elektroimpulsgeräte), mit Ausnahme der ihrer Bestimmung entsprechend im Bereich der Tierhaltung oder bei der sachgerechten Hundeausbildung Verwendung findenden Gegenstände (z.B. Viehtreiber).

Unterabschnitt 3:   *S. 46 ∧*
Munition und Geschosse

1. Munition ist zum Verschießen aus Schusswaffen bestimmte

1.1 Patronenmunition (Hülsen mit Ladungen, die ein Geschoss enthalten, und Geschosse mit Eigenantrieb),

1.2 Kartuschenmunition (Hülsen mit Treibladungen, die ein Geschoss nicht enthalten),

1.3 hülsenlose Munition (Ladung mit oder ohne Geschoss, wobei die Treibladung eine den Innenabmessungen einer Schusswaffe oder eines Gegenstandes nach Unterabschnitt 1 Nr. 1.2 angepasste Form hat),

1.4 pyrotechnische Munition (dies sind Gegenstände, die Geschosse mit explosionsgefährlichen Stoffen oder Stoffgemischen [pyrotechnische Sätze] enthalten, die Licht-, Schall-, Rauch-, Nebel-, Heiz-, Druck- oder Bewegungswirkungen erzeugen und keine zweckbestimmte Durchschlagskraft im Ziel entfalten); hierzu gehört

1.4.1 pyrotechnische Patronenmunition (Patronenmunition, bei der das Geschoss einen pyrotechnischen Satz enthält),

1.4.2 unpatronierte pyrotechnische Munition (Geschosse, die einen pyrotechnischen Satz enthalten),

1.4.3 mit der Antriebsvorrichtung fest verbundene pyrotechnische Munition.

2. Ladungen sind die Hauptenergieträger, die in loser Schüttung in Munition oder als vorgefertigte Ladung oder in loser Form in Waffen nach Unterabschnitt 1 Nr. 1.1 eingegeben werden und
– zum Antrieb von Geschossen oder Wirkstoffen oder
– zur Erzeugung von Schall- oder Lichtimpulsen bestimmt sind, sowie Anzündsätze, die direkt zum Antrieb von Geschossen dienen.

3. Geschosse im Sinne dieses Gesetzes sind als Waffen oder für Schusswaffen bestimmte

3.1 feste Körper,

3.2 gasförmige, flüssige oder feste Stoffe in Umhüllungen.

Abschnitt 2:
Waffenrechtliche Begriffe

Im Sinne dieses Gesetzes

1. erwirbt eine Waffe oder Munition, wer die tatsächliche Gewalt darüber erlangt,

2. besitzt eine Waffe oder Munition, wer die tatsächliche Gewalt darüber ausübt,

3. überlässt eine Waffe oder Munition, wer die tatsächliche Gewalt darüber einem anderen einräumt,

4. führt eine Waffe, wer die tatsächliche Gewalt darüber außerhalb der eigenen Wohnung, Geschäftsräume, des eigenen befriedeten Besitztums oder einer Schießstätte ausübt,

5. verbringt eine Waffe oder Munition, wer diese Waffe oder Munition über die Grenze zum dortigen Verbleib oder mit dem Ziel des Besitzwechsels in den, durch den oder aus dem Geltungsbereich des Gesetzes zu einer anderen Person oder zu sich selbst transportieren lässt oder selbst transportiert,

6. nimmt eine Waffe oder Munition mit, wer diese Waffe oder Munition vorübergehend auf einer Reise ohne Aufgabe des Besitzes zur Verwendung über die Grenze in den, durch den oder aus dem Geltungsbereich des Gesetzes bringt,

7. schießt, wer mit einer Schusswaffe Geschosse durch einen Lauf verschießt, Kartuschenmunition abschießt, mit Patronen- oder Kartuschenmunition Reiz- oder andere Wirkstoffe verschießt oder pyrotechnische Munition verschießt,

8.

8.1 werden Waffen oder Munition hergestellt, wenn aus Rohteilen oder Materialien ein Endprodukt oder wesentliche Teile eines Endproduktes erzeugt werden; als Herstellen von Munition gilt auch das Wiederladen von Hülsen,

8.2 wird eine Schusswaffe insbesondere bearbeitet oder instand gesetzt, wenn sie verkürzt, in der Schussfolge verändert oder so geändert wird, dass andere Munition oder Geschosse anderer Kaliber aus ihr verschossen werden können, oder wenn wesentliche Teile, zu deren Einpassung eine Nacharbeit erforderlich ist, ausgetauscht werden; eine Schusswaffe wird weder bearbeitet noch instand gesetzt, wenn lediglich geringfügige Änderungen, insbesondere am Schaft oder an der Zieleinrichtung, vorgenommen werden,

9. treibt Waffenhandel, wer gewerbsmäßig oder selbstständig im Rahmen einer wirtschaftlichen Unternehmung Schusswaffen oder Munition ankauft, feilhält, Bestellungen entgegennimmt oder aufsucht, anderen überlässt oder den Erwerb, den Vertrieb oder das Überlassen vermittelt,

10. sind Kinder Personen, die noch nicht 14 Jahre alt sind,

11. sind Jugendliche Personen, die mindestens 14, aber noch nicht 18 Jahre alt sind.

12. ist eine Waffe schussbereit, wenn sie geladen ist, das heißt, das Munition oder Geschosse in der Trommel, im in die Waffe eingefügten Magazin oder im Patronen- oder Geschosslager sind, auch wenn sie nicht gespannt ist;

13. ist eine Waffe zugriffsbereit, wenn sie unmittelbar in Anschlag gebracht werden kann; sie ist nicht zugriffsbereit, wenn sie in einem verschlossenen Behältnis mitgeführt wird.

S.377

Abschnitt 3:
Einteilung der Schusswaffen oder Munition in die Kategorien A bis D
nach der Waffenrichtlinie

1. Kategorie A

1.1 Kriegsschusswaffen der Nummern 29 und 30 der Kriegswaffenliste (Anlage zu § 1 Abs. 1 des Gesetzes über die Kontrolle von Kriegswaffen),

1.2 vollautomatische Schusswaffen,

1.3 als anderer Gegenstand getarnte Schusswaffen,

1.4 Pistolen- und Revolvermunition mit Expansivgeschossen sowie Geschosse für diese Munition mit Ausnahme solcher für Jagd- und Sportwaffen von Personen, die zur Benutzung dieser Waffen befugt sind.

1.5 panzerbrechende Munition, Munition mit Spreng- und Brandsätzen und Munition mit Leuchtspursätzen sowie Geschosse für diese Munition, soweit die Munition oder die Geschosse nicht von dem Gesetz über die Kontrolle von Kriegswaffen erfasst sind.

2. Kategorie B

2.1 halbautomatische Kurz-Schusswaffen und kurze Repetier-Schusswaffen,

2.2 kurze Einzellader-Schusswaffen für Munition mit Zentralfeuerzündung,

2.3 kurze Einzellader-Schusswaffen für Munition mit Randfeuerzündung mit einer Gesamtlänge von weniger als 28 cm,

2.4 halbautomatische Lang-Schusswaffen, deren Magazin und Patronenlager mehr als drei Patronen aufnehmen kann,

2.5 halbautomatische Lang-Schusswaffen, deren Magazin und Patronenlager nicht mehr als drei Patronen aufnehmen kann und deren Magazin auswechselbar ist oder bei denen nicht sichergestellt ist, dass sie mit allgemein gebräuchlichen Werkzeugen nicht zu Waffen, deren Magazin und Patronenlager mehr als drei Patronen aufnehmen kann, umgebaut werden können,

2.6 lange Repetier-Schusswaffen und halbautomatische Schusswaffen mit glattem Lauf, deren Lauf nicht länger als 60 cm ist,

2.7 zivile halbautomatische Schusswaffen, die wie vollautomatische Kriegswaffen aussehen.

3. Kategorie C

3.1 andere lange Repetier-Schusswaffen als die unter Nummer 2.6 genannten,

3.2 lange Einzellader-Schusswaffen mit gezogenem Lauf/gezogenen Läufen,

3.3 andere halbautomatische Lang-Schusswaffen als die unter den Nummern 2.4 bis 2.7 genannten,

3.4 kurze Einzellader-Schusswaffen für Munition mit Randfeuerzündung, ab einer Gesamtlänge von 28 cm.

4. Kategorie D

4.1 lange Einzellader-Schusswaffen mit glattem Lauf/glatten Läufen.

Anlage 2

(zu § 2 Abs. 2 bis 4)

Waffenliste

Abschnitt 1:
Verbotene Waffen

Der Umgang mit folgenden Waffen und Munition ist verboten:

1.1 Waffen (§ 1 Abs. 2), mit Ausnahme halbautomatischer tragbarer Schusswaffen, die in der Anlage zum Gesetz über die Kontrolle von Kriegswaffen (Kriegswaffenliste) in der Fassung der Bekanntmachung vom 22. November 1990 (BGBl. I S. 2506) oder deren Änderungen aufgeführt sind, nach Verlust der Kriegswaffeneigenschaft;

1.2 Schusswaffen im Sinne des § 1 Abs. 2 Nr. 1 nach den Nummern 1.2.1 bis 1.2.3 und deren Zubehör nach Nummer 1.2.4, die

1.2.1.1 Vollautomaten im Sinne der Anlage 1 Abschnitt 1 Unterabschnitt 1 Nr. 2.2 oder

1.2.1.2 Vorderschaftrepetierflinten, bei denen anstelle des Hinterschaftes ein Kurzwaffengriff vorhanden ist oder die Waffengesamtlänge in der kürzest möglichen Verwendungsform weniger als 95 cm oder die Lauflänge weniger als 45 cm beträgt; sind;

1.2.2 ihrer Form nach geeignet sind, einen anderen Gegenstand vorzutäuschen oder die mit Gegenständen des täglichen Gebrauchs verkleidet sind (z.B. Koppelschlosspistolen, Schießkugelschreiber, Stockgewehre, Taschenlampenpistolen);

1.2.3 über den für Jagd- und Sportzwecke allgemein üblichen Umfang hinaus zusammengeklappt, zusammengeschoben, verkürzt oder schnell zerlegt werden können;

1.2.4 für Schusswaffen bestimmte

1.2.4.1 Vorrichtungen sind, die das Ziel beleuchten (z.B. Zielscheinwerfer) oder markieren (z.B. Laser oder Zielpunktprojektoren);

1.2.4.2 Nachtsichtgeräte und Nachtzielgeräte mit Montagevorrichtung für Schusswaffen sowie Nachtsichtvorsätze und Nachtsichtaufsätze für Zielhilfsmittel (z.B. Zielfernrohre) sind, sofern die Gegenstände einen Bildwandler oder eine elektronische Verstärkung besitzen;

1.2.5 mehrschüssige Kurzwaffen sind, deren Baujahr nach dem 1. Januar 1970 liegt, für Zentralfeuermunition in Kalibern unter 6,3 mm, wenn der Antrieb der Geschosse nicht ausschließlich durch den Zündsatz erfolgt;

1.3 Tragbare Gegenstände im Sinne des § 1 Abs. 2 Nr. 2 Buchstabe a nach den Nummern 1.3.1 bis 1.3.8

1.3.1 Hieb- oder Stoßwaffen, die ihrer Form nach geeignet sind, einen anderen Gegenstand vorzutäuschen, oder die mit Gegenständen des täglichen Gebrauchs verkleidet sind;

1.3.2 Stahlruten, Totschläger oder Schlagringe;

1.3.3 sternförmige Scheiben, die nach ihrer Beschaffenheit und Handhabung zum Wurf auf ein Ziel bestimmt und geeignet sind, die Gesundheit zu beschädigen (Wurfsterne);

1.3.4 Gegenstände, bei denen leicht entflammbare Stoffe so verteilt und entzündet werden, dass schlagartig ein Brand entstehen kann, oder in denen unter Verwendung explosionsgefährlicher oder explosionsfähiger Stoffe eine Explosion ausgelöst werden kann;

1.3.5 Gegenstände mit Reiz- oder anderen Wirkstoffen, es sei denn, dass die Stoffe als gesundheitlich unbedenklich amtlich zugelassen sind und die Gegenstände
– in der Reichweite und Sprühdauer begrenzt sind und
– zum Nachweis der gesundheitlichen Unbedenklichkeit, der Reichweiten- und der Sprühdauerbegrenzung ein amtliches Prüfzeichen tragen;

1.3.6 Gegenstände, die unter Ausnutzung einer anderen als mechanischen Energie Verletzungen beibringen (z.B. Elektroimpulsgeräte), sofern sie nicht als gesundheitlich unbedenklich amtlich zugelassen sind und ein amtliches Prüfzeichen tragen zum Nachweis der gesundheitlichen Unbedenklichkeit sowie Distanz-Elektroimpulsgeräte, die mit dem Abschluss- oder Auslösegerät durch einen leitungsfähigen Flüssigkeitsstrahl einen Elektroimpuls übertragen oder durch Leitung verbundenen Elektroden zur Übertragung eines Elektroimpulses am Körper aufbringen;

1.3.7 Präzisionsschleudern nach Anlage 1 Abschnitt 1 Unterabschnitt 2 Nr. 1.3 sowie Armstützen und vergleichbare Vorrichtungen für die vorbezeichneten Gegenstände;

1.3.8 Gegenstände, die nach ihrer Beschaffenheit und Handhabung dazu bestimmt sind, durch Drosseln die Gesundheit zu schädigen (z. B. Nun-Chakus);

1.4 Tragbare Gegenstände im Sinne des § 1 Abs. 2 Nr. 2 Buchstabe b nach den Nummern 1.4.1 bis 1.4.4

1.4.1 Spring- und Fallmesser nach Anlage 1 Abschnitt 1 Unterabschnitt 2 Nr. 2.1.1 und 2.1.2. Hiervon ausgenommen sind Springmesser, wenn die Klinge seitlich aus dem Griff herausspringt und der aus dem Griff herausragende Teil der Klinge
– höchstens 8,5 cm lang ist und in der Mitte mindestens eine Breite von 20 vom Hundert ihrer Länge aufweist,
– nicht zweiseitig geschliffen ist

1.4.2 Faustmesser nach Anlage 1 Abschnitt 1 Unterabschnitt 2 Nr. 2.1.3;

1.4.3 Butterflymesser nach Anlage 1 Abschnitt 1 Unterabschnitt 2 Nr. 2.1.4;

1.4.4 Gegenstände, die unter Ausnutzung einer anderen als mechanischen Energie Tieren Verletzungen beibringen (z. B. Elektroimpulsgeräte), sofern sie nicht als gesundheitlich unbedenklich amtlich zugelassen sind und ein amtliches Prüfzeichen tragen zum Nachweis der gesundheitlichen Unbedenklichkeit oder bestimmungsgemäß in der Tierhaltung Verwendung finden;

1.5 Munition und Geschosse nach den Nummern 1.5.1 bis 1.5.7

1.5.1 Geschosse mit Betäubungsstoffen, die zu Angriffs- oder Verteidigungszwecken bestimmt sind;

1.5.2 Geschosse oder Kartuschenmunition mit Reizstoffen, die zu Angriffs- oder Verteidigungszwecken bestimmt sind ohne amtliches Prüfzeichen zum Nachweis der gesundheitlichen Unbedenklichkeit;

1.5.3 Patronenmunition für Schusswaffen mit gezogenen Läufen, deren Geschosse im Durchmesser kleiner sind als die Felddurchmesser der dazugehörigen Schusswaffen und die mit einer Treib- und Führungshülse umgeben sind, die sich nach Verlassen des Laufes vom Geschoss trennt;

1.5.4 Patronenmunition mit Geschossen, die einen Leuchtspur-, Brand- oder Sprengsatz oder einen Hartkern (mindestens 400 HB 25 – Brinellhärte – bzw. 421 HV – Vickershärte –) enthalten, ausgenommen pyrotechnische Munition, die bestimmungsgemäß zur Signalgebung bei der Gefahrenabwehr dient;

1.5.5 Knallkartuschen, Reiz- und sonstige Wirkstoffmunition nach Tabelle 5 der Maßtafeln nach § 1 Abs. 3 Satz 3 der Dritten Verordnung zum Waffengesetz in der Fassung der Bekanntmachung vom 2. September 1991 (BGBl. I S. 1872), die zuletzt durch die Zweite Verordnung zur Änderung von waffenrechtlichen Verordnungen vom 24. Januar 2000 (BGBl. I S. 38) geändert wurde, in der jeweils geltenden Fassung (Maßtafeln), bei deren Verschießen in Entfernungen von mehr als 1,5 m vor der Mündung Verletzungen durch feste Bestandteile hervorgerufen werden können, ausgenommen Kartuschenmunition der Kaliber 16 und 12 mit einer Hülsenlänge von nicht mehr als 47 oder 49 mm;

1.5.6 Kleinschrotmunition, die in Lagern nach Tabelle 5 der Maßtafeln mit einem Durchmesser (P_1) bis 12,5 mm geladen werden kann;

1.5.7 Munition, die zur ausschließlichen Verwendung in Kriegswaffen oder durch die in § 55 Abs. 1 Satz 1 bezeichneten Stellen bestimmt ist, soweit die Munition nicht unter die Vorschriften des Gesetzes über die Kontrolle von Kriegswaffen oder des Sprengstoffgesetzes fällt.

Abschnitt 2:
Erlaubnispflichtige Waffen

Unterabschnitt 1:
Erlaubnispflicht

Der Umgang, ausgenommen das Überlassen, mit Waffen im Sinne des § 1 Abs. 2 Nr. 1 (Anlage 1 Abschnitt 1 Unterabschnitt 1 Nr. 1 bis 4) und der dafür bestimmten Munition bedarf der Erlaubnis, soweit solche Waffen oder Munition nicht nach Unterabschnitt 2 für die dort bezeichneten Arten des Umgangs von der Erlaubnispflicht freigestellt sind. In Unterabschnitt 3 sind die Schusswaffen oder Munition aufgeführt, bei denen die Erlaubnis unter erleichterten Voraussetzungen erteilt wird. Ist eine erlaubnispflichtige Feuerwaffe in eine Waffe umgearbeitet worden, deren Erwerb und Besitz unter erleichterten und wegfallenden Erlaubnisvoraussetzungen möglich wäre, so richtet sich die Erlaubnispflicht nach denjenigen für die ursprüngliche Waffe. Dies gilt nicht für veränderte Langwaffen nach Anlage 1 Abschnitt 1 Unterabschnitt 1 Nr. 1.5 (Salutwaffen).

Unterabschnitt 2:
Erlaubnisfreie Arten des Umgangs

1. Erlaubnisfreier Erwerb und Besitz

1.1 Druckluft-, Federdruckwaffen und Waffen, bei denen zum Antrieb der Geschosse kalte Treibgase Verwendung finden, wenn den Geschossen eine Bewegungsenergie von nicht mehr als 7,5 Joule erteilt wird und die das Kennzeichen nach Anlage 1 Abbildung 1 zur Ersten Verordnung zum Waffengesetz vom 24. Mai 1976 (BGBl. I S. 1285) in der zum Zeitpunkt des In-Kraft-Tretens dieses Gesetzes geltenden Fassung oder ein durch Rechtsverordnung nach § 25 Abs. 1 Nr. 1 Buchstabe c bestimmtes Zeichen tragen;

1.2 Druckluft-, Federdruckwaffen und Waffen, bei denen zum Antrieb der Geschosse kalte Treibgase Verwendung finden, die vor dem 1. Januar 1970 oder in dem in Artikel 3 des Einigungsvertrages genannten Gebiet vor dem 2. April 1991 hergestellt und entsprechend den zu diesem Zeitpunkt geltenden Bestimmungen in den Handel gebracht worden sind;

1.3 Schreckschuss-, Reizstoff- und Signalwaffen, die der zugelassenen Bauart nach § 8 des Beschussgesetzes entsprechen und das Zulassungszeichen nach Anlage 1 Abbildung 2 zur Ersten Verordnung zum Waffengesetz vom 24. Mai 1976 (BGBl. I S. 1285) in der zum Zeitpunkt des In-Kraft-Tretens dieses Gesetzes geltenden Fassung oder ein durch Rechtsverordnung nach § 25 Abs. 1 Nr. 1 Buchstabe c bestimmtes Zeichen tragen;

1.4 Kartuschenmunition für die in Nummer 1.3 bezeichneten Schusswaffen;

1.5 veränderte Langwaffen, die zu Theateraufführungen, Foto-, Film- oder Fernsehaufnahmen bestimmt sind (Salutwaffen), wenn sie entsprechend den Anforderunen der Anlage 1 Abschnitt Nr. 1.5 abgeändert worden sind;

1.6 Schusswaffen, die vor dem 1. April 1976 entsprechend den Anforderungen des § 3 der Ersten Verordnung zum Waffengesetz vom 19. Dezember 1972 (BGBl. I S. 2522) verändert worden sind;

1.7 einläufige Einzelladerwaffen mit Zündhütchenzündung (Perkussionswaffen), deren Modell vor dem 1. Januar 1871 entwickelt worden ist;

1.8 Schusswaffen mit Lunten- oder Funkenzündung, deren Modell vor dem 1. Januar 1871 entwickelt worden ist;

1.9 Schusswaffen mit Zündnadelzündung, deren Modell vor dem 1. Januar 1871 entwickelt worden ist;

1.10 Armbrüste;

1.11 Kartuschenmunition für die nach Nummer 1.5 abgeänderten Schusswaffen sowie für Schussapparate nach § 7 des Beschussgesetzes;

1.12 pyrotechnische Munition, die das Zulassungszeichen nach Anlage II Abbildung 5 zur Dritten Verordnung zum Waffengesetz in der Fassung der Bekanntmachung vom 2. September 1991 (BGBl. I S. 1872) mit der Klassenbezeichnung PM I trägt.

2. Erlaubnisfreier Erwerb durch Inhaber einer Waffenbesitzkarte (unbeschadet der Eintragungspflicht nach § 10 Abs. 1 a)

2.1 Wechsel- und Austauschläufe gleichen oder geringeren Kalibers einschließlich der für diese Läufe erforderlichen auswechselbaren Verschlüsse (Wechselsysteme);

2.2 Wechseltrommeln, aus denen nur Munition verschossen werden kann, bei der gegenüber der für die Waffe bestimmten Munition Geschossdurchmesser und höchstzulässiger Gebrauchsgasdruck gleich oder geringer sind; für Schusswaffen, die bereits in der Waffenbesitzkarte des Inhabers einer Erlaubnis eingetragen sind.

2a. Erlaubnisfreier Erwerb und Besitz durch Inhaber einer Waffenbesitzkarte Einstveckläufe und dazugehörige Verschlüsse
(Einstecksysteme) sowie Einsätze, die dazu bestimmt sind, Munition mit kleinerer Abmessung zu verschießen, und die keine Einsteckläufe sind;
für Schusswaffen, die bereits in der Waffenbesitzkarte des Inhabers einer Erlaubnis eingetragen sind.

3. Erlaubnisfreies Führen

3.1 Schusswaffen mit Lunten- oder Funkenzündung, deren Modell vor dem 1. Januar 1871 entwickelt worden ist;

3.2 Armbrüste.

4. Erlaubnisfreier Handel und erlaubnisfreie Herstellung

4.1 Schusswaffen mit Lunten- oder Funkenzündung, deren Modell vor dem 1. Januar 1871 entwickelt worden ist;

4.2 Armbrüste.

5. Erlaubnisfreier Handel

5.1 Einläufige Einzelladerwaffen mit Zündhütchenzündung (Perkussionswaffen), deren Modell vor dem 1. Januar 1871 entwickelt worden ist;

5.2 Schusswaffen mit Zündnadelzündung, deren Modell vor dem 1. Januar 1871 entwickelt worden ist.

6. Erlaubnisfreie nichtgewerbsmäßige Herstellung

6.1 Munition.

7. Erlaubnisfreies Verbringen und erlaubnisfreie Mitnahme in den, durch den oder aus dem Geltungsbereich des Gesetzes

7.1 Druckluft-, Federdruckwaffen und Waffen, bei denen zum Antrieb der Geschosse kalte Treibgase Verwendung finden, sofern sie den Voraussetzungen der Nummer 1.1 oder 1.2 entsprechen;

7.2 Schreckschuss-, Reizstoff- und Signalwaffen, die der zugelassenen Bauart nach § 8 des Beschussgesetzes entsprechen und das Zulassungszeichen nach Anlage 1 Abbildung 2 zur Ersten Verordnung zum Waffengesetz vom 24. Mai 1976 (BGBl. I S. 1285) in der zum Zeitpunkt des In-Kraft-Tretens dieses Gesetzes geltenden Fassung oder ein durch Rechtsverordnung nach § 25 Abs. 1 Nr. 1 Buchstabe c bestimmtes Zeichen tragen;

7.3 veränderte Langwaffen, die zu Theateraufführungen, Foto-, Film- oder Fernsehaufnahmen bestimmt sind (Salutwaffen), wenn sie entsprechend den Anforderungen der Anlage 1 Abschnitt 1 Unterabschnitt 1 Nr. 1.5 abgeändert worden sind.

7.4 Schusswaffen, die vor dem 1. April 1976 entsprechend den Anforderungen des § 3 der Ersten Verordnung zum Waffengesetz vom 19. Dezember 1972 (BGBl. I S. 2522) verändert worden sind;

7.5 Munition für die in Nummer 7.2 bezeichneten Waffen;

7.6 einläufige Einzelladerwaffen mit Zündhütchenzündung (Perkussionswaffen), deren Modell vor dem 1. Januar 1871 entwickelt worden ist;

7.7 Schusswaffen mit Lunten- oder Funkenzündung oder mit Zündnadelzündung, deren Modell vor dem 1. Januar 1871 entwickelt worden ist;

7.8 Armbrüste;

7.9 pyrotechnische Munition, die das Zulassungszeichen nach Anlage II Abbildung 5 zur Dritten Verordnung zum Waffengesetz in der Fassung der Bekanntmachung vom 2. September 1991 (BGBl. I S. 1872) mit der Klassenbezeichnung PM I trägt.

8. Erlaubnisfreies Verbringen und erlaubnisfreie Mitnahme aus dem Geltungsbereich des Gesetzes in einen Staat, der nicht Mitgliedstaat der Europäischen Union ist.

Sämtliche Waffen im Sinne des § 1 Abs. 2.

Unterabschnitt 3:
Entbehrlichkeit einzelner Erlaubnisvoraussetzungen

1. Erwerb und Besitz ohne Bedürfnisnachweis (§ 4 Abs. 1 Nr. 4)

1.1 Feuerwaffen, deren Geschossen eine Bewegungsenergie von nicht mehr als 7,5 Joule erteilt wird und die das Kennzeichen nach Anlage 1 Abbildung 1 der Ersten Verordnung zum Waffengesetz vom 24. Mai 1976 (BGBl. I S. 1285) in der zum Zeitpunkt des In-Kraft-Tretens dieses Gesetzes geltenden Fassung oder ein durch Rechtsverordnung nach § 25 Abs. 1 Nr. 1 Buchstabe c bestimmtes Zeichen tragen;

1.2 für Waffen nach Nummer 1.1 bestimmte Munition.

2. Führen ohne Sachkunde-, Bedürfnis- und Haftpflichtversicherungsnachweis (§ 4 Abs. 1 Nr. 3 bis 5) – Kleiner Waffenschein

2.1 Schreckschuss-, Reizstoff- und Signalwaffen nach Unterabschnitt 2 Nr. 1.3.

Abschnitt 3:
Vom Gesetz ganz oder teilweise ausgenommene Waffen

Unterabschnitt 1:
Vom Gesetz mit Ausnahme von § 2 Abs. 1 und § 41 ausgenommene Waffen

Unterwassersportgeräte, bei denen zum Antrieb der Geschosse keine Munition verwendet wird (Harpunengeräte).

Unterabschnitt 2:
Vom Gesetz mit Ausnahme des § 42 a ausgenommene Waffen

1. Schusswaffen (Anlage 1 Abschnitt 1 Unterabschnitt 1 Nr. 1.1, ausgenommen Blasrohre), die zum Spiel bestimmt sind, wenn aus ihnen nur Geschosse verschossen werden können, denen eine Bewegungsenergie von nicht mehr als 0,5 Joule (J) erteilt wird, es sei denn, sie können mit allgemein gebräuchlichen Werkzeugen so geändert werden, dass die Bewegungsenergie der Geschosse über 0,5 Joule (J) steigt.

2. Schusswaffen (Anlage 1 Abschnitt 1 Unterabschnitt 1 Nr. 1.1), bei denen feste Körper durch Muskelkraft ohne Möglichkeit der Speicherung der so eingebrachten Antriebsenergie durch eine Sperrvorrichtung angetrieben werden (z.B. Blasrohre).

3. Gegenstände, die zum Spiel bestimmt sind, wenn mit ihnen nur Zündblättchen, -bänder, -ringe (Amorces) oder Knallkorken abgeschossen werden können, es sei denn, sie können mit allgemein gebräuchlichen Werkzeugen in eine Schusswaffe oder einen anderen einer Schusswaffe gleichstehenden Gegenstand umgearbeitet werden.

4. Unbrauchbar gemachte Schusswaffen (Dekorationswaffen); dies sind

4.1 unbrauchbar gemachte Schusswaffen, die vor dem 1. April 2003 entsprechend den Anforderungen des § 7 der Ersten Verordnung zum Waffengesetz vom 24. Mai 1976 (BGBl. S. 1285) in der bis zu diesem Zeitpunkt geltenden Fassung unbrauchbar gemacht worden sind;

4.2 unbrauchbar gemachte Schusswaffen, Zier- oder Sammlerwaffen, die in der Zeit vom 1. April 2003 an entsprechend den Anforderungen der Anlage 1 Abschnitt 1 Unterabschnitt 1 Nr. 1.4 unbrauchbar gemacht worden sind und die ein Zulassungszeichen nach Anlage II Abbildung 11 zur Beschussverordnung vom 13. Juli 2006 (BGBl 1 S. 1474) aufweisen.

5. Nachbildungen von Schusswaffen nach Anlage 1 Abschnitt 1 Unterabschnitt Nr. 6.

2.
Allgemeine Waffengesetz-Verordnung (AWaffV)[1]

vom 27. Oktober 2003 (BGBl. I S. 2123), zuletzt geändert durch Art. 3 Abs. 6 des Gesetzes vom 17. Juli 2009 (BGBl. I S. 2062)

Auf Grund des § 6 Abs. 4, § 7 Abs. 2, § 15 Abs. 7 Satz 2, § 22 Abs. 2, § 25 Abs. 1, § 27 Abs. 7 Satz 2, § 34 Abs. 6, § 36 Abs. 5 und § 47 des Waffengesetzes vom 11. Oktober 2002 (BGBl. I S. 3970, 4592, 2003 I S. 1957), jeweils auch in Verbindung mit Artikel 17 des Gesetzes vom 11. Oktober 2002 (BGBl. I S. 3970, 4013), verordnet das Bundesministerium des Innern:

Inhaltsübersicht

ABSCHNITT 1

Nachweis der Sachkunde

ABSCHNITT 2

Nachweis der persönlichen Eignung

ABSCHNITT 3

Schießsportordnungen; Ausschluss von Schusswaffen; Fachbeirat

ABSCHNITT 4

Benutzung von Schießstätten

---

[1] Die Verpflichtungen aus der Richtlinie 98/34/EG des Europäischen Parlaments und des Rates vom 22. Juni 1998 über ein Informationsverfahren auf dem Gebiet der Normen und technischen Vorschriften und der Vorschriften für die Dienste der Informationsgesellschaft (Abl. EG Nr. L 204 S. 37), geändert durch die Richtlinie 98/48/EG des Europäischen Parlaments und des Rates vom 20. Juli 1998 (ABl. EG Nr. L 217 S. 18), sind beachtet worden.

ABSCHNITT 5

Aufbewahrung von Waffen und Munition

ABSCHNITT 6

Vorschriften für das Waffengewerbe

Unterabschnitt 1
Fachkunde

Unterabschnitt 2
Waffenherstellungs- und Waffenhandelsbücher

Unterabschnitt 3
Kennzeichnung von Waffen

ABSCHNITT 7

Ausbildung in der Verteidigung mit Schusswaffen

ABSCHNITT 8

Vorschriften mit Bezug zur Europäischen Union und zu Drittstaaten

Unterabschnitt 1
Anwendung des Gesetzes auf Bürger der Europäischen Union

Unterabschnitt 2
Erwerb von Waffen und Munition in anderen Mitgliedstaaten;
Verbringen und Mitnahme

ABSCHNITT 1

Nachweis der Sachkunde

§ 1 Umfang der Sachkunde

(1) Die in der Prüfung nach § 7 Abs. 1 des Waffengesetzes nachzuweisende Sachkunde umfasst ausreichende Kenntnisse

1. über die beim Umgang mit Waffen und Munition zu beachtenden Rechtsvorschriften des Waffenrechts, des Beschussrechts sowie der Notwehr und des Notstands,

2. auf waffentechnischem Gebiet über Schusswaffen (Langwaffen, Kurzwaffen und Munition) hinsichtlich Funktionsweise, sowie Innen- und Außenballistik, Reichweite und Wirkungsweise des Geschosses, bei verbotenen Gegenständen, die keine Schusswaffen sind, über die Funktions- und Wirkungsweise sowie die Reichweite,

3. über die sichere Handhabung von Waffen oder Munition einschließlich ausreichender Fertigkeiten im Schießen mit Schusswaffen.

(2) Die nach Absatz 1 nachzuweisenden Kenntnisse über Waffen und Munition brauchen nur für die beantragte Waffen- und Munitionsart und nur für den mit dem Bedürfnis geltend gemachten und den damit im Zusammenhang stehenden Zweck nachgewiesen werden.

(3) Wird eine Erlaubnis nach § 26 des Waffengesetzes beantragt, so umfasst die nachzuweisende Sachkunde außer waffentechnischen Kenntnissen auch Werkstoff-, Fertigungs- und Ballistikkenntnisse.

§ 2 Prüfung

(1) Die zuständige Behörde bildet für die Abnahme der Prüfung Prüfungsausschüsse.

(2) Ein Prüfungsausschuss besteht aus dem Vorsitzenden und zwei Beisitzern. Die Mitglieder müssen sachkundig sein. Nicht mehr als ein Mitglied des Ausschusses darf in der Waffenherstellung oder im Waffenhandel tätig sein.

(3) Die Prüfung besteht aus einem theoretischen und einem praktischen Teil, der den Nachweis der ausreichenden Fertigkeiten nach § 1 Abs. 1 Nr. 3 ein-

schließt. Über das Ergebnis und den wesentlichen Inhalt der Prüfung ist eine Niederschrift anzufertigen, die vom Vorsitzenden des Prüfungsausschusses zu unterzeichnen ist.

(4) Über das Prüfungsergebnis ist dem Bewerber ein Zeugnis zu erteilen, das Art und Umfang der erworbenen Sachkunde erkennen lassen muss und vom Vorsitzenden des Prüfungsausschusses zu unterzeichnen ist.

(5) Eine Prüfung kann bei Nichtbestehen auch mehrmals wiederholt werden. Der Prüfungsausschuss kann bestimmen, dass die Prüfung erst nach Ablauf einer bestimmten Frist wiederholt werden darf.

§ 3 Anderweitiger Nachweis der Sachkunde

(1) Die Sachkunde gilt insbesondere als nachgewiesen, wenn der Antragsteller

1. a) die Jägerprüfung oder eine ihr gleichgestellte Prüfung bestanden hat oder durch eine Bescheinigung eines Ausbildungsleiters für das Schießwesen nachweist, dass er die erforderlichen Kenntnisse durch Teilnahme an einem Lehrgang für die Ablegung der Jägerprüfung erworben hat,

   b) die Gesellenprüfung für das Büchsenmacherhandwerk bestanden hat oder

2. a) seine Fachkunde nach § 22 Abs. 1 Satz 1 des Waffengesetzes nachgewiesen hat,

   b) mindestens drei Jahre als Vollzeitkraft im Handel mit Schusswaffen und Munition tätig gewesen ist oder

   c) die nach § 7 des Waffengesetzes nachzuweisenden Kenntnisse auf Grund einer anderweitigen, insbesondere behördlichen oder staatlich anerkannten Ausbildung oder als Sportschütze eines anerkannten Schießsportverbandes erworben und durch eine Bescheinigung der Behörde, des Ausbildungsträgers oder Schießsportverbandes nachgewiesen hat,

sofern die Tätigkeit nach Nummer 2 Buchstabe b oder Ausbildung nach Nummer 2 Buchstabe c ihrer Art nach geeignet war, die für den Umgang mit der beantragten Waffe oder Munition erforderliche Sachkunde zu vermitteln. Ausbildungen im Sinne der Nummer 2 Buchstabe c können auch durchgeführt werden im Rahmen von

1. Ausbildungen, die mit einer zum Führen eines Luft- oder Wasserfahrzeuges berechtigenden staatlichen Prüfung abschließen,

2. staatlich anerkannten Berufsausbildungen der Luft- und Seefahrt.

Der Nachweis der waffenrechtlichen Sachkunde wird durch eine von der Prüfungskommission erteilte Bescheinigung oder einen Eintrag im Prüfungszeugnis oder der Fahrerlaubnis geführt.

(2) Die staatliche Anerkennung von Lehrgängen zur Vermittlung der Sachkunde im Umgang mit Waffen und Munition erfolgt durch die zuständige Behörde; sie gilt für den gesamten Geltungsbereich des Waffengesetzes. Eine Anerkennung des waffenrechtlichen Teils einer zum Führen eines Luft- oder Wasserfahrzeuges berechtigenden staatlichen Prüfung soll erfolgen, wenn die theoretische Ausbildung auf der Grundlage anerkannter Grundsätze, insbesondere eines zwischen Bund, Ländern und Verbänden abgestimmten Fragenkatalogs, stattfindet und die praktische Unterweisung im Umgang mit Seenotsignalmitteln durch sachkundige Personen erfolgt.

(3) Lehrgänge dürfen nur anerkannt werden, wenn in einem theoretischen Teil die in § 1 Abs. 1 Nr. 1 und 2 bezeichneten Kenntnisse und in einem praktischen Teil ausreichende Fertigkeiten in der Handhabung von Waffen und im Schießen mit Schusswaffen im Sinne des § 1 Abs. 1 Nr. 3 vermittelt werden; § 1 Abs. 2 bleibt unberührt. Außerdem dürfen Lehrgänge nur anerkannt werden, wenn

1. der Antragsteller die erforderliche Zuverlässigkeit und persönliche Eignung für die Durchführung des Lehrgangs besitzt,

2. die fachliche Leitung des Lehrgangs und die von dem Lehrgangsträger beauftragten Lehrkräfte die ordnungsgemäße Durchführung der Ausbildung gewährleisten,

3. die Dauer des Lehrgangs eine ordnungsgemäße Vermittlung der erforderlichen Kenntnisse und Fertigkeiten gewährleistet und

4. der Antragsteller mit den erforderlichen Lehrmitteln ausgestattet ist und über einen geeigneten Unterrichtsraum verfügt.

(4) Der Lehrgang ist mit einer theoretischen und einer praktischen Prüfung abzuschließen. Sie ist vor einem Prüfungsausschuss abzulegen, der von dem Lehrgangsträger gebildet wird. Im Übrigen gilt § 2 entsprechend mit der Maßgabe, dass der Lehrgangsträger verpflichtet ist,

1. die Durchführung der Prüfung und die Namen der Prüfungsteilnehmer der für den Ort der Lehrgangsveranstaltung zuständigen Behörde zwei Wochen vor dem Tag der Prüfung anzuzeigen und

2. einem Vertreter der Behörde die Teilnahme an der Prüfung zu gestatten. Im Falle seiner Teilnahme hat der Vertreter der Behörde die Stellung eines weiteren Beisitzers im Prüfungsausschuss; bei Stimmengleichheit gibt die Stimme des Vorsitzenden den Ausschlag.

(5) Schießsportliche Vereine, die einem nach § 15 Abs. 3 des Waffengesetzes anerkannten Schießsportverband angehören, können Sachkundeprüfungen für ihre Mitglieder abnehmen. Absatz 2, zweiter Halbsatz und die Absätze 3 und 4 finden hierfür entsprechende Anwendung. Zur Durchführung der Prüfung bilden die schießsportlichen Vereine eigene Prüfungsausschüsse.

ABSCHNITT 2

Nachweis der persönlichen Eignung

§ 4 Gutachten über die persönliche Eignung

(1) Derjenige,

1. dem gegenüber die zuständige Behörde die Vorlage eines amts- oder fachärztlichen oder fachpsychologischen Gutachtens angeordnet hat, weil begründete Zweifel an von ihm beigebrachten Bescheinigungen oder durch Tatsachen begründete Bedenken bestehen, dass er

    a) geschäftsunfähig oder in seiner Geschäftsfähigkeit beschränkt ist,

    b) abhängig von Alkohol oder anderen berauschenden Mitteln, psychisch krank oder debil ist,

    c) auf Grund in seiner Person liegender Umstände mit Waffen oder Munition nicht vorsichtig oder sachgemäß umgehen oder diese Gegenstände nicht

sorgfältig verwahren kann oder dass die konkrete Gefahr einer Fremd- oder Selbstgefährdung besteht, oder
2. der zur Vorlage eines Gutachtens über die geistige Eignung verpflichtet ist, weil er noch nicht das 25. Lebensjahr vollendet hat und eine erlaubnispflichtige Schusswaffe, ausgenommen Schusswaffen der in § 14 Abs. 1 Satz 2 des Waffengesetzes genannten Art, erwerben und besitzen will,

hat auf eigene Kosten mit der Begutachtung einen sachkundigen Gutachter zu beauftragen.

(2) Die Begutachtung in den Fällen des Absatzes 1 soll von Gutachtern folgender Fachrichtungen durchgeführt werden:
1. Amtsärzten,
2. Fachärzten der Fachrichtungen Psychiatrie, Psychiatrie und Psychotherapie, Psychiatrie und Neurologie, Nervenheilkunde, Kinder- und Jugendpsychiatrie oder Kinder- und Jugendpsychiatrie und -psychotherapie,
3. Psychotherapeuten, die nach dem Psychotherapeutengesetz approbiert sind,
4. Fachärzten für Psychotherapeutische Medizin oder
5. Fachpsychologen der Fachrichtungen Rechtspsychologie, Verkehrspsychologie oder klinische Psychologie.

Das Vorliegen der Sachkunde auf dem betreffenden Gebiet beurteilt sich nach berufsständischen Regeln.

(3) In den Fällen des Absatzes 1 Nr. 1 teilt die Behörde dem Betroffenen unter Darlegung der Gründe für die Zweifel oder der die Bedenken begründenden Tatsachen hinsichtlich seiner persönlichen Eignung mit, dass er sich innerhalb einer von ihr festgelegten Frist auf seine Kosten der Untersuchung zu unterziehen und ein Gutachten beizubringen hat. Der Betroffene hat die Behörde darüber zu unterrichten, wen er mit der Untersuchung beauftragt hat. Die Behörde übersendet zur Durchführung der Untersuchung auf Verlangen des Gutachters bei Vorliegen der Einwilligung des Betroffenen die zur Begutachtung erforderlichen ihr vorliegenden Unterlagen. Der Gutachter ist verpflichtet, sich mit der Erstattung des Gutachtens von den Unterlagen zu entlasten, indem er sie der Behörde übergibt oder vernichtet.

(4) Zwischen dem Gutachter und dem Betroffenen darf in den letzten fünf Jahren kein Behandlungsverhältnis bestanden haben. Der Gutachter hat in dem Gutachten zu versichern, dass der Betroffene in dem vorgenannten Zeitraum nicht in einem derartigen Behandlungsverhältnis stand oder jetzt steht. Die Sätze 1 und 2 schließen eine Konsultation des in den genannten Zeiträumen behandelnden Haus- oder Facharztes durch den Gutachter nicht aus.

(5) Der Gutachter hat sich über den Betroffenen einen persönlichen Eindruck zu verschaffen. Das Gutachten muss darüber Auskunft geben, ob der Betroffene persönlich ungeeignet ist, mit Waffen oder Munition umzugehen; die bei der Erstellung des Gutachtens angewandte Methode muss angegeben werden. In den Fällen des Absatzes 1 Nr. 2 ist in der Regel ausreichend ein Gutachten auf Grund anerkannter Testverfahren über die Frage, ob der Betroffene infolge fehlender Reife geistig ungeeignet ist für den Umgang mit den dort aufgeführten Schusswaffen. Kann allein auf Grund des Tests nicht ausgeschlossen werden, dass der Betroffene geistig ungeeignet ist, ist mit einer weitergehenden Untersuchung nach dem jeweiligen Stand der Wissenschaft vorzugehen.

(6) Weigert sich in den Fällen des Absatzes 1 Nr. 1 der Betroffene, sich untersuchen zu lassen, oder bringt er der zuständigen Behörde das von ihr geforderte Gutachten aus von ihm zu vertretenden Gründen nicht fristgerecht bei, darf die Behörde bei ihrer Entscheidung auf die Nichteignung des Betroffenen schließen. Der Betroffene ist hierauf bei der Anordnung nach Absatz 1 Nr. 1 in Verbindung mit Absatz 3 Satz 1 hinzuweisen.

(7) Dienstwaffenträger können an Stelle des in § 6 Abs. 3 des Waffengesetzes genannten Zeugnisses eine Bescheinigung ihrer Dienstbehörde vorlegen, dass eine Begutachtung ihrer geistigen Eignung durch einen sachkundigen Gutachter bereits stattgefunden hat und dass sie uneingeschränkt zum Umgang mit Dienstwaffen berechtigt sind.

ABSCHNITT 3

Schießsportordnungen; Ausschluss von Schusswaffen; Fachbeirat

§ 5 Schießsportordnungen

(1) Die Genehmigung einer Sportordnung für das Schießen mit Schusswaffen setzt insbesondere voraus, dass das Schießen nur auf zugelassenen Schießstätten veranstaltet wird und
1. jeder Schütze den Regeln der Sportordnung unterworfen ist,
2. ausreichende Sicherheitsbestimmungen für das Schießen festgelegt und dabei insbesondere Regelungen zu den erforderlichen verantwortlichen Aufsichtspersonen (§ 10) getroffen sind,
3. mit nicht vom Schießsport ausgeschlossenen Waffen (§ 6) durchgeführt wird,
4. nicht im Schießsport unzulässige Schießübungen (§ 7) durchgeführt werden,
5. jede einzelne Schießdisziplin beschrieben und die für sie zugelassenen Waffen nach Art, Kaliber, Lauflänge und Visierung bezeichnet sind, wobei bei einzelnen Schießdisziplinen auch ausdrücklich festgelegt werden kann, dass nur einzelne oder auch keine speziellen Vorgaben (freie Klassen) erfolgen, und
6. zur Ausübung der jeweiligen Schießdisziplinen zugelassene Schießstätten zur regelmäßigen Nutzung verfügbar sind.

(2) Dem Antrag auf Genehmigung einer Schießsportordnung sind die zur Prüfung des Vorliegens der Voraussetzungen wesentlichen Regelungen und Angaben, insbesondere auch die Beschreibung des Ablaufs der einzelnen Schießdisziplinen, beizufügen. Die Genehmigung von Änderungen der Schießsportordnung, insbesondere von der Neuaufnahme von Schießdisziplinen, ist vor Aufnahme des jeweiligen Schießbetriebs nach den geänderten Regeln einzuholen. Der Wegfall oder der Ersatz der regelmäßigen Nutzungsmöglichkeit von nach Absatz 1 Nr. 6 angegebenen Schießstätten ist unverzüglich anzuzeigen.

(3) Im Einzelfall kann ein Verband oder ein ihm angegliederter Teilverband zur Erprobung neuer Schießübungen Abweichungen von den Schießdisziplinen der genehmigten Schießsportordnung zulassen. Zulassungen nach Satz 1 sind auf höchstens ein Jahr zu befristen und müssen die Art der Abweichung von der ge-

nehmigten Schießsportordnung bezeichnen; sie sind dem Bundesverwaltungsamt vor Beginn der Erprobungsphase anzuzeigen. Das Bundesverwaltungsamt kann zur Abwehr von Gefahren für die öffentliche Sicherheit oder Ordnung Zulassungen nach Satz 1 untersagen oder Anordnungen treffen.

(4) Für das sportliche Schießen im Training und im Einzelfall für Schießsportveranstaltungen können Schießsportordnungen Abweichungen von den in ihr festgelegten Schießdisziplinen zulassen.

§ 6 Vom Schießsport ausgeschlossene Schusswaffen

(1) Vom sportlichen Schießen sind ausgeschlossen:
1. Kurzwaffen mit einer Lauflänge von weniger als 7,62 Zentimeter (drei Zoll) Länge;
2. halbautomatische Schusswaffen, die ihrer äußeren Form nach den Anschein einer vollautomatischen Kriegswaffe hervorrufen, die Kriegswaffe im Sinne des Gesetzes über die Kontrolle von Kriegswaffen ist, wenn
   a) die Lauflänge weniger als 42 Zentimeter beträgt,
   b) das Magazin sich unter der Abzugseinheit befindet (so genannte Bul-Pup-Waffen) oder
   c) die Hülsenlänge der verwendeten Munition bei Langwaffen weniger als 40 Millimeter beträgt;
3. halbautomatische Langwaffen mit einem Magazin, das eine Kapazität von mehr als zehn Patronen hat.

(2) Das Verbot des Schießsports mit Schusswaffen und Munition im Sinne der Anlage 2 Abschnitt 1 des Waffengesetzes bleibt unberührt.

(3) Das Bundesverwaltungsamt kann auf Antrag eines anerkannten Schießsportverbandes Ausnahmen von den Verboten des Absatzes 1 zulassen, insbesondere wenn es sich um in national oder international bedeutenden Schießsportwettkämpfen verwendete Schusswaffen handelt.

(4) Zuständige Behörde für die Beurteilung der Schusswaffen nach Absatz 1 ist das Bundeskriminalamt.

§ 7 Unzulässige Schießübungen im Schießsport

(1) Im Schießsport sind die Durchführung von Schießübungen in der Verteidigung mit Schusswaffen (§ 22) und solche Schießübungen und Wettbewerbe verboten, bei denen
1. das Schießen aus Deckungen heraus erfolgt,
2. nach der Abgabe des ersten Schusses Hindernisse überwunden werden,
3. das Schießen im deutlich erkennbaren Laufen erfolgt,
4. das schnelle Reagieren auf plötzlich und überraschend auftauchende, sich bewegende Ziele gefordert wird,
   a) ausgenommen das Schießen auf Wurf- und auf laufende Scheiben,
   b) es sei denn, das Schießen erfolgt entsprechend einer vom Bundesverwaltungsamt genehmigten Sportordnung,
5. das Überkreuzziehen von mehr als einer Waffe (Cross Draw) gefordert wird,
6. Schüsse ohne genaues Anvisieren des Ziels (Deutschüsse) abgegeben werden, ausgenommen das Schießen auf Wurfscheiben, oder

7. der Ablauf der Schießübung dem Schützen vor ihrer Absolvierung nicht auf Grund zuvor festgelegter Regeln bekannt ist.

Die Veranstaltung der in Satz 1 genannten Schießübungen und die Teilnahme als Sportschütze an diesen sind verboten.

(2) Das Verbot von Schießübungen des kampfmäßigen Schießens (§ 15 Abs. 6 Satz 2 des Waffengesetzes) und mit verbotenen oder vom Schießsport ausgeschlossenen Schusswaffen oder Teilen von Schusswaffen (§ 6), soweit nicht eine Ausnahme nach § 6 Abs. 3 erteilt ist, bleibt unberührt.

(3) Die Ausbildung und das Training im jagdlichen Schießen einschließlich jagdlicher Schießwettkämpfe werden durch die vorstehenden Regelungen nicht beschränkt.

§ 8 Beirat für schießsportliche Fragen

(1) Beim Bundesministerium des Innern wird ein Beirat für schießsportliche Fragen (Fachbeirat) gebildet. Den Vorsitz führt ein Vertreter des Bundesministeriums des Innern. An den Sitzungen des Fachbeirates nehmen Vertreter des Bundesverwaltungsamtes teil.

(2) Der Fachbeirat setzt sich aus dem Vorsitzenden und aus folgenden ständigen Mitgliedern zusammen:
1. je einem Vertreter jedes Landes,
2. einem Vertreter des Deutschen Olympischen Sportbundes,
3. je einem Vertreter der anerkannten Schießsportverbände,
4. einem Vertreter der Deutschen Versuchs- und Prüf-Anstalt für Jagd- und Sportwaffen e. V.

(3) Die Mitglieder des Fachbeirates sollen auf schießsportlichem Gebiet sachverständig und erfahren sein.

(4) Das Bundesministerium des Innern kann Vertreter weiterer Bundes- und Landesbehörden sowie weitere Sachverständige insbesondere auf schießsportlichem oder waffentechnischem Gebiet zur Beratung hinzuziehen. In den Fällen, in denen der Fachbeirat über die Genehmigung der Schießsportordnung eines nicht anerkannten Schießsportverbandes beraten soll, lädt das Bundesministerium des Innern auch einen Vertreter dieses Verbandes ein.

(5) Das Bundesministerium des Innern beruft
1. die Vertreter jedes Landes einschließlich deren Stellvertreter auf Vorschlag des Landes;
2. die Vertreter der in Absatz 2 Nr. 2, 3 und 4 bezeichneten Verbände und Organisationen nach Anhörung der Vorstände dieser Verbände.

(6) Die Mitglieder des Fachbeirates üben ihre Tätigkeit ehrenamtlich aus, sofern sie keine Behörde vertreten.

ABSCHNITT 4

Benutzung von Schießstätten

§ 9 Zulässige Schießübungen auf Schießstätten

(1) Auf einer Schießstätte ist unter Beachtung des Verbots des kampfmäßigen Schießens (§ 27 Abs. 7 Satz 1 des Waffengesetzes) das Schießen mit Schusswaffen und Munition auf der Grundlage der für die Schießstätte erteilten Erlaubnis (§ 27 Abs. 1 Satz 1 des Waffengesetzes) nur zulässig, wenn

1. die Person, die zu schießen beabsichtigt, die Berechtigung zum Erwerb und Besitz von Schusswaffen nachweisen kann und das Schießen mit Schusswaffen dieser Art innerhalb des der Berechtigung zu Grunde liegenden Bedürfnisses erfolgt,

2. geschossen wird
   a) auf der Grundlage einer genehmigten Schießsportordnung,
   b) im Rahmen von Lehrgängen oder Schießübungen in der Verteidigung mit Schusswaffen (§ 22),
   c) zur Erlangung der Sachkunde (§ 1 Abs. 1 Nr. 3) oder
   d) in der jagdlichen Ausbildung, oder

3. es sich nicht um Schusswaffen und Munition nach § 6 Abs. 1 handelt.

In den Fällen des Satzes 1 Nr. 1, Nr. 2 Buchstabe c und Nr. 3 gilt § 7 Abs. 1 und 3 entsprechend; beim Schießen nach Satz 1 Nr. 2 Buchstabe a bleibt § 7 unberührt. Der Betreiber der Schießstätte hat die Einhaltung der Voraussetzungen nach den Sätzen 1 und 2 zu überwachen.

(2) Die zuständige Behörde kann dem Betreiber einer Schießstätte oder im Einzelfall dem Benutzer Ausnahmen von den Beschränkungen des Absatzes 1 gestatten, soweit Belange der öffentlichen Sicherheit und Ordnung nicht entgegenstehen.

(3) Absatz 1 gilt nicht für Behörden oder Dienststellen und deren Bedienstete, die nach § 55 Abs. 1 des Waffengesetzes oder auf Grund einer nach § 55 Abs. 5 oder 6 des Waffengesetzes erlassenen Rechtsverordnung von der Anwendung des Waffengesetzes ausgenommen sind.

§ 10 Aufsichtspersonen; Obhut über das Schießen durch Kinder und Jugendliche

(1) Der Inhaber der Erlaubnis für die Schießstätte (Erlaubnisinhaber) hat unter Berücksichtigung der Erfordernisse eines sicheren Schießbetriebs eine oder mehrere verantwortliche Aufsichtspersonen für das Schießen zu bestellen, soweit er nicht selbst die Aufsicht wahrnimmt oder eine schießsportliche oder jagdliche Vereinigung oder ein Veranstalter im Sinne des § 22 durch eigene verantwortliche Aufsichtspersonen die Aufsicht übernimmt. Der Erlaubnisinhaber kann selbst die Aufsicht wahrnehmen, wenn er die erforderliche Sachkunde nachgewiesen hat und, sofern es die Obhut über das Schießen durch Kinder und Jugendliche betrifft, die Eignung zur Kinder- und Jugendarbeit besitzt. Aufsichtspersonen müssen das 18. Lebensjahr vollendet haben. Der Schießbetrieb darf nicht aufgenommen oder fortgesetzt werden, solange keine ausreichende Anzahl von verantwortlichen Aufsichtspersonen die Aufsicht wahrnimmt. Die zuständige Behör-

de kann gegenüber dem Erlaubnisinhaber die Zahl der nach Satz 1 erforderlichen Aufsichtspersonen festlegen.

(2) Der Erlaubnisinhaber hat der zuständigen Behörde die Personalien der verantwortlichen Aufsichtspersonen zwei Wochen vor der Übernahme der Aufsicht schriftlich anzuzeigen; beauftragt eine schießsportliche oder jagdliche Vereinigung die verantwortliche Aufsichtsperson, so obliegt diese Anzeige der Aufsichtsperson selbst. Der Anzeige sind Nachweise beizufügen, aus denen hervorgeht, dass die Aufsichtsperson die erforderliche Sachkunde und, sofern es die Obhut über das Schießen durch Kinder und Jugendliche betrifft, auch die Eignung zur Kinder- und Jugendarbeit besitzt. Der Erlaubnisinhaber hat das Ausscheiden der angezeigten Aufsichtsperson und die Bestellung einer neuen Aufsichtsperson der zuständigen Behörde unverzüglich anzuzeigen.

(3) Bei der Beauftragung der verantwortlichen Aufsichtsperson durch einen schießsportlichen Verein eines anerkannten Schießsportverbandes genügt an Stelle der Anzeige nach Absatz 2 Satz 1 eine Registrierung der Aufsichtsperson bei dem Verein. Dieser hat bei der Registrierung das Vorliegen der Voraussetzungen der erforderlichen Sachkunde und, sofern es die Obhut über das Schießen durch Kinder und Jugendliche betrifft, auch der Eignung zur Kinder- und Jugendarbeit zu überprüfen und zu vermerken. Der Aufsichtsperson ist durch den Verein hierüber ein Nachweisdokument auszustellen. Die Aufsichtsperson hat dieses Dokument während der Wahrnehmung der Aufsicht mitzuführen und zur Kontrolle Befugten auf Verlangen zur Prüfung auszuhändigen. Für eine Überprüfung nach Satz 4 hat der Verein auf Verlangen Einblick in die Registrierung der Aufsichtsperson zu gewähren. Die Sätze 1 bis 5 gelten entsprechend bei der von einer jagdlichen Vereinigung beauftragten verantwortlichen Aufsichtsperson mit der Maßgabe, dass während der Ausübung der Aufsicht ein gültiger Jagdschein nach § 15 Abs. 1 Satz 1 des Bundesjagdgesetzes mitzuführen ist.

(4) Ergeben sich Anhaltspunkte für die begründete Annahme, dass die verantwortliche Aufsichtsperson die erforderliche Zuverlässigkeit, persönliche Eignung oder Sachkunde oder, sofern es die Obhut über das Schießen durch Kinder und Jugendliche betrifft, die Eignung zur Kinder- und Jugendarbeit nicht besitzt, so hat die zuständige Behörde dem Erlaubnisinhaber gegenüber die Ausübung der Aufsicht durch die Aufsichtsperson zu untersagen.

(5) Die Obhut über das Schießen durch Kinder und Jugendliche ist durch eine hierfür qualifizierte und auf der Schießstätte anwesende Aufsichtsperson auszuüben, die
1. für die Schießausbildung der Kinder oder Jugendlichen leitend verantwortlich ist und
2. berechtigt ist, jederzeit der Aufsicht beim Schützen Weisungen zu erteilen oder die Aufsicht beim Schützen selbst zu übernehmen.

(6) Die Qualifizierung zur Aufsichtsperson oder zur Eignung zur Kinder- und Jugendarbeit kann durch die Jagdverbände oder die anerkannten Schießsportverbände erfolgen; bei Schießsportverbänden sind die Qualifizierungsrichtlinien Bestandteil des Anerkennungsverfahrens nach § 15 des Waffengesetzes.

(7) Die Absätze 1 bis 6 gelten nicht für ortsveränderliche Schießstätten im Sinne von § 27 Abs. 6 des Waffengesetzes.

§ 11 Aufsicht

(1) Die verantwortlichen Aufsichtspersonen haben das Schießen in der Schießstätte ständig zu beaufsichtigen, insbesondere dafür zu sorgen, dass die in der Schießstätte Anwesenden durch ihr Verhalten keine vermeidbaren Gefahren verursachen, und zu beachten, dass die Bestimmungen des § 27 Abs. 3 oder 6 des Waffengesetzes eingehalten werden. Sie haben, wenn dies zur Verhütung oder Beseitigung von Gefahren erforderlich ist, das Schießen oder den Aufenthalt in der Schießstätte zu untersagen.

(2) Die Benutzer der Schießstätten haben die Anordnungen der verantwortlichen Aufsichtspersonen nach Absatz 1 zu befolgen.

(3) Eine zur Aufsichtsführung befähigte Person darf schießen, ohne selbst beaufsichtigt zu werden, wenn sichergestellt ist, dass sie sich allein auf dem Schießstand befindet.

§ 12 Überprüfung der Schießstätten

(1) Schießstätten sind vor ihrer ersten Inbetriebnahme hinsichtlich der sicherheitstechnischen Anforderungen zu überprüfen. In regelmäßigen Abständen von mindestens vier Jahren sind sie von der zuständigen Behörde zu überprüfen, wenn auf ihnen mit erlaubnispflichtigen Schusswaffen geschossen wird. Ist das Schießen auf einer Schießstätte nur mit erlaubnisfreien Schusswaffen zulässig, so ist eine Überprüfung mindestens alle sechs Jahre erforderlich. Falls Zweifel an dem ordnungsgemäßen Zustand oder den erforderlichen schießtechnischen Einrichtungen bestehen, kann die zuständige Behörde die Schießstätte in sicherheitstechnischer Hinsicht überprüfen oder von dem Erlaubnisinhaber die Vorlage eines Gutachtens eines anerkannten Schießstandsachverständigen verlangen. Die Kosten hierfür sind von dem Erlaubnisinhaber zu tragen.

(2) Werden bei der Überprüfung Mängel festgestellt, die eine Gefährdung der Benutzer der Schießstätte oder Dritter befürchten lassen, kann die zuständige Behörde die weitere Benutzung der Schießstätte bis zur Beseitigung der Mängel untersagen. Der weitere Betrieb oder die Benutzung der Schießstätte ist im Falle der Untersagung nach Satz 1 verboten.

(3) Die sicherheitstechnischen Anforderungen, die an Schießstätten zu stellen sind, ergeben sich aus den „Richtlinien für die Errichtung, die Abnahme und das Betreiben von Schießständen (Schießstandrichtlinien)". Das Bundesministerium des Innern erstellt die Schießstandrichtlinien nach Anhörung von Vertretern der Wissenschaft, der Betroffenen und der für das Waffenrecht zuständigen obersten Landesbehörden als dem Stand der Sicherheitstechnik entsprechende Regeln und veröffentlicht diese im Bundesanzeiger. Die Veröffentlichung ist auch im elektronischen Bundesanzeiger zulässig.[2]

(4) Anerkannte Schießstandsachverständige nach Absatz 1 sind

1. öffentlich bestellte und vereidigte Sachverständige für das Fachgebiet „Sicherheit von nichtmilitärischen Schießständen", die auf der Grundlage der in Ab-

---

[2] Bis zur Veröffentlichung nach Absatz 3 Satz 2 sind Stand der Technik die „Richtlinien für die Errichtung, die Abnahme und das Betreiben von Schießständen" (Schießstandardrichtlinien), Stand Januar 2000, herausgegeben vom Deutschen Schützenbund, Wiesbaden.

satz 3 genannten Schießstandrichtlinien in der jeweils geltenden Fassung von Lehrgangsträgern ausgebildet sind,

2. auf der Basis polizeilicher oder militärischer Regelungen als Schießstandsachverständige ausgebildete Personen, die auf der Grundlage der in Absatz 3 genannten Schießstandrichtlinien in der jeweils geltenden Fassung regelmäßig fortgebildet worden sind.

(5) Eine Bestellung darf erfolgen, wenn die fachlichen Bestellungsvoraussetzungen auf dem Sachgebiet „Sicherheit von nichtmilitärischen Schießstätten"[3] in einer Prüfung nachgewiesen worden sind. § 16 findet entsprechende Anwendung.

(6) Als anerkannte Schießstandsachverständige gelten auch diejenigen, die bis zum 31. März 2008 auf der Grundlage bisheriger Schießstandrichtlinien ausgebildet und regelmäßig fortgebildet worden sind. Die Anerkennung nach Satz 1 erlischt zum 1. Januar 2013, sofern keine öffentliche Bestellung für das Fachgebiet „Sicherheit von nichtmilitärischen Schießständen" erfolgt ist.

ABSCHNITT 5

Aufbewahrung von Waffen und Munition

§ 13 Aufbewahrung von Waffen oder Munition

(1) In einem Sicherheitsbehältnis, das der Norm DIN/EN 1143-1 Widerstandsgrad 0 (Stand: Mai 1997)[4] oder einer Norm mit gleichem Schutzniveau eines anderen Mitgliedstaates des Übereinkommens über den Europäischen Wirtschaftsraum (EWR-Mitgliedstaat) oder der Sicherheitsstufe B nach VDMA 24992[5,6] (Stand: Mai 1995) entspricht, dürfen nicht mehr als zehn Kurzwaffen (Anlage 1 Abschnitt 1 Unterabschnitt 1 Nr. 2.6, dritter Halbsatz zum Waffengesetz), zu deren Erwerb und Besitz es einer Erlaubnis bedarf, oder zehn nach Anlage 2 Abschnitt 1 Nr. 1.1 bis 1.2.3 zum Waffengesetz verbotene Waffen aufbewahrt werden; unterschreitet das Gewicht des Behältnisses 200 Kilogramm oder liegt die Verankerung gegen Abriss unter einem vergleichbaren Gewicht, so verringert sich die Höchstzahl der aufzubewahrenden Waffen auf fünf. Wird die in Satz 1 genannte Anzahl überschritten, so darf die Aufbewahrung nur in einem Sicherheitsbehältnis, das mindestens der Norm DIN/EN 1143–1 Widerstandsgrad I (Stand: Mai 1997) oder einer Norm mit gleichem Schutzniveau eines anderen EWR-Mitgliedstaates entspricht, oder in einer entsprechenden Mehrzahl von Sicherheitsbehältnissen nach Satz 1 erfolgen.

(2) Werden mehr als zehn Langwaffen (Anlage 1 Abschnitt 1 Unterabschnitt 1 Nr. 2.6, erster und zweiter Halbsatz zum Waffengesetz), zu deren Erwerb und Besitz es einer Erlaubnis bedarf, aufbewahrt, so darf die Aufbewahrung nur in einem Sicherheitsbehältnis, das mindestens einer der in Absatz 1 Satz 1 genannten Normen entspricht, oder in einer entsprechenden Mehrzahl von Sicherheitsbehältnissen nach § 36 Abs. 2 Satz 2 des Waffengesetzes erfolgen.

---

[3] Herausgegeben vom Institut für Sachverständigenwesen e. V., Köln.
[4] Herausgegeben im Beuth-Verlag GmbH, Berlin und Köln.
[5] Verband Deutscher Maschinen- und Anlagenbau e. V.
[6] Herausgegeben im Beuth-Verlag GmbH, Berlin und Köln.

(3) Munition, deren Erwerb nicht von der Erlaubnispflicht freigestellt ist, darf nur in einem Stahlblechbehältnis ohne Klassifizierung mit Schwenkriegelschloss oder einer gleichwertigen Verschlussvorrichtung oder in einem gleichwertigen Behältnis aufbewahrt werden.

(4) Werden Langwaffen, zu deren Erwerb und Besitz es einer Erlaubnis bedarf, in einem Sicherheitsbehältnis, das der Sicherheitsstufe A nach VDMA 24 992 (Stand: Mai 1995) entspricht, aufbewahrt, so ist es für die Aufbewahrung von bis zu fünf Kurzwaffen, zu deren Erwerb und Besitz es einer Erlaubnis bedarf, und der Munition für die Lang- und Kurzwaffen ausreichend, wenn sie in einem Innenfach erfolgt, das den Sicherheitsanforderungen nach Absatz 1 Satz 1 entspricht; in diesem Fall dürfen die Kurzwaffen und die Munition innerhalb des Innenfaches zusammen aufbewahrt werden. Im Falle der Aufbewahrung von Schusswaffen in einem Sicherheitsbehältnis der Sicherheitsstufe A oder B nach VDMA 24 992 ist es für die Aufbewahrung der dazugehörigen Munition ausreichend, wenn sie in einem Innenfach aus Stahlblech ohne Klassifizierung mit Schwenkriegelschloss oder einer gleichwertigen Verschlussvorrichtung erfolgt; nicht zu den dort aufbewahrten Waffen gehörige Munition darf zusammen aufbewahrt werden.

(5) Die zuständige Behörde kann eine andere gleichwertige Aufbewahrung der Waffen zulassen. Insbesondere kann von Sicherheitsbehältnissen im Sinne des § 36 Abs. 1 und 2 des Waffengesetzes oder im Sinne der Absätze 1 bis 3 abgesehen werden, wenn die Waffen und die Munition in einem Waffenraum aufbewahrt werden, der dem Stand der Technik entspricht.

(6) In einem nicht dauernd bewohnten Gebäude dürfen nur bis zu drei Langwaffen, zu deren Erwerb und Besitz es einer Erlaubnis bedarf, aufbewahrt werden. Die Aufbewahrung darf nur in einem mindestens der Norm DIN/EN 1143-1 Widerstandsgrad I entsprechenden Sicherheitsbehältnis erfolgen. Die zuständige Behörde kann Abweichungen in Bezug auf die Art oder Anzahl der aufbewahrten Waffen oder das Sicherheitsbehältnis auf Antrag zulassen.

(7) Die zuständige Behörde kann auf Antrag bei einer Waffen- oder Munitionssammlung unter Berücksichtigung der Art und der Anzahl der Waffen oder der Munition und ihrer Gefährlichkeit für die öffentliche Sicherheit und Ordnung von den Vorgaben der Absätze 1 bis 6 insbesondere unter dem Gesichtspunkt der Sichtbarkeit zu Ausstellungszwecken abweichen und dabei geringere oder höhere Anforderungen an die Aufbewahrung stellen; bei Sammlungen von Waffen, deren Modell vor dem 1. Januar 1871 entwickelt worden ist, und bei Munitionssammlungen soll sie geringere Anforderungen stellen. Dem Antrag ist ein Aufbewahrungskonzept beizugeben.

(8) Die zuständige Behörde kann auf Antrag von Anforderungen an die Sicherheitsbehältnisse nach § 36 Abs. 1 und 2 des Waffengesetzes oder nach den Absätzen 1 bis 3 oder an einen Waffenraum nach Absatz 5 Satz 2 absehen, wenn ihre Einhaltung unter Berücksichtigung der Art und der Anzahl der Waffen und der Munition und ihrer Gefährlichkeit für die öffentliche Sicherheit und Ordnung eine besondere Härte darstellen würde. In diesem Fall hat sie die niedrigeren Anforderungen festzusetzen.

(9) Bestehen begründete Zweifel, dass Normen anderer EWR-Mitgliedstaaten im Schutzniveau den in § 36 Abs. 1 und 2 des Waffengesetzes oder in den Absätzen 1 bis 4 genannten Normen gleichwertig sind, kann die Behörde vom Ver-

pflichteten die Vorlage einer Stellungnahme insbesondere des Deutschen Instituts für Normung verlangen.

(10) Die gemeinschaftliche Aufbewahrung von Waffen oder Munition durch berechtigte Personen, die in einer häuslichen Gemeinschaft leben, ist zulässig.

(11) Bei der vorübergehenden Aufbewahrung von Waffen im Sinne des Absatzes 1 Satz 1 oder des Absatzes 2 oder von Munition außerhalb der Wohnung, insbesondere im Zusammenhang mit der Jagd oder dem sportlichen Schießen, hat der Verpflichtete die Waffen oder Munition unter angemessener Aufsicht aufzubewahren oder durch sonstige erforderliche Vorkehrungen gegen Abhandenkommen oder unbefugte Ansichnahme zu sichern, wenn die Aufbewahrung gemäß den Anforderungen der Absätze 1 bis 8 nicht möglich ist.

§ 14 Aufbewahrung von Waffen oder Munition in Schützenhäusern, auf Schießstätten oder im gewerblichen Bereich

Die zuständige Behörde kann auf Antrag eines Betreibers eines Schützenhauses, einer Schießstätte oder eines Waffengewerbes Abweichungen von den Anforderungen des § 13 Abs. 1 bis 5 und 6 Satz 1 und 2 zulassen, wenn ihr ein geeignetes Aufbewahrungskonzept vorgelegt wird. Sie hat bei ihrer Entscheidung neben der für die Aufbewahrung vorgesehenen Art und der Anzahl der Waffen oder der Munition und des Grades der von ihnen ausgehenden Gefahr für die öffentliche Sicherheit und Ordnung die Belegenheit und Frequentiertheit der Aufbewahrungsstätte besonders zu berücksichtigen.

ABSCHNITT 6

Vorschriften für das Waffengewerbe

Unterabschnitt 1
Fachkunde

§ 15 Umfang der Fachkunde

(1) Die in der Prüfung nach § 22 Abs. 1 Satz 1 des Waffengesetzes nachzuweisende Fachkunde umfasst ausreichende Kenntnisse

1. der Vorschriften über den Handel mit Schusswaffen und Munition, den Erwerb und das Führen von Schusswaffen sowie die Grundzüge der sonstigen waffenrechtlichen und der beschussrechtlichen Vorschriften,
2. über Art, Konstruktion und Handhabung der gebräuchlichen Schusswaffen, wenn die Erlaubnis für den Handel mit Schusswaffen beantragt ist, und
3. über die Behandlung der gebräuchlichen Munition und ihre Verwendung in der dazugehörigen Schusswaffe, wenn die Erlaubnis für den Handel mit Munition beantragt ist.

(2) Der Antragsteller hat in der Prüfung nach Absatz 1 Kenntnisse nachzuweisen über

1. Schusswaffen und Munition aller Art, wenn eine umfassende Waffenhandelserlaubnis beantragt ist,
2. die in der Anlage aufgeführten Waffen- oder Munitionsarten, für die Erlaubnis zum Handel beantragt ist.

406

§ 16 Prüfung

(1) Die zuständige Behörde bildet für die Abnahme der Prüfung staatliche Prüfungsausschüsse. Die Geschäftsführung kann auf die örtliche Industrie- und Handelskammer übertragen werden. Es können gemeinsame Prüfungsausschüsse für die Bezirke mehrerer Behörden gebildet werden.

(2) Der Prüfungsausschuss besteht aus dem Vorsitzenden und zwei Beisitzern. Die Mitglieder des Prüfungsausschusses müssen in dem Prüfungsgebiet sachkundig sein. Der Vorsitzende darf nicht im Waffenhandel tätig sein. Als Beisitzer sollen ein selbstständiger Waffenhändler und ein Angestellter im Waffenhandel oder, wenn ein solcher nicht zur Verfügung steht, ein Angestellter in der Waffenherstellung bestellt werden.

(3) Die Prüfung ist mündlich abzulegen.

(4) Für die Erteilung eines Zeugnisses, die Anfertigung einer Niederschrift und die Wiederholung der Prüfung gilt § 2 Abs. 3 Satz 2 und Abs. 4 und 5 entsprechend.

Unterabschnitt 12
Waffenherstellungs- und Waffenhandelsbücher

§ 17 Grundsätze der Buchführungspflicht

(1) Das Waffenherstellungs- und das Waffenhandelsbuch sind in gebundener Form oder in Karteiform oder mit Hilfe der elektronischen Datenverarbeitung im Betrieb oder in dem Betriebsteil, in dem die Schusswaffen hergestellt oder vertrieben werden, zu führen und, gegen Abhandenkommen, Datenverlust und unberechtigten Zugriff gesichert, aufzubewahren.

(2) Wird das Buch in gebundener Form geführt, so sind die Seiten laufend zu nummerieren; die Zahl der Seiten ist auf dem Titelblatt anzugeben. Wird das Buch in Karteiform geführt, so sind die Karteiblätter der zuständigen Behörde zur Abstempelung der Blätter und zur Bestätigung ihrer Gesamtzahl vorzulegen.

(3) Alle Eintragungen in das Buch sind unverzüglich in dauerhafter Form und in deutscher Sprache vorzunehmen; § 239 Abs. 3 des Handelsgesetzbuches gilt entsprechend. Sofern eine Eintragung nicht gemacht werden kann, ist dies unter Angabe der Gründe zu vermerken.

(4) Die Bücher sind zum 31. Dezember jeden zweiten Jahres sowie beim Wechsel des Betriebsinhabers oder bei der Einstellung des Betriebs mit Datum und Unterschrift so abzuschließen, dass nachträglich Eintragungen nicht mehr vorgenommen werden können. Der beim Abschluss der Bücher verbliebene Bestand ist vorzutragen, bevor neue Eintragungen vorgenommen werden. Ein Buch, das nicht mehr verwendet wird, ist unter Angabe des Datums abzuschließen.

(5) Die Bücher mit den Belegen sind auf Verlangen der zuständigen Behörde auch in deren Diensträumen oder dem Beauftragten der Behörde vorzulegen.

(6) Der zur Buchführung Verpflichtete hat das Buch mit den Belegen im Betrieb oder dem Betriebsteil, in dem die Schusswaffen hergestellt oder vertrieben werden, bis zum Ablauf von zehn Jahren, von dem Tage der letzten Eintragung an gerechnet, aufzubewahren. Will er das Buch nach Ablauf der in Satz 1 genannten Frist nicht weiter aufbewahren, so hat er es der zuständigen Behörde zur Aufbewahrung zu übergeben. Gibt der zur Buchführung Verpflichtete das

Gewerbe auf, so hat er das Buch seinem Nachfolger zu übergeben oder der zuständigen Behörde zur Aufbewahrung auszuhändigen.

§ 18 Führung der Waffenbücher in gebundener Form

(1) Wird das Waffenherstellungsbuch in gebundener Form geführt, so ist es nach folgendem Muster zu führen:

Linke Seite:

1. Laufende Nummer der Eintragung
2. Datum der Fertigstellung
3. Herstellungsnummer

Rechte Seite:

4. Datum des Abgangs oder der Kenntnis des Verlustes
5. Name und Anschrift des Empfängers oder Art des Verlustes
6. Sofern die Schusswaffe nicht einem Erwerber nach § 21 Abs. 1 des Waffengesetzes überlassen wird, die Bezeichnung der Erwerbsberechtigung unter Angabe der ausstellenden Behörde und des Ausstellungsdatums
7. Sofern die Schusswaffe einem Erwerber nach § 34 Abs. 5 Satz 1 des Waffengesetzes überlassen oder an ihn versandt wird, Bezeichnung und Datum der Bestätigung der Anzeige durch das Bundeskriminalamt.

Für jeden Waffentyp ist ein besonderes Blatt anzulegen, auf dem der Waffentyp und der Name, die Firma oder die Marke, die auf den Waffen angebracht sind, zu vermerken sind.

(2) Wird das Waffenhandelsbuch in gebundener Form geführt, so ist es nach folgendem Muster zu führen:

Linke Seite:

1. Laufende Nummer der Eintragung
2. Datum des Eingangs
3. Waffentyp
4. Name, Firma oder Marke, die auf der Waffe angebracht sind
5. Herstellungsnummer
6. Name und Anschrift des Überlassers

Rechte Seite:

7. Datum des Abgangs oder der Kenntnis des Verlustes
8. Name und Anschrift des Empfängers oder Art des Verlustes
9. Sofern die Schusswaffe nicht einem Erwerber nach § 21 Abs. 1 des Waffengesetzes überlassen wird, die Bezeichnung der Erwerbsberechtigung unter Angabe der ausstellenden Behörde und des Ausstellungsdatums
10. Sofern die Schusswaffe einem Erwerber nach § 34 Abs. 5 Satz 1 des Waffengesetzes überlassen oder an ihn versandt wird, Bezeichnung und Datum der Bestätigung der Anzeige durch das Bundeskriminalamt.

(3) Die Eintragungen nach den Absätzen 1 und 2 sind für jede Waffe gesondert vorzunehmen. Eine Waffe gilt im Sinne des Absatzes 1 Satz 1 Nr. 2 als fertiggestellt,
1. sobald sie nach § 3 des Beschussgesetzes geprüft worden ist,
2. wenn die Waffe nicht der amtlichen Beschussprüfung unterliegt, sobald sie zum Verkauf vorrätig gehalten wird.

(4) Von der Eintragung des Namens und der Anschrift des Überlassers nach Absatz 2 Nr. 6 kann abgesehen werden bei Schusswaffen, deren Modell vor dem 1. Januar 1871 entwickelt worden ist,
1. mit Zündnadelzündung,
2. mit Zündhütchenzündung (Perkussionswaffen), soweit es sich um einläufige Einzelladerwaffen handelt,
3. mit Lunten- oder Funkenzündung.

§ 19 Führung der Waffenbücher in Karteiform

(1) Wird das Waffenherstellungsbuch oder das Waffenhandelsbuch in Karteiform geführt, so können die Eintragungen für mehrere Waffen desselben Typs (Waffenposten) nach Absatz 2 oder 3 zusammengefasst werden. Auf einer Karteikarte darf nur ein Waffenposten nach Absatz 2 Nr. 1 oder Absatz 3 Nr. 1 eingetragen werden. Neueingänge dürfen auf demselben Karteiblatt erst eingetragen werden, wenn der eingetragene Waffenposten vollständig abgebucht ist. Abgänge sind mit den Angaben nach Absatz 2 Nr. 2 oder Absatz 3 Nr. 2 gesondert einzutragen. Für jeden Waffentyp ist ein besonderes Blatt anzulegen, auf dem der Waffentyp und der Name, die Firma oder die Marke, die auf der Waffe angebracht sind, zu vermerken sind.

(2) Das Waffenherstellungsbuch ist nach folgendem Muster zu führen:
1. bei der Eintragung der Fertigstellung:
    a) Datum der Fertigstellung
    b) Stückzahl
    c) Herstellungsnummern
2. bei der Eintragung von Abgängen:
    a) laufende Nummer der Eintragung
    b) Datum des Abgangs oder der Kenntnis des Verlustes
    c) Stückzahl
    d) Herstellungsnummern
    e) Name und Anschrift des Empfängers oder Art des Verlustes
    f) sofern die Schusswaffe nicht einem Erwerber nach § 21 Abs. 1 des Waffengesetzes überlassen wird, die Bezeichnung der Erwerbsberechtigung unter Angabe der ausstellenden Behörde und des Ausstellungsdatums
    g) sofern die Schusswaffe einem Erwerber nach § 34 Abs. 5 Satz 1 des Waffengesetzes überlassen oder an ihn versandt wird, Bezeichnung und Datum der Bestätigung der Anzeige durch das Bundeskriminalamt.

(3) Das Waffenhandelsbuch ist nach folgendem Muster zu führen:
1. bei der Eintragung des Eingangs:
    a) Datum des Eingangs
    b) Stückzahl
    c) Herstellungsnummern
    d) Name und Anschrift des Überlassers

2. bei der Eintragung von Abgängen:
   a) laufende Nummer der Eintragung
   b) Datum des Abgangs oder der Kenntnis des Verlustes
   c) Stückzahl
   d) Herstellungsnummern
   e) Name und Anschrift des Empfängers oder Art des Verlustes
   f) sofern die Schusswaffe nicht einem Erwerber nach § 21 Abs. 1 des Waffengesetzes überlassen wird, die Bezeichnung der Erwerbsberechtigung unter Angabe der ausstellenden Behörde und des Ausstellungsdatums
   g) sofern die Schusswaffe einem Erwerber nach § 34 Abs. 5 Satz 1 des Waffengesetzes überlassen oder an ihn versandt wird, Bezeichnung und Datum der Bestätigung der Anzeige durch das Bundeskriminalamt.

(4) Von der Eintragung des Namens und der Anschrift des Überlassers nach Absatz 3 Nr. 1 Buchstabe d kann abgesehen werden bei Schusswaffen, deren Modell vor dem 1. Januar 1871 entwickelt worden ist,
1. mit Zündnadelzündung,
2. mit Zündhütchenzündung (Perkussionswaffen), soweit es sich um einläufige Einzelladerwaffen handelt,
3. mit Lunten- oder Funkenzündung.

(5) § 17 Abs. 3, 5 und 6 ist auf die Eintragungen in den Karteiblättern sowie auf die Vorlage und Aufbewahrung der Karteiblätter und der Belege entsprechend anzuwenden.

§ 20 Führung der Waffenbücher in elektronischer Form

(1) Wird das Waffenherstellungs- oder das Waffenhandelsbuch in elektronischer Form geführt, so müssen die gespeicherten Datensätze (aufzeichnungspflichtigen Vorgänge) die nach § 19 geforderten Angaben enthalten. Die Datensätze sind unverzüglich zu speichern; sie sind fortlaufend zu nummerieren. Die Bestimmungen des Bundesdatenschutzgesetzes sind zu beachten.

(2) Die gespeicherten Datensätze sind nach Ablauf eines jeden Monats in Klarschrift auszudrucken. Der Ausdruck ist nach Maßgabe des § 19 in Karteiform vorzunehmen. Der Name des Überlassers, des Erwerbers und die Erwerbsberechtigung können auch in verschlüsselter Form ausgedruckt werden. In diesem Fall ist dem Ausdruck ein Verzeichnis beizugeben, das eine unmittelbare Entschlüsselung der bezeichneten Daten ermöglicht. Die Bestände sind auf den nächsten Monat vorzutragen.

(3) § 17 Abs. 3, 5 und 6 ist auf die Eintragungen in den Karteiblättern sowie auf die Vorlage und Aufbewahrung der Karteiblätter und der Belege entsprechend anzuwenden. Der Ausdruck der nach dem letzten Monatsabschluss gespeicherten Datensätze ist auf Verlangen der zuständigen Behörde auch in deren Diensträumen oder den Beauftragten der Behörde auch während des laufenden Monats jederzeit vorzulegen.

(4) Die zuständige Behörde kann Ausnahmen von Absatz 2 Satz 1 und 5 zulassen, wenn der Gesamtbestand an Waffen zu Beginn eines jeden Jahres und die Zu- und Abgänge monatlich in Klarschrift ausgedruckt werden und sichergestellt ist, dass die während des Jahres gespeicherten Daten auf Verlangen der zuständigen Behörde jederzeit in Klarschrift ausgedruckt werden können.

Unterabschnitt 3
Kennzeichnung von Waffen

§ 21 Kennzeichnung von Schusswaffen

(1) Wird die Kennzeichnung nach § 24 Abs. 1 Satz 1 Nr. 1 des Waffengesetzes auf mehreren wesentlichen Teilen angebracht, so müssen die Angaben auf denselben Hersteller oder Händler hinweisen.

(2) Bei Schusswaffen mit glatten Läufen sind auf jedem glatten Lauf der Laufdurchmesser, der 23 Zentimeter ± 1 Zentimeter vom Stoßboden gemessen wird, und die Lagerlänge anzubringen. Schusswaffen, bei denen der Lauf oder die Trommel ohne Anwendung von Hilfsmitteln ausgetauscht werden kann, sind auf dem Verschluss nach § 24 Abs. 1 Satz 1 Nr. 1 und 3 des Waffengesetzes zu kennzeichnen. Auf dem Lauf und der Trommel sind Angaben über den Hersteller und die Bezeichnung der Munition (§ 24 Abs. 1 Satz 1 Nr. 1 und 2 des Waffengesetzes) anzubringen.

(3) Wer eine Schusswaffe gewerbsmäßig verändert oder wesentliche Teile einer Schusswaffe nach Anlage 1 Abschnitt 1 Unterabschnitt 1 Nr. 1.3 zum Waffengesetz gewerbsmäßig austauscht und dabei die Angaben über den Hersteller (§ 24 Abs. 1 Satz 1 Nr. 1 des Waffengesetzes) entfernt, hat seinen Namen, seine Firma oder seine Marke auf der Schusswaffe anzubringen. Auf der Schusswaffe und den ausgetauschten Teilen darf keine Kennzeichnung angebracht sein, die auf verschiedene Hersteller oder Händler hinweist.

(4) Wer gewerbsmäßig Schusswaffen
1. so verkürzt, dass die Länge nicht mehr als 60 Zentimeter beträgt,
2. in ihrer Schussfolge verändert,
3. mit einer Bewegungsenergie der Geschosse von nicht mehr als 7,5 Joule in Schusswaffen mit einer höheren Bewegungsenergie der Geschosse umarbeitet,
4. mit einer Bewegungsenergie der Geschosse von mehr als 7,5 Joule in Schusswaffen mit einer geringeren Bewegungsenergie der Geschosse umarbeitet,
5. mit einer Bewegungsenergie der Geschosse von weniger als 0,08 Joule in Schusswaffen mit einer höheren Bewegungsenergie der Geschosse umarbeitet oder
6. in Waffen nach Anlage 2 Abschnitt 2 Unterabschnitt 2 Nr. 1.5 zum Waffengesetz oder in Gegenstände nach Anlage 1 Abschnitt 1 Unterabschnitt 1 Nr. 1.4 zum Waffengesetz abändert,

hat seinen Namen, seine Firma oder seine Marke auch dann auf der Schusswaffe dauerhaft anzubringen, wenn er die Angaben über den Hersteller (§ 24 Abs. 1 Satz 1 Nr. 1 des Waffengesetzes) nicht entfernt. Haben die Veränderungen nach Satz 1 Nr. 1 bis 3 oder 5 zur Folge, dass die Bewegungsenergie der Geschosse 7,5 Joule überschreitet, so ist auf der Schusswaffe auch die Herstellungsnummer (§ 24 Abs. 1 Satz 1 Nr. 3 des Waffengesetzes) anzubringen und das Kennzeichen nach § 24 Abs. 2 des Waffengesetzes zu entfernen. Neben der auf Grund der Änderung angebrachten Kennzeichnung ist dauerhaft der Buchstabe „U" anzubringen.

ABSCHNITT 7

Ausbildung in der Verteidigung mit Schusswaffen

§ 22 Lehrgänge und Schießübungen

(1) In Lehrgängen zur Ausbildung in der Verteidigung mit Schusswaffen oder bei Schießübungen dieser Art sind unter Beachtung des Verbots des kampfmäßigen Schießens (§ 27 Abs. 7 Satz 1 des Waffengesetzes) Schießübungen und insbesondere die Verwendung solcher Hindernisse und Übungseinbauten nicht zulässig, die der Übung über den Zweck der Verteidigung der eigenen Person oder Dritter hinaus einen polizeieinsatzmäßigen oder militärischen Charakter verleihen. Die Verwendung von Zielen oder Scheiben, die Menschen darstellen oder symbolisieren, ist gestattet. Die Veranstaltung der in Satz 1 genannten Schießübungen und die Teilnahme als Schütze an diesen Schießübungen sind verboten.

(2) Wer Lehrgänge zur Ausbildung in der Verteidigung mit Schusswaffen oder Schießübungen dieser Art veranstalten will, hat die beabsichtigte Tätigkeit und den Ort, an dem die Veranstaltung stattfinden soll, zwei Wochen vorher der zuständigen Behörde schriftlich anzuzeigen. Auf Verlangen der zuständigen Behörde ist ein Lehrgangsplan oder Übungsprogramm vorzulegen, aus dem die zu vermittelnden Kenntnisse und die Art der beabsichtigten Schießübungen erkennbar sind. Die Beendigung der Lehrgänge oder Schießübungen ist der zuständigen Behörde innerhalb von zwei Wochen ebenfalls anzuzeigen. Der Betreiber der Schießstätte darf die Durchführung von Veranstaltungen der genannten Art nur zulassen, wenn der Veranstalter ihm gegenüber schriftlich erklärt hat, dass die nach Satz 1 erforderliche Anzeige erfolgt ist.

(3) In der Anzeige über die Aufnahme der Lehrgänge oder Schießübungen hat der Veranstalter die Personalien der volljährigen verantwortlichen Aufsichtsperson und der Ausbilder anzugeben. § 10 Abs. 2 Satz 2 ist entsprechend anzuwenden. Die spätere Einstellung oder das Ausscheiden der genannten Personen hat der Veranstalter der zuständigen Behörde unverzüglich anzuzeigen.

(4) Auf die Verpflichtung des Veranstalters zur Bestellung einer verantwortlichen Aufsichtsperson und von Ausbildern ist § 10 Abs. 1 entsprechend anzuwenden.

§ 23 Zulassung zum Lehrgang

(1) Zur Teilnahme an den Lehrgängen oder Schießübungen im Sinne des § 22 dürfen nur Personen zugelassen werden,
1. die auf Grund eines Waffenscheins oder einer Bescheinigung nach § 55 Abs. 2 des Waffengesetzes zum Führen einer Schusswaffe berechtigt sind oder
2. denen ein in § 55 Abs. 1 des Waffengesetzes bezeichneter Dienstherr die dienstlichen Gründe zum Führen einer Schusswaffe bescheinigt hat oder denen von der zuständigen Behörde eine Bescheinigung nach Absatz 2 erteilt worden ist.

Die verantwortliche Aufsichtsperson hat sich vor der Aufnahme des Schießbetriebs vom Vorliegen der in Satz 1 genannten Erfordernisse zu überzeugen.

(2) Die zuständige Behörde kann Inhabern einer für Kurzwaffen ausgestellten Waffenbesitzkarte und Inhabern eines Jagdscheins, die im Sinne des § 19 des Waffengesetzes persönlich gefährdet sind, die Teilnahme an Lehrgängen oder Schießübungen der in § 22 genannten Art gestatten.

§ 24 Verzeichnisse

(1) Der Veranstalter hat ein Verzeichnis der verantwortlichen Aufsichtspersonen, der Ausbilder und der Teilnehmer gemäß Absatz 2 zu führen.

(2) Aus dem Verzeichnis müssen folgende Angaben über die in Absatz 1 genannten Personen hervorgehen:
1. Vor- und Familiennamen, Geburtsdatum und -ort, Wohnort und Anschrift;
2. Nummer, Ausstellungsdatum und ausstellende Behörde des Waffenscheins, der Bescheinigung nach § 55 Abs. 2 des Waffengesetzes oder der Bescheinigung des Dienstherrn nach § 23 Abs. 1 Satz 1 Nr. 2 oder der Ausnahmeerlaubnis nach § 23 Abs. 2;
3. in welchem Zeitraum (Monat und Jahr) sie als Aufsichtsperson oder als Ausbilder tätig waren oder an einer Veranstaltung teilgenommen haben.

(3) Das Verzeichnis ist vom Veranstalter auf Verlangen der zuständigen Behörde auch in deren Diensträumen oder den Beauftragten der Behörde vorzulegen.

(4) Der Veranstalter hat das Verzeichnis bis zum Ablauf von fünf Jahren, vom Tage der letzten Eintragung an gerechnet, sicher aufzubewahren. Gibt der Veranstalter die Durchführung des Verteidigungsschießens auf, so hat er das Verzeichnis seinem Nachfolger zu übergeben oder der zuständigen Behörde zur Aufbewahrung auszuhändigen.

§ 25 Untersagung von Lehrgängen oder Lehrgangsteilen; Abberufung von Aufsichtspersonen oder Ausbildern

(1) Die zuständige Behörde kann Veranstaltungen im Sinne des § 22 untersagen, wenn Tatsachen die Annahme rechtfertigen, dass der Veranstalter, die verantwortliche Aufsichtsperson oder ein Ausbilder die erforderliche Zuverlässigkeit, persönliche Eignung oder Sachkunde nicht oder nicht mehr besitzt. Ergeben sich bei einer verantwortlichen Aufsichtsperson oder einem Ausbilder Anhaltspunkte für die begründete Annahme des Vorliegens von Tatsachen nach Satz 1, so hat die zuständige Behörde vom Veranstalter die Abberufung dieser Person zu verlangen.

(2) Der Veranstalter hat auf Verlangen der zuständigen Behörde die Durchführung einzelner Lehrgänge oder Schießübungen einstweilen einzustellen. Die Behörde kann die einstweilige Einstellung verlangen, solange der Veranstalter
1. eine verantwortliche Aufsichtsperson oder die unter Berücksichtigung der Erfordernisse eines sicheren Schießbetriebs erforderliche Anzahl von Ausbildern nicht bestellt hat oder
2. dem Verlangen der Behörde, eine verantwortliche Aufsichtsperson oder einen Ausbilder wegen fehlender Zuverlässigkeit, persönlicher Eignung oder Sachkunde von seiner Tätigkeit abzuberufen, nicht nachkommt.

ABSCHNITT 8

Vorschriften mit Bezug zur Europäischen Union und zu Drittstaaten

Unterabschnitt 1
Anwendung des Gesetzes auf Bürger der Europäischen Union

§ 26 Allgemeine Bestimmungen

(1) Auf Staatsangehörige eines Mitgliedstaates der Europäischen Union (Mitgliedstaat) ist § 21 Abs. 4 Nr. 1 des Waffengesetzes nicht anzuwenden.

(2) Auf Staatsangehörige eines Mitgliedstaates, die in einem anderen Mitgliedstaat ihren gewöhnlichen Aufenthalt haben, ist § 21 Abs. 4 Nr. 2 des Waffengesetzes nicht anzuwenden, soweit die Erlaubnis darauf beschränkt wird,

1. Bestellungen auf Waffen oder Munition bei Inhabern einer Waffenherstellungs- oder Waffenhandelserlaubnis aufzusuchen und diesen den Erwerb, den Vertrieb oder das Überlassen solcher Gegenstände zu vermitteln und
2. den Besitz nur über solche Waffen oder Munition auszuüben, die als Muster, als Proben oder als Teile einer Sammlung mitgeführt werden.

(3) Absatz 2 ist entsprechend anzuwenden auf Gesellschaften, die nach den Rechtsvorschriften eines Mitgliedstaates gegründet sind und ihren satzungsmäßigen Sitz, ihre Hauptverwaltung oder ihre Hauptniederlassung innerhalb der Europäischen Union haben. Soweit diese Gesellschaften nur ihren satzungsmäßigen Sitz, jedoch weder ihre Hauptverwaltung noch ihre Hauptniederlassung innerhalb der Europäischen Union haben, gilt Satz 1 nur, wenn ihre Tätigkeit in tatsächlicher und dauerhafter Verbindung mit der Wirtschaft eines Mitgliedstaates steht.

(4) Die Vorschriften der Absätze 1 bis 3 zu Gunsten von Staatsangehörigen eines Mitgliedstaates sind nicht anzuwenden, soweit dies zur Beseitigung einer Störung der öffentlichen Sicherheit oder Ordnung oder zur Abwehr einer bevorstehenden Gefahr für die öffentliche Sicherheit oder Ordnung im Einzelfall erforderlich ist.

(5) Auf Staatsangehörige eines Mitgliedstaates ist § 4 Abs. 2 des Waffengesetzes nicht anzuwenden, soweit sie im Geltungsbereich des Waffengesetzes ihren gewöhnlichen Aufenthalt haben und eine selbstständige oder unselbstständige Tätigkeit ausüben, die den Erwerb, den Besitz oder das Führen einer Waffe oder von Munition erfordert.

§ 27 Besondere Bestimmungen zur Fachkunde

(1) Der Nachweis der Fachkunde für den Waffenhandel im Sinne des § 22 des Waffengesetzes ist für einen Staatsangehörigen eines Mitgliedstaates als erbracht anzusehen, wenn er in einem anderen Mitgliedstaat im Handel mit Waffen und Munition wie folgt tätig war:

1. drei Jahre ununterbrochen als Selbstständiger oder in leitender Stellung,
2. zwei Jahre ununterbrochen als Selbstständiger oder in leitender Stellung, wenn er für die betreffende Tätigkeit eine vorherige Ausbildung nachweisen kann, die durch ein staatlich anerkanntes Zeugnis bestätigt oder von einer zuständigen Berufsinstitution als vollwertig anerkannt ist,

3. zwei Jahre ununterbrochen als Selbstständiger oder in leitender Stellung sowie außerdem drei Jahre als Unselbstständiger oder

4. drei Jahre ununterbrochen als Unselbstständiger, wenn er für den betreffenden Beruf eine vorherige Ausbildung nachweisen kann, die durch ein staatlich anerkanntes Zeugnis bestätigt oder von einer zuständigen Berufsinstitution als vollwertig anerkannt ist.

(2) In den in Absatz 1 Nr. 1 und 3 genannten Fällen darf die Tätigkeit als Selbstständiger oder in leitender Stellung höchstens zehn Jahre vor dem Zeitpunkt der Antragstellung beendet worden sein.

(3) Als ausreichender Nachweis ist auch anzusehen, wenn der Antragsteller die dreijährige Tätigkeit nach Absatz 1 Nr. 1 nicht ununterbrochen ausgeübt hat, die Ausübung jedoch nicht mehr als zwei Jahre vor dem Zeitpunkt der Antragstellung beendet worden ist.

(4) Eine Tätigkeit in leitender Stellung im Sinne des Absatzes 1 übt aus, wer in einem industriellen oder kaufmännischen Betrieb des entsprechenden Berufszweigs tätig war

1. als Leiter des Unternehmens oder einer Zweigniederlassung,

2. als Stellvertreter des Unternehmers oder des Leiters des Unternehmens, wenn mit dieser Stellung eine Verantwortung verbunden ist, die der des vertretenen Unternehmers oder Leiters entspricht, oder

3. in leitender Stellung mit kaufmännischen Aufgaben und mit der Verantwortung für mindestens eine Abteilung des Unternehmens.

(5) Der Nachweis, dass die Voraussetzungen der Absätze 1 bis 4 erfüllt sind, ist vom Antragsteller durch eine Bescheinigung der zuständigen Stelle des Herkunftslandes zu erbringen.

Unterabschnitt 2
Erwerb von Waffen und Munition in anderen Staaten;
Verbringen und Mitnahme

**§ 28 Erlaubnisse für den Erwerb von Waffen und Munition
in einem anderen Mitgliedstaat**

Eine Erlaubnis nach § 11 Abs. 2 des Waffengesetzes wird als Zustimmung durch einen Erlaubnisschein der zuständigen Behörde erteilt. Für die Erteilung hat der Antragsteller folgende Angaben zu machen:

1. über seine Person:
   Vor- und Familienname, Geburtsdatum und -ort, Anschriften sowie Nummer, Ausstellungsdatum und ausstellende Behörde des Passes oder des Personalausweises;

2. über die Waffe:
   bei Schusswaffen Anzahl, Art, Kaliber und Kategorie nach Anlage 1 Abschnitt 3 zum Waffengesetz und gegebenenfalls CIP-Beschusszeichen; bei sonstigen Waffen Anzahl und Art der Waffen;

3. über die Munition:
   Anzahl, Art, Kaliber und gegebenenfalls CIP-Prüfzeichen.

§ 29 Erlaubnisse zum Verbringen von Waffen und Munition

(1) Eine Erlaubnis oder Zustimmung nach den §§ 29 bis 31 des Waffengesetzes wird durch einen Erlaubnisschein der zuständigen Behörde erteilt.

(2) Für die Erteilung einer Zustimmung nach § 29 Abs. 2 und § 30 Abs. 1 Satz 2 des Waffengesetzes hat der Antragsteller folgende Angaben zu machen:

1. über die Person des Überlassers und des Erwerbers oder desjenigen, der die Waffen oder Munition ohne Besitzwechsel in einen anderen Mitgliedstaat verbringt:
   Vor- und Familienname, Geburtsdatum und -ort, Wohnort und Anschrift, bei Firmen auch Telefon- oder Telefaxnummer, sowie Nummer, Ausstellungsdatum und ausstellende Behörde des Passes oder des Personalausweises und die Angabe, ob es sich um einen Waffenhändler oder um eine Privatperson handelt;

2. über die Waffen:
   bei Schusswaffen Anzahl und Art der Waffen, Kategorie nach der Anlage 1 Abschnitt 3 zum Waffengesetz, Firma oder eingetragenes Markenzeichen des Herstellers, Modellbezeichnung, Kaliber, Herstellungsnummer und gegebenenfalls CIP-Beschusszeichen; bei sonstigen Waffen Anzahl und Art der Waffen;

3. über die Munition:
   Anzahl und Art der Munition, Kategorie nach der Richtlinie 93/15/EWG des Rates vom 5. April 1993 zur Harmonisierung der Bestimmungen über das Inverkehrbringen und die Kontrolle von Explosivstoffen für zivile Zwecke (ABl. EG Nr. L 121 S. 20), Firma oder eingetragenes Markenzeichen des Herstellers, Kaliber und gegebenenfalls CIP-Munitionsprüfzeichen;

4. über die Lieferanschrift:
   genaue Angabe des Ortes, an den die Waffen oder die Munition versandt oder transportiert werden.

Die Angaben nach Satz 1 sind auch für die Erteilung einer Erlaubnis zum Verbringen aus einem Drittstaat nach § 29 Abs. 1 oder § 30 Abs. 1 Satz 1 des Waffengesetzes erforderlich; in diesen Fällen muss der Erlaubnisschein alle in Satz 1 genannten Angaben enthalten.

(3) Wird gewerbsmäßigen Waffenherstellern oder -händlern (§ 21 des Waffengesetzes) die Zustimmung nach § 29 Abs. 2 des Waffengesetzes allgemein zum Verbringen von Waffen und Munition von einem gewerbsmäßigen Waffenhersteller oder -händler, der Inhaber einer allgemeinen Erlaubnis des anderen Mitgliedstaats zum Verbringen von Waffen und Munition nach Artikel 11 Abs. 3 der Richtlinie 91/477/EWG des Rates vom 18. Juni 1991 über die Kontrolle des Erwerbs und des Besitzes von Waffen (ABl. EG Nr. L 256 S. 51) ist, befristet erteilt, so kann bei Schusswaffen auf die Angaben des Kalibers und der Herstellungsnummer verzichtet werden. Auf die in Satz 1 genannten Angaben kann auch bei der Erteilung einer Erlaubnis zum Verbringen aus einem Drittstaat zwischen gewerbsmäßigen Waffenherstellern oder -händlern nach § 29 Abs. 1 oder § 30 Abs. 1 des Waffengesetzes verzichtet werden, wenn besondere Gründe hierfür glaubhaft gemacht werden. Im Falle des Satzes 2 müssen die genannten Angaben den nach § 33 Abs. 3 des Waffengesetzes zuständigen Überwachungsbehörden bei dem Verbringen mitgeteilt werden.

(4) Für die Erteilung einer Erlaubnis nach § 31 Abs. 1 des Waffengesetzes hat der Antragsteller neben den in Absatz 2 Satz 1 genannten Angaben über die Versendung der Waffen oder der Munition das Beförderungsmittel, den Tag der Absendung und den voraussichtlichen Ankunftstag mitzuteilen.

(5) Für die Erteilung einer Erlaubnis nach § 31 Abs. 2 des Waffengesetzes hat der Antragsteller Angaben über Name und Anschrift der Firma, Telefon- oder Telefaxnummer, Vor- und Familienname, Geburtsort und -datum des Inhabers der Erlaubnis nach § 21 Abs. 1 des Waffengesetzes, Empfängermitgliedstaat und Art der Waffen und Munition zu machen. Bei dem Transport der Schusswaffen oder der Munition innerhalb der Europäischen Union zu einem Waffenhändler in einem anderen Mitgliedstaat durch einen oder im Auftrag eines Inhabers der Erlaubnis nach § 31 Abs. 2 des Waffengesetzes kann an Stelle des Erlaubnisscheins nach Absatz 1 eine Erklärung mitgeführt werden, die auf diesen Erlaubnisschein verweist. Die Erklärung muss auf dem hierfür vorgesehenen amtlichen Vordruck erfolgen und folgende Angaben enthalten:

1. die Bezeichnung des Versender- und des Empfängermitgliedstaates, der Durchgangsländer, der Beförderungsart und des Beförderers;
2. über den Versender, den Erklärungspflichtigen und den Empfänger: Name und Anschrift der Firma, Telefon- oder Telefaxnummer;
3. über die Erlaubnis nach § 31 Abs. 2 des Waffengesetzes: Ausstellungsdatum und -nummer, ausstellende Behörde und Geltungsdauer;
4. über die vorherige Zustimmung des anderen Mitgliedstaates oder die Freistellung von der vorherigen Zustimmung: Ausstellungsdatum und ausstellende Behörde, Angaben der Waffen; ein Doppel der vorherigen Zustimmung oder der Freistellung ist der Erklärung beizufügen;
5. über die Waffen: bei Schusswaffen Anzahl und Art der Waffen, Kategorie nach der Anlage 1 Abschnitt 3 des Waffengesetzes, Firma oder eingetragenes Markenzeichen des Herstellers, Modellbezeichnung, Kaliber, Herstellungsnummer und gegebenenfalls CIP-Beschusszeichen; bei sonstigen Waffen Anzahl und Art der Waffen;
6. über die Munition: Anzahl und Art der Munition, Kategorie nach der Richtlinie 93/15/EWG des Rates vom 5. April 1993 zur Harmonisierung der Bestimmungen über das Inverkehrbringen und die Kontrolle von Explosivstoffen für zivile Zwecke (ABl. EG Nr. L 121 S. 20), Firma oder eingetragenes Markenzeichen des Herstellers, Kaliber und gegebenenfalls CIP-Munitionsprüfzeichen;
7. über die Lieferanschrift: genaue Angabe des Ortes, an den die Waffen oder die Munition versandt oder transportiert werden.

§ 30 Erlaubnisse für die Mitnahme von Waffen und Munition nach oder durch Deutschland

(1) Eine Erlaubnis nach § 32 Abs. 1 Satz 1 des Waffengesetzes wird durch einen Erlaubnisschein der zuständigen Behörde erteilt. Für die Erteilung der Erlaubnis nach Satz 1 hat der Antragsteller folgende Angaben zu machen:

1. über seine Person:
   Vor- und Familienname, Geburtsdatum und -ort, Wohnort und Anschrift, bei
   Firmen auch Telefon- oder Telefaxnummer, sowie Nummer, Ausstellungs-
   datum und ausstellende Behörde des Passes oder des Personalausweises;
2. über die Waffen:
   bei Schusswaffen Anzahl und Art der Waffen, Kategorie nach der Anlage 1
   Abschnitt 3 zum Waffengesetz, Firma oder eingetragenes Markenzeichen des
   Herstellers, Modellbezeichnung, Kaliber, Herstellungsnummer und gegebenenfalls CIP-Beschusszeichen; bei sonstigen Waffen Anzahl und Art der Waffen;
3. über die Munition:
   Anzahl und Art der Munition, Kategorie nach der Richtlinie 93/15/EWG des
   Rates vom 5. April 1993 zur Harmonisierung der Bestimmungen über das Inverkehrbringen und die Kontrolle von Explosivstoffen für zivile Zwecke
   (ABl. EG Nr. L 121 S. 20), Firma oder eingetragenes Markenzeichen des Herstellers, Kaliber und gegebenenfalls CIP-Munitionsprüfzeichen;
4. über den Grund der Mitnahme:
   genaue Angabe des Ortes, zu dem die Waffen oder die Munition mitgenommen werden sollen, und der Zweck der Mitnahme.

Der Erlaubnisschein für die Mitnahme von Waffen oder Munition aus einem
Drittstaat muss alle in Satz 2 genannten Angaben enthalten.

(2) Bei der Erteilung einer Erlaubnis nach § 32 Abs. 1 Satz 1 des Waffengesetzes kann die Sachkunde auch als nachgewiesen angesehen werden, wenn eine
ausreichende Kenntnis der geforderten Inhalte durch einen Beleg des Staates, in
dem die Person ihren gewöhnlichen Aufenthalt hat, glaubhaft gemacht wird.

(3) Bei der Erteilung einer Erlaubnis nach § 32 Abs. 4 des Waffengesetzes kann
die zuständige Behörde auf einzelne der in Absatz 1 Satz 2 Nr. 2 und 3 aufgeführten Angaben verzichten, wenn diese nicht rechtzeitig gemacht werden können.
Die Angaben sind der zuständigen Behörde unverzüglich nachzureichen und bei
der Einreise den nach § 33 Abs. 3 des Waffengesetzes zuständigen Überwachungsbehörden mitzuteilen.

(4) Die zuständige Behörde kann in besonderen Fällen gestatten, dass Antrag-
stellungen für die Erteilung einer Erlaubnis nach § 32 Abs. 4 des Waffengesetzes
durch mehrere Personen gemeinsam auf dem hierfür vorgesehenen amtlichen Vordruck erfolgen. Im Falle des Satzes 1 sind für die Antragsteller jeweils die Angaben nach Absatz 1 Satz 2 Nr. 1 und 4 vollständig zu machen, die Angaben nach
Absatz 1 Satz 2 Nr. 2 und 3, soweit die Behörde hierauf nicht verzichtet hat.

§ 31 Anzeigen

(1) Eine Anzeige nach § 31 Abs. 2 Satz 3 des Waffengesetzes an das Bundeskriminalamt ist mit dem hierfür vorgesehenen amtlichen Vordruck in zweifacher
Ausfertigung zu erstatten. Die Anzeige muss die in § 29 Abs. 5 Satz 3 genannten
Angaben enthalten. Das Bundeskriminalamt bestätigt dem Anzeigenden den Eingang auf dem Doppel der Anzeige.

(2) Eine Anzeige nach § 34 Abs. 4, erster Halbsatz des Waffengesetzes an das
Bundeskriminalamt ist mit dem hierfür vorgesehenen amtlichen Vordruck zu erstatten und muss folgende Angaben enthalten:

1. über die Person des Überlassers:
   Vor- und Familiennamen oder Firma, Wohnort oder Firmenanschrift, bei Firmen auch Telefon- oder Telefaxnummer, Datum der Überlassung;
2. über die Person des Erwerbers:
   Vor- und Familiennamen, Geburtsdatum und -ort, Anschriften in Mitgliedstaaten sowie Nummer, Ausstellungsdatum und ausstellende Behörde des Passes oder des Personalausweises;
3. über die Waffen oder die Munition:
   die Angaben nach § 29 Abs. 2 Satz 1 Nr. 2 und 3.

(3) Eine Anzeige nach § 34 Abs. 5 Satz 1 des Waffengesetzes an das Bundeskriminalamt ist mit dem hierfür vorgesehenen amtlichen Vordruck in zweifacher Ausfertigung zu erstatten und muss folgende Angaben enthalten:
1. über die Person des Erwerbers oder denjenigen, der eine Schusswaffe zum dortigen Verbleib in einen anderen Mitgliedstaat verbringt:
   Vor- und Familiennamen, Geburtsdatum und -ort, Wohnort und Anschrift, Beruf sowie Nummer, Ausstellungsdatum und ausstellende Behörde des Passes oder des Personalausweises, ferner Nummer, Ausstellungsdatum und ausstellende Behörde der Waffenerwerbsberechtigung;
2. über die Schusswaffe:
   Art der Waffe, Name, Firma oder eingetragene Marke des Herstellers, Modellbezeichnung, Kaliber und Herstellungsnummer;
3. über den Versender:
   Name und Anschrift des auf dem Versandstück angegebenen Versenders.

Beim Erwerb durch gewerbliche Unternehmen sind die Angaben nach Satz 1 Nr. 1 über den Inhaber des Unternehmens, bei juristischen Personen über eine zur Vertretung des Unternehmens befugte Person mitzuteilen und deren Pass oder Personalausweis vorzulegen. Bei laufenden Geschäftsbeziehungen entfällt die wiederholte Vorlage des Passes oder des Personalausweises, es sei denn, dass der Inhaber des Unternehmens gewechselt hat oder bei juristischen Personen zur Vertretung des Unternehmens eine andere Person bestellt worden ist. Wird die Schusswaffe oder die Munition einer Person überlassen, die sie außerhalb des Geltungsbereichs des Waffengesetzes, insbesondere im Versandwege erwerben will, so ist die Angabe der Erwerbsberechtigung nach Satz 1 Nr. 1 nicht erforderlich, ferner genügt an Stelle des Passes oder des Personalausweises eine amtliche Beglaubigung dieser Urkunden. Das Bundeskriminalamt bestätigt dem Anzeigenden den Eingang auf dem Doppel der Anzeige.

§ 32 Mitteilungen der Behörden

(1) Die zuständige Behörde übermittelt dem Bundeskriminalamt die Angaben nach § 29 Abs. 4 durch ein Doppel des Erlaubnisscheins.

(2) Das Bundeskriminalamt
1. übermittelt dem anderen Mitgliedstaat die Angaben nach § 31 Abs. 1 Satz 2 und Abs. 2 und die nach Absatz 1 erhaltenen Angaben;
2. übermittelt die von anderen Mitgliedstaaten in den Fällen des § 29 Abs. 1 und des § 30 Abs. 1 des Waffengesetzes erhaltenen Angaben sowie die von anderen Mitgliedstaaten erhaltenen Angaben über das Überlassen von Waffen nach Anlage 1 Abschnitt 3 Nr. 1 bis 3 (Kategorien A 1.2 bis C) zum Waffengesetz oder von Munition an Personen und den Besitz von solchen Waffen

oder Munition durch Personen, die jeweils ihren gewöhnlichen Aufenthalt im Geltungsbereich des Waffengesetzes haben, an die zuständige Behörde;
3. übermittelt die von anderen Vertragsstaaten des Übereinkommens vom 28. Juni 1978 über die Kontrolle des Erwerbs und Besitzes von Schusswaffen durch Einzelpersonen (BGBl. 1980 II S. 953) erhaltenen Mitteilungen über das Verbringen oder das Überlassen der in § 34 Abs. 5 Satz 1 des Waffengesetzes genannten Schusswaffen erhaltenen Angaben an die zuständige Behörde;
4. soll den Erwerb von Schusswaffen und Munition durch die in § 34 Abs. 5 Satz 1 des Waffengesetzes genannten Personen der zuständigen zentralen Behörde des Heimat- oder Herkunftsstaates des Erwerbers mitteilen, sofern Gegenseitigkeit gewährleistet ist; die Mitteilung soll die Angaben nach § 31 Abs. 3 Satz 1 Nr. 1 und 2 enthalten.

(3) Die nach § 33 Abs. 3 des Waffengesetzes zuständigen Überwachungsbehörden übermitteln den zuständigen Behörden die nach § 29 Abs. 3 Satz 3 und nach § 30 Abs. 3 Satz 2 mitgeteilten Angaben.

§ 33 Europäischer Feuerwaffenpass

(1) Die Geltungsdauer des Europäischen Feuerwaffenpasses nach § 32 Abs. 6 des Waffengesetzes beträgt fünf Jahre; soweit bei Jägern oder Sportschützen in ihm nur Einzellader-Langwaffen mit glattem Lauf oder mit glatten Läufen eingetragen sind, beträgt sie zehn Jahre. Die Geltungsdauer kann zweimal um jeweils fünf Jahre verlängert werden. § 9 Abs. 1 und 2 und § 37 Abs. 2 des Waffengesetzes gelten entsprechend.

(2) Der Antragsteller hat die Angaben nach § 30 Abs. 1 Satz 2 Nr. 1 bis 3 zu machen. Er hat ein Lichtbild aus neuerer Zeit in der Größe von mindestens 45 Millimeter × 35 Millimeter im Hochformat ohne Rand abzugeben. Das Lichtbild muss das Gesicht im Ausmaß von mindestens 20 Millimeter darstellen und den Antragsteller zweifelsfrei erkennen lassen. Der Hintergrund muss heller sein als die Gesichtspartie.

ABSCHNITT 9

Ordnungswidrigkeiten und Schlussvorschriften

§ 34 Ordnungswidrigkeiten

Ordnungswidrig im Sinne des § 53 Abs. 1 Nr. 23 des Waffengesetzes handelt, wer vorsätzlich oder fahrlässig
1. entgegen § 7 Abs. 1 Satz 2 oder § 22 Abs. 1 Satz 3 eine Schießübung veranstaltet oder an ihr teilnimmt,
2. entgegen § 9 Abs. 1 Satz 1 auf einer Schießstätte schießt,
3. entgegen § 9 Abs. 1 Satz 3 die Einhaltung der dort genannten Voraussetzungen nicht überwacht,
4. entgegen § 10 Abs. 1 Satz 4 den Schießbetrieb aufnimmt oder fortsetzt,
5. entgegen § 10 Abs. 2 Satz 1 oder 3 oder § 22 Abs. 2 Satz 1 oder 3 oder Abs. 3 Satz 3 eine Anzeige nicht, nicht richtig, nicht vollständig, nicht in der vorgeschriebenen Weise oder nicht rechtzeitig erstattet,

6. entgegen § 10 Abs. 3 Satz 4 das dort genannte Dokument nicht mitführt oder nicht oder nicht rechtzeitig aushändigt,
7. entgegen § 10 Abs. 3 Satz 5 Einblick nicht oder nicht rechtzeitig gewährt,
8. entgegen § 11 Abs. 1 Satz 1 das Schießen nicht beaufsichtigt,
9. entgegen § 11 Abs. 1 Satz 2 das Schießen oder den Aufenthalt in der Schießstätte nicht untersagt,
10. entgegen § 11 Abs. 2 eine Anordnung nicht befolgt,
11. entgegen § 12 Abs. 2 Satz 2 eine Schießstätte betreibt oder benutzt,
12. entgegen § 13 Abs. 1, 2, 3 oder 6 Satz 1 oder 2 Waffen oder Munition aufbewahrt,
13. entgegen § 17 Abs. 5, auch in Verbindung mit § 19 Abs. 5 oder § 20 Abs. 3 Satz 1, oder § 24 Abs. 3 das Buch, ein Karteiblatt oder das Verzeichnis nicht oder nicht rechtzeitig vorlegt,
14. entgegen § 17 Abs. 6 Satz 1, auch in Verbindung mit § 19 Abs. 5 oder § 20 Abs. 3 Satz 1, das Buch oder ein Karteiblatt nicht oder nicht mindestens zehn Jahre aufbewahrt,
15. entgegen § 17 Abs. 6 Satz 2, auch in Verbindung mit § 19 Abs. 5 oder § 20 Abs. 3 Satz 1, das Buch oder ein Karteiblatt nicht oder nicht rechtzeitig übergibt,
16. entgegen § 17 Abs. 6 Satz 3, auch in Verbindung mit § 19 Abs. 5 oder § 20 Abs. 3 Satz 1, oder § 24 Abs. 4 Satz 2 das Buch, ein Karteiblatt oder das Verzeichnis nicht oder nicht rechtzeitig übergibt oder nicht oder nicht rechtzeitig aushändigt,
17. entgegen § 22 Abs. 2 Satz 2 den Lehrgangsplan oder das Übungsprogramm nicht oder nicht rechtzeitig vorlegt,
18. entgegen § 22 Abs. 2 Satz 4 die Durchführung einer Veranstaltung zulässt,
19. entgegen § 23 Abs. 1 Satz 2 sich vom Vorliegen der dort genannten Erfordernisse nicht oder nicht rechtzeitig überzeugt,
20. entgegen § 24 Abs. 1 ein Verzeichnis nicht, nicht richtig, nicht vollständig oder nicht in der vorgeschriebenen Weise führt,
21. entgegen § 24 Abs. 4 Satz 1 das Verzeichnis nicht oder nicht mindestens fünf Jahre aufbewahrt,
22. entgegen § 25 Abs. 2 Satz 1 die Durchführung eines Lehrgangs oder einer Schießübung nicht oder nicht rechtzeitig einstellt.

§ 35 Anwendung des bisherigen Rechts

(weggefallen)

§ 36 Inkrafttreten, Außerkrafttreten

Diese Verordnung tritt am 1. Dezember 2003 in Kraft. Gleichzeitig treten die Erste Verordnung zum Waffengesetz in der Fassung der Bekanntmachung vom 10. März 1987 (BGBl. I S. 777), zuletzt geändert durch Artikel 10 des Gesetzes vom 11. Oktober 2002 (BGBl. I S. 3970), sowie die Zweite Verordnung zum Waffengesetz vom 13. Dezember 1976 (BGBl. I S. 3387) außer Kraft.

Anlage
(zu § 15 Abs. 2 Nr. 2)

Waffen- und Munitionsarten

1. Schusswaffen und ihnen gleichstehende Geräte
1.1 Büchsen und Flinten einschließlich Flobertwaffen und Zimmerstutzen
1.2 Pistolen und Revolver zum Verschießen von Patronenmunition; Schalldämpfer
1.3 Schreckschuss-, Reizstoff- und Signalwaffen gemäß Anlage 1 Abschnitt 1 Unterabschnitt 1 Nr. 2.7 bis 2.9 des Waffengesetzes
1.4 Signalwaffen mit einem Patronen- oder Kartuschenlager von mehr als 12,5 mm Durchmesser
1.5 Druckluft-, Federdruck- und Druckgaswaffen
1.6 Schusswaffen, die vor dem 1. Januar 1871 hergestellt worden sind
1.7 Schusswaffen und ihnen gleichstehende Geräte, die nicht unter 1.1 und 1.5 fallen
2. Munition
2.1 Munition zum Verschießen aus Büchsen und Flinten (1.1)
2.2 Munition zum Verschießen aus Pistolen und Revolvern (1.2)
2.3 Munition zum Verschießen aus Schreckschuss-, Reizstoff- und Signalwaffen (1.3)
2.4 Munition zum Verschießen aus Signalwaffen mit einem Kartuschenlager von mehr als 12,5 mm Durchmesser (1.4)
2.5 Munition zum Verschießen aus Schusswaffen, die vor dem 1. Januar 1871 hergestellt worden sind, und aus sonstigen ihnen gleichstehenden Geräten (1.6 und 1.7).

3.
Gesetz über die Prüfung und Zulassung von Feuerwaffen, Böllern, Geräten, bei denen zum Antrieb Munition verwendet wird, sowie von Munition und sonstigen Waffen (Beschussgesetz – BeschG)[1]

in der Fassung der Bekanntmachung vom 11. Oktober 2002 (BGBl. I S. 3970), zuletzt geändert durch Art. 3 Abs. 7 des Gesetzes vom 17. Juli 2009 (BGBl. I S. 2062)

Inhaltsübersicht

ABSCHNITT 1

Allgemeine Bestimmungen

---

[1] Für die Durchführung des BeschG und der auf Grund dieses Gesetzes erlassenen Rechtsverordnung ist das Regierungspräsidium Tübingen (bisher Landesgewerbeamt – Beschussamt Ulm –) sachlich zuständig, soweit nicht Bundesbehörden zuständig sind oder durch Bundesrecht oder in der BeschGDVO etwas anderes bestimmt wird.

ABSCHNITT 1

Allgemeine Bestimmungen

§ 1 Zweck und Anwendungsbereich

(1)   Dieses Gesetz regelt die Prüfung und Zulassung von

1.   Feuerwaffen, Böllern, Geräten, bei denen zum Antrieb Munition oder hülsenlose Treibladungen verwendet werden, einschließlich deren höchstbeanspruchten Teilen,
2.   Munition und
3.   sonstige Waffen

zum Schutz der Benutzer und Dritter bei bestimmungsgemäßer Verwendung.

(2)   Dieses Gesetz ist nicht anzuwenden auf

1.   Feuerwaffen, die zum Verschießen von Munition bestimmt sind, bei der die Ladung nicht schwerer als 15 Milligramm ist,
2.   veränderte Schusswaffe nach Anlage 1 Abschnitt 1 Unterabschnitt 1 Nr. 1.4 des Waffengesetzes vom 11. Oktober 2002 (BGBl. I S. 3970) in der jeweils geltenden Fassung,
3.   die Lagerung der in Absatz 1 bezeichneten Gegenstände in verschlossenen Zolllagern oder in Freizonen.

(3)   Der Bauartzulassung unterliegen

1.   nicht tragbare Selbstschussgeräte,
2.   bei anderen nicht tragbaren Geräten, in denen zum Antrieb in Hülsen untergebrachte Treibladungen verwendet werden und die für technische Zwecke bestimmt sind, nur die Auslösevorrichtungen und die Teile des Gerätes, die zum Druck der Pulvergase unmittelbar ausgesetzt sind.

Geräte nach Satz 1 Nr. 2 können außerdem der Einzelbeschussprüfung unterzogen werden.

(4)   Auf Feuerwaffen, Böller, Geräte, Munition und sonstige Waffen im Sinne des Absatzes 1, die für

1.   die obersten Bundes- und Landesbehörden und die Deutsche Bundesbank,
2.   die Bundeswehr und die in der Bundesrepublik Deutschland stationierten ausländischen Streitkräfte,
3.   die Polizeien des Bundes und der Länder,
4.   die Zollverwaltung

in den Geltungsbereich dieses Gesetzes verbracht oder hergestellt und ihnen oder ihren Bediensteten im Rahmen ihrer dienstlichen Tätigkeit jeweils überlassen werden, sind, soweit nicht ausdrücklich etwas anderes bestimmt ist, die Vorschriften über die Prüfung und Zulassung nach diesem Gesetz nicht anzuwenden.

(5) Die Bundesregierung kann durch Rechtsverordnung, die nicht der Zustimmung des Bundesrates bedarf, eine dem Absatz 4 entsprechende Regelung für sonstige Behörden und Dienststellen des Bundes einschließlich deren Bediensteter im Rahmen ihrer dienstlichen Tätigkeit treffen. Die Bundesregierung kann die Befugnis nach Satz 1 durch Rechtsverordnung, die nicht der Zustimmung des Bundesrates bedarf, auf eine andere Bundesbehörde übertragen.

(6) Die Landesregierungen können durch Rechtsverordnung eine dem Absatz 4 entsprechende Regelung für sonstige Behörden und Dienststellen des Landes einschließlich deren Bediensteter im Rahmen ihrer dienstlichen Tätigkeit treffen. Die Landesregierungen können die Befugnis nach Satz 1 durch Rechtsverordnung auf andere Landesbehörden übertragen.

§ 2 Beschusstechnische Begriffe

(1) Feuerwaffen im Sinne dieses Gesetzes sind
1. Schusswaffen, bei denen ein Geschoss mittels heißer Gase durch den Lauf getrieben wird, oder
2. Geräte zum Abschießen von Munition oder hülsenlosen Treibladungen, bei denen kein Geschoss durch den Lauf getrieben wird.

(2) Höchstbeanspruchte Teile im Sinne dieses Gesetzes sind die Teile, die dem Gasdruck ausgesetzt sind. Dies sind insbesondere
1. der Lauf; dabei sind
   a) Austauschläufe Läufe für ein bestimmtes Waffenmodell oder -system, die ohne Nacharbeit ausgetauscht werden können,
   b) Wechselläufe Läufe, die für eine bestimmte Waffe zum Austausch des vorhandenen Laufs vorgefertigt sind und die noch eingepasst werden müssen,
   c) Einsteckläufe Läufe ohne eigenen Verschluss, die in die Läufe von Waffen größeren Kalibers eingesteckt werden können;
2. der Verschluss als das unmittelbar das Patronen- oder Kartuschenlager oder den Lauf abschließende Teil;
3. das Patronen- oder Kartuschenlager, wenn dieses nicht bereits Bestandteil des Laufs ist;
4. bei Schusswaffen und Geräten nach § 1 Abs. 3, bei denen zum Antrieb ein entzündbares flüssiges oder gasförmiges Gemisch verwendet wird, die Verbrennungskammer und die Einrichtung zur Erzeugung des Gemisches;
5. bei Schusswaffen mit anderem Antrieb und Geräten nach § 1 Abs. 3 die Antriebsvorrichtung, sofern sie fest mit der Schusswaffe oder dem Gerät verbunden ist;
6. bei Kurzwaffen das Griffstück oder sonstige Waffenteile, soweit sie für die Aufnahme des Auslösemechanismus bestimmt sind;
7. Trommeln für ein bestimmtes Revolvermodell, die ohne Nacharbeit gewechselt werden können (Wechseltrommeln).

(3) Böller im Sinne dieses Gesetzes sind Geräte, die ausschließlich zur Erzeugung des Schussknalls bestimmt sind und die keine Feuerwaffen oder Geräte zum Ab-

schießen von Munition sind. Böller sind auch nicht tragbare Geräte für Munition nach einer Rechtsverordnung nach § 14 Abs. 1 Nr. 1[2]. Gasböller sind Böller, bei denen die Erzeugung des Schussknalls durch die Explosion bestimmter Gase bewirkt wird.

(4) Schussapparate im Sinne dieses Gesetzes sind tragbare Geräte, die für gewerbliche oder technische Zwecke bestimmt sind und bei denen zum Antrieb Munition verwendet wird.

(5) Weißfertig im Sinne dieses Gesetzes sind Gegenstände, wenn alle materialschwächenden oder -verändernden Arbeiten, ausgenommen die üblichen Gravurarbeiten, beendet sind.

(6) Munition im Sinne dieses Gesetzes ist Munition nach Anlage 1 Abschnitt 1 Unterabschnitt 3 Nr. 1 des Waffengesetzes, darüber hinaus Munition, die der Definition entspricht, jedoch für technische Geräte nach Absatz 1 Nr. 2 oder nach Absatz 4 bestimmt ist.

(7) Soweit dieses Gesetz waffentechnische oder waffenrechtliche Begriffe verwendet, sind die Begriffsbestimmungen des Waffengesetzes in seiner jeweils geltenden Fassung maßgeblich, soweit sie nicht in diesem Gesetz abweichend definiert werden.

ABSCHNITT 2

Prüfung und Zulassung

§ 3 Beschusspflicht für Feuerwaffen und Böller

(1) Wer Feuerwaffen, Böller sowie höchstbeanspruchte Teile, die ohne Nacharbeit ausgetauscht werden können, herstellt oder in den Geltungsbereich dieses Gesetzes verbringt, hat sie, bevor er sie in den Verkehr bringt, durch Beschuss amtlich prüfen zu lassen. Satz 1 gilt nicht für Gasböller, die gemäß § 7 Abs. 1 Satz 1 in ihrer Bauart und Bezeichnung zugelassen sind. Wird eine Feuerwaffe aus bereits geprüften höchstbeanspruchten Teilen zusammengesetzt, so gilt Satz 1 entsprechend, wenn einzelne Teile zu ihrer Einpassung der Nacharbeit bedürfen oder nicht mit dem für diese Waffe vorgeschriebenen Beschussgasdruck beschossen sind.

(2) Wer an einer Feuerwaffe oder einem Böller, die nach Absatz 1 geprüft sind, ein höchstbeanspruchtes Teil austauscht, verändert oder instand setzt, hat den Gegenstand erneut durch Beschuss amtlich prüfen zu lassen. Dies gilt nicht für Feuerwaffen, deren höchstbeanspruchte Teile ohne Nacharbeit lediglich ausgetauscht worden sind, sofern alle höchstbeanspruchten Teile mit dem für diese Waffen vorgeschriebenen Beschussgasdruck beschossen worden sind.

---

[2] Tabelle 5 der Maßtafeln, veröffentlicht im Bundesanzeiger Nr. 38 a vom 24. Februar 2000.

§ 4 Ausnahmen von der Beschusspflicht

(1) Von der Beschusspflicht sind ausgenommen:
1. Feuerwaffen und deren höchstbeanspruchte Teile, deren Bauart nach § 7 der Zulassung bedarf,
2. Schusswaffen mit einem Patronen- oder Kartuschenlager mit einem Durchmesser kleiner als 6 Millimeter und einer Länge kleiner als 7 Millimeter sowie zum einmaligen Gebrauch bestimmte höchstbeanspruchte Teile von Schusswaffen nach § 2 Abs. 2 Satz 2 Nr. 1, soweit die Bauart nach § 7 oder § 8 der Zulassung bedarf,
3. Feuerwaffen, die
   a) zu Prüf-, Mess- oder Forschungszwecken von wissenschaftlichen Einrichtungen und Behörden, Waffen- oder Munitionsherstellern bestimmt sind,
   b) vor dem 1. Januar 1891 hergestellt und nicht verändert worden sind,
   c) aa) vorübergehend nach § 32 Abs. 1 Satz 1 des Waffengesetzes oder
      bb) zur Lagerung in einem verschlossenen Zolllager
      in den Geltungsbereich dieses Gesetzes mitgenommen werden oder
   d) für die in § 1 Abs. 4, auch in Verbindung mit Abs. 5 oder 6, genannten Behörden in den Geltungsbereich dieses Gesetzes verbracht oder hergestellt und ihnen oder ihren Bediensteten im Rahmen ihrer dienstlichen Tätigkeit jeweils überlassen werden, soweit eine diesem Gesetz entsprechende Beschussprüfung durch die jeweils zuständige Stelle sichergestellt ist,
4. höchstbeanspruchte Teile von im Fertigungsprozess befindlichen Feuerwaffen nach § 3 Abs. 1 sowie vorgearbeitete höchstbeanspruchte Teile und Laufrohlinge.

(2) Eine Beschusspflicht nach § 3 besteht nicht für Feuerwaffen und höchstbeanspruchte Teile, die das Beschusszeichen eines Staates tragen, mit dem die gegenseitige Anerkennung der Beschusszeichen vereinbart ist.

§ 5 Beschussprüfung

(1) Bei dem Beschuss von Feuerwaffen ist zu prüfen, ob
1. die höchstbeanspruchten Teile der Feuerwaffe der Beanspruchung standhalten, der sie bei der Verwendung der zugelassenen Munition oder der festgelegten Ladung ausgesetzt werden (Haltbarkeit),
2. die Verschlusseinrichtung, die Sicherung und die Zündeinrichtung sowie bei halbautomatischen Schusswaffen der Lademechanismus einwandfrei arbeiten und die Waffe sicher geladen, geschlossen und abgefeuert werden kann (Funktionssicherheit),
3. die Abmessungen des Patronen- oder Kartuschenlagers, der Verschlussabstand, die Maße des Übergangs, der Feld- und Zugdurchmesser oder des Laufquerschnitts bei gezogenen Läufen und der Laufinnendurchmesser bei glatten Läufen den Nenngrößen einer nach § 14 Abs. 1 Nr. 1 erlassenen Rechtsverordnung entsprechen (Maßhaltigkeit) und
4. die nach § 24 Abs. 1 und 2 des Waffengesetzes vom 11. Oktober 2002 (BGBl. I S. 3970) oder die auf Grund einer Rechtsverordnung nach § 25 Abs. 1 des Waffengesetzes vorgeschriebene Kennzeichnung auf der Waffe angebracht ist.

(2) Auf Antrag ist der Beschuss von Schusswaffen mit glatten Läufen mit einem erhöhten Gasdruck (verstärkter Beschuss) oder mit Stahlschrotmunition vorzunehmen.

(3) Bei dem Beschuss von Böllern ist zu prüfen, ob
1. die höchstbeanspruchten Teile der Beanspruchung standhalten, der sie bei der Verwendung der vorgeschriebenen Ladung aufgesetzt werden (Haltbarkeit),
2. die Verschlusseinrichtung und die Abzugseinrichtung einwandfrei arbeiten und der Böller sicher geladen, geschlossen und abgefeuert werden kann (Funktionssicherheit),
3. die Rohrinnendurchmesser, Länge und Durchmesser des Kartuschenlagers, der Zündkanaldurchmesser den Bestimmungen einer nach § 14 Abs. 1 Nr. 1 erlassenen Rechtsverordnung entsprechen (Maßhaltigkeit),
4. die durch die Rechtsverordnung nach § 14 Abs. 1 Nr. 3 des Gesetzes vorgeschriebene Kennzeichnung auf dem Böller angebracht ist.

§ 6 Prüfzeichen

(1) Feuerwaffen, Böller und deren höchstbeanspruchte Teile sind mit dem amtlichen Beschusszeichen zu versehen, wenn sie mindestens weißfertig sind und die Beschussprüfung keine Beanstandung ergeben hat. Andernfalls sind sie mit dem amtlichen Rückgabezeichen zu versehen. Höchstbeanspruchte Teile, die nicht mehr instand gesetzt werden können, sind als unbrauchbar zu kennzeichnen.

(2) In den Fällen des § 4 Abs. 1 Nr. 3 Buchstabe d sind die Gegenstände mit einem Prüfzeichen der jeweils zuständigen Stelle zu versehen.

§ 7 Zulassung von Schussapparaten, Einsteckläufen und nicht der Beschusspflicht unterliegenden Feuerwaffen, Systemprüfungen von Schussapparaten und der in ihnen zu verwendenden Kartuschenmunition

(1) Schussapparate, Zusatzgeräte für diese Apparate, Gasböller, Einsätze für Munition mit kleinerer Abmessung sowie Einsteckläufe ohne eigenen Verschluss für Munition mit dem zulässigen höchsten Gebrauchsgasdruck dürfen als serienmäßig hergestellte Stücke nur dann in den Geltungsbereich dieses Gesetzes verbracht oder gewerbsmäßig hergestellt werden, wenn sie ihrer Bauart und Bezeichnung nach von der zuständigen Stelle zugelassen sind. Gleiches gilt für Feuerwaffen
1. mit einem Patronen- oder Kartuschenlager bis zu 5 Millimeter Durchmesser und bis zu 15 Millimeter Länge oder mit einem Patronen- oder Kartuschenlager kleiner als 6 Millimeter Durchmesser und kleiner als 7 Millimeter Länge, bei denen dem Geschoss eine Bewegungsenergie von nicht mehr als 7,5 Joule (J) erteilt wird, oder
2. zum einmaligen Abschießen von Munition oder eines festen oder flüssigen Treibmittels.

Bei Schussapparaten, die für die Verwendung magazinierter Kartuschen bestimmt sind und in denen der Gasdruck auf einen Kolben als Geräteteil wirkt, gehört zu Bauartzulassung auch eine Systemprüfung, durch die die Eignung der zu verwendeten Kartuschenmunition im Gerät festgelegt wird. Kartuschenmunition zur Verwendung in Geräten nach Satz 3 ist einer Systemprüfung zu unterziehen.

(2) Absatz 1 gilt nicht für Schussapparate, Einsteckläufe und Feuerwaffen, die ein anerkanntes Prüfzeichen eines Staates tragen, mit dem die gegenseitige Anerkennung der Prüfzeichen vereinbart ist.

(3) Die Zulassung ist zu versagen, wenn
1. die Bauart nicht haltbar, nicht funktionssicher oder nicht maßhaltig ist oder
2. es sich um eine Schusswaffe nach Absatz 1 Satz 2 Nr. 1 handelt, die mit allgemein gebräuchlichen Werkzeugen so verändert werden kann, dass die Bewegungsenergie auf mehr als 7,5 Joule (J) erhöht wird.

(4) Die Zulassung der Bauart eines Schussapparates ist zu versagen, wenn
1. aus ihm zugelassene Patronenmunition verschossen werden kann,
2. er so beschaffen ist, dass Personen, die sich bei der Verwendung des Schussapparates in seinem Gefahrenbereich befindet, bei ordnungsgemäßer Verwendung mehr als unvermeidbar gefährdet oder belästigt werden,
3. mit ihm entgegen seiner Bestimmung in den freien Raum gezielt geschossen werden kann oder
4. der Antragsteller nicht nachweist, dass er über die für die Durchführung von Wiederholungsprüfungen erforderlichen Einrichtungen verfügt.

§ 8 Zulassung von Schreckschuss-, Reizstoff- und Signalwaffen

(1) Schusswaffen mit einem Patronen- oder Kartuschenlager bis 12,5 Millimeter Durchmesser und tragbare Geräte nach § 2 Abs. 1 Nr. 2 ohne Patronen- oder Kartuschenlager, die zum
1. Abschießen von Kartuschenmunition,
2. Verschießen von Reiz- oder anderen Wirkstoffen oder
3. Verschießen von pyrotechnischer Munition

bestimmt sind, sowie Zusatzgeräte zu diesen Waffen zum Verschießen pyrotechnischer Geschosse dürfen nur dann in den Geltungsbereich dieses Gesetzes verbracht oder gewerbsmäßig hergestellt werden, wenn die ihrer Bauart und Bezeichnung nach von der zuständigen Stelle zugelassen sind.

(2) Die Zulassung ist zu versagen, wenn
1. Patronenmunition in den freien Raum abgeschossen werden kann und die Geschosse mehr als 7,5 Joule (J) erreichen,
2. vorgeladene Geschosse verschossen werden können und ihnen eine Bewegungsenergie von mehr als 7,5 Joule (J) erteilt wird,
3. der Gaslauf der Waffe einen Innendurchmesser von weniger als 7 Millimeter hat,
4. mit der Waffe nach Umarbeitung mit allgemein gebräuchlichen Werkzeugen die in Nummer 1 oder 2 bezeichnete Wirkung erreicht werden kann,
5. die Waffe oder das Zusatzgerät den technischen Anforderungen an die Bauart nicht entspricht oder
6. den Anforderungen einer Rechtsverordnung nach § 14 Abs. 3 entsprechende Patronenmunition nach den Maßtafeln in die Kartuschenlager geladen und darin abgefeuert werden kann.

(3) Hat die Schusswaffe ein Patronen- oder Kartuschenlager mit einem Durchmesser kleiner als 6 Millimeter und einer Länge kleiner als 7 Millimeter, so ist die Zulassung der Bauart ferner zu versagen, wenn die Bauart nicht haltbar, nicht funktionssicher oder nicht maßhaltig ist. Das Gleiche gilt für höchstbeanspruchte Teile von Handfeuerwaffen nach § 2 Abs. 2 Satz 2 Nr. 1 bis 3, die zum einmaligen Gebrauch bestimmt sind.

§ 9 Anzeige, Prüfung, Zulassung von sonstigen Waffen und Kartuschenmunition mit Reizstoffen

(1) Wer
1. Schusswaffen nach Anlage 2 Abschnitt 2 Unterabschnitt 2 Nr. 1.5 zum Waffengesetz,
2. unbrauchbar gemachte Schusswaffen oder aus Schusswaffen hergestellte Gegenstände

eines bestimmten Modells gewerbsmäßig erstmals herstellen oder in den Geltungsbereich dieses Gesetzes verbringen will, hat dies der zuständigen Stelle zwei Monate vorher schriftlich anzuzeigen und den Gegenstand zur Prüfung und Zulassung einzureichen. Soweit es sich nicht um Einzelstücke handelt, ist der Stelle ein Muster und eine Abbildung, eine Beschreibung der Handhabung und der Konstruktion sowie der verwendeten Stoffe oder der zur Änderung nach Anlage 2 Abschnitt 2 Unterabschnitt 2 Nr. 1.5 zum Waffengesetz benutzten Werkstoffe unter Angabe der Arbeitstechnik in deutscher Sprache zu überlassen. Die Stelle unterrichtet die Physikalisch-Technische Bundesanstalt schriftlich vom Ergebnis der Prüfung.

(2) Wer
1. Schusswaffen, die weder einer Prüfung nach § 3 noch einer Bauartzulassung nach § 7 noch der Prüfung und Zulassung nach Absatz 1 unterliegen,
2. Gegenstände nach Anlage 1 Abschnitt 1 Unterabschnitt 2 Nr. 1.2.1 und 2.2.1 zum Waffengesetz,
3. Gegenstände nach Anlage 1 Abschnitt 1 Unterabschnitt 2 Nr. 1.2.2 zum Waffengesetz oder
4. Kartuschenmunition mit Reizstoffen

eines bestimmten Modells gewerbsmäßig erstmals herstellen oder in den Geltungsbereich dieses Gesetzes verbringen will, hat dies der zuständigen Stelle zwei Monate vorher schriftlich anzuzeigen. Der Anzeige sind beizufügen ein Muster, eine Beschreibung der Handhabung und der Konstruktion. Die verwendeten Inhaltsstoffe sind zu benennen.

(3) Der Anzeige nach Absatz 2 Satz 1 Nr. 1 bis 3 ist darüber hinaus eine Erklärung des Herstellers oder seines Bevollmächtigten in der Europäischen Union beizufügen,
1. ob oder wie der Anwender die Leistung der Waffe verändern kann,
2. dass es sich im Falle des Absatzes 2 Satz 1 Nr. 2 und 3 um einen Gegenstand handelt, bei dessen Verwendung keine Gefahren für das Leben zu erwarten sind.

(4) Die zuständige Stelle kann für Gegenstände nach Anlage 1 Abschnitt 1 Unterabschnitt 2 Nr. 1.2.1, 1.2.2 und 2.2.1 zum Waffengesetz, für die in § 14 Abs. 4 und 6 bezeichneten Gegenstände sowie für Geschosse, Kartuschenmunition, Stoffe und sonstige Gegenstände mit Reizstoffen die erforderlichen Maßnahmen anordnen, um sicherzustellen, dass diese Gegenstände nicht abweichend von dem geprüften Muster oder entgegen den festgelegten Anforderungen vertrieben oder anderen überlassen werden. Sie kann die nach Absatz 3 gemachten Angaben prüfen oder mit der Prüfung oder Teilprüfung andere Fachinstitute beauftragen.

(5) Werden die in den Absätzen 1 und 2 bezeichneten Geräte durch eine staatliche Stelle ihrer Bauart nach zugelassen und umfasst die Bauartzulassung die vorgeschriebenen Prüfungen, tritt die Bauartzulassung an Stelle dieser Prüfung.

§ 10 Zulassung von pyrotechnischer Munition

(1) Pyrotechnische Munition einschließlich der mit ihr fest verbundenen Antriebsvorrichtung darf nur dann in den Geltungsbereich dieses Gesetzes verbracht oder gewerbsmäßig hergestellt werden, wenn sie ihrer Beschaffenheit, Zusammensetzung und Bezeichnung nach von der zuständigen Behörde zugelassen ist.

(2) Bei pyrotechnischer Munition, die nach Absatz 1 zugelassen ist, sind neben der gesetzlich vorgeschriebenen Kennzeichnung die Verwendungshinweise anzubringen. Soweit sich die Verwendungshinweise auf der einzelnen Munition nicht anbringen lassen, sind sie auf der kleinsten Verpackungseinheit anzubringen,

(3) Die Zulassung ist zu versagen,
1. soweit der Schutz von Leben, Gesundheit oder Sachgütern des Benutzers oder Dritter bei bestimmungsgemäßer Verwendung nicht gewährleistet ist,
2. wenn die Munition den Anforderungen an die Zusammensetzung, Beschaffenheit, Maße, den höchsten Gebrauchsgasdruck und die Bezeichnung gemäß einer nach § 14 Abs. 2 Satz 1 Nr. 1 erlassenen Rechtsverordnung nicht entspricht,
3. soweit die Munition in ihrer Wirkungsweise, Brauchbarkeit und Beständigkeit dem jeweiligen Stand der Technik nicht entspricht,
4. wenn der Antragsteller auf Grund seiner betrieblichen Ausstattung oder wegen eines unzureichenden Qualitätssicherungssystems nicht in der Lage ist, dafür zu sorgen, dass die nachgefertigte Munition in ihrer Zusammensetzung und Beschaffenheit nach dem zugelassenen Muster hergestellt wird.

§ 11 Zulassung sonstiger Munition

(1) Munition im Sinne der Anlage 1 Abschnitt 1 Unterabschnitt 3 Nr. 1.1 bis 1.3 zum Waffengesetz darf gewerbsmäßig nur vertrieben oder anderen überlassen werden, wenn sie ihrem Typ und ihrer Bezeichnung nach von der zuständigen Behörde zugelassen ist.

(2) Absatz 1 gilt nicht für
1. Munition aus Staaten, mit denen die gegenseitige Anerkennung der Prüfzeichen vereinbart ist und deren kleinste Verpackungseinheit ein Prüfzeichen eines dieser Staaten trägt,
2. Munition, die für wissenschaftliche Einrichtungen, Behörden, Waffen- oder Munitionshersteller, als Teil einer Munitionssammlung (§ 17 Abs. 1 des Waffengesetzes) oder für eine solche bestimmt, oder in geringer Menge für gewerbliche Einführer von Munition, Händler oder behördlich anerkannte Sachverständige zu Prüf-, Mess- oder Forschungszwecken hergestellt oder ihnen zu diesem Zweck überlassen wird.

(3) Die Zulassung ist zu versagen, wenn
1. der Antragsteller oder ein von ihm beauftragtes Fachinstitut nicht die zur Ermittlung der Maße, des Gebrauchsgasdrucks oder der Vergleichswerte erforderlichen Geräte besitzt,
2. die Auftragsteller oder ein von ihm beauftragtes Fachinstitut nicht über das zur Bedienung der Prüfgeräte erforderliche Fachpersonal verfügt oder
3. die Prüfung der Munition ergibt, dass ihre Maße, ihr Gasdruck, die in ihr enthaltenen Reiz- oder Wirkstoffe und ihre Bezeichnung nicht den Anforderungen einer Rechtsverordnung nach § 14 Abs. 3 entsprechen.

Die Zulassung wird nach Satz 1 Nr. 1 und 2 nicht versagt, wenn der Antragsteller die Überwachung der Herstellung der zuständigen Behörde übertragen hat.

§ 12 Überlassen und Verwenden beschuss- oder zulassungspflichtiger Gegenstände

(1) Feuerwaffen, Böller und höchstbeanspruchte Teile, die nach § 3 der Beschusspflicht unterliegen, dürfen anderen nur überlassen oder zum Schießen nur verwendet werden, wenn sie das amtliche Beschusszeichen tragen. Dies gilt nicht für das Überlassen dieser Gegenstände, wenn die zuständige Behörde bescheinigt, dass die amtliche Prüfung nicht durchgeführt werden kann.

(2) Schusswaffen, Geräte, Einsätze, Einsteckläufe und Munition, die nach den §§ 7 bis 11 der Prüfung oder der Zulassung unterliegen, dürfen gewerbsmäßig anderen nur überlassen werden, wenn sie das vorgeschriebene Prüf- oder Zulassungszeichen tragen und, im Falle des § 10 Abs. 2, die Verwendungshinweise angebracht sind.

§ 13 Ausnahmen in Einzelfällen

Die für die Zulassung jeweils zuständige Behörde kann im Einzelfall Ausnahmen von dem Erfordernis der Prüfung und Zulassung nach § 7 Abs. 1, § 8 Abs. 1, § 9 Abs. 1, § 10 Abs. 1, oder § 11 Abs. 1 bewilligen oder Abweichungen von den Versagungsgründen des § 7 Abs. 3 oder 4, des § 8 Abs. 2 oder 3, des § 10 Abs. 3 Nr. 2 bis 4 oder des § 11 Abs. 3 Satz 1 Nr. 3 zulassen, wenn öffentliche Interessen nicht entgegenstehen.

§ 14 Ermächtigungen

(1) Das Bundesministerium des Innern wird ermächtigt, zur Durchführung der §§ 3, 5 und 6 durch Rechtsverordnung mit Zustimmung des Bundesrates Vorschriften zu erlassen über
1. die Maße für das Patronen- und Kartuschenlager, den Übergang, die Feld- und Zugdurchmesser oder den Laufquerschnitt, den Laufinnendurchmesser und den Verschlussabstand (Maßtafeln), höchstzulässige Gebrauchsgasdrücke, Höchst- und Mindestenergien sowie die Bezeichnung der Munition und Treibladungen,
2. die Art und Durchführung der Beschussprüfung, die Gegenstände und Messmethoden sowie das Verfahren für diese Prüfung,
3. die Art, Form und Aufbringung der Prüfzeichen,
4. die Einführung einer freiwilligen Beschussprüfung für Feuerwaffen,
5. die Einbeziehung weiterer Teile von Feuerwaffen in die Beschussprüfung.

(2) Das Bundesministerium des Inneren wird ermächtigt, durch Rechtsverordnung mit Zustimmung des Bundesrates zur Durchführung der §§ 7 bis 11
1. zu bestimmen, welche technischen Anforderungen
   a) an die Bauart einer Feuerwaffe oder eines Einstecklaufes nach § 7 Abs. 1 oder § 8 Abs. 2 und 3,
   b) an einen Gegenstand nach § 9 Abs. 1 und 2,
   c) an die Zusammensetzung, Beschaffenheit, die Maße und den höchsten Gebrauchsgasdruck von pyrotechnischer Munition nach § 10 Abs. 1 und 3 Nr. 2 und

d) an die Beschaffenheit der Prüfgeräte für Patronen- und Kartuschenmunition und Treibladungen nach § 11 Abs. 1

sowie welche Anforderungen an die Bezeichnung dieser Gegenstände zu stellen sind,

2. die Art und Durchführung der Zulassungsprüfungen und das Verfahren für die Prüfung und Zulassung zu regeln,

3. vorzuschreiben
   a) periodische Kontrollen für Munition nach § 11 Abs. 1,
   b) Kontrollen für Schussapparate und Einsteckläufe

   sowie das Verfahren für diese Kontrollen zu regeln,

4. weitere Feuerwaffen oder Einsteckläufe in die Bauartprüfung und -zulassung einzubeziehen,

5. Vorschriften zu erlassen über
   a) die Verpflichtung zur Anbringung eines Zulassungszeichens sowie dessen Art und Form,
   b) die Verpflichtung von Personen, die Munition im Sinne von § 11 Abs. 1 herstellen oder in den Geltungsbereich dieses Gesetzes verbringen, zur Durchführung von Fabrikationskontrollen,
   c) Inhalt, Führung, Aufbewahrung und Vorlage von Aufzeichnungen über die in Buchstabe b genannten Kontrollen,
   d) die Anordnung einer Kontrolle und die Untersagung des weiteren Vertriebs von
      aa) zugelassener Munition nach § 11 Abs. 1 durch die zuständige Behörde und
      bb) zugelassenen Feuerwaffen, Schussapparaten, Einsteckläufen und Einsätzen durch die Physikalisch-Technische Bundesanstalt,

      wenn diese Gegenstände nicht den vorgeschriebenen Anforderungen entsprechen,
   e) Ausnahmen von der Zulassung, der Fabrikationskontrolle und der periodischen Kontrolle von Treibladungen nach § 11 Abs. 1, wiedergeladener Munition, Beschussmunition und von Munitionstypen, die für besondere Zwecke oder bestimmte Empfänger hergestellt oder in den Geltungsbereich dieses Gesetzes verbracht werden,
   f) Anforderungen an den Vertrieb und das Überlassen der in Buchstabe e bezeichneten Munition,
   g) die Durchführung von Wiederholungsprüfungen für Schussapparate und Böller, die Unterhaltung von Einrichtungen zur Durchführung dieser Prüfungen, die Aufbringung eines Prüfzeichens und dessen Art und Form sowie die Beifügung einer von der Physikalisch-Technischen Bundesanstalt gebilligten Betriebsanleitung.

Soweit die Rechtsverordnung Schussapparate betrifft, ergeht sie im Einvernehmen mit dem Bundesministerium für Arbeit und Soziales.

(3) Das Bundesministerium des Inneren wird ermächtigt, durch Rechtsverordnung mit Zustimmung des Bundesrates zur Abwehr von Gefahren für Leben oder Gesundheit von Menschen die zulässigen höchsten normalen und überhöhten Gebrauchsgasdrücke, die Mindestgasdrücke, die Höchst- und Mindestenergien und die Bezeichnung der Munition und der Treibladung nach § 11 Abs. 1 festzulegen. Munition, die auf Grund ihrer Beschaffenheit eine schwere gesund-

heitliche Schädigung herbeiführt, die über die mit der üblichen mechanischen Wirkung verbundene Schädigung hinausgeht, sowie Reiz- und Wirkstoffe, die anhaltende gesundheitliche Schäden verursachen, dürfen nicht zugelassen werden.

(4) Das Bundesministerium des Inneren wird ermächtigt, durch Rechtsverordnung mit Zustimmung des Bundesrates zur Abwehr von Gefahren für Leben und Gesundheit von Menschen vorzuschreiben, dass bei der Verbringung in den Geltungsbereich dieses Gesetzes oder bei der Herstellung von
1. Schusswaffen,
2. Gegenstände, die aus wesentlichen Teilen von Schusswaffen hergestellt werden, oder
3. Munition
Anzeigen zu erstatten und den Anzeigen bestimmte Unterlagen oder Muster der bezeichneten Gegenstände beizufügen sind.

(5) Das Bundesministerium des Innern wird ermächtigt, durch Rechtsverordnung mit Zustimmung des Bundesrates zur Abwehr von Gefahren für Leben oder Gesundheit von Menschen vorzuschreiben, dass
1. Munition und Geschosse in bestimmter Weise zu verpacken und zu lagern sind und
2. deren Bestandteile oder Ausgangsstoffe nur unter bestimmten Voraussetzungen vertrieben und anderen überlassen werden dürfen.

(6) Das Bundesministerium des Innern wird ermächtigt, durch Rechtsverordnung mit Zustimmung des Bundesrates zur Abwehr von Gefahren für Leben oder Gesundheit von Menschen Vorschriften über
1. Gegenstände im Sinne von Anlage 1 Abschnitt 1 Unterabschnitt 2 Nr. 1.2.1, 1.2.2 und 2.2.1 zum Waffengesetz und über die Beschaffenheit und die Kennzeichnung von Geschossen, Kartuschenmunition oder sonstigen Gegenständen mit Reizstoffen und
2. die Zusammensetzung und höchstzulässige Menge von Reizstoffen im Sinne von Anlage 1 Abschnitt 1 Unterabschnitt 2 Nr. 1.2.2. zum Waffengesetz
zu erlassen und die für die Prüfung zuständige Stelle zu bestimmen.

ABSCHNITT 3

Sonstige beschussrechtliche Vorschriften

§ 15 Beschussrat

Das Bundesministerium des Innern wird ermächtigt, durch Rechtsverordnung mit Zustimmung des Bundesrates einen Ausschuss (Beschussrat) zu bilden, der es in technischen Fragen berät. In den Ausschuss sind neben den Vertretern der beteiligten Bundes- und Landesbehörden Vertreter von Fachinstituten und Normungsstellen, Vertreter der Wirtschaft nach Anhörung der Spitzenorganisationen der beteiligten Wirtschaftskreise und Vertreter sonstiger fachkundiger Verbände, die keine wirtschaftlichen Interessen verfolgen, zu berufen.

§ 16 Kosten

(1) Für Amtshandlungen, Prüfungen und Untersuchungen nach diesem Gesetz und nach den auf diesem Gesetz beruhenden Rechtsvorschriften werden Kosten (Gebühren und Auslagen) erhoben.

(2) Das Bundesministerium des Innern wird ermächtigt, durch Rechtsverordnung für den Bereich der Bundesverwaltung, die nicht der Zustimmung des Bundesrates bedarf, die gebührenpflichtigen Tatbestände näher zu bestimmen und dabei feste Sätze oder Rahmensätze vorzusehen. Die Gebührensätze sind so zu bemessen, dass der mit der Amtshandlung, Prüfung oder Untersuchung verbundene Personal- und Sachaufwand gedeckt wird; bei begünstigenden Amtshandlungen kann daneben die Bedeutung, der wirtschaftliche Wert oder der sonstige Nutzen für den Gebührenschuldner angemessen berücksichtigt werden.

(3) In der Rechtsverordnung nach Absatz 2 kann bestimmt werden, dass die für die Prüfung oder Untersuchung zulässige Gebühr auch erhoben werden darf, wenn die Prüfung oder Untersuchung ohne Verschulden der prüfenden oder untersuchenden Stelle und ohne ausreichende Entschuldigung des Antragstellers am festgesetzten Termin nicht stattfinden konnte oder abgebrochen werden musste. In der Rechtsverordnung können ferner die Kostenbefreiung, die Kostengläubigerschaft, die Kostenschuldnerschaft, der Umfang der zu erstattenden Auslagen und die Kostenerhebung abweichend von den Vorschriften des Verwaltungskostengesetzes geregelt werden.

§ 17 Auskunftspflichten und besondere behördliche Befugnisse im Rahmen der Überwachung

(1) Wer mit Gegenständen im Sinne dieses Gesetzes umgeht, insbesondere die Herstellung und den Vertrieb von diesen Gegenständen betreibt, hat der zuständigen Behörde auf Verlangen die für die Überwachung erforderlichen Auskünfte zu erteilen. Auskunftspflichtige Personen können die Auskunft auf solche Fragen verweigern, deren Beantwortung sie selbst oder einen ihrer in § 383 Abs. 1 Nr. 1 bis 3 der Zivilprozessordnung bezeichneten Angehörigen der Gefahr der Verfolgung wegen einer Straftat oder einer Ordnungswidrigkeit aussetzen würde.

(2) Die mit der Überwachung beauftragten Personen sind befugt,
1. zu den Betriebs- und Geschäftszeiten die der Herstellung oder dem Vertrieb dieser Gegenstände dienenden Grundstücke, Betriebsanlagen und Geschäftsräume zu betreten und zu besichtigen,
2. alle zur Erfüllung ihrer Aufgaben erforderlichen Prüfungen einschließlich der Entnahme von Proben durchzuführen,
3. die zur Erfüllung ihrer Aufgaben erforderlichen Unterlagen einzusehen und hieraus Ablichtungen oder Abschriften zu fertigen.

Zur Verhütung dringender Gefahren für die öffentliche Sicherheit und Ordnung können Maßnahmen nach Satz 1 auch in Wohnräumen und zu jeder Tages- und Nachtzeit getroffen werden. Der Betreiber ist verpflichtet, Maßnahmen nach Satz 1 Nr. 1 und 2 und nach Satz 2 zu dulden, die mit der Überwachung beauftragten Personen zu unterstützen, soweit dies zur Erfüllung ihrer Aufgaben erforderlich ist, sowie die erforderlichen Geschäftsunterlagen auf Verlangen vorzulegen. Das Grundrecht der Unverletzlichkeit der Wohnung (Artikel 13 des Grundgesetzes) wird insoweit eingeschränkt.

(3) Aus begründetem Anlass kann die zuständige Behörde anordnen, dass der Inhaber der tatsächlichen Gewalt über einen diesem Gesetz unterliegenden Gegenstand ihr diesen binnen angemessener, von ihr zu bestimmender Frist zur Prüfung vorzeigt.

§ 18 Inhaltliche Beschränkungen, Nebenbestimmungen und Anordnungen

(1) Zulassungen und andere Erlaubnisse nach diesem Gesetz können inhaltlich beschränkt werden, um Leben oder Gesundheit von Menschen gegen die aus dem Umgang mit Gegenständen im Sinne dieses Gesetzes entstehenden Gefahren zu schützen. Zu den in Satz 1 genannten Zwecken können Zulassungen und andere Erlaubnisse befristet oder mit Auflagen verbunden werden; die Auflagen können nachträglich aufgenommen, geändert und ergänzt werden.

(2) Die zuständige Behörde kann im Einzelfall die Anordnungen treffen, die zur Beseitigung festgestellter oder zur Verhütung künftiger Verstöße gegen dieses Gesetz oder gegen die auf Grund dieses Gesetzes erlassenen Rechtsverordnungen notwendig sind. Sie kann insbesondere die weitere Herstellung und den Vertrieb von Gegenständen im Sinne dieses Gesetzes ganz oder teilweise untersagen, wenn

1. eine erforderliche Zulassung oder andere Erlaubnis nicht vorliegt oder die hergestellten Gegenstände nicht der Zulassung oder anderen Erlaubnis entsprechen,
2. ein Grund zur Rücknahme oder zum Widerruf einer Zulassung nach den Verwaltungsverfahrengesetzen gegeben ist,
3. gegen Nebenbestimmungen oder Auflagen nach Absatz 1 verstoßen wird oder
4. diese Gegenstände Gefahren für Leib oder Gesundheit des Benutzers oder Dritter hervorrufen.

§ 19 Rücknahme und Widerruf

(1) Eine Zulassung oder andere Erlaubnis ist zurückzunehmen, wenn nachträglich bekannt wird, dass sie hätte versagt werden müssen.

(2) Eine Zulassung oder andere Erlaubnis ist zu widerrufen, wenn nachträglich Tatsachen eintreten, die zu ihrer Versagung hätten führen müssen. Eine Zulassung oder Erlaubnis kann auch widerrufen werden, wenn inhaltliche Beschränkungen nicht beachtet werden.

(3) Eine Zulassung kann ferner widerrufen werden, wenn der Zulassungsinhaber

1. pyrotechnische Munition abweichend von der in der Zulassung festgelegten Zusammensetzung oder Beschaffenheit gewerbsmäßig herstellt, in den Geltungsbereich des Gesetzes verbringt, vertreibt, anderen überlässt oder verwendet,
2. die zugelassene pyrotechnische Munition nicht mehr gewerbsmäßig herstellt oder die auf Grund der Zulassung hergestellten oder in den Geltungsbereich des Gesetzes verbrachten Munitionssorten nicht mehr vertreibt, anderen überlässt oder verwendet.

§ 20 Zuständigkeiten

(1) Die Landesregierungen oder die von ihnen durch Rechtsverordnung bestimmten Stellen können durch Rechtsverordnung die für die Ausführung dieses Gesetzes zuständigen Behörden bestimmen, soweit nicht Bundesbehörden zuständig sind.

(2) Zuständig für die Beschussprüfung, die Zulassung von Munition, für Kontrollen, Anordnungen und Untersagungen für Munition ist jede Behörde nach Absatz 1, bei der ein Gegenstand zur Beschussprüfung vorgelegt wird oder bei der eine Zulassung oder Kontrolle beantragt wird. Die periodische Kontrolle der Munition ist bei der Behörde zu beantragen, welche die Zulassung erteilt hat.

(3) Zuständig für die Zulassung der in den §§ 7 und 8 und die Prüfung der in § 9 Abs. 4 bezeichneten Schusswaffen und technischen Gegenstände ist die Physikalisch-Technische Bundesanstalt; ihr gegenüber sind auch die Anzeigen nach § 9 Abs. 2 zu machen. Für die Prüfung und Zulassung der in § 10 bezeichneten pyrotechnischen Munition sowie der in § 11 Abs. 1 in Verbindung mit Anlage 1 Abschnitt 1 Unterabschnitt 3 Nummer 1.3 zum Waffengesetz bezeichneten hülsenlosen Munition ohne Geschoss ist die Bundesanstalt für Materialforschung und -prüfung zuständig.

(4) Die Physikalisch-Technische Bundesanstalt führt eine Liste der Prüfungen und Zulassungen, die folgende Angaben enthalten soll:
1. die Bezeichnung des Prüfgegenstandes,
2. die Art der Prüfung,
3. das vergebene Prüf- oder Zulassungszeichen und
4. die prüfende oder zulassende Stelle.

Soweit andere Stellen als die Physikalisch-Technische Bundesanstalt für die Prüfung oder Zulassung nach den §§ 7 bis 11 zuständig sind, haben diese die hierfür erforderlichen Meldungen über die durchgeführten Prüfungen und Zulassungen an die Physikalisch-Technische Bundesanstalt zu machen. Die Liste ist bei der Physikalisch-Technischen Bundesanstalt während der Dienststunden auszulegen. Auf Verlangen eines Dritten ist diesem gegen Kostenerstattung eine Abschrift oder Vervielfältigung zu überlassen.

§ 21 Bußgeldvorschriften

(1) Ordnungswidrig handelt, wer vorsätzlich oder fahrlässig
1. entgegen § 3 Abs. 1 Satz 1, auch in Verbindung mit Satz 3, oder Abs. 2 Satz 1, jeweils auch in Verbindung mit einer Rechtsverordnung nach § 14 Abs. 1 Nr. 5, einen dort genannten Gegenstand nicht oder nicht rechtzeitig durch Beschuss amtlich prüfen lässt,
2. entgegen § 7 Abs. 1 Satz 1, auch in Verbindung mit Satz 2, oder § 8 Abs. 1, jeweils auch in Verbindung mit einer Rechtsverordnung nach § 14 Abs. 2 Satz 1 Nr. 4, oder entgegen § 10 Abs. 1 einen dort genannten Gegenstand in den Geltungsbereich dieses Gesetzes verbringt oder gewerbsmäßig herstellt,
3. entgegen § 9 Abs. 1 Satz 1 oder Abs. 2 Satz 1 eine Anzeige nicht, nicht richtig, nicht vollständig, nicht in der vorgeschriebenen Weise oder nicht rechtzeitig erstattet,
4. entgegen § 10 Abs. 2 Satz 1 Verwendungshinweise nicht oder nicht richtig anbringt,

5. entgegen § 11 Abs. 1 die dort genannte Munition anderen überlässt oder gewerbsmäßig vertreibt,

6. entgegen § 12 Abs. 1 Satz 1 einen dort genannten Gegenstand oder Einstecklauf anderen überlässt oder entgegen § 12 Abs. 2 einen dort genannten Gegenstand gewerbsmäßig anderen überlässt,

7. entgegen § 17 Abs. 1 Satz 1 eine Auskunft nicht, nicht richtig, nicht vollständig oder nicht rechtzeitig erteilt,

8. entgegen § 17 Abs. 2 Satz 3 eine dort genannte Maßnahme nicht duldet, eine dort genannte Person nicht unterstützt oder eine Geschäftsunterlage nicht oder nicht rechtzeitig vorlegt,

9. einer vollziehbaren Anordnung nach § 17 Abs. 3 zuwiderhandelt,

10. einer vollziehbaren Auflage nach § 18 Abs. 1 zuwiderhandelt, wenn diese nicht bereits nach einer anderen Vorschrift bewehrt ist, oder

11. einer Rechtsverordnung nach

a) § 14 Abs. 2 Satz 1 Nr. 3 oder 5 Buchstabe a, b, d, f oder g oder

b) § 14 Abs. 2 Satz 1 Nr. 5 Buchstabe c

oder einer auf Grund einer Rechtsverordnung erlassenen vollziehbaren Anordnung zuwiderhandelt, soweit die Rechtsverordnung für einen bestimmten Tatbestand auf diese Bußgeldvorschrift verweist.

(2) Die Ordnungswidrigkeit kann in den Fällen des Absatzes 1 Nr. 3, 4, 7, 8, 9 oder 11 Buchstabe b mit einer Geldbuße bis zu zwanzigtausend Euro, in den übrigen Fällen mit einer Geldbuße bis zu fünfzigtausend Euro geahndet werden.

(3) Verwaltungsbehörde im Sinne des § 36 Abs. 1 Nr. 1 des Gesetzes über Ordnungswidrigkeiten ist die nach § 48 Abs. 1 des Waffengesetzes zuständige Behörde.

ABSCHNITT 4

Übergangsvorschriften

§ 22 Übergangsvorschriften

(1) Eine vor In-Kraft-Treten dieses Gesetzes erteilte Zulassung im Sinne der §§ 7 bis 11 gilt im bisherigen Umfang als Zulassung nach diesem Gesetz.

(2) Ein vor In-Kraft-Treten dieses Gesetzes erteiltes oder anerkanntes Prüfzeichen gilt als Prüfzeichen im Sinne dieses Gesetzes.

(3) Munition, die der Anlage III zur Dritten Verordnung zum Waffengesetz vom 22. Dezember 1976 (BGBl. I S. 3770) entspricht und die ihrer Art nach am 1. Januar 1981 im Geltungsbereich des Gesetzes hergestellt oder vertrieben wurde, darf ohne Zulassung seit dem 1. Januar 1984 nicht mehr vertrieben und anderen überlassen werden. Munition nach Satz 1, die sich am 1. Januar 1981 im Geltungsbereich des Gesetzes bereits im Handel befand, darf seit dem 1. Januar 1986 nicht mehr vertrieben und anderen überlassen werden. Auf der bezeichneten Munition und ihrer Verpackung darf das auf Grund einer Rechtsverordnung nach § 14 Abs. 2 Satz 1 Nr. 5 Buchstabe a vorgeschriebene Zulassungszeichen nicht angebracht werden.

(4) § 8 Abs. 1 findet auf Zusatzgeräte zu diesen Waffen zum Verschießen pyrotechnischer Geschosse nach dem 30. Juni 2004 Anwendung.

(5) Der Umgang mit im Verkehr befindlichen Gegenständen, die durch dieses Gesetz erstmals einer Prüfpflicht unterworfen werden, ist längstens bis zum 31. Dezember 2003 ohne das vorgeschriebene Prüfzeichen zulässig.

(6) Bis zum In-Kraft-Treten einer Verordnung zu diesem Gesetz findet die Dritte Verordnung zum Waffengesetz in der Fassung der Bekanntmachung vom 2. September 1991 (BGBl. I S. 1872), zuletzt geändert durch die Verordnung vom 10. Januar 2000 (BGBl. I S. 38), sinngemäß Anwendung.

(7) Bis zum In-Kraft-Treten einer Kostenverordnung zu diesem Gesetz findet die Kostenverordnung zum Waffengesetz in der Fassung der Bekanntmachung vom 20. April 1990 (BGBl. I S. 780), zuletzt geändert durch die Verordnung vom 10. Januar 2000 (BGBl. I S. 38), sinngemäß Anwendung.

4.
Allgemeine Verordnung zum Beschussgesetz
(Beschussverordnung – BeschussV)

vom 13. Juli 2006 (BGBl. I S. 1474),
zuletzt geändert durch Art. 3 Abs. 8 des Gesetzes vom 17. Juli 2009
(BGBl. I S. 2062)[1]

– Auszug –

Auf Grund der §§ 14 und 15 des Beschussgesetzes vom 11. Oktober 2002 (BGBl. I S. 3970, 4003), von denen § 14 Abs. 2 Satz 2 durch Artikel 116 der Verordnung vom 25. November 2003 (BGBl. I S. 2304) geändert worden ist, des § 25 Abs. 1 Nr. 1 Buchstabe c und des § 36 Abs. 5 des Waffengesetzes vom 11. Oktober 2002 (BGBl. I S. 3970, 4592, 2003 I S. 1957) in Verbindung mit § 1 des Zuständigkeitsanpassungsgesetzes vom 16. August 2002 (BGBl. I S. 3165) und dem Organisationserlass vom 22. November 2005 (BGBl. I S. 3197) verordnet das Bundesministerium des Innern, soweit Schussapparate betroffen sind, im Einvernehmen mit dem Bundesministerium für Arbeit und Soziales und in Bezug auf § 36 Abs. 5 des Waffengesetzes nach Anhörung der beteiligten Kreise:

Inhaltsübersicht

ABSCHNITT 1
Beschussprüfung von Schusswaffen und Böllern Seite

---

[1] Die Verpflichtungen aus der Richtlinie 98/34/EG des Europäischen Parlaments und des Rates vom 22. Juni 1998 über ein Informationsverfahren auf dem Gebiet der Normen und technischen Vorschriften und der Vorschriften für die Dienste der Informationsgesellschaft (ABl. EG Nr. L 204 S. 37), geändert durch die Richtlinie 98/48/EG des Europäischen Parlaments und des Rates vom 20. Juli 1998 (ABl. EG Nr. L 217 S. 18), sind beachtet worden.

ABSCHNITT 3

Bauartzulassung und Zulassung für besondere Schusswaffen und besondere Munition

ABSCHNITT 4

Verfahren bei der Bauartzulassung

ABSCHNITT 5

Periodische Fabrikationskontrolle, Einzelfallprüfung, Wiederholungsprüfung

ABSCHNITT 6

Festlegung der Maße und Energiewerte für Feuerwaffen (Maßtafeln),
Einsteck- und Austauschläufe sowie für Munition

ABSCHNITT 7

Zulassung von Munition

ABSCHNITT 8

Verpackung, Kennzeichnung und Lagerung von Munition

ABSCHNITT 9

Beschussrat

§ 41 Beschussrat (nicht abgedruckt)

ABSCHNITT 10

Ordnungswidrigkeiten und Schlussvorschriften

ABSCHNITT 1

Beschussprüfung von Schusswaffen und Böllern

§ 1 Prüfverfahren

(1) Feuerwaffen, Böller sowie höchstbeanspruchte Teile nach § 2 Abs. 2 des Beschussgesetzes (Gesetzes), die ohne Nacharbeit ausgetauscht werden können (Prüfgegenstände), sind nach den §§ 3 bis 6 und der Anlage I Nr. 1 und 2 amtlich zu prüfen.

(2) Die amtliche Prüfung (Beschussprüfung) nach § 5 des Gesetzes besteht aus der Vorprüfung, dem Beschuss und der Nachprüfung.

(3) Die Vorprüfung umfasst

1. die Prüfung der Kennzeichnung nach § 24 Abs. 1 des Waffengesetzes und nach § 21 der Allgemeinen Waffengesetz-Verordnung,
2. die Prüfung der Funktionssicherheit und die Sichtprüfung,
3. die Prüfung der Maßhaltigkeit,
4. die Beschaffenheitsprüfung bei Gegenständen, die auf Grund einer Zulassung oder Bewilligung nach den §§ 8 und 9 des Gesetzes hergestellt oder in den Geltungsbereich des Gesetzes verbracht wurden.

Die Sichtprüfung besteht aus der Prüfung aller höchstbeanspruchten Teile auf Materialfehler, auf Ver- und Bearbeitungsmängel, die die Haltbarkeit beeinträchtigen können, sowie aus der Prüfung auf Lauf- und Lagerverformungen. Die Maßhaltigkeitsprüfung besteht aus der Prüfung der Maße nach Anlage I Nr. 1.1.3 in Verbindung mit den durch die Bekanntmachung des Bundesministeriums des Innern im Bundesanzeiger vom 10. Januar 2000 (BAnz. Nr. 38a vom 24. Februar

2000) veröffentlichten Maßtafeln in der jeweils geltenden Fassung. Neu zugelassene Munition nach § 27 Abs. 1 steht der in den Maßtafeln aufgeführten gleich. In der Beschaffenheitsprüfung überzeugt sich die zuständige Behörde durch Sichtkontrollen davon, ob die Prüfgegenstände die im Zulassungsbescheid festgelegten Merkmale aufweisen.

(4) Der Beschuss ist nach Maßgabe der Prüfvorschriften der Anlage I Nr. 1 und 2 vorzunehmen.

(5) Bei der Nachprüfung sind die Prüfgegenstände erneut auf Funktionssicherheit, Maßhaltigkeit und Mängel in der Haltbarkeit zu prüfen sowie einer Sichtprüfung nach Absatz 3 Satz 2 zu unterziehen.

§ 2 Prüfung von Schwarzpulverwaffen und Böllern

(1) Auf die Prüfung von Vorderladerwaffen sowie Hinterladerwaffen, die für die ausschließliche Verwendung von nichtpatroniertem Schwarzpulver oder dem Schwarzpulver in der Wirkung ähnlichen Treibladungsmitteln bestimmt sind (Schwarzpulverwaffen), sowie Böller sind die §§ 1, 3 bis 6 entsprechend anzuwenden. Es gelten folgende Besonderheiten:
1. Bei Schwarzpulverwaffen und Handböllern kann die Beschussprüfung an weißfertigen Läufen mit fertigem Verschluss und Zündkanal vorgenommen werden. Bei Schwarzpulverwaffen darf der Zündkanal an der engsten Stelle im Durchmesser nicht größer als 1 Millimeter, bei Böllern und Modellkanonen nicht größer als 2 Millimeter sein. Für Böller – mit Ausnahme der Handböller – kann die zuständige Behörde in begründeten Fällen Ausnahmen von der Durchmesserbegrenzung bewilligen.
2. Sofern die Böller Schildzapfenbohrungen aufweisen, dürfen diese nicht bis in die Rohrseele durchgehen; das gilt auch dann, wenn diese eingeschraubt, eingepresst oder eingelötet sind. Böller, deren Rohrende stumpf aufgeschweißt ist, werden nicht geprüft.
3. Die Vorprüfung bei Böllern umfasst auch die Prüfung der Kennzeichnung mit der größten zulässigen Masse in Gramm des in den Prüfgegenständen zu verwendenden Böllerpulvers mit den Kennbuchstaben SP und der größten zulässigen Masse der Vorlage in Gramm.
4. Die Prüfung der Maßhaltigkeit (§ 1 Abs. 3 Satz 1 Nr. 3 in Verbindung mit Satz 3) beschränkt sich auf die Ermittlung des Lauf- oder Rohrinnendurchmessers und auf die Prüfung, ob der Zündkanal den in Nummer 1 vorgeschriebenen höchstzulässigen Durchmesser nicht überschreitet.
5. Die Prüfung der Funktionssicherheit (§ 1 Abs. 3 Satz 1 Nr. 2) umfasst die Kontrolle des Zündkanals, die Geeignetheit und Sicherheit von Zündvorrichtungen und Zündbohrlochbohrungen und Zündkanälen, bei Revolvern die freie Drehbarkeit und die einwandfreie Arretierung der Trommel und das richtige Eintreten des Hahns in die Sicherungs- und Spannraste, bei Böllern auch die Ladefähigkeit der Kartuschen und die Abfeuerungsvorrichtung.

(2) Der Beschuss ist nach den Bestimmungen der Anlage I Nr. 2 durchzuführen. Die Prüfung von Schwarzpulverwaffen und Böllern kann auf Antrag mit einer anderen Ladung als in den Tabellen der Anlage I Nr. 2 aufgeführt vorgenommen werden. Auf Schwarzpulverwaffen ist in diesem Fall die größte zulässige Masse Pulver in Gramm des in der Schwarzpulverwaffe zu verwendenden Schwarzpul-

vers mit dem Kennbuchstaben SP und die größte zulässige Masse des Geschosses in Gramm aufzubringen.

(3) Bei der Prüfung von Böllern sind folgende Auflagen in die Böller-Beschussbescheinigung über die Prüfung aufzunehmen:

1. Die minimale Pulverladung eines Böllers muss so bemessen sein, dass eine sichere Zündung grundsätzlich gewährleistet ist.

2. Eine Zündung durch die Rohrmündung ist nicht erlaubt. Die Zündung muss bei Auslösung des Zündmechanismus sofort erfolgen. Die geprüfte und zulässige Zündungsart ist in die Böller-Beschussbescheinigung aufzunehmen.

3. Als Vorlage in einem Böller dürfen nur Materialien verwendet werden, die zu keiner Überschreitung der zulässigen Masse der Vorlage entsprechend der Ladetabellen führen. Die Einbringung der Vorlage darf darüber hinaus keine Belastungserhöhung des Böllers verursachen. Zulässig sind Kork und sehr leichte, weiche und nicht brennbare Materialien.

§ 3 Mindestzustand des Prüfgegenstandes

(1) Die Beschussprüfung ist an gebrauchsfertigen Prüfgegenständen durchzuführen. Bei Mehrladewaffen gehört zur gebrauchsfertigen Waffe auch die Mehrladeeinrichtung. Die Beschussprüfung kann auch an weißfertigen Waffen und weißfertigen Teilen vorgenommen werden.

(2) Bei der Prüfung höchstbeanspruchter Teile entfällt die Prüfung der Funktionssicherheit, sofern das Teil für eine serienmäßig gefertigte Waffe bestimmt ist. Eine aus bereits beschossenen höchstbeanspruchten Teilen zusammengesetzte Feuerwaffe ist zu beschießen, wenn Nacharbeiten an diesen Teilen erfolgt sind oder wenn nicht alle diese Teile mit dem für diese Waffen vorgeschriebenen Beschussgasdruck beschossen worden sind. Werden höchstbeanspruchte Teile als Einzelteile zur Prüfung vorgelegt, erfolgt diese in einer minimal tolerierten Referenzwaffe. Zur Identifizierung ist vom Antragsteller auf jedem höchstbeanspruchten Teil eine Nummer anzubringen.

(3) Nicht mindestens weißfertige Prüfgegenstände sind dem Antragsteller ohne Prüfung zurückzugeben.

(4) Feuerwaffen und Läufe, aus denen Munition verschossen wird, sind dem Antragsteller auch dann ohne Prüfung zurückzugeben, wenn die Munition nicht in den Maßtafeln aufgeführt ist. Dies gilt nicht, wenn

1. eine Waffe für Munition, die nach § 11 Abs. 2 Nr. 2 des Gesetzes keiner Zulassung bedarf oder auf Grund einer Ausnahmebewilligung nach § 13 des Gesetzes oder von der Behörde eines Staates zugelassen ist, mit dem die gegenseitige Anerkennung der Prüfzeichen vereinbart ist, oder

2. eine Waffe zur Beschussprüfung vorgelegt wird, deren Abmessungen noch nicht in den Maßtafeln enthalten sind; in diesen Fällen kann die Prüfung auf Grund der vom Antragsteller gelieferten Waffen- und Munitionsdaten vorgenommen werden.

§ 4 Zurückweisung vom Beschuss

Die Prüfgegenstände sind zurückzuweisen und dem Antragsteller nach Aufbringung des Rückgabezeichens entsprechend § 9 Abs. 5 zurückzugeben, wenn

1. bei der Vorprüfung festgestellt wird, dass eine der in Anlage I Nr. 1.1 genannten Anforderungen nicht erfüllt ist,
2. sie durch den Beschuss erkennbar beschädigt wurden oder
3. bei der Nachprüfung gemäß § 1 Abs. 5 unter Berücksichtigung von Anlage I Nr. 1.3 Mängel festgestellt werden.

§ 5 Instandsetzungsbeschuss

(1) Eine erneute amtliche Prüfung nach § 5 Abs. 1 des Gesetzes ist vorzunehmen, wenn
1. ein höchstbeanspruchtes Teil nach § 2 Abs. 2 Nr. 1 bis 3 des Gesetzes ausgetauscht und dabei eine Nacharbeit vorgenommen worden ist oder
2. an einem höchstbeanspruchten Teil eines Prüfgegenstandes
   a) die Maße nach Anlage I Nr. 1.1.3 verändert oder
   b) materialschwächende oder -verändernde Arbeiten vorgenommen worden sind.
Satz 1 gilt nicht für Feuerwaffen, deren höchstbeanspruchte Teile ohne Nacharbeit lediglich ausgetauscht worden sind, sofern alle höchstbeanspruchten Teile mit dem für diese Waffen vorgeschriebenen Beschussgasdruck beschossen worden sind.

(2) Ergibt sich anlässlich der Prüfung nach Absatz 1 einer der in Anlage I Nr. 1.1 oder 1.3 angeführten Mängel, ist § 4 entsprechend anzuwenden.

§ 6 Wiederholungsbeschuss und freiwillige Beschussprüfung

(1) Böller sind vor Ablauf von fünf Jahren einer Wiederholungsprüfung zu unterziehen.

(2) Prüfgegenstände, die bereits ein Beschusszeichen tragen, sind auf Antrag einer freiwilligen Beschussprüfung zu unterziehen. Satz 1 gilt auch für Gegenstände der bezeichneten Art, die nicht der Beschusspflicht unterliegen. Eine freiwillige Beschussprüfung kann auch an einem Gegenstand nach Satz 1 durchgeführt werden, der von der Behörde eines Staates, mit dem die gegenseitige Anerkennung der Prüfzeichen vereinbart ist, geprüft worden ist und der nach dieser Prüfung keine Bearbeitung nach § 4 erfahren hat. Auf die Vornahme dieser Prüfung sind § 5 des Gesetzes sowie die §§ 1 bis 5 anzuwenden.

(3) Haben die Prüfgegenstände nach den Absätzen 1 und 2 die Beschussprüfung bestanden, so sind die Prüfzeichen nach § 9 Abs. 1 bis 4 anzubringen.

(4) Haben die Prüfgegenstände nach den Absätzen 1 und 2 die Beschussprüfung endgültig nicht bestanden, so ist auf ihnen das in § 9 Abs. 5 bezeichnete Rückgabezeichen anzubringen.

ABSCHNITT 2

Verfahren der Beschussprüfung

§ 7 Antragsverfahren

(1) Die Beschussprüfung ist in schriftlicher oder elektronischer Form zu beantragen; die zuständige Behörde kann in begründeten Fällen Ausnahmen zulassen.

Der Antrag kann die Prüfung mehrerer Gegenstände umfassen. Er muss folgende Angaben und Unterlagen enthalten:
1. den Namen und die Anschrift des Antragstellers,
2. die Bezeichnung des Prüfgegenstandes sowie die laufende Nummer und, soweit es sich um Gegenstände nach § 1 Abs. 3 Satz 1 Nr. 4 handelt, die zugehörigen Bescheide,
3. die Bezeichnung der zugehörigen Munition oder die Angabe der Masse und der Art des Pulvers der stärksten Gebrauchsladung oder die Zusammensetzung des entzündbaren flüssigen oder gasförmigen Gemisches sowie Art und Masse der Vorlage,
4. die Angabe, ob ein höchstbeanspruchtes Teil ausgetauscht, instand gesetzt oder verändert worden ist,
5. bei Feuerwaffen mit glatten Läufen die Angabe, ob ein verstärkter Beschuss oder die Prüfung zur Verwendung von Stahlschrotmunition mit verstärkter Ladung beantragt wird,
6. bei Feuerwaffen mit Polygonläufen die Angabe, ob die Prüfung für die Verwendung von Munition mit Massivgeschoss aus Tombak oder einem ähnlichen Werkstoff beantragt wird,
7. bei Böllern auch den Rohrinnendurchmesser in Millimeter; außerdem ist dem erstmaligen Antrag eine Skizze mit Maß- und Werkstoffangaben beizufügen,
8. bei Böllern die Ladungsstärke, wenn sie geringer sein soll als nach den Tabellen der Anlage I Nr. 2, und
9. bei Schwarzpulverwaffen die Ladungsstärke, wenn sie von den in der Anlage I Nr. 2 aufgeführten Bestimmungen abweicht.

(2) Der Antragsteller hat, wenn er für Dritte tätig wird, in dem Antrag eine Vollmacht vorzulegen, den Namen und die Anschrift seines Auftraggebers anzugeben,
1. wenn er seinen eigenen Namen, seine Firma oder seine eingetragene Marke nach § 21 Abs. 3 der Allgemeinen Waffengesetz-Verordnung auf den Prüfgegenstand angebracht hat,
2. wenn der Prüfgegenstand nicht die vorgeschriebene Kennzeichung nach § 24 Abs. 1 Satz 1 Nr. 1 des Waffengesetzes trägt oder
3. wenn er die Beschussprüfung im Auftrag einer Person vornehmen lässt, die den Prüfgegenstand in den Geltungsbereich des Gesetzes verbracht hat.

(3) Prüfgegenstände, die nach § 4 Satz 1 oder § 5 Abs. 2 mit dem Rückgabezeichen versehen worden sind, können nur bei derselben Behörde erneut zur Beschussprüfung vorgelegt werden, es sei denn, dass diese der Vorlage bei einer anderen Behörde zustimmt.

§ 8 Überlassung von Prüfhilfsmitteln

(1) Wird in Feuerwaffen und sonstigen Prüfgegenständen Munition oder eine Ladung verwendet, die von der zuständigen Behörde nicht beschafft werden kann, so kann diese vom Antragsteller die Überlassung von Gebrauchsmunition, bei Böllern von Kartuschen, Hülsen und Zündmitteln verlangen.

(2) Zur Prüfung der Austauschläufe kann die zuständige Behörde vom Antragsteller die Überlassung der zugehörigen Waffe oder eines geeigneten Verschlusses

verlangen. Einstecknäufe sind in der zugehörigen Waffe zu beschießen; wenn diese nicht vorgelegt werden kann, ist eine Bescheinigung nach § 12 Abs. 1 Satz 2 des Gesetzes auszustellen mit der Auflage, dass der Beschuss vor dem bestimmungsgemäßen Gebrauch des Einstecklaufes vorzunehmen ist. Die Bescheinigung kann mehrere gleichartige Prüfgegenstände umfassen. Satz 2 gilt auch für Einstecknäufe nach § 2 Abs. 2 Satz 2 Nr. 1 Buchstabe c des Gesetzes.

(3) Liegt ein Antrag nach § 6 vor, so kann die zuständige Behörde vom Antragsteller die Überlassung der für die Prüfung erforderlichen Hilfsmittel verlangen.

(4) Für die Prüfung eines Gasböllers ist vom Antragsteller der zuständigen Behörde eine Bescheinigung der Physikalisch-Technischen Bundesanstalt darüber vorzulegen, dass das Gerät den technischen Anforderungen nach Anlage I Nr. 2.3.2 bis 2.3.5 entspricht.

§ 9 Aufbringen der Prüfzeichen

(1) Die Prüfgegenstände sind mit dem amtlichen Beschusszeichen nach Anlage II zu versehen. In den Fällen des § 4 Abs. 1 Nr. 3 Buchstabe d des Gesetzes ist das Prüfzeichen der jeweils zuständigen Stelle auf die Prüfgegenstände aufzubringen. Beschuss- und Prüfzeichen müssen deutlich sichtbar und dauerhaft aufgebracht werden.

(2) Das Beschusszeichen nach Absatz 1 besteht aus dem Bundesadler nach Anlage II Abbildung 1 mit den jeweiligen Kennbuchstaben.

(3) Das Beschusszeichen ist auf jedem höchstbeanspruchten Teil entsprechend § 2 Abs. 2 des Gesetzes aufzubringen. Als weitere Prüfzeichen sind aufzubringen:
1. das Ortszeichen nach Anlage II Abbildung 3 auf einem höchstbeanspruchten Teil,
2. das Zeichen für die Stahlschrotprüfung nach Anlage II Abbildung 2 auf jedem Lauf zum Verschießen von Stahlschrotmunition mit verstärkter Ladung und
3. das Jahreszeichen auf einem höchstbeanspruchten Teil. Das Jahreszeichen besteht aus den beiden letzten Ziffern der Jahreszahl, denen die Monatszahl angefügt werden kann. Auf Antrag können die beiden Ziffern der Jahreszahl durch die Buchstaben A = 0, B = 1, C = 2, D = 3, E = 4, F = 5, G = 6, H = 7, I oder J = 8, K = 9 verschlüsselt werden.

(4) Jedes geprüfte höchstbeanspruchte Teil, das einzeln zur Prüfung vorgelegt wird, ist mit dem Beschusszeichen, dem Ortszeichen und dem Jahreszeichen zu versehen.

(5) Das Rückgabezeichen besteht aus dem Ortszeichen und dem Jahreszeichen; vorhandene Prüfzeichen sind durch ein „X" auf oder neben dem Prüfzeichen zu entwerten. Sind höchstbeanspruchte Teile unbrauchbar, so sind sie ebenfalls mit einem „X" zu kennzeichnen.

§ 10 Bescheinigung über das Beschussverfahren

(1) Die zuständige Behörde hat eine beschusstechnische Bescheinigung auszustellen
1. auf Antrag,
2. nach einer Beschussprüfung gemäß § 3 Abs. 4 Satz 2 Nr. 2 oder an Waffen nach § 7 Abs. 1 Satz 3 Nr. 6 oder

3. nach einer erstmaligen Prüfung und jeder weiteren Wiederholungsprüfung von Böllern.

(2) Bei Feuerwaffen, die der Beschusspflicht unterliegen oder die historische Waffen sind, kann die zuständige Behörde auf Antrag eine Bescheinigung darüber ausstellen, dass eine Prüfung nicht oder nur unter der Gefahr einer Beschädigung oder Zerstörung der Waffe durchgeführt werden kann. Die Bescheinigung muss den Hinweis enthalten, dass die Waffe zum Schießen nicht mehr verwendet werden darf.

(3) Für Prüfgegenstände, die die Beschussprüfung nicht bestanden haben, ist dem Antragsteller ein schriftlicher Prüfhinweis auszustellen,
1. aus dem die Daten des Prüfgegenstandes, der Grund der Zurückweisung und das Datum des Beschusses hervorgehen und
2. der Forderung enthält, dass der Prüfgegenstand zum Schießen nicht mehr verwendet werden darf.

(4) Sind höchstbeanspruchte Teile nach § 9 Abs. 5 Satz 2 als unbrauchbar gekennzeichnet worden, so stellt die zuständige Behörde auf Antrag eine Bescheinigung im Sinne des Absatzes 3 aus.

ABSCHNITT 3

Bauartzulassung und Zulassung für besondere Schusswaffen und besondere Munition

§ 11 Bauartzulassung für besondere Schusswaffen, pyrotechnische Munition und Schussapparate

(1) Die nach § 7 des Gesetzes der Zulassung unterliegenden Schussapparate, Einstreckläufe ohne eigenen Verschluss für Munition mit einem zulässigen höchsten Gebrauchsgasdruck bis 2100 bar und nicht der Beschusspflicht unterliegenden Feuerwaffen müssen den in Anlage I Nr. 3 bezeichneten technischen Anforderungen entsprechen. Schussapparate, die Bolzensetzwerkzeuge nach § 7 des Gesetzes sind, müssen, wenn sie einen Kolben enthalten und wenn sie zur Verwendung magazinierter Kartuschen bestimmt sind, außer der Geräteprüfung einer Prüfung des Systems aus Gerät, Kolben und Kartuschen unterzogen werden. Die Systemkomponenten werden vom Antragsteller festgelegt. Zu einem bereits zugelassenen System kann von dem Zulassungsinhaber oder einem Dritten auch die Zulassung anderer Kartuschen beantragt werden. Für die Anforderungen an die Maßhaltigkeit gilt Anlage I Nr. 1.1.3 entsprechend. Die Prüfmodalitäten für Geräte nach Satz 2 werden im Einzelnen durch die Prüfregel der Physikalisch-Technischen Bundesanstalt „Haltbarkeits- und Systemprüfung von Bolzensetzwerkzeugen" in der jeweils gültigen Fassung beschrieben.

(2) Schusswaffen und sonstige Gegenstände nach § 8 des Gesetzes, Schusswaffen nach § 9 Abs. 1 des Gesetzes sowie pyrotechnische Munition nach § 10 des Gesetzes müssen den in der Anlage I Nr. 4, 5 und 6 bezeichneten technischen Anforde-

rungen entsprechen. Hülsenlose Munition ohne Geschoss nach § 11 Absatz 1 in Verbindung mit Anlage 1 Abschnitt 1 Unterabschnitt 3 Nummer 1.3 zum Waffengesetz muss den Anforderungen nach § 6 a Absatz 1 der Ersten Verordnung zum Sprengstoffgesetz entsprechen. § 12 c Absatz 3 der Ersten Verordnung zum Sprengstoffgesetz findet entsprechende Anwendung.

(3) Die Zulassungsbehörde kann im Einzelfall von einzelnen Anforderungen der Anlage I Ausnahmen zulassen, wenn

1. im Falle der Zulassung nach § 7, 8 oder 10 des Gesetzes die Sicherheit des Benutzers oder Dritter in anderer Weise gesichert ist,

2. im Falle der Zulassung nach § 9 des Gesetzes die Schusswaffen keine größere Gefahr hervorrufen als diejenigen, die die Anforderungen der Anlage I Nr. 4 erfüllen.

(4) Die Zulassungsbehörde kann im Einzelfall über die Anlage I hinausgehende Anforderungen stellen, wenn der Schutz von Leben und Gesundheit des Benutzers oder Dritter dies erfordert.

(5) Nach den Anforderungen der Anlage I Nr. 5.2.1 und 5.2.2 wird pyrotechnische Munition entsprechend ihrer Gefährlichkeit in die Klassen PM I und PM II eingeteilt.

(6) Für Schusswaffen, die nach § 9 Abs. 2 Nr. 1 des Gesetzes in Verbindung mit Anlage 2 Abschnitt 2 Unterabschnitt 2 Nr. 1.1 des Waffengesetzes anzuzeigen sind und deren Geschossen eine Bewegungsenergie von höchstens 7,5 Joule erteilt wird, ist eine Messung der Bewegungsenergie nach Anlage VI durchzuführen. Die Messung kann bei einem Beschussamt beantragt werden oder durch den Antragsteller mit einer kalibrierten Geschossgeschwindigkeitsmessanlage selbst durchgeführt werden. Es sind der Physikalisch-Technischen Bundesanstalt fünf Messprotokolle und ein Hinterlegungsmuster, das aus der Serie der Prüfgegenstände ausgewählt werden muss, einzureichen. Die Physikalisch-Technische Bundesanstalt bestätigt die Anzeige und nach bestandener Prüfung die Berechtigung zum Aufbringen des Kennzeichens nach Anlage II Abbildung 10. Soweit es sich um Einzelstücke handelt, das heißt, sofern nicht mehr als drei Stücke eines bestimmten Modells hergestellt oder in den Geltungsbereich des Gesetzes verbracht werden, die nicht das Kennzeichen nach Anlage II Abbildung 10 tragen, können von einem Beschussamt auf Antrag mit diesem Kennzeichen versehen werden. Dabei müssen die Beschussämter das Ortszeichen nach Anlage II Abbildung 3 zusätzlich auf der Schusswaffe anbringen.

§ 12 Modellbezeichnung bei Bauartzulassungen

Die der Zulassung unterliegenden Gegenstände dürfen keine Modellbezeichnung haben, die zur Irreführung geeignet ist oder eine Verwechslung mit Waffen oder Munition anderer Beschaffenheit hervorrufen kann. Die Vorschriften des Markenrechts bleiben unberührt.

§§ 13–19

(hier nicht abgedruckt)

449

ABSCHNITT 4

Verfahren bei der Bauartzulassung

§ 20 Zulassungszeichen

(1) Die Zulassungsbehörde hat dem Zulassungsinhaber die Verwendung eines Zulassungszeichens vorzuschreiben.

(2) Das Zulassungszeichen setzt sich aus dem in der Anlage II Abbildung 5 bis 7 oder 10 bis 12 jeweils vorgesehenen Zeichen und einer Kennnummer zusammen. Die Kennnummer besteht aus einer fortlaufenden Nummer. Bei pyrotechnischer Munition gehört zum Zulassungszeichen außerdem die Klassenbezeichnung „PM 1" oder „PM II".

(3) Der Zulassungsinhaber hat dauerhaft und deutlich sichtbar auf jedem nachgebauten Stück und bei pyrotechnischer Munition auf jeder kleinsten Verpackungseinheit das vorgeschriebene Zulassungszeichen anzubringen. Das Zulassungszeichen darf nicht auf einem Teil angebracht werden, das üblicherweise zum Austausch bestimmt ist. Soweit sich das Zulassungszeichen auf der pyrotechnischen Munition wegen deren geringen Größe oder aus sonstigen technischen Gründen nicht anbringen lässt, genügt die Anbringung auf der kleinsten Verpackungseinheit.

§§ 21–25

(hier nicht abgedruckt)

ABSCHNITT 6

Festlegung der Maße und Energiewerte für Feuerwaffen (Maßtafeln), Einsteck- und Austauschläufe sowie für Munition

§ 26 Zulässige und nicht zulässige Munition

(1) In den Maßtafeln werden festgelegt

1. die Maße für die Patronen- oder Kartuschenlager und für die Übergänge, bei glatten Läufen die Innendurchmesser und bei gezogenen Läufen die Feld- und Zugdurchmesser, erforderlichenfalls auch die Laufquerschnitte von Feuerwaffen, Einsteckläufen und Austauschläufen sowie die Verschlussabstände von Feuerwaffen (Maßtafeln – § 14 Abs. 1 Nr. 1 des Gesetzes),

2. die zulässigen Höchst- und Mindestmaße, die zulässigen höchsten Gebrauchsgasdrücke, bei Schrotmunition auch für die verstärkte Ladung, oder die Höchst- und Mindestenergien, außerdem bei Stahlschrotmunition die höchstzulässigen Mündungsgeschwindigkeiten, Mündungsimpulse und Durchmesser der Schrote, und die Bezeichnung der Munition und der Treibladungen nach Anlage 1 Abschnitt 1 Unterabschnitt 3 Nr. 1 und 2 des Waffengesetzes (§ 14 Abs. 3 des Gesetzes),

3. die zulässigen Höchstmaße, die Höchst- und Mindestgasdrücke oder -energien und die Bezeichnung der pyrotechnischen Munition (§ 14 Abs. 1 Nr. 1 des Gesetzes).

(2) Ist die Hülse einer Munition ummantelt, so gelten die in den Maßtafeln festgelegten Maße nur für die Hülse.

(3) Nicht zulässig sind
1. Munition nach Anlage 2 Abschnitt 1 Nr. 1.5.1 bis 1.5.6 des Waffengesetzes,
2. Schrotpatronen mit Schroten mit einer Vickershärte HV 1 von über 110 an der Oberfläche oder von über 100 im Inneren,
3. Stahlschrotpatronen ohne geeignete Ummantelung der Schrotladung und
4. Revolver- und Pistolenpatronen mit Geschossen, die überwiegend oder vollständig aus hartem Material – Brinellhärte größer als 25 HB 5/62,5/30 – bestehen.

§ 27 Abweichungen von den Maßtafeln

(1) Anstelle der in den Maßtafeln für Munition festgelegten Bezeichnung darf eine andere Bezeichnung zugelassen werden, wenn sie eindeutig ist und sich von Bezeichnungen anderer zugelassener Munition hinreichend unterscheidet. Die Physikalisch-Technische Bundesanstalt veröffentlicht die Bezeichnungen nach Satz 1 jeweils in ihrem Amts- und Mitteilungsblatt. Im Falle von pyrotechnischer Munition nach § 10 des Gesetzes erfolgt die Veröffentlichung durch die Bundesanstalt für Materialforschung und -prüfung in der Liste gemäß § 21 Abs. 2.

(2) Lässt sich die Bezeichnung auf der Munition wegen deren geringer Größe nicht anbringen, so genügt die Angabe des Kalibers mit einer Kurzbezeichnung, die die Munition eindeutig charakterisiert. Ist die Angabe der Hülsenlänge vorgeschrieben, muss auch diese angebracht werden.

(3) Neue, noch nicht in den Maßtafeln aufgeführte Munition darf bei übereinstimmenden oder ähnlichen Abmessungen im Vergleich zu bereits zugelassener Munition nicht zugelassen werden, wenn
1. sie einen höheren Gasdruck entwickelt und aus Waffen für zugelassene Munition mit einem niedrigeren Gasdruck verschossen werden kann oder
2. bereits zugelassene Munition mit höherem Gasdruck aus Waffen für die neue Munition mit einem niedrigeren Gasdruck verschossen werden kann.

(4) Die zuständige Behörde kann in Ausnahmefällen zulassen, dass von den normalen Feld- und Zugprofilen abgewichen wird, wenn sichergestellt ist, dass die Abweichung zu keiner Überschreitung des Gebrauchsgasdruckes führt und dass beim Beschuss mit Beschussmunition ein Überdruck von 30 Prozent in jedem Fall erreicht wird.

(5) Die zuständige Behörde kann bei der Prüfung von Prüfgegenständen auf Antrag eine Abweichung von den Maßen der Maßtafeln zulassen, wenn sie zu Versuchs- oder Erprobungszwecken bestimmt sind. In diesen Fällen wird ein Beschusszeichen nicht angebracht. In den Fällen des Satzes 1 hat die zuständige Behörde auf Antrag eine Bescheinigung darüber auszustellen, dass die Prüfgegenstände haltbar und funktionssicher sind, dass deren Maße von den Maßen der Maßtafeln abweichen und dass diese Gegenstände zu Versuchs- oder Erprobungszwecken bestimmt sind. Aus der Bescheinigung müssen die Abweichungen von den Maßen nach Anlage I Nr. 1.1.3 hervorgehen.

ABSCHNITT 7

Zulassung von Munition

§ 28 Begriffsbestimmungen

(1) Der Typ einer Patronen- oder Kartuschenmunition wird bestimmt durch die in den Maßtafeln festgelegte Bezeichnung oder durch eine zugelassene Bezeichnung nach § 27 Abs. 1 Satz 1.

(2) Das Los einer Patronen- oder Kartuschenmunition ist
1. die Gesamtheit einer Munition desselben Typs, die von demselben Hersteller in einer Serie gefertigt wird, ohne Änderung wesentlicher Komponenten,
2. bei Munition aus Staaten, mit denen die gegenseitige Anerkennung der Prüfzeichen nicht vereinbart ist, die Gesamtheit der Munition, die von demselben Verbringer in einer Lieferung in den Geltungsbereich des Gesetzes verbracht werden soll, wenn sie die Merkmale nach Nummer 1 aufweist.

§ 29 Zulassung und Prüfung von Patronen- und Kartuschenmunition

Die Zulassungsprüfung nach § 11 des Gesetzes umfasst die Prüfung
1. der vorgesehenen Bezeichnung der Munition,
2. der vorgeschriebenen Kennzeichnung auf der kleinsten Verpackungseinheit,
3. der vorgeschriebenen Kennzeichnung auf jeder Patrone oder Kartusche,
4. der Maßhaltigkeit,
5. des Gasdruckes oder an dessen Stelle im Falle fehlender Vorgabe oder erheblicher messtechnischer Schwierigkeiten der entsprechenden Vergleichswerte,
6. des Aufbaus der Patronen, der Geschwindigkeit und des Impulses der Schrote bei Stahlschrotpatronen,
7. der Funktionssicherheit.

§§ 30–36

(hier nicht abgedruckt)

§ 37 Ausnahmen

(1) Der Zulassung nach § 11 Abs. 1 des Gesetzes sowie der Fabrikationskontrolle und der periodischen behördlichen Kontrolle unterliegen nicht
1. Treibladungen nach § 11 Abs. 1 des Gesetzes,
2. nicht gewerbsmäßig wiedergeladene Munition,
3. Beschussmunition, die von der zuständigen Behörde geladen und verwendet wird oder durch einen Hersteller der zuständigen Behörde überlassen wird,
4. Munition, die nicht mehr serienmäßig hergestellt wird und ausschließlich in kleinen Mengen zum Sammeln bestimmt ist.

Beschussmunition ist jedoch der Fabrikationskontrolle zu unterziehen. Munition nach Satz 1 kann auf Antrag einer losbezogenen Zulassungsprüfung unterzogen werden und darf das Prüfzeichen nach Anlage II Abbildung 4 nur nach bestandener Zulassungsprüfung tragen.

(2) Patronen- und Kartuschenmunition nach Absatz 1 Satz 1 Nr. 3 und 4 muss den Anforderungen nach § 29 entsprechen.

ABSCHNITT 8

Verpackung, Kennzeichnung und Lagerung von Munition

§ 38 Verpackung von Munition

(1) Wer Munition gewerbsmäßig herstellt oder einführt, hat die Gegenstände in der Verpackung so anzuordnen und zu verteilen, dass weder durch Reibung noch durch Erschütterung, Stoß oder Flammenzündung eine Explosion des gesamten Inhalts der Verpackung herbeigeführt werden kann.

(2) Kartuschenmunition für Schussapparate, bei denen die festen Körper den Schussapparat verlassen, muss so verpackt sein, dass die Munition in der kleinsten Verpackungseinheit vor Feuchtigkeit geschützt wird. Dies gilt nicht für Munition, deren Hülse so verschlossen ist, dass auch in unverpacktem Zustand keine Feuchtigkeit eindringen kann. Die in § 17 Abs. 5 bezeichneten Geschosse müssen in Behältern verpackt sein.

(3) Treibladungen nach Anlage 1 Abschnitt 1 Unterabschnitt 3 Nr. 2 des Waffengesetzes für Schussapparate sind in magazinierter Form zu verpacken.

§ 39 Kennzeichnung der Verpackungen und Munition

(1) Außer der Kennzeichnung nach § 24 Abs. 3 des Waffengesetzes müssen auf der kleinsten Verpackungseinheit angebracht werden

1. die Anzahl der Patronen oder Kartuschen,
2. bei Munition nach § 11 Abs. 1 des Gesetzes das Prüfzeichen nach Anlage II Abbildung 4 in einwandfrei erkennbarer Ausführung,
3. bei Beschussmunition deutlich lesbar die Aufschrift: „Achtung! Beschussmunition!",
4. bei Schrotmunition die Werkstoffangabe für die Schrote, sofern es sich nicht um Blei handelt,
5. bei Stahlschrotmunition die Aufschrift: „Achtung, erhöhte Gefahr von Abprallern! Vermeiden Sie auf harte Oberflächen zu schießen!",
6. bei Munition mit verstärkter Ladung der Hinweis, dass sie nur aus verstärkt beschossenen Waffen verschossen werden darf,
7. bei Stahlschrotmunition mit verstärkter Ladung zusätzlich der Hinweis, dass sie nur aus Läufen verschossen werden darf, die der Stahlschrotprüfung unterzogen und mit dem Prüfzeichen nach Anlage II Abbildung 2 für die Stahlschrotprüfung versehen sind,
8. bei Kartuschenmunition, die zum Verschießen von pyrotechnischer Munition geeignet ist, der Hinweis: „Geeignet zum Verschießen von pyrotechnischer Munition",
9. bei Stahlschrotmunition Kaliber 12 mit Schroten über 4 Millimeter Durchmesser der Hinweis, dass sie aus Läufen mit Würgebohrung nur verschossen werden darf, wenn die Durchmesserverengung 0,5 Millimeter nicht überschreitet,
10. bei magazinierter Kartuschenmunition für Bolzensetzwerkzeuge die Gerätemodelle mit ihrer Zulassungsnummer, in denen sie auf Grund einer durchgeführten Systemprüfung verwendet werden darf.

(2) Außer der Kennzeichnung nach § 24 Abs. 3 des Waffengesetzes ist auf Schrotpatronen der Durchmesser der Schrote sowie die Länge der Hülse anzubringen, sofern sie größer ist als
– 65 Millimeter bei den Kalibern 20 und größer,
– 63,5 Millimeter bei den Kalibern 24 und kleiner,
bei Stahlschrotpatronen außerdem der Werkstoff der Schrote, bei Schrotpatronen mit einem maximalen Gasdruck von 1050 bar (Patronen mit verstärkter Ladung) außerdem dieser Gasdruck auf der Hülse. Hinweise nach Absatz 1 Nr. 3 bis 9 müssen deutlich lesbar und, sofern die Munition zum Vertrieb im Geltungsbereich des Gesetzes bestimmt ist, in deutscher Sprache abgefasst sein. Ein Beipackzettel hierfür ist zulässig.

(3) Munition, die gewerbsmäßig wiedergeladen wird, muss auf der Hülse oder dem Zündhütchen sichtbar und dauerhaft mit einem Zeichen versehen werden, aus dem der Wiederlader zu erkennen ist. Bei Munition, die zur Ausfuhr bestimmt ist, muss das Zeichen des Wiederladers auf der Hülse angebracht werden. Bei einer Kennzeichnung auf der Hülse ist das Zeichen des Herstellers oder früheren Wiederladers ungültig zu machen. Wiedergeladene Munition darf nur in geschlossenen Packungen abgegeben werden, auf denen die Anschrift des Wiederladers und die Aufschrift „Wiedergeladene Munition" angebracht ist. Auf der kleinsten Verpackungseinheit wiedergeladener Patronenmunition ist außerdem die Masse und die Bezeichnung der Geschosse anzugeben. Die Sätze 1 bis 5 sind auf Munition, die nicht gewerbsmäßig wiedergeladen wird, entsprechend anzuwenden, sofern der Wiederlader die Munition einem Dritten überlässt, der nicht Mitglied der jagdlichen oder schießsportlichen Vereinigung ist, der der Wiederlader angehört.

(4) Beschusspatronen sind auf dem Bodenrand durch eine Riffelung oder, wenn dies nicht möglich ist, durch die deutlich lesbare Aufschrift „Beschussmunition" auf dem Hülsenmantel, Schrotpatronen außerdem durch die Angabe des Beschussgasdruckes zu kennzeichnen. Die Kennzeichnung als Beschussmunition erfolgt bei Kartuschen durch rosa Farbe und bei Randfeuerpatronen auf dem Boden oder dem Hülsenmantel oder der Geschossspitze durch rote Farbe.

(5) Die Kennzeichnungs- und Verpackungsvorschriften über die Beförderung gefährlicher Güter bleiben unberührt.

§ 40 Lagerung von Munition

(1) Wer gewerbsmäßig Munition oder Geschosse mit Reizstoffen vertreibt oder anderen überlässt, darf sie nur in der verschlossenen Originalverpackung des Herstellers verwahren. Geöffnete kleinste Verpackungseinheiten sind unverzüglich wieder zu verschließen.

(2) Pyrotechnische Munition mit einer Satzmasse, bestehend aus Treibladung und pyrotechnischem Satz, von mehr als 20 Gramm, darf in der kleinsten Verpackungseinheit im Verkaufsraum nur in einem Muster verwahrt werden.

§§ 41, 42

(hier nicht abgedruckt)

§ 43 Inkrafttreten, Außerkrafttreten

Diese Verordnung tritt am Tag nach der Verkündung in Kraft. Gleichzeitig tritt die Dritte Verordnung zum Waffengesetz in der Fassung der Bekanntmachung vom 2. September 1991 (BGBl. I S. 1872), zuletzt geändert durch Artikel 283 der Verordnung vom 25. November 2003 (BGBl. I S. 2304), und § 35 der Allgemeinen Waffengesetz-Verordnung vom 27. Oktober 2003 (BGBl. I S. 2123) außer Kraft.

Anlage I

(hier nicht abgedruckt)

Anlage II

Beschusszeichen, Prüfzeichen

Abbildung 1
Bundesadler mit Kennbuchstaben
(§ 9 Abs. 2)

N

Beschuss
bei Feuerwaffen oder höchstbeanspruchten Teilen nach § 2 Abs. 2 des Gesetzes, die zum Verschießen von Munition mit Nitropulver bestimmt sind

V

Verstärkter Beschuss
bei Waffen mit glatten Läufen oder höchstbeanspruchten Teilen nach § 2 Abs. 2 des Gesetzes, die zum Verschießen von Munition mit überhöhtem Gasdruck bestimmt sind

SP

Beschuss
bei Feuerwaffen oder höchstbeanspruchten Teilen nach § 2 Abs. 2 des Gesetzes, die zum Verschießen von Schwarzpulver bestimmt sind

L

Beschuss
bei Feuerwaffen oder höchstbeanspruchten Teilen nach § 2 Abs. 2 des Gesetzes, bei denen zum Antrieb ein entzündbares flüssiges oder gasförmiges Gemisch oder eine Treibladung verwendet wird

J

Instandsetzungsbeschuss
bei Feuerwaffen oder höchstbeanspruchten Teilen nach § 2 Abs. 2 des Gesetzes, die nach § 3 Abs. 2 des Gesetzes erneut zu prüfen sind

Freiwilliger Beschuss
§ 6 Abs. 2

F

Beschuss
bei Böllern

B

Abbildung 2

Prüfzeichen für Handfeuerwaffen zum Verschießen von Stahlschrotmunition mit verstärkter Ladung (§ 9 Abs. 3 Nr. 2)

Abbildung 3
Ortszeichen der zuständigen Behörden
(§ 9 Abs. 3 Nr. 1)

Hannover

Kiel

Köln

Mellrichstadt

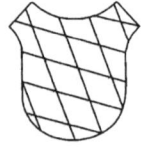

München

Suhl

Ulm

456

Abbildung 4
Prüfzeichen für Munition (§ 20 Abs. 1 Nr. 2)

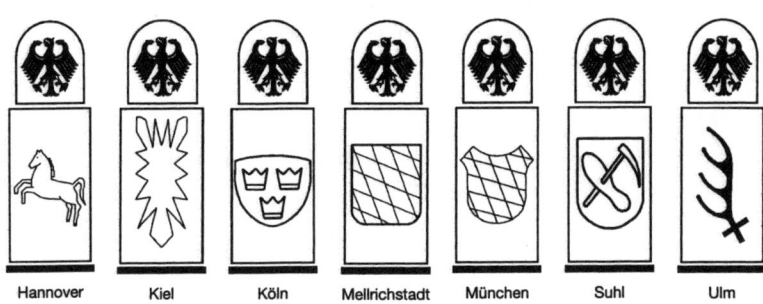

| Hannover | Kiel | Köln | Mellrichstadt | München | Suhl | Ulm |

Abbildung 5

Zulassungszeichen für Handfeuerwaffen, Schussapparate und Einsteckläufe nach § 7 des Gesetzes und für nicht tragbare Geräte nach § 24 Abs. 1

Abbildung 6

Zulassungszeichen für bauartgeprüfte Schreckschuss-, Reizstoff- und Signalwaffen nach § 8 Abs. 1 des Gesetzes und Zusatzgeräte zu diesen Waffen zum Verschießen pyrotechnischer Geschosse

Abbildung 7

Zulassungszeichen für pyrotechnische Munition nach § 10 Abs. 1 des Gesetzes

Abbildung 8

Prüfzeichen nach § 25 Abs. 2 für Geräte nach § 24 Abs. 1. Die Zahl im kleineren Quadrat bezeichnet die zwei letzten Ziffern der Jahreszahl, die einstellige Zahl in Richtung der Laufmündung das Quartal

457

Abbildung 9
Prüfzeichen der Beschaffungsstellen für die Bundeswehr, der Bundespolizei
und die Bereitschaftspolizeien der Länder (§ 9 Abs. 1 Satz 2)

 Beschuss

bei Schusswaffen, die vom Bundesamt für Wehrtechnik und Beschaffung beschossen wurden

 Erstbeschuss

bei Schusswaffen, die von der in der Rechtsverordnung nach § 58 Abs. 1 Bundespolizeigesetzes bestimmten Bundesbehörde beschossen wurden

 Instandsetzungsbeschuss

bei Schusswaffen, die von der in der Rechtsverordnung nach § 58 Abs. 1 Bundespolizeigesetzes bestimmten Bundesbehörde beschossen wurden

Abbildung 10

Kennzeichen für Schusswaffen, deren Geschossen eine Bewegungsenergie von
nicht mehr als 7,5 J erteilt wird
(§ 7 Abs. 1 Satz 2 Nr. 1 und § 9 Abs. 2 Satz 1 Nr. 1 des Gesetzes)

Abbildung 11

Zulassungszeichen nach Bauartprüfungen gemäß § 9 Abs. 1 des Gesetzes

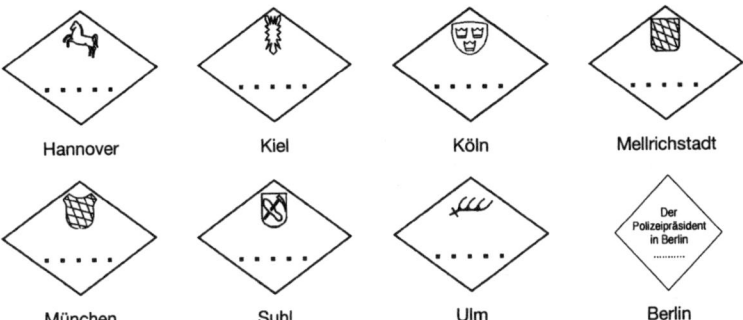

Hannover	Kiel	Köln	Mellrichstadt
München	Suhl	Ulm	Berlin

Bei Prüfungen von Einzelstücken wird die Kennziffer nicht innerhalb, sondern außerhalb direkt beim Kennzeichen von Abbildung 11 angebracht

Abbildung 12

Zulassungszeichen nach Bauartprüfungen gemäß § 9 Abs. 2 Nr. 2 bis 4 des Gesetzes

Elektroimpulsgeräte   Reizstoffe

Anlage III, Anhang (Anlage IV–VI)

(hier nicht abgedruckt)

459

II.
Erläuterungen zum Waffenrecht

Inhaltsübersicht

1 *Vorbemerkung*

Das WaffG vom 11.10.2002, das am 1.4.2003 in Kraft getreten ist, und die AWaffV vom 27.10.2003, in Kraft getreten am 1.12.2003, haben sich im Wesentlichen bewährt. Dennoch bestand an einzelnen Stellen Änderungsbedarf, der mit dem Gesetz zur Änderung des Waffengesetzes und weiterer Vorschriften vom 26.3.2008 (BGBl. I S. 426) umgesetzt werden soll. Die Regelungskompetenz des Bundes ergibt sich aus Art. 73 Abs. 1 Nr. 12 GG.

Zum einen werden Anforderungen aus dem internationalen Bereich umgesetzt. So hat die Bundesrepublik Deutschland das Zusatzprotokoll gegen die unerlaubte Herstellung von Feuerwaffen, deren Teilen, Komponenten und Munition sowie gegen den unerlaubten Handel damit zum Übereinkommen der Vereinten Nationen gegen die grenzüberschreitende organisierte Kriminalität vom 31.5.2001 (VN-Schusswaffenprotokoll) am 3.9.2002 gezeichnet. Dessen Bestimmungen wurden in innerstaatliches Recht umgesetzt.

Darüber hinaus hat die Generalversammlung der Vereinten Nationen in ihrer Resolution vom 8.12.2005 (A/RES/60/81) alle Mitgliedstaaten aufgefordert, die Bestimmungen des Internationalen Instruments zur Ermöglichung der rechtzeitigen und zuverlässigen Markierung und Nachverfolgung illegaler Kleinwaffen und leichter Waffen anzuwenden. Dessen Bestimmungen wurden ebenfalls in innerstaatliches Recht umgesetzt.

Wesentliche Änderungen:
- Die Verbotsmerkmale für Vorderschaftsrepetierflinten werden präzisiert (Anlage 2 Nr. 1.2.1.1)
- Das Führen von Anscheinswaffen (Feuerwaffenimitaten) und bestimmten Messern in der Öffentlichkeit ist grundsätzlich verboten, § 42a Abs. 1 WaffG, während Absatz 2 Ausnahmen zulässt.
- Einführung eines Blockiersystems für Erbwaffen, soweit keine Erwerbsberechtigung besteht.
- Für Schusswaffen, die ohne Funktionsschwächung in von der Erlaubnispflicht her an sich niedriger kategorisierte Waffen umgearbeitet wurden, soll gelten, dass die höhere Kategorisierung des Ursprungszustandes beibehalten bleibt.
- Distanz-Elektroimpulsgeräte (auf dem Markt u. a. unter der Bezeichnung „Air-Taser" bekannt) werden wegen ihres spezifischen Gefährdungs- und Missbrauchspotenzials verboten.
- Erweiterte Kennzeichnungspflichten von Schusswaffen und wesentliche Teile zum Zwecke der Nachverfolgung.

Durch das Vierte Gesetz zur Änderung des Sprengstoffgesetzes – Artikel 3 – (vom 17. Juli 2009, BGBl. I S. 2062, 2088) ist eine weitere Verschärfung des Waffengesetzes erfolgt:
- Erweiterte Prüfung des waffenrechtlichen Bedürfnisses,
- Anhebung der Altersgrenze für das Schießen mit sog. großkalibrigen Waffen in Schießsportvereinen von 14 auf 18 Jahre,
- Erweiterung der Kontrolle der sicheren Aufbewahrung von Waffen und Munition in Räumlichkeiten der Waffenbesitzer,
- Verordnungsermächtigung für das BMI zur Regelung neuer Anforderungen an die Aufbewahrung von Waffen und Munition – u. a. auch die biometrische Sicherung von Waffenschränken oder bestimmten Schusswaffen,
- Einführung eines elektronischen Nationalen Waffenregisters bis Ende 2012,

461

– Mitteilung auch des Zuzugs eines Waffenbesitzers durch die Meldebehörde an die Waffenbehörde,
– Schaffung der Möglichkeit, behördlich eingezogene Waffen zu vernichten,
– Strafbewehrung der vorsätzlich vorschriftswidrigen Aufbewahrung von Schusswaffen und Munition, wenn dadurch die Gefahr besteht, dass diese Gegenstände abhanden kommen,
– Einführung einer bis Ende 2009 befristeten Amnestieregelung für Besitzer illegaler Waffen.

2   Aufbau des Waffengesetzes

Abschnitt 1	Abschnitt 2	Abschnitt 3	Abschnitt 4	Abschnitt 5	Abschnitt 6
Allgemeine Bestimmungen	Umgang mit Waffen oder Munition	Sonstige waffenrechtliche Vorschriften	Straf- und Bußgeldvorschriften	Ausnahmen von der Anwendung des Gesetzes	Übergangsvorschriften, Verwaltungsvorschriften

Unterabschnitte
1 bis 7

Unterabschnitt 1	Unterabschnitt 2	Unterabschnitt 3	Unterabschnitt 4	Unterabschnitt 5	Unterabschnitt 6	Unterabschnitt 7
Allgemeine Voraussetzungen für Waffen- und Munitionserlaubnisse	Erlaubnisse für einzelne Arten des Umgangs mit Waffen oder Munition, Ausnahmen	Besondere Erlaubnistatbestände für bestimmte Personengruppen	Besondere Erlaubnistatbestände für Waffenherstellung, Waffenhandel, Schießstätten, Bewachungsunternehmer	Verbringen und Mitnahme von Waffen oder Munition in den, durch den oder aus dem Geltungsbereich des Gesetzes	Obhutspflichten, Anzeige-, Hinweis- und Nachweispflichten	Verbote
§§ 4 bis 9	§§ 10 bis 12	§§ 13 bis 20	§§ 21 bis 28	§§ 29 bis 33	§§ 34 bis 39	§§ 40 bis 42a

3   § 1 WaffG   Gegenstand und Zweck des Gesetzes, Begriffsbestimmungen (Anlage 1 Abschnitt 1)

§ 1 Abs. 1 WaffG enthält den Regelungsbereich des Gesetzes. In dieser Vorschrift wird der Zweck des Gesetzes umrissen, der hauptsächlich darin besteht, den pri-

462

vaten Erwerb und Besitz von Waffen und Munition sowie den hauptsächlichen Gebrauch davon – das Führen und Schießen – durch Privatpersonen vor allem zur Jagd und zum Schießsport, zum Sammeln von Waffen oder Munition sowie zum Selbstschutz zu regeln.

Mit den Regelungen in § 1 Abs. 2 WaffG wird festgelegt, welche Gegenstände vom Waffengesetz erfasst werden.

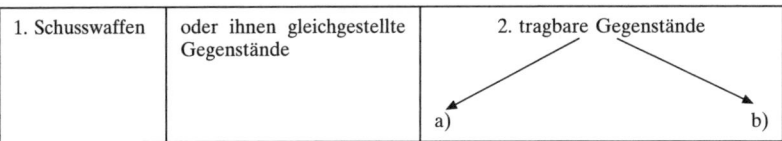

Die Begriffe der Waffen und Munition sowie die Einstufung der Gegenstände nach § 1 Abs. 2 Nr. 2 b WaffG als Waffen werden in der Anlage 1 zum WaffG näher geregelt. Mit der Verweisung der hauptsächlichen waffenrechtlichen und waffentechnischen Festlegungen und Begriffe in die Anlage 1 soll das WaffG klarer und übersichtlicher gestaltet und vor technischen Vorschriften im laufenden Gesetzestext entlastet werden. Ferner sind in dieser Anlage alle Gleichstellungen von Teilen von Waffen enthalten. Sie benennt ausdrücklich alle Gegenstände, die als Waffen i. S. d. WaffG einzustufen sind, ohne dass diese ihrem Wesen nach Waffen sind. Durch die ausdrückliche Aufnahme eines Gegenstandes in die Anlage 1 wird ein Gegenstand i. S. d. § 1 Abs. 2 Nr. 2 b als Waffe eingestuft, während in der Waffenliste (Anlage 2) lediglich eine Zuordnung darüber getroffen wird, ob die Waffe im Umgang erlaubnispflichtig oder verboten ist.

Anlage 1

Abschnitt 1	Abschnitt 2	Abschnitt 3
Waffen- und munitions-technische Begriffe, Einstu-fung von Gegenständen	Waffenrechtliche Begriffe	Einteilung der Schusswaffen oder Munition in die Kategorien A bis D nach der Waffenrichtlinie

Die Anlage 1 enthält also nicht nur waffen- und munitionstechnische sowie waffenrechtliche Begriffe, sondern trifft auch Einstufungen über Teile von Waffen und Munition sowie über Gegenstände, die erst durch ihre Aufnahme in diese Anlage den Waffen gleichgestellt werden.

Abschnitt 1

Unterabschnitt 1	Unterabschnitt 2	Unterabschnitt 3
Schusswaffen	Tragbare Gegenstände	Munition und Geschosse

Welche Gegenstände Schusswaffen im Rechtssinne des § 1 Abs. 2 Nr. 1 WaffG sind, werden im Unterabschnitt 1 festgelegt. Es werden weiter Definitionen von Begriffen gegeben, die im Zusammenhang mit Schusswaffen von Bedeutung sind.

a) Unterabschnitt 1: Schusswaffen

Schusswaffen im Sinne des § 1 Abs. 2 Nr. 1 WaffG sind:

1.1 Gegenstände, die

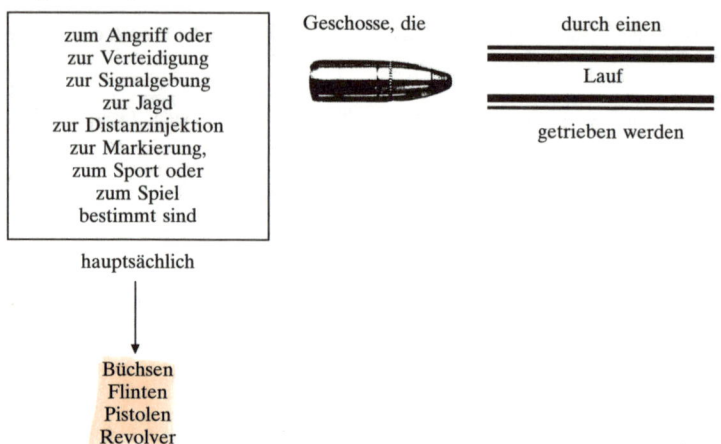

| zum Angriff oder zur Verteidigung zur Signalgebung zur Jagd zur Distanzinjektion zur Markierung, zum Sport oder zum Spiel bestimmt sind | Geschosse, die | durch einen Lauf getrieben werden |

hauptsächlich

Büchsen
Flinten
Pistolen
Revolver

Die Legaldefinition entspricht im Wesentlichen der des § 1 Abs. 1 WaffG'76. Das Wort „Geräte" wurde durch „Gegenstände" ersetzt; ergänzt wurde die Begriffsbestimmung durch „Signalgebung, Markierung" und „Distanzinjektion". Ansonsten handelt es sich hierbei um Schusswaffen im eigentlichen Sinne. Auf das Antriebsmittel, das Kaliber und die Geschossart kommt es nicht an.

1.2 Gleichgestellte Gegenstände

Den Schusswaffen stehen gleich tragbare Gegenstände:

1.2.1 Schreckschuss-, Reizstoff-, Signalwaffen

Zulassungszeichen für Schreckschuss-, Reizstoff- und Signalwaffen

1.2.2 Armbrüste u. a. Die Begriffsbestimmung stellt darauf ab, dass die Antriebsenergie durch Muskelkraft eingebracht wird und die so gewonnene Energie gespeichert werden kann.

1.3 Wesentliche Teile von Schusswaffen, Schalldämpfer. Die Gleichstellung von wesentlichen Teilen von Schusswaffen und Schalldämpfern gewährleistet eine effektive rechtliche Erfassung zunächst aller wesentlichen Teile und Schalldämpfer, unabhängig vom augenblicklichen Verwendungszweck, ausschließlich unter dem Gesichtspunkt, dass die Verwendung als Waffenzubehör weiter möglich ist. Aus Gründen der Rechtsklarheit werden erstmals alle wesentlichen Teile umfassend definiert (im Einzelnen siehe 1.3.1 bis 1.3.6).

Beispiel: Das Mitführen eines Verschlussstückes wird rechtlich wie das Führen der eigentlichen Waffe beurteilt (Waffenscheinpflicht).

1.4 Unbrauchbar gemachte Schusswaffen (Dekorationswaffen), wenn bestimmte dort näher bezeichnete Bedingungen nicht erfüllt sind (1.4.1 bis 1.4.6). Die Regelungen sind für Lang- und Kurzwaffen aufgegliedert.

1.5 Salutwaffen

1.6 Anscheinswaffen

2. Arten von Schusswaffen

2.1 Schusswaffen nach Nummer 1.1, bei denen ein Geschoss mittels heißer Gase durch einen oder aus einem Lauf getrieben wird.

2.2 Automatische Schusswaffen. Es werden alle Arten automatischer Schusswaffen erfasst, unabhängig von der Art der Schussauslösung (Abzugsbügel oder elektrischer Kontakt). Dabei wird zwischen Vollautomaten und Halbautomaten unterschieden.
Zu den halbautomatischen Waffen gehört nicht der Revolver im System Double-Action, da bei ihm das Ausziehen und Auswerfen der abgeschossenen Hülse und das Nachladen nicht selbsttätig erfolgen. Dies geschieht nämlich durch die vom Schützen bei der Abzugsbetätigung aufgebrachte Muskelkraft.

2.3 Repetierwaffen. Die Verwendung des Begriffes im Gesetz machte die Definition nötig.

2.4 Einzelladerwaffen. Die Begriffsbestimmung erleichtert die Abgrenzung zu Mehrladern. Somit handelt es sich waffenrechtlich bei einem Drilling um eine Einzelladerwaffe.

2.5 Langwaffen, Kurzwaffen

2.6 Schreckschusswaffen

2.7 Reizstoffwaffen

2.8 Signalwaffen
Bisher fehlte hierzu eine Begriffsdefinition. In der Regel dienen diese Waffen der Schreckschuss- oder Reizstoffabgabe oder der Signalgebung.

2.9 Luftdruck- und Federdruckwaffen und Waffen, bei denen zum Antrieb der Geschosse kalte Treibgase verwendet werden.

3. Weitere Begriffe zu wesentlichen Teilen

3.1 Austauschläufe

3.2 Wechselläufe

3.3 Einsteckläufe

3.4 Wechseltrommeln

3.5 Wechselsysteme

3.6 Einstecksysteme

3.7 Einsätze
Zur Klarstellung sind die bisher verwandten Begriffe in die Anlage zum Gesetz übernommen worden. Dabei wurde die Definition des Austauschlaufes geringfügig modifiziert.

Einsätze gibt es auch als Fangschussgeber oder Reduzierhülsen. Der Begriff Kaliber wird teilweise nur für den Laufinnendurchmesser verwandt. Der Begriff „Abmessungen" dagegen verdeutlicht, dass Einsätze auch Abweichungen im Hinblick auf die Patronenlager enthalten können.

Vorrichtungen für

4.1 Zielscheinwerfer sind für Schusswaffen bestimmte Vorrichtungen, die das Ziel beleuchten.

4.2 Laser oder Zielpunktprojektoren sind für Schusswaffen bestimmte Vorrichtungen, die das Ziel markieren.
Vgl. auch § 19 Abs. 1 Nr. 5a BJagdG.

4.3 Nachtsichtgeräte

5. Definition zum Begriff Reizstoffe.

6. Definition Nachbildungen von Schusswaffen

b) Unterabschnitt 2: Tragbare Gegenstände
Dieser Unterabschnitt behandelt die Bestimmung des Begriffes tragbare Geräte i. S. des § 1 Abs. 2 Nr. 2 WaffG.

Die Aufzählung ist nicht abschließend und berücksichtigt nur die Gegenstände, die nach dem bisherigen Entwicklungsstand im Waffenrecht als Waffen behandelt wurden. Mit dieser Abgrenzung wird klargestellt, dass Verteidigungsmittel, die ausschließlich dem Passivschutz dienen (z. B. Schutzwesten, Schutzschilde, Alarmanlagen, Panzerungen), keine Waffen sind.

1. Tragbare Geräte nach § 1 Abs. 2 Nr. 2 a WaffG sind insbesondere:

1.1 Hieb- und Stoßwaffen

1.2 Gegenstände

1.2.1 z. B. Elektroimpulsgeräte

1.2.2 Reizstoffsprühgeräte bis 2 m Reichweite

1.2.3 Reizstoffsprühgeräte über 2 m Reichweite u. a.

1.2.4 bei denen gasförmige, flüssige oder feste Stoffe den Gegenstand gezielt und brennend mit einer Flamme von mehr als 20 cm Länge verlassen,

1.2.5 bei denen leicht entflammbare Stoffe so verteilt und entzündet werden, dass schlagartig ein Brand entstehen kann (bisher durch § 37 Abs. 1 Nr. 7 bis 9 WaffG'76 erfasst).

1.2.6 die nach ihrer Beschaffenheit und Handhabung dazu bestimmt sind, durch Drosseln die Gesundheit zu schädigen (z. B. Nunchaku).

1.3 Schleudern, die zur Erreichung einer höchstmöglichen Bewegungsenergie eine Armstütze oder eine vergleichbare Vorrichtung besitzen oder für eine solche Vorrichtung eingerichtet sind (Präzisionsschleudern) sowie Armstützen und vergleichbare Vorrichtungen für die vorbezeichneten Gegenstände.

2. Tragbare Gegenstände i. S. d. § 1 Abs. 2 Nr. 2 b WaffG
Die Gegenstände sind hier abschließend aufgeführt. Sie sind originär nicht für den Zweck bestimmt, die Angriffs- oder Abwehrfähigkeit von Menschen auszuschalten. Sie sind aber objektiv dafür geeignet.

2.1 Messer

2.1.1 Springmesser

2.1.2 Fallmesser

2.1.3 Faustmesser

2.1.4 Butterflymesser

Spring- und Fallmesser, die die Kriterien des sogenannten Taschenmesser-Privilegs erfüllten, wurden bisher als Gebrauchsgegenstände angesehen und deshalb nicht unter den Begriff der Hieb- und Stoßwaffe gesehen. Spring-, Fall-, Faust- und Butterflymesser unterliegen nunmehr dem WaffG. Dabei wurde verzichtet, eine unterschiedliche Zuordnung unter die Buchstaben a oder b des § 1 Abs. 2 Nr. 2 WaffG vorzunehmen, was allerdings ohne rechtliche Auswirkung bleibt. Einzige unmittelbar daraus folgende Rechtswirkung ist, dass bislang derartige frei verkäufliche Taschenmesser (sie unterlagen nicht dem WaffG'76) nunmehr grundsätzlich erst an Volljährige verkauft werden dürfen.

2.2 Gegenstände,

2.2.1 die bestimmungsgemäß unter Ausnutzung einer anderen als mechanischen Energie Tieren Verletzungen beibringen (z. B. Elektroimpulsgeräte), mit Ausnahme der ihrer Bestimmung entsprechend im Bereich der Tierhaltung Verwendung findenden Gegenstände (z. B. Viehtreiber).

c) Unterabschnitt 3: Munition und Geschosse

1. Munition ist zum Verschießen aus Schusswaffen bestimmte

1.1 Patronenmunition. Neben normaler Patronenmunition wird auch jede andere Art von Raketengeschossen erfasst (z. B. das Gyrojet-Geschoss).

1.2 Kartuschenmunition.

1.3 hülsenlose Munition. Die Regelung verdeutlicht die Besonderheit der hülsenlosen Munition auch in Bezug auf die Ladung.

1.4 pyrotechnische Munition. Erstmals werden umfassend die unterschiedlichen Arten pyrotechnischer Munition definiert. Diese Munition dient nicht dem Treffen eines Ziels, sondern der Erzeugung unterschiedlicher Effekte.

2. Treibladungen

3. Geschosse

4   *§ 1 Abs. 3 WaffG   Anlage 1 Abschnitt 2*

Umgang mit einer Waffe oder Munition hat, wer diese

erwirbt	besitzt	überlässt	führt	verbringt	mitnimmt	damit schießt	herstellt	bearbeitet	instandsetzt	Handel damit treibt

Die für die Anwendung des Gesetzes zentralen Begriffe des Erwerbens, Besitzens, Überlassens und Führens sind in der Anlage 1 Abschnitt 2 des WaffG definiert. Sie sind gegenüber dem bisherigen WaffG präziser gefasst:

Im Sinne des WaffG

– erwirbt eine Waffe oder Munition, wer die tatsächliche Gewalt darüber erlangt,

- besitzt eine Waffe oder Munition, wer die tatsächliche Gewalt darüber ausübt,
- überlässt eine Waffe oder Munition, wer die tatsächliche Gewalt darüber einem anderen einräumt,
- führt eine Waffe, wer die tatsächliche Gewalt darüber außerhalb der eigenen Wohnung, Geschäftsräume, des eigenen befriedeten Besitztums oder einer Schießstätte ausübt.

Diese Begriffsbestimmungen haben – wie bisher – das gemeinsame Tatbestandsmerkmal:

„Ausüben der tatsächlichen Gewalt".

Der BGH hat zum Vergleich die Begriffsbestimmung der § 854 Abs. 1 und § 856 Abs. 1 BGB über den Besitz herangezogen. Mithin folgert das Gericht, dass jedenfalls der unmittelbare Besitzer einer Schusswaffe im Regelfall auch als der Inhaber der tatsächlichen Gewalt anzusehen ist.

Beispiel: Zwei Personen werden im Wald angetroffen, von denen eine ein Gewehr dabei hat. Die Polizeibeamten werden den Waffenträger bezüglich der waffenrechtlichen Erlaubnisse ansprechen, weil sie objektiv gesehen davon ausgehen können, dass der Gewehrträger die tatsächliche Gewalt über die Waffe ausübt. Ob dies tatsächlich der Fall ist, kann erst nach der Überprüfung gesagt werden.

Der Begriff „Ausüben der tatsächlichen Gewalt" stellt danach auf die tatsächlichen Möglichkeiten ab, über einen Gegenstand nach eigenem Willen frei zu verfügen. Nur eine solche Auslegung erscheint dem Gesetzgeber geeignet, den Umgang mit Waffen und Munition in überschaubaren Grenzen zu halten und es wenigstens zu erschweren, dass unter dem Vorwand von Leihe, Miete, Fund, Aneignung und dergleichen unerlaubter Waffenerwerb verdunkelt wird.

Das Ausüben der tatsächlichen Gewalt setzt im Einzelnen voraus:

1. Kenntnis von der Sachherrschaft

Beispiel: A fährt mit dem Pkw zum Einkaufen, ohne zu wissen, dass sich im Handschuhfach die Pistole des Fahrzeughalters befindet. A übt die tatsächliche Gewalt über die Pistole nicht aus, da er von deren Existenz im Pkw keine Kenntnis hat.

Anders ist der Fall zu beurteilen, wenn dies vor Fahrtantritt bekannt gewesen wäre.

Beispiel: Der JAB J bringt seinen Pkw zum Kundendienst in die Werkstatt. Anlässlich der Wartungsarbeiten stellt der Geselle fest, dass im Kofferraum die Jagdwaffe des Kunden liegt. Der Meister unternimmt mit dem Fahrzeug eine Probefahrt, obwohl ihn der Geselle ausdrücklich auf das Vorhandensein der Schusswaffe im Kofferraum hingewiesen hat. An einer Kontrollstelle der Polizei wird die Waffe entdeckt.

2. Herrschaftsmöglichkeit

Beispiel: Vater und Sohn sind im Revier unterwegs. Der Sohn darf die Büchse tragen.

Der Sohn hat Kenntnis von der vorhandenen Waffe, aber keine Herrschaftsmöglichkeit, weil er nur unter Aufsicht des Berechtigten die Waffe tragen darf. Er mag zwar Herrschaftswillen haben, kann ihn aber unter der Aufsicht seines Vaters nicht verwirklichen. Anders ist die Herrschaftsmöglichkeit zu betrachten, wenn der Sohn allein mit der Waffe angetroffen wird, weil der Vater auf dem Weg zu einer Fütterung ist. Hier hat der Sohn die Herrschaftsmöglichkeit über die Waffe erlangt.

Beispiel: Der Wilderer hat seine Waffe im Wald versteckt. Er hat sich so die jederzeitige Herrschaftsmöglichkeit gesichert. Sie soll nicht in den Besitz einer anderen Person gelangen. Auch wenn er gerade zu Hause ist, übt er die tatsächliche Gewalt über seine Waffe aus. Er kann jederzeit das Versteck aufsuchen.

3. Herrschaftswillen

Der Herrschaftswillen setzt voraus, über die Waffe frei zu verfügen.

Beispiele: Der Vater lässt seinen Sohn im Revier einen Schuss abfeuern. Die Herrschaftsmöglichkeit setzt keinen ständigen Zugriff auf den dem Waffenrecht unterliegenden Gegenstand voraus.

Das Schießen mit einer Schusswaffe ist höchster Ausdruck der Herrschaftsmöglichkeit und des Herrschaftswillens, auch wenn nur eine Patrone abgeschossen wurde.

Es ist nicht erforderlich, dass der Überlassende die tatsächliche Gewalt aufgibt. Ein Überlassen ist schon dann anzunehmen, wenn einer anderen Person die Möglichkeit eingeräumt wird, sich selbstständig der Waffe bedienen zu können.

Beispiel: A zeigt dem B in seinem Wohnzimmer seinen neu erworbenen und geladenen Revolver. Als A in das Nebenzimmer geht, um dort aus dem Waffenschrank eine weitere Waffe zu holen, erschießt sich B.

A hat die Schusswaffe überlassen, B hat sie erworben. Auf die Eigentumsverhältnisse kommt es nicht an. Schusswaffen dürfen in einem Waffenschrank grundsätzlich nicht geladen aufbewahrt werden (vgl. § 36 Abs. 1 S. 2 WaffG).

Beispiel: Jagdscheininhaber J gibt seiner Frau den Schlüssel zum Waffenschrank, damit sie sich notfalls in seiner Abwesenheit mit einem geladenen Revolver verteidigen kann.

Sie hat Kenntnis von der Waffe, Herrschaftsmöglichkeit und auch den Herrschaftswillen, als sie den Schlüssel entgegennimmt. Ansonsten hätte sie die Entgegennahme des Schlüssels ablehnen müssen. Es bedarf nicht des Waffeneinsatzes, wenn auch erst dies zu einer rechtlichen Würdigung führen wird. Dann wäre nämlich die Frage zu erörtern, wie sie in den Besitz der Waffe gelangt ist. Die Frau hat mit der Entgegennahme des Schlüssels die Waffe i. S. d. WaffG erworben, ihr Mann hat sie ihr überlassen. Beide haben sich strafbar gemacht.

Beispiel: In dem Waffenschrank (Behältnis der Norm DIN 1143-1 Widerstandsgrad 0) befindet sich außer den Jagdwaffen auch die Schmuckkassette des Ehegatten. Dieser besitzt einen Schlüssel, um unabhängig vom berechtigten Waffenbesitzer an den Schmuck zu kommen. Der Ehegatte hat an Schusswaffen keinerlei Interesse.
JAB J fährt nach dem Ansitzen noch bei der Volksbank vorbei, um Geld abzuheben. Die ihn begleitende Ehefrau bleibt im Fahrzeug sitzen. Das Gewehr befindet sich auf dem Rücksitz in einem Futteral.
Wanderer W kommt an einem Geländewagen vorbei, dessen Beifahrertür offen steht, und bemerkt die im unverschlossenen Gewehrständer befindliche Jagdwaffe. Er überlegt, ob er die Waffe mitnehmen soll, um sie der Polizei zu übergeben, geht jedoch weiter.

Fest steht die Kenntnis von der Aufbewahrung der Waffen und die Herrschaftsmöglichkeit über die Waffen. Zur Ausübung der tatsächlichen Gewalt gehört aber auch der Herrschaftswille. Dieser ist ein subjektives Element. Wer die Waffen nicht anrührt, dem kann auch nicht unterstellt werden, dass er die tatsächliche Gewalt über sie ausübt. Zunächst ist festzustellen, dass die gelegentlich schon publizierte Auffassung, bereits die Kenntnis vom Aufbewahrungsort des Schlüssel stelle ein Überlassen von Schusswaffen an den Partner dar, völlig unzutreffend ist. Solange es für den Ehegatten eine plausible Erklärung für den Besitz des Schlüssels gibt und dieser nur an seinem Schmuck interessiert ist, stellt dies – im Gegensatz zum vorletzten Beispiel – kein Überlassen dar. Ein Ausüben der tatsächlichen Gewalt liegt nur dann vor, wenn die betreffende Person irgendwann zur Waffe greifen sollte. Wer diese Möglichkeit vermeiden will, sollte seinen Waffenschrankschlüssel dem Ehegatten nicht überlassen. Überdies ist stets zu bedenken, dass vor allem Kindern und Jugendlichen im Haushalt die Möglichkeit des Zugriffs auf die Schusswaffen verwehrt ist.

Ausüben der tatsächlichen Gewalt

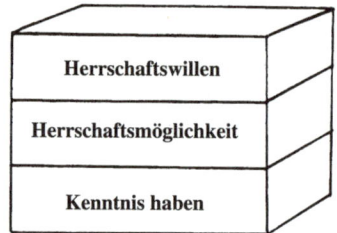

An Hand dieses Schemas lässt sich beurteilen, ob jemand die tatsächliche Gewalt über eine Waffe ausübt. Ist dies nicht der Fall, findet das WaffG keine Anwendung.

Führen bedeutet das Ausüben der tatsächlichen Gewalt außerhalb seiner eigenen Wohnung, seiner eigenen Geschäftsräume, seines eigenen befriedeten Besitztums oder einer Schießstätte. Maßgebend ist immer, wo sich die Waffe befindet. Dabei spielt es keine Rolle, ob die Waffe schussbereit ist, Munition mitgeführt oder sie verpackt transportiert wird. Zum Führen einer Schusswaffe benötigt man grundsätzlich einen Waffenschein.

Zur Klarstellung wurde das Wort „eigenen" eingefügt. Als eigene Wohnung ist auch die gemietete oder das gepachtete befriedete Besitztum (z. B. der Garten) zu verstehen.

Wohnung ist jede tatsächlich benutzte Räumlichkeit, die zum Aufenthalt von Menschen bestimmt und geeignet ist. Der Wohnungsbegriff ist weit auszulegen. Als Wohnung sind anzusehen: Wohnwagen, Wohnmobile, Schaustellerwagen, Wohnschiffe, Wohnzelte, Jagdhütten. Zur Wohnung gehören auch alle anderen

Räume wie Keller, Flur, Speicher, Garage. Zum Wohnungsbegriff gehört auch das Hotelzimmer.

Die Arbeitsstelle eines Arbeitnehmers ist nicht der eigene Geschäftsraum, sondern der seines Arbeitgebers. Die Mitnahme einer Schusswaffe an die Arbeitsstelle ohne Erlaubnis des Arbeitgebers stellt ein waffenscheinpflichtiges Führen dar.

Befriedet ist ein Besitztum, wenn es in äußerlich erkennbarer Weise gegen das Betreten durch andere gesichert ist, z. B. ein allseitig umzäuntes Haus oder Gartengrundstück. Hierzu gehören auch Lagerhallen, Rohbauten, eingezäunte Lagerplätze. Kraftfahrzeuge als solche sind kein befriedetes Besitztum.

Zum Umgang mit einer Waffe benötigt man grundsätzlich eine Erlaubnis (vgl. § 2 Abs. 2 WaffG) der zuständigen Behörde (z. B. Waffenbesitzkarte, Waffenschein).

5   *§ 2 WaffG Grundsätze des Umgangs mit Waffen oder Munition, Waffenliste*

Mit der Anlage 2 zum Gesetz, der Waffenliste, soll jedermann rasch und verhältnismäßig einfach feststellen können, für welche Waffen der Umgang verboten (Abschnitt 1), ganz oder teilweise erlaubnispflichtig oder die Erlaubniserteilung erleichtert ist (Abschnitt 2) oder welche Waffen vom Waffengesetz teilweise oder schlechthin befreit sind (Abschnitt 3).

Die Erlaubnispflicht nach § 2 Abs. 2 WaffG erstreckt sich auf alle in Anlage 2 (Waffenliste), Abschnitt 2 Unterabschnitt 1 aufgeführten Waffen und der dafür bestimmten Munition.

Soweit das Gesetz nichts anderes bestimmt, ist der Umgang mit Waffen nur Personen gestattet, die das 18. Lebensjahr vollendet haben.

Anlage 2 Abschnitt 2

a) Unterabschnitt 1: Erlaubnispflicht

Waffenliste

Erlaubnispflichtige Waffen

Umgang

Der Umgang, ausgenommen das Überlassen, mit Waffen im Sinne des § 1 Abs. 2 Nr. 1 (Anlage 1 Abschnitt 1 Unterabschnitt 1 Nummer 1 bis 4) und der dafür bestimmten Munition bedarf der Erlaubnis, soweit solche Waffen oder Munition nicht nach Unterabschnitt 2 für die dort bezeichneten Arten des Umgangs von der Erlaubnispflicht freigestellt sind. In Unterabschnitt 3 sind die Schusswaffen oder Munition aufgeführt, bei denen die Erlaubnis unter erleichterten Voraussetzungen erteilt wird.
Ist eine erlaubnispflichtige Feuerwaffe in eine Waffe umgearbeitet worden, deren Erwerb und Besitz unter erleichterten und wegfallenden Erlaubnisvoraussetzungen möglich wäre, so richtet sich die Erlaubnispflicht nach denjenigen für die ursprüngliche Waffe. Dies gilt nicht für veränderte Langwaffen nach Anlage 1 Abschnitt 1 Unterabschnitt 1 Nr. 1.5 (Salutwaffen).

– Erwerben
– Besitzen
– (Überlassen)
– Führen
– Verbringen
– Mitnehmen,
– damit schießen
– Herstellen
– Bearbeiten,
– Instandsetzen
– damit Handel treiben

Wer mit Waffen oder Munition

umgehen will,

bedarf der Erlaubnis.
(§ 2 Abs. 2 WaffG)

In die Kategorie der erlaubnispflichtigen Waffen fallen somit die in Anlage 1 Abschnitt 1 Unterabschnitt 1 Nr. 1 bis 4 aufgeführten Waffen und Munition.

6 *§ 2 Abs. 4 WaffG* **Erlaubnisfreie Arten des Umgangs, Entbehrlichkeit einzelner Erlaubnisvoraussetzungen**

b) Unterabschnitt 2: Erlaubnisfreie Arten des Umgangs

1. Erlaubnisfreier Erwerb und Besitz	2. Erlaubnisfreier Erwerb durch Inhaber einer Waffenbesitzkarte (unbeschadet der Eintra- gungspflicht nach § 10 Abs. 1 a)	3. Erlaubnisfreies Führen

– Auszug –

1.1
Druckluft-, Federdruckwaffen und Waffen, bei denen zum Antrieb der Geschosse kalte Treibgase Verwendung finden, wenn den Geschossen eine Bewegungsenergie von nicht mehr als 7,5 Joule erteilt wird und die das Kennzeichen nach Anl. 1 Abb. 1 zur Ersten Verordnung zum Waffengesetz vom 24. Mai 1976 (BGBl. 1 S. 1285) in der zum Zeitpunkt des Inkrafttretens dieses Gesetzes geltenden Fassung oder ein durch Rechtsverordnung nach § 25 Abs. 1 Nr. 1 Buchstabe c bestimmtes Zeichen tragen;

Anl. 1 Abb. 1

1.2
Druckluft-, Federdruckwaffen und Waffen, bei denen zum Antrieb der Geschosse kalte Treibgase Verwendung finden, die vor dem 1. Januar 1970 oder in dem in Artikel 3 des Einigungsvertrages genannten Gebiet vor dem 2. April 1991 hergestellt und entsprechend den zu diesem Zeitpunkt geltenden Bestimmungen in den Handel gebracht worden sind;

2.1
Wechsel- und Austauschläufe gleichen oder geringeren Kalibers einschließlich der für diese Läufe erforderlichen auswechselbaren Verschlüsse (Wechselsysteme);

2.2
Wechseltrommeln, aus denen nur Munition verschossen werden kann, bei der gegenüber der für die Waffe bestimmten Munition Geschossdurchmesser und höchstzulässiger Gebrauchsgasdruck gleich oder geringer sind; für Schusswaffen, die bereits in der Waffenbesitzkarte des Inhabers einer Erlaubnis eingetragen sind.

2.3
Erlaubnisfreier Erwerb und Besitz durch Inhaber einer Waffenbesitzkarte Einsteckläufe und dazugehörige Verschlüsse (Einstecksysteme) sowie Einsätze, die dazu bestimmt sind, Munition mit kleinerer Abmessung zu verschießen, und die keine Einsteckläufe sind; für Schusswaffen, die bereits in der Waffenbesitzkarte des Inhabers einer Erlaubnis eingetragen sind (z. B. FSG = Aluhülse in Form einer Schrotpatrone, in die ein gezogener Stahllauf mit Patronenlager eingearbeitet ist. Gleiches gilt für Reduzierhülsen). Gegenstände, deren Bauart nach § 7 BeschG der Zulassung bedarf, unterliegen nicht der Beschusspflicht.
(Abb. siehe nächste Seite)

3.1
Schusswaffen mit Luntenoder Funkenzündung, deren Modell vor dem 1. Januar 1871 entwickelt worden ist;

3.2
Armbrüste

473

1.3
Schreckschuss-, Reizstoff- und Signalwaffen, die der zugelassenen
Bauart nach § 8 des Beschussgesetzes entsprechen und das Zulassungszeichen nach Anl. 1 Abb. 2
zur Ersten Verordnung zum Waffengesetz vom 24. Mai 1976
(BGBl. 1 S. 1285) in der zum Zeitpunkt des Inkrafttretens dieses
Gesetzes geltenden Fassung oder
ein durch Rechtsverordnung nach
§ 25 Abs. 1 Nr. 1 Buchstabe c bestimmtes Zeichen tragen;

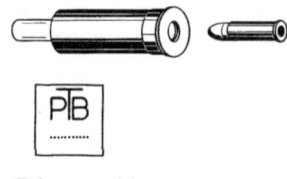

Zulassungszeichen
(§ 7 Abs. 1 S. 1 BeschG

Anl. 1 Abb. 2

1.10
Armbrüste

c) Unterabschnitt 3: Entbehrlichkeit einzelner Erlaubnisvoraussetzungen

1. Erwerb und Besitz ohne Bedürfnis- nachweis, § 4 Abs. 1 Nr. 4 WaffG	2. Führen ohne Sachkunde-, Bedürfnis- und Haftpflichtversicherungsnachweis (§ 4 Abs. 1 Nr. 3 bis 5) – Kleiner Waffenschein

1.1
Feuerwaffen, deren Geschossen eine
Bewegungsenergie von nicht mehr als
7,5 Joule erteilt wird und die das Kenn-
zeichen nach Anl. 1 Abb. 1 der Ersten
Verordnung zum Waffengesetz vom
24. Mai 1976 (BGBl. 1 S. 1285) in der zum
Zeitpunkt des Inkrafttretens dieses Geset-
zes geltenden Fassung oder ein durch
Rechtsverordnung nach § 25 Abs. 1 Nr. 1
Buchstabe c bestimmtes Zeichen tragen;

2.1
Schreckschuss-, Reizstoff- und Signalwaffen
nach Unterabschnitt 2 Nr. 1.3.

Anl. 1 Abb. 1

Hierbei handelt es sich um sog. 4-mm-Waffen, die mit einem PTB im Viereck gekennzeichnet sind. Siehe § 7 Abs. 1 Nr. 1 BeschG.

1.2
für Waffen nach Nr. 1.1 bestimmte Munition.

7   **§ 2 Abs. 3 WaffG   Verbotene Waffen (Anlage 2, Waffenliste, Abschnitt 1)**

Der Umgang mit Waffen oder Munition, die in der Anlage 2 Abschnitt 1 genannt sind, ist verboten.

Nach der höchstrichterlichen Rechtsprechung ist die Aufnahme eines Gegenstandes, der bis zum Inkrafttreten der neu gefassten Regelung über verbotene Gegenstände kein verbotener Gegenstand war, in diese Regelung keine Enteignung, sondern eine zulässige Inhalts- und Schrankenbestimmung des Eigentums (BVerwG, Urt. v. 06. 12. 1978 – 1 C 34/77, NJW 1979, S. 1563). Dabei stellt das Bundesverwaltungsgericht nicht darauf ab, ob der Gegenstand zuvor überhaupt schon als Waffe angesehen wurde oder nicht. Entscheidend ist nach dieser Rechtsprechung, dass durch eine Übergangsregelung dem bislang unangefochten besitzenden Eigentümer die Möglichkeit gegeben ist, den Gegenstand wirtschaftlich zu verwerten, bzw. dass die Verbotsregelung selbst differenziert genug ist, um besonderen Fallgruppen gerecht zu werden. Hierfür ist es bei der Regelung in § 40 WaffG als einem repressiven Verbot mit Erlaubnisvorbehalt ausreichend, dass der dortige Absatz 4 die Möglichkeit einer Verhältnismäßigkeitsprüfung im Einzelfall eröffnet.

Der Umgang ist u. a. mit folgenden Waffen verboten:
– Vorderschaftrepetierflinten, bei denen anstelle des Hinterschaftes ein Kurzwaffengriff vorhanden ist oder die Waffengesamtlänge in der kürzest möglichen Verwendungsform weniger als 95 cm oder die Lauflänge weniger als 45 cm beträgt, sind. Es handelt sich bereits dann um einen verbotenen Gegenstand, wenn nur eines dieser Merkmale vorhanden ist. Das BKA erteilt keine Ausnahmegenehmigung, weil eine Umrüstung möglich ist. Straftat nach § 51 Abs. 1 WaffG seit 1. Oktober 2008.
– Waffen, die über den für Jagd- und Sportzwecke allgemein üblichen Umfang hinaus zusammengeklappt, zusammengeschoben, verkürzt oder schnell zerlegt werden können;
– Stockgewehre, Schießkugelschreiber, Taschenlampenpistolen;
– für Schusswaffen bestimmte Nachtsichtgeräte und Nachtzielgeräte mit Montagevorrichtung für Schusswaffen sowie Nachtsichtvorsätze und Nachtsichtaufsätze für Zielhilfsmittel (z. B. Zielfernrohre) sind, sofern die Gegenstände einen Bildwandler oder eine elektronische Verstärkung besitzen;
– Stahlruten, Totschläger oder Schlagringe;
– sternförmige Scheiben, die nach ihrer Beschaffenheit und Handhabung zum Wurf auf ein Ziel bestimmt und geeignet sind, die Gesundheit zu beschädigen (Wurfsterne);
– Gegenstände mit Reiz- oder anderen Wirkstoffen, es sei denn, dass die Stoffe als gesundheitlich unbedenklich amtlich zugelassen sind und die Gegenstände in der Reichweite und Sprühdauer begrenzt sind und zum Nachweis der gesundheitlichen Unbedenklichkeit, der Reichweiten- und der Sprühdauerbegrenzung ein amtliches Prüfzeichen tragen;

- Präzisionsschleudern nach Anlage 1 Abschnitt 1 Unterabschnitt 2 Nr. 1.3 sowie Armstützen und vergleichbare Vorrichtungen für die vorbezeichneten Gegenstände;
- Gegenstände, die nach ihrer Beschaffenheit und Handhabung dazu bestimmt sind, durch Drosseln die Gesundheit zu schädigen (z. B. Nun-Chakus);
- Spring- und Fallmesser nach Anlage 1 Abschnitt 1 Unterabschnitt 2 Nr. 2.1.1 und 2.1.2.
  Hiervon ausgenommen sind Springmesser, wenn die Klinge seitlich aus dem Griff herausspringt und der aus dem Griff herausragende Teil der Klinge
  - höchstens 8,5 cm lang ist und in der Mitte mindestens eine Breite von 20 vom Hundert ihrer Länge aufweist,
  - nicht zweiseitig geschliffen ist;
- Faustmesser nach Anlage 1 Abschnitt 1 Unterabschnitt 2 Nr. 2.1.3 (Messer mit einem quer zur feststehenden oder feststellbaren Klinge verlaufenden Griff, die bestimmungsgemäß in der geschlossenen Faust geführt oder eingesetzt werden). Vgl. § 40 Abs. 3 WaffG;
- Butterflymesser nach Anlage 1 Abschnitt 1 Unterabschnitt 2 Nr. 2.1.4 (Faltmesser mit zweigeteilten, schwenkbaren Griffen).

8   § 4 WaffG   *Voraussetzungen für eine Erlaubnis*

Voraussetzungen für eine Erlaubnis

18. Lebensjahr vollendet (§ 2 Abs. 1)	erforderliche Zuverlässigkeit (§ 5) und erforderliche persönliche Eignung (§ 6), § 4 AWaffV	erforderliche Sachkunde nachgewiesen (§ 7), §§ 1 bis 3 AWaffV	Bedürfnis nachgewiesen (§ 8)	beim Waffenschein oder Schießerlaubnis eine Versicherung gegen Haftpflicht

§ 4 WaffG ist die grundlegende Norm für alle Erlaubnisse nach diesem Gesetz. Sie enthält die zwingenden Voraussetzungen für jede waffenrechtliche Erlaubnis, soweit nicht Sondervorschriften ausdrücklich eine Ausnahme von diesen Anforderungen zulassen. Daneben enthält die Vorschrift Regelungen über die regelmäßige Überprüfung der Inhaber waffenrechtlicher Erlaubnisse.

Absatz 1 fasst die zwingenden Voraussetzungen für eine waffenrechtliche Erlaubnis zusammen; fehlt auch nur eine dieser Voraussetzungen, ist eine Erlaubnis – vorbehaltlich abweichender ausdrücklicher Regelungen – zwingend zu versagen. Jede waffenrechtliche Erlaubnis erfordert demnach die Volljährigkeit, die Zuverlässigkeit, persönliche Eignung, Sachkunde und ein Bedürfnis des Antragstellers.

Bei der Beantragung eines Waffenscheins oder einer Schießerlaubnis ist zudem ein Versicherungsnachweis erforderlich. In den besonderen Vorschriften für waffenrechtliche Erlaubnisse werden für bestimmte Nutzer von Waffen oder Munition teilweise Ausnahmen von diesen Anforderungen zugelassen, weil und soweit diese durch gleichwertige andere Nachweise ersetzt werden können, z. B. Jahresjagdschein.

Die Regelung in Abs. 2 orientiert sich im Wesentlichen an den Vorschriften des WaffG'76.

Aus sicherheitspolitischen Gründen sind die Anforderungen an die Kontrolle der Zuverlässigkeit von privaten Waffenbesitzern intensiviert worden. Deshalb wird die Zuverlässigkeit und die persönliche Eignung spätestens alle drei Jahre geprüft. Bei Inhabern von Waffenscheinen und Schießerlaubnissen ist gleichzeitig das Fortbestehen einer Versicherung gegen Haftpflicht nachzuweisen.

Die Regelung in Abs. 3 geht von dem Grundsatz aus, dass berechtigter Waffenbesitz immer ein Bedürfnis (§ 8) voraussetzt. Dieses Bedürfnis muss fortbestehen, um den Umgang mit Waffen und Munition auch weiter zu legitimieren. Entfällt das Bedürfnis, ist die waffenrechtliche Erlaubnis zu widerrufen (s. § 45 Abs. 2 WaffG).

Das Bedürfnis ist demnach bei der Erteilung der Erlaubnis zu prüfen. Erstmals drei Jahre nach Erteilung der Erlaubnis ist diese Prüfung erneut durchzuführen. Die Regelung eröffnet die Möglichkeit, aus Gründen der Verwaltungsökonomie die Prüfung nach Absatz 4 mit einer Prüfung nach Absatz 3 zu verbinden.

Die zuständige Behörde kann auch nach Ablauf von drei Jahren den Fortbestand des waffenrechtlichen Bedürfnisses für den weiteren Waffenbesitz prüfen. Die Ermächtigung zur Überprüfung des Bedürfnisses nach drei Jahren ist die Grundlage für einen möglichen Widerruf der waffenrechtlichen Erlaubnis.

9   *§ 5 WaffG   Zuverlässigkeit*

§ 6 WaffG   Persönliche Eignung

§ 7 WaffG   Sachkunde

Die Vorschrift trennt die Fälle des vorwerfbaren Handelns von denen nicht vorwerfbarer körperlicher Einschränkungen (§ 6: persönliche Eignung). Dabei wird bei strafrechtlich relevantem Verhalten die waffenrechtliche Unzuverlässigkeit im Wesentlichen an das Strafmaß statt an bestimmte Delikte geknüpft. Die Art der Begehung (Vorsatz oder Fahrlässigkeit) und die Schwere des Fehlverhaltens sind damit entscheidend für die waffenrechtliche Zuverlässigkeit.

Bei Personen, die wegen eines Verbrechens oder wegen sonstiger vorsätzlicher Straftaten zu einer Freiheitsstrafe von mindestens einem Jahr verurteilt worden sind, die absolute waffenrechtliche Unzuverlässigkeit für die Dauer von zehn Jahren ab Rechtskraft des Urteils unwiderlegbar vermutet (§ 5 Abs. 1 Nr. 1 WaffG).

Im Fall der Nummer 1 ist die zu Tage getretene und rechtskräftig abgeurteilte Verletzung der Rechtsordnung von einem solchen Gewicht, dass das Vertrauen in die Zuverlässigkeit im Umgang mit Waffen für die Dauer der 10-Jahres-Frist als nicht wiederherstellbar angesehen wird. Im Hinblick auf Personen, bei denen der Umgang mit Waffen zum Beruf gehört (z. B. Büchsenmacher), ist hervorzuheben, dass vergleichbare Verurteilungen etwa bei Beamten dauerhaft und endgültig zum Verlust dieses Status führen.

Die Fälle der absoluten Unzuverlässigkeit nach § 5 Abs. 1 Nr. 2 WaffG knüpfen an eine Verhaltensprognose an. Es geht um die auf Tatsachen gestützte Prognose eines spezifisch waffenrechtlich bedenklichen Verhaltens, aus dem mit hoher Wahrscheinlichkeit der Eintritt von Schäden für hohe Rechtsgüter resultiert (vgl. auch § 17 Abs. 3 BJagdG). In den Fällen des § 5 Abs. 1 WaffG ist gerade auch in Abgrenzung zur Regelunzuverlässigkeit nach Abs. 2 keine Härtefall-Regelung vorgesehen.

Gemäß des § 5 Abs. 2 WaffG soll das mit jedem Waffenbesitz vorhandene Sicherheitsrisiko möglichst gering gehalten werden. Es soll nur bei Personen hingenommen werden, die nach ihrem Verhalten Vertrauen darin verdienen, dass sie mit der Waffe jederzeit und in jeder Hinsicht ordnungsgemäß umgehen. Diese Intention des Gesetzgebers wird von der Rechtsprechung nachdrücklich gestützt.

Die Unzuverlässigkeit ist in der Regel auch bei bestimmten sonstigen gewichtigen Straftaten gegeben. Die Aufzählung in § 5 Abs. 2 Nr. 1 WaffG macht deutlich, dass es hierfür auf einen Bezug zum Umgang mit Waffen nicht ankommt, d. h. das Gesetz stellt bei der Prüfung der Zuverlässigkeit nicht allein auf Straftaten ab, bei denen Waffen eingesetzt oder die gewaltsam begangen wurden.

Auf der Tatbestandsseite für die waffenrechtliche Anknüpfung ist besonders die fahrlässige gemeingefährliche Straftat hervorzuheben. Es handelt sich dabei um den 28. Abschnitt des StGB (§§ 306 bis 323 c). In Übereinstimmung mit der Rechtsprechung gab es keine Veranlassung, die fahrlässige Trunkenheitsfahrt nach § 316 Abs. 2 StGB aus dem Kanon der waffenrechtlich relevanten Fahrlässigkeitstaten herauszunehmen.

Auf der Rechtsfolgenseite für die waffenrechtliche Anknüpfung handelt es sich bei den 60 Tagessätzen im Falle einer Erstverurteilung um einen Mittelwert, der im Kompromiss mit den Ländern gefunden wurde. Er trägt der Tatsache Rechnung, dass in der Praxis der Gerichte 60 Tagessätze durchaus ein erhebliches Unwerturteil bei einer Geldstrafe darstellen, das einiges Gewicht der konkreten Tat voraussetzt, so dass Bagatell-Taten nicht erfasst werden. Die besondere Erwähnung der Aussetzung der Jugendstrafe trägt dem § 27 JGG Rechnung.

Die Unzuverlässigkeit ist auch dann gegeben, wenn der Betroffene zweimal zu einer geringeren Geldstrafe rechtskräftig verurteilt worden ist und seit dem Eintritt der Rechtskraft der letzten Verurteilung fünf Jahre noch nicht verstrichen sind.

Beispiel: Jagdscheininhaber J., der sich nach einer Treibjagd auf dem Heimweg befindet, wird mit seinem Geländewagen an einer Kontrollstelle angehalten. Wegen Verdachts der fahrlässigen Trunkenheit im Straßenverkehr wird eine Blutprobe durchgeführt und der Führerschein beschlagnahmt. J wurde bereits vor drei Jahren wegen eines Vergehens nach § 17 TierSchG zu einer Geldstrafe von 40 Tagessätzen verurteilt. Im Falle einer Verurteilung – auch unter 60 Tagessätzen – sind die WBK und der Jagdschein einzuziehen.

Die Vorschrift des § 5 Abs. 2 Nr. 5 WaffG geht auf die Initiative des Bundesrates zurück. Er führt zur Begründung (Drucksache 596/01 – Beschluss – v. 19. 10. 2001 S. 8) an: „Im Gegensatz zur gegenwärtigen Rechtslage (§ 5 Abs. 2 WaffG aktueller Fassung) stuft der Entwurf gröbliche oder wiederholte Verstöße gegen die Vorschriften des Waffengesetzes, des Kriegswaffenkontrollgesetzes, des Sprengstoffgesetzes und des Bundesjagdgesetzes nicht mehr als eigenständigen Grund für eine in der Regel zu vermutende waffenrechtliche Unzuverlässigkeit der entsprechend handelnden Antragsteller oder Waffenbesitzer ein. Abgesehen von einigen wenigen Ausnahmekonstellationen, in denen derartige Verstöße unter Umständen die zur absoluten Unzuverlässigkeit führenden Prognoseentscheidungen nach Artikel 1 § 5 Abs. 1 Nr. 2 des Entwurfs stützen könnten, wären somit nicht sanktionierte oder „nur" bußgeldbewehrte Rechtsverletzungen in den genannten Rechtsgebieten waffenrechtlich nicht mehr zuverlässigkeitsrelevant. Daneben würde eine unveränderte Umsetzung des Entwurfs selbst strafbare Handlungen in diesen Bereichen dann vollständig einer abschließenden ordnungsbehördlichen Bewertung durch die Waffenbehörden entziehen, wenn die Verfolgung dieser Straftaten durch die hierzu berufenen Behörden und Gerichte auf Grundlage dortiger spezifischer Bewertungen (zum Beispiel nach den §§ 153 ff. der Strafprozessordnung) eingestellt worden ist. Für die umfassende Beurteilung eines Antragstellers oder Waffenbesitzers unter dem Aspekt der Gefahrenabwehr ist jedoch nach wie vor eine Berücksichtigung auch derartiger Vorgänge unverzichtbar. So muss es auch künftig möglich sein, beispielsweise Waffenbesitzer, die insbesondere wiederholt oder gar fortlaufend ihren Anzeige-, Vorlage-, Auskunfts- oder sonstigen waffenrechtlichen Pflichten nicht oder nicht ordnungsgemäß nachkommen und hierdurch jede effektive Kontrolle des privaten Waffenbesitzes gefährden, nicht nur mit Bußgeldern zu belegen, sondern auch im Hinblick auf ihre waffenrechtliche Zuverlässigkeit und Vertrauenswürdigkeit kritisch zu überprüfen (ggf. mit der Folge der Unterbindung eines weiteren Umgangs mit Waffen und Munition). Auch Straftaten in den o. g. Bereichen darf nach einer strafprozessualen Einstellung nach wie vor nicht automatisch, sondern nur auf Grundlage einer ordnungsbehördlichen Einzelfallprüfung die Zuverlässigkeitsrelevanz innerhalb des Waffenrechts abgesprochen werden. Durch die (Wieder-) Aufnahme des betreffenden Unzuverlässigkeitsgrundes in den Bereich der Regelvermutung (Artikel 1 § 5 Abs. 2) wird diesen Erfordernissen Rechnung getragen."

Entsprechend der Regelung in § 5 Abs. 4 WaffG bleibt es bei der Möglichkeit, das waffenrechtliche Verfahren bis zum rechtskräftigen Abschluss eines Strafverfahrens auszusetzen.

Fehlen die Zuverlässigkeit oder die persönliche Eignung i. S. v. §§ 5 und 6 WaffG, darf nur ein Jagdschein nach § 15 Abs. 7 BJagdG (Falknerjagdschein) erteilt werden.

Jagdrechtliche Erlaubnisse haben bundesweite Gültigkeit. Daher muss ihre Erteilung gleichen Anforderungen unterliegen. Jagdrechtliche Erlaubnisse berechtigen an Stelle einer waffenrechtlichen Erlaubnis, nach dem Waffengesetz auch zum Erwerb bestimmter Jagdwaffen und hierfür bestimmter Munition durch den Erlaubnisinhaber. Erfüllt ein Antragsteller nicht die Anforderungen an die waffenrechtliche Zuverlässigkeit, darf ihm keine jagdrechtliche Erlaubnis erteilt werden, die den Erwerb einer erlaubnispflichtigen Schusswaffe oder erlaubnispflichtiger Munition gestattet, da er sonst ohne Erfüllung der Anforderungen nach den §§ 5 und 6 des Waffengesetzes und damit als unzuverlässige oder persönlich ungeeignete Person in den Besitz einer erlaubnispflichtigen Schusswaffe gelangen könnte. Dies würde ihn gegenüber Antragstellern, die eine Waffe ausschließlich aus anderem als jagdrechtlichem Bedürfnis erwerben wollen, privilegieren. Es wäre auch aus Gründen der öffentlichen Sicherheit und Ordnung nicht hinnehmbar. Mit der getroffenen Regelung wird der zuständigen Behörde nicht verwehrt, eine jagdrechtliche Erlaubnis zu erteilen. Sie darf jedoch keine Erlaubnis erteilen, die zum Umgang mit einer erlaubnispflichtigen Waffe berechtigt. Die Landesbehörde wird daher nur in dem im gesamtstaatlichen Interesse unvermeidbaren Umfang durch Bundesgesetz in ihren Handlungsmöglichkeiten eingeschränkt. Da der Gesetzgeber keine Übergangsregelungen vorgesehen hat, gelten ab 1. April 2003 die verschärften Neuregelungen des WaffG, wenn eine Neuerteilung oder Verlängerung einer Erlaubnis beantragt wird. Insofern führt die Versagung des Jagdscheines gleichzeitig zum Widerruf der WBK, da ein Bedürfnis zum Waffen- und Munitionsbesitz nicht mehr gegeben ist (vgl. §§ 45 Abs. 2, 13 Abs. 1 WaffG, § 15 Abs. 1 S. 1 BJagdG).

Die Neuregelungen des WaffG dürfen nachträglich nicht auf bereits erteilte Erlaubnisse angewendet werden, da es sich um keine nachträglich eingetretene Tatsachen handelt (BayVGH, Beschl. v. 14. 11. 2003). Nach Ansicht des VGH BW (Beschl. v. 19. 8. 2004) soll jedoch die Rechtslage zum Zeitpunkt des Widerrufs der WBK maßgebend sein.

Die zuständige Behörde holt gem. § 5 Abs. 5 WaffG im Rahmen der Zuverlässigkeitsprüfung Erkundigungen ein. Die unbeschränkte BZR-Auskunft sowie die Auskunft aus dem zentralen staatsanwaltlichen Verfahrensregister sind gängige Praxis. Nr. 3 betrifft die örtliche Polizeidienststelle, in deren Zuständigkeitsbereich der Antragsteller seine alleinige Wohnung, seine Hauptwohnung oder seinen gewöhnlichen Aufenthalt hat. Die Stellungnahme bezieht sich auf bereits bekannte Tatsachen, nicht jedoch auf die Durchführung von Ermittlungen. Des weiteren nutzt die Polizeidienststelle durch Recherchen die ihr zur Verfügung stehenden Informationssysteme.

Die Vorschrift des § 6 WaffG fasst alle in der Person liegenden Gesundheitsstörungen zusammen, die negativen Einfluss auf den Umgang mit Waffen haben können. Sie enthält Fälle persönlicher Mängel i. S. d. § 5 Abs. 2 Nr. 3 u. 4 WaffG'76 und darüber hinaus in Abs. 1 S. 1 Nr. 3 die Fälle aus dem bisherigen § 5 Abs. 1 WaffG'76, bei denen sich eine Negativprognose aus gesundheitlichen Kriterien ergibt. In Nummer 3 werden auch die Fälle erfasst, in denen der Einsatz der Waffe gegen Leben oder Gesundheit des Berechtigten oder Dritter droht einschließlich von Selbstmordhandlungen.

Soweit Tatsachen bekannt werden, die Bedenken gegen die persönliche Eignung hervorrufen, ist die zuständige Behörde verpflichtet, von dem Beteiligten die Vorlage eines amts- oder fachärztlichen oder fachpsychologischen Zeugnisses über die geistige und körperliche Eignung aufzugeben. Der Beteiligte hat insofern abweichend von § 26 Abs. 2 S. 1 VwVfG bei der Ermittlung des Sachverhalt mitzuwirken, wer eine waffenrechtliche Erlaubnis erhalten will. Siehe hierzu auch § 58 Abs. 9 WaffG. Einzelheiten zum Nachweis der persönlichen Eignung sind in § 4 AWaffV geregelt.

§ 6 Abs. 3 S. 1 WaffG findet keine Anwendung auf Jäger (s. § 13 Abs. 2 S. 1 WaffG).

Zum Nachweis der Sachkunde s. §§ 1 und 3 AWaffV. Für Jäger bzw. Jagdscheinanwärter ist § 1 Abs. 1 Nr. 1a AWaffV von Bedeutung.

10 *§ 8 WaffG Bedürfnis, allgemeine Grundsätze*

§ 9 WaffG Inhaltliche Beschränkungen, Nebenbestimmungen und Anordnungen

Die Geltung des Bedürfnisprinzips, d. h. eine Erlaubnis zum Umgang mit bestimmten Waffen und Munition nur bei Vorliegen eines besonders anzuerkennenden triftigen Grundes zu erteilen, bildet das zentrale Element des WaffG. Im Grundsatz festgeschrieben ist dies auch durch die Richtlinie des Rates über die Kontrolle des Erwerbs und des Besitzes von Waffen (91/477/EWG) – Waffenrichtlinie – vom 18. Juni 1991 (ABl. EG Nr. L 256 S. 51 ff.) für alle Staaten der Europäischen Union. Die Mitgliedstaaten gestatten den Erwerb und den Besitz von Feuerwaffen der Kategorie B (d. h. Kurzwaffen und grundsätzlich halbautomatische Langwaffen) nur Personen, die dafür eine Rechtfertigung anzuführen können (Artikel 5).

Einteilung der Schusswaffen und Munition in die Kategorien A bis D nach der Waffenrichtlinie (WaffG Anlage 1 – Begriffsbestimmungen – Abschnitt 3):

2. Kategorie B

2.1 halbautomatische Kurz-Schusswaffen und kurze Repetier-Schusswaffen,

2.2 kurze Einzellader-Schusswaffen für Munition mit Zentralfeuerzündung,

2.3 kurze Einzellader-Schusswaffen für Munition mit Randfeuerzündung mit einer Gesamtlänge von weniger als 28 cm,

2.4 halbautomatische Lang-Schusswaffen, deren Magazin und Patronenlager mehr als drei Patronen aufnehmen kann,

2.5 halbautomatische Lang-Schusswaffen, deren Magazin und Patronenlager nicht mehr als drei Patronen aufnehmen kann und deren Magazin auswechselbar ist oder bei denen nicht sichergestellt ist, dass sie mit allgemein gebräuchlichen Werkzeugen nicht zu Waffen, deren Magazin und Patronenlager mehr als drei Patronen aufnehmen kann, umgebaut werden können,

2.6 lange Repetier-Schusswaffen und halbautomatische Schusswaffen mit glattem Lauf, deren Lauf nicht länger als 60 cm ist,

2.7 zivile halbautomatische Schusswaffen, die wie vollautomatische Kriegswaffen aussehen.

Weitere restriktive Regelungen für andere Feuerwaffen auf Grund einzelstaatlicher Rechtsetzung sind ausdrücklich erlaubt. Das Schengener Durchführungsübereinkommen vom 19.6.1990 (BGBl. II 1993 S. 1013ff.) fordert in seinem für alle Schengen-Mitgliedstaaten verbindlichen Art. 83, dass eine Erlaubnis zum Erwerb und Besitz einer Kurzfeuerwaffe oder halbautomatischen Langwaffe nur erteilt werden darf, wenn der für den Erwerb oder Besitz einer Feuerwaffe angeführte Grund als triftig anzusehen ist.

Mit der Änderung des Waffengesetzes durch Gesetz vom 17.7.2009 (BGBl. I S. 2062, 2088) wurde § 8 Abs. 2 WaffG aufgehoben. Nunmehr ist der Nachweis eines allgemeinen Bedürfnisses erbracht, wenn besonders anzuerkennende persönliche Bedürfnisse, z. B. als Jäger, und die Geeignetheit und Erforderlichkeit der Waffen und Munition für den beantragten Zweck glaubhaft gemacht wird. Die Spezialregelungen für Jäger enthält § 13 WaffG. Es darf aber nicht übersehen werden, dass dem Bedürfnis für Erwerb und Besitz erlaubnispflichtiger Waffen immer größere Bedeutung zukommt und dies ständig überprüft werden darf.

Die §§ 13 bis 20, 26 und 28 WaffG enthalten im Verhältnis zur Grundnorm des § 8 WaffG Konkretisierungen des Bedürfnisses u. a. für Jäger, Sportschützen etc. in eigenen Vorschriften. Für diese Personengruppen sind im Interesse eines bundeseinheitlichen Vollzugs spezielle Vorschriften vorgesehen, die detailliert den Zugang an Schusswaffen regeln. Für alle anderen Fälle bleibt aber § 8 WaffG Auffangtatbestand.

Die Vorschrift des § 9 Abs. 1 WaffG ermöglicht die inhaltliche Beschränkung von waffenrechtlichen Erlaubnissen zur Abwehr von Gefahren für die öffentliche Sicherheit oder Ordnung. Der Schutz von Leben und Gesundheit von Menschen steht dabei im Vordergrund. Abs. 2 bezieht sich auf alle Erlaubnisse und Ausnahmebewilligungen, gleichgültig, ob auf deren Erteilung ein Rechtsanspruch besteht oder ob die Entscheidung im pflichtgemäßen Ermessen der Behörde liegt. Hierbei handelt es sich um eine sachlich begründete Sonderregelung zu § 36 LVwVfG, die zum einen eine bereichsspezifische Zweckbindung von Befristungen und Auflagen enthält und zum anderen die Möglichkeit entsprechender nachträglicher

Auflagen bereits gesetzlich vorsieht. Sie macht einen entsprechenden Vorbehalt in waffenrechtlichen Erlaubnissen entbehrlich. Nebenbestimmungen zu waffenrechtlichen Erlaubnissen und Ausnahmebewilligungen müssen zur Abwehr von Gefahren für die öffentliche Sicherheit oder Ordnung gerechtfertigt sein.

11 *§ 10 WaffG   Erteilung von Erlaubnissen zum Erwerb, Besitz, Führen und Schießen*

§ 10 WaffG regelt die Form der Erteilung der Erlaubnisse für solche Waffen und Munition, für die eine Erlaubnispflicht hinsichtlich der hauptsächlichen Arten des Umgangs besteht, nämlich des Erwerbs und des Besitzes, des Führens und des Schießens.

Die weiteren Arten des Umgangs mit Waffen und Munition sind im Unterabschnitt 4 des WaffG, der die Waffenherstellung, den Waffenhandel, die Bewachungsunternehmen und das Betreiben von Schießstätten regelt, enthalten. Der Unterabschnitt 5 regelt das Verbringen von Waffen oder Munition zwischen Deutschland und den Mitgliedstaaten der EU bzw. Drittstaaten.

Abweichend von diesen grundsätzlich für alle Personen geltenden Vorschriften beim Umgang mit Waffen oder Munition enthält der Unterabschnitt 3 für bestimmte Personengruppen (Jäger, § 13 WaffG) Sonderregelungen hinsichtlich einzelner Arten des Umgangs für bestimmte Waffen und Munition.

a) Erlaubnis zum Erwerb und Besitz von Waffen

Die Erlaubnis wird durch eine WBK oder durch Eintragung in eine bereits vorhandene WBK erteilt. Für die Erteilung einer Erlaubnis für Schusswaffen sind Art, Anzahl und Kaliber der Schusswaffen anzugeben. Die Erlaubnis zum Erwerb einer Waffe gilt für die Dauer eines Jahres.

Beispiel:

Lfd. Nr.	Art	Bezeichnung der Munition oder des Kalibers	Erlaubnis- behörde (Dienst- siegel)	Hersteller oder Waren- zeichen (Modell- bezeichnung)	Herstel- lungs- nummer	erworben oder angemeldet		
						am	Überlasser (Name, Sitz)	Behörde (Dienst- siegel)
1	2	3	4	5	6	7		
1	KK- Gewehr	.22lfB	Dienstsiegel 2.7.03					

Für die Eintragung einer Waffe wird jeweils eine Querspalte verwendet. Durch die Ausstellung der WBK wird gleichzeitig mit der Erwerbserlaubnis die Besitzerlaubnis erteilt oder durch Eintragung in eine bereits vorhandene WBK. Die Erlaubnis zum Besitz wird in der Regel unbefristet erteilt.

Wird die Schusswaffe bei einem Waffenhändler erworben, füllt dieser die Spalten 5 bis 7 aus (Vgl. § 34 Abs. 2 S. 1 WaffG). Bei privatem Erwerb geschieht dies durch die Waffenbehörde.

(Rückseite)

Lfd. Nr.	Art	Bezeichnung der Munition oder des Kalibers	Erlaubnis-behörde (Dienst-siegel)	Hersteller oder Warenzeichen (Modell-bezeichnung)	Her-stellungs-nummer	erworben oder angemeldet		
						am	Überlasser (Name, Sitz)	Behörde (Dienst-siegel)
1	2	3	4	5	6	7		
1	KK-Gewehr	.22lfB	Dienstsiegel 2.7.03	Anschütz	32176	9.7.03	Waffen GmbH Musterhausen	

Der Erwerber der Waffe hat binnen zwei Wochen der zuständigen Behörde den Erwerb schriftlich anzuzeigen. Dabei ist der Name und die Anschrift des Überlassenden mitzuteilen und die WBK zur Eintragung vorzulegen (§ 10 Abs. 1a WaffG). Mit der Pflicht zur Benennung der Person, die die Schusswaffe überlassen hat, soll korrespondierend zu der entsprechenden Verpflichtung des gewerblichen als auch nichtgewerblichen Überlassers (s. § 34 Abs. 2 WaffG) bezüglich der Erwerbsperson eine möglichst lückenlose Erfassung des Besitzes von Schusswaffen ermöglicht werden.

(Rückseite)

Lfd. Nr.	Art	Bezeichnung der Munition oder des Kalibers	Erlaubnis-behörde (Dienst-siegel)	Hersteller oder Warenzeichen (Modell-bezeichnung)	Her-stellungs-nummer	erworben oder angemeldet		
						am	Überlasser (Name, Sitz)	Behörde (Dienst-siegel)
1	2	3	4	5	6	7		
1	KK-Gewehr	.22lfB	Dienstsiegel 2.7.03	Anschütz	32176	9.7.03	Waffen GmbH Musterhausen	Dienstsiegel 14.7.03

Das Unterlassen hat nicht zur Folge, dass dieser Besitz nunmehr ohne Erlaubnis ausgeübt wird. Allerdings liegt eine Owi nach § 53 Abs. 1 Nr. 5 WaffG vor. Der Gesetzgeber will den Verstoß lediglich als Owi ansehen und hat dies durch die Schaffung des Bußgeldtatbestandes zum Ausdruck gebracht. In dem Unterlassen der Eintragung wird insoweit kein kriminelles Unrecht gesehen, sondern lediglich als Verwaltungsungehorsam gewertet, da die ursprüngliche Berechtigung zum Erwerb und Besitz bereits vorhanden ist. Unter Umständen kann dies die Zuverlässigkeit des Waffenbesitzers berühren.

Die WBK ist Erlaubnispapier für den Erwerb sowie für den sich daran anschließenden Besitz und dient zugleich dem Nachweis der Berechtigung bei einer Kontrolle. Sie gilt im gesamten Geltungsbereich des WaffG. Der Inhaber der WBK muss nicht zugleich Eigentümer der Waffe sein.

Die allgemeinen Ausnahmen vom Erwerb und Besitz einer Waffe sind in § 12 Abs. 1 WaffG aufgeführt.

Über Schusswaffen, über die mehrere Personen die tatsächliche Gewalt ausüben (besitzen), kann eine gemeinsame WBK auf die Namen dieser Personen ausgestellt werden, z. B. Vater und Sohn, Erbengemeinschaft (§ 10 Abs. 2 WaffG). In diesen Fällen müssen natürlich die Voraussetzungen für die Erteilung einer WBK bei allen Berechtigten vorliegen. Die WBK ist auf einen Berechtigten auszustellen, die anderen berechtigten Personen sind unter „amtliche Eintragungen" aufzuführen.

Eine Vereins-WBK nach § 10 Abs. 2 S. 2 kann auch jagdlichen Vereinigungen erteilt werden und berechtigt nur die dort benannten Personen zum Erwerb und Besitz der in der WBK aufgeführten Waffen. Siehe im Einzelnen WaffVwV.

b) Erlaubnis zum Erwerb und Besitz von Munition

Die Erlaubnis zum Erwerb und Besitz von Munition wird durch Eintragung in die WBK für die darin eingetragenen Schusswaffen erteilt „Berechtigt zum Munitionserwerb für unter … eingetragene Schusswaffen" und versehen mit Dienstsiegel. Dies ist der Regelfall. Nur in Ausnahmefällen (z. B. Munitionssammler) wird ein Munitionserwerbsschein ausgestellt. Bei der Erteilung einer Erlaubnis zum Munitionserwerb und -besitz in Form der Eintragung in der WBK oder durch einen Munitionserwerbsschein müssen die Voraussetzungen des § 4 Abs. 1 Nr. 1 bis 4 WaffG vorliegen. Damit wird klargestellt, dass den Besitz an Munition nur derjenige behalten soll, der eine Erlaubnis zum Munitionserwerb hat. So darf auch Munition, die auf einer Schießstätte erworben wurde, nicht ohne Besitzberechtigung mitgenommen werden. Wegen des ausnahmsweisen erlaubnisfreien Munitionserwerbs und vorübergehenden Besitzes s. § 12 Abs. 2 WaffG. Die Erlaubnis zum nicht gewerblichen Laden von Munition i. S. d. Sprengstoffgesetzes gilt auch als Erlaubnis zum Erwerb und Besitz der dabei hergestellten Munition (vgl. § 27 Abs. 1a SprengG). Läuft die Gültigkeit des Erlaubnisdokuments ab, darf diese Munition nur noch für die Dauer von sechs Monaten besessen werden.

c) Erlaubnis zum Führen einer Waffe

Wer Waffen führen will, bedarf hierzu unabhängig von der WBK der Erlaubnis der zuständigen Behörde, die durch einen Waffenschein erteilt wird. Sie gilt nunmehr nicht nur für Schusswaffen. Auflagen ergeben sich aus § 9 Abs. 2 WaffG.

Die Voraussetzungen für die Erteilung eines „Kleinen Waffenscheins" für Schreckschuss-, Reizstoff- und Signalwaffen sind in der Anlage 2 Abschnitt 2 Unterabschnitt 3 Nr. 2 und 2.1 genannt. Der „Kleine Waffenschein" wird ohne Prüfung von Sachkunde-, Bedürfnis- und Haftpflichtversicherungsnachweis (vgl. § 4 Abs. 1 Nr. 3 bis 5 WaffG) erteilt.

Das Führen einer Waffe ist eine besondere Form der tatsächlichen Gewaltausübung gegenüber Erwerb und Besitz. Unerlaubter Waffenbesitz und unerlaubtes Waffenführen stehen in Tateinheit.

Ausüben der tatsächlichen Gewalt

– Herrschaftsmöglichkeit
– Herrschaftswille
außerhalb

der eigenen Wohnung, Geschäftsräume, des eigenen befriedeten Besitztums oder einer Schießstätte

Beispiele: Der Sohn fährt mit dem Geländewagen seines Vaters zum Einkaufen, obwohl er sieht, dass sich der Drilling noch in der Gewehrhalterung des Fahrzeugs befindet.

Jagdgegner S entnimmt aus dem auf einem Waldweg unverschlossen abgestellten Pkw des Jagdgastes B die auf dem Rücksitz abgelegte Büchse und wirft sie in ein Kornfeld.

Jagdpächter P stellt morgens nach der Pirsch sein Fahrzeug auf der Straße neben seinem Wohnhaus ab und lässt seinen Drilling im Auto, weil er möglicherweise am späten Abend nochmals ins Revier fahren will.

Der Wilderer W hat sein KK-Gewehr im Wald versteckt.

Auch ein kurzfristiges Entgegennehmen einer Pistole zwecks näherer Untersuchung stellt sich jedenfalls dann als Führen einer Schusswaffe dar, wenn dabei der Abzug betätigt und ein Schuss gelöst wird (OLG Hamm, Urt. v. 11.8.1977 – 2 Ss 462/77).

Ein Stück Wald, das mit durchgehendem Ring von Markierungsbändern umgrenzt wird, die in einer Höhe von etwa 1,40 m an Bäumen befestigt sind, wobei Schilder mit der Aufschrift „Betreten verboten! Gotcha-Spielbetrieb!" angebracht sind, stellt kein befriedetes Besitztum i. S. v. § 35 Abs. 4 Nr. 2 c WaffG'76 dar (BayObLG, Urt. v. 27.5.1994 – 4 St RR 71/94). Zum Führen der Gotcha-Waffen bedarf es eines Waffenscheins.

Die allgemeinen Fälle des erlaubnisfreien Führens enthält § 12 Abs. 3 WaffG.

d) Erlaubnis zum Schießen mit einer Schusswaffe

Die Erlaubnis zum Schießen (§ 10 Abs. 5 WaffG) wird durch einen Erlaubnisschein erteilt. Die Fälle des erlaubnisfreien Schießens sind in § 12 Abs. 4 WaffG enthalten. Für Jagdscheininhaber s. § 13 Abs. 6 u. 7 WaffG.

12 *§ 12 WaffG Ausnahmen von den Erlaubnispflichten*

Erlaubnispflichtige Tatbestände sind:

Erwerb und Besitz	Führen	Schießen

Die Vorschrift regelt die allgemeinen Ausnahmen von Erwerb und Besitz von Waffen und Munition, vom Führen von Waffen und vom Schießen. § 12 Abs. 1 und 2 WaffG beschränkt sich auf wenige bedeutende Ausnahmetatbestände hinsichtlich des Erwerbs und Besitzes von Waffen und Munition und lässt im Übrigen eine Anzeigepflicht (§ 37 WaffG) genügen. Sachverhalte, in denen ein vorübergehendes Erwerbs- und Besitzrecht eingeräumt wird (z. B. Finder), werden nicht geregelt. Soweit einzelne Ausnahmetatbestände ausschließlich bestimmte Personengruppen betreffen, (z. B. Jäger), sind diese bei den entsprechenden Sondertatbeständen enthalten. Die hinsichtlich des Erwerbs und Besitzes von der Erlaubnispflicht freigestellten Schusswaffen und deren Munition sind in der Anlage 2 (Waffenliste) Abschnitt 2 Unterabschnitt 2 (Erlaubnisfreie Arten des Umgangs) aufgeführt. Der Erwerb und Besitz von Schusswaffen im Erbfall wird in § 20 WaffG geregelt.

a) Allgemeine Ausnahmen von der Erlaubnis zum Erwerb und Besitz einer Waffe

Einer Erlaubnis zum Erwerb und Besitz einer Waffe bedarf nicht, wer diese

als Inhaber einer WBK		von einem Berechtigten

a) lediglich vorübergehend,
   höchstens aber für einen Monat
   für einen von seinem Bedürfnis umfassten
   Zweck oder im Zusammenhang damit,
   oder
b) vorübergehend
   zum Zwecke der sicheren Verwahrung
   oder
   der Beförderung
erwirbt.

Nur der Inhaber einer WBK oder diesen gleich zu achtenden Erwerbs- und Besitzerlaubnissen (Waffenhandelserlaubnis für erlaubnispflichtige Waffen, gültige Tages- oder Jahresjagdscheine, Ersatzbescheinigung nach § 55 Abs. 2 WaffG) darf von einem Berechtigten lediglich vorübergehend, höchstens für einen Monat, von einem seinem Bedürfnis umfassten Zweck oder im Zusammenhang damit, eine Waffe erwerben. Diese Beschränkung soll sicherstellen, dass der von einer Erlaubnis Befreite die Waffe gegenüber dem anerkannten Bedürfnis nicht zweckentfremdet. Für eine längere Ausleihe ist eine Erlaubnis erforderlich. Sie darf durch ständige kurze Unterbrechungen nicht zur Dauerausleihe und damit zur Umgehung des Gesetzes führen. Jäger dürfen keine jagdrechtlich verbotenen Waffen entleihen, weil dafür kein Bedürfnis besteht.

Beispiel: Der Inhaber einer WBK (Jäger) leiht sich von einem Berechtigten eine Kurzwaffe zum Übungsschießen aus.

Der Sohn des JAB, der an der Jungjägerausbildung teilnimmt, will die Flinte seines Vaters zum Schießstand transportieren, um am Tontaubenschießen teilzunehmen. Dies ist nicht zulässig, da der Sohn nicht Inhaber einer WBK ist.

Auch für den Zweck der vorübergehenden sicheren Verwahrung oder Beförderung muss die Person im Besitz einer WBK oder dieser gleich zu achtenden Erwerbs- oder Besitzerlaubnis sein. Die Dauer der Verwahrung richtet sich nach dem konkreten Lebenssachverhalt. Eine Höchstfrist ist nicht vorgesehen. Das Wort „vorübergehend" besagt, dass das Ende der Verwahrzeit von vornherein festgelegt oder zumindest absehbar sein muss.

486

Beispiel: Im Gasthaus findet nach Abschluss der Jagd das Schüsseltreiben statt. Der Gastwirt hat ein Zimmer reserviert, wo die Jagdgäste ihre Waffen deponieren können. Dabei ist zu beachten, dass ein WBK-Inhaber den Schlüssel für das Zimmer hat, weil der Gastwirt als „Nicht-WBK-Inhaber" die Waffen nicht in Verwahrung nehmen darf.

Einer Erlaubnis zum Besitz und Erwerb einer Schusswaffe bedarf nicht, wer diese auf einer Schießstätte (§ 27) lediglich vorübergehend zum Schießen auf dieser Schießstätte erwirbt (§ 12 Abs. 1 Nr. 5 WaffG).

Zur Ausweispflicht beim Führen einer Waffe s. § 38 S. 1 Nr. 1e WaffG). In diesen Fällen ist der Name des Überlassenden, der Name des nach § 12 Abs. 1 Besitzberechtigten und das Datum des Überlassens in einem Beleg festzuhalten.

b) Allgemeine Ausnahmen von der Erlaubnis zum Erwerb und Besitz von Munition

Einer Erlaubnis zum Erwerb und Besitz von Munition bedarf nicht, wer diese unter den Voraussetzungen des § 12 Abs. 1 Nr. 1 bis 4 erwirbt (§ 12 Abs. 2 Nr. 1 WaffG).

Beispiel: Der Inhaber einer WBK erwirbt von einem Berechtigten nicht nur dessen Kurzwaffe zum Übungsschießen, sondern auch die dazu gehörende Patronenmunition. Als Nachweis der Berechtigung wird die Bescheinigung nach § 38 Nr. 1e WaffG und eine Kopie der WBK empfohlen.

§ 12 Abs. 2 Nr. 2 WaffG enthält die Ausnahmen zum Erwerb von Munition auf Schießstätten. Wer auf einer Schießstätte (§ 27 WaffG) vorübergehend zum Schießen auf dieser Schießstätte Munition erwirbt und besitzt, bedarf keiner Erlaubnis. Die Wörter „zum sofortigen Verbrauch lediglich auf dieser Schießstätte" stellen klar, dass die Mitnahme von Munition von der Schießstätte nicht erfolgen darf. Eine Zuwiderhandlung ist strafbewehrt.

c) Allgemeine Ausnahmen von der Erlaubnis zum Führen einer Waffe (s. aber § 42 WaffG)

§ 12 Abs. 3 WaffG enthält die Vorschriften für ein erlaubnisfreies Führen von Waffen. In Nr. 1 wird neben der Zustimmung des Hausrechtsinhabers klargestellt, dass ein Bedürfnis zum Führen der Schusswaffe in dem fremden Besitztum vorliegen muss. Dieses wird der Ausnahmefall sein. Mit dieser Ergänzung soll der missbräuchlichen Verwendung von Schusswaffen begegnet werden.

Einer Erlaubnis zum Führen von Schusswaffen bedarf nicht, wer

diese mit Zustimmung eines anderen	in dessen Wohnung, Geschäftsräumen oder befriedetem Besitztum oder dessen Schießstätte führt	zu einem von seinem Bedürfnis umfassten Zweck oder im Zusammenhang damit.

Beispiele: Ein Sportschütze ist in einem Lokal als Türsteher tätig. Seine Sportwaffe hat er mit Zustimmung des Lokalinhabers dabei. Eine Befreiung von der Waffenscheinpflicht ist nicht eingetreten.

Jagdscheininhaber J verbringt seinen Drilling nach Absprache mit einem Kaufinteressenten in dessen Wohnung zwecks Besichtigung und Anbahnung eines Kaufgeschäftes.

Der JAB nimmt auf der Schießstätte der Schützengesellschaft an einem Tontaubenschießen teil.

Bezüglich des Begriffes „befriedetes Besitztum" lehnt sich das WaffG an § 123 StGB (Hausfriedensbruch) an. Ein Besitztum, das nicht in engem räumlichen Zusammenhang mit einer Wohnung oder einem Geschäftsraum steht, ist dann befriedet, wenn es von dem berechtigten Inhaber in äußerlich erkennbarer Weise mit zusammenhängenden Schutzwehren gegen das willkürliche Betreten durch andere gesichert ist. Als körperlich wirkende Hindernisse können Zäune, Mauern, Hecken, Gräben, Absperrungen angesehen werden. Verbotstafeln und Absperrleinen genügen nicht.

Die Arbeitsstelle eines Arbeitnehmers ist nicht dessen Geschäftsraum (BayObLG, Urt. v. 11.7.1989).

Bedenken dürften aber nicht bestehen, wenn ein Jagdscheininhaber mit Erlaubnis der Betriebsinhabers seine Jagdwaffe mitbringt (§ 12 Abs. 3 Nr. 1 WaffG), weil er nach Arbeitsende ins Revier fahren will. Gleiches müsste auch für den Transport der Waffe von der Wohnung zum Betrieb gelten (vgl. § 12 Abs. 3 Nr. 2 WaffG). Die sichere Verwahrung der Schusswaffe (siehe § 36 WaffG) könnte sich dabei als Problem darstellen. Ein Zusammenhang i. S. v. § 13 Abs. 6 WaffG liegt nicht vor, da es am zeitlichen und räumlichen Zusammenhang mit der Jagd mangelt. Er fährt morgens zur Arbeit und abends ins Revier.

Die Befreiung von der Waffenscheinpflicht nach § 12 Abs. 3 Nr. 2 WaffG tritt nur ein, wenn aus den Umständen klar ersichtlich ist, dass die Waffe lediglich von einem Ort zu einem anderen transportiert werden soll. Dabei kommt es auch auf den Zweck des Transportes an.

Beispiel: JAB J fährt mit dem Geländewagen zum Hegeringschießen. Die beiden Langwaffen befinden sich im Kofferraum des Pkw. Sie sind nicht zugriffsbereit. Jagdscheininhaber B fährt mit dem Fahrrad zum Schießstand. Das Futteral mit der Waffe trägt er auf dem Rücken. Das Futteral muss in diesem Fall verschlossen sein (Schloss o. ä.). Auf dem Rückweg fährt J noch zum Jagdvorstand (im Zusammenhang mit der Fahrt zum Schießstand).

Keiner Erlaubnis zum Führen von Waffen bedarf, wer

diese nicht schussbereit und nicht zugriffsbereit	von einem Ort zu einem anderen Ort befördert,	sofern der Transport der Waffe zu einem von seinem Bedürfnis umfassten Zweck oder im Zusammenhang damit erfolgt.

Die neu aufgenommenen Definitionen der Begriffe „schussbereit" und „nicht zugriffsbereit" sollen bestehende Rechtsunsicherheiten in der Praxis, die sich beim Transport von Schusswaffen ergeben, ausräumen (BT-Drucksache 838/07, BT-Drucksache 16.77127). Eine Waffe ist schussbereit, wenn sie geladen ist, d. h.,

488

dass Munition oder Geschosse in der Trommel, im in die Waffe eingefügten Magazin oder im Patronen- oder Geschosslager sind, auch wenn sie nicht gespannt ist (Anlage 1 Abschnitt 2 Nr. 12 WaffG).

In welchen Fällen eine Waffe zugriffsbereit ist, ergibt sich aus der Art und Weise des Transports. Daher auch die Positiv-/Negativabgrenzung der Legaldefinition (Anlage 1 Anschnitt 2 Nr. 13 WaffG). Die Auslegung orientiert sich an der Gesetzesbegründung.

Eine Schusswaffe

ist zugriffsbereit,	ist nicht zugriffsbereit,
• wenn sie unmittelbar in Anschlag gebracht werden kann:	• wenn sie in einem verschlossenen Behältnis mitgeführt wird:
– also mit wenigen schnellen Handgriffen - d. h. mit weniger als drei Handgriffen in unter drei Sekunden.	– In einem verschlossenen Behältnis ist die Waffe kraft Gesetzes nicht zugriffsbereit.

Beispiele:
- die Schusswaffe wird am Körper in einem Holster oder im Gürtel getragen,
- sie liegt griffbereit im geschlossenen Handschuhfach,
- sie befindet sich in der unverschlossenen Gewehrhalterung beim Fahrersitz,
- sie liegt in der Türablage,
- sie steckt unter dem Fahrersitz,
- Fußgänger transportiert in einer nicht verschlossenen Aktentasche einen Revolver (so bereits BayObLG, Urt. v. 11.7.1989).

Abgrenzungen:
- sie liegt auf dem Rücksitz in einem geschlossenen Futteral oder einer Verpackung,
- sie liegt auf dem Rücksitz zerlegt (Laufbündel, Vorderschaft, Schaft) eingewickelt in einer Decke
- die Schusswaffe wird in einem verschlossenen Waffenkoffer oder Futteral transportiert,
- sie befindet sich im Kofferraum des Fahrzeugs,
- die Gewehrhalterung ist abgeschlossen; der Schlüssel dazu befindet sich im Handschuhfach oder in der Jackentasche
- die Waffe befindet sich im verschlossenen Handschuhfach

Merke: Wer die Waffe stets in einem verschlossenen Behältnis mitführt, erspart sich jede Diskussion darüber, ob die Waffe zugriffsbereit ist.

Zur Abgrenzung des Waffenführens durch Jäger bei der befugten Jagdausübung einschließlich des Ein- und Anschießens im Revier, zur Ausbildung von Jagdhunden im Revier und zum Jagdschutz oder zum Forstschutz oder im Zusammenhang damit s. § 13 Abs. 6 bzw. 7 WaffG.

Beim Transport von Munition und Treibladungspulver durch Privatpersonen findet die GGVSE Anwendung. Freigestellt sind beim Transport im Straßenverkehr mit in Deutschland zugelassenen Fahrzeugen sowie im Schienenverkehr: Munition – Gefahrgutklasse 1.4S bis 50 kg brutto, Treibladungspulver/Nitrocellulose – Gefahrgutklasse 1.3C und Treibladungspulver/Schwarzpulver – Gefahrgutklasse 1.3D bis jeweils drei Kilogramm brutto. Der Transport darf in allen Verpackungsformen erfolgen, die im Einzelhandel verwendet werden. Ebenso sind Patronengurte oder -etuis sowie Schlaufen an der Jagdkleidung zulässig.

d) Allgemeine Ausnahmen von der Erlaubnis zum Schießen mit einer Schusswaffe

§ 12 Abs. 4 WaffG beinhaltet das Schießen mit Schusswaffen auf einer Schießstätte und regelt das erlaubnisfreie Schießen. Dies entspricht weitgehend der bisherigen Rechtslage. Überreglementierungen sind entfallen (z. B. Notwehr und Notstand). Das Schießen mit einer Schusswaffe ist außerhalb einer Schießstätte (§ 27 WaffG) nur mit einer Erlaubnis der zuständigen Behörde zulässig, soweit nicht für Jäger die Voraussetzungen des § 13 Abs. 6 bzw. 7 WaffG vorliegen.

e) Ausnahmen im Einzelfall

Die zuständige Waffenbehörde kann im Einzelfall weitere Ausnahmen von den Erlaubnispflichten zulassen, wenn besondere Gründe vorliegen und Belange der öffentlichen Sicherheit und Ordnung nicht entgegenstehen. Die Vorschrift bezweckt in erster Linie die Verhinderung vom Gesetzgeber nicht gewollter unverhältnismäßiger Rechtsfolgen in den Fällen, die im WaffG auf Grund der Vielgestaltigkeit und Dynamik der Lebensverhältnisse nicht oder noch nicht vorhergesehen werden konnten. Sie dient nicht dazu, vorhandene Erlaubniserfordernisse zu umgehen.

13   § 13 WaffG   Erwerb und Besitz von Schusswaffen und Munition durch Jäger, Führen und Schießen zu Jagdzwecken

Die Vorschrift soll es den Jägern ermöglichen (s. Begriffsdefinition), sich rasch einen Überblick über den jagdlichen Umgang mit Schusswaffen oder Munition zu verschaffen.

Jäger sind eine der Hauptnutzergruppen von Schusswaffen. Als Jäger bezeichnet das Gesetz Personen, die Inhaber eines gültigen Jagdscheines i. S. d. § 15 Abs. 1 S. 1 BJagdG sind:

– Jahresjagdschein (§ 15 Abs. 1 i. V. m. Abs. 2 BJagdG)
– Tagesjagdschein (§ 15 Abs. 1 i. V. m. Abs. 2 BJagdG),
– Jahresjagdschein für Ausländer (§ 15 Abs. 1 i. V. m. Abs. 2 und 6 BJagdG),
– Tagesjagdschein für Ausländer (§ 15 Abs. 1 i. V. m. Abs. 2 und 6 BJagdG).

Wegen des vorrangigen Zwecks, das Waffenrecht von Sonderregelungen für bestimmte Personengruppen zu befreien und den Vollzug zu vereinfachen, ist auch für Jäger wie für alle übrigen Waffeninteressierten zum Erwerb und Besitz von Schusswaffen grundsätzlich ein Bedürfnis nachzuweisen. Inhaber von Tagesjagdscheinen müssen vor dem auf Dauer angelegten Erwerb und Besitz einer Waffe in jedem Einzelfall glaubhaft machen, dass ein Bedürfnis hierfür besteht. Lang- und Kurzwaffen dürfen daher nur mit vorheriger Erlaubnis der Behörde erworben werden (Voreintrag). Zur Klarstellung bedurfte es der Bestimmung, dass auch bei Jägern das Bedürfnisprinzip für den Erwerb und Besitz von Schusswaffen gilt, allerdings mit folgenden Besonderheiten (Begr. Drucks. 596/01 S. 116):

Ein Bedürfnis für den Erwerb und Besitz von Schusswaffen und der dafür bestimmten Munition wird Personen anerkannt, die Inhaber eines gültigen Jagdscheines i. S. v. § 15 Abs. 1 S. 1 BJagdG sind und glaubhaft gemacht wird, dass sie die Schusswaffen und -munition zur Jagdausübung oder zum Training im jagdlichen Schießen einschließlich jagdlicher Schießwettkämpfe benötigen und die zu erwerbende Schusswaffe und Munition zum Zeitpunkt des Erwerbs nach dem BJagdG nicht verboten ist (§ 13 Abs. 1 WaffG). Wer nicht (mehr) Inhaber eines gültigen Jagdscheines ist, hat kein Bedürfnis für den (weiteren) Besitz von Waffen und Munition. Das hat Auswirkungen auf die WBK, wenn die Behörde durch Datenabgleich feststellt, dass der Inhaber nicht mehr im Besitz eines gültigen Jagdscheines ist (vgl. § 45 Abs. 2 u. 3 WaffG).

Der Erwerb und Besitz erlaubnispflichtiger Waffen ist zweckgebunden an die Jagdausübung. Deshalb kann die zuständige Behörde im Zweifelsfall einen Bedürfnisnachweis verlangen. Der Inhaber eines Jahresjagdscheines darf so viele Langwaffen erwerben, wie dies für eine ordnungsgemäße Jagdausübung erforderlich ist. Ohne Nachweis eines Bedürfnisses werden ihm außerdem zwei Kurzwaffen als Grundausstattung zugelassen. Für jede zusätzliche Kurzwaffe ist ein besonderer Nachweis des Bedarfs zu Jagdzwecken erforderlich. Die vorhandenen Waffen dürfen in die Prüfung des Bedürfnisses (Benötigens) mit einbezogen werden. Ein Bedürfnis besteht nur für Schusswaffen, deren Verwendung zur Jagd nach den Bestimmungen des BJagdG nicht verboten ist (s. § 13 Abs. 2 WaffG).

Inhaber eines gültigen Jahresjagdscheines (§ 15 Abs. 2 i.V. m. Abs. 1 S. 1 BJagdG) bedürfen zum Erwerb von Langwaffen keiner Erlaubnis, soweit die Waffen nach dem BJagdG zur Jagd zugelassen sind. Der Erwerber hat binnen zwei Wochen die Ausstellung einer WBK oder die Eintragung in eine bereits erteilte WBK zu beantragen. Durch die Erteilung oder den Eintrag in die WBK ist eine weitergehende Berechtigung zum Besitz erfolgt. Bei Fristversäumnis erlischt die Berechtigung zum Besitz (BVerwG, DVBl. 1985, S. 1311). Dies stellt jedoch nur eine Owi nach § 53 Abs. 1 Nr. 7 WaffG dar.

Für den Erwerb und vorübergehenden Besitz gem. § 12 Abs. 1 Nr. 1 WaffG von (Jagd-) Langwaffen steht ein Jagdschein i.S.v. § 15 Abs. 1 S. 1 BJagdG einer WBK gleich. Die Leihe ist auf einen Monat beschränkt. Für einen längeren Zeitraum bedarf es eines Eintrags in der WBK. Der Inhaber einer WBK ist auch zum vorübergehenden Erwerb und Besitz einer Kurzwaffe berechtigt.

Beispiele: Der Waffenhändler überlässt dem Jahresjagdscheininhaber A für die Drückjagd eine Büchse im Kaliber 9,3 × 62. Außerdem erhält A als Inhaber einer WBK vom JAB J vorübergehend dessen Revolver 357 Mag. (vgl. § 12 Abs. 1 Nr. 1 a WaffG). Die Berechtigung zum Erwerb und vorübergehenden Besitz der Revolvermunition ergibt sich aus § 12 Abs. 2 Nr. 1 WaffG.
Der Inhaber eines Tagesjagdscheines besitzt keine Waffen. Er leiht sich vorübergehend eine Büchse beim Büchsenmacher aus (§ 13 Abs. 4). Eine Kurzwaffe darf ihm auch vorübergehend nicht überlassen werden Die erforderliche Jagdmunition kann er mit seinem Jagdschein erwerben (§ 13 Abs. 5).

Im letzten Beispiel trägt § 13 Abs. 4 WaffG dem Fall Rechnung, dass der Inhaber eines Tagesjagdscheines keine Jagdwaffen besitzt und sich mit seinem Tagesjagdschein für die Dauer der Jagdausübung eine Jagdwaffe ausleihen kann. Auch hier stellt sich das Problem des Munitionsbesitzes. Er darf zwar mit seinem Jagdschein die Munition für Langwaffen erwerben, aber nach Ablauf des Jagdscheins nicht mehr besitzen. Die Munition wäre rechtzeitig einem Berechtigten zu überlassen. Andernfalls macht sich der Munitionsbesitzer nach § 52 Abs. 3 Nr. 2 WaffG strafbar. Jagt ein Jagdscheininhaber nur gelegentlich mit Leihwaffen, kann ihm ein MESch ausgestellt werden.

Für Jagdscheininhaber bedarf es zum Erwerb von Kurzwaffen grundsätzlich der Erwerbsberechtigung mit WBK (Ausnahmen s. § 12 WaffG).

(Rückseite)

Lfd. Nr.	Art	Bezeichnung der Munition oder des Kalibers	Erlaubnis-behörde (Dienst-siegel)	Hersteller oder Waren-zeichen (Modell-bezeichnung)	Herstel-lungs-nummer	erworben oder angemeldet		
						am	Überlasser (Name, Sitz)	Behörde (Dienst-siegel)
1	2	3	4	5	6	7		
1	Revolver	.375 Mag.	Dienstsiegel 2.7.03					

Der Erwerb und Besitz von Munition für Langwaffen bedarf für Jäger keiner Erlaubnis, soweit diese Munition nicht nach dem BJagdG verboten ist. Munition für Kurzwaffen ist erlaubnispflichtig (§ 13 Abs. 5 WaffG). Wer seinen abgelaufenen Jahresjagdschein nicht verlängert, also keinen gültigen Jagdschein mehr besitzt, ist nicht Jäger i. S. d. WaffG.

Die Erlaubnis für den Erwerb und Besitz von Munition für Kurzwaffen wird durch Eintragung in die WBK erteilt.

Wer seinen Jagdschein nicht rechtzeitig verlängert, besitzt die Munition für Langwaffen ohne Erlaubnis (Vergehen, § 53 Abs. 3 Nr. 2 WaffG). Wenn ein Jagdschein aus persönlichen Gründen vorübergehend nicht verlängert wurde, kann die Erlaubnis zum Erwerb und Besitz von Langwaffenmunition in die WBK eingetragen werden.

§ 13 Abs. 6 WaffG regelt das Führen von Jagdwaffen durch Jäger (ausgenommen Inhaber von Jugendjagdscheinen) wie folgt:

Ein Jäger (§ 15 Abs. 1 S. 1 BJagdG) darf Jagdwaffen

zur befugten Jagd-ausübung sowie Abschuss von Tieren, die dem Naturschutz-recht unterliegen, im Rahmen der Raben-vogelVO bzw. der KormoranVO	einschließlich des Ein- und Anschießens im Revier	zur Ausbildung von Jagdhunden im Revier	zum Jagdschutz oder Forstschutz

ohne Erlaubnis führen und mit ihnen schießen;

er darf auch im Zusammenhang mit diesen Tätigkeiten die Jagdwaffen nicht schussbereit ohne Erlaubnis führen.

Zur befugten Jagdausübung gehört das materielle Recht (Ort, an dem man rechtmäßig die Jagd ausübt, z. B. als Eigenjagdbesitzer, Jagdpächter, Jagderlaubnisinhaber) und das formelle Recht (gültiger Jagdschein). Hat der Jagdschein durch Zeitablauf seine Gültigkeit verloren, wird die Jagd waffenrechtlich nicht mehr befugt ausgeübt mit der Folge, dass eine Erlaubnis erforderlich wird (Waffenscheinpflicht).

Beispiel: Jagdgast A kommt seit über einem Jahr in das Revier des JAB J, um dort die Jagd auszuüben. Eines Tages stellt J fest, dass sein Jagdgast keinen gültigen Jagdschein besitzt. Hier liegt ein Waffenscheinvergehen vor, da die Jagdausübung i. S. d. WaffG unbefugt war. Jagdrechtlich war sie befugt und somit liegt keine Jagdwilderei (§ 292 StGB) vor.

Mit dem Erreichen des Jagdreviers kann mit der Jagdausübung begonnen werden. Sie erstreckt sich auf das Aufsuchen, Nachstellen, Erlegen und Fangen von Wild. Die Schusswaffe darf dabei grundsätzlich zugriffsbereit und schussbereit geführt werden. Das Aufsuchen und Nachstellen von Wild ist ohne schussbereite Waffe nicht denkbar.

Beispiel: JAB J steigt aus seinem Pkw aus, lädt die Jagdwaffe, um durch das Revier zu pirschen.

Soweit mit einem Kraftfahrzeug gefahren wird, muss nach den Unfallverhütungsvorschriften die Waffe entladen sein (vgl. § 3 VSG 4.4), und zwar ohne Rücksicht darauf, ob dies im Revier oder außerhalb des Reviers ist. Außerdem ist es verboten, Wild aus Kraftfahrzeugen zu erlegen. Somit stellt sich die Frage, ob eine denkbare Zuwiderhandlung gegen die sachlichen Verbote automatisch dazu führt, dass waffenrechtlich die Jagd unbefugt ausgeübt wird (und damit ein Waffenschein erforderlich wäre). Es handelt sich hierbei jedoch um Jagdbeschränkungen und Pflichten bei der befugten Jagdausübung. Ohne befugte Jagdausübung kann gegen diese Pflichten nicht verstoßen werden. Die grundsätzliche Befugnis zur Jagdausübung erlischt dadurch nicht. Im Falle der unbefugten Jagdausübung (Jagdwilderei) findet § 19 BJagdG keine Anwendung. Im Ergebnis bedeutet dies, eine Zuwiderhandlung gegen jagdrechtliche Pflichten oder Beschränkungen führt nicht dazu, dass nunmehr waffenrechtlich die Jagd unbefugt ausgeübt wird. Allerdings wird nicht verkannt, dass kein Bedürfnis zum Mitführen einer geladenen Waffe in einem Kfz während der Fahrt durch das Revier besteht.

Ein- und Anschießen einer Schusswaffe sind keine Jagdausübung. Das Einschießen der Waffe zum Finden der richtigen Trefferlage mit einer Serie von Schüssen ist nur auf dem Schießstand möglich. Unter Anschießen versteht man die Abgabe von 2 bis 3 Kontrollschüssen zur Überprüfung der Trefferlage oder der Zieleinrichtung, wenn z. B. die Schusswaffe umgefallen ist und die Zieleinrichtung überprüft werden soll. Die Ausnahmeregelung dient in erster Linie dem Tierschutz.

Anschießen umfasst lediglich die Überprüfung der Treffpunktlage mit wenigen Schüssen, nicht jedoch die erforderliche Korrektur der Visiereinrichtung bei abweichender Trefferlage und das anschließende erneute Überprüfen (Einschießen). Die jetzige Gesetzesfassung lässt nach dem Wortlaut des Abs. 6 jedes Einschießen zu. Sinnvolles Einschießen ist nur unter Verwendung entsprechender Gerätschaften möglich, wobei eine Schießstätte stets der richtige Ort ist und nicht das Revier.

Ein Tontaubenschießen ist keine Jagdausübung noch Anschießen von Jagdwaffen (OLG Köln, Beschl. v. 13.3.1989 – Ss 84-85/89).

Für das Töten von Damwild innerhalb eines Geheges benötigt ein Jagdscheininhaber eine Schießerlaubnis.

Beispiel: Gehegebesitzer G bittet den Jagdscheininhaber A, ein Stück Damwild tierschutzgerecht zu töten. Das Führen der Waffe im Gehege fällt unter die Ausnahmeregelung des § 12 Abs. 3 Nr. 1 WaffG, da die Waffe mit Zustimmung des Gehegebesitzers in seinem befriedeten Besitztum zu einem von seinem Bedürfnis umfassten Zweck (Erlegen eines Stückes) geführt wird. Für die Fahrt von der Wohnung des A zum Gehege des G oder zu dessen Wohnung ist die Schusswaffe nicht schussbereit und nicht zugriffsbereit zu transportieren.

Die Jagdwaffen dürfen auch zur Ausbildung von Jagdhunden im Revier erlaubnisfrei geführt werden. Die in diesem Zusammenhang eingesetzte Schusswaffe dient nicht der Jagdausübung, weshalb es einer gesonderten Freistellung bedurfte. Inhaber eines gültigen Jagdscheins benötigen zum Führen von Schreckschuss-, Reizstoff- und Signalwaffen innerhalb des Jagdreviers (z. B. Jagdhundeausbildung) keinen Kleinen Waffenschein, da der Jagdschein bereits eine qualifizierte Erlaubnis darstellt.

Nach § 25 Abs. 1 BJagdG obliegt der Jagdschutz dem JAB. Das Gleiche gilt für die bestätigten Jagdaufseher (§ 30 LJagdG). Ein Jagdgast ist nicht jagdschutzberechtigt. Deshalb darf er eine Schusswaffe ausschließlich zum Jagdschutz nicht führen, sondern nur zur befugten Jagdausübung und im Zusammenhang damit.

Der Begriff „im Zusammenhang damit" beinhaltet nicht nur das erlaubnisfreie Führen von Schusswaffen auf dem Hin- und Rückweg zum Revier, sondern gestattet auch Besorgungen privater Art sowie den Besuch von Gaststätten, auch wenn damit kleinere Umwege verbunden sind. Die Vorschrift wurde durch das WaffG vom 19.9.1972 (BGBl. 1 S. 1797) eingeführt und damit den Erfordernissen der jagdlichen Praxis und dem waidmännischen Brauchtum Rechnung getragen. Mit dieser Bestimmung will der Gesetzgeber zweifelsfrei sicherstellen, dass das neue Waffengesetz die bisher üblichen und vom Sicherheitsstandpunkt unbedenklichen Jagdgewohnheiten nicht berührt (78. Sitzungsprotokoll des 6. Deutschen Bundestages vom 22.6.1972, S. 11436). Die Grenze der Waffenscheinfreiheit wird jedenfalls dann überschritten, wenn Erledigungen, Fahrten und Aufenthalte räumlich und zeitlich nicht (oder nicht mehr) mit der Jagdausübung, dem Jagdschutz oder dem Hin- oder Rückweg in Verbindung gebracht werden können. Da die Waffe im Revier ohnehin zugriffsbereit geführt werden darf, hat es der Gesetzgeber für nicht erforderlich gehalten, bei den Fahrten zum nahe gelegenen Revier (räumliche Nähe zur Wohnung) die allgemeine Regelung für den Transport von Waffen anzuwenden. Bei größerer Entfernung gilt, dass die Waffe für den Jäger nicht zugriffsbereit sein darf, d. h., dass er sie nicht mit wenigen Griffen in Anschlag bringen kann.

Ein Jäger darf im Zusammenhang mit der befugten Jagdausübung einschließlich des Ein- und Anschießens im Revier, zur Ausbildung von Jagdhunden im Revier, zum Jagdschutz oder zum Forstschutz die Jagdwaffen nicht schussbereit ohne Erlaubnis führen. Die Einfügung „nicht schussbereit" durch das WaffG vom 11.10.2002 ist insofern nur eine weitere Einschränkung des bislang geltenden Rechts, denn für das Mitführen einer schussbereiten Waffe zum Revier besteht kein Bedürfnis.

Die VSG 4.4 bestimmt, dass eine Schusswaffe nur während der tatsächlichen Jagdausübung geladen sein darf. Mit der jetzigen Formulierung verdeutlicht der

Gesetzgeber, dass für das Führen einer schussbereiten Waffe im Zusammenhang mit den Fällen des § 13 Abs. 6 1. Hs. WaffG stets ein Waffenschein erforderlich ist. Die Entscheidung des OLG Stuttgart (Urt. v. 24.7.2007 – 4 Ss 185/07) steht im Ergebnis nicht im Widerspruch zu der hier vertretenen Rechtsmeinung.

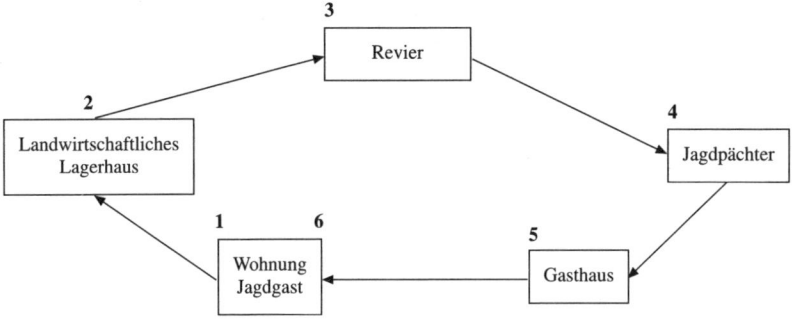

Jagdgast A fährt zunächst zum Lagerhaus, um dort einen Sack Futtermais zu holen. Von dort aus fährt er ins Revier. Danach führt ihn sein Weg zum JAB. Anschließend begibt er sich noch in das Gasthaus und von dort aus wieder nach Hause. Alle Fahrten sind im Zusammenhang mit § 13 Abs. 6 WaffG zu sehen.

Beispiele: Jagdgast A ist zur Jagd eingeladen. Als er am nächsten Morgen nach Hause kommt, stellt er fest, dass er den Wohnungsschlüssel vergessen hat und seine Frau nicht zu Hause ist. Er entschließt sich, in der Zwischenzeit in eine Gaststätte zu gehen. Das Fahrzeug hat er vor dem Lokal in Sichtweite abgestellt. Die Kurzwaffe trägt er am Körper. In diesem Fall ist das Waffenführen noch im Zusammenhang mit der Jagdausübung zu sehen, weil er nicht in seine Wohnung gelangen konnte. Allerdings dürfen die Waffen nicht schussbereit geführt werden.

Jagdpächter J kommt spät abends von der Jagd. Sein Auto stellt er vor seinem Anwesen ab, weil er am nächsten Morgen um drei Uhr wieder ansitzen will. Die Waffe lässt er im Auto. Auch hier ist ein Zusammenhang mit der Jagdausübung zu sehen. Jedoch ist eine Schusswaffe im Auto nicht sicher verwahrt. Die Waffe im Fahrzeug stellt ein erhebliches Sicherheitsrisiko dar.

Eine Schusswaffe ist schussbereit, wenn sie geladen ist, d. h. Munition oder Geschosse in der Trommel, im in der Waffe eingeführten Magazin oder Patronen- oder Geschosslager sind, auch wenn sie nicht gespannt ist. Dies gilt auch für die mitgeführte Kurzwaffe.

Auch aus Gründen der Gefahrenabwehr ist dies erforderlich. Deshalb ist die Munition so mitzuführen, dass die Waffe niemals zusammen mit der Munition einem Unbefugten zugänglich ist, denn die konkrete Gefahr besteht in der Ausübung der tatsächlichen Gewalt über eine schussbereite Waffe. Deshalb darf das Magazin nicht an der Waffe oder in einem Schaftmagazin mitgeführt werden. Nur eine solche Auslegung entspricht dem Sinn des Gesetzes. Insbesondere im Zusammenhang mit der Jagd sind erforderliche Vorkehrungen zu treffen, um Waffen und Munition gegen Abhandenkommen oder unbefugte Ansichnahme zu sichern (vgl. § 13 Abs. 11 AWaffV).

495

Unfallverhütungsvorschrift Jagd	WaffG
Schusswaffen dürfen nur während der tatsächlichen Jagdausübung geladen sein (§ 3 Abs. 1 S. 1 VSG 4.4)	Ein Jäger darf auch im Zusammenhang mit der befugten Jagdausübung Jagdwaffen ohne Erlaubnis führen, soweit diese nicht schussbereit sind.

Rechtsfolge:

| Autonomes Satzungsrecht des Unfallversicherers (LBG BW). Für den Versicherten liegt eine Owi nach § 209 Abs. 1 SGB VII vor. | Erlaubnis zum Umgang (Waffenschein) erforderlich. Das stellt eine Straftat dar. Offizialdelikt (Strafverfolgungspflicht): Anzeige wegen eines Waffenschein-Vergehens (Siehe auch § 21 Abs. 1 OWiG). Unterrichtung der Waffenrechtsbehörde und der unteren Jagdbehörde. |

Beispiel: Jagdscheininhaber A befindet sich mit seinem Fahrzeug auf der Fahrt vom Revier nach Hause. Unterwegs wird er an einer Kontrollstelle der Polizei angehalten. Bei der Kontrolle der Jagdwaffe stellt sich heraus, dass sie noch geladen ist. Somit liegt kein erlaubnisfreies Führen mehr vor und es gilt die allgemeine Regel: Waffenscheinpflicht (10 Abs. 4 WaffG). Für den Ahndung des Verstoßes gegen die Unfallverhütungsvorschriften ist der PVD nicht zuständig. Im Rahmen der Gefahrenabwehr und Störungsbeseitigung wird jedoch das Entladen der Waffe angeordnet (§§ 1, 3, 60 Abs. 2 PolG).

Merke: Schusswaffen dürfen auf dem Weg vom und zum Revier nur dann waffenscheinfrei mitgeführt werden, wenn sie entladen sind. Das unterladene Mitführen ist nicht ausreichend.

Zum Abschuss von Rabenvögeln und Kormoranen gem. den landesrechtlichen Verordnungen ist Folgendes anzumerken.

Der Abschuss von Tieren, die nicht dem Jagdrecht unterliegen, sondern dem Naturschutzrecht, ist keine Jagdausübung. Ein gültiger Jagdschein legitimiert nur zur Ausübung der Jagd auf jagdbare Tierarten. Die Bundesregierung sah bisher keinen Regelungsbedarf (BT-Drs. 16/7718). Der Bundesrat hatte vorgeschlagen, in § 13 Abs. 6 S. 2 einzufügen. Das Anliegen der Länder, insbesondere bei der legalen Vergrämung bei Kormoranen und Rabenvögeln von der Möglichkeit Gebrauch zu machen, sich der Jagdscheininhaber zu bedienen, hat die Bundesregierung als berechtigt angesehen. Sie entspricht dem Wortlaut des Regierungsentwurfs zur WaffVwV (BR-Drs. 81/06 Ziff. 13.6).

Inhabern von Jugendjagdscheinen (§ 16 Abs. 1 BJagdG) wird eine Erlaubnis zum Erwerb und Besitz von Schusswaffen und der dafür bestimmten Munition nicht erteilt (§ 13 Abs. 7 S. 1 WaffG).

Inhaber von Jugendjagdscheinen
dürfen Schusswaffen und die dafür bestimmte Munition

nur für die Dauer der Ausübung der Jagd oder des Trainings im jagdlichen Schießen
einschließlich jagdlicher Schießwettbewerbe

ohne Erlaubnis

erwerben,	besitzen,	die Schusswaffen führen	und damit schießen.

Sie dürfen auch im Zusammenhang mit diesen Tätigkeiten die Jagdwaffen
nicht schussbereit ohne Erlaubnis führen.

Beispiel: Der Sohn des JAB, Inhaber eines Jugendjagdscheines, erwirbt vorübergehend den
Drilling seines Vaters einschließlich der Patronenmunition, um an einer Drückjagd
(s. § 42 Abs. 2 LJagdG) teilnehmen zu können.

Jugendjagdscheininhaber dürfen die Leihwaffen im Zusammenhang mit den Tätigkeiten nach § 13 Abs. 7 WaffG nicht schussbereit führen (z. B. auf dem Hinund Rückweg ins Revier). Begleitung durch eine jagdlich erfahrene Person ist
nur bei der Jagdausübung erforderlich (§ 16 Abs. 2 BJagdG). Auf dem Weg von
und zur Schießstätte müssen die Waffen zudem nicht zugriffsbereit transportiert
werden (§ 12 Abs. 3 Nr. 2 WaffG).

Personen, die das 14. Lebensjahr vollendet haben, dürfen in der Ausbildung zum
Jäger nicht schussbereite Jagdwaffen ohne Erlaubnis erwerben, besitzen und führen. Dies auch nur unter Aufsicht eines Ausbilders. Der Ausbildungsleiter und
der Sorgeberechtigte müssen ihr Einverständnis in einer von beiden unterzeichneten Berechtigungsbescheinigung erklären. Die Person hat diese in der Ausbildung
mit sich zu führen (§ 13 Abs. 8 WaffG).

Auf Schießstätten dürfen diese Personen ohne Erlaubnis mit Jagdwaffen schie
ßen. Auch hier ist eine Berechtigungsbescheinigung erforderlich. Es besteht ebenso Mitführpflicht (s. § 27 Abs. 5 WaffG).

14 *§ 20 WaffG Erwerb und Besitz von Schusswaffen durch Erwerber infolge Erbfalls*

Das Waffengesetz befasst sich nicht mit Eigentumsfragen im zivilrechtlichen Sinne. Das Gesetz regelt den Besitz an Schusswaffen im waffenrechtlichen Sinne,
d. h. die Ausübung der tatsächlichen Gewalt über sie.

Das Erbenprivileg nach § 20 S. 2 WaffG (Art. 19 Nr. 2 des Gesetzes zur Neuregelung des Waffenrechts) trat am 31. März 2008 außer Kraft.

Erwerber infolge Erbfalls sind nicht nur die eigentlichen Erben, sondern auch
Vermächtnisnehmer und die von einer Auflage Begünstigten.

Soweit ein Bedürfnis geltend gemacht werden kann, ist die Ausstellung einer WBK zu beantragen oder die Waffen in eine bereits erteilte WBK einzutragen. Ansonsten darf eine Erlaubnis nur erteilt werden, wenn die Waffe mit einem amtlich zugelassenen Blockiersystem gesichert wird und der Antragsteller zuverlässig und persönlich geeignet ist. In beiden Fällen wird eine Erlaubnis nur erteilt, wenn der Erblasser berechtigter Besitzer war. Die in § 20 Abs. 1 WaffG genannten Fristen sind zu beachten.

Die Blockierung von Erbwaffen ist aus Sicherheitsgründen vorgeschrieben, wenn der Erbe über kein eigenes waffenrechtliches Bedürfnis verfügt. Dies gilt auch für Waffen, die vor dem 1. 4. 2008 vererbt wurden. Die Blockierung der Waffe darf nur durch autorisierte Personen (in der Regel Waffenhändler) durchgeführt werden. Die autorisierten Personen haben zum Zwecke der Nachvollziehbarkeit die Vorgänge zu dokumentieren. In der WBK ist einzutragen, dass die Waffe mit einem Blockiersystem gesichert ist. Einzelheiten werden in der Technischen Richtlinie – Blockiersysteme für Erbwaffen, enthalten sein. Sie werden im Bundesanzeiger veröffentlicht.

Für den Transport der Schusswaffe im Zusammenhang mit dem Einbau eines Blockiersystems gilt § 12 Abs. 3 Nr. 2 WaffG entsprechend.

Solange noch kein Blockiersystem für die Waffen zugelassen ist, kann die Erlaubnisbehörde übergangsweise den Besitz erlauben.

Erlaubnispflichtige Munition ist binnen angemessener Frist unbrauchbar zu machen oder einem Berechtigten zu überlassen.

15 *§ 24 WaffG Kennzeichnungspflicht, Markenanzeigepflicht*

Wer gewerbsmäßig Schusswaffen herstellt oder in den Geltungsbereich des WaffG verbringt, hat unverzüglich auf einem wesentlichen Teil der Waffe deutlich sichtbar und dauerhaft folgende Angaben anzubringen:

	z. B. Jagd-Repetierer
• Name, die Firma oder eine eingetragene Marke eines Waffenherstellers oder -händlers, (§ 24 Abs. 1 Nr. 1 WaffG)	Mauser
• die Bezeichnung der Munition oder, wenn keine Munition verwendet wird, die Bezeichnung der Geschosse (§ 24 Abs. 1 Nr. 3 WaffG)	6,5 × 57 R
• eine fortlaufende Nummer (§ 24 Abs. 1 Nr. 5 WaffG)	24814

Durch das Gesetz zur Änderung des Waffengesetzes vom 26. März 2008 sind weitere Kennzeichnungspflichten vorgeschrieben:

• das Herstellungsland (zweistelliges Landeskürzel nach ISO 3166) (§ 24 Abs. 1 Nr. 2)	DE

- bei Importwaffen zusätzlich das Einfuhrland (Landeskürzel nach ISO 3166) und das Einfuhrjahr (§ 24 Abs. 1 Nr. 4 WaffG)

Ergänzende Regelungen enthält § 21 AWaffV.

Keine Anwendung auf Schusswaffen i. S. des
§ 23 Abs. 1 S. 2 WaffG.

- Amtliches Beschusszeichen für Feuerwaffen und Böller, s. § 6 BeschG

Ortszeichen der zuständigen Behörde

Wer gewerbsmäßig Munition herstellt oder in den Geltungsbereich des WaffG verbringt, hat unverzüglich auf der kleinsten Verpackungseinheit Zeichen anzubringen, die
– den Hersteller,
– die Fertigungsserie (Fertigungszeichen),
– die Zulassung und
– die Bezeichnung der Munition erkennen lassen.
Das Herstellerzeichen und die Bezeichnung der Munition sind auch auf der Hülse anzubringen.

RWS 6,5 × 57 R

Die Einzelheiten über die Kennzeichnung der Verpackungen und Munition sind in § 39 BeschussV geregelt.

16 *§ 32 Abs. 5 WaffG Europäischer Feuerwaffenpass*

Personen, die ihren gewöhnlichen Aufenthalt im Geltungsbereich des WaffG haben und Schusswaffen oder Munition nach Anlage 1 Abschnitt 3 (Kategorien A1.2 bis D) aus dem Geltungsbereich des Gesetzes in einen anderen Mitgliedstaat nehmen (Anlage 1 Abschnitt 2 Nr. 6) wollen, wird ein Europäischer Feuerwaffenpass (EFP) ausgestellt, wenn sie zum Besitz von Waffen, die in den Europäischen Feuerwaffenpass eingetragen werden sollen, berechtigt sind. Die Mitnahme von erlaubnispflichtigen Schusswaffen und Munition in einen anderen Mitgliedstaat der EU ist somit nur zulässig, wenn die mitgeführte Waffe in dem EFP eingetragen ist und, falls erforderlich, eine vorhergehende Einwilligung des zu bereisenden Mitgliedstaates vorliegt. Weiter ist zu beachten, dass einige Staaten zusätzliche Anforderungen stellen. Der EFP (12-seitiges Faltblatt im Format DIN A 6) ist die Umsetzung der Richtlinie des Rates über die Kontrolle des Erwerbs und des Besitzes von Waffen v. 18. 6. 1991 – Richtlinie 91/477/EWG – (ABl. der EG v. 13. 9. 1991, Nr. L 256/51). Zur Geltungsdauer des EFP und Antragstellung s. § 33 AWaffV.

Einteilung der Schusswaffen oder Munition in die Kategorien A bis D
nach der Waffenrichtlinie

1. Kategorie A	2. Kategorie B	3. Kategorie C	4. Kategorie D
1.1 Kriegsschusswaffen der Nummern 29 und 30 der Kriegswaffenliste (Anlage zu § 1 Abs. 1 des Gesetzes über die Kontrolle von Kriegswaffen), 1.2 vollautomatische Schusswaffen, 1.3 als anderer Gegenstand getarnte Schusswaffen,	2.1 halbautomatische Kurz-Schusswaffen und kurze Repetier-Schusswaffen, 2.2 kurze Einzellader-Schusswaffen für Munition mit Zentralfeuerzündung, 2.3 kurze Einzellader-Schusswaffen für Munition mit Randfeuerzündung mit einer Gesamtlänge von weniger als 28 cm,	3.1 andere lange Repetier-Schusswaffen als die unter Nummer 2.6 genannten, 3.2 lange Einzellader-Schusswaffen mit gezogenem Lauf/gezogenen Läufen, 3.3 andere halbautomatische Lang-Schusswaffen als die unter Nummer 2.4 bis 2.7 genannten,	4.1 Lange Einzellader-Schusswaffen mit glattem Lauf/glatten Läufen.
1.4 Pistolen- und Revolvermunition mit Expansivgeschossen sowie Geschosse für diese Munition mit Ausnahme solcher für Jagd- und Sportwaffen von Personen, die zur Benutzung dieser Waffen befugt sind.	2.4 halbautomatische Lang-Schusswaffen, deren Magazin und Patronenlager mehr als drei Patronen aufnehmen kann,	3.4 kurze Einzellader-Schusswaffen für Munition mit Randfeuerzündung ab einer Gesamtlänge von 28 cm.	

500

1.5
panzerbrechende Muni-
tion, Munition mit
Spreng- und Brandsät-
zen und Munition mit
Leuchtspursätzen sowie
Geschosse für diese
Munition, soweit die
Munition oder die Ge-
schosse nicht von dem
Gesetz über die Kon-
trolle von Kriegswaffen
erfasst sind.

2.5
halbautomatische
Lang-Schusswaffen,
deren Magazin und Pa-
tronenlager nicht mehr
als drei Patronen auf-
nehmen kann und de-
ren Magazin auswech-
selbar ist oder bei
denen nicht sicher-
gestellt ist, dass sie mit
allgemein gebräuchli-
chen Werkzeugen nicht
zu Waffen, deren Ma-
gazin und Patronenla-
ger mehr als drei Pat-
ronen aufnehmen
kann, umgebaut wer-
den können,
2.6
lange Repetier-Schuss-
waffen und halb-
automatische Schuss-
waffen mit glattem
Lauf, deren Lauf nicht
länger als 60 cm ist,
2.7
zivile halbautomatische
Schusswaffen, die wie
vollautomatische
Kriegswaffen aussehen.

Zum Verbringen und zur Mitnahme von Waffen oder Munition in den, durch den
oder aus dem Geltungsbereich des WaffG s. §§ 29 bis 33 WaffG und §§ 28 bis 30
AWaffV.

17 *§ 34 WaffG Überlassen von Waffen und Munition, Prüfung der Erwerbsberechtigung, Anzeigepflicht*

Die tatsächliche Gewalt über Waffen und Munition darf nur berechtigten Personen eingeräumt (überlassen) werden. Die Vorschrift richtet sich an jeden Besitzer solcher Gegenstände. Die Berechtigung zum Erwerb muss offensichtlich sein
oder nachgewiesen werden, z. B. durch eine WBK oder einen gültigen Jahresjagdschein.

a) Überlassen von Waffen im gewerblichen Bereich

Beispiel: Im Ladengeschäft der Waffen-GmbH erscheint der A, der ein KK-Gewehr kaufen will. Als Erwerbsberechtigung legt er die WBK mit dem entsprechenden Erwerbseintrag vor.

Lfd. Nr.	Art	Bezeichnung der Munition oder des Kalibers	Erlaubnisbehörde (Dienstsiegel)	Hersteller oder Warenzeichen (Modellbezeichnung)	Herstellungsnummer	erworben oder angemeldet		
						am	Überlasser (Name, Sitz)	Behörde (Dienstsiegel)
1	2	3	4	5	6	7		
1	KK-Gewehr	.22lfB	Dienstsiegel 2.7.03					

Der Inhaber einer Erlaubnis nach § 21 Abs. 1 S. 1 WaffG (z. B. Waffenhändler), der einem anderen auf Grund einer WBK oder einer gleichgestellten anderen Erlaubnis zum Erwerb und Besitz (z. B. Jagdschein, Ersatzbescheinigung nach § 55 Abs. 2 WaffG) eine Schusswaffe überlässt, hat in die WBK unverzüglich Herstellerzeichen oder Marke, die Herstellungsnummer der Waffe, den Tag des Überlassens sowie die Bezeichnung und den Sitz des Betriebes dauerhaft einzutragen:

(Rückseite)

Lfd. Nr.	Art	Bezeichnung der Munition oder des Kalibers	Erlaubnisbehörde (Dienstsiegel)	Hersteller oder Warenzeichen (Modellbezeichnung)	Herstellungsnummer	erworben oder angemeldet		
						am	Überlasser (Name, Sitz)	Behörde (Dienstsiegel)
1	2	3	4	5	6	7		
1	KK-Gewehr	.22lfB	Dienstsiegel 2.7.03	Anschütz	32176	9.7.03	Waffen GmbH Musterhausen	

Durch die Eintragungen des Waffenhändlers kann eine zweite Waffe dieser Art nicht mehr erworben werden. Der Händler hat das Überlassen an den A binnen zwei Wochen der zuständigen Behörde schriftlich anzuzeigen.

Für die Anzeige benötigt der Waffenhändler folgende Angaben zum Erwerber:
- Name,
- Vorname,
- Geburtsdatum,
- Geburtsort,
- Wohnungsanschrift des Erwerbers,
- Art und Gültigkeitsdauer der Erwerbsberechtigung sowie
- bei der WBK deren Nummer und die ausstellende Behörde.

b) Überlassen von Waffen im privaten Bereich

Beispiel: Der JAB J verkauft an den Jäger Hubertus Mustermann seinen Revolver .357 Mag.
Als Erwerbsberechtigung lässt er sich die WBK (Eintrag Revolver 357. Mag.) vorlegen.

(Rückseite)

Lfd. Nr.	Art	Bezeichnung der Munition oder des Kalibers	Erlaubnisbehörde (Dienstsiegel)	Hersteller oder Warenzeichen (Modellbezeichnung)	Herstellungsnummer	erworben oder angemeldet		
						am	Überlasser (Name, Sitz)	Behörde (Dienstsiegel)
1	2	3	4	5	6	7		
1	Revolver	.375 Mag.	Dienstsiegel 2.7.03					

Überlässt sonst jemand einem anderen eine Schusswaffe, zu deren Erwerb es der Erlaubnis bedarf, hat er dies binnen zwei Wochen der zuständigen Behörde schriftlich anzuzeigen und die gleichen Angaben zur Person des Käufers zu machen wie der Waffenhändler (§ 34 Abs. 2 S. 2 WaffG). Wird die Waffe an einen Waffenhändler überlassen, genügt für den Verkäufer lediglich der Name der Firma und die Anschrift der Niederlassung.

Der Überlasser hat seine WBK oder den EFP der Behörde zur Berichtigung vorzulegen. Dies gilt nicht in den Fällen des § 12 Abs. 1 WaffG (vorübergehendes Überlassen, sichere Verwahrung, Beförderung etc.).

Überlassen		
am	an	Behörde (Dienstsiegel)
9	10	11
10. 07. 03	H. Mustermann Musterhausen	Dienstsiegel 22.07.03

Jagdwaffen (Langwaffen) können mit einem Jahresjagdschein erworben werden. In diesen Fällen ist zusätzlich die Gültigkeitsdauer des Jahresjagdscheines mitzuteilen, um zu verhindern, dass eine Waffe an den Inhaber eines abgelaufenen Jahresjagdscheins überlassen wird.

Der Erwerber muss den Erwerbsvorgang ebenfalls binnen zwei Wochen der zuständigen Behörde unter Benennung von Name und Anschrift des Überlassenden anzeigen und seine WBK zur Eintragung des Erwerbs vorlegen (§ 10 Abs. 1a WaffG).

Offensichtlich ist die Berechtigung, wenn der Erwerber einer erlaubnisfreien Waffe für jedermann erkennbar das 18. Lebensjahr überschritten hat. Bei einem Jugendlichen ist es deshalb erforderlich, dass dieser seinen Pass oder Personalausweis vorlegt.

c) Überlassen von Munition

Für das Überlassen von Munition ist ein entsprechender Eintrag in der WBK, ein MESCH bzw. für Munition für Langwaffen ein gültiger Jagdschein erforderlich.

Munition darf gewerbsmäßig nur in verschlossenen Packungen überlassen werden. Dies gilt u. a. nicht für das Überlassen auf einer Schießstätte zum sofortigen Verbrauch (§ 34 Abs. 1 S. 3 WaffG). Nicht auf der Schießstätte verbrauchte Munition darf ohne Erwerbsberechtigung nicht mitgenommen werden (§ 12 Abs. 1 Nr. 5 WaffG).

18 § 35 WaffG *Werbung, Hinweispflichten, Handelsverbote*

Wer Waffen oder Munition zum Kauf oder Tausch in Anzeigen oder Werbeschriften in Papierform oder in sonstiger vergegenständlichter – insbesondere in elektronischer Form – anbietet, hat auf das Erfordernis der Erwerbsberechtigung in folgender Weise hinzuweisen:

1. bei erlaubnispflichtigen Schusswaffen und erlaubnispflichtiger Munition:	2. bei nicht erlaubnispflichtigen Schusswaffen und nicht erlaubnispflichtiger Munition sowie sonstigen Waffen:	3. bei verbotenen Waffen:
Abgabe nur an Inhaber einer Erwerbserlaubnis,	Abgabe nur an Personen mit vollendetem 18. Lebensjahr,	Abgabe nur an Inhaber einer Ausnahmegenehmigung.

Zusätzlich hat er seinen Namen, seine Anschrift und gegebenenfalls seine eingetragene Marke bekannt zu geben.

Anzeigen dürfen nur veröffentlich werden, wenn sie die entsprechenden Hinweise und den Namen und die Anschrift des Anbieters enthalten. Personen, die Angebote für Schusswaffen oder Munition in Anzeigen oder Werbeschriften veröffentlichen, sind verpflichtet, auf die Mitveröffentlichung der vorgenannten Hinweise hinzuwirken.

§ 35 Abs. 1 S. 3 WaffG i .V. m. Satz 4 lässt den Beteiligten die Wahl, ob in der Anzeige die Personalien des nicht gewerblichen Inserenten angegeben oder bei Chiffreanzeigen die Unterlagen hierüber von dem Publikationsorgan ein Jahr lang aufbewahrt werden. Damit soll privaten Anbietern Rechnung getragen werden, die in der öffentlichen Bekanntgabe ihrer Personalien in Verbindung mit dem Verkaufsangebot einen sie gefährdenden Hinweis auf lohnende Diebstahlsobjekte für potenzielle Straftäter befürchten. Allerdings muss der Inserent seine Personalien nur dann gegenüber dem Publikationsorgan bekannt geben, wenn er der Veröffentlichung dieser Angaben widerspricht. Der Verleger ist rechtlich nicht gehindert, die ihm bekannten Personalien des Inserenten der Behörde auf Verlangen bekannt zu geben (vgl. § 53 Abs. 1 Nr. 17 WaffG).

§ 35 Abs. 2 S. 1 fordert für Personen nach § 21 Abs. 1 WaffG (z. B. Waffenhändler) die Hinweispflicht auf das Erfordernis eines Waffenscheins bei erlaubnispflichtigen Waffen und auf die Erlaubnis zum Schießen bei der Abgabe dieser Waffen im Einzelhandel. Damit soll Missbräuchen begegnet werden, die sich vor allem zum Jahreswechsel auf Grund missverständlicher Verkaufsanzeigen im Waffenhandel von Silvesterfeuerwerk und Signalwaffen i. S. d. Anlage 2 Abschnitt 2 Unterabschnitt 2 Nr. 1.3 ereignen (§ 23 Abs. 1 Nr. 18 WaffG). Dazu führt die Begründung des Entwurfes zum WaffRNeuRegG aus: „Nahezu niemand, der erlaubnisfreie Signalwaffen und deren insbesondere pyrotechnische Munition zum Jahreswechsel erwirbt, ist sich bewusst, dass er damit nicht ohne Erlaubnis schießen darf, auch nicht auf seinem befriedeten Besitztum. Nahezu unbekannt ist auch, dass bestimmte im Erwerb und Besitz erlaubnisfreie Schusswaffen einer Erlaubnis zum Führen bedürfen." Zum Letzteren ist anzumerken, dass bereits § 34 Abs. 7 WaffG'76 eine entsprechende Verpflichtung des Waffenhändlers zum Hinweis auf die Waffenscheinpflicht enthielt.

Nach § 35 Abs. 2 S. 2 WaffG hat der Inhaber einer Erlaubnis nach § 21 Abs. 1 beim Überlassen von Schreckschuss-, Reizstoff- und Signalwaffen überdies auf die Strafbarkeit des Führens ohne Erlaubnis hinzuweisen und die Erfüllung dieser sowie die Hinweispflicht nach Abs. 2 Satz 1 zu protokollieren.

19 § 36 WaffG Aufbewahrung von Waffen und Munition

Die sichere Aufbewahrung von Waffen und Munition – vor allem unter dem Gesichtspunkt, eine unberechtigte Nutzung durch Dritte möglichst zu vermeiden – muss oberstes Ziel eines jeden Jagdscheininhabers sein. Der sorglose Umgang mit Schusswaffen führt unweigerlich zum Entzug der WBK und des Jagdscheines. Mit dem Inkrafttreten der AWaffV wurden die Einzelheiten der Aufbewahrung von Waffen und Munition umfassend geregelt.

Wer Waffen (nicht nur Schusswaffen) oder Munition besitzt, hat die erforderlichen Vorkehrungen zu treffen, um zu verhindern, dass diese Gegenstände abhanden kommen oder Dritte sie unbefugt an sich nehmen. Unbefugter Dritter ist jede Person, die keine waffenrechtliche Erlaubnis für den Umgang mit Waffen oder Munition besitzt. Dazu gehören auch der Ehegatte, Kinder und Gäste. Die Vorschrift wendet sich von vornherein generell an alle Waffenbesitzer. Mit der getrennten Aufbewahrung von Schusswaffen und Munition soll die rasche Entwendung von Schusswaffen und Munition zum alsbaldigen Missbrauch erschwert werden.

Schusswaffen	dürfen nur getrennt aufbewahrt werden	von Munition

Als getrennt gilt auch die Aufbewahrung in einem gesondert abschließbaren Fach im Waffenschrank.

Auf eine getrennte Aufbewahrung von Schusswaffe und Munition kann verzichtet werden, wenn das Behältnis (Waffenschrank) mindestens der europäischen Norm DIN/EN 1143-1 Widerstandsgrad 0 (Stand Mai 1997) oder einer Norm mit gleichem Schutzniveau eines anderen Mitgliedsstaates des Übereinkommens über den Europäischen Wirtschaftsraum (EWR-Raum) entspricht. Die neue Norm bezieht sich nicht auf bautechnische Vorgaben, sondern definiert sich aufgrund des Widerstandsgrads „RU" der Behältnisse, d. h. Zeitfaktor und Art der Einbruchs-

505

geräte. Dabei gibt es die Klassen 0 bis V. Es kann auch der Buchstabe N für „Null" verwendet werden.

Da der Standard der Sicherheitsstufe B nach Norm VDMA 24992 ungefähr dem Widerstandsgrad 0 nach DIN/EN 1143-1 entspricht, werden diese Sicherheitsbehältnisse auch weiterhin für die Aufbewahrung von Schusswaffen anerkannt. 0- und B-Schränke können nur durch ihr Typenschild identifiziert werden. Sicherheitsbehältnisse nach DIN/EN 1143-1 haben eine Prüfplakette. Bei den Behältnissen ist deren Gewicht von Bedeutung (s. § 13 Abs. 1 AWaffV). Bei A- oder B-Schränken ohne Typenschild hat deren Besitzer die notwendigen Nachweise zu führen. Als gleichwertig kommen auch vom VdS zertifizierte Behältnisse in Betracht. Vergleichbar gesicherte Räume sind als gleichwertig anzusehen (Waffenkammern).

Vorhandene Behältnisse der Sicherheitsstufe A (einwandige Stahlblechschränke) können für bis zu zehn Langwaffen verwendet werden. Sie bieten nur einen leichten Schutz gegen mechanisch wirkende, leichte Einbruchswerkzeuge.

> Behältnis der Sicherheitsstufe A nach VDMA 24992
> maximal zehn Langwaffen
>
> Für Munition gesondert abschließbares Fach

Durch die Änderung des § 36 Abs. 3 S. 1 WaffG (siehe Gesetz v. 17.7.2009, BGBl. I S. 2062, 2088) wird klargestellt, dass die Maßnahmen zur sicheren Aufbewahrung auch bereits bei Antragstellung für eine Besitzerlaubnis nachgewiesen werden müssen. Es handelt sich um eine „Bringschuld" des Waffenbesitzers bzw. Antragstellers, da die Nachweispflicht unabhängig von einem behördlichen Verlangen besteht. So kann z. B. die Vorlage einer Rechnung über den Erwerb eines entsprechenden Waffenschrankes als ausreichend angesehen werden. Diese Verpflichtung zur Nachweisführung gilt allerdings nicht für die Besitzer, die der Behörde bereits vor dem Inkrafttreten des Gesetzes den Nachweis über die sichere Aufbewahrung erbracht haben.

Durch die Neufassung des § 36 Abs. 3 S. 2 WaffG wird der Behörde die Möglichkeit eingeräumt, verdachtsunabhängig die sorgfältige Aufbewahrung von erlaubnispflichtigen Schusswaffen, Munition oder verbotenen Waffen überprüfen zu können. Erst bei begründeten Zweifeln auf Grund zusätzlicher Anhaltspunkte kann die Behörde vom Besitzer verlangen, dass dieser ihr zur Überprüfung der sicheren Verwahrung Zutritt zum Aufbewahrungsort der Waffen gewährt. Ein wirksamer Schutz kann nur erreicht werden, wenn mit einer verdachtsunabhängigen Kontrolle (allerdings nicht zur Unzeit, vgl. hierzu § 758 a ZPO-Nachtzeit und an Sonn- und Feiertagen) gerechnet werden muss und dadurch sowohl das Risiko des Waffenmissbrauchs als auch die Notwendigkeit sorgfältiger Aufbewahrung jederzeit im Bewusstsein ist. Der Gesetzgeber geht davon aus, dass der Waffenbesitzer die Überprüfung gewährt, d. h. den Zutritt zum Ort der Aufbewahrung von Waffen und Munition. Dies sollte der Regelfall sein, weil durch die freiwillige Mitwirkung Zweifel an der sicheren Aufbewahrung ausgeräumt werden können, was im eigenen Interesse des Waffenbesitzers sein sollte. Der Waffenschrank ist zu öffnen, weil ohne Kenntnis der darin aufbewahrten Gegenstände eine Kontrolle nicht möglich ist. Dabei kann es notwendig werden, die entsprechenden Erlaubnisse vorzulegen.

Wer als Waffenbesitzer bei einer verdachtsunabhängigen Kontrolle den Zutritt zum Aufbewahrungsort der Waffen oder Munition verweigert, muss wegen der zu respektierenden Unverletzlichkeit der Wohnung (Artikel 13 Abs. 1 GG) zwar nicht mit einer Durchsuchung gegen seinen Willen rechnen; dennoch bleibt eine nicht nachvollziehbare Verweigerung der Mitwirkungspflicht nicht folgenlos. Denn wer wiederholt oder gröblich gegen Vorschriften des Waffengesetzes verstößt, gilt gemäß § 5 Abs. 2 Nr. 5 WaffG regelmäßig als unzuverlässig und schafft damit selbst die Voraussetzungen für den möglichen Widerruf seiner waffenrechtlichen Erlaubnis nach § 45 Abs. 2 WaffG.

Die verdachtsunabhängigen Kontrollen liegen im öffentlichen Interesse und deswegen werden keine Gebühren erhoben.

Wohnräume dürfen gegen den Willen des Wohnungsinhabers nur zur Verhütung dringender Gefahren für die öffentliche Sicherheit betreten werden. Eine dringende Gefahr ist anzunehmen, wenn der baldige Eintritt eines ernsthaften Schadens an einem wichtigen Rechtsgut zu erwarten ist, falls nicht alsbald eingeschritten wird. Wesentliches Merkmal ist nicht ein höherer Grad der Wahrscheinlichkeit des Schadeneintritts, sondern die qualitative Steigerung des Ausmaßes des zu befürchtenden Schadens (BVerwGE 47, 31, 40). In diesen Fällen schränkt § 36 Abs. 3 S. 3, 2. Hs. das Grundrecht der Unverletzlichkeit der Wohnung ein.

Das Betreten von Wohnungen durch den PVD im Rahmen der Gefahrenabwehr, auch zur Nachtzeit, ist im PolG BW geregelt. Im Rahmen strafrechtlicher Ermittlungen finden die §§ 102ff. StPO Anwendung.

Entsprach die bisherige Aufbewahrung erlaubnispflichtiger Waffen und Munition nicht den ab 1. April 2003 festgelegten Anforderungen, so hatte der Waffenbesitzer seine Verpflichtungen bis zum 31. August 2003 zu erfüllen und dies innerhalb dieser Frist der zuständigen Behörde anzuzeigen und nachzuweisen (vgl. § 36 Abs. 4 WaffG). Allerdings wurden die Einzelheiten der Aufbewahrung erst mit der Veröffentlichung der AWaffV am 27. Oktober 2003 bekannt. Die VO trat am 1. Dezember 2003 in Kraft.

Der Besitzer von Waffen oder Munition hat die erforderlichen Vorkehrungen zu treffen, um zu verhindern, dass diese Gegenstände abhanden kommen oder Dritte sie unbefugt an sich nehmen (§ 36 WaffG und §§ 13, 14 der AWaffV). In der Regel sind diese Sicherheitsbehältnisse mit Doppelbart- oder Zahlenschlössern (mechanisch oder elektronisch) ausgestattet. Eine weitere Verbesserung der Sicherheit, insbesondere der sicheren Verwahrung, wird durch zusätzliche Sicherungssysteme erreicht. Durch die Verordnungsermächtigung in § 36 Abs. 5 wird der Verordnungsgeber ermächtigt, Anforderungen an technische Sicherungssysteme zur Verhinderung einer unberechtigten Wegnahme oder Nutzung von Schusswaffen, die Nachrüstung oder den Austausch vorhandener Sicherungssysteme bei Waffenschränken sowie die Sicherung der Schusswaffe mit mechanischen, elektronischen oder biometrischen Sicherungssystemen in einer Rechtsverordnung zu regeln. Die in Nummer 3 gewählte Formulierung ermöglicht es dem Verordnungsgeber nicht nur für Sicherheitsbehältnisse, sondern auch für großkalibrige Schusswaffen die dort genannten Sicherungssysteme vorzuschreiben. Die Festlegung detaillierter Sicherheitsstandards sprengt zum einen den Rahmen des Gesetzes, zum anderen birgt sie die Gefahr, dass durch eine detaillierte Regelung Besonderheiten im Einzelfall nicht angemessen gewürdigt werden können.

Für die Aufbewahrung des Schlüssels vom Waffenschrank gelten die allgemeinen Sorgfaltspflichten. Die Kenntnis der Aufbewahrungsortes des Schlüssels ist kein Überlassen von Schusswaffen, wenn beispielsweise der Ehepartner überhaupt kein Interesse an Waffen hat. Er darf von seiner Kenntnis keinen Gebrauch machen. Gerade gegenüber Kontrollorganen hat er über den Aufbewahrungsort zu schweigen und schon gar nicht in Abwesenheit des Waffenbesitzers den Waffenschrank zu öffnen, weil er dadurch dokumentiert, dass er die tatsächliche Gewalt über die Waffen ausübt – obwohl dies bisher nicht der Fall war – und somit einen Anfangsverdacht für strafrechtliche Ermittlungen auslöst. Adressat des VA ist der Waffenbesitzer und nicht ein Unbeteiligter. Die Auffassung mancher Autoren, dass bereits die Kenntnis ein unerlaubtes Überlassen darstellt, ist rechtlich unhaltbar. Siehe auch Erl. zur Ausübung der tatsächlichen Gewalt.

Der Waffenbesitzer muss sich auch über solche notwendigen Vorkehrungen Gedanken machen, die nicht speziell in Gesetzen aufgeführt sind, deren Wahrnehmung ihm aber generell zur gesetzlichen Pflicht gemacht ist. Diese Überlegungen muss erst recht der Besitzer von Schusswaffen und Munition anstellen. Solche Überlegungen gelten heute auch für die Sicherung einer Wohnung oder bei einem Transport im Kfz. Im Einzelnen s. § 13 Abs. 11 AWaffV.

So dürfen Schusswaffen nicht in unbewohnten Wohnungen belassen werden (ausgenommen während des Urlaubs). Außerhalb von Wohnungen und Geschäftsräumen sind Waffen unter angemessener Aufsicht aufzubewahren. Dabei ist insbesondere das Zugriffsinteresse Dritter zu berücksichtigen sowie die Zahl der Waffen, Aufbewahrungsort, persönliche Verhältnisse, sachliche Verhältnisse, Einzelumstände.

Jeder Kraftfahrer weiß, dass er Wertgegenstände und Ausweispapiere nicht in seinem Fahrzeug zurücklassen soll. Für Schusswaffen und Munition in Kraftfahrzeugen gilt folgender Grundsatz:

> Kein Zurücklassen in einem öffentlich abgestellten, nicht beaufsichtigten Kraftfahrzeug.

Dies gilt auch in der freien Natur. Ausnahmen sind für das nur kurzfristige unbeaufsichtigte Abstellen eines Kraftfahrzeugs im öffentlichen Verkehrsraum unter bestimmten Umständen denkbar. Für derartige Fälle kann die nicht auszuschließende Gefahr eines Diebstahls aus Kraftfahrzeugen durch den Einbau eines entsprechenden Sicherheitsbehälters im Kofferraum gemindert werden. Das soll aber nicht heißen, dass Waffen in einem öffentlich abgestellten, nicht beaufsichtigten Kraftfahrzeug immer dann zurückgelassen werden dürfen, wenn sie in einem solchen Behältnis verwahrt werden. Ein mannscharfer Hund, eine Alarmanlage oder das Anschließen im Fahrzeug können eine sichere Verwahrung darstellen, wenn der Berechtigte sich in einer solchen Entfernung vom Fahrzeug aufhält, dass er noch rechtzeitig die Wegnahme der Waffe verhindern kann. Es empfiehlt sich, einen wesentlichen Waffenteil zu entfernen und mitzunehmen.

Das unverschlossene Handschuhfach eines verschlossen abgestellten Pkw ist kein geeigneter Aufbewahrungsort für eine Schusswaffe (OLG Düsseldorf, Beschl. v. 6.5.1976).

Das Verwahren einer Waffe in einem verschlossenen Kraftfahrzeug, entweder verdeckt im Fond oder im Kofferraum, ist bei den heutigen Verhältnissen grund-

508

sätzlich nicht mehr geeignet, die Waffen vor fremdem Zugriff zu schützen (OLG Koblenz, Urt. v. 28. 2. 1979 – 2 Ss 61/79).

Ein Verstoß gegen die Pflicht zur sorgfältigen Verwahrung kann für den Betroffenen schwerwiegende Folgen haben, denn nach den § 5 Abs. 1 Nr. 2 b WaffG und § 17 Abs. 3 Nr. 2 BJagdG besitzen Personen die erforderliche Zuverlässigkeit nicht, wenn Tatsachen die Annahme rechtfertigen, dass sie mit Waffen und Munition nicht vorsichtig und sachgemäß umgehen und diese Gegenstände nicht sorgfältig verwahren werden. Wird die erforderliche Zuverlässigkeit verneint, müssen die zuständigen Behörden waffenrechtliche Erlaubnisse und Jagdschein versagen bzw. einziehen.

Zuständige Behörden sind in den Landkreisen die Landratsämter sowie nach Maßgabe des § 16 Landesverwaltungsgesetz die Großen Kreisstädte und die Verwaltungsgemeinschaften nach § 14 Landesverwaltungsgesetz und in den Stadtkreisen die Gemeinden.

20 *Übersicht Aufbewahrung Schusswaffen und Munition*

Aufbewahrung von Schusswaffen und Munition
(§ 36 WaffG i. V. m. § 13 AWaffV)

§ 36 Abs. 2 S. 2 WaffG	**bis zu zehn Langwaffen** (Anl. 1 Abschnitt 1 Unterabschnitt Nr. 2.6, 1. u. 2. Hs WaffG)	Aufbewahrung in Behältnis der **Sicherheitsstufe A** nach VDMA 24992 (Stand: Mai 1995) oder einer Norm mit gleichem Schutzniveau eines anderen EWR-Mitgliedstaates.
§ 13 Abs. 4 AWaffV	Aufbewahrung von bis zu fünf Kurzwaffen, Munition für Lang- und Kurzwaffen	Aufbewahrung in einem Innenfach (Sicherheitsbehältnis), das mindestens der **Norm DIN/EN 1143-1 Widerstandsgrad 0** (Stand: Mai 1997) oder einer Norm mit gleichem Schutzniveau eines anderen EWR-Mitgliedstaates oder der **Sicherheitsstufe B** nach VDMA 24992 (Stand Mai 1995). Munition und Kurzwaffen dürfen im Innenfach zusammen aufbewahrt werden.
§ 13 Abs. 3 S. 2 AWaffV	**dazu gehörende Munition**	Aufbewahrung von Schusswaffen in Sicherheitsbehältnis der **Sicherheitsstufe A oder B** nach VDMA 24992 Innenfach aus Stahlblech ohne Klassifizierung mit Schwenkriegelschloss oder einer gleichwertigen Verschlussvorrichtung; nicht zu den dort aufbewahrten Waffen gehörige Munition darf zusammen aufbewahrt werden.

§ 36 Abs. 2 S. 1 WaffG, § 13 Abs. 2 AWaffV	**mehr als zehn Langwaffen** (Anl. 1 Abschnitt 1 Unterabschnitt Nr. 2.6, 1. u. 2. Hs. WaffG)	Aufbewahrung in einem Sicherheitsbehältnis, das mindestens der **Norm DIN/ EN 1143-1 Widerstandsgrad 0** (Stand: Mai 1997) oder einer Norm mit gleichem Schutzniveau eines anderen EWR-Mitgliedstaates oder der **Sicherheitsstufe B** nach VDMA 24992 (Stand Mai 1995) oder Aufbewahrung in einer entsprechenden Mehrzahl von Sicherheitsbehältnissen der Sicherheitsstufe A nach VDMA 24992 (Stand Mai 1995) oder einer Norm mit gleichem Schutzniveau eines anderen EWR-Mitgliedstaates.
§ 13 Abs. 1 S. 1 AWaffV	**nicht mehr als zehn Kurzwaffen** (Anlage 1 Abschnitt 1 Unterabschnitt 1 Nr. 2.6, 3. Hs. WaffG) oder zehn verbotene Waffen (Anl. 2 Abschnitt 1 Nr. 1.1 bis 1.2.3 WaffG)	Aufbewahrung in einem Sicherheitsbehältnis, das mindestens der **Norm DIN/EN 1143-1 Widerstandsgrad 0** (Stand Mai 1997)[1] oder einer Norm mit gleichem Schutzniveau eines anderen EWR-Mitgliedstaates oder der **Sicherheitsstufe B** nach VDMA 24992 (Stand: Mai 1995). Gewicht des Sicherheitsbehältnisses mindestens 200 kg
§ 13 Abs. 1 S. 1, 2. Hs. AWaffV	w.o., die Höchstzahl verringert sich auf fünf Kurzwaffen,	w.o., wenn das Gewicht des Behältnisses 200 kg unterschreitet oder die Verankerung gegen Abriss unter einem vergleichbaren Gewicht liegt.
§ 13 Abs. 1 S. 2 AWaffV § 13 Abs. 1 S. 1 AWaffV	**mehr als zehn Kurzwaffen**	Sicherheitsbehältnisse der Norm DIN/ EN 1143-1 **Widerstandsgrad I** (Stand: Mai 1997) oder einer Norm mit gleichem Schutzniveau eines anderen EWR-Mitgliedstaates oder in einer entsprechenden Mehrzahl von zugelassenen Sicherheitsbehältnissen nach § 13 Abs. 1 S. 1 AWaffV.
§ 13 Abs. 3 AWaffV	**erlaubnispflichtige Munition**	Fach aus Stahlblech ohne Klassifizierung mit Schwenkriegelschloss oder gleichwertiger Verschlussvorrichtung oder in einem gleichwertigen Behältnis.
§ 13 Abs. 5 AWaffV	Behörde kann gleichwertige Aufbewahrung der Waffen zulassen.	
§ 13 Abs. 6 AWaffV	in einem nicht dauernd bewohnten Gebäude bis zu drei erlaubnispflichtige Langwaffen	Behältnis DIN/EN 1143-1 **Widerstandsgrad I**
§ 13 Abs. 11 AWaffV	Aufbewahrung im Zusammenhang mit der Jagd oder dem sportlichen Schießen	unter angemessener Aufsicht aufbewahren oder durch sonstige erforderliche Vorkehrungen gegen Abhandenkommen oder unbefugte Ansichnahme zu sichern, sofern die Aufbewahrung nach § 13 Abs. 1 bis 8 AWaffV nicht möglich ist.

510

21   *§ 37 WaffG   Anzeigepflichten*

Gemäß § 37 Abs. 1 WaffG hat eine unverzügliche Anzeigepflicht gegenüber der zuständigen Behörde, wer erlaubnispflichtige Waffen oder Munition
1. – beim Tode eines Waffenbesitzers,
   – als Finder oder
   – in ähnlicher Weise oder
2. – als Insolvenzverwalter,
   – Zwangsverwalter,
   – Gerichtsvollzieher oder
   – in ähnlicher Weise
in Besitz nimmt.

Der Erwerb nach § 37 Abs. 1 WaffG erfolgt ohne WBK. Will ein Erbe die tatsächliche Gewalt über die Gegenstände auf Dauer ausüben, hat er eine WBK zu beantragen (s. § 20 Abs. 1 S. 1 WaffG). Die Anzeige hat ohne schuldhaftes Verzögern zu erfolgen.

Eine unverzügliche Anzeigepflicht besteht auch beim Abhandenkommen erlaubnispflichtiger Waffen, Munition oder Erlaubnisurkunden gegenüber der zuständigen Behörde (§ 37 Abs. 2 WaffG). Ihr sind die WBK und der EFP zur Berichtigung vorzulegen. Die zuständige Behörde ist verpflichtet, die örtliche Polizeidienststelle davon zu unterrichten, damit entsprechende polizeiliche Ermittlungen aufgenommen werden. Der Verlust solcher Waffen (z. B. durch Diebstahl) beeinträchtigt in der Regel öffentliche Sicherheitsinteressen, weil hierdurch die Gefahr begründet wird, dass die Waffe zur Begehung von Straftaten oder sonst missbräuchlich verwendet wird. Dabei wird auch die Frage zu erörtern sein, weshalb die Gegenstände abhandenkommen konnten.

§ 37 Abs. 3 WaffG behandelt das Verfahren bei unbrauchbar gemachten Schusswaffen.

Inhaber waffenrechtlicher Erlaubnisse und Bescheinigungen sind verpflichtet, bei ihrem Wegzug ins Ausland ihre neue Anschrift der zuletzt für sie zuständigen Waffenbehörde mitzuteilen (§ 37 Abs. 4 WaffG).

22   *§ 38 WaffG   Ausweispflichten*

Wer eine Waffe führt, muss gem. § 38 S. 1 Nr. 1 seinen Personalausweis oder Pass und eine unter a) bis f) genannte Urkunde mitführen und Polizeibeamten oder sonst zur Personenkontrolle Befugten auf Verlangen zur Prüfung aushändigen.

Beispiel: JAB J fährt mit seinem Geländewagen ins Revier, sein Drilling befindet sich nicht schussbereit in der Gewehrhalterung. Er hat mitzuführen und auf Verlangen von Polizeibeamten und sonst zur Kontrolle Befugten zur Prüfung auszuhändigen:
   – seinen Personalausweis oder Pass (§ 38 S. 1 Nr. 1 WaffG),
   – die WBK, in welcher der mitgeführte Drilling eingetragen ist (§ 38 S. 1 Nr. 1 a WaffG).
   – den gültigen Jagdschein (§ 38 S. 1 Nr. 2 WaffG, § 15 Abs. 1 S. 1 BJagdG).
   (Der Führerschein und die Fahrzeugpapiere sollten auch mitgeführt werden!)

Im Falle der vorübergehenden Berechtigung zum Erwerb oder zum Führen auf Grund des § 12 Abs. 1 Nr. 1 und 2 WaffG ist ein Beleg mitzuführen, aus dem der Name des Überlassers, des Besitzberechtigten und das Datum der Überlassung hervorgeht (§ 38 S. 1 Nr. 1 e WaffG). Der Nachweis ist auch dann erforderlich, wenn der Erwerb und der vorübergehende Besitz von (Jagd-)Langwaffen mit Jagdschein nach § 15 Abs. 1 S. 1 BJagdG erfolgte, denn dieser steht einer WBK gleich.

Beispiel: Jagdscheininhaber B leiht sich (erwirbt) von seinem Jagdnachbarn M dessen Büchse, Kaliber $9,3 \times 62$, für etwa drei Wochen aus.
B führt mit:
– seinen Personalausweis oder Pass (§ 38 S. 1 Nr. 1 WaffG),
– die schriftliche Bescheinigung (§ 38 S. 1 Nr. 1 e WaffG),
– den gültigen Jagdschein (§ 38 S. 1 Nr. 2 WaffG).

> Hubertus Mustermann – Anschrift –
>
> Ich habe Waldemar B – Anschrift –
> gegen Vorlage seines gültigen Jahresjagdscheins Nr. . . .
> zum Zwecke der vorübergehenden Jagdausübung
> meine Büchse, Marke Heym SR 20, Herstellungsnummer 123456 überlassen.
>
> Ort, Datum
>
> Hubertus Mustermann

Damit wird für den zur Kontrolle Befugten ersichtlich, dass der Besitz dieser Waffe rechtmäßig ist. Die Ausleihe ist auf einen Monat begrenzt.

In den Fällen des § 13 Abs. 6 WaffG ist stets der Jagdschein mitzuführen (§ 38 S. 1 Nr. 2 WaffG). Eine Mitführ- und Vorzeigepflicht ergibt sich auch in den Fällen des § 15 Abs. 1 S. 1 BJagdG.

Die Vorschriften des § 38 S. 1 WaffG finden in den Fällen des § 12 Abs. 3 Nr. 1 WaffG keine Anwendung. Das ist der Fall, wenn z. B. eine Waffe auf der Schießstätte vorübergehend zum Schießen erworben wird. Dann entfallen die Ausweispflichten.

In § 38 S. 2 WaffG wird geregelt, wie zu verfahren ist, wenn mit einem Jahresjagdschein nach § 15 Abs. 2 i.V. m. § 15 Abs. 1 S. 1 BJagdG eine Jagdlangwaffe erworben wurde (vgl. § 13 Abs. 3 WaffG) und die Antragsfrist zur Eintragung in eine WBK noch nicht verstrichen ist (also die Zeit zwischen Erwerb und der Eintragung der Waffe).

Beispiel: Jahresjagdscheininhaber J hat beim Büchsenmacher ein KK-Gewehr erworben. Er transportiert es vom Büchsenmacher zu seiner Wohnung, wobei das Gewehr verpackt und nicht schussbereit im Kofferraum seines Pkw liegt.
Es sind mitzuführen:
– Personalausweis oder Pass und
– als schriftlicher Nachweis die Rechnung, aus welcher der Erwerb hervorgeht.

Das KK-Gewehr muss binnen zwei Wochen in eine bereits erteilte WBK eingetragen werden bzw. es muss ein Antrag auf Ausstellung einer WBK gestellt werden.

Das vorsätzliche oder fahrlässige Nichtbeachten dieser Vorschriften stellt eine Ordnungswidrigkeit nach § 53 Abs. 1 Nr. 20 WaffG dar.

23   *§ 42 WaffG   Verbot des Führens von Waffen bei öffentlichen Veranstaltungen*

Durch die Bezugnahme auf § 1 Abs. 2 WaffG werden alle Gegenstände erfasst, die Waffen i. S. d. WaffG oder diesen gleichgestellt sind.

Öffentliche Veranstaltungen i. S. d. WaffG sind planmäßige, zeitlich eingegrenzte, aus dem Alltag herausgehobene Ereignisse, die nicht nach der Zahl der anwesenden Personen, sondern nach ihrem außeralltäglichen Charakter und jeweils spezifischen Zweck vom bloßen Verweilen an einem Ort abgegrenzt und in der Regel jedermann zugänglich sind, auf einer besonderen Veranlassung beruhen und regelmäßig ein Ablaufprogramm haben (so BGH, Beschl. v. 22.1.1991 – 1 StR 44/49/91). Der normale Betrieb in Gast- und Unterhaltungsstätten ist keine Veranstaltung i. S. des § 42 WaffG, wohl aber öffentliche Vergnügungen, Volksfeste, Sportveranstaltungen, Messen, Ausstellungen, Märkte und Ähnliches.

Handelt es sich bei der Veranstaltung um eine Versammlung, gilt § 2 Abs. 3 des Gesetzes über Versammlungen und Aufzüge (Versammlungsgesetz). Danach darf niemand bei öffentlichen Versammlungen oder Aufzügen Waffen oder sonstige Gegenstände, die ihrer Art nach zur Verletzung von Personen oder zur Beschädigung von Sachen geeignet und bestimmt sind, mit sich führen, ohne dazu behördlich ermächtigt zu sein. Ebenso ist es verboten, ohne behördliche Ermächtigung Waffen oder die vorgenannten Gegenstände auf dem Weg zu öffentlichen Versammlungen oder Aufzügen mit sich zu führen, zu derartigen Versammlungen hinzuschaffen oder sie zur Verwendung bei derartigen Veranstaltungen bereitzuhalten oder zu verteilen (Vergehen nach § 27 Versammlungsgesetz).

24 § 42a WaffG   *Verbot des Führens von Anscheinswaffen und bestimmten tragbaren Gegenständen*

● Anscheinswaffen

1. Schusswaffen, die ihrer äußeren Form nach im Erscheinungsbild den Anschein von Feuerwaffen (Anlage 1 Abschnitt 1 Unterabschnitt 1 Nr. 2.1 WaffG) hervorrufen und zu deren Antrieb keine heißen Gase verwendet werden,	2. Nachbildungen von Schusswaffen mit dem Aussehen von Schusswaffen nach Nr. 1,	3. unbrauchbar gemachte Schusswaffen mit dem Aussehen von Schusswaffen nach Nr. 1.

Die Gefährlichkeit von Anscheinswaffen besteht darin, dass sie scharfen Waffen täuschend ähnlich sehen.

● Hieb- und Stoßwaffen

Gegenstände, die ihrem Wesen nach dazu bestimmt sind, unter unmittelbarer Ausnutzung der Muskelkraft durch Hieb, Stoß, Stich, Schlag oder Wurf Verletzungen beizubringen (Anlage 1 Abschnitt 1 Unterabschnitt 2 Nr. 1.1 WaffG).

● Messer

– mit einhändig feststellbarer Klinge,	– feststehende Messer mit einer Klingenlänge über 12 cm.

§ 42a Abs. 1 S. 1 WaffG verbietet das Führen dieser Waffen. Für die Auslegung des Begriffs Führen ist die Begriffsbestimmung in Anlage 1 Abschnitt 2 Nr. 4 WaffG einschlägig. Die Ordnungswidrigkeit kann mit einer Geldbuße bis zu 10 000 € geahndet werden (§ 53 Abs. 1 Nr. 21 a WaffG).

Ausnahmen enthält § 42 a Abs. 2 WaffG. Das Verbot gilt nicht, wenn diese Gegenstände in einem verschlossenen Behältnis transportiert werden.

Hiebwaffen oder Messer dürfen geführt werden, sofern ein berechtigtes Interesse vorliegt. Dieses ist insbesondere dann anzunehmen, wenn das Führen der Gegenstände im Zusammenhang mit der Berufsausübung erfolgt, der Brauchtumspflege, dem Sport oder einem allgemein anerkannten Zweck dient. Das Führen dieser Messer bei der Jagdausübung oder im Zusammenhang damit bleibt weiterhin erlaubt. Ansonsten darf ein solcher Gegenstand nur noch in einem verschlossenen Behältnis mitgeführt werden.

25 **§ 45 WaffG Rücknahme und Widerruf**

Der Vorschrift kommt wesentliche Bedeutung zu, wenn ein Jagdscheininhaber für längere Zeit oder überhaupt nicht mehr die Jagd ausübt und deshalb keinen Jahresjagdschein löst.

Die Vorschriften über die Rücknahme und den Widerruf waffenrechtlicher Erlaubnisse sind Sondervorschriften zu den grundsätzlich auch im Waffenrecht geltenden §§ 48, 49 VwVfG. Der Begriff „waffenrechtliche Erlaubnis" umfasst dabei alle Erlaubnistatbestände des Gesetzes. Wegen der sicherheitspolizeilichen Zielsetzung des WaffG ist die Rücknahme oder der Widerruf bei mangelnder Zuverlässigkeit, persönlicher Eignung oder Sachkunde nicht in das Ermessen der Erlaubnisbehörde gestellt. Dies gilt grundsätzlich auch beim Wegfall des Bedürfnisses (vgl. OVG Berlin – 1 B 67.95 – vom 14.10.1998, NVwZ-RR 2000, 431 ff.), wie sich auch aus Art. 87 Abs. 1 des Schengener Durchführungsübereinkommens vom 19. Juni 1990 (BGBl. II 1993 S. 1013 ff.) ergibt, der den Vertragsstaaten vorschreibt, waffenrechtliche Erlaubnisse bei Wegfall des Bedürfnisses zu widerrufen.

§ 45 Abs. 1 WaffG enthält die notwendige Sonderregelung zu § 48 VwVfG. Eine waffenrechtliche Erlaubnis ist danach zwingend zurückzunehmen, wenn die Waffenbehörde nachträglich Kenntnis davon erhält, dass im Zeitpunkt der Erteilung Versagungsgründe vorlagen (vgl. auch § 18 BJagdG). Die Rücknahmepflicht ist abweichend von § 48 Abs. 4 VwVfG zeitlich unbefristet; die Waffenbehörde muss bei Kenntniserlangung die Erlaubnis immer zurücknehmen. In anderen Fällen kann sich eine Rücknahme waffenrechtlicher Erlaubnisse auch auf § 48 VwVfG stützen.

Absatz 2 S. 1 enthält die notwendige Sonderregelung zu § 49 VwVfG. Tatsachen sind nur solche Umstände, auf denen eine der Voraussetzungen nach § 4 Abs. 1 Nr. 2, 3 und 5 WaffG beruht. Erlangt die Waffenbehörde davon Kenntnis, dass nach Erteilung einer waffenrechtlichen Erlaubnis Versagungstatbestände eingetreten sind, ist die Erlaubnis zu widerrufen. Maßgeblicher Zeitpunkt für die Beurteilung der Sach- und Rechtslage ist im Falle des Widerrufs einer waffenrechtlichen Erlaubnis der Zeitpunkt des Erlasses des Widerspruchsbescheides. Ergänzend zu § 49 VwVfG ermöglicht Satz 2 den Widerruf auch, wenn inhaltliche Beschränkungen nicht beachtet werden.

§ 45 Abs. 3 WaffG regelt den Wegfall des Bedürfnisses (§ 4 Abs. 1 Nr. 4 i. V. m. § 8 WaffG – für Jäger § 13 Abs. 1 WaffG).

Satz 1 Alternative 1 eröffnet der zuständigen Behörde die Möglichkeit, bei einem nur vorübergehenden Wegfall des ursprünglichen Bedürfnisses von einem Widerruf der Erlaubnis abzusehen. Vorübergehend ist der Wegfall eines Bedürfnisses, wenn das Wiederaufleben des der Erlaubnis zugrunde liegenden Bedürfnisses in absehbarer Zukunft zu erwarten ist. Dies ist etwa gegeben, wenn ein Jäger z. B. vorübergehend keine Jagdmöglichkeit mehr hat oder aus beruflichen oder privaten Gründen vorübergehend keine Zeit zur Jagdausübung findet und deshalb seinen Jagdschein nicht verlängert hat.

In diesem Zusammenhang sei daran erinnert, dass es zum Besitz von Munition für Langwaffen eines gültigen Jagdscheines i. S. v. § 15 Abs. 1 S. 1 bedarf (Vgl. § 13 Abs. 5 WaffG), sofern die Besitzberechtigung nicht in der WBK vermerkt wurde.

Satz 1 Alternative 2 eröffnet die Möglichkeit, auch bei einem endgültigen Wegfall des Bedürfnisses von einem Widerruf aus diesem Grund absehen zu können, wenn ein besonderer Grund hierfür vorliegt. Hat ein Jäger gewissermaßen sein Leben lang die Jagd ausgeübt, so wird in der Regel auch bei altersbedingter dauernder Unmöglichkeit des aktiven Umgangs mit Waffen und Munition von einem Widerruf der Erlaubnis abzusehen sein. Gleiches ist zu bejahen, wenn ein Jäger bereits einen Teil seiner Schusswaffen verkauft hat, aber sich noch durch den Besitz weniger Schusswaffen die Möglichkeit offenhalten will, vielleicht doch noch zu jagen. Bei einem großen Waffenbestand kann eher verlangt werden, dass das Affektionsinteresse (Liebhabereigenschaft) für einzelne Waffen nachzuweisen ist. Ansonsten genügt für die Klärung der Frage des Bedürfnisses stets der Besitz eines gültigen Jagdscheines.

Satz 2 stellt klar, dass das ausnahmsweise mögliche Absehen vom Widerruf der Erlaubnis nicht für eine Erlaubnis gilt, die zum Führen einer Waffe (Waffenschein) berechtigt. Hier verbleibt es bei dem zwingenden Widerruf der Erlaubnis.

Diese Vorschrift trägt dem Umstand Rechnung, dass die erstmalige Erteilung einer waffenrechtlichen Erlaubnis ein begünstigender Verwaltungsakt ist, der jedoch nicht befristet ist (dann müsste er immer wieder aufs Neue beantragt werden), sondern mit Dauerwirkung ergeht. Gleichwohl geht das Gesetz davon aus, dass bestimmte Tatbestandsvoraussetzungen schon und noch gegeben sein müssen, um den Zustand der Begünstigung aufrechterhalten zu können.

Aus § 43 Abs. 1 ergibt sich, dass im Rahmen der dort vorgeschriebenen Erkundigungen bei der erstmaligen Prüfung im Hinblick auf den Erlass des begünstigenden Verwaltungsakts ebenso wie bei späteren Prüfungen Datenerhebungen ohne Mitwirkung des Betroffenen erfolgen können. Dies kann im Zuge der in § 4 Abs. 3 und 4 WaffG vorgesehenen Routinen als auch außerhalb derartiger Routinen geschehen.

§ 45 Abs. 4 WaffG regelt die Fälle der datenschutzrechtlichen Mitwirkung des Betroffenen bei der wiederholten Erhebung. Er trägt dem Ausgangspunkt Rechnung, dass im Regelfall die Prüfungsgrundlagen für das Vorliegen von Tatbestandsvoraussetzungen für die Erteilung einer waffenrechtlichen Erlaubnis von dem Antragsteller beizubringen sind, der den begünstigenden Verwaltungsakt begehrt. Er hat das Vorliegen der entsprechenden Voraussetzungen glaubhaft zu machen oder nachzuweisen. Bei der (erstmaligen) Beantragung ergibt sich ohne Weiteres, dass eine Verweigerung der Mitwirkung zur Versagung führt.

Um sicherzustellen, dass bei späteren Überprüfungen der Erlaubnisinhaber nicht durch schlichtes Verweigern einer Mitwirkungshandlung sich die Aufrechterhaltung dieses begünstigenden Zustandes erschleicht, lässt Satz 1 die im Einzelfall widerlegbare Vermutung zu, dass die Basis für die Begünstigung weggefallen ist. Satz 2 entspricht der Hinweispflicht des § 4 Abs. 3 S. 2 BDSG.

26 *§ 58 WaffG Altbesitz*

Erlaubnisse WaffG'76 gelten fort,   soweit nichts Abweichendes bestimmt ist.

− WBK	✓ Erlaubnis zum Besitz
− Eintrag zum Erwerb Munition	✓ Erlaubnis zum Besitz
− Legal Munition vor dem 1.4.2003 ohne nunmehr erforderliche (Besitz) Erlaubnis erworben, s. § 58 Abs. 1 S. 3 WaffG.	✓ schriftliche Anmeldung = Erlaubnis zum Besitz (§ 58 Abs. 1 S. 5 WaffG) 31. August 2003

− Besitz einer bislang nicht verbotenen Waffe am 1. 4. 2003 (s. Anlage 2 Abschnitt 1 WaffG)	− unbrauchbar machen − einem Berechtigten überlassen − Antrag nach § 40 Abs. 4 WaffG stellen − 31. August 2003 (s. § 58 Abs. 7 S. 1 WaffG)

− unerlaubt besessene Waffe am 25.7.2009 (§ 58 Abs. 8 WaffG)	− bis 31.12.2009
	− Waffe unbrauchbar machen
	− einem Berechtigten überlassen
	− der zuständigen Behörde/Polizei übergeben. Dann erfolgt keine Bestrafung.
	Ausnahmen:
	  − bereits Strafverfahren eingeleitet (Nr. 1)
	  − Tat entdeckt war (Nr. 2)

− Personen, die legal am 1. 4. 2003 eine erlaubnispflichtige Schusswaffe besitzen und noch nicht 25 Jahre alt sind (§ 58 Abs. 9 WaffG)	− amts-, fachärztliches oder fachpsychologisches Zeugnis − Gilt nicht für Jäger (§ 58 Abs. 9 S. 2 WaffG)

Absätze 10 bis 12, eingefügt durch Gesetz zur Änderung des Waffengesetzes und weiterer Vorschriften vom 26. März 2008

Erlaubnispflicht für Schusswaffen nach Anlage 2 Abschnitt 2 Unterabschnitt 1 Abs. 2, die vor dem 1.4.2008 erworben wurden,	gilt erst ab 1.10.2008

Hat jemand am 1. 4. 2008 eines bislang nach Anl. 2 Abschnitt 2 Nr. 1.2.1.2 verbotene Waffe besessen,	wird das Verbot nicht wirksam, wenn er bis zum 1.10.2008 diese Waffe − unbrauchbar gemacht − einem Berechtigten überlassen − zuständigen Behörde oder Polizei überlassen − Antrag nach § 40 Abs. 4 gestellt. § 46 Abs. 3 S. 2 und Abs. 5 findet Anwendung.

Inhaber einer WBK besitzt am 1.4.2008 erlaubnisfrei erworbene Teile von Waffen i. S. d. Anl. 2 Abschnitt 2 Unterabschnitt 2 Nr. 2	bis zum 1.10.2008 in eine WBK eintragen lassen

ANHANG

Inhaltsübersicht

1.
Auszüge aus Vorschriften
des Bürgerlichen Gesetzbuches (BGB),
des Strafgesetzbuches (StGB)
und der Strafprozessordnung (StPO)

1.1
Bürgerliches Gesetzbuch
(BGB)

in der Fassung der Bekanntmachung vom 2. Januar 2002
(BGBl. I S. 42, ber. S. 2909), zuletzt geändert durch Gesetz vom 28. September 2009
(BGBl. I S. 3161)

– Auszug –

§ 90 Begriff der Sache

Sachen im Sinne des Gesetzes sind nur körperliche Gegenstände.

§ 90 a Tiere

Tiere sind keine Sachen. Sie werden durch besondere Gesetze geschützt. Auf sie sind die für Sachen geltenden Vorschriften entsprechend anzuwenden, soweit nicht etwas anderes bestimmt ist.

§ 94 Wesentliche Bestandteile eines Grundstücks oder Gebäudes

(1) Zu den wesentlichen Bestandteilen eines Grundstücks gehören die mit dem Grund und Boden fest verbundenen Sachen, insbesondere Gebäude, sowie die Erzeugnisse des Grundstücks, solange sie mit dem Boden zusammenhängen. Samen wird mit dem Aussäen, eine Pflanze wird mit dem Einpflanzen wesentlicher Bestandteil des Grundstücks.

(2) Zu den wesentlichen Bestandteilen eines Gebäudes gehören die zur Herstellung des Gebäudes eingefügten Sachen.

§ 104 Geschäftsunfähigkeit

Geschäftsunfähig ist:
1. wer nicht das siebente Lebensjahr vollendet hat,
2. wer sich in einem die freie Willensbestimmung ausschließenden Zustand krankhafter Störung der Geistestätigkeit befindet, sofern nicht der Zustand seiner Natur nach ein vorübergehender ist.

§ 106 Beschränkte Geschäftsfähigkeit Minderjähriger

Ein Minderjähriger, der das siebente Lebensjahr vollendet hat, ist nach Maßgabe der §§ 107 bis 113 in der Geschäftsfähigkeit beschränkt.

§ 107 Einwilligung des gesetzlichen Vertreters

Der Minderjährige bedarf zu einer Willenserklärung, durch die er nicht lediglich einen rechtlichen Vorteil erlangt, der Einwilligung seines gesetzlichen Vertreters.

§ 117 Scheingeschäft

(1) Wird eine Willenserklärung, die einem anderen gegenüber abzugeben ist, mit dessen Einverständnis nur zum Schein abgegeben, so ist sie nichtig.

(2) Wird durch ein Scheingeschäft ein anderes Rechtsgeschäft verdeckt, so finden die für das verdeckte Rechtsgeschäft geltenden Vorschriften Anwendung.

§ 121 Anfechtungsfrist

(1) Die Anfechtung muss in den Fällen der §§ 119, 120 ohne schuldhaftes Zögern (unverzüglich) erfolgen, nachdem der Anfechtungsberechtigte von dem Anfechtungsgrund Kenntnis erlangt hat. Die einem Abwesenden gegenüber erfolgte Anfechtung gilt als rechtzeitig erfolgt, wenn die Anfechtungserklärung unverzüglich abgesendet worden ist.

(2) Die Anfechtung ist ausgeschlossen, wenn seit der Abgabe der Willenserklärung zehn Jahre verstrichen sind.

§ 126 Schriftform

(1) Ist durch Gesetz schriftliche Form vorgeschrieben, so muss die Urkunde von dem Aussteller eigenhändig durch Namensunterschrift oder mittels notariell beglaubigten Handzeichens unterzeichnet werden.

(2) Bei einem Vertrag muss die Unterzeichnung der Parteien auf derselben Urkunde erfolgen. Werden über den Vertrag mehrere gleichlautende Urkunden aufgenommen, so genügt es, wenn jede Partei die für die andere Partei bestimmte Urkunde unterzeichnet.

(3) Die schriftliche Form kann durch die elektronische Form ersetzt werden, wenn sich nicht aus dem Gesetz ein anderes ergibt.

(4) Die schriftliche Form wird durch die notarielle Beurkundung ersetzt.

§ 133 Auslegung einer Willenserklärung

Bei der Auslegung einer Willenserklärung ist der wirkliche Wille zu erforschen und nicht an dem buchstäblichen Sinne des Ausdrucks zu haften.

§ 138 Sittenwidriges Rechtsgeschäft; Wucher

(1) Ein Rechtsgeschäft, das gegen die guten Sitten verstößt, ist nichtig.

(2) Nichtig ist insbesondere ein Rechtsgeschäft, durch das jemand unter Ausbeutung der Zwangslage, der Unerfahrenheit, des Mangels an Urteilsvermögen oder der erheblichen Willensschwäche eines anderen sich oder einem Dritten für eine Leistung Vermögensvorteile versprechen oder gewähren lässt, die in einem auffälligen Missverhältnis zu der Leistung stehen.

§ 187 Fristbeginn

(1) Ist für den Anfang einer Frist ein Ereignis oder ein in den Lauf eines Tages fallender Zeitpunkt maßgebend, so wird bei der Berechnung der Frist der Tag nicht mitgerechnet, in welchen das Ereignis oder der Zeitpunkt fällt.

(2) Ist der Beginn eines Tages der für den Anfang einer Frist maßgebende Zeitpunkt, so wird dieser Tag bei der Berechnung der Frist mitgerechnet. Das Gleiche gilt von dem Tag der Geburt bei der Berechnung des Lebensalters.

§ 188 Fristende

(1) Eine nach Tagen bestimmte Frist endigt mit dem Ablauf des letzten Tages der Frist.

(2) Eine Frist, die nach Wochen, nach Monaten oder nach einem mehrere Monate umfassenden Zeitraum – Jahr, halbes Jahr, Vierteljahr – bestimmt ist, endigt im Falle des § 187 Abs. 1 mit dem Ablauf desjenigen Tages der letzten Woche oder des letzten Monats, welcher durch seine Benennung oder seine Zahl dem Tag entspricht, in den das Ereignis oder der Zeitpunkt fällt, im Falle des § 187 Abs. 2 mit dem Ablauf desjenigen Tages der letzten Woche oder des letzten Monats, welcher dem Tage vorhergeht, der durch seine Benennung oder seine Zahl dem Anfangstag der Frist entspricht.

(3) Fehlt bei einer nach Monaten bestimmten Frist in dem letzten Monat der für ihren Ablauf maßgebende Tag, so endigt die Frist mit dem Ablauf des letzten Tages dieses Monats.

§ 193 Sonn- und Feiertag; Sonnabend

Ist an einem bestimmten Tag oder innerhalb einer Frist eine Willenserklärung abzugeben oder eine Leistung zu bewirken und fällt der bestimmte Tag oder der letzte Tag der Frist auf einen Sonntag, einen am Erklärungs- oder Leistungsorte staatlich anerkannten allgemeinen Feiertag oder einen Sonnabend, so tritt an die Stelle eines solchen Tages der nächste Werktag.

§ 194 Gegenstand der Verjährung

(1) Das Recht, von einem anderen ein Tun oder Unterlassen zu verlangen (Anspruch), unterliegt der Verjährung.

§ 195 Regelmäßige Verjährungsfrist

Die regelmäßige Verjährungsfrist beträgt drei Jahre.

§ 227 Notwehr

(1) Eine durch Notwehr gebotene Handlung ist nicht widerrechtlich.

(2) Notwehr ist diejenige Verteidigung, welche erforderlich ist, um einen gegenwärtigen rechtswidrigen Angriff von sich oder einem anderen abzuwenden.

§ 228 Notstand

Wer eine fremde Sache beschädigt oder zerstört, um eine durch sie drohende Gefahr von sich oder einem anderen abzuwenden, handelt nicht widerrechtlich, wenn die Beschädigung oder die Zerstörung zur Abwendung der Gefahr erforderlich ist und der Schaden nicht außer Verhältnis zu der Gefahr steht. Hat der Handelnde die Gefahr verschuldet, so ist er zum Schadensersatz verpflichtet.

§ 249 Art und Umfang des Schadensersatzes

(1) Wer zum Schadensersatz verpflichtet ist, hat den Zustand herzustellen, der bestehen würde, wenn der zum Ersatz verpflichtende Umstand nicht eingetreten wäre.

(2) Ist wegen Verletzung einer Person oder wegen Beschädigung einer Sache Schadensersatz zu leisten, so kann der Gläubiger statt der Herstellung den dazu erforderlichen Geldbetrag verlangen. Bei der Beschädigung einer Sache schließt der nach Satz 1 erforderliche Geldbetrag die Umsatzsteuer nur mit ein, wenn und soweit sie tatsächlich angefallen ist.

§ 251 Schadensersatz in Geld ohne Fristsetzung

(1) Soweit die Herstellung nicht möglich oder zur Entschädigung des Gläubigers nicht genügend ist, hat der Ersatzpflichtige den Gläubiger in Geld zu entschädigen.

(2) Der Ersatzpflichtige kann den Gläubiger in Geld entschädigen, wenn die Herstellung nur mit unverhältnismäßigen Aufwendungen möglich ist. Die aus der Heilbehandlung eines verletzten Tieres entstandenen Aufwendungen sind nicht bereits dann unverhältnismäßig, wenn sie dessen Wert erheblich übersteigen.

§ 254 Mitverschulden

(1) Hat bei der Entstehung des Schadens ein Verschulden des Beschädigten mitgewirkt, so hängt die Verpflichtung zum Ersatz sowie der Umfang des zu leistenden Ersatzes von den Umständen, insbesondere davon ab, inwieweit der Schaden vorwiegend von dem einen oder dem anderen Teil verursacht worden ist.

(2) Dies gilt auch dann, wenn sich das Verschulden des Beschädigten darauf beschränkt, dass er unterlassen hat, den Schuldner auf die Gefahr eines ungewöhnlich hohen Schadens aufmerksam zu machen, die der Schuldner weder kannte noch kennen musste, oder dass er unterlassen hat, den Schaden abzuwenden oder zu mindern. Die Vorschrift des § 278 findet entsprechende Anwendung.

§ 427 Gemeinschaftliche vertragliche Verpflichtung

Verpflichten sich mehrere durch Vertrag gemeinschaftlich zu einer teilbaren Leistung, so haften sie im Zweifel als Gesamtschuldner.

§ 457 Haftung des Wiederverkäufers

(1) Der Wiederverkäufer ist verpflichtet, dem Wiederkäufer den gekauften Gegenstand nebst Zubehör herauszugeben.

(2) Hat der Wiederverkäufer vor der Ausübung des Wiederkaufsrechts eine Verschlechterung, den Untergang oder eine aus einem anderen Grund eingetretene Unmöglichkeit der Herausgabe des gekauften Gegenstandes verschuldet oder den Gegenstand wesentlich verändert, so ist er für den daraus entstehenden Schaden verantwortlich. Ist der Gegenstand ohne Verschulden des Wiederverkäufers verschlechtert oder ist er nur unwesentlich verändert, so kann der Wiederkäufer Minderung des Kaufpreises nicht verlangen.

§ 543 Außerordentliche fristlose Kündigung aus wichtigem Grund

(1) Jede Vertragspartei kann das Mietverhältnis aus wichtigem Grund außerordentlich fristlos kündigen. Ein wichtiger Grund liegt vor, wenn dem Kündigenden unter Berücksichtigung aller Umstände des Einzelfalls, insbesondere eines Verschuldens der Vertragsparteien, und unter Abwägung der beiderseitigen Interessen die Fortsetzung des Mietverhältnisses bis zum Ablauf der Kündigungsfrist oder bis zur sonstigen Beendigung des Mietverhältnisses nicht zugemutet werden kann.

(2) Ein wichtiger Grund liegt insbesondere vor, wenn
1. dem Mieter der vertragsgemäße Gebrauch der Mietsache ganz oder zum Teil nicht rechtzeitig gewährt oder wieder entzogen wird,
2. der Mieter die Rechte des Vermieters dadurch in erheblichem Maße verletzt, dass er die Mietsache durch Vernachlässigung der ihm obliegenden Sorgfalt erheblich gefährdet oder sie unbefugt einem Dritten überlässt oder
3. der Mieter
   a) für zwei aufeinander folgende Termine mit der Entrichtung der Miete oder eines nicht unerheblichen Teils der Miete in Verzug ist oder
   b) in einem Zeitraum, der sich über mehr als zwei Termine erstreckt, mit der Entrichtung der Miete in Höhe eines Betrages in Verzug ist, der die Miete für zwei Monate erreicht.

Im Falle des Satzes 1 Nr. 3 ist die Kündigung ausgeschlossen, wenn der Vermieter vorher befriedigt wird. Sie wird unwirksam, wenn sich der Mieter von seiner Schuld durch Aufrechnung befreien konnte und unverzüglich nach der Kündigung die Aufrechnung erklärt.

(3) Besteht der wichtige Grund in der Verletzung einer Pflicht aus dem Mietvertrag, so ist die Kündigung erst nach erfolglosem Ablauf einer zur Abhilfe bestimmten angemessenen Frist oder nach erfolgloser Abmahnung zulässig. Dies gilt nicht, wenn
1. eine Frist oder Abmahnung offensichtlich keinen Erfolg verspricht,
2. die sofortige Kündigung aus besonderen Gründen unter Abwägung der beiderseitigen Interessen gerechtfertigt ist oder
3. der Mieter mit der Entrichtung der Miete im Sinne des Absatzes 2 Nr. 3 in Verzug ist.

(4) Auf das dem Mieter nach Absatz 2 Nr. 1 zustehende Kündigungsrecht sind die §§ 536 b und 536 d entsprechend anzuwenden. Ist streitig, ob der Vermieter den Gebrauch der Mietsache rechtzeitig gewährt oder die Abhilfe vor Ablauf der hierzu bestimmten Frist bewirkt hat, so trifft ihn die Beweislast.

§ 548 Verjährung der Ersatzansprüche und des Wegnahmerechts

(1) Die Ersatzansprüche des Vermieters wegen Veränderungen oder Verschlechterungen der Mietsache verjähren in sechs Monaten. Die Verjährung beginnt mit dem Zeitpunkt, in dem er die Mietsache zurückerhält. Mit der Verjährung des Anspruchs des Vermieters auf Rückgabe der Mietsache verjähren auch seine Ersatzansprüche.

(2) Ansprüche des Mieters auf Ersatz von Aufwendungen oder auf Gestattung der Wegnahme einer Einrichtung verjähren in sechs Monaten nach der Beendigung des Mietverhältnisses.

(3) (aufgehoben)

§ 561 Sonderkündigungsrecht des Mieters nach Mieterhöhung

(1) Macht der Vermieter eine Mieterhöhung nach § 558 oder § 559 geltend, so kann der Mieter bis zum Ablauf des zweiten Monats nach dem Zugang der Erklärung des Vermieters das Mietverhältnis außerordentlich zum Ablauf des übernächsten Monats kündigen. Kündigt der Mieter, so tritt die Mieterhöhung nicht ein.

(2) Eine zum Nachteil des Mieters abweichende Vereinbarung ist unwirksam.

§ 581 Vertragstypische Pflichten beim Pachtvertrag

(1) Durch den Pachtvertrag wird der Verpächter verpflichtet, dem Pächter den Gebrauch des verpachteten Gegenstands und den Genuss der Früchte, soweit sie nach den Regeln einer ordnungsmäßigen Wirtschaft als Ertrag anzusehen sind, während der Pachtzeit zu gewähren. Der Pächter ist verpflichtet, dem Verpächter die vereinbarte Pacht zu entrichten.

(2) Auf den Pachtvertrag mit Ausnahme des Landpachtvertrags sind, soweit sich nicht aus den §§ 582 bis 584 b etwas anderes ergibt, die Vorschriften über den Mietvertrag entsprechend anzuwenden.

§ 823 Schadensersatzpflicht

(1) Wer vorsätzlich oder fahrlässig das Leben, den Körper, die Gesundheit, die Freiheit, das Eigentum oder ein sonstiges Recht eines anderen widerrechtlich verletzt, ist dem anderen zum Ersatz des daraus entstehenden Schadens verpflichtet.

(2) Die gleiche Verpflichtung trifft denjenigen, welcher gegen ein den Schutz eines anderen bezweckendes Gesetz verstößt. Ist nach dem Inhalt des Gesetzes ein Verstoß gegen dieses auch ohne Verschulden möglich, so tritt die Ersatzpflicht nur im Falle des Verschuldens ein.

§ 831 Haftung für den Verrichtungsgehilfen

(1) Wer einen anderen zu einer Verrichtung bestellt, ist zum Ersatz des Schadens verpflichtet, den der andere in Ausführung der Verrichtung einem Dritten widerrechtlich zufügt. Die Ersatzpflicht tritt nicht ein, wenn der Geschäftsherr bei der Auswahl der bestellten Person und, sofern er Vorrichtungen oder Gerätschaften zu beschaffen oder die Ausführung der Verrichtung zu leiten hat, bei

der Beschaffung oder der Leitung die im Verkehr erforderliche Sorgfalt beobachtet oder wenn der Schaden auch bei Anwendung dieser Sorgfalt entstanden sein würde.

(2) Die gleiche Verantwortlichkeit trifft denjenigen, welcher für den Geschäftsherrn die Besorgung eines der im Absatz 1 Satz 2 bezeichneten Geschäfte durch Vertrag übernimmt.

§ 832 Haftung des Aufsichtspflichtigen

(1) Wer kraft Gesetzes zur Führung der Aufsicht über eine Person verpflichtet ist, die wegen Minderjährigkeit oder wegen ihres geistigen oder körperlichen Zustands der Beaufsichtigung bedarf, ist zum Ersatz des Schadens verpflichtet, den diese Person einem Dritten widerrechtlich zufügt. Die Ersatzpflicht tritt nicht ein, wenn er seiner Aufsichtspflicht genügt oder wenn der Schaden auch bei gehöriger Aufsichtsführung entstanden sein würde.

(2) Die gleiche Verantwortlichkeit trifft denjenigen, welcher die Führung der Aufsicht durch Vertrag übernimmt.

§ 833 Haftung des Tierhalters

Wird durch ein Tier ein Mensch getötet oder der Körper oder die Gesundheit eines Menschen verletzt oder eine Sache beschädigt, so ist derjenige, welcher das Tier hält, verpflichtet, dem Verletzten den daraus entstehenden Schaden zu ersetzen. Die Ersatzpflicht tritt nicht ein, wenn der Schaden durch ein Haustier verursacht wird, das dem Beruf, der Erwerbstätigkeit oder dem Unterhalt des Tierhalters zu dienen bestimmt ist, und entweder der Tierhalter bei der Beaufsichtigung des Tieres die im Verkehr erforderliche Sorgfalt beobachtet oder der Schaden auch bei Anwendung dieser Sorgfalt entstanden sein würde.

§ 834 Haftung des Tieraufsehers

Wer für denjenigen, welcher ein Tier hält, die Führung der Aufsicht über das Tier durch Vertrag übernimmt, ist für den Schaden verantwortlich, den das Tier einem Dritten in der im § 833 bezeichneten Weise zufügt. Die Verantwortlichkeit tritt nicht ein, wenn er bei der Führung der Aufsicht die im Verkehr erforderliche Sorgfalt beobachtet oder wenn der Schaden auch bei Anwendung dieser Sorgfalt entstanden sein würde.

§ 839 Haftung bei Amtspflichtverletzung

(1) Verletzt ein Beamter vorsätzlich oder fahrlässig die ihm einem Dritten gegenüber obliegende Amtspflicht, so hat er dem Dritten den daraus entstehenden Schaden zu ersetzen. Fällt dem Beamten nur Fahrlässigkeit zur Last, so kann er nur dann in Anspruch genommen werden, wenn der Verletzte nicht auf andere Weise Ersatz zu erlangen vermag.

(2) Verletzt ein Beamter bei dem Urteil in einer Rechtssache seine Amtspflicht, so ist er für den daraus entstehenden Schaden nur dann verantwortlich, wenn die Pflichtverletzung in einer Straftat besteht. Auf eine pflichtwidrige Verweigerung oder Verzögerung der Ausübung des Amts findet diese Vorschrift keine Anwendung.

(3) Die Ersatzpflicht tritt nicht ein, wenn der Verletzte vorsätzlich oder fahrlässig unterlassen hat, den Schaden durch Gebrauch eines Rechtsmittels abzuwenden.

§ 854 Erwerb des Besitzes

(1) Der Besitz einer Sache wird durch die Erlangung der tatsächlichen Gewalt über die Sache erworben.

(2) Die Einigung des bisherigen Besitzers und des Erwerbers genügt zum Erwerb, wenn der Erwerber in der Lage ist, die Gewalt über die Sache auszuüben.

§ 855 Besitzdiener

Übt jemand die tatsächliche Gewalt über eine Sache für einen anderen in dessen Haushalt oder Erwerbsgeschäft oder in einem ähnlichen Verhältnis aus, vermöge dessen er den sich auf die Sache beziehenden Weisungen des anderen Folge zu leisten hat, so ist nur der andere Besitzer.

§ 904 Notstand

Der Eigentümer einer Sache ist nicht berechtigt, die Einwirkung eines anderen auf die Sache zu verbieten, wenn die Einwirkung zur Abwendung einer gegenwärtigen Gefahr notwendig und der drohende Schaden gegenüber dem aus der Einwirkung dem Eigentümer entstehenden Schaden unverhältnismäßig groß ist. Der Eigentümer kann Ersatz des ihm entstehenden Schadens verlangen.

§ 905 Begrenzung des Eigentums

Das Recht des Eigentümers eines Grundstücks erstreckt sich auf den Raum über der Oberfläche und auf den Erdkörper unter der Oberfläche. Der Eigentümer kann jedoch Einwirkungen nicht verbieten, die in solcher Höhe oder Tiefe vorgenommen werden, dass er an der Ausschließung kein Interesse hat.

§ 958 Eigentumserwerb an beweglichen herrenlosen Sachen

(1) Wer eine herrenlose bewegliche Sache in Eigenbesitz nimmt, erwirbt das Eigentum an der Sache.

(2) Das Eigentum wird nicht erworben, wenn die Aneignung gesetzlich verboten ist oder wenn durch die Besitzergreifung das Aneignungsrecht eines anderen verletzt wird.

§ 960 Wilde Tiere

(1) Wilde Tiere sind herrenlos, solange sie sich in der Freiheit befinden. Wilde Tiere in Tiergärten und Fische in Teichen oder anderen geschlossenen Privatgewässern sind nicht herrenlos.

(2) Erlangt ein gefangenes wildes Tier die Freiheit wieder, so wird es herrenlos, wenn nicht der Eigentümer das Tier unverzüglich verfolgt oder wenn er die Verfolgung aufgibt.

(3) Ein gezähmtes Tier wird herrenlos, wenn es die Gewohnheit ablegt, an den ihm bestimmten Ort zurückzukehren.

§ 1004 Beseitigungs- und Unterlassungsanspruch

(1) Wird das Eigentum in anderer Weise als durch Entziehung oder Vorenthaltung des Besitzes beeinträchtigt, so kann der Eigentümer von dem Störer die Beseitigung der Beeinträchtigung verlangen. Sind weitere Beeinträchtigungen zu besorgen, so kann der Eigentümer auf Unterlassung klagen.

(2) Der Anspruch ist ausgeschlossen, wenn der Eigentümer zur Duldung verpflichtet ist.

1.2
Strafgesetzbuch
(StGB)

in der Fassung der Bekanntmachung vom 13. November 1998 (BGBl. I S. 3322), zuletzt geändert durch Gesetz vom 2. Oktober 2009 (BGBl. I S. 3214, 3219)

– Auszug –

§ 32 Notwehr

(1) Wer eine Tat begeht, die durch Notwehr geboten ist, handelt nicht rechtswidrig.

(2) Notwehr ist die Verteidigung, die erforderlich ist, um einen gegenwärtigen rechtswidrigen Angriff von sich oder einem anderen abzuwenden.

§ 33 Überschreitung der Notwehr

Überschreitet der Täter die Grenzen der Notwehr aus Verwirrung, Furcht oder Schrecken, so wird er nicht bestraft.

§ 34 Rechtfertigender Notstand

Wer in einer gegenwärtigen, nicht anders abwendbaren Gefahr für Leben, Leib, Freiheit, Ehre, Eigentum oder ein anderes Rechtsgut eine Tat begeht, um die Gefahr von sich oder einem anderen abzuwenden, handelt nicht rechtswidrig, wenn bei Abwägung der widerstreitenden Interessen, namentlich der betroffenen Rechtsgüter und des Grades der ihnen drohenden Gefahren, das geschützte Interesse das beeinträchtigte wesentlich überwiegt. Dies gilt jedoch nur, soweit die Tat ein angemessenes Mittel ist, die Gefahr abzuwenden.

§ 35 Entschuldigender Notstand

(1) Wer in einer gegenwärtigen, nicht anders abwendbaren Gefahr für Leben, Leib oder Freiheit eine rechtswidrige Tat begeht, um die Gefahr von sich, einem Angehörigen oder einer anderen ihm nahe stehenden Person abzuwenden, handelt ohne Schuld. Dies gilt nicht, soweit dem Täter nach den Umständen, namentlich weil er die Gefahr selbst verursacht hat oder weil er in einem besonderen Rechtsverhältnis stand, zugemutet werden konnte, die Gefahr hinzunehmen; jedoch kann die Strafe nach § 49 Abs. 1 gemildert werden, wenn der Täter nicht mit Rücksicht auf ein besonderes Rechtsverhältnis die Gefahr hinzunehmen hatte.

(2) Nimmt der Täter bei Begehung der Tat irrig Umstände an, welche ihn nach Absatz 1 entschuldigen würden, so wird er nur dann bestraft, wenn er den Irrtum vermeiden konnte. Die Strafe ist nach § 49 Abs. 1 zu mildern.

§ 222 Fahrlässige Tötung

Wer durch Fahrlässigkeit den Tod eines Menschen verursacht, wird mit Freiheitsstrafe bis zu fünf Jahren oder mit Geldstrafe bestraft.

§ 223 Körperverletzung

(1) Wer eine andere Person körperlich misshandelt oder an der Gesundheit schädigt, wird mit Freiheitsstrafe bis zu fünf Jahren oder mit Geldstrafe bestraft.

(2) Der Versuch ist strafbar.

§ 227 Körperverletzung mit Todesfolge

(1) Verursacht der Täter durch die Körperverletzung (§§ 223 bis 226) den Tod der verletzten Person, so ist die Strafe Freiheitsstrafe nicht unter drei Jahren.

(2) In minder schweren Fällen ist auf Freiheitsstrafe von einem Jahr bis zu zehn Jahren zu erkennen.

§ 229 Fahrlässige Körperverletzung

Wer durch Fahrlässigkeit die Körperverletzung einer anderen Person verursacht, wird mit Freiheitsstrafe bis zu drei Jahren oder mit Geldstrafe bestraft.

§ 230 Strafantrag

(1) Die vorsätzllche Körperverletzung nach § 223 und die fahrlässige Körperverletzung nach § 229 werden nur auf Antrag verfolgt, es sei denn, dass die Strafverfolgungsbehörde wegen des besonderen öffentlichen Interesses an der Strafverfolgung ein Einschreiten von Amts wegen für geboten hält. Stirbt die verletzte Person, so geht bei vorsätzlicher Körperverletzung das Antragsrecht nach § 77 Abs. 2 auf die Angehörigen über.

(2) Ist die Tat gegen einen Amtsträger, einen für den öffentlichen Dienst besonders Verpflichteten oder einen Soldaten der Bundeswehr während der Ausübung seines Dienstes oder in Beziehung auf seinen Dienst begangen, so wird sie auch auf Antrag des Dienstvorgesetzten verfolgt. Dasselbe gilt für Träger von Ämtern der Kirchen und anderen Religionsgesellschaften des öffentlichen Rechts.

§ 240 Nötigung

(1) Wer einen Menschen rechtswidrig mit Gewalt oder durch Drohung mit einem empfindlichen Übel zu einer Handlung, Duldung oder Unterlassung nötigt, wird mit Freiheitsstrafe bis zu drei Jahren oder mit Geldstrafe bestraft.

(2) Rechtswidrig ist die Tat, wenn die Anwendung der Gewalt oder die Androhung des Übels zu dem angestrebten Zweck als verwerflich anzusehen ist.

(3) Der Versuch ist strafbar.

(4) (...)

§ 241 Bedrohung

(1) Wer einen Menschen mit der Begehung eines gegen ihn oder eine ihm nahestehende Person gerichteten Verbrechens bedroht, wird mit Freiheitsstrafe bis zu einem Jahr oder mit Geldstrafe bestraft.

(2) Ebenso wird bestraft, wer wider besseres Wissen einem Menschen vortäuscht, dass die Verwirklichung eines gegen ihn oder eine ihm nahestehende Person gerichteten Verbrechens bevorstehe.

§ 242 Diebstahl

(1) Wer eine fremde bewegliche Sache einem anderen in der Absicht wegnimmt, die Sache sich oder einem Dritten rechtswidrig zuzueignen, wird mit Freiheitsstrafe bis zu fünf Jahren oder mit Geldstrafe bestraft.

(2) Der Versuch ist strafbar.

§ 243 Besonders schwerer Fall des Diebstahls

(1) In besonders schweren Fällen wird der Diebstahl mit Freiheitsstrafe von drei Monaten bis zu zehn Jahren bestraft. Ein besonders schwerer Fall liegt in der Regel vor, wenn der Täter

7. eine Handfeuerwaffe, zu deren Erwerb es nach dem Waffengesetz der Erlaubnis bedarf, ein Maschinengewehr, eine Maschinenpistole, ein voll- oder halbautotmatisches Gewehr oder eine Sprengstoff enthaltende Kriegswaffe im Sinne des Kriegswaffenkontrollgesetzes oder Sprengstoff stiehlt.

§ 248 a Diebstahl und Unterschlagung geringwertiger Sachen

Der Diebstahl und die Unterschlagung geringwertiger Sachen werden in den Fällen der §§ 242 und 246 nur auf Antrag verfolgt, es sei denn, dass die Strafverfolgungsbehörde wegen des besonderen öffentlichen Interesses an der Strafverfolgung ein Einschreiten von Amts wegen für geboten hält.

§ 292 Jagdwilderei

(1) Wer unter Verletzung fremden Jagdrechts oder Jagdausübungsrechts

1. dem Wild nachstellt, es fängt, erlegt oder sich oder einem Dritten zueignet oder

2. eine Sache, die dem Jagdrecht unterliegt, sich oder einem Dritten zueignet, beschädigt oder zerstört,

wird mit Freiheitsstrafe bis zu drei Jahren oder mit Geldstrafe bestraft.

(2) In besonders schweren Fällen ist die Strafe Freiheitsstrafe von drei Monaten bis zu fünf Jahren. Ein besonders schwerer Fall liegt in der Regel vor, wenn die Tat

1. gewerbs- oder gewohnheitsmäßig,

2. zur Nachtzeit, in der Schonzeit, unter Anwendung von Schlingen oder in anderer nicht weidmännischer Weise oder

3. von mehreren mit Schusswaffen ausgerüsteten Beteiligten gemeinschaftlich begangen wird.

§ 294 Strafantrag

In den Fällen des § 292 Abs. 1 und des § 293 wird die Tat nur auf Antrag des Verletzten verfolgt, wenn sie von einem Angehörigen oder an einem Ort begangen worden ist, wo der Täter die Jagd oder die Fischerei in beschränktem Umfang ausüben durfte.

§ 295 Einziehung

Jagd- und Fischereigeräte, Hunde und andere Tiere, die der Täter oder Teilnehmer bei der Tat mit sich geführt oder verwendet hat, können eingezogen werden. § 74 a ist anzuwenden.

1.3
Strafprozessordnung
(StPO)

in der Fassung der Bekanntmachung vom 7. April 1987
(BGBl. I S. 1074, ber. S. 1319), zuletzt geändert durch Gesetz
vom 30. Juli 2009 (BGBl. I S. 2437, 2439)

– Auszug –

§ 127

(1) Wird jemand auf frischer Tat betroffen oder verfolgt, so ist, wenn er der Flucht verdächtig ist oder seine Identität nicht sofort festgestellt werden kann, jedermann befugt, ihn auch ohne richterliche Anordnung vorläufig festzunehmen. Die Feststellung der Identität einer Person durch die Staatsanwaltschaft oder die Beamten des Polizeidienstes bestimmt sich nach § 163 b Abs. 1.

(2) Die Staatsanwaltschaft und die Beamten des Polizeidienstes sind bei Gefahr im Verzug auch dann zur vorläufigen Festnahme befugt, wenn die Voraussetzungen eines Haftbefehls oder eines Unterbringungsbefehls vorliegen.

(3) Ist eine Straftat nur auf Antrag verfolgbar, so ist die vorläufige Festnahme auch dann zulässig, wenn ein Antrag noch nicht gestellt ist. Dies gilt entsprechend, wenn eine Straftat nur mit Ermächtigung oder auf Strafverlangen verfolgbar ist.

(4) Für die vorläufige Festnahme durch die Staatsanwaltschaft und die Beamten des Polizeidienstes gelten die §§ 114 a bis 114 c entsprechend.

2.
Verordnung des Ministeriums für Ernährung, Landwirtschaft und Forsten über die Bildung von Rotwildgebieten (RotwildVO)

vom 28. März 1958 (GBl. S. 121)

Auf Grund des § 21 Abs. 5 des Landesjagdgesetzes vom 15. März 1954 (GBl. S. 35) wird verordnet:

§ 1

(1) Es werden folgende Rotwildgebiete gebildet:
1. im Regierungsbezirk Nordbaden das Rotwildgebiet „Odenwald";
2. in den Regierungsbezirken Südbaden und Südwürttemberg-Hohenzollern das Rotwildgebiet „Nördlicher Schwarzwald";
3. im Regierungsbezirk Südbaden das Rotwildgebiet „Südlicher Schwarzwald";
4. in den Regierungsbezirken Nordwürttemberg und Südwürttemberg-Hohenzollern das Rotwildgebiet „Schönbuch";
5. im Regierungsbezirk Südwürttemberg-Hohenzollern das Rotwildgebiet „Allgäu".

(2) Die Grenzen der Rotwildgebiete ergeben sich aus der Anlage zu dieser Verordnung.

(3) Die obere Jagdbehörde kann beim Vorliegen besonderer Umstände in Jagdbezirken, in welchen die nach Abs. 2 bestimmte Rotwildgebietsgrenze den Jagdbezirk durchschneidet, mit Zustimmung der obersten Jagdbehörde den Grenzverlauf ändern, wenn dies aus Gründen einer ordnungsgemäßen Jagdpflege und Jagdausübung notwendig ist und berechtigte Ansprüche der Land- und Forstwirtschaft nicht entgegenstehen. Die Änderung ist im Staatsanzeiger bekannt zu machen.

§ 2

(1) Der Abschuss des Rotwildes ist unter Berücksichtigung der Belange der Landeskultur für jedes Rotwildgebiet einheitlich zu planen und festzusetzen.

(2) Die obere Jagdbehörde hat im Benehmen mit der Staatsforstverwaltung und nach Anhörung der beteiligten unteren Jagdbehörden Richtlinien für die Abschussplanung in den einzelnen Rotwildgebieten zu geben und jeweils eine untere Jagdbehörde zu bestimmen, die unbeschadet der in § 34 des Landesjagdgesetzes für die staatseigenen Jagden getroffenen Zuständigkeitsregelungen für die Planung und Festsetzung des Abschusses im gesamten Rotwildgebiet zuständig ist.

(3) Erstreckt sich ein Rotwildgebiet auf das Gebiet mehrerer Regierungsbezirke, so haben die nach Abs. 2 zuständigen unteren Jagdbehörden die Planung und Festsetzung des Abschusses im gegenseitigen Benehmen durchzuführen.

§ 3

(1) Außerhalb der Rotwildgebiete ist das gesamte Rotwild mit Ausnahme der Kronenhirsche während der Jagdzeit abzuschießen. Der Abschuss ist von den unteren Jagdbehörden durch eine allgemeine Abschussgenehmigung im Abschussplan freizugeben.

(2) Die untere Jagdbehörde kann auf Antrag den Abschuss von Kronenhirschen ausnahmsweise freigeben, wenn dies zur Verhinderung übermäßigen Wildschadens erforderlich ist.

§ 4

(1) Über den Abschuss von Rotwild innerhalb und außerhalb der Rotwildgebiete hat der Jagdausübungsberechtigte der unteren Jagdbehörde binnen 3 Tagen eine schriftliche Abschussmeldung unter Angabe von Geschlecht, Alter und Stärkeklasse zu erstatten.

(2) Der Jagdausübungsberechtigte hat den Kopfschmuck des erlegten Rotwildes der unteren Jagdbehörde auf Verlangen vorzulegen.

§ 5

(1) Eine Ordnungswidrigkeit im Sinne des § 35 Abs. 1 Nr. 12 und Abs. 2 des Landesjagdgesetzes begeht, wer
1. die vorgeschriebene Abschussmeldung nicht oder nicht rechtzeitig erstattet (§ 4 Abs. 1);
2. den Kopfschmuck des erlegten Rotwildes auf Verlangen der unteren Jagdbehörde nicht vorlegt (§ 4 Abs. 2).

(2) Zuständige Verwaltungsbehörden im Sinne des § 73 Abs. 1 des Gesetzes über Ordnungswidrigkeiten vom 25. März 1952 (RGBl. I S. 177) sind die Landratsämter und in den Stadtkreisen, bei denen Kreisjagdämter errichtet sind, die Bürgermeisterämter.

§ 6

Die Verordnung tritt am Tage nach ihrer Verkündung in Kraft.

Anlage

zu § 1 Abs. 2

Lfde. Nr.	Bezeichnung des Rotwildgebietes	Abgrenzung
1	Odenwald	Umfasst im Landkreis Buchen die Jagdbezirke der Gemarkungen Oberscheidental, Schlossau und Reisenbach; im Landkreis Heidelberg die Jagdbezirke Heddesbach, Brombach, Eberbach und Friedrichsdorf; im Landkreis Mosbach die Jagdbezirke Lindach, Zwingenberg, Schollbrunn, Wald-

Lfde. Nr.	Bezeichnung des Rotwild- gebietes	Abgrenzung
		katzenbach, Ober- und Unterdielbach, Strümpfelbrunn, Weisbach, Mülben, Neckargerach, Wagenschwend, Robern und die Waldgemarkung Michelherd der Gemeinde Mosbach mit der Maßgabe, dass im Süden der Neckar und im Osten die Linie Neckargerach – das Seebachtal aufwärts bis zur Markungsgrenze Robern und dann entlang der Landstraße Robern–Wagenschwend–Oberscheidental–Waldauerbach–Schlossau–Ernsttal bis zur Landesgrenze die Grenze des Rotwildgebiets bildet.
2	Nördl. Schwarzwald	Von der Einmündung des Rotenbach in die Enz (südl. Neuenbürg) entlang der Enz bis Höfen, Straße Höfen–Langenbrand–Schömberg–Igelsloch–Siehdichfür, Eselstraße–Sägmühle Naislach–Naislach–Agenbach, Kirchweg, Weinstraße bis Hofstett, Straße Hofstett–Aichhalden–Oberweiler–Simmersfeld–Kreisgrenze nach Westen bis zur Schwarzwaldhochstraße, Schwarzwaldhochstraße bis Besenfeld, dann Straße Besenfeld–Schönegründ–Röt–Klosterreichenbach–Baiersbronn–Friedrichstal–Freudenstadt–Steinwald–Schömberg, Straße Schömberg südwestwärts über Reinerzau bis zur Regierungsbezirksgrenze, dieser Grenze entlang bis zur Kinzig, die Kinzig abwärts bis zur Einmündung des Sulzbachs, den Sulzbach aufwärts über St. Roman dem Tiefenbach entlang bis zur Wolfach, die Wolfach aufwärts bis Wildschapbach, Straße Wildschapbach–Bad Peterstal–Ibach–Oppenau–Ramsbach–Ottenhöfen–Brandmatt–Neusatz–Bühlertal–Lichtental über Müllenbach–Loffenau (unter Ausschluss der Markung Gernsbach)–Herrenalb, die Albtalstraße abwärts bis zur Kullenmühle, entlang der Regierungsbezirksgrenze bis ostwärts Langenalb, Straße Conweiler–Rotenbach.
3	Südl. Schwarzwald	Vom Hebelhof auf Gemarkung Feldberg in südlicher Richtung über die Grafenmatte bis zum Ursprung des Prägbaches, diesem abwärts folgend bis zur Straße Bernau–Präg, dieser Straße entlang bis zu ihrem Schnittpunkt mit Gemarkungsgrenze Bernau, entlang dieser Gemarkungsgrenze in südlicher Richtung bis zur Langhaldenhütte, den Fußweg entlang bis zum Gasthaus in Mutterslehen; Fahrweg zur Oberibacher Säger, entlang dem Steinenbächle bis zur Urberger Säge–Dachsbergstraße bis zur Horbacher Höhe–Kreisstraße bis Rüttewies, Feldweg in nordwestlicher Richtung über das Weidfeld zur Pflanzschule des Staatswalds Abt. IV, 6, anschließend der verpfählten Linie über die Leonhofwiese entlang der Abteilungslinien zwischen Staatswald Abt. IV, 5–6, zum Glockenbächle bis zum Albstausee – der Staatswaldgrenze entlang über Stein Nr. 67 – Stark-

Lfde. Nr.	Bezeichnung des Rotwild- gebietes	Abgrenzung
		stromleitung zur Straße Höchenschwand – Häusern über den Scheibenfelsen – Taubach bis zu seiner Einmündung in die Schwarza – aufwärts bis zu dem Knickpunkt der Gemarkungsgrenze von Schönenbach, dieser Gemarkungsgrenze folgend bis zur Mettma, die Mettma aufwärts bis zur Forstbezirksgrenze von Schluchsee (etwa 250 m südwestlich Amertsfeld) – dieser Grenze entlang, dann Gemarkungsgrenze Fischbach bis zur Glasbrennerei, von da entlang der Straße bis zur Wegegabelung, dann längs der Straße nach Hinterhäuser bis zum Schnittpunkt mit der Gemarkungsgrenze von Fischbach, dieser Gemarkungsgrenze entlang bis zur Höhe 1095,9 über Kapelle Raitenbuch, Hochspirn, Berger Stierhütte bis Falkauweiher, der Starkstromleitung in südlicher Richtung entlang bis zu ihrem Schnittpunkt mit der Straße Bärental–Altglashütten, dann Straße nach Bärental bis zum Schnittpunkt mit der Gemarkungsgrenze Altglashütten, hierauf in westlicher Richtung längs der Gemarkungsgrenze Altglashütten und Menzenschwand bis zum Hebelhof.
4	Schönbuch	Die staatseigenen Jagdbezirke innerhalb der Linie von der Straßengabel Kälberstelle nach Osten über Punkt 504.6 – Walddorfer Sträßchen bis Punkt 500.6 Hofmeisterweg nach Süden bis zu Punkt 447.4, von da die Judenallee entlang nach Westen bis Punkt 466.2, Einsiedler-Sträßle bis zur Zeitungseiche, der Staatswaldgrenze entlang bis zum Punkt 455.2, von dort in gerader Linie nach Nordwesten bis Kauzwieslesbruck, dann in südwestlicher Richtung der Staatswaldgrenze folgend bis zum Sträßchen Bebenhausen–Entringen, dieses Sträßchen entlang bis zur Wegegabel bei Punkt 435.1, von da in nordwestlicher Richtung über Punkt 460.3 zur Wegspinne südwestlich Paulineneiche, dann über Punkt 473.3 in nordwestlicher Richtung der Schneise entlang bis zum Kaihtal, dieses Tal aufwärts bis Punkt 446.2 (Neue Brücke), von da in gerader Linie bis zu Punkt 551.9 (Eselstritt), der Staatswaldgrenze nach Osten folgend bis Punkt 512.1, dann in südöstlicher Richtung der Straße entlang bis zur Kälberstelle.
5	Allgäu	Von der Friesenhofer Sägmühle (nördlich Friesenhofen) der Eschach entlang bis zur bayerischen Landesgrenze ostwärts Schmidsfelden; im Osten und Süden der bayer. Landesgrenze entlang bis Nellenbruck, von Nellenbruck dem Verlauf der unteren Argen entlang über Großholzleute–Rotenbach bis zur Bahnlinie, die Bahnlinie entlang bis Aigeltshofen, von da Straße Aigeltshofen–Rimpach–Friesenhofen–Friesenhofer Sägmühle.

535

3.
Verordnung zum Schutz gegen die Tollwut (Tollwut-Verordnung)

in der Fassung der Bekanntmachung vom 11. April 2001 (BGBl. I S. 598),
zuletzt geändert durch VO vom 17. Juni 2009 (BGBl. I S. 1337, 1338)

Inhaltsübersicht

ABSCHNITT 1

Begriffsbestimmungen

ABSCHNITT 3

Ordnungswidrigkeiten

ABSCHNITT 1

Begriffsbestimmungen

§ 1

Im Sinne dieser Verordnung liegen vor:
1. Ausbruch der Tollwut, wenn diese durch virologische Untersuchung nach einem in den vom Bundesministerium für Ernährung, Landwirtschaft und Verbraucherschutz im Bundesanzeiger bekannt gemachten Arbeitsanleitungen zur Labordiagnostik von anzeigepflichtigen Tierseuchen (BAnz. S. 18304 vom 12. September 2000) beschriebenen Untersuchungsverfahren festgestellt worden ist;
2. Verdacht des Ausbruchs der Tollwut, wenn das Ergebnis der klinischen Untersuchung, der pathologisch-anatomischen Untersuchung oder der histologischen Untersuchung, jeweils in Verbindung mit epizootiologischen Anhaltspunkten, den Ausbruch der Tollwut befürchten lässt;
3. wirksamer Impfschutz bei Hunden und Katzen, wenn eine Impfung gegen Tollwut
   a) im Falle einer Erstimpfung bei Welpen im Alter von mindestens drei Monaten mindestens 21 Tage nach Abschluss der Grundimmunisierung und längstens um den Zeitraum zurückliegt, den der Impfstoffhersteller für eine Wiederholungsimpfung angibt, oder
   b) im Falle von Wiederholungsimpfungen die Impfungen jeweils innerhalb des Zeitraumes durchgeführt worden sind, den der Impfstoffhersteller für die jeweilige Wiederholungsimpfung angibt.

ABSCHNITT 2

Schutzmaßregeln

Unterabschnitt 1
Allgemeine Schutzmaßregeln

§ 2 Impfungen und Heilversuche

(1) Gegen die Tollwut darf nur mit Impfstoffen aus nicht vermehrungsfähigen (inaktivierten) Erregern geimpft werden. Impfungen seuchenkranker oder verdächtiger Tiere gegen die Tollwut sind verboten. Die Sätze 1 und 2 gelten nicht für die Impfung wild lebender Tiere.

(2) Die zuständige Behörde kann Impfungen gegen die Tollwut anordnen, sofern dies aus Gründen der Seuchenbekämpfung erforderlich ist.

(3) Heilversuche an verdächtigen Tieren sind verboten.

§ 3 Ausnahmen

Die zuständige Behörde kann Ausnahmen zulassen, sofern Belange der Tierseuchenbekämpfung nicht entgegenstehen,
1. von § 2 Abs. 1 Satz 1 für die Impfung mit anderen als den dort bezeichneten Impfstoffen,
2. von § 2 Abs. 1 Satz 1 und 2 für wissenschaftliche Versuche,
3. von § 2 Abs. 1 Satz 2 für ansteckungsverdächtige Tiere, sofern sie zu dem Zeitpunkt, an dem sie tatsächlich oder vermutlich mit seuchenkranken oder seuchenverdächtigen Tieren in Berührung gekommen sind, unter wirksamem Impfschutz gestanden haben.

§ 4 Anzeige von Tierausstellungen

Hunde- und Katzenausstellungen sowie Veranstaltungen ähnlicher Art mit Hunden und Katzen sind der zuständigen Behörde mindestens acht Wochen vor Beginn anzuzeigen. Die zuständige Behörde kann solche Ausstellungen und Veranstaltungen beschränken oder verbieten, wenn es aus Gründen der Seuchenbekämpfung erforderlich ist.

§ 5 Kennzeichnung

Es ist verboten, Hunde außerhalb geschlossener Räume frei laufen zu lassen oder mit sich zu führen, wenn sie nicht ein Halsband, einen Gurt oder ein sonstiges Hundegeschirr tragen, auf oder an dem Name und Anschrift des Besitzers angegeben sind oder an dem eine Steuermarke befestigt ist. Dies gilt nicht für Hunde auf umfriedeten Grundstücken, von denen sie nicht entweichen können, und für Jagdhunde bei jagdlicher Verwendung.

Unterabschnitt 2
Besondere Schutzmaßregeln bei Haustieren

A. Vor amtlicher Feststellung

§ 6

Im Falle des Ausbruchs oder des Verdachts des Ausbruchs der Tollwut in einem Betrieb oder an einem sonstigen Standort gilt vor der amtlichen Feststellung für seuchenverdächtige Haustiere Folgendes:
1. Der Besitzer muss alle Haustiere an ihrem jeweiligen Standort so absondern, dass sie nicht mit Haustieren anderer Besitzer sowie mit Menschen in Berührung kommen können.
2. Verendete oder getötete Haustiere sind so aufzubewahren, dass sie Witterungseinflüssen nicht ausgesetzt sind und dass Menschen oder Tiere nicht mit ihnen in Berührung kommen können. Sie dürfen nur mit Genehmigung der zuständigen Behörde und nur zu diagnostischen Zwecken oder zur unschädlichen Beseitigung aus dem Betrieb oder von dem sonstigen Standort verbracht werden. Sie dürfen nur von einem Tierarzt oder unter dessen Leitung zerlegt werden; das Abtrennen des Kopfes gilt nicht als Zerlegen.
3. Führt die amtstierärztliche Untersuchung bei einem als seuchenverdächtig gemeldeten Haustier nicht zu einem eindeutigen Ergebnis, so ordnet die zustän-

dige Behörde die behördliche Beobachtung des Tieres an; hierzu ist es sicher einzusperren. Die Beobachtung wird aufgehoben, wenn sich der Verdacht auf Grund amtstierärztlicher Untersuchung als unbegründet erwiesen hat.

B. Nach amtlicher Feststellung

§ 7 Tötung und unschädliche Beseitigung

(1) Ist der Ausbruch oder der Verdacht des Ausbruchs der Tollwut in einem Betrieb oder an einem sonstigen Standort amtlich festgestellt, so kann die zuständige Behörde die sofortige Tötung und unschädliche Beseitigung der seuchenverdächtigen Tiere anordnen; bei seuchenverdächtigen Hunden und Katzen hat sie die Tötung und unschädliche Beseitigung anzuordnen.

(2) Abweichend von Absatz 1 kann die zuständige Behörde bei seuchenverdächtigen Hunden oder Katzen anstelle der Tötung und unschädlichen Beseitigung die behördliche Beobachtung bis zur Bestätigung oder Beseitigung des Verdachts anordnen, wenn diese Tiere
1. einen Menschen gebissen haben oder
2. nachweislich unter wirksamem Impfschutz stehen.

(3) Das Schlachten und Abhäuten seuchenverdächtiger Tiere sowie der Verkauf oder Verbrauch einzelner Teile, der Milch oder sonstiger Erzeugnisse solcher Tiere sind verboten.

§ 8 Schutzmaßregeln für den gefährdeten Bezirk

(1) Ist der Ausbruch oder der Verdacht des Ausbruchs der Tollwut bei einem Haustier oder einem wild lebenden Tier amtlich festgestellt worden und kann im Falle der amtlichen Feststellung des Ausbruchs der Tollwut bei einem Haustier eine Infektion in diesem Gebiet auf Grund epizootiologischer Nachforschungen nicht ausgeschlossen werden, so erklärt die zuständige Behörde unter Berücksichtigung der örtlichen Gegebenheiten ein Gebiet mit einer Fläche von mindestens 5 000 Quadratkilometern oder mit einem Radius von mindestens 40 Kilometern um die Tierhaltung, die Abschuss-, Tötungs- oder Fundstelle zum gefährdeten Bezirk und gibt dies öffentlich bekannt. Im Falle der amtlichen Feststellung des Ausbruchs oder des Verdachts des Ausbruchs der Tollwut bei Fledermäusen gilt Absatz 4.

(2) Die zuständige Behörde bringt an den Zugängen zu dem gefährdeten Bezirk und an anderen geeigneten Stellen Schilder mit der deutlichen und haltbaren Aufschrift „Tollwut! Gefährdeter Bezirk" gut sichtbar an.

(3) Im gefährdeten Bezirk dürfen Hunde und Katzen nicht frei laufen gelassen werden. Hiervon ausgenommen sind Hunde, die nachweislich unter wirksamem Impfschutz stehen und die von einer Person begleitet werden, der sie zuverlässig gehorchen, sowie Katzen, die nachweislich unter wirksamem Impfschutz stehen.

(4) Ist der Ausbruch oder der Verdacht des Ausbruchs der Tollwut bei einer Fledermaus amtlich festgestellt worden, so kann die zuständige Behörde das betreffende Gebiet nach Maßgabe des Absatzes 1 Satz 1 zum gefährdeten Bezirk erklären. Die Erklärung ist öffentlich bekannt zu geben. Die Absätze 2 und 3 gelten entsprechend.

§ 9 Schutzmaßregeln bei Ansteckungsverdacht

(1) Für Hunde und Katzen ordnet die zuständige Behörde die sofortige Tötung an, wenn anzunehmen ist, dass sie mit seuchenkranken Tieren in Berührung gekommen sind. Sie kann die sofortige Tötung dieser Hunde und Katzen anordnen, wenn anzunehmen ist, dass sie mit seuchenverdächtigen Tieren in Berührung gekommen sind.

(2) Andere als in Absatz 1 bezeichnete Haustiere, von denen anzunehmen ist, dass sie mit seuchenkranken oder seuchenverdächtigen Tieren in Berührung gekommen sind, sind sofort behördlich zu beobachten.

(3) Absatz 1 gilt nicht für Hunde und Katzen, die nachweislich bei der Berührung unter wirksamem Impfschutz standen. Solche Hunde und Katzen sind sofort behördlich zu beobachten und unverzüglich erneut gegen Tollwut zu impfen. Die zuständige Behörde kann zulassen, dass von der Impfung abgesehen wird, wenn die Tiere bereits mehrmals in kurzen Abständen gegen Tollwut geimpft worden sind.

(4) Die zuständige Behörde kann im Einzelfall für nicht unter wirksamem Impfschutz stehende Hunde und Katzen Ausnahmen von Absatz 1 zulassen, sofern die Tiere sofort für mindestens drei Monate sicher eingesperrt werden und Belange der Seuchenbekämpfung nicht entgegenstehen.

§ 10 Behördliche Beobachtung

(1) Die Dauer der behördlichen Beobachtung nach § 9 Abs. 2 und 3 beträgt sechs Monate. Die zuständige Behörde kann die Dauer bis auf zwei Monate verkürzen, sofern die ansteckungsverdächtigen Tiere vor dem Zeitpunkt, an dem sie tatsächlich oder vermutlich mit tollwutkranken oder seuchenverdächtigen Tieren in Berührung gekommen sind, unter wirksamem Impfschutz standen und unverzüglich erneut gegen Tollwut geimpft werden. § 9 Abs. 3 Satz 3 gilt entsprechend.

(2) Während der behördlichen Beobachtung darf das Tier nur mit Genehmigung der zuständigen Behörde von seinem Standort entfernt werden. Die Nutzung und der Weidegang von Einhufern, Rindern, Schweinen, Schafen und Ziegen sind gestattet; die Nutzung der Hunde bedarf der Genehmigung der zuständigen Behörde. Wird das Tier vom Standort entfernt, so unterliegt es der Beobachtung am neuen Standort.

(3) Statt der behördlichen Beobachtung kann die zuständige Behörde für ansteckungsverdächtige Einhufer, Rinder, Schweine, Schafe und Ziegen die Tötung und unschädliche Beseitigung anordnen, sofern dies aus Gründen der Seuchenbekämpfung erforderlich ist.

Unterabschnitt 3
Besondere Schutzmaßregeln bei wild lebenden Tieren

§ 11 Bei seuchenverdächtigen Tieren

Jagdausübungsberechtigte haben dafür zu sorgen, dass seuchenverdächtigen wild lebenden Tieren sofort nachgestellt wird und dass diese erlegt und unverzüglich unschädlich beseitigt werden. Ausgenommen von der Verpflichtung zur unschädlichen Beseitigung ist Untersuchungsmaterial zur Feststellung der Tollwut; bei Füchsen und kleineren Tieren ist das der ganze Tierkörper, bei größeren Tieren nur der Kopf. Wird das Untersuchungsmaterial nicht der zuständigen Behörde oder einem staatlichen Veterinäruntersuchungsamt abgeliefert, so ist der zuständigen Behörde mitzuteilen, wo es sich befindet.

§ 12 Bei Füchsen

(1) Ist der Ausbruch der Tollwut bei einem Fuchs amtlich festgestellt worden oder liegen sonst gesicherte Anhaltspunkte dafür vor, dass die Tollwut durch den Fuchs verbreitet wird, ordnet die zuständige Behörde eine verstärkte Bejagung, orale Immunisierung und die Untersuchung der Füchse nach Anlage 1 und 2 an, wenn
1. ein Gebiet zum gefährdeten Bezirk nach § 8 Abs. 1 erklärt worden ist oder
2. eine Einschleppung der Tollwut in ein tollwutfreies Gebiet zu befürchten ist.

Der Jagdausübungsberechtigte ist zur verstärkten Bejagung und zur Mitwirkung bei der Auslegung der Impfköder im Rahmen der oralen Immunisierung im Falle einer behördlichen Anordnung nach Satz 1 verpflichtet.

(2) Die zuständige Behörde bestimmt ein Gebiet mit einer Fläche von mindestens 5 000 Quadratkilometern als tollwutfrei, wenn über einen Zeitraum von mindestens vier Jahren oder über einen Zeitraum von mindestens zwei Jahren nach Aufhebung von Schutzmaßregeln nach § 14
1. Tollwut amtlich nicht festgestellt worden ist,
2. keine orale Immunisierung der Füchse durchgeführt worden ist und
3. Füchse nach Anlage 1 untersucht worden sind.

Ein Gebiet gilt auch dann im Sinne von Satz 1 als tollwutfrei, wenn abweichend von Satz 1 Nr. 1 der Ausbruch der Tollwut bei Fledermäusen oder Haustieren amtlich festgestellt worden ist und bei Haustieren eine Infektion in diesem Gebiet auf Grund epizootiologischer Nachforschungen ausgeschlossen werden kann.

(3) Den Zeitraum und das Gebiet, in denen die orale Immunisierung nach Absatz 1 durchzuführen ist, die Art der Impfköderauslage, die Impfstrategie, die Anzahl der Impfköder und den Abschluss der Impfmaßnahmen bestimmt die zuständige oberste Landesbehörde im Benehmen mit dem Friedrich-Loeffler-Institut, Bundesforschungsinstitut für Tiergesundheit; dabei sind die Epizootiologie der Seuche und die landschaftsstrukturellen Gegebenheiten zugrunde zu legen.

(4) Die zuständige oberste Landesbehörde kann eine großflächige orale Immunisierung zum Schutz gegen die Einschleppung der Tollwut oder zum Schutz gegen die Ausbreitung der Tollwut anordnen.

Unterabschnitt 4
Desinfektion

§ 13

Nach Tötung und unschädlicher Beseitigung der verdächtigen Tiere muss der Besitzer die Ställe oder sonstigen Standorte sowie sämtliche Gegenstände, die Träger des Seuchenerregers sein können, unverzüglich nach näherer Anweisung des beamteten Tierarztes reinigen und desinfizieren.

Unterabschnitt 5
Aufhebung der Schutzmaßregeln

§ 14

(1) Die zuständige Behörde hebt Schutzmaßregeln auf, die sie wegen des Ausbruchs oder des Verdachts des Ausbruchs der Tollwut bei einem Haustier angeordnet hat, wenn die Tollwut bei Haustieren erloschen ist oder der Verdacht auf Tollwut bei Haustieren beseitigt ist oder sich als unbegründet erwiesen hat. Die Tollwut bei Haustieren gilt als erloschen und der Verdacht auf Tollwut bei Haustieren gilt als beseitigt, wenn die seuchenkranken Haustiere oder seuchenverdächtigen Hunde und Katzen verendet oder getötet worden sind, die toten Tiere unschädlich beseitigt worden sind und die Desinfektion nach näherer Anweisung des beamteten Tierarztes durchgeführt und von ihm abgenommen worden ist.

(2) Die zuständige Behörde hebt Schutzmaßregeln auf, die sie wegen des Ausbruchs der Tollwut oder des Verdachts des Ausbruchs der Tollwut bei einem wild lebenden Tier angeordnet hat, wenn die Tollwut bei wild lebenden Tieren erloschen ist oder der Verdacht auf Tollwut bei wild lebenden Tieren beseitigt ist oder sich als unbegründet erwiesen hat. Die Tollwut bei wild lebenden Tieren gilt als erloschen, wenn in dem gefährdeten Bezirk
1. über einen Zeitraum von mindestens zwei Jahren keine orale Immunisierung der Füchse durchgeführt, während dieser Zeit Tollwut amtlich nicht festgestellt und eine Untersuchung von Füchsen nach Anlage 1 durchgeführt worden ist oder
2. über einen Zeitraum von mindestens drei Jahren die orale Immunisierung der Füchse durchgeführt, während dieser Zeit Tollwut amtlich nicht festgestellt und eine Untersuchung von Füchsen nach Anlage 1 und 2 durchgeführt worden ist.

ABSCHNITT 3

Ordnungswidrigkeiten

§ 15

(1) Ordnungswidrig im Sinne des § 76 Abs. 2 Nr. 1 Buchstabe b des Tierseuchengesetzes handelt, wer vorsätzlich oder fahrlässig
1. einer vollziehbaren Anordnung nach § 2 Abs. 2, § 4 Satz 2, § 6 Nr. 3 Satz 1, § 7 Abs. 1, § 9 Abs. 1, § 10 Abs. 3 oder § 12 Abs. 1 Satz 1 oder Abs. 3 oder
2. einer mit einer Genehmigung nach § 3, § 6 Nr. 2 Satz 2, nach § 9 Abs. 3 Satz 3, auch in Verbindung mit § 10 Abs. 1 Satz 3, nach § 9 Abs. 4 oder § 10 Abs. 2 Satz 1 oder 2 verbundenen vollziehbaren Auflage
zuwiderhandelt.

(2) Ordnungswidrig im Sinne des § 76 Abs. 2 Nr. 2 des Tierseuchengesetzes handelt, wer vorsätzlich oder fahrlässig
1. entgegen § 2 Abs. 1 Satz 1 oder 2 eine Impfung oder entgegen § 2 Abs. 3 einen Heilversuch durchführt,

2. entgegen § 4 Satz 1 eine Tierausstellung oder eine Veranstaltung ähnlicher Art nicht oder nicht rechtzeitig anzeigt,
3. entgegen § 5 Satz 1 einen Hund außerhalb geschlossener Räume ohne die vorgeschriebene Kennzeichnung frei laufen lässt oder mit sich führt,
4. entgegen § 6 Nr. 1 ein Haustier nicht absondert,
5. entgegen § 6 Nr. 2 Satz 1 ein verendetes oder getötetes Haustier aufbewahrt oder entgegen § 6 Nr. 2 Satz 3 zerlegt,
6. ohne Genehmigung nach
   a) § 6 Nr. 2 Satz 2 ein verendetes oder getötetes Haustier verbringt,
   b) § 10 Abs. 2 Satz 1 ein Tier entfernt oder
   c) § 10 Abs. 2 Satz 2 einen Hund nutzt,
7. entgegen § 7 Abs. 3 ein seuchenverdächtiges Tier schlachtet oder abhäutet oder einzelne Teile, Milch oder ein sonstiges Erzeugnis eines solchen Tieres verkauft oder verbraucht,
8. entgegen § 8 Abs. 3 Satz 1 in einem gefährdeten Bezirk einen Hund oder eine Katze frei laufen lässt,
9. entgegen § 11 Satz 1 nicht dafür sorgt, dass einem seuchenverdächtigen wild lebenden Tier sofort nachgestellt wird, dieses erlegt und unschädlich beseitigt wird oder
10. einer Vorschrift des § 13 über die Reinigung und Desinfektion zuwiderhandelt.

Anlage 1

(zu § 12 Abs. 1 Satz 1 und Abs. 2 Satz 1 Nr. 3 und § 14 Abs. 2 Satz 2)

Untersuchung von Füchsen auf Tollwut

1. **Stichprobenumfang**
Es müssen jährlich mindestens acht Füchse pro 100 km² untersucht werden. Ist in einem Gebiet über einen Zeitraum von mindestens vier Jahren Tollwut amtlich nicht festgestellt worden, kann die Untersuchungsdichte auf wenigstens vier Füchse pro 100 km² reduziert werden.

2. **Auswahlkriterien**
a) Alle verendeten, kranken, verhaltensgestörten oder anderweitig auffälligen Füchse sind in die Untersuchung einzubeziehen.
b) Die Stichproben sind auf das gesamte Einzugsgebiet, auf die flächenanteilige Beteiligung aller Gemeinden oder auf die Jagdbezirke zufällig zu verteilen.
c) In Zeiten erhöhter Exposition (Ranz, Raubmündigkeit) hat eine verstärkte Beprobung verendeter, kranker und verhaltensauffälliger Füchse zu erfolgen.

Anlage 2

(zu § 12 Abs. 1 Satz 1 und § 14 Abs. 2 Nr. 2)

Untersuchung von Füchsen zur Kontrolle des Impferfolges

1. **Stichprobenumfang**
In einem Gebiet mit einer Fläche von mindestens 5000 km² oder mit einem Radius von mindestens 40 km um die Abschuss-, Tötungs- oder Fundstelle müssen

bei einer statistischen Sicherheit von 95 % und einer angenommenen Immunisierungsrate von 70 % bei einer Schätzgenauigkeit von 5 % jährlich 323 Füchse untersucht werden.

2. **Auswahlkriterien**

a) Die Stichproben sind auf das gesamte Untersuchungsgebiet gleichmäßig zu verteilen.

b) Die Stichproben sind zufällig auszuwählen, wobei in einem Zeitraum von vier Wochen nach der Köderauslage keine Stichproben erfolgen und Jungfüchse bis zur Herbstauslage nicht untersucht werden sollten, sofern nicht spezielle Untersuchungsprogramme durchgeführt werden. Im Falle einer Untersuchung auf Grund eines speziellen Untersuchungsprogramms sind die Jungfüchse altersmäßig zu kennzeichnen.

4.
Verordnung zum Schutz gegen die Schweinepest und die Afrikanische Schweinepest (Schweinepest-Verordnung)

in der Fassung vom 20. Dezember 2005 (BGBl. I S. 3547),
zuletzt geändert durch Verordnung vom 18. Dezember 2009 (BGBl. I S. 3939)

– Auszug –

3. Schutzmaßregeln für den Sperrbezirk und das Beobachtungsgebiet

§ 11 Sperrbezirk

(2)   Die zuständige Behörde kann

5.   anordnen, dass Jagdausübungsberechtigte von jedem erlegten Wildschwein Proben zur virologischen und serologischen Untersuchung auf Schweinepest oder Afrikanische Schweinepest zu entnehmen, zu kennzeichnen und zusammen mit dem Tierkörper, dem Aufbruch und dem Begleitschein der von der zuständigen Behörde festgelegten Wildsammelstelle oder Aufnahmestelle zuzuführen haben.

7. Schutzmaßregeln beim Auftreten der Schweinepest oder der Afrikanischen Schweinepest bei Wildschweinen

§ 14 a Gefährdeter Bezirk

(1)   Im Falle des Verdachts auf Schweinepest oder Afrikanische Schweinepest bei einem Wildschwein ordnet die zuständige Behörde die serologische und virologische Untersuchung der erlegten oder verendeten Wildschweine an und führt epidemiologische Nachforschungen durch.

(2)   Ist der Ausbruch der Schweinepest oder der Afrikanischen Schweinepest bei einem Wildschwein amtlich festgestellt, so legt die zuständige Behörde das Gebiet um die Abschuss- oder Fundstelle als gefährdeten Bezirk fest. Hierbei berücksichtigt sie die mögliche Weiterverbreitung des Erregers, die Wildschweinpopulation, Tierbewegungen innerhalb der Wildschweinpopulation, natürliche Grenzen sowie Überwachungsmöglichkeiten. Die Festlegung eines gefährdeten Bezirks und dessen Änderung oder Aufhebung werden von der zuständigen Behörde öffentlich bekannt gemacht und nachrichtlich im Bundesanzeiger veröffentlicht.

(3)   Die zuständige Behörde bringt an den Hauptzufahrtswegen zu dem gefährdeten Bezirk und an geeigneten Stellen Schilder mit der deutlichen und haltbaren Aufschrift

1. im Falle der Schweinepest „Schweinepest bei Wildschweinen – Gefährdeter Bezirk",
2. im Falle der Afrikanischen Schweinepest „Afrikanische Schweinepest bei Wildschweinen – Gefährdeter Bezirk"

gut sichtbar an.

(4) Mit Bekanntgabe der Festlegung des gefährdeten Bezirks haben Tierhalter im gefährdeten Bezirk

1. der zuständigen Behörde unverzüglich
    a) die Anzahl der gehaltenen Schweine unter Angabe ihrer Nutzungsart und ihres Standorts,
    b) verendete oder erkrankte, insbesondere fieberhaft erkrankte Schweine

anzuzeigen,

2. die Schweine so abzusondern, dass sie nicht mit Wildschweinen in Berührung kommen können,
3. geeignete Desinfektionsmöglichkeiten an den Ein- und Ausgängen der Ställe oder sonstigen Standorte einzurichten,
4. verendete und erkrankte Schweine, bei denen der Verdacht auf Schweinepest oder Afrikanische Schweinepest nicht ausgeschlossen werden kann, nach näherer Anweisung der zuständigen Behörde serologisch oder virologisch auf Schweinepest oder Afrikanische Schweinepest untersuchen zu lassen,
5. Futter, Einstreu und sonstige Gegenstände, mit denen Schweine in Berührung kommen können, für Wildschweine unzugänglich aufzubewahren,
6. sicherzustellen, dass Hunde das Betriebsgelände nur unter Aufsicht verlassen.

(5) Außerdem gilt für den gefährdeten Bezirk Folgendes:

1. Auf öffentlichen oder privaten Straßen oder Wegen, ausgenommen auf betrieblichen Wegen, dürfen Schweine nicht getrieben werden.
2. Schweine dürfen weder in einen noch aus einem Betrieb im gefährdeten Bezirk verbracht werden.
3. Sperma, Eizellen und Embryonen von Schweinen dürfen zum Zwecke des innergemeinschaftlichen Handels aus dem gefährdeten Bezirk nicht verbracht werden.
4. Personen, die mit Wildschweinen in Berührung gekommen sind, haben Reinigungs- und Desinfektionsmaßnahmen nach näherer Anweisung der zuständigen Behörde durchzuführen.
5. Teile erlegter oder verendet aufgefundener Wildschweine sowie Gegenstände, mit denen Wildschweine in Berührung gekommen sein können, dürfen in einen Betrieb nicht verbracht werden.

. . .

(8) Die zuständige Behörde kann für den gefährdeten Bezirk, unter Berücksichtigung epidemiologischer Erkenntnisse

1. Maßnahmen in Bezug auf die Tötung von Wildschweinen einschließlich der Verpflichtung der Jagdausübungsberechtigten zur Mitwirkung und
2. die Reinigung von Personen und Fahrzeugen, die mit Wildschweinen in Berührung kommen können,

anordnen.

(9) Liegen gesicherte Anhaltspunkte dafür vor, dass die Schweinepest oder die Afrikanische Schweinepest durch Wildschweine verbreitet wird und ist eine Einschleppung der Schweinepest oder der Afrikanischen Schweinepest in ein bisher

seuchenfreies Gebiet zu befürchten, kann die zuständige Behörde geeignete jagdliche Maßnahmen zur verstärkten Bejagung auch in diesem Gebiet anordnen.

§ 14 b Notimpfung bei Wildschweinen

Die zuständige oberste Landesbehörde kann, vorbehaltlich der Zustimmung durch die Kommission der Europäischen Gemeinschaften, für den gefährdeten Bezirk oder für ein bestimmtes Gebiet innerhalb des gefährdeten Bezirks die Durchführung von Notimpfungen gegen Schweinepest bei Wildschweinen anordnen, wenn dies aus Gründen der Seuchenbekämpfung erforderlich ist. Zu diesem Zweck erstellt die zuständige oberste Landesbehörde einen Notimpfplan, der insbesondere Angaben enthält über die Seuchensituation, das Impfgebiet, die voraussichtliche Zahl der zu impfenden Wildschweine, das Impfverfahren einschließlich Maßnahmen zur Impfung von Jungtieren, die Dauer der Impfmaßnahmen, die Wirksamkeit des zu verwendenden Impfstoffs, Maßnahmen zur Vermeidung einer Ausbreitung des Impfvirus, zur Reduzierung der Jungtiere und zur Überprüfung der Ergebnisse durch die zuständige Behörde. Im Falle einer behördlichen Anordnung nach Satz 1 ist der Jagdausübungsberechtigte zur Mitwirkung bei der Auslegung der Impfköder im Rahmen der Notimpfung verpflichtet.

§ 14 c Maßregeln zur Erkennung der Schweinepest oder der Afrikanischen Schweinepest

(1) Zur Erkennung der Schweinepest oder der Afrikanischen Schweinepest bei Wildschweinen gilt im gefährdeten Bezirk Folgendes:
1. Jagdausübungsberechtigte haben
   a) jedes erlegte Wildschwein unverzüglich nach näherer Anweisung der zuständigen Behörde zu kennzeichnen und einen von ihr vorgegebenen Begleitschein auszustellen;
   b) von jedem erlegten Wildschwein unverzüglich Proben nach näherer Anweisung der zuständigen Behörde zur virologischen und serologischen Untersuchung auf Schweinepest oder Afrikanische Schweinepest zu entnehmen, zu kennzeichnen und zusammen mit dem Tierkörper, dem Aufbruch und dem Begleitschein der durch die zuständige Behörde festgelegten Wildsammel- oder Annahmestelle zuzuführen;
   c) dafür Sorge zu tragen, dass bei Gesellschaftsjagden das Aufbrechen der Tiere und die Sammlung des Aufbruchs zentral an einem Ort erfolgt;
   d) jedes verendet aufgefundene Wildschwein unverzüglich unter Angabe des Fundorts der zuständigen Behörde anzuzeigen und der zuständigen Untersuchungseinrichtung zur virologischen und serologischen Untersuchung auf Schweinepest oder Afrikanische Schweinepest zuzuleiten; Buchstabe a gilt entsprechend.
2. Die zuständige Behörde ordnet an, dass der Aufbruch jedes erlegten Wildschweins in einem Verarbeitungsbetrieb für Material der Kategorie 1 oder 2 nach Artikel 13 der Verordnung (EG) Nr. 1774/2002 unschädlich zu beseitigen ist.
3. Wird bei einem erlegten Wildschwein Schweinepest oder Afrikanische Schweinepest auf Grund eines virologischen Untersuchungsergebnisses amtlich festgestellt, so ordnet die zuständige Behörde die unschädliche Beseitigung des Tierkörpers in einem Verarbeitungsbetrieb für Material der Katego-

rie 1 oder 2 nach Artikel 13 der Verordnung (EG) Nr. 1774/2002 an; sie ordnet die unschädliche Beseitigung weiterer Tierkörper an, wenn diese durch Kontakt kontaminiert sein können.

4. Wird bei einem erlegten Wildschwein ein serologischer Befund (Antikörpernachweis) erhoben, so kann die zuständige Behörde die unschädliche Beseitigung des Tierkörpers in einem Verarbeitungsbetrieb für Material der Kategorie 1 oder 2 nach Artikel 13 der Verordnung (EG) Nr. 1774/2002 anordnen.

Die zuständige Behörde kann anordnen, dass erlegte Wildschweine nur an von ihr bestimmten Stellen aufgebrochen werden dürfen.

(2) Zur Erkennung der Schweinepest oder der Afrikanischen Schweinepest bei Wildschweinen kann die zuständige Behörde für ein von ihr bestimmtes Gebiet anordnen, dass Jagdausübungsberechtigte

1. von erlegten Wildschweinen Proben entnehmen und der zuständigen Untersuchungseinrichtung zur virologischen und serologischen Untersuchung auf Schweinepest oder Afrkanische Schweinepest zuleiten und

2. verendet aufgefundene Wildschweine unter Angabe des Fundorts der zuständigen Behörde anzeigen und der zuständigen Untersuchungseinrichtung zur virologischen und serologischen Untersuchung auf Schweinepest oder Afrikanische Schweinepest zuleiten.

(3) Die zuständige oberste Landesbehörde kann, sofern eine Notimpfung der Wildschweine nach § 14 b durchgeführt worden ist, frühestens sechs Monate nach dem letzten Nachweis von Schweinepest oder Afrikanischer Schweinepest bei Wildschweinen Ausnahmen von den Kennzeichnungs- und Untersuchungspflichten nach Absatz 1 Nr. 1 Buchstabe a, b und d genehmigen, soweit Belange der Seuchenbekämpfung nicht entgegenstehen.

§ 14 e Seuchenausbruch bei Wildschweinen in einem benachbarten Mitgliedstaat

Wird auf dem Gebiet eines benachbarten Mitgliedstaats der Ausbruch der Schweinepest oder der Afrikanischen Schweinepest bei Wildschweinen innerhalb einer Entfernung von zehn Kilometern von der deutschen Grenze festgestellt und der für das angrenzende Gebiet im Inland zuständigen Behörde amtlich zur Kenntnis gebracht, so ordnet diese die Maßnahmen entsprechend den §§ 14 a bis 14 d an.

5.
Tierische Nebenprodukte

5.1
Tierische Nebenprodukte-Beseitigungsgesetz (TierNebG)

vom 25. Januar 2004 (BGBl. I S. 82),
zuletzt geändert durch Verordnung vom 7. Mai 2009 (BGBl. I S. 1044)

– Auszug –

§ 1 Geltungsbereich

Dieses Gesetz dient der Durchführung der Verordnung (EG) Nr. 1774/2002 des Europäischen Parlaments und des Rates vom 3. Oktober 2002 mit Hygienevorschriften für nicht für den menschlichen Verzehr bestimmte tierische Nebenprodukte (ABl. EG Nr. L 273 S. 1), zuletzt geändert durch die Verordnung (EG) Nr. 777/2008 vom 4. August 2008 (ABl. L 207 vom 5.8.2008, S. 9), und der zu ihrer Durchführung ergangenen Rechtsakte der Europäischen Gemeinschaft.

§ 2 Zuständigkeit

Die Durchführung der in § 1 genannten unmittelbar geltenden Rechtsakte der Europäischen Gemeinschaft, der Vorschriften dieses Gesetzes und der auf Grund dieses Gesetzes erlassenen Rechtsvorschriften obliegt den zuständigen Landesbehörden, im Bereich der Bundeswehr den zuständigen Dienststellen der Bundeswehr, soweit gesetzlich nicht anderes bestimmt ist.

§ 3 Verpflichtung zur Verarbeitung und Beseitigung

(1) Die nach Landesrecht zuständigen Körperschaften des öffentlichen Rechts (Beseitigungspflichtige) haben, soweit nach der Verordnung (EG) Nr. 1774/2002 tierische Nebenprodukte
1. der Kategorie 1 im Sinne des Artikels 4 Abs. 1 der Verordnung (EG) Nr. 1774/2002 oder
2. der Kategorie 2 im Sinne des Artikels 5 Abs. 1 der Verordnung (EG) Nr. 1774/2002 – ausgenommen Milch, Kolostrum, Gülle sowie Magen- und Darminhalt –

abzuholen, zu sammeln, zu befördern, zu lagern, zu behandeln, zu verarbeiten oder zu beseitigen sind, die Voraussetzung für die Abholung, Sammlung, Beförderung, Lagerung, Behandlung, Verarbeitung und Beseitigung zu schaffen. Sie sind vorbehaltlich des § 4 und unbeschadet des Artikels 24 der Verordnung (EG) Nr. 1774/2002 verpflichtet, das in ihrem Gebiet anfallende
1. Material der Kategorie 1 gemäß Artikel 4 Abs. 2 und 3 der Verordnung (EG) Nr. 1774/2002,
2. Material der Kategorie 2 – ausgenommen Milch, Kolostrum, Gülle sowie Magen- und Darminhalt – gemäß Artikel 5 Abs. 2 und 3 der Verordnung (EG) Nr. 1774/2002,

abzuholen, zu sammeln, zu befördern, zu lagern, zu behandeln, zu verarbeiten und zu beseitigen. Sie können sich zur Erfüllung dieser Pflicht Dritter bedienen. Satz 2 gilt auch für verendete wild lebende Tiere, sofern die zuständige Behörde eine Verarbeitung und Beseitigung anordnet.

(2) Die zuständige Behörde kann nach Anhörung der Beseitigungspflichten einer natürlichen oder juristischen Person des Privatrechts, die einen Verarbeitungsbetrieb, eine Verbrennungsanlage oder eine Mitverbrennungsanlage betreibt, für das in Absatz 1 Satz 1 bezeichnete Material die Pflicht zur Abholung, Sammlung, Beförderung, Lagerung, Behandlung, Verarbeitung oder Beseitigung von Nebenprodukten übertragen, soweit

1. keine überwiegenden öffentlichen Interessen entgegenstehen,
2. der Verarbeitungsbetrieb, die Verbrennungsanlage oder die Mitverbrennungsanlage die in Artikel 12 bis 14 der Verordnung (EG) Nr. 1774/2002 genannten Bedingungen für die jeweiligen Art der Verarbeitung erfüllt und
3. gewährleistet ist, dass die übrigen Vorschriften der Verordnung (EG) Nr. 1774/2002, dieses Gesetzes sowie der auf Grund dieses Gesetzes erlassenen Rechtsvorschriften beachtet werden.

Die Übertragung kann ganz oder teilweise erfolgen. Bei Teilübertragung kann sie mit der Auflage verbunden werden, dass der Verarbeitungsbetrieb, die Verbrennungsanlage oder die Mitverbrennungsanlage das in einem Gebiet anfallende Material abzuholen, zu sammeln, zu befördern, zu lagern, zu behandeln, zu verarbeiten oder zu beseitigen hat, sofern das öffentliche Interesse dies erfordert. Ein Rechtsanspruch auf Übertragung besteht nicht.

(3) Die zuständige Behörde kann den Verarbeitungsbetrieb, die Verbrennungsanlage oder die Mitverbrennungsanlage verpflichtet, gegen angemessenes Entgelt, bei dem Aufwand und Ertrag zu berücksichtigen sind, einer anderen Beseitigungspflichtigen vorübergehend die Mitbenutzung des Betriebes zur Verarbeitung oder Beseitigung des in Absatz 1 Satz 1 bezeichneten Materials, das außerhalb des Einzugsbereichs des Verarbeitungsbetriebs, der Verbrennungsanlage oder der Mitverbrennungsanlage anfällt, zu gestatten, soweit dies zumutbar ist und die Beseitigungspflichtige das Material anders nichts zweckmäßig oder nur mit erheblichen Mehrkosten verarbeiten oder beseitigen kann. Kommt eine Einigung über das Entgelt nicht zustande, so wird es durch die zuständige Behörde festgesetzt.

(4) Soweit und solange dem Verarbeitungsbetrieb, der Verbrennungsanlage oder der Mitverbrennungsanlage Tätigkeiten nach Absatz 2 übertragen worden sind, ist dieser Betrieb oder diese Anlage Beseitigungspflichtige im Sinne dieses Gesetzes, soweit im Folgenden nichts anderes bestimmt ist. Im gleichen Umfang ist die Beseitigungspflichtige nach Ansatz 1 Satz 1 von ihrer Verpflichtung entbunden.

§ 4 Ausnahmen

Die zuständige Behörde kann Ausnahmen von § 3 Abs. 1 Satz 1 und 2 genehmigen

1. für tierische Nebenprodukte, die
   a) zu Diagnose-, Lehr- und Forschungszwecken oder
   b) zum Zwecke der Präparation von Tierkörpern und Tierkörperteilen in nach Artikel 18 der Verordnung (EG) Nr. 1774/2002 zugelassenen Anlagen verwendet werden.
2. für die Verfütterung von Material der Kategorie 2 im Sinne des Artikels 5 Abs. 1 der Verordnung (EG) Nr. 1774/2002, sofern es von Tieren stammt, die

nicht auf Grund einer auf Mensch oder Tier übertragbaren Krankheit verendet sind oder getötet wurden, an in Artikel 23 Abs. 2 Buchstabe c der Verordnung (EG) Nr. 1774/2002 genannten Tiere.

Ferner kann die zuständige Behörde Ausnahmen von Artikel 6 Abs. 2 und 3 der Verordnung (EG) Nr. 1774/2002 genehmigen für Material der Kategorie 3 im Sinne des Artikels 6 Abs. 1 Buchstabe a bis j der Verordnung (EG) Nr. 1774/2002 und – vorbehaltlich des Artikels 22 des Verordnung (EG) Nr. 1774/2002 – des Artikels 6 Abs. 1 Buchstabe l der Verordnung (EG) Nr. 1774/2002, das an in Artikel 23 Abs. 2 Buchstabe c der Verordnung (EG) NR. 1774/2002 genannte Tiere verfüttert werden oder zu den in Satz 1 Nr. 1 genannten Zwecken verwendet werden soll.

§ 7 Meldepflicht

(1) Der Besitzer hat der Beseitigungspflichtigen, in deren Einzugsbereich das in § 3 Abs. 1 bezeichnete Material anfällt, unverzüglich zu melden, wenn das Material angefallen ist.

(2) Der Meldung bedarf es nicht, wenn
1. das in § 3 Abs. 1 Satz 1 bezeichnete Material regelmäßig abgeholt wird,
2. Tiere auf behördliche Anordnung getötet worden sind oder ihre Beseitigung behördlich angeordnet worden ist,
3. es sind um Material im Sinne des § 3 Abs. 1 Satz 1 Nr. 2 handelt, das an in Artikel 23 Abs. 2 Buchstabe c der Verordnung (EG) Nr. 1774/2002 genannte Tiere verfüttert werden soll,
4. verendete Tiere von dem Besitzer bei der Beseitigungspflichtigen abgeliefert werden,
5. verendete oder getötete Tiere zu diagnostischen Zwecken in eine staatliche Untersuchungseinrichtung oder in eine von der zuständigen Behörde bestimmte Untersuchungseinrichtung verbracht werden,
6. die Beseitigung toter Heimtiere durch Vergraben zugelassen ist.

(3) Fremde oder herrenlose Körper von Vieh, Wild, Hunden oder Katzen sind,
1. wenn sie auf einem Gründstück anfallen, von dem Grundstücksbesitzer,
2. wenn sie auf öffentlichen Straßen oder Plätzen anfallen, von dem Straßenbaulastträger,
3. wenn sie in Gewässern anfallen, von dem zur Unterhaltung Verpflichteten
unverzüglich zu melden.

(4) Der Besitzer des in § 3 Abs. 1 Satz 1 bezeichneten Materials hat dieses der Beseitigungspflichtigen zu überlassen.

§ 8 Abholungspflicht

(1) Die Beseitigungspflichtige hat das in § 3 Abs. 1 Satz 1 bezeichnete Material nach Maßgabe des Artikels 7 Abs. 1, 2 und 5 der Verordnung (EG) Nr. 1774/2002 unverzüglich abzuholen, zu sammeln, zu befördern und zu lagern. Satz 1 gilt nicht für die in § 7 Abs. 2 Nr. 4 bezeichneten Tiere sowie für kleine Heimtiere aus privaten Haushaltungen, mit Ausnahmen von Hunden und Katzen.

(2) Die Beseitigungspflichtige hat ferner das in § 3 Abs. 1 Satz 1 bezeichnete Material, sofern es in zugelassenen Zwischenbehandlungsbetrieben gelagert wird,

zeitlich in solchen Abständen abzuholen, dass eine ordnungsgemäße Verarbeitung und Beseitigung gesichert ist.

(3) Bei der Abholung hat der Besitzer das in § 3 Abs. 1 Satz 1 bezeichnete Material herauszugeben. Er hat die Beseitigungspflichtige darüber hinaus unentgeltlich zu unterstützen, insbesondere bei der Heranschaffung der tierischen Nebenprodukte aus besonders verkehrsungünstig gelegenem Gelände bis zur nächsten befahrbaren Straße.

§ 9 Ablieferungspflicht

(1) Soweit eine Verarbeitung und Beseitigung des in § 3 Abs. 1 Satz 1 bezeichneten Materials vorgeschrieben ist und eine Abholungspflicht nach § 8 nicht besteht, ist der Besitzer von tierischen Nebenprodukten verpflichtet, diese bei einem von der Beseitigungspflichtigen bestimmten Verarbeitungsbetrieb, zugelassenen Zwischenbehandlungsbetrieb oder einer von dieser bestimmten Verbrennungsanlagen oder Mitverbrennungsanlage unverzüglich abzuliefern.

(2) Die Pflicht nach Absatz 1 besteht nicht, wenn der Besitzer sichergestellt hat, dass die Beseitigungspflichtige die tierischen Nebenprodukte abholt.

§ 10 Aufbewahrungspflicht

Bis zur Abholung durch die Beseitigungspflichtige oder bis zur Ablieferung hat der Besitzer das in § 3 Abs. 1 Satz 1 bezeichnete Material jeweils getrennt nach den in der Verordnung (EG) Nr. 1774/2002 bestimmten Kategorien und getrennt von anderen Abfällen sowie geschützt vor Witterungseinflüssen so aufzubewahren, dass Menschen nicht unbefugt und Tiere nicht mit diesem Material in Berührung kommen können. Verendete oder getötete Tiere dürfen während dieser Zeit nicht abgehäutet, geöffnet oder zerlegt werden. Nach der Abholung hat der Besitzer die Behältnisse oder Örtlichkeiten, in denen das in § 3 Abs. 1 Satz 1 bezeichnet Material aufbewahrt worden ist, unverzüglich zu reinigen und zu desinfizieren. Das Verbot nach Satz 2 gilt nicht für Zerlegungen durch den beamteten Tierarzt oder die beamtete Tierärztin – im Falle seiner oder ihrer Verhinderung – durch einen beauftragten anderen Tierarzt oder eine beauftragte andere Tierärztin.

5.2
Gesetz zur Ausführung
des Tierische Nebenprodukte-Beseitigungsgesetzes
(AGTierNebG)

vom 14. Dezember 2004 (GBl. S. 914)

– Auszug –

§ 1 Beseitigungspflichtige

Die Stadt- und Landkreise sind Beseitigungspflichtige im Sinne von § 3 Abs. 1 des Tierische Nebenprodukte-Beseitigungsgesetzes (TierNebG) vom 25. Januar 2004 (BGBl. I S. 82). Das Gesetz über kommunale Zusammenarbeit bleibt unberührt.

§ 2 Einzugsbereiche

(1) Die Einzugsbereiche werden nach § 6 Abs. 1 TierNebG vom Ministerium für Ernährung und Ländlichen Raum im Einvernehmen mit dem Innenministerium nach Anhörung der Beseitigungspflichtigen durch Rechtsverordnung bestimmt. Die ungefähre Beschreibung der Einzugsbereiche genügt, wenn diese in Karten dargestellt sind, die einen Bestandteil der Rechtsverordnung bilden.

(2) Das in § 3 Abs. 1 Satz 1 TierNebG bezeichnete Material kann mit Zustimmung des Regierungspräsidiums in Verarbeitungsbetrieben, Verbrennunganlagen oder Mitverbrennungsanlagen im Sinne von § 3 Abs. 2 TierNebG auch außerhalb der nach Absatz 1 bestimmten Einzugsbereiche behandelt, verarbeitet oder beseitigt werden.

(3) Tierkörper von Heimtieren nach Artikel 2 Buchst. h der Verordnung (EG) Nr. 1774/2002 des Europäischen Parlaments und des Rates vom 3. Oktober 2002 mit Hygienevorschriften für nicht für den menschlichen Verzehr bestimmte tierische Nebenprodukte (ABl. EG Nr. L 273 S. 1) in der jeweils geltenden Fassung (Verordnung (EG) Nr. 1774/2002) unterfallen nicht der Einzugsbereichsregelung nach Absatz 1, wenn sie

1. auf hierfür besonders zugelassenen Plätzen vergraben oder

2. auf eigenem Gelände, nicht jedoch in Wasserschutzgebieten und nicht in unmittelbarer Nähe öffentlicher Wege und Plätze unter einer mindestens 50 cm starken Erdschicht vergraben oder

3. durch Verbrennen in einer zugelassenen Verbrennungsanlage gemäß Artikel 4 Abs. 2 der Verordnung (EG) Nr. 1774/2002 beseitigt werden.

§ 5 Zuständigkeiten

(1) Das Ministerium für Ernährung und Ländlichen Raum regelt durch Rechtsverordnung die Zuständigkeit zur Durchführung der Vorschriften über die Ver-

arbeitung und Beseitigung von nicht für den menschlichen Verzehr bestimmten tierischen Nebenprodukten. Soweit nichts anderes bestimmt ist, ist die untere Verwaltungsbehörde zuständig; an ihrer Stelle ist das Regierungspräsidium zuständig, wenn die Gebietskörperschaft, für deren Bezirk die untere Verwaltungsbehörde zuständig ist, selbst unmittelbar beteiligt ist,

(2) Die zuständige Behörde erlässt die erforderlichen Anordnungen und trifft sonstige Maßnahmen zur Beseitigung festgestellter Verstöße und zur Verhütung künftiger Verstöße gegen die in Absatz 1 genannten Vorschriften.

(3) Die übergeordneten Behörden können im Einzelfall die Zuständigkeit an sich ziehen, soweit eine Aufgabe in den Dienstbezirken mehrerer nachgeordneter Behörden sachgerecht nur einheitlich wahrgenommen werden kann.

6.
Waldgesetz für Baden-Württemberg
(Landeswaldgesetz — LWaldG)

in der Fassung der Bekanntmachung vom 31. August 1995 (GBl. S. 685),
zuletzt geändert durch Gesetz vom 10. November 2009 (GBl. S. 645, 658)

– Auszug –

§ 1 Gesetzeszweck

Zweck dieses Gesetzes ist

1. den Wald wegen seines wirtschaftlichen Nutzens (Nutzfunktion) und wegen seiner Bedeutung für die Umwelt, insbesondere für die dauernde Leistungsfähigkeit des Naturhaushalts, das Klima, den Wasserhaushalt, die Reinhaltung der Luft, die Bodenfruchtbarkeit, die Tier- und Pflanzenwelt, das Landschaftsbild, die Agrar- und Infrastruktur und die Erholung der Bevölkerung (Schutz- und Erholungsfunktion) zu erhalten, erforderlichenfalls zu mehren und seine ordnungsgemäße Bewirtschaftung nachhaltig zu sichern,

2. die Forstwirtschaft zu fördern und den Waldbesitzer bei der Erfüllung seiner Aufgaben nach diesem Gesetz zu unterstützen,

3. einen Ausgleich zwischen dem Interesse der Allgemeinheit und den Belangen der Waldbesitzer herbeizuführen.

§ 2 Wald

(1) Wald im Sinne dieses Gesetzes ist jede mit Forstpflanzen (Waldbäume und Waldsträucher) bestockte Grundfläche.

(2) Als Wald gelten auch kahl geschlagene oder verlichtete Grundflächen, Waldwege, Waldeinteilungs- und Sicherungsstreifen, Waldblößen und Lichtungen, Waldwiesen, Wildäsungsplätze sowie Holzlagerplätze.

(3) Als Wald gelten ferner im Wald liegende oder mit ihm verbundene

1. Pflanzgärten und Leitungsschneisen,

2. Waldparkplätze und Flächen mit Erholungseinrichtungen,

3. Teiche, Weiher, Gräben und andere Gewässer von untergeordneter Bedeutung unbeschadet der wasser-, fischerei- und naturschutzrechtlichen Vorschriften,

4. Moore, Heiden und Ödflächen, soweit sie zur Sicherung der Funktionen des angrenzenden Waldes erforderlich sind,

sowie weitere dem Wald dienende Flächen.

(4) In der Flur oder im bebauten Gebiet gelegene kleinere Flächen, die mit einzelnen Baumgruppen, Baumreihen oder mit Hecken bestockt sind oder als Baumschulen verwendet werden, Weihnachtsbaum- und Schmuckreisigkulturen sowie zum Wohnbereich gehörende Parkanlagen sind nicht Wald im Sinne dieses Gesetzes.

(5) Wald im Sinne der Absätze 1 bis 3 ist in Waldverzeichnisse einzutragen. Geschützte Waldgebiete sind als solche zu kennzeichnen. Die Waldverzeichnisse werden von der Forstbehörde geführt.

§ 4 Begriffsbestimmungen

Im Sinne dieses Gesetzes sind

1. Waldbesitzer:
   Waldeigentümer sowie Nutzungsberechtigte, die unmittelbare Besitzer des Waldes sind;
2. Walderzeugnisse:
   pflanzliche Erzeugnisse des Waldes wie
   a) Waldbäume und -sträucher oder Teile davon,
   b) Samen, Nüsse, Beeren, Zapfen, Pilze und sonstige wild wachsende Waldfrüchte (Waldfrüchte),
   c) Moose, Farne, Gräser, Schilf, Blumen und Kräuter (Waldpflanzen),
   d) Harz und Streu;
3. Waldwege:
   die nicht dem öffentlichen Verkehr gewidmeten Wege im Staats-, Körperschafts- und Privatwald;
4. Erholungseinrichtungen:
   landschaftsbezogene Einrichtungen im und am Wald, die der Erholung der Bevölkerung dienen.

§ 5 Ziele und Aufgaben der forstlichen Rahmenplanung

(1) Zur Ordnung und Verbesserung der Waldstruktur kann eine forstliche Rahmenplanung durchgeführt werden mit dem Ziel, die für die Entwicklung der Lebens- und Wirtschaftsverhältnisse notwendigen Funktionen des Waldes nach § 1 Nr. 1 zu sichern.

(2) Die Ziele der Raumordnung und Landesplanung sind bei der forstlichen Rahmenplanung zu beachten.

§§ 6–21

(hier nicht abgedruckt)

§ 22 Umweltvorsorge im Rahmen der Bewirtschaftung des Waldes

(1) Die Umwelt, der Naturhaushalt und die Naturgüter sind bei der Bewirtschaftung des Waldes zu erhalten und zu pflegen.

(2) Die Vielfalt und natürliche Eigenart der Landschaft sind zu berücksichtigen. Auf die Anlage und Pflege naturgemäß aufgebauter Waldränder ist besonders zu achten. Der einheimischen Tier- und Pflanzenwelt sind ausreichende Lebensräume zu erhalten; die Erfordernisse zur Erhaltung eines gesunden und angemessenen Wildbestandes sind zu berücksichtigen.

(3) Natürliche Erholungsmöglichkeiten sind zu erhalten und zu entwickeln.

(4) Die Forstbehörden sollen darauf hinwirken, dass bei der Bewirtschaftung des Waldes die in Absatz 1 bis 3 genannten Grundsätze, insbesondere die Belange der Landschaftspflege, berücksichtigt werden.

§§ 23–30

(hier nicht abgedruckt)

§ 30 a Biotopschutzwald

(1) Biotopschutzwald ist Wald, der dem Schutz und der Erhaltung von seltenen Waldgesellschaften sowie von Lebensräumen seltener wild wachsender Pflanzen und wild lebender Tiere dient.

(2) Zum Biotopschutzwald gehören

1. naturnahe Schlucht-, Blockhalden- und Hangschuttwälder,
2. regional seltene, naturnahe Waldgesellschaften,
3. Tobel, Klingen, Kare und Toteislöcher im Wald mit naturnaher Begleitvegetation,
4. Wälder als Reste historischer Bewirtschaftungsformen und strukturreiche Waldränder

in der in der Anlage zu diesem Gesetz beschriebenen Ausprägung. Der Schutz weiterer Biotope im Wald, insbesondere von naturnahen Brach-, Sumpf- und Auwäldern sowie von naturnahen Wäldern trockenwarmer Standorte einschließlich ihrer Staudensäume, richtet sich nach § 32 des Naturschutzgesetzes.

(3) Alle Handlungen, die zu einer Zerstörung oder erheblichen oder nachhaltigen Beeinträchtigung von Biotopschutzwald führen können, sind verboten. Weitergehende Verbote in Rechtsverordnungen und Satzungen über geschützte Gebiete und Gegenstände nach dem Naturschutzgesetz sowie nach §§ 29 bis 33 und § 36 bleiben unberührt.

(4) Die Pflege von Biotopschutzwald sowie von nach § 32 des Naturschutzgesetzes besonders geschützten Biotopen im Wald erfolgt unbeschadet der besonderen Zweckbestimmung im Rahmen der Bewirtschaftung des Waldes nach den Vorschriften des § 12. Zulässig ist weiterhin, Pflege- und Unterhaltungsmaßnahmen durchzuführen, die zur Erhaltung oder Wiederherstellung der Biotopschutzwälder notwendig sind.

(5) Die Forstbehörde kann Ausnahmen von den Verboten des Absatzes 3 Satz 1 zulassen, wenn

1. überwiegende Gründe des Gemeinwohls diese erfordern,
2. keine erheblichen oder nachhaltigen Beeinträchtigungen des Biotopschutzwaldes und der Lebensstätten gefährdeter Tier- und Pflanzenarten zu erwarten sind oder
3. durch Ausgleichsmaßnahmen in angemessener Zeit ein gleichartiger Biotopschutzwald geschaffen wird.

In Naturschutzgebieten lässt die höhere Naturschutzbehörde die Ausnahmen zu. Die Ausnahme wird durch eine nach anderen Vorschriften erforderliche behördliche Gestattung ersetzt, wenn diese im Einvernehmen mit der für die Erteilung der Ausnahme zuständigen Behörde erteilt wird.

(6) Wenn dem Waldbesitzer die Beibehaltung der seitherigen Art des Biotopschutzwaldes wirtschaftlich nicht zumutbar ist, sollen die Nachteile im Rahmen der verfügbaren Haushaltsmittel vertraglich bezahlt oder angemessen ausgeglichen werden. Vertragliche Regelungen haben Vorrang. Ein Ausgleich ist auch zu

gewähren, wenn dem Waldbesitzer Einschränkungen im Interesse der nachhaltigen Sicherung des Biotopschutzwaldes oder die Durchführung von Maßnahmen auferlegt werden. § 30 Abs. 2 Satz 2 gilt entsprechend.

(7) Biotopschutzwald wird durch die Waldbiotopkartierung (§ 7 Abs. 4) abgegrenzt und beschrieben sowie in Karten und Verzeichnisse mit deklaratorischer Bedeutung eingetragen, die fortgeschrieben werden sollen. Die Karten und Verzeichnisse liegen bei der Forstbehörde und den Gemeinden zur Einsicht für jedermann aus. Die Forstbehörden weisen auf die Auslegung der Karten und Listen zur Einsicht für jedermann durch ortsübliche Bekanntmachung hin.

(8) Das Ministerium regelt das Verhalten zur Einbeziehung der nach § 32 des Naturschutzgesetzes besonders geschützten Biotope im Wald in die Waldbiotopkartierung sowie zur Beteiligung der Waldbesitzer bei der Abgrenzung dieser Biotope durch Verwaltungsvorschrift.

(9) Die Forstbehörde teilt Eigentümern und sonstigen Nutzungsberechtigten auf Anfrage mit, ob sich auf ihrem Grundstück ein Biotopschutzwald befindet oder ob eine bestimmte Handlung verboten ist.

§ 31

(hier nicht abgedruckt)

§ 32 Waldschutzgebiete

(1) Wald kann mit Zustimmung des Waldbesitzers durch Rechtsverordnung der höheren Forstbehörde zum Waldschutzgebiet (Bannwald oder Schonwald) erklärt werden, wenn es zur Sicherung der ungestörten natürlichen Entwicklung einer Waldgesellschaft mit ihren Tier- und Pflanzenarten oder zur Erhaltung oder Erneuerung einer bestimmten Waldgesellschaft mit ihren Tier- und Pflanzenarten oder eines bestimmten Bestandsaufbaus geboten erscheint, forstliche Maßnahmen zu unterlassen oder durchzuführen. Der Schutzzweck ist in der Rechtsverordnung festzulegen. Soweit die Rechtsverordnung Bestimmungen zum Artenschutz enthält, sind diese mit der höheren Naturschutzbehörde abzustimmen.

(2) Bannwald ist ein sich selbst überlassenes Waldreservat. Pflegemaßnahmen sind nicht erlaubt; anfallendes Holz darf nicht entnommen werden. Die Forstbehörde kann Bekämpfungsmaßnahmen zulassen oder anordnen, wenn Forstschädlinge oder Naturereignisse angrenzende Wälder erheblich gefährden. Die Anlage von Fußwegen ist zulässig.

(3) Schonwald ist ein Waldreservat, in dem eine bestimmte Waldgesellschaft mit ihren Tier- und Pflanzenarten, ein bestimmter Bestandsaufbau oder ein bestimmter Waldbiotop zu erhalten, zu entwickeln oder zu erneuern ist. Die Forstbehörde legt Pflegemaßnahmen mit Zustimmung des Waldbesitzers fest.

(4) Angrenzender Wald ist so zu bewirtschaften, dass Waldschutzgebiete nicht beeinträchtigt werden.

(5) In der Rechtsverordnung nach Absatz 1 können
1. Pflegemaßnahmen im Wald nach Art und Umfang vorgeschrieben werden,
2. Vorschriften über das Verhalten der Waldbesucher erlassen werden,
3. die Jagdausübung besonders geregelt werden.

(6) Waldschutzgebiete, die durch Erklärung der höheren Forstbehörde festgesetzt wurden, sind innerhalb eines Zeitraums von zehn Jahren nach Inkrafttreten dieses Gesetzes durch Rechtsverordnung neu auszuweisen. Eine Beteiligung der Träger öffentlicher Belange oder benachbarter Waldbesitzer ist nicht erforderlich, wenn die Abgrenzung der Waldschutzgebiete nicht oder nur unwesentlich verändert wird. § 36 Abs. 2, 3 und 4 kommt in diesen Fällen nicht zur Anwendung.

§ 33 Erholungswald

(1) Wald in verdichteten Räumen, in der Nähe von Städten und größeren Siedlungen, Heilbädern, Kur- und Erholungsorten sowie in Erholungsräumen kann durch Rechtsverordnung zu Erholungswald erklärt werden, wenn es das Wohl der Allgemeinheit erfordert, Waldflächen für Zwecke der Erholung zu schützen, zu pflegen oder zu gestalten.

(2) Soweit es sich um einen Erholungswald mit überwiegend örtlicher Bedeutung handelt und der Erholungswald auf dem Gebiet nur einer Gemeinde liegt, kann die Erklärung nach Absatz 1 durch Satzung der Gemeinde erfolgen. Die Satzung bedarf der Zustimmung der höheren Forstbehörde.

(3) In der Rechtsverordnung oder der Satzung können
1. die Bewirtschaftung des Waldes nach Art und Umfang vorgeschrieben werden,
2. die Jagdausübung zum Schutze der Waldbesucher beschränkt werden,
3. die Waldbesitzer verpflichtet werden, den Bau, die Errichtung und die Unterhaltung von Waldwegen und Erholungseinrichtungen sowie die Beseitigung von störenden Anlagen oder Einrichtungen zu dulden und
4. Vorschriften über das Verhalten der Waldbesucher erlassen werden.

(4) Privatwald soll nur dann zu Erholungswald erklärt werden, wenn Staatswald und Körperschaftswald zur Sicherung des Erholungsbedürfnisses nicht ausreichen oder wegen ihrer Lage nicht oder nur geringfügig für die Erholung in Anspruch genommen werden.

(5) Im Erholungswald können Erholungseinrichtungen geschaffen und unterhalten werden. Im Körperschaftswald und im Privatwald obliegt dies den Gemeinden als freiwillige Aufgabe.

§ 34 Gehege im Wald

(1) Die Errichtung und die Erweiterung eines Geheges im Wald bedarf der Genehmigung der Forstbehörde. Sie entscheidet im Einvernehmen mit den beteiligten Behörden; § 46 Abs. 3 Satz 2 des Naturschutzgesetzes bleibt unberührt.

(2) Die Genehmigung ist zu versagen, wenn
1. der Wald erheblich geschädigt wird,
2. die Unterbringung und Pflege der Tiere den Anforderungen der Tierhygiene und des Tierschutzes nicht entsprechen,
3. für die Allgemeinheit dringend erforderliche Waldflächen für den allgemeinen Zutritt gesperrt werden müssen oder
4. Landschaftspflege, Naturschutz und Umweltvorsorge wesentlich beeinträchtigt werden.

(3) Die Forstbehörde ist zuständige Landesbehörde im Sinne von § 4 Nr. 20 Buchst. a des Umsatzsteuergesetzes, sofern sie nach § 34 Abs. 1 Satz 1 Genehmigungsbehörde ist.

(4) Sofern bei Gehegen, die bei Inkrafttreten dieses Gesetzes bestehen, Versagungsgründe nach Absatz 2 vorliegen, kann die höhere Forstbehörde die erforderlichen Maßnahmen anordnen. Die Beseitigung des Geheges kann angeordnet werden, soweit nicht auf andere Weise rechtmäßige Zustände hergestellt werden können.

§§ 35, 36

(hier nicht abgedruckt)

§ 37 Betreten des Waldes

(1) Jeder darf Wald zum Zwecke der Erholung betreten. Das Betreten des Waldes erfolgt auf eigene Gefahr. Neue Sorgfalts- oder Verkehrssicherungspflichten der betroffenen Waldbesitzer oder sonstiger Berechtigter werden dadurch, vorbehaltlich anderer Rechtsvorschriften, nicht begründet. Wer den Wald betritt, hat sich so zu verhalten, dass die Lebensgemeinschaft Wald und die Bewirtschaftung des Waldes nicht gestört, der Wald nicht gefährdet, beschädigt oder verunreinigt sowie die Erholung anderer nicht beeinträchtigt wird.

(2) Organisierte Veranstaltungen bedürfen der Genehmigung durch die Forstbehörde.

(3) Das Fahren mit Krankenfahrstühlen (auch mit Motorantrieb), das Radfahren und das Reiten im Wald sind nur auf Straßen und hierfür geeigneten Wegen gestattet. Auf Fußgänger ist Rücksicht zu nehmen. Nicht gestattet ist das Reiten auf gekennzeichneten Wanderwegen unter 3 m Breite und auf Fußwegen, das Radfahren auf Wegen unter 2 m Breite sowie das Reiten und Radfahren auf Sport- und Lehrpfaden; die Forstbehörde kann Ausnahmen zulassen. § 52 Abs. 2 Satz 2 des Naturschutzgesetzes bleibt unberührt.

(4) Ohne besondere Befugnis ist nicht zulässig

1. das Fahren und das Abstellen von Kraftfahrzeugen oder Anhängern im Wald,
2. das Zelten und das Aufstellen von Bienenstöcken im Wald,
3. das Betreten von gesperrten Waldflächen und Waldwegen,
4. das Betreten von Waldflächen und Waldwegen während der Dauer des Einschlags oder der Aufbereitung von Holz,
5. das Betreten von Naturverjüngungen, Forstkulturen und Pflanzgärten,
6. das Betreten von forstbetrieblichen und jagdbetrieblichen Einrichtungen.

(5) Der Waldbesitzer hat die Kennzeichnung von Waldwegen zur Ausübung des Betretens zu dulden. Die Kennzeichnung bedarf der Genehmigung der Forstbehörde.

(6) Die Vorschriften des Straßenverkehrsrechts bleiben unberührt, ebenso andere Vorschriften des öffentlichen Rechts, die das Betreten des Waldes (Absatz 1 und Absatz 3) einschränken oder solche Einschränkungen zulassen.

(7) Zäune sind auf das zur Durchführung einer ordnungsgemäßen Forstwirtschaft notwendige Maß zu beschränken und dürfen das zulässige Betreten des

Waldes unbeschadet des Absatzes 4 Nr. 2 bis 5 nicht verhindern oder unzumutbar erschweren. Zäune sind zu beseitigen, soweit sie nicht für die Erhaltung der Bewirtschaftung des Waldes erforderlich sind. Die Beseitigung von Zäunen, die nach anderen öffentlich-rechtlichen Vorschriften angeordnet worden sind, kann nur im Einvernehmen mit der hierfür zuständigen Behörde verlangt werden.

§ 38 Sperren von Wald

(1) Der Waldbesitzer kann aus wichtigem Grund, insbesondere aus Gründen des Forstschutzes, der Wald- und Wildbewirtschaftung, zum Schutze der Waldbesucher, zur Vermeidung erheblicher Schäden oder zur Wahrung anderer schutzwürdiger Interessen des Waldbesitzers das Betreten des Waldes einschränken (Sperrung). Die Sperrung bedarf der Genehmigung der Forstbehörde. Die Sperrung kann auch von Amts wegen erfolgen. Die höhere Forstbehörde wird ermächtigt, Waldgebiete aus den Gründen des Satzes 1 durch Rechtsverordnung zu sperren. § 54 Abs. 1 des Naturschutzgesetzes findet keine Anwendung.

(2) Eine Sperrung für die Dauer bis zu zwei Monaten bedarf keiner Genehmigung. Sie ist der Forstbehörde unverzüglich anzuzeigen; sie kann die Aufhebung der Sperre anordnen.

(3) Das Ministerium wird ermächtigt, durch Rechtsverordnung die Art und Kennzeichnung der Sperrung zu bestimmen.

§ 39 (aufgehoben)

§ 40 Aneignung von Waldfrüchten und Waldpflanzen

(1) Jeder darf sich Waldfrüchte, Streu und Leseholz in ortsüblichem Umfang aneignen und Waldpflanzen, insbesondere Blumen und Kräuter, die nicht über einen Handstrauß hinausgehen, entnehmen. Die Entnahme hat pfleglich zu erfolgen. Die Entnahme von Zweigen von Waldbäumen und -sträuchern bis zur Menge eines Handstraußes ist nicht strafbar. Dies gilt nicht für die Entnahme von Zweigen in Forstkulturen und von Gipfeltrieben sowie das Ausgraben von Waldbäumen und -sträuchern.

(2) Vorschriften des öffentlichen Rechts, die diese Vorschriften einschränken, bleiben unberührt.

§ 41 Waldgefährdung durch Feuer

(1) Wer in einem Wald oder in einem Abstand von weniger als 100 Meter vom Wald

1. außerhalb einer eingerichteten und gekennzeichneten Feuerstelle ein Feuer anzündet oder unterhält oder offenes Licht gebraucht,

2. Bodendecken sowie Pflanzen oder Pflanzenreste unbeschadet der abfall- und naturschutzrechtlichen Vorschriften flächenweise abbrennt,

3. eine Anlage, mit der die Einrichtung oder der Betrieb einer Feuerstelle verbunden ist, errichtet,

bedarf der vorherigen Genehmigung der Forstbehörde. Die Genehmigung darf nur erteilt werden, wenn eine Gefährdung des Waldes durch Feuer nicht zu befürchten ist.

(2) Einer Genehmigung nach Absatz 1 bedürfen nicht
1. in den Fällen des Absatzes 1 Nr. 1
    a) der Waldbesitzer und Personen, die er in seinem Wald beschäftigt,
    b) die zur Jagdausübung Berechtigten und die Imker während der Ausübung
       ihrer Tätigkeit,
    c) Personen bei der Durchführung behördlich angeordneter oder genehmig-
       ter Arbeiten,
    d) Besitzer auf ihrem Grundstück, sofern der Abstand des Feuers zum Wald
       mindestens 30 Meter beträgt;
2. in den Fällen des Absatzes 1 Nr. 3 Personen für die Errichtung einer Anlage,
    die baurechtlich oder gewerberechtlich genehmigt wurde.

(3) In der Zeit vom 1. März bis 31. Oktober darf im Wald nicht geraucht werden.
Dies gilt nicht für den in Absatz 2 Nr. 1 Buchst. a und b genannten Personenkreis.

(4) Brennende oder glimmende Gegenstände dürfen im Wald sowie im Abstand
von weniger als 100 Meter vom Wald nicht weggeworfen oder sonst unvorsichtig
gehandhabt werden.

§§ 42–61

(hier nicht abgedruckt)

§ 62 Forstbehörden

Forstbehörden sind
1. das Ministerium als oberste Forstbehörde,
2. das Regierungspräsidium Freiburg, zuständig auch für den Regierungsbezirk
    Karlsruhe, sowie das Regierungspräsidium Tübingen, zuständig auch für den
    Regierungsbezirk Stuttgart und die Körperschaftsforstdirektionen als höhere
    Forstbehörden,
3. die unteren Verwaltungsbehörden und die körperschaftlichen Forstämter als
    untere Forstbehörden.

§ 63

(hier nicht abgedruckt)

§ 64 Zuständigkeit von Forstbehörden

(1) Soweit in diesem Gesetz oder in den auf Grund dieses Gesetzes erlassenen
Rechtverordnungen nichts anderes bestimmt ist, ist die untere Forstbehörde sachlich zuständig.

(2) Für den Körperschaftswald nimmt die Körperschaftsforstdirektion die Aufgaben der höheren Forstbehörde nach diesem Gesetz wahr.

(3) Örtlich zuständig ist die Forstbehörde, in deren Bezirk die Aufgaben wahr-
zunehmen sind. Erstreckt sich die Aufgabe auf die Bezirke mehrerer Forstbehörden,
so bestimmt die gemeinsame übergeordnete Behörde die zuständige Forstbehörde.

(4) Die höhere Forstbehörde ist in ihrem Bezirk nach fachlicher Weisung der
obersten Fachbehörde für die Steuerung und Koordinierung der Wahrnehmung

der Aufgaben der Landesforstverwaltung zuständig. Dies gilt auch für die Dienstleistungsaufgaben der unteren Forstbehörden im Körperschaftswald und Privatwald. Die Fachaufsicht im Rahmen der Erfüllung der Aufgaben nach § 65 Abs. 1 bleibt unberührt.

(5) Für die Übertragung der Bewilligungsfunktion sowie der Funktion des technischen Prüfdienstes auf die Forstbehörden für Ausgaben zu Lasten der Europäischen Gemeinschaft gilt § 29 d des Landwirtschafts- und Landeskulturgesetzes in seiner jeweils geltenden Fassung entsprechend.

§§ 64 a–77

(hier nicht abgedruckt)

§ 78 Forstschutz

Der Forstschutz umfasst die Aufgabe
1. Gefahren, die dem Wald und den seinen Funktionen dienenden Einrichtungen durch Dritte drohen, abzuwehren und Störungen der öffentlichen Sicherheit oder Ordnung im Wald zu beseitigen sowie
2. rechtswidrige Handlungen Dritter zu verfolgen, die einen Bußgeldtatbestand im Sinne des § 83 oder des § 85 Abs. 2 oder einen sonstigen auf den Schutz des Waldes oder seiner Einrichtungen gerichteten Straf- oder Bußgeldtatbestand verwirklichen.

§ 79 Ausübung des Forstschutzes; Forstschutzbeauftragte

(1) Der Forstschutz obliegt
1. der Forstbehörde,
2. den Forstschutzbeauftragten.

(2) Forstschutzbeauftragte sind
1. die Bediensteten im forstlichen Revierdienst der unteren Forstbehörde und der Körperschaften,
2. Privatforstbedienstete, wenn sie nach § 80 verpflichtet sind.

(3) Soweit ein Bedürfnis besteht, kann die Forstbehörde in begrenztem Umfang die Rechte und Pflichten eines Forstschutzbeauftragten auf sonstige Personen übertragen. Das Ministerium wird ermächtigt, das Nähere durch Rechtsverordnung zu regeln.

(4) Die Forstschutzbeauftragten haben bei der Ausübung des Forstschutzes die Stellung von Polizeibeamten im Sinne des Polizeigesetzes. § 67 Abs. 2 Satz 3 und 4 gilt entsprechend.

(5) Der Forstschutz ist unter Aufsicht der Forstbehörde und nach deren näherer Weisung auszuüben.

(6) Die Befugnisse des Polizeivollzugsdienstes bleiben unberührt.

§ 80 Verpflichtung der Privatforstbediensteten

(1) Die Verpflichtung der Privatforstbediensteten als Forstschutzbeauftragte obliegt der Forstbehörde.

(2) Verpflichtet werden auf Antrag des Waldbesitzers Personen, die eine für Forstbedienstete des Landes vorgeschriebene Ausbildung oder eine gleichwertige Ausbildung mit Erfolg abgeschlossen haben. Der Antrag ist abzulehnen, wenn Bedenken gegen die Zuverlässigkeit oder die Eignung zum Forstschutz bestehen.

§ 81 Weitere Aufgaben der Forstschutzbeauftragten

(1) Die Forstschutzbeauftragten sind im Rahmen ihrer Dienstaufgaben verpflichtet, rechtswidrige Handlungen, die einen auf den Schutz der Natur oder Umwelt gerichteten Straf- oder Bußgeldtatbestand verwirklichen,
1. zu verhüten,
2. ihre Fortsetzung zu verhindern und
3. anzuzeigen.

(2) Die Forstschutzbeauftragten haben bei der Verfolgung der in Absatz 1 genannten Handlungen mitzuwirken, soweit dies gesetzlich besonders bestimmt ist.

§ 82

(hier nicht abgedruckt)

§ 83 Allgemeine Ordnungswidrigkeiten

(1) Ordnungswidrig handelt, wer vorsätzlich oder fahrlässig im Wald oder in einem Abstand von weniger als 100 Meter von einem Wald
1. ein Vorhaben nach § 41 Abs. 1 ohne die erforderliche Genehmigung ausführt,
2. entgegen § 41 Abs. 4 brennende oder glimmende Gegenstände wegwirft oder sonst unvorsichtig handhabt,
3. ein genehmigtes offenes Feuer oder Licht, ein Feuer in einer eingerichteten und gekennzeichneten Feuerstelle, oder ein offenes Feuer oder Licht, das keiner Genehmigung bedarf, unbeaufsichtigt oder ohne ausreichende Sicherungsmaßnahmen lässt, oder Auflagen, die mit der Genehmigung verbunden sind, nicht befolgt.

(2) Ordnungswidrig handelt auch, wer vorsätzlich oder fahrlässig
1. entgegen § 37 Abs. 3 im Wald außerhalb von Straßen und Wegen oder auf gekennzeichneten Wanderwegen unter 3 Meter Breite, auf Fußwegen oder auf Sport- und Lehrpfaden reitet oder im Wald außerhalb von Straßen und Wegen oder auf Wegen unter 2 Meter Breite oder auf Sport- und Lehrpfaden radfährt,
2. entgegen § 37 Abs. 1 im Wald die Erholung anderer Waldbesucher beeinträchtigt, insbesondere durch ungebührlichen Lärm, wie Schreien, Gröhlen, Missbrauch von Musikinstrumenten oder Musikapparaten,
3. entgegen § 37 Abs. 4 Wald oder forstbetriebliche oder jagdbetriebliche Einrichtungen, deren Betreten nicht zulässig ist, unbefugt betritt,
4. entgegen § 37 Abs. 4 unbefugt fährt, Kraftfahrzeuge oder Anhänger abstellt, zeltet oder unbefugt Verkaufsstände aufstellt,
5. entgegen § 37 Abs. 2 organisierte Veranstaltungen ohne Genehmigung der Forstbehörde durchführt oder an solchen Veranstaltungen teilnimmt,

6. entgegen § 41 Abs. 3 in der Zeit vom 1. März bis 31. Oktober im Wald unbefugt raucht,

7. einer auf Grund von § 70 Nr. 2 oder 3 ergangenen Polizeiverordnung zuwiderhandelt, wenn diese ausdrücklich auf diese Bußgeldvorschrift verweist,

8. Erholungseinrichtungen im Wald missbräuchlich benutzt oder verunreinigt oder im Bereich von Kinderspielplätzen, Spiel- und Liegewiesen und Wassertretanlagen Hunde frei laufen lässt,

9. im Wald Vorrichtungen, die zum Sperren von Wegen oder die dem Schutz der Einrichtungen nach § 37 Abs. 4 Nr. 5 und 6 dienen, unbefugt öffnet, offenstehen lässt, entfernt oder unbrauchbar macht,

10. im Wald Zeichen oder Vorrichtungen, die zur Abgrenzung, Absperrung, Vermessung oder als Wegweiser dienen, oder Zeichen, die zur Kennzeichnung an Walderzeugnissen angebracht sind, unbefugt zerstört, beschädigt, unbrauchbar macht, verändert oder entfernt,

11. im Wald Zeichen oder Vorrichtungen der in Nummer 10 genannten Art unbefugt anbringt,

12. das zur Bewässerung eines Waldgrundstückes dienende Wasser unbefugt ableitet und dadurch dieses oder ein anderes Waldgrundstück nachteilig beeinflusst oder Gräben, Wälle, Rinnen oder andere Anlagen, die der Be- oder Entwässerung von Waldgrundstücken dienen, unbefugt verändert, beschädigt oder beseitigt,

13. geerntete Walderzeugnisse unbefugt von ihrem Standort entfernt, ihre Stützen wegnimmt oder diese umwirft,

14. im Wald Aufschüttungen oder Abgrabungen unbefugt vornimmt,

15. im Wald Ameisenhaufen zerstört oder beschädigt oder Ameisen oder deren Puppen unbefugt einsammelt,

16. im Wald unbefugt Vieh treibt, Vieh weidet oder weiden lässt.

(3) Ordnungswidrig handelt auch, wer vorsätzlich oder fahrlässig einer auf Grund dieses Gesetzes ergangenen Rechtsverordnung, Satzung oder Anordnung zuwiderhandelt, wenn diese für einen bestimmten Tatbestand auf diese Bußgeldvorschrift verweist.

(4) Die Ordnungswidrigkeit kann mit einer Geldbuße bis zu 2500 Euro, in besonders schweren Fällen bis zu 10000 Euro, geahndet werden.

§§ 84–91, Anlage

(hier nicht abgedruckt)

7.
Unfallverhütung

7.1
Siebtes Buch Sozialgesetzbuch
– Gesetzliche Unfallversicherung –

vom 7. August 1996 (BGBl. I S. 1254),
zuletzt geändert durch Gesetz vom 17. Juli 2009 (BGBl. I S. 1974, 1975)

– Auszug –

§ 1 Prävention, Rehabilitation, Entschädigung

Aufgabe der Unfallversicherung ist es, nach Maßgabe der Vorschriften dieses Buches
1. mit allen geeigneten Mitteln Arbeitsunfälle und Berufskrankheiten sowie arbeitsbedingte Gesundheitsgefahren zu verhüten,
2. nach Eintritt von Arbeitsunfällen oder Berufskrankheiten die Gesundheit und die Leistungsfähigkeit der Versicherten mit allen geeigneten Mitteln wiederherzustellen und sie oder ihre Hinterbliebenen durch Geldleistungen zu entschädigen.

§ 2 Versicherung kraft Gesetzes

(1) Kraft Gesetzes sind versichert
1. Beschäftigte,
   ...
5. Personen, die
   a) Unternehmer eines landwirtschaftlichen Unternehmens sind und ihre im Unternehmen mitarbeitenden Ehegatten oder Lebenspartner,
(2)–(4) ...

§ 4 Versicherungsfreiheit

(2) Von der Versicherung nach § 2 Abs. 1 Nr. 5 sind frei
1. Personen, die aufgrund einer vom Fischerei- oder Jagdausübungsberechtigten erteilten Erlaubnis als Fischerei oder Jagdgast fischen oder jagen.

§ 15 Unfallverhütungsvorschriften

(1) Die Unfallversicherungträger können unter Mitwirkung der Deutschen Gesetzlichen Unfallversicherung e. V. als autonomes Recht Unfallverhütungsvorschriften über Maßnahmen zur Verhütung von Arbeitsunfällen, Berufskrankheiten und arbeitsbedingten Gesundheitsgefahren oder für eine wirksame Erste Hilfe erlassen, soweit dies zur Prävention geeignet und erforderlich ist und staatliche Arbeitsschutzvorschriften hierüber keine Regelung treffen; in diesem Rahmen können Unfallverhütungsvorschriften erlassen werden über

1. Einrichtungen, Anordnungen und Maßnahmen, welche die Unternehmer zur Verhütung von Arbeitsunfällen, Berufskrankheiten und arbeitsbedingten Gesundheitsgefahren zu treffen haben, sowie die Form der Übertragung dieser Aufgaben auf andere Personen,
2. das Verhalten der Versicherten zur Verhütung von Arbeitsunfällen, Berufskrankheiten und arbeitsbedingten Gesundheitsgefahren,
3. ...

§ 209 Bußgeldvorschriften

(1) Ordnungswidrig handelt, wer vorsätzlich oder fahrlässig
1. einer Unfallverhütungsvorschrift nach § 15 Abs. 1 oder 2 zuwiderhandelt, soweit sie für einen bestimmten Tatbestand auf diese Bußgeldvorschrift verweist,

(2) ...

(3) Die Ordnungswidrigkeit kann in den Fällen des Absatzes 1 Nr. 1 bis 3 mit einer Geldbuße bis zu zehntausend Euro, in den Fällen des Absatzes 2 mit einer Geldbuße bis zu fünftausend Euro, in den übrigen Fällen mit einer Geldbuße bis zu zweitausendfünfhundert Euro geahndet werden.

§ 210 Zuständige Verwaltungsbehörde

Verwaltungsbehörde im Sinne des § 36 Abs. 1 Nr. 1 des Gesetzes über Ordnungswidrigkeiten ist der Unfallversicherungsträger.

7.2
Unfallverhütungsvorschrift Jagd (VSG 4.4) der Landwirtschaftlichen Berufsgenossenschaften

vom 1. Januar 2000
(Stand: 14. Dezember 2007)

Inhaltsübersicht

§ 1 Grundsätze

Diese Unfallverhütungsvorschrift gilt für den Umgang mit Waffen und Munition sowie für die Ausübung der Jagd.

§ 2 Waffen und Munition

(1) Es dürfen nur Schusswaffen verwendet werden, die den Bestimmungen des Waffengesetzes entsprechen und nach dem Bundesjagdgesetz für jagdliche Zwecke zugelassen sind. Die Waffen müssen funktionssicher sein und dürfen nur bestimmungsgemäß verwendet werden.

Durchführungsanweisung zu Absatz 1
1. Eine Waffe ist z. B. funktionssicher, wenn sie zuverlässig gesichert werden kann, ihr Verschluss dicht ist und wenn sie keine Laufaufbauchungen, Laufdellen oder die Funktionssicherheit beeinträchtigende Rostnarben aufweist.
2. Keine bestimmungsgemäße Verwendung ist z. B. die Benutzung der Waffe zum
   – Niederhalten von Zäunen beim Übersteigen,
   – Aufstoßen von Hochsitzluken,
   – Erschlagen des Wildes.
3. Auf die einschlägigen Bestimmungen
   – des Waffengesetzes (WaffG),
   – der Verordnungen zum Waffengesetz (WaffV),
   – der Verwaltungsvorschrift zum Waffengesetz (Waff VwV)
   – des Bundesjagdgesetzes (BJagdG)
wird hingewiesen.

(2) Es darf nur die für die jeweilige Schusswaffe bestimmte Munition in einwandfreiem Zustand verwendet werden.

Durchführungsanweisung zu Absatz 2
1. Hinweise auf die verwendbare Munition geben z. B. die Angaben auf der Schusswaffe.
2. In nicht einwandfreiem Zustand ist z. B. feucht gewordene Munition, selbst wenn sie getrocknet wurde.

(3) Auch nicht gewerbsmäßig hergestellte Munition muss den gesetzlichen Bestimmungen entsprechen.

Durchführungsanweisung zu Absatz 3
1. Hierzu gehört z. B. wiedergeladene Munition.
2. Auf die einschlägigen Bestimmungen des Waffengesetzes und des Sprengstoffgesetzes wird hingewiesen.

(4) Flintenlaufgeschosspatronen müssen so mitgeführt werden, dass Verwechslungen mit Schrotpatronen ausgeschlossen sind.

§ 3 Ausübung der Jagd

(1) Schusswaffen dürfen nur während der tatsächlichen Jagdausübung geladen sein. Die Laufmündung ist stets – unabhängig vom Ladezustand – in eine Richtung zu halten, in der niemand gefährdet wird. Nach dem Laden ist die Waffe zu sichern.

(2) Eine gestochene Waffe ist sofort zu sichern und zu entstechen, falls der Schuss nicht abgegeben wurde.

(3) Beim Besteigen von Fahrzeugen und während der Fahrt muss die Schusswaffe entladen sein. Beim Besteigen oder Verlassen eines Hochsitzes, beim Überwinden von Hindernissen oder in ähnlichen Gefahrlagen müssen die Läufe (Patronenlager) entladen sein.

(4) Ein Schuss darf erst abgegeben werden, wenn sich der Schütze vergewissert hat, dass niemand gefährdet wird.

Durchführungsanweisung zu Absatz 4
Eine Gefährdung ist z. B. dann gegeben, wenn
– Personen durch Geschosse oder Geschossteile verletzt werden können, die an Steinen, gefrorenem Boden, Ästen, Wasserflächen oder am Wildkörper abprallen oder beim Durchschlagen des Wildkörpers abgelenkt werden,
– beim Schießen mit Einzelgeschossen kein ausreichender Kugelfang vorhanden ist.

(5) Von Wasserfahrzeugen aus darf im Stehen nur geschossen werden, wenn das Fahrzeug gegen Umschlagen und der Schütze gegen Stürzen gesichert ist.

(6) Bei einer mit besonderen Gefahren verbundenen Jagdausübung ist ein Begleiter zur Hilfeleistung mitzunehmen.

Durchführungsanweisung zu Absatz 6
Besondere Gefahren können sich ergeben z. B. durch Witterungs-, Gelände- und Bodenverhältnisse, vor allem im Hochgebirge, auf Gewässern und in Mooren oder bei der Nachsuche auf wehrhaftes Wild.

(7) Fangeisen dürfen nur mit einer entsprechenden Vorrichtung gespannt und nur mit einem geeigneten Gegenstand ge- bzw. entsichert werden.

(8) Fangeisen dürfen fängisch nur so aufgestellt werden, dass keine Personen gefährdet werden.

Durchführungsanweisung zu Absatz 8
Eine Gefährdung kann z. B. vermieden werden, wenn Fangeisen in Verblendeten Fangbunkern, Fallenkästen oder Fangburgen aufgestellt werden.

§ 4 Besondere Bestimmungen für Gesellschaftsjagden

(1) Bei Gesellschaftsjagden muss der Unternehmer einen Jagdleiter bestimmen, wenn er nicht selbst diese Aufgabe wahrnimmt. Die Anordnungen des Jagdleiters sind zu befolgen.

Durchführungsanweisung zu Absatz 1
Zur Gesellschaftsjagd gehören z. B. Treibjagden und Drückjagden.

(2) Der Jagdleiter hat den Schützen und Treibern die erforderlichen Anordnungen für den gefahrlosen Ablauf der Jagd zu geben. Er hat insbesondere die Schützen und Treiber vor Beginn der Jagd zu belehren und ihnen die Signale bekannt zu geben.

Durchführungsanweisung zu Absatz 2
Zur Belehrung gehört insbesondere der Hinweis auf die Vorschriften in Absatz 3 sowie in den Absätzen 6 bis 11.

(3) Sofern der Jagdleiter nichts anderes anordnet, ist die Waffe erst auf dem Stand zu laden und nach Beendigung des Treibens sofort zu entladen.

(4) Der Jagdleiter hat Personen, die infolge mangelnder geistiger und körperlicher Eignung besonders unfallgefährdet sind, die Teilnahme an der Jagd zu untersagen.

(5) Der Jagdleiter kann für einzelne Aufgaben Beauftragte einsetzen.

Durchführungsanweisung zu Absatz 5
Zu den Aufgaben des Beauftragten können z. B. das Einweisen der Schützen in die Schützenstände und das Führen der Treiberwehr gehören.

(6) Bei Standtreiben haben der Jagdleiter oder die von ihm zum Aufstellen bestimmten Beauftragten den Schützen ihre jeweiligen Stände anzuweisen und den jeweils einzuhaltenden Schussbereich genau zu bezeichnen. Nach Einnehmen der Stände haben sich die Schützen mit den jeweiligen Nachbarn zu verständigen; bei fehlender Sichtverbindung hat der Jagdleiter diese Verständigung sicherzustellen. Sofern der Jagdleiter nichts anderes bestimmt, darf der Stand vor Beendigung des Treibens weder verändert noch verlassen werden. Verändert oder verlässt ein Schütze mit Zustimmung des Jagdleiters seinen Stand, so hat er sich vorher mit seinen Nachbarn zu verständigen.

(7) Wenn sich Personen in gefahrbringender Nähe befinden, darf in diese Richtung weder angeschlagen noch geschossen werden. Ein Durchziehen mit der Schusswaffe durch die Schützen- oder Treiberlinie ist unzulässig.

(8) Mit Büchsen- oder Flintenlaufgeschossen darf nicht in das Treiben hineingeschossen werden. Ausnahmen kann der Jagdleiter nur unter besonderen Verhältnissen zulassen, sofern hierdurch eine Gefährdung ausgeschlossen ist.

Durchführungsanweisung zu Absatz 8
Besondere Verhältnisse können z. B. gegeben sein durch die Geländeform oder bei Ansitzdrückjagden.

(9) Bei Kesseltreiben bestimmt der Jagdleiter, ab wann nicht mehr in den Kessel geschossen werden darf; spätestens darf jedoch nach dem Signal „Treiber rein" nicht mehr in den Kessel geschossen werden.

(10) Die Waffe ist außerhalb des Treibens stets ungeladen, mit geöffnetem Verschluss und mit der Mündung nach oben oder abgeknickt, zu tragen. Bei besonderen Witterungsverhältnissen kann der Jagdleiter zulassen, dass Waffen geschlossen und mit der Mündung nach unten getragen werden, wenn sie entladen sind.

(11) Durchgeh- oder Treiberschützen dürfen während des Treibens nur entladene Schusswaffen mitführen. Dies gilt nicht für Feldstreifen und Kesseltreiben.

Durchführungsanweisung zu Absatz 11 (i. d. F. des Änderungsbeschlusses der LBG BW v. 14. 10. 2000)
1. Als Feldstreife kann nach Entscheidung des Jagdleiters auch eine Streife mit flankierenden und vorgestellten Schützen in sonstigem übersichtlichen Gelände gelten.
2. Das Mitführen der Schusswaffe mit entladenen Läufen (Patronenlager) ist ausnahmsweise für den Durchgeh- und Treiberschützen zulässig
   – für den Eigenschutz
   – für den Fangschuss
   – für den Schuss auf vom Hund gestelltes Wild.

(12) Bei Gesellschaftsjagden müssen sich alle an der Jagd unmittelbar Beteiligten deutlich farblich von der Umgebung abheben.

Durchführungsanweisung zu Absatz 12
Als deutlich farbliche Abhebung eignen sich bei Treibern, Treiber- und Durchgehschützen z. B. gelbe Regenbekleidung oder Brustumhänge in orange-roter Signalfarbe, bei Schützen z. B. ein orangerotes Signalband am Hut.

(13) Bei schlechten Sichtverhältnissen hat der Jagdleiter die Jagd einzustellen.

Durchführungsanweisung zu Absatz 13
Schlechte Sichtverhältnsse liegen z. B. vor bei dichtem Nebel, einsetzender Dunkelheit oder Schneetreiben.

§ 5 Nachsuche

(1) Der Hundeführer wird durch den Unternehmer oder seinen Beauftragten als Jagdleiter bestimmt; er hat damit Weisungsrecht bei der Nachsuche, falls weitere Personen beteiligt sind.

(2) Der Hundeführer muss die notwendige persönliche Schutzausrüstung benutzen.

Durchführungsanweisung zu Absatz 2
Hierzu kann z. B. das Tragen von Schutzbrille und Schutzhandschuhen gehören.

(3) Der Lauf der Waffe ist vor eindringenden Fremdkörpern zu schützen.

Durchführungsanweisung zu Absatz 3
Hierzu eignen sich z. B. Klebestreifen aus durchschießbarem Material.

(4) Kinder und Jugendliche dürfen nicht an der Nachsuche teilnehmen.

(5) Der Unternehmer hat bei der Nachsuche für die Bereitstellung von Erste-Hilfe-Material zu sorgen.

Durchführungsanweisung zu Absatz 5
Auf die Unfallverhütungsvorschrift „Erste Hilfe" (VSG 1.3) wird verwiesen.

(6) Es gelten im Übrigen die Vorschriften von § 4 Absätze 2, 3, 5, 6, 7, 10 und 12 entsprechend.

§ 6 Übungsschießen

(1) Das Übungsschießen ist nur auf behördlich zugelassenen Schießständen erlaubt.

Durchführungsanweisung zu Absatz 1
1. Die behördliche Zulassung kann auf Grundlage des Bundesimmisionsschutzgesetzes oder des Waffengesetzes erfolgen.
2. Auf die Schießstandordnung und die Schießvorschrift des Deutschen Jagdschutz-Verbandes e.V. wird hingewiesen.

(2) Beim Schießen ist geeigneter Gehörschutz zu tragen.

Durchführungsanweisung zu Absatz 2
Als geeigneter Gehörschutz sind z. B. Gehörschutzkapseln anzusehen. Auf die Unfallverhütungsvorschrift „Allgemeine Vorschriften für Sicherheit und Gesundheitsschutz" (VSG 1.1) wird verwiesen.

§ 7 Hochsitze

(1) Der Unternehmer muss sicherstellen, dass
1. Hochsitze, ihre Zugänge sowie Stege fachgerecht errichtet und mit Einrichtungen gegen das Abstürzen von Personen gesichert sind,
2. bei ortsveränderlichen Hochsitzen die Standsicherheit gewährleistet ist,
3. Hochsitze vor jeder Benutzung, mindestens jedoch einmal jährlich, geprüft werden,
4. nicht mehr benötigte Einrichtungen abgebaut werden.

Durchführungsanweisung zu Absatz 1 Ziffer 1
1. Als Absturzsicherung bei Ansitzleitern wird die Waffenauflage angesehen.
2. Auf die Unfallverhütungsvorschrift „Allgemeine Vorschriften für Sicherheit und Gesundheitsschutz" (VSG 1.1) und die Unfallverhütungsvorschrift „Arbeitsstätten, bauliche Anlagen und Einrichtungen" (VSG 2.1) wird verwiesen.
3. Als fachgerecht hergestellt gelten Jagdeinrichtungen, wenn z. B. die Hinweise in der Broschüre „Sichere Hochsitzkonstruktion" beachtet sind.

Durchführungsanweisung zu Absatz 1 Ziffer 2
Auf die Unfallverhütungsvorschrift „Technische Arbeitsmittel" (VSG 3.1) wird verwiesen.

(2) Aufgenagelte Sprossen sind nur an geneigt stehenden Leitern zulässig. Sie sind mit den Leiterholmen fest zu verbinden und auf diesen nach unten hin abzustützen.

§ 8 Ordnungswidrigkeiten

Ordnungswidrigkeiten im Sinne des § 209 Absatz 1 Nr. 1 Siebtes Buch Sozialgesetzbuch (SGB VII) handelt, wer vorsätzlich oder fahrlässig den Bestimmungen des
§ 2 Abs. 1
§ 3 Abs. 1 Satz 1,
§ 4 Abs. 1 Satz 1, Abs. 2, 3, 6, 7, Abs. 8 Satz 1, Abs. 10 Satz 1 oder Abs. 11 Satz 1,
§ 5 Abs. 4,
§ 6 Abs. 1 oder
§ 7 Abs. 1 Ziffern 3 oder 4
zuwiderhandelt.

§ 9 Inkrafttreten

Diese Unfallverhütungsvorschrift tritt am 1. Januar 2000 in Kraft. Gleichzeitig tritt die Unfallverhütungsvorschrift „Jagd" (UVV 4.4) vom 1. Januar 1981 außer Kraft.

Jagdteilnehmer auf landwirtschaftlichen Anhängern:
Auf Ladeflächen von Anhängern darf grundsätzlich niemand mitgenommen werden. Jedoch dürfen auf Anhängern, wenn diese für land- oder forstwirtschaftliche Zwecke eingesetzt werden, Personen auf geeigneten Sitzgelegenheiten mitgenommen werden. Das Stehen während der Fahrt ist verboten (vgl. § 21 Abs. 2 StVO). Nach der VwV zu § 21 ist eine Sitzgelegenheit nur dann geeignet, wenn man auf ihr sicher sitzen kann. Eine Bordwandhöhe von mindestens einem Meter ist vorgeschrieben. Bei Anhängern, die für land- oder forstwirtschaftliche Zwecke verwendet werden, kann dies auch die Ladefläche sein. Da die Jagd mit dem Grund und Boden untrennbar verbunden ist, bestehen gegen den Transport von Treibern und Schützen keine Bedenken, sofern diese Personen nicht auf der Ladefläche stehen. Auch dürfen die beschränkt öffentlichen Wege im Revier mit diesen Fahrzeugen befahren werden.
Die Führerscheinklasse richtet sich nach dem ziehenden Fahrzeug. Für den Anhänger ist eine Betriebserlaubnis oder ein Fahrzeugschein (ab 1. Oktober 2005 Zulassungsbescheinigung Teil I genannt) erforderlich. Die zulässige Gesamtmasse des Anhängers darf nicht überschritten werden. In der Regel kommt die Haftpflichtversicherung des ziehenden Fahrzeugs für Schäden auf. Eine schriftliche Bestätigung (und ausreichende Deckungssumme für Personenschäden) sollte zuvor eingeholt werden. Zugfahrzeug kann auch ein Geländewagen sein. Die Fahrgeschwindigkeit muss den Straßen- bzw. Geländeverhältnissen angepasst sein und darf nicht über 25 km/h liegen. Bei einem Unfall wird man auf das Merkblatt Nr. 114 (Merkblatt über die Ausrüstung und den Betrieb von Fahrzeugen und Fahrzeugkombinationen für den Einsatz bei Brauchtumsveranstaltungen) zurückgreifen. (Siehe „Jagd", aaO., S. 22 u. 23).

8.
Fleischhygienerecht

8.1
Verordnung über Anforderungen an die Hygiene beim Herstellen, Behandeln und Inverkehrbringen von Lebensmitteln (Lebensmittelhygiene-Verordnung – LMHV)

vom 8. August 2007 (BGBl. I S. 1816, 1817)[1]

– Auszug –

§ 1 Anwendungsbereich

Diese Verordnung dient der Regelung spezifischer lebensmittelhygienischer Fragen sowie der Umsetzung und Durchführung von Rechtsakten der Europäischen Gemeinschaft auf dem Gebiet der Lebensmittelhygiene.

§ 2 Begriffsbestimmungen

(1) Im Sinne dieser Verordnung sind
1. nachteilige Beeinflussung: eine Ekel erregende oder sonstige Beeinträchtigung der einwandfreien hygienischen Beschaffenheit von Lebensmitteln, wie durch Mikroorganismen, Verunreinigungen, Witterungseinflüsse, Gerüche, Temperaturen, Gase, Dämpfe, Rauch, Aerosole, tierische Schädlinge, menschliche und tierische Ausscheidungen sowie durch Abfälle, Abwässer, Reinigungsmittel, Pflanzenschutzmittel, Tierarzneimittel, Biozid-Produkte oder ungeeignete Behandlungs- und Zubereitungsverfahren,
2. leicht verderbliches Lebensmittel: ein Lebensmittel, das in mikrobiologischer Hinsicht in kurzer Zeit leicht verderblich ist und dessen Verkehrsfähigkeit nur bei Einhaltung bestimmter Temperaturen oder sonstiger Bedingungen erhalten werden kann,
3. Erlegen: Töten von Groß- und Kleinwild nach jagdrechtlichen Vorschriften.
(2) Im Übrigen gelten die Begriffsbestimmungen des
1. Artikels 2 Abs. 1 der Verordnung (EG) Nr. 852/2004 des Europäischen Parlaments und des Rates vom 29. April 2004 über Lebensmittelhygiene (ABl. EU Nr. L 139 S. 1, Nr. L 226 S. 3) und
2. Anhangs I der Verordnung (EG) Nr. 853/2004 des Europäischen Parlaments und des Rates vom 29. April 2004 mit spezifischen Hygienevorschriften für Lebensmittel tierischen Ursprungs (ABl. EU Nr. L 139 S. 55, Nr. L 226 S. 22) entsprechend.

---

[1] Art. 1 der VO zur Durchführung von Vorschriften des gemeinschaftlichen Lebensmittelhygienerechts vom 8.8.2007 (BGBl I. S. 1816).

§ 3 Allgemeine Hygieneanforderungen

Lebensmittel dürfen nur so hergestellt, behandelt oder in den Verkehr gebracht werden, dass sie bei Beachtung der im Verkehr erforderlichen Sorgfalt der Gefahr einer nachteiligen Beeinflussung nicht ausgesetzt sind. Mit lebenden Tieren nach § 4 Abs. 1 Nr. 1 des Lebensmittel- und Futtermittelgesetzbuches darf nur so umgegangen werden, dass von ihnen zu gewinnende Lebensmittel bei Beachtung der im Verkehr erforderlichen Sorgfalt der Gefahr einer nachteiligen Beeinflussung nicht ausgesetzt sind.

§ 4 Schulung

(1) Leicht verderbliche Lebensmittel dürfen nur von Personen hergestellt, behandelt oder in den Verkehr gebracht werden, die auf Grund einer Schulung nach Anhang II Kapitel XII Nr. 1 der Verordnung (EG) Nr. 852/2004 über ihrer jeweiligen Tätigkeit entsprechende Fachkenntnisse auf den in Anlage 1 genannten Sachgebieten verfügen. Die Fachkenntnisse nach Satz 1 sind auf Verlangen der zuständigen Behörde nachzuweisen. Satz 1 gilt nicht, soweit ausschließlich verpackte Lebensmittel gewogen, gemessen, gestempelt, bedruckt oder in den Verkehr gebracht werden. Satz 1 gilt nicht für die Primärproduktion und die Abgabe kleiner Mengen von Primärerzeugnissen nach § 5.

(2) Bei Personen, die eine wissenschaftliche Ausbildung oder eine Berufsausbildung abgeschlossen haben, in der Kenntnisse und Fertigkeiten auf dem Gebiet des Verkehrs mit Lebensmitteln einschließlich der Lebensmittelhygiene vermittelt werden, wird vermutet, dass sie für eine der jeweiligen Ausbildung entsprechende Tätigkeit
1. nach Anhang II Kapitel XII Nr. 1 der Verordnung (EG) Nr. 852/2004 in Fragen der Lebensmittelhygiene geschult sind und
2. über nach Absatz 1 erforderliche Fachkenntnisse verfügen.

§ 5 Anforderungen an die Abgabe kleiner Mengen
bestimmter Primärerzeugnisse

(1) Wer kleine Mengen der in Absatz 2 genannten Primärerzeugnisse direkt an Verbraucher oder an örtliche Betriebe des Einzelhandels zur unmittelbaren Abgabe an Verbraucher abgibt, hat bei deren Herstellung und Behandlung unbeschadet der Anforderungen der Tierische Lebensmittel-Hygieneverordnung die Anforderungen der Anlage 2 einzuhalten. Örtliche Betriebe des Einzelhandels sind im Falle von Absatz 2 Nr. 2 Betriebe des Einzelhandels, die im Umkreis von nicht mehr als 100 Kilometern vom Wohnort des Jägers oder dem Erlegeort des Wildes gelegen sind.

(2) Kleine Mengen im Sinne des Absatzes 1 Satz 1 sind im Falle von
1. pflanzlichen Primärerzeugnissen, Honig, lebenden, frischen oder zubereiteten Fischereierzeugnissen, deren Beschaffenheit nicht wesentlich verändert wurde, oder lebenden Muscheln aus eigener Erzeugung, eigenem Fang oder eigener Ernte:

a) bei direkter Abgabe an Verbraucher haushaltsübliche Mengen,
b) bei Abgabe an Betriebe des Einzelhandels Mengen, die der für den jeweiligen Betrieb tagesüblichen Abgabe an Verbraucher entsprechen,
2. erlegtem Wild: die Strecke eines Jagdtages,
3. Eiern: Eier aus eigener Erzeugung von Betrieben mit weniger als 350 Legehennen.

§§ 6–9

(hier nicht abgedruckt)

§ 10 Ordnungswidrigkeiten

Ordnungswidrig im Sinne des § 60 Abs. 2 Nr. 26 Buchstabe a des Lebensmittel- und Futtermittelgesetzbuches handelt, wer vorsätzlich oder fahrlässig
1. entgegen § 3 Satz 1 Lebensmittel herstellt, behandelt oder in den Verkehr bringt,
2. entgegen § 3 Satz 2 mit einem lebenden Tier umgeht,
3. entgegen § 4 Abs. 1 Satz 1 ein leicht verderbliches Lebensmittel herstellt, behandelt oder in den Verkehr bringt,
4. entgegen § 5 Abs. 1 Satz 1 in Verbindung mit Anlage 2 Nr. 2 Buchstabe g Umhüllungen oder Verpackungen nicht richtig lagert,
5. entgegen § 5 Abs. 1 Satz 1 in Verbindung mit Anlage 2 Nr. 3 Buchstabe c nicht sicherstellt, dass dort genannte Personen nicht mit Primärerzeugnissen umgehen,
6. entgegen § 7 Abs. 2 oder 3 oder § 8 Abs. 2 Satz 1 oder Abs. 3 einen dort genannten Nachweis nicht, nicht richtig, nicht vollständig oder nicht rechtzeitig übergibt oder nicht, nicht richtig oder nicht vollständig mit sich führt,
7. entgegen § 7 Abs. 4 oder § 8 Abs. 5 einen dort genannten Nachweis nicht, nicht vollständig oder nicht rechtzeitig vorlegt,
8. entgegen § 8 Abs. 2 Satz 2 die dort bezeichnete Angabe nicht, nicht richtig, nicht vollständig oder nicht rechtzeitig anbringt oder
9. entgegen § 8 Abs. 4 Satz 1 oder 3 einen dort genannten Nachweis nicht oder nicht mindestens ein Jahr aufbewahrt.

Anlage 1
(zu § 4 Abs. 1 Satz 1)

Anforderungen an Fachkenntnisse in der Lebensmittelhygiene

1. Eigenschaften und Zusammensetzung des jeweiligen Lebensmittels
2. Hygienische Anforderungen an die Herstellung und Verarbeitung des jeweiligen Lebensmittels
3. Lebensmittelrecht
4. Warenkontrolle, Haltbarkeitsprüfung und Kennzeichnung
5. Betriebliche Eigenkontrollen und Rückverfolgbarkeit
6. Havarieplan, Krisenmanagement
7. Hygienische Behandlung des jeweiligen Lebensmittels

8. Anforderungen an Kühlung und Lagerung des jeweiligen Lebensmittels
9. Vermeidung einer nachteiligen Beeinflussung des jeweiligen Lebensmittels beim Umgang mit Lebensmittelabfällen, ungenießbaren Nebenerzeugnissen und anderen Abfällen
10. Reinigung und Desinfektion

Anlage 2
(zu § 5 Abs. 1 Satz 1)

Anforderungen an die Abgabe kleiner Mengen von Primärerzeugnissen

1. Zur Vermeidung einer nachteiligen Beeinflussung von Primärerzeugnissen sind die jeweils angemessenen Maßnahmen zu treffen, um
   a) Wände, Böden und Arbeitsflächen in Betriebsstätten sowie Verkaufseinrichtungen, Anlagen, Ausrüstungsgegenstände, Behältnisse, Container und Fahrzeuge, die mit Primärerzeugnissen in Berührung kommen können, instand zu halten, regelmäßig zu reinigen und erforderlichenfalls in geeigneter Weise zu desinfizieren,
   b) hygienische Herstellungs-, Transport- und Lagerungsbedingungen für die Primärerzeugnisse sowie deren Sauberkeit in angemessener Weise sicherzustellen,
   c) beim Umgang mit und bei der Reinigung von Primärerzeugnissen Trinkwasser oder, falls angemessen, sauberes Wasser oder sauberes Meerwasser zu verwenden,
   d) Abfälle und gefährliche Stoffe so zu lagern, damit so umzugehen und sie so zu entsorgen, dass eine Kontamination der Primärerzeugnisse verhindert wird.
2. Zur Sicherstellung einer guten Lebensmittelhygiene in Betrieben und Verkaufseinrichtungen gilt zusätzlich Folgendes:
   a) Bei der Lagerung von Primärerzeugnissen ist das Risiko einer Verunreinigung so weit wie möglich zu vermeiden.
   b) Erforderlichenfalls muss eine ausreichende Versorgung mit kaltem oder warmem Trinkwasser oder mit sauberem Wasser vorhanden sein.
   c) Erforderlichenfalls müssen geeignete Vorrichtungen zum Reinigen und Desinfizieren von Räumlichkeiten, Arbeitsgeräten und Ausrüstungsgegenständen vorhanden sein.
   d) Erforderlichenfalls müssen geeignete Vorrichtungen zur Ermöglichung einer angemessenen Personalhygiene, Vorrichtungen zum hygienischen Waschen und Trocknen der Hände sowie hygienische Sanitäreinrichtungen und Umkleidemöglichkeiten zur Verfügung stehen.
   e) Erforderlichenfalls müssen zur Säuberung von Primärerzeugnissen geeignete Vorrichtungen für eine hygienische Vorgehensweise vorhanden sein.
   f) Erforderlichenfalls müssen angemessene Vorrichtungen oder Einrichtungen zur Einhaltung geeigneter Temperaturbedingungen für die Primärerzeugnisse vorhanden sein.
   g) Umhüllungen und Verpackungen müssen so gelagert werden, dass sie nicht verunreinigt werden können.
3. Es sind die jeweils angemessenen Maßnahmen zu treffen, um sicherzustellen, dass

a) das für die Behandlung von Primärerzeugnissen eingesetzte Personal gesund und in Bezug auf Gesundheitsrisiken und in Fragen der Lebensmittelhygiene geschult ist,

b) Personen, die mit Primärerzeugnissen umgehen, ein hohes Maß an persönlicher Hygiene halten sowie geeignete und saubere Arbeitskleidung und erforderlichenfalls Schutzkleidung tragen,

c) Personen mit infizierten Wunden, Hautinfektionen oder Geschwüren nicht mit Primärerzeugnissen umgehen, wenn nicht ausgeschlossen werden kann, dass Primärerzeugnisse direkt oder indirekt kontaminiert werden können.

Anlage 3, Anlage 4

(hier nicht abgedruckt)

8.2
Verordnung über Anforderungen an die Hygiene beim Herstellen, Behandeln und Inverkehrbringen von bestimmten Lebensmitteln tierischen Ursprungs (Tierische Lebensmittel-Hygieneverordnung – Tier-LMHV)

vom 8. August 2007 (BGBl. I S. 1816)[1]

– Auszug –

ABSCHNITT 1

Anwendungsbereich, Begriffsbestimmungen

§ 1 Anwendungsbereich

Diese Verordnung dient der Regelung von Fragen des Herstellens, Behandelns und Inverkehrbringens bestimmter Lebensmittel tierischen Ursprungs sowie der Umsetzung und Durchführung von Rechtsakten der Europäischen Gemeinschaft auf dem Gebiet der Lebensmittelhygiene bei Lebensmitteln tierischen Ursprungs.

§ 2 Begriffsbestimmungen

(1) Im Sinne dieser Verordnung sind
1. Lebensmittel tierischen Ursprungs: Erzeugnisse tierischen Ursprungs im Sinne des Anhangs I Nr. 8.1 Spiegelstrich 1 der Verordnung (EG) Nr. 853/2004 des Europäischen Parlaments und des Rates vom 29. April 2004 mit spezifischen Hygienevorschriften für Lebensmittel tierischen Ursprungs (ABl. EU Nr. L 139 S. 55, Nr. L 226 S. 22) in der geltenden Fassung,
2. Erlegen: Töten von Groß- und Kleinwild nach jagdrechtlichen Vorschriften,
3. Schlachten: Töten von Huftieren, Geflügel, Hasentieren oder Zuchtlaufvögeln durch Blutentzug.

(2) Im Übrigen gelten die Begriffsbestimmungen des
1. Artikels 2 Abs. 1 der Verordnung (EG) Nr. 852/2004 des Europäischen Parlaments und des Rates vom 29. April 2004 über Lebensmittelhygiene (ABl. EU Nr. L 139 S. 1, Nr. L 226 S. 3) und
2. Anhangs I der Verordnung (EG) Nr. 853/2004.
entsprechend.

---

[1] Art. 2 der VO zur Durchführung von Vorschriften des gemeinschaftlichen Lebensmittelhygienerechts vom 8.8.2007 (BGBl. I S. 1816).

ABSCHNITT 2

Abgabe kleiner Mengen von Primärerzeugnissen und anderen Lebensmitteln tierischen Ursprungs

§ 3 Anforderungen an die Abgabe kleiner Mengen bestimmter Primärerzeugnisse und Lebensmittel tierischen Ursprungs

(1) Wer kleine Mengen der in Absatz 2 genannten Primärerzeugnisse oder Lebensmittel tierischen Ursprungs direkt an Verbraucher oder an örtliche Betriebe des Einzelhandels zur unmittelbaren Abgabe an Verbraucher abgibt, hat unbeschadet der Anforderungen der Lebensmittelhygiene-Verordnung bei der Herstellung oder Behandlung im Falle von

1. Fischereierzeugnissen die Anforderungen der Anlage 1 Nr. 1 und 2,
2. lebenden Muscheln die Anforderungen der Anlage 1 Nr. 1 und 3,
3. Eiern die Anforderungen der Anlage 2,
4. frischem Fleisch von im eigenen landwirtschaftlichen Betrieb geschlachtetem Geflügel oder im eigenen landwirtschaftlichen Betrieb geschlachteten Hasentieren die Anforderungen der Anlage 3,
5. erlegtem Wild oder Fleisch von erlegtem Wild die Anforderungen der Anlage 4

einzuhalten. Satz 1 Nr. 4 gilt nicht, wenn ausschließlich einzelne Tierkörper oder deren Teile im landwirtschaftlichen Betrieb unmittelbar an Verbraucher abgegeben werden. Örtliche Betriebe des Einzelhandels sind im Falle von Satz 1 Nr. 5 Betriebe des Einzelhandels, die im Umkreis von nicht mehr als 100 Kilometern um den Wohnort des Jägers oder den Erlegeort des Wildes gelegen sind.

(2) Kleine Mengen im Sinne des Absatzes 1 Satz 1 sind im Falle von

1. lebenden, frischen oder zubereiteten Fischereierzeugnissen, deren Beschaffenheit nicht wesentlich verändert wurde, und lebenden Muscheln aus eigener Erzeugung, eigenem Fang oder eigener Ernte:
   a) bei direkter Abgabe an Verbraucher haushaltsübliche Mengen,
   b) bei Abgabe an Betriebe des Einzelhandels Mengen, die der für den jeweiligen Betrieb tagesüblichen Abgabe an Verbraucher entsprechen,
2. Eiern: Eier aus eigener Erzeugung von Betrieben mit weniger als 350 Legehennen,
3. Fleisch von im eigenen landwirtschaftlichen Betrieb geschlachtetem Geflügel oder im eigenen landwirtschaftlichen Betrieb geschlachteten Hasentieren: Fleisch von nicht mehr als insgesamt 10 000 Stück Geflügel oder Hasentieren jährlich,
4. erlegtem Wild oder Fleisch von erlegtem Wild: Wild von nicht mehr als der Strecke eines Jagdtages.

§ 4 Zusätzliche Anforderungen an die Abgabe kleiner Mengen von erlegtem Wild

(1) Kleine Mengen von erlegtem Wild oder von Fleisch von erlegtem Wild dürfen nur von Personen abgegeben werden, die auf den Gebieten des Körperbaus (Anatomie), der Lebensfunktionen (Physiologie), des normalen und abnormen

Verhaltens und krankhafter Veränderungen des Wildes sowie der hygienischen Anforderungen im Umgang mit Wild ausreichend geschult sind, um
1. das Wild vor und nach dem Erlegen einer Untersuchung insbesondere auf die in Anlage 4 Nr. 1.3 bezeichneten Merkmale unterziehen zu können, die das Fleisch als bedenklich zum Verzehr für Menschen erscheinen lassen, und
2. eine hygienische Behandlung des Wildes bei der Vorbereitung zur Abgabe sowie bei seiner Lagerung und Beförderung sicherstellen zu können.

Bei Personen, die nach dem 1. Februar 1987 die Jägerprüfung nach § 15 Abs. 5 Satz 1 des Bundesjagdgesetzes bestanden haben, wird vermutet, dass sie im Sinne des Satzes 1 ausreichend geschult sind.

(2) Wer kleine Mengen von erlegtem Wild zum Zweck der Abgabe nach § 3 Abs. 1 Satz 1 in Eigenbesitz genommen hat, hat das Wild unbeschadet der Regelung in Anlage 4 Nr. 1.1 vor der weiteren Bearbeitung oder vor der Abgabe bei der für den Erlegeort oder den Wohnort zuständigen Behörde
1. zur amtlichen Fleischuntersuchung anzumelden, wenn vor oder nach dem Erlegen des Wildes Merkmale nach Anlage 4 Nr. 1.3 festgestellt worden sind und
2. im Falle von Wildschweinen, Sumpfbibern, Dachsen oder anderen Tieren, die Träger von Trichinen sein können, zur amtlichen Untersuchung auf Trichinen anzumelden.

Abweichend von Satz 1 muss das erlegte Wild nicht zur amtlichen Fleischuntersuchung oder Untersuchung auf Trichinen angemeldet werden, wenn es an einen Betrieb des Einzelhandels oder an einen Jäger abgegeben wird. In diesem Fall hat die abgebende Person nach Satz 1 Nr. 1 festgestellte Merkmale bei der Abgabe mitzuteilen; die Pflichten nach Satz 1 gelten in diesem Fall für die für den Betrieb des Einzelhandels verantwortliche Person oder den Jäger entsprechend.

§ 5 Verbote und Beschränkungen

(3) Es ist verboten, kleine Mengen von erlegtem Wild
1. vor Abschluss der amtlichen Fleischuntersuchung nach § 4 Abs. 2 Satz 1 Nr. 1 oder der amtlichen Untersuchung auf Trichinen nach § 4 Abs. 2 Satz 1 Nr. 2 oder
2. unausgeweidet
an Verbraucher abzugeben.

§§ 6–10

(hier nicht abgedruckt)

§ 11 Zerlegung und Verarbeitung von Fleisch

Es ist verboten, Fleisch in Schlachträumen zu zerlegen oder zu verarbeiten. Abweichend von Satz 1 darf in Schlachträumen handwerklich strukturierter Schlachthöfe in beengter räumlicher Lage Fleisch zerlegt werden, wenn Vorkehrungen zur Vermeidung einer Kontamination des Fleisches getroffen worden sind und die zuständige Behörde dies genehmigt hat.

§ 12

(hier nicht abgedruckt)

§ 13 Abgabe von Wild an Wildbearbeitungsbetriebe

Wer als Jäger Wildkörper an einen Wildbearbeitungsbetrieb abgibt, hat auf Anweisung der zuständigen Behörde abweichend von Anhang III Abschnitt IV Kapitel II Nr. 4 Buchstabe a Satz 3 der Verordnung (EG) Nr. 853/2004 den Kopf oder die Eingeweide beizufügen, soweit dies zur Untersuchung auf
1. in Anhang I Gruppe B Nr. 3 der Richtlinie 96/23/EG des Rates vom 29. April 1996 über Kontrollmaßnahmen hinsichtlich bestimmter Stoffe und ihrer Rückstände in lebenden Tieren und tierischen Erzeugnissen und zur Aufhebung der Richtlinien 85/358/EWG und 86/469/EWG und der Entscheidungen 89/187/ EWG und 91/664/EWG (ABl. EG Nr. L 125 S. 10) in der jeweils geltenden Fassung genannte Stoffe oder
2. Krankheitserreger insbesondere zur Überwachung von Zoonosen und Zoonoseerregern erforderlich ist.

§ 14

(hier nicht abgedruckt)

§ 15 Gebote, Verbote und Beschränkungen

(1) Als Haustiere gehaltene Huftiere dürfen nur zur Schlachtung an einen Schlachthof abgeben werden, wenn die Tiere so gekennzeichnet sind, dass der Herkunftsbetrieb eindeutig feststellbar ist.

(2) Wer nach Artikel 5 Abs. 1 Buchstabe b der Verordnung (EG) Nr. 853/2004 Erzeugnisse mit einem Identitätskennzeichen in den Verkehr bringt, hat bei umhülltem oder verpacktem zerlegtem Fleisch oder bei umhüllten oder verpackten Nebenprodukten der Schlachtung das Identitätskennzeichen so auf der Umhüllung oder Verpackung zu befestigen oder aufzudrucken, dass es beim Öffnen der Umhüllung oder Verpackung zerstört wird.

(3) Es dürfen, bezogen auf die Innentemperatur des Lebensmittels,
1. Fleisch von als Haustiere gehaltenen Huftieren nur bei einer Temperatur von nicht mehr als + 7 °C,
2. Nebenprodukte der Schlachtung von als Haustiere gehaltenen Huftieren nur bei einer Temperatur von nicht mehr als + 3 °C,
3. Fleisch von Geflügel oder Hasentieren nur bei einer Temperatur von nicht mehr als + 4 °C,
4. Wildkörper erlegten
   a) Großwildes nur bei einer Temperatur von nicht mehr als +7 °C,
   b) Kleinwildes nur bei einer Temperatur von nicht mehr als +4 °C,
5. Separatorenfleisch nur bei einer Temperatur von nicht mehr als + 2 °C und gefrorenes Separatorenfleisch nur bei einer Temperatur von nicht mehr als –18 °C

gelagert und befördert werden. Satz 1 Nr. 1 gilt nicht für die in Anhang III Abschnitt 1 Kapitel VII Nr. 3 Satz 2 der Verordnung (EG) Nr. 853/2004 bezeichneten Fälle.

§§ 16–21

(hier nicht abgedruckt)

§ 22 Verbote und Beschränkungen

(1) Es ist verboten,
1. Fleisch von als Haustiere gehaltenen Huftieren, Geflügel, Hasentieren oder Zuchtlaufvögeln, die nicht durch Schlachten getötet worden sind,
2. Fleisch von Groß- oder Kleinwild, das nicht durch Erlegen getötet worden ist,
in den Verkehr zu bringen.

(2) Es ist verboten, mit Wasserbindern behandeltes Geflügelfleisch als frisches Fleisch in den Verkehr zu bringen.

(3) Es ist verboten, Eier nach Ablauf des 21. Tages nach dem Legen an Verbraucher abzugeben.

ABSCHNITT 6

Straftaten und Ordnungswidrigkeiten

§ 23 Straftaten

(1) Nach § 58 Abs. 1 Nr. 18, Abs. 4 bis 6 des Lebensmittel- und Futtermittelgesetzbuches wird bestraft, wer vorsätzlich oder fahrlässig
2. entgegen § 5 Abs. 3 Nr. 2 kleine Mengen von erlegtem Wild abgibt,

(2) Nach § 59 Abs. 1 Nr. 21 Buchstabe a des Lebensmittel- und Futtermittelgesetzbuches wird bestraft, wer
2. entgegen § 5 Abs. 3 Nr. 1 kleine Mengen von erlegtem Wild abgibt.

§ 24 Ordnungswidrigkeiten

(1) Wer eine in § 23 Abs. 2 bezeichnete Handlung fahrlässig begeht, handelt nach § 60 Abs. 1 des Lebensmittel- und Futtermittelgesetzbuches ordnungswidrig.

(2) Ordnungswidrig im Sinne des § 60 Abs. 2 Nr. 26 Buchstabe a des Lebensmittel- und Futtermittelgesetzbuches handelt, wer vorsätzlich oder fahrlässig
1. entgegen § 3 Abs. 1 Satz 1 Nr. 1 oder 2, jeweils in Verbindung mit Anlage 1 Nr. 1.4 Satz 1, nicht Trinkwasser verwendet,
3. entgegen § 3 Abs. 1 Satz 1 Nr. 4 in Verbindung mit Anlage 3 Nr. 1, 2, 3 oder 5 Fleisch von Geflügel oder Hasentieren gewinnt oder behandelt,
4. entgegen § 3 Abs. 1 Satz 1 Nr. 5 in Verbindung mit
   a) Anlage 4 Nr. 1.1 Kleinwild nicht oder nicht rechtzeitig aufbricht oder nicht oder nicht rechtzeitig ausweidet oder
   b) Anlage 4 Nr. 1.4 Halbsatz 1 Eingeweide nicht oder nicht richtig kennzeichnet,

5. entgegen § 4 Abs. 1 Satz 1 kleine Mengen von erlegtem Wild oder Fleisch von erlegtem Wild abgibt,
6. entgegen § 4 Abs. 2 Satz 1, auch in Verbindung mit Satz 3, Wild nicht, nicht richtig oder nicht rechtzeitig zu den dort bezeichneten amtlichen Untersuchungen anmeldet.

Anlagen 1–3

(hier nicht abgedruckt)

Anlage 4

(zu § 3 Abs. 1 Satz 1 Nr. 5, § 4 Abs. 1 Satz 1 Nr. 1, Abs. 2 Satz 1 und Abs. 4)

Anforderungen an die Abgabe kleiner Mengen von erlegtem Wild oder Fleisch von erlegtem Wild

1. Beim Gewinnen des Fleisches ist Folgendes zu beachten:
1.1 Großwild ist so schnell wie möglich, Kleinwild spätestens bei der Abgabe aufzubrechen und auszuweiden. Das Enthäuten und eine Zerlegung von Großwild am Erlegeort ist nur zulässig, wenn der Transport sonst nicht möglich ist.
1.2 Großwild ist unmittelbar nach dem Aufbrechen und Ausweiden so aufzubewahren, dass es gründlich auskühlen und in den Körperhöhlen abtrocknen kann. Kleinwild ist unmittelbar nach dem Erlegen so aufzubewahren, dass es gründlich auskühlen kann. Großwild muss alsbald nach dem Erlegen auf eine Innentemperatur von höchstens +7 °C, Kleinwild auf eine Innentemperatur von höchstens +4 °C abgekühlt sein; erforderlichenfalls ist das erlegte Wild dazu in eine geeignete Kühleinrichtung zu verbringen.
1.3 Beim Erlegen, Aufbrechen, Zerwirken und weiteren Behandeln ist auf Merkmale zu achten, die das Fleisch als gesundheitlich bedenklich erscheinen lassen. Diese liegen vor bei
1.3.1 abnormen Verhaltensweisen oder Störungen des Allgemeinbefindens;
1.3.2 Fehlen von Anzeichen äußerer Gewalteinwirkung als Todesursache (Fallwild);
1.3.3 Geschwülsten oder Abszessen, wenn sie zahlreich oder verteilt in inneren Organen oder in der Muskulatur vorkommen;
1.3.4 Schwellungen der Gelenke oder Hoden, Hodenvereiterung, Leber- oder Milzschwellung, Darm- oder Nabelentzündung, bei Federwild Entzündung des Herzens, des Drüsen- oder Muskelmagens;
1.3.5 fremdem Inhalt in den Körperhöhlen, insbesondere Magen- und Darminhalt oder Harn, wenn Brust- oder Bauchfell verfärbt ist;
1.3.6 erheblicher Gasbildung im Magen- und Darmkanal mit Verfärbung der inneren Organe;
1.3.7 erheblichen Abweichungen der Muskulatur oder der Organe in Farbe, Konsistenz oder Geruch;
1.3.8 offenen Knochenbrüchen, soweit sie nicht unmittelbar mit dem Erlegen in Zusammenhang stehen;

1.3.9 erheblicher Abmagerung;

1.3.10 frischen Verklebungen oder Verwachsungen von Organen mit Brust- oder Bauchfell;

1.3.11 Geschwülste oder Wucherungen im Kopfbereich oder an den Ständern bei Federwild;

1.3.12 verklebten Augenlidern, Anzeichen von Durchfall, insbesondere im Bereich der Kloake, sowie Verklebungen und sonstigen Veränderungen der Befiederung, Haut- und Kopfanhänge sowie Ständer bei Federwild;

1.3.13 sonstigen erheblichen sinnfälligen Veränderungen außer Schussverletzungen.

1.4 Eingeweide, die Veränderungen aufweisen, sind so zu kennzeichnen, dass die Zugehörigkeit zu dem betreffenden Wildkörper festgestellt werden kann; sie müssen bis zum Abschluss der amtlichen Untersuchungen beim Wildkörper verbleiben.

2. Es ist durch geeignete Maßnahmen oder Vorrichtungen sicherzustellen, dass beim Zerlegen und Umhüllen Fleisch von Großwild auf einer Temperatur von nicht mehr als +7 °C und Fleisch von Kleinwild auf einer Temperatur von nicht mehr als +4 °C gehalten wird.

3. Räume zum Sammeln von Groß- und Kleinwild nach dem Erlegen (Wildkammern) müssen über

3.1 eine geeignete Kühleinrichtung verfügen, wenn auf andere Weise eine gründliche Auskühlung des erlegten Wildes nicht erreicht werden kann;

3.2 einen geeigneten Platz zum Enthäuten und Zerlegen verfügen, wenn diese Arbeiten darin ausgeführt werden.

4. In den Räumen und gegebenenfalls in Wildkammern gilt für die Bearbeitung des erlegten Wildes Folgendes:

4.1 Untersuchungspflichtiges erlegtes Wild ist so rechtzeitig der Untersuchung zuzuführen, dass Veränderungen bei der amtlichen Untersuchung erkannt und beurteilt werden können.

4.2 Erlegtes Großwild ist auf Ersuchen des amtlichen Untersuchers zur Untersuchung zu enthäuten; der Brustkorb ist zu öffnen. Die Wirbelsäule und der Kopf sind längs zu spalten, wenn nach Feststellung des Untersuchers gesundheitliche Gründe dies erforderlich machen. Erlegtes Großwild in der Decke darf nicht eingefroren werden.

4.3 Erlegtes Federwild ist auf Verlangen des Untersuchers zur Untersuchung so herzurichten, dass die nach der fachlichen Beurteilung erforderlichen Untersuchungen durchgeführt werden können. Ungerupftes und nicht ausgenommenes Federwild darf nicht eingefroren werden.

4.4 Großwild in der Decke oder Kleinwild in der Decke oder im Federkleid darf Fleisch von erlegtem Wild nicht berühren.

Anlagen 5–9

(hier nicht abgedruckt)

8.3
Verordnung
zur Regelung bestimmter Fragen der amtlichen Überwachung des Herstellens, Behandelns und Inverkehrbringens von Lebensmitteln tierischen Ursprungs (Tierische Lebensmittel-Überwachungsverordnung)

vom 8. August 2007 (BGBl. I S. 1816, 1864)[1]

– Auszug –

§ 1 Anwendungsbereich

Diese Verordnung dient der Regelung der amtlichen Überwachung des Herstellens, Behandelns und des Inverkehrbringens von Lebensmitteln tierischen Ursprungs sowie der Umsetzung und Durchführung von Rechtsakten der Europäischen Gemeinschaft auf dem Gebiet der Überwachung des Verkehrs mit Lebensmitteln tierischen Ursprungs.

§§ 2–5

(hier nicht abgedruckt)

§ 6 Fleischuntersuchung und Untersuchung auf Trichinen vor Abgabe kleiner Mengen erlegten Wildes

Bei kleinen Mengen erlegten Wildes, das nach § 4 Abs. 2 Satz 1 Nr. 1 oder 2 der Tierische Lebensmittel-Hygieneverordnung zur amtlichen Fleischuntersuchung oder zur amtlichen Untersuchung auf Trichinen angemeldet wurde, ist
1. die amtliche Fleischuntersuchung nach Anhang I Abschnitt IV Kapitel VIII Buchstabe A in Verbindung mit Abschnitt II Kapitel V Nr. 1 der Verordnung (EG) Nr. 854/2004 in der jeweils geltenden Fassung oder
2. die amtliche Untersuchung auf Trichinen nach Artikel 2 Abs. 3 der Verordnung (EG) Nr. 2075/2005 der Kommission vom 5. Dezember 2005 mit spezifischen Vorschriften für die amtlichen Fleischuntersuchungen auf Trichinen (ABl. EU Nr. L 338 S. 60) in der jeweils geltenden Fassung
durchzuführen. Für die Beurteilung auf Grund der Ergebnisse der Untersuchungen nach Satz 1 gilt Anhang I Abschnitt IV Kapitel VIII Buchstabe B und Kapitel IX Buchstabe C der Verordnung (EG) Nr. 854/2004 entsprechend.

---

[1] Art. 3 der VO zur Durchführung von Vorschriften des gemeinschaftlichen Lebensmittelhygienerechts vom 8.8.2007 (BGBl. I S. 1816).

§ 7

(hier nicht abgedruckt)

§ 8 Kennzeichnung der Genusstauglichkeit

(1) Bei Fleisch von als Haustieren gehaltenen Huftieren, die außerhalb eines Schlachthofes notgeschlachtet worden sind, hat die Kennzeichnung der Genusstauglichkeit nach Anhang I Abschnitt I Kapitel III Nr. 7 der Verordnung (EG) Nr. 854/2004 mit einem Kennzeichen nach Form und Inhalt des Musters der Anlage 1 Nr. 1 zu erfolgen.

(2) Kleine Mengen erlegten Großwildes, bei dem keine Fleischuntersuchung nach § 6 Satz 1 Nr. 1 durchgeführt, das aber nach § 6 Satz 1 Nr. 2 auf Trichinen untersucht und nicht nach § 6 Satz 2 in Verbindung mit Anhang I Abschnitt IV Kapitel VIII Buchstabe B der Verordnung (EG) Nr. 854/2004 für genussuntauglich erklärt worden ist, sind auf den frei liegenden Fleischteilen oder dem Brustfell mit einem Kennzeichen nach Form und Inhalt des Musters der Anlage 1 Nr. 2 zu kennzeichnen.

(3) Kleine Mengen erlegten Großwildes, das nach § 6 Satz 1 Nr. 1 untersucht und nicht nach § 6 Satz 2 in Verbindung mit Anhang I Abschnitt IV Kapitel VIII Buchstabe B der Verordnung (EG) Nr. 854/2004 für genussuntauglich erklärt worden ist, sind mit einem Kennzeichen nach Form und Inhalt des Musters der Anlage 1 Nr. 3 entsprechend Anhang I Abschnitt I Kapitel III Nr. 2 Buchstabe b der Verordnung (EG) Nr. 854/2004 zu kennzeichnen.

(4) Fleisch im Sinne des Artikels 4 Unterabs. 1 der Verordnung (EG) Nr. 2076/2005 der Kommission vom 5. Dezember 2005 zur Festlegung von Übergangsregelungen für die Durchführung der Verordnungen (EG) Nr. 853/2004, (EG) Nr. 854/2004 und (EG) Nr. 882/2004 des Europäischen Parlaments und des Rates sowie zur Änderung der Verordnungen (EG) Nr. 853/2004 und (EG) Nr. 854/2004 (ABl. EU Nr. L 338 S. 83) ist mit einem Kennzeichen nach Form und Inhalt des Musters der Anlage 1 Nr. 4 zu kennzeichnen.

(5) Fleisch, ausgenommen Fleisch von Geflügel oder Hasentieren, das nach Anhang I Abschnitt II Kapitel V Nr. 1 oder Abschnitt IV Kapitel VIII Buchstabe B der Verordnung (EG) Nr. 854/2004 genussuntauglich erklärt wurde, ist mit einem Kennzeichen nach Form und Inhalt des Musters der Anlage 1 Nr. 5 in der in den Absätzen 1 bis 3 geregelten Weise zu kennzeichnen.

(6) Materialien zur Kennzeichnung, die vor dem 15. August 2007 verwendet worden sind und den Anforderungen nach dem jeweiligen Inhalt der Muster der Anlage 1 nicht entsprechen, können bis zum 31. Dezember 2010 weiterverwendet werden.

Anlage 1
(zu § 8)

Stempel zur Kennzeichnung der Genusstauglichkeit

1. Stempel für genusstaugliches Fleisch von als Haustieren gehaltenen Huftieren, die außerhalb eines Schlachthofes notgeschlachtet wurden

3,5 cm

2. Stempel für genusstaugliches Fleisch von erlegtem Großwild, das der Untersuchung auf Trichinen unterzogen wurde

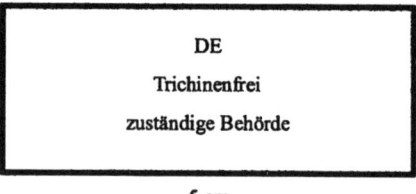

5 cm

3. Stempel für genusstaugliches Fleisch von erlegtem Großwild, das der Fleischuntersuchung unterzogen wurde

4 cm

4. Stempel für genusstaugliches Fleisch aus Schlachthöfen im Sinne des Artikels 4 der Verordnung (EG) Nr. 2076/2005

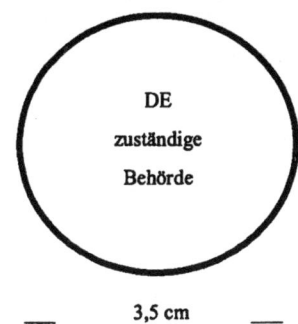

5. Stempel für genussuntaugliches Fleisch

Anlage 2 (zu § 9)
hier nicht abgedruckt

8.4
Verordnung über die hygienischen Anforderungen und amtlichen Untersuchungen beim Verkehr mit Fleisch (Fleischhygiene-Verordnung – FlHV)

i. d. F. der Bek. vom 29.6.2001 (BGBl. I S. 1366),
zuletzt geändert durch Verordnung vom 8. August 2007 (BGBl. I S. 1816)[1]

– Auszug –

§§ 1–3

(weggefallen)

§ 4 Anmeldung zur Schlachttier- und Fleischuntersuchung

(1) Sofern für Schlachttiere oder erlegtes Haarwild nach tierseuchenrechtlichen Vorschriften eine Bescheinigung ausgestellt worden ist, hat der Verfügungsberechtigte dafür zu sorgen, dass diese dem Untersucher zur Schlachttieruntersuchung oder bei nicht vorgeschriebener Schlachttieruntersuchung zur Fleischuntersuchung vorgelegt wird.

(2) Wer erlegtes Haarwild, das nach § 1 Abs. 1 oder 2 des Fleischhygienegesetzes der Fleischuntersuchung unterliegt, in Eigenbesitz nimmt, hat dieses bei der für den Erlegungsort oder für seinen Wohnsitz zuständigen Behörde zur Fleischuntersuchung vor der weiteren Behandlung oder vor der Abgabe anzumelden. Abweichend von den Sätzen 1 bis 3 hat der von der zuständigen Behörde beauftragte Jagdausübungsberechtigte die Untersuchung auf Trichinen im Falle der Entnahme von Proben nach § 22a Abs. 1 Satz 2 des Fleischhygienegesetzes unter Verwendung des Wildursprungsscheins nach Anlage 2 Kapitel VI Nr. 5 bei der für den Erlegungsort zuständigen Behörde anzumelden.

§ 5 Schlachttier- und Fleischuntersuchung

(1) Die Schlachttieruntersuchung ist nach Anlage 1 Kapitel I Nr. 1 bis 4 durchzuführen; abweichend davon ist sie bei Haarwild, das auf andere Weise als durch Erlegen getötet wird (Gehegewild), nach Anlage 1 Kapitel I Nr. 9 und bei Tieren nach § 1 Abs. 1 Satz 1 des Fleischhygienegesetzes, die unter gleichartigen Bedingungen wie Gehegewild gehalten und außerhalb von Schlachtbetrieben getötet

---

[1] Durch Art. 16 der VO zur Durchführung von Vorschriften des gemeinschaftlichen Lebensmittelhygienerechts vom 8. 8. 2007 (BGBl. I S. 1816, 1895) wurden nachfolgend aufgeführte Vorschriften der Fleischhygiene-Verordnung aufgehoben:
  – §§ 1–3
  – § 4 Abs. 1 S. 1, Abs. 2 S. 2 und 3 und Abs. 3
  – §§ 8, 10–11 c, 12–14 und 17–18a
  – Anlage 1 Kapitel III Nr. 2.2 und 2.3 und Kapitel V Nr. 1–3.2, 3.4–5, 6.1.1–6.1.5, 6.5 und 7, Anlage 2 Kapitel I–V, Kapitel VI Nr. 1.1, 1.2, 1.4 und 2–4 und Kapitel VII–X und die Anlagen 2a–6

werden, nach Anlage 1 Kapitel I Nr. 10 durchzuführen. Die Schlachterlaubnis (§ 9 des Fleischhygienegesetzes) ist zu versagen, wenn ein Beanstandungsgrund nach Anlage 1 Kapitel I Nr. 5 oder 6 vorliegt. Sie ist in den Fällen der Anlage 1 Kapitel I Nr. 7 zu verschieben und im Falle der Anlage I Kapitel I Nr. 8 unter der dort genannten Auflage zu erteilen. Sie kann in den Fällen der Anlage 1 Kapitel I Nr. 5 versagt werden.

(2) Die Fleischuntersuchung ist nach Anlage 1 Kapitel II durchzuführen. Ihr unterliegen alle Teile des geschlachteten Tieres einschließlich des Blutes.

(3) Im Rahmen der Fleischuntersuchung sind zusätzlich durchzuführen
1. die Untersuchung auf Trichinen (§ 1 Abs. 3 des Fleischhygienegesetzes) nach Anlage 1 Kapitel III Nr. 1,
2. stichprobenweise sowie bei begründetem Verdacht eine Rückstandsuntersuchung nach Anlage 1 Kapitel III Nr. 2,
3. eine bakteriologische Fleischuntersuchung nach Anlage 1 Kapitel III Nr. 3, sofern das zu untersuchende Fleisch nicht bereits auf Grund sonstiger Feststellungen als untauglich zu beurteilen ist,
4. sonstige Untersuchungen nach Anlage 1 Kapitel III Nr. 4, wenn noch Zweifel an der Genusstauglichkeit des Fleisches bestehen.

Bei erlegtem Haarwild richtet sich die Durchführung der in Satz 1 Nr. 3 und 4 genannten Untersuchungen nach Anlage 1 Kapitel III Nr. 5.

§§ 6–20

(hier nicht abgedruckt)

Anlage 1
(zu den §§ 5 und 6)

Kapitel I und II

(hier nicht abgedruckt)

Kapitel III

Weitere Untersuchungen

1. Untersuchung auf Trichinen
1.1 Die Trichinenuntersuchung darf nur in einem Raum des Schlachtbetriebes oder in einem anderen geeigneten, von der zuständigen Behörde zugelassenen Raum durchgeführt werden, in dem Geräte und Material vorhanden sind, die die Untersuchung mit der Verdauungsmethode zulassen. Die zuständige Behörde kann Ausnahmen zulassen.
1.2 Bei Hausschweinen und Sumpfbibern ist aus einem Zwerchfellpfeiler eine Probe von mindestens 1 g, bei allen anderen untersuchungspflichtigen Tierarten außer Einhufern ist zusätzlich aus der Unterarmmuskulatur eine Probe von mindestens 0,5 g zu entnehmen; bei Einhufern ist aus der Zungen- oder Kaumuskulatur eine Probe von mindestens 5 g zu entnehmen.

Kapitel IV

Beurteilung des Fleisches

:

7. Als untauglich zu beurteilen ist das geschlachtete Tier, wenn festgestellt worden sind:

7.1 Milzbrand, Rauschbrand, Tollwut, Rotz, Tetanus, Botulismus, ansteckende Blutarmut der Einhufer, Rinderpest, Brucellose, generalisierte Tuberkulose einschließlich Knochentuberkulose, Trichinellose, Myxomatose oder Tularämie;

7.2 Salmonellose, Rotlauf der Schweine, Aujeszkysche Krankheit, Schweinepest, ansteckende Schweinelähme oder Sarkosporidiose, wenn gleichzeitig erhebliche sinnfällige Veränderungen der Muskulatur oder des Fettgewebes vorliegen;

7.3 erhebliche sinnfällige Veränderungen anderer Ursachen, auch das Vorkommen von Geschwülsten und Abszessen an zahlreichen Stellen der Muskulatur, der Knochen, der Fleischlymphknoten oder in mehreren Organen oder vollständige Abmagerung;

7.4 Finnen, lebend oder abgestorben, bei Rindern (Cysticercus bovis), bei Schweinen (Cysticercus cellulosae), bei Schafen und Ziegen (Cysticercus ovis), bei Haarwild (Cysticercus cervi), wenn bei der Untersuchung Starkfinnigkeit (mehr als 10 Finnen je Tier) festgestellt wird;

Kapitel V

Kennzeichnung

6.1.6 Stempel für erlegtes Haarwild nach § 1 Abs. 1 Satz 3 in Verbindung mit Abs. 3 des Fleischhygienegesetzes

Anlage 2

Kapitel VI

Besondere Hygienevorschriften für erlegtes Haarwild

Über die Hygienevorschriften nach Kapitel I und II hinaus gilt für Fleisch von erlegtem Haarwild Folgendes:

1.   Beim Gewinnen des Fleisches ist Folgendes zu beachten:

1.3   Beim Erlegen, Aufbrechen, Zerwirken und weiteren Behandeln ist auf Merkmale zu achten, die das Fleisch als gesundheitlich bedenklich erscheinen lassen. Diese liegen insbesondere vor bei:

1.3.1 abnormen Verhaltensweisen und Störungen des Allgemeinbefindens;

1.3.2 Fehlen von Anzeichen äußerer Gewalteinwirkungen als Todesursache (Fallwild);

1.3.3 Geschwülsten oder Abszessen, wenn sie zahlreich oder verteilt in inneren Organen oder in der Muskulatur vorkommen;

1.3.4 Schwellungen der Gelenke oder Hoden, Hodenvereiterung, Leber- oder Milzschwellung, Darm- oder Nabelentzündung;

1.3.5 fremdem Inhalt in den Körperhöhlen, insbesondere Magen- und Darminhalt oder Harn, wenn Brust- oder Bauchfell verfärbt sind;

1.3.6 erheblicher Gasbildung im Magen- und Darmkanal mit Verfärbung der inneren Organe;

1.3.7 erhebliche Abweichungen der Muskulatur oder der Organe in Farbe, Konsistenz oder Geruch;

1.3.8 offenen Knochenbrüchen, soweit sie nicht unmittelbar mit dem Erlegen in Zusammenhang stehen;

1.3.9 erheblicher Abmagerung oder Schwund einzelner Muskelpartien;

1.3.10 frischen Verklebungen oder Verwachsungen von Organen mit Brust- oder Bauchfell;

1.3.11 sonstigen erheblichen sinnfälligen Veränderungen außer Schussverletzungen, wie z. B. stickige Reifung.

1.4   *(weggefallen)*

2.–4. *(weggefallen)*

5.   Im Falle der Entnahme von Proben nach § 22a Abs. 1 Satz 2 des Fleischhygienegesetzes hat der Jagdausübungsberechtigte an jedem Tierkörper der Wildschweine eine ihm von der zuständigen Behörde ausgegebene, nicht wieder verwendbare, länderspezifisch gekennzeichnete, nummerierte Wildmarke anzubringen. Die Nummer der Wildmarke ist von dem Jagdausübungsberechtigten auf dem ihm von der zuständigen Behörde ausgegebenen Wildursprungsschein einzutragen. Der Wildursprungsschein besteht aus einem für die zuständige Behörde bestimmten Original und zwei Durchschriften. Der Jagdausübungsberechtigte darf Tierkörper von Wildschweinen nach Satz 1 erst nach Abschluss der amtlichen Untersuchung nach § 1 Abs. 2 Satz 2 des Fleischhygienegesetzes und nur unter Beifügung einer ihm von der zuständigen Behörde, auch elektronisch, übermittelten Durchschrift des Wildursprungsscheins abgeben. Der Jagdausübungsberechtigte hat die zweite Durchschrift des Wildursprungsscheins zwei Jahre lang aufzubewahren. Der Wildursprungsschein hat unbeschadet landesrechtlicher Vorschriften über bestimmte zusätzliche Angaben folgendem Muster in Inhalt und Form zu entsprechen:

Anhang 8.4

Wildursprungsschein
Land ... BW

☐ ☐ ☐ ☐ ☐ ☐ ☐
Nummer der Wildmarke

Jagdbezirk, Erlegungsort ....

Erleger
(soweit nicht der Jagdausübungsberechtigte) ....

Jagdausübungsberechtigter ....

Erlegungsdatum: .... Zeitpunkt: ....Uhr

Jagdausübungsberechtigter:
Name, Adresse, (Tel.), Fax

Feststellungen des Jagdausübungsberechtigten:

Wild (Geschlecht*)/Gewicht/Altersklasse): m ☐ / w ☐ / ...... kg/ca. .... Jahre

Todesursache*)   Erlegung ☐   Unfallwild ☐   sonstiges Fallwild ☐

☐ **Vor dem Erlegen wurden von mir keine Verhaltensstörungen des Tieres beobachtet.*)**

☐ **Es wurden bei der Untersuchung des Tieres von mir keine auffälligen Merkmale beobachtet, die darauf schließen lassen, dass das Fleisch gesundheitlich bedenklich sein könnte.*)**

Besonderheiten:

Nachsuche ☐   **Ansitz/Pirsch** ☐   **Treib-/Drückjagd** ☐   **Sonstiges:**

....

Datum   Unterschrift des Jagdausübungsberechtigten

Amtliche Untersuchungen nach § 1 Abs. 2 Satz 2 des Fleischhygienegesetzes:

Antragsteller
Name, Adresse, (Tel.), Fax

Untersucher
Name, Adresse, (Tel.), Fax

....

Ergebnis

                    Unterschrift Untersucher

                              amtlicher Stempel

_____

* Zutreffendes bitte ankreuzen.

594

8.5
Verordnung (EG) Nr. 852/2004 des Europäischen Parlaments und des Rates über Lebensmittelhygiene (VO(EG) Nr. 852/2004)

vom 29. April 2004 (ABl. EG L 139 S. 1), zuletzt geändert am 17. Oktober 2008 (ABl. EG L 277 S. 7, ber. am 3. März 2009, ABl. EG L 58 S. 3)

– Auszug –

Artikel 6
Amtliche Kontrollen, Eintragung und Zulassung

(1) Die Lebensmittelunternehmer arbeiten gemäß anderen anwendbaren Gemeinschaftsregelungen oder, wenn solche Regelungen nicht bestehen, gemäß den einzelstaatlichen Rechtsvorschriften mit den zuständigen Behörden zusammen.

(2) Insbesondere haben die Lebensmittelunternehmer der entsprechenden zuständigen Behörde in der von dieser verlangten Weise die einzelnen ihrer Kontrolle unterstehenden Betriebe, die auf einer der Stufen der Produktion, der Verarbeitung oder des Vertriebs von Lebensmitteln tätig sind, zwecks Registrierung zu melden.

Ferner stellen die Lebensmittelunternehmer sicher, dass die Kenntnisse der zuständigen Behörde über die Betriebe stets auf dem aktuellen Stand sind, indem sie unter anderem alle wichtigen Veränderungen bei den Tätigkeiten und Betriebsschließungen melden.

(3) Die Lebensmittelunternehmer stellen jedoch sicher, dass die Betriebe von der zuständigen Behörde nach mindestens einer Kontrolle an Ort und Stelle zugelassen werden, wenn eine solche Zulassung vorgeschrieben ist:

    a) nach dem einzelstaatlichen Recht des Mitgliedstaats, in dem der Betrieb sich befindet,

    b) nach der Verordnung (EG) Nr. 853/2004 oder

    c) aufgrund eines nach dem Verfahren gemäß Artikel 14 Absatz 2 gefassten Beschlusses.

Ein Mitgliedstaat, der gemäß Buchstabe a) die Zulassung bestimmter auf seinem Gebiet niedergelassener Unternehmen nach seinem einzelstaatlichen Recht vorschreibt, setzt die Kommission und die anderen Mitgliedstaaten von den einschlägigen einzelstaatlichen Vorschriften in Kenntnis.

9.
Verordnung des Ministeriums für Ernährung und Ländlichen Raum über die Jägerprüfung (Jägerprüfungsordnung – JPrO)

vom 20. Juli 2006 (GBl. S. 270)

Auf Grund von § 14 Abs. 2 des Landesjagdgesetzes in der Fassung vom 1. Juni 1996 (GBl. S. 369), zuletzt geändert durch Artikel 90 des Gesetzes vom 1. Juli 2004 (GBl. S. 469) wird verordnet:

ERSTER TEIL

Jägerprüfung

§ 1 Prüfungsstelle, Prüfungsausschuss

(1)   Die Prüfung wird durch nach § 14 Abs. 3 des Landesjagdgesetzes Beliehene durchgeführt (Prüfungsstelle). Die Prüfungsstelle bildet eine für die landesweite Abnahme der Prüfung ausreichende Anzahl von Prüfungsausschüssen.

(2)   Jeder Prüfungsausschuss besteht aus dem Vorsitzenden und vier weiteren Mitgliedern. Für jedes Mitglied wird ein stellvertretendes Mitglied bestellt. Der Vorsitzende, die weiteren Mitglieder und die Stellvertreter werden von der Prüfungsstelle im Benehmen mit dem Kreisjagdamt, das für das zu bestellende Mitglied örtlich zuständig ist, auf die Dauer von vier Jahren berufen. Bei jeder Neuberufung des Ausschusses ist auf einen angemessenen Wechsel der Prüfungsausschussmitglieder zu achten. Der Vorsitzende und die weiteren Mitglieder und deren Stellvertreter müssen im Sinne von § 11 Abs. 5 des Bundesjagdgesetzes jagdpachtfähig sein und sollen mindestens einmal innerhalb des Berufungszeitraumes an einer Prüferfortbildung nach Maßgabe der obersten Jagdbehörde teilnehmen. Die Mitglieder des Prüfungsausschusses sind unabhängig und nicht an Weisungen gebunden. Ihre Tätigkeit ist ehrenamtlich. Bei der Berufung von Mitgliedern des Prüfungsausschusses ist darauf zu achten, dass diese im räumlichen Prüfungsgebiet des Prüfungsausschusses nicht in der jagdlichen Ausbildung im Sinne von § 5 tätig sind.

(3) Der Prüfungsausschuss ist beschlussfähig, wenn mindestens vier seiner Mitglieder anwesend sind. Beschlüsse bedürfen der Stimmenmehrheit; Stimmenthaltung ist nicht möglich.

§ 2 Schriftführer

(1)   Die Prüfungsstelle bestellt für jeden Prüfungsausschuss einen Schriftführer sowie einen Stellvertreter. Der Schriftführer unterstützt den Vorsitzenden des

Prüfungsausschusses bei der Vorbereitung und Durchführung der Prüfung und führt über den Hergang der Prüfung eine Niederschrift (§ 14).

(2) Bei der schriftlichen Prüfung führt der Schriftführer die Aufsicht.

§ 3 Gegenstand der Prüfung

(1) Die Prüfung besteht aus folgenden Prüfungsabschnitten:
1. dem jagdlichen Schießen, einschließlich der Handhabung von Jagdwaffen (einschließlich Faustfeuerwaffen),
2. dem schriftlichen Teil,
3. dem mündlich-praktischen Teil.

Sie ist in dieser Reihenfolge durchzuführen.

(2) In den Prüfungsabschnitten „Schriftlicher Teil" und „Mündlich-praktischer Teil" haben die Prüflinge ausreichende Kenntnisse in den in § 15 Abs. 5 des Bundesjagdgesetzes aufgeführten Sachgebieten nachzuweisen. Diese gliedern sich in folgende Prüfungsfächer:
1. Tierarten, Wildbiologie, Wildhege und Land- und Waldbau einschließlich Wildschadensverhütung;
2. Waffenrecht, Waffentechnik und Führung von Jagdwaffen (einschließlich Faustfeuerwaffen);
3. Führung voll Jagdhunden, Jagdbetrieb, Behandlung des erlegten Wildes unter besonderer Berücksichtigung der hygienisch erforderlichen Maßnahmen und Beurteilung der gesundheitlich unbedenklichen Beschaffenheit des Wildbrets, insbesondere auch hinsichtlich seiner Verwendung als Lebensmittel;
4. Jagd-, Tierschutz- sowie Naturschutz- und Landschaftspflegerecht.

Näheres regelt der Prüfungs- und Ausbildungsrahmenplan des Ministeriums für Ernährung und Ländlichen Raum.

§ 4 Zuständigkeit, Anmeldung

(1) Die Prüflinge haben sich spätestens sechs Wochen vor dem Termin des schriftlichen Teils der Prüfung schriftlich bei der Prüfungsstelle anzumelden, bei der sie die Prüfung ablegen möchten.

(2) Der Anmeldung ist der Nachweis über die jagdliche Ausbildung (§ 5) beizufügen. Dieser darf zu diesem Zeitpunkt nicht älter als drei Jahre sein. Kann zum Zeitpunkt der Anmeldung der Ausbildungsnachweis noch nicht erbracht werden, da die Ausbildung noch nicht abgeschlossen ist, ist der Nachweis der Prüfungsstelle rechtzeitig vor Beginn des Prüfungsabschnittes „Jagdliches Schießen" nachzureichen. In begründeten Fällen kann der Vorsitzende des Prüfungsausschusses den Nachweis bei Beginn des Prüfungsabschnittes „Jagdliches Schießen" entgegennehmen. Bei Minderjährigen ist zusätzlich eine schriftliche Einverständniserklärung des gesetzlichen Vertreters beizufügen.

(3) Die Prüfungsstelle entscheidet über die Zuweisung der Prüflinge zu einem Prüfungsausschuss. Sofern möglich, soll der Wunsch des Prüflings hierbei berücksichtigt werden.

§ 5 Jagdliche Ausbildung

(1) Die jagdliche Ausbildung erfolgt in einem Ausbildungslehrgang zur Vorbereitung auf die Jägerprüfung an einer vom Kreisjagdamt anerkannten Ausbildungsstätte (Jagdschule). Der Lehrgang beinhaltet eine theoretische und eine praktische Ausbildung; er umfasst mindestens 120 Stunden. Zeiten für Übungsschießen dürfen bei der Berechnung der Mindestausbildungszeit nach Satz 2 nicht berücksichtigt werden. Die Ausbildung umfasst im Bereich „Jagdliches Schießen", neben den nach § 9 zu prüfenden Disziplinen, eine Schussabgabe auf mindestens 150 Wurftauben und je zehn Schuss mit Revolver und Pistole mit scharfer Munition. Bei Prüflingen mit körperlicher Schwerbehinderung ist § 9 Abs. 11 sinngemäß anzuwenden.

(2) Von der nach Absatz 1 vorgeschriebenen Mindestausbildungszeit soll mindestens ein Drittel auf eine praktische Ausbildung entfallen.

(3) Der Ausbildungsleiter hat dem Bewerber den Nachweis über die jagdliche Ausbildung schriftlich zu bestätigen. Der Nachweis enthält die Gesamtausbildungsdauer, Ort und Zeit der praktischen Ausbildung und die Bestätigung der beschossenen Wurftauben und des Faustfeuerwaffenschießens.

(4) Als Nachweis über die jagdliche Ausbildung gelten auch entsprechende Nachweise von behördlich zugelassenen Ausbildungsstätten anderer Bundesländer.

(5) Eine Ausbildungsstätte ist vom Kreisjagdamt anzuerkennen, wenn deren Leiter im Sinne von § 11 Abs. 5 des Bundesjagdgesetzes jagdpachtfähig und Inhaber eines Jahresjagdscheins ist, Zugang zu einem für die jagdliche Ausbildung geeigneten Jagdrevier hat, über einen brauchbaren Jagdhund und neben ausreichendem jagdlichen Anschauungsmaterial über die erforderliche Anzahl von geeigneten Lehrkräften verfügt.

§ 6 Zulassung zur Prüfung

(1) Bewerber, die zur Prüfung zugelassen werden, erhalten mindestens zwei Wochen vor Prüfungsbeginn eine Ladung durch die Prüfungsstelle (Zulassung).

(2) Zur Prüfung werden Bewerber nicht zugelassen, die zum Zeitpunkt der schriftlichen Prüfung das 15. Lebensjahr noch nicht vollendet haben.

(3) Wird der Nachweis über die jagdliche Ausbildung in den Fällen des § 4 Abs. 2 Satz 3 und 4 nicht rechtzeitig erbracht, erlischt die Zulassung.

(4) Wird der Bewerber zur Prüfung nicht zugelassen, erhält er einen schriftlichen Bescheid.

§ 7 Ort und Form der Prüfung

(1) In jedem Jahr sollen mindestens vier Prüfungstermine angeboten werden. Die Prüfungstermine für den Prüfungsabschnitt „Schriftlicher Teil" werden von der Prüfungsstelle festgesetzt und öffentlich bekannt gemacht.

(2) Die Prüfungsstelle bestimmt im Einvernehmen mit dem Prüfungsausschuss Ort, Tag und Uhrzeit der Prüfungsabschnitte „Jagdliches Schießen" und „Mündlich-praktischer Teil".

(3) Der Vorsitzende des Prüfungsausschusses bereitet die Prüfung vor und leitet sie. Insbesondere obliegt ihm:
1. die Verteilung der Prüfungsfächer auf die Mitglieder des Prüfungsausschusses im Einvernehmen mit diesen, einschließlich der Bestimmung von Fach- und Zweitprüfern;
2. die Bereitstellung eines geeigneten Schießstandes, einer ausreichenden Anzahl von Waffen und der erforderlichen Munition;
3. die Nachprüfung, dass alle am Prüfungsabschnitt „Jagdliches Schießen" Beteiligten ausreichend gegen Unfall und Haftpflicht versichert sind (Mindestdeckungssummen im Sinne von § 17 Abs. 1 Nr. 4 des Bundesjagdgesetzes);
4. die Unterstützung des Fachprüfers bei der Bereitstellung des notwendigen Prüfungsmaterials für den Prüfungsabschnitt „Mündlich-praktischer Teil".

(4) Die Prüfungsstelle hat den Vorsitzenden des Prüfungsausschusses bei der Erfüllung seiner Aufgaben zu unterstützen.

(5) Die Prüfung ist nicht öffentlich; Vertreter der Jagdbehörden und der Prüfungsstelle, stellvertretende Mitglieder des Prüfungsausschusses sowie notwendige Hilfskräfte können bei allen Prüfungsabschnitten anwesend sein.

(6) Wer die Prüfung nicht bestanden hat oder aus Gründen, die er nicht zu vertreten hat, an der Prüfung nicht teilnehmen konnte, kann die Prüfung auch mehrfach wiederholen.

(7) Prüflinge, die bei einer Prüfung im zurückliegendem Zeitraum von 24 Monaten den Prüfungsabschnitt „Jagdliches Schießen"
1. bestanden haben, müssen nur noch die Prüfungsabschnitte „Schriftlicher Teil" und „Mündlich-praktischer Teil" absolvieren;
2. nicht bestanden haben und in allen Fächern der Prüfungsabschnitte „Schriftlicher Teil" und „Mündlich-praktischer Teil" mindestens die Endnote 4,00 erreicht haben, müssen nur noch den Prüfungsabschnitt „Jagdliches Schießen" als Ganzes absolvieren; die Wiederholung der übrigen Prüfungsabschnitte zur Notenverbesserung ist ausgeschlossen.

§ 8 Rücktritt von der Prüfung, Verhinderung

(1) Die Prüfung gilt als nicht unternommen, wenn der Prüfling vor ihrem Beginn zurücktritt oder der Prüfung fernbleibt.

(2) Kann der Prüfling aus Gründen, die er nicht zu vertreten hat, am Prüfungsabschnitt „Mündlich-praktischer Teil" nicht teilnehmen, so kann er diesen Prüfungsabschnitt hei einem anderen Prüfungsausschuss oder bei der nächsten Prüfung nachholen. Bei wiederholtem Eintreten von Umständen nach Satz 1 Halbsatz 1 ist dies erneut möglich. Der Nachweis der Verhinderung ist unverzüglich zu erbringen, im Falle einer Krankheit durch ärztliches Zeugnis. Der Vorsitzende des Prüfungsausschusses stellt fest, ob eine vom Prüfling nicht zu vertretende Verhinderung vorgelegen hat. Das Ergebnis ist dem Prüfling mit den Zwischenergebnissen aus dem Prüfungsabschnitt „Schriftlicher Teil" schriftlich mitzuteilen.

(3) Kann der Prüfling zur nächsten Prüfung nicht zugelassen werden oder bleibt er der Prüfung fern, stellt die Prüfungsstelle fest, dass die Prüfung nicht bestanden ist.

§ 9 Prüfungsabschnitt „Jagdliches Schießen"

(1) Der Prüfungsabschnitt „Jagdliches Schießen" besteht aus den drei Prüfungsteilen Waffenhandhabung, Büchsenschießen und Flintenschießen.

(2) Im Prüfungsteil Waffenhandhabung haben die Prüflinge den Nachweis zu erbringen, dass sie Jagdwaffen (einschließlich Faustfeuerwaffen) sicher handhaben können und dass sie unter Einhaltung der Allgemeinen Sicherheitsbestimmungen und der Schießstandsordnung (beide Bestandteile der Schießvorschrift des Deutschen Jagdschutzverbandes e.V. – DJV-Schießvorschrift) in der Lage sind, den Anforderungen im Büchsen- und Flintenschießen nach Absatz 3 bis 6 zu genügen.

(3) Beim Prüfungsteil Büchsenschießen sind mit einem mindestens auf Rehwild zugelassenen Kaliber und beliebiger Visierung und Optik abzugeben:
1. fünf Schüsse auf einen stehenden Rehbock (DJV-Wildscheibe Nr. 1, Bestandteil der DJV-Schießvorschrift) aus 100 m Entfernung sitzend, auf einem Rundholz aufgelegt, und
2. fünf Schüsse auf einen flüchtigen Überläufer (DJV-Wildscheibe Nr. 5 oder 6, Bestandteil der DJVSchießvorschrift) aus 50 m oder 60 m Entfernung freihändig im jagdlichen Anschlag.

Beim Schießen sitzend, auf einem Rundholz aufgelegt, dürfen die Arme nur auf dem Rundholz aufgestützt werden. Die Schneisenbreite soll beim flüchtigen Überläufer 6 m, seine Durchlaufzeit zwischen 1,8 und 2,5 Sekunden betragen. Die Auslösung des flüchtigen Überläufers durch den Prüfer erfolgt, wenn die Prüflinge die jagdliche Gewehrhaltung eingenommen und das Ziel abgerufen haben. Der Anschlag darf erst nach Abruf des Zieles erfolgen. Den Prüflingen ist beim Schießen auf den stehenden Rehbock der jeweilige Sitz des ersten Schusses und beim Schießen auf den flüchtigen Überläufer der jeweilige Sitz jedes Schusses anzuzeigen.

(4) Beim Prüfungsteil Flintenschießen sind mit einer Schrotstärke bis einschließlich 3,0 mm zehn in gleicher Richtung laufende Kipp- oder Rollhasen aus 35 m Entfernung zu beschießen. Die Schneisenbreite beim Kipp- wie auch beim Rollhasen soll 6 m und die Durchlaufzeit 2 bis 3 Sekunden betragen. Die Auslösung des Kipp- oder Rollhasen durch den Prüfer erfolgt, wenn die Prüflinge die jagdliche Gewehrhaltung eingenommen und das Ziel abgerufen haben. Der Anschlag darf erst nach Erscheinen des Zieles erfolgen. Doppelschüsse sind nicht zulässig, die Waffe darf nur mit einer Patrone geladen werden.

(5) Im Übrigen gelten für Anschlag, Abgabe des Schusses und Bewertung, soweit nicht in dieser Verordnung besonders geregelt, die Bestimmungen der DJV-Schießvorschrift entsprechend. Die geltenden Beschränkungen der Schießstände, insbesondere hinsichtlich der zugelassenen Munition, sind einzuhalten.

(6) Die Anforderungen im Büchsen- und Flintenschießen sind erfüllt, wenn
1. beim Büchsenschießen insgesamt fünf Treffer,
2. beim Flintenschießen fünf Treffer
erzielt werden, wobei in den beiden Büchsen-Disziplinen jeweils mindestens zwei Treffer erzielt werden müssen. Als Treffer gelten beim Büchsenschießen auf den Rehbock der getroffene achte bis zehnte Ring (ein berührter Ring gilt als getroffen) und beim Büchsenschießen auf den flüchtigen Überläufer alle Schüsse im Trefferfeld. Beim Flintenschießen gilt als Treffer, wenn infolge des Schusses beim

einteiligen Kipphasen der Kipphase, beim mehrteiligen mindestens ein Teil desselben kippt und beim Rollhasen mindestens ein deutlich sichtbares Stück abspringt.

(7) Der Prüfungsabschnitt „Jagdliches Schießen" kann bei den Prüflingen abgebrochen werden, die die Anforderungen nach Absatz 6 erfüllt haben oder bei denen feststeht, dass sie diese nicht mehr erreichen können.

(8) Erfüllen Prüflinge die Anforderungen in den Prüfungsteilen Büchsen- und Flintenschießen nicht, so können sie bis zum Beginn des Prüfungsabschnitts „Schriftlicher Teil" einmal zu einem vom Vorsitzenden des Prüfungsausschusses zu bestimmenden Zeitpunkt die nicht bestandenen Prüfungsteile Büchsen- und Flintenschießen wiederholen.

(9) Prüflinge, die die Anforderungen nach den Absätzen 2 und 6 auch nach der Wiederholung gemäß Absatz 8 nicht erfüllt oder gegen die einschlägigen Sicherheitsvorschriften erheblich verstoßen haben, haben den Prüfungsabschnitt „Jagdliches Schießen" und somit die Jägerprüfung nicht bestanden. Gleiches gilt für den Fall, dass der Prüfungsabschnitt „Jagdliches Schießen" krankheitsbedingt nicht angetreten werden konnte. Im Falle des Satzes 1 sind die Prüflinge durch mündliche Erklärung des Vorsitzenden des Prüfungsausschusses vom Nichtbestehen der Prüfung zu unterrichten. Die Prüflinge können jedoch in beiden Fällen an den anderen Prüfungsabschnitten teilnehmen.

(10) Der Prüfungsabschnitt „Jagdliches Schießen" wird durch den Vorsitzenden des Prüfungsausschusses, den Fachprüfer und mindestens zwei weitere Prüfer abgenommen. Wird in Gruppen geprüft, so ist der Vorsitzende abwechselnd bei den Prüfungsgruppen anwesend.

(11) Bei körperlich behinderten Prüflingen mit einem Behinderungsgrad von mindestens 50 % kann in begründeten Fällen der Prüfungsteil Waffenhandhabung auf bestimmte Prüfungsinhalte eingeschränkt werden. Ebenso können bei den Prüfungsteilen Büchsen- und Flintenschießen Hilfsmittel, die zum Ausgleich der Behinderung erforderlich sind, zugelassen werden. Die Anforderungen der Absätze 2 und 6 sind zu erfüllen. Die Erleichterungen nach Satz 1 sind in der Niederschrift nach § 14 zu dokumentieren und müssen mit den zur Erteilung des Jagdscheines jagd- und waffenrechtlichen Vorgaben vereinbar sein.

§ 10 Prüfungsabschnitt „Schriftlicher Teil"

(1) Im Prüfungsabschnitt „Schriftlicher Teil" haben die Prüflinge je Prüfungsfach 30 Fragen im Multiple-Choice-System zu beantworten. Die Fragen und Musterlösungen sowie der Bewertungsschlüssel werden von der Prüfungsstelle erstellt.

(2) Die Fragebögen werden in ausreichender Zahl in versiegelten Umschlägen an die Schriftführer der Prüfungsausschüsse übersendet. Die Umschläge dürfen erst bei Beginn der schriftlichen Prüfung in Gegenwart der Prüflinge durch den Schriftführer geöffnet werden.

(3) Die Zeit für die Beantwortung der Fragen beträgt zwei Stunden. Vor Beginn des Prüfungsabschnitts „Schriftlicher Teil" sind die Prüflinge auf die Folgen unerlaubter Hilfsmittel oder sonstiger Täuschungshandlungen (§ 15) hinzuweisen. Prüflinge, die Antworten in einem Prüfungsfach nicht oder nicht rechtzeitig abgehen, erhalten für dieses Prüfungsfach die Note 6,00.

(4) Mindestens zwei Personen, die entweder Mitglied des Prüfungsausschusses oder Schriftführer sind, kontrollieren die Antworten und ermitteln die Noten jedes Prüfungsfaches in diesem Prüfungsabschnitt. Die Ergebnisse werden den Prüflingen, unbeschadet von § 8 Abs. 2 Satz 5, vor dem Prüfungsabschnitt „Mündlich-praktischer Teil" bekannt gegeben.

§ 11 Prüfungsabschnitt „Mündlich-praktischer Teil"

(1) Im Prüfungsabschnitt „Mündlich-praktischer Teil" wird ein Teil der Prüfungsfächer im Gelände geprüft.

(2) Es wird in zwei Prüfungsgruppen vom Fachprüfer und dem Zweitprüfer geprüft; der Vorsitzende des Prüfungsausschusses ist abwechselnd bei den Prüfungsgruppen anwesend. Wenn es die Zahl der Prüfungsteilnehmer zulässt, kann die Prüfung vom gesamten Prüfungsausschuss abgenommen werden. Die Fragen in den einzelnen Prüfungsfächern sind vom jeweiligen Fachprüfer zu stellen, der Zweitprüfer oder der Vorsitzende können sich beteiligen. Die Prüfung soll je Prüfling und Prüfungsfach in der Regel 15 Minuten dauern. Es dürfen bis zu drei Prüflinge zusammen geprüft werden.

(3) Die Fachnote für die Leistungen dieses Prüfungsabschnitts ist für jedes Prüfungsfach einzeln zu ermitteln. Aus den Einzelwertungen der beiden Prüfer ist bis zu einem Unterschied von 1,00 eine Durchschnittsnote zu bilden, darüber hinaus entscheidet der Prüfungsausschuss, falls sich die beiden Prüfer nicht einigen. Es sind hierbei nur zwei Dezimalstellen zu berücksichtigen.

(4) Ablauf und Inhalt des Prüfungsabschnitts „Mündlich- praktischer Teil" sind von einem Mitglied oder stellvertretenden Mitglied des Prüfungsausschusses oder vom Schriftführer zu dokumentieren und zu den Prüfungsakten zu nehmen.

§ 12 Bewertung

(1) Die Prüfungsleistungen sind wie folgt zu bewerten:
1 = eine fehlerfreie und vollständige Leistung,
2 = eine gute, erheblich über dem Durchschnitt liegende Leistung,
3 = eine befriedigende Leistung, die in jeder Hinsicht durchschnittlichen Anforderungen entspricht,
4 = eine ausreichende Leistung, die trotz einzelner Mängel durchschnittlichen Anforderungen noch entspricht,
5 = eine Leistung mit erheblichen Mängeln,
6 = eine völlig unbrauchbare Leistung.
Zwischennoten bis auf zwei Dezimalstellen sind zulässig.

(2) Die Endnote ergibt sich aus dem Durchschnitt der in den Prüfungsabschnitten „Schriftlicher Teil" und „Mündlich-praktischer Teil" erzielten Fachnoten; der Durchschnitt ist auf zwei Dezimalstellen zu errechnen und stellt die Endnote für das Prüfungsfach dar.

(3) Der Prüfungsausschuss stellt die Endnoten in den einzelnen Prüfungsfächern im Beisein des Schriftführers fest. Werden die Prüfungsabschnitte bei unterschiedlichen Prüfungsausschüssen abgelegt, stellt der Prüfungsausschuss, bei dem der letzte Prüfungsabschnitt absolviert wurde, die Endnote fest.

§ 13 Prüfungsergebnis, Prüfungszeugnis

(1) Die Prüfung hat nicht bestanden,

1. wer nicht in jedem Prüfungsfach mindestens die Endnote 4,00 erreicht hat,
2. wenn die Leistung des Prüflings in einem Prüfungsfach der schriftlichen oder der mündlich-praktischen Prüfung mit der Note 6,00 oder in mehr als einem Prüfungsfach mit der Note 5,00 bewertet wurde.

Prüflinge, die bereits im schriftlichen Teil der Prüfung in einem Prüfungsfach mit der Endnote 6,00 oder in mehr als einem Prüfungsfach mit der Endnote 5,00 bewertet wurden und somit die Prüfung nicht bestanden haben, sind vom anschließenden Prüfungsabschnitt, dem mündlich-praktischen Teil, ausgeschlossen.

(2) Kann unmittelbar nach der Prüfung festgestellt werden, wer der Prüfungsstelle für die Erteilung des Prüfungszeugnisses zur Erlangung des ersten Jagdscheins vorgeschlagen wird und wer dafür nicht in Betracht kommt, teilt der Vorsitzende des Prüfungsausschusses dies den Prüflingen mit.

(3) Die Prüfungsstelle stellt endgültig fest, wer die Prüfung bestanden hat.

(4) Prüflinge, die die Prüfung bestanden haben, erhalten ein Zeugnis, das von dem Vorsitzenden des Prüfungsausschusses und der Prüfungsstelle zu unterzeichnen ist.

(5) Prüflinge, die die Prüfung nicht bestanden haben, erhalten von der Prüfungsstelle hierüber einen schriftlichen Bescheid.

§ 14 Niederschrift

(1) In die Niederschrift über den Hergang der Prüfung sind insbesondere aufzunehmen:

1. die Namen der Mitglieder des Prüfungsausschusses, des Schriftführers und deren Stellvertreter, soweit diese bei der Prüfung mitgewirkt haben, und die Namen der Prüflinge;
2. die Ergebnisse des Prüfungsabschnitts „Jagdliches Schießen";
3. die in den Prüfungsabschnitten „Schriftlicher Teil" und „Mündlich-praktischer Teil" erzielten Fachnoten, die Endnote im einzelnen Prüfungsfach und das Prüfungsergebnis;
4. Entscheidungen des Prüfungsausschusses und dessen Vorsitzenden.

(2) Die Niederschrift ist von allen Mitgliedern des Prüfungsausschusses, die an der Prüfung teilgenommen haben, und vom Schriftführer zu unterzeichnen.

§ 15 Rechtsfolgen bei Täuschungsversuch und Verstößen gegen Sicherheitsvorschriften

(1) Prüflingen, die das Ergebnis der Prüfung durch Täuschung oder Benutzung nicht zugelassener Hilfsmittel zu beeinflussen versuchen, hat der Prüfungsausschuss für das betreffende Prüfungsfach die Note 6,00 zu erteilen und diese Prüflinge von der weiteren Teilnahme an der Prüfung auszuschließen. Erfordert die Aufrechterhaltung der Ordnung oder die Sicherheit ein sofortiges Eingreifen, so kann der Vorsitzende des Prüfungsausschusses den Ausschluss mündlich verfügen. Im Falle des Ausschlusses gilt die Prüfung als nicht bestanden.

(2) Erweist sich nachträglich, dass ein Fall des Absatzes 1 vorlag oder dass Prüflinge die Zulassung zur Prüfung durch falsche Angaben erreicht haben, so kann die Prüfungsstelle, im ersteren Fall nach Anhörung des Prüfungsausschusses, die Prüfung für nicht bestanden erklären und das Prüfungszeugnis einziehen.

ZWEITER TEIL

Jägerprüfung für Falkner (eingeschränkte Jägerprüfung) und gleichgestellte Prüfungen

§ 16 Jägerprüfung für Falkner (eingeschränkte Jägerprüfung)

(1) Die §§ 1 bis 15 gelten vorbehaltlich der nachfolgenden Absätze für die Durchführung der Jägerprüfung, die Bewerber um den Falknerjagdschein nach § 15 Abs. 7 Satz 1 des Bundesjagdgesetzes ablegen (eingeschränkte Jägerprüfung).

(2) Die Bewerber haben bei der Anmeldung nach § 4 zusätzlich eine Erklärung beizufügen, dass sie an der eingeschränkten Jägerprüfung teilnehmen wollen.

(3) Die eingeschränkte Jägerprüfung umfasst in den Prüfungsabschnitten „Schriftlicher Teil" und „Mündlich-praktischer Teil" die Prüfungsfächer des § 3 Abs. 2 Nr. 1, 3 und 4. Der Prüfungsabschnitt „Jagdliches Schießen" entfällt.

(4) Prüflinge, die die Prüfung bestanden haben, erhalten ein Zeugnis, das von dem Vorsitzenden des Prüfungsausschusses und der Prüfungsstelle zu unterzeichnen ist.

§ 17 Gleichgestellte Prüfungen

Als Jägerprüfung gelten auch:
1. die bestandene Diplomvorprüfung im Rahmen des Studiums der Forstwissenschaft an der Albert-Ludwigs-Universität Freiburg in Verbindung mit der bestandenen Prüfung im jagdlichen Schießen einschließlich der Waffenhandhabung und der bestandenen, in der Diplomprüfungsordnung vom 28. Januar 1987 der Universität vorgeschriebenen Zusatzprüfung,
2. der erfolgreiche Abschluss des forstwissenschaftlichen Bachelor- oder Master-Studiengangs der Albert-Ludwigs-Universität Freiburg in Verbindung mit der erfolgreichen Absolvierung der Jagdausbildung an der Albert-Ludwigs-Universität Freiburg, einschließlich bestandener Prüfungen in jagdlichem Schießen, Waffenhandhabung und Jagdkunde sowie dem Nachweis von Praxistagen,
3. die vor dem Inkrafttreten der Diplomprüfungsordnung vom 28. Januar 1987 für Studierende der Forstwissenschaft an der Albert-Ludwigs-Universität Freiburg bestandene Vorprüfung im Rahmen des Studiums der Forstwissenschaft an der Universität Freiburg,
4. die bestandene Prüfung im Fach Jagd und Fischerei an der Hochschule für Forstwirtschaft Rottenburg und an deren Vorgängereinrichtungen,

5. die bestandene Diplom- oder Bachelorvorprüfung im Studiengang Forstwirtschaft einschließlich der erfolgreich erbrachten Prüfungsleistungen in den Lehrfächern Zoologie, Wildökologie, Wildbiologie, Jagdwirtschaft und Jagdbetriebslehre in Verbindung mit dem Waffensachkundenachweis und den erfüllten Mindestanforderungen im jagdlichen Schießen (entsprechend der jeweils gültigen Jägerprüfungsordnung) an der Hochschule für Forstwirtschaft Rottenburg,

6. die vor dem 1. März 1983 bestandene Laufbahnprüfung für den mittleren Forstdienst.

DRITTER TEIL

Schlussbestimmungen

§ 18 Fehlen einer Beleihung

(1) Fehlt eine Beleihung nach § 14 Abs. 3 des Landesjagdgesetzes, ist Prüfungsstelle im Sinne dieser Verordnung und nach Maßgabe der Absätze 2 bis 4 das Kreisjagdamt.

(2) Mehrere Kreisjagdämter können einen oder mehrere gemeinsame Prüfungsausschüsse bilden. Wenn im Bereich eines Kreisjagdamtes eine zu geringe oder zu hohe Zahl von Bewerbern die Prüfung ablegen will, kann die obere Jagdbehörde die Bewerber einem anderen Kreisjagdamt zuweisen. Die Zuweisung erfolgt unter dem Vorbehalt des Nachweises der jagdlichen Ausbildung. Das abgebende Kreisjagdamt entscheidet über die Zulassung.

(3) Die obere Jagdbehörde bestimmt ein oder mehrere Kreisjagdämter, die mit der Durchführung der Jägerprüfung betraut werden.

(4) Die oberste Jagdbehörde setzt die Termine des schriftlichen Teils der Prüfung landeseinheitlich fest. Sie gibt die Prüfungsfragen, die Musterlösungen sowie einen Bewertungsschlüssel vor. Sie kann diese Aufgaben auch an ein Regierungspräsidium übertragen.

(5) Feststellungen des Kreisjagdamtes nach § 8 Abs. 3 und § 13 Abs. 3 erfolgen durch den Vorsitzenden des Kreisjagdamtes. Ebenso die Unterschriften nach § 13 Abs. 4 und § 16 Abs. 4.

§ 19 Inkrafttreten

Diese Verordnung tritt am Tage nach ihrer Verkündung in Kraft. Gleichzeitig tritt die Jägerprüfungsordnung vom 8. Dezember 2004 (GBl. 2005 S. 78) außer Kraft.

9.1
Verwaltungsvorschrift des Ministeriums für Ernährung und Ländlichen Raum zur Durchführung der Jägerprüfungsordnung (JPrOVwV)

vom 15. August 2006 (GABl. S. 432)

– Auszug –

2 *(Zu § 3)*

Der Prüfungs- und Ausbildungsrahmenplan des Ministeriums für Ernährung und Ländlichen Raum gemäß § 3 Abs. 2 Satz 3 ergibt sich aus Anlage 1.

Anlage 1
(zu Nummer 2 JPrOVwV)

**Prüfungs- und Ausbildungsrahmenplan
zur Jägerausbildung in Baden-Württemberg**

INHALT

1   Ausbildungs- und Prüfungsfach 1
1.1 Tierarten
1.2 Wildbiologie
1.3 Wildhege
1.4 Land- und Waldbau inkl. Wildschadensverhütung
2   Ausbildungs- und Prüfungsfach 2
2.1 Waffenrecht
2.2 Waffentechnik und Führen von Jagdwaffen (einschließlich Kurzwaffen)
3   Ausbildungs- und Prüfungsfach 3
3.1 Führung von Jagdhunden
3.2 Jagdbetrieb
3.3 Behandlung des erlegten Wildes unter besonderer Berücksichtigung der hygienisch erforderlichen Maßnahmen und Beurteilung der gesundheitlich unbedenklichen Beschaffenheit des Wildbrets, insbesondere auch hinsichtlich seiner Verwendung als Lebensmittel
4   Ausbildungs- und Prüfungsfach 4
4.1 Jagd-, Tierschutz- sowie Naturschutz- und Landschaftspflegerecht

1   Ausbildungs- und Prüfungsfach 1

Folgende Themen sind Bestandteil der theoretischen und praktischen Ausbildung und Prüfung im Prüfungsfach 1:

1.1 und 1.2 *Tierarten/Wildbiologie*
– Artenkenntnisse der wichtigsten heimischen jagdbaren Tierarten
– Grundkenntnisse der dem Naturschutzrecht unterstehenden Arten

- Biologie und Lebensweise, Gefährdungen und Schutz
- Erkennen in der Natur
- Ökologische Grundlagen

1.3 *Wildhege*
- Verbesserung der natürlichen Äsung, Veränderungen im natürlichen Äsungsangebot (naturnahe Waldwirtschaft, Verbesserungen in der Feldflur)
- Erlaubte Wildfütterungen (Zusammensetzung der Futtermittel) und Ausbringungsmöglichkeiten, Kirrungen und Ablenkungsfütterungen
- Schaffung biotopgerechter Wildbestände

1.4 *Land- und Waldbau*
- Erkennen der wichtigsten Baum- und Straucharten sowie landwirtschaftlicher Kulturpflanzen (inkl. Sonderkulturen). Kenntnisse über Ansprüche, Gefährdungen, Eigenschaften und Verwendung
- Grundlagen des Waldbaus und des Landbaus (incl. Zwischenfruchtanbau)
- Wildschadensverhütung im Wald und Feld

2 **Ausbildungs- und Prüfungsfach 2**

Folgende Themen sind Bestandteil der theoretischen und praktischen Ausbildung und Prüfung im Prüfungsfach 2:

2.1 *Waffenrecht*
- Vermitteln der einschlägigen waffenrechtlichen Bestimmungen für Jäger

2.2 *Waffentechnik und Führen von Jagdwaffen (einschließlich Faustfeuerwaffen)*
- Grundlagenwissen über die jagdlich relevanten Waffen (Lang-, Kurz- und kalte Waffen) und deren Einsatzgebiete
- sichere Waffenhandhabung im praktischen Jagdbetrieb und auf dem Schießstand
- Jagdmunition, Außenballistik, Zielballistik
- Jagdoptik
- Sicherheitsbestimmungen im Umgang mit Jagdwaffen
- Kennenlernen und praktisches Üben aller jagdlich relevanten Anschlagsarten

3 **Ausbildungs- und Prüfungsfach 3**

Folgende Themen sind Bestandteil der theoretischen und praktischen Ausbildung und Prüfung im Prüfungsfach 3:

3.1 *Führung von Jagdhunden*
- Kenntnis der gebräuchlichen Jagdhunderassen (Haltung, Verwendung, Ausbildung, Prüfung, Zucht, Krankheiten)

3.2 *Jagdbetrieb*
- Kenntnis der verschiedenen Jagdarten (incl. zulässiger Fallenjagd und Drückjagdbetrieb) und deren Anwendungsbereich
- Einschätzen jagdlicher Situationen (Anschüsse, Pirschzeichen etc.)
- Unfallverhütungsvorschriften
- Bau jagdlicher Einrichtungen
- Handhabung von Fallen
- Planung und Durchführung von Gesellschaftsjagden

3.3 *Behandlung des erlegten Wildes*
- Kenntnis der normalen Anatomie, Physiologie und Verhaltensweisen von frei lebendem Wild
- Kenntnis von abnormen Verhaltensweisen und pathologischen Veränderungen beim Wild infolge von Krankheiten, Umweltverschmutzung oder sonstigen Faktoren, die die menschliche Gesundheit bei Verzehr von Wildbret schädigen können
- Kenntnis von Hygiene- und Verfahrensvorschriften für den Umgang mit Wildkörpern nach dem Erlegen, ihr Befördern, Ausweiden usw.
- Kenntnis der Rechtsvorschriften auf dem Gebiet der Gesundheit von Mensch und Tier und auf hygienerechtlichem Gebiet, die für das Inverkehrbringen von Wildbret von Belang sind
- Erkennen meldepflichtiger Krankheiten

Im Ausbildungs- und Prüfungsfach 3 müssen mindestens 50 % des inhaltlichen und zeitlichen Ausbildungs- und Prüfungsumfangs auf Ziffer 3.3. entfallen.

4 **Ausbildungs- und Prüfungsfach 4**

Folgende Themen sind Bestandteil der theoretischen und praktischen Ausbildung und Prüfung im Prüfungsfach 4:

4.1 *Jagd-, Tierschutz- sowie Naturschutz- und Landschaftspflegerecht*
- Grundsätze und Inhalte des BJagdG, des LJagdG und der LJagdG DVO
- Schutzgebietskunde, Grundsätze und Inhalte des Bundes und Landesnaturschutzrechts (z. B. Richtlinie Natura 2000, besonders geschützte Biotope nach § 32 NatSchG) und Rechtsverordnungen hierzu (z. B. Kormoran-Verordnung, Rabenvogel-Verordnung),
- Wichtige Inhalte des Landeswaldgesetzes
- Grundsätze und Inhalte des Tierschutzgesetzes und Rechtsverordnungen hierzu (z. B. Tierschutzhundeverordnung)

Sachregister